KB240984

부동산개발 세무실무

• 최신 재개발 재건축 등 조합 세무 반영 •

임영택 · 박흥수 공저

SAMIL | 삼일인포마인

머리말

코로나 팬데믹 시기 이후 한 동안은 저금리 영향 등으로 부동산 경기가 과열된 양상을 보였으나 몇 해 전부터는 금융시장이 반전되어 고금리 상황으로 바뀜에 따라 부동산에 대한 수요가 위축되었고 급기야 부동산 경기가 침체국면에 이르게 되었습니다. 지방지역에서는 미분양아파트가 많이 발생하여 아직 해소되지 않고 있어 서울·수도권과 지방간에 부동산 경기의 양극화가 심화되는 현상을 보이고 있습니다.

부동산개발 관련 세법은 부동산시장 상황이 침체국면에 있을 때에는 조세 지원을 하고 과열국면에 있을 때에는 이를 억제하기 위하여 빈번히 개정됨으로써 관련 세법이 매우 복잡하게 되었습니다. 비록 복잡한 세법 상황이지만 현실은 세무업무 관계자에게 신속하고 정확한 세법적 검토를 요구하고 있으므로 세무업무 관계자는 광범위하고 높은 수준의 세법 지식을 갖추어야 할 것입니다.

이번 본서의 2025년 개정증보판은 부동산개발사업과 관련된 개정 세법과 최신 예규·판례 등을 반영하였을 뿐만 아니라 실무 적용에 도움이 되도록 전반적인 내용을 대폭 수정·보완하였습니다. 특히 이해가 어렵다고 생각되는 부분은 상세한 설명을 추가하여 독자 여러분께서 해당 부분에 대해 쉽게 접근할 수 있도록 하였습니다. 본서의 주요 내용은 아래와 같습니다.

첫째, 부동산개발사업의 진행 단계에 맞춰 이에 관련되는 세법 법령 등의 광범위한 내용을 심층분석하고 체계적으로 정리하여 본서를 구성하였으며, 종전판의 구성과 일관성이 유지되도록 하였습니다.

둘째, 소형주택, 미분양주택과 장기일반민간임대주택 등에 대한 한시적 조세 감면 및 특례제도가 여러 개별 세법에 신설되어 있어 전체적인 내용의 파악이 쉽지 않으므로 이를 해소하기 위해 한꺼번에 모아서 보론으로 정리하였습니다.

셋째, 부동산개발사업과 관련되는 양도소득세의 개정 내용을 반영하였고, 방대한 분량의 양도세득세 내용 중 부동산개발사업에서 반드시 알아야 하는 기본적이고 핵심적인 내용을 최소한의 시간 부담으로 정리할 수 있도록 하였습니다.

넷째, 재개발·재건축 등 조합의 세무에 대해 많은 분들께서 혼란스럽게 생각는 점을 해소하고자 조합 세무에 대한 세법적용의 기본개념을 이미 정리한 데 추가하여 실무적으로

P·R·E·F·A·C·E

쉽게 이해하고 적용할 수 있도록 상당한 분량의 내용을 수정·보완하였습니다. 아울러 정비사업 조합 등의 표준 예산·회계규정에 대한 서울특별시와 경기도의 차이점도 비교하여 정리하였습니다.

다섯째, 프로젝트금융투자회사(PFV)를 비롯한 명목회사(SPC) 등에 대한 세법 등의 내용을 묶어서 Chapter 8로 새로 구성하였고 관련 세법, 특례 및 예규 등 많은 부분을 추가적으로 보완하여 실무 적용에 도움이 되도록 하였습니다.

여섯째, 부동산개발사업의 세부담 최소화를 위해 알아야 하는 세법의 개정 내용을 세목별로 반영하였을 뿐 아니라 부동산개발사업의 유형별 세무업무 Check Point에 대해서도 개정 세법을 반영하여 부록에 실었습니다. 또한, 개발부담금, 재건축부담금, 농지보전부담금 등 각종 부담금 대해서도 개정 내용을 반영하여 요약 정리하였습니다.

본서는 부동산개발사업에 적용할 세법 법령 등의 방대한 내용을 체계적으로 정리하여 부동산개발 세무업무의 관계자분들께서 해당 내용을 파악하여 적용하는데 어려움을 해소하고 시간적 부담을 최소화하는데 주요 목적을 두고 출판하였습니다.

부동산개발사업의 다양성과 복잡성으로 인해 본서의 구성에 많은 어려움을 실감하지만 앞으로도 꾸준히 연구하여 발전시켜 나갈 것입니다.

끝으로 본서가 출간되도록 도와주신 삼일피더블유씨솔루션 이희태 대표이사님, 조원오 전무님, 김동원 이사님 그리고 편집부 직원분들과 본서에 많은 관심과 도움을 준 지인분들께도 진심으로 감사드립니다.

2025. 3.

임영택 세무사
박흥수 변호사

차 례

Chapter 3 건설공사 및 분양단계의 세무실무

| Chapter 4 | 부동산개발 건물준공 이후의 세무실무 |

C · O · N · T · E · N · T · S

Chapter 6 — 부동산개발과 양도소득세

Chapter 7 — 재개발 · 재건축 등 조합의 세무실무

Chapter 8

명목회사(SPC) 등의 세법 특례

차 례

Chapter 9 — 부동산개발과 세부담 최소화

부록 — 부동산개발 유형별 세무업무 Check Point

부동산개발과 세무실무의 이해

 **부동산개발사업의 정의**

부동산개발사업이란 부동산을 소재로 스스로 사업주체가 되어 Idea와 자본 등을 투입하여 토지의 최대 효율성과 부가가치를 높인 상품을 고객에게 제공과 동시에 이윤을 창출하는 사업을 말한다. 즉, 디벨로퍼가 부동산(토지, 건물)과 Idea 및 자금을 조달하고 사업컨설팅을 통해 부동산 상품을 개발하는 것을 말한다. 따라서 토지와 건축물, 즉 부동산의 조성과 개량 활동으로 정의할 수 있지만 거기에다 반드시 최대유효이용을 위한 경제적, 경영적, 전문적인 영역이 포함될 때 진정한 의미의 부동산개발사업이라고 할 수 있다(정용식, 「부동산개발계획과 실무」, 부연사).

 **부동산개발사업의 분류**

부동산개발사업은 사업주체, 개발주체, 개발형태 그리고 개발상품에 따라 크게 4가지 형태로 분류할 수 있고, 형태별 사업 내용은 아래와 같다(정용식, 「부동산개발계획과 실무」, 부연사).

| 부동산개발사업의 분류 |

구 분	사업 내용
사업주체	직접개발방식, 지주공동개발방식, 개발신탁방식, 대물교환방식 등
개발주체	공공개발, 민간개발, 관·민공동개발, 주민조합공공개발, 주민조합민간개발 등
개발형태	신개발사업(대지조성사업, 형질변경사업, 택지개발사업, 도시계획사업, SOC사업, 건물신축사업 등), 재개발사업(도심재개발사업, 재건축사업 등)
개발상품	주거사업(단독, 공동, 주상복합사업 등), 근린시설(근린생활, 근린공원시설 등), 업무시설(오피스텔시설사업 등), 특수목적시설(관광, 레저, 스포츠, 관람, 집회, 전시 시설사업 등)

 **부동산개발 관련 주요법률**

부동산개발과 관련된 주요 법률과 그 목적은 아래 표와 같다.

부동산개발 관련 주요 법률	목　　적
국토의 계획 및 이용에 관한 법률	• 국토의 이용 · 개발과 보전을 위한 계획의 수립 및 집행 등 • 공공복리 증진, 국민의 삶의 질 향상
도시개발법	• 계획적이고 체계적인 도시개발 도모 • 쾌적한 도시환경의 조성과 공공복리의 증진
주택법	• 주택의 건설 · 공급 및 주택시장의 관리 등
도시 및 주거환경정비법	• 노후 · 불량건축물을 효율적으로 개량 • 도시환경을 개선하고 주거생활의 질을 높임
빈집 및 소규모주택 정비에 관한 특례법	• 방치된 빈집을 효율적으로 정비 • 소규모주택 정비를 활성화하기 위하여 필요한 사항 및 특례를 규정함.
공공주택 특별법	• 공공주택의 원활한 건설과 효과적인 운영 • 서민의 주거안정 및 주거수준 향상
건축법	• 건축물의 대지 · 구조 · 설비 기준 및 용도를 정함. • 건축물의 안전 · 기능 · 환경 및 미관을 향상
건축물의 분양에 관한 법률	• 건축물의 분양절차 및 방법에 관한 사항 • 분양과정의 투명성과 거래의 안정성 확보
주택공급에 관한 규칙	• 주택 및 복리시설을 공급하는 조건 · 방법 및 절차 등에 관한 사항
부동산개발업의 관리 및 육성에 관한 법률	• 부동산개발에 관한 기본적인 사항 • 부동산개발업의 등록 • 부동산개발업자의 의무 등

 **책의 구성**

　본 책은 아래와 같이 8개의 Chapter와 부록으로 나누어 부동산개발 프로젝트의 진행과정에서 적용하게 되는 세법과 해석·판단사례 등의 해당 내용을 프로젝트 흐름에 따라 구성하였고, 부동산개발 프로젝트에서 일반적으로 개발주체가 되는 법인사업자를 중심으로 먼저 설명한 후에 개인사업자와 공동사업자 그리고　재개발·재건축 정비사업조합 등에 대해 서술하였다. 또한, 이론적인 부분의 설명보다는 세법과 해석·판단사례 등의 실무 적용 측면을 다루었다.

　Chapter 1 : 부동산개발과 세무실무의 이해
　Chapter 2 : 건설용지 취득단계의 세무실무
　Chapter 3 : 건설공사 및 분양단계의 세무실무
　Chapter 4 : 부동산개발 건물준공 이후의 세무실무
　Chapter 5 : 개인사업자 및 공동사업의 부동산개발 세무실무
　Chapter 6 : 부동산개발과 양도소득세
　Chapter 7 : 재개발·재건축 등 조합의 세무실무
　Chapter 8 : 명목회사(SPC) 등의 세법 특례
　Chapter 9 : 부동산개발과 세부담 최소화
　부록 : 부동산개발 유형별 세무업무 Check Point

　각 Chapter와 부록에서 설명될 내용을 간략하게 소개한다.

　Chapter 1에서는 부동산개발 프로젝트의 기본적인 개념을 설명하였다. 부동산개발사업의 정의, 세법상 부동산개발의 업종분류 등에 대해 간단히 서술하였다.

　Chapter 2에서는 부동산개발 프로젝트의 첫단계인 건설용지 취득단계의 세무실무를 설명하였다. 부동산개발을 위한 토지 취득과 관련된 취득세에 대해 심도있게 다루었다.

　Chapter 3에서는 건설용지를 취득한 이후 부동산개발 프로젝트의 건설공사 진행과정과 분양단계의 세무실무를 다루었다. 부동산개발 세무실무와 관련된 부가가치세와 법인세를 중심으로 서술했다.

　Chapter 4에서는 부동산개발사업의 준공 이후 단계의 세무실무를 설명하였다. 건물분 취득세,

부가가치세의 정산, 미분양 신축 건물의 임대전환, 법인의 청산관련 법인세 등의 세무실무를 다루었다.

Chapter 5에서는 개인사업자가 단독으로 또는 공동(개인, 법인)으로 주택신축판매업 등 부동산개발사업을 하는 경우에 적용되는 세법 내용에 대해 서술하였다.

Chapter 6에서는 부동산개발을 위한 사업부지를 취득하는 과정에 있어 양도자산별 거래 상대방의 양도소득세 문제와 부동산개발에 관련된 특수거래의 양도소득세 문제를 다루었다.

Chapter 7에서는 재개발·재건축사업 등을 위한 정비사업조합, 도시개발조합, 지역주택조합 및 리모델링주택조합 등 조합에 관한 세무실무로 구성하였다.

Chapter 8에서는 프로젝트금융투자회사(PFV)와 유동화전문회사 등의 세법 특례에 관한 내용을 실었다.

Chapter 9에서는 부동산개발과 관련하여 세부담 최소화를 위한 관련 세법 규정의 이해 및 적용에 대해 설명하였다.

그리고 마지막 부록에서는 부동산개발 프로젝트의 세무업무에 대한 주요항목별 Check Point와 부동산개발 유형별 Check Point를 실었다.

 **부동산개발의 업종분류**

(1) 업종구분의 이유

법인을 설립한 후에는 관할 세무서에 사업자등록을 하여야 한다. 사업자등록을 할 때에는 법인의 목적사항 중 개시하려는 사업의 업종을 선택하여 신고하여야 한다. 세법에서는 업종에 따라 정책적으로 지원하기도 하고 규제하기도 하므로 이에 따라 조세감면 등의 적용이 가능하거나 불가능하게 된다. 조세특례제한법상 부동산개발 및 공급업은 매출액이 일정규모 이하인 경우에는 중소기업으로 분류되지만 중소기업에 적용되는 중소기업특별세액감면 등을 받을 수 없는 업종에 해당한다.

(2) 부동산개발의 업종분류

1) 조세특례제한법상 업종분류

조세특례제한법이 적용되는 업종의 분류는 특별한 규정이 있는 경우를 제외하고는 「통계법」 제22조에 따라 통계청장이 고시하는 한국표준산업분류에 따른다. 다만, 한국표준산업분류가 변경되어 조세특례제한법에 따른 조세특례를 적용받지 못하게 되는 업종에 대해서는 한국표준산업분류가 변경된 과세연도와 그 다음 과세연도까지는 변경 전의 한국표준산업분류에 따른 업종에 따라 조세특례를 적용한다(조특법 제2조③).

2) 한국표준산업분류(5자리)

한국표준산업분류에서 부동산개발 및 공급업(6812)은 직접적인 건설활동을 수행하지 않고 일괄 도급하여 개발한 농장·택지·공업용지 등의 토지와 건물 등을 분양·판매하는 산업활동을 말한다. 또한 구입한 부동산을 임대 또는 운영하지 않고 재판매하는 경우도 포함한다. 부동산개발 및 공급업(6812)에서 제외되는 경우와 해당되는 경우의 예시를 보면 아래와 같다.

〈제외 예시〉
- 자영 건축물 건설(411)
- 직접 건설활동을 수행하지 않더라도 건설공사에 대한 총괄적인 책임을 지면서 건설공사 분야별로 하도급을 주어 전체적으로 건설공사를 관리하는 경우 "41 : 종합건설업"으로 분류한다.

〈해당 예시〉
- 건물 위탁 개발 분양
- 부동산매매

| 한국표준산업분류 |

분류코드	분류명	분류설명
68121	주거용 건물 개발 및 공급업	직접 건설활동을 수행하지 않고 전체 건물 건설공사를 일괄 도급하여 주거용 건물을 건설하고, 이를 분양·판매하는 산업활동을 말한다. 구입한 주거용 건물을 재판매하는 경우도 포함한다. 〈예시〉 • 아파트 위탁 개발 분양·주택 위탁 개발 분양
68122	비주거용 건물 개발 및 공급업	직접 건설활동을 수행하지 않고 전체 건물 건설공사를 일괄 도급하여 비주거용 건물을 건설하고, 이를 분양·판매하는 산업활동을 말한다. 구입한 비주거용 건물을 재판매하는 경우도 포함한다. 〈예시〉 • 사무용 건물 위탁 개발 분양

통계분류포털 https//kostat.go.kr 발췌

3) 국세청 업종분류코드(6자리)

국세청 업종분류코드(6자리)는 국세행정 목적상의 분류이다. 따라서 사업자등록 시에 신청서에 기입하는 업종분류코드는 한국표준산업분류가 아닌 국세청 업종분류코드(6자리)를 기입하여야 한다.

| 국세청 업종분류코드 |

업종코드	업태명	세분류명	세세분류명	적용범위 및 기준
703011	부동산업	부동산 개발 및 공급업	주거용 건물 개발 및 공급업	• 직접 건설활동을 수행하지 않고 전체 건물 건설공사를 일괄 도급하여 주거용 건물을 건설하고, 이를 분양·판매하는 산업활동을 말한다. 구입한 주거용 건물을 재판매하는 경우도 포함한다(토지보유 5년 미만). 〈제외〉 *토지보유 5년 이상
703012	부동산업	부동산 개발 및 공급업	주거용 건물 개발 및 공급업	• 직접 건설활동을 수행하지 않고 전체 건물 건설공사를 일괄 도급하여 주거용 건물을 건설하고, 이를 분양·판매하는 산업활동을 말한다. 구입한 주거용 건물을 재판매하는 경우도 포함한다(토지보유 5년 이상). 〈제외〉 *토지보유 5년 미만
703023	부동산업	부동산 개발 및 공급업	비주거용 건물 개발 및 공급업	• 비주거용 부동산을 신축하여 판매(토지보유 5년 미만) – 직접 건설을 수행하지 않고 전체 건물공사를 일괄 도급하여 건물을 건설하고 이를 분양, 판매(건축 시행사)
703024	부동산업	부동산 개발 및 공급업	비주거용 건물 개발 및 공급업	• 비주거용 부동산을 신축하여 판매(토지보유 5년 이상) – 직접 건설을 수행하지 않고 전체 건물공사를 일괄 도급하여 건물을 건설하고 이를 분양, 판매(건축 시행사)

국세청 홈텍스 https//hometax.go.kr 발췌

* 국세청 업종코드분류를 보면, 토지취득 후 보유기간이 5년 미만인지 5년 이상인지에 따라 업종코드를 다르게 분류하고 있으며, 소득세법은 추계에 의해 소득을 결정할 때 토지 보유기간 5년을 기준으로 적용할 경비율에 차이를 두고 있다.

③ 법인설립

주택법에 의한 주택건설사업 또는 대지조성사업의 등록을 하려는 자와 부동산개발업의
관리 및 육성에 관한 법률에 의한 부동산개발업의 등록을 하려는 자는 관련 법률에 규정된
자본금 요건을 충족하여 부동산개발 법인을 설립하여야 한다. 각 등록대상사업에 대한 자본금
요건은 아래와 같다.

| 자본금 요건 |

관련 법률	등록대상사업	자본금 요건
주택법(제4조)	• 주택건설사업 : 단독주택 20호 공동주택 20세대 （단, 도시형생활주택은 30세대) 이상 • 대지조성사업 : 1만제곱미터 이상	• 법인 : 자본금 3억원 이상 • 개인 : 자산평가액 6억원 이상
부동산개발업의 관리 및 육성에 관한 법률(제4조)	• 부동산개발업 : 타인에게 공급할 목적으로 건축물의 연면적이 2천제곱미터 또는 연간 5천제곱미터 이상이거나 토지의 면적이 3천제곱미터 또는 연간 1만제곱미터 이상으로서 대통령령^(*)으로 정하는 규모 이상의 부동산개발을 업으로 영위하려는 자	• 법인 : 자본금 3억원 이상 • 개인 : 영업용자산평가액 6억원 이상

* "대통령령으로 정하는 규모"란 다음의 구분에 따른 면적을 말한다(부동산개발업의 관리 및 육성에 관한 법률 시행령 제3조①).
  1. 건축물
     가. 「주택법」 제2조 제1호에 따른 주택과 주거용 외의 용도가 복합된 건축물(다수의 건축물이 연결된 하나의 건축물을 포함한다)
        전체 연면적 중 주거용 외의 용도로 사용되는 부분의 연면적의 합계가 3천제곱미터 또는 연간 5천제곱미터. 다만, 전체 연면적에 대하여 주거용 외의 용도로 사용되는 부분의 연면적의 합계의 비율이 30퍼센트 이상인 경우에 한정한다.
     나. 가목 외의 건축물 : 연면적이 3천제곱미터 또는 연간 5천제곱미터
  2. 토지 면적 : 5천제곱미터 또는 연간 1만제곱미터

(부동산개발업의 등록 제외대상)
「주택법」 제4조에 따라 등록한 주택건설사업자 또는 대지조성사업자(주택건설사업 또는 대지조성사업을 하는 경우에 한정한다) (부동산개발업의 관리 및 육성에 관한 법률 제4조① 제4호).

④ 사업자등록

사업자는 사업장마다 사업 개시일부터 20일 이내에 사업장 관할 세무서장에게 사업자등록을 신청하여야 한다. 다만, 신규로 사업을 시작하려는 자는 사업 개시일 이전이라도 사업자등록을 신청할 수 있다(부가법 제8조①). 이에 따라 부동산개발 법인은 사업자등록을 하여야 할 의무가 있다. 그리고 부가가치세법령은 사업자등록의 신청에 대해 업종별로 사업장을 고정된 장소로 정하도록 하고 있다. 아래에서는 부가가치세 납세지(사업장)와 사업자등록에 대해 서술한다.

(1) 납세지(사업장)

1) 사업장의 기준

사업자의 부가가치세 납세지는 각 사업장의 소재지로 하며(부가법 제6조①), 사업장은 사업자가 사업을 하기 위하여 거래의 전부 또는 일부를 하는 고정된 장소를 말한다(부가법 제6조②).

2) 사업장의 범위

① 건설업·부동산매매업의 경우에 사업장의 범위는 다음과 같다(부가령 제8조①).
  • 법인인 경우 : 법인의 등기부상 소재지(등기부 상의 지점 소재지를 포함한다)
  • 개인인 경우 : 사업에 관한 업무를 총괄하는 장소
② 부동산임대업의 사업장은 부동산의 등기부상 소재지이다.

> **납세지(사업장)의 구체적인 범위**
>
> ① 납세지란 사업자가 「부가가치세법」에 따른 납세의무 및 협력의무를 이행하고 과세관청이 부과권과 징수권을 행사하는 기준이 되는 장소로서 부가가치세의 납세지는 각 사업장의 소재지로 한다.
> ② 사업장은 사업자가 사업을 하기 위하여 거래의 전부 또는 일부를 하는 고정된 장소로 한다.
> ③ 사업자가 위 ②에 따른 사업장을 두지 아니하면 사업자의 주소 또는 거소를 사업장으로 한다.
> ④ 사업자 단위 과세사업자는 각 사업장을 대신하여 그 사업자의 본점 또는 주사무소의 소재지를 부가가치세 납세지로 한다(집행기준 6-0-1).

3) 사업장의 예외

다음의 장소는 사업장으로 보지 아니한다(부가법 제6조⑤).
① 재화를 보관하고 관리할 수 있는 시설만 갖춘 장소로서 하치장으로 신고된 장소
② 각종 경기대회나 박람회 등 행사가 개최되는 장소에 개설한 임시사업장으로서 신고된
   장소

① 재화 또는 용역의 공급 없이 주문만을 받는 장소
② 사업자가 자기가 생산한 재화를 판매하지 아니하고 단순히 보관 또는 관리하는 장소
③ 직접 판매행위를 하지 않고 단순히 모바일 서비스 홍보, 가입신청자 접수, 제품의 인도
   등 보조적인 업무만 하는 장소(집행기준 6-8-3)

4) 사업장을 설치·등록하지 아니한 경우

사업장을 설치하지 아니하고 등록도 하지 아니한 경우에는 과세표준 및 세액을 결정하거나
경정할 당시의 사업자의 주소 또는 거소를 사업장으로 한다(부가령 제8조⑤).

5) 사업자 단위 과세사업자

사업자 단위 과세사업자는 각 사업장을 대신하여 그 사업자의 본점 또는 주사무소의 소재지를
부가가치세 납세지로 한다(부가령 제8조④).

부동산개발 관련 해석·판단사례

■ 사업용 건물 내의 분할된 장소의 사업장 여부

사업자가 사업용 건물 내의 분할된 각각의 장소에서 상이한 업종을 구분하여 운영하는 때,
칸막이 시설 등으로 15개의 점포를 분할하여 업종이 상이한 업종을 운영하는 때 사업장 여부

• 「부가가치세법 시행령」 제4조에서 규정하는 사업장이라 함은 사업자 또는 그 사용인이 상시

주재하여 거래의 전부 또는 일부를 행하는 장소를 말하는 것이며, 사업자등록은 사업장마다 하여야 하는 것임. 사업자가 사업용 건물 내의 분할된 각각의 장소에서 상이한 업종을 구분하여 운영하는 때로서 거래 및 대가의 수수행위가 별개의 장소에서 각각 독립적으로 이루어지고 있는 경우에는 그 각각의 장소를 별개의 사업장으로 볼 수 있는 것임(서면3팀-36, 2008.1.4.).

- 사업자가 사업용 건물 1동을 임차하여 칸막이 시설 등으로 15개의 점포를 분할하여 업종이 상이한 업종(콜라텍, 의류소매, 스넥코너, 매점 등)을 구분하여 운영하는 경우로서 거래 및 대가의 수수행위를 별개의 장소에서 각각 독립적으로 이루어지고 있는 경우에는 그 각각의 장소를 별개의 사업장으로 볼 수 있는 것임(부가 46015-4865, 1999.12.11.).

■ 부동산매매업 영위 사업자가 임대건물 매각시 해당 사업장

사안

부동산매매업을 영위하는 사업자가 일시적으로 상가를 임대하던 중 당해 상가를 분양한 경우 해당 사업장

해석

- 아파트와 아파트 단지 내 상가를 신축하여 분양하는 부동산매매업을 영위하는 사업자가 미분양으로 인하여 일시적으로 상가를 임대하면서 별도로 부동산임대업 사업자등록을 하고 부가가치세를 신고·납부하던 중 당해 상가가 분양된 경우에는 당초 부동산매매업을 영위하는 사업장의 명의로 세금계산서를 교부하고 당해 사업장 관할 세무서장에게 부가가치세를 신고·납부하는 것임(부가 46015-738, 2000.4.3.).

(2) 사업자등록

1) 사업장별 등록신청

사업자등록을 하려는 사업자는 사업장마다 다음의 사항을 적은 사업자등록 신청서를 관할 세무서장이나 그 밖에 신청인의 편의에 따라 선택한 세무서장에게 제출(국세정보통신망에 의한 제출을 포함한다)해야 한다(법령 제11조①).

① 사업자의 인적사항

② 사업자등록 신청 사유

③ 사업 개시 연월일 또는 사업장 설치 착수 연월일

④ 그 밖의 참고 사항

2) 사업자등록 사항의 변경

사업자가 다음의 어느 하나에 해당하는 경우에는 지체 없이 사업자의 인적사항, 사업자등록의 변경 사항 및 그 밖의 필요한 사항을 적은 사업자등록 정정신고서를 관할 세무서장이나 그 밖에 신고인의 편의에 따라 선택한 세무서장에게 제출(국세정보통신망에 따른 제출을 포함한다)해야 한다(부가령 제14조①).

① 상호를 변경하는 경우

② 법인 또는 법인으로 보는 단체 외의 단체로서 1거주자로 보는 단체가 대표자를 변경하는 경우

③ 사업의 종류에 변동이 있어 다음의 사유가 발생한 경우

　㈀ 사업의 종류를 완전히 다른 종류로 변경한 경우

　㈁ 새로운 사업의 종류를 추가하거나 사업의 종류 중 일부를 폐지한 경우

④ 사업장(사업자 단위 과세사업자의 경우에는 사업자 단위 과세 적용 사업장을 말한다)을 이전하는 경우

⑤ 상속으로 사업자의 명의가 변경되는 경우

⑥ 공동사업자의 구성원 또는 출자지분이 변경되는 경우

⑦ 임대인, 임대차 목적물 및 그 면적, 보증금, 임차료 또는 임대차기간이 변경되거나 새로 상가건물을 임차한 경우(상가건물의 임차인이 사업자등록 정정신고를 하려는 경우, 임차인이 확정일자를 신청하려는 경우 및 확정일자를 받은 임차인에게 변경 등이 있는 경우로 한정한다)

⑧ 사업자 단위 과세사업자가 사업자 단위 과세 적용 사업장을 변경하는 경우

⑨ 사업자 단위 과세사업자가 종된 사업장을 신설하거나 이전하는 경우

⑩ 사업자 단위 과세사업자가 종된 사업장의 사업을 휴업하거나 폐업하는 경우

⑪ 사이버몰(부가통신사업자가 컴퓨터 등과 정보통신설비를 이용하여 재화 등을 거래할 수 있도록 설정한 가상의 영업장을 말한다)에 인적사항 등의 정보를 등록하고 재화 또는 용역을 공급하는 사업을 하는 사업자(통신판매업자)가 사이버몰의 명칭 또는 인터넷 도메인이름을 변경하는 경우

① 공동사업자 : 공동사업자 중 일부 변경 및 탈퇴, 새로운 공동사업자 추가의 경우에는 사업자등록을 정정하여야 한다.

② 개인 단독사업자가 공동사업자로, 공동사업자가 개인 단독사업자로 변경되는 경우에는 사업자등록을 정정하여야 한다.

③ 관리인에 의한 회사 경영 : 법원의 기업회생절차개시명령을 받아 관리인 또는 관리인대리가 회사 사업의 경영과 재산의 관리 및 처분을 할 경우에는 해당 관리인 또는 관리인대리를 회사의 대표자로 보아 사업자등록을 정정할 수 있다.

④ 업종 변경 : 제조업을 영위하던 사업자가 제조업을 폐지하고 같은 장소에서 부동산임대업을 영위하는 경우에는 업종의 변경이므로 사업자등록을 정정하여야 한다.

⑤ 부가가치세 면세사업자로 등록한 사업자가 과세사업을 추가한 경우에는 사업자등록을 정정하여야 한다.

⑥ 사업자의 사망으로 인하여 상속이 개시되는 때에는 상속개시 후 실질적으로 사업을 영위하는 상속인의 명의로 사업자등록을 정정하여야 한다.

⑦ 2 이상의 사업장에 대한 사업자등록 정정

㉠ 2 이상의 사업장을 가진 사업자가 그 중 한 사업장을 다른 사업장으로 이전·통합하는 경우 이전 후 통합한 사업장에서 사업자등록을 정정하여야 한다.

㉡ 2 이상의 독립된 부동산에 대하여 하나의 사업장으로 부동산임대업 사업자등록을 하였으나 하나의 사업체로 이용되지 않고 각각의 부동산별로 임대하고 있어 부동산등기부상 소재지별로 사업장을 분리하고자 하는 경우 기존의 사업자등록은 정정신고를 하고, 다른 부동산에 대하여는 신규로 사업자등록을 하여야 한다.

㉢ 법인사업자가 본점을 지점 소재지로 이전하여 통합하는 경우와 사업자 2인이 공동 사업을 영위하기 위하여 기존 사업장을 통합하여 하나의 사업장으로 사용하는 경우에는 사업자등록을 정정하여야 한다(집행기준 8-14-1).

3) 사업자 단위 과세사업자의 사업자등록·변경

① 사업장이 둘 이상인 사업자(사업장이 하나이나 추가로 사업장을 개설하려는 사업자를 포함한다)는 사업자 단위로 해당 사업자의 본점 또는 주사무소 관할 세무서장에게 등록을 신청할 수 있다. 이 경우 등록한 사업자를 사업자 단위 과세사업자라 한다(부가법 제8조③).

② 사업장 단위로 등록한 사업자가 사업자 단위 과세사업자로 변경하려면 사업자 단위 과세사업자로 적용받으려는 과세기간 개시 20일 전까지 사업자의 본점 또는 주사무소 관할 세무서장에게 변경등록을 신청하여야 한다. 사업자 단위 과세사업자가 사업장

단위로 등록을 하려는 경우에도 또한 같다(부가법 제8조④).

③ 사업장이 하나인 사업자가 추가로 사업장을 개설하면서 추가 사업장의 사업 개시일이 속하는 과세기간부터 사업자 단위 과세사업자로 적용받으려는 경우에는 추가 사업장의 사업 개시일부터 20일 이내(추가 사업장의 사업 개시일이 속하는 과세기간 이내로 한정한다)에 사업자의 본점 또는 주사무소 관할 세무서장에게 변경등록을 신청하여야 한다(부가법 제8조⑤).

부동산개발 관련 해석·판단사례

■ 상가 분양사업에서 임대사업으로 업종변경시 사업자등록정정신고 여부

> **해석**
>
> • 부가가치세법 제5조 규정에 의하여 등록한 일반과세자가 사업의 종류에 변경이 있는 때에는 부가가치세법 시행령 제11조 규정에 의하여 사업자등록정정신고서를 제출하여야 하는 것임(서면3팀-1343, 2006.7.6.).

■ 본점과 지점의 소재지를 서로간에 변경하는 경우 사업자등록정정신고 및 세금계산서 교부 여부

> **해석**
>
> • 본점과 지점 등 서로 다른 2개의 사업장을 두고 사업을 영위하던 법인사업자가 본점 소재지를 지점 소재지로, 지점 소재지를 본점 소재지로 변경하여 사업자등록정정신고를 한 경우 본·지점의 재고상품은 부가가치세법 제6조 제2항 및 동법 시행령 제15조 제2항의 규정에 의하여 재화의 공급에 해당하는 것이므로, 동법 제16조 제1항의 규정에 의하여 세금계산서를 교부하여야 하는 것임(부가-1077, 2012.10.24.).

■ 여러 개의 임대사업장을 1개의 사업장으로 통합한 경우

사안

여러 개의 사업장을 1개의 사업장으로 통합하여 부동산임대업을 계속 영위하고자 하는 경우에 사업자등록정정신고 및 폐지한 사업장의 사업용 건물의 재화의 공급 해당 여부

해석

• 연접한 상가를 분양받아 각 호수별로 부동산임대업으로 사업자등록을 하고 건물분에 대한 매입세액을 각각 공제(환급)받은 사업자가 어느 한 사업장을 폐지하고 1개의 사업장으로 통합하여 부동산임대업을 계속 영위하고자 하는 경우에는 부가가치세법 시행령 제11조 제1항 제5호의 규정에 의하여 사업자등록정정신고를 하는 것이며, 이 경우 폐지한 사업장의 사업용 건물은 같은 법 제6조 제4항에서 규정하는 재화의 공급에 해당하지 아니하는 것임(서면3팀-246, 2005. 2.19.).

Chapter **2**

건설용지 취득단계의 세무실무

① 자산 취득에 대한 각 세법의 적용 차이

부동산개발 법인이 건설용지를 취득할 때에는 법인세법, 부가가치세법 그리고 지방세법과 관련 예규·판례 등에 따라 자산의 취득원가와 과세대상 등을 정확히 파악하여 적용하는 것이 중요하다. 법인세법, 부가가치세법 그리고 지방세법에서는 법인이 자산을 취득할 때 각 세법의 목적에 따라 자산의 취득에 대한 세법의 적용방법을 서로 다르게 하고 있다. 먼저 자산 취득에 대한 각 세법의 적용 차이에 대해 살펴보기로 한다.

(1) 법인세법

법인세법은 자산의 정의에 대하여 직접 규정하지 않고 자산 취득 유형별로 타인으로부터 매입한 자산, 자기가 제조·생산 또는 건설하거나 이에 준하는 방법으로 취득한 자산 등으로 구분하여 열거하고 있으며, 자산 취득가액의 범위도 정하고 있다(법법 제41조, 법령 제72조).

또한, 법인세법은 내국법인의 각 사업연도 소득금액을 계산할 때 그 법인이 자산·부채의 취득 및 평가에 관하여 일반적으로 공정·타당하다고 인정되는 기업회계기준을 적용하거나 관행을 계속 적용하여 온 경우에는 법인세법 및 「조세특례제한법」에서 달리 규정하고 있는 경우를 제외하고는 그 기업회계기준 또는 관행에 따른다(법법 제43조)라고 규정하고 있다.

(2) 부가가치세법

부가가치세의 과세대상은 이론상으로 재화나 용역의 각 거래단계에서 사업자가 창출한 부가가치이다. 현행 부가가치세법은 재화나 용역의 공급에 대한 매출세액에서 매입세액을 공제하여 부가가치세를 계산하고 과세하며, 사업자가 행하는 재화 또는 용역의 공급, 재화의 수입의 거래를 그 과세대상으로 한다(부가법 제4조).

부가가치세법에서는 법인이 자산을 취득하는 거래는 재화를 공급받는 거래로 부가가치세 과세대상을 결정하는 것으로 본다. 또한, 재화의 공급자가 공급받는 자에게 재화를 공급할 때 부가가치세 매입세액을 거래징수하게 된다. 재화를 공급받는 자가 거래징수당한 부가가치세 매입세액은 매출세액에서 공제 또는 환급받는 것이 원칙이나 토지 취득 등의 경우에는 매입세액이 불공제되고 자산의 취득원가를 구성한다.

(3) 지방세법

지방세법상 취득은 원시취득·승계취득 또는 유상·무상의 모든 취득을 말하며 사실상의
취득, 간주취득 등도 취득으로 보아 취득세 과세대상에 포함하고 있다. 지방세법에서 자산의
취득은 취득세의 과세요건이 성립되는 것이며 법인의 경우 원칙적으로 취득에 지출된 모든
직접비용과 간접비용의 합계액을 취득세 과세표준으로 한다.

지방세법은 취득세의 과세대상자산을 열거하고 자산의 취득원인별로 취득세율도 달리
구분하여 적용한다. 법인이 부동산 등 자산을 취득하게 되면 지방세법에 따라 취득의 요건에
해당하는지 판단한 후 취득세 과세대상에 해당하는 경우에 자산의 취득자는 취득세 등을
신고·납부해야 한다.

건설용지의 취득과 관련한 법인세법, 부가가치세법 그리고 지방세법 규정과 관련 예규·판례
등의 구체적인 내용는 각 세법별로 다음 항에서 서술한다.

❷ 법인세법상 자산의 취득

법인세법상 자산의 취득가액은 타인으로부터 매입한 자산, 자기가 제조·생산·건설 기타
방법에 의한 취득 자산 등으로 구분하여 취득가액의 적용방법을 열거하고 있다(법령 제72조②).

(1) 타인으로부터 매입한 자산

타인으로부터 매입한 자산은 매입가액에 취득세(농어촌특별세와 지방교육세를 포함한다),
등록면허세, 그 밖의 부대비용을 가산한 금액으로 한다. 그리고 법인이 토지와 그 토지에
정착된 건물 및 그 밖의 구축물 등(이하 "건물등"이라 한다)을 함께 취득하여 토지의 가액과
건물 등의 가액의 구분이 불분명한 경우에는 법인세법 제52조 제2항(부당행위계산의 부인)에
따른 시가에 비례하여 안분계산한다(법령 제72조② 제1호).

(2) 자기가 제조·생산·건설 기타 방법에 의한 취득 자산

자기가 제조·생산·건설 기타 이에 준하는 방법에 의하여 취득한 자산은 원재료비·
노무비·운임·하역비·보험료·수수료·공과금(취득세와 등록세를 포함한다)·설치비

기타 부대비용의 합계액으로 한다(법령 제72조② 제2호).

(3) 취득부대비용

1) 토지상의 기존 건축물을 철거한 경우

토지만을 사용할 목적으로 건축물이 있는 토지를 취득하여 그 건축물을 철거하거나, 자기 소유의 토지상에 있는 임차인의 건축물을 취득하여 철거한 경우 철거한 건축물의 취득가액과 철거비용은 당해 토지에 대한 자본적 지출로 한다(법기통 23-31…1). "토지만을 사용할 목적"이라 함은 건축물이 있는 토지를 취득함에 있어서 기존건축물을 철거하고 해당 토지의 전부를 새로운 건축물의 대지 또는 다른 용지로 사용하기 위한 것을 말한다(법인 22601-887, 1989.3.9.).

법인이 기존건물과 토지를 일괄취득하였으나 새로운 건물을 신축하기 위하여 기존건물을 철거하는 경우 철거하는 건물의 취득가액과 철거건물의 철거관련 비용에서 철거건물의 부산물판매수익을 차감한 잔액은 당해 토지에 대한 자본적 지출로 처리한다(서이 46012-10549, 2001.11.16.).

비영리법인인 재건축조합이 각 사업연도의 소득금액을 계산함에 있어서 조합원으로부터 현물출자 받은 토지·건물을 취득하여 건축물을 철거하는 경우에는 주택신축을 전제로 하는 것이므로 기존 건축물의 취득가액은 법인의 손금에 산입하지 아니한다(서이-1486, 2005.9.16.).

법인이 토지만을 사용할 목적으로 토지와 건물, 기계장치를 경매로 일괄 취득한 후 건물과 기계장치를 멸실 또는 처분하는 경우에 발생한 자산별 처분손실은 토지에 대한 자본적 지출로 계상하는 것이다(법인-2164, 2008.8.27.).

2) 토지 매입 관련 비용(자본적 지출의 예)

토지 매입 관련 비용도 토지의 취득원가에 산입한다.

구 분	토지 매입 관련 비용
국·공채의 강제 매입	기업회계기준에 따라 그 국·공채의 매입가액과 현재가치의 차액을 당해 유형고정자산의 취득가액으로 계상한 금액(법령 제72조② 제3호)
채무인수액	채무를 양수자가 인수하기로 한 경우에 채무인수액은 양수자의 토지 취득가액에 가산(서면2팀-82, 2007.1.11.)
토지관련 평가비용	각종 환경성 평가, 재측량, 아파트 배치, 각종 구조물 배치 등의 측량, 및 아파트 사업성 평가 등과 관련된 비용(서면2팀-1470, 2006.8.2.)

구　분	토지 매입 관련 비용
인·허가 비용	인·허가 비용이 지목의 변경 등 토지와 관련된 경우(서면법인 2019-3803, 2020.3.13.)
각종 보상금 지출	토지를 취득하기 위하여 지출한 토지수용보상금, 토지수용잔여지 가격감소보상금, 지급지연손해금, 수몰토지 및 지장물에 대한 보상금 등(법인 46012-2831, 1993.9.21.)
토지구획정리사업	무상분할양도하게 된 체비지를 대신하여 지급하는 금액(법기통 23-31…1)
면세사업	고정자산 취득에 따른 부가가치세 매입세액(법기통 23-31…1)
목장용 토지	초지의 조성비 중 최초의 조성비(법기통 23-31…1)
토지개발 또는 주택신축 등	당해 사업의 수행과 관련하여 그 토지의 일부를 도로용 등으로 국가 등에 무상으로 기증한 경우 그 토지가액은 잔존토지에 대한 자본적 지출(법기통 23-31…1)

(4) 사업권 양수와 관련된 영업권

1) 영업권의 범위

무형자산 중 영업권에는 다음 각각의 금액을 포함하는 것으로 한다(법칙 제12조①).
① 사업의 양도·양수과정에서 양도·양수자산과는 별도로 양도사업에 관한 허가·인가 등 법률상의 지위, 사업상 편리한 지리적 여건, 영업상의 비법, 신용·명성·거래처 등 영업상의 이점 등을 감안하여 적절한 평가방법에 따라 유상으로 취득한 금액
② 설립인가, 특정사업의 면허, 사업의 개시 등과 관련하여 부담한 기금·입회금 등으로서 반환청구를 할 수 없는 금액과 기부금 등

2) 영업권의 판단

법인세법상 영업권의 범위에 대하여 초과수익력 또는 영업상 가치의 존재가 구체적으로 인정되고, 이를 유상으로 매입한 경우에만 영업권을 인정하고 있다(대법 85누592, 1986.2.11., 대법 84누281, 1985.4.23., 대법 2006두2558, 2008.9.11. 및 국심 87광1534, 1987.12.23.외 다수 참조).

영업권은 유형자산의 취득가액에 포함하는 것이 아니고 무형자산으로 별도 처리한 후 무형자산에 대한 상각을 하게 된다.

③ 부가가치세법상의 공급가액

(1) 재화 또는 용역의 공급

부가가치세법은 사업자가 행하는 재화나 용역의 공급을 과세대상으로 하며 공급가액에 부가가치세율을 적용하여 매출세액 또는 매입세액을 결정한다.

재화의 공급은 계약상 또는 법률상의 모든 원인에 따라 재화를 인도하거나 양도하는 것이다(부가법 제9조①).

용역의 공급은 계약상 또는 법률상의 모든 원인에 따른 것으로서 역무를 제공하는 것과 시설물, 권리 등 재화를 사용하게 하는 것이다(부가법 제11조①).

(2) 토지에 관련된 매입세액 불공제(취득원가)

토지를 취득하면서 거래징수당한 매입세액은 매출세액에서 공제되지 아니하고 환급받을 수도 없다. "토지에 관련된 매입세액"이란 토지의 조성 등을 위한 자본적 지출에 관련된 매입세액으로서 매출세액에서 공제하지 아니하며 다음의 어느 하나에 해당하는 경우를 말한다(부가령 제80조).

① 토지의 취득 및 형질변경, 공장부지 및 택지의 조성 등에 관련된 매입세액

② 건축물이 있는 토지를 취득하여 그 건축물을 철거하고 토지만 사용하는 경우에는 철거한 건축물의 취득 및 철거 비용과 관련된 매입세액

③ 토지의 가치를 현실적으로 증가시켜 토지의 취득원가를 구성하는 비용에 관련된 매입세액

| 토지 관련 매입세액의 범위 예시(집행기준 39-80-1) |

토지와 관련된 불공제 매입세액(예시)	토지와 관련되지 않은 매입세액(예시)
① 건축물이 있는 토지를 취득하여 그 건축물을 철거하고 토지만을 사용하는 경우에는 철거한 건축물의 취득 및 철거비용에 관련된 매입세액 ② 토지의 취득을 위한 직접적인 비용으로 발생한 매출주선 수수료 등 토지의 취득에 소요된 것이 명백한 대출금 관련 매입세액 ③ 사업자가 금융자문용역을 공급받고 발급받은 세금계산서상의 매입세액 중 토지의 취득과 관련된 매입세액	① 공장 또는 건물을 신축하면서 건축물 주변에 조경공사를 하여 정원을 만든 경우 해당 공사 관련 매입세액 ② 과세사업에 사용하기 위한 지하건물을 신축하기 위하여 지하실 터파기에 사용된 중기사용료, 버팀목 및 버팀 철근 등에 관련된 매입세액 ③ 토지와 구분되는 감가상각자산인 구축물(옹벽, 석축, 하수도, 맨홀 등) 공사 관련

토지와 관련된 불공제 매입세액(예시)	토지와 관련되지 않은 매입세액(예시)
④ 공장건물 신축을 위하여 임야에 대지조성공사를 하는 경우 해당 공사비용 관련 매입세액 ⑤ 토지의 조성과 건물·구축물 등의 건설공사에 공통으로 관련되어 그 실지귀속을 구분할 수 없는 매입세액 중 총공사비(공통비용 제외)에 대한 토지의 조성 관련 공사비용의 비율에 따라 계산한 매입세액 ⑥ 토지의 취득을 위하여 지급한 중개수수료, 감정평가비, 컨설팅비, 명의이전비용에 관련된 매입세액 ⑦ 과세사업을 하기 위한 사업계획 승인 또는 인·허가 조건으로 사업장 인근에 진입도로를 건설하여 지방자치단체에 무상으로 귀속시킨 경우 진입도로 건설비용 관련 매입세액	매입세액 ④ 공장 구내의 토지 위에 콘크리트 포장공사를 하는 경우 해당 공사 관련 매입세액 ⑤ 과세사업에 사용하여 오던 자기 소유의 노후 건물을 철거하고 신축하는 경우 해당 철거비용과 관련된 매입세액

■ 부동산개발 관련 해석·판단사례

■ 토지의 조성 등을 위한 자본적 지출에 관련된 매입세액의 불공제 사례

> **해석·판단**
>
> - 사업계획 승인 또는 인·허가 조건으로 사업장 인근에 진입도로를 건설하여 지방자치단체에 무상으로 귀속시킨 경우 토지관련 매입세액 불공제(기획재정부 부가-801, 2011.12.16.)
> - 항만시설공사 실시계획승인을 받아 항만배후단지 조성공사를 실시하여 준공 후 조성한 토지의 소유권을 공사로 귀속 처리하는 경우 토지관련 매입세액 불공제(법규부가2010-294, 2010.11.10.)
> - 물류센터를 신축·임대하는 사업을 영위하고자 하는 사업자(이하 "양수자")가 기존에 토지를 매수하는 계약을 체결하여 개발행위 및 건축허가 신청, 관련 용역계약 체결, 물류센터 임차인 유치 등의 사업을 진행해 오던 다른 사업자(이하 "양도자")로부터 해당 토지의 매수인 지위를 포함한 사업 관련 일체의 권리(이하 "사업권")를 매입하며 부담한 사업권 관련 매입세액은 양수자의 매출세액에서 공제하는 것이나 해당 사업권 대가에 포함된 토지를 취득할 수 있는 권리 및 토지에 대한 자본적 지출에 관련된 비용에 대한 매입세액은 공제되지 아니하는 것임(사전법령해석 부가2019-406, 2019.9.11.).
> - (저자주) 위 해석의 물류센터는 토지와 건물로 구성되는데 토지의 임대는 과세사업에 해당하고 건물의 임대도 과세사업에 해당하여 물류센터 임대사업은 전체가 과세사업이다. 따라서 물류센터의 신축·임대를 위한 사업권 관련 부가가치세 매입세액의 공제는 토지를 취득할 수 있는 권리 등에 해당하는 매입세액을 제외하고 공제된다. 반면 아파트를 신축·분양하는 사업인 경우에는

위의 과세사업 방법과는 다르다. 토지의 공급과 국민주택규모 이하 아파트의 공급은 부가가치세 면세사업에 해당하고 국민주택규모 초과 아파트의 공급은 과세사업에 해당한다. 이 경우 사업권의 양수에 관련된 부가가치세 매입세액은 과세사업 해당분만 공제되므로 과세사업 관련 매입세액과 면세사업(사업권 중 토지를 취득할 수 있는 권리 등 매입세액 불공제 해당분 포함) 관련 매입세액을 구분하여 적용해야 한다.

- 발전소 건설부지를 취득하기 위하여 토지 취득 및 보상에 관한 조사와 지원, 이주대책 대상자 선정 및 이주정착금 지급 등의 토지보상업무협약을 체결하고 그 용역비를 지급하면서 부담한 부가가치세의 토지관련 매입세액 불공제(법규부가2014-527, 2015.2.13.)

- 지방자치단체 소유도로를 사업상 편의를 위하여 취득하여 야적장으로 조성하고자 다른 도로를 연장하는 공사를 수행하여야 하는 경우 기존 도로를 연장하는 공사비 관련 매입세액 불공제(법규부가2014-418, 2014.9.19.)

- 관할 구청으로부터 도시환경정비사업 시행인가를 받으면서 그 인가 조건에 따라 사업시행자의 부담으로 지하공공보도시설을 설치 완료한 후 해당 구청에 기부채납하는 경우 해당 시설물 공사와 관련한 매입세액 중 토지의 취득원가를 구성하는 비용의 매입세액 불공제(법규부가2013-427, 2013.10.31.)

- 골프장을 건설하기 위하여 국토이용계획·사업계획과 관련된 용역, 각종 영향평가 용역 및 골프장 조성관련 토목설계 용역을 제공받고 그 대가를 지급하면서 부담한 부가가치세의 토지관련 매입세액 불공제(서면3팀-2149, 2004.10.22.)

- 쟁점건물을 취득하고 아파트를 신축하기 위한 건축허가를 신청하였고 취득시점부터 쟁점건물을 철거하고 공동주택을 신축할 목적이었던 것으로 보이는 점, 유형자산이 아닌 재고자산(용지)으로 계상한 점 등에 비추어 쟁점건물을 철거하고 토지만을 사용할 목적에서 쟁점건물을 취득하여 철거하기 전까지 일시적으로 임대한 것으로 봄이 타당함(조심 2018서2250, 2019.6.13.).

- 쟁점토지매매계약서에 청구법인과 매수인은 쟁점건물등은 제외하고 쟁점토지만을 매매한다는 내용 및 청구법인은 쟁점건물등을 제거(철거)한 후 매수인에게 쟁점토지를 인도한다는 내용 등이 기재되어 있는 점, 청구법인은 쟁점토지매매계약서에 나타나는 위 계약조건에 따라 매수인에게 부가가치세 면제대상인 쟁점토지를 공급(양도)하기 위하여 쟁점건물등을 철거한 것으로 보이는 점, 따라서 쟁점매입세액은 부가가치세 면세사업등인 토지의 공급과 관련된 매입세액으로 보이는 점 등에 비추어 처분청이 쟁점매입세액을 부가가치세 면제대상인 쟁점토지의 공급과 관련된 매입세액으로 보아 매출세액에서 공제하지 아니한 것은 달리 잘못이 없는 것으로 판단됨(조심 2019광1206, 2019.6.5.).

- 수수료가 발생한 이유는 토지의 개발·공급에 필수적인 토지의 계속적인 보유를 위해 2차 대환대출금 차입을 위한 것이었으므로 관련 매입세액을 토지의 개발·공급과 관련된 공제받지 못할 매입세액으로 보아 부가가치세를 과세한 이 건 처분은 정당함(조심 2018중774, 2018.4.30.).

■ 토지의 조성 등을 위한 자본적 지출에 관련된 매입세액 공제 사례

• 임차인이 임차한 토지에 토지조성공사를 함에 따라 토지의 가치가 현실적으로 증가한 경우로서 임차인이 일정기간 낮은 임차료로 사용하는 경우 임차인이 토지소유주에게 토지조성용역을 공급한 것으로 보아 해당 용역의 공급에 대하여 부가가치세가 과세되는 것이며, 토지관련 매입세액은 매출세액에서 공제되는 것임(법규-1755, 2011.12.29.).

• 당해 토지의 소유자 아닌 사업자가 토지의 조성 등을 위한 자본적 지출의 성격을 갖는 비용을 지출한 경우 그에 관련된 매입세액은 특별한 사정이 없는 한 토지관련 매입세액에 해당하지 않는다 할 것임(서울행법 2019구합1913, 2020.6.23.).

• 감정평가수수료 등의 지출에 대한 사실관계를 법리에 비추어 보면 다음과 같이 판단됨(대법 2012두22447, 2016.2.18.).

① 감정평가수수료 중 분양예정인 대지와 건축물의 추산액을 산정하는 데에 소요된 용역대가는 종전의 토지 또는 건축물의 가격을 평가함에 소요된 용역대가와 달리 토지의 취득과 관련이 없으며, 토지의 취득원가를 구성한다고 볼 수 없을 것임.

② 환경·교통영향평가비용은 구 환경·교통·재해 등에 관한 영향평가법(2008.3.28. 법률 제9037호로 전부 개정되기 전의 것)에 근거하여 이 사건 사업으로 인한 소음, 진동, 인구밀집, 수질, 토양 및 교통 등이 주변 환경에 미치는 영향을 평가하기 위하여 지출한 것으로서 그 평가항목에 따라서는 토지의 취득과 관련이 없는 비용이 있을 수 있음.

③ 정비기반시설 조성을 위한 토목설계·설치비용은 해당 구축물의 취득비용에 해당하는 것으로서, 원칙적으로 토지와 관련하여 지출한 비용이나 토지의 취득원가에 해당하지 아니함(대법원 2004.3.25. 선고 2004두39 판결 참조).

④ 측량비용은 종전 건축물의 철거의 편의를 위한 것이라면 토지의 취득을 위하여 지출한 비용으로 볼 수 있을 것이나, 그 측량의 목적과 용역대가의 내역 등에 비추어 조합원 분담금 산정 등을 위한 것이라면 달리 볼 여지가 있음.

⑤ 소송비용은 그 소송내용에 비추어 볼 때 조합원들과의 법률적 분쟁을 해결함으로써 이 사건 사업의 원활한 진행을 위하여 지출한 것이라면, 이를 토지와 관련하여 지출한 비용이라거나 토지의 취득원가라고 할 수 없음.

⑥ 결국 원심이 이 사건 비용에 대하여 매입세액이 불공제되는 토지와 관련하여 지출한 면세사업 비용에 대한 매입세액에 해당하는지 여부를 판단하기 위해서는, 원고가 수행한 사업의 내용,

■ 토지의 조성 등을 위한 자본적 지출의 의미

④ 지방세법상의 취득

(1) 취득의 개념

지방세법에서는 "취득"이란 매매, 교환, 상속, 증여, 기부, 법인에 대한 현물출자, 건축, 개수, 공유수면의 매립, 간척에 의한 토지의 조성 등과 그 밖에 이와 유사한 취득으로서 원시취득(수용재결로 취득한 경우 등 과세대상이 이미 존재하는 상태에서 취득하는 경우는 제외한다), 승계취득 또는 유상·무상의 모든 취득을 말한다(지법 제6조 1호)라고 정의하고 있다.

「지방세법」제6조 제1호에서「취득」이라 함은 취득자가 소유권이전등기·등록 등 완전한 내용의 소유권을 취득하는가의 여부에 관계없이 사실상의 취득행위(잔금지급, 연부금 완납 등) 그 자체를 말하는 것이다(운영예규 법6-8).

대법원은 사실상 취득이란 일반적으로 등기와 같은 소유권 취득의 형식적 요건을 갖추지는 못하였으나 대금의 지급과 같은 소유권 취득의 실질적 요건을 갖춘 경우를 말하는 것이다(대법원 2002두5115. 2003.10.23.)라고 판단하고 있다.

또한 간주취득은 토지의 지목을 변경하거나 과점주주가 주식 또는 지분을 취득할 때에도 취득으로 의제하는 것을 말하며 취득세의 납세의무에 포함하고 있다.

■ 잔금의 일부를 미지급한 경우 사실상 취득

사안

거의 대부분의 잔금이 지급되고 극히 미미한 금액의 잔금만이 남아있는 경우 사실상 취득으로 볼 수 있는지 판단

판례

- 사실상의 취득이라 함은 일반적으로 등기와 같은 소유권 취득의 형식적 요건을 갖추지는 못하였으나 대금의 지급과 같은 소유권 취득의 실질적 요건을 갖춘 경우를 말하는데, 매매의 경우에 있어서는 사회통념상 대금의 거의 전부가 지급되었다고 볼 만한 정도의 대금지급이 이행되었음을 뜻한다고 보아야 하고, 이와 같이 대금의 거의 전부가 지급되었다고 볼 수 있는지 여부는 개별적 · 구체적 사안에 따라 미지급 잔금의 액수와 그것이 전체 대금에서 차지하는 비율, 미지급 잔금이 남게 된 경위 등 제반 사정을 종합적으로 고려하여 판단하여야 함(대법 2013두18018, 2014.1.23.).
- 부동산을 유상승계 취득하는 경우에 있어서 그 취득의 시기는 사실상의 잔금지급일이라 할 것이고 이는 원칙적으로 잔금청산일을 가르키는 것이나 취득세 자체가 사실상의 취득행위를 과세대상으로 하고 있고 사실상의 취득행위는 비록 잔금지급이 모두 완결되지 아니하였더라도 거의 대부분의 잔금이 지급되고 극히 미미한 금액의 잔금만이 형식상 미지급 되고 있을 뿐이어서 그와 같은 미미한 금액의 형식상의 지체를 이유로 계약해제를 주장하는 것이 신의칙상 허용되지 아니한다고 해석되는 경우라면 거래관념상 잔금을 모두 납부한 경우와 마찬가지로 취득하여 소유권의 실질적 요건을 갖추었다고 할 것임(대판 2006두15301, 2006.12.21. 참조).

■ 사업시행자가 토지수용위원회의 재결을 거쳐 수용으로 토지 및 건축물 등을 취득하는 경우 적용할 취득세율

- 「공익사업을 위한 토지 등의 취득 및 보상에 관한 법률」 및 관련 판례에서 언급하는 원시취득의 의미는 토지자체가 아닌 토지상의 존재하는 권리의 소멸을 의미하는 것으로,
- 취득자가 기존에 존재하지 않던 토지를 원시적으로 취득하는 것이 아니라, 기존에 존재하던 토지를 종전 소유자들에게 수용물건에 대한 보상금을 지급한 후 소유권 이전의 방법으로 취득하게 되는 점,
- 지방세법상 원시취득이란 그 명칭이나 형식에 관계없이 기존에 실재하지 않았던 과세물건에

대해 납세의무를 생성하는 것인 점,

- 지방세는 거래의 명칭이나 형식에 관계없이 그 실질내용에 따라 적용(「지방세기본법」 제17조 제2항)하여야 하며, 이 실질과세의 원칙은 비합리적인 형식이나 외관을 취하는 경우 실질에 따라 과세함으로써 부당한 조세회피행위를 규제하고 과세형평을 제고하여 조세정의를 실현하고자 하는 데 주된 목적(대법원 2012.1.19. 선고, 2008두8499)이 있는 점 등을 비추어 판단할 때, 원시취득이 아닌 승계취득의 세율을 적용하여야 할 것으로 사료됨(지방세운영 - 3119, 2015.10.5).

■ 점유취득시효로 인한 취득 및 수용으로 인한 부동산 취득시의 취득세율

- 「민법」 제245조에 따른 점유취득시효로 인한 취득자는 유상승계취득에 있어서 잔금이 청산된 경우와 같이 등기명의인에 대하여 소유권이전등기청구권을 가지게 되는 등 그 자체로 취득세의 과세객체가 되는 사실상 취득행위가 존재한다고 보아야 하며(대법원 2004.11.25. 선고 2003두13342 판결), 수용에 있어서도 사업시행자는 보상금을 지급하고 부동산 소유자로부터 부동산을 취득하는 것이므로 사실상 취득행위가 존재한다고 보아야 할 것임.
- 따라서, 해당 취득들은 타인소유 목적물(부동산 등)의 존재를 전제로 사실상 취득행위가 있다고 보아야 하는 점, 실질과세의 원칙 등을 종합적으로 감안했을 때 승계취득에 대한 취득세율을 적용하는 것이 타당하다고 할 것임(지방세운영 - 2427, 2013.9.29).

(2) 취득의 유형(토지)

취득의 형태는 원인에 따라 원시취득과 승계취득으로 나누어 진다. 승계취득은 유상취득과 무상취득으로 구분되며, 지방세법상 취득으로 의제하는 간주취득도 취득의 한 유형이다. 건설용지인 토지의 취득의 형태는 다음과 같다.

- 유상승계취득 : 매매, 교환, 현물출자 등
- 무상취득 : 상속, 증여, 기부, 법인합병
- 원시취득 : 공유수면의 매립, 간척, 민법상 시효취득
- 간주취득 : 토지의 지목변경

"연부"란 매매계약서상 연부계약 형식을 갖추고 일시에 완납할 수 없는 대금을 2년 이상에 걸쳐 일정액씩 분할하여 지급하는 것을 말한다(지법 제6조 제20호). 지방세법상 연부취득은 연부계약기간 중 일정액을 분할하여 지급할 때에는 매 연부금을 지급하는 시점마다 취득한 것으로 보아 연부금 지급시기에 취득세 납세의무가 발생한다. 만약 연부금을 지급하는 도중에 계약이 해약된 때에는 취득이 성립되지 아니하게 되므로 이미 납부한 연부금에 대한 취득세는 환급하게 된다.

부동산개발 관련 해석·판단사례

■ 합의해제와 취득

부동산에 관한 매매계약을 체결하고 매매대금을 모두 지급하였으나 소유권이전등기를 마치지 아니한 상태에서 그 후 합의에 의하여 매매계약을 해제하고 그 부동산을 반환한 경우

- 취득세의 납세의무 성립은 취득의 원인인 법률사실과 법률행위가 원인무효가 되어 당초부터 효력이 발생하지 아니한 때에는 취득의 효력도 발생하지 아니함. 그러나 부동산에 관한 매매계약을 체결하고 매매대금을 모두 지급하면 소유권이전등기를 마치지 아니하였더라도 취득세의 과세대상이 되는 사실상의 취득행위가 존재하게 되어 그에 대한 조세채권이 당연히 성립하고, 그 후 합의에 의하여 매매계약을 해제하고 그 부동산을 반환하였더라도 이미 성립한 조세채권의 행사에 영향을 줄 수 없음(대법 98두14228, 1998.12.8.).
- 토지에 대한 매매대금의 지급을 완료하여 토지를 사실상 취득함으로써 그에 따른 취득세 납세의무가 성립한 이상 그 후 원고들이 합의에 의하여 토지에 대한 매매계약을 해제하였다고 하더라도 이미 성립한 조세채권의 행사에 영향을 줄 수 없음(대법 2011두2755, 2013.11.28.).

(3) 건설용지의 취득과 지방세법 적용

부동산개발 법인이 건설용지를 취득하게 되면 위에서 살펴본 지방세법상 취득에 해당하게 되어 취득세 과세문제가 발생한다. 건설용지의 취득과 관련된 지방세법의 취득세 규정에 대한 내용은 다음 절에서 구체적으로 서술한다.

부동산개발사업을 위해 개발사업용 사업부지를 취득하는 경우에 나대지 상태로 취득하는 경우도 있지만 토지와 건축물을 함께 취득하여 지상의 건축물은 멸실한 후 토지만 사업용 부지로 활용하기도 한다. 본 절에서는 부동산개발사업을 위한 사업부지의 취득과 관련된 취득세와 중과세 적용 등에 대하여 서술한다. 그리고 건물 준공 이후 신축 건축물에 대한 취득세에 대해서는 'Chapter 4. 제1절 1. 신축 건축물의 취득세 실무'에서 설명한다.

 부동산 취득의 납세의무자

(1) 원칙적 납세의무자 : 부동산의 취득자

취득세는 부동산을 취득한 자에게 부과한다(지법 제7조①). 부동산의 취득은 「민법」 등 관계법령에 따른 등기·등록 등을 하지 아니한 경우라도 사실상 취득하면 각각 취득한 것으로 보고 해당 취득물건의 소유자 또는 양수인을 각각 취득자로 한다(지법 제7조②).

양도담보계약해제, 명의신탁해지로 취득하는 경우에는 그 취득의 방법·절차에 불구하고 그 권리의 인수자가 취득하는 경우로 보아 취득세의 납세의무가 있다(운영예규 법7-1).

유상 및 무상취득을 불문하고 적법하게 취득한 다음에는 그 후 합의에 의하여 계약을 해제하고 그 재산을 반환하는 경우에도 이미 성립한 조세채권의 행사에 영향을 줄 수 없다(무상취득은 취득일이 속하는 달의 말일부터 3개월 이내 그리고 유상승계취득은 취득일부터 60일 이내에 계약해제 사실을 입증하는 경우는 제외한다. 다만, 소유권이전등기를 경료되지 않은 경우에 한한다)(운영예규 법7-1).

일시취득 조건으로 취득한 부동산에 대한 대금지급방법을 연부계약형식으로 변경한 경우에는 계약변경 시점에 그 이전에 지급한 대금에 대한 취득세의 납세의무가 발생하며, 그 이후에는 사실상 매 연부금지급일마다 취득세를 납부하여야 한다(운영예규 법7-5).

"갑"소유의 미등기건물에 대하여 "을"이 채권확보를 위하여 법원의 판결에 의한 소유권보존등기를 "갑"의 명의로 등기할 경우의 취득세 납세의무는 "갑"에게 있다(운영예규 법7-6).

법원의 가압류결정에 의한 가압류등기의 촉탁에 의하여 그 전제로 소유권보존등기가 선행된 경우 취득세 미납부에 대한 가산세납세의무자는 소유권보존등기자이다(운영예규 법7-6).

■ 토지소유자(A) 단독 명의로 사용승인을 받은 조성토지에 대한 용역제공자(B)의 납세의무

사안

A공사가 토지를 제공하고 B사업자는 공사용역을 제공하는 내용의 「공공주택지구 조성사업 협약」을 체결하고, 사업이 완료된 후 A공사 단독 명의로 조성토지에 대한 사용승인을 받은 경우, A공사 명의로 조성된 토지에 대한 B사업자의 취득세 납세의무

해석

- 별도 법인을 설립하지 않고 사업자 등록만을 이행하고 사업 시행을 위한 실시협약을 체결하면서 토지소유는 A공사 소유로 하되 민간사업자에게 우선 공급할 수 있다고 약정한 것을 볼 때, 토지를 공동소유로 전환하려는 의사의 합치가 있었다고 볼 수 없으므로, 협약체결로 인해 A공사가 이미 소유권 취득을 완료한 해당 토지에 대해 민간사업자에게 취득세 납세의무가 추가적으로 발생한다고 보기는 어려워 보임(행정자치부 지방세정팀-2129, 2006.5.25. 같은 취지의 해석 참조).
- 아울러 민간사업자는 공사대금 회수와 별개로 조성된 토지 중 3필지를 매매대금을 완납하고 A공사로부터 우선공급 받았는데, 이는 해당 토지가 A공사의 소유임이 전제된 것이며, 만일 공동사업 협약 체결에 따라 민간사업자에게 토지에 대한 취득세 납세의무가 발생하였다고 본다면 이미 취득한 토지를 다시 매매대금을 지급하고 분양 받고 재차 취득세를 납부하게 되어 불합리한 측면이 있어 보임(부동산세제-806, 2019.10.23.).

(2) 의제 납세의무자

1) 토지의 지목변경 취득자

토지의 지목을 사실상 변경함으로써 그 가액이 증가한 경우에는 취득으로 본다(지법 제7조④). 「공간정보의 구축 및 관리 등에 관한 법률」 제67조에 따른 대(垈) 중 「국토의 계획 및 이용에 관한 법률」 등 관계법령에 따른 택지공사가 준공된 토지에 정원 또는 부속시설물 등을 조성·설치하는 경우에는 그 정원 또는 부속시설물 등은 토지에 포함되는 것으로서 토지의 지목을 사실상 변경하는 것으로 보아 토지의 소유자가 취득한 것으로 본다. 다만, 건축물을 건축하면서 그 건축물에 부수되는 정원 또는 부속시설물 등을 조성·설치하는 경우에는 그 정원 또는 부속시설물 등은 건축물에 포함되는 것으로 보아 건축물을 취득하는 자가 취득한 것으로 본다(지법 제7조⑭).

| 조경·도로포장공사비 등의 경우 취득세 과세구분 |

구 분	건축물을 건축하는 경우	건축물을 건축하지 않는 경우
납세의무자	건축물을 취득하는 자	토지의 지목을 사실상 변경한 자
과세표준	건축공사비 + 조경·포장공사비 등	지목변경 공사비 + 조경·포장공사비 등
세율적용	원시취득(2.8%)	간주취득(2.0%)
건축 시 조경·도로포장 공사비 등	임야 등에 건축이 이루어지는 경우로서 순수 지목변경을 위한 비용(절토·성토비용 등)은 지목변경 취득세 과세표준에 포함하고, 건축에 수반되는 비용(조경공사, 도로포장비용 등)은 건축물 취득세 과세표준에 포함해야 함(부동산세 제-378, 2021.2.2.).	

그리고 「도시개발법」에 따른 도시개발사업(환지방식만 해당한다)의 시행으로 토지의 지목이 사실상 변경된 때에는 그 환지계획에 따라 공급되는 환지는 조합원이, 체비지 또는 보류지는 사업시행자가 각각 취득한 것으로 본다(지법 제7조④ 후단).

2) 주택조합원

「주택법」 제11조에 따른 주택조합과 「도시 및 주거환경정비법」 제35조 제3항 및 「빈집 및 소규모주택 정비에 관한 특례법」 제23조에 따른 재건축조합 및 소규모재건축조합이 해당 조합원용으로 취득하는 조합주택용 부동산(공동주택과 부대시설·복리시설 및 그 부속토지를 말한다)은 그 조합원이 취득한 것으로 본다. 다만, 조합원에게 귀속되지 아니하는 부동산("비조합원용 부동산"이라 한다)은 제외한다(지법 제7조⑧). 비조합원용 부동산의 취득 면적은 다음 계산식에 따라 산출한 면적으로 한다(지령 제11조의2).

$$\text{일반분양분 토지의 면적} \times \frac{\text{지방세법 제7조 제8항에 따른 주택조합등이 사업 추진 중에 조합원으로부터 신탁받은 토지의 면적}}{\text{전체 토지의 면적}}$$

(예 시)

- 사업구역의 전체 토지면적 500 중 조합원이 신탁한 토지면적은 400, 추가 매입 토지면적은 100으로 가정한다.
- 전체 토지면적 500 중 조합원분양분 토지면적은 300, 일반분양분 토지면적은 200으로 가정한다.

(계산식에 의한 계산 결과)

- 비조합원용(일반분양분) 토지면적 계산〈위 계산식에 의해 계산〉

$$200 \times 400 \,/\, 500 = 160$$

- 조합원이 신탁한 토지 400 중 조합원분 토지는 240(=400-160)이고 비조합원용(일반분양분) 토지는 160이 된다. 비율은 6 : 4이다.
- 추가 매입한 토지 100 중 조합원분 토지는 60(=300-240), 일반분양분 토지는 40(=200-160)으로 구성된다. 비율은 6 : 4이다.

3) 도시개발사업과 정비사업의 경우

「도시개발법」에 따른 도시개발사업과 「도시 및 주거환경정비법」에 따른 정비사업의 시행으로 해당 사업의 대상이 되는 부동산의 소유자(상속인을 포함한다)가 환지계획 또는 관리처분계획에 따라 공급받거나 토지상환채권으로 상환받는 건축물은 그 소유자가 원시취득한 것으로 보며, 토지의 경우에는 그 소유자가 승계취득한 것으로 본다. 이 경우 토지는 당초 소유한 토지 면적을 초과하는 경우로서 그 초과한 면적에 해당하는 부분에 한정하여 취득한 것으로 본다(지법 제7조⑯).

| 도시개발사업 · 재개발사업의 취득세 과세방법 변경(2023.3.14. 개정) |

구 분	변경 전		변경 후	
	과세대상	취득원인	과세대상	취득원인
도시개발 · 재개발사업	• 조합원이 취득하는 부동산의 취득세 면제 • 청산금 부담 시 과세 (구, 지특법 제74조①)	불분명	신축 건축물(지법 제7조⑯)	원시취득
			토지는 종전보다 초과한 면적 (지법 제7조⑯)	승계취득
			토지의 지목변경 시 납세의무자(조합원, 사업시행자)별 과세(지법 제7조④). 단, 환지방식 도시개발사업일 때만	간주취득

■ 부동산개발 관련 해석·판단사례

■ 도시개발사업의 지목변경시 취득세 납세의무

도시개발사업에 따른 토지조성공사 준공 전에 쟁점 토지 구역에 주택개발사업이 착수된 경우 지목변경에 대한 취득세 납세의무

• 쟁점 토지의 지목이 사실상 변경된 날은 조성공사가 사실상 완료되어 전·답이었던 토지가 주택건설사업에 공여될 수 있는 토지로 변경된 날이고, 지목변경 간주취득일은 지목이 사실상 변경된 날과 토지사용 승낙일인 토지지분 매매계약일 중 빠른 날이므로, 그 당시 토지 소유자인 도시개발사업 시행자가 취득세 납세의무자라고 판단됨(부동산세제-561, 2020.3.12.).

■ 공부상 지목변경이 관계법령에 따라 불가능한 경우 취득세 납세의무

• 「산지관리법」 등 관계법령에 따른 허가를 받고 해당 토지가 기존의 산지(임야)가 아니라 태양에너지발전시설용 토지(잡종지 등)로 사실상 지목이 변경됨으로써 가액이 증가된 경우라면 지적 공부상의 지목변경이 수반되지 않는 경우라 하더라도 취득세 납세의무가 있다고 판단됨(부동산세제-872, 2021.3.26.).

• 토지의 지목변경에 따른 취득세 납세의무는 지목변경 시점의 대내외적인 토지의 소유자에게 있다(지방세운영과-1419, 2015.5.11.)고 보는 등 지목변경에 따른 간주취득세 납세의무자는 토지 소유자인 것으로 일관되게 해석하여 오고 있음(부동산세제-806, 2019.10.23.).

■ 지역주택조합이 해당 조합원용으로 취득하는 조합주택용 부동산의 납세의무

• 「지방세법」 제7조 제8항에서 주택법 제11조에 따른 주택조합이 해당 조합원용으로 취득하는 조합주택용 부동산은 그 조합원이 취득하는 것으로 간주하되, 조합원에게 귀속되지 아니하는 부동산은 제외하도록 규정하고 있고, 주택법 제2조 제11호에서 주택조합이란 많은 수의 구성원이 사업계획의 승인을 받아 주택을 마련하거나 리모델링하기 위하여 결성하는 조합으로서, 지역주택조합, 직장주택조합, 리모델링주택조합으로 규정하고 있음(지방세운영-642, 2019.3.14.).

(3) 신탁재산의 납세의무자

1) 위탁자 지위 이전시 납세의무자

「신탁법」 제10조에 따라 신탁재산의 위탁자 지위의 이전이 있는 경우에는 새로운 위탁자가 해당 신탁재산을 취득한 것으로 본다. 다만, 위탁자 지위의 이전에도 불구하고 신탁재산에 대한 실질적인 소유권 변동이 있다고 보기 어려운 아래의 경우에는 그러하지 아니하다(지법 제7조⑮, 지령 제11조의3).

- 「자본시장과 금융투자업에 관한 법률」에 따른 부동산집합투자기구의 집합투자업자가 그 위탁자의 지위를 다른 집합투자업자에게 이전하는 경우

2) 신탁토지의 지목변경시 납세의무자

「신탁법」에 따라 신탁 등기가 되어 있는 토지의 지목이 변경된 경우 지목변경에 따른 취득세 납세의무는 수탁자에게 있다(운영예규 법7-8).

■ 부동산개발 관련 해석 · 판단사례

- **신탁으로 수탁자에게 소유권이 이전된 토지의 지목의 변경으로 인한 취득세의 납세의무자**

> **판례**
>
> - 토지의 경우 취득세 과세대상이 되는 것은 토지의 소유권을 취득하거나 '소유하고 있는' 토지의 지목이 사실상 변경되어 그 가액이 증가한 경우인데(대법원 1984.5.15. 선고 83누696 판결 등 참조), 신탁법상의 신탁은 위탁자가 수탁자에게 특정의 재산권을 이전하거나 기타의 처분을 하여 수탁자로 하여금 신탁 목적을 위해 그 재산권을 관리 · 처분하게 하는 것이므로, 부동산 신탁에 있어 수탁자 앞으로 소유권이전등기를 마치게 되면 소유권이 수탁자에게 이전되는 것이지 위탁자와의 내부관계에 있어 소유권이 위탁자에게 유보되는 것은 아닌 점(대법원 2003.1.27.자 2000마2997 결정, 대법원 2011.2.10. 선고 2010다84246 판결 등 참조), 신탁법 제19조는 "신탁재산의 관리 · 처분 · 멸실 · 훼손 기타의 사유로 수탁자가 얻은 재산은 신탁재산에 속한다"고 규정하고 있는데,
> - 위 규정에 의하여 신탁재산에 속하게 되는 부동산 등의 취득에 대한 취득세의 납세의무자도 원칙적으로 수탁자인 점 등에 비추어 보면, 신탁법에 의한 신탁으로 수탁자에게 소유권이 이전된 토지에 있어 법 제105조 제5항이 규정한 지목의 변경으로 인한 취득세의 납세의무자는 수탁자로 봄이 타당하고, 위탁자가 그 토지의 지목을 사실상 변경하였다고 하여 달리 볼 것은 아님(대법 2010두2395, 2012.6.14.).

❷ 토지의 취득세 과세표준

취득세 과세표준 법령은 개정되어 2023.1.1. 이후부터는 전면적으로 시행한다.

(1) 과세표준의 기준

취득세의 과세표준은 취득 당시의 가액으로 한다. 다만, 연부로 취득하는 경우 취득세의 과세표준은 연부금액(매회 사실상 지급되는 금액을 말하며, 취득금액에 포함되는 계약보증금을 포함한다. 이하 같다)으로 한다(지법 제10조).

(2) 무상취득의 경우 과세표준

1) 일반적인 무상취득의 경우 과세표준

부동산등을 무상취득하는 경우 지방세법 제10조에 따른 취득 당시의 가액(이하 "취득당시가액"이라 한다)은 취득시기 현재 불특정 다수인 사이에 자유롭게 거래가 이루어지는 경우 통상적으로 성립된다고 인정되는 가액(매매사례가액, 감정가액, 공매가액 등 대통령령(아래 참조)으로 정하는 바에 따라 시가로 인정되는 가액을 말하며, 이하 "시가인정액"이라 한다)으로 한다(지법 제10조의2①).

> **시가인정액의 산정 및 평가기간의 판단 등**
>
> **1. 시가인정액**
>
> "매매사례가액, 감정가액, 공매가액 등 시가로 인정되는 가액"(이하 "시가인정액"이라 한다)이란 취득일 전 6개월부터 취득일 후 3개월 이내의 기간(이하 "평가기간"이라 한다)에 취득 대상이 된 지방세법 제7조 제1항에 따른 부동산 등(이하 "부동산등"이라 한다)에 대하여 매매, 감정, 경매(「민사집행법」에 따른 경매를 말한다. 이하 같다) 또는 공매(이하 "매매등"이라 한다)한 사실이 있는 경우의 가액으로서 다음의 구분에 따라 정하는 가액을 말한다(지령 제14조①).
>
> ① 취득한 부동산등의 매매사실이 있는 경우 : 그 거래가액.
>   다만, 「소득세법」 제101조 제1항 또는 「법인세법」에 따른 특수관계인(이하 "특수관계인"이라 한다)과의 거래 등으로 그 거래가액이 객관적으로 부당하다고 인정되는 경우는 제외한다.
> ② 취득한 부동산등에 대하여 둘 이상의 감정기관(행정안전부령으로 정하는 공신력 있는

감정기관을 말한다. 이하 같다)이 평가한 감정가액이 있는 경우 : 그 감정가액의 평균액.
다만, 다음의 가액은 제외하며, 해당 감정가액이 법 제4조에 따른 시가표준액에 미달하는
경우나 시가표준액 이상인 경우에도 지방세심의위원회의 심의를 거쳐 감정평가 목적
등을 고려하여 해당 감정가액이 부적정하다고 인정되는 경우에는 지방자치단체의 장이
다른 감정기관에 의뢰하여 감정한 가액으로 하며, 그 가액이 납세자가 제시한 감정가액보다
낮은 경우에는 납세자가 제시한 감정가액으로 한다.
　㉮ 일정한 조건이 충족될 것을 전제로 해당 부동산등을 평가하는 등 취득세의 납부 목적에
　　적합하지 않은 감정가액
　㉯ 취득일 현재 해당 부동산등의 원형대로 감정하지 않은 경우 그 감정가액

③ 취득한 부동산등의 경매 또는 공매 사실이 있는 경우 : 그 경매가액 또는 공매가액

2. 판단기준일 및 가액 적용

위 1.의 가액이 평가기간 이내의 가액인지에 대한 판단은 다음의 구분에 따른 날을 기준으로
하며, 시가인정액이 둘 이상인 경우에는 취득일 전후로 가장 가까운 날의 가액(그 가액이
둘 이상인 경우에는 평균액을 말한다)을 적용한다(지령 제14조②).

① 취득한 부동산등의 매매사실이 있는 경우 : 매매계약일
② 취득한 부동산등에 대하여 둘 이상의 감정기관이 평가한 감정가액이 있는 경우 :
　가격산정기준일과 감정가액평가서 작성일
③ 취득한 부동산등의 경매 또는 공매 사실이 있는 경우 : 경매가액 또는 공매가액이 결정된 날

3. 지방세심의위원회 심의요청 및 의결

지방세법 시행령 제14조 제1항(위 1. 시가인정액)에도 불구하고 납세자 또는 지방자치단체의
장은 취득일 전 2년 이내의 기간 중 평가기간에 해당하지 않는 기간에 매매등이 있거나
평가기간이 지난 후에도 취득세 신고·납부기한의 만료일부터 6개월 이내의 기간 중에
매매등이 있는 경우에는 행정안전부령(지칙 제4조의3, 생략)으로 정하는 바에 따라 지방세
심의위원회에 해당 매매등의 가액을 시가인정액의 가액으로 인정하여 줄 것을 심의요청할
수 있다(지령 제14조③).
위에 따른 심의요청을 받은 지방세심의위원회는 취득일부터 위 2. 판단기준일의 날까지의
기간 중에 시간의 경과와 주위환경의 변화 등을 고려할 때 가격변동의 특별한 사정이 없다고
인정하는 경우에는 위에 따른 기간 중의 매매등의 가액을 위 1. 시가인정액의 가액으로
심의·의결할 수 있다(지령 제14조④).

4. 시가인정액의 의제

위 1.~3.까지의 규정에 따라 시가인정액으로 인정된 가액이 없는 경우에는 취득한 부동산등의

면적, 위치, 종류 및 용도와 지방세법 제4조(부동산 등의 시가표준액)에 따른 시가표준액이 동일하거나 유사하다고 인정되는 다른 부동산등(이하 "유사부동산등"이라 한다)의 위 1. ①~③에 따른 가액[취득일 전 1년부터 법 제20조 제1항에 따른 신고·납부기한의 만료일까지(이하 "유사부동산등 평가기간"이라 한다)의 가액으로 한정한다]을 해당 부동산등의 시가인정액으로 본다(지령 제14조⑤).

5. 지방세심의위원회 심의요청 및 의결(유사부동산등)

위 4.에도 불구하고 납세자 또는 지방자치단체의 장은 부동산등의 취득일 전 2년부터 법 제20조 제1항에 따른 신고·납부기한의 만료일까지의 기간 중 유사부동산등 평가기간에 해당하지 않는 기간에 유사부동산등의 매매등이 있는 경우에는 행정안전부령으로 정하는 바에 따라 지방세심의위원회에 해당 매매등의 가액을 위 1. 시가인정액의 가액으로 인정하여 줄 것을 심의요청할 수 있다(지령 제14조⑥).

위에 따른 심의요청을 받은 지방세심의위원회는 부동산등의 취득일부터 유사부동산등의 제2항 각 호의 날까지의 기간 중에 시간의 경과와 주위환경의 변화 등을 고려할 때 가격변동의 특별한 사정이 없다고 인정하는 경우에는 위에 따른 기간 중의 유사부동산등의 매매등의 가액을 위 1. 시가인정액의 가액으로 심의·의결할 수 있다(지령 제14조⑦). 유사부동산등에 대한 판단기준은 행정안전부령(지칙 제4조의3, 생략)으로 정한다(지령 제14조⑧).

6. 자본적지출액의 가산

시가인정액을 산정할 때 위 2. 판단기준일의 날이 부동산등의 취득일 전인 경우로서 위 2. 판단기준일의 날부터 취득일까지 해당 부동산등에 대한 자본적지출액(「소득세법 시행령」 제163조 제3항에 따른 자본적지출액을 말한다. 이하 같다)이 확인되는 경우에는 그 자본적지출액을 위 1. 시가인정액의 가액에 더할 수 있다(지령 제14조⑨).

2) 상속 등의 경우 과세표준

위 1)에도 불구하고 다음의 경우에는 각각에서 정하는 가액을 취득당시가액으로 한다(지법 제10조의2②).

① 상속에 따른 무상취득의 경우 : 지방세법 제4조에 따른 시가표준액

② 취득물건에 대한 시가표준액이 1억원 이하의 부동산등을 무상취득(위 ①의 경우는 제외한다)하는 경우 : 시가인정액과 지방세법 제4조에 따른 시가표준액 중에서 납세자가 정하는 가액(지령 제14조의2)

③ 위 ①, ②에 해당하지 아니하는 경우 : 시가인정액으로 하되, 시가인정액을 산정하기 어려운 경우에는 지방세법 제4조에 따른 시가표준액

1. 토지의 시가표준액

토지에 대한 시가표준액은 「부동산 가격공시에 관한 법률」에 따라 공시된 가액으로 한다. 다만, 개별공시지가가 공시되지 아니한 경우에는 특별자치시장·특별자치도지사·시장·군수 또는 구청장(자치구의 구청장을 말한다)이 국토교통부장관이 제공한 토지가격비준표를 사용하여 산정한 가액으로 한다(지법 제4조①).

토지의 시가표준액은 「지방세기본법」 제34조에 따른 세목별 납세의무의 성립시기 당시에 「부동산 가격공시에 관한 법률」에 따라 공시된 개별공시지가로 한다(지령 제2조).

2. 개별공시지가

시장·군수 또는 구청장은 국세·지방세 등 각종 세금의 부과, 그 밖의 다른 법령에서 정하는 목적을 위한 지가산정에 사용되도록 하기 위하여 시·군·구 부동산가격공시위원회의 심의를 거쳐 매년 공시지가의 공시기준일 현재 관할 구역 안의 개별토지의 단위면적당 가격("개별공시지가"라 한다)을 결정·공시(다음 해 5월 31일까지)하고, 이를 관계 행정기관 등에 제공하여야 한다(부동산 가격공시에 관한 법률 제10조①, 시행령 제21조).

"개별공시지가가 없는 경우"라 함은 「공간정보의 구축 및 관리 등에 관한 법률」에 의한 신규등록 토지나 개별공시지가의 결정·고시가 누락된 토지의 경우만을 의미하는 것이 아니라, 토지의 분할로 인하여 개별공시지가 산정의 기초자료가 되는 토지 특성이 달라짐으로써 분할 전 토지의 개별공시지가를 분할 후 토지의 지가로 보는 것이 불합리하다고 볼 특별한 사정이 있는 경우도 포함된다(대판 2002두868, 2004.7.22.).

※ 건물의 시가표준액에 대해서는 Chapter 4. 제1절 1. 신축 건축물의 취득세 실무를 참고하기 바란다.

3) 감정가액 신고의 경우 과세표준

납세자가 취득세 신고를 할 때 과세표준으로 감정가액을 신고하려는 경우에는 대통령령(생략)으로 정하는 바에 따라 둘 이상의 감정기관(시가표준액이 10억원 이하인 부동산등 또는 법인 합병·분할 및 조직 변경을 원인으로 취득하는 부동산등의 경우에는 하나의 감정기관으로 한다)에 감정을 의뢰하고 그 결과를 첨부하여야 한다(지법 제10조의2③).

위에 따른 신고를 받은 지방자치단체의 장은 감정기관이 평가한 감정가액이 다른 감정기관이 평가한 감정가액의 100분의 80에 미달하는 등 대통령령으로 정하는 사유에 해당하는 경우[납세자가 제시한 감정가액(이하 "원감정가액"이라 한다)이 지방자치단체의 장이 다른 감정기관에 의뢰하여 평가한 감정가액(이하 "재감정가액"이라 한다)의 100분의 80에 미달하는 경우를 말한다]에는 1년의 범위에서 기간을 정하여 해당 감정기관을 시가불인정 감정기관으로 지정할 수 있다(지법 제10조의2④). 시가불인정 감정기관으로 지정된 감정기관이 평가한 감정가액은 그 지정된 기간 동안 시가인정액으로 보지 아니한다(지법 제10조의2⑤).

4) 부담부 증여의 경우 과세표준

증여자의 채무를 인수하는 부담부 증여의 경우 유상으로 취득한 것으로 보는 채무액에 상당하는 부분(이하 "채무부담액"이라 한다. 시가인정액을 그 한도로 한다)에 대해서는 아래 (3)에서 정하는 유상승계취득에서의 과세표준을 적용하고, 취득물건의 시가인정액에서 채무부담액을 뺀 잔액에 대해서는 무상취득에서의 과세표준을 적용한다(지법 제10조의2⑥, 지령 제14조의4①).

채무부담액은 취득자가 부동산등의 취득일이 속하는 달의 말일부터 3개월 이내에 인수한 것을 입증한 채무액으로서 다음의 금액으로 한다(지령 제14조의4②).
① 등기부 등본으로 확인되는 부동산등에 대한 저당권, 가압류, 가처분 등에 따른 채무부담액
② 금융기관이 발급한 채무자 변경 확인서 등으로 확인되는 금융기관의 금융채무액
③ 임대차계약서 등으로 확인되는 부동산등에 대한 임대보증금액
④ 그 밖에 판결문, 공정증서 등 객관적 입증자료로 확인되는 취득자의 채무부담액

(3) 유상승계취득의 경우 과세표준

1) 사실상의 취득가격

부동산등을 유상거래(매매 또는 교환 등 취득에 대한 대가를 지급하는 거래를 말한다. 이하 같다)로 승계취득하는 경우 취득당시가액은 취득시기 이전에 해당 물건을 취득하기 위하여 다음의 자가 거래 상대방이나 제3자에게 지급하였거나 지급하여야 할 일체의 비용으로서 대통령령(아래 참조)으로 정하는 사실상의 취득가격(이하 "사실상취득가격"이라 한다)으로 한다(지법 제10조의3①).
① 납세의무자
②「신탁법」에 따른 신탁의 방식으로 해당 물건을 취득하는 경우에는 같은 법에 따른 위탁자
③ 그 밖에 해당 물건을 취득하기 위하여 비용을 지급하였거나 지급하여야 할 자로서 대통령령으로 정하는 자(시행령에 정해진 내용 없음)

사실상취득가격 = 직접비용 + 간접비용

1. 사실상취득가격 적용대상

"사실상취득가격"이란 해당 물건을 취득하기 위하여 거래 상대방 또는 제3자에게 지급했거나 지급해야 할 직접비용과 다음의 어느 하나에 해당하는 간접비용의 합계액을 말한다. 다만, 취득대금을 일시급 등으로 지급하여 일정액을 할인받은 경우에는 그 할인된 금액으로 하고, 법인이 아닌 자가 취득한 경우에는 아래 ①, ② 또는 ⑦의 금액을 제외한 금액으로 한다(지령 제18조①).

① 건설자금에 충당한 차입금의 이자 또는 이와 유사한 금융비용
② 할부 또는 연부 계약에 따른 이자 상당액 및 연체료
③ 「농지법」에 따른 농지보전부담금, 「문화예술진흥법」 제9조 제3항에 따른 미술작품의 설치 또는 문화예술진흥기금에 출연하는 금액, 「산지관리법」에 따른 대체산림자원조성비 등 관계 법령에 따라 의무적으로 부담하는 비용
④ 취득에 필요한 용역을 제공받은 대가로 지급하는 용역비·수수료(건축 및 토지조성공사로 수탁자가 취득하는 경우 위탁자가 수탁자에게 지급하는 신탁수수료를 포함한다)
⑤ 취득대금 외에 당사자의 약정에 따른 취득자 조건 부담액과 채무인수액
⑥ 부동산을 취득하는 경우 「주택도시기금법」 제8조에 따라 매입한 국민주택채권을 해당 부동산의 취득 이전에 양도함으로써 발생하는 매각차손. 이 경우 행정안전부령으로 정하는 금융회사 등(이하 "금융회사등"이라 한다) 외의 자에게 양도한 경우에는 동일한 날에 금융회사등에 양도하였을 경우 발생하는 매각차손을 한도로 한다.
⑦ 「공인중개사법」에 따른 공인중개사에게 지급한 중개보수
⑧ 붙박이 가구·가전제품 등 건축물에 부착되거나 일체를 이루면서 건축물의 효용을 유지 또는 증대시키기 위한 설비·시설 등의 설치비용
⑨ 정원 또는 부속시설물 등을 조성·설치하는 비용
⑩ 위 ①부터 ⑨까지의 비용에 준하는 비용

2. 사실상취득가격 제외대상

위 1.에도 불구하고 다음의 어느 하나에 해당하는 비용은 사실상취득가격에 포함하지 않는다(지령 제18조①).

① 취득하는 물건의 판매를 위한 광고선전비 등의 판매비용과 그와 관련한 부대비용
② 「전기사업법」, 「도시가스사업법」, 「집단에너지사업법」, 그 밖의 법률에 따라 전기·가스·

열 등을 이용하는 자가 분담하는 비용

③ 이주비, 지장물 보상금 등 취득물건과는 별개의 권리에 관한 보상 성격으로 지급되는 비용

④ 부가가치세

⑤ 위 ①부터 ④까지의 비용에 준하는 비용

2) 부당행위계산의 부인

지방자치단체의 장은 특수관계인 간의 거래로 그 취득에 대한 조세부담을 부당하게 감소시키는 행위 또는 계산을 한 것으로 인정되는 경우(이하 "부당행위계산"이라 한다)에는 위 1)에도 불구하고 시가인정액을 취득당시가액으로 결정할 수 있다(지법 제10조의3②). 부당행위계산은 특수관계인으로부터 시가인정액보다 낮은 가격으로 부동산을 취득한 경우로서 시가인정액과 사실상취득가격의 차액이 3억원 이상이거나 시가인정액의 100분의 5에 상당하는 금액 이상인 경우로 한다(지령 제18조의2).

부동산개발 관련 해석·판단사례

■ 취득세 과세표준에 포함되는 건설자금이자의 범위 및 계산방법

판례

• 법인세법이 건설자금이자를 손금에 산입하지 않도록 규정하는 것은 수익비용대응의 원칙 등을 이론적 근거로 하고 있으나(대법원 1995.8.11. 선고 95누3121 판결 등 참조), 구 지방세법이 건설자금이자를 취득세의 과세표준에 포함하도록 규정하는 것은 그것이 취득을 위하여 간접적으로 소요된 금액임을 근거로 하며(대법원 2010.4.29. 선고 2009두17179 판결 등 참조), 또한 법인세법상 손금불산입 대상인 건설자금이자는 사업용 고정자산에 관한 것에 국한되나 구 지방세법상 취득세의 과세표준에 산입되는 건설자금이자는 이에 한정되지 않음.

• 이에 비추어 보면, 구 지방세법상 취득세의 과세표준에 산입되는 건설자금이자는 법인세법상 손금불산입 대상인 건설자금이자와 그 범위가 반드시 일치하는 것은 아니지만, 어떠한 자산을 건설 등에 의하여 취득하는 데에 사용할 목적으로 직접 차입한 자금(이하 '특정차입금'이라 한다)의 경우에, 그 이자는 취득에 소요되는 비용으로서 해당 자산의 원가를 구성하는 자본적 지출이 된다는 점에서 양자가 서로 공통되므로 그 건설자금이자는 같은 방식으로 산정함이 타당함.

• 따라서 구 지방세법상 취득세의 과세표준에 산입되는 건설자금이자는 법인세법상 손금불산입 대상인 건설자금이자와 마찬가지로 특정차입금의 차입일부터 해당 자산의 취득일 등까지 발생한 이자에서 특정차입금의 일시예금에서 생기는 수입이자를 차감하는 방법으로 산정하여야 하고,

(4) 원시취득의 경우 과세표준

1) 원 칙

부동산등을 원시취득하는 경우 취득당시가액은 사실상취득가격으로 한다(지법 제10조의4①).

2) 예 외

위 1)에도 불구하고 법인이 아닌 자가 건축물을 건축하여 취득하는 경우로서 사실상취득가격을 확인할 수 없는 경우의 취득당시가액은 지방세법 제4조에 따른 시가표준액으로 한다(지법 제10조의4②).

(5) 과세표준에 대한 특례

위 (2)~(4)에도 불구하고 다음의 경우 취득당시가액의 산정 및 적용 등은 대통령령(아래 박스 참조)으로 정한다(지법 제10조의5③).

① 대물변제, 교환, 양도담보 등 유상거래를 원인으로 취득하는 경우

② 법인의 합병·분할 및 조직변경을 원인으로 취득하는 경우

③ 「도시 및 주거환경정비법」 제2조 제8호의 사업시행자, 「빈집 및 소규모주택 정비에 관한 특례법」 제2조 제1항 제5호의 사업시행자 및 「주택법」 제2조 제11호의 주택조합이 취득하는 경우

④ 그 밖에 위 ①부터 ③까지의 규정에 준하는 경우로서 대통령령으로 정하는 취득에 해당하는 경우.

"대통령령으로 정하는 취득"이란 다음 각 호의 취득을 말한다(지령 제18조의4②).

㈀ 「도시개발법」에 따른 도시개발사업의 시행으로 인한 사업시행자의 체비지 또는 보류지의 취득

㈁ 지방세법 제7조 제16항 후단[「도시개발법」에 따른 도시개발사업과 「도시 및 주거환경정비법」에 따른 정비사업의 시행으로 해당 사업의 대상이 되는 부동산의 소유자(상속인을 포함한다)가 환지계획 또는 관리처분계획에 따라 공급받거나 토지상환채권

으로 상환받는 토지는 그 소유자가 승계취득한 것으로 본다. 이 경우 토지는 당초 소유한 토지 면적을 초과하는 경우로서 그 초과한 면적에 해당하는 부분에 한정하여 취득한 것으로 본다]에 따른 조합원의 토지 취득

· 취득당시가액의 산정

다음에 해당하는 취득의 경우 취득당시가액은 다음의 구분에 따른 가액으로 한다(지령 제18조의4).

① 대물변제, 교환, 양도담보 등 유상거래를 원인으로 취득하는 경우 : 다음의 구분에 따른 가액. 다만, 특수관계인으로부터 부동산등을 취득하는 경우로서 부당행위계산을 한 것으로 인정되는 경우 취득당시가액은 시가인정액으로 한다.

  ㉮ 대물변제 : 대물변제액(대물변제액 외에 추가로 지급한 금액이 있는 경우에는 그 금액을 포함한다). 다만, 대물변제액이 시가인정액보다 적은 경우 취득당시가액은 시가인정액으로 한다.

  ㉯ 교환 : 교환을 원인으로 이전받는 부동산등의 시가인정액과 이전하는 부동산등의 시가인정액(상대방에게 추가로 지급하는 금액과 상대방으로부터 승계받는 채무액이 있는 경우 그 금액을 더하고, 상대방으로부터 추가로 지급받는 금액과 상대방에게 승계하는 채무액이 있는 경우 그 금액을 차감한다) 중 높은 가액

(예 시)

A 소유 자산 및 채무 : 아파트 15억원(시가인정액), 채무액 5억원

B 소유 자산 및 채무 : 토지 20억원(시가인정액), 현금 4억원, 채무액 11억원

• 위와 같이 A와 B가 소유한 자산 및 채무를 서로 교환할 경우 A와 B의 취득세 과세표준은?
  - A의 취득세 과세표준 : Max[20억원, (15억원 + 11억원 - 4억원 - 5억원 = 17억원)] = 20억원
  - B의 취득세 과세표준 : Max[15억원, (20억원 - 11억원 + 4억원 + 5억원 = 18억원)] = 18억원

  ㉰ 양도담보 : 양도담보에 따른 채무액(채무액 외에 추가로 지급한 금액이 있는 경우 그 금액을 포함한다). 다만, 그 채무액이 시가인정액보다 적은 경우 취득당시가액은 시가인정액으로 한다.

② 법인의 합병 · 분할 및 조직변경을 원인으로 취득하는 경우 : 시가인정액. 다만, 시가 인정액을 산정하기 어려운 경우 취득당시가액은 시가표준액으로 한다.

③ 「도시 및 주거환경정비법」 제2조 제8호의 사업시행자(주거환경개선사업, 재개발사업,

재건축사업), 「빈집 및 소규모주택 정비에 관한 특례법」 제2조 제1항 제5호의 사업시행자(빈집정비사업, 소규모주택정비사업) 및 「주택법」 제2조 제11호의 주택조합(지역주택조합, 직장주택조합, 리모델링주택조합)이 지방세법 제7조 제8항 단서에 따른 비조합원용 부동산 또는 체비지·보류지를 취득한 경우 : 다음 계산식에 따라 산출한 가액

$$가액 = A \times [B - (C \times B / D)]$$

A : 해당 토지의 제곱미터당 분양가액
B : 해당 토지의 면적
C : 사업시행자 또는 주택조합이 해당 사업 진행 중 취득한 토지면적(조합원으로부터 신탁받은 토지는 제외한다)
D : 해당 사업 대상 토지의 전체 면적

(예 시)

- 사업구역의 전체 토지면적 500 중 조합원이 신탁한 토지의 면적은 400, 추가 매입 토지의 면적은 100으로 가정한다.
- 전체 토지면적 500 중 조합원분양분 토지의 면적은 300, 일반분양분 토지(해당 토지)의 면적은 200으로 가정한다.
- 일반분양분 토지(해당 토지)의 제곱미터당 분양가액은 500만원으로 가정한다.

(계산식에 의한 계산 결과)
- 조합이 조합원으로부터 취득하는 비조합원용(일반분양분) 토지의 과세표준은 아래와 같다.

$$500만원 \times [200 - (100 \times 200/500) = 160] = 8억원$$

위 계산식에 따라 과세표준을 계산한 결과, 해당 사업시행자 또는 주택조합이 해당 사업 진행 중 취득한 토지면적(조합원으로부터 신탁받은 토지는 제외한다)은 취득 당시 이미 취득세가 과세되었으므로 이 부분의 비율에 해당하는 가액만큼 과세표준에서 제외하여 이중과세를 방지하게 된다.

④ 지방세법 제10조의5 제3항 제4호의 경우 : 다음의 구분에 따른 가액
  (ㄱ) 「도시개발법」에 따른 도시개발사업의 시행으로 인한 사업시행자의 체비지 또는 보류지의 취득 : 다음 계산식에 따라 산출한 가액

$$가액 = A \times [B - (C \times B / D)] - E$$

A : 해당 토지의 제곱미터당 분양가액
B : 해당 토지의 면적
C : 사업시행자가 해당 사업 진행 중 취득한 토지면적
D : 해당 사업 대상 토지의 전체 면적
E : 지방세법 제7조 제4항 후단에 따른 토지의 지목 변경에 따른 취득가액

위 계산식에 따라 과세표준을 계산한 결과, 해당 사업시행자가 해당 사업 진행 중 취득한 토지면적은 취득 당시 이미 취득세가 과세되었으므로 이 부분의 비율에 해당하는 가액과 토지의 지목 변경에 따른 취득가액을 과세표준에서 제외하여 이중과세를 방지하게 된다.

(ㄴ) 지방세법 제7조 제16항 후단[「도시개발법」에 따른 도시개발사업과 「도시 및 주거환경정비법」에 따른 정비사업의 시행으로 해당 사업의 대상이 되는 부동산의 소유자(상속인을 포함한다)가 환지계획 또는 관리처분계획에 따라 공급받거나 토지상환채권으로 상환받는 토지는 그 소유자가 승계취득한 것으로 본다. 이 경우 토지는 당초 소유한 토지 면적을 초과하는 경우로서 그 초과한 면적에 해당하는 부분에 한정하여 취득한 것으로 본다.]에 따른 조합원의 토지 취득 : 다음 계산식에 따라 산출한 가액

$$가액 = (A \times B) - C$$

A : 해당 토지의 제곱미터당 분양가액
B : 해당 토지 면적
C : 지방세법 제7조 제4항 후단에 따른 토지의 지목 변경에 따른 취득가액

(6) 취득으로 보는 경우의 과세표준

토지의 지목을 사실상 변경한 경우 취득당시가액은 그 변경으로 증가한 가액에 해당하는 사실상취득가격으로 한다(지법 제10조의6① 제1호).

위에도 불구하고 법인이 아닌 자가 토지의 지목을 사실상 변경한 경우로서 사실상취득가격을 확인할 수 없는 경우 취득당시가액은 지방세법 제4조에 따른 시가표준액을 대통령령(아래 참조)으로 정하는 방법에 따라 계산한 가액으로 한다(지법 제10조의6②).

- 토지의 사실상 지목변경에 해당하는 경우로서 사실상취득가격을 확인할 수 없는 경우의 취득당시가액은 다음의 가액으로 한다(지령 제18조의6 제1호).

  토지의 지목이 사실상 변경된 때를 기준으로 ㉮의 가액에서 ㉯의 가액을 뺀 가액

  ㉮ 지목변경 이후의 토지에 대한 시가표준액(해당 토지에 대한 개별공시지가의 공시기준일이 지목변경으로 인한 취득일 전인 경우에는 인근 유사토지의 가액을 기준으로 「부동산 가격공시에 관한 법률」에 따라 국토교통부장관이 제공한 토지가격비준표를 사용하여 시장·군수·구청장이 산정한 가액을 말한다)

  ㉯ 지목변경 전의 토지에 대한 시가표준액(지목변경으로 인한 취득일 현재 해당 토지의 변경 전 지목에 대한 개별공시지가를 말한다. 다만, 변경 전 지목에 대한 개별공시지가가 없는 경우에는 인근 유사토지의 가액을 기준으로 「부동산 가격공시에 관한 법률」에 따라 국토교통부장관이 제공한 토지가격비준표를 사용하여 시장·군수·구청장이 산정한 가액을 말한다)

③ 토지의 취득시기

토지의 취득시기는 토지의 취득에 대한 납세의무성립일이 된다.

(1) 무상취득·유상승계취득시 취득시기

1) 무상취득

무상취득의 경우에는 그 계약일(상속 또는 유증으로 인한 취득의 경우에는 상속 또는 유증 개시일을 말한다)에 취득한 것으로 본다. 다만, 해당 취득물건을 등기·등록하지 않고 다음의 어느 하나에 해당하는 서류로 계약이 해제된 사실이 입증되는 경우에는 취득한 것으로 보지 않는다(지령 제20조①).

① 화해조서·인낙조서(해당 조서에서 취득일부터 취득일이 속하는 달의 말일부터 3개월 이내에 계약이 해제된 사실이 입증되는 경우만 해당한다)

② 공정증서(공증인이 인증한 사서증서를 포함하되, 취득일부터 취득일이 속하는 달의 말일부터 3개월 이내에 공증받은 것만 해당한다)

③ 행정안전부령으로 정하는 계약해제신고서(취득일부터 취득일이 속하는 달의 말일부터 3개월 이내에 제출된 것만 해당한다)

2) 유상승계취득

유상승계취득의 경우에는 사실상의 잔금지급일(신고인이 제출한 자료로 사실상의 잔금지급일을 확인할 수 없는 경우에는 계약상의 잔금지급일을 말하고, 계약상 잔금지급일이 명시되지 않은 경우에는 계약일부터 60일이 경과한 날을 말한다)에 취득한 것으로 본다. 다만, 해당 취득물건을 등기·등록하지 않고 다음의 어느 하나에 해당하는 서류로 계약이 해제된 사실이 입증되는 경우에는 취득한 것으로 보지 않는다(지령 제20조②).

① 화해조서·인낙조서(해당 조서에서 취득일부터 60일 이내에 계약이 해제된 사실이 입증되는 경우만 해당한다)

② 공정증서(공증인이 인증한 사서증서를 포함하되, 취득일부터 60일 이내에 공증받은 것만 해당한다)

③ 행정안전부령으로 정하는 계약해제신고서(취득일부터 60일 이내에 제출된 것만 해당한다)

④ 부동산 거래신고 관련 법령에 따른 부동산거래계약 해제등 신고서(취득일부터 60일 이내에 등록관청에 제출한 경우만 해당한다)

3) 연부취득

연부로 취득하는 것(취득가액의 총액이 법 제17조〈면세점〉의 적용을 받는 것은 제외한다)은 그 사실상의 연부금 지급일을 취득일로 본다(지령 제20조⑤).

"연부"란 매매계약서상 연부계약 형식을 갖추고 일시에 완납할 수 없는 대금을 2년 이상에 걸쳐 일정액씩 분할하여 지급하는 것을 말한다(지법 제6조 20호).

일시취득 조건으로 취득한 부동산에 대한 대금지급방법을 연부계약형식으로 변경한 경우에는 계약변경 시점에 그 이전에 지급한 대금에 대한 취득세의 납세의무가 발생하며, 그 이후에는 사실상 매 연부금지급일마다 취득세를 납부하여야 한다(운영예규 법7-5).

■ 부동산개발 관련 해석·판단사례

■ 증여계약을 해제하고 소유권이전등기를 말소한 경우 취득시기와 납세의무 성립 여부

> **사안**
>
> 소유권이전등기를 완료하고, 이후 증여계약해제를 원인으로 소유권이전등기까지 말소하여

이 건 아파트의 취득세 납세의무가 소멸하였으므로 기 납부한 취득세를 환급하여야 한다는 청구주장의 당부(2020.7.15. 증여취득, 2020.7.16. 소유권이전등기경료, 2020.9.4. 증여계약 합의해제 및 소유권이전말소등기)

심판례

- 청구인이 2020.7.16. 이 건 아파트의 소유권이전등기를 본인 명의로 경료한 사실이 등기사항전부증명서 등에 의하여 확인되는 점, 이 건 아파트를 취득한 이후에 증여계약을 해제하고 그 소유권이전등기를 말소하였다 하더라도 이미 성립한 취득세 납세의무에는 영향을 미치지 않는 점 등에 비추어,

- 청구인이 2020.7.15. 이 건 아파트를 증여받아 취득하면서 그 취득세 납세의무가 적법하게 성립되었으므로 처분청이 이 건 경정청구를 거부한 처분에는 달리 잘못이 없는 것으로 판단됨(조심 2021지810, 2021.7.26.).

■ 잔금이 형식상 미지급된 계약에 대한 계약해제의 경우 취득시기

사안

부동산 등을 유상승계 취득하는 경우 극히 미미한 금액의 잔금만이 형식상 미지급되고 있을 때 계약해제를 주장하는 것에 대한 신의칙 적용

판례

- 법인으로부터 부동산 등을 유상승계 취득하는 경우에 있어서 그 취득의 시기는 사실상의 잔금지급일이라 할 것이고, 이는 원칙적으로 잔금 청산일을 가리키는 것이나, 그 한편으로 취득세 자체가 사실상의 취득행위를 과세대상으로 하고 있고, 이러한 사실상의 취득행위는 비록 잔금지급이 모두 완결되지 않았더라도 거의 대부분의 잔금이 지급되고 극히 미미한 금액의 잔금만이 형식상 미지급되고 있을 뿐이어서 그와 같은 미미한 금액의 형식상의 지체를 이유로 계약해제를 주장하는 것이 신의칙상 허용되지 않는다고 해석될 경우라면(대법원 1971.3.31. 선고, 71다352·353·354 판결 등 참조), 거래관념상 잔금을 모두 납부한 경우와 마찬가지로 이미 완료되었다고 풀이해야 할 것임(대법 2006두11828, 2006.9.8.).

- 유상승계의 경우에는 그 계약상의 잔금지급일에 취득한 것으로 보되, 잔금을 계약상의 지급일 전에 사실상 지급한 경우와 공매방법 등에 의한 취득의 경우에는 그 사실상의 잔금지급일에 취득한 것으로 본다고 규정하고 있으며, 이 사건 부동산을 공매방법에 의하여 취득한 것으로 본다고 규정하고 있음.

- 사실상의 취득시기가 불분명하거나 사실상의 취득이 계약상의 잔금지급과 관련되었을 경우의 그 취득시기에 관한 의제일 뿐 현저하고 명백한 사실상의 취득시기가 배제되는 것이라고 할 수는 없다고 할 것인바(대법 1980.2.12. 선고 79누138 판결참조), 잔대금의 일부를 지급하고 당해 부동산을 양수받아 이를 사용, 수익하고 배타적으로 지배할 수 있는 상태가 되었다면 비록 잔대금 전액이 지급되지 아니하였더라도 매수인은 당해 부동산을 사실상 취득한 것으로 보아야 할 것임(대법 93누23527, 1994.5.24.).

■ 대물변제의 취득시기

채무에 갈음하는 대물변제의 다른 급부가 부동산의 소유권이전일 때 부동산의 취득시기

- 대물변제는 본래의 채무에 갈음하여 다른 급부를 현실적으로 하는 때에 성립하는 요물계약으로서, 다른 급부가 부동산의 소유권이전인 때에는 그 소유권이전등기를 완료하여야만 대물변제가 성립되어 기존채무가 소멸하는 것이므로, 채권자로서는 그 소유권이전등기를 경료하기 이전에는 소유권취득의 실질적 요건을 갖추었다고 할 수 없고, 따라서 소유권이전등기를 경료한 때에 당해 부동산을 취득하는 것으로 보아야 할 것임(대법 98두17067, 1999.11.12.).

■ 연부로 취득하는 경우 취득시기와 비업무용토지의 유예기간 기산일

- 연부로 취득하는 경우의 취득시기를 규정한 구 지방세법 시행령 제73조 제5항은 조세채권의 조기인식을 위하여 특례를 둔 것으로서 함부로 확장해석할 수 없고 토지의 성질상 연부금에 상응하는 부분으로 분할하여 사용할 수는 없으며 전체를 일괄적으로 사용하여야 하는 점을 감안하면, 연부취득 중인 토지에 관한 비업무용토지의 유예기간 기산일은, 원칙적으로 연부대금을 완납한 때이고, 그 대금완납 전에 소유권이전등기를 한 때에는 그 등기일이라고 봄이 상당함(대법 2003두3857, 2005.6.24.).

(2) 원시취득 등 취득시기

1) 매립 · 간척 등으로 원시취득한 토지

관계법령에 따라 매립·간척 등으로 토지를 원시취득하는 경우에는 공사준공인가일을 취득일로 본다. 다만, 공사준공인가일 전에 사용승낙·허가를 받거나 사실상 사용하는 경우에는 사용승낙일·허가일 또는 사실상 사용일 중 빠른 날을 취득일로 본다(지령 제20조⑧).

2) 주택조합용 토지

「주택법」 제11조에 따른 주택조합이 주택건설사업을 하면서 조합원으로부터 취득하는 토지 중 조합원에게 귀속되지 아니하는 토지를 취득하는 경우에는 「주택법」 제49조에 따른 사용검사를 받은 날에 그 토지를 취득한 것으로 본다.

「도시 및 주거환경정비법」 제35조 제3항에 따른 재건축조합이 재건축사업을 하면서 조합원으로부터 취득하는 토지 중 조합원에게 귀속되지 아니하는 토지를 취득하는 경우에는 「도시 및 주거환경정비법」 제86조 제2항에 따른 소유권이전 고시일의 다음 날에 그 토지를 취득한 것으로 본다.

「빈집 및 소규모주택 정비에 관한 특례법」 제23조 제2항에 따른 소규모재건축조합이 소규모재건축사업을 하면서 조합원으로부터 취득하는 토지 중 조합원에게 귀속되지 아니하는 토지를 취득하는 경우에는 「빈집 및 소규모주택 정비에 관한 특례법」 제40조 제2항에 따른 소유권이전 고시일의 다음 날에 그 토지를 취득한 것으로 본다(지령 제20조⑦).

3) 토지의 지목변경

토지의 지목변경에 따른 취득일은 토지의 지목이 사실상 변경된 날과 공부상 변경된 날 중 빠른 날을 취득일로 본다. 다만, 토지의 지목변경일 이전에 사용하는 부분에 대해서는 그 사실상의 사용일을 취득일로 본다(지령 제20조⑩).

토지소유자(개발자)와 건축주가 동일인 경우	토지소유자(개발자)와 건축주가 다른 경우
일반적으로 동일 건축주(토지소유자)로서 직접 건축허가에서 토지조성, 건축물의 준공까지의 일련의 과정을 거쳐 건축에 이른 경우라면 건축물 준공일을 지목변경일로 보는 것이 합리적임.	해당 법인이 쟁점 토지를 시세 등을 반영하여 개별공시지가에 비해 고가로 제3자에게 매각한 점, 해당 법인이 건축하고자 하는 단독주택의 호수에 맞게 13개의 필지로 분할 후 매각함으로써 쟁점 토지를 취득한 제3자가 그 토지에 건축물을 준공한 점을 고려해 보면, 해당 법인은 비록 건축허가를 받았지만, 건축을 위한 토지를 조성하여 제3자에게 제공하는 역할에 그친다고 보는 것이 합리적이라 할 것임. 따라서 건축물 준공일이 아닌 쟁점 토지를 택지로서 사실상 사용이 가능한 시점에 사실상 지목변경이 이루어진 것으로 보는 것이 타당하다고 판단됨(부동산세제 – 4051, 2022.12.12.).

4) 점유 취득

「민법」 제245조 및 제247조에 따른 점유로 인한 취득의 경우에는 취득물건의 등기일 또는 등록일을 취득일로 본다(지령 제20조⑫).

5) 취득일 전에 등기 또는 등록을 한 경우

무상취득, 유상승계취득 및 연부취득에 따른 취득일 전에 등기 또는 등록을 한 경우에는 그 등기일 또는 등록일에 취득한 것으로 본다(지령 제20조⑭).

특수한 경우 취득의 시기

① 금융회사로부터 융자금을 받아 건축한 주택을 승계취득하는 경우에는 금융회사의 융자금이 건축주로부터 분양받은 자의 명의로 대환되는 때를 취득시기로 보며, 그 이전에 등기한 경우에는 이전등기일이 취득시기가 된다.

② 현물출자를 통해 법인 설립을 하는 경우 재산의 취득시기는 법인설립 등기일이다.

③ 「지방세법 시행령」 제20조 제10항에서 지목이 사실상 변경이란 건축공사 등과 병행되는 경우로서 토지의 형질변경을 수반하는 경우에는 건축 등 그 원인되는 공사가 완료된 때를 취득의 시기로 본다.

④ 건축주가 임시사용승인일, 사실상 사용일, 사용승인서교부일 이전에 입주자로부터 잔금을 받은 경우에는 임시사용승인일, 사실상 사용일, 사용승인서교부일이 건축주의 원시취득일과 분양받은 자의 승계취득일이 된다.

⑤ 취득세 과세물건을 취득함에 있어 그 대금을 약속어음으로 받은 경우에는 대물변제일,

어음결제일과 소유권이전등기일 중 빠른 날이 취득시기가 된다.

⑥ 아파트·상가 등 구분등기대상 건축물을 원시취득함에 있어 1동의 건축물 중 그 일부에 대하여 임시사용승인을 받거나 사실상 사용하는 경우에는 그 임시사용승인을 받은 부분 또는 사실상 사용하는 부분과 그렇지 않은 부분을 구분하여 취득시기를 각각 판단한다.

⑦ 주택조합 등이 조합원으로부터 신탁받은 금전으로 매수하는 부동산에 대하여는 사실상의 잔금지급일 또는 등기일 중 빠른 날에 이를 취득한 것으로 본다.

⑧ 건설 중인 골프장회원권 등의 취득시기 : 골프회원권, 콘도미니엄회원권, 승마회원권 및 종합체육시설이용회원권을 사업자로부터 최초로 취득하는 경우의 취득시기는 회원권에 대한 대금완납 후에 당첨자결정이 된 때에는 당첨자결정일이, 당첨자결정 후에 대금을 납입하는 때에는 잔금지급일이 된다(운영예규 법7-2, 법7-4).

 ## 취득세율

부동산개발 사업부지의 취득과 관련한 부동산 형태는 나대지인 경우도 있지만 주택 또는 주택외 건축물도 함께 포함될 수 있다. 따라서 여기에서는 토지와 주택·건축물에 대한 취득세율을 함께 서술한다. 취득세의 세율은 표준세율(지방세법 제11조~제12조), 중과세율(지방세법 제13조, 제13조의2) 및 세율특례(지방세법 제15조)로 구분된다. 유형별 취득세율은 아래와 같다.

A. 무상취득시 세율

구분		종전(2010년까지)		2011년부터	농어촌특별세	지방교육세
		등록세(ㄱ)	취득세(ㄴ)	취득세(ㄱ+ㄴ)	(ㄴ×10%)	(ㄱ×20%)
상속	농지	0.3%	2.0%	2.3%	0.2%	0.06%
	농지외 부동산	0.8%	2.0%	2.8%	0.2%	0.16%
무상취득	일반납세자	1.5%	2.0%	3.5%	0.2%	0.30%
	비영리사업자	0.8%	2.0%	2.8%	0.2%	0.16%
공유, 합유, 총유물의 분할		0.3%	2.0%	2.3%	0.2%	0.06%
기타 무상취득	1가구1주택상속	0.8%		0.8%		0.16%
	자경농지상속	0.3%		0.3%		0.06%
	이혼재산분할	1.5%		1.5%		0.30%

* 농어촌특별세는 국민주택규모 이하 주택의 취득에 대해서는 비과세한다(농특법 제4조 제9호).

B. 유상승계취득시 세율(그밖의 원인 취득)

구분	종전(2010년까지)		2011년부터	농어촌특별세 (ㄴ×10%)	지방교육세 (ㄱ×20%)
	등록세(ㄱ)	취득세(ㄴ)	취득세(ㄱ+ㄴ)		
농지	1.0%	2.0%	3.0%	0.2%	0.2%
농지외 토지, 건축물	2.0%	2.0%	4.0%	0.2%	0.4%
고급오락장, 고급주택	2.0%	10.0%	12.0%	1.0%	0.4%
대도시법인 중과세	6.0%	2.0%	8.0%	0.2%	1.2%
주택유상취득 (1세대 1주택)	2.0%	2.0%	6억원 이하 1% 6~9억원 1~3% 9억원 초과 3%	0.2%	0.1% 0.1~0.3% 0.3%
주택유상취득 (1세대 2주택 이상)	2.0%	2.0%	8%, 12%[*]	0.6%, 1.0%	0.4%

* 1세대 2주택 이상 중과세 시행일은 2020.8.12.부터 임.
* 농어촌특별세는 국민주택규모 이하 주택의 취득에 대해서는 비과세한다(농특법 제4조 제9호).

C. 원시취득시 세율

구분	종전(2010년까지)		2011년부터	농어촌특별세 (ㄴ×10%)	지방교육세 (ㄱ×20%)
	등록세(ㄱ)	취득세(ㄴ)	취득세(ㄱ+ㄴ)		
원시취득	0.8%	2.0%	2.8%	0.2%	0.16%

* 농어촌특별세는 국민주택규모 이하 주택의 취득에 대해서는 비과세한다(농특법 제4조 제9호).

D. 간주취득시 세율

구분	종전(2010년까지)		2011년부터	농어촌특별세 (ㄴ×10%)	지방교육세 (ㄱ×20%)
	등록세(ㄱ)	취득세(ㄴ)	취득세(ㄱ+ㄴ)		
간주취득	–	2.0%	2.0%	0.2%	–

* 농어촌특별세는 국민주택규모 이하 주택의 취득에 대해서는 비과세한다(농특법 제4조 제9호).

구분	주택 수	조정대상지역 내			조정대상지역 외		
		취득세	지방교육세	농특세	취득세	지방교육세	농특세
개인	1세대 1주택	1~3%	0.1~0.3%	0.2%	1~3%	0.1~0.3%	0.2%
	1세대 2주택	8%	0.4%	0.6%	1~3%	0.1~0.3%	0.2%
	1세대 3주택	12%	0.4%	1.0%	8%	0.4%	0.6%
	1세대 4주택	12%	0.4%	1.0%	12%	0.4%	1.0%
	무상취득	12%	0.4%	1.0%	3.5%	0.3%	0.2%
법인, 단체	모든 주택	12%	0.4%	1.0%	12%	0.4%	1.0%
고급주택(1주택)		표준세율 +8%	(표준세율−2%) ×20%	1.0%	표준세율 +8%	(표준세율−2%) ×20%	1.0%
고급주택과 주택 중과세 중복		2주택중과 8%+8%	0.4%	1.4%	3주택중과 8%+8%	0.4%	1.4%
		3주택중과 12%+8%	0.4%	1.8%	4주택중과 12%+8%	0.4%	1.8%

* 농어촌특별세는 국민주택규모 이하 주택의 취득에 대해서는 비과세한다(농특법 제4조 제9호).

(1) 취득세율의 종류

1) 표준세율

"표준세율"이란 지방자치단체가 지방세를 부과할 경우에 통상 적용하여야 할 세율로서 재정상의 사유 또는 그 밖의 특별한 사유가 있는 경우에는 이에 따르지 아니할 수 있는 세율을 말한다(지기법 제2조① 제6호).

2) 조례조정세율

지방자치단체의 장은 조례로 정하는 바에 따라 취득세의 세율을 제11조(부동산 취득의 세율)와 제12조(부동산외 취득의 세율)에 따른 세율의 100분의 50의 범위에서 가감할 수 있다(지법 제14조).

(2) 부동산 취득의 세율(지법 제11조) : 표준세율

부동산에 대한 취득세는 제10조의 과세표준에 다음에 해당하는 표준세율을 적용하여 계산한 금액을 그 세액으로 한다(지법 제11조①).

1) 상속으로 인한 취득(지법 제11조① 제1호)

① 농지 : 1천분의 23

② 농지 외의 것 : 1천분의 28

농지는 다음의 토지로 한다(지령 제21조).

(ㄱ) 취득 당시 공부상 지목이 논, 밭 또는 과수원인 토지로서 실제 농작물의 경작이나
다년생식물의 재배지로 이용되는 토지. 이 경우 농지 경영에 직접 필요한 농막·
두엄간·양수장·못·늪·농도·수로 등이 차지하는 토지 부분을 포함한다.

(ㄴ) 취득 당시 공부상 지목이 논, 밭, 과수원 또는 목장용지인 토지로서 실제 축산용으로
사용되는 축사와 그 부대시설로 사용되는 토지, 초지 및 사료밭

그리고 부동산이 공유물일 때에는 그 취득지분의 가액을 과세표준으로 하여 각각의
세율을 적용한다(지법 제11조②).

2) 위 1) 외의 무상취득(지법 제11조① 제2호)

: 1천분의 35. 다만, 비영리사업자의 취득은 1천분의 28로 한다.

비영리사업자의 범위는 아래와 같다(지령 제22조).

① 종교 및 제사를 목적으로 하는 단체

② 「초·중등교육법」 및 「고등교육법」에 따른 학교, 「경제자유구역 및 제주국제자유도시의
외국교육기관 설립·운영에 관한 특별법」 또는 「기업도시개발 특별법」에 따른 외국
교육기관을 경영하는 자 및 「평생교육법」에 따른 교육시설을 운영하는 평생교육단체

③ 「사회복지사업법」에 따라 설립된 사회복지법인

④ 「지방세특례제한법」 제22조 제1항에 따른 사회복지법인 등

⑤ 「정당법」에 따라 설립된 정당

그리고 부동산이 공유물일 때에는 그 취득지분의 가액을 과세표준으로 하여 각각의 세율을
적용한다(지법 제11조②).

부동산 합유자 중 일부가 사망하여 잔존 합유재산의 변동이 있는 경우에는 「지방세법」 제11조 제1항 제2호(상속 외의 무상취득)의 세율을 적용한다(운영예규 법11-4).

3) 원시취득(지법 제11조① 제3호)

: 1천분의 28

4) 공유물의 분할 또는 공유권해소 지분이전(지법 제11조① 제5호)

공유물의 분할 또는 「부동산 실권리자명의 등기에 관한 법률」 제2조 제1호 나목(부동산의 위치와 면적을 특정하여 2인 이상이 구분소유하기로 하는 약정을 하고 그 구분소유자의 공유로 등기하는 경우)에서 규정하고 있는 부동산의 공유권 해소를 위한 지분이전으로 인한 취득(등기부등본상 본인 지분을 초과하는 부분의 경우에는 제외한다) : 1천분의 23

* 이와 관련하여 (3) 특례세율을 참조하기 바란다.

공유로 되어 있는 부동산을 분할등기하는 경우 자기 소유지분에 대하여는 「지방세법」 제11조 제1항 제5호(공유물의 분할)의 세율을 적용하고, 자기 소유지분 초과분에 대하여는 「지방세법」 제11조 제1항 제7호(그 밖의 원인으로 인한 취득)의 세율을 적용한다(운영예규 법11-3).

5) 합유물 및 총유물의 분할로 인한 취득(지법 제11조① 제6호)

: 1천분의 23

* 합유물의 분할과 관련하여 (3) 특례세율을 참조하기 바란다.

6) 그 밖의 원인으로 인한 취득(지법 제11조① 제7호)

① 농지 : 1천분의 30

② 농지 외의 것 : 1천분의 40

그리고 부동산이 공유물일 때에는 그 취득지분의 가액을 과세표준으로 하여 각각의 세율을 적용한다(지법 제11조②).

부동산을 상호교환하여 소유권이전등기를 하는 것은 유상승계취득에 해당하므로 「지방세법」 제11조 제1항 제7호(그 밖의 원인으로 인한 취득)의 세율을 적용하여야 한다(운영예규 법11-2).

7) 주택의 유상거래 취득

위 6) ②(농지 외의 것 1천분의 40)에도 불구하고 유상거래를 원인으로 주택 [「주택법」 제2조 제1호에 따른 주택(단독주택, 다중주택, 다가구주택, 아파트, 연립주택, 다세대주택)으로서 「건축법」에 따른 건축물대장·사용승인서·임시사용승인서 또는 「부동산등기법」에 따른 등기부에 주택으로 기재{「건축법」(법률 제7696호로 개정되기 전의 것을 말한다)에 따라 건축허가 또는 건축신고 없이 건축이 가능하였던 주택(법률 제7696호 건축법 일부개정법률 부칙 제3조에 따라 건축허가를 받거나 건축신고가 있는 것으로 보는 경우를 포함한다)으로서 건축물대장에 기재되어 있지 아니한 주택의 경우에도 건축물대장에 주택으로 기재된 것으로 본다}된 주거용 건축물과 그 부속토지를 말한다]을 취득하는 경우에는 다음의 구분에 따른 세율을 적용한다(지법 제11조① 제8호).

① 취득당시가액이 6억원 이하인 주택 : 1천분의 10

② 취득당시가액이 6억원을 초과하고 9억원 이하인 주택 : 다음 계산식에 따라 산출한 세율. 이 경우 소수점 이하 다섯째자리에서 반올림하여 소수점 넷째자리까지 계산한다.

$$\left(\text{해당 주택의 취득당시가액} \times \frac{2}{3억원} - 3\right) \times \frac{1}{100}$$

③ 취득당시가액이 9억원을 초과하는 주택 : 1천분의 30

한편, 주택의 유상거래 취득세율 적용에 있어서 위의 구분에 따른 세율을 적용할 때 지분으로 취득한 주택의 취득당시가액[지방세법 제10조의3(유상승계취득의 경우 과세표준 : 사실상취득가격 또는 부당행위계산일 때는 시가인정액) 및 제10조의5 제3항(대물변제 등의 경우 과세표준 : 시가인정액 등)에서 정하는 취득당시가액으로 한정한다. 이하 같다]은 다음 계산식에 따라 산출한 전체 주택의 취득당시가액으로 한다(지법 제11조① 제8호 후단).

$$\text{전체 주택의 취득당시가액} = \text{취득 지분의 취득당시가액} \times \frac{\text{전체 주택의 시가표준액}}{\text{취득 지분의 시가표준액}}$$

그리고 부동산이 공유물일 때에는 그 취득지분의 가액을 과세표준으로 하여 각각의 세율을 적용한다(지법 제11조②).

위의 주택 유상거래 취득세율을 적용하기 위해서는 해당 주택이 다음의 요건을 모두 갖춰야 한다(지법 제11조① 제8호).

요 건	내 용
주택법상의 주택	「주택법」 제2조 제1호에 따른 주택(*)
공부상 등재	• 「건축법」에 따른 건축물대장·사용승인서·임시사용승인서 또는 「부동산등기법」에 따른 등기부에 주택으로 기재 • 「건축법」(법률 제7696호로 개정되기 전의 것을 말한다)에 따라 건축허가 또는 건축신고 없이 건축이 가능하였던 주택(법률 제7696호 건축법 일부개정법률 부칙 제3조에 따라 건축허가를 받거나 건축신고가 있는 것으로 보는 경우를 포함한다)으로서 건축물대장에 기재되어 있지 아니한 주택의 경우에도 건축물대장에 주택으로 기재된 것으로 본다.
건축물의 용도	주거용 건축물과 그 부속토지

* 주택법 제2조 제1호에서 "주택"이란 세대의 구성원이 장기간 독립된 주거생활을 할 수 있는 구조로 된 건축물의 전부 또는 일부 및 그 부속토지를 말하며, 단독주택과 공동주택으로 구분한다(주택법 제2조 제1호). 그리고 주택법에서는 건축법 시행령 [별표1]을 준용하는데 이 중에서 준용하는 단독주택은 단독주택, 다중주택 및 다가구주택을 말하고, 공동주택은 아파트, 연립주택 및 다세대주택을 말한다 (주택법 시행령 제2조, 제3조). 건축법에서 단독주택에 공관을, 공동주택에 기숙사를 포함하고 있는 점과는 차이가 있다.

건축법 시행령 [별표 1]〈개정 2023.2.14.〉

용도별 건축물의 종류(제3조의5 관련)

1. 단독주택

　[단독주택의 형태를 갖춘 가정어린이집·공동생활가정·지역아동센터·공동육아나눔터(「아이돌봄 지원법」 제19조에 따른 공동육아나눔터를 말한다. 이하 같다)·작은도서관(「도서관법」 제2조 제4호 가목에 따른 작은도서관을 말하며, 해당 주택의 1층에 설치한 경우만 해당한다. 이하 같다) 및 노인복지시설(노인복지주택은 제외한다)을 포함한다]

　가. 단독주택

　나. 다중주택 : 다음의 요건을 모두 갖춘 주택을 말한다.

　　1) 학생 또는 직장인 등 여러 사람이 장기간 거주할 수 있는 구조로 되어 있는 것

　　2) 독립된 주거의 형태를 갖추지 아니한 것(각 실별로 욕실은 설치할 수 있으나, 취사시설은 설치하지 않은 것을 말한다)

　　3) 1개 동의 주택으로 쓰이는 바닥면적(부설 주차장 면적은 제외한다. 이하 같다)의 합계가 660제곱미터 이하이고 주택으로 쓰는 층수(지하층은 제외한다)가 3개 층 이하일 것. 다만, 1층의 전부 또는 일부를 필로티 구조로 하여 주차장으로 사용하고 나머지 부분을 주택(주거 목적으로 한정한다) 외의 용도로 쓰는 경우에는 해당 층을 주택의 층수에서 제외한다.

　　4) 적정한 주거환경을 조성하기 위하여 건축조례로 정하는 실별 최소 면적, 창문의 설치 및 크기 등의 기준에 적합할 것

　다. 다가구주택 : 다음의 요건을 모두 갖춘 주택으로서 공동주택에 해당하지 아니하는 것을 말한다.

　　1) 주택으로 쓰는 층수(지하층은 제외한다)가 3개 층 이하일 것. 다만, 1층의 전부 또는 일부를 필로티 구조로 하여 주차장으로 사용하고 나머지 부분을 주택(주거 목적으로 한정한다) 외의 용도로 쓰는 경우에는 해당 층을 주택의 층수에서 제외한다.

　　2) 1개 동의 주택으로 쓰이는 바닥면적의 합계가 660제곱미터 이하일 것

　　3) 19세대(대지 내 동별 세대수를 합한 세대를 말한다) 이하가 거주할 수 있을 것

　라. 공관

2. 공동주택

　[공동주택의 형태를 갖춘 가정어린이집·공동생활가정·지역아동센터·공동육아나눔터·작은도서관·노인복지시설 (노인복지주택은 제외한다) 및 「주택법 시행령」 제10조 제1항 제1호에 따른 소형 주택을 포함한다]. 다만, 가목이나 나목에서 층수를 산정할 때 1층

전부를 필로티 구조로 하여 주차장으로 사용하는 경우에는 필로티 부분을 층수에서
제외하고, 다목에서 층수를 산정할 때 1층의 전부 또는 일부를 필로티 구조로 하여
주차장으로 사용하고 나머지 부분을 주택(주거 목적으로 한정한다) 외의 용도로 쓰는
경우에는 해당 층을 주택의 층수에서 제외하며, 가목부터 라목까지의 규정에서 층수를
산정할 때 지하층을 주택의 층수에서 제외한다.

가. 아파트 : 주택으로 쓰는 층수가 5개 층 이상인 주택

나. 연립주택 : 주택으로 쓰는 1개 동의 바닥면적(2개 이상의 동을 지하주차장으로 연결하는
경우에는 각각의 동으로 본다) 합계가 660제곱미터를 초과하고, 층수가 4개 층 이하인
주택

다. 다세대주택 : 주택으로 쓰는 1개 동의 바닥면적 합계가 660제곱미터 이하이고, 층수가
4개 층 이하인 주택(2개 이상의 동을 지하주차장으로 연결하는 경우에는 각각의
동으로 본다)

라. 기숙사 : 다음의 어느 하나에 해당하는 건축물로서 공간의 구성과 규모 등에 관하여
국토교통부장관이 정하여 고시하는 기준에 적합한 것. 다만, 구분 소유된 개별 실(室)은
제외한다.

　1) 일반기숙사 : 학교 또는 공장 등의 학생 또는 종업원 등을 위하여 사용하는 것으로서
해당 기숙사의 공동취사시설 이용 세대 수가 전체 세대 수(건축물의 일부를 기숙사로
사용하는 경우에는 기숙사로 사용하는 세대 수로 한다. 이하 같다)의 50퍼센트
이상인 것(「교육기본법」 제27조 제2항에 따른 학생복지주택을 포함한다)

　2) 임대형기숙사 : 「공공주택 특별법」 제4조에 따른 공공주택사업자 또는 「민간임대
주택에 관한 특별법」 제2조 제7호에 따른 임대사업자가 임대사업에 사용하는
것으로서 임대 목적으로 제공하는 실이 20실 이상이고 해당 기숙사의 공동취사시설
이용 세대 수가 전체 세대 수의 50퍼센트 이상인 것

8) 주택의 신축 · 증축 이후 부수토지 취득(지법 제11조④)

주택을 신축 또는 증축한 이후 해당 주거용 건축물의 소유자(배우자 및 직계존비속을
포함한다)가 해당 주택의 부속토지를 취득하는 경우에는 위 7) 주택의 유상거래취득을 적용하지
아니한다(지법 제11조④). 즉, 주택의 부속토지의 취득이 유상거래취득이면 위 6) ② 농지 외의
것 1천분의 40을 적용한다.

9) 법인의 합병 또는 분할 시 부동산 취득(지법 제11조⑤)

법인이 합병 또는 분할에 따라 부동산을 취득하는 경우에는 제1항 제7호의 세율[위 6)
참조]을 적용한다.

(3) 특례세율(지법 제15조)

1) 형식적인 취득의 경우

다음의 사유 중 어느 하나에 해당하는 취득에 대한 취득세는 지방세법 제11조 및 제12조에 따른 세율(표준세율)에서 중과기준세율(2%)을 뺀 세율로 산출한 금액을 그 세액으로 하되, 지방세법 제11조 제1항 제8호(유상거래를 원인으로 주택을 취득하는 경우)에 따른 주택의 취득에 대한 취득세는 해당 세율(1%~3%)에 100분의 50을 곱한 세율을 적용하여 산출한 금액을 그 세액으로 한다(지법 제15조① 본문). 다만 취득물건이 지방세법 제13조 제2항(과밀억제권역 안 부동산 취득 중과세)에 해당하는 경우에는 산출한 세율의 100분의 300을 적용한다(지법 제15조① 단서). 이 특례세율은 2011년 취득세와 등록세 통합 시행전 구 등록세에 해당한다.

주택 유상거래 외 취득	주택 유상거래 취득
표준세율 − 중과기준세율(2%)	해당 세율(1%~3%)에 100분의 50을 곱한 세율

① 환매등기를 병행하는 부동산의 매매로서 환매기간 내에 매도자가 환매한 경우의 그 매도자와 매수자의 취득
② 상속으로 인한 취득 중 1가구 1주택의 취득 또는 「지방세특례제한법」 제6조 제1항(자경농민의 농지 등에 대한 감면)에 따라 취득세의 감면대상이 되는 농지의 취득
③ 「법인세법」 제44조 제2항 또는 제3항(적격합병)에 해당하는 법인의 합병으로 인한 취득. 다만, 법인의 합병으로 인하여 취득한 과세물건이 합병 후에 지방세법 제16조에 따른 과세물건(사치성 재산 등)에 해당하게 되는 경우 또는 합병등기일부터 3년 이내에 「법인세법」 제44조의3 제3항 각 호의 어느 하나(승계받은 사업의 폐지 등)에 해당하는 사유가 발생하는 경우(같은 항 각 호 외의 부분 단서〈대통령령으로 정하는 부득이한 사유〉에 해당하는 경우는 제외한다)에는 그러하지 아니하다.
④ 공유물·합유물의 분할 또는 「부동산 실권리자명의 등기에 관한 법률」 제2조 제1호 나목에서 규정하고 있는 부동산의 공유권 해소를 위한 지분이전으로 인한 취득(등기부 등본상 본인 지분을 초과하는 부분의 경우에는 제외한다)
⑤ 건축물의 이전으로 인한 취득. 다만, 이전한 건축물의 가액이 종전 건축물의 가액을 초과하는 경우에 그 초과하는 가액에 대하여는 그러하지 아니하다.
⑥ 「민법」 제834조, 제839조의2 및 제840조에 따른 재산분할로 인한 취득

⑦ 벌채하여 원목을 생산하기 위한 입목의 취득(지령 제30조①)

2) 중과기준세율(2%)만 적용하는 경우

다음의 어느 하나에 해당하는 취득에 대한 취득세는 중과기준세율(2%)을 적용하여 계산한 금액을 그 세액으로 한다. 다만, 취득물건이 지방세법 제13조 제1항(과밀억제권역에서 본점이나 주사무소의 사업용으로 신축하거나 증축하는 건축물)에 해당하는 경우에는 중과기준세율의 100분의 300을, 같은 조 제5항(사치성 재산)에 해당하는 경우에는 중과기준세율의 100분의 500을 각각 적용한다(지법 제15조②). 이 특례세율은 2011년 취득세와 등록세 통합 시행 전 구 취득세에 해당한다. 부동산개발에 관련된 내용만 아래에 열거한다.

① 개수로 인한 취득(지방세법 제11조 제3항〈면적이 증가하여 원시취득으로 보는 경우〉에 해당하는 경우는 제외한다). 이 경우 과세표준은 지방세법 제10조의6 제3항(사실상취득가격 또는 법인이 아닌 자의 사실상취득가격을 확인할 수 없는 경우에는 시가표준액)에 따른다.

* 개수에 대해서는 'Chapter 4. 제1절 1. 신축건물의 취득세 실무'를 참고하기 바란다.

② 토지의 지목을 사실상 변경함으로써 토지의 가액 증가. 이 경우 과세표준은 지방세법 제10조의6 제1항(사실상취득가격)에 따른다.

③ 과점주주의 취득. 이 경우 과세표준은 지방세법 제10조의6 제4항(과점주주가 취득한 것으로 보는 해당 법인의 부동산등의 취득당시가액은 해당 법인의 결산서와 그 밖의 장부 등에 따른 부동산등의 총가액을 그 법인의 주식 또는 출자의 총수로 나눈 가액에 과점주주가 취득한 주식 또는 출자의 수를 곱한 금액으로 한다)에 따른다.

④ 지방세법 제7조 제14항 본문(택지공사가 준공된 토지에 정원 또는 부속시설물 등을 조성·설치하는 경우에는 그 정원 또는 부속시설물 등은 토지에 포함되는 것으로서 토지의 지목을 사실상 변경하는 것으로 보아 토지의 소유자가 취득한 것으로 본다)에 따른 토지의 소유자의 취득

⑤ 그 밖에 레저시설의 취득 등 다음의 어느 하나에 해당하는 취득(지령 제30조②)
  ㈎ 지방세법 시행령 제5조(시설의 범위)에서 정하는 시설의 취득
  ㈏ 무덤과 이에 접속된 부속시설물의 부지로 사용되는 토지로서 지적공부상 지목이 묘지인 토지의 취득
  ㈐ 지방세법 제9조 제5항 단서(임시건축물의 존속기간이 1년을 초과하는 경우에는 취득세를 부과한다)에 해당하는 임시건축물의 취득

㉺ 건축물을 건축하여 취득하는 경우로서 그 건축물에 대하여 지방세법 제28조 제1항 제1호 가목 또는 나목에 따른 소유권의 보존 등기 또는 소유권의 이전 등기(취득을 원인으로 한 등기 또는 등록이 아닌 경우 : 취득세 과세대상이 아니고 등록면허세 과세대상임)에 대한 등록면허세 납세의무가 성립한 후 지방세법 시행령 제20조(취득세의 취득시기)에 따른 취득시기가 도래하는 건축물의 취득

부동산개발을 위한 사업부지 또는 법인 본사의 신축 등을 위해 부동산을 취득하게 된다. 이 경우 해당 부동산을 취득하기 전에 먼저 취득세 중과세 여부를 검토하여야 하므로 아래 ❺ ~ ❽ 에서는 지방세법 제13조와 제13조의2의 취득세 중과세 규정에 대해 서술하고자 한다.

❺ 과밀억제권역 안 본점 부동산 취득 중과세(지법 제13조①)

(1) 중과세 적용범위

「수도권정비계획법」 제6조에 따른 과밀억제권역에서 본점이나 주사무소의 사업용으로 신축하거나 증축하는 건축물(신탁법에 따른 수탁자가 취득한 신탁재산 중 위탁자가 신탁기간 중 또는 신탁종료 후 위탁자의 본점이나 주사무소의 사업용으로 사용하기 위하여 신축하거나 증축하는 건축물을 포함한다)과 그 부속토지를 취득하는 경우 취득세율은 지방세법 제11조(부동산 취득의 세율)의 세율에 중과기준세율(2%)의 100분의 200을 합한 세율을 적용한다(지법 제13조①).

중과세율 = 표준세율 + 중과기준세율(2%) × 200/100

이 중과세 조항과 대도시 내 부동산 취득 중과세(지법 제13조②)가 동시에 적용되는 경우에 취득세는 지방세법 제11조 제1항(표준세율)의 100분의 300으로 한다(지법 제13조⑥). 그리고 이 중과세 조항은 과밀억제권역에서 본점이나 주사무소의 사업용으로 신축하거나 증축하는 건축물과 그 부속토지를 취득하는 경우에만 해당하므로 본점이나 주사무소용 부동산을 승계취득하는 경우에는 적용되지 않는다. 한편, 토지나 건축물을 취득한 후 5년 이내에 해당 토지나 건축물이 지방세법 제13조 제1항(위의 규정)에 따른 본점이나 주사무소의 사업용 부동산(본점 또는 주사무소용 건축물을 신축하거나 증축하는 경우와 그 부속토지만 해당한다)에 해당하게 된 경우에는 해당 조항에 규정된 세율을 적용하여 취득세를 추징한다(지법 제16조①).

(2) 본점·주사무소의 사업용 부동산 범위

본점이나 주사무소의 사업용 부동산이란 법인의 본점 또는 주사무소의 사무소로 사용하는 부동산과 그 부대시설용 부동산(기숙사, 합숙소, 사택, 연수시설, 체육시설 등 복지후생시설과 예비군 병기고 및 탄약고는 제외한다)을 말한다(지령 제25조).

중과세 대상의 본점 해당 여부 예시

중과세 대상의 본점에 해당하는 예시는 다음과 같다.
① 도시형공장을 영위하는 공장의 구내에서 본점용 사무실을 증축하는 경우
② 본점의 사무소 전용 주차타워를 신·증축하는 경우
③ 임대한 토지에 공장을 신설하여 운영하다가 같은 토지 내에 본점 사업용 건축물을 신·증축하는 경우
④ 대도시 밖에 본점을 둔 법인이 대도시에 건축물을 신·증축한 후 5년 이내에 법인의 경영에 필수적이고 중요한 본점의 부서 중 일부 부서가 입주하여 사무를 처리하는 경우
⑤ 대도시 내에 본점을 가지고 있던 법인이 대도시 내에 건축물을 신·증축하여 기존 본점을 이전하는 경우
중과세 대상의 본점에 해당하지 않는 예시는 다음과 같다.
① 병원의 병실을 증축 취득하는 경우
② 운수업체가 「자동차운수사업법」에 의한 차고용 토지만을 취득하는 경우
③ 임대업자가 임대하기 위하여 취득한 부동산과 당해 건축물을 임차하여 법인의 본점용으로 사용하는 경우(운영예규 법13-2).

■ 법인이 과밀억제권역 안에서 건축물을 신축하여 본점을 이전하는 경우 취득세 중과세 적용 여부

> **해석**
>
> - 과밀억제권역 안에서 법인의 본점 또는 주사무소의 사업용 부동산 취득에 대하여 취득세를 중과세하는 것은 과밀억제권역 내에서 인구유입과 산업집중을 현저하게 유발시키는 본점 또는 주사무소의 신설 및 증설을 억제하려는 것이므로, 백화점 등 유통업체의 매장이나 은행본점의 영업장 등과 같이 본점 또는 주사무소의 사무소에 영업장소가 함께 설치되는 경우라도 그 영업장소 및 부대시설 부분은 취득세 중과세 대상에 해당하지 않는다 할 것(대법원 2001.10.23. 2000두222 판결 참조)이나,
> - 과밀억제권역 안에서 본점 또는 주사무소용 건축물을 신축 또는 증축으로 취득한 후 동일한 과밀억제권역 안에 있던 기존의 본점 또는 주사무소를 이전해 오는 것은 취득세 중과세 대상에 해당한다(대법원 2012두6551, 2012.7.12. 판결 참조)할 것임.
> - 따라서 대도시인 서울시내에서 건축물을 신축하여 서울소재 과밀억제권역 안에 있던 기존의 본점 또는 주사무소(임원·인사·경리부서 등)를 이전해 온다면 본점사업용 부동산으로 취득세 중과세 대상에 해당되는 것이며, 임대부분은 본점사업용 부동산이 아니므로 중과세 대상에 해당하지 아니함(서울세제-11761, 2017.8.10.).

⑥ 과밀억제권역 안 부동산 취득 중과세(지법 제13조②)

지방세법 제13조 제2항은 과밀억제권역 안에서 부동산 또는 공장을 취득하는 경우 중과세하는 규정을 두고 있다. 아래에서는 부동산개발 법인과 관련하여 법인의 과밀억제권역 안의 부동산 취득에 대한 중과세 적용 부분에 한하여 서술한다. 그리고 부동산개발 법인이 부동산 취득시 중과세 대상에 해당하는지 검토해야 할 주요 사항은 휴면법인의 인수, 지점·분사무소의 설치, 중과 제외 업종 등을 판단하는 것이다.

(1) 취득세 중과세 적용대상

과밀억제권역(산업단지를 제외한다. 이하 "대도시"라 한다) 안에서 법인을 설립(휴면법인의 인수를 포함한다. 이하 같다) 또는 지점·분사무소를 설치하는 경우 및 법인의 본점·주

사무소·지점 또는 분사무소를 대도시 밖에서 대도시로 전입(수도권의 경우에는 서울특별시 외의 지역에서 서울특별시로의 전입도 대도시로의 전입으로 본다. 이하 같다)함에 따라 대도시의 부동산(「신탁법」에 따른 수탁자가 취득한 신탁재산을 포함한다. 이하 같다)을 취득(그 설립·설치·전입 이후의 부동산 취득을 포함한다)하는 경우의 취득세는 중과세율 (표준세율 × 300/100 − 중과기준세율⟨2%⟩ × 200/100)을 적용한다. 다만, 지방세법 제11조 제1항 제8호(유상거래를 원인으로 주택을 취득하는 경우)에 해당하는 주택을 취득하는 경우에는 지방세법 제13조의2 제1항 제1호(법인의 주택 취득 중과)에 해당하는 세율을 적용한다(지법 제13조②).

이 경우 부동산 취득은 해당 법인 또는 행정안전부령으로 정하는 사무소 또는 사업장(이하 "사무소등"이라 한다)이 그 설립·설치·전입 이전에 법인의 본점·주사무소·지점 또는 분사무소의 용도로 직접 사용하기 위한 부동산 취득(채권을 보전하거나 행사할 목적으로 하는 부동산 취득은 제외한다. 이하 같다)으로 하고, 그 설립·설치·전입 이후의 부동산 취득은 법인 또는 사무소등이 설립·설치·전입 이후 5년 이내에 하는 업무용·비업무용 또는 사업용·비사업용의 모든 부동산 취득으로 한다(지령 제27조③).

또한, 「신탁법」에 따른 수탁자가 취득한 신탁재산의 경우 취득 목적, 법인 또는 사무소등의 설립·설치·전입 시기 등은 같은 법에 따른 위탁자를 기준으로 판단한다(지령 제27조⑤).

중과세율 = 표준세율 × 300/100 − 중과기준세율(2%) × 200/100

한편, 취득한 부동산이 부동산을 취득한 날부터 5년 이내에 지방세법 제13조 제2항(위의 규정)에 따른 과세대상이 되는 경우에는 같은 항의 세율을 적용하여 취득세를 추징한다(지법 제16조④, 지령 제31조).

(2) 휴면법인의 인수

과밀억제권역(산업단지 제외) 안에서 법인을 설립한 후 5년 이내에 부동산을 취득하면 중과세 대상에 해당한다. 이 경우 지방세법 제13조 제2항에 따라 법인의 설립에는 휴면법인의 인수도 포함한다. 그리고 휴면법인의 인수로 보는 시점은 휴면법인에 해당하는 법인에서 최초로 그 법인의 과점주주(「지방세기본법」 제46조 제2호에 따른 과점주주를 말한다)가 된 때이다(지령 제27조②).

1) 휴면법인

휴면법인이란 다음의 어느 하나에 해당하는 법인을 말한다(지령 제27조①).

① 「상법」에 따라 해산한 법인("해산법인")

② 「상법」에 따라 해산한 것으로 보는 법인("해산간주법인")

③ 「부가가치세법 시행령」 제13조에 따라 폐업한 법인("폐업법인")

④ 법인 인수일 이전 1년 이내에 「상법」 제229조, 제285조, 제521조의2 및 제611조에 따른 계속등기를 한 해산법인 또는 해산간주법인

⑤ 법인 인수일 이전 1년 이내에 다시 사업자등록을 한 폐업법인

⑥ 법인 인수일 이전 2년 이상 사업 실적이 없고, 인수일 전후 1년 이내에 인수법인 임원의 100분의 50 이상을 교체한 법인

2) 과점주주

과점주주는 주주 또는 유한책임사원 1인과 친족 기타 특수관계이 있는 자들의 소유주식의 합계 또는 출자액의 합계가 당해 법인의 발행주식총수 또는 출자총액의 100분의 50을 초과하면서 그에 관한 권리를 실질적으로 행사하는 자들을 말한다. 이 경우 의결권이 없는 주식은 제외한다(지기법 제46조 제2호).

■ 부동산개발 관련 해석 · 판단사례

■ 휴면법인의 사업실적 인정범위

- 대법원에서는 '사업실적'이란 사업 활동을 통해 실제로 발생시킨 구체적인 매출 등의 결과물, 업적 등으로 보아야 할 것이고, 이는 '사업활동' 그 자체와는 구별되는 개념(대법원 2023.4.28. 선고 2023두40939 판결 참조)이라고 판시하고 있고,

- 또한, 유사 판단 사례를 확인하면 사업실적 판단 시 '대규모 자본투자 등으로 인해 사업 준비 기간이 길어지거나 일시적으로 사업이 부진한 경우 등에 있어서는 영업실적은 발생하지 않고 급여, 임차료 등 사업체의 운영과 관련된 일반경비만 발생될 수 있는 것이고, 수익사업을 하지 않는 비영리법인의 경우 매출·매입이 발생하지 아니하는 점 등을 고려할 때, "사업실적"이란 반드시 부가가치세 과세표준이 되는 매출·매입 실적이나 손익계산서 상의 매출만을 의미한다고 보기는 어렵다'(조세심판원 2010지0592, 2011.9.16.)고 보았으며,

- '사업실적'이 있는지 여부에 대해서는 그 법인의 목적 사업 특징 및 특수성 등을 고려하여 이를 수행하기 위한 준비내용, 사업활동에 따른 비용의 발생 여부, 수익(매출)의 발생 여부 등 일반적이고 정상적인 거래 및 활동내역이 객관적인 자료에 의해 나타나는지 여부에 따라 종합적으로 판단해야 한다고 봄(조심 2016지401, 2016.11.28.), (부동산세제－4105, 2024.11.27.)

■ 인수 법인의 사업실적과 임원의 교체

법인 인수일 이전 2년 이상 사업실적이 있고, 인수일 전후 1년 이내에 인수법인 임원의 100분의 50 이상을 교체한 법인이 휴면법인에 해당하는지 여부

- 지방세법 시행령 제27조 제1항에서 법 제13조 제2항 제1호에서 "대통령령으로 정하는 휴면법인"이란 다음 각 호의 어느 하나에 해당하는 법인을 말한다고 하면서 제6호에서 법인 인수일 이전 2년 이상 사업 실적이 없고, 인수일 전후 1년 이내에 인수법인 임원의 100분의 50 이상을 교체한 법인으로 규정하고 있으므로, 법인 인수일 이전 2년 이상 사업실적이 있고, 인수일 전후 1년 이내에 인수법인 임원의 100분의 50 이상을 교체한 법인이라면, 위의 법에서 규정한 휴면법인에 해당하지는 않음(서울세제－2444, 2012.2.28.).

■ "법인 인수일 이전 2년 이상 사업실적이 없고"에 대한 기간의 기산점

사안

"법인 인수일 이전 2년 이상 사업실적이 없고"에 대한 기간의 기산점을 법인 인수일을 기준으로 할 것인지 아니면 법인 인수일 이전 어느 기간 중 2년 이상 사업실적이 없으면 휴면법인으로 볼 수 있는지 여부

해석

• 법인 인수 당시 법인이 사실상 폐업하여 존재하지 아니함에도 이를 인수하는 형식을 취하여 임원, 상호, 목적사업 등을 변경함으로써 실질적인 법인설립의 효과를 얻으면서도 부동산 취득시 취득세 중과세를 회피하는 것을 규제하기 위한 것이므로, '법인 인수일 이전 2년 이상 사업실적이 없고'의 기간의 기산점은 법인 인수일을 기준으로 그 이전에 계속해서 2년 이상 사업실적이 없는 법인으로 해석하는 것이 타당하다고 판단됨(서울세제-9365, 2019.7.3.).

■ 휴면법인의 인수에 해당하는 과점주주가 아니라는 주장

사안

가. 원고 회사는 2001.1.2. 무역업(직물 및 편조원단), 직물제조 및 염색가공업, 섬유·봉제가공업 등을 목적으로 설립되었는데, 당시 상호는 '주식회사 ○○○○○○○○'이었고, 같은 날 사업자등록도 마쳤음. 설립 당시 원고 회사의 주주는 소외 김○○, 강○○, 조○○, 차○○이었음(김○○의 지분율은 40%, 나머지 주주들의 지분율은 각 20%).

나. 원고 회사는 2007.6.30. ○○세무서에 부가가치세법상 폐업신고를 마쳤다가, 2010.2.1. 다시 사업자등록을 하였는데, 원고 회사의 주주였던 위 강○○, 조○○, 차○○은 2010.3.9. 자신들이 보유하고 있던 주식 전부를 소외 김○재, 김○연, 김○진에게 양도하였음. 위 주식 양수인 중 김○연은 기존 주주인 김○○의 부(父)이고, ▣▣▣, ◖◗◗은 김○○의 동생들임.

다. 그 후 원고 회사는 2010.6.10. '주식회사 ○○○○○○'으로 상호를 변경하였고, 2013.11.5. '부동산임대업'을 목적사업으로 추가하였으며, 2013.11.15. ○○시 ○○구 ○○동 ○○○-○대 365.6㎡ 및 지상 건물(이하 '이 사건 부동산'이라 한다)을 취득한 후, 같은 날 취득가액 4,380,000,000원을 과세표준으로 하고 표준세율을 적용하여 산출한 취득세 175,200,000원, 지방교육세 17,520,000원 및 농어촌특별세 8,760,000원을 피고에게 신고·납부하였음.

라. 피고는 원고에 대한 세무조사 결과, 원고 회사가 이 사건 부동산을 취득한 것이 구 지방

　　세법(2013.12.26. 법률 제12118호로 개정되기 전의 것, 이하 같다) 제13조 제2항의 취득
　　세 중과세율 적용 대상인 '휴면법인을 인수한 후 5년 이내에 부동산을 취득한 경우'에 해
　　당한다고 보아, 2014.8.8. 원고에게 취득세 206,806,080원(가산세 포함) 및 지방교육세
　　37,857,210원을 부과하였음(이하 '이 사건 처분'이라 한다).
• 원고의 주장 : 원고 회사의 발행주식 일부의 소유자 명의가 강○○, 조○○, 차○○에서
　　■■■, ■■■, ●○○으로 변경된 것은, 명의신탁 되어 있던 주식 명의를 실소유자 명
　　의로 회복한 것에 지나지 않으므로, 취득세 중과세 대상이 되는 '휴면법인의 인수'에 해당
　　하지 아니함.

판례

• 주식의 소유관계는 과세관청이 주주명부나 주식이동상황명세서 또는 법인등기부등본 등 자료에
　의하여 이를 입증하면 되고, 다만 위 자료에 비추어 일견 주주로 보이는 경우에도 실은 주주명의를
　도용당하였거나 실질소유주의 명의가 아닌 차명으로 등재되었다는 등의 사정이 있는 경우에는
　단지 그 명의만으로 주주에 해당한다고 볼 수는 없으나, 이는 명의상 주주가 실제 주주가 아님을
　주장하는 자가 입증하여야 함(대법원 2004.7.9. 선고 2003두1615 판결 등 참조).
　원고 회사의 주식등변동상황명세서에 위 강○○, 조○○, 차○○이 원고 회사의 주식 각 2,000주를
　보유한 주주라고 명시되어 있는 사실, 원고 회사의 법인등기부등본에도 원고 회사의 설립 시부터
　2차 사업자등록 직전인 2010.1.2.까지 강○○, 차○○이 이사, 조○○이 감사로 재직하였다고
　등재되어 있는 사실이 인정됨.
　'휴면법인의 인수'를 '법인의 설립'과 동일하게 보아 취득세 중과세 대상으로 삼고 있는 것은,
　법인을 설립하는 대신에 휴면법인의 주식 전부를 매수한 다음 법인의 임원, 자본, 상호, 목적사업
　등을 변경함으로써 실질적으로는 법인 설립의 효과를 얻으면서도 대도시 내 법인 설립에 따른
　부동산 취득 시 등록세 또는 취득세의 중과를 회피하는 행위가 성행함에 따라 이를 규제하기
　위한 것임. 따라서 외관상 휴면법인의 인수에 해당함이 분명함에도 이를 '폐업법인의
　차명주주로부터 소유자 명의를 회복한 것'에 지나지 않는다고 판단함에 있어서는 신중을 기할
　필요가 있음.

• 원고는 ■■■ 등이 원고 회사의 주식을 명의신탁하게 된 동기에 관하여, '원고 회사가
　가족기업처럼 보이는 것을 피하고 싶었다'고 주장하나, 원고 회사의 설립 당시 김○○, 김○재,
　김○진, 김○연은 이미 소외 ☆☆☆☆ 주식회사를 공동 운영하고 있었음.

• 원고는 원고 회사의 설립 당시 재력가였던 김○○의 부(父) ■■■이 아들들을 대신하여 주금
　전부를 납입하였다고 주장하나, 주금납입금보관증명서만으로는 그 자금 출처 등을 증명하기
　어렵다. 이러한 사정은 증권거래세의 경우도 동일함.

• 원고가 제출한 인증서들은 이 사건 소 제기 전후로 작성된 것에 지나지 않고, 강○○, 차○○은
　김○○의 직장 동료, 조○○은 김○○의 초등학교 동창인 관계로 위 3인의 진술을 전부 신뢰하기도

어려움.

- ◆◆◆, 차○○은 원고 회사의 설립 이전에도 직물 관련 산업에 종사한 경력이 있어 원고 회사의 운영에 실제 참여하였을 가능성이 높음.

  따라서 원고의 주장은 이유 없음(서울행법 2014구합18916, 2015.4.23.), (대법 2015두54582, 2016.1.28.).

(3) 사무소 또는 사업장의 범위

사무소 또는 사업장이란 「법인세법」 제111조·「부가가치세법」 제8조 또는 「소득세법」 제168조에 따른 등록대상 사업장(「법인세법」·「부가가치세법」 또는 「소득세법」에 따른 비과세 또는 과세면제 대상 사업장과 「부가가치세법 시행령」 제11조 제2항에 따라 등록된 사업자단위 과세 적용 사업장의 종된 사업장을 포함한다)으로서 인적 및 물적 설비를 갖추고 계속하여 사무 또는 사업이 행하여지는 장소를 말한다. 다만, 다음의 장소는 제외한다(지칙 6조).

① 영업행위가 없는 단순한 제조·가공장소

② 물품의 보관만을 하는 보관창고

③ 물품의 적재와 반출만을 하는 하치장

| 중과세 대상 지점에 해당하는지 여부 예시(운영예규 법13-4, 법13-5) |

중과세 대상에 해당되는 지점	중과세 대상에 해당되지 않는 지점
① 설립 후 5년이 경과된 법인이 임차하여 사용하던 본점을 이전하고 그 임차건물에 지점을 설치한 후 그 임차건물을 취득한 경우 취득세 중과대상에 해당된다. ② 법인이 자연인으로부터 영업 일체를 양수하여 그 사업장 위에 지점을 설치한 후 종전과 동일한 사업을 영위하는 경우 그 지점과 관련한 부동산 취득은 취득세 중과대상에 해당된다.	① 본점 이외의 장소에서 경리, 인사, 연구, 연수, 재산관리업무 등 대외적인 거래와 직접적인 관련이 없는 내부적 업무만을 처리하고 있는 경우는 지점이 아닌 본점에 해당된다.(※ 과밀억제권역 안에서 부동산을 취득하여 이와 같이 본점 용도로 사용하면 중과세 대상에 해당한다는 의미임) ② 공유 부동산을 분할함에 따른 취득은 중과세 대상에 해당되지 아니한다(당초 지분을 초과하는 부분은 제외).

■ "인적·물적설비를 갖추고 계속하여 사무 또는 사업이 행하여지는 장소"의 범위

사안

이 건 부동산의 시설관리 등은 ○○법인이 외부 관리용역회사에 위탁하고 임차인 관리업무(임대차계약, 임대료 징수, 세금계산서 발행 등)는 학교법인이 직접 수행하므로 당해 부동산에는 이를 관리하는 학교법인의 직원이 상주하지 아니함.

해석

- 지방세법 제13조 제2항 제1호 및 동법 시행령 제27조 제3항 전단의 취득세 중과세 요건인 "지점설치에 따른 부동산등기"에 있어서 지점이라 함은 동법 시행규칙 제6조에서 법인세법·부가가치세법·소득세법의 규정에 의하여 등록된(개정후 : 등록대상) 사업장으로서 인적·물적설비를 갖추고 계속하여 사무 또는 사업이 행하여지는 장소로 규정하고 있으며, 여기서 "인적·물적설비를 갖추고 계속하여 사무 또는 사업이 행하여지는 장소"란 당해법인의 지휘·감독하에 영업활동 내지 대외적인 거래업무를 처리하기 위한 인원을 상주시키고, 이에 필요한 물적설비를 갖추었으며, 실제로 그러한 활동이 행하여지고 있는 장소(같은 취지, 대법원 99두3188, 1999.5.11. 선고 참조)라 할 것이므로,
- 부동산을 취득하여 교육용 기본재산은 학교의 교직원이 상주하여 학사업무에만 종사하고, 임대용 부동산의 임대업무는 대도시 외 지역의 학교법인에서 직접 관리하고 건물관리는 용역업체에 위탁함으로써 당해 부동산에는 영업활동 내지 대외적인 거래업무를 처리하기 위한 인원을 상주시키지 않는 경우라면 지점설치에 해당되지 아니할(같은 취지, 세정-737, 2007.3.21. 참조) 것임(서울세제-5905, 2012.5.15.).

■ 사무소가 사실상 본점에 해당하는 중과세 대상인지 판단

사안

청구법인은 이 건 부동산을 취득할 당시 청구법인의 본점이 대도시 밖에 있었으므로 처분청에 대하여 이 건 부동산에 대하여 중과세율을 적용하여 산출한 이 건 취득세 등을 취소하여 달라는 사유로 하여 이의신청을 제기함.

심판례

- 쟁점사무소에서 청구법인의 대표 이사실이 확인된 점, 2019.12.18.부터 청구법인의 대표이사인

■ 본점과 지점(또는 분사무소)의 정의

■ 본점인지 연락사무소인지 판단

본점의 경리부 업무 일부를 처리하는 연락사무소로 사용하기 위하여 취득한 부동산이 구 지방세법 소정의 "본점의 사업용 부동산"에 해당하는지 여부

상고이유를 본다.

1. 원심판결 이유에 의하면, 원심은 동두천시 하봉암동 62에 본점 및 공장을 두고 가죽제품제조업 등을 목적사업으로 하는 원고 회사가 1992.1.23. 수도권정비계획법 제8조의 규정에 의한 이전촉진권역 내에 있는 이 사건 부동산을 취득한 사실, 원고 회사의 대표이사, 상무이사, 이사 등 경영진과 생산부장, 총무부장(경리부장직 겸임)은 사무직 및 생산직 종업원 101명과 함께 본점에서 근무하고 있는 반면, 수출업무와 은행업무를 처리하는 연락사무소를 서울시내에 설치하기 위하여 매입한 이 사건 부동산에는 본점의 3개 부서 중 하나인 경리부가 입주하여 경리부 차장의 책임하에 직원 8명이 상주하면서 주로 은행업무, 거래처로부터 물품인수증을 받아오는 업무를 취급하고 있는 사실을 인정한 다음, 이 사건 부동산의 매수목적과 사용상황에 비추어 볼 때 원고 회사가 본점의 사업용 부동산을 취득하였다고 볼 수 없으므로 피고가 지방세법 제112조 제3항을 적용하여 취득세를 중과세한 이 사건 부과처분은 위법하다고 판단하였음.

2. 그러나, 지방세법 제112조 제3항은 수도권정비계획법 제8조의 규정에 의한 이전촉진권역 및 제한정비권역 내에서 본점 또는 주사무소의 사업용 부동산을 취득한 경우에는 취득세를 중과세하도록 규정하고 있는바, 그 취지는 이러한 지역 내에서 인구유입과 산업집중을 현저하게 유발시키는 본점 또는 주사무소의 신설 및 증설을 억제하려는 것이고, 법문상 본점의 소재지에 아무런 제한이 없는 점에 비추어 볼 때, 이전촉진권역 및 제한정비권역 밖에 본점을 둔 원고 회사가 그 본점을 그대로 둔 채 본점의 경리부 업무 중 일부인 수출업무와 은행업무를 처리하는 연락사무소로 사용하기 위하여 취득한 이 사건 부동산은 본점의 사업용 부동산으로 보아야 하고, 따라서 원고 회사가 이전촉진권역 내에서 본점의 사업용 부동산을 취득한 경우에 해당하여 지방세법 제112조 제3항에 규정된 취득세 중과대상이 된다고 할 것임(대법 93누17690, 1994.3.22.).

(4) 대도시 중과 제외 업종

1) 과밀억제권역(산업단지 제외)에 설치가 불가피하다고 인정되는 업종

지방세법 제13조 제2항에 따라 취득하는 부동산은 중과세를 적용하나 「수도권정비계획법」 제6조에 따른 과밀억제권역(산업단지 제외)에 설치가 불가피하다고 인정되는 업종으로서 해당 업종에 직접 사용할 목적으로 부동산을 취득하는 경우의 취득세는 표준세율을 적용한다

(지법 제13조②). 지방세법 시행령 제26조 제1항에서는 대도시 중과 제외 업종을 열거하고 있다. 부동산개발과 관련된 중과 제외 업종은 아래와 같다.

❑ **대도시 법인 중과세의 예외(부동산개발 관련 업종만 열거)**

대도시 법인 중과세의 예외(지방세법 시행령 제26조 제1항) : 부동산개발 관련 업종만 열거

제1호 「사회기반시설에 대한 민간투자법」 제2조 제3호에 따른 사회기반시설사업(같은 조 제9호에 따른 부대사업을 포함한다)

제3호 「주택법」 제4조에 따라 국토교통부에 등록된 주택건설사업(주택건설용으로 취득한 후 3년 이내에 주택건설에 착공하는 부동산만 해당한다)

제16호 「산업집적활성화 및 공장설립에 관한 법률」 제28조에 따른 도시형공장을 경영하는 사업

제20호 「건설산업기본법」 제54조에 따라 설립된 공제조합이 건설업을 위하여 수행하는 사업

제22호 「주택도시기금법」 제8조에 따라 설립된 대한주택보증주식회사가 주택건설업을 위하여 수행하는 사업

제28호 「도시 및 주거환경정비법」 제35조 또는 「빈집 및 소규모주택 정비에 관한 특례법」 제23조에 따라 설립된 조합이 시행하는 「도시 및 주거환경정비법」 제2조 제2호의 정비사업 또는 「빈집 및 소규모주택 정비에 관한 특례법」 제2조 제1항 제3호의 소규모주택 정비사업

제30호 「한국주택금융공사법」에 따라 설립된 한국주택금융공사가 같은 법 제22조에 따라 경영하는 사업

제31호 「민간임대주택에 관한 특별법」 제5조에 따라 등록을 한 임대사업자 또는 「공공주택 특별법」 제4조에 따라 지정된 공공주택사업자가 경영하는 주택임대사업

제35호 「주택법」에 따른 리모델링주택조합이 시행하는 같은 법 제66조 제1항 및 제2항에 따른 리모델링사업

제36호 「공공주택 특별법」에 따른 공공매입임대주택(같은 법 제4조 제1항 제2호 및 제3호에 따른 공공주택사업자와 공공매입임대주택을 건설하는 사업자가 공공매입임대주택을 건설하여 양도하기로 2022년 12월 31일까지 약정을 체결하고 약정일부터 3년 이내에 건설에 착공하는 주거용 오피스텔로 한정한다)을 건설하는 사업

제37호 「공공주택 특별법」 제4조 제1항에 따라 지정된 공공주택사업자가 같은 법에 따른 지분적립형 분양주택이나 이익공유형 분양주택을 공급·관리하는 사업

---

2) 중과세 추징사유

다음의 어느 하나에 해당하는 경우 그 해당 부분에 대하여는 중과세를 적용한다(지법 제13조③).

① 중과세 제외 업종으로 취득한 부동산이 다음의 어느 하나에 해당하는 경우에는 다시 중과세를 적용한다(지법 제13조③ 제1호). 그러나 예외적으로 대도시 중과 제외 업종 중 주택건설사업에 대해서는 직접 사용하여야 하는 기한 또는 다른 업종이나 다른 용도에 사용·겸용이 금지되는 기간은 3년으로 한다(지령 제26조③).

  (가) 정당한 사유 없이 부동산 취득일부터 1년이 경과할 때까지 대도시 중과 제외 업종에 직접 사용하지 아니하는 경우

  (나) 부동산 취득일부터 1년 이내에 다른 업종이나 다른 용도에 사용·겸용하는 경우

② 중과세 제외 업종으로 취득한 부동산이 다음의 어느 하나에 해당하는 경우

  (가) 부동산 취득일부터 2년 이상 해당 업종 또는 용도에 직접 사용하지 아니하고 매각하는 경우

  (나) 부동산 취득일부터 2년 이상 해당 업종 또는 용도에 직접 사용하지 아니하고 다른 업종이나 다른 용도에 사용·겸용하는 경우

■ 부동산개발 관련 해석·판단사례

■ 주택건설용 토지의 다른 용도 사용부분에 대한 중과세 적용

> **사안**
>
> 주상복합아파트를 신축할 경우에 주택과 구분되는 판매시설을 건축하기 위하여 그 부지로 취득·사용되는 토지 부분에 대하여 등록세 중과세 대상일 때 주택과 판매시설의 공동부지로 취득·사용되는 토지의 구분기준과 신고·납부의무의 이행시점 판단
>
> **판례**
>
> • 주택건설사업 업종에서 취득한 부동산이라고 하더라도 주택건설용으로 취득하여 실제로 이에 사용되는 경우에 한하여 대도시 법인의 등록세 중과세 대상에서 벗어날 수 있고 주택건설과 다른 용도로 겸용하는 경우에는 그 때부터 등록세 중과세 대상이 되는 것에 비추어 보면, 주상복합아파트를 신축할 경우라 하더라도 주택과 구분되는 판매시설을 건축하기 위하여 그 부지로 취득·사용되는 토지 부분에 대하여는 등록세 중과세 대상이 된다 할 것이며, 주택과 판매시설의 공동부지로 취득·사용되는 토지의 경우에는 판매시설 면적의 비율에 따른 토지의 지분이 판매시설을 위한 부지에 해당하는 것으로 보아 등록세 중과세 대상이 된다고 봄이 상당함.

- 그리고 주택건설사업 업종에서 주상복합아파트를 신축할 목적으로 부동산을 취득한 경우에 그 취득시점에서 아직 건축허가 등에 의하여 주택과 판매시설의 면적이 확정되지 아니하여 등록세 중과세 대상인 판매시설을 위한 부지 지분을 특정할 수 없는 때에는 등록세 과세물건의 등기 후에 등록세 중과세 대상이 되는 경우의 신고·납부 절차를 정한 구 지방세법 제150조의2 제2항에 따라 처리함이 상당하며, 따라서 취득 후 3년이 지나도록 주택건설을 위한 착공을 하지 아니한 경우는 물론이고 주택건설을 위한 착공을 한 경우라도 위에서 본 바와 같이 판매시설 면적의 비율에 따른 판매시설 건설 부지 사용을 겸용하는 범위 내에서는 그 때부터 30일 이내에 그 부분에 관한 등록세 중과세에 대하여 신고·납부하여야 할 것임.
- 구 지방세법 제138조 제1항의 규정에 의하여 중과되는 등록세 및 그에 따른 지방교육세와 농어촌특별세의 신고·납부의무의 이행기는 건물의 건설을 위한 착공시부터 30일이 되는 날이므로 납부지연일수에 비례하는 그 각 납부불성실가산세는 그 이행기의 다음날부터 기산하여 산정하여야 할 것임(대법 2012두6407, 2013.2.15.).

(5) 다른 중과세와 동시 적용되는 과세물건의 중과세율

① 지방세법 제13조 제1항(대도시 내 본점사업용 부동산의 신축·증축과 공장 증설에 대한 중과세)과 제2항(과밀억제권역 안 부동산 취득 중과세)이 동시에 적용되는 과세물건에 대한 취득세율은 제16조 제5항(높은 세율 적용)에도 불구하고 제11조 제1항(표준세율)에 따른 표준세율의 100분의 300으로 한다(지법 제13조⑥).

중과세율 = 표준세율 × 300/100

② 지방세법 제13조 제2항(과밀억제권역 안 부동산 취득 중과세)과 제5항(고급주택 등 사치성 재산 취득 중과세)이 동시에 적용되는 과세물건에 대한 취득세율은 제16조 제5항(높은 세율)에도 불구하고 제11조에 따른 표준세율의 100분의 300에 중과기준세율의 100분의 200을 합한 세율을 적용한다. 다만, 제11조 제1항 제8호에 따른 주택을 취득하는 경우에는 해당 세율에 중과기준세율의 100분의 600을 합한 세율을 적용한다(지법 제13조⑦ 단서).

중과세율 = 표준세율 × 300/100 + 2%(중과기준세율) × 200/100

■ 지방세법 제11조 제1항 제8호에 따른 주택을 취득하는 경우(고급주택 해당시)

중과세율 = 주택 해당세율 + 2%(중과기준세율) × 600/100

(6) 법인의 분할·합병시 중과세 제외

1) 법인의 분할

지방세법 제13조 제2항 제1호(대도시에서 법인 설립 등을 하여 대도시의 부동산을 취득시 중과세)의 중과세를 적용할 때 분할등기일 현재 5년 이상 계속하여 사업을 한 대도시의 내국법인이 법인의 분할(「법인세법」 제46조 제2항 제1호 가목부터 다목까지의 요건을 갖춘 경우만 해당한다)로 법인을 설립하는 경우에는 중과세 대상으로 보지 아니한다(지령 제27조④).

2) 법인의 합병

지방세법 제13조 제2항 제1호(대도시에서 법인 설립 등을 하여 대도시의 부동산을 취득시 중과세)의 중과세를 적용할 때 대도시에서 설립 후 5년이 경과한 법인(이하 "기존법인"이라 한다)이 다른 기존법인과 합병하는 경우에는 중과세 대상으로 보지 아니하며, 기존법인이 대도시에서 설립 후 5년이 경과되지 아니한 법인과 합병하여 기존법인 외의 법인이 합병 후 존속하는 법인이 되거나 새로운 법인을 신설하는 경우에는 합병 당시 기존법인에 대한 자산비율에 해당하는 부분을 중과세 대상으로 보지 아니한다. 이 경우 자산비율은 자산을 평가하는 때에는 평가액을 기준으로 계산한 비율로 하고, 자산을 평가하지 아니하는 때에는 합병 당시의 장부가액을 기준으로 계산한 비율로 한다(지령 제27조⑤).

| 지방세 중과 대도시의 범위 |

구 분	대도시의 범위
본점 또는 주사무소의 사업용 신축·증축 건축물(지법 제13조① 전단)	과밀억제권역
법인의 설립, 지점·분사무소의 설치, 전입 부동산 취득(지법 제13조②)	산업단지를 제외한 과밀억제권역
공장의 신설·증설(지법 제13조① 후단)	산업단지·유치지역·공업지역을 제외한 과밀억제권역

❑ 수도권

"수도권"이란 서울특별시와 대통령령으로 정하는 그 주변 지역을 말한다. "대통령령으로 정하는 그 주변 지역"이란 인천광역시와 경기도를 말한다(수도권정비계획법 제2조 제1호, 시행령 제2조).

❑ 과밀억제권역

· 권역의 구분과 지정(수도권정비계획법 제6조)

① 수도권의 인구와 산업을 적정하게 배치하기 위하여 수도권을 다음과 같이 구분한다.

1. 과밀억제권역 : 인구와 산업이 지나치게 집중되었거나 집중될 우려가 있어 이전하거나 정비할 필요가 있는 지역
2. 성장관리권역 : 과밀억제권역으로부터 이전하는 인구와 산업을 계획적으로 유치하고 산업의 입지와 도시의 개발을 적정하게 관리할 필요가 있는 지역
3. 자연보전권역 : 한강 수계의 수질과 녹지 등 자연환경을 보전할 필요가 있는 지역

② 과밀억제권역, 성장관리권역 및 자연보전권역의 범위는 대통령령[별표 1]로 정한다.

❑ 산업단지

"산업단지"란 「산업입지 및 개발에 관한 법률」 제6조·제7조·제7조의2 및 제8조에 따라 지정·개발된 국가산업단지, 일반산업단지, 도시첨단산업단지 및 농공단지를 말한다(산업집적활성화 및 공장설립에 관한 법률 제2조 제14호).

❑ 유치지역

"유치지역"이란 공장의 지방이전 촉진 등 국가정책상 필요한 산업단지를 조성하기 위하여 제23조에 따라 지정·고시된 지역을 말한다(산업집적활성화 및 공장설립에 관한 법률 제2조 제5호).

산업통상자원부장관은 공장의 지방 이전 촉진, 공해업종의 집단화 등의 산업단지의 조성이 필요한 경우와 산업경쟁력 향상을 위하여 대통령령으로 정하는 규모 이상의 공장용지 조성이 필요한 경우에는 유치지역을 지정하여 고시하여야 한다(산업집적활성화 및 공장설립에 관한 법률 제23조 제1항).

❑ 공업지역

• **용도지역의 지정**(국토의 계획 및 이용에 관한 법률 제36조)

① 국토교통부장관, 시·도지사 또는 대도시 시장은 다음 각 호의 어느 하나에 해당하는 용도지역의 지정 또는 변경을 도시·군관리계획으로 결정한다.

1. 도시지역 : 다음 각 목의 어느 하나로 구분하여 지정한다.

   가. 주거지역 : 거주의 안녕과 건전한 생활환경의 보호를 위하여 필요한 지역

   나. 상업지역 : 상업이나 그 밖의 업무의 편익을 증진하기 위하여 필요한 지역

   다. 공업지역 : 공업의 편익을 증진하기 위하여 필요한 지역

   라. 녹지지역 : 자연환경·농지 및 산림의 보호, 보건위생, 보안과 도시의 무질서한 확산을 방지하기 위하여 녹지의 보전이 필요한 지역

2. 관리지역 : 다음 각 목의 어느 하나로 구분하여 지정한다.

   가. 보전관리지역 : 자연환경 보호, 산림 보호, 수질오염 방지, 녹지공간 확보 및 생태계 보전 등을 위하여 보전이 필요하나, 주변 용도지역과의 관계 등을 고려할 때 자연환경보전지역으로 지정하여 관리하기가 곤란한 지역

   나. 생산관리지역 : 농업·임업·어업 생산 등을 위하여 관리가 필요하나, 주변 용도지역과의 관계 등을 고려할 때 농림지역으로 지정하여 관리하기가 곤란한 지역

   다. 계획관리지역 : 도시지역으로의 편입이 예상되는 지역이나 자연환경을 고려하여 제한적인 이용·개발을 하려는 지역으로서 계획적·체계적인 관리가 필요한 지역

3. 농림지역

4. 자연환경보전지역

② 국토교통부장관, 시·도지사 또는 대도시 시장은 대통령령으로 정하는 바에 따라 제1항 각 호 및 같은 항 각 호 각 목의 용도지역을 도시·군관리계획결정으로 다시 세분하여 지정하거나 변경할 수 있다.

[별표 1] 과밀억제권역, 성장관리권역 및 자연보전권역의 범위(영 제9조 관련)

과밀억제권역	성장관리권역	자연보전권역
1. 서울특별시 2. 인천광역시[강화군, 옹진군, 서구 대곡동·불로동·마전동·금곡동·오류동·왕길동·당하동·원당동, 인천경제자유구역(경제자유구역에서 해제된 지역을 포함한다) 및 남동 국가산업단지는 제외한다] 3. 의정부시 4. 구리시 5. 남양주시(호평동, 평내동, 금곡동, 일패동, 이패동, 삼패동, 가운동, 수석동, 지금동 및 도농동만 해당한다) 6. 하남시 7. 고양시 8. 수원시 9. 성남시 10. 안양시 11. 부천시 12. 광명시 13. 과천시 14. 의왕시 15. 군포시 16. 시흥시[반월특수지역(반월특수지역에서 해제된 지역을 포함한다)은 제외한다]	1. 인천광역시[강화군, 옹진군, 서구 대곡동·불로동·마전동·금곡동·오류동·왕길동·당하동·원당동, 인천경제자유구역(경제자유구역에서 해제된 지역을 포함한다) 및 남동 국가산업단지만 해당한다] 2. 동두천시 3. 안산시 4. 오산시 5. 평택시 6. 파주시 7. 남양주시(별내동, 와부읍, 진전읍, 별내면, 퇴계원면, 진건읍 및 오남읍만 해당한다) 8. 용인시(신갈동, 하갈동, 영덕동, 구갈동, 상갈동, 보라동, 지곡동, 공세동, 고매동, 농서동, 서천동, 언남동, 청덕동, 마북동, 동백동, 중동, 상하동, 보정동, 풍덕천동, 신봉동, 죽전동, 동천동, 고기동, 상현동, 성복동, 남사면, 이동면 및 원삼면 목신리·죽릉리·학일리·독성리·고당리·문촌리만 해당한다) 9. 연천군 10. 포천시 11. 양주시 12. 김포시 13. 화성시 14. 안성시(가사동, 가현동, 명륜동, 숭인동, 봉남동, 구포동, 동본동, 영동, 봉산동, 성	1. 이천시 2. 남양주시(화도읍, 수동면 및 조안면만 해당한다) 3. 용인시(김량장동, 남동, 역북동, 삼가동, 유방동, 고림동, 마평동, 운학동, 호동, 해곡동, 포곡읍, 모현면, 백암면, 양지면 및 원삼면 가재월리·사암리·미평리·좌항리·맹리·두창리만 해당한다) 4. 가평군 5. 양평군 6. 여주시 7. 광주시 8. 안성시(일죽면, 죽산면 죽산리·용설리·장계리·매산리·장릉리·장원리·두현리 및 삼죽면 용월리·덕산리·율곡리·내장리·배태리만 해당한다)

과밀억제권역	성장관리권역	자연보전권역
	남동, 창전동, 낙원동, 옥천동, 현수동, 발화동, 옥산동, 석정동, 서인동, 인지동, 아양동, 신흥동, 도기동, 계동, 중리동, 사곡동, 금석동, 당왕동, 신모산동, 신소현동, 신건지동, 금산동, 연지동, 대천동, 대덕면, 미양면, 공도읍, 원곡면, 보개면, 금광면, 서운면, 양성면, 고삼면, 죽산면 두교리·당목리·칠장리 및 삼죽면 마전리·미장리·진촌리·기솔리·내강리만 해당한다) 15. 시흥시 중 반월특수지역(반월특수지역에서 해제된 지역을 포함한다)	

 ## 법인의 주택 취득 중과세(지법 제13조의2)

지방세법 제13조의2 법인의 주택 취득 등 중과세는 주택 실수요자를 보호하고 투기수요를 근절하기 위하여 법인이 주택을 취득하거나 1세대가 2주택 이상을 취득하는 경우 등에 대해 주택 취득에 따른 취득세율을 상향하고, 실수요자 중심의 주택보유를 유도하여 서민의 주거안정을 도모하고자 2020.8.12. 이후 납세의무가 성립하는 분부터 적용하되, 2020.7.10. 이전에 주택에 대한 매매계약을 체결한 경우에는 해당 주택의 취득에 대하여 종전의 규정을 적용한다.

아래에서는 부동산개발 법인과 관련하여 법인의 주택 취득에 대한 중과세 적용과 예외에 대해 서술한다. 개인사업자가 1세대 2주택 이상을 취득하는 경우 중과세 적용과 예외에 대해서는 Chapter 5 제1절 2. 1세대의 주택 취득 중과세(지법 제13조의2)를 참고하기 바란다.

(1) 법인의 중과세 적용범위

주택[지방세법 제11조 제1항 제8호(주택을 유상거래를 원인으로 취득)에 따른 주택을 말한다. 이 경우 주택의 공유지분이나 부속토지만을 소유하거나 취득하는 경우에도 주택을 소유하거나 취득한 것으로 본다]을 유상거래를 원인으로 취득하는 경우로서 법인의 주택 취득의 경우에는 지방세법 제11조 제1항 제8호(주택을 유상거래를 원인으로 취득)에도 불구하고 중과세율을 적용한다(지법 제13조의2①).

(2) 법인의 주택 취득에 대한 적용세율

법인(「국세기본법」 제13조에 따른 법인으로 보는 단체, 「부동산등기법」 제49조 제1항 제3호에 따른 법인 아닌 사단·재단 등 개인이 아닌 자를 포함한다)이 주택을 취득하는 경우 : 지방세법 제11조 제1항 제7호 나목의 세율(4%)을 표준세율로 하여 해당 세율에 중과기준세율(2%)의 100분의 400을 합한 세율을 적용한다(지법 제13조의2① 제1호).

한편, 지방세법 제13조 제2항(법인의 대도시 부동산 취득에 대한 중과세)의 적용에서도 법인이 지방세법 제11조 제1항 제8호(유상거래를 원인으로 취득하는 주택)에 해당하는 주택을 취득하는 경우에는 지방세법 제13조의2 제1항 제1호(법인의 주택 취득 등에 대한 중과세)에 해당하는 세율을 적용한다고 규정하고 있다.

중과세율(12%) = 표준세율(4%) + 중과기준세율(2%) × 400/100

(3) 주택유상거래 취득 중과세의 예외(법인·개인 모두 적용)

유상거래를 원인으로 취득하는 주택(주택의 공유지분이나 부속토지만을 소유하거나 취득하는 경우에도 주택을 소유하거나 취득한 것으로 본다. 이하 "주택"이라 한다)으로서 다음의 어느 하나에 해당하는 주택은 중과세 대상으로 보지 않는다(지령 제28조의2).

① 지방세법 제4조에 따른 시가표준액(지분이나 부속토지만을 취득한 경우에는 전체 주택의 시가표준액을 말한다)이 1억원 이하인 주택. 다만, 「도시 및 주거환경정비법」 제2조 제1호에 따른 정비구역(종전의 「주택건설촉진법」에 따라 설립인가를 받은 재건축조합의 사업부지를 포함한다)으로 지정·고시된 지역 또는 「빈집 및 소규모주택 정비에 관한 특례법」 제2조 제1항 제4호에 따른 사업시행구역에 소재하는 주택은 제외한다.

② 「공공주택 특별법」 제4조 제1항에 따라 지정된 공공주택사업자가 다음의 어느 하나에 해당하는 주택을 공급[㈎의 경우 신축·개축하여 공급하는 경우를 포함한다]하기 위하여 취득하는 주택

㈎ 「공공주택 특별법」 제43조 제1항에 따라 공급하는 공공매입임대주택. 다만, 정당한

사유 없이 그 취득일부터 2년이 경과할 때까지 공공매입임대주택으로 공급하지 않거나 공공매입임대주택으로 공급한 기간이 3년 미만인 상태에서 매각·증여하거나 다른 용도로 사용하는 경우는 제외한다.

㈏ 「공공주택 특별법」에 따른 지분적립형 분양주택이나 이익공유형 분양주택

②-2. 「공공주택 특별법」 제4조 제1항에 따라 지정된 공공주택사업자가 위 ② ㈏의 주택을 분양받은 자로부터 환매하여 취득하는 주택

②-3. 「공공주택 특별법」 제40조의7 제2항 제2호에 따른 토지등소유자가 같은 법 제40조의10 제3항에 따라 공공주택사업자로부터 현물보상으로 공급받아 취득하는 주택

③ 「노인복지법」 제32조 제1항 제3호에 따른 노인복지주택으로 운영하기 위하여 취득하는 주택. 다만, 정당한 사유 없이 그 취득일부터 1년이 경과할 때까지 해당 용도에 직접 사용하지 않거나 해당 용도로 직접 사용한 기간이 3년 미만인 상태에서 매각·증여하거나 다른 용도로 사용하는 경우는 제외한다.

③-2. 「도시재생 활성화 및 지원에 관한 특별법」 제55조의3에 따른 토지등소유자가 같은 법 제45조 제1호에 따른 혁신지구사업시행자로부터 현물보상으로 공급받아 취득하는 주택

④ 「문화유산의 보존 및 활용에 관한 법률」에 따른 지정문화유산, 「근현대문화유산의 보존 및 활용에 관한 법률」에 따른 등록문화유산 또는 「자연유산의 보존 및 활용에 관한 법률」에 따른 천연기념물등에 해당하는 주택

⑤ 「민간임대주택에 관한 특별법」 제2조 제7호에 따른 임대사업자가 같은 조 제4호에 따른 공공지원민간임대주택으로 공급하기 위하여 취득하는 주택. 다만, 정당한 사유 없이 그 취득일부터 2년이 경과할 때까지 공공지원민간임대주택으로 공급하지 않거나 공공지원민간임대주택으로 공급한 기간이 3년 미만인 상태에서 매각·증여하거나 다른 용도로 사용하는 경우는 제외한다.

⑥ 「영유아보육법」 제10조 제5호에 따른 가정어린이집으로 운영하기 위하여 취득하는 주택. 다만, 정당한 사유 없이 그 취득일부터 1년이 경과할 때까지 해당 용도에 직접 사용하지 않거나 해당 용도로 직접 사용한 기간이 3년 미만인 상태에서 매각·증여하거나 다른 용도로 사용하는 경우는 제외하되, 가정어린이집을 「영유아보육법」 제10조 제1호에 따른 국공립어린이집으로 전환한 경우는 당초 용도대로 직접 사용하는 것으로 본다.

⑦ 「주택도시기금법」 제3조에 따른 주택도시기금과 「한국토지주택공사법」에 따라 설립된 한국토지주택공사가 공동으로 출자하여 설립한 부동산투자회사 또는 「한국자산관리

공사 설립 등에 관한 법률」에 따라 설립된 한국자산관리공사가 출자하여 설립한 부동산투자회사가 취득하는 주택으로서 취득 당시 다음의 요건을 모두 갖춘 주택

㉮ 해당 주택의 매도자(이하 "매도자"라 한다)가 거주하고 있는 주택으로서 해당 주택 외에 매도자가 속한 세대가 보유하고 있는 주택이 없을 것

㉯ 매도자로부터 취득한 주택을 5년 이상 매도자에게 임대하고 임대기간 종료 후에 그 주택을 재매입할 수 있는 권리를 매도자에게 부여할 것

㉰ 지방세법 제4조에 따른 시가표준액(지분이나 부속토지만을 취득한 경우에는 전체 주택의 시가표준액을 말한다)이 5억원 이하인 주택일 것

⑧ 다음의 어느 하나에 해당하는 주택으로서 멸실시킬 목적으로 취득하는 주택. 다만, ㉯ ⓔ의 경우에는 정당한 사유 없이 그 취득일부터 2년이 경과할 때까지 해당 주택을 멸실시키지 않거나 그 취득일부터 6년이 경과할 때까지 주택을 신축하지 않은 경우는 제외하고, ㉯ ⓕ의 경우에는 정당한 사유 없이 그 취득일부터 1년이 경과할 때까지 해당 주택을 멸실시키지 않거나 그 취득일부터 3년이 경과할 때까지 주택을 신축하지 않은 경우 또는 그 취득일부터 5년이 경과할 때까지 신축 주택을 판매하지 않은 경우는 제외하며, ㉯ ⓔ 및 ⓕ 외의 경우에는 정당한 사유 없이 그 취득일부터 3년이 경과할 때까지 해당 주택을 멸실시키지 않거나 그 취득일부터 7년이 경과할 때까지 주택을 신축하지 않은 경우는 제외한다.

㉮ 「공공기관의 운영에 관한 법률」 제4조에 따른 공공기관 또는 「지방공기업법」 제3조에 따른 지방공기업이 「공익사업을 위한 토지 등의 취득 및 보상에 관한 법률」 제4조에 따른 공익사업을 위하여 취득하는 주택

㉯ 다음 중 어느 하나에 해당하는 자가 주택건설사업을 위하여 취득하는 주택. 다만, 해당 주택건설사업이 주택과 주택이 아닌 건축물을 한꺼번에 신축하는 사업인 경우에는 신축하는 주택의 건축면적 등을 고려하여 행정안전부령(아래 표 참조)으로 정하는 바에 따라 산정한 부분으로 한정한다.

ⓐ 「도시 및 주거환경정비법」 제2조 제8호에 따른 사업시행자

ⓑ 「빈집 및 소규모주택 정비에 관한 특례법」 제2조 제1항 제5호에 따른 사업시행자

ⓒ 「주택법」 제2조 제11호에 따른 주택조합(같은 법 제11조 제2항에 따른 "주택조합설립인가를 받으려는 자"를 포함한다)

ⓓ 「주택법」 제4조에 따라 등록한 주택건설사업자

ⓔ 「민간임대주택에 관한 특별법」 제23조에 따른 공공지원민간임대주택 개발사업

시행자

ⓕ 주택신축판매업[한국표준산업분류에 따른 주거용 건물 개발 및 공급업과 주거용 건물 건설업(자영건설업으로 한정한다)을 말한다]을 영위할 목적으로 「부가가치세법」 제8조 제1항에 따라 사업자 등록을 한 자

| 주택과 주택이 아닌 건축물을 한꺼번에 신축하는 사업인 경우 |

❑ **주택 유상거래 취득 중과세의 예외**(지방세법 시행규칙 제7조의2)

지방세법 시행령 제28조의2 제8호 나목 본문에 따른 주택건설사업이 주택과 주택이 아닌 건축물을 한꺼번에 신축하는 사업인 경우 다음의 구분에 따라 산정한 부분에 대해서는 중과세 대상으로 보지 않는다(지칙 제7조의2).

① 「도시 및 주거환경정비법」 제2조 제2호에 따른 정비사업 중 주거환경을 개선하기 위한 사업, 「주택법」 제2조 제11호 가목에 따른 지역주택조합 및 같은 호 나목에 따른 직장주택조합이 시행하는 사업 : 해당 주택건설사업을 위하여 취득하는 주택의 100분의 100에 해당하는 부분

② 「도시 및 주거환경정비법」 제2조 제2호 나목에 따른 재개발사업 중 도시환경을 개선하기 위한 사업 : 해당 주택건설사업을 위하여 취득하는 주택 중 다음의 비율에 해당하는 부분

신축하는 주택의 연면적 ÷ 신축하는 주택 및 주택이 아닌 건축물 전체의 연면적

③ 그 밖의 주택건설사업 : 다음의 구분에 따라 산정한 부분

㈎ 신축하는 주택의 연면적이 신축하는 주택 및 주택이 아닌 건축물 전체 연면적의 100분의 50 이상인 경우 : 해당 주택건설사업을 위하여 취득하는 주택의 100분의 100에 해당하는 부분

㈏ 신축하는 주택의 연면적이 신축하는 주택 및 주택이 아닌 건축물 전체 연면적의 100분의 50 미만인 경우 : 해당 주택건설사업을 위하여 취득하는 주택 중 위 ②의 비율에 해당하는 부분

㈐ 「공공주택 특별법」 제2조 제1호의3의 공공매입임대주택을 건설하려는 자(같은 법 제4조에 따른 공공주택사업자와 공공매입임대주택을 건설하여 양도하기로 약정을 체결한 자로 한정한다)가 해당 공공매입임대주택을 건설하기 위하여 취득하는 주택. 다만, 그 약정이 해제·해지된 경우 또는 그 약정에 따라 공공매입임대주택을 건설하지 않거나 양도하지 않은 경우는 제외한다.

⑨ 주택의 시공자(「주택법」 제33조 제2항에 따른 시공자 및 「건축법」 제2조 제16호에

따른 공사시공자를 말한다)가 다음의 어느 하나에 해당하는 자로부터 해당 주택의 공사대금으로 취득한 미분양 주택(「주택법」 제54조에 따른 사업주체가 같은 조에 따라 공급하는 주택으로서 입주자모집공고에 따른 입주자의 계약일이 지난 주택단지에서 취득일 현재까지 분양계약이 체결되지 않아 선착순의 방법으로 공급하는 주택을 말한다). 다만, 아래 ㉮의 자로부터 취득한 주택으로서 자기 또는 임대계약 등 권원을 불문하고 타인이 거주한 기간이 1년 이상인 경우는 제외한다.

㉮ 「건축법」 제11조에 따른 허가를 받은 자

㉯ 「주택법」 제15조에 따른 사업계획승인을 받은 자

⑩ 「농업협동조합법」에 따라 설립된 조합 등에 해당하는 자가 저당권의 실행 또는 채권변제로 취득하는 주택. 다만, 취득일부터 3년이 경과할 때까지 해당 주택을 처분하지 않은 경우는 제외한다.

⑪ 지방세법 시행령 제28조의2 제11호의 요건을 갖춘 농어촌주택

⑫ 사원에 대한 임대용으로 직접 사용할 목적으로 취득하는 주택으로서 1구의 건축물의 연면적(전용면적을 말한다)이 60제곱미터 이하인 공동주택(「건축법 시행령」 별표 1 제1호 다목에 따른 다가구주택으로서 「건축법」 제38조에 따른 건축물대장에 호수별로 전용면적이 구분되어 기재되어 있는 다가구주택을 포함한다). 다만, 다음의 어느 하나에 해당하는 주택은 제외한다.

㉮ 취득하는 자가 개인인 경우로서 「지방세기본법 시행령」 제2조 제1항 각 호의 어느 하나에 해당하는 관계인 사람에게 제공하는 주택

㉯ 취득하는 자가 법인인 경우로서 「지방세기본법」 제46조 제2호에 따른 과점주주에게 제공하는 주택

㉰ 정당한 사유 없이 그 취득일부터 1년이 경과할 때까지 해당 용도에 직접 사용하지 않거나 해당 용도로 직접 사용한 기간이 3년 미만인 상태에서 매각·증여하거나 다른 용도로 사용하는 주택

⑬ 물적분할[「법인세법」 제46조 제2항 각 호의 요건(같은 항 제2호의 경우 전액이 주식 등이어야 한다)을 갖춘 경우로 한정한다]로 인하여 분할신설법인이 분할법인으로부터 취득하는 미분양 주택 및 분양계약을 체결한 주택. 다만, 분할등기일부터 3년 이내에 「법인세법」 제47조 제3항 각 호의 어느 하나에 해당하는 사유가 발생한 경우(같은 항 각 호 외의 부분 단서에 해당하는 경우는 제외한다)는 제외한다.

⑬-2. 「법인세법」 제46조 제2항에 따른 적격분할로 인하여 분할신설법인이 분할법인으로부터

취득하는 미분양 주택 및 분양계약을 체결한 주택. 다만, 분할등기일부터 3년 이내에 「법인세법」 제46조의3 제3항 각 호의 어느 하나에 해당하는 사유가 발생하는 경우(같은 항 각 호 외의 부분 단서에 해당하는 경우는 제외한다)는 제외한다.

⑬-3. 법 제15조 제1항 제3호에 따른 세율의 특례가 적용되는 법인의 합병으로 취득하는 주택

⑭ 「주택법」에 따른 리모델링주택조합이 같은 법 제22조 제2항에 따라 취득하는 주택

⑮ 「주택법」 제2조 제10호 나목(한국토지주택공사 또는 지방공사)의 사업주체가 취득하는 다음 각 목의 주택

㈎ 「주택법」에 따른 토지임대부 분양주택을 공급하기 위하여 취득하는 주택

㈏ 「주택법」에 따른 토지임대부 분양주택을 분양받은 자로부터 환매하여 취득하는 주택

㈐ 「주택법」 제57조의2 제3항에 따른 거주의무자등의 매입신청을 받거나 거주의무자등의 거주의무 위반으로 취득하는 분양가상한제 적용주택 및 토지임대부 분양주택

㈑ 「주택법」 제64조 제2항 단서에 따라 우선 매입하는 분양가상한제 적용주택, 같은 조 제3항에 따라 전매제한 위반으로 취득하는 주택 및 같은 법 제78조의2 제3항에 따라 취득한 것으로 보는 토지임대부 분양주택

㈒ 「주택법」 제65조 제3항에 따라 취득한 것으로 보는 주택

⑯ 「부동산투자회사법」 제2조 제1호 다목에 따른 기업구조조정 부동산투자회사가 2024년 3월 28일부터 2025년 12월 31일까지 최초로 유상승계취득하는 「주택법 시행령」 제3조 제1항 제1호에 따른 아파트(이하 "아파트"라 한다)로서 다음 각 목의 요건을 모두 갖춘 아파트

㈎ 「수도권정비계획법」 제2조 제1호에 따른 수도권 외의 지역에 있을 것

㈏ 「주택법」 제54조 제1항에 따른 사업주체가 같은 법 제49조에 따른 사용검사 또는 「건축법」 제22조에 따른 사용승인(임시사용승인을 포함한다)을 받은 후 분양되지 않은 아파트일 것

■ 주택건설사업자 등록을 한 사업자가 주택건설을 위한 멸실목적 주택 취득

사안

개인 3인 공동명의(대표)로 「주택법」 제4조에 따라 주택건설사업자 등록을 한 사업자가 주택건설을 위한 멸실목적 주택을 공동명의인 중 1인(또는 2인)의 명의로 취득하는 경우 취득세 중과세 예외대상에 해당하는지 여부

해석 · 판단

- 「지방세법 시행령」 제28조의2 제8호 나목은 "「주택법」 제4조에 따라 등록한 주택건설사업자"가 주택건설을 위하여 멸실목적으로 취득하는 주택을 취득세 중과세 예외 대상으로 규정하고 있음. "조세법률주의 원칙상 과세요건이나 비과세요건 또는 조세감면요건을 막론하고 조세법규의 해석은 특별한 사정이 없는 한 법문대로 해석할 것이고 합리적인 이유 없이 확장해석하거나 유추해석하는 것은 허용하지 아니하므로"(대법원 2003.1.24. 선고 2002두9537 판결 등 참조),

- 주택건설사업자를 공동명의로 등록한 경우 멸실목적 주택을 공동명의로 취득해야 한다고 규정되지 않은 이상, 「주택법」에 따라 주택건설사업자로 등록된 자가 주택건설을 위해 멸실목적으로 취득하는 주택이라면 중과세 예외 대상에 해당한다고 할 것임.

- 다만, 해당 주택을 멸실 후 새로 건설하는 주택이 해당 공동사업실적에 포함되어야 할 것이며, 이에 대한 사항은 과세권자가 「소득세법」에 따른 공동사업소득 신고 여부 및 「주택법」에 따른 주택건설사업 실적에 반영 여부 등 구체적인 사실관계를 확인하여 결정하여야 함(부동산세제 - 1585, 2021.6.15.).

■ 종합부동산세 합산배제(멸실목적 취득 주택)

멸실목적 취득 주택에 대한 종합부동산세 합산배제 내용은 'Chapter 3. Ⅲ. 제2절 2. (3) 합산배제 주택'을 참고하기 바란다.

⑧ 사치성 재산 취득 중과세(지법 제13조⑤)

지방세법 제13조 제5항에서는 사치성 재산을 골프장, 고급주택, 고급오락장 그리고 고급선박으로 구분하여 사치성 재산의 취득에 대해 중과세 규정을 두고 개인과 법인 모두에 적용하고 있다. 별장은 2023.3.14. 지방세법 개정으로 사치성 재산 중과대상에서 제외하였다. 부동산개발

법인과 관련하여 사치성 재산 중 골프장과 고급주택에 대해 아래에서 서술한다.

(1) 사치성 재산의 중과세율

1) 표준세율 적용대상이 사치성 재산인 경우

사치성 재산(골프장, 고급주택, 고급오락장, 고급선박)에 해당하는 부동산등을 취득하는 경우(고급주택 등을 구분하여 그 일부를 취득하는 경우를 포함한다)의 취득세는 지방세법 제11조(부동산 취득의 세율) 및 제12조(부동산 외 취득의 세율)의 세율과 중과기준세율(2%)의 100분의 400을 합한 세율을 적용하여 계산한 금액을 그 세액으로 한다(지법 제13조⑤).

$$중과세율 \ = \ 표준세율 \ + \ 중과기준세율(2\%) \ \times \ 400/100$$

2) 법인의 대도시내 부동산 취득 중과대상(지법 제13조②)이 사치성 재산인 경우

지방세법 제13조 제2항 제1호(법인의 대도시내 부동산 취득 중과세)와 제5항(사치성 재산 취득 중과세)이 동시에 적용되는 과세물건에 대한 취득세율은 지방세법 제16조 제5항(사치성 재산 취득 중과세)에도 불구하고 지방세법 제11조에 따른 표준세율의 100분의 300에 중과기준세율(2%)의 100분의 200을 합한 세율을 적용한다. 다만, 지방세법 제11조 제1항 제8호(유상거래 원인 주택취득)에 따른 주택을 취득하는 경우에는 해당 세율에 중과기준세율(2%)의 100분의 600을 합한 세율을 적용한다(지법 제13조⑦).

3) 법인의 주택 취득(지법 제13조2① 제1호)이 사치성 재산인 경우

2020.8.12.부터는 지방세법 제13조의2 제1항 제1호(법인의 주택 취득 중과)와 지방세법 제13조 제5항(사치성 재산 취득 중과)이 동시에 적용되는 과세물건에 대한 취득세율은 지방세법 제16조 제5항(둘 이상의 세율이 해당할 경우에는 높은 세율 적용)에도 불구하고 해당 세율(지법 제13조의2① 제1호의 세율 : 12%)에 중과기준세율(2%)의 100분의 400을 합한 세율을 적용한다(지법 제13조의2③).

$$중과세율(20\%) \ = \ 12\% \ + 중과기준세율(2\%) \ \times \ 400/100$$

(2) 골프장

1) 취득세 중과세 대상 골프장의 범위

중과세 대상 골프장은 「체육시설의 설치·이용에 관한 법률」에 따른 회원제 골프장용 부동산 중 구분등록의 대상이 되는 토지와 건축물 및 그 토지 상의 입목을 말한다(지법 제13조⑤ 제2호).

중과세 적용대상 골프장은 그 시설을 갖추어 「체육시설의 설치·이용에 관한 법률」에 따라 체육시설업의 등록(시설을 증설하여 변경등록하는 경우를 포함한다)을 하는 경우뿐만 아니라 등록을 하지 아니하더라도 사실상 골프장으로 사용하는 경우에도 적용한다(지법 제13조⑤).

그리고 부동산등을 취득할 때 골프장 등을 2명 이상이 구분하여 취득하거나 1명 또는 여러 명이 시차를 두고 구분하여 취득하는 경우도 포함한다(지령 제28조①).

| 구분등록의 대상이 되는 토지와 건축물 |

> ❏ **구분등록의 대상**(체육시설의 설치·이용에 관한 법률 시행령 제20조 제3항)
>
> ③ 제1항에 따라 체육시설업의 등록을 하려는 자 중 회원제 골프장업의 등록을 하려는 자는 해당 골프장의 토지 중 다음 각 호에 해당하는 토지 및 골프장 안의 건축물을 구분하여 등록을 신청하여야 한다.
> 1. 골프코스(티그라운드·페어웨이·러프·해저드·그린 등을 포함한다)
> 2. 주차장 및 도로
> 3. 조정지(골프코스와는 별도로 오수처리 등을 위하여 설치한 것은 제외한다)
> 4. 골프장의 운영 및 유지·관리에 활용되고 있는 조경지(골프장 조성을 위하여 산림훼손, 농지전용 등으로 토지의 형질을 변경한 후 경관을 조성한 지역을 말한다)
> 5. 관리시설(사무실·휴게시설·매점·창고와 그 밖에 골프장 안의 모든 건축물을 포함하되, 수영장·테니스장·골프연습장·연수시설·오수처리시설 및 태양열이용 설비 등 골프장의 용도에 직접 사용되지 아니하는 건축물은 제외한다) 및 그 부속토지
> 6. 보수용 잔디 및 묘목·화훼 재배지 등 골프장의 유지·관리를 위한 용도로 사용되는 토지

2) 골프장의 취득일

골프장의 취득은 「체육시설의 설치·이용에 관한 법률」에 따라 체육시설업으로 등록(변경등록을 포함함)한 날로 한다. 다만, 등록을 하기 전에 사실상 골프장으로 사용하는 경우 그 부분에 대해서는 사실상 사용한 날로 한다(지령 제34조 제5호 나).

3) 골프장에 대한 취득세 중과세율 적용

중과대상 회원제 골프장용 부동산으로 취득할 당시에 중과세 대상에 해당하면 표준세율에 중과기준세율(2%)의 4배의 세율을 합한 세율로 계산하여 취득세를 신고·납부하여야 한다.

부동산을 취득할 당시에는 중과세 대상이 아니었으나 취득한 후에 그 과세물건이 중과대상 회원제 골프장용 부동산에 해당하여 중과세율의 적용대상이 되었을 때에는 증축·개축의 경우에는 사용승인서 발급일, 그 밖의 사유일 때는 그 사유가 발생한 날부터 60일 이내에 중과세율을 적용하여 산출한 세액에서 이미 납부한 세액(가산세는 제외한다)을 공제한 금액을 세액으로 하여 신고·납부하여야 한다(지법 제20조②, 지령 제34조 제5호 가목).

또한, 토지나 건축물을 취득한 후 5년 이내에 해당 토지나 건축물이 중과대상 회원제 골프장용 부동산에 해당하게 된 경우에는 중과세율을 적용하여 취득세를 추징한다(지법 제16조①).

부동산개발 관련 해석·판단사례

■ 사실상 골프장으로 사용 여부

사안

골프장의 체육시설업 등록 전에 시범라운딩 등이 반복적·지속적으로 이루어져 사실상 골프장으로 사용하는 경우에 해당하는지 판단

해석·판단

- "골프장을 등록하지 않더라도 사실상 골프장으로 사용하는 경우"라 함은 이용대상, 이용목적, 이용에 따른 대가의 징수여부 등 여러 제반사정에 비추어 볼 때 골프장으로 등록하기 전이라 하더라도 실질적인 사업운영의 목적으로 골프장을 사용하는 경우를 말한다고 보아야 할 것임(대법원 2008두7175, 2008.8.21.).

- 한편, 시범라운딩이라 함은 골프장을 개장하기에 앞서 코스 등을 점검하고 기타 미비점을 보완하기 위해 골프장을 개방하는 것으로서, 이와 같은 목적에 그치지 않고 다수의 일반인에게 개방하여 회원모집을 위한 홍보의 수단으로 활용하거나(대법원 2008두7175, 2008.8.21.) 그린피와 카트피, 캐디피 등을 유료로 받는 등 실질적인 이익을 취하는 경우(조심 2011지172, 2012.3.7.), 일시적이 아닌 반복적·지속적으로 이루어지는 경우(행안부 지방세운영-2425, 2008.12.5.) 등에는 사실상 골프장으로 사용된다고 보는 것이 타당하다고 할 것임. 본 건 질의의 증빙자료(카드매출자료, 출장복명서, 홍보자료)에 따르면, 본 건 골프장은 그린피 징수시까지 지속적으로 시범라운딩을

실시한 것으로 보는 것이 타당할 것임.

- 따라서, 그린피와 카트피를 받지 않았다고 하더라도 시범라운딩이 일시적이 아닌 반복적·지속적으로 이루어진 점, 그린피 징수 전에 정식 골프대회를 개최했던 점, 증빙자료에 따르면 그 이용자의 대부분은 비회원으로서 일반 대중에게 공여되어 홍보수단 등으로 활용된 것으로 보이는 점 등을 감안했을 때, 본 건 골프장은 시범라운딩을 시작한 때부터 사실상 골프장으로 사용되었다고 보는 것이 합리적일 것으로 판단됨(지방세운영－1351, 2013.7.2.).

■ 회원제 골프장에서 대중제 골프장으로 변경 등록한 경우 중과세 대상 여부

사안

회원제 골프장으로 사업인가를 받고 시범라운딩까지 한 후 대중제 골프장으로 변경인가를 받아 등록한 경우, 취득세 중과세율 적용대상인 회원제 골프장의 취득인지, 일반세율 적용대상인 대중제 골프장의 취득인지 여부

심판례

- 골프장에 대하여 취득세 중과세율을 적용하려면 우선 중과세 요건을 충족하여야 하는 것인바, 「체육시설의 설치·이용에 관한 법률」 제19조에서 골프장 사업계획승인을 받은 자가 시설을 갖춘 때에는 영업하기 전에 시도지사에게 그 체육시설업의 등록을 하여야 한다고 규정하면서 같은 법 제20조에서 회원제 골프장으로 등록하려는 자는 해당 토지 및 건축물을 구분 등록하여야 한다고 규정하고 있는 점, 「지방세법」 제13조 제5항 본문 및 제2호에서 중과세율 적용대상 골프장은 「체육시설의 설치·이용에 관한 법률」에 따른 회원제 골프장용 부동산 중 구분등록의 대상이 되는 토지와 건축물 및 그 토지 상의 입목으로 규정하고 있는 점, 특정 회원권을 발행하여 상대적으로 부담능력이 있는 특정인만을 출입하게 하는 회원제 골프장에 대해서만 사치성 고급시설로 인정하여 취득세 중과세 대상으로 보는 점(헌법재판소 94헌마203, 1995.6.29. 판결 참조) 등을 종합적으로 고려해 볼 때, 취득세 중과세 요건을 충족한 골프장의 경우 「체육시설의 설치·이용에 관한 법률」에 따라 구분 등록하는 회원제 골프장에 한정된다고 할 것임.

- 따라서 회원제 골프장으로 사업인가를 받았다고 하더라도 변경인가를 통하여 「체육시설의 설치·이용에 관한 법률」에 따라 대중제 골프장으로 등록한 경우라면 대중제 골프장이라고 할 것이므로 이는 회원제 골프장 등록으로 한정하고 있는 취득세 중과세 대상 골프장에 해당되지 아니한다고 할 것임(구 행정자치부 심사2005－0098, 2005.1.11. 결정).

■ 회원제 골프장 내 기숙사 건물이 취득세 중과대상인지 여부

사안

회원제 골프장 내 기숙사 건물이 취득세의 중과세 대상에 포함되는 골프장 용도의 건물로 볼 것인지 여부

해석

- 「체육시설의 설치·이용에 관한 법률」 제19조 제1항, 동법 시행령 제3항에 따르면, 회원제 골프장업의 등록을 하려는 자는 해당 골프장의 토지 중 골프코스, 주차장 및 도로, 조정지, 골프장의 운영 및 유지·관리에 활용되고 있는 조경지, 관리시설 및 그 부속토지 등은 구분하여 등록하여야 된다고 규정되어 있음.

- 「체육시설의 설치·이용에 관한 법률 시행령」 제20조 제3항에서는 구분등록 대상이 되는 관리시설에는 사무실·휴게시설·매점 등 골프장 안의 모든 건축물을 포함하되, 골프연습장·연수시설 등 골프장의 용도에 직접 사용되지 아니하는 건축물은 제외한다고 규정되어 있음.

- 쟁점이 되는 골프장 내 직원 및 캐디를 위한 기숙사가 체육시설법상 구분등록을 해야 하는 관리시설인지 여부에 대하여 살펴보면, 문화체육관광부에서는 직원 및 캐디 전용 기숙사를 격오지에 위치한 골프장업의 특성상 직원 출근 등의 불편을 해소하기 위한 선택적 복지시설로서 골프장의 관리·유지를 위해 반드시 필요한 시설로 보기 어렵다고 판단하고 있음(문화체육관광부 스포츠산업과−1479, 2014.7.29. 참조)

- 한편, 체육시설의 설치·이용에 관한 법률 시행령에서 골프장의 용도에 직접 사용되지 않는 건축물의 예로서 제시된 골프연습장·연수시설 등과 비교하더라도, 골프장 내 직원용 기숙사는 골프장의 유지관리에 더 밀접한 관련성을 가진다고 보기는 어렵다고 판단됨.

- 따라서 「지방세법」 제13조 제5항 골프장 및 그 부속토지에 해당되지 않아 일반 과세함이 타당하다고 사료되며, 이에 해당하는지 여부는 과세권자가 사실관계 등 구체적 사항을 조사하여 판단할 사항임(지방세운영−3829, 2014.11.14.).

■ 골프장용 토지의 지목변경으로 인한 취득시기와 가액증가 판단

골프장 조성에 따른 토지의 지목변경에 의한 간주취득의 시기와 골프장 조성에 들인 비용의 범위 판단

• 골프장 조성에 따른 토지의 지목변경에 의한 간주취득의 시기는 전·답·임야에 대한 산림 훼손(임목의 벌채 등), 형질변경(절토, 성토, 벽공사 등), 농지전용 등의 공사뿐만 아니라 잔디의 파종 및 식재, 수목의 이식, 조경작업 등과 같은 골프장으로서의 효용에 공하는 모든 공사를 완료하여 골프장 조성공사가 준공된 때에 지목변경이 되는 것이므로 골프장 조성에 따른 토목공사는 물론 잔디파종 및 식재비용, 입목의 이식비용 등 골프장 조성에 들인 비용은 모두 토지의 지목변경으로 인한 가액증가에 소요된 비용으로서 과세표준에 포함되고, 또한 골프장으로서 중과세율이 적용되어야 할 것임(대법원 판결 2001.7.27. 99두9919).

(3) 고급주택

1) 취득세 중과세 대상 고급주택의 범위

중과세 대상 고급주택은 주거용 건축물 또는 그 부속토지의 면적과 가액이 고급주택의 기준에 해당하거나 해당 건축물에 67제곱미터 이상의 수영장 등 부대시설을 설치한 주거용 건축물과 그 부속토지를 말한다(지법 제13조⑤ 제3호).

2) 고급주택의 기준

고급주택으로 보는 주거용 건축물과 그 부속토지는 다음의 어느 하나에 해당하는 것으로 한다(지령 제28조④).

다음(④의 경우는 제외)에서 정하는 주거용 건축물과 그 부속토지 또는 공동주택과 그 부속토지는 지방세법 제4조 제1항에 따른 취득 당시의 시가표준액(주택공시가격)이 9억원을 초과하는 경우만 해당한다.

① 1구(1세대가 독립하여 구분 사용할 수 있도록 구획된 부분을 말한다. 이하 같다)의 건축물의 연면적(주차장면적은 제외한다)이 331제곱미터를 초과하는 주거용 건축물과 그 부속토지(지령 제28조④ 제1호)

* 「건축법」상 발코니 및 노대가 접한 면의 길이가 가장 긴 (거실 등) 외벽으로부터 너비 1.5미터를 초과하는 발코니 및 노대 부분은 주거전용 면적으로 산입하여 연면적을 판단하여야 한다(운영예규 법13…시행령28-1). 아래 ④ 공동주택의 경우도 마찬가지이다.

② 1구의 건축물의 대지면적이 662제곱미터를 초과하는 주거용 건축물과 그 부속토지 (지령 제28조④ 제2호)

③ 1구의 건축물에 엘리베이터(적재하중 200킬로그램 이하의 소형엘리베이터는 제외한다)가 설치된 주거용 건축물과 그 부속토지(공동주택과 그 부속토지는 제외한다)(지령 제28조④ 제2호의2)

④ 1구의 건축물에 에스컬레이터 또는 67제곱미터 이상의 수영장 중 1개 이상의 시설이 설치된 주거용 건축물과 그 부속토지(공동주택과 그 부속토지는 제외한다)는 시가표준액과 상관없이 고급주택으로 본다(지령 제28조④ 제3호).

⑤ 1구의 공동주택(여러 가구가 한 건축물에 거주할 수 있도록 건축된 다가구용 주택을 포함하되, 이 경우 한 가구가 독립하여 거주할 수 있도록 구획된 부분을 각각 1구의 건축물로 본다)의 건축물 연면적(공용면적은 제외한다)이 245제곱미터(복층형은 274제곱미터로 하되, 한 층의 면적이 245제곱미터를 초과하는 것은 제외한다)를 초과하는 공동주택과 그 부속토지(지령 제28조④ 제4호)

건물면적기준[*]	부속토지기준	엘리베이터 설치	에스컬레이터·수영장 설치
• 건축물 연면적 331㎡ 초과 • 주택공시가격 9억원 초과	• 대지면적 662㎡ 초과 • 주택공시가격 9억원 초과	• 적재하중 200kg 초과 설치 • 주택공시가격 9억원 초과	• 에스컬레이터 또는 67㎡ 이상의 수영장 중 1개 이상의 시설 설치 • 주택공시가격기준 없음.

* 공동주택은 전용면적 245㎡(복층형 274㎡, 한층 245㎡ 초과 제외) + 주택공시가격 9억원 초과 기준임.

3) 부속토지의 범위

고급주택에 부속된 토지의 경계가 명확하지 아니할 때에는 그 건축물 바닥면적의 10배에 해당하는 토지를 그 부속토지로 본다(지법 제13조⑤).

주거용 건축물의 부속토지라 함은 당해 주택과 경제적 일체를 이루고 있는 토지로서 사회통념상 주거생활공간으로 인정되는 대지를 뜻하므로 이 경우 당해 토지의 필지수 또는 사용자수가 다수인지의 여부와는 무관하다(운영예규 법13-1).

4) 고급주택에 대한 취득세 중과세율 적용

중과대상 고급주택으로 취득할 당시에 중과세 대상에 해당하면 표준세율에 중과기준세율 (2%)의 4배의 세율을 합한 세율로 계산하여 취득세를 신고·납부하여야 한다.

부동산을 취득할 당시에는 중과세 대상이 아니었으나 취득한 후에 증축·개축으로 그 과세물건이 중과대상 고급주택에 해당하여 중과세율의 적용대상이 되었을 때에는 증축· 개축의 경우에는 사용승인서 발급일, 그 밖의 사유일 때는 그 사유가 발생한 날부터 60일 이내에 중과세율을 적용하여 산출한 세액에서 이미 납부한 세액(가산세는 제외한다)을 공제한 금액을 세액으로 하여 신고·납부하여야 한다(지법 제20조②, 지령 제34조 제5호 가목).

또한, 토지나 건축물을 취득한 후 5년 이내에 해당 토지나 건축물이 중과대상 고급주택에 해당하게 된 경우에는 중과세율을 적용하여 취득세를 추징한다(지법 제16조①).

5) 고급주택의 중과세 예외

주거용 건축물을 취득한 날부터 60일 이내에 주거용이 아닌 용도로 사용하거나 고급주택이 아닌 용도로 사용하기 위하여 용도변경공사를 착공하는 경우는 제외한다(지법 제13조⑤ 제3호).

이 경우 상속으로 인한 경우는 상속개시일이 속하는 달의 말일부터, 실종으로 인한 경우는 실종선고일이 속하는 달의 말일부터 각각 6개월(납세자가 외국에 주소를 둔 경우에는 각각 9개월) 이내에 주거용이 아닌 용도로 사용하거나 고급주택이 아닌 용도로 사용하기 위하여 용도변경공사를 착공하는 경우는 제외한다(지법 제13조⑤ 제3호).

■ 부동산개발 관련 해석·판단사례

■ 고급주택을 공부상 주택 또는 주택법상의 주택으로 한정해야 하는지 여부

사안

공부상 업무시설(오피스텔)이나 사실상 주거용 건축물에 해당하는 경우에 고급주택에 포함해야 하는지 여부

해석

- 주거용 오피스텔을 고급주택으로 볼 수 있는지에 대해 살펴보면,
  - 지방세법 개별 규정에서 '주택'이라는 용어를 사용하고 있는 경우에 그 '주택'에 포함되는 건축물의 범위는 각 규정의 취지와 목적에 따라 달리 해석되어야 할 것(대법원 2013두13945,

2013.11.28.)임.

- 즉 「지방세법」 제11조 제1항 제8호에서 유상거래 취득세율이 적용되는 주택을 '「주택법」 제2조 제1호에 따른 주택으로서 「건축법」에 따른 건축물대장·사용승인서·임시사용승인서 또는 「부동산등기법」에 따른 등기부에 주택으로 기재된 주거용 건축물과 그 부속토지'로 한정하는데 비해,
- 「지방세법」 제13조 제5항 제3호에서는 고급주택에 대해 「지방세법」 제11조 제1항 제8호에 따른 주택이 아닌 '주거용 건축물과 그 부속토지'로 규정하고 있으므로, 고급주택의 대상을 공부상 주택 또는 「주택법」상 주택 등으로 한정하여야 한다고 볼 수 없음.
- 또한 「지방세법 시행령」 제13조에서 취득 당시의 사실상 현황에 따라 취득세를 부과하는 것으로 규정하고 있는 점과, 고급주택 중과세의 목적이 부족한 택지의 공급을 늘리며 건전한 주택문화를 정착시킴으로써 국민생활의 건전화를 기하는 데에 있는 점(1993.8.24. 선고, 대법원 92누15994 판결) 등을 종합적으로 고려할 때, 주거용으로 사용되는 건축물로서 사치성·호화 주거목적으로 사용하는 경우에는 고급주택으로 보는 것이 타당할 것이며, 오피스텔이라 하여 고급주택에서 제외해야 할 합리적 이유가 없어 보임.
- 따라서 공부상 업무시설(오피스텔)이라 하더라도 주거용 건축물에 해당하는 경우라면 「지방세법」 제13조 제5항 제3호에 따른 고급주택에 포함된다고 할 것임(부동산세제-56, 2019.7.30.).

■ **1구의 건물의 대지**

사안

건축허가상 주택의 부지로 되어있는 토지는 아니지만, 실제 담장이나 울타리 내에 있어 외부와의 경계가 분명하게 나누어진 토지를 1구의 건물의 대지로 볼 수 있는지 여부

심판례

- 1구의 주택에 부속된 토지인지 여부는 당해 토지의 취득 당시 현황과 이용실태에 의하여 결정되고 토지의 권리관계·소유형태 또는 필지수를 불문하며(대법원 1994.2.8. 선고 93누7013 판결, 같은 뜻임),
- 1구의 건물의 대지라 함은 당해 주택과 경제적 일체를 이루고 있는 토지로서 사회통념상 주거생활공간으로 인정되는 대지를 뜻하는 것으로서 공부상이나 건축허가상 주택의 부지로 되어있는 토지를 말하는 것이 아니고 실제 담장이나 울타리 등으로 경계가 지워진 주택 부속토지를 말하는 것(대법원 1993.7.27. 선고 91누10985 판결 등, 같은 뜻임)인바,
- 처분청의 출장결과보고서 및 현장 촬영사진, 항공사진 등에서 쟁점토지 및 농가주택이 이 건 고급주택의 울타리 내에 있어 외부와의 경계가 분명하게 나누어진 것이 나타나고, 쟁점1토지에는

회양목 뿐만 아니라 소나무 등이 조경수로 식재되어 있는 것이 확인되고 있으며, 농가주택과 쟁점토지의 일부인 ○○○의 주택 출입구 외에는 이 건 고급주택으로의 진입이 불가능한 점 등으로 미루어 볼 때,

- 이러한 울타리로 외부와 구분된 일단의 건축물 부속토지의 일부에 농작물을 경작하고 있는 사실만으로 건축물의 부속토지와 구분되어 이용될 특별한 사정이 없는 경우에는 이를 건축물의 다른 부속토지와 달리 보기 어렵다 할 것임(조심 2014지1194, 2015.4.28.).

■ 무단용도변경으로 고급주택 요건이 충족된 주택에 대한 중과세 판단

사안

쟁점주택 취득일부터 5년 내에 옥내주차장 기능을 상실시켜 단독주택 용도로 무단용도변경함으로써 고급주택의 제반요건을 충족하여 중과세 대상이 된 사실의 판단

심판례

- 쟁점주택은 취득일 현재 「지방세법」에 의한 고급주택에 해당하나 청구인이 쟁점주택 취득일부터 30일 이내에 쟁점주택 지하층 일부를 주차장 용도로 변경하여 고급주택 중과세 대상에서 제외된 점, 쟁점주택 취득일부터 5년 내에 무단용도변경으로 고급주택 요건이 충족된 사실이 처분청의 출장복명서 및 건축물관리대장 변동사항에 나타나는 점 등에 비추어 처분청이 쟁점주택을 고급주택으로 보아 취득세 등을 중과세한 처분은 달리 잘못이 없는 것으로 판단됨(조심 2015지320, 2015.5.14.).

■ 고급주택 취득 이후 점유자의 명도거부로 인해 철거공사가 늦어졌을 때 중과세 여부

사안

2014.9.11. 고급주택을 경락을 원인으로 취득하였으나 점유자가 부동산을 인도하지 아니하여 부동산인도명령을 법원에 제기하기도 한 바 있으며, 2015.2.6.에서야 점유를 개시하여 불법증축부분에 대한 철거공사가 늦어진 부득이한 사유가 있음에도 고급주택 중과세율을 적용하여 취득세 등을 부과하는 것은 부당함.

심판례

- 청구인은 점유자의 명도거부로 인해 철거공사가 늦어진 부득이한 사유가 있음에도 고급주택

중과세율을 적용하여 취득세 등을 부과하는 것은 부당하다고 주장하나,

- 「지방세법」 제13조 제5항 제3호에서는 고급주택 취득일부터 30일(개정후 60일) 이내에 주거용이 아닌 용도로 사용하거나 고급주택이 아닌 용도로 사용하기 위하여 용도변경공사에 착공하는 경우에는 고급주택에서 제외하도록 규정하고 있는바,

- 청구인은 2014.9.11. 이 건 부동산을 취득하면서 30일(개정후 60일) 이내에 증축된(지하 1층, 2층) 부분을 철거하기로 하였으나, 처분청 현지확인일인 2014.10.10.까지 철거하지 아니한 것으로 확인된 점, 위 조항에서 용도변경공사에 착공하지 아니한 데에 부득이한 사유나 정당한 사유가 있는지 여부 등에 대하여 규정하고 있지 아니한 점 등에 비추어 처분청이 이 건 부동산을 고급주택으로 보아 중과세율을 적용하여 산출한 취득세 등을 부과·고지한 것은 잘못이 없다고 판단됨(조심 2015지670, 2015.12.15.).

 ## ⑨ 비과세

취득세의 비과세 규정 중 부동산개발과 관련된 규정은 아래와 같다.

(1) 국가 또는 지방자치단체 등의 취득에 대한 비과세

국가 또는 지방자치단체(다른 법률에서 국가 또는 지방자치단체로 의제되는 법인은 제외한다. 이하 같다), 「지방자치법」 제176조 제1항에 따른 지방자치단체조합(이하 "지방자치단체조합"이라 한다), 외국정부 및 주한국제기구의 취득에 대해서는 취득세를 부과하지 아니한다. 다만, 대한민국 정부기관의 취득에 대하여 과세하는 외국정부의 취득에 대해서는 취득세를 부과한다(지법 제9조①).

(2) 국가 또는 지방자치단체 등에 귀속 또는 기부채납 조건 취득 부동산에 대한 비과세

국가, 지방자치단체 또는 지방자치단체조합(이하 이 항에서 "국가등"이라 한다)에 귀속 또는 기부채납(「사회기반시설에 대한 민간투자법」 제4조 제3호(BOT 방식)에 따른 방식으로 귀속되는 경우를 포함한다. 이하 "귀속등"이라 한다)을 조건으로 취득하는 부동산 및 「사회기반시설에 대한 민간투자법」 제2조 제1호 각 목에 해당하는 사회기반시설에 대해서는 취득세를 부과하지 아니한다. 다만, 다음의 어느 하나에 해당하는 경우에는 그 해당 부분에 대해서는 취득세를 부과한다(지법 제9조②).

① 국가등에 귀속등의 조건을 이행하지 아니하고 타인에게 매각·증여하거나 귀속등을
   이행하지 아니하는 것으로 조건이 변경된 경우
② 국가등에 귀속등의 반대급부로 국가등이 소유하고 있는 부동산 및 사회기반시설을
   무상으로 양여받거나 기부채납 대상물의 무상사용권을 제공받는 경우

   * SOC 사업의 세법 적용에 관한 구체적인 내용은 'Chapter 4. 제1절 4. 기부채납과 사용수익기부자산'을
    참고하기 바란다.

(3) 신탁재산의 취득에 대한 비과세

신탁(「신탁법」에 따른 신탁으로서 신탁등기가 병행되는 것만 해당한다)으로 인한 신탁재산의 취득으로서 다음의 어느 하나에 해당하는 경우에는 취득세를 부과하지 아니한다(지법 제9조③).

① 위탁자로부터 수탁자에게 신탁재산을 이전하는 경우
② 신탁의 종료로 인하여 수탁자로부터 위탁자에게 신탁재산을 이전하는 경우
③ 수탁자가 변경되어 신수탁자에게 신탁재산을 이전하는 경우

다만, 신탁재산의 취득 중 주택조합등과 조합원 간의 부동산 취득 및 주택조합등의 비조합원용 부동산 취득은 제외한다(지법 제9조③ 단서).

한편, 지방세법 제7조 제8항에는 "주택법 제11조의 규정에 의한 주택조합과 「도시 및 주거환경정비법」 제35조 제3항의 규정에 의한 주택재건축조합, 「빈집 및 소규모주택정비에 관한 특례법」 제23조의 규정에 의한 소규모재건축조합("주택조합등"이라 한다)이 해당 조합원용으로 취득하는 조합주택용 부동산(공동주택과 부대시설·복리시설 및 그 부속토지를 말한다)은 그 조합원이 취득한 것으로 본다. 다만, 조합원에게 귀속되지 아니하는 부동산("비조합원용 부동산")은 제외한다"라고 별도로 규정되어 있다.

> **비과세 대상인 신탁의 범위**
>
> 「지방세법」 제9조 제3항에서 규정한 「신탁」이라 함은 「신탁법」에 의하여 위탁자가 수탁자에 신탁등기를 하거나 신탁해지로 수탁자가 위탁자에게 이전되거나 수탁자가 변경되는 경우를 말하며, 명의신탁해지로 인한 취득 등은 「신탁법」에 의한 신탁이 아니므로 이에 해당되지 아니한다(운영예규 법9-3).

(4) 임시건축물의 취득에 대한 비과세

임시흥행장, 공사현장사무소 등(지방세법 제13조 제5항〈사치성 재산〉에 따른 과세대상은 제외한다) 임시건축물의 취득에 대하여는 취득세를 부과하지 아니한다. 다만, 존속기간이 1년을 초과하는 경우에는 취득세를 부과한다(지법 제9조⑤).

> **임시용 건축물**
>
> 임시용 건축물에 대한 "존속기간 1년 초과" 판단의 기산점은 「건축법」 제20조 규정에 의하여 시장·군수에게 신고한 가설건축물 축조신고서상 존치기간의 시기(그 이전에 사실상 사용한 경우에는 그 사실상 사용일)가 되고, 신고가 없는 경우에는 사실상 사용일이 된다(운영예규 법9−1).

(5) 공동주택의 개수 취득에 대한 비과세

「주택법」 제2조 제3호에 따른 공동주택의 개수(「건축법」 제2조 제1항 제9호에 따른 대수선은 제외한다)로 인한 취득 중 주택의 시가표준액이 9억원 이하인 주택과 관련된 개수로 인한 취득에 대해서는 취득세를 부과하지 아니한다(지법 제9조⑥, 지령 제12조의2).

* 개수에 대해서는 'Chapter 4. 제1절 1. 신축건물의 취득세 실무'를 참고하기 바란다.

■ 부동산개발 관련 해석·판단사례

■ 청구법인이 주택건설사업계획 승인 이전에 취득한 쟁점토지가 기부채납 조건으로 취득하는 토지로 취득세 비과세 대상에 해당하는지 여부

> **심판례**
>
> • 「지방세법」 제9조 제2항에서 국가, 지방자치단체 또는 지방자치단체조합에 귀속 또는 기부채납을 조건으로 취득하는 부동산에 대하여는 취득세를 부과하지 아니한다고 규정하고 있음. 이 때 기부채납이라 함은 기부자가 그의 소유재산을 국가나 지방자치단체의 공유재산으로 증여하는 의사표시를 하고 국가나 지방자치단체는 이를 승낙하는 채납의 의사표시를 함으로써 성립하는 증여계약인바, "기부채납을 조건으로 취득하는 부동산"에는 사업자가 주택건설사업의 승인을 받고 그 조건에서 나타난 기부채납 등의 조건에 맞추어 취득한 토지가 이에 해당함은 당연하고, 나아가 주택건설사업계획의 승인 이전이라도 이미 기부채납의 대상이 되는 토지의 위치나 면적이 구체적으로 특정된 상태에서 행정관청과의 사이에 기부채납에 대한 협의가 진행 중인 것으로

볼 수 있는 객관적인 사정이 있는 경우에는 그 후에 취득하여 국가 등에 기부채납한 토지도 이에 해당하는 것으로서 취득세 등의 비과세 대상에 해당한다 할 것임(대법원 2005.5.12. 선고 2003다43346 판결 등, 같은 뜻임).

• 청구법인은 쟁점토지가 기부채납을 조건으로 취득하는 부동산이므로 비과세 대상에 해당한다고 주장하나, 청구법인이 사업계획승인(2016.4.18.) 이전에 쟁점토지를 취득하면서 처분청과 별도의 기부채납과 관련한 협의 등을 진행한 증빙자료를 제출하지 못하고 있는 등 청구법인과 처분청 사이에 청구법인의 주택건설사업계획 승인 이전에 쟁점토지에 대하여 기부채납을 조건으로 하는 어떠한 약정이나 협약을 체결한 사실이 확인되지 아니하는 점, 비록 ○○○의 주택건설 사업계획 당시 쟁점토지가 기부채납 대상지였더라도, 청구법인과 ○○○은 서로 독립된 법인격을 가진 별개의 권리의무주체이고, 청구법인이 ○○○의 주택건설사업을 승계받았다는 사실도 확인할 수 없는 점 등에 비추어 청구법인이 주택건설사업계획승인을 받기 전에 취득한 쟁점토지를 기부채납을 조건으로 하여 취득한 부동산에 해당한다고 보기 어렵다 하겠음(조심 2020지462, 2021.6.8.).

❿ 신고 · 납부

"신고 · 납부"란 납세의무자가 그 납부할 지방세의 과세표준과 세액을 신고하고, 신고한 세금을 납부하는 것을 말한다(지기법 제2조① 제16호). 취득세는 신고 · 납부의 방법으로 징수한다(지법 제18조). 그리고 지방세에 대한 납세의무의 확정은 납세의무자가 과세표준과 세액을 지방자치단체에 신고 · 납부하는 지방세에 있어서는 이를 신고하는 때에 확정된다(지기법 제35조① 제1호).

(1) 일반적인 취득의 경우

취득세 과세물건을 취득한 자는 그 취득한 날(「부동산 거래신고 등에 관한 법률」 제10조 제1항에 따른 토지거래계약에 관한 허가구역에 있는 토지를 취득하는 경우로서 같은 법 제11조에 따른 토지거래계약에 관한 허가를 받기 전에 거래대금을 완납한 경우에는 그 허가일이나 허가구역의 지정 해제일 또는 축소일을 말한다)부터 60일[무상취득(상속은 제외한다) 또는 증여자의 채무를 인수하는 부담부 증여로 인한 취득의 경우는 취득일이 속하는 달의 말일부터 3개월, 상속으로 인한 경우는 상속개시일이 속하는 달의 말일부터, 실종으로 인한 경우는 실종선고일이 속하는 달의 말일부터 각각 6개월(외국에 주소를 둔 상속인이 있는 경우에는 각각 9개월)] 이내에 그 과세표준에 지방세법의 해당 세율을 적용하여 산출한 세액을 신고하고 납부하여야 한다(지법 제20조①).

취득세의 신고·납부기한 이내에 재산권과 그 밖의 권리의 취득·이전에 관한 사항을 공부에 등기하거나 등록[등재를 포함한다]하려는 경우에는 등기 또는 등록 신청서를 등기·등록관서에 접수하는 날까지 취득세를 신고·납부하여야 한다(지법 제20조④).

구 분	신고·납부기한
① 일반적인 과세물건의 취득	그 취득한 날부터 60일
② 토지거래 허가구역의 허가 전 대금 완납	그 허가일, 허가구역 지정 해제일 또는 축소일부터 60일
③ 무상취득(상속은 제외)으로 인한 경우	취득일이 속하는 달의 말일부터 3개월
④ 상속으로 인한 경우	상속개시일이 속하는 달의 말일부터 6개월
⑤ 실종으로 인한 경우	실종선고일이 속하는 달의 말일부터 6개월
⑥ 외국에 주소를 둔 상속인이 있는 경우	상속개시일(또는 실종선고일)이 속하는 달의 말일부터 9개월
⑦ 신고·납부기한 이내에 공부에 등기하거나 등록(등재)할 경우	등기 또는 등록 신청서를 등기·등록관서에 접수하는 날

* 토지거래 허가구역 내에서 토지를 취득한 경우 신고 및 납부
 토지거래 허가구역 내에서 토지를 취득한 경우 사실상 잔금지급일을 취득일로 본다. 다만, 그 신고·납부는 토지거래 허가 및 해제 등의 사유로 그 매매계약이 확정적으로 유효하게 된 날로부터 60일 이내로 한다(운영예규 지법 20-1).

(2) 취득세 과세물건을 취득한 후 중과세 적용대상이 된 경우

취득세 과세물건을 취득한 후에 그 과세물건이 지방세법 제13조 제1항부터 제7항까지의 세율의 적용대상이 되었을 때에는 지방세법 시행령 제34조(생략)에 정하는 날부터 60일 이내에 지방세법 제13조 제1항부터 제7항까지의 세율(지방세법 제16조 제6항 제2호에 해당하는 경우에는 지방세법 제13조의2 제3항의 세율)을 적용하여 산출한 세액에서 이미 납부한 세액(가산세는 제외한다)을 공제한 금액을 세액으로 하여 신고하고 납부하여야 한다(지법 제20조②).

(3) 가산세

납세의무자가 취득세 과세물건을 사실상 취득한 후 지방세법 제20조에 따른 신고를 하지 아니하고 매각하는 경우에는 「지방세법」 제21조 제1항(보통징수) 및 「지방세기본법」 제53조 (무신고가산세), 제55조(납부불성실, 환급불성실가산세)에도 불구하고 산출세액에 100분의 80을 가산한 금액을 세액으로 하여 보통징수의 방법으로 징수한다. 다만, 등기·등록이 필요하지

아니한 과세물건에 대하여는 그러하지 아니하다(지법 제21조②).

$$가산세 = 산출세액 \times 80/100$$

 ## 농어촌특별세와 지방교육세

(1) 농어촌특별세

농어촌특별세법은 농어업의 경쟁력강화와 농어촌산업기반시설의 확충 및 농어촌지역 개발사업을 위하여 필요한 재원을 확보함을 목적으로 한다(농특세법 제1조).

부동산개발과 관련된 부동산의 취득과 보유에 대한 농어촌특별세에 대해 아래에서 서술한다.

1) 납세의무자

다음의 어느 하나에 해당하는 자는 농어촌특별세법에 따라 농어촌특별세를 납부할 의무를 진다.

① 「조세특례제한법」·「관세법」·「지방세법」 또는 「지방세특례제한법」에 따라 소득세·법인세·관세·취득세 또는 등록에 대한 등록면허세의 감면을 받는 자(농특세법 제3조 제1호)

② 「지방세법」에 따른 취득세 또는 레저세의 납세의무자(농특세법 제3조 제5호)

③ 「종합부동산세법」에 따른 종합부동산세의 납세의무자(농특세법 제3조 제6호)

2) 비과세

다음의 어느 하나에 해당하는 경우에는 농어촌특별세를 부과하지 아니한다.

① 국가(외국정부를 포함한다)·지방자치단체 또는 지방자치단체조합에 대한 감면(농특세법 제4조 제1호)

② 농어업인(「농업·농촌 및 식품산업 기본법」 제3조 제2호의 농업인과 「수산업·어촌 발전 기본법」 제3조 제3호의 어업인을 말한다. 이하 같다) 또는 농어업인을 조합원으로 하는 단체(「농어업경영체 육성 및 지원에 관한 법률」에 따른 영농조합법인, 농업회사법인 및 영어조합법인을 포함한다)에 대한 감면으로서 대통령령(생략)으로 정하는 것(농특세법 제4조 제2호)

③ 「지방세법」과 「지방세특례제한법」에 따른 형식적인 소유권의 취득, 단순한 표시변경

등기 또는 등록, 임시건축물의 취득, 천재지변 등으로 인한 대체취득 등에 대한 취득세의 감면으로서 대통령령(생략)으로 정하는 것(농특세법 제4조 제8호)

④ 대통령령으로 정하는 서민주택에 대한 취득세의 감면(농특세법 제4조 제9호)

⑤ 대통령령으로 정하는 서민주택 및 농가주택에 대한 취득세(농특세법 제4조 제11호)

위 ④와 ⑤에서 "대통령령으로 정하는 서민주택"이란 「주택법」 제2조 제6호에 따른 국민주택 규모(「건축법 시행령」 별표 1 제1호 다목에 따른 다가구주택의 경우에는 가구당 전용면적을 기준으로 한다) 이하의 주거용 건물과 이에 부수되는 토지(국가, 지방자치단체 또는 「한국토지주택공사법」에 따라 설립된 한국토지주택공사가 해당 주택을 건설하기 위하여 취득하거나 개발·공급하는 토지를 포함한다)로서 주택바닥면적(아파트·연립주택 등 공동주택의 경우에는 1세대가 독립하여 구분·사용할 수 있도록 구획된 부분의 바닥면적을 말한다)에 다음 표의 용도지역별 적용배율을 곱하여 산정한 면적 이내의 토지를 말한다(농특세령 제4조⑤).

구 분	용도지역	적용배율
도시지역	1. 전용주거지역	5배
	2. 상업지역·준주거지역	3배
	3. 일반주거지역·공업지역	4배
	4. 녹지지역	7배
	5. 미계획지역	4배
도시지역 외의 용도지역		7배

위의 ⑤에서 "대통령령으로 정하는 농가주택"이란 영농에 종사하는 자가 영농을 위하여 소유하는 주거용 건물과 이에 부수되는 토지로서 농지의 소재지와 동일한 시·군·구(자치구를 말한다. 이하 같다) 또는 그와 연접한 시·군·구의 지역에 소재하는 것을 말한다. 다만, 「소득세법 시행령」 제156조에 따른 고가주택(12억원 초과)을 제외한다(농특세령 제4조⑥).

3) 과세표준과 세율

농어촌특별세는 다음 호의 과세표준에 대한 세율을 곱하여 계산한 금액을 그 세액으로 한다(농특세법 제5조①).

호별	과세표준	세 율
1.	「조세특례제한법」·「관세법」·「지방세법」 및 「지방세특례제한법」에 따라 감면을 받는 소득세·법인세·관세·취득세 또는 등록에 대한 등록면허세의 감면세액(제2호 소득세 감면세액의 경우는 제외한다)	100분의 20
6.	「지방세법」 제11조 및 제12조의 표준세율을 100분의 2로 적용하여 「지방세법」, 「지방세특례제한법」 및 「조세특례제한법」에 따라 산출한 취득세액	100분의 10
8.	「종합부동산세법」에 따라 납부하여야 할 종합부동산세액	100분의 20

4) 신고·납부 등

농어촌특별세는 해당 본세를 신고·납부(중간예납은 제외한다)하는 때에 그에 대한 농어촌특별세도 함께 신고·납부하여야 한다(농특세법 제7조).

5) 분 납

농어촌특별세의 납세의무자가 본세를 해당 세법에 따라 분납하는 경우에는 농어촌특별세도 그 분납금액의 비율에 의하여 해당 본세의 분납의 예에 따라 분납할 수 있다(농특세법 제9조①).

본세가 해당 세법에 따른 분납기준금액에 미달하여 그 본세를 분납하지 아니하는 경우에도 농어촌특별세의 세액이 500만원을 초과하는 경우에는 당해 본세의 분납기간 이내에 다음에 의하여 분납할 수 있다(농특세법 제9조②, 농특세령 제8조).

㈀ 농어촌특별세의 세액이 1천만원 이하인 때에는 500만원을 초과하는 금액

㈁ 농어촌특별세의 세액이 1천만원을 초과하는 때에는 그 세액의 100분의 50 이하의 금액

(2) 지방교육세

지방교육세는 지방교육의 질적 향상에 필요한 지방교육재정의 확충에 드는 재원을 확보하기 위하여 부과한다(지법 제149조).

부동산개발과 관련된 부동산의 취득과 보유에 대한 지방교육세에 대해 아래에서 서술한다.

1) 납세의무자

지방교육세의 납세의무자는 다음과 같다.

① 부동산의 취득에 대한 취득세의 납세의무자(지법 제150조 제1호)

② 등록에 대한 등록면허세의 납세의무자(지법 제150조 제2호)

③ 재산세[지방세법 제112조 제1항 제2호 및 같은 조 제2항에 따른 재산세액(재산세

도시지역분)은 제외한다]의 납세의무자(지법 제150조 제6호)

2) 과세표준과 세율

부동산과 관련한 지방교육세는 취득세와 재산세에 대해 다음에 따라 산출한 금액을 그 세액으로 한다. 구 등록세에 과세되었던 지방교육세와 같은 세액이 된다.

1) 취득세에 대한 지방교육세(지법 제151조①)

구 분	취득세에 대한 지방교육세
표준세율 적용대상	• 취득물건[1]에 대한 취득세 과세표준[2] × (취득세율[3] − 2%)[4] × 20% 　1) 지법 제15조② 개수 등 간주취득에 해당하는 경우는 제외함. 　2) 지법 제10조의2~제10조의6(무상, 유상, 원시, 과세표준 특례, 간주취득의 경우)에 대한 취득세 과세표준임. 　3) 지법 제11조① 제1호~제7호, 제12조(표준세율)를 말함. 　4) 지법 제11조① 제8호(유상거래 원인 주택 취득)의 경우에는 해당 세율에 50%를 곱한 세율을 적용함.
대도시 중과세 적용대상	• 지법 제13조②, ③, ⑥, ⑦(대도시 법인설립 중과 등)에 해당하는 경우 : 위 칸의 '표준세율 적용대상'에서 계산한 지방교육세액의 3배. 단, 법인이 유상거래 원인으로 주택을 취득하는 경우에는 아래 칸의 법인의 주택 취득 중과세를 적용함.
다주택자, 법인의 주택 취득 중과세 적용대상	• 지법 제13조의2(법인의 주택취득 등 중과)에 해당하는 경우 : 첫 번째 칸의 '표준세율 적용대상'에서 계산한 산식 중 (취득세율 − 2%)는 2%(= 4% − 2%)를 적용하여 계산한 금액의 20%를 적용함.
취득세 감면 적용대상	(1) 감면법령에서 취득세의 감면율을 정하는 경우 : 첫 번째 칸의 '표준세율 적용대상'에서 계산한 지방교육세액을 해당 취득세 감면율로 감면하고 남은 금액 (2) 감면법령에서 취득세의 감면율을 정하면서 '대도시 중과세율'(지법 제13조② 본문 및 같은 조③)을 적용하지 아니하도록 정하는 경우 : 첫 번째 칸의 '표준세율 적용대상'에서 계산한 지방교육세액을 해당 취득세 감면율로 감면하고 남은 금액 (3) 감면법령에서 다른 취득세율을 정하는 경우 : 해당 취득세율에도 불구하고 첫 번째 칸의 '표준세율 적용대상'에서 계산한 지방교육세액. 단, 취득세율을 2%로 정하는 경우에는 과세대상에서 제외함.
동시에 적용되는 경우	• '대도시 중과' 또는 '다주택자 및 법인의 주택 취득 중과'와 '취득세의 감면율을 정하는 경우'가 동시에 적용되는 경우 : 두 번째 칸의 '대도시 중과세 적용대상'을 적용하여 계산한 지방교육세액을 해당 취득세 감면율로 감면하고 남은 금액

2) 재산세에 대한 지방교육세(지법 제151조① 제6호)

구 분	취득세에 대한 지방교육세
적용대상	• 지방세법 및 감면법령에 따라 납부하여야 할 재산세액[1] × 20% 　1) 지방세법 제112조① 제2호, ②(토지, 건축물 또는 주택에 대한 재산세 도시지역분)은 　　 제외함.

3) 신고 및 납부와 부과 · 징수

지방교육세 납세의무자가 지방세법에 따라 취득세, 등록에 대한 등록면허세를 신고하고 납부하는 때에는 그에 대한 지방교육세를 함께 신고하고 납부하여야 한다. 지방자치단체의 장이 지방세법에 따라 납세의무자에게 재산세를 부과 · 징수하는 때에는 그에 대한 지방교육세를 함께 부과 · 징수한다(지법 제152조).

(3) 세율적용 예시

부동산의 취득에 대한 농어촌특별세 및 지방교육세의 세율적용 예시는 이 절 '4. 취득세율'을 참고하기 바란다.

건설공사 및 분양단계의 세무실무

I

부동산개발과 부가가치세

 **납세의무자**

　다음의 어느 하나에 해당하는 자로서 개인, 법인(국가·지방자치단체와 지방자치단체조합을 포함한다), 법인격이 없는 사단·재단 또는 그 밖의 단체는 부가가치세법에 따라 부가가치세를 납부할 의무가 있다(부가법 제3조).

① 사업자 : "사업자"란 사업 목적이 영리이든 비영리이든 관계없이 사업상 독립적으로 재화 또는 용역을 공급하는 자를 말한다(부가법 제2조 제3호).

② 재화를 수입하는 자

> **납세의무자의 범위**
>
> ① 과세의 대상이 되는 행위 또는 거래의 귀속이 명의일 뿐이고 사실상 귀속되는 자가 따로 있는 경우에는 사실상 귀속되는 자에 대하여 「부가가치세법」을 적용한다.
> ② 「부가가치세법」 상의 사업자가 아닌 개인 또는 면세사업자가 우발적 또는 일시적으로 재화 또는 용역을 공급하는 경우에는 부가가치세 납세의무자에 해당되지 아니한다.
> ③ 청산 중에 있는 내국법인이 「상법」 제229조에 따른 계속등기 여부에 관계없이 사실상 사업을 계속하는 경우에는 납세의무자에 해당한다(집행기준 3-0-2).

■ 부동산매매업의 사업성 판단

사안

부동산의 양도행위가 사업활동으로 볼 수 있을 정도의 계속성과 반복성이 있는지 판단기준

판례

- 부동산의 양도행위가 '부동산매매업'의 일환으로 이루어져 부가가치세의 과세대상이 되는지 여부 또는 그로 인한 소득이 사업소득에 해당하는지 여부는 양도인의 부동산 취득 및 보유현황, 조성의 유무, 양도의 규모, 횟수, 태양, 상대방 등에 비추어 그 양도가 사업활동으로 볼 수 있을 정도의 계속성과 반복성이 있는지 등을 고려하여 사회통념에 따라 판단하여야 하고, 그 판단을 할 때에는 단지 당해 양도 부동산에 대한 것뿐만 아니라, 양도인이 보유하는 부동산 전반에 걸쳐 당해 양도가 이루어진 시기의 전후를 통한 모든 사정을 참작하여야 함.
- 그리고 구 부가가치세법 시행규칙 제1조 제2항은 부동산매매업으로 볼 수 있는 경우를 예시적으로 규정한 것에 불과하여 그 부동산 거래가 전체적으로 사업목적하에 계속성과 반복성을 가지고 이루어진 이상 위 규정상의 판매횟수에 미달하는 거래가 발생하였다고 하더라도 그 과세기간 중에 있은 거래의 사업성이 부정되는 것이 아님(대법원 2013.2.28. 선고 2010두29192 판결 참조).

② 과세기간

과세기간이란 부가가치세의 과세표준 계산에 기초가 되는 기간으로 납세의무의 성립시기, 과세표준 및 납부세액의 계산기간 및 신고 · 납부기한을 정하는 기준이 된다(집행기준 5-0-1). 사업자에 대한 부가가치세의 과세기간은 다음과 같다(부가법 제5조).

(1) 계속사업자의 과세기간

1) 일반과세자 :

제1기 : 1월 1일~6월 30일

제2기 : 7월 1일~12월 31일

2) 간이과세자 : 1월 1일 ~ 12월 31일

(2) 신규사업자의 과세기간

신규로 사업을 시작하는 자에 대한 최초의 과세기간은 사업 개시일부터 그 날이 속하는 과세기간의 종료일까지로 한다. 다만, 신규로 사업을 시작하려는 자는 사업 개시일 이전이라도 사업자등록을 신청할 수 있다. 사업 개시일 이전에 사업자등록을 신청한 경우에는 그 신청한 날부터 그 신청일이 속하는 과세기간의 종료일까지로 한다(부가법 제5조②, 제8조① 단서).

부동산개발 및 공급업의 사업 개시일은 재화나 용역의 공급을 시작하는 날이다. 다만, 해당 사업이 법령 개정 등으로 면세사업에서 과세사업으로 전환되는 경우에는 그 과세 전환일을 사업 개시일로 한다(부가령 제6조 제3호).

양수받은 사업장의 개시일

사업규모를 확장하기 위하여 기존사업장 외의 다른 장소에 있는 사업장을 양수하였을 경우 동 사업장의 개시일은 양수인이 사업장별로 사업을 양수하여 사업을 시작하는 날이다(집행기준 5-6-1 6호).

(3) 폐업의 경우 과세기간

사업자가 폐업하는 경우의 과세기간은 폐업일이 속하는 과세기간의 개시일부터 폐업일까지로 한다(부가법 제5조③).

1) 폐업일의 기준

폐업일은 다음의 구분에 따른다(부가령 제7조).

① 일반적인 경우 : 사업장별로 그 사업을 실질적으로 폐업하는 날. 다만, 폐업한 날이 분명하지 아니한 경우에는 폐업신고서의 접수일

② 합병으로 인한 소멸법인의 경우 : 합병법인의 변경등기일 또는 설립등기일

③ 분할로 인하여 사업을 폐업하는 경우 : 분할법인의 분할변경등기일(분할법인이 소멸하는 경우에는 분할신설법인의 설립등기일)

④ 해산으로 청산 중인 내국법인 또는 「채무자 회생 및 파산에 관한 법률」에 따라 법원으로부터 회생계획인가 결정을 받고 회생절차를 진행 중인 내국법인 : 사업을 실질적으로 폐업하는 날부터 25일 이내에 납세지 관할 세무서장에게 신고하여 승인을 받은 경우에는 잔여재산 가액 확정일(해산일부터 365일이 되는 날까지 잔여재산가액이 확정되지 아니한 경우에는

그 해산일부터 365일이 되는 날)을 폐업일로 할 수 있다(부가령 제7조②).

⑤ 사업 개시일 전에 사업자등록을 한 자 : 사업자등록을 한 날부터 6개월이 되는 날까지 재화와 용역의 공급실적이 없는 자에 대해서는 그 6개월이 되는 날을 폐업일로 본다. 다만, 사업장의 설치기간이 6개월 이상이거나 그 밖의 정당한 사유로 인하여 사업 개시가 지연되는 경우에는 그러하지 아니하다(부가령 제7조③).

2) 폐업으로 보지 아니하는 경우

① 폐업신고를 한 경우에도 관할 세무서장이 폐업사유, 사업장 상태, 사업의 계속여부 등을 확인하여 실질적으로 사업을 계속 영위하는 때에는 폐업한 것으로 보지 아니한다.

② 하나의 사업장에서 여러 개의 업종의 사업을 영위하는 사업자가 그 중 하나의 업종을 폐지하는 경우에는 폐업에 해당하지 아니한다(집행기준 5-7-1).

제1절 신탁재산의 납세의무자 등(2022.1.1.부터 시행)

1. 개정 취지

신탁세제 선진화를 위해 신탁재산과 관련한 재화 또는 용역을 공급하는 경우의 납세의무자 규정을 보완하고 신탁 관련 과세체계를 정비하고자 신탁재산과 관련한 부가가치세법을 개정하여 2022.1.1.부터 시행한다. 그 주요 내용은 아래와 같다.

① 신탁재산과 관련된 재화 또는 용역을 공급하는 때에는 수탁자를 부가가치세 납세의무자로 하고, 위탁자의 명의로 관련 재화 또는 용역을 공급하거나 위탁자가 신탁재산을 실질적으로 지배·통제하는 경우 등 예외적인 경우에는 위탁자를 납세의무자로 한다.

② 납세의무자가 수탁자인 신탁의 수탁자가 둘 이상인 경우 그 공동수탁자는 연대납세의무를 지며, 공동수탁자 중 신탁사무를 주로 처리하는 대표수탁자가 부가가치세를 신고·납부하도록 한다.

③ 수탁자가 납부하여야 하는 부가가치세 등을 신탁재산으로 충당하여도 부족한 경우에는 그 신탁의 수익자 등이 제2차 납세의무를 지도록 하고, 그 납부 특례를 정한다.

④ 납세의무자가 수탁자인 경우 해당 신탁재산을 사업장으로 보아 사업자등록을 신청하여야 한다.

⑤ 납세의무자가 수탁자인 경우로서 신탁재산에 대한 부가가치세가 체납된 경우에는 부가가치세가 체납된 해당 신탁재산에 대해서만 강제징수를 할 수 있도록 한다.

2. 신탁재산의 납세의무자

(1) 수탁자가 납세의무자인 경우

「신탁법」 또는 다른 법률에 따른 신탁재산(해당 신탁재산의 관리, 처분 또는 운용 등을 통하여 발생한 소득 및 재산을 포함한다. 이하 "신탁재산"이라 한다)과 관련된 재화 또는 용역을 공급하는 때에는 「신탁법」 제2조에 따른 수탁자(이하 "수탁자"라 한다)가 신탁재산별로 각각 별도의 납세의무자로서 부가가치세를 납부할 의무가 있다(부가법 제3조②, 부가령 제5조의2①).

(2) 위탁자가 납세의무자인 경우

위 (1)에도 불구하고 다음의 어느 하나에 해당하는 경우에는 「신탁법」 제2조에 따른 위탁자(이하 "위탁자"라 한다)가 부가가치세를 납부할 의무가 있다(부가법 제3조③).
① 신탁재산과 관련된 재화 또는 용역을 위탁자 명의로 공급하는 경우
② 위탁자가 신탁재산을 실질적으로 지배·통제하는 경우로서 대통령령으로 정하는 경우〈아래 표 참조〉

❑ **신탁 관련 납세의무**(부가가치세법 시행령 제5조의2 제2항, 제3항)

② 법 제3조 제3항 제2호에서 "대통령령으로 정하는 경우"란 다음 각 호의 어느 하나에 해당하는 경우를 말한다.

1. 수탁자가 위탁자로부터 「자본시장과 금융투자업에 관한 법률」 제103조 제1항 제5호 또는 제6호의 재산을 수탁받아 같은 조 제4항에 따라 부동산개발사업을 목적으로 하는 신탁계약을 체결한 경우로서 그 신탁계약에 따른 부동산개발사업비의 조달의무를 수탁자가 부담하지 않는 경우. 다만, 수탁자가 「도시 및 주거환경정비법」 제27조 제1항 또는 「빈집 및 소규모주택 정비에 관한 특례법」 제19조 제1항에 따른 재개발사업·재건축사업 또는 가로주택정비사업·소규모재건축사업·소규모재개발사업의 사업시행자인 경우는 제외한다.

> 「자본시장과 금융투자업에 관한 법률」 제103조 제1항 제5호 또는 제6호
> 제5호 : 부동산
> 제6호 : 지상권, 전세권, 부동산임차권, 부동산소유권 이전등기청구권, 그 밖의 부동산 관련 권리

2. 수탁자가 「도시 및 주거환경정비법」 제28조 제1항 또는 「빈집 및 소규모주택 정비에 관한 특례법」 제56조 제1항에 따른 재개발사업·재건축사업 또는 가로주택정비사업·소규모재건축사업·소규모재개발사업의 사업대행자인 경우

3. 수탁자가 위탁자의 지시로 위탁자와 「국세기본법 시행령」 제1조의2 제1항, 제2항, 같은 조 제3항 제1호 또는 「법인세법 시행령」 제2조 제8항 각 호의 관계에 있는 자에게 신탁재산과 관련된 재화 또는 용역을 공급하는 경우

4. 「자본시장과 금융투자업에 관한 법률」 제9조 제18항 제1호에 따른 투자신탁의 경우

③ 부가가치세법 제10조 제8항에 따라 위탁자의 지위 이전을 신탁재산의 공급으로 보는 경우에는 부가가치세법 제3조 제1항에 따라 기존 위탁자가 해당 공급에 대한 부가가치세의 납세의무자가 된다.

---

(3) 공동수탁자의 연대납세의무

수탁자가 납세의무자가 되는 신탁재산에 둘 이상의 수탁자(이하 "공동수탁자"라 한다)가 있는 경우 공동수탁자는 부가가치세를 연대하여 납부할 의무가 있다. 이 경우 공동수탁자 중 신탁사무를 주로 처리하는 수탁자(이하 "대표수탁자"라 한다)가 부가가치세를 신고·납부하여야 한다(부가법 제3조④).

3. 사업자등록

수탁자가 납세의무자가 되는 경우 수탁자(공동수탁자가 있는 경우 대표수탁자를 말한다)는 해당 신탁재산을 사업장으로 보아 사업자등록을 신청하여야 한다(부가법 제8조⑥).
사업자등록을 신청하는 경우에는 해당 신탁재산의 등기부상 소재지, 등록부상 등록지 또는 신탁사업에 관한 업무를 총괄하는 장소를 사업장으로 한다(부가령 제8조⑦).
수탁자가 부가가치세법 제8조 제6항에 따라 사업자등록을 신청하는 경우로서 다음 각 호의 요건을 모두 갖춘 경우에는 둘 이상의 신탁재산을 하나의 사업장으로 보아 신탁사업에 관한 업무를 총괄하는 장소를 관할하는 세무서장에게 사업자등록을 신청할 수 있다(부가령 제11조⑪).
① 수탁자가 하나 또는 둘 이상의 위탁자와 둘 이상의 신탁계약을 체결하였을 것
② 신탁계약이 다음의 어느 하나에 해당할 것(부동산개발 관련)
 • 수탁자가 위탁자의 채무이행을 담보하기 위해 위탁자로부터 「자본시장과 금융투자업에 관한 법률」 제103조 제1항 제5호 또는 제6호의 재산을 수탁하여 운용하는 신탁계약(부가령 제11조⑪ 제2호 가목).

4. 재화 공급의 특례

(1) 신탁재산을 공급한 것으로 보는 경우와 예외

「신탁법」 제10조에 따라 위탁자의 지위가 이전되는 경우에는 기존 위탁자가 새로운 위탁자에게 신탁재산을 공급한 것으로 본다. 다만, 신탁재산에 대한 실질적인 소유권의 변동이 있다고 보기 어려운 경우로서 대통령령(아래 참조)으로 정하는 경우에는 신탁재산의 공급으로 보지 아니한다(부가법 제10조⑧).

■ 신탁재산에 대한 실질적인 소유권의 변동이 있다고 보기 어려운 경우

□ 위탁자 지위의 이전을 신탁재산의 공급으로 보지 않는 경우(부가가치세법 시행령
　제21조의2)

부가가치세법 제10조 제8항 단서에서 "대통령령으로 정하는 경우"란 다음 각 호의 경우를
말한다.
1. 「자본시장과 금융투자업에 관한 법률」에 따른 집합투자기구의 집합투자업자가 다른
　집합투자업자에게 위탁자의 지위를 이전하는 경우
2. 신탁재산의 실질적인 소유권이 위탁자가 아닌 제3자에게 있는 경우 등 위탁자의 지위
　이전에도 불구하고 신탁재산에 대한 실질적인 소유권의 변동이 있다고 보기 어려운
　경우

(2) 재화의 공급으로 보지 아니하는 경우

신탁재산의 소유권 이전으로서 다음의 어느 하나에 해당하는 것은 재화의 공급으로 보지
아니한다(부가법 제10조⑨ 제4호).
① 위탁자로부터 수탁자에게 신탁재산을 이전하는 경우
② 신탁의 종료로 인하여 수탁자로부터 위탁자에게 신탁재산을 이전하는 경우
③ 수탁자가 변경되어 새로운 수탁자에게 신탁재산을 이전하는 경우

5. 부당행위계산 부인

특수관계인에 대한 재화 또는 용역(수탁자가 위탁자의 특수관계인에게 공급하는 신탁재산과
관련된 재화 또는 용역을 포함한다)의 공급이 다음의 어느 하나에 해당하는 경우로서 조세의
부담을 부당하게 감소시킬 것으로 인정되는 경우에는 공급한 재화 또는 용역의 시가를
공급가액으로 본다(부가법 제29조④).
① 재화의 공급에 대하여 부당하게 낮은 대가를 받거나 아무런 대가를 받지 아니한 경우
② 용역의 공급에 대하여 부당하게 낮은 대가를 받는 경우
③ 용역의 공급에 대하여 대가를 받지 아니하는 경우로서 부가가치세법 제12조 제2항
　단서(사업자가 특수관계인에게 사업용 부동산의 임대용역 등 일정한 용역을 공급하는
　것은 용역의 공급으로 본다)가 적용되는 경우

6. 제2차 납세의무 및 물적납세의무

(1) 신탁 수익자의 제2차 납세의무

수탁자가 납부하여야 하는 다음의 어느 하나에 해당하는 부가가치세 또는 강제징수비(이하 "부가가치세등"이라 한다)를 신탁재산으로 충당하여도 부족한 경우에는 그 신탁의 수익자(「신탁법」 제101조에 따라 신탁이 종료되어 신탁재산이 귀속되는 자를 포함한다)는 지급받은 수익과 귀속된 재산의 가액을 합한 금액을 한도로 하여 그 부족한 금액에 대하여 납부할 의무(이하 "제2차 납세의무"라 한다)를 진다(부가법 제3조의2①).

① 신탁 설정일 이후에 「국세기본법」 제35조 제2항에 따른 법정기일이 도래하는 부가가치세로서 해당 신탁재산과 관련하여 발생한 것

② 위 ①의 금액에 대한 강제징수 과정에서 발생한 강제징수비

(2) 수탁자의 물적납세의무

부가가치세를 납부하여야 하는 위탁자가 부가가치세등을 체납한 경우로서 그 위탁자의 다른 재산에 대하여 강제징수를 하여도 징수할 금액에 미치지 못할 때에는 해당 신탁재산의 수탁자는 그 신탁재산으로써 이 법에 따라 위탁자의 부가가치세등을 납부할 의무(이하 "물적납세의무"라 한다)가 있다(부가법 제3조의2②).

7. 제2차 납세의무 등에 대한 납부 특례

(1) 제2차 납세의무자에 징수·통지

부가가치세를 납부하여야 하는 수탁자의 관할 세무서장은 제2차 납세의무자로부터 수탁자의 부가가치세등을 징수하려면 다음의 사항을 적은 납부고지서를 제2차 납세의무자에게 발급하여야 한다. 이 경우 수탁자의 관할 세무서장은 제2차 납세의무자의 관할 세무서장과 수탁자에게 그 사실을 통지하여야 한다(부가법 제52조의2①).

① 징수하려는 부가가치세등의 과세기간, 세액 및 그 산출 근거

② 납부하여야 할 기한 및 납부장소

③ 제2차 납세의무자로부터 징수할 금액 및 그 산출 근거

④ 그 밖에 부가가치세등의 징수를 위하여 필요한 사항

(2) 물적납세의무자에 징수·통지

부가가치세를 납부하여야 하는 위탁자의 관할 세무서장은 수탁자로부터 위탁자의 부가가치세등을 징수하려면 다음의 사항을 적은 납부고지서를 수탁자에게 발급하여야 한다. 이 경우 수탁자의 관할 세무서장과 위탁자에게 그 사실을 통지하여야 한다(부가법 제52조의2②).

① 부가가치세등의 과세기간, 세액 및 그 산출 근거
② 납부하여야 할 기한 및 납부장소
③ 그 밖에 부가가치세등의 징수를 위하여 필요한 사항

위에 따른 고지가 있은 후 납세의무자인 위탁자가 신탁의 이익을 받을 권리를 포기 또는 이전하거나 신탁재산을 양도하는 등의 경우에도 고지된 부분에 대한 납세의무에는 영향을 미치지 아니한다(부가법 제52조의2③).

(3) 수탁자가 변경된 경우

신탁재산의 수탁자가 변경되는 경우에 새로운 수탁자는 이전의 수탁자에게 고지된 납세의무를 승계한다(부가법 제52조의2④).

납세의무자인 위탁자의 관할 세무서장은 최초의 수탁자에 대한 신탁 설정일을 기준으로 그 신탁재산에 대한 현재 수탁자에게 위탁자의 부가가치세등을 징수할 수 있다(부가법 제52조의2⑤).

(4) 필요비 또는 유익비의 우선변제

신탁재산에 대하여 「국세징수법」에 따라 강제징수를 하는 경우 「국세기본법」 제35조 제1항에도 불구하고 수탁자는 「신탁법」 제48조 제1항에 따른 신탁재산의 보존 및 개량을 위하여 지출한 필요비 또는 유익비의 우선변제를 받을 권리가 있다(부가법 제52조의2⑥).

(5) 신탁재산에 대한 강제징수의 특례

수탁자가 납부하여야 하는 부가가치세가 체납된 경우에는 「국세징수법」 제31조에도 불구하고 해당 신탁재산에 대해서만 강제징수를 할 수 있다(부가법 제58조의2).

1. 신탁재산의 납세의무

(1) 신탁재산의 납세의무자 : 위탁자

신탁재산을 수탁자의 명의로 매매할 때에는 「신탁법」 제2조에 따른 위탁자(이하 "위탁자"라 한다)가 직접 재화를 공급하는 것으로 본다(부가법 제10조⑧).

(2) 신탁재산의 납세의무자 예외 : 수탁자

다음의 어느 하나에 해당하는 경우에는 수탁자가 재화를 공급하는 것으로 본다(부가법 제10조⑧, 부가령 제21조의2).

① 수탁자가 위탁자의 채무이행을 담보할 목적으로 신탁계약을 체결한 경우로서 그 채무이행을 위하여 신탁재산을 처분하는 경우(부가법 제10조⑧ 제1호). 이 경우 "신탁계약" 이란 수탁자가 위탁자로부터 「자본시장과 금융투자업에 관한 법률」 제103조 제1항 제5호 또는 제6호〈아래 참조〉의 재산을 위탁자의 채무이행을 담보하기 위하여 수탁으로 운용하는 내용으로 체결되는 신탁계약을 말한다.

❏ 「자본시장과 금융투자업에 관한 법률」 제103조 제1항 제5호 또는 제6호

제5호 : 부동산
제6호 : 지상권, 전세권, 부동산임차권, 부동산소유권 이전등기청구권, 그 밖의 부동산
　　　　 관련 권리

---

② 수탁자가 「도시 및 주거환경정비법」 제27조 제1항 또는 「빈집 및 소규모주택 정비에 관한 특례법」 제19조 제1항에 따라 지정개발자로서 재개발사업·재건축사업 또는 가로주택정비사업·소규모재건축사업을 시행하는 과정에서 신탁재산을 처분하는 경우 (부가법 제10조⑧ 제2호)

2. 신탁재산의 소유권 이전시 재화의 공급 여부

신탁재산의 소유권 이전으로서 다음의 어느 하나에 해당하는 것은 재화의 공급으로 보지 아니한다(부가법 제10조⑨ 4).

① 위탁자로부터 수탁자에게 신탁재산을 이전하는 경우

② 신탁의 종료로 인하여 수탁자로부터 위탁자에게 신탁재산을 이전하는 경우

③ 수탁자가 변경되어 새로운 수탁자에게 신탁재산을 이전하는 경우

3. 신탁관련 수탁자의 물적납세의무

(1) 물적납세의무

다음의 어느 하나에 해당하는 부가가치세 · 가산금 또는 체납처분비(이하 "부가가치세등"이라 한다)를 체납한 납세의무자에게 신탁법 또는 다른 법률에 따른 신탁재산(해당 신탁재산의 관리, 처분 또는 운용 등을 통하여 발생한 소득 및 재산을 포함한다, 이하 "신탁재산"이라 한다)이 있는 경우로서 그 납세의무자의 다른 재산에 대하여 체납처분을 하여도 징수할 금액에 미치지 못할 때에는 그 신탁재산으로써 신탁법 제2조에 따른 수탁자(이하 "수탁자"라 한다)는 납세의무자의 부가가치세등을 납부할 의무가 있다(부가법 제3조의2, 부가령 제5조의2①).

① 신탁 설정일 이후에 국세기본법 제35조 제2항에 따른 법정기일이 도래하는 부가가치세 또는 가산금(부가가치세에 대한 가산금으로 한정한다)으로서 해당 신탁재산과 관련하여 발생한 것

이 경우 신탁 설정일은 신탁법 제4조에 따라 해당 재산이 신탁재산에 속한 것임을 제3자에게 대항할 수 있게 된 날로 한다. 다만, 다른 법률에서 제3자에게 대항할 수 있게 된 날을 신탁법과 달리 정하고 있는 경우에는 그 달리 정하고 있는 날을 말한다(부가령 제5조의2②).

② 위 ①의 금액에 대한 체납처분 과정에서 발생한 체납처분비

(2) 물적납세의무에 대한 납부특례

① 납세의무자를 관할하는 세무서장은 수탁자로부터 납세의무자의 부가가치세등을 징수하려면 다음의 사항을 적은 납부통지서를 수탁자에게 고지하여야 한다. 이 경우 수탁자의 주소 또는 거소를 관할하는 세무서장과 납세의무자에게 그 사실을 통지하여야 한다(부가법 제52조의2).

㉠ 부가가치세등의 과세기간, 세액 및 그 산출 근거

㉡ 부가가치세등의 납부기한 및 납부장소

㉢ 그 밖에 부가가치세등의 징수를 위하여 필요한 사항

② 위 ①에 따른 고지가 있은 후 납세의무자가 신탁의 이익을 받을 권리를 포기 또는 이전하거나 신탁재산을 양도하는 등의 경우에도 고지된 부분에 대한 납세의무에는 영향을 미치지 아니한다.

③ 신탁재산의 수탁자가 변경되는 경우에 새로운 수탁자는 위 ①에 따라 이전의 수탁자에게 고지된 납세의무를 승계한다.

④ 위 ①에 따른 납세의무자의 관할 세무서장은 최초의 수탁자에 대한 신탁 설정일을 기준으로 그 신탁재산에 대한 현재 수탁자에게 납세의무자의 부가가치세등을 징수할 수 있다.

⑤ 신탁재산에 대하여 「국세징수법」에 따라 체납처분을 하는 경우 「국세기본법」 제35조 제1항에도 불구하고 수탁자는 「신탁법」 제48조 제1항에 따른 신탁재산의 보존 및 개량을 위하여 지출한 필요비 또는 유익비의 우선변제를 받을 권리가 있다.

 **과세대상**

(1) 과세대상의 범위

부가가치세는 다음의 거래에 대하여 과세한다(부가법 제4조).
① 사업자가 행하는 재화 또는 용역의 공급
② 재화의 수입

(2) 재화의 범위

"재화"란 재산 가치가 있는 물건 및 권리를 말한다(부가법 제2조 제1호).
① 물건은 상품, 제품, 원료, 기계, 건물 등 모든 유체물과 전기, 가스, 열 등 관리할 수 있는 자연력으로 한다(부가령 제2조①).
② 권리는 광업권, 특허권, 저작권 등 물건 외에 재산적 가치가 있는 모든 것으로 한다(부가령 제2조②).

(3) 용역의 범위

"용역"이란 재화 외에 재산 가치가 있는 모든 역무와 그 밖의 행위를 말한다(부가법 제2조 제2호).

1) 용역의 구체적 범위

용역은 재화 외에 재산 가치가 있는 다음의 사업에 해당하는 모든 역무와 그 밖의 행위로 한다(부가령 제3조①).
① 건설업
② 숙박 및 음식점업
③ 운수 및 창고업
④ 정보통신업(출판업과 영상·오디오 기록물 제작 및 배급업은 제외한다)
⑤ 금융 및 보험업

⑥ 부동산업. 다만, 다음의 사업은 제외한다.

　　㈀ 전·답·과수원·목장용지·임야 또는 염전 임대업(지적공부상의 지목과 관계없이
　　　실제로 경작하거나 해당 토지의 고유 용도에 사용하는 것으로 한다)(부가칙 제2조①).

　　㈁ 「공익사업을 위한 토지 등의 취득 및 보상에 관한 법률」 제4조에 따른 공익사업과
　　　관련해 지역권·지상권(지하 또는 공중에 설정된 권리를 포함한다)을 설정하거나
　　　대여하는 사업

⑦ 전문, 과학 및 기술 서비스업과 사업시설 관리, 사업 지원 및 임대서비스업

⑧ 공공행정, 국방 및 사회보장 행정

⑨ 교육 서비스업

⑩ 보건업 및 사회복지 서비스업

⑪ 예술, 스포츠 및 여가관련 서비스업

⑫ 협회 및 단체, 수리 및 기타 개인서비스업과 제조업 중 산업용 기계 및 장비 수리업

⑬ 가구 내 고용활동 및 달리 분류되지 않은 자가소비 생산활동

⑭ 국제 및 외국기관의 사업

2) 건설업과 부동산업 중 용역의 공급 예외

건설업과 부동산업 중 다음의 어느 하나에 해당하는 사업은 재화를 공급하는 사업으로
본다(부가령 제3조②, 부가칙 제2조②).

① 부동산 매매(주거용 또는 비거주용 건축물 및 그 밖의 건축물을 자영건설하여 분양·
　판매하는 경우를 포함한다) 또는 그 중개를 사업목적으로 나타내어 부동산을 판매하는
　사업

② 사업상 목적으로 1과세기간 중에 1회 이상 부동산을 취득하고 2회 이상 판매하는 사업

(4) 재화나 용역을 공급하는 사업의 구분 기준

① 재화나 용역을 공급하는 사업의 구분은 부가가치세법 시행령에 특별한 규정이 있는
　경우를 제외하고는 통계청장이 고시하는 해당 과세기간 개시일 현재의 한국표준산업
　분류에 따른다(부가령 제4조①).

② 용역을 공급하는 경우 위 (3) 1)에 따른 사업과 유사한 사업은 한국표준산업분류에도
　불구하고 같은 항의 사업에 포함되는 것으로 본다(부가령 제4조②).

■ **부동산개발 관련 해석·판단사례**

■ 기존 건물의 철거 목적으로 임차인에게 손실보상금 지급시 부가가치세 과세 여부

> **해석**
>
> - 사업자가 비주거용 건물 신축판매업을 영위하기 위하여 철거 목적으로 건물을 취득하며 기존에 해당 건물을 임차하여 음식점업을 영위하던 임차인에게 명도 협조 및 잔여임대기간에 대한 보상으로 보상금(이하 "보상금")을 지급하기로 합의한 경우로서 해당 보상금이 사업용 자산이나 영업권에 대한 대가에 해당하지 아니하고 재화 또는 용역의 공급과 관계없이 보상 성격으로 지급하는 손실보상금에 해당하는 경우 「부가가치세법」 제4조에 따른 부가가치세 과세대상에 해당하지 아니하는 것임(사전법령해석 부가2019-319, 2019.7.22.).

■ 산업단지개발사업의 시행자가 지장물 이설 공사에 따른 비용을 지급하는 경우에 부가가치세 과세 여부

> **해석**
>
> - 「산업단지 인·허가 절차 간소화를 위한 특례법」에 따라 산업단지계획의 승인을 받은 산업단지개발사업의 시행자가 사업시행지구 내 지장물의 소유자에게 이설을 요청하고 「공익사업을 위한 토지 등의 취득 및 보상에 관한 법률」 제75조 제1항에 따라 소유자의 지장물 이설공사에 따른 비용을 지급하는 경우 「부가가치세법」 제4조에 따른 부가가치세 과세대상에 해당하지 아니하는 것임(사전법령해석 부가2019-220, 2019.5.16.).

■ 내국법인이 합작법인에 현물출자와 영업권 양도시 부가가치세 과세대상 여부

> **해석**
>
> - 내국법인이 ○○○○ 사업을 영위할 목적으로 외국법인 등으로 구성된 컨소시엄 투자자(이하 "외부투자자")와 합작투자계약을 체결하여 내국법인은 「부가가치세법」 제10조 제9항 제2호에 따른 사업의 양도에 해당하지 아니하는 방법으로 ○○○○ 사업부문을 현물출자하고 외부투자자는 주식 양수 및 유상증자 참여를 통하여 합작법인을 설립하는 경우로서 현물출자 자산과는 별도로 영업권의 가액을 평가하여 양도하는 경우 해당 영업권은 「부가가치세법」 제4조의 규정에 의하여 부가가치세 과세대상에 해당하는 것임(사전법령해석 부가2017-525, 2018.2.28.).

■ 토지 조성 과정 중 암석채취·판매

토지를 조성하는 과정에서 발생하는 암석을 채취하여 판매하는 경우에 암석의 공급이 토지분양사업에 부수되는지 여부

- 토지분양업을 영위하는 사업자가 토지를 조성하는 과정에서 발생하는 암석을 채취하여 판매하는 경우로서 그 거래금액, 횟수, 기간 등을 종합하여 볼 때 토지분양사업에 부수되는 것으로 볼 수 없는 경우, 해당 암석의 공급은 부가가치세법 제4조에 따라 부가가치세가 과세되는 것임. 다만, 암석의 공급이 토지분양사업에 부수되는지 여부는 사업의 내용, 처리과정, 실질적 거래사실 등을 종합하여 사실판단할 사항임(법규부가2014-541, 2014.12.11.).

■ 공동사업의 신축건물을 공동사업자 각자의 명의로 소유권보존등기

공동사업으로 건물을 신축한 후 소유권보존등기를 공동사업자 각자의 명의로 한 경우에 부가가치세 과세대상 여부 판단

- ① 원고들이 이 사건 건물을 2등분하여 각자 명의로 소유권보존등기를 경료한 이상 원고들 각자가 자신 명의로 경료된 구분건물에 관하여는 소유자로서의 권리를 행사할 수 있으므로, 각 구분건물에 대한 경제적인 손익은 공동 사업자에게 귀속되는 것이 아니라 결국 원고들 각자에게 귀속되는 점, ② 실제로 원고 들은 공동사업자나 원고들 명의가 아닌 각자의 명의로 구분건물에 관한 임대차계약을 체결하였고 차임 역시 원고들 각자가 지급받은 점, ③ 원고 문○○은 자신 명의로 경료된 구분건물 11개 중 6개를 매도하면서 매매계약서에 자신을 매도인으로 기재한 점, ④ 나아가 원고들은 2011년 종합소득세를 신고하면서 원고 문○○은 총수입금액을 ○○원, 총소득금액을 ○○원으로, 원고 박○○은 총수입금액을 ○○원, 소득금액을 ○○원으로 각 신고하였는데, 이는 원고 문○○ 명의로 경료된 구분건물 6개의 매매로 인한 소득이 원고 문○○에게만 발생한 것을 전제로 한 것인 점, ⑤ 공동사업자가 구성원 개인에게 재화를 양도하는 것은 소비 내지 거래라는 면에 있어 구성원이 아닌 제3자에게 재화를 양도하는 것과 달리 볼 것이 아닌 점 등을 종합하여 보면, 원고들이 이 사건 건물에 관하여 각자 명의로 소유권보존등기를 마친 것은 그 실질에 있어 각 출자지분을 현물로 반환받은 것에 해당한다고 할 것임(대법 2017두72409, 2018.3.29.).

❷ 재화의 공급

(1) 재화공급의 정의

재화의 공급은 계약상 또는 법률상의 모든 원인에 따라 재화를 인도하거나 양도하는 것으로 한다(부가법 제9조①).

재화의 공급에는 계약상 또는 법률상의 모든 원인에 의하여 재화를 사용 또는 소비할 수 있는 소유권(배타적 권리, 점유)을 이전하는 실질적 공급과 최종소비자의 지위에서 사업자 자신이 사용 또는 소비하거나 면세사업에 전용하는 등 일정한 사유에 해당하는 경우 재화의 공급으로 의제하는 간주공급이 있다(집행기준 : 9-0-1). 간주공급에 대해서는 다음 '3. 재화공급의 특례'에서 설명한다.

(2) 재화공급의 범위

재화의 공급은 다음의 것으로 한다(부가령 제18조①).

구 분	재화공급의 범위
매매계약	• 현금판매, 외상판매, 할부판매, 장기할부판매, 조건부 및 기한부 판매, 위탁판매와 그 밖의 매매계약에 따라 재화를 인도하거나 양도하는 것
가공계약	• 자기가 주요자재의 전부 또는 일부를 부담하고 상대방으로부터 인도받은 재화를 가공하여 새로운 재화를 만드는 가공계약에 따라 재화를 인도하는 것
교환계약	• 재화의 인도 대가로서 다른 재화를 인도받거나 용역을 제공받는 교환계약에 따라 재화를 인도하거나 양도하는 것. 사업자 간에 상품·제품·원재료 등의 재화를 차용하여 사용하거나 소비하고 동종 또는 이종의 재화를 반환하는 소비대차의 경우에 해당 재화를 차용하거나 반환하는 것은 각각 재화의 공급에 해당한다(통칙 9-18-1).

경매, 수용, 현물출자 등 원인에 의한 재화의 인도·양도

경매, 수용, 현물출자와 그 밖의 계약상 또는 법률상의 원인에 따라 재화를 인도하거나 양도하는 것은 재화의 공급에 해당한다(부가령 제18조① 제4호). 다만, 개인인 사업자가 법인설립을 위하여 사업장별로 그 사업에 관한 모든 권리와 의무를 포괄적으로 현물출자하는 경우는 사업의 양도로 과세되지 아니한다(통칙 10-23-1).

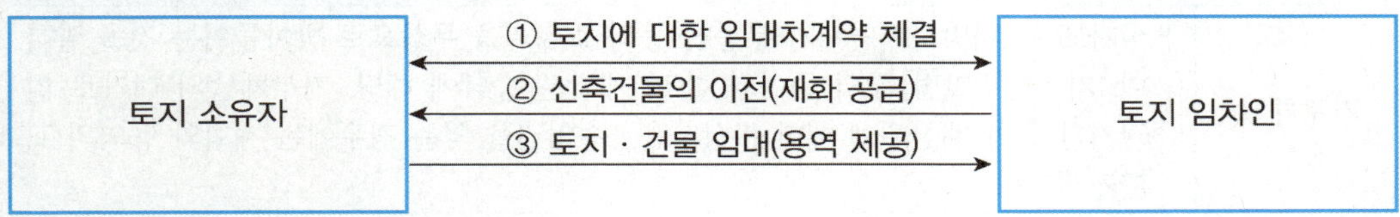

① 사업자가 타인 소유의 토지 위에 건물을 신축하여 일정기간 동안 사용하기로 약정하고 토지 소유자의 명의로 신축건물을 보존등기하는 경우 해당 건축물의 이전은 재화의 공급에 해당한다.

② 토지 소유자가 소유토지를 토지 임차인에게 무상 또는 저리로 임대하고 해당 건축물을 이전받는 경우 부동산임대용역에 대한 공급가액은 임대차기간 동안 지급받는 대가와 그 건축물의 설치가액의 합계액을 그 임대차기간의 개월 수로 나눈 금액의 각 과세대상 기간의 합계액으로 한다(집행기준 9-18-2).

(3) 재화 · 용역의 공급에 대한 주요 유형

부가가치세가 과세되는 재화 · 용역의 공급에는 다음의 거래가 포함된다(집행기준 9-18-1).

구 분	구체적인 거래형태
매매	• 당사자 일방(매도인)이 어떤 재산권을 상대방에게 이전할 것을 약정하고 상대방(매수인)이 이에 대하여 그 대금을 지급할 것을 약정함으로써 성립되는 계약. 현금판매 · 외상판매 · 할부판매 · 장기할부판매 · 조건부 및 기한부판매 · 위탁판매 · 기타 매매계약에 의하여 재화를 인도 또는 양도하는 것
가공	• 자기가 주요 자재의 전부 또는 일부를 부담하고 거래상대방으로부터 인도받은 재화에 공작을 가하여 새로운 재화를 만들어 공급하는 계약
교환	• 당사자 쌍방이 금전 이외에 재산권을 상호 이전할 것을 약정함으로써 그 효력이 생기는 계약을 말하며, 사업자가 자기의 사업과 관련하여 생산 · 취득한 재화를 거래상대방의 재화와 교환하는 것
소비대차	• 당사자 일방(대주)이 금전 기타 대체물의 소유권을 상대방(차주)에게 이전할 것을 약정하고 상대방은 그와 같은 종류, 품질 및 수량으로 반환할 것을 약정함으로써 성립하는 계약. 사업자 간에 재화를 차용하여 사용 · 소비하고 동종 또는 이종의 재화로 반환하는 것
임대차	• 당사자 일방이 상대방에게 목적물을 사용 · 수익하게 할 것을 약정하고 상대방이 이에 대하여 차임을 지급할 것을 약정하는 것

구 분	구체적인 거래형태
기부채납	• 국가 또는 지방자치단체가 부동산 등의 소유권을 무상으로 받아들이는 것을 말하며, 기부는 「민법」상의 증여와 같고, 채납은 승낙에 해당. 기부채납의 대가로 일정기간 동안 재산권에 대한 무상사용 · 수익권을 얻는 경우에는 재화와 용역의 교환거래이다.
증여	• 당사자 일방이 무상으로 재산을 상대방에게 수여하는 의사를 표시하고 상대방이 이를 승낙함으로써 그 효력이 생기며, 사업자가 사업용 부동산을 타인(국가 · 지방자치단체 · 공익단체 제외)에게 증여하는 것
부담부증여	• 수증자가 증여자의 채무를 인수하는 증여계약으로서 사업자가 자기 사업에 사용하던 건물을 부담부증여하는 것
환매조건부매매	• 매도인이 매매계약과 동시에 환매할 권리를 보유한 때에는 그 영수한 대금 및 매수인이 부담한 매매비용을 반환하고 그 목적물을 돌려받을 수 있는 계약형태로써 사업자가 이러한 환매조건부계약에 따라 재화를 인도 또는 양도하는 경우에는 재화의 공급으로 본다.
경매	• 「국세징수법」에 따른 공매(재화의 공급으로 보지 아니한다) • 법률에 따른 경매(「민사집행법」에 따른 강제경매, 담보권실행을 위한 경매, 「민법」 · 「상법」등 그 밖의 법률에 따른 경매 포함. 재화의 공급으로 보지 아니한다) • 위의 것을 제외한 경매
수용	• 특정한 공익사업을 위하여 개인의 재산권을 법률에 의하여 강제적으로 취득하는 것
현물출자	• 법인 또는 공동사업체에 자본금 또는 출자금을 금전 외의 재산으로 출자하는 것. 현물출자를 하게 되면 재화의 공급에 대한 대가로서 주식 또는 출자지분을 취득하게 된다.
기타계약상 · 법률상의 원인	• 출자지분의 현물반환, 법인 직영차량의 개인사업면허 전환 등

출자지분

출자지분에 대한 재화의 공급은 다음과 같다(통칙 9-18-2).
① 출자자가 자기의 출자지분을 타인에게 양도 · 상속 · 증여하거나 법인 또는 공동사업자가 출자지분을 현금으로 반환하는 것은 재화의 공급에 해당하지 아니한다.
② 법인 또는 공동사업자가 출자지분을 현물로 반환하는 것은 재화의 공급에 해당한다.
③ 공동사업자 구성원이 각각 독립적으로 사업을 영위하기 위하여 공동사업의 사업용 고정자산인 건축물을 분할등기하는 경우 해당 건축물의 이전은 재화의 공급으로 본다.

기부채납하는 재화에 대한 과세는 다음과 같다(통칙 9-18-8).

① 사업자가 건물 등을 신축하여 국가 또는 지방자치단체에 기부채납하고 그 대가로 일정기간 동 건물 등에 대한 무상사용·수익권을 얻는 경우 해당 건물등의 공급거래는 과세대상이 된다.

② 사업자가 사업을 수행하기 위한 인·허가 조건에 의하여 사회기반시설 등을 국가나 지방자치단체에 기부채납하는 경우 해당 거래는 부가가치세가 면제된다.

③ 사업자가 생산·취득한 재화를 국가나 지방자치단체에 아무런 대가관계없이 무상으로 기부채납하는 경우 부가가치세가 면제된다.

① 질권·저당권 또는 양도담보의 목적으로 동산·부동산 또는 부동산상의 권리를 제공

② 사업장별로 그 사업에 관한 모든 권리와 의무를 포괄적으로 승계시키는 사업양도

③ 「상속세 및 증여세법」 및 「지방세법」에 따라 물납하는 사업용 자산

④ 「국세징수법」에 따른 공매, 「민사집행법」에 따른 경매로 매각되는 재화

⑤ 「도시 및 주거환경정비법」, 「공익사업을 위한 토지 등의 취득 및 보상에 관한 법률」 등에 따른 수용절차에서 수용대상 재화의 소유자가 수용된 재화에 대한 대가를 받는 경우

⑤-1 「도시 및 주거환경정비법」 제64조 제4항에 따른 사업시행자의 매도청구에 따라 재화를 인도하거나 양도하는 것

⑥ 사업자가 고정자산 또는 재고자산을 폐품 처리하여 장부가액을 소멸시킨 경우 해당 재화

⑦ 수재·화재·도난·파손·재고감모손 등으로 인하여 멸실 또는 망실된 재화

⑧ 건설업을 영위하는 사업자가 자기의 해외건설공사에 건설용 자재로 사용·소비할 목적으로 국외로 반출하는 재화

⑨ 사업자가 위탁가공을 위하여 원자재를 국외의 수탁가공 사업자에게 대가 없이 반출하는 것(시행령 제31조 제1항 제5호에 따라 영세율이 적용되는 것은 제외)

⑩ 당초 공급된 재화 중 일부 부품의 불량으로 인하여 대가를 별도로 받지 않고 불량품을 보충하기 위하여 공급하는 재화

⑪ 공동사업을 영위하는 구성원이 다른 동업예정자에게 양도하는 공동사업 출자지분

⑫ 폐업하는 때에 남아 있는 재화로 부가가치세가 과세된 후에 실제로 처분하는 재화

⑬ 위탁자로부터 수탁자에게, 신탁의 종료로 수탁자로부터 위탁자에게, 수탁자가 변경되어 새로운 수탁자에게 신탁재산을 이전하는 경우의 소유권 이전(집행기준 9-0-2)

■ 공동사업 출자지분의 양도시 현금을 지급받은 경우 부가가치세 과세대상 여부

> **해석**
>
> • 공동사업자의 구성원 갑이 자신의 출자지분을 다른 구성원 을에게 양도하고 지분양도에 대한 대가로 공동사업체의 영업권을 평가하여 평가금액 중 자신의 출자비율에 해당하는 금액을 현금으로 지급받는 경우 해당 출자지분의 양도는 「부가가치세법」 제4조에 따른 과세대상에 해당하지 아니하는 것임(사전법령해석 부가2020-682, 2020.10.7.).

■ 재건축 정비사업조합이 신축건물(주민센터)을 지방자치단체에 기부채납하는 경우

> **사안**
>
> 재건축 정비사업부지 내 주민센터를 양여 받아 재건축사업부지로 사용하고, 정비사업조합의 부담으로 주민센터를 신축하여 지자체에 기부채납하는 경우에 부가가치세 과세 여부
>
> **해석**
>
> • 「도시 및 주거환경정비법」 제18조에 따라 설립된 대신2-2지구 주택재건축 정비사업조합(이하 "정비사업조합")이 대구광역시 ◇구청(이하 "지자체")으로부터 재건축 정비사업부지 내 □□동 주민센터를 양여 받아 재건축사업부지로 사용하고, 정비사업조합의 부담으로 주민센터를 신축하여 지자체에 기부채납하는 경우 「부가가치세법」 제4조에 따라 부가가치세가 과세되는 것이며,
>
> • 이 경우 기부채납한 주민센터의 부가가치세 과세표준은 「부가가치세법」 제29조 제3항 제6호 및 같은 법 시행령 제61조 제1항 제3호에 따라 해당 기부채납의 근거가 되는 법률에 따라 기부채납된 가액(부가가치세가 포함된 경우에는 이를 제외)을 말하는 것임(사전법령해석 부가2016-566, 2016.12.28.).

■ 도시개발사업의 개발계획을 고시한 이후에 수용대상 토지등을 협의매수하는 경우

> **사안**
>
> 도시개발사업을 시행함에 있어 수용대상 토지등을 협의매수하는 경우 부가가치세 과세 여부 및 도시개발사업을 위해 공장 건축물을 철거하는 경우 매입세액 공제 여부

- 「도시개발법」에 따른 사업시행자(이하 "사업시행자")가 도시개발사업을 시행함에 있어 도시개발구역 지정권자가 같은 법 제5조에 따라 수용 또는 사용의 대상이 되는 토지등의 세부목록이 포함된 개발계획을 고시한 이후에 「공익사업을 위한 토지 등의 취득 및 보상에 관한 법률」의 수용절차에 따라 수용대상 토지등을 협의매수하는 경우 「부가가치세법 시행령」 제18조 제3항 제3호에 따라 부가가치세가 과세되지 아니하는 것이며,

- 사업시행자가 도시개발구역 내 소재하는 자신의 공장 및 공장부지를 제조업에 사용하다 도시개발사업을 위해 공장 건축물을 철거하는 경우 해당 철거관련 매입세액은 「부가가치세법」 제39조 제1항 제7호 및 같은 법 시행령 제80조에 따른 토지 관련 매입세액에 해당하지 아니하는 것임(서면법령해석 부가2018-2421, 2018.12.19.).

■ 분양 목적의 오피스텔을 임대한 경우 부가가치세 과세 여부

- 오피스텔 신축판매업을 영위하는 사업자가 2003.2.18. 이후 완공한 오피스텔을 임대한 경우로서 임차인이 이를 상시주거용으로 사용하는 것이 확인되는 경우에는 부가가치세법 제6조 제2항 및 같은 법 시행령 제15조 제1항의 규정에 의하여 부가가치세가 과세되는 것이나,

- 당초 오피스텔을 분양을 목적으로 신축하였으나 분양이 되지 않아 일시적·잠정적으로 주거용으로 임대한 경우에는 자가공급에 해당하지 아니하는 것이며, 이 경우 당해 건물의 임대가 일시적·잠정적 임대인지, 사업내용의 변경인지의 여부는 사업자등록, 당초 사업목적 및 임대조건, 실제 사업내용, 분양공고문 기타 계약내용 등에 의하여 사실판단 할 사항임(서면3팀-1634, 2005.9.27.).

■ 부동산매매업자가 상가로 대물변제하는 경우

부동산매매업자가 토지분양권을 양도받아 건물을 신축하고 상가로 대물변제시 부가가치세 과세 여부

- 부동산매매업자가 제3자(원주민)로부터 토지분양권을 양도받아 건물을 신축하여 상가로 대물변제하는 경우 해당 상가는 「부가가치세법」 제9조 제1항에 의하여 재화의 공급에 해당하여

부가가치세가 과세되며,

- 대물변제의 방법으로 공급하는 상가의 공급가액은 같은 법 제29조에 따라 해당 상가의 시가로 하는 것임(서면부가2015－697, 2015.9.9.).

■ 건물의 협의취득이 수용절차에 해당하여 재화의 공급에서 제외되는지 여부

사안

- 원고는 2011.9.21. CC주택재개발정비사업조합에게 서울 마포구 용강동 ○○○ 토지 및 그 지상 건물을 ○○억원에 협의매도하였고, 이 사건 재개발조합은 2012.1.12. 이 사건 각 부동산에 관하여 소유권이전등기를 마쳤음.
- 피고(처분청)는 2014.6.2. 이 사건 건물의 양도에 따른 부가가치세의 신고 누락을 이유로 이 사건 건물의 공급가액을 ○○○,○○○,○○○원으로 산정하여 원고에게 2011년 제2기 부가가치세 ○○○,○○○,○○○원(세금계산서미발급가산세, 신고 및 납부불성실가산세 합계 ○○,○○○,○○○원 포함)을 경정·고지하였음.
- 원고의 주장 : 공익사업을 위한 토지 등의 취득 및 보상에 관한 법률(이하 '토지보상법'이라 한다) 등에 따른 수용절차에 있어서 수용대상인 재화의 소유자가 수용된 재화에 대한 대가를 받는 경우에는 재화의 공급으로 보지 아니한다고 개정된 점을 고려하면, 이 사건 건물의 협의매도가 재화의 공급에 해당한다는 전제에서 이루어진 이 사건 처분은 위법하며, 적어도 이 사건 처분 중 가산세 부분은 위법함.

판례

- 협의취득은 사법상 매매계약과 마찬가지로 볼 수 있으나, 수용은 토지수용위원회의 재결을 거쳐 이루어지는 공법상 절차라는 점에서 양자는 법적 성격이 다르므로, 구 부가가치세법 시행령 제14조 제4항(현행, 부가령 제18조③ 제3호, 재화공급의 범위)을 수용절차가 아닌 협의취득의 경우에까지 확대 적용할 수 없음.
- 이 사건 건물의 협의매도 당시에는 구 부가가치세법 제14조 제4항이 적용되어 수용절차에서 건물의 소유자가 건물을 철거할 것을 조건으로 건물에 대한 대가를 받는 경우에만 재화의 공급으로 보지 않고 부가가치세를 과세하지 않았으므로, 이 사건 협의매도가 수용절차에 해당하지 아니하고 원고가 아닌 이 사건 재개발조합이 이 사건 건물을 철거한 이상 이 사건 건물의 협의매도는 부가가치세 과세 대상이었음.
- 원고가 이 사건 재개발조합에게 이 사건 건물에 관한 소유권이전등기를 마쳐 줌으로써 이 사건 건물의 양도가 이루어진 것으로 보이는 2012.1.12.로부터 1년여가 지난 2013.2.15.이 되어서야 구 부가가치세법 시행령 제14조 제4항(현행, 부가령 제18조③ 제3호, 재화공급의 범위)이

수용대상인 재화의 소유자가 해당 재화를 철거하지 않더라도 수용된 재화에 대한 대가를 받는 경우를 재화의 공급으로 보지 아니하는 내용으로 개정되었음.
- 개정된 구 부가가치세법 시행령(2013.6.28. 대통령령 제24638호로 전부개정되기 전의 것) 제14조 제4항(현행, 부가령 제18조③ 제3호, 재화공급의 범위)에 의하더라도, 이 사건 건물의 협의매도는 수용절차에 포섭되지 아니하므로 재화의 공급의 범위에서 제외되지 아니함.
- 따라서 원고에게 의무위반을 탓할 수 없는 정당한 사유가 있다고 볼 수 없으므로, 이 사건 처분 중 가산세 부분도 적법함(서울고법 2015누61179, 2016.5.20.).

 재화공급의 특례

부가가치세법상 재화공급의 특례는 자기의 과세사업과 관련하여 생산, 취득한 재화를 자기의 면세사업에 직접 사용하거나 재화를 사업상으로 증여하는 경우 등 재화의 공급으로 보는 경우와 재화의 담보제공, 사업의 포괄양도 등 재화의 공급으로 보지 아니하는 경우를 말한다.

(1) 자가공급

1) 면세사업 전용 재화

사업자가 자기의 과세사업과 관련하여 생산하거나 취득한 재화로서 다음의 어느 하나에 해당하는 재화(이하 "자기생산·취득재화"라 한다)를 자기의 면세사업 및 부가가치세가 과세되지 아니하는 재화 또는 용역을 공급하는 사업(이하 "면세사업등"이라 한다)을 위하여 직접 사용하거나 소비하는 것은 재화의 공급으로 본다(부가법 제10조①).
① 매입세액, 그 밖에 이 법 및 다른 법률에 따른 매입세액이 공제된 재화
② 사업양도로 취득한 재화로서 사업양도자가 공제받은 매입세액, 그 밖에 이 법 및 다른 법률에 따른 매입세액을 공제받은 재화
③ 내국신용장, 구매확인서 등에 따른 수출에 해당하여 영(0) 퍼센트의 세율을 적용받는 재화

"자기생산·취득재화"는 사업자가 자기의 과세사업과 관련하여 생산하거나 취득한 재화로서 매입세액을 공제받은 재화 등을 말한다.

2) 비영업용 소형승용자동차와 그 유지를 위한 재화

다음의 어느 하나에 해당하는 자기생산·취득재화의 사용 또는 소비는 재화의 공급으로 본다(부가법 제10조②).

① 사업자가 자기생산·취득재화를 부가가치세법 제39조 제1항 제5호에 따라 매입세액이 매출세액에서 공제되지 아니하는 「개별소비세법」 제1조 제2항 제3호에 따른 자동차로 사용 또는 소비하거나 그 자동차의 유지를 위하여 사용 또는 소비하는 것

② 운수업, 자동차 판매업, 자동차 임대업, 운전학원업 등에 해당하는 업종의 사업을 경영하는 사업자가 자기생산·취득재화 중 「개별소비세법」 제1조 제2항 제3호에 따른 자동차와 그 자동차의 유지를 위한 재화를 해당 업종에 직접 영업으로 사용하지 아니하고 다른 용도로 사용하는 것

> "자기생산·취득재화"는 사업자가 자기의 과세사업과 관련하여 생산하거나 취득한 재화로서 매입세액을 공제받은 재화 등을 말한다.

3) 직매장 반출(판매할 목적으로 다른 사업장에 반출하는 재화)

사업장이 둘 이상인 사업자가 자기의 사업과 관련하여 생산 또는 취득한 재화를 판매할 목적으로 자기의 다른 사업장에 반출하는 것은 재화의 공급으로 본다(부가법 제10조③). 다만, 다음의 어느 하나에 해당하는 경우는 재화의 공급으로 보지 아니한다(부가법 제10조③).

① 사업자가 사업자 단위 과세사업자로 적용을 받는 과세기간에 자기의 다른 사업장에 반출하는 경우

② 사업자가 주사업장 총괄 납부의 적용을 받는 과세기간에 자기의 다른 사업장에 반출하는 경우. 다만, 세금계산서를 발급하고 관할 세무서장에게 신고한 경우는 제외한다.

■ 부동산개발 관련 해석·판단사례

■ 매입세액이 공제된 신축 오피스텔의 주거용 임대시 면세전용 해당 여부

`해석`

• 사업자가 부동산임대업 등 과세사업을 영위하기 위하여 근린생활시설 및 오피스텔을 신축하며 관련 매입세액을 전액 공제받은 후 오피스텔 중 일부를 주거용으로 임대하는 경우 「부가가치세법」 제10조 제1항 제1호에 따라 부가가치세가 과세되는 것이며 이 경우 같은 법 시행령 제66조

제3항에 따라 계산한 금액을 공급가액으로 하는 것임(서면법령해석 부가 2019-6, 2019.4.2.).

- 오피스텔을 분양받은 납세자가 임대사업 개시 전에 과세사업자인 일반임대사업자로 사업자 등록을 하고 부가가치세를 환급받았으나, 오피스텔 준공 후 과세사업에 사용하지 아니하고 면세사업자인 주택임대사업자로 전환한 경우에는 당초부터 면세사업자로 보아 부당하게 환급받은 부가가치세에 대하여 「국세기본법」 제47조의3 및 같은 법 제47조의4 규정에 의한 초과환급신고가산세 및 환급불성실가산세를 부과하는 것임(서면 부가2017-3617, 2018.5.14.).

(2) 개인적 공급

1) 적용대상

사업자가 자기생산·취득재화를 사업과 직접적인 관계없이 자기의 개인적인 목적이나 그 밖의 다른 목적을 위하여 사용·소비하거나 그 사용인 또는 그 밖의 자가 사용·소비하는 것으로서 사업자가 그 대가를 받지 아니하거나 시가보다 낮은 대가를 받는 경우는 재화의 공급으로 본다(부가법 제10조④).

"자기생산·취득재화"는 사업자가 자기의 과세사업과 관련하여 생산하거나 취득한 재화로서 매입세액을 공제받은 재화 등을 말한다.

2) 적용제외

사업자가 실비변상적이거나 복리후생적인 목적으로 그 사용인에게 대가를 받지 아니하거나 시가보다 낮은 대가를 받고 제공하는 것으로서 다음의 경우는 재화의 공급으로 보지 아니한다. 이 경우 시가보다 낮은 대가를 받고 제공하는 것은 시가와 받은 대가의 차액에 한정한다(부가법 제10조④, 부가령 제19조의2).

① 사업을 위해 착용하는 작업복, 작업모 및 작업화를 제공하는 경우

② 직장 연예 및 직장 문화와 관련된 재화를 제공하는 경우

③ 다음의 어느 하나에 해당하는 재화를 제공하는 경우. 이 경우 각 구분별로 각각 사용인 1명당 연간 10만원을 한도로 하며, 10만원을 초과하는 경우 해당 초과액에 대해서는 재화의 공급으로 본다.

    ㉮ 경조사와 관련된 재화

    ㉯ 설날·추석과 관련된 재화

    ㉰ 창립기념일 및 생일 등과 관련된 재화

■ 매입세액이 공제되지 아니한 재화가 개인적 공급인 경우

> **사안**
>
> 사업자가 그 사용인의 개인적인 목적 또는 기타의 목적으로 사용·소비하는 것으로 당해 재화에 대한 매입세액이 공제되지 아니한 경우에 부가가치세 과세대상 여부
>
> **해석**
>
> • 사업자가 자기의 사업과 관련하여 생산하거나 취득한 재화를 자기나 그 사용인의 개인적인 목적 또는 기타의 목적으로 사용·소비하는 것으로서 그 대가를 받지 아니하거나 시가보다 낮은 대가를 받는 경우에는 재화의 공급으로 보는 것이나, 당해 재화에 대한 매입세액이 부가가치세법 제17조 제2항의 규정에 의하여 공제되지 아니한 경우에는 같은 법 시행령 제16조 제2항의 단서규정에 의하여 과세되는 재화의 공급으로 보지 아니하는 것임(서삼 46015-11697, 2002.10.9.).

(3) 사업상 증여

사업자가 자기생산·취득재화를 자기의 고객이나 불특정 다수에게 증여하는 경우(증여하는 재화의 대가가 주된 거래인 재화의 공급에 대한 대가에 포함되는 경우는 제외한다)는 재화의 공급으로 본다. 다만, 사업자가 사업을 위하여 증여하는 것으로서 다음에 정하는 것은 재화의 공급으로 보지 아니한다(부가법 제10조⑤, 부가령 제20조).

① 사업을 위하여 대가를 받지 아니하고 다른 사업자에게 인도하거나 양도하는 견본품
② 「재난 및 안전관리 기본법」의 적용을 받아 특별재난지역에 공급하는 물품
③ 자기적립마일리지등으로만 전부를 결제받고 공급하는 재화

> "자기생산·취득재화"는 사업자가 자기의 과세사업과 관련하여 생산하거나 취득한 재화로서 매입세액을 공제받은 재화 등을 말한다.

- **광고선전물의 배포**

  사업자가 자기의 사업과 관련하여 생산하거나 취득한 재화를 자기사업의 광고선전 목적으로 불특정 다수인에게 광고선전용 재화로서 무상으로 배포하는 경우(직매장·대리점을 통하여 배포하는 경우를 포함한다)에는 재화의 공급으로 보지 아니한다(집행기준 10-0-4).

- **판매장려금품의 과세**

  사업자가 자기재화의 판매촉진을 위하여 거래상대자의 판매실적에 따라 일정률의 장려금품을 지급 또는 공급하는 경우 금전으로 지급하는 장려금은 과세표준에서 공제하지 아니하며 재화로 공급하는 것은 사업상 증여에 해당하므로 과세한다. 다만, 해당 재화가 자기생산·취득재화에 해당하지 아니하는 것은 과세하지 아니한다(통칙 10-0-5).

- **기증품 및 경품의 과세**

  ① 사업자가 자기의 제품 또는 상품을 구입하는 자에게 구입당시 그 구입액의 비율에 따라 증여하는 기증품 등은 주된 재화의 공급에 포함하므로 과세되는 재화의 공급으로 보지 아니한다. 다만, 당사자 간의 약정에 따라 일정기간의 판매비율에 따라 장려금품으로 공급하는 재화는 그러하지 아니하다.

  ② 사업자가 자기의 고객 중 추첨을 통하여 당첨된 자에게 재화를 경품으로 제공하는 경우에는 과세되는 재화의 공급으로 본다. 다만, 해당 경품이 자기생산·취득재화에 해당하지 아니하는 것은 그러하지 아니하다(통칙 10-0-6).

- **주된 거래인 재화공급의 대가에 포함된 경우**

  사업자가 자기의 제품 또는 상품을 구입하는 모든 거래처에 사전약정이나 공지에 의하여 구입시점에 그 구매금액 또는 구매수량에 따라 지급하기로 확정된 할증품으로서 당해 재화의 대가가 주된 거래인 재화공급의 대가에 포함되는 것은 「부가가치세법」 제6조 제3항의 규정에 의한 사업상 증여에 해당하지 아니하는 것이다(서면3팀-1368, 2007.5.7.).

(4) 폐업시 잔존재화

사업자가 폐업할 때 자기생산·취득재화 중 남아 있는 재화는 자기에게 공급하는 것으로 본다. 사업 개시일 이전에 사업자등록을 신청한 자가 사실상 사업을 시작하지 아니하게 되는 경우에도 또한 같다(부가법 제10조⑥).

"자기생산·취득재화"는 사업자가 자기의 과세사업과 관련하여 생산하거나 취득한 재화로서 매입세액을 공제받은 재화 등을 말한다.

다음 예시의 경우에는 폐업할 때 남아 있는 재화로서 과세하지 아니한다(통칙 10-0-7).
① 사업자가 사업의 종류를 변경한 경우 변경전 사업에 대한 잔존재화
② 동일사업장 내에서 2 이상의 사업을 겸영하는 사업자가 그 중 일부 사업을 폐지하는
   경우 해당 폐지한 사업과 관련된 재고재화
③ 개인사업자 2인이 공동사업을 영위할 목적으로 한 사업자의 사업장을 다른 사업자의
   사업장에 통합하여 공동명의로 사업을 영위하는 경우에 통합으로 인하여 폐지된 사업장의
   재고재화
④ 폐업일 현재 수입신고(통관)되지 아니한 미도착재화
⑤ 사업자가 직매장을 폐지하고 자기의 다른 사업장으로 이전하는 경우 해당 직매장의
   재고재화

재화의 취득시 매입세액이 공제되지 아니한 재화가 간주공급에 해당하는 경우 부가가치세의
과세 여부는 다음과 같다(집행기준 10-0-1 ②).

간주공급 유형	과세 여부	비 고
면세 전용	과세 안함	2008. 2. 22. 이후부터 적용
비영업용 소형승용자동차와 그 유지를 위한 재화	과세 안함	
직매장 반출(판매목적)	과세 대상	
개인적 공급·사업상 증여	과세 안함	
폐업할 때 남아 있는 재화	과세 안함	2007. 1. 1. 이후부터 적용

부동산개발 관련 해석·판단사례

■ 지점을 폐업하는 경우 폐업시 잔존재화의 과세 여부 및 공급가액 산정방법 등

해석

• 법인(이하 "본점")이 「부가가치세법」 제10조 제9항 제2호에 따른 사업양도로 취득한 건물을
  지점 사업장으로 하여 과세사업을 영위하다 해당 지점을 폐업하는 경우로서 그 건물을 본점이나
  다른 지점에서 과세사업에 사용하는 경우에는 재화의 공급에 해당하지 아니하는 것이나 실제
  사업에 사용하지 아니하는 경우에는 같은 법 제10조 제6항에 따른 재화의 공급에 해당하는

(5) 담보제공

재화의 담보제공은 재화의 공급으로 보지 아니한다(부가법 제10조⑨ 제1호). 즉, 재화를 담보로 제공하는 것으로서 질권, 저당권 또는 양도담보의 목적으로 동산, 부동산 및 부동산상의 권리를 제공하는 것은 재화의 공급으로 보지 아니한다(부가령 제22조).

(6) 사업양도

1) 사업장별 사업의 포괄적 승계

사업을 양도하는 것으로서 사업장별(「상법」에 따라 분할하거나 분할합병하는 경우에는 같은 사업장 안에서 사업부문별로 구분하는 경우를 포함한다)로 그 사업에 관한 모든 권리와 의무를 포괄적으로 승계시키는 것(「법인세법」 제46조 제2항 또는 제47조 제1항의 요건을 갖춘 분할의 경우 및 양수자가 승계받은 사업 외에 새로운 사업의 종류를 추가하거나 사업의 종류를 변경한 경우를 포함한다)은 재화의 공급으로 보지 아니한다(부가법 제10조⑨ 제2호).

2) 일부 항목의 제외시 포괄승계 인정

사업의 포괄승계 중에서 그 사업에 관한 권리와 의무 중 다음의 것을 포함하지 아니하고 승계시킨 경우에도 그 사업을 포괄적으로 승계시킨 것으로 본다(부가령 제23조).
① 미수금에 관한 것
② 미지급금에 관한 것
③ 해당 사업과 직접 관련이 없는 토지·건물 등에 관한 것으로서 다음에 해당하는 자산
　㈀ 사업양도자가 법인인 경우 : 「법인세법 시행령」 제49조 제1항(업무무관부동산·동산)에 따른 자산
　㈁ 사업양도자가 법인이 아닌 사업자인 경우 : 위 ㈀의 자산에 준하는 자산(부가칙 제16조)

"미수금" 또는 "미지급금"은 그 명칭에 관계없이 사업의 일반적인 거래 외에서 발생한 미수채권·미지급채무를 말하는 것이며, 미수금 또는 미지급금의 포함 여부는 사업양도의 요건에 해당하지 아니한다(통칙 10-23-2).

재화의 공급으로 보지 아니하는 사업양도란 사업장별로 사업용 자산을 비롯한 물적·인적시설 및 권리와 의무를 포괄적으로 승계시키는 것을 말하며(미수금, 미지급금, 사업과 관련없는 토지·건물 등 제외), 다음과 같은 사례가 사업양도에 해당된다(집행기준 10-23-1).

① 개인인 사업자가 법인설립을 위하여 사업장별로 그 사업에 관한 모든 권리와 의무를 포괄적으로 현물출자하는 경우

② 과세사업과 면세사업을 겸영하는 사업자가 사업장별로 과세사업에 관한 모든 권리와 의무를 포괄적으로 양도하는 경우

③ 과세사업에 사용·소비할 목적으로 건설 중인 독립된 제조장으로서 등록되지 아니한 사업장에 관한 모든 권리와 의무를 포괄적으로 양도하는 경우

④ 사업과 관련없는 특정 권리와 의무, 사업의 일반적인 거래 외에서 발생한 미수채권·미지급채무를 제외하고 사업에 관한 모든 권리와 의무를 승계시키는 경우

⑤ 사업의 포괄적 승계 이후 사업양수자가 사업자등록만을 지연하거나 사업자등록을 하지 아니한 경우

⑥ 사업을 포괄적으로 승계받은 자가 승계받은 사업 외에 새로운 사업의 종류를 추가하거나 사업의 종류를 변경한 경우(2006.2.9. 이후 사업양도분부터 적용한다)

⑦ 주사업장 외에 종사업장을 가지고 있는 사업자단위과세사업자가 종사업장에 대한 모든 권리와 의무를 포괄적으로 승계시키는 경우

⑧ 2 이상의 사업장이 있는 사업자가 그 중 한 사업장에 관한 모든 권리와 의무를 포괄적으로 양도하는 경우

⑨ 「상법」에 따라 분할하거나 분할합병하는 경우에는 같은 사업장 안에서 사업부문별로 구분하는 경우

⑩ 「법인세법」 제46조 제2항 또는 제47조 제1항의 요건을 갖춘 분할의 경우

① 사업과 직접 관련이 있는 토지와 건물을 제외하고 양도하는 경우
② 부동산매매업자 또는 건설업자가 일부 부동산 또는 일부 사업장의 부동산을 매각하는
   경우
③ 종업원 전부, 기계설비 등을 제외하고 양도하는 경우
④ 부동산임대업자가 임차인에게 부동산임대업에 관한 일체의 권리와 의무를 포괄적으로
   승계시키는 경우(집행기준 10-23-2)

3) 사업양수자의 대리납부 제도

부가가치세법 제52조 제4항(사업양수자의 대리납부)에 따라 그 사업을 양수받는 자가 대가를 지급하는 때에 그 대가를 받은 자로부터 부가가치세를 징수하여 납부한 경우는 사업양도에서 제외한다(부가법 제10조⑨ 제2호 단서). 이 경우 재화의 공급으로 본다.

사업의 양도(이에 해당하는지 여부가 분명하지 아니한 경우를 포함한다)에 따라 그 사업을 양수받는 자는 그 대가를 지급하는 때에 그 대가를 받은 자로부터 부가가치세를 징수하여 그 대가를 지급하는 날이 속하는 달의 다음 달 25일까지 사업장 관할 세무서장에게 납부할 수 있다(부가법 제52조④).

① 2014.1.1. 이후 2017.12.31.까지 사업을 양도하는 경우 재화의 공급으로 보지 아니하는
   사업양도에 해당하더라도 그 사업을 양수받는 자가 그 양수에 따른 대가를 양도하는
   자에게 지급하는 때에 그 대가에 따른 부가가치세를 관할 세무서장에게 신고·납부한
   경우에는 재화의 공급으로 본다.
② 2018.1.1. 이후 사업을 양도하는 분부터는 재화의 공급으로 보지 아니하는 사업양도에
   해당하는지가 분명하지 아니한 경우에도 위 ①을 적용받을 수 있다.
③ 위 ① 및 ②에 따라 대리납부하는 경우에도 사업양도자는 사업양수자에게 세금계산서를
   발급하여야 하며, 사업양수자는 자기의 사업을 위하여 사용하였거나 사용할 목적으로
   부담한 매입세액인 경우 자기의 매출세액에서 공제받을 수 있다.
④ 사업을 양수받는 자는 그 대가를 지급하는 때에는 해당 거래가 부가가치세 과세대상에
   해당하는지에 관계없이 그 대가를 받은 자로부터 부가가치세를 징수하여 그 대가를
   지급하는 날이 속하는 달의 다음달 25일까지 법 제48조 제2항(예정신고와 납부) 및 법
   제49조 제2항(확정신고와 납부)을 준용하여 사업장 관할 세무서장에게 납부할 수 있다.

⑤ 사업양수자가 위 ④에 따라 거래징수하지 아니하거나 대리납부하지 아니한 경우로서 포괄적인 사업양도가 아닌 경우에는 그 공급시기에 사업양수자가 위 ③에 따라 발급받은 세금계산서상의 매입세액은 자기의 매출세액에서 공제받을 수 있다(집행기준 10-23-3).

부동산개발 관련 해석·판단사례

■ 부채 일부를 제외한 사업의 양도

사안

은행차입금 등 일부 부채를 제외할 경우 재화의 공급으로 보지 않는 '사업의 양도'에 해당하는지 여부

해석

• 부가가치세법 제6조 제6항의 규정에 의한 사업의 양도는 사업장별로 그 사업에 관한 모든 권리(미수금에 관한 것을 제외)와 의무(미지급금에 관한 것을 제외)를 포괄적으로 승계시키는 것으로, 사업의 동일성을 상실하지 아니하는 범위 내에서 은행차입금 등의 일부 부채를 제외하여도 사업양도로 보는 것이나 이에 해당하는지 여부는 계약내용, 거래형태 등 거래내용을 종합하여 판단하여야 할 사항인 것임(서면3팀-2631, 2007.9.19.).

■ 일부 종업원을 제외한 사업의 양도

사안

일부 종업원을 제외하고 사업을 양도할 경우 재화의 공급으로 보지 않는 '사업의 양도'에 해당하는지 여부

해석

• △△사업부를 매각하면서 일부 종업원(행정업무를 하는 관리인력)을 제외한 모든 인적·물적 권리와 의무를 포괄적으로 승계시켜 사업의 동일성이 유지되는 경우에는 부가가치세법 제6조 제6항 제2호에 따라 재화의 공급으로 보지 아니하는 사업의 양도에 해당하는 것임(법규부가 2011-249, 2011.6.28.).

■ 공동사업자 구성원 중 1인에게 사업을 양도한 경우

부동산 임대사업자가 공동사업자 구성원 중 1인에게 공동사업 및 임차인에 대한 권리와 의무를 양도한 경우에 사업의 양도 해당 여부

- 부동산 임대사업자가 자신의 건물에 임차한 공동사업자의 구성원 중 1인에게 공동사업자를 포함한 모든 임차인에 대한 권리와 의무, 토지 및 건물을 그대로 양도하여 그 양수인이 부동산 임대사업을 하는 경우 「부가가치세법」 제10조 제8항 제2호에 따른 사업양도에 해당하는 것임(서면부가2017-529, 2017.3.30.).

■ 양수인이 부동산 취득 후 철거예정인 경우 사업의 양도

양수인이 부동산 취득 후 임차인을 모두 퇴거시키고 신축을 위해 철거예정인 경우 사업의 양도에 해당하는지 여부

- 재화의 공급으로 보지 아니하는 사업의 양도는 사업장별로 사업의 양도인이 양수인에게 모든 사업 시설뿐만 아니라 그 사업에 관한 일체의 인적·물적 권리와 의무를 양도하여 양도인과 동일시되는 정도로 법률상의 지위를 그대로 승계시키는 것으로,
- 사업자가 부가가치세가 과세되는 부동산임대업을 양도함에 있어, 양수자가 그 부동산 취득 후 임차인을 모두 퇴거시키고 신축을 위해 철거예정인 경우 그 부동산의 양도는 부가가치세법 제10조 제8항 제2호의 규정에 의한 사업의 양도에 해당하지 아니하는 것임(서면 부가2016-5239, 2016.11.30.).

■ 사업의 양도시 장기할부조건으로 대가를 받는 경우

사업의 양도시 장기할부조건으로 대가를 받으면서 양수자가 대리납부하는 경우 거래징수 절차

• 사업자(이하 "양도자")가 사업의 양도에 따라 양도대가를 장기할부조건으로 지급받음에 있어서 사업을 양수받는 자는 그 대가를 지급하는 때에 양도자로부터 부가가치세를 징수하여 「부가가치세법」 제49조 제2항을 준용하여 납부하는 경우, 같은 법 제10조 제9항 제2호 단서에 따라 재화의 공급으로 보아 세금계산서를 발급하는 것임(서면법령해석 부가2020-1750, 2020.9.21.).

(7) 신탁재산의 소유권 이전

신탁재산의 소유권 이전으로서 다음의 어느 하나에 해당하는 것은 재화의 공급으로 보지 아니한다(부가법 제10조⑨ 제4호).

① 위탁자로부터 수탁자에게 신탁재산을 이전하는 경우
② 신탁의 종료로 인하여 수탁자로부터 위탁자에게 신탁재산을 이전하는 경우
③ 수탁자가 변경되어 새로운 수탁자에게 신탁재산을 이전하는 경우

(8) 공매·경매 등에 의한 재화공급

다음의 어느 하나에 해당하는 것은 재화의 공급으로 보지 아니한다.

1) 공 매

「국세징수법」 제61조에 따른 공매(같은 법 제62조에 따른 수의계약에 따라 매각하는 것을 포함한다)에 따라 재화를 인도하거나 양도하는 것(부가령 제18조③ 제1호)

2) 경 매

「민사집행법」에 따른 경매(같은 법에 따른 강제경매, 담보권 실행을 위한 경매와 「민법」·「상법」 등 그 밖의 법률에 따른 경매를 포함한다)에 따라 재화를 인도하거나 양도하는 것(부가령 제18조③ 제2호)

3) 수 용

「도시 및 주거환경정비법」, 「공익사업을 위한 토지 등의 취득 및 보상에 관한 법률」 등에 따른 수용절차에서 수용대상 재화의 소유자가 수용된 재화에 대한 대가를 받는 경우(부가령 제18조③ 제3호)

4) 매도청구

「도시 및 주거환경정비법」 제64조 제4항에 따른 사업시행자의 매도청구에 따라 재화를 인도하거나 양도하는 것(부가령 제18조③ 제4호)

5) 정비사업조합의 관리처분계획

정비사업조합이 「도시 및 주거환경정비법」 또는 「빈집 및 소규모주택 정비에 관한 특례법」에 따라 해당 정비사업에 관한 공사를 마친 후에 그 관리처분계획에 따라 조합원에게 공급하는 것으로서 종전의 토지를 대신하여 공급하는 토지 및 건축물(해당 정비사업의 시행으로 건설된 것만 해당한다)(조특법 제104조의7③)

■ 부동산개발 관련 해석 · 판단사례

■ 경매에 의한 재화의 인도 · 양도

사안

경매에 따라 재화를 인도 또는 양도하는 것이 재화의 공급에 해당되어 세금계산서 발행의무가 있는지 여부

해석

• 사업자가 「부가가치세법 시행령」 제14조 제3항의 규정에 의거 「민사집행법」에 따른 경매(같은 법에 따른 강제경매, 담보권실행을 위한 경매, 민법 · 상법 등 그 밖의 법률에 따른 경매를 포함한다)에 따라 재화를 인도 또는 양도하는 것은 재화의 공급으로 보지 아니하는 것으로 부가가치세 과세대상에서 제외하는 것임(부가 – 988, 2012.9.27.).

■ 정비사업조합의 조합원 지분초과 주택 및 비주거시설 분양의 경우 부가가치세 과세 여부

• 재건축조합이 해당 조합원에게 관리처분계획에 의하여 분양하는 경우에는 분양주택이 당초지분을 초과하는 경우에도 재화의 공급에 해당하지 아니하여 부가가치세가 과세되지 아니하는 것이나, 재건축조합이 관리처분계획에 의하지 아니하고 당초지분을 초과하는 주택(국민주택규모 이하인 경우는 제외) 및 비주거시설을 해당 조합원에게 분양하는 경우에는 부가가치세가 과세되는 것임(서면 부가2015-393, 2015.6.28.).

■ 정비사업조합의 발코니 공급에 대한 부가가치세 과세대상 여부

• 정비사업조합이 「도시 및 주거환경정비법」의 관리처분계획에 따라 조합원에게 공급하는 토지 및 건축물은 부가가치세가 면제되는 것이나, 이에 해당되지 아니하는 별도의 계약에 의해 발코니샤시를 설치하여 주고 그 대가를 받는 경우에는 부가가치세가 과세되는 것임(서면3팀-1906, 2007.7.5.).

■ 정비사업조합의 상가 건설용역 및 조합원 공급에 대한 부가가치세 과세 여부

• 「도시 및 주거환경정비법」에 따른 정비사업조합이 건설회사로부터 건설용역을 제공받아 건축한 상가를 관리처분계획에 따라 조합원에게 공급하는 경우, 건설회사가 조합에게 제공하는 건설용역은 부가가치세법 제11조에 따라 부가가치세 과세대상에 해당하며, 조합이 조합원에게 공급하는 것으로서 종전의 토지를 대신하여 공급하는 상가는 조세특례제한법 제104조의7 제3항에 따라 부가가치세 과세대상에 해당하지 아니하는 것임(서면법규-499, 2014.5.19.).

 **용역의 공급**

(1) 용역공급의 정의

용역의 공급은 계약상 또는 법률상의 모든 원인에 따른 것으로서 역무를 제공하거나 시설물, 권리 등 재화를 사용하게 하는 것으로 한다(부가법 제11조①).

(2) 용역공급의 범위

다음의 어느 하나에 해당하는 것은 용역의 공급으로 본다(부가령 제25조).
① 건설업 : 건설업의 경우 건설사업자가 건설자재의 전부 또는 일부를 부담하는 것
② 단순가공 : 자기가 주요자재를 전혀 부담하지 아니하고 상대방으로부터 인도받은 재화를
　　단순히 가공만 해주는 것
③ 정보제공 : 산업상·상업상 또는 과학상의 지식·경험 또는 숙련에 관한 정보를 제공하는 것

용역의 자가공급·무상공급

① 용역의 자가공급 : 용역의 자가공급(자기의 사업을 위하여 직접 용역을 공급하는 것)은
　용역의 공급으로 보지 아니한다.
② 용역의 무상공급 : 사업자가 대가를 받지 아니하고 타인에게 용역을 공급하는 것은
　용역의 공급으로 보지 아니한다. 다만, 특수관계에 있는 자(「소득세법 시행령」 제98조
　제1항 또는 「법인세법 시행령」 제87조 제1항 각 호에 규정된 자)에게 사업용 부동산의
　임대용역을 무상으로 공급하는 것은 용역의 공급에 해당한다(집행기준 11-0-1).

용역공급의 해당 사례

① 건설업자가 건설자재의 전부 또는 일부를 부담하여 용역을 제공하고 대가를 받는 경우
② 사업자가 거래상대방으로부터 인도받은 재화에 주요 자재를 전혀 부담하지 아니하고
　단순히 가공만 하여 주고 대가를 받는 경우
③ 사업자가 산업상·상업상 또는 과학상의 지식·경험 또는 숙련에 관한 정보를 제공하고
　대가를 받는 경우
④ 사업자가 권리(저작권, 상표권, 특허권 등)를 대여하고 대가를 받는 경우
⑤ 사업자가 국가 또는 지방자치단체로부터 국유재산 관리 및 운영을 포괄적으로 위탁받아
　자신의 명의와 계산으로 타인으로 하여금 국유재산을 사용하게 하고 대가를 받는 경우
⑥ 인터넷 등을 이용하여 반복적으로 특정 정보를 게재하고 그 정보를 이용하는 자로부터
　정보이용료를 받는 경우
⑦ 공유수면 매립면허를 받은 자가 공유수면을 매립·준공한 후 그 대가로 매립지 일부의
　소유권을 취득하는 경우
⑧ 사업자가 부동산임대용역을 공급하고 그 대가를 확정한 후 해당 대가의 전부 또는 일부를
　면제하는 경우
⑨ 사업자가 지방자치단체로부터 놀이시설 및 노상주차장 등에 대한 유지·보수 등의 포괄

적인 관리·운영을 위탁받아 자기책임과 계산하에 해당 시설의 이용자로부터 사용료를
받는 경우
⑩ 테니스장·냉장창고·자동차 정류장 등의 재화·시설물 또는 권리를 사용하게 하고
그 대가를 받는 경우(집행기준 11-0-2)

부동산개발 관련 해석·판단사례

■ 부동산을 신탁한 후 위탁자가 수탁사로부터 임차 사용하는 경우

사안

부동산을 신탁한 후 위탁자가 수탁사로부터 임차하여 사용하면서 임차료를 지급하는 경우
부가가치세 과세대상 여부

해석

• 사업자(이하 "위탁자")가 「신탁법」에 따라 신탁회사(이하 "수탁자")에 컨테이너(이하 "신탁
재산")를 신탁하면서 특수목적법인(이하 "SPC")을 우선수익자로 지정하고 SPC는 해당 우선수익
권을 담보로 자금을 차입하여 위탁자에게 우선수익자 지정 대가를 지급하기로 하는 신탁계약을
체결한 경우로서 위탁자가 신탁재산을 수탁자로부터 임차하여 자신의 사업에 사용하며 수탁자에게
임차료를 지급하면 해당 임차료를 신탁의 수익으로 지급받은 SPC가 대출금 상환에 사용하고,
신탁재산에 대한 유지·보존과 일체의 관리행위, 비용 일체를 위탁자가 부담하며 신탁기간(대출
기간) 종료 후 신탁재산이 위탁자에게 귀속되는 등 해당 신탁, 임대차, 대출거래가 사실상 하나의
거래로서 신탁재산에 대한 실질적 소유권이 이전되지 아니하는 실질적 차입거래에 해당하는
경우에는 수탁자가 위탁자로부터 임대료 명목으로 지급받는 금전은 「부가가치세법」 제11조에
따른 부가가치세 과세대상에 해당하지 아니하는 것임(서면법령해석 부가2018-3993, 2019.4.22.).

■ 산업단지 조성에 필수적인 암석제거 공사용역을 제공받고, 그 대가로 암석을 제공한 것이
교환거래 해당 여부 및 교환거래대가 판단

사안

(원고들의 주장)
• 원고 ○○(암석 취득자)가 주식회사 AAA에게 이 사건 임야의 부지조성 공사를 도급하였

기 때문에 주식회사 AAA이 위 부지조성공사를 전부 수행하였고, 원고 □□(암석제거공사용역 제공자)은 오로지 암석만 채취하였기 때문에 AAA로부터 부지조성과 관련된 암석제거공사를 하도급받는 계약을 체결하지 않고 이 사건 임야 소유자인 원고 ○○(암석 취득자)와 직접 이 사건 계약을 체결하였음.

- 피고(처분청)가 이 사건 계약을 원고 ○○(암석 취득자)가 원고 □□(암석제거공사용역 제공자)으로부터 암석제거공사용역을 제공받고 그 대가로 암석을 제공한 교환거래로 보아 원고들에게 이 사건 처분을 한 것은 위법함.

- 설령 원고 □□(암석제거공사용역 제공자)이 원고 ○○(암석 취득자)에게 암석제거공사용역을 제공하였다 하더라도, 원고 □□(암석제거공사용역 제공자)이 암석을 채취하여 반출한 것은 암석제거공사용역의 제공에 대한 대가로 받은 것이 아니라 암석제거공사용역의 내용 속에 포함되어 이행된 것일 뿐이므로, 이 사건 계약은 교환거래에 해당하지 않음.

- 설령 이 사건 계약의 성격을 암석제거공사용역의 제공과 그 대가인 암석의 제공이라는 교환거래로 보더라도, 원고 ○○(암석 취득자)가 원고 □□(암석제거공사용역 제공자)에게 공급한 암석은 소할과 쇄석장에 옮겨 놓기 전의 암석, 즉 "땅속에서 채취한 직후의 암석"이라고 봐야 함. 그런데 이 사건 처분은 발파비 이외에 소할비, 단지 내 운반비도 과세표준으로 삼았으므로 그 범위 내에서 위법함.

- 무상의 사전적 의미는 "어떤 행위에 대해 대가나 보상이 없는 것"을 의미하고, 여기서의 "대가나 보상"은 금전과 같은 재화에 국한되지 않고 용역의 제공도 이에 해당함. 그런데 원고 ○○(암석 취득자)가 원고 □□(암석제거공사용역 제공자)과 이 사건 계약을 체결한 이유는 AAA와 체결한 부지조성공사 도급계약만으로는 달성할 수 없었던 암석제거공사용역을 원고 □□(암석제거공사용역 제공자)으로 하여금 수행하도록 하기 위함이었고, 이 사건 계약에 따라 원고 □□(암석제거공사용역 제공자)이 수행한 암석 제거공사용역에 의하여 원고 ○○(암석 취득자)는 공사부지 내 암석제거라는 이익을 얻게 되었음. 그렇다면, 원고 ○○(암석 취득자)가 이 사건 계약을 체결한 것은 단순히 원고 □□(암석제거공사용역 제공자)으로 하여금 암석채취를 할 수 있도록 하기 위한 것이 아니라 부지조성공사 과정에서 필수적으로 수반되어야 하는 암석제거공사용역을 제공받기 위한 것이라고 봄이 타당함.

- 부지조성공사의 일환으로 체결된 이 사건 계약의 경우 원래는 원고 □□(암석제거공사용역 제공자)이 이 사건 임야에서 위와 같이 암석제거공사용역을 수행한 결과 소할된 암석은 원고 ○○(암석 취득자)의 소유임. 그리고 원고 ○○(암석 취득자)가 원고 □□(암석제거공사용역 제공자)에게 암석제거공사용역에 대하여 발파비, 소할비, 단지 내 운반비 상당의 대금을 지급하여 암석을 취득한 것이므로 거래대상이 되는 위 암석의 가치에는 위 각 비용 합계 상당액이 반영될 수밖에 없고, 그 가치는 적어도 위 각 비용 합계 상당액 정도는 되는 것으로 보임. 그러한 가치가

 용역공급의 특례

(1) 용역의 자가공급

사업자가 자신의 용역을 자기의 사업을 위하여 대가를 받지 아니하고 공급함으로써 다른 사업자와의 과세형평이 침해되는 경우에는 자기에게 용역을 공급하는 것으로 본다. 이 경우 그 용역의 범위는 대통령령으로 정한다(부가법 제12조①). 그러나 아직까지 대통령령으로 정한 규정이 없으므로 용역의 자가공급에 대하여 현재 과세되지 않고 있다.

> **용역의 자가공급으로 보아 과세하지 아니하는 사례**
>
> ① 사업자가 자기의 사업과 관련하여 사업장 내에서 그 사용인에게 음식용역을 무상으로 제공하는 경우
> ② 사업자가 사용인의 직무상 부상 또는 질병을 무상으로 치료하는 경우
> ③ 사업장이 각각 다른 수 개의 사업을 겸영하는 사업자가 그 중 한 사업장에 관련된 용역을 자기의 다른 사업장에 공급하는 경우
> ④ 외국법인의 국내지점이 그 외국법인의 국내 다른 지점에 부동산임대용역을 제공하고 지점별 내부관리목적 등으로 임대료를 받는 경우(집행기준 12-0-1)

(2) 용역의 무상공급

사업자가 대가를 받지 아니하고 타인에게 용역을 공급하는 것은 용역의 공급으로 보지 아니한다. 다만, 사업자가 「소득세법 시행령」 제98조 제1항 또는 「법인세법 시행령」 제2조 제8항 각 호에 정하는 특수관계인에게 사업용 부동산의 임대용역을 공급하는 것은 용역의

공급으로 본다(부가법 제12조②, 부가령 제26조). 그러나 다음의 경우에는 특수관계인에 해당하더라도 용역의 공급으로 보지 아니한다.

① 「산업교육진흥 및 산학연협력촉진에 관한 법률」 제25조에 따라 설립된 산학협력단과 같은 법 제2조 제2호 다목의 대학 간 사업용 부동산의 임대용역
② 「공공주택 특별법」 제4조 제1항 제1호부터 제4호까지의 규정에 해당하는 자와 같은 항 제6호에 따른 부동산투자회사 간 사업용 부동산의 임대용역

■ 부동산개발 관련 해석 · 판단사례

■ 토지지분이 없는 자가 토지를 소유한 특수관계자와 공동사업자로서 건물을 신축하여 임대업을 영위한 경우 과세대상 거래 여부

> **해석**
>
> • 토지지분이 없는 자가 토지를 소유한 특수관계자와 함께 당해 토지에 건물을 신축하여 소득세법의 규정에 의한 공동사업자로서 부동산임대업을 영위하는 경우 토지소유자와 특수관계자의 관계는 「부가가치세법」 제4조에 의한 과세대상 거래에 해당하지 아니하는 것임(부가-641, 2013.7.12.).

■ 골프장 운영 등 과세사업자가 토지를 무상 임차하여 골프장 신축 사용한 후 시설물 기부

> **사안**
>
> 골프장 운영 등 과세사업자가 토지를 임차하여 토지조성공사를 한 후 무상사용하다 사용수익기간 종료 후 당해 토지 및 시설물 등을 토지소유자에게 기부하기로 하는 경우
>
> **해석**
>
> • 골프장 운영 등 부가가치세 과세사업을 하는 사업자가 토지소유자로부터 임야나 전답 등을 임차하여 자기의 비용으로 골프장용지 등으로 조성개발하여 일정기간 동안 별도의 차임 없이 사용수익하고 사용수익기간 종료 후 당해 토지 및 시설물 등을 토지소유자에게 기부하기로 하는 경우,
>
> • 당해 토지를 임차한 사업자는 토지 소유자인 임대인에게 당해 토지의 조성개발용역을 유상으로 공급하고 토지소유자는 골프장 운영사업자에게 유상의 토지임대용역을 제공하는 것으로서 각각 「부가가치세법」 제1조 제1항 제2호에 따라 부가가치세 과세대상에 해당하는 것임(부가-786, 2011.12.13.).

(1) 주된 재화·용역의 공급에 부수되는 재화 또는 용역

주된 재화 또는 용역의 공급에 부수되어 공급되는 것으로서 다음의 어느 하나에 해당하는 재화 또는 용역의 공급은 주된 재화 또는 용역의 공급에 포함되는 것으로 본다(부가법 제14조①).
　① 해당 대가가 주된 재화 또는 용역의 공급에 대한 대가에 통상적으로 포함되어 공급되는 재화 또는 용역
　② 거래의 관행으로 보아 통상적으로 주된 재화 또는 용역의 공급에 부수하여 공급되는 것으로 인정되는 재화 또는 용역

(2) 주된 사업에 부수되는 재화 또는 용역

주된 사업에 부수되는 다음의 어느 하나에 해당하는 재화 또는 용역의 공급은 별도의 공급으로 보되, 과세 및 면세 여부 등은 주된 사업의 과세 및 면세 여부 등을 따른다(부가법 제14조②).
　① 주된 사업과 관련하여 우연히 또는 일시적으로 공급되는 재화 또는 용역
　② 주된 사업과 관련하여 주된 재화의 생산 과정이나 용역의 제공 과정에서 필연적으로 생기는 재화

부수 재화 또는 용역의 범위 예시

주된 재화 또는 용역의 공급에 부수되어 공급되는 것으로서 아래 표의 ① 및 ②의 어느 하나에 해당하는 재화 또는 용역의 공급은 주된 재화 또는 용역의 공급에 포함되는 것으로 보고, 주된 사업에 부수되는 아래 표의 ③ 및 ④의 어느 하나에 해당하는 재화 또는 용역의 공급은 별도의 공급으로 보되, 과세 및 면세 여부 등은 주된 사업의 과세 및 면세 여부 등을 따른다(집행기준 14-0-1).

구 분	부수 재화 또는 용역의 범위	구체적인 사례
주된 재화·용역의 공급에 부수되는 재화 또는 용역	① 해당 대가가 주된 재화 또는 용역의 공급에 대한 대가에 통상적으로 포함되어 공급되는 재화 또는 용역	• 공급하는 재화의 포장용기 및 운반용역 • 조경공사용역을 공급하면서 제공하는 수목·화초
	② 거래의 관행으로 보아 통상적으로 주된 재화 또는 용역의 공급에 부수하여 공급되는 것으로 인정되는 재화 또는 용역	• 항공기 내에서 무상으로 제공되는 식사 • 가전제품 판매 후 일정기간 제공하는 사후 무료 서비스 용역

구 분	부수 재화 또는 용역의 범위	구체적인 사례
주된 사업에 부수되는 재화 또는 용역	③ 주된 사업과 관련하여 우연히 또는 일시적으로 공급되는 재화 또는 용역	• 금융업자가 면세사업에 사용하던 건축물 양도
	④ 주된 사업과 관련하여 주된 재화의 생산 과정이나 용역의 제공 과정에서 필연적으로 생기는 재화	• 복숭아 통조림을 제조하는 사업자가 판매하는 복숭아 씨 • 옥수수를 원료로 전분(과세)을 제조하는 과정에서 생산되는 옥피 등

부동산개발 관련 해석·판단사례

■ 상시주거용으로 임대하던 국민주택규모 초과 주택의 매매시 부가가치세 과세 여부

해석

• 부동산매매업 및 임대업을 영위하는 사업자가 국민주택규모 초과 주택(이하 "주택")을 부가가치세가 면제되는 주택임대사업에 사용하다 양도하는 경우 해당 주택의 양도는 「부가가치세법」 제14조 제2항 제1호에 따라 부가가치세가 면제되는 것이나, 매매목적으로 주택을 취득한 후 매매가 되지 아니하여 일시적·잠정적으로 임대하다 양도한 경우에는 같은 법 제9조에 따라 부가가치세가 과세되는 것임(사전법령해석 부가2020-670, 2020.8.11.).

■ 콘도미니엄의 개발 및 운영에 관한 권리인 사업권의 매입과 관련된 매입세액의 공제대상 여부

해석

• 신청인이 제주특별자치도 설치 및 국제자유도시조성을 위한 특별법 등에 따라 ○○관광단지 개발사업시행자로부터 토지와 콘도미니엄을 개발 및 운영할 수 있는 권리(이하 "사업권"이라 함)를 취득하면서 부담한 사업권 관련 매입세액은 부가가치세법 제17조 제1항에 따라 신청인의 매출세액에서 공제하는 것임. 다만, 토지의 조성 등을 위한 자본적 지출에 관련된 공사비용이 사업권의 양수가액에 포함된 경우에는 해당 공사비용에 대한 매입세액은 같은 법 제17조 제2항 제6호와 같은 법 시행령 제60조 제6항에 따라 공제하지 아니하는 것임(법규부가2012-226, 2012. 6.20.).

■ 사업의 포괄적 양도가 아닌 사업양수도에 따라 선급금 등이 승계되는 경우 부가가치세 과세대상
  항목

(사실관계)
- □□(이하 "양도인"이라 한다)는 19xx.xx.xx. 설립되어 발전설비, 산업설비, 주단조품, 제철, 제강품의 제조 및 판매업과 종합건설업 등을 영위하는 사업자로
  - AA(주)(이하 "양수인"이라 한다)에 aa사업부를 양도하고 AA(주) 신주를 인수하였는데,
  - 해당 사업의 양도는 「부가가치세법」 제6조 제6항 및 같은 법 시행령 제17조 제2항에 따른 포괄적 사업양수도에는 해당하지 아니함.
- 양도인과 양수인 간에 작성된 계약서에 따라 양수인에게 승계되는 자산 및 부채항목 중 부가가치세 과세대상 여부를 질의한 항목은 다음과 같음.
  ① 선급금
  - 양도인이 발주처에 발전설비를 제공하면서 일부 재화나 용역에 대하여 하도급을 주고 있는데 하도급업체로부터 재화나 용역을 계속적으로 공급받는 것을 전제로 하여 하도급업체에 선급금으로 지급하고 세금계산서를 발급받음.
  ② 미청구공사
  - 양도인이 발전설비를 제공함에 있어서 진행기준에 따라 매출을 인식하는데 대금지급조건을 충족하는 부분은 매출채권으로 인식하고 대금지급조건을 충족하지 못하는 부분은 미청구공사로 인식하고 미청구공사분은 세금계산서를 발급하지 아니함.
  ③ 선수금
  - 공사가 수행되기 전에 양도인이 발주자로부터 대금을 미리 수령한 것으로 양도인은 선수금을 받고 세금계산서를 발급함.
  ④ 초과청구공사
  - 미청구공사와 반대되는 개념으로 회사가 진행기준에 따라 인식한 매출액보다 대금으로 청구된 부분이 큰 경우 초과청구공사로 인식하고 있음.
    ○ 양도인과 양수인이 거래처에 보낸 '계약이전 안내 및 동의요청공문'에 따르면 양도인과 거래처가 체결한 계약 상의 지위 및 계약에 따라 발생하게 된 채권, 채무 일체를 양수인이 승계하는 것으로 확인됨.

(질의내용)
- 「부가가치세법」 제6조 제6항 및 같은 법 시행령 제17조 제2항에서 정하는 사업의 포괄적 양도에 해당하지 아니하는 사업양수도에 따라 선급금, 미청구공사, 선수금 및 초과청구공사가 승계되는 경우 부가가치세 과세대상인지 여부
- 선급금(선수금)의 승계가 선급금(선수금)에 대하여 이미 발급된 세금계산서를 수정 발급할 수 있는 사유에 해당하는지 여부

- 사업자가 「부가가치세법」 제6조 제6항 및 같은 법 시행령 제17조 제2항에 따른 사업의 포괄적 양도에 해당하지 아니하는 사업양수도(이하 "사업양수도"라 한다)를 하면서 재화 또는 용역을 공급하거나 공급받기로 하고 같은 법 제9조 제3항에 따라 세금계산서를 발급하거나 발급받은 선수금(이하 "선수금"이라 한다)과 선급금(이하 "선급금"이라 한다) 및 같은 법 제9조 제2항에 따른 공급시기가 도래하여 세금계산서를 발급한 건설용역의 공급 차이분에 대한 공급의무(이하 "초과청구공사"라 한다)를 양수인에게 승계시키는 경우 해당 선수금과 선급금 및 초과청구공사는 같은 법 제1조 제2항 및 제3항에 따라 부가가치세 과세대상에 해당하는 것이나,

- 실제로 건설용역을 공급하였으나 같은 법 제9조 제2항에 따른 공급시기가 도래하지 아니한 건설용역 공급(이하 "미청구공사"라 한다)분에 대한 채권을 승계시키는 경우 해당 미청구공사는 부가가치세 과세대상에 해당하지 아니하는 것임.

- 또한, 사업양수도에 따라 선수금과 선급금이 승계되는 경우 당초 거래상대방에게 발급한 세금계산서에 대하여는 같은 법 제16조 제1항 및 같은 법 시행령 제59조 제1항에 따라 수정세금계산서를 발급하지 아니하는 것임(법규부가2013-159, 2013.5.21.).

■ 발코니 확장공사 용역의 공급이 부가가치세가 과세되는 독립된 거래 및 세금계산서 발급대상 인지 판단

(독립된 거래 판단)

- 원심은, 구 공동주택 분양가격의 산정 등에 관한 규칙(2012.3.9. 국토해양부령 제447호로 개정되기 전의 것) 제4조 등은 '분양가격에 포함되지 아니하는 품목으로서 사업주체가 입주자모집공고에 제시하여 입주자에게 추가로 선택할 수 있도록 하는 품목'(이하 '추가선택품목'이라고 한다)의 하나로 '발코니 확장'을 규정하면서, 사업주체가 발코니 확장을 추가선택품목으로 하는 경우에는 입주자모집공고에 그에 따른 비용을 해당 주택의 분양가격과 구분하여 표시하여 이를 입주자가 선택할 수 있도록 하여야 한다고 규정하고 있는 점, 이에 대부분의 사업주체들은 공동주택을 공급하면서 주택공급계약과 별도로 발코니 확장에 관한 계약을 체결하고 그 대금도 분양대금과 별도로 수령하여 온 점, 원고도 아파트에 관한 분양계약서와 별도로 이 사건 용역에 관하여 '선택사양품목에 관한 계약서'를 따로 작성하고 분양대금과 별도의 용역대금을 산정하여 수령한 점, 그에 따라 수분양자들 대부분은 분양계약을 체결하면서 발코니 확장 여부를 선택할 수 있었던 점, 그 밖에 발코니의 구조변경이 합법화된 경위 등을 종합하여 보면,

- 비록 ○○○○지구 등 일부 사업지구에 속한 이 사건 아파트의 경우에는 원고가 처음부터 해당 사업지구의 전체 세대를 발코니 확장형으로 정하여 공급하였더라도 그러한 사정만으로 이 사건

용역의 공급이 부가가치세가 면제되는 이 사건 아파트의 공급에 거래의 관행으로 보아 통상적으로 부수되는 것이라거나 필수적으로 부수되는 것에 해당한다고 볼 수 없다는 이유로, 피고들이 이 사건 용역의 공급을 부가가치세가 과세되는 별개의 독립된 거래로 보아 원고에게 한 이 사건 부가가치세 부과처분은 적법하다는 취지로 판단하였음.

- 앞서 본 규정과 관련 법리 및 기록에 비추어 살펴보면, 원심의 위와 같은 판단은 정당하고, 거기에 상고이유 주장과 같이 주된 거래인 재화의 공급에 필수적으로 부수되는 용역의 공급에 관한 법리를 오해하는 등의 잘못이 없음.

(세금계산서 발급대상 판단)

- 구 부가가치세법 제16조 제1항, 제32조 제1항 … 중략 … 사업자가 재화 또는 용역을 공급하는 경우에는 원칙적으로 세금계산서를 발급하여야 하나, '주로 사업자가 아닌 소비자에게 재화 또는 용역을 공급하는 사업'의 하나로서 '주거용 건물공급업(주거용 건물을 자영건설하는 경우를 포함한다)'의 경우에는 세금계산서 발급의무를 면제하는 대신 영수증을 발급하도록 규정하고 있음.

- 원심은, 이 사건 용역의 공급은 주거용 건물 그 자체의 공급이나 이와 동일시할 수 있을 정도로 주거용 건물의 공급에 필수적인 건설용역의 공급이라고 보기 어려우므로, 세금계산서 발급의무가 면제되는 주거용 건물공급업에 포함된다고 할 수 없다고 판단하였음.

- 원심의 위와 같은 판단은 정당하고, 거기에 상고이유 주장과 같이 세금계산서 발급의무가 면제되는 '주거용 건물공급업'의 범위나 가산세를 면할 정당한 사유에 관한 법리를 오해하는 등의 잘못이 없음(대법 2015두48617, 2016.1.28.).

❼ 재화의 공급시기

공급시기란 부가가치세 과세거래가 이루어진 시점을 결정하고 거래징수의 의무와 세금계산서의 발급의무가 발생한 때를 말한다. 재화의 공급시기는 아래와 같다.

(1) 일반적인 기준

재화가 공급되는 시기는 다음의 구분에 따른 때로 한다(부가법 제15조①).
① 재화의 이동이 필요한 경우 : 재화가 인도되는 때
② 재화의 이동이 필요하지 아니한 경우 : 재화가 이용가능하게 되는 때
③ 위 ①과 ②를 적용할 수 없는 경우 : 재화의 공급이 확정되는 때

(2) 거래형태별 공급시기

1) 일반적인 거래

재화의 공급시기에 대한 일반적인 기준 이외에 구체적인 거래형태별 공급시기는 다음과 같다(부가령 제28조①).

구 분	공급시기
1. 현금판매, 외상판매 또는 할부판매의 경우	재화가 인도되거나 이용가능하게 되는 때
2. 상품권 등을 현금 또는 외상으로 판매하고 그 후 그 상품권 등이 현물과 교환되는 경우	재화가 실제로 인도되는 때
3. 재화의 공급으로 보는 가공의 경우	가공된 재화를 인도하는 때

부동산 양도의 공급시기

① 부동산을 양도하는 경우의 공급시기는 해당 부동산이 이용가능하게 되는 때이며, 이용가능하게 되는 때란 원칙적으로 소유권이전등기일을 말하지만, 당사자간 특약에 따라 소유권이전등기일 전에 실제 양도하여 사용·수익하거나 잔금 미지급 등으로 소유권이전등기일 이후에도 사용·수익할 수 없는 사실이 객관적으로 확인되는 때에는 실제로 사용·수익이 가능한 날을 말한다.
② 중간지급조건부로 부동산을 공급하기로 계약하였으나 소유권 이전 및 잔금 지급 전에 이를 이용가능하게 하는 경우 해당 부동산을 이용가능하게 한 때를 공급시기로 본다.
③ 사업자가 부동산임대사업에 사용하던 건물을 매각하는 계약을 체결하여 계약금과 중도금을 받고 잔금을 받지 않은 상태에서 폐업한 경우 그 폐업일을 해당 건물의 공급시기로 본다.
④ 건축 중인 건물을 양도하는 경우 양수인이 그 건축 중인 건물을 이용가능하게 된 때를 공급시기로 본다.
⑤ 부동산을 기부채납하기로 약정함에 따라 사회기반시설을 신축하여 일정기간 사용·수익한 후에 기부채납하는 경우 그 기부채납절차가 완료된 때를 공급시기로 본다(집행기준 15-28-3).

부동산임대업을 운영하는 사업자 이진실은 임대하던 부동산을 20억원을 받고 아래와 같이 매각하였다.

- 계약금 ： 2억원(2015.6.20.)
- 중도금 ： 8억원(2015.7.20.)
- 잔　금 ： 10억원(2015.9.20.)
- 폐업일 ： 2015.8.20.

이 경우 이진실이 매각한 부동산에 대한 공급시기 판단 방법

▷ 통상의 공급시기는 2015.9.20.이지만 폐업일 이전에 매매계약을 체결하고 폐업일 이후 통상의 공급시기가 도래하는 때에는 그 폐업일(2015.8.20.)을 공급시기로 보아야 한다(집행기준 15 – 28 – 3).

① 사업자가 타인 소유의 토지 위에 건물을 신축하여 일정기간 동안 무상 또는 저리로 사용하기로 약정하고 토지 소유자 명의로 신축건물을 보존 등기하는 경우 재화와 용역의 교환거래로서 해당 건축물의 이전은 재화의 공급에 해당한다.

② 타인의 토지 위에 임차인이 건물을 신축하여 자기의 명의로 등기하여 토지를 무상 또는 저리로 사용하던 중에 임대차계약 종료 시 토지를 명도하면서 해당 건물의 소유권을 임대인에게 이전하는 경우 그 건물에 대한 소유권을 이전하는 때에 재화의 공급으로 부가가치세가 과세된다. 이 경우 임대인은 토지의 임대에 따른 대가를 금전 외의 것으로 받은 것으로서 「부가가치세법 시행령」 제65조(부동산 임대용역의 공급가액 계산) 제5항에 따라 공급가액을 계산하여 부가가치세 신고납부의무를 진다.

③ 임차인이 임차토지 위에 자신의 계산과 책임으로 건물을 신축하여 적정한 토지임대료를 지급하고 사용한 후 임대기간 만료 또는 해지 시 임차인의 비용으로 철거하도록 약정되었다면 해당 건축물의 취득가액을 임대인의 토지임대료에 포함하지 아니한다(집행기준 15 – 28 – 6).

2) 조건부 · 기한부 판매의 거래

반환조건부 판매, 동의조건부 판매, 그 밖의 조건부 판매 및 기한부 판매의 경우에는 그 조건이 성취되거나 기한이 지나 판매가 확정되는 때를 공급시기로 본다(부가령 제28조②).

3) 장기할부판매 · 완성도기준지급 · 중간지급조건부 · 계속적 공급의 거래

다음의 어느 하나에 해당하는 경우에는 대가의 각 부분을 받기로 한 때를 재화의 공급시기로

본다. 다만, ②와 ③의 경우 재화가 인도되거나 이용가능하게 되는 날 이후에 받기로 한 대가의 부분에 대해서는 재화가 인도되거나 이용가능하게 되는 날을 그 재화의 공급시기로 본다(부가령 제28조③).

① 장기할부판매의 경우
② 완성도기준지급조건부로 재화를 공급하는 경우
③ 중간지급조건부로 재화를 공급하는 경우
④ 전력이나 그 밖에 공급단위를 구획할 수 없는 재화를 계속적으로 공급하는 경우

장기할부판매 재화 공급

장기할부판매의 경우에는 대가의 각 부분을 받기로 한 때를 재화의 공급시기로 본다(부가령 제28조③ 제1호).
"장기할부판매"란 재화를 공급하고 그 대가를 월부, 연부 또는 그 밖의 할부의 방법에 따라 받는 것 중 다음의 요건을 모두 갖춘 것을 말한다(부가칙 제17조).
㉠ 2회 이상으로 분할하여 대가를 받는 것
㉡ 해당 재화의 인도일의 다음 날부터 최종 할부금 지급기일까지의 기간이 1년 이상인 것

완성도기준지급조건부 재화 공급

완성도기준지급조건부로 재화를 공급하는 경우에는 대가의 각 부분을 받기로 한 때를 재화의 공급시기로 본다. 다만, 완성도기준지급조건부 재화공급의 경우 재화가 인도되거나 이용가능하게 되는 날 이후에 받기로 한 대가의 부분에 대해서는 재화가 인도되거나 이용가능하게 되는 날을 그 재화의 공급시기로 본다(부가령 제28조③).

계약금의 공급시기

완성도기준지급 또는 중간지급조건부로 재화를 공급하거나 용역을 제공함에 있어서 그 대가의 일부로 계약금을 거래상대방으로부터 받는 경우에는 해당 계약조건에 따라 계약금을 받기로 한 때를 그 공급시기로 본다. 이 경우 착수금 또는 선수금 등의 명칭으로 받는 경우에도 해당 착수금 또는 선수금이 계약금의 성질이 있는 때에는 계약금으로 본다(집행기준 15-28-4).

중간지급조건부로 재화를 공급하는 경우에는 대가의 각 부분을 받기로 한 때를 재화의 공급시기로 본다. 다만, 중간지급조건부 재화공급의 경우 재화가 인도되거나 이용가능하게 되는 날 이후에 받기로 한 대가의 부분에 대해서는 재화가 인도되거나 이용가능하게 되는 날을 그 재화의 공급시기로 본다(부가령 제28조③).

"중간지급조건부로 재화를 공급하는 경우"란 다음의 어느 하나에 해당하는 경우를 말한다(부가칙 제18조).

㉠ 계약금을 받기로 한 날의 다음 날부터 재화를 인도하는 날 또는 재화를 이용가능하게 하는 날까지의 기간이 6개월 이상인 경우로서 그 기간 이내에 계약금 외의 대가를 분할하여 받는 경우

㉡ 「국고금 관리법」 제26조에 따라 경비를 미리 지급받는 경우

㉢ 「지방회계법」 제35조에 따라 선금급을 지급받는 경우

① 사업자가 중간지급조건부로 재화 또는 용역의 공급계약을 체결하였으나 그 내용이 변경된 경우의 공급시기는 다음과 같다.
   ㉠ 당초 계약의 지급일자 변경계약의 변경내용에 따라 대가의 각 부분을 받기로 한 때
   ㉡ 계약금 외의 대가 지급방법 변경대가의 각 부분을 일시에 받기로 변경한 경우에는 재화의 공급 또는 용역의 제공이 완료된 때
② 중간지급조건부로 재화를 공급하기로 하였으나 지급기간 중에 거래상대방에게 재화를 인도하는 경우 나머지 중도금 및 잔금의 공급시기는 해당 재화를 인도한 때로 한다.
③ 중간지급조건부로 제공하는 건설용역이 조기 준공으로 인하여 계약금 지급일부터 준공예정일까지의 기간이 6월 미만이 된 경우 이미 발행한 세금계산서는 적법하며, 나머지 용역대가는 준공일을 공급시기로 본다.
④ 당초 재화의 공급계약이 중간지급조건부에 해당하지 아니하였으나, 당사자 간에 계약조건을 변경하여 중간지급조건부계약으로 변경된 경우 계약변경 이전에 지급한 계약금은 변경계약일을, 변경계약일 이후에는 변경된 계약에 의하여 대가의 각 부분을 받기로 한 때를 각각 공급시기로 본다(집행기준 15-28-5).

전력이나 그 밖에 공급단위를 구획할 수 없는 재화를 계속적으로 공급하는 경우에는 대가의 각 부분을 받기로 한 때를 재화의 공급시기로 본다(부가령 제28조③ 제4호).

사업자가 재화를 법인에 현물출자하는 경우에는 현물출자로서의 이행이 완료되는 때를 그 공급시기로 본다. 이 경우 이행이 완료되는 때란 「상법」 제295조 제2항에 따라 출자의 목적인 재산을 인도하는 때이며, 등기·등록 그 밖의 권리의 설정 또는 이전을 요할 경우에는 이에 관한 서류를 완비하여 발급하는 때를 말한다(기본통칙 15-28-1).

4) 재화공급 특례의 공급시기

부가가치세법 제10조 재화공급의 특례에 따라 재화의 공급으로 보는 경우에는 다음 표의 구분에 따른 때를 재화의 공급시기로 본다(부가령 제28조④).

구 분	공급시기
면세전용, 비영업용승용자동차의 사용·소비·유지, 개인적 공급에 따라 재화의 공급으로 보는 경우	재화를 사용하거나 소비하는 때
직매장 반출에 따라 재화의 공급으로 보는 경우	재화를 반출하는 때
사업상 증여에 따라 재화의 공급으로 보는 경우	재화를 증여하는 때
폐업시 잔존재화에 따라 재화의 공급으로 보는 경우	폐업일

5) 폐업일 이후 공급시기 도래의 경우

재화의 공급시기 규정에도 불구하고 사업자가 폐업 전에 공급한 재화의 공급시기가 폐업일 이후에 도래하는 경우에는 그 폐업일을 공급시기로 본다(부가령 제28조⑨).

부동산개발 관련 해석·판단사례

■ 6개월 이상 분할납입 약정 후 잔금납입 전 전세계약으로 전환조건 오피스텔 분양

사안

6개월 이상 분할납입 약정 후 잔금납입 전 전세계약으로 전환할 수 있는 조건이 부여된 오피스텔 분양계약의 공급시기

해석

• 사업자가 오피스텔을 분양 공급하면서 그 매매대금을 재화를 이용가능하게 하는 날까지 6개월 이상의 기간 동안 나누어 받기로 약정하며, 잔금 납입 전까지 분양계약을 해지하고 전세로 전환할 수 있는 특약을 별도로 체결하여 공급하는 경우, 「부가가치세법」 제15조 제2항 및 같은 법 시행령 제28조 제3항 제3호에 따른 중간지급조건부로 재화를 공급하는 경우에 해당하여 해당 오피스텔의 공급시기는 대가의 각 부분을 받기로 한 때가 되는 것임(기획재정부 부가-243, 2020.6.18.).

■ 중간지급조건부 계약 체결 후 변경계약

사안

중간지급조건부로 부동산 분양계약 체결 후 중도금 납부를 입주지정일까지 유예하는 변경계약을 하는 경우 공급시기

해석

• 사업자가 수분양자와 중간지급조건부에 의한 부동산 분양계약을 체결하고 계약금을 지급받았으나 수분양자에 대한 중도금 대출이 실행되지 아니하여 분양 계약상 중도금 납부일이 도래하기 전에 중도금 납부를 입주지정기간 종료일(잔금납부일)까지 유예하기로 수분양자와 추가약정서를 체결한 경우 「부가가치세법」 제15조 제1항 제2호에 따라 부동산을 이용가능하게 되는 때가 공급시기가 되는 것임(사전법령해석 부가2018-477, 2018.7.23.).

■ 재화의 이동이 필요하지 아니한 경우에 재화의 공급시기인 '재화가 이용가능하게 되는 때'
  판단

- 이 사건 매매계약 체결 후 원고와 BBB은 이 사건 부동산을 1/2 지분씩 나누어 두 번에 걸쳐 소유권을 이전하기로 합의하였고(이하 '이 사건 분할 이전 합의'라 한다), 그에 따라 원고는 먼저 2012.12.28. BBB에게 이 사건 부동산 중 1/2 지분(이하 '이 사건 1차 지분'이라 한다)에 관하여 '2012.11.14.자 매매'를 원인으로 한 소유권이전등기를 마쳐주었음.
- 이후 원고는 다시 2013.1.11. BBB에게 이 사건 부동산 중 나머지 1/2 지분에 관하여 '2013.1.10.자 매매'를 원인으로 한 소유권이전등기를 마쳐주었고, 당일 부동산 임대업에 관한 폐업신고를 하였음.
- 피고(처분청)는, 원고가 2012.12.28. BBB에게 소유권을 이전해 준 이 사건 1차 지분에 대해서는 그 공급시기를 소유권이전등기일인 2012.12.28.로 파악한 다음 2013.4.4. 원고에게 2012년 제2기 부가가치세 ○○○원(가산세 ○○○원 포함)을 경정·고지하는 처분(이하 '이 사건 처분'이라 한다)을 하였고, 2013.4.9.에는 원고가 신고·납부한 2013년 제1기 부가가치세 납부세액 중 ○○○원을 환급하기로 하는 경정결정을 하였음.
- 원고의 주장 : 구 부가가치세법 제9조 제1항 제2호는 재화의 이동이 필요하지 아니한 재화의 공급의 경우 그 공급시기에 대하여 '재화가 이용가능하게 되는 때'라고 규정하고 있는바, 이 사건 부동산 중 1/2 지분의 이전만으로는 이 사건 부동산의 사용·수익이 불가능하므로, 이 사건 부동산 중 1/2 지분이 이전된 2012.12.28.을 재화의 공급시기로 볼 수 없음.

- 구 부가가치세법 제9조 제1항 제2호는 '재화의 이동이 필요하지 아니한 경우에는 재화가 이용가능하게 되는 때를 재화의 공급시기로 한다'는 취지로 규정하고 있는바, 여기서 '재화가 이용가능하게 되는 때'라 함은 재화를 실지로 사용할 수 있게 되는 때를 말하는 것이므로, 공급받은 재화가 부동산인 경우에는 특별한 사정이 없는 한 그 부동산을 명도받기로 한 때를 의미한다고 봄이 타당함(대법 2008.9.11. 선고 2006두9900 판결 참조).
- 원고와 BBB은 이 사건 매매계약 제2조에서 '이 사건 부동산의 명도는 2012.11.14. 이후로부터 BBB의 개원준비(내부 리모델링 및 인·허가 준비 등) 착수시로 한다'라고 약정하였고, 제3조 단서에서 'BBB의 필요에 의한 잔금 전 내부시설 공사시 전기, 수도세는 BBB이 부담한다'라고 약정하였다. 이에 따르면 BBB은 2012.11.14. 이후 잔금 지급 전이라도 언제든지 이 사건 부동산을 인도받아 자신의 비용 부담 하에 병원 개원준비를 위한 공사를 하는 등 이 사건 부동산을 실지로 사용할 수 있었다고 봄이 타당하고, 이 사건 매매계약이나 이 사건 분할이전 합의상 이 사건

⑧ 용역의 공급시기

공급시기란 부가가치세 과세거래가 이루어진 시점을 결정하고 거래징수의 의무와 세금계산서의 발급의무가 발생한 때를 말한다. 용역의 공급시기는 아래와 같다.

(1) 일반적인 기준

용역이 공급되는 시기는 다음의 어느 하나에 해당하는 때로 한다(부가법 제16조①).
① 역무의 제공이 완료되는 때
② 시설물, 권리 등 재화가 사용되는 때

(2) 거래형태별 공급시기

1) 할부·조건부 용역 공급

다음의 어느 하나에 해당하는 경우에는 대가의 각 부분을 받기로 한 때를 할부 또는 조건부로 용역을 공급하는 경우 등의 용역의 공급시기로 본다(부가령 제29조①).

다만, 아래 ②와 ③의 경우 역무의 제공이 완료되는 날 이후 받기로 한 대가의 부분에 대해서는 역무의 제공이 완료되는 날을 그 용역의 공급시기로 본다(부가령 제29조① 단서).
① 장기할부조건부 또는 그 밖의 조건부로 용역을 공급하는 경우
② 완성도기준지급조건부로 용역을 공급하는 경우
③ 중간지급조건부로 용역을 공급하는 경우
④ 공급단위를 구획할 수 없는 용역을 계속적으로 공급하는 경우

"장기할부조건부로 용역을 공급하는 경우"는 용역을 공급하고 그 대가를 월부, 연부 또는 그 밖의 할부의 방법에 따라 받는 것 중 다음의 요건을 모두 갖춘 것으로 한다(부가칙 제19조).
① 2회 이상으로 분할하여 대가를 받는 것
② 해당 용역의 제공이 완료되는 날의 다음 날부터 최종 할부금 지급기일까지의 기간이 1년 이상인 것

"중간지급조건부로 용역을 공급하는 경우"란 다음의 어느 하나에 해당하는 경우를 말한다(부가칙 제20조).
① 계약금을 받기로 한 날의 다음 날부터 용역의 제공을 완료하는 날까지의 기간이 6개월 이상인 경우로서 그 기간 이내에 계약금 외의 대가를 분할하여 받는 경우
② 「국고금 관리법」 제26조에 따라 경비를 미리 지급받는 경우
③ 「지방회계법」 제35조에 따라 선금급을 지급받는 경우

사업자 '갑'은 '을'에게 건물 신축에 대한 건설공사용역을 제공하여 주기로 하면서 아래와 같이 중간지급조건부로 도급공사계약을 체결하였다.
- 도급금액 : 30억원
- 계약금 : 4억원(2015.2.20.),　　1차 중도금 : 6억원(2015.4.20.)
- 2차 중도금 : 6억원(2015.6.20.)　　잔금 : 14억원(준공 후 지급)
- 준공일 : 2015.10.20.　　잔금 수령일 : 2015.11.15.

이 경우 '갑'이 제공한 건설용역 공급시기 판단
▷ 중간지급조건부 건설용역 공급계약에 따라 2015.2.20., 2015.4.20., 2015.6.20.을 각각 공급시기로 보아 세금계산서를 발급하고, 잔금은 2015.11.15. 받았더라도 건설용역 제공 완료일인 2015.10.20.을 공급시기로 하여 14억원에 대하여 세금계산서를 발급하여야 한다(집행기준 16-29-3).

완성도기준지급이란 건설용역의 공급기간이 장기간을 요하는 경우와 같이 그 진행도 또는 완성도를 확인하여 그 비율만큼 대가를 지급하는 것을 말한다. 또한 공사기간에 대한 요건은 없기 때문에, 일반과세자가 건설용역을 공급하고 계약금을 지급받기로 한 날로부터 잔금을 지급받기로 한 날까지의 기간이 6개월 미만인 경우 용역의 제공의 완료되기 이전에 완성도에 따라 그 완성비율에 해당하는 대가를 받기로 하는 경우에는 완성도기준지급 조건부 공급에 해당한다(서면3팀-1003, 2005.7.1.).

① 완성도기준지급조건부로 건설용역을 공급함에 있어 당사자의 약정에 의하여 준공검사일 이후 잔금을 받기로 한 경우 해당 잔금에 대한 공급시기는 건설용역의 제공이 완료되는 때로 한다.
② 완성도기준지급조건부로 건설용역을 공급하면서 당사자간 기성금 등에 대한 다툼이 있어 법원의 판결에 의하여 대가가 확정되는 경우 해당 건설용역의 공급시기는 법원의 판결에 의하여 대가가 확정되는 때로 한다.
③ 완성도기준지급조건부 건설용역을 공급함에 있어 기성부분에 대한 공급시기는 기성청구 후 대가의 지급이 확정되어 그 대가를 실제로 받은 날이 되지만, 기성부분에 대한 대가를 기성고 확정일로부터 약정된 날까지 지급받지 못한 때에는 그 약정일의 종료일이 된다(집행기준 16-29-1).

① 건설용역을 공급함에 있어 건설공사기간에 대한 약정만 체결하고 대금지급기일에 관한 약정이 없는 경우의 공급시기는 다음과 같다.
　㉠ 해당 건설공사에 대한 건설용역의 제공이 완료되는 때. 다만, 해당 건설용역 제공의 완료 여부가 불분명한 경우에는 준공검사일
　㉡ 해당 건설공사의 일부분을 완성하여 사용하는 경우에는 그 부분에 대한 건설용역의 제공이 완료되는 때. 다만, 해당 건설용역 제공의 완료 여부가 불분명한 경우에는 그 부분에 대한 준공검사일
② 건설공사 계약시 완성도에 따라 기성고 대금을 나누어 받기로 하였으나, 그 지급일을 명시하지 아니한 경우에는 공사기성고가 결정되어 그 대금을 받을 수 있는 때를 그

공급시기로 한다.

③ 사업자가 완성도기준지급 또는 중간지급조건부 건설용역의 공급계약서상 특정내용에 따라 해당 건설용역에 대하여 검사를 거쳐 대가의 각 부분의 지급이 확정되는 경우에는 검사 후 대가의 지급이 확정되는 때를 그 공급시기로 본다(집행기준 16-29-2).

2) 역무제공 완료 또는 대가 수령시를 공급시기로 적용할 수 없는 경우

역무의 제공이 완료되는 때 또는 대가를 받기로 한 때를 공급시기로 볼 수 없는 경우 : 역무의 제공이 완료되고 그 공급가액이 확정되는 때를 용역의 공급시기로 본다(부가령 제29조② 제1호).

3) 부동산 임대용역 중 예외적인 경우

사업자가 부동산 임대용역을 공급하는 경우로서 다음의 어느 하나에 해당하는 경우 : 예정신고기간 또는 과세기간의 종료일을 용역의 공급시기로 본다(부가령 제29조② 제2호).

① 사업자가 부동산 임대용역을 공급하고 전세금 또는 임대보증금을 받는 경우(법 제29조 제10항 제1호)로서 정기예금 이자율로 간주임대료를 적용하는 경우

② 사업자가 둘 이상의 과세기간에 걸쳐 부동산 임대용역을 공급하고 그 대가를 선불 또는 후불로 받는 경우(법 제29조⑩ 제3호)

③ 사업자가 부동산을 임차하여 다시 임대용역을 제공하는 경우로서 부가가치세법 시행령 제65조 제2항에 따라 간주임대료로 과세표준을 계산하는 경우

부동산임대용역의 공급시기

① 부동산임대업자가 2 과세기간 이상에 걸쳐 부동산임대용역을 공급하고 그 대가를 선불 또는 후불로 받는 경우 예정신고기간 또는 과세기간의 종료일을 공급시기로 본다.

② 부동산임대업자가 부동산임대용역을 계속적으로 공급하고 그 대가를 월별, 분기별 또는 반기별로 기일을 정하여 받기로 한 경우 그 대가의 각 부분을 받기로 한 때를 공급시기로 본다.

③ 부동산임대업자가 공급시기가 도래하기 전에 선불로 받은 대가에 대하여 임차인에게 세금계산서 또는 영수증을 발급하는 때에는 그 발급한 때를 공급시기로 본다.

④ 부동산임대료를 임차인의 각 반기별 사업실적에 따라 확정하는 경우에는 임대료가 확정되는 해당 반기 말일(매년 6월 30일 및 12월 31일)을 공급시기로 본다(집행기준 16-29-5).

4) 둘 이상 과세기간의 대가를 선불로 받은 경우

다음의 어느 하나에 해당하는 용역을 둘 이상의 과세기간에 걸쳐 계속적으로 제공하고
그 대가를 선불로 받는 경우 : 예정신고기간 또는 과세기간의 종료일을 용역의 공급시기로
본다(부가령 제29조② 제3호).

① 헬스클럽장 등 스포츠센터를 운영하는 사업자가 연회비를 미리 받고 회원들에게 시설을
   이용하게 하는 것
② 사업자가 다른 사업자와 상표권 사용계약을 할 때 사용대가 전액을 일시불로 받고 상표권을
   사용하게 하는 것
③ 「노인복지법」에 따른 노인복지시설(유료인 경우에만 해당한다)을 설치·운영하는
   사업자가 그 시설을 분양받은 자로부터 입주 후 수영장·헬스클럽장 등을 이용하는
   대가를 입주 전에 미리 받고 시설 내 수영장·헬스클럽장 등을 이용하게 하는 것
④ 그 밖에 ①부터 ③까지의 규정과 유사한 용역

5) 준공 후 시설이용기간 만료시 국가 또는 지방자치단체에 귀속되는 방식

사업자가 「사회기반시설에 대한 민간투자법」 제4조 제3호의 방식(BOT 방식)을 준용하여
설치한 시설에 대하여 둘 이상의 과세기간에 걸쳐 계속적으로 시설을 이용하게 하고 그 대가를
받는 경우 : 예정신고기간 또는 과세기간의 종료일을 용역의 공급시기로 본다(부가령 제29조②
제4호).

* SOC사업에 대해서는 'Chapter 4. 제1절 기부채납과 사용수익기부자산'을 참고하기 바란다.

6) 폐업일 이후 공급시기 도래

위에서 언급된 공급시기에도 불구하고 폐업 전에 공급한 용역의 공급시기가 폐업일 이후에 도래하는 경우에는 폐업일을 공급시기로 본다(부가령 제29조③).

■ 부동산개발 관련 해석·판단사례

■ 건물 사용승인 후 소송이 진행 중인 경우 건설용역의 공급시기

해석

- 건설업자가 부동산임대업자(이하 "발주자")와 공사금액을 확정하여 공사계약을 체결하고 해당 공사용역의 제공을 완료하였으나 발주자와 건설업자간 공사지연 및 하자 등에 대한 분쟁으로 소송이 진행 중인 경우 해당 공사용역의 공급시기는 「부가가치세법」 제16조 제1항 제1호에 따라 역무의 제공이 완료된 때(사용승인일)이며 건설업자가 용역의 공급시기에 세금계산서를 발급하지 아니한 경우 발주자는 같은 법 제34조의2 제1항 및 같은 법 시행령 제71조의2 제2항에 따라 매입자발행세금계산서를 발행할 수 있는 것임(사전법령해석 부가2018-542, 2018.9.27.).

■ 아파트 공사와 별도로 계약한 발코니 확장공사의 부가가치세의 공급시기

해석

- 사업자가 임대아파트 공사와 별도로 계약한 발코니 확장공사에 대한 대금을 임차인으로부터 최초 계약시부터 약 3년 동안 3회에 걸쳐 계약금, 중도금, 잔금으로 나누어 받는 경우 해당 발코니 확장공사용역은 부가가치세 과세대상에 해당하며, 이 경우 해당 용역의 공급시기는 「부가가치세법 시행령」 제29조 제1항에 따라 대가의 각 부분을 받기로 한 때가 되는 것이므로 계약금, 중도금, 잔금을 지급받은 때를 공급시기로 하여 「부가가치세법」 제36조 제1항 제2호 및 같은 법 제32조에 따른 영수증 또는 세금계산서를 발급하는 것임(사전법령해석 부가2016-408, 2016.10.12.).

■ 신축건물의 사용승인일 후에도 건설용역을 제공하는 경우 용역의 공급시기

- 건설업을 영위하는 사업자가 완성도기준지급조건부로 용역을 제공하면서 건축주와 합의하여 당초 계약을 변경하는 경우, 변경계약 이전에 이미 대가의 각 부분을 받기로 한 때가 도래한 경우 그 날이 공급시기가 되는 것이며 변경계약일 이후에는 변경된 계약에 따라 대가의 각 부분을 받기로 한 때가 공급시기가 되는 것임.
- 그리고, 신축건물에 대한 사용승인일 이후에 단순한 하자보수나 추가공사가 아닌 마무리공사가 계속되는 경우 해당 사용승인일은 부가가치세법 시행령 제29조 제1항 본문 후단의 역무의 제공이 완료되는 날에 해당하지 아니하는 것이고, 실제로 공사가 완성된 때가 역무의 제공이 완료되는 때임.
- 또한, 계약을 변경하여 공급시기가 도래하지 아니한 대가의 각 부분을 감액하는 경우 감액한 후의 금액을 공급가액으로 세금계산서를 발급하는 것이며, 계약의 변경없이 받기로 한 대가보다 적게 받는 경우 받기로 한 대가를 공급가액으로 세금계산서를 발급하는 것임(법규부가2014-512, 2014.11.17.).

■ 건설공사 중도에 계약해지사유 발생시 공급시기

- 사업자가 「부가가치세법 시행령」 제22조 제2호에 규정하는 완성도기준지급조건으로 건설용역을 제공함에 있어 용역의 공급시기는 계약에 의하여 기성고가 결정되어 그 대가를 지급받을 수 있는 때로 하는 것이나,
- 발주자와 공사기성고 또는 총공사금액 등에 대한 다툼으로 동 기성고 등이 결정되지 아니하여 그 대가의 각 부분을 받기로 한 때가 확정되지 않은 경우에는 당해 건설용역의 제공이 완료되고 그 공급가액이 확정되는 때로 하는 것임(부가-1001, 2014.12.24.).

■ 용역의 공급시기로서 역무제공완료일의 기준시점 판단

- 원고는 제조업 및 건설업을 영위하는 법인으로 2009.9.17. 주식회사 CC개발(이하 'CC개발'이라 한다)과 사이에, CC개발에 태양광발전설비(이하 '이 사건 발전설비'라 한다)를 5,700,000,000원(부가가치세 별도)에 공급하기로 하는 공사도급계약(이하 '이 사건 계약'이라 한다)을 체결하였음.
- 원고는 2010.7.7. CC개발에 공급가액 5,700,000,000원인 세금계산서(이하 '이 사건 세금계산서'라 한다)를 교부하고, 2010년 제2기 예정 부가가치세 과세표준에 포함하여 부가가치세를 신고·납부하였으며, CC개발도 2010년 제2기 과세기간에 이 사건 세금계산서 상당액을 매입세액으로 부가가치세 예정신고를 하였음.
- ○○세무서장은 2010.11.15.부터 2010.11.19.까지 CC개발에 대한 환급현지확인을 실시하고, CC개발이 한국전기안전공사로부터 이 사건 발전설비공사완료로 합격판정을 받은 날(발전설비 사용전 검사 필증을 교부받은 날)인 2009.11.21.을 역무제공 완료일로 보아 이 사건 세금계산서의 공급가액 상당액을 매입세액에서 불공제하여 CC개발의 부가가치세를 결정한 후 피고에게 과세자료를 통보하였음.
- 원고의 주장 : 이 사건 계약에 따른 용역의 제공이 완료된 때는, 공사계약 제17조 제2항에 따라 부지정리공사, 배수로공사, 울타리공사 등 마무리 공사가 완료된 2010.7.경이므로 용역의 공급시기도 2010.7.로 보아야 함. 그런데 피고(처분청)는 전체 공정 중 일부인 발전설비 설치공사 완공시점인 2009.11.을 역무의 제공이 완료된 때로 보고 이 사건 처분을 하여 위법함.

- 구 부가가치세법(2010. 1. 1. 법률 제9915호로 개정되기 전의 것, 이하 같다) 제9조 제2항, 제4항 및 구 부가가치세법 시행령(2010. 2. 18. 대통령령 제22043호로 개정되기 전의 것) 제22조 제1호에 따르면 통상적인 공급의 경우에는 '역무의 제공이 완료되는 때'를 용역의 공급시기로 함. 따라서 통상적인 공급의 경우에는 거래사업자 사이의 계약에 따른 역무제공의 범위와 계약조건 등을 고려하여 역무의 제공 사실을 가장 확실하게 확인할 수 있는 시점, 즉 역무가 현실적으로 제공됨으로써 역무를 제공받는 자가 역무제공의 산출물을 사용할 수 있는 상태에 이르게 되면 '역무의 제공이 완료되는 때'에 해당하여 용역의 공급시기가 도래함(대법원 2015.6.11. 선고 2013두22291 판결 참조).
- 비록 그 후에 추가로 제공되는 역무가 있더라도 이미 역무제공의 산출물을 사용할 수 있는 상태가 된 후에 통상적으로 뒤따르는 마무리 작업이나 유지·보수 등을 위한 것으로서 그 규모와 대가의 액수 등이 전체 역무와 비교하여 미미한 정도에 불과한 경우에는 용역의 공급시기에 영향을 미치지 아니함.

- 이 사건 계약서(갑 제1호증)의 제17조(역무범위)에는 산지복구 등의 발전사업과 개발행위 관련 인·허가업무 및 개발행위 준공검사는 모두 CC개발의 역무로 기재되어 있고, 달리 위와 같은 역무가 이 사건 계약상의 원고의 역무범위에 포함되는 것으로 볼 만한 자료가 없음. 따라서 원고가 수행한 위 산지복구공사와 관련된 추가공사는 이 사건 용역의 범위에 포함되는 것으로 보기 어려울 뿐만 아니라, 이와 관련하여 원고가 지출한 금액인 총 4,900만원은 이 사건 계약에 따라 CC개발로부터 지급받은 전체 공사금액인 57억원에 비하여 극히 일부에 지나지 아니함. 또한 원고가 사용 전 검사 후에 파손도로나 관정의 복구 등의 일부 잔여공사를 진행하였더라도 앞서 본 이 사건 발전설비의 설치·가동·유지보수 경위 등에 비추어 볼 때 이는 이 사건 발전설비의 준공 이후에 통상적으로 이루어지는 마무리 공사에 불과한 것으로 보임.
- 따라서, 이 사건 용역의 공급시기는 이 사건 발전설비에 대한 사용 전 검사가 이루어져 이를 가동하여 전기를 생산·공급할 수 있게 된 2009. 11. 21.로 봄이 상당하므로, 이를 전제로 한 이 사건 처분은 적법하고 원고의 이 부분 주장은 이유 없음(대법 2014두35553, 2016.4.12.).

⑨ 재화 및 용역의 공급시기 특례

(1) 요건 충족이 필요한 공급시기 특례

1) 공급시기 전 대가 수령 후 세금계산서 등 발급

사업자가 재화 또는 용역의 공급시기가 되기 전에 재화 또는 용역에 대한 대가의 전부 또는 일부를 받고, 그 받은 대가에 대하여 세금계산서 또는 영수증을 발급하면 그 세금계산서 등을 발급하는 때를 각각 그 재화 또는 용역의 공급시기로 본다(부가법 제17조①).

2) 공급시기 전 세금계산서 발급 후 7일 이내 대가 수령

사업자가 재화 또는 용역의 공급시기가 되기 전에 세금계산서를 발급하고 그 세금계산서 발급일부터 7일 이내에 대가를 받으면 해당 세금계산서를 발급한 때를 재화 또는 용역의 공급시기로 본다(부가법 제17조②).

3) 공급시기 전 세금계산서 발급 후 7일 경과 후 대가 수령

위 2)에도 불구하고 다음의 어느 하나에 해당하는 경우에는 재화 또는 용역을 공급하는 사업자가 그 재화 또는 용역의 공급시기가 되기 전에 세금계산서를 발급하고 그 세금계산서 발급일부터 7일이 지난 후 대가를 받더라도 해당 세금계산서를 발급한 때를 재화 또는 용역의 공급시기로 본다(부가법 제17조③).

① 거래 당사자 간의 계약서·약정서 등에 대금 청구시기(세금계산서 발급일을 말한다)와
　 지급시기를 따로 적고, 대금 청구시기와 지급시기 사이의 기간이 30일 이내인 경우
② 재화 또는 용역의 공급시기가 세금계산서 발급일이 속하는 과세기간 내(공급받는 자가
　 조기환급을 받은 경우에는 세금계산서 발급일부터 30일 이내)에 도래하는 경우

(2) 공급시기 전 세금계산서 발급 특례

사업자가 할부로 재화 또는 용역을 공급하는 경우 등으로서 다음의 공급시기가 되기 전에
세금계산서 또는 영수증을 발급하는 경우에는 그 발급한 때를 각각 그 재화 또는 용역의
공급시기로 본다(부가법 제17조④, 부가령 제30조).

① 장기할부판매로 재화를 공급하거나 장기할부조건부로 용역을 공급하는 경우의 공급시기
② 전력이나 그 밖에 공급단위를 구획할 수 없는 재화를 계속적으로 공급하는 경우의 공급시기
③ 그 공급단위를 구획할 수 없는 용역을 계속적으로 공급하는 경우의 공급시기
④ 외국항행용역을 공급하는 경우로서 발행된 선하증권에 따라 거래사실이 확인되는 경우의
　 공급시기(용역의 공급시기가 선하증권 발행일부터 90일 이내인 경우로 한정한다)

> **세금계산서를 발급하는 때를 공급시기로 볼 수 있는 경우**
>
> 다음의 경우에는 사업자가 그 공급시기가 되기 전에 세금계산서 또는 영수증을 발급하면
> 그 발급하는 때를 공급시기로 본다(집행기준 17-0-1).
> ① 사업자가 공급시기가 되기 전에 대가의 전부 또는 일부를 받은 것에 대하여 세금계산서를
> 　 발급한 경우
> ② 세금계산서를 공급시기 전에 발급한 후 7일 이내에 대가를 지급받은 경우
> ③ 세금계산서를 공급시기 전에 발급한 후 7일이 지난 후 대가를 받더라도 다음의 요건을
> 　 모두 충족하는 경우
> 　　㉮ 거래 당사자 간의 계약서·약정서 등에 대금 청구시기와 지급시기를 따로 적을 것
> 　　㉯ 대금 청구시기와 지급시기 사이의 기간이 30일 이내일 것
> ④ 재화 또는 용역의 공급시기가 세금계산서 발급일이 속하는 과세기간 내(공급받는 자가
> 　 조기환급을 받은 경우에는 세금계산서 발급일부터 30일 이내)에 도래하는 경우
> ⑤ 재화의 공급에 해당하는 장기할부판매
> ⑥ 전력 그 밖에 공급단위를 구획할 수 없는 재화를 계속적으로 공급하는 경우
> ⑦ 용역의 공급에 해당하는 장기할부 또는 통신 등 그 공급단위를 구획할 수 없는 용역을

계속적으로 공급하는 경우

⑧ 부동산임대용역을 계속적으로 공급하고 그 대가를 매월 기일을 정하여 받기로 한 경우

▪️ 부동산개발 관련 해석·판단사례

■ 시설물을 기부채납하고 관리운영권을 받는 경우 관리운영권에 대한 공급시기 및 세금계산서 발급방법(SOC사업 아님)

해석

- 사업시행자가 지방자치단체와 사업협약함에 있어 해양레저시설물을 조성하여 「공유재산 및 물품관리법」에 따라 지방자치단체에 기부채납하고 20년간 기부채납시설의 관리운영권을 받는 경우 지방자치단체는 일정기간의 부동산임대용역에 대한 대가(기부채납된 가액)를 선불로 받은 것으로 보는 것이며,

- 이때 지방자치단체가 각각의 예정신고기간 또는 확정신고기간의 종료일을 공급시기로 하여 사업시행자에게 세금계산서를 발급하는 것이 원칙이나, 지방자치단체가 「부가가치세법」 제17조 제1항에 따라 공급시기가 되기 전에 세금계산서를 발급하는 경우에는 그 발급하는 때를 용역의 공급시기로 보는 것임(사전법령해석 부가2020-679, 2020.9.28.).

■ 건설용역 대가로 토지를 대물변제 받는 경우 건설용역의 공급시기

해석

- 사업자가 지방자치단체가 시행하는 '부대이전 및 부지개발 사업'의 민간사업자로 지정되어 지방자치단체에 건설용역을 공급하고 그 대가로 토지를 대물변제 받기로 하는 민간유치 시행 협약을 체결한 경우로서 건설용역의 공급이 완료되기 전에 대물변제 협약을 체결하여 지방자치 단체로부터 대물변제 받기로 한 토지에 대한 사용 승낙을 받아 해당 토지를 공동주택 신축분양 사업에 사용하고 해당 대물변제 협약일을 작성일자로 하여 「부가가치세법」 제17조 제1항 및 같은 법 제32조 제1항에 따라 지방자치단체에 세금계산서를 발급한 경우 세금계산서를 발급하는 때를 건설용역의 공급시기로 보는 것임(기준법령해석 부가2018-166, 2018.7.27.).

 부가가치세법상 면세

　부가가치세의 면제란 면세대상 재화 또는 용역의 공급에 대하여 납세의무가 면제되는 것을 말하므로 면세사업자는「부가가치세법」에서 정하는 등록, 거래징수, 신고·납부 등 제반 의무가 없으나 재화 또는 용역을 공급받으면서 매입세액은 부담하여야 한다(집행기준 26-0-1). 부동산개발과 관련된 부가가치세의 면세에 대해 아래에서 서술한다.

(1) 주택과 그 부수토지의 임대용역

1) 면세의 범위

　주택과 이에 부수되는 토지의 임대용역의 공급에 대하여는 부가가치세를 면제한다. 주택과 이에 부수되는 토지의 임대용역은 다음의 임대용역으로 한다(부가법 제26조① 제12호, 부가령 제41조①).

① 상시주거용(사업을 위한 주거용의 경우는 제외한다)으로 사용하는 건물(이하 "주택"이라 한다)과 이에 부수되는 토지의 임대용역

②「주택법」제2조 제9호에 따른 토지임대부 분양주택(같은 조 제6호의 국민주택규모로 한정한다)에 부수되는 토지의 임대용역

2) 주택부수토지의 면적

　주택에 부수되는 토지의 면적이 다음의 면적 중 넓은 면적을 초과하는 경우 그 초과하는 부분의 임대용역은 부가가치세 면제대상이 되는 임대용역에서 제외한다(부가령 제41조②).

① 주택의 연면적(지하층의 면적, 지상층의 주차용으로 사용되는 면적 및 주민공동시설의 면적은 제외한다)

② 건물이 정착된 면적에 5배(도시지역 밖의 토지의 경우에는 10배)를 곱하여 산정한 면적

3) 겸용주택의 경우

　주택에 부가가치세가 과세되는 사업용 건물(이하 "사업용 건물"이라 한다)이 함께 설치되어

있는 경우에는 주택과 이에 부수되는 토지의 임대의 범위는 다음에 따른다(부가령 제41조③).

① 주택 부분의 면적이 사업용 건물 부분의 면적보다 큰 경우에는 그 전부를 주택의 임대로 본다. 이 경우 그 주택에 부수되는 토지임대의 범위는 위 2)와 같다.

② 주택 부분의 면적이 사업용 건물 부분의 면적과 같거나 그보다 작은 때에는 주택 부분 외의 사업용 건물 부분은 주택의 임대로 보지 아니한다. 이 경우 그 주택에 부수되는 토지의 면적은 총토지면적에 주택 부분의 면적이 총건물면적에서 차지하는 비율을 곱하여 계산하며, 그 범위는 위 2)와 같다.

1) 부가가치세가 면제되는 주택의 부수토지는 다음의 면적 중 넓은 면적을 초과하지 않는 토지로 한정한다.

   ① 주택의 연면적(지하층의 면적, 지상층의 주차장 면적 및 주민공동시설의 면적 제외)

   ② 주택 정착면적의 5배(도시지역 외의 토지는 10배)를 곱하여 산정한 면적

2) 주택과 사업용 건물이 함께 있는 겸용건물의 주택면적은 다음과 같이 계산한다.

구 분	건물분 면세 범위	부수토지분 면세 범위
주택면적 > 사업용 건물면적	주택면적 + 사업용 건물면적	MIN(㉮, ㉯) ㉮ : 부수토지 총면적 ㉯ : MAX[건물연면적, 건물정착면적 × 5배(도시지역 외 10배)]
주택면적 ≤ 사업용 건물면적	주택면적	MIN(㉮, ㉯) ㉮ : 토지총면적 × (주택연면적 / 건물연면적) ㉯ : MAX[주택연면적, (건물정착면적 × 주택연면적/건물연면적) × 5배(도시지역 외 10배)]

3) 부동산을 2인 이상의 임차인에게 임대한 경우에는 임차인별로 주택면적(사업을 위한 거주용인 경우 제외)이 사업용 건물의 면적보다 큰 때에는 그 전부를 주택의 임대로 본다.

4) 주택임대로 부가가치세가 면제되는 "상시 주거용으로 사용하는 건물"이라 함은 공부상 용도에 관계없이 실제로 그 건물을 사용하는 임차자가 상시 주거용으로 사용하는지 여부에 의해 판단한다.

5) 주택을 임차하여 자기책임으로 전차인에게 해당 주택을 상시 주거용으로 임대하는 경우 임대인과 임차인이 제공하는 해당 주택의 임대용역은 각각 부가가치세가 면제된다(집행기준 26 – 41 – 1).

(2) 부가가치 생산요소

1) 토 지

토지의 공급에 대하여는 부가가치세를 면제한다(부가법 제26조① 제14호).

2) 인적용역

저술가·작곡가나 그 밖의 자가 직업상 제공하는 인적용역은 독립된 사업(여러 개의 사업을 겸영하는 사업자가 과세사업에 필수적으로 부수되지 아니하는 용역을 독립하여 공급하는 경우를 포함한다)으로 공급하는 부가가치세법 시행령 제42조(생략)에 열거된 용역은 부가가치세를 면제한다(부가법 제26조① 제15호, 부가령 제42조).

3) 금융·보험용역

금융·보험용역 중 부가가치세법 시행령 제40조 제1항(생략)에 열거된 용역, 사업 및 업무에 해당하는 역무에 대해서는 부가가치세를 면제한다(부가법 제26조① 제11호, 부가령 제40조①).

부동산개발과 관련하여 금융·보험용역 중 부가가치세가 면세되는 업무로 신탁업이 있으며, 신탁업무 중 다음의 구분에 따른 업무로 한정하여 부가가치세를 면제한다(부가령 제40조① 제2호 라목).

① 신탁업자가 위탁자로부터 「자본시장과 금융투자업에 관한 법률」 제103조 제1항 제1호부터 제4호까지 또는 제7호의 재산(같은 법 제9조 제20항의 집합투자재산을 포함한다)을 수탁받아 운용(집합투자업자의 지시에 따라 보관·관리하는 업무를 포함한다)하는 업무. 다만, 같은 법 제103조 제1항 제1호의 재산을 수탁받아 부동산, 실물자산 및 그 밖에 기획재정부령(생략)으로 정하는 자산에 운용하는 업무는 제외한다.

> ❑ 「자본시장과 금융투자업에 관한 법률」 제103조 제1항 각 호의 재산
>
> 1. 금전 2. 증권 3. 금전채권 4. 동산 5. 부동산
> 6. 지상권, 전세권, 부동산임차권, 부동산소유권 이전등기청구권, 그 밖의 부동산 관련 권리
> 7. 무체재산권(지식재산권을 포함한다)

② 신탁업자가 위탁자로부터 「자본시장과 금융투자업에 관한 법률」 제103조 제1항 제5호 또는 제6호의 재산을 수익자에 대한 채무이행을 담보하기 위하여 수탁받아 운용하는 업무

③ 신탁업자가 위탁자로부터 「자본시장과 금융투자업에 관한 법률」 제103조 제1항 제5호 또는 제6호의 재산을 수탁받아 같은 조 제4항에 따른 부동산개발사업을 하는 업무

(3) 국가 등이 공급하는 재화 또는 용역

국가, 지방자치단체 또는 지방자치단체조합이 공급하는 재화 또는 용역은 부가가치세법 시행령 제46조 각 호(생략)에 열거된 재화 또는 용역을 제외하고 부가가치세를 면제한다(부가법 제26조① 제19호).

국가, 지방자치단체, 지방자치단체조합이 부가가치세가 과세되는 사업과 관련없이 국가 또는 지방자치단체의 업무용으로 사용하던 자산 중 불용결정된 자산을 매각하는 것은 부가가치세 과세대상에 해당하지 아니한다(집행기준 26-46-1).

(4) 국가 등에 무상으로 공급하는 재화 또는 용역

국가, 지방자치단체, 지방자치단체조합 또는 일정한 공익단체에 무상으로 공급하는 재화 또는 용역은 부가가치세를 면제한다(부가법 제26조① 제20호, 부가령 제47조). 따라서 국가 등에 유상으로 공급하는 재화 또는 용역은 과세된다.

공익단체의 범위

"공익단체"란 주무관청의 허가 또는 인가를 받거나 주무관청에 등록된 단체로서 「상속세 및 증여세법 시행령」 제12조 각 호의 어느 하나에 해당하는 사업을 하는 단체를 말한다(부가령 제47조①).

그리고 공익사업을 위하여 주무관청의 승인을 받아 금품을 모집하는 단체는 「상속세 및 증여세법 시행령」 제12조 각 호에 열거된 공익단체에 해당하지 아니하더라도 부가가치세법 제26조 제1항 제20호를 적용할 때에는 공익단체로 본다(부가령 제47조②).

(5) SOC 사업의 시설관리운영권

국가 또는 지방자치단체가 「사회기반시설에 대한 민간투자법」에 따른 사업시행자로부터 같은 법 제4조 제1호 및 제2호의 방식에 따라 사회기반시설 또는 사회기반시설의 건설용역을 기부채납받고 그 대가로 부여하는 시설관리운영권에 대해서는 부가가치세를 면제한다(부가령

제46조 제3호 다목).

※ SOC 사업에 대해서는 'Chapter 4. 제1절 4. 기부채납과 사용수익기부자산'을 참고하기 바란다.

■ 부동산개발 관련 해석·판단사례

■ 국가시범도시사업 시행자가 주택등을 임차하여 무상으로 전대하는 경우 임대용역의 면세 여부

> **해석**
>
> - 스마트시티 국가시범도시 사업의 시행자인 ○○○○○공사가 민간사업자와 체결한 협약에 따라 민간사업자가 사업지구 내 건설한 단독주택과 커뮤니티센터를 5년간 임차하며 임대료 및 임대기간 만료 후 리모델링 명목의 감가상각비를 지급하기로 하고 해당 단독주택의 입주자들을 모집하여 5년간 무상 전대하는 경우
> - 입주자들이 상시주거용으로 사용하는 단독주택에 대한 민간사업자의 임대용역은 「부가가치세법」 제26조 제1항 제12호에 따라 부가가치세가 면제되는 것이나,
> - 상시주거용이 아닌 게스트하우스, 쉐어하우스로 사용하는 단독주택 및 커뮤니티센터에 대한 임대용역은 같은 법 제11조에 따라 부가가치세가 과세되는 것이며 이 경우 공급가액은 같은 법 제29조 제3항 제1호에 따라 ○○○○○공사가 과세되는 임대용역에 대한 대가로서 지급하는 임대료 및 리모델링 명목의 감가상각비 상당액을 포함하는 것임(서면법령해석 부가2020-3695, 2020.11.18.).

■ 인·허가조건으로 공공시설을 무상 기부채납하는 경우 부가가치세 과세 여부 및 관련 매입세액 공제 여부

> **해석**
>
> - 사업자가 부가가치세 과세사업에 사용할 글로벌비즈니스센터를 신축하기 위하여 지방자치단체에 공공시설을 기부채납하는 조건으로 인·허가(건축법상 용적률의 상향조정 등)를 받는 경우로서 기부채납에 상응하는 대가를 받지 아니한 경우,
> - 해당 기부채납에 대하여는 「부가가치세법」 제26조 제1항 제20호에 따라 부가가치세가 면제되며,
> - 해당 공공시설의 건설과 관련된 매입세액은 같은 법 제38조 제1항에 따라 자기의 매출세액에서 공제되는 것임. 다만, 공공시설의 건설과 관련하여 토지의 조성 등을 위한 자본적 지출과 관련된 매입세액은 자기의 매출세액에서 공제하지 아니하는 것임(사전법령해석 부가2019-363, 2019.8.28.).

■ 주택임대사업의 사업승인조건으로 신축한 공공시설을 지자체에 무상 기부채납하는 경우 부가가치세 과세대상 여부

- 사업자가 국가정책사업인 '수도권 주택공급 계획'에 따라 「공공주택특별법」에 따른 행복주택 건설사업을 추진함에 있어 해당 사업의 승인조건으로 새로운 공공시설을 신축하여 지방자치 단체에 기부채납하고 이에 상응하는 대가를 받지 아니하는 경우,
- 해당 기부채납은 「부가가치세법」 제26조 제1항 제20호에 따라 부가가치세가 면제되는 것임 (사전법령해석 부가2020 – 25, 2020.2.3.).

② 조세특례제한법상 면세

국민주택 및 그 주택의 건설용역(리모델링 용역을 포함한다)의 공급에 대하여는 조세특례 제한법에 따라 부가가치세를 면제한다(조특법 제106조① 제4호).

또한, 주택의 관리·경비·청소·난방용역 및 사회기반시설·그 시설의 건설용역의 공급에 대하여도 조세특례제한법에 부가가치세를 면제하는 규정을 두고 있다(조특법 제106조① 제4호의2,3,4, 제7호의2).

(1) 국민주택의 공급

국민주택의 공급에 대하여는 조세특례제한법에 따라 부가가치세를 면제한다(조특법 제106조① 제4호, 조특령 제106조④).

국민주택이라 함은 「주택법」 제2조 제1호에 따른 주택으로서 그 규모가 같은 조 제6호에 따른 국민주택규모(다가구주택의 경우에는 가구당 전용면적을 기준으로 한 면적을 말한다) 이하인 주택을 말한다(조특령 제106조④ 제1호). "다가구주택"이란 「건축법 시행령」 별표 1 제1호 다목에 해당하는 것을 말한다. 이 경우 한 가구가 독립하여 거주할 수 있도록 구획된 부분을 각각 하나의 주택으로 본다(조특칙 제48조①).

① 부가가치세가 면제되는 국민주택이란 「주택법」에 따른 국민주택규모 이하의 주택으로서 주거의 용도로만 쓰이는 면적(주거전용면적)이 1호 또는 1세대당 85제곱미터 이하인 주택(수도권을 제외한 도시지역이 아닌 읍 또는 면 지역은 1호 또는 1세대당 100제곱미터 이하의 주택)을 말한다.

② 부가가치세가 면제되는 국민주택의 공급은 「주택법」에 따른 국민주택규모 이하의 공급에 한해 적용되는 것으로 오피스텔(준주택 오피스텔을 포함한다)은 「주택법」에 따른 주택에 해당하지 아니하므로 위 ①을 적용할 수 없다.

③ 국민주택에 해당하는 집단주택의 부대시설 및 복리시설을 주택공급과 별도로 공급하는 경우에는 부가가치세를 면제하지 아니하나, 해당 시설을 주택의 공급에 부수하여 공급하고 그 대가를 주택의 분양가격에 포함하여 받는 경우에는 부가가치세를 면제한다.

④ 국민주택의 공급에 대하여는 해당 공급자의 관계법령에 따른 면허 또는 등록 여부에 관계없이 부가가치세를 면제한다(집행기준 106-0-1).

① 사업자가 가구당 전용면적을 기준으로 한 면적이 85제곱미터 이하(수도권을 제외한 도시지역이 아닌 읍 또는 면 지역은 100제곱미터 이하)인 다가구 주택을 공급하는 경우에는 부가가치세를 면제한다.

② 다가구주택이란 다음 각 호의 요건을 모두 갖춘 주택으로서 공동주택에 해당하지 아니하는 것을 말하며, 한 가구가 독립하여 거주할 수 있도록 구획된 부분을 각각 하나의 주택으로 본다.

  ㈀ 주택으로 쓰이는 층수(지하층을 제외한다)가 3개 층 이하일 것. 1층 바닥면적의 2분의 1 이상을 필로티 구조로 하여 주차장으로 사용하고 나머지 부분을 주택 외의 용도로 사용하는 경우에는 해당 층을 주택의 층수에서 제외한다.

  ㈁ 1개 동의 주택으로 쓰이는 바닥면적(지하주차장 면적을 제외한다)의 합계가 660제곱미터 이하일 것

  ㈂ 19세대 이하가 거주할 수 있을 것(집행기준 106-0-2)

❑ **주거전용면적(주거의 용도로만 쓰이는 면적을 말한다. 이하 같다)의 산정방법은 다음의 기준에 따른다(주택법 시행규칙 제2조).**

① 단독주택의 경우 : 그 바닥면적(「건축법 시행령」 제119조 제1항 제3호에 따른 바닥면적을 말한다. 이하 같다)에서 지하실(거실로 사용되는 면적은 제외한다), 본 건축물과 분리된 창고·차고 및 화장실의 면적을 제외한 면적. 다만, 그 주택이 「건축법 시행령」 별표 1 제1호 다목의 다가구주택에 해당하는 경우 그 바닥면적에서 본 건축물의 지상층에 있는 부분으로서 복도, 계단, 현관 등 2세대 이상이 공동으로 사용하는 부분의 면적도 제외한다.

② 공동주택의 경우 : 외벽의 내부선을 기준으로 산정한 면적. 다만, 2세대 이상이 공동으로 사용하는 부분으로서 다음 각 목의 어느 하나에 해당하는 공용면적은 제외하며, 이 경우 바닥면적에서 주거전용면적을 제외하고 남는 외벽면적은 공용면적에 가산한다.

㉮ 복도, 계단, 현관 등 공동주택의 지상층에 있는 공용면적

㉯ 가목의 공용면적을 제외한 지하층, 관리사무소 등 그 밖의 공용면적

건설 중인 국민주택의 양도시 부가가치세 면제

사업자가 건설 중에 있는 국민주택을 양도하는 경우에는 면세사업에 관련된 재화의 공급으로서 부가가치세를 면제한다(집행기준 106-0-3).

■ 부동산개발 관련 해석·판단사례

■ 주택 및 근린생활시설인 신축 건물을 허가없이 개조하여 주택으로 임대 후 양도시 부가가치세 면제 여부

해석

• 주택신축판매업을 영위하는 사업자가 단독주택(다중주택) 및 근린생활시설로 건축허가를 받아 신축한 건물을 용도변경의 허가를 받지 아니하고 건물 전체를 원룸 형태로 개조하여 주택으로 임대하다 양도하는 경우로서 주거전용면적의 합계가 국민주택규모 이하인 단독주택(다중주택)의 양도는 「조세특례제한법」 제106조 제1항 제4호 및 같은 법 시행령 제106조 제4항 제1호에 따라 부가가치세가 면제되는 것이며,

- 근린생활시설을 상시 주거용으로 임대하여 「부가가치세법」 제10조 제1항 제1호에 따라 부가
  가치세가 과세된 근린생활시설의 양도는 같은 법 제14조 제2항 제1호에 따라 부가가치세가
  면제되는 것임. 다만, 해당 건물이 양도되기 전까지 일시적, 잠정적으로 임대하여 같은 법 제10조
  제1항 제1호에 따른 재화의 공급에 해당하지 아니하는 경우 근린생활시설의 양도는 부가가치세가
  과세되는 것임(사전법령해석 부가2018-286, 2018.5.14.).

■ 임대주택을 분양전환하는 경우

국민주택규모 이하의 임대주택을 분양전환하는 경우에 발코니 확장 부분의 부가가치세 과세
대상 여부

- 「민간임대주택에 관한 특별법」에 따른 민간임대주택 건설사업자가 국민주택규모 이하 공동
  주택을 전 세대 발코니 확장형으로 신축하여 임대사업에 사용하다 해당 주택을 양도하는 경우
  「조세특례제한법」 제106조 제1항 제4호에 따라 부가가치세가 면제되는 것이다(사전법령해석
  부가 2020-493, 2020.6.12.).

■ 오피스텔을 신축하여 분양하는 경우 부가가치세 면제 여부

- 「조세특례제한법」 제106조 제1항 제4호에 따라 부가가치세가 면제되는 국민주택의 공급은
  「주택법」에 따른 국민주택규모 이하의 주택 공급에 한해 적용하는 것으로 오피스텔은 「주택법」에
  의한 주택에 해당하지 않으므로 이를 적용할 수 없는 것임(기획재정부 부가-563, 2014.9.24.).

■ 각 호별로 구분등기된 숙박시설로 허가받은 건물을 분양하는 경우 부가가치세 면제 여부

- 「조세특례제한법」 제106조 제1항 제4호에 따라 부가가치세가 면제되는 국민주택은 「주택법」에
  따른 국민주택규모 이하의 주택을 말하는 것으로 「주택법」에 따른 주택에 해당하지 않는 건축물에
  대하여는 면세를 적용할 수 없는 것임(기획재정부 부가-608, 2015.11.12.).

■ 조립식 주택을 제작 및 설치하는 경우 부가가치세 과세대상 여부

• 사업자가 토지에 정착되지 아니한 주거에 공하는 조립완성 건축물을 수입하여 공부상 건축물 등으로 등재하지 아니한 상태로 판매하는 경우에는 당해 건축물이 국민주택규모에 해당하는지 여부에 관계없이 부가가치세가 과세되며, 당해 건축물에 부수하여 가구, 침대, 가전제품 등을 함께 공급하는 때에는 당해 가구 등도 부가가치세가 과세됨(서면부가2017-2442, 2017.9.28.).

■ 건설 중인 국민주택규모 이하 주택을 양도하는 경우와 오피스텔 등으로 설계변경하는 경우 부가가치세 과세 여부

• 사업자가 건설 중에 있는 미완성 건축물을 양도하는 경우에는 부가가치세법 제6조 제1항의 규정에 의하여 부가가치세가 과세되는 것이나, 조세특례제한법 제106조 제1항 제4호의 규정에 의하여 부가가치세가 면제되는 국민주택규모 이하 주택을 건설하는 자가 당해 주택을 건설 중에 양도하는 경우에는 면세사업에 관련된 재화의 공급으로 부가가치세를 거래징수하지 아니하는 것임.

• 사업자가 건설 중에 있는 부가가치세가 면제되는 국민주택규모 이하 주택을 설계변경 등에 의하여 부가가치세가 과세되는 오피스텔 등으로 건축·완공하는 경우 설계변경 건축허가시점 이전의 건축 관련 매입세액은 부가가치세법 제17조 제2항 제4호의 규정에 의하여 공제되지 아니하는 것이며 설계변경 이후 건설 중에 있는 당해 오피스텔 등을 토지와 같이 공급하는 경우의 과세표준은 동법 시행령 제48조의2 제4항의 규정에 의하는 것임(부가 46015-887, 2001.6.20.).

(2) 국민주택의 건설용역(리모델링용역 포함)

국민주택의 건설용역(대통령령으로 정하는 리모델링용역을 포함한다)은 「건설산업기본법」·「전기공사업법」·「소방시설공사업법」·「정보통신공사업법」·「주택법」·「하수도법」 및 「가축분뇨의 관리 및 이용에 관한 법률」에 의하여 등록을 한 자가 국민주택의 건설용역으로서 공급하는 것을 말하며, 조세특례제한법에 따라 부가가치세를 면제한다. 다만, 「소방시설공사업법」에 따른 소방공사감리업은 제외한다(조특법 제106조① 제4호, 조특령 제106조④ 제2호).

국민주택의 설계용역으로서 「건축사법」, 「전력기술관리법」, 「소방시설공사업법」, 「기술사법」 및 「엔지니어링산업 진흥법」에 따라 등록 또는 신고를 한 자가 공급하는 것은 조세특례제한법에 따라 부가가치세를 면제한다(조특령 제106조④ 제3호).

"대통령령으로 정하는 리모델링용역"이란 「주택법」·「도시 및 주거환경정비법」 및 「건축법」에 의하여 리모델링하는 것으로서 다음의 어느 하나에 해당하는 용역을 말하며, 당해 리모델링을 하기 전의 주택 규모가 조세특례제한법 시행령 제106조 제4항 제1호의 규정에 의한 주택(국민주택규모 이하인 주택)에 해당하는 경우[리모델링 후 당해 주택의 규모가 조세특례제한법 시행령 제106조 제4항 제1호의 규정에 의한 규모(국민주택규모 이하인 주택)를 초과하는 경우로서 리모델링하기 전의 주택규모의 100분의 130을 초과하는 경우를 제외한다]에 한한다(조특령 제106조⑤). 이 경우 조세특례제한법에 따라 부가가치세를 면제한다.

① 「건설산업기본법」·「전기공사업법」·「소방시설공사업법」·「정보통신사업법」·「주택법」·「하수도법」 및 「가축분뇨의 관리 및 이용에 관한 법률」에 의하여 등록을 한 자가 공급하는 것
② 당해 리모델링에 사용되는 설계용역으로서 건축사법에 의하여 등록을 한 자가 공급하는 것

① 국민주택 건설용역에는 「건설산업기본법」 등에 따라 등록한 사업자가 하도급(하청) 또는 재하도급(재하청)을 받아 국민주택 및 이에 부수되는 부대시설의 건설용역을 공급하는 것을 포함한다.
② 국민주택 건설용역이 포함되지 않은 택지조성공사만 수행하고 주된 용역인 국민주택 건설공사는 다른 시공사들이 수행한 경우 택지조성공사 용역은 부가가치세가 면제되는 국민주택 건설의 부수용역에 해당하지 아니한다.
③ 「건설산업기본법」에 따라 전문건설업(비계·구조물 해체공사업) 면허를 받은 건설업자가 주택재건축조합과 계약을 체결하고 제공하는 국민주택규모 이하의 주택을 건설하기 위하여 제공하는 기존 건축물 철거용역은 부가가치세가 면제되는 국민주택 건설용역에 해당한다(집행기준 106-106-1).

다음의 건설용역은 국민주택 건설용역으로 보지 아니한다(집행기준 106-106-1⑤).
① 종업원의 복리 또는 근로의 편의를 위한 합숙소나 기숙사에 대한 건설용역
② 관계법령에 따라 면허를 받지 아니하거나 등록을 하지 아니한 사업자가 공급하는 건설용역
③ 기존에 완성된 국민주택에 대한 수리 및 배관공사용역
④ 도·소매업자가 국민주택의 공급자 또는 국민주택건설업자에게 공급하는 재화

① 「건설산업기본법」에 따라 등록한 사업자가 점포와 점포에 딸린 가구당 전용면적이 국민주택규모 이하인 다가구주택에 대한 건설용역을 제공하는 경우 해당 건설용역 중 다가구주택의 건설용역에 해당하는 부분에 대하여는 부가가치세를 면제한다.

② 위 ①의 건설용역을 공급함에 있어 점포와 다가구주택의 대가가 불분명한 경우 해당 건설용역을 공급받는 자의 면세예정면적과 과세예정면적의 총예정면적의 비율에 따라 계산한다(집행기준 106 – 106 – 2).

부동산개발 관련 해석 · 판단사례

■ 기존의 업무시설을 국민주택규모 이하의 다가구주택으로 용도변경 공사를 하는 경우

사안

기존의 업무시설을 국민주택규모 이하의 다가구주택으로 용도변경 공사를 하는 경우 해당 건설용역이 국민주택의 건설용역으로서 부가가치세가 면제되는지 여부

해석

• 사업자가 기존에 업무시설로 사용하던 건물을 「주택법」에 따른 국민주택규모 이하의 다가구주택으로 변경하기 위하여 관할구청으로부터 건축허가(대수선 및 용도변경)를 받아 「건설산업기본법」에 따라 등록을 한 자로부터 용도변경에 따른 건설용역을 공급받는 경우 해당 건설용역은 「조세특례제한법」 제106조 제1항 제4호 및 같은 법 시행령 제106조 제4항 제2호에 따라 부가가치세가 면제되는 것임(사전법령해석 부가2019 – 471, 2019.9.11.).

■ 주거용 오피스텔(공공준주택)의 건설용역이 부가가치세가 면제되는 국민주택 건설용역에 해당하는지 여부

해석

• 주택건설 및 주거복지 사업을 주요사업으로 하는 지방공사가 「공공주택특별법」에 따라 주택건설사업계획의 승인을 받아 임대를 목적으로 「주택법」 제2조 제4호에 따른 준주택으로서 전용면적이 85제곱미터 이하인 주거용 오피스텔(이하 "공공준주택")을 건설하는 경우 해당 공공준주택의 건설용역은 「조세특례제한법」 제106조 제1항 제4호에 따른 국민주택 건설용역에 해당하지 아니하는 것임(사전법령해석 부가2019 – 189, 2019.5.3.).

■ 국민주택규모 이하 주택의 일부에 숙박용 설계용역 제공시 부가가치세 면제 여부

- 「건축사법」에 의하여 등록을 한 사업자가 「주택법」에 따른 국민주택규모 이하 단독주택 또는 다가구주택에 해당하고 「농어촌정비법」 제2조 제16호 라목에 따라 농어촌지역과 준농어촌지역의 주민이 해당 주택에 실제 거주하면서 주택의 일부를 숙박용으로 사용할 수 있는 주택신축과 관련하여 공급하는 주택설계용역은 「조세특례제한법」 제106조 제1항 제4호 및 같은 법 시행령 제106조 제4항 제3호에 따라 부가가치세가 면제되는 것임(사전법령해석 부가2018-92, 2018.3.12.).

■ 국민주택규모 이하의 주택 설계용역 외에 별도의 사업자가 도로설계 등 용역의 공급에 대한 부가가치세 과세 여부

- 건축사법에 의하여 등록한 자가 국민주택규모 이하의 주택설계용역을 공급하는 경우 조세특례제한법 제106조 제1항 제4호 및 같은 법 시행령 제106조 제4항의 규정에 의하여 부가가치세가 면제되는 것이나,
- 국민주택규모 이하의 주택설계용역과는 별도로 도로설계, 공원설계 등 용역을 별도의 사업자가 각각 공급하는 경우에는 부가가치세법 제7조의 규정에 의하여 과세되는 것임(서면3팀-1445, 2005.9.5.).

■ 「엔지니어링산업 진흥법」에 따라 등록한 자가 공급하는 지구단위계획용역의 부가가치세 면세 여부

- 「엔지니어링산업 진흥법」에 따라 등록한 사업자가 「국토의 계획 및 이용에 관한 법률」에 따른 지구단위계획용역을 제공하는 경우에는 「조세특례제한법」 제106조 제1항 제4호 및 같은 법 시행령 제106조 제4항의 규정을 적용할 수 없는 것이며, 해당용역의 공급에 대해서는 부가가치세가 과세되는 것임(서면법령해석 부가2015-1221, 2015.8.26.).

■ 국민주택의 부대시설 건설용역 제공시 부가가치세 면제 여부

• 「건설산업기본법」 등에 의하여 등록을 한 자가 「조세특례제한법 시행령」 제51조의2 제3항에 규정된 규모 이하의 주택의 건설용역과 당해 주택에 부수되는 부대시설인 주차장의 건설용역을 함께 제공하는 경우에는 「조세특례제한법」 제106조 제1항 제4호 및 같은 법 시행령 제106조 제4항의 규정에 따라 부가가치세가 면제되는 것임(부가-1529, 2010.11.17.).

■ 국민주택규모 이하의 아파트 분양을 위한 모델하우스 건설용역과 관련하여 부가가치세 면제와 매입세액 공제가능 여부

• 건설산업기본법·전기공사업법·소방법·정보통신공사업법·주택법 및 오수·분뇨 및 축산폐수의 처리에 관한 법률에 의하여 등록한 사업자가 국민주택 분양업체와 도급계약에 의하여 조세특례제한법 제106조 제1항 제4호 규정의 국민주택 건설용역과 이에 부수하여 관련 모델하우스 건설용역을 함께 제공하는 경우에는 부가가치세를 면제하므로 계산서를 교부하는 것이며,
• 이 경우 당해 건설사업자가 부수하여 제공하는 당해 모델하우스 건설용역만을 다른 전문업체에 외주를 주고 당해 전문업체로부터 세금계산서를 교부받은 경우 당해 매입세액은 부가가치세법 제17조 제2항 제4호 규정의 면세사업과 관련된 매입세액으로 공제받을 수 없는 것임(서면3팀-806, 2005.6.13.).

■ 국민주택의 공급과는 별개로 옵션품목 공급의 부가가치세 과세 여부

• 국민주택규모의 아파트를 신축하여 분양하는 사업자가 아파트 공급시 분양가액에 가구, 가전 등의 선택품목을 포함시키지 아니하고 동 선택품목을 원하는 계약자에 대하여는 별도의 계약을 체결하여 공급하고 그 대가를 받는 경우에는 주택공급과는 별개의 공급으로서 부가가치세가 과세되는 것임(서면3팀-1275, 2008.6.25.).

■ 국민주택 아파트 단지 밖 택지조성공사가 국민주택 건설용역에 필수적으로 수반되는 용역인지 판단

사안

원고의 주장 : 이 사건 공사는 국민주택단지 내에서 이루어진 부분뿐만 아니라, 국민주택단지 밖에서 이루어진 부분이라 하더라도 모두 국민주택의 공급에 부수하여 이루어진 것이고, 그 비용 역시 모두 국민주택 분양원가에 반영됨. 따라서 이 사건 공사용역 중 '국민주택 건설용지/유상공급면적'의 비율에 상응하는 부분을 부가가치세 면제대상으로 보아 단지 밖 공사 부분도 면세대상에 포함되도록 하는 것이 조세특례제한법의 입법취지에 부합함. 그러므로 위와 다른 전제에서 단지 밖 공사 부분을 부가가치세 면제대상에서 제외하기 위해 '국민주택 건설용지/총 공급면적'이라는 기준을 적용한 피고(처분청)의 이 사건 처분은 위법하여 취소되어야 함.

판례

• 쟁점 용역은 국민주택 그 자체의 공급이나 국민주택 그 자체의 건설용역이 아님은 물론, 주택건설용역에 필수적으로 수반되는 용역이라고 볼 수도 없고, 원고 주장과 같이 쟁점 용역에 투입된 비용이 궁극적으로 국민주택 분양원가에 반영된다는 사정만으로 부가가치세 면제대상이 되는 국민주택 건설용역이나 그에 필수적으로 부수되는 용역의 범위를 확장해석할 수 있는 것도 아님.

• 따라서 쟁점 용역은 부가가치세 면제대상의 범위에서 제외됨이 상당하므로, 피고가 이 사건 공사용역 중 '국민주택 건설용지/총 공급면적'의 비율에 상응하는 부분에 대하여만 부가가치세가 면제된다고 본 이 사건 처분은 적법함(서울행법 2014구합65240, 2015.9.10).

제2심 추가판단

• 부가가치세법의 규정에 따라 부가가치세가 면세되는 재화 또는 용역의 공급에 필수적으로 부수되는 재화 또는 용역의 공급으로서 면세되는 재화 또는 용역의 공급에 포함되는 것으로 보는 것의 범위는 부가가치세가 면세되는 주된 재화 또는 용역을 공급하면서 그에 필수적으로 부수되는 어느 재화 또는 용역을 공급하는 사업자 자신의 거래로만 국한하여야 하고(대법원 2001.3.15. 선고 2000두7131 전원합의체 판결 참조), 이는 조세특례제한법으로 면세되는 재화 또는 용역에 대하여도 마찬가지임.

• 원고는 AA지구에서 택지조성공사인 이 사건 공사를 수행하였을 뿐 국민주택 건설공사는 수행하지 아니한 것으로 보이는 바, 설령 쟁점 용역을 국민주택 건설에 필수적으로 부수되는 용역으로 보더라도, 국민주택 건설공사라는 주된 용역의 공급자가 아닌 원고가 독립적으로 BBBBB공사에 제공한 쟁점 용역은 구 조세특례제한법 제106조 제1항 제4호에 의하여 부가가치세가 면제되는 부수 용역이라고 볼 수 없음(서울고법 2015누61674, 2016.6.1., 대법 2016두43008. 2016.9.21.).

(3) 주택의 관리용역 등

1) 공동주택 중 국민주택의 관리, 경비용역 및 청소용역

「공동주택관리법」에 따른 관리주체, 「경비업법」에 따라 경비업의 허가를 받은 법인 또는 「공중위생관리법」에 따라 건물위생관리업의 신고를 한 자가 「주택법」 제2조 제3호에 따른 공동주택 중 국민주택에 공급하는 조세특례제한법 시행령 제106조 제6항(생략)에서 정한 일반관리용역·경비용역 및 청소용역의 공급에 대해서는 부가가치세를 면제한다(조특법 제106조① 제4호의3).

2) 위 1) 이외 공동주택의 관리, 경비용역 및 청소용역

「공동주택관리법」에 따른 관리주체, 「경비업법」에 따라 경비업의 허가를 받은 법인 또는 「공중위생관리법」에 따라 건물위생관리업의 신고를 한 자가 「주택법」에 따른 공동주택 중 국민주택을 제외한 주택으로서 다음의 주택에 공급하는 조세특례제한법 시행령 제106조 제6항(생략)에서 정한 일반관리용역·경비용역 및 청소용역의 공급에 대해서는 부가가치세를 면제한다(조특법 제106조① 제4호의2).

    ㈎ 수도권을 제외한 「국토의 계획 및 이용에 관한 법률」에 따른 도시지역이 아닌 읍 또는 면 지역의 주택

    ㈏ 위 ㈎ 외의 주택으로서 1호 또는 1세대당 주거전용면적이 135제곱미터 이하인 주택

3) 노인복지주택의 관리, 경비용역 및 청소용역

「노인복지법」에 따른 노인복지주택의 관리·운영자, 경비업자 및 청소업자가 「주택법」에 따른 국민주택규모 이하의 노인복지주택에 공급하는 조세특례제한법 시행령 제106조 제6항(생략)에서 정한 일반관리용역·경비용역 및 청소용역의 공급에 대해서는 부가가치세를 면제한다(조특법 제106조① 제4호의4).

4) 임대주택에 공급하는 난방용역

「공공주택 특별법」에 따라 영구적인 임대를 목적으로 건설한 임대주택에 공급하는 난방용역에 대해서는 부가가치세를 면제한다(조특법 제106조① 제4호의5).

■ 공동주택 건설현장의 준공청소용역이 부가가치세 면제대상인지 여부

> **해석**
>
> • 신청인이 ○○○○공사로부터 국민주택규모의 아파트를 도급받아 시공하면서 준공검사를 위하여 「공중위생관리법」 제3조 제1항에 따라 위생관리용역업으로 신고를 한 사업자로부터 청소용역을 제공받는 경우 당해 용역은 「조세특례제한법」 제106조 제1항 제4호의3에 따라 부가가치세가 면제되는 청소용역에 해당하지 아니하는 것임(법규부가2009-281, 2009.8.3.).

(4) 사회기반시설 또는 사회기반시설의 건설용역의 공급(면세사업 목적인 경우)

「사회기반시설에 대한 민간투자법」 제2조 제8호에 따른 사업시행자가 부가가치세가 면제되는 사업을 할 목적으로 같은 법 제4조 제1호부터 제3호까지의 규정에 따른 방식으로 국가 또는 지방자치단체에 공급하는 같은 법 제2조 제1호에 따른 사회기반시설 또는 사회기반시설의 건설용역의 공급에 대해서는 부가가치세를 면제한다(조특법 제106조① 제7호의2).

※ SOC 사업에 대한 내용은 'Chapter 4. 제1절 4. 기부채납과 사용수익기부자산'을 참고하기 바란다.

❶ 과세표준 일반

(1) 과세표준의 정의

재화 또는 용역의 공급에 대한 부가가치세의 과세표준은 해당 과세기간에 공급한 재화 또는 용역의 공급가액을 합한 금액으로 한다(부가법 제29조①).

과세표준이란 과세기간이 경과함으로써 추상적으로 발생한 납세의무를 구체화하기 위하여 해당 과세기간에 대한 세액산출의 기준이 되는 과세물건의 가액을 말하며, 전단계 세액공제 방식을 택하고 있는 부가가치세의 과세표준은 매출세액의 산출기준인 재화 또는 용역의 공급가액이 된다(집행기준 29-0-1).

(2) 공급가액의 범위

공급가액은 아래의 구분에 따른 가액을 말한다. 이 경우 대금, 요금, 수수료, 그 밖에 어떤 명목이든 상관없이 재화 또는 용역을 공급받는 자로부터 받는 금전적 가치 있는 모든 것을 포함하되, 부가가치세는 포함하지 아니한다(부가법 제29조③). 따라서 장기할부판매 또는 할부판매 경우의 이자상당액도 포함된다(집행기준 29-0-2).

구 분	공급가액
금전으로 대가를 받는 경우	그 대가. 다만, 그 대가를 외국통화나 그 밖의 외국환으로 받은 경우에는 정한 바에 따라 환산한 가액
금전 외의 대가를 받는 경우	자기가 공급한 재화 또는 용역의 시가
폐업하는 경우	폐업 시 남아 있는 재화의 시가
재화의 자가공급, 비영업용 소형 승용차, 개인적 공급, 사업상증여, 용역의 자가공급	자기가 공급한 재화 또는 용역의 시가
직매장 반출	해당 재화의 취득가액으로 소득세법 시행령 제89조 또는 법인세법 시행령 제72조 제2항 및 제4항에서 정하는 가액. 다만, 취득가액에 일정액을 더하여 공급하여 자기의 다른 사업장에 반출하는 경우에는 그 취득가액에 일정액을 더한 금액을 공급가액으로 본다.

구 분	공급가액
외상거래, 할부거래, 마일리지 결제 등 그 밖의 공급	공급 형태 등을 고려하여 부가가치세법 시행령 제61조 제2항(아래 표 참조)에서 정하는 가액

│ 거래형태별 공급가액(부가법 제29조③, 부가령 제61조②) │

거 래 구 분	공 급 가 액
• 외상판매 및 할부판매	• 공급한 재화의 총가액(이자 상당액 포함)
• 장기할부판매, 완성도기준지급조건부 또는 중간지급조건부로 재화나 용역을 공급, 계속적으로 재화나 용역을 공급하는 경우	• 계약에 따라 받기로 한 대가의 각 부분(이자 상당액 포함)
• 자가공급(직매장 반출 제외) · 개인적 공급 · 사업상 증여 · 폐업할 때 남아 있는 재화	• 재고자산(상품 · 원재료 등) : 시가 감가상각자산 : 간주시가
• 직매장 반출	• 취득가액 또는 공급가액(취득가액 + 일정 이윤)
• 기부채납	• 관련 법률에 따른 기부채납가액(다만, 기부채납된 가액에 부가가치세가 포함된 경우 그 부가가치세는 제외)
• 공유수면매립 용역	• 「공유수면매립법」에 따른 총사업비

그리고 사업자가 재화 또는 용역을 공급하고 그 대가로 받은 금액에 부가가치세가 포함되어 있는지가 분명하지 아니한 경우에는 그 대가로 받은 금액에 110분의 100을 곱한 금액을 공급가액으로 한다(부가법 제29조⑦).

할인액 또는 장려금의 과세표준

재화 또는 용역을 공급받는 사업자가 할인받는 금액 또는 지급받는 장려금은 재화 또는 용역의 공급에 대한 대가가 아니므로 과세하지 아니한다(통칙 29 - 61 - 8).

시가의 기준

시가는 다음의 가격으로 한다(부가령 제62조).

① 사업자가 특수관계인이 아닌 자와 해당 거래와 유사한 상황에서 계속적으로 거래한 가격 또는 제3자 간에 일반적으로 거래된 가격

② 위 ①의 가격이 없는 경우에는 사업자가 그 대가로 받은 재화 또는 용역의 가격(공급받은 사업자가 특수관계인이 아닌 자와 해당 거래와 유사한 상황에서 계속적으로 거래한 해당 재화 및 용역의 가격 또는 제3자 간에 일반적으로 거래된 가격을 말한다)

③ 위 ①이나 ②에 따른 가격이 없거나 시가가 불분명한 경우에는 「소득세법 시행령」 제98조 제3항 및 제4항 또는 「법인세법 시행령」 제89조 제2항 및 제4항에 따른 가격

특수관계인에 대한 재화 또는 용역(수탁자가 위탁자의 특수관계인에게 공급하는 신탁재산과 관련된 재화 또는 용역을 포함한다)의 공급이 재화의 공급에 대하여 부당하게 낮은 대가를 받거나 아무런 대가를 받지 아니한 경우 등에 해당하는 경우로서 조세의 부담을 부당하게 감소시킬 것으로 인정되는 경우에는 공급한 재화 또는 용역의 시가를 공급가액으로 본다(부가법 제29조④). 그러나 「공공주택 특별법」 제4조 제1항 제1호부터 제4호(아래 박스 참조)까지의 규정에 해당하는 자와 같은 항 제6호(아래 박스 참조)에 따른 부동산투자회사 간 사업용 부동산의 임대용역에 대해서는 특수관계인에 용역의 공급에 대하여 대가를 받지 아니하는 경우에도 공급한 용역의 시가를 공급가액으로 보지 아니한다(부가령 제26조② 제2호).

□ 「공공주택 특별법」 제4조 제1항 제1호부터 제4호, 제6호
1. 국가 또는 지방자치단체
2. 「한국토지주택공사법」에 따른 한국토지주택공사
3. 「지방공기업법」 제49조에 따라 주택사업을 목적으로 설립된 지방공사
4. 「공공기관의 운영에 관한 법률」 제5조에 따른 공공기관 중 대통령령으로 정하는 기관
6. 주택도시기금 또는 제1호부터 제4호까지의 규정 중 어느 하나에 해당하는 자가 총지분의 전부(도심 공공주택 복합사업의 경우에는 100분의 50을 초과한 경우를 포함한다)를 출자(공동으로 출자한 경우를 포함한다)하여 「부동산투자회사법」에 따라 설립한 부동산투자회사

부동산개발 관련 해석·판단사례

■ 공동사업자가 사업용 건물을 각자 지분비율로 분할등기 하는 경우 재화의 공급에 해당 여부와 공급가액

해석

• 공동으로 건물신축판매업을 영위하던 갑, 을, 병, 정이 공유등기되어 있던 미분양부동산에 대하여

각자의 지분비율대로 분할등기 하는 경우로서 갑과 을은 기존 공동사업을 유지하며 분할등기
된 부동산을 공동사업의 합유물로 계속 사용하는 경우 재화의 공급에 해당하지 아니하는 것이나,

- 각자 독립된 사업을 영위하기 위하여 공동사업을 탈퇴하는 병과 정의 경우는 출자지분의 현물
반환으로서 「부가가치세법」 제9조 제1항에 따른 재화의 공급에 해당하는 것이며 이 경우 공급
가액은 같은 법 제29조 제3항 제2호 및 같은 법 시행령 제62조에 따라 반환하는 건물의 시가로
하는 것임(사전법령해석 부가2020-487, 2020.6.4.).

■ 호텔 운영수익금이 수분양자의 확정수익금에 미달하는 경우

사안

호텔 운영수익금이 수분양자의 확정수익금에 미달하는 경우 운영수익금만큼은 위탁운영사
(을)가 지급하고 그 차액은 해당 분양사업자(갑)가 지급하는 경우 부가가치세 공급가액

해석

- 호텔을 신축하여 분양하는 사업자(갑)가 분양률 제고 및 분양촉진을 위하여 위탁운영사(을)와
함께 10년 간 분양대금의 8%에 해당하는 확정수익(이하 "확정수익금")을 보장하기로 하는
내용의 확정수익지급보증 계약을 수분양자와 체결하였고, 을은 확정수익금을 월별로 매월
정산하여 수분양자에게 지급하기로 하는 내용(운영수익금이 확정수익금을 초과하는 경우에도
초과 운영수익금은 지급하지 아니함)의 호텔 위탁운영계약을 수분양자와 체결한 경우로서,

- 호텔 운영수익금이 확정수익금에 미달하는 경우 운영수익만큼은 을이 수분양자에게 지급하고,
그 차액은 갑이 수분양자에게 지급하는 경우 수분양자는 을에게 확정수익금을 공급가액으로
하여 「부가가치세법」 제32조에 따른 세금계산서를 발급하는 것임(사전법령해석 부가2018-385,
2018.7.2.).

■ 토지 및 미완성 건물 등을 양수하고 그 대금 중 일부를 신축한 상가로 대물변제하는 경우 해당 상가의 공급가액

해석

- 사업자가 토지 및 미완성 건물을 양수하고 그 대금의 일부를 신축한 상가로 대물변제하는 경우
「부가가치세법」 제9조 제1항에 따른 재화의 공급에 해당하여 부가가치세가 과세되는 것이며,
상가의 공급가액은 같은 법 제29조 제3항 제2호 및 같은 법 시행령 제62조에 따라 해당 상가의
시가로 하는 것임(사전법령해석 부가2018-110 2018.2.28.).

■ 아버지와 아들이 공유하는 토지 위의 건물을 아버지가 소유하여 건물임대업 영위

사안

아버지와 아들이 공유하는 토지 위의 건물을 아버지가 소유하여 건물임대업을 영위하면서 아들 소유의 토지를 무상사용 하는 경우 아들이 토지임대용역을 제공하는 것으로 보아 과세할 수 있는지 여부

해석

• 아버지가 아들과 공유한 토지 위의 건물을 단독으로 소유하여 건물임대업을 영위하면서 아들 소유지분의 사업용 토지의 사용대가를 지급하지 아니하는 경우 그 아들의 신청인에 대한 사업용 토지의 무상임대는 「부가가치세법」 제7조 제3항에 따른 과세대상이며 그 과세표준은 시가로 하는 것임(법규부가2012 – 486, 2012.12.17.).

■ 사업시행자가 도시철도 역사 내에 대형상가 조성

사안

사업시행자가 도시철도 역사 내에 대형상가를 조성하여 사용수익 후 지방공사에 귀속시키는 경우 과세 여부 및 과세표준

해석

• 사업시행자가 지방공사와 도시철도 역사 내 대형상가 개발 및 운영에 대한 계약을 체결함에 따라 리모델링 및 상가조성 공사를 시행하여 일정기간 동안 사용수익한 후 당해 시설물을 지방공사에 귀속시키는 경우 당해 시설물의 공급시기는 「부가가치세법」 제15조 제1항 제3호에 따라 재화의 공급이 확정되는 때이며, 과세표준은 같은 법 제29조 제3항 제2호에 따라 당해 시설물에 대한 공급시기의 시가로 하는 것임.

• 또한, 지방공사가 사업시행자에게 당해 시설물에 대하여 둘 이상의 과세기간에 걸쳐 계속적으로 시설물을 이용하게 하고 그 대가를 받는 경우 당해 용역의 공급시기는 같은 법 시행령 제29조 제2항 제4호에 따라 예정신고기간 또는 과세기간의 종료일이며, 과세표준은 같은 법 시행령 제61조 제1항 제7호에 따라 용역을 제공하는 기간 동안 지급받는 대가와 당해 시설물의 설치가액을 그 용역제공 기간의 개월 수로 나눈 금액의 각 과세대상기간의 합계액으로 하는 것임(사전법령해석부가2016 – 200, 2016.5.27.).

■ 공공·민간 공동택지개발사업의 민간사업자가 택지조성공사에 대한 용역 공급시 공급가액 및 공급시기

- 한국토지주택공사(이하 "공공시행자")가 「택지개발촉진법」에 따라 공모한 공공·민간 공동택지개발사업의 민간사업자로 선정된 사업자(이하 "민간사업자")가 공공시행자와 협약을 체결하여 사업비 분담금은 현금 납입하고 택지조성공사비 제안금액은 직접 공사를 수행하는 방식으로 분담(사업비 분담금과 공사비 제안금액을 합하여 이하 "총사업비")하여 사업 준공 후 총사업비와 이윤을 현금으로 정산받는 한편 같은 법 시행령 제6조의4 제4항 및 협약에 따라 민간사업자의 투자지분 범위에서 조성택지를 감정가액으로 우선 공급받는 경우,

- 민간사업자의 택지조성 공사용역의 공급가액은 「부가가치세법」 제29조 제3항에 따라 공사비 제안금액(설계변경 등으로 증액하는 경우는 증액한 금액 포함)이 되는 것이며 공사비 제안금액에 부가가치세가 포함되어 있는 경우 해당 금액의 110분의 100에 해당하는 금액이 공급가액이 되는 것임. 이 경우 공사용역의 공급시기는 같은 법 제16조 제1항 제1호에 따라 역무의 제공이 완료되는 때로 하는 것임(사전법령해석 부가2020-804, 2020.9.17.).

■ 지방자치단체가 민간투자사업의 총사업비 중 일부를 건설보조금으로 부담한 경우 기부 채납 과세표준

- 「사회기반시설에 대한 민간투자법」 제2조 제7호의 규정에 의한 사업시행자가 같은 법 제4조 제1호에 따른 BTO 방식으로 하수처리시설을 건설하여 지방자치단체에 기부채납하고 해당 시설에 대한 관리운영권을 부여받는 경우로서 실시협약에 따라 지방자치단체가 총사업비의 일부를 건설보조금으로 부담하기로 하고 건설보조금을 직접 사업비로 지출한 경우 기부채납의 부가가치세 과세표준은 「부가가치세법 시행령」 제61조 제2항 제3호에 의하여 해당 기부채납의 근거가 되는 법률에 따라 기부채납된 가액으로 하는 것이며 지방자치단체가 부담한 건설보조금을 부가가치세 과세표준에서 차감하지 아니하는 것임(사전법령해석 부가2018-422, 2018.6.26.).

■ 사업자가 지방자치단체 소유의 토지에 건물을 신축 후 20년간 무상사용하는 조건으로 기부 채납하는 경우 부가가치세 과세대상 여부(SOC사업 아님)

- 사업자가 지방자치단체 소유의 토지에 건물을 신축하여 20년간 무상사용을 조건으로 기부 채

납하는 경우, 사업자는 지방자치단체에 재화를 공급하는 것이며, 지방자치단체는 사업자에게 부동산임대용역을 공급하는 것에 해당하여 부가가치세가 각각 과세되는 것임. 이 경우 부가가 치세가 과세되는 재화나 용역을 공급하는 사업자와 지방자치단체는 거래상대방으로부터 부 가가치세를 거래 징수하여 각각 신고·납부하는 것임(부가-1619, 2009.11.9.).

■ 환지방식에 의한 도시개발사업에서 사업비를 체비지로 받는 경우 부가가치세 공급가액

> **해석**
>
> - 「도시개발법」에 따른 도시개발사업의 시행자(이하 "사업자")가 환지방식으로 사업을 시행하고 공사비, 부대비용, 위탁수수료 등의 총사업비를 같은 법 제34조에 따른 체비지로 받는 경우 「부가가치세법」 제29조 제3항 제2호에 따라 사업자가 공급한 용역의 시가가 공급가액이 되는 것이며,
> - 이 경우 「도시개발법」 제30조에 따라 환지제외 된 토지를 취득하기 위해 사업자가 토지소유자에게 교부한 청산금이 총사업비에 포함되어 해당 환지제외 토지가 용역 대가인 체비지에 포함되는지 여부는 계약관계 및 구체적인 거래내용에 따라 사실판단할 사항임(사전법령해석 부가2020-619, 2020.7.30.).

② 공급가액에 포함하지 않는 금액 등

재화나 용역의 공급가액에 포함하지 않는 금액과 공급가액에서 공제하지 않는 금액은 아래와 같다(부가법 제29조⑤, ⑥, 집행기준 29-0-2).

공급가액에 포함하지 않는 금액	공급가액에서 공제하지 않는 금액
• 에누리액 • 할인액 • 환입된 재화의 가액	• 재화 또는 용역을 공급한 후의 그 공급가액에 대한 대손금
• 공급받는 자에게 도달하기 전에 파손·훼손 또는 멸실된 재화의 가액	• 거래처와 사전약정에 따라 일정기간의 수금실적 및 판매실적에 따라 거래처에 지급하는 장려금
• 재화 또는 용역의 공급과 직접 관련되지 아니하는 국고보조금과 공공보조금	• 건설용역 대가의 일부인 하자보증금과 유보금
• 계약 등에 의하여 확정된 대가의 지급지연으로 인하여 받는 연체이자	

공급가액에 포함하지 않는 금액	공급가액에서 공제하지 않는 금액
• 외상판매에 대한 공급대가의 미수금을 결제하거나 약정기일 전에 영수하여 할인하는 금액	
• 용역 등의 대가와 구분하여 수령하고 해당 종업원에게 지급한 사실이 확인되는 종업원 봉사료	
• 반환조건의 용기대금과 포장비용을 공제한 금액으로 공급하는 경우 그 용기대금과 포장비용	

공급가액에 포함하지 아니하는 에누리·할인액의 범위

① 에누리액이란 재화나 용역을 공급할 때 그 품질이나 수량, 인도조건 또는 공급대가의 결제방법이나 그 밖의 공급조건에 따라 통상의 대가에서 일정액을 직접 깎아 주는 금액으로 한다.

② 사업자가 거래처와의 약정에서 정한 거래조건에 따라 당초 공급단가를 인하하는 조건으로 재화를 공급하고 약정내용에 따라 공급단가를 변경시키는 조정사유가 발생한 때에 조정한 가액은 에누리에 해당하여 수정세금계산서를 발급할 수 있으며, 월합계세금계산서를 발급하는 경우에는 해당 월의 조정된 판매단가에 의한 공급가액의 합계액으로 한다.

③ 사업자가 완성도기준지급조건부로 건설용역을 제공함에 있어 계약당사자 간의 사전약정에 따라 대가의 각 부분을 기성고확정일 이전에 지급받는 때에는 일정금액을 할인하여 주기로 하고 선납일수에 따른 할인료의 합계액을 최종 기성고가액에서 차감하여 준 가액은 할인액(에누리액)으로 본다.

④ 사업자가 재화를 공급한 후 거래상대방의 일정기간 판매수량에 따라 일정률의 금액을 외상매출금에서 공제하여 주는 경우, 그 공제금액은 에누리에 해당하지 아니한다.

⑤ 재화 또는 용역에 대한 외상판매의 대가로 수령한 표지어음의 공정가액과 외상매출금의 차액은 할인액으로 보지 아니한다(집행기준 29-0-9).

부동산임대 시 월세 등과 함께 받는 공공요금

사업자가 부가가치세가 과세되는 부동산임대료와 해당 부동산을 관리해 주는 대가로 받는 관리비등을 구분하지 아니하고 영수하는 때에는 전체 금액에 대하여 과세하는 것이나, 임차인이 부담하여야 할 보험료·수도료 및 공공요금 등을 별도로 구분징수하여 납입을 대행하는 경우 해당 금액은 부동산임대관리에 따른 대가에 포함하지 아니한다(통칙 29-61-3).

■ 법원의 판결에 따른 법정이자 및 지연손해금의 공급가액 포함 여부

> **해석**
>
> • 하도급업자가 신청인에게 제공한 초순수시스템 설치공사와 관련하여 해당 공사계약의 해제 여부에 대한 소송이 제기되어 법원의 판결로 공사대금이 확정된 경우로서 신청인이 공사대금과 함께 지급하는 법정이자 또는 지연손해금은 「부가가치세법」 제29조 제5항에 따라 하도급업자의 공사용역에 대한 공급가액에 포함하지 아니하는 것임(법규부가2014-468, 2014.10.20.).

■ 분양공급자가 분양주택을 분양가액으로 재매입하는 경우

> **사안**
>
> 분양공급자가 분양주택을 분양가액으로 재매입하는 경우에 분양계약해제 또는 재화의 환입으로 보아 부가가치세 과세표준에서 차감 가능한지 여부
>
> **해석**
>
> • 국민주택규모를 초과하는 주택을 분양하는 사업자가 분양계약의 특약에서 입주 후 2년이 경과한 때에 분양주택의 시가가 분양가액에 미달하면 분양받은 자가 분양공급자에게 당초 분양가액으로 분양주택의 재매입을 요구할 수 있도록 하는 조건으로 주택을 분양하고 그 잔금청산과 소유권 이전 등기를 마쳐 공급을 완료한 다음, 특약에 따라 입주 2년이 경과한 때에 주택을 재매입하는 경우 부가가치세법 시행령 제59조 제1항에 따른 수정세금계산서 발급사유에 해당하지 아니하는 것이며 그 재매입가액을 과세표준에서 차감할 수 없는 것임(법규부가2012-421, 2012.12.28.).

■ 오피스텔을 분양하는 사업자가 수분양자에게 지급하는 임대수익보장지원액과 대출이자 지원액

> **사안**
>
> 오피스텔을 분양하는 시행사가 분양촉진정책의 일환으로 수분양자에게 지급하는 임대수익보장지원액과 대출이자지원액이 매출에누리인지 여부

- 오피스텔을 분양하는 사업자가 분양촉진정책의 일환으로 분양시점에 분양계약서와 별도로 수분양자와 체결한 합의서에 따라 분양이 완료된 후 임대사업을 영위하는 수분양자에게 일정한 임대수익을 보장하는 차원에서 임대수익보장금액과 실제 임대료와의 차액을 별도로 지급하거나, 오피스텔을 자가 사용하는 수분양자에게 임대수익보장 혜택을 받지 않는 부분에 대한 보상 차원에서 오피스텔 중도금 대출이자를 별도로 지급하는 경우 해당 임대수익보장지원액과 대출이자지원액은 「부가가치세법」 제29조 제5항 제1호에 따른 에누리에 해당하지 아니하는 것임(서면법령해석 부가2017 – 865, 2017.9.27.).

■ 분양대금에서 이자상당액을 차감하는 경우 매출에누리 여부

- 아파트형공장 등을 분양하는 사업자가 공급대가의 결제 기타 공급조건에 따라 그 분양하는 아파트형공장 등의 공급당시의 통상의 공급가액에서 일정액을 직접 공제하는 금액은 에누리액으로 보는 것임(서면부가2016 – 5012, 2016.12.12.).

■ 부동산을 매각하면서 임대공실보상금을 매수인에게 지급하기로 한 경우

부동산을 매각하면서 매매가액의 변동없이 임대공실보상금을 매수인에게 지급하기로 한 경우 해당 공실보상금이 부동산의 공급가액에서 제외되는 에누리에 해당하는지 여부

- 사업자가 부동산임대업에 사용하던 건물 등을 매각하면서 매매 당시 건물의 일부 공실을 감안하여 건물 등의 매매가액에서 일정액(임대공실보상금)을 직접 깎아 주는 조건으로 매매계약을 체결한 경우 해당 임대공실보상금은 「부가가치세법」 제29조 제5항 제1호에 따라 건물 등의 공급가액에 포함하지 아니하는 것이나,
- 건물 등의 매매가액에서 직접 깎아 주지 아니하고 매매거래가 종결된 후 별도로 지급하는 임대공실보상금은 같은 법 같은 조 제6항에 따라 건물 등의 과세표준에서 공제하지 아니하는 것임(법령해석 부가2015 – 39, 2015.2.6.).

■ 기성공사대가에 비과세 항목인 피해보상금액이 포함되어 있는 경우 부가가치세 과세표준

- 「부가가치세법」 제29조 제3항의 규정에 따라 부가가치세 과세표준은 대금·요금·수수료 기타 명목 여하에 불구하고 재화 또는 용역의 공급과 대가관계가 있는 모든 금전적 가치가 있는 것으로 부가가치세가 비과세되는 가축피해보상, 소음피해보상 등의 대가가 공사원가에 포함되어 있더라도 이를 과세표준에서 공제하지 아니함(부가-568, 2014.6.17.).

■ 재화·용역의 공급과 직접적으로 관련한 국고보조금의 부가가치세 과세대상 판단

(원고의 주장) :

- 구 부가가치세법 제13조 제2항 제4호가 '국고보조금과 공공보조금'을 부가가치세의 과세표준에서 제외하면서 그 범위, 요건 등에 관하여는 대통령령에 위임을 한 바가 없음에도 구 부가가치세법 시행령(2013.6.28. 대통령령 제24638호로 전부개정되기 전의 것, 이하 같다) 제48조 제10항은 '법 제13조 제2항 제4호에 규정하는 국고보조금과 공공보조금은 재화 또는 용역의 공급과 직접 관련되지 아니하는 국고보조금과 공공보조금으로 한다'라고 규정함으로써 과세표준에 포함되지 아니하는 보조금에 관하여 법률에서 정하지 않은 새로운 요건을 부가하고 있는바, 이러한 구 부가가치세법 시행령 규정은 모법의 위임근거가 없어 무효임.
- 이 사건 전시행사의 시비보조금이 용역의 대가인지 보조금인지는 원고와 ○○광역시 사이에 작성된 협약서 등에 표기된 주최자, 주관자라는 형식적인 기재나 개별전시회운영과 관련한 지엽말절의 사실들을 기준으로 판단할 것이 아님. 오히려 원고가 ○○광역시 지방보조금 관리 조례가 정하는 절차에 따라 시비보조금을 신청하고 수령하여 매우 엄격한 지도감독을 받고 사후정산절차를 거쳤으므로 보조금으로 보아야 함.
- 만약 보조금이 아니라 도급과 같이 전시행사대행 용역을 제공하고 용역대금을 받을 것이라면 이와 같은 ○○광역시의 통제와 감독을 받을 이유가 없음.

- 법률의 시행령이나 시행규칙은 그 법률에 의한 위임이 없으면 개인의 권리·의무에 관한 내용을 변경·보충하거나 법률에 규정되지 아니한 새로운 내용을 정할 수는 없지만, 법률의 시행령이나 시행규칙의 내용이 모법의 입법 취지 및 관련 조항 전체를 유기적·체계적으로 살펴보아 모법의 해석상 가능한 것을 명시한 것에 지나지 아니하거나 모법 조항의 취지에 근거하여 이를 구체화하기

위한 것인 때에는 모법의 규율 범위를 벗어난 것으로 볼 수 없으므로, 모법에 이에 관하여 직접 위임하는 규정을 두지 않았다고 하더라도 이를 무효라고 볼 수는 없음(대법원 2009.6.11. 선고 2008두13637 판결 참조).

- 보조금 관리에 관한 법률 제2조 제1호는 '보조금은 "국가 외의 자"가 수행하는 사무 또는 사업에 대하여 국가가 이를 조성하거나 재정상의 원조를 하기 위하여 교부하는 보조금, 부담금, 그 밖에 상당한 반대급부를 받지 아니하고 교부하는 급부금을 말한다'고 정의하고 있고, ○○광역시 지방보조금 관리조례 제2조 제1호 역시 '지방보조금이란 "○○광역시 이외의 자"가 행하는 사무 또는 사업에 대하여 공익상, 시책상의 필요에 따라 시가 조성하거나 재정상의 원조를 하기 위하여 교부하는 자금'이라고 정의하고 있는바, 이와 같은 보조금 정의 규정에 의하면 국가 또는 ○○광역시가 수행하는 사무 또는 사업과 관련하여 국가 또는 ○○광역시 외의 자로부터 용역 등을 공급받고 그에 대한 대가로 지급되는 돈은 과세표준에서 제외되는 보조금이라 볼 수 없음.

- 이 사건 전시행사와 관련하여 원고가 ○○광역시에 공급한 용역은 '전시대행용역'에 해당한다고 봄이 타당하고, 참가업체나 관람객들에게는 이 사건 전시회의 실무적인 업무를 담당하는 주관사로서 '전시용역'을 공급한 것으로서 다른 종류의 용역을 각각 공급한 것이므로 양립 불가능한 것이 아니며, 원고의 주장처럼 이러한 용역 대가에 대하여 지급된 시비보조금에 대하여 이 사건 처분을 하는 것이 부가가치세의 전단계세액공제법에 반한다고 볼 수도 없음(부산고법 2018누22852, 2019.5.29., 대법 2019두45913, 2019.10.31.).

③ 과세표준의 안분계산

(1) 과세 · 면세사업의 공통사용 재화의 안분계산

사업자가 과세사업과 면세사업 및 부가가치세가 과세되지 아니하는 재화 또는 용역을 공급하는 사업(이하 "면세사업등"이라 한다)에 공통적으로 사용된 재화를 공급하는 경우에는 아래의 안분계산 방법에 따라 계산한 금액을 공급가액으로 한다(부가법 제29조⑧).

1) 공급가액 비율기준

사업자가 과세사업과 면세사업 등에 공통으로 사용되는 재화의 과세표준에 포함되는 공급가액은 다음 계산식에 따라 계산한다. 이 경우 휴업 등으로 인하여 직전 과세기간의 공급가액이 없을 때에는 그 재화를 공급한 날에 가장 가까운 과세기간의 공급가액으로 계산한다(부가령 제63조①).

$$\text{공급가액} = \text{해당 재화의 공급가액} \times \frac{\text{재화를 공급한 날이 속하는 과세기간의 직전 과세기간의 과세된 공급가액}}{\text{재화를 공급한 날이 속하는 과세기간의 직전 과세기간의 총공급가액}}$$

2) 사용면적 비율기준

① 공급가액 계산 시 사용면적비율 적용대상 재화

공급가액 계산 시 사용면적비율 적용대상 재화는 공급가액 비율에도 불구하고 공통매입세액 안분계산 시 예정사용면적의 비율 적용(부가령 제81조④ 제3호), 예정사용면적 비율의 계속 적용 후 정산(부가령 제81조⑤), 확정사용면적 비율로 정산 규정을 적용받은 재화(부가령 제82조 제2호) 또는 납부세액이나 환급세액을 사용면적비율에 따라 재계산한 재화(부가령 제83조)가 해당한다.

② 사용면적비율에 의한 과세공급가액 계산식

위 ①에 따라 과세사업과 면세사업 등에 공통으로 사용되는 재화를 공급하는 경우에 과세표준에 포함되는 공급가액은 다음 계산식에 따라 계산한다. 이 경우 휴업 등으로 인하여 직전 과세기간의 사용면적비율이 없을 때에는 그 재화를 공급한 날에 가장 가까운 과세기간의 사용면적비율에 의하여 계산한다(부가령 제63조②).

$$\text{공급가액} = \text{해당 재화의 공급가액} \times \frac{\text{재화를 공급한 날이 속하는 과세기간의 직전 과세기간의 과세사용면적}}{\text{재화를 공급한 날이 속하는 과세기간의 직전 과세기간의 총사용면적}}$$

3) 안분계산의 생략

다음의 어느 하나에 해당하는 경우에는 해당 재화의 공급가액 전부를 과세표준으로 한다(부가령 제63조③).

① 재화를 공급하는 날이 속하는 과세기간의 직전 과세기간의 총공급가액 중 면세공급가액이 5퍼센트 미만인 경우. 다만, 해당 재화의 공급가액이 5천만원 이상인 경우는 제외한다.

② 재화의 공급가액이 50만원 미만인 경우

③ 재화를 공급하는 날이 속하는 과세기간에 신규로 사업을 시작하여 직전 과세기간이 없는 경우

❑ 과세 · 면세사업 공통재화 공급가액 계산 사례(집행기준 29 – 63 – 1)

【거래 사례】
과세사업과 면세사업을 겸영하는 사업자가 사옥(부동산)을 20××년 제2기에 12억원(부가가치세 제외)에 매각하였다. 토지 및 건물가액이 불분명하고, 감정가액은 없으며(기준시가 : 토지 6억원, 건물 4억원) 공급가액이 아래와 같은 경우 공급가액 계산 방법

구 분	20xx 제1기	20xx 제2기
과 세 분	10억원	5억원
면 세 분	6억원	20억원
합 계	16억원	25억원

【계산 방법】
(1차) 토지 및 건물가액 안분계산
① 건물 = 12억원 × 4억원 / (6억원 + 4억원) = 480,000,000원
② 토지 = 12억원 × 6억원 / (6억원 + 4억원) = 720,000,000원

(2차) 건물가액 과 · 면세 사용분 안분계산
건물분 공급가액 = 480,000,000 × 10억원 / 16억원 = 300,000,000원

(2) 토지와 건물 등의 공급가액 안분계산

1) 실지거래가액 원칙

사업자가 토지와 그 토지에 정착된 건물 또는 구축물 등을 함께 공급하는 경우에는 건물 또는 구축물 등의 실지거래가액을 공급가액으로 한다. 다만, 다음의 어느 하나에 해당하는 경우에는 안분계산방법에 따라 안분계산한 금액을 공급가액으로 한다(부가법 제29조⑨).
  ① 실지거래가액 중 토지의 가액과 건물 또는 구축물 등의 가액의 구분이 불분명한 경우
  ② 사업자가 실지거래가액으로 구분한 토지와 건물 또는 구축물 등의 가액이 아래 2)의 안분계산방법에 따라 안분계산한 금액과 100분의 30 이상 차이가 있는 경우. 다만, 다른 법령에서 정하는 바에 따라 가액을 구분한 경우 등 대통령령(아래 참조)으로 정하는 사유에 해당하는 경우는 제외한다.

> ❑ **건물등의 실지거래가액을 공급가액으로 하는 경우**(부가가치세법 시행령 제64조 제2항)
>
> ② 부가가치세법 제29조 제9항 제2호 단서에 따라 다음 각 호의 어느 하나에 해당하는 경우에는 건물등의 실지거래가액을 공급가액으로 한다.
> 1. 다른 법령에서 정하는 바에 따라 토지와 건물등의 가액을 구분한 경우
> 2. 토지와 건물등을 함께 공급받은 후 건물등을 철거하고 토지만 사용하는 경우

2) 안분계산방법

토지의 가액과 건물 또는 구축물 등의 실지거래가액의 구분이 불분명한 경우에는 그 가액은 다음의 구분에 따라 안분계산한 금액으로 한다(부가령 제64조).

① 토지와 건물 또는 구축물 등(이하 "건물등"이라 한다)에 대한 「소득세법」 제99조에 따른 기준시가(이하 "기준시가"라 한다)가 모두 있는 경우 : 공급계약일 현재의 기준시가에 따라 계산한 가액에 비례하여 안분계산한 금액.

다만, 감정평가가액[부가가치세법 시행령 제28조에 따른 공급시기(중간지급조건부 또는 장기할부판매의 경우는 최초 공급시기)가 속하는 과세기간의 직전 과세기간 개시일부터 공급시기가 속하는 과세기간의 종료일까지 「감정평가 및 감정평가사에 관한 법률」에 따른 감정평가법인등이 평가한 감정평가가액을 말한다]이 있는 경우에는 그 가액에 비례하여 안분계산한 금액으로 한다.

② 토지와 건물등 중 어느 하나 또는 모두의 기준시가가 없는 경우로서 감정평가가액이 있는 경우 : 그 가액에 비례하여 안분계산한 금액.

다만, 감정평가가액이 없는 경우에는 장부가액(장부가액이 없는 경우에는 취득가액)에 비례하여 안분계산한 후 기준시가가 있는 자산에 대해서는 그 합계액을 다시 기준시가에 의하여 안분계산한 금액으로 한다.

③ 위 ①과 ②를 적용할 수 없거나 적용하기 곤란한 경우 : 국세청장이 정하는 바에 따라 안분하여 계산한 금액

❏ **국세청장이 정한 공급가액 안분계산방법**

• 토지와 건물 등의 가액을 일괄 산정·고시하는 오피스텔 등의 경우

→ 토지의 기준시가와 국세청장이 고시한 건물의 기준시가에 비례하여 안분계산

* 국세청장이 고시한 건물의 기준시가 : 신축가격, 구조, 용도, 위치, 신축연도 등을 고려하여 매년 1회 이상 국세청장이 산정·고시하는 가액

• 건축 중에 있는 건물과 토지를 함께 양도하는 경우

→ 해당 건물을 완성하여 공급하기로 한 경우에는 토지의 기준시가와 완성될 국세청장이 고시한 건물의 기준시가에 비례하여 안분계산

• 미완성 건물 등과 토지를 함께 공급하는 경우

→ 기준시가와 미완성 건물 등의 장부가액(장부가액이 없는 경우 취득가액)에 비례하여 안분계산(집행기준 29-64-1)

❏ **토지·건물·기계장치를 함께 공급 시 공급가액 안분계산 사례**

【거래 사례】

과세사업자가 토지, 건물 및 기계장치를 150억원(부가가치세 별도)에 일괄 양도하였다. 공급계약일 현재 관련된 자료가 다음과 같은 경우 공급가액 계산 방법

구 분	취득가액	장부가액	기준시가	감정가액
토 지	50억원	50억원	40억원	80억원
건 물	40억원	30억원	20억원	
기계장치	30억원	20억원		15억원

【계산 방법】

(1단계) 장부가액을 기준으로 1차 안분계산

① 토지 = 150억원 × 50억원 / 100억원 = 75억원

② 건물 = 150억원 × 30억원 / 100억원 = 45억원

③ 기계장치 = 150억원 × 20억원 / 100억원 = 30억원

(2단계) 토지와 건물의 합계액(①+②)을 기준시가에 의한 2차 안분계산

④ 토지 = 120억원 × 40억원 / 60억원 = 80억원

⑤ 건물 = 120억원 × 20억원 / 60억원 = 40억원

(3단계) 과세표준 : ③+⑤ = 70억원(집행기준 29-64-1)

■ 토지와 건물의 가액을 구분표시 하지 않아 실지거래금액이 불분명한 경우

사안

· 토지와 건물의 가액을 구분표시 하지 않아 실지거래금액이 불분명한 경우 공급가액 안분계산방법. 단, 계약서상 매매대상은 토지(○○㎡)와 건물(○○㎡)이며 매매대금 ○○억원은 토지와 건물 가액이 구분 기재되어 있지 아니하고,
· 특약사항에 양수인은 잔금 지급 직후 건물을 멸실하여 신축함을 목적으로 한다는 내용 및 건물분 부가가치세는 양도인이 부담한다는 내용이 기재되어 있음.

해석

• 사업자가 토지 및 건물을 함께 공급함에 있어 매매계약서상 토지와 건물 가액을 구분표시 하지 아니하고 거래당사자간 토지와 건물 가액을 합의한 사실이 관련증빙에 의하여 확인되지 아니하는 등 토지와 건물 가액의 구분이 불분명한 경우 「부가가치세법」 제29조 제9항 제1호 및 같은 법 시행령 제64조에 따라 안분계산한 금액을 공급가액으로 하는 것이며,
• 2019.1.1. 이후 공급하는 분부터는 거래당사자간 합의한 실지거래가액이 확인되는 경우라 하더라도 실지거래가액으로 구분한 토지와 건물 가액이 같은 법 시행령 제64조에 따라 안분계산한 금액과 100분의 30 이상 차이가 있는 경우 같은 법 제29조 제9항 제2호 및 같은 법 시행령 제64조에 따라 안분계산한 금액을 공급가액으로 하는 것임(사전법령해석 부가2020-1045, 2020.11.20.).

참고 부가가치세법 시행령 제64조 제2항 신설(2022.2.15.)

다음 각 호의 어느 하나에 해당하는 경우에는 건물등의 실지거래가액을 공급가액으로 한다.
2. 토지와 건물등을 함께 공급받은 후 건물등을 철거하고 토지만 사용하는 경우

■ 토지와 사업권 등을 함께 공급하는 경우 부가가치세 과세표준의 안분계산방법

해석

• 사업자가 토지와 그 토지에 건설할 건축물과 관련된 사업권 등(이하 "사업권 등"이라 함)을 함께 공급하는 경우 부가가치세 과세표준은 부가가치세법 제29조 제9항에 따라 사업권 등의 실지거래가액을 공급가액으로 하는 것이며, 실지거래가액 중 토지와 사업권 등의 가액의 구분이 불분명한 경우에는 같은 법 시행령 제64조 각 호에 따라 안분계산하는 것임.
• 이 경우 부가가치세법 제29조 제9항에 따른 실지거래가액은 일반적으로 매매계약서상의 매매

금액이 실지거래가액임이 확인되고, 계약서상에 토지의 가액과 사업권 등의 가액이 구분 표시가
되어 있으며, 구분표시된 토지와 사업권 등의 가액이 정상적인 거래 등에 비추어 합당하다고
인정되는 가액을 말하는 것임(법규부가2014-62, 2014.3.7.).

■ 건물 신축 후 일부는 자기의 면세사업에 사용하고 일부는 분양하는 경우

사안

· 과 · 면세 겸영사업자가 하나의 건물(7층)을 신축하여 일부는 자기의 면세사업(의료시설)에
직접 사용하고 일부는 분양(근린생활시설)하는 경우로서 분양하는 건물의 총 공급가액 중
토지가액과 건물가액이 불분명한 경우 ①분양하는 부분만의 토지 · 건물 기준시가 비율로
안분계산 하는지 아니면 ②건물 전체의 기준시가 비율로 안분하여야 하는지 여부

해석

· 과 · 면세 겸영사업자가 건물을 신축하여 1-2층은 분양하고 3-7층은 자기의 면세사업에
사용하는 경우로서 분양하는 건물의 토지가액과 건물가액은 분양계약상 합의된 실지거래가액에
따르는 것이며, 그 가액이 건물의 규모와 형태, 제3자간에 일반적으로 거래된 가격 등 사회통념에
비추어 합당하다고 인정되지 아니하여 불분명한 경우에는 「부가가치세법 시행령」 제48조의2
제4항 각 호에 따라 계산하는 것이며,

· 신청인의 경우 분양하는 건물의 실지거래가액을 산정하기 위하여 기준시가 비율로 안분계산하는
경우 적용되는 기준시가는 자가 사용하는 건물을 제외한 건물의 기준시가가 되는 것임(법규
부가2012-500, 2013.1.2.).

■ 직전과세기간의 공급가액에 고정자산의 처분금액 등이 포함된 경우

사안

부동산임대업과 면세사업에 공통사용하던 부동산을 양도하는 경우 총 양도가액을 직전과세
기간의 총 공급가액에서 과세분과 면세분으로 안분계산하는지 여부 및 직전과세기간의 공급
가액에 고정자산의 처분금액 등 수입금액 제외금액이 포함된 금액으로 하는지 여부

해석

· 사업자가 부동산임대업과 면세사업에 공통사용하던 부동산을 토지 및 건물가액을 구분하지
아니하고 매각한 경우에는 토지 및 건물가액을 안분계산하여 건물가액을 산정한 후 해당 사업자가

부동산 취득 시 사용면적비율로 공통매입세액을 안분계산한 경우,

- 해당 건물가액을 「부가가치세법 시행령」 제63조 제2항에 따라 다시 안분하는 것이며, 이 중 과세·면세사업에 공통으로 사용하는 면적에 해당하는 공급가액은 같은 법 시행령 제63조 제1항에 따라 안분하는 것임.
- 또한, 같은 법 시행령 제63조 제1항을 적용하는 때에는 과세사업 또는 면세사업과 관련없는 고정자산의 매각액은 총공급가액 및 과세·면세 공급가액에 각각 포함하지 아니하는 것임(서면부가2015 – 732, 2016.3.20.).

■ **건설업자가 건설용역 제공 완료 후 추가로 지급받게 될 인센티브의 과세표준 안분계산방법**

해석

- 건설용역을 제공하는 시공사가 시행사에게 아파트 시공 및 인·허가, 분양대행 및 광고 등의 업무를 포괄적으로 제공하는 도급계약을 체결하면서 해당 사업이 종료된 이후 시행사가 얻게 되는 일정목표 초과이익 중 일부를 인센티브 형식으로 도급금액에 포함하여 지급받기로 약정한 경우로서 준공일 이후에 인센티브가 최종적으로 확정되어 종전 인센티브액과 정산하는 경우,
- 시공사가 정산받기로 한 인센티브액은 그 지급이 확정되는 때에 과세·면세비율(예정사용면적비율 등)에 따라 「부가가치세법 시행령」 제70조에 따른 수정세금계산서를 발급하는 것임. 다만, 해당 인센티브가 시공사의 분양광고 및 분양대행업무를 수행하고 지급받는 것이라면 해당 인센티브 전액을 공급가액으로 하여 수정세금계산서를 발급하는 것임(법규부가2014 – 515, 2014.12.9.).

■ **점포와 점포에 딸린 국민주택규모 이하 다가구 주택에 건설용역을 제공할 때 부가가치세 과세표준 안분계산방법**

해석

- 건설산업기본법에 의하여 등록한 자가 점포와 점포에 딸린 가구당 전용면적이 국민주택규모 이하인 다가구 주택에 대한 건설용역을 제공하는 경우, 당해 건설용역 중 다가구주택의 건설용역에 해당하는 부분은 조세특례제한법 제106조 제1항 및 동법 시행령 제106조 제4항의 규정에 의하여 부가가치세가 면제되는 것임.
- 이 경우 과세되는 점포의 건설용역과 면세되는 다가구주택의 건설용역의 대가가 구분되는 경우 당해 점포의 건설용역에 대한 부가가치세 과세표준은 구분된 점포 건설용역에 대한 구분된 대가인 것이나, 당해 점포에 대한 건설용역대가와 당해 다가구주택에 대한 건설용역대가에 구분이 불분명한 경우 점포건설용역에 대한 부가가치세 과세표준은 당해 건설용역을 공급받는 자의 면세예정면적과 과세예정면적의 총예정면적의 비율에 따라 계산한 것임(부가 – 23, 2014.1.13.).

 납부세액의 계산

(1) 매출세액

매출세액은 부가가치세법 제29조에 따른 과세표준에 세율(10%)을 적용하여 계산한 금액으로 한다(부가법 제37조①).

> 매출세액 = 과세표준 × 10%

(2) 납부세액

납부세액은 매출세액(대손세액을 뺀 금액으로 한다)에서 매입세액, 그 밖에 부가가치세법 및 다른 법률에 따라 공제되는 매입세액을 뺀 금액으로 한다. 이 경우 매출세액을 초과하는 부분의 매입세액은 환급세액으로 한다(부가법 제37조②).

> 납부세액 = 매출세액 − 매입세액(매출세액 ≥ 매입세액)
> 환급세액 = 매입세액 − 매출세액(매출세액 〈 매입세액)

최종 납부세액 또는 환급세액

납부세액을 기준으로 사업자가 최종 납부하거나 환급받을 세액은 다음 계산식에 따라 계산한다(부가법 제37조③).

납부하거나 환급받을 세액 = A − B + C

- A : 부가가치세법 제37조 제2항에 따른 납부세액 또는 환급세액
- B : 부가가치세법 제46조, 제47조 및 그 밖에 이 법 및 다른 법률에서 정하는 공제세액
- C : 부가가치세법 제60조 및 「국세기본법」 제47조의2부터 제47조의5까지의 규정에 따른 가산세

(3) 공제하는 매입세액

1) 공제대상 매입세액

매출세액에서 공제하는 매입세액은 다음의 금액을 말한다(부가법 제38조①).

① 사업자가 자기의 사업을 위하여 사용하였거나 사용할 목적으로 공급받은 재화 또는 용역에 대한 부가가치세액(사업양수자의 대리납부에 따라 납부한 부가가치세액을 포함한다)

② 사업자가 자기의 사업을 위하여 사용하였거나 사용할 목적으로 수입하는 재화의 수입에 대한 부가가치세액

① 일반적인 매입세액

사업자가 재화 또는 용역을 공급받거나 재화를 수입하면서 부담한 부가가치세액으로서 자기의 사업을 위하여 사용되었거나 사용될 매입세액은 자기의 매출세액에서 공제할 수 있다. 이 때 자기가 부담한 매입세액이 있는 경우라도 세금계산서, 매입자발행세금계산서, 신용카드매출전표 등이 아니면 공제받을 수 없다.

② 사업자등록정정 의무를 이행하지 아니한 사업자의 매입세액

사업자가 사업장 이전·상호변경 등 사업자등록증 정정사유가 발생하였으나 이를 정정하지 아니하고 세금계산서를 발급받은 경우 해당 세금계산서의 필요적 기재사항 또는 임의적 기재사항에 의하여 그 거래사실이 확인되는 때에는 그 세금계산서의 매입세액을 매출세액에서 공제하거나 환급할 수 있다. 다만, 비영리법인이 수익사업 관련 재화를 공급받으면서 과세사업자로 별도로 등록하지 아니하고 사업자등록번호가 아닌 비영리법인의 고유번호로 세금계산서를 교부받은 경우 해당 세금계산서의 매입세액은 매출세액에서 공제되지 아니한다.

③ 공동시설에 관련된 매입세액

2 이상의 사업자가 공동으로 사용할 사업부대설비공사를 그 중 한 사업자의 명의로 계약을 체결한 경우 해당 설비건설용역을 제공하는 사업자는 각 사업자를 공급받는 자로 하여 세금계산서를 발급할 수 있으며, 그 용역을 공급받은 각 사업자는 자기가 부담한 매입세액을 공제받을 수 있다.

④ 면세포기한 사업자의 매입세액

면세사업자가 면세포기를 하는 경우 면세포기한 사업에 대하여 해당 과세기간에 영세율이 적용되거나 부가가치세가 면제되는 재화·용역의 공급이 없는 때에도 그 과세기간의 면세포기사업과 관련된 매입세액은 자기의 매출세액에서 공제한다. 다만, 면세포기사업에

대하여 해당 과세기간에 면세되는 재화의 공급만이 있는 경우에는 면세사업에 관련된 매입세액으로 공제하지 아니한다.

⑤ 사업상 피해재산의 복구와 관련된 매입세액

사업자가 자기사업과 관련하여 타인의 재산에 손해를 입혀 해당 피해재산의 수리에 관련된 매입세액은 매출세액에서 공제한다.

⑥ 공급시기 이후 동일 과세기간에 대한 확정신고기한까지 발급받은 세금계산서와 관련된 매입세액

재화 또는 용역의 공급시기 이후 그 공급시기가 속하는 과세기간에 대한 확정신고기한까지 세금계산서를 발급받은 경우 해당 세금계산서의 매입세액은 매출세액에서 공제한다.

⑦ 거래일 이후 공급자가 체납 또는 폐업·행방불명된 경우의 매입세액

사업자가 자기의 사업을 위하여 정당한 세금계산서를 발급받았으나 거래일 이후 공급자가 체납 또는 폐업·행방불명된 경우에도 매입세액을 공제받을 수 있다.

⑧ 인·허가 조건 기부채납자산의 취득과 관련된 매입세액

사업자가 과세되는 사업을 위하여 사회기반시설 등을 신축하여 지방자치단체에 기부채납하는 조건으로 인·허가를 얻은 경우, 해당 기반시설의 건설과 관련된 매입세액은 자기의 매출세액에서 공제할 수 있다. 다만, 해당 매입세액이 토지의 조성 등을 위한 자본적 지출과 관련된 매입세액에 해당하는 경우에는 매출세액에서 공제하지 아니한다.

⑨ 화재 등으로 멸실된 재고상품의 매입세액

과세사업에 사용 또는 소비하기 위하여 구입한 재화가 화재, 도난, 파손, 부패 등으로 멸실된 경우 해당 재화의 취득과 관련된 매입세액은 자기의 매출세액에서 공제한다.

⑩ 용역의 무상 공급에 관련된 매입세액

사업자가 사용인에 대한 복리후생, 고객에 대한 판매 확대를 위하여 용역을 무상으로 공급하는 경우 해당 용역의 공급에 관련된 매입세액은 매출세액에서 공제한다(집행기준 38-0-1).

□ **세금계산서 등의 필요적 기재사항이 사실과 다르게 적힌 경우 등에 대한 매입세액 공제**(부가가치세법 시행령 제75조)

부가가치세법 제39조 제1항 제2호 단서(공제하는 매입세액)에서 "대통령령으로 정하는 경우"란 다음 각 호의 어느 하나에 해당하는 경우를 말한다.

1. 부가가치세법 시행령 제11조 제1항 또는 제2항에 따라 사업자등록을 신청한 사업자가 제11조 제5항에 따른 사업자등록증 발급일까지의 거래에 대하여 해당 사업자 또는 대표자의 주민등록번호를 적어 발급받은 경우

2. 부가가치세법 제32조에 따라 발급받은 세금계산서의 필요적 기재사항 중 일부가 착오로 사실과 다르게 적혔으나 그 세금계산서에 적힌 나머지 필요적 기재사항 또는 임의적 기재사항으로 보아 거래사실이 확인되는 경우

3. 재화 또는 용역의 공급시기 이후에 발급받은 세금계산서로서 해당 공급시기가 속하는 과세기간에 대한 확정신고기한까지 발급받은 경우

4. 부가가치세법 제32조 제2항에 따라 발급받은 전자세금계산서로서 국세청장에게 전송되지 아니하였으나 발급한 사실이 확인되는 경우

5. 부가가치세법 제32조 제2항에 따른 전자세금계산서 외의 세금계산서로서 재화 또는 용역의 공급시기가 속하는 과세기간에 대한 확정신고기한까지 발급받았고, 그 거래 사실도 확인되는 경우

6. 실제로 재화 또는 용역을 공급하거나 공급받은 사업장이 아닌 사업장을 적은 세금 계산서를 발급받았더라도 그 사업장이 부가가치세법 제51조 제1항에 따라 총괄하여 납부하거나 사업자 단위 과세 사업자에 해당하는 사업장인 경우로서 그 재화 또는 용역을 실제로 공급한 사업자가 부가가치세법 제48조·제49조 또는 제66조·제67조에 따라 납세지 관할 세무서장에게 해당 과세기간에 대한 납부세액을 신고하고 납부한 경우

7. 재화 또는 용역의 공급시기가 속하는 과세기간에 대한 확정신고기한이 지난 후 세금계산서를 발급받았더라도 그 세금계산서의 발급일이 확정신고기한 다음 날부터 1년 이내이고 다음 각 목의 어느 하나에 해당하는 경우

　가. 「국세기본법 시행령」 제25조 제1항에 따른 과세표준수정신고서와 같은 영 제25조 의3에 따른 경정 청구서를 세금계산서와 함께 제출하는 경우

　나. 해당 거래사실이 확인되어 부가가치세법 제57조에 따라 납세지 관할 세무서장, 납세지 관할 지방국세청장 또는 국세청장(이하 이 조에서 "납세지 관할 세무서장등"이라 한다)이 결정 또는 경정하는 경우

8. 재화 또는 용역의 공급시기 전에 세금계산서를 발급받았더라도 재화 또는 용역의 공급시기가 그 세금계산서의 발급일부터 6개월 이내에 도래하고 해당 거래사실이 확인되어 부가가치세법 제57조에 따라 납세지 관할 세무서장등이 결정 또는 경정하는 경우

9. 다음 각 목의 경우로서 그 거래사실이 확인되고 거래 당사자가 부가가치세법 제48조· 제49조 또는 제66조·제67조에 따라 납세지 관할 세무서장에게 해당 납부세액을 신고하고 납부한 경우

　가. 거래의 실질이 위탁매매 또는 대리인에 의한 매매에 해당함에도 불구하고 거래 당사자 간 계약에 따라 위탁매매 또는 대리인에 의한 매매가 아닌 거래로 하여 세금계산서를 발급받은 경우

나. 거래의 실질이 위탁매매 또는 대리인에 의한 매매에 해당하지 않음에도 불구하고 거래 당사자 간 계약에 따라 위탁매매 또는 대리인에 의한 매매로 하여 세금계산서를 발급받은 경우

다. 거래의 실질이 용역의 공급에 대한 주선·중개에 해당함에도 불구하고 거래 당사자 간 계약에 따라 용역의 공급에 대한 주선·중개가 아닌 거래로 하여 세금계산서를 발급받은 경우

라. 거래의 실질이 용역의 공급에 대한 주선·중개에 해당하지 않음에도 불구하고 거래 당사자 간 계약에 따라 용역의 공급에 대한 주선·중개로 하여 세금계산서를 발급받은 경우

마. 다른 사업자로부터 사업(용역을 공급하는 사업으로 한정한다. 이하 이 호에서 같다)을 위탁받아 수행하는 사업자가 위탁받은 사업의 수행에 필요한 비용을 사업을 위탁한 사업자로부터 지급받아 지출한 경우로서 해당 비용을 공급가액에 포함해야 함에도 불구하고 거래 당사자 간 계약에 따라 이를 공급가액에서 제외하여 세금계산서를 발급받은 경우

바. 다른 사업자로부터 사업을 위탁받아 수행하는 사업자가 위탁받은 사업의 수행에 필요한 비용을 사업을 위탁한 사업자로부터 지급받아 지출한 경우로서 해당 비용을 공급가액에서 제외해야 함에도 불구하고 거래 당사자 간 계약에 따라 이를 공급가액에 포함하여 세금계산서를 발급받은 경우

사. 부가가치세법 제29조 제5항 제1호에 따라 같은 호에 따른 금액을 공급가액에 포함하지 않아야 함에도 불구하고 거래 당사자 간 계약에 따라 해당 금액을 같은 조 제6항에 따른 장려금이나 이와 유사한 금액으로 보고 이를 공급가액에 포함하여 세금계산서를 발급받은 경우

10. 〈삭 제〉

11. 부가가치세법 제3조 제2항에 따라 부가가치세를 납부해야 하는 수탁자가 위탁자를 재화 또는 용역을 공급받는 자로 하여 발급된 세금계산서의 부가가치세액을 매출세액에서 공제받으려는 경우로서 그 거래사실이 확인되고 재화 또는 용역을 공급한 자가 부가가치세법 제48조·제49조 또는 제66조·제67조에 따라 납세지 관할 세무서장에게 해당 납부세액을 신고하고 납부한 경우

12. 부가가치세법 제3조 제3항에 따라 부가가치세를 납부해야 하는 위탁자가 수탁자를 재화 또는 용역을 공급받는 자로 하여 발급된 세금계산서의 부가가치세액을 매출세액에서 공제받으려는 경우로서 그 거래사실이 확인되고 재화 또는 용역을 공급한 자가 부가가치세법 제48조·제49조 또는 제66조·제67조에 따라 납세지 관할 세무서장에게 해당 납부세액을 신고하고 납부한 경우

1) 법인의 사업장 신설과 관련된 매입세액

① 사업자가 사업장을 확장하거나 이전하기 위하여 기존사업장 외의 장소에 건물을 취득하면서 매입세금계산서를 기존사업장 명의로 발급받는 경우 해당 신설사업장이 과세사업을 영위하는 때에는 기존사업장의 매출세액에서 공제할 수 있다.

② 신설사업장의 사업자등록일 이후에도 신설사업장의 건설용역에 대한 세금계산서를 기존사업장 명의로 발급받은 경우 해당 세금계산서의 매입세액은 기존사업장에서 공제받을 수 있다.

③ 신설사업장의 건설이 완료된 경우에도 기존사업장에서 신설사업장으로 세금계산서를 발급하지 아니한다.

④ 사업장 이전 목적으로 매입한 건물로 이전하지 못하고 매각하는 경우에도 해당 건물의 구입과 관련된 매입세액은 추징하지 않는다.

2) 계약·발주·대금결제하는 사업장과 인도받은 사업장이 다른 경우의 매입세액

본사와 공장 등 2 이상의 사업장이 있는 사업자가 거래를 함에 있어서 계약, 발주, 대금결제 등 거래는 본사에서 이루어지고 재화는 운송편의를 위하여 실질적으로 사용, 소비하는 공장으로 인도받는 경우 세금계산서는 본사 또는 공장 어느 쪽에서도 발급받을 수 있으며, 발급받은 사업장에서 매입세액으로 공제받을 수 있다.

3) 개인사업자의 사업장 신설에 따른 매입세액

① 개인사업자가 사업장을 확장하거나 이전하기 위하여 기존사업장 외의 장소에 건물을 취득하면서 매입세금계산서를 기존사업장 명의로 발급받는 경우 해당 신설사업장이 과세사업을 영위하는 때에는 기존사업장의 매출세액에서 공제할 수 있다.

② 과세사업을 영위하는 개인사업자가 다른 지역에 기존 사업내용과 관련 없는 사업장을 설치하는 경우 해당 신설사업장의 설치와 관련된 매입세액은 기존사업장에서 공제되지 않는다.

③ 개인사업자가 기존사업장의 업종과 다른 사업을 영위하기 위하여 기존사업장 외의 장소에서 건물을 신축하는 경우 사업자등록 정정신고 또는 별도의 사업자등록을 하지 아니하고 건물신축 관련 매입세액을 기존사업장에서 공제받을 수 없다(집행기준 38-0-3).

자기의 사업과 관련하여 생산하거나 취득한 재화를 국가·지방자치단체 등에 무상으로 공급하는 경우 해당 재화의 매입세액은 매출세액에서 공제하나, 자기의 사업과 관련없이 취득한 재화를 국가·지방자치단체 등에 무상으로 공급하는 경우 해당 재화의 매입세액은 공제하지 아니한다(집행기준 38-0-4).

사업자가 중간지급조건부로 재화를 공급받기로 약정하고 계약금 및 중도금에 대한 세금계산서를 발급받아 매입세액으로 공제 받았으나, 거래상대방의 폐업으로 당초 계약이 취소되어 재화를 공급받지 못한 경우에는 그 사유가 발생한 때가 속하는 과세기간에 당초에 공제받은 매입세액을 납부세액에 가산하여 정부에 납부하여야 한다(집행기준 38-0-6).

2) 공제시기

① 공급받은 재화 또는 용역에 따른 매입세액은 재화 또는 용역을 공급받는 시기가 속하는 과세기간의 매출세액에서 공제한다(부가법 제38조②).
② 수입하는 재화의 수입에 따른 매입세액은 재화의 수입시기가 속하는 과세기간의 매출세액에서 공제한다(부가법 제38조③).

1) 일반적인 매입세액

재화 또는 용역의 공급에 따른 매입세액은 해당 재화 또는 용역의 사용·소비 또는 생산된 제품의 공급 여부와 부가가치세액의 지급 여부에 관계없이 그 공급시기가 속하는 예정 또는 확정신고기간의 매출세액에서 공제한다.

2) 재화의 수입에 따른 매입세액

① 사업자가 자기의 사업과 관련하여 발급받은 수입세금계산서는 그 수입일이 속하는 예정신고기간 또는 과세기간의 매출세액에서 공제받을 수 있다.
② 사업자가 자기의 사업과 관련된 재화의 수입에 따른 수입세금계산서를 수입일이 속하는 과세기간 경과 후에 발급받은 때에는 수입세금계산서를 발급받은 날이 속하는 과세기간의 매출세액에서 공제받을 수 있다.

3) 사업의 양도시 발급받지 못한 수입세금계산서의 매입세액

사업양도자가 수입재화에 대한 수입세금계산서를 사업양도시까지 발급받지 못하고 사업양도 후 사업양수자가 사업양도자 명의로 발급받은 경우에는 사업양수자가 해당 수입세금계산서를 발급받은 과세기간에 매입세액으로 공제받을 수 있다(집행기준 38-0-2).

부동산개발 관련 해석 · 판단사례

■ 지식산업단지를 조성 중 사업 중단으로 토지·건물을 매각하는 경우

사안

지식산업단지를 조성하여 분양할 목적으로 토지·건물을 취득하여 사업을 시행하던 중 사업 중단으로 토지·건물을 매각하는 경우 사업시행 관련 및 부동산 매각 관련 매입세액의 공제 여부

해석

- 부동산개발업을 영위하는 사업자(이하 "사업자")가 지식산업단지를 조성하여 분양하는 과세사업을 영위할 목적으로 토지 및 철거 목적의 건물(이하 "부동산")을 취득하며 거래가액을 전액 토지가액으로 하여 취득한 후 사업을 진행하던 중 사업이 중단되어 건물을 철거하지 아니하고 해당 부동산을 매각한 경우로서 당초 사업시행에 필요한 자금조달을 위한 금융자문 수수료, 사업성평가용역에 대한 수수료, 설계비, 신축공사 타절비 등을 지급하고 세금계산서를 수취한 경우 과세사업을 위하여 공급받은 용역에 대한 매입세액은 「부가가치세법」 제38조 제1항에 따라 매출세액에서 공제되는 것이나,

- 해당 비용 중 부동산의 취득 및 토지 조성을 위한 자본적 지출에 관련된 비용, 용역을 공급받지 아니하고 계약해지에 따른 위약금(합의금) 성격으로 지급한 비용 관련 매입세액은 같은 법 제39조 제1항에 따라 공제하지 아니하는 것이며 부동산 매각을 위한 자문수수료 관련 매입세액이 부가가치세가 과세되는 건물과 면세되는 토지의 공급에 공통되는 매입세액인 경우 같은 법 제40조 및 같은 법 시행령 제81조에 따라 토지의 공급에 관련된 매입세액은 공제하지 아니하는 것임(사전법령해석 부가2020-1162, 2020.12.17.).

■ 아파트 신축·분양사업의 사업권을 양도하는 경우 과세표준 및 매입세액공제 방법

사안

아파트를 신축·분양하는 사업을 진행하던 과면세 겸영사업자가 사업 개시 전에 해당 사업권을 양도하는 경우 과세표준 및 공급받는 자의 매입세액공제 방법

- 사업자(이하 "양도인")가 국민주택규모 이하 및 초과 아파트를 신축하여 분양하는 과·면세 겸영사업을 영위하기 위해 사업부지를 매입하고 사업계획승인을 신청하는 등 사업을 진행하다 분양 개시 전에 해당 사업부지 및 사업권을 다른 사업자(이하 "양수인")에게 양도하는 경우,
- 양도인은 「부가가치세법 시행령」 제63조 제3항 제3호에 따라 사업권의 공급가액 전부를 과세표준으로 하여 양수인에게 세금계산서를 발급하는 것이며 양수인은 같은 법 제40조 및 같은 법 시행령 제81조에 따라 공통매입세액을 안분계산 하는 것임(서면법령해석 부가2021-1717, 2021.8.17.).

■ 사업자가 물류센터를 신축하여 임대사업을 하고자 사업권을 매입하는 경우 사업권 관련 매입세액이 공제대상인지 여부

- 물류센터를 신축·임대하는 사업을 영위하고자 하는 사업자(이하 "양수자")가 기존에 토지를 매수하는 계약을 체결하여 사업을 진행해 오던 다른 사업자로부터 인·허가권 등을 포함한 사업 관련 일체의 권리(이하 "사업권")를 매입하며 부담한 사업권 관련 매입세액은 「부가가치세법」 제38조 제1항 제1호에 따라 양수자의 매출세액에서 공제하는 것이나,
- 해당 사업권 대가에 토지를 취득할 수 있는 권리 및 토지에 대한 자본적 지출에 관련된 비용이 포함되어 있는 경우 관련 매입세액은 같은 법 제39조에 따라 공제되지 아니하는 것임(사전법령해석 부가2020-745, 2020.9.4.).

■ 지식기반산업용지를 매입하여 건축물을 신축하기 위한 지하안전영향평가용역 관련 매입세액의 공제 여부

- 사업자가 지방자치단체로부터 지식기반산업용지를 매입하여 부가가치세가 과세되는 사업에 사용할 건축물(지식정보타운 지식 10BL)을 신축하기 위하여 20미터 이상인 굴착공사를 수행함에 따라 지하안전영향평가 전문기관으로부터 「지하안전관리에 관한 특별법」 제14조 제1항에 따른 지하안전영향평가용역을 제공받고 그 대가를 지급하는 경우 관련 매입세액은 「부가가치세법」 제38조 제1항 제1호에 따라 매출세액에서 공제되는 것임(사전법령해석 부가2019-438, 2019.10.21.).

■ 부지개발사업에 따라 시행하는 토지조성공사 용역 제공 관련 매입세액의 공제 여부

> **해석**
>
> - 건설업을 영위하는 사업자가 지방자치단체와 '○○부대이전 및 부지개발사업'에 대한 협약을 체결하여 부지개발용역을 제공하고 총투자비(공사비, 보상비, 부대비, 건설이자, 물가 변동비)에 상당하는 대가를 조성된 토지로 대물변제받는 경우로서,
> - 대물변제 받는 토지에 대한 조성공사(이하 "쟁점공사")가 협약에 따른 부지개발사업 및 총투자비 산정 범위에 포함되어 있는 경우, 쟁점공사와 관련된 매입세액은 「부가가치세법」 제38조 제1항 제1호에 따라 매출세액에서 공제되는 것임(사전법령해석 부가2016-244, 2016.7.7.).

■ 인·허가조건의 기부채납 시 부가가치세 과세여부 및 관련 매입세액의 공제방법

> **해석**
>
> - 부동산임대업과 금융보험업을 겸영하는 법인사업자가 부동산임대업과 금융보험업에 사용할 본점 건물을 신축함에 있어, 본점 건물에 대한 인·허가의 조건(건축법상 용적률의 상향 조정)으로 기존 지점 사업장 및 공원부지 일부에 대한 추가공사를 시행하여 지방자치단체에 이를 기부 채납하기로 하고 지방자치단체로부터 무상사용권을 부여받는 등 경제적 대가관계 없이 무상으로 인도하는 해당 시설물에 대하여는 「부가가치세법」 제26조 제1항 제20호에 따라 부가가치세가 면제되는 것이며,
> - 해당 기부채납 시설물의 공사에 소요된 비용이 본점 건물에 대한 취득원가를 구성하는 경우로서 본점 건물의 과세사용면적과 면세사용면적이 객관적으로 구분되는 경우, 관련 매입세액은 같은 법 시행령 제81조 제4항 제3호 및 같은 법 시행령 같은 조 제5항에 따라 공통매입세액 안분계산 및 정산하는 것임. 다만, 공원부지 일부의 조성 등에 관련된 매입세액이 토지의 자본적 지출에 해당하는 경우에는 매출세액에서 공제되지 아니하는 것임.
> - 또한 기부채납과 관련된 추가공사에 관한 발주 및 대금지급 등의 업무를 수행하는 본점에서 해당 세금계산서를 수취한 경우 해당 본점에서 매입세액공제 및 공통매입세액 안분계산 등을 수행하는 것임(법규부가2014-76, 2014.4.10.).

■ 사업계획승인조건의 기부채납 시 매입세액의 공제방법

> **해석**
>
> - 사업자가 부가가치세가 과세되는 주택개발사업을 수행하기 위해 기반시설 등을 신축하여 지방자치단체에 기부채납하는 조건으로 인·허가를 득한 경우,

- 동 시설의 건설과 관련된 매입세액은 자기 사업과 관련이 있는 것으로 보아 「부가가치세법」 제17조 제1항의 규정에 따라 매출세액에서 공제할 수 있는 것임. 다만, 당해 매입세액이 토지의 조성 등을 위한 자본적 지출과 관련된 매입세액에 해당하는 경우에는 공제하지 아니하는 것이며 자기의 사업이 과·면세 겸업인 경우에는 「부가가치세법 시행령」 제61조의 규정에 따라 안분계산하여야 하는 것임(서면부가2015-694, 2015.9.30.).

■ 건물신축을 위한 터파기 공사 중 폐기물 처리와 관련된 매입세액의 공제 여부

해석

- 부가가치세가 과세되는 건물을 신축·판매하는 사업자(매수인)가 건물신축을 위한 토지를 취득하면서 공사 착공시 지하 매설물 등 폐기물이나 폐기물로 인한 토양오염을 발견하였을 경우 이로 인한 처리비용에 대하여 토지 매도자가 매수인에게 지급하기로 하는 토지매매계약을 체결한 경우로서 공사업체가 건물신축을 위한 터파기 공사를 진행하던 중 해당 토지 지하에 폐기물이 매설되어 있음이 확인되어 공사업체와 별도로 폐기물처리용역계약을 체결하여 해당 용역을 제공받고 지출한 매입세액은 「부가가치세법」 제38조 제1항 제1호에 따라 매출세액에서 공제되는 것임(서면법령해석 부가2018-3403, 2019.4.22.).

■ 임대사업장과 지하철역간의 연결통로 공사비를 일부 부담하는 경우 매입세액공제 여부

해석

- 부동산임대업을 영위하는 사업자가 임대사업장 활성화를 위하여 임대사업장과 지하철역을 연결하는 연결통로 공사비를 일부 부담하고 연결통로 및 관련 시설물의 소유권이 국가에 귀속되는 경우,
- 사업자가 부담한 공사비 관련 매입세액은 「부가가치세법」 제38조 제1항 제1호에 따라 매출세액에서 공제할 수 있는 것이나, 해당 매입세액 중 토지의 조성 등을 위한 자본적 지출에 관련된 매입세액은 같은 법 제39조 제1항 제7호에 따라 공제하지 아니하는 것임(서면법령해석 부가 2019-972, 2020.7.24.).

■ 건설계획을 백지화하고 해당 부동산을 매각할 경우 당초 매입한 건물의 부가가치세

사안

건설 · 분양을 위하여 토지와 건물을 일괄 매입하고 건물에 대한 세금계산서를 수령하였으나 신규 건설 · 분양목적이라 건물분에 대한 부가가치세는 토지 관련 매입세액으로 공제받지 아니한 상태에서 건설계획을 백지화하고 회사가 해당 부동산을 매각할 경우 당초 건물분에 대한 부가가치세의 매입세액 공제가 가능한지 여부

해석

• 부동산매매업자가 신축 · 분양을 목적으로 취득한 토지 및 건축물과 관련된 매입세액을 공제받지 아니하고 보유하다가 사업이 중단되어 해당 토지 및 건축물을 매각하는 경우 해당 건축물의 공급에 대하여는 「부가가치세법」 제9조에 따라 부가가치세가 과세되며, 취득 당시 공제받지 아니한 매입세액은 자기의 매출세액에서 공제받을 수 있는 것임(서면부가2017 – 1496, 2018.2.28.).

■ 골프장 영업권의 양수 시 매입세액공제 여부

해석

• 부가가치세 과세사업과 관련하여 사업용 고정자산(토지 및 건축물)과 함께 영업권을 취득한 경우 해당 영업권의 취득과 관련된 매입세액은 「부가가치세법」 제38조 제1항 제1호에 따라 자기의 매출세액에서 공제할 수 있는 것임(서면부가2017 – 1512, 2017.6.30.).

■ 풍력발전단지의 부지조성공사와 진입도로공사 관련 매입세액공제 여부

해석

• 사업자가 목장용지, 임야, 건축물 등을 취득하여 해당 토지에 대한 표토제거, 절토, 면고르기, 흙운반 등 토목공사를 실시하여 급경사면을 평평하게 하거나 메우기 공사를 통하여 풍력발전단지 부지조성공사를 하는 경우 해당 부지조성공사와 관련된 매입세액은 「부가가치세법」 제39조 제7호에 따른 토지 관련 매입세액에 해당하는 것임.

• 다만, 사업자가 토지 위에 진입도로 공사를 하고 이와 관련된 비용이 토지와 구분되는 감가상각대상자산인 별도의 구축물에 해당되는 경우 당해 비용에 대한 매입세액은 부가가치세법 시행령 제80조의 규정에 의한 토지에 관련된 매입세액에 해당하지 아니하는 것임(서면부가2015 – 475, 2015.8.31.).

■ 정비사업조합원의 과세사업과 관련된 매입세액의 공제 여부

- 정비사업조합이 도시 및 주거환경정비법에 의하여 당해 정비 사업에 관한 공사를 완료한 후에 그 관리처분계획에 따라 조합원에게 공급하는 것으로서 종전의 토지를 대신해서 공급하는 토지 및 건축물(당해 정비사업의 시행으로 건설된 것에 한함)은 부가가치세법 제6조의 규정에 의한 재화의 공급으로 보지 아니하는 것이나,
- 정비사업조합이 시공자 등으로부터 건설용역 대가에 대하여 세금계산서를 교부받은 경우 교부받은 세금계산서상의 공급가액의 범위 안에서 실제로 당해 건설용역을 공급받은 조합원(관리처분에 의해 상가를 분양받은 조합원)에게 당해 조합원이 부담한 현금·토지 등의 비용을 기준으로 부가가치세법 시행규칙 제18조(현행, 부가가치세법 시행령 제69조 제16항) 규정에 의해 세금계산서를 교부할 수 있는 것이며, 조합원은 당해 매입세액이 자기의 과세사업과 관련된 경우에는 자기의 매출세액에서 공제 받을 수 있는 것임(서면부가2016-6266, 2017.3.27.).

■ 학교부지 조성공사(철거 및 잔재처리 공사) 용역 제공 후 그 대가는 용지매매대금에서 차감시 매입세액공제 여부

- 사업시행자가 지방자치단체에 학교부지 대체 조성공사(철거 및 잔재처리 공사) 용역을 공급하고 그 대가는 지방자치단체로부터 취득할 용지매매대금에서 차감하는 경우,
- 해당 공사용역은 「부가가치세법」 제11조에 따라 부가가치세가 과세되는 것으로 지방자치단체에 세금계산서를 발급하는 것이며 해당 공사와 관련하여 하도급업체로부터 발급받은 매입세액은 자기의 매출세액에서 공제받을 수 있는 것임(서면부가2016-3632, 2016.4.27.).

■ 과세사업자인 청구법인이 국민주택규모 이하인 쟁점주택을 신축한 후 임직원에게 무상 임대하여 사택으로 사용하는 경우, 관련 매입세액의 공제 판단

- 원고는 전력자원 개발 및 전력생산을 주요 사업목적으로 하고 있는 부가가치세 과세사업자임.
- 원고는 전남 OO군 OO읍 일대에 DD본부를 두고 6기의 원자력 발전설비를 운영하고 있는데, 2012년경 같은 읍 CC리 OO외 2필지 지상에 총 382세대(43㎡형 120세대, 84㎡형

198세대, 103㎡형 198세대, 103㎡형 6세대, 116㎡형 58세대)의 사택(이하 '이 사건 주택'이라 한다)을 신축하여 2017.1.4. 소유권보존등기를 마친 다음 이를 원고의 임직원에게 무상으로 임대하고 있음.

- 원고의 주장 : 이 사건 비용은 원고의 과세사업인 원자력발전사업을 위하여 원고의 임직원들에 대한 주택 임대용역을 제공하는 데 지출된 것이고, 원고는 주택의 임대용역을 공급하는 사업을 영위하지도 아니하였으므로 이에 대한 부가가치세 상당액은 구 부가가치세법(2013.6.7. 법률 제11873호로 전부개정되기 전의 것, 이하 같다) 제17조 제1항 제1호에 따라 매입세액으로 공제되어야 함에도 원고의 경정청구를 거부한 이 사건 처분은 위법함.
- 피고(처분청)의 주장 : 원고가 임직원들에게 이 사건 주택을 사용하도록 하는 것은 구 부가가치세법 제12조 제1항 제12호에 따라 부가가치세가 면제되는 주택이라는 재화의 공급 또는 그 임대용역에 해당하고, 이는 원고의 과세사업에 필수적으로 부수되는 용역에 포함되지 않으며, 원고는 위 주택을 임대하는 사업자에 해당하므로 구 부가가치세법 제17조 제2항 제6호에 따라 이 사건 비용에 대한 부가가치세액은 원고의 과세사업 매출세액에서 공제될 수 없음.

판례

- 피고(처분청)가 이 사건 처분사유로 들고 있는 규정은 구 부가가치세법 제17조 제2항 제6호인바, 위 규정은 부가가치세가 면제되는 재화 또는 용역을 공급하는 '사업', 즉 면세사업에 관련된 매입세액을 공제하지 않는다는 것으로, 이 사건 비용에 원고의 과세사업과의 관련성이 인정된다면 이 사건 주택 중 국민주택규모 이하의 세대가 부가가치세 면세재화에 해당하거나 그 주택의 임대용역이 부가가치세 면세용역에 해당하는지 여부와 무관하게 이 사건 비용에 대한 부가가치세는 매입세액으로 공제되어야 하는 것임.
- 부가가치세법 제2조 제1항은 영리목적의 유무에 불구하고 사업상 독립적으로 재화 또는 용역을 공급하는 사람을 '사업자'라 하여 부가가치세 납세의무자로 규정하고 있는데, 여기서 사업상 독립적으로 재화 또는 용역을 공급하는 사람이란 부가가치를 창출해 낼 수 있는 정도의 사업형태를 갖추고 계속적이고 반복적인 의사로 재화 또는 용역을 공급하는 사람을 뜻함(대법원 1999.4.13. 선고 97누6100 판결 참조). 여기서의 '사업형태'는 일반적으로 인적 및 물적 설비를 갖춘 경제적 조직체를 말한다고 할 수 있음.
- 그런데 원고가 이 사건 주택에 관하여 사업용 재산으로서의 관리 정도를 넘어서 원고의 과세사업과 분리되는 별도의 인적 및 물적 설비를 갖추었다고 볼 만한 사정이 없는 점, 앞서 본 바와 같이 이 사건 주택은 사택으로서 원고의 과세사업을 위한 재산으로 해석되는 점, 원고가 이 사건 주택을 임직원들에게 임대하여 관리비만을 교부받고 있을 뿐 그 밖의 대가를 취득하지도 아니하고 있는 점 등에 비추어 보면 원고가 이 사건 주택의 임대에 관하여 부가가치를 창출해 낼 수 있는 정도의 사업형태를 갖추었다고 보기 어려움.

• 원고가 구 주택법상 주택건설사업자, 구 임대주택법상 건설임대주택사업자에 해당한다고 하여 당연히 부가가치세법상 사업자에도 해당하게 된다고 볼 수는 없고, 원고가 이 사건 주택을 임직원들에게 임대하는 것과 관련하여 부가가치세법상 사업자 요건이 갖춰지지 못하였다면 이를 부가가치세법상 임대사업이라고 할 수는 없음(광주지법 2019구합10306, 2020.1.16, 광주고법 2020누10240, 2020.9.25.).

 공제하지 아니하는 매입세액

사업자가 부가가치세를 거래징수당한 사실이 입증된 경우에도 부가가치세법 제39조에서 열거하고 있는 불공제대상 매입세액은 자기의 매출세액에서 공제하지 아니한다.

공제되지 아니하는 매입세액의 범위

① 일반적인 불공제 매입세액
  (ㄱ) 매입처별세금계산서합계표를 제출하지 아니한 경우의 매입세액 또는 제출한 매입처별 세금계산서합계표의 기재사항 중 거래처별 등록번호 또는 공급가액의 전부 또는 일부가 기재되지 아니하였거나 사실과 다르게 기재된 분의 매입세액
  (ㄴ) 세금계산서를 발급받지 아니한 경우 또는 발급받은 세금계산서에 필요적 기재사항의 전부 또는 일부가 기재되지 아니하였거나 사실과 다르게 기재된 분의 매입세액
  (ㄷ) 사업과 직접 관련이 없는 지출에 대한 매입세액
  (ㄹ) 비영업용 승용자동차의 구입, 임차 및 유지에 관련된 매입세액
  (ㅁ) 기업업무추진비 및 이와 유사한 비용의 지출에 관련된 매입세액
  (ㅂ) 부가가치세가 면제되는 재화 또는 용역을 공급하는 사업(부가가치세가 과세되지 않는 재화 또는 용역을 공급하는 사업 포함)에 관련된 매입세액(투자에 관련된 매입세액을 포함한다)
  (ㅅ) 토지의 조성 등을 위한 자본적 지출에 관련된 토지 관련 매입세액
  (ㅇ) 사업자등록을 신청하기 전의 매입세액(다만, 공급시기가 속하는 과세기간이 끝난 후 20일 이내에 사업자등록을 신청한 경우 등록신청일부터 공급시기가 속하는 과세기간 기산일까지 역산한 기간 이내의 것은 제외한다)
② 월합계세금계산서에 포함된 등록 전 매입세액
  사업자가 재화 또는 용역을 공급한 자로부터 등록 전 매입분이 포함된 월합계세금계산서를 발급받은 때에 해당 월합계세금계산서에 포함된 법 제39조 제1항 제8호의 사업자 등록전 매입세액은 공제하지 아니한다.

③ 과세대상이 아닌 거래에 대한 매입세액

사업자가 면세되거나 비과세되는 재화 또는 용역을 공급받고 과세거래로 오인하여 부가가치세를 부담하고 발급받은 세금계산서의 매입세액은 매출세액에서 공제하지 아니한다.

④ 면세사업을 위한 재화의 구입과 관련된 매입세액은 공제되지 아니하는 것이나, 부가가치세 과세사업에 사용하기 위하여 면세재화를 구입하면서 발생한 부대비용 관련 매입세액은 자기의 매출세액에서 공제된다(집행기준 39 - 0 - 1).

※ 토지관련 매입세액의 범위에 대해서는 'Chapter 2. 제1절 3. 부가가치세법상의 공급가액'을 참고하기 바란다.

부동산개발 관련 해석 · 판단사례

■ 국민주택 건설용역 관련 건설자재 매입세액의 공제 여부

해석

• 사업자가 국민주택건설용역을 제공하고 대가를 받는 경우 그 대가 전액에 대하여 「조세감면규제법」 제74조 제1항 제1호(현행, 제106조 제1항 제4호)의 규정에 의하여 부가가치세가 면제되는 것이나, 이 경우 당해 주택건설용역과 관련된 매입세액은 자기의 매출세액에서 공제받지 못하는 것임(서면부가2018 - 357, 2018.4.20.).

■ 실제 공급하는 사업자와 세금계산서상의 공급자가 다른 경우 매입세액공제 여부 판단

판례

• 실제 공급하는 사업자와 세금계산서상의 공급자가 다른 경우 그 세금계산서는 구 부가가치세법(2008.12.26. 법률 제9268호로 개정되기 전의 것) 제17조 제2항 제1호의2에서 규정한 '필요적 기재사항이 사실과 다르게 기재된 세금계산서'에 해당하여 공급받는 자가 세금계산서의 명의위장 사실을 알지 못하였고 알지 못한 데에 과실이 없다는 특별한 사정이 없는 한 그 세금계산서에 의한 매입세액은 매출세액에서 공제되지 않는다는 것이 대법원의 확립된 판례임.

• 그리고 이때 공급하는 사업자는 공급받는 사업자와 명목상의 법률관계를 형성하고 있는 자가 아니라 공급받는 자에게 실제로 재화 또는 용역을 공급하는 거래행위를 한 자를 의미함(대법 1997.3.28. 선고 96다48930, 48947 판결 등).

■ 부가가치세법상 사업과 직접 관련이 없는 지출에 대한 매입세액 불공제의 범위

- 부가가치세법 제17조 제2항 제3호에 규정하는 사업과 직접 관련이 없는 지출의 범위는 「소득세법 시행령」 제78조(업무와 관련없는 지출) 또는 「법인세법 시행령」 제48조(공동경비의 손금불산입), 제49조 제3항(업무무관자산을 취득·관리함으로써 생기는 비용, 유지비, 수선비 및 이와 관련되는 비용) 및 제50조(해당 법인의 업무와 직접 관련이 없다고 인정되는 지출금액)에 규정하는 바에 따르는 것임(부가-572, 2012.5.22.).

■ 공동주택을 임대한 후 분양하는 경우 부가가치세 과세 여부

- 국민주택규모를 초과하는 공동주택을 임대후 분양하는 경우 부가가치세가 면제되는 것으로 이와 관련된 매입세액은 매출세액에서 공제하지 아니는 것임(부가-434, 2012.4.17.).

■ 생활형숙박시설을 신축하여 주거용 주택으로 임대 시 부가가치세 면세 여부

- 사업자가 제2종근린생활시설로 건축허가를 받아 신축한 고시텔을 주거용 주택으로 임대하고 임차인이 해당 건물을 실제 상시 주거용 주택으로 사용하는 경우,
- 해당 임대용역은 그 건물면적에 관계없이 「부가가치세법」 제26조 제1항 제12호에 따라 부가가치세가 면제되며 해당 건물의 신축공사비 관련 매입세액은 같은 법 제39조 제1항 제7호에 따라 매출세액에서 공제하지 아니하는 것임(법규부가2014-402, 2014.8.25.).

■ 비영리법인이 수익사업과 관련하여 고유번호로 세금계산서를 교부받은 경우 당해 매입세액을 공제받을 수 있는지 여부

- 비영리법인이 과세사업을 영위하고자 하는 경우에는 「부가가치세법」 제8조에 따라 사업자등록을 하여야 하는 것으로, 같은 법 제8조에 따른 사업자등록을 하지 아니하고 당해 과세사업과 관련하여 공급받은 재화 또는 용역에 대한 부가가치세 매입세액은 매출세액에서 공제되지 아니하는 것이나,
- 공급시기가 속하는 과세기간이 끝난 후 20일 이내에 사업자등록을 신청한 경우 등록신청일부터

공급시기가 속하는 과세기간 기산일(같은 법 제5조 제1항에 따른 과세기간의 기산일을 말함)까지 역산한 기간 이내에 당해 과세사업과 관련하여 교부받은 세금계산서의 매입세액은 같은 법 제39조 제1항 제8호에 따라 매출세액에서 공제받을 수 있는 것임(서면부가2019-2147, 2020.6.2.).

■ 조합설립추진위원회의 개발사업에 대한 업무대행 관련 매입세액 공제대상 여부

해석

- 「도시 및 주거환경정비법」 제13조의 규정에 해당하는 조합설립추진위원회는 「국세기본법」 제13조의 규정에 의하여 법인으로 보는 단체로 보는 것이나, 「도시 및 주거환경정비법」 제15조 제4항에 의하여 당해 조합설립추진위원회가 행한 업무와 관련된 권리와 의무를 「조세특례제한법」 제104조의7 제2항의 규정에 의한 정비사업조합이 포괄승계하는 경우에는 그 조직을 변경한 것으로 보는 것임.
- 동 조합설립추진위원회가 「도시 및 주거환경정비법」 제2조의 규정에 의한 정비사업을 시행하면서 신규로 부가가치세 과세사업을 개시하고자 하는 경우 「부가가치세법」 제5조 제1항의 규정에 의하여 사업자등록을 하여야 하는 것임.
- 부가가치세 과세사업을 영위하면서 재화 또는 용역을 공급받고 「부가가치세법」 제16조 제1항의 규정에 의한 세금계산서를 교부받은 경우 「부가가치세법」 제17조 제1항의 규정에 의하여 자기의 사업을 위하여 사용되었거나 사용될 재화 또는 용역의 공급에 대한 세액은 매출세액에서 공제되는 것이나, 「부가가치세법」 제17조 제2항(공제하지 아니하는 매입세액)에 해당하는 매입세액은 매출세액에서 공제하지 아니하는 것임(서면3팀-1507, 2007.5.16.).
- * 부가가치세법 제16조, 제17조 제1항, 제17조 제2항은 현행 제32조, 제38조, 제39조로 변경

③ 공통매입세액의 안분계산

(1) 원칙 : 실지귀속

사업자가 과세사업과 면세사업등을 겸영하는 경우에 과세사업과 면세사업등에 관련된 매입세액의 계산은 실지귀속에 따라 한다(부가법 제40조, 전단).

사업자가 과세사업과 면세사업을 겸영하면서 발생된 매입세액이더라도 발생된 모든 매입세액이 안분계산대상이 되는 것이 아니라 그 발생 건별, 금액으로 세분하여 과세사업에 실지귀속되면 자기의 매출세액에서 전액 공제하고, 면세사업에 실지귀속되면 면세사업 관련 매입세액으로 전액 불공제한다(집행기준 40-81-2).

(2) 예외 : 안분계산

실지귀속을 구분할 수 없는 매입세액(이하 "공통매입세액"이라 한다)은 공급가액등을 기준으로 안분하여 계산한다(부가법 제40조, 후단).

공통매입세액의 안분계산이란 과세사업과 면세사업등을 겸영하는 사업자가 과세사업과 면세사업등에 공통으로 사용되어 그 실지귀속을 구분할 수 없는 매입세액을 과세사업에 관련된 매입세액과 면세사업등에 관련된 매입세액으로 안분계산하는 일련의 과정을 말한다(집행기준 40-81-1).

<table><tr><td>

공통매입세액 안분계산의 요건

공통매입세액의 안분계산규정을 적용하여야 할 사업자는 다음의 요건을 모두 충족하여야 한다(집행기준 40-81-3).
① 과세사업과 면세사업등을 겸영하는 사업자일 것
② 과세사업과 면세사업에 공통으로 사용되거나 사용될 것
③ 실지귀속이 불분명한 매입세액일 것
④ 불공제대상 매입세액이 아닐 것

</td></tr></table>

(3) 안분계산방법

1) 공급가액비율에 의한 안분계산

과세사업과 면세사업등을 겸영하는 경우로서 공통매입세액이 있는 경우 면세사업등에 관련된 매입세액은 다음 계산식에 따라 안분하여 계산한다(부가령 제81조①).

다만, 예정신고를 할 때에는 예정신고기간에 있어서 총공급가액에 대한 면세공급가액(면세사업등에 대한 공급가액과 사업자가 해당 면세사업등과 관련하여 받았으나 과세표준에 포함되지 아니하는 국고보조금과 공공보조금 및 이와 유사한 금액의 합계액을 말한다)의 비율에 따라 안분하여 계산하고, 확정신고를 할 때에 정산한다(부가령 제81조① 단서).

한편, 과세사업과 면세사업에 공통으로 사용될 건물을 신축하면서 공통매입세액을 공급가액의 비율에 따라 안분계산하였으나, 해당 과세기간 중에 계약의 해제 및 반품 등으로 인하여 과세사업 또는 면세사업의 공급가액이 음수인 경우에는 과세사업 또는 면세사업의 공급가액이 없는 것으로 보아 공통매입세액을 안분계산한다(집행기준 40-81-5).

$$\text{면세사업등에 관련된 매입세액} = \text{공통매입세액} \times \frac{\text{면세공급가액}}{\text{총공급가액}}$$

- 총공급가액 : 총공급가액은 공통매입세액과 관련된 해당 과세기간의 과세사업에 대한 공급가액과 면세공급가액의 합계액으로 한다(부가칙 제54조②).
- 면세공급가액 : 면세공급가액은 면세사업등에 대한 공급가액과 사업자가 해당 면세사업등과 관련하여 받았으나 과세표준에 포함되지 아니하는 국고보조금과 공공보조금 및 이와 유사한 금액의 합계액을 말한다(부가칙 제54조②).

□ **공통매입세액 안분계산에 따른 용어 정의**

① 과세사업에 대한 공급가액

　과세사업에 대한 공급가액이란 공급시기가 도래된 재화 또는 용역의 공급에 대한 부가가치세 과세표준(영세율 과세표준 포함)의 합계액을 말한다.

② 면세사업 등에 대한 공급가액

　면세사업 등에 대한 공급가액이란 해당 과세기간(「부가가치세법」 제15조 및 제16조의 규정에 따른 공급시기 준용) 내에 부가가치세가 과세되지 아니하는 「소득세법」 또는 「법인세법」의 규정에 따른 수입금액과 비과세사업에 대한 수입금액의 합계액을 말한다.

③ 공통매입세액

　공통매입세액이란 매입세액의 공제대상이 되는 세금계산서상의 매입세액으로 그 실지 귀속이 과세사업 또는 면세사업등에 사용·소비될 것인지가 불분명한 경우의 매입세액을 말한다. 즉 과세사업과 면세사업등에 공통으로 사용되거나 사용될 예정인 매입세액, 장래의 실지귀속이 불분명한 경우의 매입세액을 말한다.

④ 예정

　예정이란 사업자가 각 과세기간의 공통매입세액을 안분계산함에 있어서 공통매입세액과 관련된 공급가액 또는 사용면적이 실제로 확정될 과세기간에 과세·면세사업등으로부터 발생이 예상되거나 과세·면세사업으로 사용이 예상되는 것을 말한다.

⑤ 예정공급가액

　과세사업과 면세사업등에 대한 예정공급가액이란 과거의 사업실적, 현황, 사업계획서 등에 따라 합리적으로 추정한 금액을 말한다.

⑥ 총예정사용면적

　총예정사용면적이란 공통매입세액과 관련하여 과세사업과 면세사업등에 사용예정인 총면적을 말하며, 면세예정사용면적은 그 중 면세사업에 사용예정인 면적을 말한다(집행기준 40-81-4).

건물의 분양에 있어 공급가액비율로 안분계산한 공통매입세액의 정산은 예정공급가액 비율에 의해서 공통매입세액을 안분계산하다가 분양이 완료된 시점의 확정신고 시 정산하면 된다(기획재정부 부가-529, 2010.7.30.). 따라서 정산시기는 분양이 완료된 시점이므로 준공시점 이전이 될 수도 있고 그 이후가 될 수도 있다.

공통매입세액의 정산에 대한 자세한 내용은 'Chapter 4. 제1절 2. 부가가치세 공통매입세액의 정산'을 참고하기 바란다.

2) 매입가액 · 예정공급가액 · 예정사용면적비율에 의한 안분계산

(가) 적용순서

해당 과세기간 중 과세사업과 면세사업등의 공급가액이 없거나 그 어느 한 사업의 공급가액이 없는 경우에 해당 과세기간에 대한 안분계산은 다음의 순서에 따른다(부가령 제81조④).

다만, 건물 또는 구축물을 신축하거나 취득하여 과세사업과 면세사업등에 제공할 예정면적을 구분할 수 있는 경우에는 ③을 ① 및 ②에 우선하여 적용한다(부가령 제81조④ 단서).

① 총매입가액(공통매입가액은 제외한다)에 대한 면세사업등에 관련된 매입가액의 비율
② 총예정공급가액에 대한 면세사업등에 관련된 예정공급가액의 비율
③ 총예정사용면적에 대한 면세사업등에 관련된 예정사용면적의 비율

(나) 예정사용면적비율의 계속 적용

토지를 제외한 건물 또는 구축물에 대하여 예정사용면적의 비율을 적용하여 공통매입세액 안분계산을 하였을 때에는 그 후 과세사업과 면세사업등의 공급가액이 모두 있게 되어 공급가액 비율에 의한 안분계산에 따라 공통매입세액을 계산할 수 있는 경우에도 과세사업과 면세사업 등의 사용면적이 확정되기 전의 과세기간까지는 예정사용면적의 비율을 적용하고, 과세사업과 면세사업등의 사용면적이 확정되는 과세기간에 공통매입세액을 정산한다(부가령 제81조⑤).

매입세액의 계산은 먼저 실지귀속에 따라 산정하며, 사업자가 건축물을 취득하거나 신축 하면서 발생된 매입세액과 관련하여 과세사업과 면세사업등에 사용될 면적 및 과세 · 면세 사업에 공통으로 사용될 면적이 객관적으로 구분되어 있는 경우 다음과 같이 매입세액을 안분계산한다.

① 건축물의 취득관련 매입세액에 대하여 과세사업에만 전적으로 사용되는 면적이 전체 면적에서 차지하는 비율을 곱하여 계산한 매입세액은 전액 공제하고, 면세사업에만 전적으로 사용되는 면적이 차지하는 비율을 곱하여 계산한 매입세액은 전액 불공제한다.
② 과세사업과 면세사업에 공통으로 사용되는 면적에 관련된 매입세액에 대하여는 그 사업부문에서 발생된 총공급가액에 대한 면세공급가액의 비율에 의하여 안분계산한 가액을 불공제한다.
③ 해당 건축물에서 운영하는 전체 사업에 공통으로 사용되는 면적(주차장, 기계실, 보일러실, 관리사무실 등)에 관련된 매입세액이 있는 경우 불공제되는 매입세액의 계산은 전체 사업에서 발생된 총공급가액에 대한 면세공급가액의 비율에 의하여 안분계산한다(집행기준 40-81-6).

(4) 직전과세기간의 공급가액(또는 사용면적)을 적용하는 경우

과세사업과 면세사업등에 공통으로 사용되는 재화를 공급받은 과세기간 중에 그 재화를 공급하여 직전과세기간의 공급가액 또는 사용면적에 따라 공급가액을 계산한 경우 그 재화에 대한 매입세액의 안분계산은 직전과세기간의 공급가액 또는 사용면적에 따라 계산한다(부가칙 제54조③).

(5) 안분계산의 생략

공급가액비율에 의한 안분계산에도 불구하고 다음의 어느 하나에 해당하는 경우에는 해당 재화 또는 용역의 매입세액은 공제되는 매입세액으로 한다(부가령 제81조②).
① 해당 과세기간의 총공급가액 중 면세공급가액이 5퍼센트 미만인 경우의 공통매입세액. 다만, 공통매입세액이 5백만원 이상인 경우는 제외한다.
② 해당 과세기간 중의 공통매입세액이 5만원 미만인 경우의 매입세액
③ 재화를 공급하는 날이 속하는 과세기간에 신규로 사업을 시작하여 직전 과세기간이 없는 경우의 재화에 대한 매입세액

(6) 사업장별 안분계산

사업자단위과세사업자가 각 사업장에서 동일한 업종의 과세사업과 면세사업을 겸영하는 경우 공통매입세액의 안분계산은 각 사업장별로 계산한 후 본점 또는 주사업장에서 이를 합산하여 신고·납부한다(집행기준 40-81-5).

공통매입세액 안분계산 및 안분계산 생략 방법은 사업(현장)단위별 과세기간 단위별로 적용한다(집행기준 40-81-5).

❑ 신축하는 건축물의 매입세액 안분계산 사례

【거래 사례】

사업자 (주)북악이 2021. 1. 1. 사옥을 신축하여 2021. 4. 10. 준공한 후 건설업, 부동산임대업, 학원업을 운영하기 위하여 다음과 같이 사옥을 사용하는 경우 2021년 제1기 과세기간에 공제받을 수 있는 매입세액 공제방법

구분	건물용도 및 면적				신축 관련 매입 세액	2021년 제1기 공급가액			
	지층	1~2층	3~4층	5층		면 세		과 세	
						건설업	학원업	건설업	임대업
면적	100㎡	300㎡	400㎡	200㎡					
용도	주차장	건설업 (과·면세겸업)	임대업 (과세)	학원업 (면세)	3억원	3억원	1.5억원	7억원	5천만원

1) 지층은 주차장(이용료 무료)과 보일러실(건축물 난방용)이다.
2) 층별 예정사용면적과 용도는 사업계획서 및 건축물대장에 의하여 객관적으로 확인되었으며 실제 준공 후 당초 계획에 따라 사용되었고 공급가액은 준공 후 해당 과세기간에 발생된 부가가치세 공급가액과 면세수입금액이다.

【계산 방법】

(1단계) 면적에 따라 실지귀속이 확인되는 매입세액 계산

① 과세사업 관련 매입세액 (3~4층) : 전액 공제

$$300,000,000원 \times \frac{400㎡}{(100㎡ + 300㎡ + 400㎡ + 200㎡)} = 120,000,000원$$

② 면세사업 관련 매입세액(5층) : 전액 불공제

$$300,000,000원 \times \frac{200㎡}{(100㎡ + 300㎡ + 400㎡ + 200㎡)} = 60,000,000원$$

③ 일부 과세·면세 공통사용면적 관련 매입세액(1~2층) : 2단계 안분계산 대상

$$300,000,000원 \times \frac{300㎡}{(100㎡ + 300㎡ + 400㎡ + 200㎡)} = 90,000,000원$$

④ 전체 건축물 공통사용면적 관련 매입세액(지층) : 3단계 안분계산 대상

$$300,000,000원 \times \frac{100㎡}{(100㎡ + 300㎡ + 400㎡ + 200㎡)} = 30,000,000원$$

(2단계) 일부 과세·면세사업 공통사업용 면적에 대한 매입세액 안분계산

위 (1단계)에서 건설업 사업부문에만 사용되는 건축물의 신축관련 매입세액(90,000,000원)을 (주)북악의 해당 과세기간 과·면세 공급가액의 비율로 안분계산하여 불공제세액을 계산한다.

$$90,000,000원 \times \frac{300,000,000원}{(700,000,000원 + 300,000,000원)} = 27,000,000원$$

(3단계) 전체 과세·면세사업 공통사용면적에 대한 매입세액 안분계산

지층에 귀속되는 매입세액(30,000,000원)의 경우 주차장을 (주)북악, 임차인, 외부방문객에게 무료로 이용하게 하거나 보일러실은 건물 전체에 난방을 위한 공간이므로 특정 사업부문에 전속되는 것이 아니므로 당해 사업장(건축물 전체)에서 발생된 모든 과세공급가액과 면세 공급가액의 비율로 안분계산하여 불공제세액을 계산한다.

$$30,000,000원 \times \frac{(300,000,000원 + 150,000,000원)}{(300,000,000원 + 150,000,000원 + 700,000,000원 + 50,000,000원)} = 11,250,000원$$

(4단계) 불공제 매입세액 합계 : 98,250,000원(60,000,000원 + 27,000,000원 + 11,250,000원)

(집행기준 40 - 81 - 6)

건물의 자본적 지출에 관한 공통매입세액 안분계산 방법

사업자가 과세사업과 면세사업에 공통으로 사용할 건물을 신축하면서 과세·면세사업에 제공할 면적이 구분되어 건물 신축 관련 공통매입세액 중 면세사업에 관련된 매입세액을 총 예정사용면적에 대한 면세사업에 관련된 예정사용면적 비율로 안분계산하고, 과세·면세사업의 사용면적이 확정되는 과세기간에 사용면적 비율로 정산한 다음 해당 건물을 과세사업과 면세사업에 사용하면서 건물의 취득원가를 구성하는 자본적 지출에 관련된 매입세액이 발생한 경우 그 자본적 지출에 대한 매입세액 중 실지귀속을 구분할 수 없는 공통매입세액에 대해서는 해당 과세기간의 총 건물사용면적에 대한 면세사업에 관련된 사용면적의 비율에 따라 안분하여 계산한다(집행기준 40 - 81 - 7).

(7) 건축물의 신축·분양시 공통매입세액의 안분계산

1) 건축물의 신축 또는 분양관련 매입항목 구분

아파트 또는 상가 등의 신축·분양과 관련하여 공통매입세액의 안분계산을 위해서는 먼저 분양원가나 판매관리비로 발생하는 항목이 건축관련인지 분양관련인지 구분하고 공급가액

비율 또는 면적비율의 안분기준을 적용해야 한다.

건축관련 매입항목	분양관련 매입항목
• 건축공사비, 설계비(토목설계비 제외), 감리비 등 • 모델하우스 설치비·운영비 등	• 광고선전비, 분양대행수수료, 시행대행수수료 • 사무실임대료 등 일반관리비

2) 과세·면세 공급가액이 있는 경우 안분계산 방법

(가) 건축과 관련된 공통매입세액의 안분계산

건축과 관련된 공통매입세액 안분은 당해 과세기간의 총 공급가액 및 면세공급가액에서 토지가액을 제외하고 건물에 대한 총 공급가액과 면세공급가액에 의해서만 안분계산해야 한다. 면세공급가액은 국민주택규모 이하 주택이, 과세공급가액은 국민주택규모 초과 주택과 상업용 건물 등이 해당한다.

$$\begin{pmatrix} \text{건축관련} \\ \text{면세 매입세액} \end{pmatrix} = \begin{pmatrix} \text{건축관련} \\ \text{공통매입세액} \end{pmatrix} \times \frac{\text{면세공급가액(토지가액 제외)}}{\text{총 공급가액(토지가액 제외)}}$$

(나) 분양과 관련된 공통매입세액의 안분계산

분양과 관련된 공통매입세액의 안분은 당해 과세기간의 총 공급가액 및 면세공급가액에 토지가액도 포함하여 총 공급가액과 면세공급가액을 계산하고 이의 비율에 의해서 안분계산해야 한다. 면세공급가액은 토지와 국민주택규모 이하 주택이, 과세공급가액은 국민주택규모 초과 주택과 상업용 건물 등이 해당한다.

$$\begin{pmatrix} \text{분양관련} \\ \text{면세 매입세액} \end{pmatrix} = \begin{pmatrix} \text{분양관련} \\ \text{공통매입세액} \end{pmatrix} \times \frac{\text{면세공급가액(토지가액 포함)}}{\text{총 공급가액(토지가액 포함)}}$$

그리고 분양과 관련된 공통매입세액의 안분은 면적기준에 의한 안분은 적용되지 아니한다(서면3팀-96, 2007.1.10. 참조)는 점에 유의해야 한다.

3) 과세·면세 공급가액이 없는 경우 안분계산 방법

(가) 건축과 관련된 공통매입세액의 안분계산

해당 과세기간 중 과세사업과 면세사업등의 공급가액이 없거나 그 어느 한 사업의 공급가액이 없는 경우에 건물 또는 구축물을 신축하거나 취득하여 과세사업과 면세사업등에 제공할 예정면적을 구분할 수 있는 경우에는 총 예정사용면적에 대한 면세사업등에 관련된 예정사용면적의 비율을 우선 적용한다(부가령 제81조④).

$$\text{(건축관련)} \atop \text{면세 매입세액} = {\text{(건축관련)} \atop \text{공통매입세액}} \times \frac{\text{면세사업등 예정사용면적}}{\text{총 예정사용면적}}$$

(나) 분양과 관련된 공통매입세액의 안분계산

분양과 관련된 공통매입세액 안분은 면적기준에 의한 안분은 적용되지 아니하며(서면3팀-96, 2007.1.10. 참조), 공급가액비율에 따라 안분계산해야 하는데 과세·면세 공급가액이 없는 경우에는 예정공급가액의 비율에 따라 안분계산한다.

$$\text{(분양관련)} \atop \text{면세 매입세액} = {\text{(분양관련)} \atop \text{공통매입세액}} \times \frac{\text{예정면세공급가액(토지가액 포함)}}{\text{총 예정공급가액(토지가액 포함)}}$$

※ 신축건물의 사용면적 또는 공급가액이 확정되면 그 확정되는 과세기간에 공통매입세액을 정산해야 한다. 공통매입세액의 정산에 대한 내용은 'Chapter 4. 제1절 2. 부가가치세 공통매입세액의 정산'을 참고하기 바란다.

부동산개발 관련 해석·판단사례

■ 공통매입세액 안분계산시 보조금을 받은 경우 공급가액에 포함하는지 여부

> **해석**
>
> • 비영리재단법인이 지방자치단체 또는 민간사업자(이하 "지방자치단체 등"이라 함)로부터 위탁받은 사업(이하 "해당사업"이라 함)을 수행하면서 지방자치단체 등으로부터 보조금을 받아 사용한 후 남는 보조금을 반환하는 경우 해당 보조금은 「부가가치세법 시행령」 제81조 제1항에 따른 공통매입세액 안분계산시 총 공급가액에 포함하는 것이며, 해당사업이 면세사업에 해당되는 경우에는 면세공급가액에도 포함하는 것임(법규부가2013-446, 2013.10.29.).

■ 수종의 과세사업과 면세사업을 겸업하는 경우 공통매입세액 안분계산 방법

• 사업자가 부가가치세가 과세되는 수종의 사업과 면세되는 수종의 사업을 겸업하는 경우에 있어서는 면세사업에 관련된 매입세액은 원칙적으로 실지귀속을 구분하여 계산하여야 하고 실지귀속을 구분할 수 없는 공통매입세액은 이를 안분계산하여야 하며, 이 경우 어느 과세사업과 면세사업만에 관련된 매입세액으로의 구분이 가능한 경우에는 그 공통매입세액에 관련된 사업단위별로 구분하여 안분계산하는 것임(부가-1268, 2011.10.13.).

■ 과세·면세겸업 주택신축판매업자의 하자보수비에 대한 공통매입세액 안분계산 방법

• 과세사업과 면세사업을 겸영하는 사업자가 과세사업과 면세사업에 공통으로 사용되어 실지 귀속을 구분할 수 없는 공통매입세액을 「부가가치세법 시행령」 제61조 제4항 제3호(예정사용 면적비율)의 규정에 의하여 안분계산하여 신고한 경우에는 이후 과세기간에 계속하여 동일한 공통매입세액 안분계산 방법으로 안분계산하는 것이며,

• 주택신축판매 후 당해 주택에 대한 하자보수(하자보수보증기간 내)와 관련된 공통매입세액은 같은 법 시행령 제61조의2의 규정에 따른 공통매입세액의 정산시 적용한 "총사용면적에 대한 면세사용면적의 비율"에 의하여 안분계산하는 것임(서면3팀-3068, 2007.11.9.).

■ 건물신축 관련 매입세액이 아닌 준공 이후 분양 관련 수수료에 대한 공통매입세액 안분계산

• 과세사업과 면세사업을 겸영하는 사업자가 과세사업과 면세사업에 공통으로 사용될 건물을 신축하면서 그 실지귀속을 알 수 없는 매입세액에 대하여 「부가가치세법 시행령」 제61조 제1항의 규정에 의하여 매입세액의 안분계산을 하였으나, 당해 과세기간 중에 계약의 해지 및 반품으로 인하여 과세사업과 면세공급가액이 모두 없거나(공급가액이 음수인 경우 포함) 어느 한 사업의 공급가액이 없는 경우,

• 당해 과세기간에 발생된 과세사업과 면세사업에 공통으로 사용될 매입세액은 같은 법 시행령 제61조 제4항 각 호에 규정하는 방법에 의하여 안분계산하고, 과세사업과 면세사업의 공급가액 (사용면적)이 확정되는 과세기간에 같은 법 시행령 제61조의2의 규정에 의하여 정산하는 것임.

• 다만, 건물신축 관련 매입세액이 아닌 준공 이후 분양광고비, 사무실유지비, 기장수수료 등

> 분양과 관련된 공통매입세액은 같은 법 시행령 제61조 제4항 단서의 규정(총 예정사용면적에
> 대한 면세사업에 관련된 예정사용면적의 비율 우선 적용)이 적용되지 아니하는 것임(서면3팀-96,
> 2007.1.10.).

■ 건물 신축과 관련된 매입세액을 토지에도 관련된 것으로 보아 매입세액을 과세·면세 공통
매입세액으로 안분계산하여 과세한 처분이 정당한지 여부

사안

- 청구법인은 2017.7.1. 개업하여 ○○○에서 부동산컨설팅업 등을 영위하는 법인(시행사)
  으로, ○○○ 대 512.7㎡ 등 5필지 531.8㎡(이하 "쟁점토지"라 한다) 및 지상 건물 2,211.84㎡
  (이하 "기존건물"이라 한다)를 ○○○(이하 "○○○"라 한다)로부터 취득한 후 기존건물을
  철거하고, 생활숙박시설인 '○○○'(이하 "신축건물"이라 하고, 쟁점토지를 합하여 이하
  "쟁점부동산"이라 한다)를 신축·분양하면서 2017년 제2기 부가가치세 ○○○원을 환
  급·신고하였음.
- 처분청은 2018.3.19.부터 2018.3.28.까지의 기간 동안 청구법인의 쟁점부동산에 대한 부
  가가치세 환급 현장확인을 실시하여, 부가가치세 환급신청세액 ○○○원 중 건물매입세
  액 및 철거공사대 등을 토지 관련 매입세액으로 보아 4건 ○○○원을 매입세액불공제하
  고, 금융자문수수료·대리자문수수료 및 건축설계비 등 공통매입세액 중 면세사업분 ○
  ○○원을 확인하여 초과환급신고 가산세 ○○○원을 포함한 합계 ○○○원을 환급세액
  에서 제외하고 2018.4.2. ○○○원을 환급통보(이하 "이 건 처분"이라 한다)하였음.

심판례

- 「부가가치세법」 제39조 제1항 제7호 및 같은 법 시행령 제80조 제2호에서 '건축물이 있는 토지를
  취득하여 그 건축물을 철거하고 토지만 사용하는 경우에는 철거한 건축물의 취득 및 철거 비용과
  관련된 매입세액'은 토지의 조성 등을 위한 자본적 지출에 관련된 매입세액으로 규정된 점,
  청구법인은 쟁점토지와 기존건물을 취득한 후 이를 철거하고 쟁점토지 지상에 신축건물을 신축한
  것으로 기존건물매입대금 중 건물상당 부가가치세액·철거비·측량비·소유권이전등기수수료는
  위 규정에 따른 토지의 조성 등을 위한 자본적 지출에 관련된 매입세액으로 볼 수 있는 점
  등에 비추어 청구주장을 받아들이기는 어렵다고 판단됨.
- 「부가가치세」 제40조 및 같은 법 시행령 제81조 제1항에서 '사업자가 과세사업과 면세사업
  등을 겸영하는 경우에 과세사업과 면세사업 등에 관련된 매입세액의 계산은 실지귀속에 따라
  하되, 실지귀속을 구분할 수 없는 매입세액(공통매입세액)은 총 공급가액에 대한 면세공급가액의
  비율 등 대통령령으로 정하는 기준(공통매입세액 안분기준)을 적용하여 과세사업과 면세사업을

겸영하는 경우로서 실지귀속을 구분할 수 없는 공통매입세액은 총공급가액에 대한 면세공급가액의 비율로 안분하여 계산하도록 규정된 점, 청구법인은 쟁점부동산 분양시 면세인 쟁점토지와 과세대상 신축건물을 함께 공급하여 과세사업과 면세사업을 겸영하는 경우에 해당하므로 자금조달업무수수료·대리사무보수·광고비·회계용역보수비·법률자문수수료 등은 공통매입세액으로 볼 수 있으므로 위 규정에 따라 안분하여야 하는 점(재정경제부 소비세제과 46015-304, 2003.9.4. 참고) 등에 비추어 청구주장을 받아들이기는 어렵다고 판단됨(조심 2018부3150, 2018.11.7.).

 ① 세금계산서의 발급

　사업자가 재화 또는 용역을 공급(부가가치세가 면제되는 재화 또는 용역의 공급은 제외한다)하는 경우에는 필요적 기재사항과 임의적 기재사항을 적은 계산서(이하 "세금계산서"라 한다)를 그 공급을 받는 자에게 발급하여야 한다(부가법 제32조①).

(1) 세금계산서의 기재사항

1) 필요적 기재사항

① 공급하는 사업자의 등록번호와 성명 또는 명칭
② 공급받는 자의 등록번호. 다만, 공급받는 자가 사업자가 아니거나 등록한 사업자가 아닌 경우에는 고유번호 또는 공급받는 자의 주민등록번호
③ 공급가액과 부가가치세액
④ 작성 연월일

2) 임의적 기재사항

① 공급하는 자의 주소
② 공급받는 자의 상호·성명·주소
③ 공급하는 자와 공급받는 자의 업태와 종목
④ 공급품목
⑤ 단가와 수량
⑥ 공급 연월일
⑦ 거래의 종류
⑧ 사업자 단위 과세사업자의 경우 실제로 재화 또는 용역을 공급하거나 공급받는 종된 사업장의 소재지 및 상호

① 공동도급 : 공동도급이란 공사·제조·기타 도급계약에 있어서 발주처와 공동수급체가 체결하는 계약으로서 1개의 사업현장에서 둘 이상의 사업자(공동수급체)가 각각 자기의 지분 또는 공동의 지분에 대하여 사업을 수행하는 형태

② 사업자등록 : 원칙적으로 공동수급체는 공동사업자로 보지 아니하므로 사업자등록 대상에 해당하지 아니한다.

③ 세금계산서 발급
  ㈀ 매출세금계산서 : 공동수급체의 구성원 각자가 해당 용역을 공급받는 발주처에게 자기가 공급한 용역에 대하여 세금계산서를 발급하는 것이 원칙이나, 공동수급체의 대표사가 그 대가를 지급받는 경우에는 해당 공동수급체의 구성원은 각자 공급한 용역에 대하여 공동수급체의 대표사에게 세금계산서를 발급하고, 그 대표사는 발주처에게 세금계산서를 일괄하여 발급할 수 있다.
  ㈁ 매입세금계산서 : 공동비용에 대한 세금계산서는 각각 발급받을 수 있는 경우에는 그 지분금액대로 각각 발급받을 수 있으며, 대표사가 전체를 발급받아 각 공동지분에 따라 나머지 구성원에게 세금계산서를 발급할 수 있다. 이 경우 발급한 세금계산서는 재화 또는 용역을 공급한 것이 아니므로 부가가치세 과세표준에 포함되지 아니하지만 세금계산서합계표는 제출하여야 한다(집행기준 32-0-4).

사업자가 사업을 폐지하면서 재고재화로서 과세된 잔존하는 재화를 실제로 처분하는 때에는 세금계산서를 발급할 수 없고 일반영수증을 발급하여야 한다. 다만, 휴업하는 사업자의 경우에는 전력비·난방비·사용하지 아니하는 재산 처분 등 사업장 유지관리 등에 따른 세금계산서는 발급받거나 발급할 수 있다(집행기준 32-67-5).

(2) 전자세금계산서의 발급

1) 전자세금계산서의 발급의무자

다음의 사업자가 세금계산서를 발급하려면 전자적 방법으로 세금계산서(이하 "전자세금계산서"라 한다)를 발급하여야 한다(부가법 제32조②, 부가령 제68조①, ②).

① 법인사업자

② 개인사업자의 경우 : 직전 연도의 사업장별 재화 및 용역의 공급가액(면세공급가액을

포함한다)의 합계액이 8천만원 이상인 개인사업자(그 이후 직전 연도의 사업장별 재화 및 용역의 공급가액이 8천만원 미만이 된 개인사업자를 포함하며, 이하 "전자세금계산서 의무발급 개인사업자"라 한다)를 말한다. 그리고 전자세금계산서 의무발급 개인사업자는 사업장별 재화 및 용역의 공급가액의 합계액이 8천만원 이상인 해의 다음 해 제2기 과세기간이 시작하는 날부터 전자세금계산서를 발급해야 한다. 다만, 사업장별 재화와 용역의 공급가액의 합계액이 「국세기본법」 제45조에 따른 수정신고 또는 법 제57조에 따른 결정과 경정(이하 "수정신고등"이라 한다)으로 8천만원 이상이 된 경우에는 수정 신고등을 한 날이 속하는 과세기간의 다음 과세기간이 시작하는 날부터 전자세금계산서를 발급해야 한다.

2) 전자세금계산서의 발급방법

전자세금계산서의 발급은 전자적 방법으로 발급해야 하며, "전자적 방법"이란 다음의 어느 하나에 해당하는 방법으로 세금계산서의 기재사항을 계산서 작성자의 신원 및 계산서의 변경 여부 등을 확인할 수 있는 인증시스템을 거쳐 정보통신망으로 발급하는 것을 말한다(부가령 제68조⑤).

① 전사적 기업자원 관리설비를 이용하는 방법
② 재화 또는 용역을 실제 공급하는 사업자를 대신하여 전자세금계산서 발급업무를 대행하는 사업자의 전자세금계산서 발급 시스템을 이용하는 방법
③ 국세청장이 구축한 전자세금계산서 발급 시스템을 이용하는 방법
④ 전자세금계산서 발급이 가능한 현금영수증 발급장치 및 그 밖에 국세청장이 지정하는 전자세금계산서 발급 시스템을 이용하는 방법

전자세금계산서 발급시기와 전송기한

① 발급시기
　1. 종이세금계산서와 동일하게 재화 또는 용역을 공급하는 때 「부가가치세법」 제15조부터 제17조에서 정하는 시기에 전자세금계산서를 발급한다.
　2. 월합계로 발급하는 세금계산서 등의 경우 예외적으로 「부가가치세법」 제34조(세금계산서 발급시기)에 따른 공급시기가 속하는 다음달 10일까지 전자세금계산서를 발급할 수 있다.
　3. 발급기한(10일)이 토요일 또는 공휴일인 경우에는 바로 다음 영업일까지 발급
② 전송기한
　1. 공급시기마다 발급된 전자세금계산서, 월합계전자세금계산서와 수정발급된 전자세금

계산서는 그 발급일의 다음 날까지 국세청에 전송하여야 한다.
  2. 수정세금계산서의 경우 당초 발급된 전자세금계산서의 전송기한이 적용되는 것이
     아니라 수정세금계산서 자체의 작성연월일 또는 전자서명일을 기준으로 다음 날까지
     전송하여야 한다.
③ 전송내역
  • 전자세금계산서의 필요적 기재사항 및 임의적 기재사항 등 세금계산서 원본에 준하는
    사항(집행기준 32-68-3)

| 전자세금계산서 지연전송 · 미전송 가산세 |

구 분	내 용	가산세
지연전송	• 발급일의 다음날이 지나서 과세기간 확정신고 기한까지 전송 예) 2020.3.5. 발급한 경우, 2020.3.7.~2020.7.25.까지 전송	0.3%
미전송	• 발급일의 다음날이 지나서 과세기간 확정신고 기한까지 미전송 예) 2020.3.5. 발급한 경우, 2020.3.7.~2020.7.25.까지 미전송	0.5%

(3) 수정세금계산서

세금계산서 또는 전자세금계산서의 기재사항을 착오로 잘못 적거나 세금계산서 또는
전자세금계산서를 발급한 후 그 기재사항에 관하여 수정 사유가 발생하면 절차에 따라 수정한
세금계산서(이하 "수정세금계산서"라 한다) 또는 수정한 전자세금계산서(이하 "수정전자세금
계산서"라 한다)를 발급할 수 있다(부가법 제32조⑦).

 • 수정세금계산서 발급 사유 및 절차
① 수정세금계산서는 다음 각 호의 사유 및 절차에 따라 발급할 수 있다.
  1) 당초 공급한 재화가 환입된 경우 : 재화가 환입된 날을 작성일자로 적고 비고란에
     당초 세금계산서 작성일자를 부기한 후 붉은색 글씨로 쓰거나 음(-)의 표시를 하여
     발급한다.
  2) 계약의 해제로 재화 또는 용역이 공급되지 아니한 경우 : 계약이 해제된 때에 그
     작성일은 계약해제일로 적고 비고란에 처음 세금계산서 작성일을 덧붙여 적은 후
     붉은색 글씨로 쓰거나 음(-)의 표시를 하여 발급한다.
  3) 계약의 해지 등에 따라 공급가액에 추가 또는 차감되는 금액이 발생한 경우 : 증감사유가
     발생한 날을 작성일자로 적고 추가되는 금액은 검은색 글씨로 쓰고, 차감되는 금액은

붉은색 글씨로 쓰거나 음(-)의 표시를 하여 발급한다.

4) 재화 또는 용역을 공급한 후 공급시기가 속하는 과세기간 종료 후 25일 이내에 내국신용장이 개설되었거나 구매확인서가 발급된 경우 : 내국신용장 등이 개설된 때에 그 작성일자는 당초 세금계산서 작성일자를 적고 비고란에 내국신용장 개설일 등을 부기하여 영세율 적용분은 검은색 글씨로 세금계산서를 작성하여 발급하고, 추가하여 당초에 발급한 세금계산서의 내용대로 세금계산서를 붉은색 글씨로 또는 음(-)의 표시를 하여 작성하고 발급한다.

5) 필요적 기재사항 등이 착오로 잘못 적힌 경우(다음 각 목의 어느 하나에 해당하는 경우로서 과세표준 또는 세액을 경정할 것을 미리 알고 있는 경우는 제외한다) : 처음에 발급한 세금계산서의 내용대로 세금계산서를 붉은색 글씨로 쓰거나 음(-)의 표시를 하여 발급하고, 수정하여 발급하는 세금계산서는 검은색 글씨로 작성하여 발급한다.

   가. 세무조사의 통지를 받은 경우

   나. 세무공무원이 과세자료의 수집 또는 민원 등을 처리하기 위하여 현지출장이나 확인업무에 착수한 경우

   다. 세무서장으로부터 과세자료 해명안내 통지를 받은 경우

   라. 그 밖에 가목부터 다목까지에 따른 사항과 유사한 경우로서 경정이 있을 것을 미리 안 것으로 인정되는 경우

6) 필요적 기재사항 등이 착오 외의 사유로 잘못 적힌 경우(상기 5호의 각 목 어느 하나에 해당하는 경우로서 과세표준 또는 세액을 경정할 것을 미리 알고 있는 경우는 제외한다) : 재화 및 용역의 공급일이 속하는 과세기간에 대한 확정신고기한 다음 날부터 1년 이내에 세금계산서를 작성하되, 처음에 발급한 세금계산서의 내용대로 세금계산서를 붉은색 글씨로 쓰거나 음(-)의 표시를 하여 발급하고, 수정하여 발급하는 세금계산서는 검은색 글씨로 작성하여 발급한다.

7) 착오로 전자세금계산서를 이중으로 발급한 경우 : 당초에 발급한 세금계산서의 내용대로 음(-)의 표시를 하여 발급한다.

8) 면세 등 발급대상이 아닌 거래 등에 대하여 발급한 경우 : 처음에 발급한 세금계산서의 내용대로 붉은색 글씨로 쓰거나 음(-)의 표시를 하여 발급한다.

9) 세율을 잘못 적용하여 발급한 경우(상기 5호의 각 목 어느 하나에 해당하는 경우로서 과세표준 또는 세액을 경정할 것을 미리 알고 있는 경우는 제외한다) : 처음에 발급한 세금계산서의 내용대로 세금계산서를 붉은색 글씨로 쓰거나 음(-)의 표시를 하여 발급하고, 수정하여 발급하는 세금계산서는 검은색 글씨로 작성하여 발급한다(부가령 제70조 제1항).

재화 또는 용역의 공급에 대하여 세금계산서를 발급하였으나 수정세금계산서 발급사유가 발생한 때에 공급받는 자 또는 공급자가 폐업한 경우에는 수정세금계산서를 발급할 수 없다. 이 경우 이미 공제받은 매입세액 또는 납부한 매출세액은 납부세액에서 차가감하여야 한다(집행기준 32-70-2).

부동산개발 관련 해석·판단사례

■ 분양계약상 특약에 따라 공급한 주택을 재매입하는 경우 매입가액을 과세표준에서 차감할 수 있는지 여부

해석

- 국민주택규모를 초과하는 주택을 분양하는 사업자가 분양계약의 특약에서 입주 후 2년이 경과한 때에 분양주택의 시가가 분양가액에 미달하면 분양받은 자가 분양공급자에게 당초 분양가액으로 분양주택의 재매입을 요구할 수 있도록 하는 조건으로 주택을 분양하고 그 잔금청산과 소유권 이전 등기를 마쳐 공급을 완료한 다음,
- 특약에 따라 입주 2년이 경과한 때에 주택을 재매입하는 경우 「부가가치세법 시행령」 제59조 제1항에 따른 수정세금계산서 발급사유에 해당하지 아니하는 것이며 그 재매입가액을 과세표준에서 차감할 수 없는 것임(법규부가2012-421, 2012.12.28.).

■ 지방자치단체로부터 공사용역대가로 선금을 받았으나 선금을 반납하는 경우

사안

지방자치단체로부터 공사용역대가로 선금을 받고 세금계산서를 발급한 후 선금을 반납하는 경우 수정세금계산서 발급대상 여부

해석

- 신청인이 ○○구청과 완성도기준지급조건부 건설도급계약을 체결하면서 「지방재정법」에 따라 받은 선금에 대하여 세금계산서를 발급하였으나, 해당 지방자치단체의 요청에 따라 공급시기 도래 전에 선금을 반환하는 경우에는 그 반환일을 작성일자로, 반환금액을 공급가액으로 하여 수정세금계산서를 발급하는 것임(법규부가2011-24, 2011.2.24.).

■ 주민등록번호로 발급된 세금계산서를 사업자등록번호로 수정 발급가능 여부

> **해석**
>
> • 사업자가 세금계산서를 교부한 후 그 기재사항에 관하여 착오 또는 정정사유가 발생한 경우에는 부가가치세법 제21조의 규정에 의하여 부가가치세의 과세표준과 납부세액 또는 환급세액을 경정하여 통지하기 전까지 같은 법 시행령 제59조의 규정에 의하여 세금계산서를 수정하여 교부할 수 있는 것임. 다만, 이 경우 공급받는 자가 사업자등록을 하기 전에 공급받는 자의 주민등록번호를 기재하여 교부한 세금계산서에 대하여는 사업자등록번호로 수정한 세금계산서를 교부할 수 없는 것임(서면3팀-2499, 2004.12.9., 서면부가2017-2417, 2017.12.26.).

■ 폐업 후에 당초 공급가액의 변경된 경우 수정세금계산서 발급가능 여부

> **해석**
>
> • 사업자가 세금계산서를 교부한 후 폐업한 경우로서 당초의 공급가액에 추가 또는 차감되는 금액이 폐업 후에 발생한 경우에는 부가가치세법 시행령 제59조 단서의 규정에 의한 수정세금계산서를 교부할 수 없는 것임(서면3팀-1304, 2004.7.7., 서면부가2017-1986, 2017.10.31.).

■ 계약을 해지하였으나 거래상대방의 폐업으로 수정세금계산서 발급이 불가능한 경우 부가가치세 신고 방법

> **해석**
>
> • 사업자가 중간지급조건부로 과세되는 컨설팅용역을 제공하기로 거래상대방과 약정하고 계약금에 대하여 세금계산서를 교부하였으나 추후 거래상대방의 부도로 계약이행이 불가능하여 당해 용역이 제공되지 아니하고 사실상 계약을 해지한 경우 그 해지한 때에 수정세금계산서를 교부해야 하는 것이나, 당해 거래상대방의 폐업으로 수정세금계산서를 교부할 수 없는 경우에는 그 사유가 발생한 때가 속하는 신고기간의 총매출세액에서 당해 계약이 해지된 매출세액을 차감하는 것임(서면3팀-239, 2005.2.18, 서면부가2017-573, 2017.6.30.).

■ 과세되는 주상복합건물을 신축 중 설계변경으로 국민주택규모 이하의 주택건설용역 제공시 수정세금계산서 발급가능 여부

해석

- 건설업자가 발주자에게 당초 부가가치세가 과세되는 주상복합건물을 신축하기로 계약을 체결하고 당해 건설용역을 제공하던 중 주택부분에 대한 발주자의 설계변경으로 인하여 부가가치세가 면제되는 국민주택규모 이하의 주택건설용역 제공으로 변경되는 경우
- 설계변경에 따른 건축허가시점 이전의 과세되는 건설용역에 대하여는 설계변경을 이유로 소급하여 면세를 적용하는 수정세금계산서를 교부할 수 없는 것이며,
- 설계변경에 따른 건축허가 시점에서 발생한 면세전용에 해당하는 재화에 대하여는 부가가치세법 제6조 제2항 및 동법 시행령 제15조 제1항의 규정에 의하여 부가가치세가 과세됨(부가 46015-44, 1997.1.8, 부가-1051, 2012.10.15.).

■ 시행사가 시공사에 지급하는 인센티브 등의 변경에 대한 수정세금계산서 발급가능 여부

해석

- 건설용역을 제공하는 사업자가 시행사에게 각종 시공용역, 광고, 분양대행업무 등의 업무를 포괄적으로 제공하는 도급계약을 체결하면서 당해 사업이 종료된 후 시행사가 얻게 되는 일정목표 초과이익 중 일부를 인센티브 형식으로 지급받거나, 일정목표 초과이익에 미달하는 경우 그 미달액 중 일부를 당초 공사도급금액에서 차감하기로 약정한 경우,
- 당해 사업자가 지급받거나 지급할 금액이 확정되는 때에 「부가가치세법 시행령」 제59조의 규정에 따라 수정세금계산서를 교부하는 것임(부가-1333, 2009.9.18., 서면부가2015-382, 2016.7.10.).

② 세금계산서 발급의무의 면제

세금계산서(전자세금계산서를 포함한다)를 발급하기 어렵거나 세금계산서의 발급이 불필요한 다음의 경우에는 세금계산서를 발급하지 아니할 수 있다(부가법 제33조①, 부가령 제71조①).

세금계산서 발급의무 면제

① 택시운송, 노점 또는 행상을 하는 사업자가 공급하는 재화 또는 용역
② 무인자동판매기를 통하여 공급하는 재화 또는 용역
③ 전력이나 도시가스를 실제로 소비하는 자(사업자가 아닌 자로 한정한다)를 위하여

전기사업자 또는 도시가스사업자로부터 전력 또는 가스를 공급받는 명의자

④ 도로 및 관련 시설 운영용역을 제공하는 사업자(세금계산서 발급 요구시 제외)

⑤ 소매업(세금계산서 요구시 제외) 또는 목욕·이발·미용업을 영위하는 자

⑥ 간주공급 재화(자가 공급〈직매장 반출 제외〉, 개인적 공급, 사업상 증여, 폐업시 잔존재화)

⑦ 다음의 영세율이 적용되는 재화 또는 용역

  1) 수출하는 재화(국내에서 구입한 원료를 대가없이 국외수탁가공사업자에게 반출하여 가공된 재화를 양도하는 경우에 그 원료의 반출, 내국신용장·구매확인서에 의하여 공급하거나 한국국제협력단, 한국국제보건의료재단 및 대한적십자사에 공급하는 재화는 제외)

  2) 국외제공용역과 선박, 항공기의 외국항행용역 중 공급받는 자가 국내사업장이 없는 비거주자 또는 외국법인인 경우, 항공기에 의한 외국항행용역, 「항공법」에 따른 상업서류송달용역

  3) 기타 외화획득사업

    가. 국내사업장이 없거나 이와 관련이 없는 외국법인 또는 비거주자에게 공급하는 재화 또는 용역

    나. 외국을 항행하는 선박, 항공기, 원양어선에 공급하는 영세율 적용대상 재화 또는 용역(공급받는 자가 국내사업장이 없는 외국법인 또는 비거주자에 한함)

    다. 국내 주재 외국정부기관·국제연합군 또는 미국군에게 공급하는 재화 또는 용역

    라. 종합여행업자가 외국인관광객에게 공급하는 관광알선용역

⑧ 부동산임대용역 중 간주임대료

⑨ 공인인증기관이 「전자서명법」 제15조에 따라 공인인증서를 발급하는 용역(사업자로서 세금계산서를 요구하는 경우 제외)

⑩ 「부가가치세법」 제53조의2 제1항 또는 제2항에 따라 간편사업자등록을 한 사업자가 국내에 공급하는 전자적 용역

⑪ 공급받는 자에게 신용카드매출전표 등을 발급한 경우 해당 재화 또는 용역

⑫ 부당하게 낮은 대가를 받거나 대가를 받지 아니하여 부가가치세 과세표준에 포함된 가액

⑬ 그 밖에 국내사업장이 없는 비거주자 또는 외국법인에 공급하는 재화 또는 용역. 다만, 다음의 어느 하나에 해당하는 경우는 제외한다.

  1) 국내사업장이 없는 비거주자 또는 외국법인이 해당 외국의 개인사업자 또는 법인사업자임을 증명하는 서류를 제시하고 세금계산서 발급을 요구하는 경우

  2) 「법인세법」 제94조의2에 따른 외국법인연락사무소에 재화 또는 용역을 공급하는 경우(부가령 제71조①)

■ 세금계산서와 신용카드매출전표를 중복으로 교부한 경우 신고방법 및 가산세가 적용되는지 여부

> **해석**
>
> - 부가가치세법 시행령 제80조 제4항의 규정에 의한 소매업 등 최종소비자를 상대로 하는 사업자가 부가가치세가 과세되는 재화 또는 용역을 공급하고 같은 법 제32조의2 제1항에 규정된 신용카드매출전표 등을 발행한 경우에는 같은 법 시행령 제57조 제2항(2003.12.30. 대통령령 제18175로 개정된 것)의 규정에 의하여 세금계산서를 교부할 수 없는 것임.
> - 다만, 이 경우 세금계산서와 신용카드매출전표를 중복으로 교부한 경우에는 세금계산서를 기준으로 부가가치세를 신고·납부하여야 하는 것이며, 중복 교부에 따른 가산세는 적용대상에서 제외되는 것임(부가-1439, 2009.10.6.).

■ 인터넷상에서 출력, 교부되는 신용카드매출전표의 부가가치세 매입세액의 공제방법

> **해석**
>
> - 사업자가 「부가가치세법 시행령」 제53조 제4항 내지 제6항의 규정에 따라 계산서를 전송하고 그 자료를 보관하는 경우에는 「부가가치세법」 제16조 제1항의 규정에 의한 세금계산서를 교부한 것으로 보는 것이나, 귀 문의와 같이 신용카드매출전표에 공급자 및 공급받는 자의 필요적 기재사항을 기재하여 인터넷상에서 출력·교부되는 등 신용카드매출전표는 동 규정에 의한 전자세금계산서에 해당하지 아니하는 것임.
> - 인터넷쇼핑몰 운영사업자가 수탁받은 재화를 공급하고 그 공급시기에 자신의 결제대행시스템을 통하여 신용카드매출전표를 발행하고 당해 재화를 공급받은 자가 신용카드매출전표를 출력·보관하고 있는 경우 신용카드매출전표상에 구분 기재된 부가가치세액(구분 기재되지 아니한 경우에는 발행금액의 110분의 10에 상당하는 금액)은 같은 법 제32조의2 제3항의 규정에 의하여 매출세액에서 공제할 수 있는 것임(서면3팀-163, 2006.1.24.).

■ 원자재를 자기의 다른 사업장으로 반출시 세금계산서 교부 여부

> **해석**
>
> - 총괄납부 승인을 받지 아니한 2 이상의 사업장이 있는 종합건설업자가 자기의 사업과 관련하여 생산하거나 취득한 재화(건설자재)를 자기의 과세사업을 위하여 자기의 다른 사업장에서

원료·자재 등으로 사용·소비하기 위하여 반출하는 경우에는 재화의 공급으로 보지 아니하는 것임.

- 다만, 면세사업에 사용·소비하기 위하여 반출하는 경우에는 부가가치세법 제6조 제2항 및 같은 법 시행령 제15조 제1항의 규정에 의하여 재화의 자가공급으로 부가가치세가 과세되는 것이며, 자가공급에 해당하는 경우에는 부가가치세법 시행령 제57조 제1항 제2호의 규정에 의하여 세금계산서 교부의무가 면제되는 것임(서면3팀-2102, 2005.11.23.).

③ 세금계산서 발급시기

세금계산서는 사업자가 재화 또는 용역의 공급시기에 재화 또는 용역을 공급받는 자에게 발급하여야 한다(부가법 제34조①). 또한, 재화 또는 용역의 공급시기가 되기 전 재화 및 용역의 공급시기의 특례에 따른 때에 세금계산서를 발급할 수 있다(부가법 제34조②). 재화 및 용역의 공급시기 특례는 'Chapter 3. Ⅰ. 제2절 9.'를 참고하기 바란다.

세금계산서 발급시기

① 세금계산서는 사업자가 「부가가치세법」 제15조 및 제16조에 따른 재화 또는 용역의 공급시기에 재화 또는 용역을 공급받는 자에게 발급하는 것을 원칙으로 한다.
② 위 ①에도 불구하고 사업자는 재화 또는 용역의 공급시기가 되기 전 「부가가치세법」 제17조에 따른 때에 세금계산서를 발급할 수 있다.
③ 위 ①에도 불구하고 다음의 어느 하나에 해당하는 경우에는 재화 또는 용역의 공급일이 속하는 달의 다음 달 10일(그 날이 공휴일 또는 토요일인 경우에는 바로 다음 영업일을 말한다)까지 세금계산서를 발급할 수 있다.
   ㉠ 거래처별로 달의 1일부터 말일까지의 공급가액을 합하여 해당 달의 말일을 작성 연월일로 하여 세금계산서를 발급하는 경우
   ㉡ 거래처별로 달의 1일부터 말일까지의 기간 이내에서 사업자가 임의로 정한 기간의 공급가액을 합하여 그 기간의 종료일을 작성 연월일로 하여 세금계산서를 발급하는 경우
   ㉢ 관계 증명서류 등에 따라 실제거래사실이 확인되는 경우로서 해당 거래일을 작성 연월일로 하여 세금계산서를 발급하는 경우
④ 「부가가치세법」 제17조의 선발행세금계산서 규정을 적용함에 있어 사업자가 받는 대가에는 현금 외에 수표, 어음, 신용카드, 전자화폐, 현물의 인도(양도) 등이 포함된다.

⑤ 사업자가 공급시기가 도래하기 전에 대가의 지급없이 세금계산서를 발급받아 관할 세무서장으로부터 경정 등에 의해 사실과 다른 세금계산서로 매입세액이 불공제 된 후 정당한 공급시기에 세금계산서를 발급받은 때에는 이를 정당한 세금계산서로 본다.

⑥ 사업자가 월합계 세금계산서를 발급함에 있어 해당 월 중 반품이 있는 경우 해당 월의 총 공급가액에서 반품가액을 차감하여 발급할 수 있다.

⑦ 동일한 거래처에 품목별 또는 담당자별로 구분하여 2매 이상의 월합계 세금계산서를 발급할 수 있다.

⑧ 위 ①부터 ③까지의 규정에 따라 세금계산서를 발급하면서 작성 연월일을 착오로 잘못 기재하여 발급한 경우로서 세금계산서의 다른 기재사항으로 보아 거래사실이 확인되는 경우에는 사실과 다른 세금계산서로 보지 아니한다(집행기준 34-0-1).

■ 부동산개발 관련 해석·판단사례

■ 임차인이 자기 계산으로 건물을 증축하고 그 소유권을 임대인의 명의로 등기하는 경우

사안

임차인이 비용을 부담하여 건물을 증축하고 증축된 부분의 소유권을 임대인의 명의로 등기하는 경우 세금계산서 발급방법

해석

• 임차인이 임차할 예정인 건물을 자기 계산으로 증축한 후 임대인의 명의로 등기한 후 해당 건물(증축된 부분 포함)과 토지를 임대하는 경우,

• 임차인은 임대인에게 건물 증축비용을 공급가액으로 해당 증축 건물의 공급에 대하여 세금계산서를 발급하는 것이며, 임대인은 임차인에게 건물 증축비용을 임대차 계약기간의 개월 수로 나눈 금액에 현금으로 수령하는 월임대료를 공급가액으로 부동산임대용역에 대하여 세금계산서를 발급하는 것임.

• 임대인은 임차인으로부터 임대용역 개시 전에 증축된 건물을 이전받는 경우 부가가치세법 제34조 제2항에 따라 선세금계산서를 발급할 수 있는 것임(서면법령해석 부가2015-496, 2015.6.18.).

■ 부동산임대 공급가액이 확정되지 않은 경우 세금계산서 발급시기

- 부동산임대업을 영위하는 사업자가 임차인과 임대료에 대한 다툼이 있어 그 임대료 상당액이 법원의 판결에 의하여 확정되는 경우에는 부가가치세법 시행령 제22조 제3호(현행 제29조 제2항 제1호)의 규정에 의하여 당해 임대료 상당액이 법원의 판결에 의하여 확정되는 때를 거래시기로 하여 부가가치세를 거래징수 하는 것임(부가-849, 2013.9.17.).

■ 용역계약이 해지되는 경우 수정세금계산서 발급시기

- 부가가치세가 과세되는 용역을 공급하는 사업자가 「부가가치세법」 제16조 제1항의 규정에 따라 세금계산서를 교부한 후 용역계약이 해지된 경우에는 당초 교부한 세금계산서에 기재된 공급가액과 해지된 때까지의 용역제공대가(공급가액)와의 정산차액에 대하여 「부가가치세법 시행령」 제59조 제3호의 규정에 따라 해지된 날을 작성일자로 하여 수정세금계산서를 교부하는 것임(부가-208, 2010.2.22., 부가-87, 2013.1.29.).

■ 사용승인일 이후 공사대금 정산에 관한 분쟁이 당초의 공급시기에 영향을 미치는지 판단

원고의 주장 : 원고와 HH종합건설 사이에 공사용역 대가에 관하여 다툼이 있었다가 2015. xx. xx. 대법원 판결에 의해 비로소 대가가 확정되었으므로, 공사잔금 xxx,xxx,xxx원 부분에 관한 용역의 공급시기 또한 대법원 판결 선고일인 2015. xx. xx.임. 원고의 2015. xx. xx.자 거래사실 확인신청은 그로부터 3개월 이내에 이루어졌으므로[구 조세특례제한법 시행령 (2017.2.7. 대통령령 제27848호로 개정되기 전의 것) 제121조의4 제2항 참조], 공사잔금 xxx,xxx,xxx원 부분의 용역의 공급시기가 사용승인일인 2011. xx. xx.임을 전제로 한 이 사건 거부처분은 위법하여 취소되어야 함.

- 구 부가가치세법 시행령(2013.6.28. 대통령령 제24638호로 개정되기 전의 것, 이하 같다) 제22조는 '통상적인 공급의 경우에는 역무의 제공이 완료되는 때'(제1호), '완성도 기준지급·중간지급· 장기할부 또는 기타 조건부로 용역을 공급하거나 그 공급단위를 구획할 수 없는 용역을 계속적으로

공급하는 경우에는 그 대가의 각 부분을 받기로 한 때'(제2호), '제1호 및 제2호의 규정을 적용할 수 없는 경우에는 역무의 제공이 완료되고 그 공급가액이 확정되는 때'(제3호)를 각 그 용역의 공급시기로 정하고 있음.

- 여기에서 '역무의 제공이 완료되는 때'는 거래사업자 사이의 계약에 따른 역무제공의 범위와 계약조건 등을 고려하여 역무가 현실적으로 제공됨으로써 역무를 제공받는 자가 역무제공의 산출물을 사용할 수 있는 상태에 놓이게 된 시점을 의미하고, 역무의 제공이 완료되었음에도 공급시기가 도래하지 아니하였다고 보는 예외적인 경우는 역무제공의 완료시 공급가액이 확정되지 아니하는 경우에 한정됨.

- 이미 이 사건 도급계약에 따라 HH종합건설이 받기로 한 공사대금이 정하여진 상태에서 이 사건 공사가 완공되어 사용승인까지 받은 이상, 그후 원고와 HH종합건설 사이에 앞서 본 바와 같이 공사대금 정산에 관한 분쟁으로 소송이 제기되어 그에 관한 판결에서 원고가 HH종합건설에게 이 사건 공사와 관련하여 최종적으로 지급할 금액이 확정되었다 할지라도 이는 공급이 완료된 용역의 하자에 관한 문제일 뿐이므로 이를 이유로 역무제공의 완료시 공급가액이 확정되지 아니한 경우에 적용되는 구 부가가치세법 시행령 제22조 제3호를 적용할 수는 없음(HH종합건설이 공사잔금을 역무의 완성도 또는 기타 조건부로 지급받기로 한 것도 아니므로 구 부가가치세법 시행령 제22조 제2호에 해당하지도 않음)(서울행법 2017구합51662, 2017.9.29.).

 영수증

세금계산서 발급대상임에도 불구하고 영수증 발급대상에 해당하는 자(생략)가 재화 또는 용역을 공급(부가가치세가 면제되는 재화 또는 용역의 공급은 제외한다)하는 경우에는 재화 또는 용역의 공급시기에 그 공급을 받은 자에게 세금계산서를 발급하는 대신 영수증을 발급하여야 한다(부가법 제36조①).

부동산개발과 관련한 영수증 발급 대상에는 주로 사업자가 아닌 소비자에게 재화 또는 용역을 공급하는 사업으로 주거용 건물공급업(주거용 건물을 자영건설하는 경우를 포함한다)이 해당한다(부가법 제36조① 제1호, 부가령 제73조① 제14호, 부가칙 제53조 제3호).

 가산세

사업자(간이과세자 제외)가 다음의 가산세 중 어느 하나에 해당하면 그에 따른 금액을 납부세액에 더하거나 환급세액에서 뺀다(부가법 제60조①).

종 류	주요 내용
미등록가산세	공급가액 × 1% (일반과세자)
타인명의등록가산세	공급가액 × 2%
세금계산서발급 불성실 가산세	• 공급가액 × 1%(세금계산서 기재불성실 및 지연발급) • 공급가액 × 2%(세금계산서 미발급) • 종이세금계산서 발급시 : 공급가액 × 1% • 자신의 다른 사업장 명의로 발급시 : 공급가액 × 1%
세금계산서등 부정수수 가산세	• 세금계산서등 가공·위장 발급가산세 : 공급가액 × 3% • 세금계산서등 가공수취가산세 : 공급가액 × 3% • 세금계산서등 타인명의 수취가산세 : 공급가액 × 2% • 공급가액 과다기재분 세금계산서 수수가산세 : 과다공급가액 × 2%
자료상 수수 세금계산서 가산세	공급가액 × 3%
신용카드매출전표등 경정기관 확인 또는 수령명세서 과다기재 매입세액공제가산세	공급가액 × 0.5%
매출처별세금계산서 합계표 불성실 가산세	공급가액 × 0.5% (미제출, 등록번호 및 공급가액 미기재·부실기재) 공급가액 × 0.3% [지연제출(예정분을 확정 시 제출)]
지연수취 세금계산서 매입세액공제가산세	공급가액 × 0.5%
매입처별세금계산서 합계표 불성실 가산세	공급가액 × 0.5% [미제출(수정신고 및 경정청구와 함께 제출시 제외), 등록번호와 공급가액 미기재·부실기재, 공급가액 과다기재]
현금매출·부동산임대공급가액 명세서제출불성실 가산세	(미제출·과소제출) 수입금액 × 1%
전자세금계산서발급명세 지연전송·미전송	지연전송 : 공급가액 × 0.3% 미전송 : 공급가액 × 0.5%

종 류	주요 내용
무신고가산세	• 부정 무신고 : 부정 무신고 납부세액 × 40% (개인 복식부기의무자 · 법인은 위 금액과 수입금액 × 1만분의 14 중 큰 금액) • 일반 무신고 : 일반 무신고 납부세액 × 20% (개인 복식부기의무자 · 법인은 위 금액과 수입금액 × 1만분의 7 중 큰 금액)
과소신고 · 초과환급신고 가산세	• 부정과소 · 초과환급신고 : 부정 과소신고 납부세액 등 × 40% • 일반과소 · 초과환급신고 : 일반 과소신고 납부세액 등 × 10%
납부지연가산세	• ① + ② ① 미납세액(초과환급받은 세액) × 경과일수(고지일~고지납부기한까지 기간 제외) × 가산세율(1일 10만분의 22) ② 납부고지 후 미납세액 × 1백분의 3
영세율과세표준불성실가산세	무신고 · 과소신고 영세율 과세표준 × 0.5%

가산세가 중과되는 부당한 방법의 유형

① 실질거래에 따라 작성된 장부 외에 과세표준을 과소계상하거나 매입세액을 과다계상한 장부를 별도로 작성

② 과세표준을 축소하거나 매입세액을 과다계상하기 위하여 이중계약서 작성, 거래사실과 다른 문서작성, 거래금액과 서로 다른 가액을 기재한 증빙 등을 작성

③ 재화 또는 용역을 공급받지 않고 세금계산서 등을 수취하거나 실제 재화 또는 용역을 공급한 자가 아닌 자의 명의로 작성된 세금계산서 등을 수취(허위임을 알고 수취한 경우에 한함)

④ 매출 · 매입 장부 및 기록(전산기록 포함) · 증빙 등을 고의로 파기 · 삭제 · 소각하여 거래사실을 확인할 수 없는 경우

⑤ 조세탈루 및 증거인멸 등의 목적으로 거래행위를 은폐하거나 통정에 의하여 과세표준을 임의조정하는 등의 방법으로 거래사실이나 계산의 근거를 숨기는 경우

⑥ 위와 유사한 사기 그 밖의 부정한 방법으로 부가가치세를 포탈하거나 환급 · 공제받은 경우(집행기준 60 − 0 − 3)

① 의무 위반의 종류별·과세기간 단위별로 각각 5천만원(중소기업이 아닌 기업은 1억원)의 한도가 적용되는 가산세에는 미등록가산세, 타인명의등록가산세, 세금계산서발급 불성실 가산세(2% 적용분 제외), 세금계산서등 경정기관확인 매입세액공제 가산세, 매출처별 세금계산서합계표제출 불성실 가산세, 공급시기 경과 후 해당과세기간 내 발급받은 매입세액공제 가산세, 매입처별세금계산서합계표제출 불성실 가산세, 현금매출명세서 또는 부동산임대공급가액명세서 제출 불성실 가산세가 해당한다.
② 해당 의무를 고의적으로 위반한 경우에는 가산세 한도를 적용하지 아니한다(국기법 제49조, 영 제29조의2).

■ 부동산개발 관련 해석·판단사례

■ 쟁점토지의 서류상 계약당사자가 아닌 청구법인을 실질적 분양주체로 판단하여 사실과 다른 세금계산서로 보아 가산세를 부과한 처분의 당부

- 청구법인은 2017.12.1. 부동산 매매 및 분양대행업을 주업으로 설립된 업체로 평소 사업상 친분이 있는 ○○○가 매입한○○○와, ○○○이 매입한 같은 곳 ○○○, ○○○이 매입한 ○○○, 같은 곳 ○○○("쟁점토지"라 한다)에 대하여 ○○○과 쟁점토지에 대한 분양대행 약정(이하 "쟁점약정"이라 하고, 동 약정서를 "쟁점약정서"라 한다)을 맺고 분양업무를 수행하였음.
- 처분청은 청구법인에 대한 세무조사를 통하여 청구법인이 위 약정에 근거하여 2018년 제1기 부가가치세 과세기간 동안 ○○○ 등에게 발행한 ○○○원의 세금계산서(이하 "쟁점세금계산서"라 하고, 그 관련거래를 "쟁점거래"라 한다)에 대하여 청구법인과 ○○○ 등이 체결한 쟁점약정은 경제적 실질이나 합리적인 관점에서 볼 때 청구법인이 ○○○ 등의 명의로 쟁점토지를 우회취득한 후 분할 매각하는 등 사실상 '기획부동산'식 토지매매업(면세사업)을 영위한 것으로 판단하여 청구법인이 쟁점거래와 관련하여 발행한 세금계산서 일체를 사실과 다른 가공세금계산서로 확정하였음.
- 청구법인의 주장 : 부동산실명법 위반, 「농지법」 위반, 「특정범죄가중처벌 등에 관한 법률」 위반(허위세금계산서 교부), 「조세범 처벌법」 위반 혐의에 대하여 ○○○지방검찰청의 불기소결정, 이와 관련한 처분청의 항고에 대한 ○○○검찰청의 기각결정, 처분청의 재정신청에 대해 ○○○법원이 2020.1.6. "피의자들(청구법인 및 ○○○)에게 해당 범죄가 성립

한다거나 검사의 불기소처분이 부당하다고 인정하기에도 부족하다"는 결정(○○○법원 2020.1.6. 선고 2019초재4598 결정) 등에서도 정당한 것으로 입증되었다 할 것인바, 처분청의 당초 처분은 취소되어야 마땅한 것임.

심판례

- 청구법인과 ○○○ 등이 맺은 쟁점약정서를 보면 토지매매계약체결대행 및 매매대금계약금, 중도금, 잔금수령 등의 일체를 ○○○ 등이 청구법인에게 위임한 것으로 나타나고, '분양계약체결은 ○○○ 등이 진행하되 계약서 작성시 매도인란은 ○○○ 등으로 한다.'라고 약정한 사실로 볼 때 쟁점토지의 분양과정 전반을 청구법인이 주도적으로 수행한 것으로 보이는 점, 청구법인의 대표이사 ○○○ 등의 심문조서나 문답서에 의하면 쟁점토지를 「농지법」 위반 등의 사유로 ○○○ 등의 명의로 취득했다고 확인한 사실이 있는 점, ○○○ 등이 쟁점토지 매매계약서의 계약당사자라고는 하나 매입자금 조달측면에서 보면 청구법인이 직접 대여해 주거나 금융기관을 알선해 주는 등 ○○○ 등이 한 것이라고는 부동산매매계약서에 자신들 명의로 자필 서명한 것과 금융기관에서 대출을 실행할 때 자신들이 수기로 작성한 대출신청서 이외에는 특별히 기여를 했다고 볼 만한 사정이 없어 보이는 점,

- 또한 ○○○ 등이 쟁점토지의 매입자금을 청구법인으로부터 차입하면서 차용증을 작성한 사실이나, 회수기간을 정한 사실, 이자를 지급한 사실, 담보를 제공한 사실 등 일반적인 차입과정을 거치지 않아 그 차입과정 또한 이례적인 것으로 보이는 점, ○○○ 등이 쟁점토지를 매매계약한 시점부터 사업자등록신청, 농지취득자격신청, 청구법인과 쟁점토지에 대한 분양대행약정을 체결한 시점까지의 기간이 대략 3개월 이내의 단기간에 이루어져 ○○○ 등이 실질적으로 쟁점토지를 취득하여 보유하다 분양한 것인지 불분명해 보이고, 오히려 청구법인이 ○○○ 등의 명의로 쟁점토지를 취득하여 수분양자에게 분양하고 그 이익을 취한 것으로 볼 여지가 있는 점, 쟁점토지의 분양과 관련하여 ○○○ 등이 최종적으로 가져갈 이익의 몫은 평당 약 ○○○원선으로 청구법인이 취한 이익(분양이익금의 ○○○수준)에 비하여 상대적으로 적은 금액이어서 ○○○ 등이 받은 이익금 명목이 명의대여 등에 따른 대가로 보이는 점,

- 행정재판은 검찰의 불기소처분 사실에 의하여 구속받는 것이 아니고 증거에 의한 자유심증으로 그와 반대되는 사실을 충분히 인정할 수 있는 것이고(대법원 1987.10.26. 선고 87누493 판결 등 참조), 검찰의 조세범 혐의사건에 대한 기소여부는 범죄의 구성요건 충족 여부 등에 관한 판단에 따라 결정되는 것으로서 세법에 근거한 조세의 부과처분과는 그 기준 및 관점이 다르므로 검찰의 불기소 처분이 있다하여 그것이 바로 과세처분의 부당함을 의미한다 할 수는 없는 점(조심 2008부3220, 2008.11.28. 참조) 등에 비추어 볼 때

- 처분청이 청구법인을 쟁점토지의 실질적 분양주체로 판단하고 쟁점세금계산서를 사실과 다른 세금계산서로 보아 가산세를 부과한 당초 처분은 달리 잘못이 없는 것으로 판단됨(조심 2019서3354, 2020.11.13.).

Ⅱ

부동산개발과 법인세

 법인세 일반

① 납세의무자

법인의 소득에 대한 법인세의 납세의무자는 내국법인(국가 및 지방자치단체와 지방자치단체조합을 제외한다)과 국내원천소득이 있는 외국법인으로 한다(법법 제3조).

 **부동산개발 관련 해석·판단사례**

■ 도시환경정비사업의 건축물 분양에서 발생한 소득의 납세의무자

사안

도시환경정비사업의 건축물 분양에서 발생한 소득의 납세의무자는 법인인 사업시행자인지 아니면 토지등 소유자가 소득세 납세의무자인지 여부

해석

- 「도시 및 주거환경정비법」 제8조 제4항(2017.2.8. 법률 제14567호로 전부 개정되기 전의 것)에 따라 도시환경정비사업의 사업시행자로 지정받은 자가 같은 법 제60조에 따른 정비사업비를 부담하여 건설한 건축물을 종전 토지등 소유자 및 일반인에게 분양하는 경우 건축물 분양에 대한 법인세 납세의무자는 해당 사업시행자가 되는 것이며,

- 사업시행자가 토지등 소유자에게 종전의 토지를 대신하여 관리처분계획에 의해 자기지분에 상당하는 건축물을 분양하는 사업에서 발생하는 소득은 해당 사업시행자의 과세소득에 해당하지 않는 것임(사전법령해석 법인2019-654, 2020.1.17.).

---

(1) 과세대상 소득의 구분

법인세의 과세대상 소득은 각 사업연도의 소득, 청산소득, 토지 등 양도소득, 미환류소득으로 한다(법법 제4조).

(2) 법인 유형별 과세소득의 범위

법인 유형별(내국·외국, 영리·비영리) 법인세 과세소득의 범위는 다음과 같다(집행기준 4-0-1).

구 분		각 사업연도소득	청산소득	토지 등 양도소득	미환류소득
내국법인	영리법인	국·내외 모든 소득	과세	과세	과세[*]
	비영리법인	국·내외 수익사업소득	–	과세	–
외국법인	영리법인	국내원천소득	–	과세	–
	비영리법인	국내원천소득 중 수익사업소득	–	과세	–
국가 및 지방자치단체, 지방자치단체조합		비과세			

* 상호출자제한기업집단에 속하는 법인

(3) 과세소득금액의 계산에 실질과세원칙 적용

1) 실질과세

세법 중 과세표준의 계산에 관한 규정은 소득, 수익, 재산, 행위 또는 거래의 명칭이나 형식과 관계없이 그 실질 내용에 따라 적용한다(국기법 제14조②).

2) 판단기준

① 과세사실의 판단기준 : 법인세의 과세소득 또는 토지 등의 양도차익을 계산함에 있어서 구체적인 세법적용의 기준이 되는 과세사실의 판단은 해당 법인의 기장내용, 계정과목, 거래명의에 불구하고 그 거래의 실질내용을 기준으로 한다(법기통 4-0…4).

② 거래의 실질내용 판단기준 : 거래의 실질내용은 건전한 사회통념, 통상 사인간의

상관행(지급조건, 지급방법을 포함한다) 및 구체적인 정황을 기준으로 판단하여야 한다(법기통 4-0…5).

3) 실질과세의 사례

① 공부상의 등기가 법인의 명의로 되어있지 아니하더라도 사실상 해당 법인이 취득하였음이 확인되는 경우에는 이를 법인의 자산으로 본다(법기통 4-0…7).

② 차입금의 명의인과 실질적인 차용인이 다른 경우에는 실질적인 차용인의 차입금으로 한다. 실질적인 차용인은 금전대차계약의 체결, 담보의 제공, 차입금의 수령, 각종 비용의 부담 등 차입에 관한 업무의 실질적인 행위내용과 차입한 금액의 용도 등을 기준으로 판단한다. 이 경우 차입금을 분할한 경우에는 차입한 금액의 전부 또는 일부를 타인에게 다시 대여한 것으로 인정되는 경우에 한하여 그 차입금 총액을 당초 차용인의 차입금으로 한다(법기통 4-0…8).

③ 「상법」에 따라 정당하게 설립된 회사의 자본금은 동법에 따라 자본금이 감소될 때까지는 당초 자본금을 정당한 자본금으로 본다. 일시적인 차입금으로 주금납입의 형식을 취한 후 곧 그 납입금을 인출하여 동 차입금을 변제하는 대신 가공자산을 계상한 경우에 해당 가공자산의 처리는 67-106…12(가공자산의 익금산입 및 소득처분)에 의한다(법기통 4-0…10).

④ 합병등기일 전에 사실상 합병한 경우 합병한 날로부터 합병등기를 한 날까지 생기는 손익은 「국세기본법」 제14조에 따라 실질상 귀속되는 법인에게 과세한다(법기통 4-0…9).

■ 부동산개발 관련 해석ㆍ판단사례

■ 내국법인이 부동산을 취득할 수 있는 권리를 신설된 합작회사에 양도하는 경우 세무처리 방법

> **해석**
>
> - 내국법인이 다른 법인과 합작사업을 추진하기로 계획하고 합작회사 설립 전 사업용 부지를 확보하기 위해 분양계약을 체결하여 계약금 및 중도금을 지급한 후 해당 부동산을 취득할 수 있는 권리를 신설된 합작회사에 양도하는 경우 그 처분손익은 각 사업연도 소득금액 계산상 익금 또는 손금에 산입하는 것임.
> - 다만, 해당 거래가 부동산을 취득할 수 있는 권리의 양도에 해당하는지 여부는 분양계약 체결 경위, 재분양 동의 합의 내용, 양도대금 수수내역 등을 종합적으로 검토하여 사실판단할 사항임(사전법령해석 법인2016-71, 2016.7.8.).

■ 정비사업조합이 시공사로부터 폐업일 이후 수령한 손해배상금의 익금 처리방법

• 「조세특례제한법」 제104조의7 제2항에 따라 비영리내국법인으로 보는 정비사업조합이 폐업일
  이후에 법원의 확정판결에 의하여 시공사로부터 수령하는 분양 아파트의 하자보수와 관련한
  손해배상금은 수익사업과 기타의 사업(비수익사업)의 공통익금에 해당하는 것임(서면법인
  2020 – 331, 2020.8.7.).

■ 법인의 사업용토지 취득과 관련된 대표이사 개인명의 차입금에 대한 세무처리

• 차입금의 명의인과 실질적인 차용인이 다른 경우에는 실질적인 차용인의 차입금으로 하는 것이며
  실질적인 차용인은 금전대차계약의 체결, 담보의 제공, 차입금의 수령, 각종 비용의 부담 등
  차입에 관한 업무의 실질적인 행위내용과 차입한 금액의 용도 등을 기준으로 판단하며, 이
  경우 차입금을 분할한 경우에는 차입한 금액의 전부 또는 일부를 타인에게 다시 대여한 것으로
  인정되는 경우에 한하여 당해 차입금 총액을 당초 차용인의 차입금으로 하는 것임(서면법인
  2018 – 651, 2018.5.21.).

■ 법인과 개인사업자간 공동사업 시 법인의 손익 계상방법

• 개인사업자와 공동으로 사업을 경영하는 법인은 당해 공동사업장의 자산・부채 및 수입・지출
  등에 관한 거래금액 중 자신의 지분에 해당하는 금액에 대하여 법인세법을 적용하여 산출된
  금액을 당해 법인의 수익과 손비로 하여 법인세 과세표준 및 세액을 신고・납부하는 것임
  (서면2팀 – 855, 2007.5.4.).

■ 법인간 공동사업자 등록을 한 경우

법인간에 공동사업자 등록을 한 경우 법인세법 적용방법과 미분양 상가를 각 법인으로 분할
하는 경우 과세표준 산정방법

- 법인과 법인이 각자의 토지 위에 주택개발 사업을 공동으로 시행하기로 약정하고 공동사업자로 등록을 한 경우, 당해 공동사업장의 자산·부채 및 수입·비용 등에 관한 거래금액 중 각 법인의 지분에 해당하는 금액에 대하여 법인세법을 적용하여 산출된 금액을 당해 법인의 익금과 손금으로 하는 것임.

- 법인이 각자 사업을 하기 위해 공동사업에 사용되던 미분양 상가를 분할하는 경우, 분할하고자 하는 미분양 상가의 과세표준을 산정함에 있어 그 시가는 당해 거래와 유사한 상황에서 당해 법인이 특수관계자 외의 불특정다수인과 계속적으로 거래한 가격 또는 특수관계자가 아닌 제3자간에 일반적으로 거래된 가격이 있는 경우에는 그 가격에 의하는 것이며, 시가가 불분명한 경우에는 같은 법 시행령 제89조 제2항 각 호의 규정을 순차적으로 적용하여 계산한 금액으로 하는 것으로, 시가에 해당하는지는 분양이 완료된 상가와 미분양된 상가의 위치, 규모, 입지여건 등 당해 상가의 개별요인 등을 참작하여 사실판단할 사항임(서면법인 2017-668, 2017.9.6.).

■ 명의신탁에 의하여 차명으로 주주명부에 등재된 경우 과점주주로서 제2차 납세의무자에 해당하는지 여부 판단

(원고의 주장)
- 원고는 자신의 의사와 무관하게 남편인 신○○에 의하여 ○○○○ 설립 당시 주주명부상 주주로 등재되어 있을 뿐 ○○○○ 주식을 취득하거나 주주권을 행사하지 않았음.
- 원고가 ○○○○의 주주명부에 주식 30%의 소유자로 등재되어 있기는 하였으나 이는 위 주식의 실질적인 소유자인 신○○의 부탁에 따라 그 소유명의를 빌려준 것에 불과하므로, 원고가 ○○○○의 실질주주임을 전제로 한 이 사건 처분은 위법함.

- 주식의 소유사실은 과세관청이 주주명부나 주식이동상황명세서 또는 법인등기부등본 등 자료에 의하여 이를 입증하면 되고, 다만 위 자료에 비추어 일견 주주로 보이는 경우에도 실은 주주명의를 도용당하였거나 실질소유주의 명의가 아닌 차명으로 등재되었다는 등의 사정이 있는 경우에는 단지 그 명의만으로 주주에 해당한다고 볼 수는 없으나 이는 주주가 아님을 주장하는 그 명의자가 입증하여야 함(대법원 2004.7.9. 선고 2003두1615 판결, 2008.9.11. 선고 2008두983 판결 등 참조).

- ○○○○는 2000.11.22. 자본금 1억원으로 설립되었고, 당시 발행 주식 10,000주를 원고의 남편인 신○○이 5,000주(50%), 원고가 3,000주(30%), 감사 송○○과 이사 황○○이 각 1,000주(10%)씩 보유하고 있었음. 신○○은 당시 원고와 송○○ 및 황○○ 명의로 드림리츠 주식을 인수하면서

원고로부터 사전에 양해를 구하거나 사후에 동의를 받지는 않았음.

- 신○○은 2003.12.26. 송○○과 황○○ 명의 주식 20%를 취득하여 원고와 함께 ○○○○ 지분 전부를 보유하게 되었고, 2005년경 당시 학생이었던 자녀들인 신□□, 신△△에게 자신이 보유하고 있던 ○○○○ 주식 7,000주 중 3,000주씩을 증여하였음. 그 후 ○○○○는 2007.7.26. 유상증자를 실시하여 자본금이 3억원으로 증가하였음.

- 원고가 그 주식 명의로 인하여 세금을 부담하게 될 상황에 처하자 비로소 명의신탁 주장을 하였다고 하더라도 그 동안 명의신탁으로 인하여 원고 개인에게 별다른 손해가 없었으므로 굳이 명의신탁 주장을 할 실질적인 이유가 없었기 때문일 수도 있고, 앞에서 본 바와 같이 ○○○○의 설립 및 유상증자 자금이 모두 신○○에 의하여 마련된 이상 원고가 신○○과 부부로서 함께 동거하고 있었다는 사정만으로 원고가 그 자금 일부를 분담하였다고 인정할 수는 없음.

- 따라서 원고의 나머지 주장에 대하여 나아가 살펴볼 필요 없이 원고가 이 사건 주식의 실질주주임을 전제로 한 이 사건 처분은 위법함(서울고법 2015누52137, 2016.4.26., 대법 2016두39535, 2016.8.25.).

 사업연도와 납세지

(1) 사업연도

1) 내국법인의 사업연도

사업연도는 법령이나 법인의 정관 등에서 정하는 1회계기간으로 한다. 다만, 그 기간은 1년을 초과하지 못한다(법법 제6조①).

법령이나 정관 등에 사업연도에 관한 규정이 없는 내국법인은 따로 사업연도를 정하여 법인 설립신고 또는 사업자등록과 함께 납세지 관할 세무서장에게 사업연도를 신고하여야 한다(법법 제6조②).

사업연도를 신고하여야 할 법인이 그 신고를 하지 아니하는 경우에는 매년 1월 1일부터 12월 31일까지를 그 법인의 사업연도로 한다(법법 제6조⑤).

2) 최초 사업연도 개시일

내국법인의 경우에 법인의 최초 사업연도 개시일은 설립등기일로 한다(법령 제4조① 제1호).

그리고 최초 사업연도의 개시일 전에 생긴 손익을 사실상 그 법인에 귀속시킨 것이 있는 경우 조세포탈의 우려가 없을 때에는 최초 사업연도의 기간이 1년을 초과하지 아니하는 범위 내에서 이를 당해 법인의 최초 사업연도의 손익에 산입할 수 있다. 이 경우 최초 사업연도의 개시일은 당해 법인에 귀속시킨 손익이 최초로 발생한 날로 한다(법령 제4조②).

3) 사업연도의 변경

사업연도를 변경하고자 하는 법인은 그 법인의 직전 사업연도 종료일부터 3월 이내에 납세지 관할 세무서장에게 신고하여야 한다(법법 제7조①).

사업연도가 변경된 경우에는 종전의 사업연도 개시일부터 변경된 사업연도 개시일 전날까지의 기간을 1사업연도로 한다. 다만, 그 기간이 1개월 미만인 경우에는 변경된 사업연도에 그 기간을 포함한다(법법 제7조③).

■ 부동산개발 관련 해석 · 판단사례

■ 법인의 설립등기 후 사업실적이 없는 경우에 법인의 최초 사업연도

> **해석**
>
> • 법인이 본점 또는 주사무소에서 법인설립등기를 한 경우에는 설립등기 후 사업실적이 없는 경우에도 설립등기일로부터 정관상의 사업연도 종료일까지를 최초 사업연도로 하는 것임(서면2팀 – 525, 2004.3.22.).

■ 특정목적 사업 수행을 위한 SPC 법인의 설립등기 전에 발생한 비용의 손금인정 여부

> **해석**
>
> • 특정목적 사업 수행을 위한 SPC 설립과정 중 정관작성 및 주식인수 전에 컨소시엄을 구성하고 특정사업에 대한 사업계획 수립, 입찰, TF팀 운영 및 외부 용역계약 등을 수행함에 따라 발생한 비용으로서 상법 제290조에 따른 변태설립사항에 해당하지 아니하는 것은 컨소시엄을 구성하고 있는 각각의 발기인 또는 발기인조합에 귀속되는 것이며, SPC가 발기인으로부터 해당 비용을 청구 받아 손금으로 계상한 경우에는 이를 손금불산입하고 발기인인 주주법인에게 기타사외유출 처분 하는 것임(법규법인2010 – 385, 2011.1.31.).

■ 법인의 설립 전에 발생한 비용의 손금산입 여부

> **해석**
>
> • 주주 등이 부담하여야 할 성질의 것을 법인이 부담한 때에는 부당행위계산 부인규정이 적용되는 것이며, 내국법인의 최초 사업연도의 개시일 전에 생긴 손익을 사실상 그 법인에 귀속시킨 것이 있는 경우 조세포탈의 우려가 없을 때에는 최초 사업연도의 기간이 1년을 초과하지 아니하는

■ **내국법인이 폐업한 후 재개업을 하는 경우에 사업연도 변경 여부**

해석

(2) 납세지

1) 내국법인의 납세지

내국법인의 법인세 납세지는 그 법인의 등기부에 따른 본점이나 주사무소의 소재지(국내에 본점 또는 주사무소가 있지 아니하는 경우에는 사업을 실질적으로 관리하는 장소의 소재지)로 한다(법법 제9조①).

2) 납세지의 변경

법인은 납세지가 변경된 경우에는 그 변경된 날부터 15일 이내에 변경 후의 납세지 관할 세무서장에게 납세지변경신고서를 제출(국세정보통신망에 의한 제출을 포함한다)하여야 한다. 이 경우 납세지가 변경된 법인이 「부가가치세법」 제8조(사업자의 등록사항 변경)에 따라 그 변경된 사실을 신고한 경우에는 납세지 변경신고를 한 것으로 보며(법법 제11조①). 신고를 하지 아니한 경우에는 종전의 납세지를 그 법인의 납세지로 한다(법법 제11조②).

4 법인세율

내국법인의 각 사업연도의 소득에 대한 법인세는 법인세법 제13조에 따른 과세표준에 다음 표의 구분에 따른 세율을 적용하여 계산한 금액(법인세법 제55조의2에 따른 토지등 양도소득에 대한 법인세액 및 「조세특례제한법」 제100조의32에 따른 투자·상생협력 촉진을 위한 과세특례를 적용하여 계산한 법인세액이 있으면 이를 합한 금액으로 한다)을 그 세액으로 한다(법법 제55조).

과세표준	세 율
2억원 이하	과세표준의 100분의 9
2억원 초과 200억원 이하	1천800만원 + (2억원을 초과하는 금액의 100분의 19)
200억원 초과 3천억원 이하	37억8천만원 + (200억원을 초과하는 금액의 100분의 21)
3천억원 초과	625억8천만원 + (3천억원을 초과하는 금액의 100분의 24)

* 위의 일반 법인세율 외에 추가 적용되는 토지등 양도소득에 대한 세율은 '제3절 1. 법인세 추가과세대상과 세율(10%, 20%, 미등기 40%)'을 참고하고, 미환류소득에 대한 세율은 20%이다.

|〈표2〉 부동산임대업을 주된 사업으로 하는 등 대통령령으로 정하는 요건에 해당하는 내국법인 |

과세표준	세 율
200억원 이하	과세표준의 100분의 19
200억원 초과 3천억원 이하	38억원 + (200억원을 초과하는 금액의 100분의 21)
3천억원 초과	626억원 + (3천억원을 초과하는 금액의 100분의 24)

· 부동산임대업을 주된 사업으로 하는 등 대통령령으로 정하는 요건에 해당하는 내국법인

(법인세법 제60조의2 제1항 제1호) : 성실신고확인서 제출
① 다음 각 호의 어느 하나에 해당하는 내국법인은 성실한 납세를 위하여 제60조에 따라 법인세의 과세표준과 세액을 신고할 때 같은 조 제2항 각 호의 서류에 더하여 제112조 및 제116조에 따라 비치·기록된 장부와 증명서류에 의하여 계산한 과세표준금액의 적정성을 세무사 등 대통령령으로 정하는 자가 대통령령으로 정하는 바에 따라 확인하고 작성한 확인서(이하 "성실신고확인서"라 한다)를 납세지 관할 세무서장에게 제출하여야 한다. 다만, 「주식회사 등의 외부감사에 관한 법률」 제4조에 따라 감사인에 의한 감사를 받은 내국법인은 이를 제출하지 아니할 수 있다.
1. 부동산임대업을 주된 사업으로 하는 등 대통령령으로 정하는 요건에 해당하는 내국법인

(법인세법 시행령 제97조의4 제2항)
② 법 제60조의2 제1항 제1호에서 "부동산임대업을 주된 사업으로 하는 등 대통령령으로

정하는 요건에 해당하는 내국법인"이란 제42조 제2항 각 호의 요건을 모두 갖춘 내국법인(법 제51조의2 제1항 각 호의 어느 하나에 해당하는 내국법인 및 「조세특례제한법」 제104조의31 제1항에 따른 내국법인은 제외한다)을 말한다.

(법인세법 시행령 제42조 제2항 각 호)

② 법 제25조 제5항 및 법 제27조의2 제5항에서 "대통령령으로 정하는 요건에 해당하는 내국법인"이란 각각 다음 각 호의 요건을 모두 갖춘 내국법인을 말한다.

1. 해당 사업연도 종료일 현재 내국법인의 제43조 제7항에 따른 지배주주등이 보유한 주식등의 합계가 해당 내국법인의 발행주식총수 또는 출자총액의 100분의 50을 초과할 것

2. 해당 사업연도에 부동산 임대업을 주된 사업으로 하거나 다음 각 목의 금액 합계가 기업회계기준에 따라 계산한 매출액(가목부터 다목까지에서 정하는 금액이 포함되지 않은 경우에는 이를 포함하여 계산한다)의 100분의 50 이상일 것

   가. 부동산 또는 부동산상의 권리의 대여로 인하여 발생하는 수입금액(「조세특례제한법」 제138조 제1항에 따라 익금에 가산할 금액을 포함한다)

   나. 「소득세법」 제16조 제1항에 따른 이자소득의 금액

   다. 「소득세법」 제17조 제1항에 따른 배당소득의 금액

3. 해당 사업연도의 상시근로자 수가 5명 미만일 것

2021년 1월 1일부터 시행하는 신탁소득에 대한 법인세법 개정규정은 신탁 제도를 활성화하기 위하여 신탁재산에 대한 법인세 과세방식을 허용하는 등 신탁소득에 대한 과세체계를 정비하였으며, 이 법 시행 이후 신탁계약을 체결하는 분 또는 신탁을 합병 또는 분할하는 분부터 적용한다.

1. 신탁소득의 납세의무

(1) 원칙 : 수익자 귀속

신탁재산에 귀속되는 소득에 대해서는 그 신탁의 이익을 받을 수익자가 그 신탁재산을 가진 것으로 보고 법인세법을 적용한다(법법 제5조①).

(2) 예외 : 수탁자가 납세의무자인 경우

위 (1)에도 불구하고 목적신탁, 수익증권발행신탁, 유한책임신탁의 어느 하나에 해당하는 신탁으로서 아래에 정하는 요건 모두에 해당하지 않는 신탁(「자본시장과 금융투자업에 관한 법률」 제9조 제18항 제1호에 따른 투자신탁 및 「소득세법」 제17조 제1항 제5호의3에 따른 수익증권이 발행된 신탁은 제외한다)의 경우에는 신탁재산에 귀속되는 소득에 대하여 그 신탁의 수탁자[내국법인 또는 「소득세법」에 따른 거주자(이하 "거주자"라 한다)인 경우에 한정한다]가 법인세를 납부할 의무가 있다. 이 경우 신탁재산별로 각각을 하나의 내국법인으로 본다(법법 제5조②, 법령 제3조의2①).

① 위탁자가 신탁을 해지할 수 있는 권리, 수익자를 지정하거나 변경할 수 있는 권리, 신탁 종료 후 잔여재산을 귀속 받을 권리를 보유하는 등 신탁재산을 실질적으로 지배·통제할 것

② 신탁재산 원본을 받을 권리에 대한 수익자는 위탁자로, 수익을 받을 권리에 대한 수익자는 위탁자의 법인세법 시행령 제43조 제7항에 따른 지배주주등의 배우자 또는 같은 주소 또는 거소에서 생계를 같이 하는 직계존비속(배우자의 직계존비속을 포함한다)으로 설정했을 것

> • 목적신탁 : 수익자가 없는 특정의 목적을 위한 신탁으로 위탁자와 수탁자 간의 계약 또는
> 위탁자의 유언으로 설정하는 신탁이다. 다만, 「공익신탁법」에 따른 공익신탁은 신탁의 목적,
> 신탁재산, 수익자(신탁법 제67조 제1항의 신탁관리인을 말한다) 등을 특정하고 자신을
> 수탁자로 정한 위탁자의 선언 방법으로도 신탁을 설정할 수 있다(신탁법 제3조①).
> • 수익증권발행신탁 : 신탁행위로 수익권을 표시하는 수익증권을 발행하는 뜻을 정할 수
> 있는 신탁이다. 이 경우 각 수익권의 내용이 동일하지 아니할 때에는 특정 내용의 수익권에
> 대하여 수익증권을 발행하지 아니한다는 뜻을 정할 수 있다(신탁법 제78조②).
> • 유한책임신탁 : 신탁행위로 수탁자가 신탁재산에 속하는 채무에 대하여 신탁재산만으로
> 책임지는 신탁을 설정할 수 있는 신탁이다. 이 경우 유한책임신탁의 등기를 하여야 그
> 효력이 발생한다(신탁법 제114조①).

그 밖에 위의 규정에 따른 신탁과 유사한 신탁으로서 대통령령으로 정하는 신탁도 그 신탁의
수탁자가 법인세를 납부할 의무가 있다(법법 제5조② 제4호).〈현재 정해진 시행령은 없음〉

(3) 위탁자가 납세의무자인 경우

위 (1) 및 (2)에도 불구하고 위탁자가 신탁재산을 실질적으로 통제하는 등 아래 어느 하나에
해당하는 신탁의 경우에는 신탁재산에 귀속되는 소득에 대하여 그 신탁의 위탁자가 법인세를
납부할 의무가 있다(법법 제5조③, 법령 제3조의2②).

① 위탁자가 신탁을 해지할 수 있는 권리, 수익자를 지정하거나 변경할 수 있는 권리, 신탁 종료
후 잔여재산을 귀속 받을 권리를 보유하는 등 신탁재산을 실질적으로 지배·통제할 것
② 신탁재산 원본을 받을 권리에 대한 수익자는 위탁자로, 수익을 받을 권리에 대한 수익자는
위탁자의 법인세법 시행령 제43조 제7항에 따른 지배주주등의 배우자 또는 같은 주소
또는 거소에서 생계를 같이 하는 직계존비속(배우자의 직계존비속을 포함한다)으로
설정했을 것

(4) 「자본시장과 금융투자업에 관한 법률」의 적용을 받는 법인의 신탁재산 귀속

「자본시장과 금융투자업에 관한 법률」의 적용을 받는 법인의 신탁재산(같은 법 제251조
제1항에 따른 보험회사의 특별계정은 제외한다)에 귀속되는 수입과 지출은 그 법인에 귀속되는
수입과 지출로 보지 아니한다(법법 제5조④).

2. 법인과세 신탁재산의 각 사업연도의 소득에 대한 법인세 과세특례

(1) 적용 관계

내국법인으로 보는 신탁재산(이하 "법인과세 신탁재산"이라 한다) 및 이에 귀속되는 소득에 대하여 법인세를 납부하는 신탁의 수탁자(이하 "법인과세 수탁자"라 한다)에 대해서는 법인세법 제2장의2(법인과세 신탁재산의 각 사업연도의 소득에 대한 법인세 과세특례) 규정을 법인세법 제1장 및 제2장의 규정에 우선하여 적용한다(법법 제75조의10).

(2) 신탁재산에 대한 법인세 과세방식의 적용

1) 구분 납부

법인과세 수탁자는 법인과세 신탁재산에 귀속되는 소득에 대하여 그 밖의 소득과 구분하여 법인세를 납부하여야 한다(법법 제75조의11①).

2) 수익자의 제2차납세의무

재산의 처분 등에 따라 법인과세 수탁자가 법인과세 신탁재산의 재산으로 그 법인과세 신탁재산에 부과되거나 그 법인과세 신탁재산이 납부할 법인세 및 강제징수비를 충당하여도 부족한 경우에는 그 신탁의 수익자(신탁이 종료되어 신탁재산이 귀속되는 자를 포함한다)는 분배받은 재산가액 및 이익을 한도로 그 부족한 금액에 대하여 제2차 납세의무를 진다(법법 제75조의11②).

3) 배당 간주

법인과세 신탁재산이 그 이익을 수익자에게 분배하는 경우에는 배당으로 본다(법법 제75조의11③).

4) 신탁계약의 변경 등 사유 발생

신탁계약의 변경 등으로 법인과세 신탁재산이 법인세법 제5조 제2항(수탁자가 법인세를 납부할 수 있는 경우)에 따른 신탁에 해당하지 아니하게 되는 경우에는 그 사유가 발생한 날이 속하는 사업연도분부터 법인세법 제5조 제2항(수탁자가 법인세를 납부할 수 있는 경우)을 적용하지 아니한다(법법 제75조의11④).

(3) 법인과세 신탁재산의 설립 및 해산 등

1) 설 립

법인과세 신탁재산은 그 신탁이 설정된 날에 설립된 것으로 본다(법법 제75조의12①).

2) 해 산

법인과세 신탁재산은 그 신탁이 종료된 날(신탁이 종료된 날이 분명하지 아니한 경우에는
「부가가치세법」 제5조 제3항에 따른 폐업일을 말한다)에 해산된 것으로 본다(법법 제75조의12②).

3) 사업연도

법인과세 수탁자는 법인과세 신탁재산에 대한 사업연도를 따로 정하여 법인 설립신고 또는
사업자등록과 함께 납세지 관할 세무서장에게 사업연도를 신고하여야 한다. 이 경우 사업연도의
기간은 1년을 초과하지 못한다(법인세법 제75조의12③).

내국법인으로 보는 신탁재산(이하 "법인과세 신탁재산"이라 한다)의 최초 사업연도의
개시일은 그 신탁이 설정된 날로 한다(법령 제120조의2).

4) 납세지

법인과세 신탁재산의 법인세 납세지는 그 법인과세 수탁자의 납세지로 한다(법법 제75조의
12④).

관할 지방국세청장이나 국세청장은 법인과세 신탁재산의 납세지가 그 법인과세 신탁재산의
납세지로 적당하지 않다고 인정되는 경우로서 다음의 어느 하나에 해당하는 경우에는 그
납세지를 지정할 수 있다(법령 제120조의3).

① 법인과세 수탁자(이하 "법인과세 수탁자"라 한다)의 본점 등의 소재지가 등기된 주소와
　 동일하지 않은 경우
② 법인과세 수탁자의 본점 등의 소재지가 자산 또는 사업장과 분리되어 있어 조세포탈의
　 우려가 있다고 인정되는 경우

(4) 공동수탁자가 있는 법인과세 신탁재산의 납세의무

1) 대표수탁자

하나의 법인과세 신탁재산에 둘 이상의 수탁자가 있는 경우에는 수탁자 중 신탁사무를

주로 처리하는 수탁자(이하 "대표수탁자"라 한다)로 신고한 자가 법인과세 신탁재산에 귀속되는 소득에 대하여 법인세를 납부하여야 한다(법법 제75조의13①).

2) 연대납부의무

대표수탁자 외의 수탁자는 법인과세 신탁재산에 관계되는 법인세에 대하여 연대하여 납부할 의무가 있다(법인세법 제75조의13②).

(5) 법인과세 신탁재산에 대한 소득공제

1) 소득공제 대상 사업연도

법인과세 신탁재산이 수익자에게 배당한 경우에는 그 금액을 해당 배당을 결의한 잉여금 처분의 대상이 되는 사업연도의 소득금액에서 공제한다(법법 제75조의14①). 이 경우 공제하는 배당금액이 해당 배당을 결의한 잉여금 처분의 대상이 되는 사업연도의 소득금액을 초과하는 경우 그 초과금액은 없는 것으로 본다(법령 제120조의4①).

2) 비과세되는 경우와 동업기업인 경우

배당을 받은 법인과세 신탁재산의 수익자에 대하여 「법인세법」 또는 「조세특례제한법」에 따라 그 배당에 대한 소득세 또는 법인세가 비과세되는 경우에는 위 1)을 적용하지 아니한다(법법 제75조의14②). 다만, 배당을 받은 수익자가 동업기업과세특례를 적용받는 동업기업인 경우로서 그 동업자들(그 동업자들의 전부 또는 일부가 상위 동업기업에 해당하는 경우에는 그 상위 동업기업에 출자한 동업자들을 말한다)에 대하여 배분받은 배당에 해당하는 소득에 대한 소득세 또는 법인세가 전부 과세되는 경우에는 위 1)을 적용한다(법법 제75조의14② 단서).

3) 수입배당금액의 익금불산입 배제

법인세법 제75조의14(법인과세 신탁재산에 대한 소득공제)에 따라 지급한 배당에 대하여 소득공제를 적용받는 법인과세 신탁재산으로부터 받은 수입배당금액에 대해서는 내국법인 수입배당금의 익금불산입 규정과 지주회사 수입배당금의 익금불산입 규정을 적용하지 아니한다(법법 제18조의2② 제5호, 법법 제18조의3② 제4호).

(6) 신탁의 합병 및 분할

1) 신탁의 합병

법인과세 신탁재산에 대한 신탁의 합병은 법인의 합병으로 보아 이 법을 적용한다. 이 경우 신탁이 합병되기 전의 법인과세 신탁재산은 피합병법인으로 보고, 신탁이 합병된 후의 법인과세 신탁재산은 합병법인으로 본다(법법 제75조의15①).

2) 신탁의 분할

법인과세 신탁재산에 대한 신탁의 분할(분할합병을 포함한다)은 법인의 분할로 보아 이 법을 적용한다. 이 경우 신탁의 분할에 따라 새로운 신탁으로 이전하는 법인과세 신탁재산은 분할법인등으로 보고, 신탁의 분할에 따라 그 법인과세 신탁재산을 이전받은 법인과세 신탁재산은 분할신설법인등으로 본다(법법 제75조의15②).

(7) 법인과세 신탁재산의 소득금액 계산

수탁자의 변경에 따라 법인과세 신탁재산의 수탁자가 그 법인과세 신탁재산에 대한 자산과 부채를 변경되는 수탁자에게 이전하는 경우 그 자산과 부채의 이전가액을 수탁자 변경일 현재의 장부가액으로 보아 이전에 따른 손익은 없는 것으로 한다(법법 제75조의16①).

(8) 법인과세 신탁재산의 신고 및 납부

법인과세 신탁재산에 대해서는 성실신고확인서 제출 및 중간예납의무를 적용하지 아니한다(법법 제75조의17).

3. 법인과세 신탁재산의 기타규정

(1) 법인과세 신탁재산의 원천징수

1) 원천징수 배제

법인세법 제73조 제1항(내국법인의 이자소득 등에 대한 원천징수)에도 불구하고 법인과세 신탁재산이 일정한 이자소득, 투자신탁의 이익을 지급받고, 법인과세 신탁재산의 수탁자가 법인세법 제111조 제1항 각 호의 금융회사등에 해당하는 경우에는 원천징수하지 아니한다(법법 제75조의18①, 법령 제120조의5).

2) 원천징수대상채권등을 매도하는 경우

법인세법 제73조의2 제1항(내국법인의 채권등의 보유기간 이자상당액에 대한 원천징수)을 적용하는 경우에는 법인과세 신탁재산에 속한 원천징수대상채권등을 매도하는 경우 법인과세 수탁자를 원천징수의무자로 본다(법법 제75조의18②).

(2) 법인과세 신탁재산의 외국납부세액공제

내국법인의 각 사업연도의 소득에 대한 과세표준에 법인세법 제5조 제2항에 따라 내국법인으로 보는 신탁재산에 해당하는 것으로부터 지급받은 소득이 있는 경우로서 그 소득에 대하여 해당 신탁재산이 납부한 외국법인세액(법인세법 제73조 제1항 각 호 외의 부분 후단에 따른 투자신탁이익에 대하여 납부한 외국법인세액은 제외한다)이 있는 경우에는 이를 내국법인이 납부한 외국법인세액으로 보아 법인세법 제57조(외국납부세액공제 등)에 따라 공제할 수 있다(법법 제57조① 후단, 제3호)(2025.1.1.부터 시행).

(3) 법인과세 신탁재산의 설립 또는 설치신고

법인과세 신탁재산의 경우에는 설립일(내국법인은 그 설립등기일을 말한다)부터 2개월 이내에 다음의 사항을 적은 법인 설립신고서에 주주등의 명세서와 사업자등록 서류 등을 첨부하여 납세지 관할 세무서장에게 신고하여야 한다. 이 경우 「부가가치세법」에 따라 법인과세 수탁자로서 사업자등록을 한 경우에는 그 법인과세 신탁재산에 관하여 법인 설립신고를 한 것으로 본다(법법 제109조①).

① 법인과세 수탁자(둘 이상의 수탁자가 있는 경우 대표수탁자 및 그 외의 모든 수탁자를 말한다)의 명칭과 대표자의 성명
② 법인과세 수탁자의 본점이나 주사무소 또는 사업의 실질적 관리장소의 소재지
③ 사업 목적
④ 설립일

(4) 법인과세 신탁재산의 수탁자 변경신고

1) 새로운 수탁자가 선임된 경우

법인과세 신탁재산에 새로운 수탁자(이하 "신수탁자"라 한다)가 선임된 경우 신수탁자는 선임일 이후 2개월 이내에 신수탁자의 명칭과 대표자의 성명 등 정해진 사항을 적은 신고서에

신수탁자로 선임된 사실을 증명하는 서류 등을 첨부하여 납세지 관할 세무서장에게 신고하여야 한다(법법 제109조의2①).

2) 전수탁자의 임무가 종료된 경우

법인과세 신탁재산에 대하여 전수탁자의 임무가 종료된 경우 그 임무의 종료에 따라 신탁사무를 승계한 신수탁자는 승계일 이후 2개월 이내에 전수탁자의 명칭과 대표자의 성명 등 정해진 사항을 적은 신고서에 전수탁자의 임무가 종료된 사실을 증명하는 서류 등을 첨부하여 납세지 관할 세무서장에게 신고하여야 한다(법법 제109조의2②).

3) 대표수탁자가 변경되는 경우

둘 이상의 수탁자가 있는 법인과세 신탁재산의 대표수탁자가 변경되는 경우 그 변경 전의 대표수탁자와 변경 후의 대표수탁자는 각각 변경일 이후 2개월 이내에 변경 전 또는 변경 후의 대표수탁자의 명칭과 대표자의 성명 등 정해진 사항을 적은 신고서에 변경사실을 증명하는 서류 등을 첨부하여 납세지 관할 세무서장에게 신고하여야 한다(법법 제109조의2③).

(5) 법인과세 신탁재산의 사업자등록

「부가가치세법」에 따라 법인과세 수탁자로서 사업자등록을 한 경우에는 그 법인과세 신탁재산에 관하여 「법인세법」에 따른 사업자등록을 한 것으로 본다(법법 제111조③).

(6) 법인과세 신탁재산의 구분경리

법인과세 수탁자는 법인과세 신탁재산별로 신탁재산에 귀속되는 소득을 각각 다른 회계로 구분하여 기록하여야 한다(법법 제113조⑥).

 1　세무조정과 소득처분

(1) 세무조정

1) 세무조정 과정

내국법인의 각 사업연도의 소득은 그 사업연도에 속하는 익금의 총액에서 그 사업연도에 속하는 손금의 총액을 뺀 금액으로 한다(법법 제14조①). 내국법인의 각 사업연도의 결손금은 그 사업연도에 속하는 손금의 총액이 그 사업연도에 속하는 익금의 총액을 초과하는 경우에 그 초과하는 금액으로 한다(법법 제14조②). 이러한 익금의 총액과 손금의 총액을 계산하는 과정은 기업회계상 당기순이익에서 출발하여 세무조정으로 각 사업연도의 소득을 도출하는 것을 말한다.

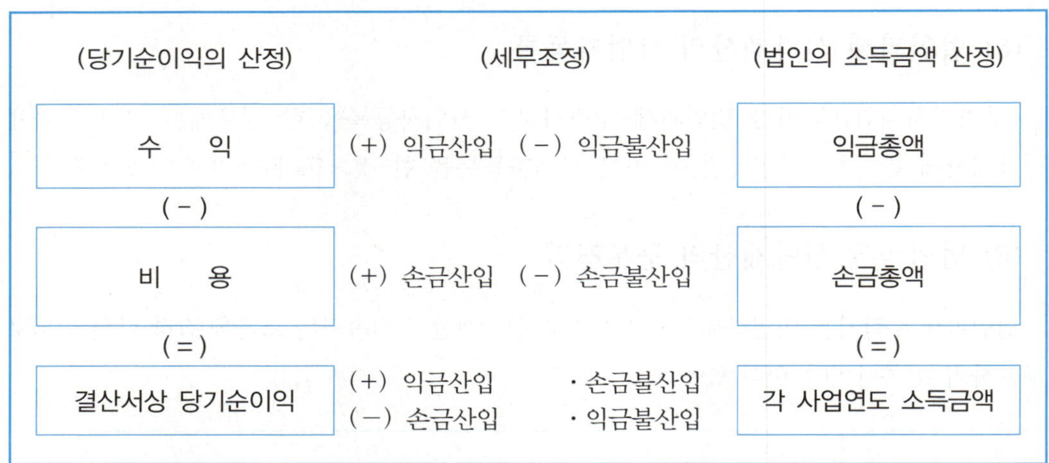

2) 결산조정과 신고조정

(가) 결산조정

결산조정이란 법인의 장부에 수익 또는 비용으로 계상한 경우에 한하여 세무상 익금 또는 손금으로 인정되는 법인의 결산과정에서 세무조정하는 절차를 말한다. 세법상 '익금 또는 손금으로 계상한 때에는 … 익금 또는 손금에 산입한다'로 규정(법문상 해당 조항에서 "결산을 확정할 때…, 손비로 계상한 경우에는…"으로 정하고 있음)하고 있는 항목들은 대부분 결산조정 항목으로 볼 수 있다. 결산조정항목의 예시는 다음과 같다.

① 감가상각비(즉시상각액 포함)

② 퇴직급여충당금 전입액

③ 대손충당금 전입액

④ 고유목적사업준비금 전입액(외부회계감사법인은 신고조정 기능)

⑤ 구상채권상각충당금 전입액

⑥ 법령에 의한 준비금 전입액

⑦ 파손·부패 등의 사유로 정상가액으로 판매할 수 없는 재고자산평가손

⑧ 주식을 발행한 법인이 파산한 경우 주식평가손

⑨ 법인세법 시행령 제19조의2 제1항 제7호 내지 제13호의 사유에 해당하는 대손금

⑩ 소액 미술품 취득가액의 손금산입

(나) 신고조정

신고조정이란 법인의 장부상 수익 또는 비용으로 계상함이 없이 법인세과세표준의 신고과정에서 세무조정계산서상에만 익금 또는 손금으로 계상함으로써 세무상 익금 또는 손금으로 인정되는 세무조정 절차를 말한다. 신고조정항목의 예시는 다음과 같다.

① 법인세·지방소득세의 납부액 및 그 환급금

② 벌금·과료·가산세의 손금불산입

③ 자산평가감의 손금불산입

④ 임원상여금 및 한도초과액의 손금불산입

⑤ 임원퇴직금 한도초과액의 손금불산입

⑥ 비지정기부금의 손금불산입

⑦ 기부금 한도초과액의 손금불산입

⑧ 기부금미지급분의 손금불산입 및 자산계정 기부금의 손금산입

⑨ 기업업무추진비 한도초과액의 손금불산입

⑩ 이월익금

⑪ 국세·지방세 과오납금환급이자의 익금불산입

⑫ 가지급금인정이자의 익금산입

⑬ 업무무관경비의 손금불산입

⑭ 부당행위계산 부인에 따른 익금산입 또는 손금불산입
⑮ 건설자금이자의 손금불산입 및 과다계상액의 손금산입
⑯ 채권자불분명사채이자의 손금불산입
⑰ 업무무관가지급금 · 업무무관부동산등 보유에 따른 지급이자 손금불산입
⑱ 법인세법 및 조세특례제한법상 각종 충당금 및 준비금한도초과액의 손금불산입
⑲ 부동산 임대보증금 등에 대한 간주익금의 익금산입
⑳ 손익귀속사업연도의 차이로 인한 익금산입 · 손금산입 · 익금불산입 · 손금불산입

(2) 소득처분

법인세 과세표준을 신고 · 결정 또는 경정함에 있어서 익금에 산입한 금액은 다음과 같이 처분한다(법법 제67조).

1) 익금에 산입한 금액이 사외에 유출된 경우

구 분		소득처분
귀속자가 분명한 경우	1. 주주(주주인 임원 · 직원은 제외)	배당
	2. 임원 또는 직원(주주인 임원 · 직원 포함)	상여
	3. 법인 또는 개인사업자	기타사외유출
	4. 1~3 외의 자	기타소득
귀속자가 불분명한 경우		대표자 상여

2) 익금에 산입한 금액이 사외에 유출되지 아니한 경우 : 사내유보

기타사외유출로 처분하는 경우

다음의 경우에는 그 실질귀속에 관계없이 기타사외유출로 처분한다(법령 제106조① 제3호).
① 기부금의 손금산입한도액을 초과하여 익금에 산입한 금액
② 기업업무추진비의 한도초과 또는 정규영수증 미수취로 인한 손금불산입액
③ 업무용승용차 관련 감가상각비(임차료 중 감가상각비 상당액에 한함) 및 처분손실 한도초과액의 손금불산입액
④ 채권자가 불분명한 사채이자 및 지급받은 자가 불분명한 채권 증권이자에 대한 원천징수 세액 상당액
⑤ 업무무관자산 등에 대한 지급이자 손금불산입액

⑥ 임대보증금 등의 간주익금
⑦ 사외유출금액의 귀속이 불분명하거나 법인의 과세표준을 추계결정함에 따라 대표자에
   대한 상여로 처분하는 경우로서 해당 법인이 그 처분에 따른 소득세 등을 대납하고 이를
   손비로 계상하거나 그 대표자와의 특수관계가 소멸될 때까지 회수하지 아니함에 따라
   익금에 산입한 금액
⑧ 부당행위계산에 해당하는 불균등 자본거래로 인하여 주주 등인 법인이 특수관계인인
   다른 주주 등에게 이익을 분여한 것으로 인정되어 익금산입한 금액으로서 귀속자에게
   증여세가 과세되는 금액
⑨ 외국법인의 국내사업장에 대한 세무조정시 익금에 산입한 금액 중 그 외국법인 등에
   귀속되는 소득과 「국제조세조정에 관한 법률」에 따른 과세조정으로 익금에 산입한 금액이
   국외 특수관계인으로부터 반환되지 아니한 소득

수정신고에 따른 소득처분

① 법인세 과세표준을 수정신고하는 경우 익금에 산입한 금액은 그 실질내용에 따라 소득
   처분한다.
② 내국법인이 법인세 수정신고기한 내에 매출누락, 가공경비 등 부당하게 사외유출된 금액을
   회수하고 세무조정으로 익금에 산입하여 신고하는 경우의 소득처분은 사내유보로 한다.
   다만, 다음의 어느 하나에 해당되는 경우로서 경정이 있을 것을 미리 알고 사외유출된
   금액을 익금산입하는 경우에는 그러하지 아니하다.
   (ㄱ) 세무조사의 통지를 받은 경우
   (ㄴ) 세무조사가 착수된 것을 알게 된 경우
   (ㄷ) 세무공무원이 과세자료의 수집 또는 민원 등을 처리하기 위하여 현지출장이나 확인
       업무에 착수한 경우
   (ㄹ) 납세지 관할 세무서장으로부터 과세자료 해명 통지를 받은 경우
   (ㅁ) 수사기관의 수사 또는 재판 과정에서 사외유출 사실이 확인된 경우
   (ㅂ) 그 밖에 (ㄱ)부터 (ㅁ)까지의 규정에 따른 사항과 유사한 경우로서 경정이 있을 것을
       미리 안 것으로 인정되는 경우(집행기준 67 – 106 – 5)

가공자산을 계상하고 있는 경우에는 다음과 같이 처리한다. 이 경우 자산을 특정인이 유용하고 있는 것으로서 회수할 것임이 객관적으로 입증되는 경우에는 가공자산으로 보지 아니하고 이를 동인에 대한 가지급금으로 본다.

① 외상매출금·받을어음·대여금 등 가공채권은 익금에 산입하여 이를 법인세법 시행령 제106조 제1항에 따라 처분하고 동 금액을 손금에 산입하여 사내유보로 처분하며 동 가공채권을 손비로 계상하는 때에는 익금에 산입하여 사내유보로 처분한다.

② 재고자산의 부족액은 시가에 의한 매출액 상당액(재고자산이 원재료인 경우 그 원재료 상태로는 유통이 불가능하거나 조업도 또는 생산수율 등으로 미루어 보아 제품화되어 유출된 것으로 판단되는 경우에는 제품으로 환산하여 시가를 계산한다)을 익금에 산입하여 대표자에 대한 상여로 처분하고 동 가공자산은 손금에 산입하여 사내유보로 처분하며 이를 손비로 계상하는 때에는 익금에 산입하여 사내유보로 처분한다.

③ 가공계상된 고정자산은 처분당시의 시가를 익금에 산입하여 이를 법인세법 시행령 제106조 제1항에 따라 처분하고, 해당 고정자산의 장부가액을 손금에 산입하여 사내유보로 처분한다. 다만, 그 후 사업연도에 있어서 동 가공자산을 손비로 계상하는 때에는 이를 익금에 산입하여 사내유보로 처분한다.

④ 위 ①부터 ③까지에 따라 익금에 산입한 가공자산가액 또는 매출액 상당액을 그 후 사업연도에 법인이 수익으로 계상한 경우에는 기 익금에 산입한 금액의 범위내에서 이를 이월익금으로 보아 익금에 산입하지 아니한다(집행기준 67-106-6).

① 특수관계인과의 자금거래에서 발생한 가지급금 등과 동 이자상당액으로 법인세법 시행령 제11조 제9호의2에 따라 익금에 산입한 금액은 그 귀속자에 따라 다음에 해당하는 날이 속하는 사업연도에 처분한다.

  ㈀ 가지급금 등 : 특수관계가 소멸하는 날

  ㈁ 미수이자 : 발생일이 속하는 사업연도 종료일로부터 1년이 되는 날. 다만, 1년 이내에 특수관계가 소멸하는 경우 특수관계가 소멸하는 날

② 위 ①에 따라 처분한 미수이자를 그 후에 영수하는 때에는 이를 이월익금으로 보아 영수하는 사업연도의 소득금액 계산상 익금에 산입하지 아니한다.

③ 위 ①에 따라 처분한 미수이자에 상당하는 다른 상대방의 미지급이자는 이를 실제로 지급할 때까지는 채무로 보지 아니한다. 따라서 동 미지급이자는 그 발생일이 속하는 사업연도 종료일부터 1년이 되는 날이 속하는 사업연도의 소득금액 계산상 익금에

산입하고, 동 미지급이자를 실제로 지급하는 사업연도의 손금에 산입한다(집행기준 67 – 106 – 9).

가지급금에 대한 인정이자의 처분

① 법인세법 시행령 제89조 제3항 및 제5항에 따라 익금에 산입한 금액은 금전을 대여받은 자의 구분에 따라 다음과 같이 처분한다.

  (ㄱ) 출자자(출자임원 제외) ·· 배당

  (ㄴ) 직원(임원포함) ··· 상여

  (ㄷ) 법인 또는 사업을 영위하는 개인 ·························· 기타사외유출

  (ㄹ) 이외의 개인 ·· 기타소득

② 법인이 특수관계인간의 금전거래에 있어서 상환기간 및 이자율 등에 대한 약정이 없는 대여금 및 가지급금 등에 대하여 결산상 미수이자를 계상한 경우에도 동 미수이자는 익금불산입하고 법인세법 시행령 제89조 제3항 및 제5항에 따라 계산한 인정이자상당액을 익금에 산입하여 위 ①에 따라 처분한다(집행기준 67 – 106 – 10).

🔲 부동산개발 관련 해석·판단사례

■ 내국법인이 개인사업자인 대표이사에 대한 가수금을 법인 보유 미분양아파트로 대물변제한 경우

사안

·내국법인이 개인사업자인 대표이사에 대한 가수금을 법인 보유 미분양아파트로 대물변제하여 발생한 손실에 대한 세무조정 및 소득처분

(회계처리내역)

구 분	차 변	대 변
㉠ 대물변제	가수금 106억원 특별손실 39억원	분양매출 145억원[*]
㉡ 원가대체	분양원가 100억원	건설용지 30억원 완성용지 70억원

(*) 대물변제로 소유권 이전한 아파트 140호의 분양예정가액(시가)

- 주택신축판매업을 영위하는 내국법인이 개인사업자인 대표이사에 대한 가수금을 법인 보유 미분양아파트로 대물변제하면서 제공한 아파트의 시가가 가수금을 초과하여 발생한 손실을 손금불산입으로 세무조정한 경우로서 대표이사가 가수금에 해당하는 채권액을 대물변제 받은 자산의 취득가액으로 계상한 경우, 해당 손금불산입액은 「법인세법 시행령」 제106조 제1항 제1호 다목에 따라 기타사외유출로 소득처분 하는 것임(사전법령해석 법인2018-760, 2018.12.26.).

■ 소득금액변동통지와 과세전적부심사와의 관계 및 납세고지서의 기재사항에 대한 판단

- 피고 ○○지방국세청장은 2015.4.7. 원고에게 이 사건 각 처분의 과세자료를 내용으로 하는 세무조사 결과에 대한 서면통지(이하 '이 사건 세무조사결과통지'라 한다)를 하였음.
- 피고 ○○지방국세청장은 2015.4.10. 이 사건 세무조사결과통지와 같이 원고의 매출누락액이 사외로 유출되었으나 귀속이 불분명하다고 보아 이를 대표이사인 소외인에게 귀속되는 것으로 각 인정상여처분을 하면서, 원고에게 2007 내지 2009 사업연도 귀속분에 대하여 각 소득금액변동통지(이하 '이 사건 각 소득금액변동통지'라 한다)를 하였음.
- 이후 피고 ○○지방국세청장은 2015.5.7. 2010 내지 2013 사업연도 귀속 법인세 및 2010 내지 2013년도 귀속 부가가치세 포탈 혐의로 원고를 ○○북부지방검찰청에 고발하였음.

- 과세관청의 익금산입 등에 따른 법인세 부과처분과 그 익금 등의 소득처분에 따른 소득금액변동통지는 각각 별개의 처분이므로, 과세관청이 법인에 대하여 세무조사결과통지를 하면서 익금누락 등으로 인한 법인세 포탈에 관하여 조세범 처벌법 위반으로 고발 또는 통고처분을 하였더라도 이는 포탈한 법인세에 대하여 조세범 처벌법 위반으로 고발 또는 통고처분하는 경우에 해당할 뿐이지, 소득처분에 따른 소득금액변동통지와 관련된 조세포탈에 대해서까지 과세전적부심사의 예외사유인 '고발 또는 통고처분'을 한 것으로 볼 수는 없음.
- 따라서 이러한 경우 과세전적부심사를 거치기 전이라도 소득금액변동통지를 할 수 있는 다른 예외사유가 있다는 등의 특별한 사정이 없는 한, 과세관청은 소득금액변동통지를 하기 전에 납세자인 해당 법인에게 과세전적부심사의 기회를 부여하여야 함. 이와 같은 특별한 사정이 없음에도 세무조사결과통지가 있은 후 과세전적부심사 청구 또는 그에 대한 결정이 있기 전에 이루어진 소득금액변동통지는 납세자의 절차적 권리를 침해하는 것으로서 그 절차상 하자가 중대하고도 명백하여 무효라고 봄이 타당함.

- 과세관청이 과세처분에 앞서 납세자에게 보낸 세무조사결과통지 등에 납세고지서의 필요적 기재사항이 제대로 기재되어 있어 납세의무자가 그 처분에 대한 불복 여부의 결정 및 불복신청에 전혀 지장을 받지 않았음이 명백하다면, 이로써 납세고지서의 하자가 보완되거나 치유될 수 있음(대법 2017두51174, 2020.10.29.).

 익금회계와 손금회계

(1) 익금회계

익금은 자본 또는 출자의 납입 및 법인세법에서 규정하는 것은 제외하고 해당 법인의 순자산을 증가시키는 거래로 인하여 발생하는 이익 또는 수입(이하 "수익"이라 한다)의 금액으로 한다(법법 제15조①). 수익이란 타인에게 재화 또는 용역을 제공하고 획득한 수입금액과 기타 해당 법인에게 귀속되는 일체의 경제적 이익을 말하는 것이다.

수익의 범위 예시

① 한국표준산업분류에 의한 각 사업에서 생기는 수입금액(기업회계기준에 따른 매출에누리금액 및 매출할인금액은 제외하고, 내국법인이 생산·공급하는 재화 또는 용역을 해당 내국법인의 임원 또는 직원에게 시가보다 낮은 가액으로 판매 또는 제공하는 경우에는 그 판매 또는 제공가액과 시가와의 차액은 사업수입금액에 포함한다)
② 자산의 양도금액
③ 자기주식(합병법인이 합병에 따라 피합병법인이 보유하던 합병법인의 주식을 취득하게 된 경우를 포함)의 양도금액. 이 경우 주식매수선택권의 행사에 따라 주식을 양도하는 경우에는 주식매수선택권 행사 당시의 시가로 계산한 금액으로 한다.
④ 자산의 임대료
⑤ 자산의 평가차익
⑥ 무상으로 받은 자산의 가액
⑦ 채무의 면제 또는 소멸로 인하여 생기는 부채의 감소액
⑧ 손금에 산입한 금액 중 환입된 금액
⑨ 불공정자본거래로 인하여 특수관계인으로부터 분여받은 이익
⑩ 특수관계인에 대한 업무무관 가지급금 및 그 이자(미수이자를 포함한다)로서 다음에 해당하는 금액. 다만, 채권·채무에 대한 쟁송으로 회수가 불가능한 경우 등 정당한 사유가

있는 경우는 제외한다.
   ㈎ 특수관계가 소멸되는 날까지 회수하지 아니한 가지급금 및 그 이자(㈏에 따라 익금에
      산입한 이자는 제외한다)
   ㈏ 특수관계가 소멸되지 아니한 경우로서 가지급금의 이자를 이자발생일이 속하는
      사업연도 종료일부터 1년이 되는 날까지 회수하지 아니한 경우 그 이자
⑪ 그 밖의 수익으로서 그 법인에 귀속되었거나 귀속될 금액(법령 제11조)

채무면제이익 등을 소멸한 이월결손금에 보전한 경우에도 이를 익금에 산입하지 아니한다.
이 경우 "소멸한 이월결손금"이란 어느 사업연도의 손금의 총액이 그 사업연도의 익금의
총액을 초과하여 발생한 결손금으로서 공제시한이 경과됨으로써 그 후의 각 사업연도의
과세표준 계산에 있어서 공제되지 아니한 금액을 말한다(집행기준 18-16-1).

① 내국법인이 채무면제이익 등을 다음의 방법으로 처리했을 때 이월결손금 보전에 충당한
   것으로 본다.
   ㈀ 이월결손금과 직접 상계하는 방법
   ㈁ 해당 사업연도 결산 주주총회 결의에 의하여 이월결손금을 보전하고 이익잉여금
      (결손금) 처리계산서에 계상하는 방법
   ㈂ 기업회계기준에 따라 영업외수익으로 계상하고 자본금과 적립금조정명세서(규칙 별지
      제50호 서식)에 동 금액을 이월결손금의 보전에 충당한다는 뜻을 표시하고 세무
      조정으로 익금불산입하는 방법
② 내국법인이 채무면제이익 등을 해당 사업연도에 위 ①의 방법으로 이월결손금 보전에
   충당하지 아니하고 법인세를 신고한 경우에는 국세기본법에 따른 경정 등의 청구에 의하여
   익금불산입 할 수 있다(집행기준 18-16-2).

부동산개발 관련 해석·판단사례

■ 무상으로 받은 자산의 가액에 해당하여 이월결손금의 보전에 충당 시 익금불산입 여부

- 내국법인이 민간투자시설사업의 사업시행자로서 지방자치단체와 체결한 민간투자시설사업 실시협약에 따라 터널을 건설하여 기부채납하고 그 대가로 지방자치단체로부터 그 터널에 대한 20년간의 관리운영권을 설정받아 시설사용자로부터 통행료를 징수하는 경우로서 해당 실시협약에 따라 매 사업연도 실제통행료수입이 보장기준통행료수입(추정통행료수입의 90%)에 미달하는 경우 그 부족분에 대해 지급받는 보조금은 「법인세법」 제18조 제6호에서 규정한 '무상으로 받은 자산의 가액'에 해당하지 않는 것임(서면법인2018-2315, 2018.10.16.).

* 「법인세법」 제18조 제6호
  다음 각 호의 금액은 내국법인의 각 사업연도의 소득금액을 계산할 때 익금에 산입하지 아니한다.
  6. 무상으로 받은 자산의 가액(법인세법 제36조에 따른 국고보조금등은 제외한다)과 채무의 면제 또는 소멸로 인한 부채의 감소액 중 법인세법 시행령 제16조(생략)로 정하는 이월결손금을 보전하는 데에 충당한 금액

■ 자산수증이익의 이월결손금 보전에 충당을 위한 경정청구가 가능한지 여부

- 내국법인이 자산수증이익을 법인세법 제18조 제6호에 따라 이월결손금의 보전에 충당한 경우에 해당 자산수증이익은 각 사업연도 소득금액을 계산할 때 익금에 산입하지 아니하는 것이며, 자산수증이익을 해당 사업연도 이월결손금에 충당하지 아니하고 법인세를 신고한 경우에는 국세기본법에 따른 경정 등의 청구에 의하여 이월결손금 보전에 충당하고 익금에 산입하지 아니할 수 있는 것임(서면법인 2016-6037, 2017.5.17.).

■ 법인이 자본금을 감자함에 있어 보유 중인 부동산으로 감자대가를 지급하는 경우 세무처리 방법

- 법인이 자본금을 감자함에 있어 보유 중인 부동산으로 감자대가를 지급하는 경우에는 동 부동산이 시가에 의하여 유상으로 양도된 것으로 보아 그 양도대금과 장부가액을 당해 법인의 각 사업연도 소득금액 계산 시 각각 익금과 손금에 산입하는 것이며, 감자대가로 동 부동산을 지급받는 주주(법인)의 경우에는 당해 부동산의 시가가 감자된 주식의 취득가액을 초과하는 금액에 대하여 주주 등의 배당금 또는 분배금 의제에 관한 「법인세법」 제16조의 규정을 적용하는 것임(서면법인 2015-2115, 2016.1.13.).

■ 특수관계 소멸시 소득처분한 업무무관가지급금을 회수한 경우 세무처리

• 법인이 특수관계인과의 금전거래에 있어 특수관계가 소멸되는 날까지 회수하지 아니하여 법인세법 시행령 제11조 제9호의2에 따라 익금에 산입하고 귀속자에게 소득처분한 가지급금을 그 후에 회수하는 경우에는, 이를 이월익금으로 보아 회수한 사업연도의 소득금액 계산상 익금에 산입하지 아니하는 것이며, 당초 소득처분은 수정할 수 없는 것임(서면법규-1312, 2014.12.15.).

(2) 손금회계

손금은 자본 또는 출자의 환급, 잉여금의 처분 및 법인세법에서 규정하는 것은 제외하고 해당 법인의 순자산을 감소시키는 거래로 인하여 발생하는 손실 또는 비용(이하 "손비"라 한다)의 금액으로 한다(법법 제19조①). 손비는 법인세법 및 다른 법률에서 달리 정하고 있는 것을 제외하고는 그 법인의 사업과 관련하여 발생하거나 지출된 손실 또는 비용으로서 일반적으로 인정되는 통상적인 것이거나 수익과 직접 관련된 것으로 한다(법법 제19조②).

손금불산입이란 법인의 순자산을 감소시키는 거래로 인하여 발생하는 손비이지만 그 손비의 성질 또는 조세정책적인 목적 등으로 손금에 산입하지 아니하는 것을 말하며, 그 항목은 다음과 같다(집행기준 19-0-3).

구 분	손금불산입 대상
자본거래 등에 따른 손금불산입	• 잉여금의 처분을 손비로 계상한 금액 • 주식할인발행차금
제세 공과금 손금불산입	• 법인세 및 법인지방소득세, 세법에 규정된 의무불이행으로 인하여 납부하는 세액, 부가가치세 매입세액 • 판매하지 아니한 제품에 대한 반출필의 개별소비세·주세의 미납액 • 벌금·과료·과태료·가산금 및 체납처분비 • 법령에 따라 의무적으로 납부하는 것이 아닌 공과금 • 법령의 위반에 대한 제재로서 부과되는 공과금 • 연결자법인이 연결모법인에게 지급하는 연결법인세액
자산의 평가차손 손금불산입	• 다음의 자산에 대한 평가차손 이외의 자산의 임의평가차손 ㉠ 재고자산, 유가증권, 화폐성외화자산·부채, 통화선도 등을 법인세법의 평가방법에 따라 평가함으로써 발생하는 평가차손 ㉡ 법인세법 요건에 해당하는 재고자산, 유형자산, 주식 등의 감액손실

구 분	손금불산입 대상
지급이자 손금불산입	• 채권자 불분명 사채이자 • 지급받은 자가 불분명한 채권·증권의 이자와 할인액 • 건설자금이자 • 업무무관자산·가지급금에 대한 지급이자
기 타	• 감가상각비 한도초과액 • 기부금 한도초과액 및 비지정기부금 • 기업업무추진비 한도초과액 및 신용카드 미사용 기업업무추진비 • 인건비·복리후생비·여비 및 교육훈련비·공동경비 중 과다하거나 부당하다고 인정되는 경비 • 업무무관비용 • 업무용 승용차 관련 비용의 손금불산입액 • 징벌적 목적의 손해배상금 등에 대한 손금불산입

판매부대비용의 범위

① 손금에 산입하는 판매부대비용이란 기업회계기준에 따라 계상한 판매 관련 부대비용을 말하는 것으로 그 범위를 예시하면 다음과 같다.

  (ㄱ) 사전약정에 따라 협회에 지급하는 판매수수료

  (ㄴ) 수탁자와의 거래에 있어서 실제로 지급하는 비용

  (ㄷ) 관광사업 및 여행알선업을 영위하는 법인이 고객에게 통상 무료로 증정하는 수건, 모자, 쇼핑백 등의 가액

  (ㄹ) 용역대가에 포함되어 있는 범위 내에서 자가시설의 이용자에게 동 시설의 이용시에 부수하여 제공하는 음료 등의 가액

  (ㅁ) 일정액 이상의 자기상품 매입자에게 자기출판물인 월간지를 일정기간 무료로 증정하는 경우의 동 월간지의 가액 상당액

  (ㅂ) 판매촉진을 위하여 경품부 판매를 실시하는 경우 경품으로 제공하는 제품 또는 상품 등의 가액

  (ㅅ) 기타 위와 유사한 성질이 있는 금액

② 다음의 경우에 있어 건전한 사회통념과 상관행에 비추어 정상적인 거래라고 인정될 수 있는 범위 안의 금액은 판매부대비용으로 본다.

  (ㄱ) 모든 거래처에 동일한 조건에 의하여 차별 없이 관행적으로 계속하여 지급하는 식대로서 기업회계기준에 따라 판매부대비용으로 계산된 경우 해당금액

  (ㄴ) 제조업 영위 법인이 제품을 판매하면서 사전 약정에 따라 자사의 제품을 판매하는

모든 거래처에 동일한 조건으로 할인판매가액 상당액을 부담하는 경우 해당금액
(집행기준 19-19-2)

일정기간 사용수익 후 무상양도 조건부 자산의 손비계산

① 일정기간 사용 후에 소유권을 무상양도 할 것을 조건으로 타인의 토지 위에 건축물을 신축한 경우 그 건축물의 취득가액은 사용계약기간에 안분하여 손금에 산입한다. 다만, 사용기간을 연장할 수 있거나 사용기간이 정하여지지 아니한 경우에는 해당 건축물의 신고내용연수를 사용기간으로 한다.
② 위 ①에 따라 각 사업연도 손금에 산입한 금액 중 정상감가상각비(해당 법인의 신고내용연수에 의한 감가상각비)를 차감한 금액이 토지에 대한 적정임대료를 초과하고 부당행위부인대상이 되는 경우에는 토지에 대한 적정임대료를 한도로 손금에 산입하고 적정임대료를 초과하는 금액은 익금에 산입하여 유보처분한다. 이 경우 취득가액 중 소유권 이전시까지 감가상각비와 토지에 대한 적정임대료로 손금에 산입된 금액을 차감한 잔액에 대하여는 소유권 이전시에 토지의 소유자에게 소득처분한다(집행기준 19-19-6).

업무수행상 필요한 해외여행의 판정

① 임원 또는 사용인의 해외여행이 법인의 업무수행상 필요한 것인가는 그 여행의 목적, 여행지, 여행기간 등을 참작하여 판정한다. 다만, 다음에 해당하는 여행은 원칙적으로 법인의 업무수행상 필요한 해외여행으로 보지 아니한다.
   ㈀ 관광여행의 허가를 얻어 행하는 여행
   ㈁ 여행알선업자 등이 행하는 단체여행에 응모하여 행하는 여행
   ㈂ 동업자단체, 기타 이에 준하는 단체가 주최하여 행하는 단체여행으로서 주로 관광목적이라고 인정되는 것
② 위 ① 단서에 해당하는 경우에도 그 해외여행기간 중에 있어서의 여행지, 수행한 일의 내용 등으로 보아 법인의 업무와 직접 관련이 있는 것이 있다고 인정될 때에는 법인이 지급하는 그 해외여행에 소요되는 여비 가운데 법인의 업무에 관련이 있는 부분에 직접 소요된 비용(왕복 교통비는 제외한다)은 여비로서 손금에 산입한다(집행기준 19-19-12).

임원 또는 사용인의 국내여행과 관련하여 지급하는 여비는 해당 법인의 업무수행상 통상 필요하다고 인정되는 부분의 금액에 한하여 손금에 산입하며 초과되는 부분은 해당 임원 또는 사용인의 급여로 한다. 따라서 법인의 업무수행상 필요하다고 인정되는 범위 안에서 지급규정, 사규 등의 합리적인 기준에 따라 계산하고 거래증빙과 객관적인 자료에 의하여 지급사실을 입증하여야 한다. 다만, 사회통념상 부득이 하다고 인정되는 범위 내의 비용과 해당 법인의 내부통제기능을 감안하여 인정할 수 있는 범위 내의 지급은 그러하지 아니한다(집행기준 19-19-14).

부동산개발 관련 해석·판단사례

■ 아파트를 분양받은 자의 중도금 대출이자를 법인이 대신 부담한 경우 손금 처리

해석

- 부동산매매업을 영위하는 법인(시행사)이 아파트를 신축·분양함에 있어서, 미분양 아파트를 조기에 분양하기 위하여 모든 피분양자에게 금융기관 대출을 알선하고 대출이자를 대신 부담하는 조건임을 분양 전에 공시하고 이에 따라 부담하는 대출이자상당액은 당해 법인의 판매부대비용에 해당하는 것이며,

- 이 경우 아파트 공사용역과 함께 분양대행용역을 제공하는 시공회사가 분양지연시 공사대금 회수지연으로 인한 손실 및 분양관련 비용의 추가 부담등이 예상됨에 따라 시행사와의 약정에 의하여 상기 대출이자상당액의 일부를 부담하고 이를 시행사로부터 지급받을 공사대금 등에서 차감하기로 한 경우, 동 부담금액이 건전한 사회통념과 상관행에 비추어 정상적인 거래라고 인정될 수 있는 범위안의 금액인 때에는 이를 접대비로 보지 아니하는 것임(서면2팀-1273, 2006.7.10.).

■ 오피스텔을 분양한 후 매수자의 중도금 연체이자를 법인이 면제하는 경우 판매부대비용의 처리

해석

- 법인이 오피스텔을 신축·분양함에 있어서 매수자의 중도금불입이 지연되는 경우 연체이자를 수수하기로 약정하였으나 과도한 연체이자로 인한 해약을 방지하기 위하여 장래에 발생하는 연체이자의 일부 또는 전부를 면제하여 주기로 계약을 변경한 경우 변경계약에 의하여 감액되는 이자상당액은 법인의 익금 또는 접대비로 보지 아니하는 것임(법인46012-1729, 1998.6.29.).

■ 수분양자에게 지급한 확정수익 보장금액의 판매부대비용 해당 여부

• 호텔을 신축하여 분양하는 사업을 영위하는 법인이 분양률 제고를 위해 수분양자에게 확정수익을 10년 간 보장하는 내용의 광고를 실시하여 모든 수분양자와 해당 내용이 포함된 분양계약을 체결한 후 향후 수분양자에게 확정수익 보장금액을 지급하는 경우 건전한 사회통념과 상관행에 비추어 정상적으로 소요되는 비용이라고 인정될 수 있는 범위 안의 금액은 「법인세법 시행규칙」 제10조에 따른 판매부대비용에 해당하는 것임(사전법령해석 법인2018-387, 2018.8.7.).

■ 국가 등에 학교용지를 저가공급한 경우 세무 처리

• 주택신축판매업자가 주상복합건축물을 신축함에 있어 학교용지특례법에 의거 반드시 사업부지와 별도로 학교용지를 확보하여 교육청에 택지개발촉진법 시행규칙 제11조에 의한 가격으로 공급하도록 한 건축허가조건에 따라 학교용지를 교육청에 저가공급함에 따라 발생한 매매손실은 당해 매매손실이 확정된 사업연도의 손금에 산입하는 것임(서면2팀-1624, 2005.10.10.).

■ 미분양상가 활성화를 위한 지원금의 손금 해당 여부

• 미분양상가의 분양률 제고 및 입점촉진을 통한 상가활성화를 위해 입점상가를 대상으로 인테리어 비용 및 일정기간 운영관리비를 지원하는 것을 공시하고 이를 시행함에 따라 비용이 발생하는 경우, 건전한 사회통념과 상관행에 비추어 정상적으로 소요되는 비용이라고 인정될 수 있는 범위 안의 금액으로서 기업회계기준에 따라 계상한 때에는 「법인세법 시행규칙」 제10조에 따른 판매부대비용으로 손금에 산입하는 것이나 그 지출경위나 성질, 액수 등을 건전한 사회통념이나 상관행에 비추어 정상적으로 소요되는 비용인지 여부는 사실판단하여야 함(법규법인2010-228, 2010.9.10.).

■ 낙찰된 토지의 계약 포기로 반환받지 못하는 입찰보증금의 손금 해당 여부

해석

• 건설업을 영위하는 내국법인이 일반상업용지 경쟁 입찰을 통해 낙찰된 토지에 대하여 입지조건 등을 분석한 결과 사업타당성이 없어 계약을 포기하는 경우로서 일반상업용지 공급공고에 따라 한국토지주택공사에 귀속되는 입찰보증금은 지급사유가 확정되는 날이 속하는 사업연도의 손금에 산입하는 것임(서면법인2020 – 3169, 2020.8.14.).

■ 재고자산인 토지 매입대금의 지연납부에 따른 연체이자 등의 손금 해당 여부

해석

• 부동산개발 및 공급업을 영위하는 내국법인이 재고자산인 토지를 취득함에 있어 매도자와의 약정에 의하여 매입대금 지급지연에 따라 추가 부담하는 연체이자와 그 미지급 매입대금에 대한 지급보증과 관련하여 지출하는 보증수수료는 당해 비용의 지출이 확정된 날이 속하는 사업연도의 손금으로 하는 것임(서면법인2018 – 297, 2018.3.7.).

■ 상가분양 목적의 토지 연불조건 매입대금에 충당한 차입금이자에 대한 손비 처리

해석

• 법인이 상가를 신축하여 분양할 목적으로 관련 토지를 연불조건으로 매입하면서 금융회사로부터 자금을 차입하여 중도금을 지불하는 경우 당해 차입금에서 발생한 지급이자는 「법인세법 시행령」 제19조에 따라 각 사업연도의 소득금액계산에 있어서 손금에 산입하는 것임(법인 – 700, 2010.7.26.).

■ 청구법인이 미분양에 대한 분양판촉의 일환으로 임직원 등 수분양자에 분양한 경우 청구법인이 대납한 중도금 대출이자 등의 손금부인 처분 판단

사안

• 청구법인은 1977.12.7. 설립된 건설업을 영위하는 법인으로, 2007.12.20. 시행사인 ○○○ 주식회사(이하 "○○○" 또는 "시행사"라 한다)와 ○○○세대 공사도급 계약을 체결하고 공사를 진행하였으나, 2008년 5월 말경 분양률이 약 43%로 저조하자 청구법인과 ○○○는 2009.3.6. '분양판촉 합의서' 및 '추가합의서'를 체결하여, 계약금을 낮추고(분양대금

의 10% → 5%) 중도금 대출이자는 무이자를 적용하며 ○○○(시행사)는 ○○○, 청구법인(시공사)은 ○○○ 씩 각각 '책임분양'하기로 하였는데, 추가합의서상 시공사 특판세대의 MGM수수료(연계판매수수료)는 청구법인이 부담하기로 하되 ○○○(시공사)가 사업비에서 선집행하고 아파트 준공 시 도급공사비에서 정산하기로 하였으며, 그 외 특판조건에 따른 비용은 각 사가 부담하기로 하고 청구법인 부담분은 사업준공시 정산하기로 하였음.
- 청구법인은 책임분양 분담분 ○○○를 분양 완료하였는데, 이 중 ○○○는 일반인에게 분양하고, ○○○는 임직원 등(임직원 및 임직원의 지인, 이하 "수분양자들"이라 한다)에게 특별판촉에 의해 분양하였고, 청구법인은 수분양자들에게 1인당 평균 ○○○원에 상당하는 계약금을 대여하고 매년 세무조정시 해당 대여금에 대한 인정이자를 계상하였음.
- 특별분양한 ○○○는 준공(2011.3.31.) 이후 시세가 분양가에 미달함에 따라 수분양자들이 중도금 대출이자를 납부하지 않자, 청구법인이 대신 납부하면서 2011년분 ○○○원(이하 "쟁점대출이자"라 한다)은 비용 계상하고, 2012년 이후는 선급금으로 계상하였음.
- 아파트 준공(2011.3.31.) 이후 수분양자들이 잔금을 납부하지 않고 입주도 하지 않아 시행사를 대위하여 채권단은 채권회수를 위해 입주하지 않은 세대에 대해 2013년 12월에 계약 해제를 통보 후, 2015년 8월 공매절차를 통해 분양을 완료하였고, 청구법인은 아파트 준공 이후부터 공매시까지 수분양자의 중도금 대출이자를 대납하고, 계약해제에 따른 계약금 대여금을 회수하지 아니하였음.
- ○○○은 청구법인에 대한 세무조사를 통해 쟁점대출이자 대납분은 각 수분양자에 대한 상여 및 기타소득으로, 임직원 수분양자에 대한 대여금 중 2011사업연도에 특수관계가 소멸한 ○○○원(이하 "쟁점대여금"이라 한다)은 상여처분 대상으로 보아 2017.3.10. 청구법인에게 ○○○원의 소득금액변동통지를 하고, 그 결과를 OOO에게 통지하였음.

- 처분청이 제시한 '원금보장제'의 보장범위에 쟁점대출이자 등이 해당되지는 않는다 하더라도 청구법인이 원금보장제 약정으로 달성하고자 하는 목적과 청구법인을 비롯한 수분양자가 처한 상황 등을 종합적으로 고려해 볼 때,
- 수분양자의 전매에 따른 수분양자의 손실이 확정되면 원금보장약정을 통해 청구법인이 부담해야 하는 보장금액이 막대할 것으로 예상되어, 청구법인은 이를 회피하고자 수분양자의 분양계약이 유지되도록 할 필요가 있었던 것으로 보이고, 이를 위해 청구법인은 수분양자가 부담할 준공 이후 중도금 대출이자 부담을 선택한 것으로 보이며, 종국적으로 분양계약이 해제되어 수분양자의 계약금 상당액까지 보장할 수밖에 없었던 것으로 보이는바, 쟁점대출이자와 계약금 상당액을 청구법인이 부담한 것은 원금보장 약정에 따른 손실을 회피하기 위한 직접비용으로서 청구법인의 손금에 해당하고, 청구법인이 계약금 상당액에 해당하는 쟁점대여금을 회수하지 아니한데 정당한 사유가 있는 것으로 보이는 점,

- 국세청장 역시 이 건과 동일한 쟁점으로 청구법인에 대한 2012~2015사업연도분 법인세 과세예고통지에 대한 과세전적부심사에서 그 당시 청구법인은 분양률 저조로 공사비 회수에 어려움이 있었고, 시행사의 대출에 대한 연대보증으로 분양사업에 차질이 생길 경우 청구법인에게 대출 상환의무가 있었던 사유를 들어 청구법인이 특판조건으로서 수분양자들에 대하여 원금보장제를 시행함에 따라 발생한 중도금 대출이자는 청구법인이 부담하여야 할 비용으로 보인다 하여 청구법인이 이 건과 동일한 방식으로 부담한 중도금 대출이자와 회수하지 못한 대여금을 청구법인의 직접적인 업무관련 비용으로 보아 손금으로 판단하여 과세처분을 하지 않은 점 등을 종합하여 보면,
- 청구법인이 지출한 쟁점대출이자와 회수하지 않은 쟁점대여금은 청구법인의 손금에 해당하므로 이 건 법인세 과세처분과 소득금액변동통지는 잘못이 있다고 판단됨(조심 2017중2219, 2017.11.16.).

③ 대손충당금 및 대손금

(1) 대손충당금

대손충당금은 회수불능채권의 추산액으로서 당기 말 현재의 외상매출금·대여금 기타 이에 준하는 채권 중 차기 이후의 대손 가능성에 대비하기 위해 설정한 평가성충당금을 말하며, 이를 손금에 산입하기 위해서는 결산상 비용으로 반영하여야 한다(집행기준 34-0-1).

1) 대손충당금의 설정한도

기업회계기준에 따라 매출채권 등에 대손충당금을 설정하여 각 사업연도 소득금액을 계산할 때 비용으로 계상한 경우에는 세법에서 정한 설정한도 내에서 다음과 같이 이를 손금산입한다.

(가) 일반법인의 경우

일반법인은 해당 사업연도 종료일 현재의 채권잔액의 100분의 1에 상당하는 금액과 채권잔액에 대손실적률을 곱하여 계산한 금액 중 큰 금액을 대손충당금 설정한도로 한다(법령 제61조②).

$$\text{대손충당금 설정한도액} = \text{기말 설정대상채권잔액} \times \text{Max}(1/100, \text{대손실적률})$$

이 산식에서 설정대상채권잔액은 해당 사업연도 종료일 현재의 세법상 채권잔액을 말하며,

대손실적률 계산은 해당 사업연도의 대손금을 직전사업연도의 채권잔액으로 나누어 계산한다. 이 경우 대손금은 세법상 대손금을 의미한다(법령 제61조③).

(나) 금융기관의 경우

「은행법」에 의한 인가를 받아 설립된 은행 등의 경우에는 금융위원회가 기획재정부장관과 협의하여 정하는 대손충당금적립기준에 따라 적립하여야 하는 금액, 채권잔액의 100분의 1에 상당하는 금액 또는 채권잔액에 대손실적률을 곱하여 계산한 금액 중 큰 금액으로 한다(법령 제61조② 단서).

> **대손충당금 설정한도액= Max(①, ②)**
>
> ① 대손충당금적립기준에 따라 적립하여야 하는 금액
> ② 기말 설정대상채권잔액 × Max(1/100, 대손실적률)

2) 대손충당금 설정대상채권의 범위

(가) 대손충당금 설정대상채권

대손충당금 설정대상채권의 범위는 다음과 같다(법법 제34조①, 법령 제61조①).

① 외상매출금 : 상품·제품의 판매가액의 미수액과 가공료·용역 등의 제공에 의한 사업수입금액의 미수액

② 대여금 : 금전소비대차계약 등에 의하여 타인에게 대여한 금액

③ 그 밖에 이에 준하는 채권 : 어음상의 채권·미수금, 그 밖에 기업회계기준에 따라 대손충당금 설정대상이 되는 채권(시가초과액에 상당하는 채권은 제외한다)

(나) 대손충당금 설정대상에서 제외되는 채권

대손충당금 설정대상에서 제외되는 채권의 범위는 다음과 같다(법법 제19조의2②).

① 구상채권 : 채무보증으로 인하여 발생한 구상채권(「독점규제 및 공정거래에 관한 법률」에 의한 채무보증은 제외한다)

② 가지급금 등 : 특수관계인에 대한 가지급금 등. 이 경우 특수관계인에 대한 판단은 대여시점을 기준으로 한다(2021.1.1. 이후 대여하는 분부터 적용한다). 또한 대손금으로 손금산입할 수도 없다.

(다) 예외 : 대손충당금 설정가능 구상채권

위 ⒩에도 불구하고 다음에 해당하는 채무보증으로 인한 구상채권은 대손충당금 설정이 가능하다(법령 제19조의2⑥). 또한 대손요건을 충족한 경우에는 대손금으로 손금산입도 가능하다.

① 「독점규제 및 공정거래에 관한 법률」에 의한 채무보증

② 「은행법」에 의한 인가를 받아 설립된 은행 등이 행한 채무보증

③ 법률에 따라 신용보증사업을 영위하는 법인이 행한 채무보증

④ 「대·중소기업 상생협력 촉진에 관한 법률」에 따른 위탁기업이 수탁기업협의회의 구성원인 수탁기업에 대하여 행한 채무보증

⑤ 건설업 및 전기 통신업을 영위하는 내국법인이 건설사업(미분양 주택을 기초로 하는 유동화거래를 포함한다)과 직접 관련하여 특수관계인에 해당하지 아니하는 자에 대한 채무보증. 다만, 다음에 정하는 자에 대한 채무보증은 특수관계인에 대한 채무보증을 포함한다.

(ㄱ) 「사회기반시설에 대한 민간투자법」 제2조 제7호에 따른 사업시행자

(ㄴ) 「국유재산법」 제13조 제2항 제1호 또는 「공유재산 및 물품관리법」 제7조 제2항 제1호에 따라 기부한 행정재산을 운영하는 내국법인

(ㄷ) 아래에 해당하는 내국법인 또는 이와 유사한 투자회사로서 「조세특례제한법」 제104조 의31 제1항 각 호(프로젝트금융투자회사)에 해당하는 요건을 갖춘 내국법인

  • 「자산유동화에 관한 법률」에 따른 유동화전문회사

  • 「자본시장과 금융투자업에 관한 법률」에 따른 투자회사, 투자목적회사, 투자유 한회사, 투자합자회사(기관전용 사모집합투자기구는 제외한다) 및 투자유한 책임회사

  • 「부동산투자회사법」에 따른 기업구조조정 부동산투자회사 및 위탁관리 부동산 투자회사

  • 「민간임대주택에 관한 특별법」 또는 「공공주택 특별법」에 따른 특수 목적 법인 등으로서 임대사업을 목적으로 「민간임대주택에 관한 특별법 시행령」 제4조 제1항 제3호 다목의 투자회사의 규정에 따른 요건을 갖추어 설립된 법인(법칙 제10조의5)

⑥ 「해외자원개발 사업법」에 따른 해외자원개발사업자가 해외자원개발사업과 직접 관련하여 해외에서 설립된 법인에 대하여 행한 채무보증

⑦ 「해외건설 촉진법」에 따른 해외건설사업자가 해외자원개발을 위한 해외건설업과 직접 관련하여 해외에서 설립된 법인에 대해 행한 채무보증

3) 동일인에 대한 채권·채무

법인이 동일인에 대하여 매출채권과 매입채무를 가지고 있는 경우에는 당해 매입채무를 상계하지 아니하고 대손충당금을 계상할 수 있다. 다만, 당사자 간의 약정에 의하여 상계하기로 한 경우에는 그러하지 아니하다(법칙 제32조②).

(2) 대손금

"대손금"이란 내국법인이 보유하고 있는 채권 중 채무자의 파산 등 일정한 사유로 회수할 수 없는 채권의 금액을 사업연도의 소득금액을 계산할 때 손금에 산입하는 것을 말한다(법법 제19조의2①).

1) 대손 가능 채권

(가) 법인세법상 손금산입

① 내국법인이 보유하고 있는 채권에 대하여 대손금으로 손금에 산입할 수 있는 사유와 그 시기는 다음과 같다(법령 제19조의2).

대손사유	대손시기
1. 소멸시효가 완성된 채권(외상매출금 및 미수금, 어음, 수표, 대여금 및 선급금) 2. 회생계획인가의 결정 또는 법원의 면책결정에 따라 회수불능으로 확정된 채권 3. 채무조정을 받아 신용회복지원협약에 따라 면책으로 확정된 채권 4. 채무자의 재산에 대한 경매가 취소된 압류채권	해당 사유가 발생한 날
5. 물품의 수출 또는 외국에서의 용역제공으로 발생한 채권으로서 무역에 관한 법령에 따라 한국무역보험공사로부터 회수불능으로 확인된 채권 6. 채무자의 파산, 강제집행, 형의 집행, 사업의 폐지, 사망, 실종 또는 행방불명으로 회수할 수 없는 채권 7. 부도발생일부터 6개월 이상 지난 수표 또는 어음상의 채권 및 중소기업의 외상매출금으로서 부도발생일 이전의 것(저당권 설정의 경우 제외) 8. 중소기업의 외상매출금 및 미수금으로서 회수기일이 2년 이상 지난 외상매출금 등(특수관계자와의 거래로 인하여 발생한 외상매출금등 제외) 9. 회수기일이 6개월 이상 지난 채권 중 30만원 이하인 채권(채무자별 채권합계액 기준) 10.「민사소송법」에 따른 화해·화해권고결정,「민사조정법」에 따른 결정·조정에 따라 회수불능으로 확정된 채권 11. 금융기관의 채권 중 금융감독원장으로부터 대손금으로 승인받은 것과 대손 처리 요구를 받아 대손금으로 계상한 것	해당 사유가 발생하여 손금으로 계상한 날

대손사유	대손시기
12. 벤처투자회사의 창업자에 대한 채권으로서 중소벤처기업부장관이 기획재정부 장관과 협의하여 정한 기준에 해당한다고 인정한 것	

② 위 ①을 적용함에 있어 「민법」상 정지조건에 해당하는 조건이 붙어 있는 회생계획에 대해 회생계획인가의 결정이 있는 경우에는 해당 조건이 성취되어 채무면제가 확정되는 날을 대손시기로 한다(집행기준 19의2-19의2-1).

(나) 재건축조합 등에 대한 채권 포기의 경우 조세특례제한법상 손금산입

「도시 및 주거환경정비법」 제22조에 따라 추진위원회의 승인 또는 조합 설립인가가 취소된 경우에는 해당 정비사업과 관련하여 선정된 설계자·시공자 또는 정비사업전문관리업자(이하 "시공자등"이라 한다)가 다음에 따라 2027년 12월 31일까지 추진위원회 또는 조합(연대보증인을 포함한다. 이하 "조합등"이라 한다)에 대한 채권을 포기하는 경우에는 해당 채권의 가액은 시공자등이 해당 사업연도의 소득금액을 계산할 때 손금에 산입할 수 있다(조특법 제104조의26①).

① 시공자등이 「도시 및 주거환경정비법」 제133조에 따른 채권확인서를 시장·군수에게 제출하고 해당 채권확인서에 따라 조합등에 대한 채권을 포기하는 경우

② 시공자등이 과세표준신고와 함께 채권의 금액과 그 증명자료 등을 포함하는 채권의 포기에 관한 확인서를 납세지 관할 세무서장에게 제출하여 조합등에 대한 채권을 전부 포기하는 경우(조특령 제104조의23).

이 경우 시공자등이 채권을 포기함에 따라 조합등이 얻는 이익에 대해서는 「상속세 및 증여세법」에 따른 증여 또는 「법인세법」에 따른 익금으로 보지 아니한다(조특법 제104조의26②).

2) 대손처리할 수 없는 채권

내국법인이 보유하고 있는 다음의 채권에 대하여는 대손충당금을 설정할 수 없고 채무자의 무재산 등으로 회수할 수 없는 경우에도 이를 손금에 산입할 수 없으며, 그 처분손실도 손금에 산입하지 아니한다(법법 제19조의2②).

① 구상채권 : 보증채무를 대위변제함으로 인하여 발생한 구상채권(대손충당금 설정가능 구상채권〈위 (1) 2) ㈐ 예외 : 대손충당금 설정가능 구상채권임〉은 제외)

② 가지급금 등 : 특수관계인에게 업무와 관련없이 지급한 가지급금 등. 이 경우 특수관계인에 대한 판단은 대여시점을 기준으로 한다.

■ 특수관계 PFV 법인의 청산과정에서 포기한 공사미수금

사안

특수관계 PFV 법인의 청산과정에서 포기한 공사미수금의 대손금 손금산입 가능 여부 및 손금산입 귀속시기

해석

- 건설업을 영위하는 내국법인이 특수관계자인 PFV 법인(이하 "PFV"라 함)에게 공사도급계약에 따라 건설용역을 제공하여 공사미수금(이하 "매출채권"이라 함)이 발생하였으나, PFV가 사업수지의 악화로 누적결손인 상태에서 목적사업이 종료되어 해산하는 과정에서 부채가 자산을 초과하고 사업은 사실상 폐지한 경우 원활한 청산절차를 위하여 부득이하게 매출채권을 포기한 것이 객관적으로 정당하다고 인정되는 경우에는 대손금으로 손금산입할 수 있는 것이나,
- 「법인세법」 제52조 규정에 의한 부당행위계산부인에 해당되는 경우에는 그러하지 아니하는 것으로 귀 사전답변신청의 경우가 어디에 해당하는지 여부는 당초 목적사업의 수행내역, 매출채권의 포기상황, PFV의 청산내역 등 구체적인 사실에 따라 판단하는 것임.
- 아울러 위의 경우, 내국법인이 포기한 해당 매출채권의 금액이 PFV의 청산이 종결되는 시점에 확정되는 경우에는 그 시기가 도래하여 채무면제가 확정되는 날이 속하는 사업연도에 결산조정으로 손금에 산입할 수 있는 것임(법규법인2014-398, 2014.10.15.).

■ 건설업과 직접 관련하여 채무보증으로 발생한 구상채권 처분손실의 손금산입 가능 여부

해석

- 건설업을 영위하는 내국법인이 공사완료 후 공사대금회수를 위한 목적으로 비특수관계인에게 제공하는 채무보증은 「법인세법 시행령」 제19조의2 제6항 제5호의 규정에 의해 건설업과 직접 관련한 채무보증에 해당되는 것이며 동 채무보증으로 발생한 구상채권의 처분손실은 「법인세법 시행령」 부칙(대통령령 제27828호, 2017.2.3.) 제8조를 준용하여 2017년 2월 3일이 속하는 사업연도에 대한 법인세의 과세표준을 신고하는 분부터 손금에 산입할 수 있는 것임(기획재정부법인-1148, 2018.9.7.).

■ 특수관계자에 대한 업무무관 가지급금의 대손처리 가능 여부

• 내국법인이 1999.1.1. 이후 특수관계인에게 업무와 직접 관련 없이 대여한 금액은「법인세법」 제19조의2 제2항 제2호의 규정에 따라 대손금으로 손금에 산입할 수 없는 것임(사전법령해석 법인2017－32, 2017.4.27.).

■ 법원의 판결에 의해 확정된 토지매매계약 해지환급금에 대한 대손금의 손금귀속시기

• 판결에 의해 확정된 채권은 민법 제165조 제1항에 따라 10년간 행사하지 않으면 소멸시효가 완성되는 것으로, 법원의 판결에 의해 확정된 토지매매계약 해지환급금에 대해 강제집행을 통해서도 회수하지 못한 경우에는 법인세법 시행령 제19조의2 제3항에 따라 소멸시효가 완성된 날이 속하는 사업연도 또는 그 소멸시효 완성 전에 강제집행으로도 회수할 수 없어 대손금으로 계상한 날이 속하는 사업연도의 손금으로 하는 것임(서면법령해석 법인2014－20598, 2015.2.17.).

④ 세금과 공과금의 손금불산입

다음의 세금과 공과금은 내국법인의 각 사업연도의 소득금액을 계산할 때 손금에 산입하지 아니한다(법법 제21조).

① 각 사업연도에 납부하였거나 납부할 법인세(법인세법 제57조에 따라 세액공제를 적용하는 경우의 외국법인세액을 포함한다) 또는 법인지방소득세와 각 세법에 규정된 의무 불이행으로 인하여 납부하였거나 납부할 세액(가산세를 포함한다) 및 부가가치세의 매입세액(부가가치세가 면제되거나 그 밖에 일정한 경우의 세액은 제외한다)

② 반출하였으나 판매하지 아니한 제품에 대한 개별소비세 또는 주세의 미납액. 다만, 제품가격에 그 세액에 상당하는 금액을 가산한 경우에는 예외로 한다.

③ 벌금, 과료(통고처분에 따른 벌금 또는 과료에 상당하는 금액을 포함한다), 과태료(과료와 과태금을 포함한다), 가산금 및 강제징수비

④ 법령에 따라 의무적으로 납부하는 것이 아닌 공과금

⑤ 법령에 따른 의무의 불이행 또는 금지·제한 등의 위반을 이유로 부과되는 공과금

⑥ 연결모법인에 법인세법 제76조의19 제2항에 따라 지급하였거나 지급할 금액

위 사항 중 법인세 등과 벌과금 등의 손금불산입 그리고 손금산입하는 공과금에 대한 구체적인 내용은 아래와 같다.

1) 법인세 등의 손금불산입

법인세 등 다음의 손비는 각 사업연도의 소득금액 계산상 이를 손금에 산입하지 아니한다(집행기준 21-0-1).

① 법인세 또는 법인지방소득세와 각 세법에 규정된 의무불이행으로 인하여 납부하는 세액 및 부가가치세 매입세액
② 내국법인이 외국법에 따라 외국에서 납부한 위 ①과 같은 성질의 제세공과금(세액공제를 적용하는 경우의 외국납부세액을 포함한다)
③ 원천징수의무자가 원천징수세액을 징수하지 아니하고 대신 납부한 원천징수세액
④ 제2차 납세의무자로서 납부한 법인세 등(다만, 출자법인이 해산한 법인으로부터 잔여재산을 분배받은 후 해산한 법인의 법인세를 제2차 납세의무자로서 납부한 경우에는 다른 제2차 납세의무자 등에게 구상권을 행사할 수 없는 부분에 한하여 손금에 산입할 수 있다)
⑤ 세금계산서를 제출하지 아니함으로써 공제받지 못한 부가가치세 매입세액

2) 벌과금 등의 손금불산입

다음의 벌과금 등은 각 사업연도 소득금액 계산상 이를 손금에 산입하지 아니한다(집행기준 21-0-2).

① 법인의 임원 또는 사용인이 관세법을 위반하고 지급한 벌과금
② 업무와 관련하여 발생한 교통사고 벌과금
③ 「고용보험 및 산업재해보상보험의 보험료 징수 등에 관한 법률」 제24조에 따라 징수하는 산업재해보상보험료의 가산금
④ 금융기관의 최저예금지급준비금 부족에 대하여 「한국은행법」 제60조에 따라 금융기관이 한국은행에 납부하는 과태금
⑤ 「국민건강보험법」 제80조에 따라 징수하는 연체금
⑥ 외국의 법률에 따라 국외에서 납부한 벌금

3) 손금산입 공과금

① 다음의 손비는 손금불산입하는 공과금에 포함되지 아니한다.

　㈀ 영업자가 조직한 단체로서 법인이거나 주무관청에 등록된 조합 또는 협회에 월정액 이외에 사업실적에 따라 정기적으로 납부하는 조합비 또는 협회비

　㈁ 항만하역업체가 정부의 지시에 따라 통상적인 하역요금 외에 부두근로자(일용노무자)의 퇴직금의 재원을 목적으로 하역협회에 납부하는 금액

　㈂ 성실보고회원 조합원이 동 조합에 납부하는 조합비

　㈃ 수출입업을 영위하는 법인이 수출대금 네고(Nego)시 한국무역협회에 납부하는 수출부담금

　㈄ 「대기환경보전법」 제35조 제1항 제2호에 따라 배출허용기준 이하의 대기오염물질 배출량에 대하여 부과되는 기본배출부과금

② 법인이 타법인의 주식을 취득함으로써 과점주주가 됨에 따라 납부하는 취득세는 동 주식의 취득원가에 산입한다(집행기준 21-0-4).

부가가치세 매입세액의 손금산입

① 매입세액 공제 대상이 아닌 부가가치세 매입세액의 세무상 처리는 다음과 같이 한다.

구 분	세무상 처리방법
부가가치세 면세사업 관련 매입세액	• 면세사업용 자산·원재료 등 취득 : 해당자산의 취득가액에 가산 • 면세사업 관련 비용 : 해당연도 손금
비영업용 소형승용자동차의 구입·유지에 관한 매입세액	• 구입 관련 매입세액 : 취득원가 가산 • 유지 관련 매입세액 : 해당연도 손금
접대비 및 유사비용의 지출에 관련된 매입세액	• 접대비에 합산, 한도액 범위 내에서 손금산입
임대보증금의 간주임대료에 대한 부가가치세	• 약정에 따라 부담하는 자(임대인 또는 임차인)가 해당연도에 손금산입
「부가가치세법」 제36조에 따라 영수증을 교부받은 거래분에 포함된 매입세액	• 매입세액 공제 대상이 아닌 금액은 손금산입

② 의제매입세액 및 재활용폐자원 등에 대한 매입세액 공제액은 해당 원재료의 매입가액에서 공제한다(집행기준 21-22-1).

■ 국민주택건설용역과 관련된 부가가치세 매입세액의 손금처리 방법

> **해석**
>
> • 조세특례제한법 제106조 제1항의 규정에 의하여 부가가치세가 면제되는 국민주택건설용역을 제공하는 법인이 그 면제되는 건설용역의 제공을 위하여 매입하는 건설자재의 부가가치세 매입세액은 당해 법인의 공사원가로서 손금에 산입되는 것임(서이 46012-10808, 2002.4.17.).

❺ 기업업무추진비(종전 : 접대비)와 기부금의 조정

(1) 기업업무추진비의 조정

1) 기업업무추진비의 범위

"기업업무추진비"란 접대, 교제, 사례 또는 그 밖에 어떠한 명목이든 상관없이 이와 유사한 목적으로 지출한 비용으로서 내국법인이 직접 또는 간접적으로 업무와 관련이 있는 자와 업무를 원활하게 진행하기 위하여 지출한 금액을 말한다(법법 제25조①).

2) 기업업무추진비 손금산입한도액의 계산

① 기업업무추진비의 손금산입한도액은 아래의 각 한도액을 합한 금액으로 한다(법법 제25조④).

> 기업업무추진비의 손금산입한도액 = ㈀ 기본 한도액 + ㈁ 수입금액 기준 한도액 + ㈂ 문화비로 지출한 기업업무추진비 한도액 + ㈃ 전통시장에서 지출한 기업업무추진비 한도액

㈀ 기본 한도액

> 1,200만원〔중소기업의 경우에는 3,600만원〕 × 해당 사업연도의 월수/12

* 월수는 역에 따라 계산하되, 1월 미만의 일수는 1월로 한다.

ⓛ 수입금액 기준 한도액

> （일반수입금액 × 적용률） + （특정수입금액 × 적용률） × 10%

* 수입금액은 기업회계기준에 따라 계산한 매출액을 말하며, 특정수입금액은 특수관계인과의 거래에서 발생한 수입금액을 말한다.
* 수입금액 계급구간별 적용률

수입금액	비　율
가. 100억원 이하	0.3퍼센트
나. 100억원 초과 500억원 이하	3천만원 + （수입금액 － 100억원） × 0.2퍼센트
다. 500억원 초과	1억1천만원 + （수입금액 － 500억원） × 0.03퍼센트

* 일반수입금액과 특정수입금액이 함께 있는 경우에는 먼저 일반수입금액부터 수입금액 적용률을 적용한다.

ⓒ 문화비로 지출한 기업업무추진비 한도액(해당하는 경우)

> 다음 ㉠과 ㉡ 중 적은 금액
> ㉠ 문화비로 지출한 기업업무추진비 지출액
> ㉡ 일반 기업업무추진비 한도액 (기본한도액과 수입금액한도액의 합계금액) × 20%[*]
>
> * 조특법 제136조③

ⓔ 전통시장에서 지출한 기업업무추진비 한도액(해당하는 경우)

> 다음 ㉠과 ㉡ 중 적은 금액
> ㉠ 전통시장에서 지출한 기업업무추진비 지출액
> ㉡ 일반 기업업무추진비 한도액 (기본한도액와 수입금액한도액의 합계금액) × 10%[*]
>
> * 조특법 제136조⑤
> * 요건(모두 충족)
> 1. 신용카드 등 사용금액에 해당할 것
> 2. 소비성서비스업 등 대통령령(생략)으로 정하는 업종을 경영하는 법인 또는 사업자에게 지출한 것이 아닐 것

② 정부가 20% 이상을 출자한 법인(공기업·준정부기관이 아닌 상장법인은 제외한다)과 동 법인이 최대주주인 법인의 기업업무추진비 한도액은 위 ①의 일반법인 기업업무추진비 한도액[㈀+㈁]의 70%로 한다(조특법 제136조②).

③ 부동산임대업을 주업으로 하는 법인 등 아래의 요건을 모두 갖춘 법인의 경우에는 위 ①의 일반법인 기업업무추진비 한도액[㈀+㈁]의 50%로 한다(법법 제25조⑤, 영 제42조②).

(ㄱ) 해당 사업연도 종료일 현재 법인의 법인세법 시행령 제43조 제7항에 따른 지배주주
    등이 보유한 주식 등의 합계가 해당 법인의 발행주식총수 또는 출자총액의 50%를
    초과할 것
(ㄴ) 해당 사업연도 부동산 임대업을 주된 사업으로 하거나 다음 각각의 금액 합계가
    기업회계기준에 따라 계산한 매출액의 50% 이상일 것
    (가) 부동산 또는 부동산상의 권리의 대여로 인하여 발생하는 소득의 금액
    (나) 소득세법 제16조 제1항에 따른 이자소득의 금액
    (다) 소득세법 제17조 제1항에 따른 배당소득의 금액
(ㄷ) 해당 사업연도의 상시근로자 수가 5명 미만일 것

3) 기업업무추진비 한도액 계산시의 수입금액 계산

수입금액 기준에 의한 기업업무추진비 한도액 계산에 있어서의 수입금액은 기업회계기준에
따라 계산한 매출액을 말하는 것으로, 이에 포함하는 것과 포함하지 않는 것을 예시하면
다음과 같다(집행기준 25-0-3).

수입금액에 포함하는 것	수입금액에 포함하지 않는 것
1. 기업회계기준에 따른 매출액을 세무조정으로 익금에 산입한 금액 2. 영업수입금액 3. 반제품·부산물·작업폐물 매출액 4. 중단사업부문의 매출액	1. 기업회계기준에 따른 매출액과 법인세법상의 익금과의 차액을 세무조정으로 익금산입한 금액 2. 매출에누리·매출할인 3. 영업외수입·특별이익 4. 간주임대료 5. 부당행위계산부인으로 익금산입한 금액 6. 개별소비세 과세물품 제조·판매 법인의 매출액에 포함된 개별소비세(교육세 포함)

4) 주주 등이 부담할 기업업무추진비의 손금불산입

주주 또는 출자자(이하 "주주등"이라 한다)나 다음의 어느 하나에 해당하는 직무에 종사하는
자(이하 "임원"이라 한다) 또는 직원이 부담하여야 할 성질의 기업업무추진비를 법인이 지출한
것은 이를 기업업무추진비로 보지 아니한다(법령 제40조①).
① 법인의 회장, 사장, 부사장, 이사장, 대표이사, 전무이사 및 상무이사 등 이사회의 구성원
   전원과 청산인
② 합명회사, 합자회사 및 유한회사의 업무집행사원 또는 이사
③ 유한책임회사의 업무집행자

④ 감사

⑤ 그 밖에 ①부터 ④까지의 규정에 준하는 직무에 종사하는 자

■ 부동산개발 관련 해석 · 판단사례

■ 거래처와의 약정에 따라 포기하는 매출채권의 접대비 해당 여부

해석

- 법인이 특수관계인이 아닌 거래처에 대한 매출채권 중 일부를 객관적인 정당한 사유 없이 해당 거래처와의 약정에 따라 포기하는 경우 동 매출채권의 일부 포기액은 「법인세법」 제25조에 의한 접대비에 해당하는 것임(서면법인2020-960, 2020.8.28.).

■ 상가 등 분양대행 법인이 할인하여 분양하고 할인액을 부담하는 경우 접대비 해당 여부

해석

- 건설업자와 분양대행계약에 의하여 상가 등의 분양을 대행하는 법인이 고객확보를 위하여 동 상가 등을 할인하여 분양하고 그 할인액을 당해 법인이 건설업자로부터 받는 수수료 수입에서 부담하는 경우에 동 할인액은 「법인세법」 제18조의2 제3항 규정의 접대비에 해당하는 것임 (서면법인2015-1909, 2015.11.26.).

■ 추첨에 의한 분양금액의 할인액이 판매부대비용에 해당하는지 여부

해석

- 법인이 재화 또는 용역을 제공하고 그 대가로 상품권을 지급받는 경우에는 당해 재화나 용역의 시가에 상당하는 금액을 각 사업연도 소득금액 계산시 익금에 산입하는 것이며, 동 상품권을 불특정다수의 회원을 대상으로 한 추첨을 통하여 경품의 형식으로 일정액을 할인하여 판매하는 경우 동 상품권의 장부가액과 판매가액의 차액이 건전한 사회통념과 상관행에 비추어 정상적인 거래라고 인정될 수 있는 범위안의 금액인 경우에는 판매와 관련된 부대비용으로 보아 각 사업연도의 소득금액 계산시 손금에 산입하는 것임(법인-562, 2013.10.15.).

■ 당초 체결한 계약의 해제 후 신규 계약 체결시 차액이 접대비 등 해당 여부

• 계약의 해제로 인하여 당초 체결한 계약이 소멸하여 계약당사자가 변경된 새로운 계약을 체결한 경우, 「법인세법」상 익금과 손금 및 귀속 사업연도 등의 규정은 변경된 계약에 따라 적용하는 것이므로, 당초의 계약과 새로이 체결한 계약 간 계약내용의 차이로 인한 금액은 「법인세법」상 접대비 또는 기부금에 해당하지 아니하나, 계약 해제 후 새로운 계약 체결의 실질내용이 당초 계약상 취득할 수 있는 수익 또는 권리를 임의 포기함으로써 계약상대방과의 친목을 두텁게 하여 거래관계의 원활한 진행을 도모하거나 사업과 관계없이 재산적 증여를 하기 위한 것이라면 그 손실 또는 비용은 접대비 또는 기부금에 해당하는 것으로, 이에 해당하는지 여부는 구체적 사실관계를 종합하여 판단할 사항임(법인-688, 2012.11.9.).

■ 분양계약해제에 따른 위약금등의 면제시 접대비 해당 여부

• 법인이 특수관계 없는 법인과 부동산 매매계약을 체결하고 계약금을 수령한 후 양수법인의 사정으로 계약해지 사유가 발생하였으나, 부동산의 거래상황 등에 따라 계약을 해지하거나 위약금을 받지 아니하고 제3자에게 동 계약내용을 승계하도록 허용하는 경우로서, 위약금을 받지 않는 것이 건전한 사회통념 내지 상관행에 비추어 타당하다고 인정되는 경우에는 접대비 또는 기부금으로 보지 않는 것이나, 정당한 사유없이 위약금을 면제한 경우 당해 위약금상당액은 접대비 또는 기부금으로 보는 것으로, 어디에 해당하는지는 거래관행 및 거래조건 등에 따라 사실판단할 사항이며, 법인이 부동산매매계약을 체결하고 계약금만 지급한 상태에서 부동산을 취득할 수 있는 권리를 2002.1.1. 이후 제3자에게 양도하는 경우 그 처분손익은 각 사업연도 소득금액 계산상 손금 또는 익금에 산입하는 것임(서면2팀-938, 2004.5.3.).

■ 조건부 아파트 분양계약의 해제에 따른 위약금 면제시 접대비 또는 기부금 해당 여부

• 아파트를 건축하여 분양하는 시행회사가 낮은 분양률 제고를 위해 시공회사의 임직원을 대상으로 특별판매를 실시하면서, 그 조건으로 향후 새로운 피분양자에게 그 분양계약이 승계될 것을 전제로 특별판매 계약을 해지할 때는 반환할 불입금에서 위약금을 차감하지 않기로 하는 납부원금보장제 방식으로 계약을 체결한 경우, 해당 위약금을 접대비 또는 기부금에 해당하지 아니하는 것임(법인-263, 2011.4.11).

■ 시행회사의 분양대금 조기 회수 및 소송취하 조건으로 지급한 중도금 대출이자 대위변제액이
  접대비에 해당하는지 여부

• 시행회사가 신축건물을 분양하면서 분양자들의 중도금 대출이자를 시행회사가 우선 부담하고,
  분양자들은 신축건물 입주시점에 시행회사가 우선 부담한 대출이자를 지급하기로 약정하고
  분양하였으나, 일부 분양자들이 분양건물에 미입주한 상태에서 분양건물 과장광고의 사유로
  소송을 제기하여 소송 진행 중 시행회사가 분양대금 조기 회수 및 소송취하 조건으로 소송기간
  중 발생한 중도금 대출이자의 회수를 포기하기로 한 경우 동 채권 포기액이 사회통념상 타당하다고
  인정되는 범위 내에 해당하는 경우에는 접대비에 해당되지 않는 것임(법인-727, 2010.7.30.).

■ 아파트 입주자의 분양대출금이자 중 일부를 분양법인이 부담한 경우 접대비 해당 여부

• 아파트 신축분양업을 영위하는 법인이 분양 촉진을 위하여 아파트분양 당시 모든 피분양자에게
  평형별로 동일한 기준에 의해 금융기관 대출이자의 일정액을 법인이 부담해 주는 조건임을
  사전에 공시한 경우로서 그 공시내용에 따라 분양계약을 체결하여 대신 부담한 금액이 사회통념상
  적정하다고 인정되는 범위 내의 금액은 판매부대비용으로 보는 것이나, 동일한 평형 내에서
  합리적이고 정당한 사유 없이 층별로 부담하는 기준을 달리하여 특정입주자에 대해 더 많은
  혜택을 주는 경우의 당해 부담액은 접대비로 보는 것임(법인-3119, 2008.10.28.).

■ 미분양 물건 및 그 시행권을 인수한 후 분양조건을 변경하는 경우

법인이 미분양 물건 및 그 시행권을 인수한 후 새로운 분양조건으로 모든 신규 분양계약자들
에게 동일하게 대출이자의 부담과 발코니공사 무상제공 및 도급계약을 변경하여 연체이자율
을 낮추는 경우 접대비 해당 여부

• 내국법인이 장기연체된 공사미수금을 회수하기 위해 시행사로부터 미분양 물건 및 그 시행권을
  인수하고, 인수한 미분양 물건의 분양촉진을 위해 종전과 다른 분양조건으로 광고 및 사전공시에
  의해 신규계약자를 대신하여 부담하는 중도금의 대출이자 및 발코니확장 비용은 판매부대
  비용으로 보는 것이며, 시행사의 분양부진에 따라 공사미수금의 장기연체로 도급계약서를 변경한

후 기존의 발생된 연체이자의 감액 없이 건전한 사회통념상 인정되는 범위 안에서 연체이자율을 인하하는 것은 접대비로 보지 않는 것임(법인-373, 2009.3.31.).

■ 법인이 재개발 조합에 무상 지급하는 조합운영비의 접대비 해당 여부

해석

• 법인이 재개발 사업의 공사와 관련하여 재개발 조합에 무상으로 지급하는 조합운영비는 접대비에 해당하는 것임(법인-1616, 2008.7.17.).

■ 상가건물의 분양업무담당자에게 사전약정에 의해 분양실적에 따라 지급한 금액이 접대비에 해당하는지 여부

사안

원고는 부동산매매업 등을 목적으로 하는 회사로서, 1988.2.15.부터 그 해 말경까지 사이에 서울 동작구 ○○동 11 지상 ○○아파트 단지 내 상가건물 및 노원구 ○○동 128블럭 지상의 ○○상가건물을 매수취득하여 일괄분양하는 영업을 영위함에 있어 소외 전○○ 외 28인에게 위 상가분양에 대한 알선수수료 명목으로 합계 금 441,860,000원을 지급하였음. 또한, 원고는 위 상가건물의 점포들을 평당 금 5,500,000원 내지 금 5,800,000원씩에 개별수요자들에게 분양함.

판례

• 일부 점포에 대한 분양이 지연되거나 미분양됨으로 인하여 투하자본의 회수가 지체되는 경우 회사경영이 어려워지므로 위 상가의 분양을 촉진시킬 목적으로 원고 회사에서 분양업무를 담당하는 영업부직원들과 이를 지원하는 계열회사소속의 영업부직원들에 대하여 사전에 분양실적에 따라 분양점포의 층, 호수별로 평당 금 200,000원 내지 300,000원씩의 비율에 의한 금원을 영업판촉비 내지 알선수수료 명목으로 지급할 것을 약정하고 그 분양실적에 따라,

• 위 전○○ 등에게 위 각 금원을 지급한 사실 및 원고는 위 지급한 금원에 대하여 이를 동인들의 근로소득 내지 기타소득으로 계상하여 이에 대한 소득세 등을 원천징수한 후 1989.3.31. 피고에게 납부한 사실 등을 인정한 다음, 원고가 지출한 위 각 금원은 그 지출의 상대방이 원고 회사의 영업부직원등이고, 지출목적이 원고의 목적사업인 상가분양의 촉진을 기하고자 함에 있으며, 특히 당사자 사이에 그 지출에 관한 구체적인 방법, 금액 등이 사전에 약정된 점에 비추어 볼 때,

• 이는 분양실적에 따라 지급된 능률급형식의 수수료이거나 분양알선에 대한 대가로서 지급된 상가분양의 부대비용의 성질을 지닌 것으로 볼 것이고 이를 법인세법 제18조의2 소정의 접대비에

해당하는 것으로는 볼 수 없다고 하여 위 지출금원 중 같은 조 제2항 소정의 접대비 한도액을 초과한 금원을 손금부인하여 한 이 사건 과세처분을 위법하다고 판시하고 이를 취소하였는바,

- 기록과 법인세법 제9조 제1항·제3항, 같은 법 시행령 제12조 제2항, 같은 법 시행규칙 제4조, 법인세법 제18조의2 제1항·제2항 등의 규정취지에 의하면 원심판결의 위와 같은 사실인정과 판단은 모두 정당한 것으로 수긍이 가고 거기에 지적하는 바와 같은 사실오인이나 심리미진 또는 법리오해 등의 위법이 없음(대법 91누9473, 1992.5.8.).

(2) 기부금의 조정

1) 기부금의 범위

"기부금"이란 내국법인이 사업과 직접적인 관계없이 무상으로 지출하는 금액을 말하며, 일정한 거래를 통하여 실질적으로 증여한 것으로 인정되는 금액(의제기부금)을 포함한다(법법 제24조①).

의제기부금이란 특수관계인 외의 자에게 정당한 사유 없이 자산을 정상가액보다 낮은 가액으로 양도하거나 특수관계인 외의 자로부터 정상가액보다 높은 가액으로 매입하는 것을 말한다. 이 경우 정상가액은 시가에 시가의 100분의 30을 더하거나 뺀 범위의 가액으로 한다(법령 제35조).

2) 특례기부금 : 기준소득금액의 50 % 손금산입한도 적용 기부금(종전, 법정기부금)

① 적용대상 기부금

내국법인이 각 사업연도에 지출한 기부금 및 전기 이월된 기부금 중 아래의 특례기부금은 손금산입한도액 내에서 해당 사업연도의 소득금액을 계산할 때 손금에 산입하되, 손금산입 한도액을 초과하는 금액은 손금에 산입하지 아니한다(법법 제24조②).

(ㄱ) 국가나 지방자치단체에 무상으로 기증하는 금품의 가액

(ㄴ) 국방헌금과 국군장병 위문금품의 가액

(ㄷ) 천재지변으로 생기는 이재민을 위한 구호금품의 가액

(ㄹ) 「사립학교법」에 따른 사립학교 등 일정한 기관(병원은 제외한다)에 시설비·교육비·장학금 또는 연구비로 지출하는 기부금

(ㅁ) 「국립대학병원 설치법」에 따른 국립대학병원 등 일정한 병원에 시설비·교육비 또는 연구비로 지출하는 기부금

(ㅂ) 사회복지사업, 그 밖의 사회복지활동의 지원에 필요한 재원을 모집·배분하는 것을 주된 목적으로 하는 일정한 비영리법인으로서 기획재정부장관이 지정·고시하는 법인에 지출하는 기부금

② 손금산입한도액

다음 계산식에 따라 산출한 금액을 손금산입한도액으로 한다(법법 제24조② 제2호).

$$(기준소득금액 - 결손금) \times 50\%$$

* 기준소득금액 : 기준소득금액은 법인세법 제44조, 제46조 및 제46조의5에 따른 양도손익은 제외하고 특례기부금과 일반기부금을 손금에 산입하기 전의 해당 사업연도의 소득금액을 말한다.
* 결손금 : 각 사업연도 소득의 80퍼센트를 한도로 이월결손금 공제를 적용받는 법인은 기준소득금액의 80퍼센트를 한도로 한다.

3) 일반기부금 : 기준소득금액의 10 % 손금산입한도 적용 기부금(종전, 지정기부금)

① 적용대상 기부금

내국법인이 각 사업연도에 지출한 기부금 및 전기 이월된 일반기부금(사회복지·문화·예술·교육·종교·자선·학술 등 공익성을 고려하여 대통령령으로 정하는 기부금을 말한다. 특례기부금은 제외한다. 이하 같다)은 손금산입한도액 내에서 해당 사업연도의 소득금액을 계산할 때 손금에 산입하되, 손금산입한도액을 초과하는 금액은 손금에 산입하지 아니한다(법법 제24조③).

② 손금산입한도액

다음 계산식에 따라 산출한 금액을 손금산입한도액으로 한다(법법 제24조③ 제2호).

$$〔(기준소득금액 - 결손금) - 위 2)에 따른 손금산입액〕 \times 10\%(사회적기업은 20\%)$$

* 기준소득금액 : 법인세법 제44조, 제46조 및 제46조의5에 따른 양도손익은 제외하고 특례기부금과 일반기부금을 손금에 산입하기 전의 해당 사업연도의 소득금액을 말한다.
* 결손금 : 법인세법 제13조 제1항 각 호 외의 부분 단서에 따라 각 사업연도 소득의 80퍼센트를 한도로 이월결손금 공제를 적용받는 법인은 기준소득금액의 80퍼센트를 한도로 한다.
* 위 2)에 따른 손금산입액 : 법인세법 제24조 제5항에 따라 다음 사업연도 개시일부터 10년 이내에 끝나는 각 사업연도로 이월하여 손금에 산입한 금액을 포함한다.

4) 한도초과액의 이월공제

① 10년 이내 이월공제

내국법인이 각 사업연도에 지출하는 기부금 중 기부금의 손금산입한도액을 초과하여 손금에 산입하지 아니한 금액은 해당 사업연도의 다음 사업연도 개시일부터 10년 이내에 끝나는 각 사업연도로 이월하여 그 이월된 사업연도의 소득금액을 계산할 때 기부금 각각의 손금산입한도액의 범위에서 손금에 산입한다(법법 제24조⑤).

② 공제순서

기부금을 손금에 산입하는 경우에는 이월된 금액을 해당 사업연도에 지출한 기부금보다 먼저 손금에 산입한다. 이 경우 이월된 금액은 먼저 발생한 이월금액부터 손금에 산입한다(법법 제24조⑥).

■ 부동산개발 관련 해석·판단사례

■ 경제자유구역 내 국제학교부지 등 양도 시 의제기부금 해당 여부

해석

- 경제자유구역의 개발사업 시행자인 내국법인이 「경제자유구역의 지정 및 운영에 관한 특별법」 제9조에 따라 승인받은 경제자유구역개발사업 실시계획에 의해 조성한 국제학교 부지와 그 부지에 건축된 학교 시설물 등을 처분함에 있어, 동 실시계획에서 규정하고 있는 처분대상자 및 매매가액 산정방법에 따라 요건을 충족하는 특수관계인 외의 외국학교법인 등에게 시·도지사와 협의하여 결정된 조성원가 이하의 금액으로 공급하는 경우 「법인세법 시행령」 제35조의 의제기부금 규정이 적용되지 않는 것임(서면법인2020-1296, 2020.6.8.).

■ 산업기지개발사업시행자 지정 및 실시계획 승인조건에 따라 시행자부담으로 지출한 도로개설비 상당액의 기부금 해당 여부

해석

- 국가 등에 법정기부금이라 함은 당해법인의 업무와 전혀 관계가 없고 아무런 반대급부 또는 효익없이 지출한 경우를 말하는 것으로, 산업기지개발사업시행자 지정 및 실시계획 승인조건에 따라 시행자 부담으로 지출한 도로개설비 상당액은 기부금에 해당되지 아니하며 당해 공장부지의 자본적 지출로 보는 것임(법인-3812, 2008.12.5.).

■ 법인이 주식을 양도한 경우 법인 보유 토지의 개별공시지가를 반영한 주식의 정상가액을
평가·조정한 후 차액을 비지정기부금으로 익금산입해야 하는지 판단

- 원고들과 정○연은 ○○시 ○○구 ○동 ○○○−○에 위치한 비상장법인인 주식회사 ○○
  코아의 주주였던 자로서, 2002.1.1. ○○코아를 인수한 후 ○○코아 주식(주식 총수
  10,000주, 1주당 액면가 5,000원)을 1,000,000주로 증자하면서 각각 주식을 10~20% 인
  수하였음.
- 원고들과 정○연(이하 '이 사건 양도인들'이라 한다)은 2003.11.18. 자신들이 소유한 ○○코
  아의 주식 합계 1,000,000주(○○코아의 주식 총수, 이하 '이 사건 주식'이라 한다)를, 원
  고들은 1주당 5,768.75원, 정○연은 1주당 5,000원으로 정하여 조○준, 이○로, 이○계
  (이하 '이 사건 양수인들'이라 한다)에게 양도하였음.
- 피고(처분청)들은 이 사건 주식의 정상가액을 평가함에 있어 ○○코아가 소유한 부천시
  ○○구 ○동 ○○○−○ 체육용지 84,526.7㎡(이하 '이 사건 토지'라고 한다)의 시가를 이
  사건 토지의 2003년 개별공시지가 38,459,000,000원을 기초로 평가한 다음 이 사건 주식
  의 시가를 1주당 12,917원으로 산출하고, 위 시가에 30%를 감한 9,041원을 이 사건 주식
  의 1주당 정상가액으로 평가하였음.
- 피고(처분청)들은 원고들이 특수관계가 없는 이 사건 양수인들에게 이 사건 주식을 저가 양
  도하였다는 이유로, 이 사건 주식의 정상가액(1주당 9,041원)과 양도가액(1주당 5,768.75
  원)의 차액만큼은 원고들의 비지정기부금에 해당하므로 위 차액을 각각 익금산입하여,
  2006.11.1. 각 원고들에게 2003년 귀속 법인세를 부과하였음.

- 보충적 평가방법을 적용하는 것은 위법하다는 주장에 관하여
  ① 이 사건 양도인과 양수인들은 1개의 계약에 의하여 이 사건 주식의 1주 가액을 5,768.75원
  (정지인의 경우 5,000원)으로 정하여 거래한 자로서, 각각 공동매도인과 공동매수인의 지위에
  있는 자들에 불과한 점, ② 사업실적이 전혀 없이 이 사건 토지만을 소유하고 있는 비상장법인
  ○○코아의 주식을 이 사건 양도인들과 양수인들은 이 사건 토지의 개별공시지가를 기준으로
  계산한 이 사건 주식의 1주 가액 12,917원보다 훨씬 못 미치는 5,678.85원(개별공시지가 기준으로
  볼 때 44.6%에 불과)에 이 사건 주식을 거래한 점 등을 고려해 보면, 이 사건 양도인들과 양수인들
  사이의 이 사건 주식의 양도가액은 불특정 다수인과 계속적으로 거래한 가격 또는 제3자간에
  일반적으로 거래된 가격으로 보기 어려워 객관적 교환가치가 반영된 시가로 볼 수 없으므로,
  원고들의 이 부분 주장은 더 나아가 살펴 볼 필요 없이 이유 없음.
- 이 사건 주식의 양도가액은 정상가액의 범위 내라는 주장에 관하여

○○코아가 한국토지공사로부터 이 사건 토지를 취득한 가액 또는 감정가액의 기준일은 2002.6.27. 인데 반해 이 사건 주식의 양도·양수일은 2003.11.18.로 그 기간이 1년 4개월 넘게 차이가 나는 점, ○○코아는 이 사 건 토지를 24,855,000,000원에 매수하였으나, ○○코아가 매매계약을 체결할 무렵 이 사건 토지의 개별공시지가는 36,684,000,000원으로서 그 가액에 현저한 차이가 있는 점, ○○코아는 2004.7.7. 이 사건 토지상에 신축중인 부천체육문화센터 F층 112호를 안 ○○에게 311,601,600원에 분양하였는데 ㎡당 가격이 1,953,000원에 이르는 점 등에 비추어 보면, 이 사건 토지의 2002.6.27. 기준 취득가액 또는 감정가액을 이 사건 평가기준일인 2003.11.18. 당시 이 사건 토지의 시가로 보기는 어려움.

이 사건 토지에 대한 개별공시지가의 산정에 있어 비교 표준지로 선정한 ○○시 ○○구 ○동 ○○○-○ 토지는 상동택지개발지구지역 유사가격권 내에서 이용상황이 동일 용도지역이고 지가수준을 대표하는 표준지 중에서 가장 가격이 낮았으며 달리 지목, 현실이용상황, 주변환경 등이 보다 더 유사한 표준지가 있다고 보이지 않으므로, 개별공시지가의 산정에 있어서도 어떠한 위법이 있다고 보이지는 않음.

- 이 사건 주식을 저가양도한 데에 정당한 사유가 존재한다는 주장에 대하여
  ○○코아는 이 사건 토지 이외에 별다른 재산이 없었고 결손법인이었으므로 이 사건 주식의 매매로 인한 차익은 곧 이 사건 토지의 매매로 인한 차익이라 할 것인데 그 차익이 59억원에 이르고 있어 과연 ○○코아가 이 사건 토지상에서 체육시설업을 할 의사가 있었는지 의문이 드는 점 등을 고려해 보면, 단순히 골프사업장 건설 계획 때부터 ○○코아의 매출액이 발생하지 않고 금융비용이 계속적으로 발생하여 이 사건 주식의 가치가 하락한다는 등의 원고 주장과 같은 사정만으로 원고들이 이 사건 주식을 저가로 양도한 데에 대하여 정당한 사유가 있다고 보기 어려우므로 이 사건 주식의 양도가 실질적으로 증여에 해당하지 않는다고 할 수 없으므로, 원고들의 이 부분 주장 역시 이유 없음(서울고법 2008누27867, 2009.12.15.).

〈제3심 판결〉

- 이 사건 양도 거래의 외형적 형식은 주식의 양도이지만 그 실질은 ○○코아가 보유한 이 사건 부동산의 소유권을 양도한 것이고, 그 부동산 가치를 감안하면 이 사건 주식을 1주당 5,768.75원 (매각알선 수수료를 감안하면 액면가와 같은 1주당 5,000원이 된다)으로 평가하여 양도한 것은 저가양도에 해당하며 그렇게 양도하는 것을 정당화할 만한 사유도 인정되지 않음. 원심의 사실인정과 판단도 결국 같은 취지라고 할 것이어서 이는 옳다. 결국 원심판결에는 상고이유로 주장하는 바와 같이 법인세법 시행령 제35조 제2호에 있어서의 정당한 사유 내지 실질적 증여에 관한 법리를 오해하는 등으로 판결에 영향을 미친 위법이 있다고 할 수 없음(대법 2010두1378, 2011.10.13.).

⑥ 과다경비의 손금불산입

(1) 손금불산입의 범위

다음의 손비 중 과다하거나 부당하다고 인정하는 금액은 내국법인의 각 사업연도의 소득금액을 계산할 때 손금에 산입하지 아니한다(법법 제26조).
① 인건비
② 복리후생비
③ 여비 및 교육·훈련비
④ 법인이 그 법인 외의 자와 동일한 조직 또는 사업 등을 공동으로 운영하거나 경영함에 따라 발생되거나 지출된 손비
아래에서 구체적으로 서술한다.

(2) 급여의 손금불산입

① 근로제공의 대가로 정기적으로 지급하는 일반적인 급여는 사용인과 임원을 구분하지 아니하고 원칙적으로 전액 손금에 산입하나, 다음의 급여는 손금에 산입하지 아니한다.
  (ㄱ) 합명회사 또는 합자회사의 노무출자사원에게 지급하는 보수(이익처분에 의한 상여로 본다)
  (ㄴ) 지배주주 등(특수관계에 있는 자를 포함한다)인 임원 또는 사용인에게 정당한 사유없이 동일 직위에 있는 지배주주 등 외의 임원 또는 사용인에게 지급하는 금액을 초과하여 보수를 지급한 경우 그 초과금액
  (ㄷ) 법인의 비상근임원에게 지급하는 보수 중 부당행위계산 부인에 해당하는 경우
② 위 ① (ㄴ)에서 "지배주주 등"이란 법인의 발행주식총수 또는 출자총액의 100분의 1 이상을 소유한 주주 등으로서 그와 특수관계에 있는 자와의 소유 주식 또는 출자지분의 합계가 해당 법인의 주주 등 중 가장 많은 경우의 해당 주주 등을 말한다(집행기준 26-43-1).

(3) 상여금의 손금불산입

법인이 근로자에게 지급하는 상여금은 원칙적으로 손금에 산입하나, 다음의 상여금은 손금에 산입하지 아니한다(법령 제43조).
① 임원 또는 사용인에게 이익처분에 따라 지급하는 상여금

② 임원에 대한 상여금 중 정관·주주총회·사원총회 또는 이사회의 결의에 따라 결정된 급여지급기준을 초과하여 지급한 경우 그 초과금액

③ 법인이 지배주주등(특수관계에 있는 자를 포함한다. 이하 같다)인 임원 또는 직원에게 정당한 사유없이 동일 직위에 있는 지배주주등 외의 임원 또는 직원에게 지급하는 금액을 초과하여 보수를 지급한 경우 그 초과금액

(4) 퇴직급여의 손금산입 범위

① 퇴직급여란 임원 또는 직원이 일정기간 근속하고 퇴직하는 경우에 연금 또는 일시금으로 지급하는 인건비를 말하며, 「법인세법」 상 퇴직급여는 「근로자퇴직급여 보장법」에 따른 퇴직금 및 퇴직연금으로서 임원 또는 직원이 현실적으로 퇴직하는 경우에 지급하는 것에 한하여 손금에 산입한다.

② 현실적으로 퇴직하지 아니한 임원 또는 직원에게 지급한 퇴직급여는 이를 손금에 산입하지 아니하고 해당 임원 또는 직원이 현실적으로 퇴직할 때까지 업무무관 가지급금으로 본다.

③ 직원에게 지급하는 퇴직급여(퇴직급여지급규정이 있는 경우에는 동 규정에 따라 계산한 금액, 퇴직급여지급규정이 없는 경우에는 「근로자퇴직급여 보장법」에 따라 계산한 금액)는 전액 손금에 산입하나, 임원에게 지급하는 퇴직급여는 손금산입 범위액 이내의 금액만 손금에 산입한다(집행기준 26-44-1).

임원 퇴직급여의 손금산입 범위액

임원에게 지급한 퇴직급여 중 다음의 금액을 초과하는 금액은 이를 손금에 산입하지 아니하고 해당 임원에 대한 상여로 처분한다(법령 제44조④).

구 분	임원퇴직급여 한도액
1. 정관에 퇴직급여(퇴직위로금 등 포함)로 지급할 금액이 정하여진 경우(정관에 임원의 퇴직급여를 계산할 수 있는 기준이 기재된 경우 포함)	정관에 정하여진 금액(정관에서 위임된 퇴직급여 지급규정이 따로 있는 경우에는 해당 규정에 의한 금액)
2. 그 외의 경우	퇴직 직전 1년간의 총급여액(비과세소득과 손금불산입 상여 등을 제외한다) × 1/10 × 근속연수

* 근속연수는 역년에 따라 계산하며, 1년 미만의 기간은 월수로 계산하되 1개월 미만의 기간은 없는 것으로 한다. 이 경우 직원에서 임원으로 된 때에 퇴직금을 지급하지 아니한 임원에 대한 근속연수는 직원으로 근무한 기간을 포함한다.

현실적인 퇴직은 법인이 퇴직급여를 실제로 지급한 경우로서 다음의 어느 하나에 해당하는 경우를 포함하는 것으로 한다(법령 제44조②, 법칙 제22조③).
① 법인의 직원이 해당 법인의 임원으로 취임한 때
② 법인의 임원 또는 직원이 그 법인의 조직변경·합병·분할 또는 사업양도에 의하여 퇴직한 때
③ 「근로자퇴직급여 보장법」 제8조 제2항에 따라 퇴직급여를 중간정산(종전에 퇴직급여를 중간정산하여 지급한 적이 있는 경우에는 직전 중간정산 대상기간이 종료한 다음 날부터 기산하여 퇴직급여를 중간정산한 것을 말한다. 이하 같다)하여 지급한 때
④ 정관 또는 정관에서 위임된 퇴직급여지급규정에 따라 장기 요양 등 다음의 사유로 그 때까지의 퇴직급여를 중간정산하여 임원에게 지급한 때
　(ㄱ) 중간정산일 현재 1년 이상 주택을 소유하지 아니한 세대의 세대주인 임원이 주택을 구입하려는 경우(중간정산일부터 3개월 내에 해당 주택을 취득하는 경우만 해당한다)
　(ㄴ) 임원(임원의 배우자 및 「소득세법」 제50조 제1항 제3호에 따른 생계를 같이 하는 부양가족을 포함한다)이 3개월 이상의 질병 치료 또는 요양을 필요로 하는 경우
　(ㄷ) 천재·지변, 그 밖에 이에 준하는 재해를 입은 경우

다음의 요건을 모두 갖춘 연봉계약에 따라 그 계약기간이 만료되는 시점에 퇴직급여를 지급한 경우에는 현실적인 퇴직으로 본다. 다만, 퇴직급여를 연봉액에 포함하여 매월 분할지급하는 경우 매월 지급하는 퇴직급여상당액은 그 직원에게 업무와 관련없이 지급한 가지급금으로 본다(집행기준 26-44-4).
(ㄱ) 불특정다수인에게 적용되는 퇴직급여지급규정에 사회통념상 타당하다고 인정되는 퇴직급여가 확정되어 있을 것
(ㄴ) 연봉액에 포함된 퇴직급여의 액수가 명확히 구분되어 있을 것
(ㄷ) 계약기간이 만료되는 시점에 퇴직급여를 중간정산 받고자 하는 직원의 서면요구가 있을 것

임원 또는 직원의 퇴직을 퇴직급여의 지급 사유로 하고 임원 또는 직원을 피보험자 또는 수급자로 하는 퇴직연금으로서 퇴직연금의 부담금으로 지출하는 금액 중 확정기여형 퇴직연금 등(확정기여형 퇴직연금, 중소기업퇴직연금기금제도와 개인형퇴직연금제도)의 부담금을 제외한 퇴직연금 등의 손금산입 한도액은 다음의 1)과 2) 중 적은 금액으로 한다(집행기준 26-44의2-1).

* 확정기여형 퇴직연금, 중소기업퇴직연금기금제도와 개인형퇴직연금제도의 부담금은 전액 손금에 산입한다. 다만, 임원에 대한 부담금은 법인이 퇴직 시까지 부담한 부담금의 합계액을 퇴직급여로 보아 법인세법 시행령 제44조 제4항(임원 퇴직급여 한도초과 손금불산입)을 적용하되, 손금산입한도 초과금액이 있는 경우에는 퇴직일이 속하는 사업연도의 부담금 중 손금산입 한도 초과금액 상당액을 손금에 산입하지 아니하고, 손금산입 한도 초과금액이 퇴직일이 속하는 사업연도의 부담금을 초과하는 경우 그 초과금액은 퇴직일이 속하는 사업연도의 익금에 산입한다(법령 제44조의2③).

1) 퇴직급여추계액 기준

> (㉠ 기말퇴직급여추계액 – ㉡ 당기말 퇴직급여충당금 손금산입누계액)
> – ㉢ 이미 손금에 산입한 연금부담금 등

㉠ Max{일시퇴직기준의 추계액, (퇴직연금 가입자) 보험수리적기준 추계액 + (퇴직연금 미가입자, 미가입기간) 일시퇴직기준 추계액}

㉡ 당기말 B/S상 퇴직급여충당금 – 세법상 퇴직급여충당금 손금부인누계액

㉢ 기초퇴직연금부담금 잔액 및 전기말 신고조정으로 손금산입한 부담금 등 – 퇴직연금 충당금 손금부인 누계액 – 기중 퇴직금 수령 및 해약액 – 확정기여형퇴직연금 등으로 전환된 금액

2) 퇴직연금적립액 기준

> ㉣ 기말퇴직연금적립액 잔액 – ㉢이미 손금에 산입한 연금보험료 등

* ㉣ 기초 퇴직연금적립액 등 – 기중퇴직연금 수령 및 해약액 + 당기 퇴직연금적립액 등 납입액

퇴직보험료 등을 손금에 산입한 법인의 임원 또는 직원이 실제로 퇴직하는 경우 손금산입할 퇴직급여의 범위액은 퇴직급여지급규정에 따른 퇴직급여 상당액에서 해당 직원의 퇴직으로 인하여 보험회사 등으로부터 수령한 퇴직보험금, 퇴직일시금신탁, 퇴직연금, 퇴직급여충당금 순으로 차감한 금액으로 한다. 다만 신고조정으로 퇴직보험료 등을 손금에 산입한 경우에는 해당 퇴직보험금 상당액을 퇴직급여로 계상한 후 동 금액을 익금에 산입하여야 한다(집행기준 26-44의2-2).

(5) 복리후생비의 손금산입 범위

법인이 그 임원 또는 직원(파견근로자를 포함한다)을 위하여 지출한 복리후생비 중 다음의 어느 하나에 해당하지 아니하는 비용은 이를 손금에 산입하지 아니한다(법령 제45조①).
① 직장체육비
② 직장문화비
③ 직장회식비
④ 우리사주조합의 운영비
⑤ 「국민건강보험법」 및 「노인장기요양보험법」에 따라 사용자로서 부담하는 보험료 및 부담금
⑥ 「영유아보육법」에 따라 설치된 직장어린이집의 운영비
⑦ 「고용보험법」에 따라 사용자로서 부담하는 보험료
⑧ 기타 임원 또는 사용인에게 사회통념상 타당하다고 인정되는 범위 안에서 지급하는 경조사비 등 위 ①부터 ⑦까지의 비용과 유사한 비용

(6) 공동경비의 손금산입 범위

법인이 해당 법인 외의 자와 동일한 조직, 자산, 사업 등을 공동으로 운영하거나 영위함에 따라 발생되거나 지출된 손비 중 다음의 기준에 따른 분담금액을 초과하는 금액은 해당 법인의 소득금액을 계산할 때 손금에 산입하지 아니한다(법령 제48조①).

구　분	분담기준
1. 출자에 따라 특정사업을 공동으로 영위하는 경우(출자공동사업)	출자한 금액 비율
2. 기타 비출자 공동사업의 경우 ㉠ 비출자 공동사업자 사이에 특수관계가 있는 경우	직전 사업연도 또는 해당 사업연도의 매출액 비율과 총자산가액 비율[*] 중 법인이 선택한 비율 (다만, 공동행사비, 공동구매비, 자산의 공동경비 등 기획재정부령(생략)으로 정하는 손비에 대하여는 참석인원 수, 구매금액, 해당 자산의 소유지분·사용횟수 등 기획재정부령(생략)으로 정하는 기준에 따를 수 있다)
2. 기타 비출자 공동사업의 경우 ㉡ 비출자 공동사업자 사이에 특수관계가 없는 경우	약정에 따른 분담비율 (다만, 약정 비율이 없는 경우 ㉠의 분담기준에 따른다)

* 법인이 선택하지 아니한 경우에는 직전 사업연도의 매출액 비율을 선택한 것으로 보며, 선택한 사업연도부터 연속하여 5개 사업연도 동안 적용하여야 한다. 그리고 비출자공동사업자 전부 또는 일부가 직전 사업연도 매출액이 없는 경우에는 해당 사업연도의 매출액 총액 또는 총자산가액 총액 중 해당 법인이 선택해야 하며, 선택하지 않으면 해당 사업연도의 매출액 총액을 선택한 것으로 본다.

■ 부동산개발 관련 해석·판단사례

■ 법인의 임원이 특수관계에 있는 법인의 임원을 겸직하는 때 임원 급여의 손금산입 기준

해석

• 법인의 임원이 특수관계에 있는 법인의 임원을 겸직하고 있으며, 질의법인과 특수관계에 있는 법인이 동일한 조직 또는 사업 등을 공동으로 운영하지 않는 경우, 해당 임원 급여는 「법인세법」 제52조의 부당행위계산부인 규정이 적용되는 경우를 제외하고는 질의법인과 특수관계에 있는 법인에게 기여하는 업무량의 정도 등에 따라 양사에서 급여의 지급규정, 용역(고용)계약서상의 약정내용, 재직기간 등에 의하여 합리적으로 배분된 금액을 법인의 각 사업연도 소득금액 계산상 손금에 산입할 수 있는 것임(서면법인2018-3913, 2020.1.14.).

■ 임원과 직원에게 지급하는 성과상여금이 손금에 해당하는지 여부

• 법인이 사전에 이사회 결의 등에 의하여 정하여진 성과급지급기준(임원의 경우 정관·주주총회·사원총회 또는 이사회의 결의에 의하여 결정된 급여지급기준)에 따라 임원과 직원에게 지급하는 성과상여금은 그 성과산정 기준일이 속하는 사업연도의 손금에 산입하는 것이나, 동 성과상여금이 실질적으로 이익처분에 의하여 지급되는 상여금에 해당하는 등「법인세법」제26조 및 같은 법 시행령 제43조가 적용되는 경우에는 손금에 산입하지 않는 것임(서면법인2018-2639, 2020.1.8.).

■ 임원 급여를 연봉제 전환 이전 방식으로 재전환한 경우 퇴직연금 불입액 손금 여부

• 내국법인이「법인세법 시행령」제44조 제2항 제4호(2015.2.3. 대통령령 제26068호로 개정되기 전의 것)에 따라 임원에 대한 급여를 연봉제로 전환하면서 향후 퇴직금을 지급하지 아니하는 조건으로 그때까지의 퇴직금을 정산하여 지급하고 추후 주주총회에서 임원의 급여를 연봉제 이전의 방식으로 전환하되 그 전환일로부터 기산하여 퇴직금을 지급하기로 결의한 경우, 내국법인이 임원에 대하여「근로자퇴직급여보장법」에 따른 확정기여형 퇴직연금을 설정함에 따라 지출하는 부담금은「법인세법 시행령」제44조의2 제3항에 따라 손금에 산입하는 것이며, 퇴직시까지 부담한 부담금의 합계액을 임원의 퇴직급여로 보아 같은 법 시행령 제44조 제4항을 적용하는 것임(서면법인2018-1373, 2018.8.3.).

■ 임원 개인별로 지급배율을 달리 정하는 경우 퇴직급여지급규정의 적정 여부

• 법인의 퇴직급여지급규정이 불특정다수를 대상으로 지급배율을 정하지 아니하고 개인별로 지급배율을 정하는 경우에는「법인세법 시행령」제44조 제4항에서 규정하는 정관에서 위임된 퇴직급여지급규정으로 볼 수 없는 것이며, 특수관계자인 특정임원에게만 정당한 사유없이 지급배율을 차별적으로 높게 정하는 경우에는 같은 법 제52조의 부당행위계산 부인규정이 적용되는 것임(법인-510, 2009.5.4.).

■ 자기주식 취득대금의 가지급금 해당 여부

• 내국법인이 주주에게 우회적으로 자금을 지원할 목적이 없이, 「상법」(2011.4.14. 법률 제10600호로
  개정된 것) 제341조에 따라 주주로부터 자기주식을 취득하면서 지급한 금액은 인정이자 계산
  대상 가지급금에 해당되지 아니하는 것이며, 이에 해당하는 지는 「상법」규정 위반 여부, 자기주식의
  취득 목적, 취득 후 주주에게 재매각하는지 등 거래 내용의 제반 사항을 종합적으로 고려하여
  사실판단할 것임(서면법규-168, 2014.2.25.).

■ 토지의 공동개발사업으로 발생하는 수익·비용의 귀속주체 및 분배방법

• 내국법인 및 특수관계 있는 다른 내국법인들이 소유 토지를 지방자치단체의 도시계획시설결정
  및 실시계획인가에 따라 시장(대규모 점포) 시설 부지로 공동 개발하여 제3자에게 매각하기로
  하는 내용의 부동산 양수도 협약을 체결한 경우로서 해당 토지의 공부상 명의와 달리 실질
  소유자가 따로 있음이 확인되는 경우 해당 토지의 공동 개발에 따라 발생하는 수익·비용은
  실질 소유자에게 귀속되는 것이며, 이 때 그 분배에 관한 약정이 없는 경우 해당 수익·비용은
  부동산 양수도 협약 체결일 현재 실질 소유자가 소유한 토지의 「법인세법」 제52조에 따른 시가
  비율로 안분계산하는 것임.

• 개발사업의 인·허가 조건으로 인·허가권자인 지방자치단체의 장과 개발사업부지의 진출입로
  확장 및 연결로 개설공사(이하 "연결로 공사"라 함)에 관한 협약을 체결하고, 이에 소요되는
  비용을 부담하기로 한 경우로서 해당 비용이 동일한 조직 또는 사업 등을 공동으로 운영하거나
  영위함에 따라 발생되거나 지출되는 금액에 해당하는 경우에는 같은 법 시행령 제48조에 따라
  분담하는 것임.

• 실질 소유자 해당 여부 또는 연결로 공사 비용의 공동경비 해당 여부는 부동산 매매계약 내용
  및 해당 부동산 인도 여부 또는 지방자치단체의 장과의 연결로 공사에 관한 협약내용 및 공사
  경위·목적 등을 고려하여 사실판단할 사항임(사전법령해석 법인2016-72, 2016.6.1.).

■ 법인에 유보된 이익을 분여하기 위하여 대외적으로 보수의 형식을 취한 것이 손금불산입
  대상 상여금과 실질이 동일한지 판단

• 원고는 1999.6.25. ○○○ 등을 목적으로 설립된 회사인데, 주식회사 DDP홀딩스는 2011

년경 원고의 주식 100%를 취득하였고, 주식회사 DDP홀딩스의 주식 각 50%를 소유하고 있는 YSH와 YJH의 부친 YDS은 2011.8.18. 원고의 사내이사로 취임하면서 회장이라는 직함으로 원고를 운영하였음.
- AA지방국세청장은 2015.5.8.부터 2015.6.27.까지 원고에 대하여 세무조사를 실시한 결과 원고가 2011년부터 2014년까지 임직원에게 별지2 기재(생략)와 같이 지급한 특별상여금을 이익처분에 의하여 지급한 상여금으로 판단하였고, 이에 따라 피고는 2015.7.1. 및 2015.7.2. 위 각 특별상여금 합계 177억 5,000만원(백만원 이하 버림)을 손금에서 불산입하는 방법으로 법인세를 경정하여 가산세와 함께 부과처분을 하였음.
- 원고의 주장 : 원고가 YDS에게 지급한 특별상여금은 주주총회의 결의에 의해 결정된 급여지급기준에 따라 지급된 것이고, YDS의 직무집행의 정당한 대가로서 잉여금의 처분을 손비로 계상한 금액 또는 이익처분에 의하여 지급하는 상여금에 해당하지 않으므로 손금에 산입되어야 함.

판례

- 법인이 임원에게 직무집행의 대가로서 지급하는 보수는 법인의 사업수행을 위하여 지출하는 비용으로서 원칙적으로 손금산입의 대상이 됨. 하지만 앞서 본 규정들의 문언과 법인의 소득을 부당하게 감소시키는 것을 방지하기 위한 구 법인세법 제26조, 구 법인세법 시행령 제43조의 입법취지 등에 비추어 보면, 법인이 지배주주인 임원(그와 특수관계에 있는 임원을 포함한다)에게 보수를 지급하였더라도, 그 보수가 법인의 영업이익에서 차지하는 비중과 규모, 해당 법인 내 다른 임원들 또는 동종업계 임원들의 보수와의 현저한 격차 유무, 정기적·계속적으로 지급될 가능성, 보수의 증감추이 및 법인의 영업이익 변동과의 연관성, 다른 주주들에 대한 배당금 지급 여부, 법인의 소득을 부당하게 감소시키려는 주관적 의도 등 제반 사정을 종합적으로 고려할때,
- 해당 보수가 임원의 직무집행에 대한 정상적인 대가라기보다는 주로 법인에 유보된 이익을 분여하기 위하여 대외적으로 보수의 형식을 취한 것에 불과하다면, 이는 이익처분으로서 손금불산입 대상이 되는 상여금과 그 실질이 동일하므로 구 법인세법 시행령 제43조에 따라 손금에 산입할 수 없다고 보아야 함.
또한 증명의 어려움이나 공평의 관념 등에 비추어, 위와 같은 사정이 상당한 정도로 증명된 경우에는 보수금 전체를 손금불산입의 대상으로 보아야 하고, 위 보수금에 직무집행의 대가가 일부 포함되어 있어 그 부분이 손금산입의 대상이 된다는 점은 보수금 산정 경위나 그 구성내역 등에 관한 구체적인 자료를 제출하기 용이한 납세의무자가 이를 증명할 필요가 있음(서울고법 2018누65837, 2019.3.20., 대법 2019두38199, 2019.7.11.).

 **업무와 관련 없는 비용의 손금불산입**

(1) 손금불산입의 범위

법인이 지출한 비용 중 그 법인의 업무와 직접 관련이 없다고 인정되는 다음의 금액은 이를 손금에 산입하지 아니한다(법법 제27조, 법령 제50조).

① 업무와 직접 관련이 없다고 인정되는 자산(업무무관 자산)을 취득·관리함으로써 생기는 비용, 유지비, 수선비 및 이와 관련되는 비용

② 타인(비출자 임원, 소액주주인 임원, 사용인 제외)이 주로 사용하는 장소·건축물·물건 등의 유지비·관리비·사용료와 이와 관련되는 지출금

③ 출자임원(소액주주인 임원 제외) 또는 그 친족이 사용하는 사택의 유지비·관리비· 사용료와 이와 관련되는 지출금

④ 업무무관 자산을 취득하기 위한 자금의 차입과 관련된 비용(지급보증료, 알선수수료, 인지세, 서류작성비용, 담보설정비용 등)

⑤ 해당 법인이 공여한 「형법」 또는 「국제상거래에 있어서 외국공무원에 대한 뇌물방지법」에 따른 뇌물에 해당하는 금전 및 금전 외의 자산과 경제적 이익의 합계액

⑥ 「노동조합 및 노동관계조정법」에 따라 근로시간면제자의 근로시간 면제한도를 위반하여 지급하는 급여(다만, 사용자가 동의하는 경우에는 근로시간 면제한도를 초과하지 않는 범위 내에서 임금의 손실 없이 노동조합의 유지관리 업무 가능)

(2) 업무무관 자산의 범위

해당 법인의 업무와 직접 관련이 없는 자산(업무무관 자산)은 다음과 같다(법령 제49조).

구 분	업무무관자산
부동산	㉠ 법인의 업무$^{*1)}$에 직접 사용$^{*2)}$하지 아니하는 부동산 (다만, 유예기간이 경과하기 전까지의 기간 중에 있는 부동산은 제외) ㉡ 유예기간 중에 해당 법인의 업무$^{*1)}$에 직접 사용$^{*2)}$하지 아니하고 양도하는 부동산 (다만, 부동산매매업을 주업으로 하는 경우는 제외)
동산	㉠ 서화 및 골동품 (다만, 장식·환경미화 등의 목적으로 사무실·복도 등 여러 사람이 볼 수 있는 공간에 항상 비치하는 것을 제외) ㉡ 업무에 직접 사용하지 아니하는 자동차·선박 및 항공기 (저당권의 실행 기타 채권을 변제받기 위하여 취득한 것으로서 취득일부터 3년이 경과되지 아니한 것을 제외)

구 분	업무무관자산
	ⓒ 기타 위 ⓐ, ⓑ과 유사한 자산으로서 해당 법인의 업무에 직접 사용하지 아니하는 자산

*1) 법인의 업무 : "법인의 업무"란 다음의 업무를 말한다(법칙 제26조②).
　① 법령에서 업무를 정한 경우에는 그 법령에 규정된 업무
　② 각 사업연도 종료일 현재의 법인등기부상의 목적사업(행정관청의 인가·허가 등을 요하는 사업의 경우에는 그 인가·허가 등을 받은 경우에 한한다)으로 정하여진 업무
*2) 직접 사용 : 다음의 어느 하나에 해당하는 경우에는 당해 부동산을 업무에 직접 사용한 것으로 본다(법칙 제26조③).
　① 토지를 취득하여 업무용으로 사용하기 위하여 건설에 착공한 경우(착공일이 불분명한 경우에는 착공신고서 제출일을 기준으로 한다). 다만, 천재지변·민원의 발생 기타 정당한 사유없이 건설을 중단한 경우에는 중단한 기간 동안 업무에 사용하지 아니한 것으로 본다.
　② 부동산매매업 주업 법인이 매매용부동산을 유예기간 내에 양도하는 경우

(3) 부동산 용도별 유예기간 및 기산일

① 부동산의 용도별로 다음의 유예기간 중에는 부동산을 업무에 직접 사용하지 아니하더라도 업무무관 부동산으로 보지 아니한다.

구　　분	유예기간
1. 건축물 또는 시설물 신축용 토지	취득일부터 5년[*]
2. 부동산매매업(부동산 개발 및 공급업과 자영건설업을 말함)을 주업으로 하는 법인이 취득한 매매용부동산	취득일부터 5년
3. 그 외의 부동산	취득일부터 2년

* 「산업집적활성화 및 공장설립에 관한 법률」 제2조 제1호의 규정에 의한 공장용 부지로서 같은 법 또는 「중소기업창업지원법」에 따라 승인을 얻은 사업계획서상의 공장건설계획기간이 5년을 초과하는 경우에는 해당 공장건설계획기간

② 합병법인이 합병으로 인하여 취득한 부동산은 해당 합병에 따른 소유권 이전일을 그 유예기간의 기산일로 한다.
③ 분할신설(분할합병)법인이 분할법인(소멸한 분할합병의 상대방법인 포함)으로부터 승계받은 부동산에 대한 업무무관자산 유예기간 기산일은 그 분할에 의한 소유권 이전등기일로 한다(법칙 제26조, 집행기준 27-49-2).

(4) 부득이한 사유가 있는 부동산의 제외

법령에 의하여 사용이 금지되거나 제한된 부동산 등 부득이한 사유가 있는 부동산으로

법인세법 시행규칙 제26조에 열거된 부동산은 업무와 관련이 없는 부동산 등의 범위에서 제외한다(법령 제49조①, 법칙 제26조⑤). 부득이한 사유가 있는 부동산으로 열거된 사유 중 부동산개발과 관련한 내용은 아래와 같다.

① 「건축법」에 의하여 건축허가를 받을 당시에 공공공지로 제공한 토지(당해 건축물의 착공일부터 공공공지로의 제공이 끝나는 날까지의 기간에 한한다)

② 「도시개발법」에 의한 도시개발구역 안의 토지로서 환지방식에 의하여 시행되는 도시개발사업이 구획단위로 사실상 완료되어 건축이 가능한 날부터 5년이 경과되지 아니한 토지

③ 건축물이 멸실·철거되거나 무너진 경우에는 당해 건축물이 멸실·철거되거나 무너진 날부터 5년이 경과되지 아니한 토지

④ 다음에 해당하는 법인이 신축한 건물로서 사용검사일부터 5년이 경과되지 아니한 건물과 그 부속토지

　㉮ 주택신축판매업[한국표준산업분류에 의한 주거용 건물공급업 및 주거용 건물건설업(자영건설업에 한한다)을 말한다]을 영위하는 법인

　㉯ 「산업집적활성화 및 공장설립에 관한 법률」에 의한 아파트형공장의 설치자

　㉰ 건설업을 영위하는 법인

⑤ 「주택법」에 따라 주택건설사업자로 등록한 법인이 보유하는 토지 중 같은 법에 따라 승인을 얻은 주택건설사업계획서에 기재된 사업부지에 인접한 토지로서 해당 계획서상의 주택 및 대지 등에 대한 사용검사일부터 5년이 경과되지 아니한 토지

⑥ 행정청이 아닌 도시개발사업의 시행자가 「도시개발법」에 의한 도시개발사업의 실시계획인가를 받아 분양을 조건으로 조성하고 있는 토지 및 조성이 완료된 후 분양되지 아니하거나 분양 후 「산업집적활성화 및 공장설립에 관한 법률」 제41조의 규정에 의하여 환수 또는 환매한 토지로서 최초의 인가일부터 5년이 경과되지 아니한 토지

⑦ 「주택법」 제16조 및 같은 법 시행령 제18조 제5호에 따라 사업계획승인권자로부터 공사착수기간의 연장승인을 받아 연장된 공사착수기간 중에 있는 부동산으로서 최초의 공사착수기간 연장승인일부터 5년이 경과되지 아니한 부동산(공사착수가 연장된 기간에 한정한다)

⑧ 당해 부동산의 취득 후 열거된 사유외에 도시계획의 변경 등 정당한 사유로 인하여 업무에 사용하지 아니하는 부동산

(5) 추가 납부할 법인세

내국법인의 업무에 직접 사용하지 아니하였거나 유예기간 중에 양도하는 부동산에 해당하는 부동산이 있는 법인은 업무와 관련없는 비용의 손금불산입 및 지급이자의 손금불산입의 규정에 의하여 그 양도한 날이 속하는 사업연도 이전에 종료한 각 사업연도의 업무와 관련없는 비용 및 지급이자를 손금에 산입하지 아니하는 경우 다음의 방법 중 하나를 선택하여 계산한 세액을 그 양도한 날이 속하는 사업연도의 법인세에 가산하여 납부하여야 한다(법칙 제27조).

① 종전 결정세액의 증가액 계산

    종전 사업연도의 각 사업연도의 소득금액 및 과세표준 등을 다시 계산함에 따라 산출되는 결정세액에서 종전 사업연도의 결정세액을 차감한 세액(가산세를 제외한다)

② 종전 산출세액의 증가액 계산

    종전 사업연도의 과세표준과 손금에 산입하지 아니하는 지급이자 등을 합한 금액에 법인세율을 적용하여 산출한 세액에서 종전 사업연도의 산출세액을 차감한 세액(가산세를 제외한다)

📘 부동산개발 관련 해석 · 판단사례

■ 도시계획의 변경 등 정당한 사유로 인하여 업무에 사용하지 아니하는 부동산에 해당하는지 여부

> **해석**
>
> • 내국법인이 현물출자로 취득한 토지가 지구단위계획의 변경 등으로 인해 개발이 지연되고 있는 경우로서 상기의 토지가 「법인세법 시행규칙」 제26조 제5항 제30호에 따른 도시계획의 변경 등 정당한 사유로 인하여 업무에 사용하지 아니하는 부동산에 해당하는지 여부는 부동산의 취득목적에 비추어 업무에 사용하는 데 걸리는 준비기간의 장단, 업무에 사용할 수 없는 법령상, 사실상의 장애사유 및 장애정도, 당해 법인이 부동산을 업무에 사용하기 위한 진지한 노력을 다하였는지의 여부 등을 종합적으로 고려하여 사실판단할 사항임(사전법령해석 법인2020-99, 2020.3.25.).

■ 도시환경정비사업구역으로 지정된 토지를 취득한 후 건축물의 착공이 지연된 점이 정당한 사유에 해당하는지 여부

• 내국법인이 「도시 및 주거환경정비법(법률 제14567호, 2017.2.8. 전부개정전)」 제4조에 따라 도시환경정비사업구역으로 지정된 토지를 취득한 후 건축물의 착공에는 이르지 못하였으나, 토지상의 가건물 철거, 사업부지 추가매입, 도시·주거환경정비기본계획변경에 따른 추가적인 인·허가 사항에 대한 준비, 사업계획의 변경 및 관할 지자체와의 협의 등 일련의 준비작업을 착수한 해당 토지는 인가된 도시환경정비사업 시행기간 이내에는 「법인세법 시행령」 제49조 제1항 제1호의 규정에 의한 법인의 업무와 직접 관련이 없는 부동산에 해당하지 않는 것임(기획재정부법인-763, 2018.7.2.).

■ 도시개발구역 안의 토지로서 환지방식에 의하여 시행되는 도시개발사업의 경우 보유기간

• 「도시개발법」에 의한 도시개발구역 안의 토지로서 환지방식에 의하여 시행되는 도시개발사업이 구획단위로 사실상 완료되어 건축이 가능한 날부터 5년이 경과되지 아니한 토지는 「법인세법 시행령」 제49조 제1항 제1호 각 목 외의 부분 단서 및 같은 법 시행규칙 제26조 제5항 제15호의 규정에 따라 업무와 관련 없는 부동산으로 보지 않는 것이나, 이에 해당하는지 여부는 토지의 취득 목적과 실제 이용현황 등 구체적인 사실관계에 따라 판단할 사항임(서면법인2017-3027, 2018.3.15.).

■ 법령에 의하여 사용이 금지 또는 제한된 부동산을 제3자에게 임대하는 경우, 업무무관 부동산 해당 여부

• 법인이 법령에 의하여 사용이 금지 또는 제한된 부동산을 나대지 상태로 제3자에게 임대하는 경우, 해당 토지는 「법인세법 시행령」 제49조 제1항 제1호 단서규정 및 같은 법 시행규칙 제26조 제5항 제2호 가목에 따라 그 사용이 금지 또는 제한된 기간 동안은 업무와 관련이 없는 부동산에서 제외되는 것임(법인-824, 2011.10.27.).

■ 업무용 건축물 등을 철거하고 토지 임대시 업무무관부동산에 해당되는지 여부

- 「법인세법 시행령」제49조 제1항 제1호(법인의 업무와 관련이 없는 부동산)의 규정을 적용함에 있어서 건축물과 부속되는 토지를 임대하던 법인이 해당 건축물을 철거하고 토지만을 임대하는 경우 「법인세법 시행규칙」제26조 제5항 제16호에 따른 부득이한 사유로 업무와 관련없는 자산으로 보지 않는 기간(이하 "유예기간")이 경과하기 전까지는 업무무관 자산에서 제외하는 것이며, 유예기간 이후에 업무무관 자산으로 보는 경우에도 해당 부동산을 업무에 직접 사용하지 아니한 기간 중에 유예기간과 겹치는 기간은 제외하는 것임.

- 건축물과 부속토지를 임대하던 법인이 건축물의 일부를 철거하고 잔여 건축물과 그 부속토지를 임대하는 경우 해당 건축물과 부속토지의 임대는 「법인세법 시행규칙」제26조 제4항에 따라 업무와 관련없는 자산의 범위에서 제외하는 것임.

- 다만, 임대하는 토지가 잔여 건축물의 부속토지 등 법인의 업무에 직접 사용하던 토지에 해당되지 아니하는 경우에는 업무와 관련없는 자산의 범위에 해당되는 것이며, 이 경우 해당 임대토지가 건축물의 부속토지 등에 해당되는지 여부는 사실판단할 사항임(서면법규-171, 2014.2.25.).

■ 부동산매매업인 경우 업무무관부동산 해당 기간

- 부동산매매업을 주업으로 하는 내국법인이 취득한 매매용 부동산을 「법인세법 시행규칙」제26조 제1항 제2호(부동산 개발 및 공급업을 주업으로 하는 법인이 취득한 매매용부동산 : 취득일부터 5년)에 따른 유예기간이 경과한 후에 양도하는 경우(당해 부동산을 취득한 후 계속하여 업무에 사용하지 아니한 경우 제외)에는 같은 조 제9항 제1호에 따라 유예기간 종료일 이후 법인의 업무에 직접 사용하지 아니한 기간만 업무무관 부동산에 해당하는 것임(법인-203, 2012.3.20.).

■ 법인의 업무에 직접 사용된 토지로서 법령상 사용이 제한된 토지인지 판단

- □□□□개발 주식회사는 1982.11.8., 1983.4.4., 1983.5.6. 건설부장관으로부터 관광위락시설 부지조성을 목적으로 공유수면매립면허를 받아 인천 송도 앞 해면을 매립하였고, 1989.6.30. 서울지방국토관리청장으로부터 공유수면매립공사 준공인가를 받아 인천 연수구를 비롯한 별지 목록 기재 토지(이하 '송도매립지'라 한다. 생략)를 취득하였음.

- 송도매립지는 1989.11.13. 인천직할시고시 제1588호로 구 도시계획법상 도시 계획시설 인 '유원지'로 결정 · 고시되었음.
- 이후 □□□□개발 주식회사는 1993. 무렵부터 2008.경까지 송도매립지 중 별지 목록 기재 순번 7 내지 15 토지(생략)는 토지형질변경허가를 받아 자동차하치장으로 사용하였고, 나머지 부분은 시민휴식공간으로 사용하거나, 나대지 상태로 사용하지 않고 있었음.
- ○○지방국세청장은 송도매립지 전체를 업무무관자산으로 판단하고 2010.2.4. 세무조사 결과를 □□□□개발 주식회사에 통지하였는데, □□□□개발 주식회사는 2010.3.5. 과세전적부심사를 청구하였고, 2010.5.14. 송도매립지 중 자동차하치장으로 사용하는 부분에 대해서는 이를 업무용자산으로 인정받았음.

판례

- ① □□□□개발 주식회사가 1993년경 □□매립지 일부에 대하여 자동차하치장으로 사용할 수 있는 토지형질변경 허가를 받았으나, 이는 □□매립지에 유원지조성사업이 순차적으로 진행될 것을 전제로 임시적으로 허가된 것이고, 시민휴식공간의 제공은 자동차하치장의 사용허가조건이 아니었던 점, ② 인천직할시 남구청장이 자동차하치장 사용승인 통보 시 시민휴식공간이 조성되어야 한다는 조건을 부가한 것도 자동차하치장 임시사용에 앞서 시민휴식공간을 우선 조성하여야 한다는 취지에 불과하고 유원지조성사업을 유보하는 의미로는 보이지 않는 점, ③ 이 사건 토지에 위락시설이 전혀 설치되지 않았고, 운동장, 산책로, 주차장 등으로 사용되거나 나대지 상태로 방치되어 있는 점 등을 종합하여 보면,
- □□□□개발이 이 사건 토지에 시민휴식공간을 조성하고 거기에 일부 수목을 식재하는 등의 조치를 하였더라도 그것만으로는 이 사건 토지가 유원지시설의 일부라거나 □□□□개발의 업무에 직접 사용되었다고 볼 수는 없다고 판단하였음.
- 원심의 위와 같은 판단은 정당하고, 거기에 상고이유 주장과 같이 법인세법상 비업무용 부동산에 관한 법리를 오해한 잘못이 없음.
- ① 도시계획법상 도시기본계획은 도시계획입안의 지침이 되는 것에 불과하여 일반 국민에 대한 직접적인 구속력이 없으므로, '2011년 인천도시기본계획 일부 변경'에 의해 1998. 7.경 □□매립지 중 일부가 주거용지 또는 상업지역으로 변경되었더라도 그 자체로 이 사건 토지에 관하여 기존 도시계획에 따른 도시계획시설 조성사업의 시행을 금지하거나 제한하는 효력이 있는 것이 아닌 점, ② □□□□개발은 □□매립지를 취득한 직후 수년간 유원지개발사업에 착수조차 하지 못하였고, 1990년대 후반부터는 도시관리계획을 변경하여 상업시설이나 주거시설을 건설하는 도시개발사업을 추진하려고 하였으나 제대로 수행하지 못한 점, ③ 이와 같이 □□□□개발이 이 사건 부과처분 당시까지 이 사건 토지를 업무에 직접 사용하지 못한 주된 이유는 사업부진으로 개발비용을 조달하지 못한 채 구체적인 자금조달계획이나 능력 없이 무리하게 사업을 추진한 것에 있었다고 보이는 점 등을 종합하여 보면,

- 이 사건 토지가 그 취득 후 '법령에 의하여 사용이 금지 또는 제한된 부동산'이나 '도시계획의 변경 등 정당한 사유로 인하여 업무에 사용하지 아니하는 부동산'에 해당하지 아니한다고 판단하였음.
- 원심의 위와 같은 판단은 정당하고, 거기에 상고이유 주장과 같이 법인세법상 비업무용 부동산의 제외사유인 법령에 의한 사용의 금지·제한이나 정당한 사유에 관한 법리를 오해하거나 필요한 심리를 다하지 아니한 잘못이 없음(대법 2016두51672, 2017.1.25.).

 8 지급이자의 손금불산입

(1) 손금불산입의 범위

다음의 차입금의 이자는 내국법인의 각 사업연도의 소득금액을 계산할 때 손금에 산입하지 아니한다(법법 제28조①).

① 채권자가 불분명한 사채의 이자
② 채권·증권의 이자·할인액 또는 차익 중 그 지급받은 자가 불분명한 것
③ 건설자금에 충당한 차입금의 이자
④ 업무무관 자산(부동산, 동산) 및 특수관계인에게 해당 법인의 업무와 관련 없이 지급한 가지급금에 대한 이자상당액

차입금 이자의 손금불산입에 관한 규정이 동시에 적용되는 경우에는 위와 같은 순위에 따라 적용한다(법법 제28조③).

> **차입금 및 차입금이자의 범위**
>
> ① 지급이자의 손금불산입 규정 적용 시 차입금이란 명목여하에 관계없이 지급이자 및 할인료를 부담하는 모든 부채를 말한다. 이 경우 상품, 제품 등을 매출하고 받은 상업어음을 할인한 경우의 할인어음은 차입금으로 보지 아니하고, 금융리스에 의한 리스료 중 유효이자율법에 따라 계산한 이자상당액을 제외한 금액(상환액은 제외한다)은 차입금에 포함한다.
> ② 차입금이자는 차입금에 대한 지급이자를 의미하며, 이를 예시하면 다음과 같다(집행기준 28-0-2).

지급이자에 포함되는 것	지급이자에 포함되지 않는 것
1. 금융어음 할인료 2. 미지급이자 3. 금융리스료 중 이자상당액 4. 사채할인발행차금 상각액 5. 전환사채의 만기보유자에게 지급하는 상환 할증금 6. 회사정리계획인가결정에 의해 면제받은 미지급이자	1. 상업어음 할인액(기업회계기준에 따라 매각거래로 보는 경우) 2. 선급이자 3. 현재가치할인차금 상각액 4. 연지급수입에 있어서 취득가액과 구분하여 지급이자로 계상한 금액(Banker's Usance 이자 등) 5. 지급보증료 · 신용보증료 · 지급수수료 6. 금융기관의 차입금을 조기 상환하는 경우 지급하는 조기상환수수료

* 건설자금에 충당한 차입금의 이자(건설자금이자)에 대해서는 아래에서 구체적으로 서술한다.

(2) 건설자금이자

1) 건설자금이자의 범위

법인세법상 건설자금이자는 사업용 고정자산의 매입 · 제작 또는 건설을 위한 차입금에 대한 지급이자로 이를 자본적 지출로 하여 자본화하며, 특정차입금이자와 일반차입금이자로 구분하여 규정하고 있다. 이와 달리 매매를 목적으로 매입 또는 건설하는 주택 및 아파트(재고자산)는 건설자금이자의 계산 대상인 사업용 고정자산에 해당하지 아니한다(집행기준 28-52-1).

2) 특정차입금이자의 강제적 적용

"건설자금에 충당한 차입금의 이자"란 그 명목여하에 불구하고 사업용 유형자산 및 무형자산의 매입 · 제작 또는 건설(이하 "건설 등"이라 한다)에 소요되는 차입금(자산의 건설 등에 소요된지의 여부가 분명하지 아니한 차입금은 제외한다. 이하 "특정차입금"이라 한다)에 대한 지급이자 또는 이와 유사한 성질의 지출금(이하 "지급이자 등"이라 한다)을 말한다(법령 제52조①).

> 건설자금이자 = 건설에 소요된 차입금의 이자(건설기간 중에 발생한 이자)
> − 운영자금 전용 차입금이자 − 건설자금에서 발생한 수입이자

① 원본에 가산 : 특정차입금에 대한 지급이자등은 건설 등이 준공된 날까지 이를 자본적 지출로 하여 그 원본에 가산한다. 다만, 특정차입금의 일시예금에서 생기는 수입이자는

원본에 가산하는 자본적 지출금액에서 차감한다.

② 일부 운영자금 전용 : 특정차입금의 일부를 운영자금에 전용한 경우에는 그 부분에 상당하는 지급이자는 이를 손금으로 한다.

③ 연체이자 : 특정차입금의 연체로 인하여 생긴 이자를 원본에 가산한 경우 그 가산한 금액은 이를 해당 사업연도의 자본적 지출로 하고, 그 원본에 가산한 금액에 대한 지급이자는 이를 손금으로 한다.

④ 준공 후 남은 차입금이자 : 특정차입금 중 해당 건설 등이 준공된 후에 남은 차입금에 대한 이자는 각 사업연도의 손금으로 한다. 이 경우 건설 등의 준공일은 해당 건설 등의 목적물이 전부 준공된 날로 한다.

⑤ 준공된 날 : "준공된 날"이라 함은 다음의 어느 하나에 해당하는 날로 한다.

   (ㄱ) 토지를 매입하는 경우에는 그 대금을 청산한 날. 다만, 그 대금을 청산하기 전에 당해 토지를 사업에 사용하는 경우에는 그 사업에 사용되기 시작한 날

   (ㄴ) 건축물의 경우에는 「소득세법 시행령」 제162조의 규정에 의한 취득일 또는 당해 건설의 목적물이 그 목적에 실제로 사용되기 시작한 날(이하 "사용개시일"이라 한다) 중 빠른 날

   (ㄷ) 그 밖의 사업용 유형자산 및 무형자산의 경우에는 사용개시일(법령 제52조).

3) 일반차입금이자의 선택적 적용

건설자금에 충당한 차입금의 이자에서 특정차입금이자를 뺀 금액(이하 "일반차입금이자"라 한다)은 내국법인의 각 사업연도의 소득금액을 계산할 때 손금에 산입하지 아니할 수 있다(법법 제28조②). 일반차입금이자는 해당 사업연도의 개별 사업용 유형자산 및 무형자산의 건설 등에 대하여 아래와 같이 계산한다(법령 제52조⑦).

$$\text{자본화 가능 일반차입금이자 } = \text{Min}\{①, (② \times ③)\}$$

① 해당 사업연도 중 건설 등에 소요된 기간에 실제로 발생한 일반차입금의 지급이자 등의 합계

② 다음 산식에 따라 계산한 금액

$$\frac{\text{해당 건설등에 대하여 해당 사업연도에 지출한 금액의 적수}}{\text{해당 사업연도 일수}} - \frac{\text{해당 사업연도의 특정차입금의 적수}}{\text{해당 사업연도 일수}}$$

③ 다음 산식에 따라 계산한 비율

$$\text{일반차입금에서 발생한 지급이자 등의 합계액} \div \frac{\text{해당 사업연도의 일반차입금의 적수}}{\text{해당 사업연도 일수}}$$

■ 부동산개발 관련 해석·판단사례

■ 토지매입에 대한 건설자금이자 계산시 '토지를 매입하는 경우에는 그 대금을 청산한 날'의 의미

해석

- 지급이자의 손금불산입 대상인 건설자금에 충당한 차입금의 이자의 계산과 관련하여 「법인세법 시행령」 제52조 제6항 제1호에서 규정하는 '토지를 매입하는 경우에는 그 대금을 청산한 날'이라 함은 토지분양계약서에 기재된 잔금을 납부하기로 약정한 날에 불구하고 해당 토지매입대금을 실제로 완불한 날로 하는 것임(법규법인2013-533, 2014.2.7.).

■ 매매계약 해제시 건설자금이자의 손금 귀속시기

해석

- 법인이 사업용 고정자산인 공장 부지에 대한 매매계약을 체결하고 매매대금으로 소요된 차입금에 대한 지급이자 및 지급보증료를 법인세법 시행령 제52조에 따라 건설자금이자로 익금산입 하였으나, 자금사정 악화 등의 사유로 당해 매매계약이 해제된 경우, 기 익금산입한 건설자금이자 상당액은 계약해제일이 속하는 사업연도의 손금에 산입하는 것이며, 계약해제일 이후 차입금 상환 지연으로 발생한 지급이자는 같은 법 시행령 제70조 제1항 제2호에 따라 그 지급이 확정된 사업연도의 손금에 산입하는 것임(법규법인2010-74, 2010.4.1.).

■ **일반차입금이자의 자본화 선택 시 일부 차입금이자만을 선택적으로 자본화할 수 있는지 여부**

> **해석**
>
> • 내국법인이 「법인세법」 제28조 제2항에 따라 일반차입금에서 발생하는 건설자금이자를 자본적 지출로 하여 사업용 고정자산의 취득원가에 가산하기로 선택한 경우에는 일반차입금에서 발생한 건설자금이자 전액을 취득원가에 가산하여야 하는 것임(기준법령해석 법인2017-70, 2017.4.25.).

■ **일반차입금이자의 자본화 선택 시 일부 기간만을 선택할 수 있는지 여부**

> **해석**
>
> • 내국법인이 「법인세법」 제28조 제2항에 따라 일반차입금에 상당하는 건설자금이자에 대해 자본적 지출로 하여 사업용 고정자산의 취득원가에 가산한 경우에는 해당 사업용 고정자산의 건설 등이 준공된 날까지 계속하여 취득원가에 가산하여야 하는 것임(서면법령해석 법인2014-19995, 2015.5.22.).

■ **임대용건물 신축 중 매매계약을 체결하고 완공 후 매수자에게 이전등기 시 건설자금이자의 계산방법**

> **해석**
>
> • 법인이 당초 임대목적으로 건물을 신축하던 중 경영상 이유로 당해 건물에 대한 부동산매매계약을 체결하고 그 계약조건에 따라 건물을 완공하여 매수자에게 소유권이전등기를 하는 경우 당해 건물에 대한 「법인세법」 제28조 제1항 제3호 및 같은 법 시행령 제52조의 규정에 따른 건설자금이자는 당해 건물의 매매계약체결일 전일까지의 이자로 하는 것임(서면2팀-578, 2007.4.3.).

■ **주택신축판매사업을 공동 시행하는 특수관계법인에 대한 대여금의 업무무관 가지급금 해당 여부**

> **해석**
>
> • 건설업을 영위하는 내국법인이 특수관계법인과 상가 및 부속토지를 취득하여 건물을 철거한 후 토지를 출자하여 주택신축판매 사업을 공동으로 시행하기로 약정한 경우로서 해당 내국법인이 특수관계법인에게 상가 및 부속토지 취득을 위한 자금을 대여한 경우 동 대여금은 「법인세법」 제28조 제1항 제4호 나목 및 같은 법 시행령 제53조 제1항에 따른 업무와 관련 없이 지급한 가지급금에 해당하는 것임(서면법인2019-3343, 2020.6.4.).

■ 법인이 특수관계인에게 시공사 참여조건으로 낮은 이율로 대여한 금원에 대하여 업무무관 가지급금 및 부당행위계산부인 대상 판단

사안

- 원고는 법인세법상 특수관계에 있는 주식회사 AA개발과 AB산업 주식회사에 아래와 같이 금원(생략)을 대여했음.
- 피고는 '원고가 AA개발과 AB산업(이하 '이 사건 각 회사'라 한다)에 2007년부터 2011년까지 무상대여한 금원이 업무무관 가지급금이므로 원고가 금융기관 등에 지급한 이자 중 이 부분에 상당하는 부분을 손금불산입하고, 부당행위계산 부인규정에 따라 이 사건 각 회사로부터 2007년부터 2011년까지 수취하였어야 할 인정이자를 익금산입하여야 한다'고 보아 2013.1.○. 및 2013.3.○. 원고에게 2007~2011 사업연도 귀속 법인세를 각 경정·고지하였음.
- 원고의 주장 : 원고는 AA개발이 진행하는 경기○○지구 주택건설사업의 건설공사를 수주할 것을 조건으로 AA개발에게 사업자금을 대여한 것인바, 위 대여금은 원고의 사업과 연관성이 있으므로 업무무관 가지급금으로 볼 수 없음.

판례

1) 업무무관 가지급금에 해당하는지 여부

- 원고는 이 사건 각 회사가 진행중인 사업의 공사를 수주하는 조건으로 위 회사들에 무이자로 금원을 대여했음. 대여한 금원의 규모를 살펴보면, 2007년 약 170억원(AA개발), 2008년 약 300억원(AA개발), 2009년 약 440억원(AA개발 410억원, AB산업 30억원), 2010년 약 440억원(AA개발 330억원, AB산업 110억원), 2011년 약 280억원(AA개발 200억원, AB산업 80억원), 2012년 약 90억원, 2013년 약 40억원인데, 이는 원고의 매출액의 상당 부분을 차지함.

- 당시 이 사건 각 회사는 사업이 원활하게 진행되지 않거나 아직 진행 중이어서 수익이 발생하지 않았고, 실제 결손금이 발생하고 있었음. 원고가 이 사건 각 회사로부터 대여금에 대한 담보로 받은 것은 위 회사들로부터 공사를 수주하기로 하는 협약서뿐이었고, 위 회사들이 원고에게 일부 상환한 대여금 역시 김○○ 등이 제공한 부동산을 담보로 제공하고 받은 대출금이었음. 원고는 AB산업에게 약 210억원을 무이자로 대여하고, 약 170억원에 불과한 공사계약을 체결했음. 그런데 AZ건설 주식회사는 위와 같은 무이자 대여 약정 없이도 약 440억원에 이르는 공사계약을 체결했음.

- 주주 구성 및 각 회사들의 사업 현황에 비추어 볼 때, 원고와 이 사건 각 회사는 모두 김○○과 가족들이 운영하는 회사로서 원고의 여유 자금을 이 사건 각 회사의 사업자금으로 사용하였음. 이는 재무구조가 취약한 이 사건 각 회사가 원고의 자본에 의존하여 자금을 비생산적으로 활용한 것으로 보이고, 이 사건 각 대여가 이른바 시공사대여라는 사정만으로는 앞에서 본

자금대여의 경위와 규모, 원고와 이 사건 각 회사의 사업현황, 재무상태 등에 비추어 원고의 업무와는 관련이 있다고 볼 수 없음.

- 업무무관 가지급금에 대한 지급이자를 손금불산입하는 입법 목적은 차입금을 생산적인 부분에 사용하지 아니하고 계열사 등 특수관계자에게 대여하는 비정상적인 행위를 제한함으로써 타인자본에 의존한 무리한 기업확장으로 기업의 재무구조가 악화되는 것을 방지하고, 기업자금의 생산적 운용을 통한 기업의 건전한 경제활동을 유도하기 위한 것임(대법원 2007.9.20. 선고 2006두1647 판결 등 참조).

2) 부당행위계산 부인 대상에 해당하는지 여부

- 변론 전체의 취지를 종합하여 인정되는 아래와 같은 사실 및 사정에 앞서 본 바와 같이 이 사건 각 대여가 업무무관 가지급금에 해당하는 점을 보태어 보면 원고가 2013년 AA개발에 금원을 대여하면서 2.7%의 이자율을 적용한 것은 경제적 합리성을 결여하여 부당행위 계산부인 대상에 해당함.

① 원고는 2013년도에 차입금에 대한 이자로 6,884,000,000원을 부담하였고, 그 중 1,355,000,000원은 이율이 연 11.2%였고, 3,505,000,000원은 이율이 연 6.9% 이상이었음. 그렇다면 상당한 금액의 이자를 부담하였어야 하는 원고가 2013년도에 AA개발에게 금원을 대여하면서 이자율을 낮게 변경해 줄 이유가 없었음.

② 원고는 특수관계에 있지 않은 회사에게 자금을 대여할 때에는 당좌대출이자율로 이자를 지급받기로 약정한 적이 있는바, 원고가 AA개발에게 금원을 대여하지 않고 다른 회사에 대여하였다면 연 6.9%의 이자를 지급받을 수 있었음. 그럼에도 불구하고 원고는 AA개발에게만 당좌대출이자율보다 낮은 이율로 금원을 대여하였는바 이는 경제적 합리성을 결여한 것으로 볼 것임.

③ 또한 원고는 2012년도에 AA개발에게 당좌대출이자율인 6.9%의 이자율로 금원을 대여 하였다가 2013년도에 이자율을 2.7%로 변경하였는바 위와 같이 이자율을 변경할 만한 특별한 사정이 있었다고 보이지도 않음(서울고법 2016누53458, 2017.6.21., 대법 2017두55305, 2017.10.26.).

9 손익의 귀속사업연도

(1) 일반기준

1) 원칙 : 권리의무확정주의

내국법인의 각 사업연도의 익금과 손금의 귀속사업연도는 그 익금과 손금이 확정된 날이 속하는 사업연도로 한다(법법 제40조①).

2) 기업회계기준과 관행의 적용

내국법인의 각 사업연도의 소득금액을 계산할 때 그 법인이 익금과 손금의 귀속사업연도와
자산·부채의 취득 및 평가에 관하여 일반적으로 공정·타당하다고 인정되는 기업회계기준을
적용하거나 관행을 계속 적용하여 온 경우에는 「법인세법」 및 「조세특례제한법」에서 달리
규정하고 있는 경우를 제외하고는 그 기업회계기준 또는 관행에 따른다(법법 제43조).

3) 기업회계기준과 관행의 범위

기업회계의 기준 또는 관행은 다음의 어느 하나에 해당하는 회계기준(해당 회계기준에
배치되지 아니하는 것으로서 일반적으로 공정·타당하다고 인정되는 관행을 포함한다)으로
한다(법령 제79조).
① 한국채택국제회계기준
② 「주식회사 등의 외부감사에 관한 법률」 제5조 제1항 제2호 및 같은 조 제4항에 따라
　한국회계기준원이 정한 회계처리기준
③ 증권선물위원회가 정한 업종별 회계처리준칙
④ 「공공기관의 운영에 관한 법률」에 따라 제정된 공기업·준정부기관 회계규칙
⑤ 「상법 시행령」 제15조 제3호에 따른 회계기준
⑥ 그 밖에 법령에 따라 제정된 회계처리기준으로서 기획재정부장관의 승인을 받은 것

(2) 자산의 판매손익 등의 귀속사업연도

자산의 판매손익 등의 귀속사업연도에 관한 법인세법 시행령 제68조 규정 중 부동산개발과
관련된 내용에 대해 서술한다.

1) 상품 등 외의 자산의 양도

상품 등[상품(부동산을 제외한다)·제품 또는 기타의 생산품을 말한다. 이하 같다] 외의
자산의 양도로 인한 익금 및 손금의 귀속사업연도는 그 대금을 청산한 날로 한다. 다만, 대금을
청산하기 전에 소유권 등의 이전등기(등록을 포함한다)를 하거나 당해 자산을 인도하거나
상대방이 당해 자산을 사용수익하는 경우에는 그 이전등기일(등록일을 포함한다)·인도일
또는 사용수익일 중 빠른 날로 한다(법령 제68조① 제3호). "사용수익일"이란 당사자간의 계약에
따라 사용수익을 하기로 약정한 날을 말하는 것이나, 별도의 약정이 없는 경우에는 자산을
양도하는 법인의 사용승낙으로 인하여 매수인이 해당 자산을 실질적으로 사용할 수 있게

된 날을 말한다(집행기준 40-68-1).

2) 장기할부조건의 판매손익

원　칙	특　례
• 상품 등 : 인도일 • 상품 등 외의 자산(부동산 포함) : 그 대금을 청산한 날, 소유권 이전등기·등록일, 인도일, 사용수익일 중 빠른 날	• 법인이 각 사업연도의 결산을 확정함에 있어 회수기일도래기준으로 결산조정을 한 경우 이를 허용(다만, 중소기업은 신고조정으로 회수기일도래기준 적용 가능)

① 장기할부판매의 요건

"장기할부조건"이라 함은 자산의 판매 또는 양도로서 판매금액 또는 수입금액을 월부·연부 기타의 지불방법에 따라 2회 이상으로 분할하여 수입하는 것 중 당해 목적물의 인도일의 다음날부터 최종의 할부금의 지급기일까지의 기간이 1년 이상인 것을 말한다(법령 제68조④).

② 원칙 : 인도일·대금청산일 등 인식기준

장기할부조건으로 상품 등 외의 자산(부동산 포함)을 양도한 경우라도 원칙적으로는 위 1) 상품 등 외의 자산의 양도 손익의 귀속시기와 동일하게 귀속사업연도를 적용한다. 따라서 상품 등외의 자산의 양도는 대금청산일, 소유권 이전등기·등록일, 인도일, 사용수익일 중 빠른 날이 속하는 사업연도를 귀속사업연도로 한다.

③ 예외 : 회수기일도래기준 허용

법인이 장기할부조건으로 자산을 판매하거나 양도한 경우로서 판매 또는 양도한 자산의 인도일(상품 등 외의 자산의 양도에 해당하는 자산은 그 이전등기일·인도일 또는 사용수익일 중 빠른 날을 말한다)이 속하는 사업연도의 결산을 확정함에 있어서 해당 사업연도에 회수하였거나 회수할 금액과 이에 대응하는 비용을 각각 수익과 비용으로 계상한 경우에는 그 장기할부조건에 따라 각 사업연도에 회수하였거나 회수할 금액과 이에 대응하는 비용을 각각 해당 사업연도의 익금과 손금에 산입한다. 다만, 중소기업인 법인이 장기할부조건으로 자산을 판매하거나 양도한 경우에는 그 장기할부조건에 따라 각 사업연도에 회수하였거나 회수할 금액과 이에 대응하는 비용을 각각 해당 사업연도의 익금과 손금에 산입할 수 있다(법령 제68조②).

④ 인도일 이전 회수 금액과 폐업한 경우

장기할부조건으로 자산을 판매하거나 양도한 경우로서 인도일 이전에 회수하였거나 회수할 금액은 인도일에 회수한 것으로 보며, 법인이 장기할부기간 중에 폐업한 경우에는 그 폐업일 현재 익금에 산입하지 아니한 금액과 이에 대응하는 비용을 폐업일이 속하는 사업연도의 익금과 손금에 각각 산입한다(법령 제68조③).

⑤ 매출할인을 하는 경우

법인이 자산의 판매 또는 양도에 있어서 매출할인을 하는 경우 그 매출할인금액은 상대방과의 약정에 의한 지급기일(그 지급기일이 정하여 있지 아니한 경우에는 지급한 날)이 속하는 사업연도의 매출액에서 차감한다(법령 제68조⑤).

⑥ 현재가치할인차금 계상의 경우

법인이 장기할부조건 등에 의하여 자산을 판매하거나 양도함으로써 발생한 채권에 대하여 기업회계기준이 정하는 바에 따라 현재가치로 평가하여 현재가치할인차금을 계상한 경우 해당 현재가치할인차금 상당액은 해당 채권의 회수기간 동안 기업회계기준이 정하는 바에 따라 환입하였거나 환입할 금액을 각 사업연도의 익금에 산입한다(법령 제68조⑥).

3) 프로젝트금융투자회사가 토지개발사업을 하는 경우

「조세특례제한법」 제104조의31에 따른 프로젝트금융투자회사가 「택지개발촉진법」에 따른 택지개발사업 등 기획재정부령(생략)으로 정하는 토지개발사업을 하는 경우로서 해당 사업을 완료하기 전에 그 사업의 대상이 되는 토지의 일부를 양도하는 경우에는 법인세법 시행령 제68조 제1항 제3호(대금청산일 등 귀속시기)에도 불구하고 그 양도대금을 해당 사업의 작업진행률에 따라 각 사업연도의 익금에 산입할 수 있다(법령 제68조⑦).

> **토지 등 수용에 따른 손실보상금의 귀속시기**
>
> 토지 등의 수용에 따른 손실보상금의 귀속시기는 동 보상금의 지급이 확정되거나 기업자가 대금을 공탁한 날이 속하는 사업연도로 한다. 다만, 재결에 대한 이의신청 등으로 손실보상액이 조정된 경우 그 조정된 차액의 귀속시기는 조정액이 확정된 날이 속하는 사업연도로 한다(집행기준 40-71-9).
>
> * 철거이전보상금의 손익귀속시기
>   철거이전보상금 및 철거이전비용은 철거이전이 확정되는 사업연도에 각각 익금과 손금에 산입한다. 이 경우 철거이전비용에는 철거이전으로 소멸되는 자산의 장부가액을 가산하고 재사용이 가능하거나 매각가치가 있는 철거부산물의 처분가액 또는 정상가액을 차감하여 계산한다(집행기준 40-71-10).

개발사업시행자가 「개발이익환수에 관한 법률」에 따른 개발부담금이 부과되기 전에 토지를 양도한 경우 그 양도일이 속하는 사업연도에 같은 법에 따른 개발부담금 상당액을 토지의 원가로 손금산입하고, 그 후 실제로 부과된 개발부담금과 차액이 발생한 경우 그 차액은 부과일이 속하는 사업연도의 손금 또는 익금에 산입한다(집행기준 40-71-12).

(3) 용역제공 등에 의한 손익의 귀속사업연도

1) 건설 등의 손익인식원칙 : 진행기준

내국법인이 각 사업연도의 귀속사업연도를 적용함에 있어서 건설·제조 기타 용역(도급공사 및 예약매출을 포함하며, 이하 "건설 등"이라 한다)의 제공으로 인한 익금과 손금은 그 목적물의 건설등의 착수일이 속하는 사업연도부터 그 목적물의 인도일(용역제공의 경우에는 그 제공을 완료한 날을 말한다)이 속하는 사업연도까지 그 목적물의 건설등을 완료한 정도(이하 "작업진행률"이라 한다)를 기준으로 하여 계산한 수익과 비용을 각각 해당 사업연도의 익금과 손금에 산입한다(법령 제69조①).

① 작업진행률의 계산

"건설등을 완료한 정도(작업진행률)"는 다음의 구분에 따른 비율을 말한다(법칙 제34조①).

(ㄱ) 건설의 경우 : 다음 산식을 적용하여 계산한 비율을 작업진행률로 한다(법칙 제34조① 제1호). 다만, 건설의 수익실현이 건설의 작업시간·작업일수 또는 기성공사의 면적이나 물량 등(이하 "작업시간등"이라 한다)과 비례관계가 있고, 전체 작업시간등에서 이미 투입되었거나 완성된 부분이 차지하는 비율을 객관적으로 산정할 수 있는 건설의 경우에는 그 비율로 할 수 있다(법칙 제34조① 제1호 단서).

$$작업진행률 = \frac{해당\ 사업연도말까지\ 발생한\ 총공사비누적액}{총공사예정비}$$

* 총공사예정비는 기업회계기준을 적용하여 계약 당시에 추정한 공사원가에 해당 사업연도말까지의 변동상황을 반영하여 합리적으로 추정한 공사원가로 한다(법칙 제34조②).

(ㄴ) 위 (ㄱ) 외의 경우 : 위 (ㄱ)을 준용하여 계산한 비율을 작업진행률로 한다(법칙 제34조① 제2호).

② 용역제공 등에 의한 손익의 계산

각 사업연도의 익금과 손금에 산입하는 금액의 계산은 다음의 산식에 의한다(법칙 제34조③).

(ㄱ) 익금

> 각 사업연도의 익금 = 계약금액 × 작업진행률 − 직전 사업연도말까지 익금에 산입한 금액

(ㄴ) 손금

> 당해 사업연도에 발생된 총비용

(ㄷ) 미분양 상가 등이 있는 경우(서이 46012−11441, 2003.8.1.)

예약매출과 관련한 미분양 상가가 있는 경우에 당해 상가의 준공 전 각 사업연도의 익금과 손금에 산입하는 금액의 계산은 다음 예시와 같다.

> − 익금(분양수익) : 총분양예정가액 × 작업진행률 × 분양계약률 − 전기말 누적분양수익
> − 손금(분양원가) : 누적실제발생비용 × 분양계약률 − 전기말 누적분양원가

* 분양계약률은 분양가액기준으로 계산할 수 있다(유사 해석 : 서이 46012−11875, 2003.10.27.).

③ 공사계약의 해약으로 차액이 발생된 경우

진행기준을 적용할 때 작업진행률에 의한 익금 또는 손금이 공사계약의 해약으로 인하여 확정된 금액과 차액이 발생된 경우에는 그 차액을 해약일이 속하는 사업연도의 익금 또는 손금에 산입한다(법령 제69조③).

④ 임대주택의 분양률 반영

국가나 지방자치단체 등에 임대주택을 일괄 양도해야 하는 경우에는 임대주택의 양도에 대한 계약의 체결 등 수익의 인식요건이 충족되는 시점에 해당 분양계약이 100% 이루어진 것으로 보고 임대주택의 분양손익을 인식한다.

작업진행률 계산시 총공사비의 범위

① 작업진행률의 계산에 있어서 "총공사비"란 해당 공사원가의 구성요소가 되는 재료비, 노무비, 기타 공사경비를 말한다.
② 자재비를 부담하지 아니하는 조건으로 도급계약을 체결한 경우 해당 사업연도말까지 발생한 총공사비 누적액에는 자기가 부담하지 아니한 자재비는 포함하지 아니한다.

③ 시행사가 직접 부담하는 공사관련 보험료, 설계비 및 기술지원비와 시공사에 대한 도급
　 공사비 등의 원가는 총공사비에 포함한다.
④ "총공사예정비"는 기업회계기준을 적용하여 계약 당시에 추정한 공사원가에 해당
　 사업연도말까지의 변동상황을 반영하여 합리적으로 추정한 공사원가로 한다.
⑤ 건물을 신축하여 분양하는 시행사와 시공사가 공사계약시 공사대금 지연에 따른 연체
　 이자율 약정을 하고 분양대금 입금예정과 공사대금 지급예정을 비교하여 산출한 연체이자
　 상당액은 총공사예정비에 가산하지 아니한다(집행기준 40-69-4).

한국채택국제회계기준(K-IFRS)을 도입·적용함에 따라 작업진행률 산정방식이 변경되어
전기까지 계산한 작업진행률을 재계산하고 전기까지 인식한 전기공사수익과의 차액을
이익잉여금의 변동으로 조정한 경우 당해 이익잉여금은 한국채택국제회계기준(K-IFRS)을
도입·적용한 사업연도에 익금산입한다(집행기준 40-69-5).

① 주택·상가 또는 아파트 등의 예약매출로 인한 익금과 손금의 귀속사업연도를 작업진행률에
　 의하는 경우에 해당 아파트 등의 부지로 사용될 토지의 취득원가는 총공사비 등에 산입하지
　 아니하고 작업진행률에 따라 안분하여 손금에 산입한다.
② 법인이 상가 등을 신축 분양함에 있어 그 목적물의 완공일 이전에 분양계약이 이루어진
　 부분은 '예약매출'로 보아 손익을 인식하며, 그 목적물이 완공된 이후에 분양계약이
　 이루어진 부분은 '상품 등 외의 자산의 양도'로 보아 손익을 인식한다(집행기준 40-69-6).

주택신축판매업을 영위하는 법인이 분양계약 전 지출한 모델하우스 설치비용은 그 비용이
확정된 날이 속하는 사업연도의 손금으로 한다. 다만, 해당 설치비용을 일반기업회계기준서
제16장 제2절에 따라 선급공사원가로 계상하고, 공사를 착수한 후 공사원가로 대체하는
방법으로도 처리할 수 있다(집행기준 40-69-10).

16.47

공사진행률은 실제공사비 발생액을 토지의 취득원가와 자본화대상 금융비용 등을 제외한 총공사예정원가로 나눈 비율로 계산함을 원칙으로 한다. 다만, 공사수익의 실현이 작업시간이나 작업일수 또는 기성공사의 면적이나 물량 등과 보다 밀접한 비례관계에 있고, 전체공사에서 이미 투입되었거나 완성된 부분이 차지하는 비율을 객관적으로 산정할 수 있는 경우에는 그 비율로 할 수 있다.

16.48

공사진행률을 발생원가 기준으로 결정할 경우에는 실제로 수행된 작업에 대한 공사원가만 발생원가에 포함한다. 따라서 공사원가에는 포함되나 공사진행에 따라 직접 발생한 지출은 아니므로, 공사진행률 계산의 기준이 되는 발생원가에서 제외되는 공사원가의 예는 다음과 같다.
(1) 공사현장에 투입되었으나 아직 공사수행을 위해 이용 또는 설치되지 않은 재료 또는 부품의 원가. 다만, 당해 공사를 위해 특별히 제작되거나 조립된 경우는 발생원가에 포함한다.
(2) 아직 수행되지 않은 하도급 공사에 대하여 하도급자에게 선급한 금액
(3) 토지의 취득원가
(4) 자본화대상 금융비용
(5) 재개발 등의 이주대여비 관련 순이자비용
(6) 공사손실충당부채전입액

2) 인도기준 허용

다음의 어느 하나에 해당하는 경우에는 그 목적물의 인도일이 속하는 사업연도의 익금과 손금에 산입할 수 있다(법령 제69조① 단서).
① 중소기업인 법인이 수행하는 계약기간이 1년 미만인 건설 등의 경우
② 기업회계기준에 따라 그 목적물의 인도일이 속하는 사업연도의 수익과 비용으로 계상한 경우

3) 인도기준의 강제적용

위 2)를 적용할 때 작업진행률을 계산할 수 없다고 인정되는 경우로서 기획재정부령으로 정하는 경우에는 그 목적물의 인도일이 속하는 사업연도의 익금과 손금에 각각 산입한다(법령 제69조②). "기획재정부령으로 정하는 경우"란 법인이 비치·기장한 장부가 없거나 비치·기장한

장부의 내용이 충분하지 아니하여 당해 사업연도 종료일까지 실제로 소요된 총공사비누적액 또는 작업시간 등을 확인할 수 없는 경우를 말한다(법칙 제34조④).

(4) 자산 임대손익의 귀속사업연도

자산의 임대로 인한 익금과 손금의 귀속사업연도는 다음의 날이 속하는 사업연도로 한다. 다만, 결산을 확정함에 있어서 이미 경과한 기간에 대응하는 임대료 상당액과 이에 대응하는 비용을 당해 사업연도의 수익과 손비로 계상한 경우 및 임대료 지급기간이 1년을 초과하는 경우 이미 경과한 기간에 대응하는 임대료 상당액과 비용은 이를 각각 당해 사업연도의 익금과 손금으로 한다(법령 제71조①).

① 계약 등에 의하여 임대료의 지급일이 정하여진 경우에는 그 지급일

② 계약 등에 의하여 임대료의 지급일이 정하여지지 아니한 경우에는 그 지급을 받은 날

임차인이 부담한 건물개량수리비의 손익귀속시기

① 임차인이 개량수리(자본적 지출에 한한다)하는 조건으로 무상 또는 저렴한 요율로 건물을 임대한 경우 임차인이 임대차계약에 따라 부담한 건물개량수리비는 다음과 같이 처리한다.

임대인	임차인
임대자산의 원본에 가산하여 감가상각함과 동시에 선수임대료로 계상한 개량수리비상당액은 임대기간에 안분하여 수익으로 처리한다.	선급비용으로 계상하고 임차기간에 안분하여 손금에 산입한다.

② 위 ①의 개량수리비가 임대기간의 통상임대료 총액을 초과하여 부당행위계산부인의 대상에 해당하는 경우에는 개량수리비에서 통상임대료 총액을 차감한 금액을 손금불산입하고 개량수리완료일에 법인세법 시행령 제106조의 규정에 따라 임대인에게 소득처분한다(집행기준 40-71-2).

■ 예약매출에 의한 시행회사의 작업진행률 계산방법

> **해석**
>
> • 아파트를 신축·분양하는 시행회사가 작업진행률을 계산함에 있어서 '해당 사업연도말까지 발생한 총공사비누적액'은 당해 시행회사가 직접 부담한 공사원가의 누적액과 시공회사에 지급할 도급금액에 시공회사의 작업진행률을 적용하여 계산한 금액의 합계액으로 하는 것으로, 이 경우 시공회사의 작업진행률은 「법인세법 시행규칙」 제34조 제1항 제1호에 따라 산출하는 것임(법인-958, 2010.10.21.).
>
> • 시공사와 도급계약에 의해 아파트를 신축·분양하는 법인(시행사)이 예약매출로 인한 손익을 진행기준으로 인식하는 경우 시공사에 지급할 도급금액 중 해당 사업연도에 손금(분양원가)으로 계상할 금액은 「법인세법 시행령」 제69조에 따라 시공사에 지급할 도급금액의 총액에 시공사의 작업진행률을 곱하고 분양계약률을 적용하여 계산한 금액에서 전기말까지 도급금액과 관련한 손금계상액을 차감하여 계산하는 것이고, 이 경우 시공사의 작업진행률은 「법인세법 시행규칙」 제34조 제1항 제1호에 따라 계산하는 것임(사전법령해석 법인2015-37, 2015.7.16.).

■ 작업진행률 계산시 보존등기비용의 총공사예정비 포함 여부

> **해석**
>
> • 주택신축판매업을 영위하는 법인이 아파트 예약매출로 인한 익금과 손금의 귀속사업연도를 「법인세법 시행령」 제69조에 따라 작업진행률을 기준으로 인식함에 있어서, 작업진행률 계산시 '총공사예정비'는 「법인세법 시행규칙」 제34조 제2항에 따라 기업회계기준을 준용하여 계약 당시에 추정한 공사원가에 해당 사업연도말까지의 변동상황을 반영하여 합리적으로 추정한 공사원가로 하는 것으로, 해당 법인이 아파트 준공시 지출하는 보존등기비용(취득세, 등록세)은 총공사예정비에 포함되는 것임(법규과-1597, 2010.10.22.).

■ 작업진행률이 분양계약의 해제로 달라진 경우 손익 귀속시기

> **해석**
>
> • 아파트를 신축·분양하는 내국법인이 「법인세법 시행령」 제69조의 규정에 따라 작업진행률에 의해 계산한 수익과 비용을 각 사업연도의 익금과 손금으로 산입한 이후 계약상대방으로부터 분양계약 취소 및 분양대금 반환청구의 소가 제기된 경우에는 당해 소송이 확정되어 그 계약이

해제된 경우 당해 아파트의 분양수입과 분양원가 상당액을 계약의 해제일이 속하는 사업연도의 손익에 반영하는 것임(법인-1280, 2009.11.16.).

■ 신축상가의 분양에 있어 분양수입금액에 대응하는 분양원가의 산정방법

해석

- 건설기간이 1년 이상 소요되는 상가를 분양하는 법인이 당해 상가의 예약매출로 인한 익금을 「법인세법 시행령」 제69조 제2항에 따라 "작업진행률"에 의해 계산함에 있어서, 층별·위치별·용도별로 분양가액이 다르고 예약매출과 관련된 미분양 상가가 있는 경우, 분양된 상가의 익금은 실제 분양된 상가의 분양가액을 같은 법 시행규칙 제34조 제2항 제1호(익금 : 계약금액 × 작업진행률 - 직전 사업연도말까지 익금에 산입한 금액)의 '계약금액'으로 하여 계산하는 것이며(참조 : 법규과-2712, 2006.7.3.),

- 이 경우 각 사업연도 소득금액 계산시 분양되는 상가에 관련된 손금은 원칙적으로 개별원가 계산방법 또는 분양면적비율에 의해 안분한 원가를 기초로 계산하는 것이나, 층별·위치별·용도별 분양금액이 다르고 각 호별 분양가액이 사전 공시방법 등에 의해 명백히 확인되는 경우에는 총분양원가에 당해 사업연도에 분양된 건물의 분양가액이 총분양예정가액에서 차지하는 비율을 곱하여 계산한 금액으로 할 수 있는 것이며, 당해 법인의 선택에 따라 동 원가계산방법에 의한 손금 계상은 당해 건물의 분양이 완료될 때까지 계속 적용하여야 하는 것임(서면법인2020-4134, 2020.10.15.).

- 법인이 건설 등의 계약기간이 1년 이상인 상가의 예약매출로 인한 익금과 손금을 「법인세법 시행령」 제69조 제2항의 규정에 의한 "작업진행률"에 따라 각 사업연도의 소득금액에 산입함에 있어서, 당해 예약매출과 관련한 미분양 상가가 있는 경우에 당해 상가의 준공 전 각 사업연도의 익금과 손금에 산입하는 금액의 계산은 다음 예시와 같다(서이 46012-11441, 2003.8.1.).

  - 익금(분양수익) : 총분양예정가액 × 작업진행률 × 분양계약률 - 전기말 누적분양수익

  - 손금(분양원가) : 누적실제발생비용 × 분양계약률 - 전기말 누적분양원가

■ 각종 부담금이 반영된 총 공사예정비를 기준으로 작업진행률을 산정하여야 하는지 여부

판례

- 갑 제46호증의 기재에 변론 전체의 취지를 종합하면, 원고가 이 사건 개발사업을 진행하면서 2010 사업연도에 약 1조 6,458억원을 자전거도로, 송전케이블포설공사, 도시가스이설공사, 폐기물분담금 등 각종 부담금으로 지출한 사실, 원고와 피고는 위 각종 부담금이 제외된 총 공사예정비를 기초로 작업진행률을 산정한 사실은 인정할 수 있음.

- 살피건대, 구 법인세법 시행령 제69조 제2항, 같은 법 시행규칙 제34조 제1항은 계약 당시 추정한 공사원가를 기준으로 추정한 총 공사예정비가 실제 발생한 원가를 기준으로 한 총 공사예정비에 최대한 부합하도록 하기 위하여, 계약기간이 1년 이상인 건설등의 경우 그 목적물의 착수일이 속하는 사업연도부터 그 목적물의 인도일이 속하는 사업연도까지의 각 사업연도의 익금과 손금은 해당 사업연도말까지 발생한 총 공사비누적액을 총 공사예정비로 나눈 비율, 즉 작업진행률에 따라 수익과 비용을 계산하여 각각 해당 사업연도의 익금과 손금에 산입하도록 규정하고 있음.

- 위 규정의 입법취지 및 문언을 고려하면, 공사원가에 포함되는 비용이라 하더라도 공사 진행 정도에 따라 직접 발생한 지출이 아닌 항목은 작업진행률 산정에 있어 고려하지 않는 것이 타당하다고 할 것임. 그런데 원고가 지출한 위 각종 부담금은 공사원가에는 포함된다 하더라도 그 지급시기가 이 사건 개발사업의 실제 진척 정도와는 무관하게 법령 또는 부담금 수령처와의 합의에 의해 결정되므로 작업진행률 산정에 있어서는 고려하지 않는 것이 타당함(서울고법 2018누3530, 2019.1.23.), (대법2019두35008, 2019.6.13.).

■ **작업진행률 계산시 모델하우스 설치비용의 총공사예정비에 포함 여부**

해석

- 주택신축판매업을 영위하는 법인이 법인세법 시행령 제69조 제2항에 규정된 "작업진행률"을 기준으로 공사수입금액을 계산함에 있어 모델하우스의 설치비용은 작업진행률 계산시 "총공사예정비" 및 "당해 사업연도말까지 발생한 총공사비누적액"에 산입하지 아니하는 것이며, 동 비용에 대하여는 작업진행률에 따라 공사원가에 안분 후 손금에 산입하는 것이나, 그 외의 지역난방공사비, 설계비, 도로분담금 등 당해 공사와 직접적으로 관련이 있는 공사원가에 대하여는 그러하지 아니하는 것임(서이 46012-11778, 2003.10.15.).

■ **개발부담금 부과 예정통지를 받은 개발사업시행자의 토지원가 산입방법**

해석

- 개발이익환수에 관한 법률에 따라 개발부담금 부과 예정통지를 받은 개발사업시행자가 건설공사를 완료한 사업연도 종료일 현재 해당 예정통지금액에 대해 고지 전 심사청구를 제기하여 진행 중인 경우, 건설을 완료한 사업연도에는 개발이익환수에 관한 법률에 따른 개발부담금 상당액을 토지원가에 산입하고 이후 실제로 확정·부과된 개발부담금과의 차액이 발생하는 경우 그 차액은 부과일이 속하는 사업연도의 손금 또는 익금으로 처리하는 것임(서면법규-612, 2013.5.29.).

■ 내국법인이 지방자치단체와 개발이익을 사업완료 후 정산 배분하기로 한 경우 손금 인식시기

- 내국법인이 지방자치단체와 종합개발사업 시행협약을 체결하고 개발이익을 사업완료 후 정산하여 일정비율 상당액을 배분하기로 한 경우로서, 해당 개발이익 배분금액이 「법인세법」 제19조에 따른 손금에 해당하는 경우에는 일관되고 신뢰성 있는 합리적 근거에 의해 산정한 개발이익 배분금액을 같은 법 시행령 제69조에 따른 작업진행률을 기준으로 각 사업연도의 손금에 산입하는 것이며,
- 지방자치단체에 지급하는 개발이익 배분금액은 같은 법 제116조 제2항 각 호에 따른 지출증명서류 수취의무는 없으나 해당 개발이익 배분금액의 지출사실을 확인할 수 있는 객관적인 지출증빙 서류를 수취 및 보관하여야 하는 것임(서면법령해석 법인2016－5834, 2018.12.12.).

■ 도시개발사업의 시행자가 기존 공공시설용지를 무상으로 받은 경우 익금의 귀속시기

- 법인이 무상으로 취득한 자산은 「법인세법」 제15조 제1항 및 같은 법 시행령 제11조 제5호에 따라 익금에 산입되며, 그 귀속시기는 같은 법 제40조 제1항에 따라 그 익금이 확정된 날이 속하는 사업연도임.
  질의하신 사례의 경우, 「도시개발법」 제11조 제1항 제11호에 따른 도시개발사업의 시행자가 같은 법 제66조 제2항에 따라 용도가 폐지되는 행정청의 공공시설을 무상으로 취득하는 경우 익금의 귀속 사업연도는 「도시개발법」 제66조 제6항에 따라 지정권자가 준공검사증명서를 내어준 날이 속하는 사업연도임(기획재정부법인－229, 2021.4.22.).

  (참고)
  위와 다른 해석(익금의 귀속시기는 기존 공공시설용지의 사용수익일과 소유권이전등기일 중 빠른 날)을 한 사전법령해석 법인2020－203(2020.4.20.)은 삭제됨.

■ BOT(Build - Operate - Transfer)방식을 준용한 사업에서 토지소유자의 시설물 설치가액에 대한 익금 산입시기

- 「사회기반시설에 대한 민간투자법」 제4조 제3호의 방식(BOT)을 준용한 사업에서 시설물의 준공 전에 운영이 개시된 경우 토지소유자는 시설물의 설치가액을 준공일부터 운영기간 종료일까지의 기간에 안분하여 익금산입하는 것임(사전법령해석 법인2017－554, 2018.1.16.).

■ BTO(Build - Transfer - Operate)방식으로 이전받는 골프장 시설물의 선수임대료 및 감가
  상각방법

- BTO방식으로 소유권을 이전받은 골프장 시설물의 신축가액을 선수임대료 및 회사(토지
  소유자)의 자산으로 보는 것인지 여부
- 토지소유자의 자산으로 보는 경우 결산시 골프장 운영자의 소유로 보는 K-IFRS기준에 따
  라 회사(시행사)가 결산시 감가상각비를 계상하지 않고 세무조정으로 감가상각비를 손금
  에 산입할 수 있는지 여부

- 내국법인(이하 "토지소유자")이 소유하고 있는 토지 위에 다른 법인(이하 "운영자")이 골프장
  시설물(이하 "시설물")을 설치하여 그 운영자가 해당 시설물을 일정기간 사용하는 조건으로
  토지소유자에게 무상으로 이전하는 경우 토지소유자의 임대수입금액은 시설물의 설치가액을
  사업기간 동안 균등하게 안분한 금액으로 하는 것임.
- 국제회계기준을 도입한 토지소유자가 2014.1.1. 이후 취득한 감가상각자산인 골프장 시설물(이하
  "해당 감가상각자산")에 대하여 국제회계기준에 따라 운영자의 자산으로 보아 감가상각을 하지
  못한 경우 해당 감가상각자산에 대하여는 「법인세법」 제23조 제2항에 따른 감가상각비를 손금에
  산입할 수 있는 것임(법규법인2014 - 173, 2014.7.11.).

■ 새로운 개정기준서(K - IFRS 제1115호)의 적용에 따른 법인세법상 손익인식 방법

- 한국채택국제회계기준 의무적용 대상 주권상장 내국법인이 법인세법 시행령 제69조 제1항에
  따른 건설등의 제공에 대하여 건설등을 완료한 정도(이하 '작업진행률')를 기준으로 계산한
  수익과 비용을 각각 해당 사업연도의 익금과 손금에 산입하던 중, 새로운 개정기준서(K - IFRS
  제1115호)의 적용에 따라 건설등의 제공으로 인한 수익과 비용을 그 목적물의 인도일이 속하는
  사업연도의 수익과 비용으로 회계처리를 변경한 경우 인도일이 속하는 사업연도의 익금과 손금에
  산입할 수 있는 것이나,
- 새로운 개정기준서의 적용일이 속하는 사업연도 이전까지 작업진행률에 따라 기간손익을 인식한
  금액은 종전의 방식대로 작업진행률에 따라 인식하는 것이며, 작업진행률에 따라 인식하지
  않고 남아있는 손익에 대하여만 인도기준을 적용할 수 있는 것임. 따라서 작업진행률에 따라
  진행기준으로 과거 사업연도에 인식한 수익과 비용을 새로운 개정기준서를 적용한 사업연도에

이익잉여금의 감소로 회계처리 한 경우 동 이익잉여금 조정금액은 손금산입(기타) 및 손금불산입 (유보)으로 세무조정하는 것임(기획재정부법인 – 102, 2020.1.23.).

- 부동산개발사업을 영위하는 내국법인이 주택건설사업의 승인을 조건으로 기부하는 자산의 가액을 새로운 개정기준서(K – IRFS 제1115호)의 적용에 따라 주택건설사업과 기부채납을 위한 건설사업 수행의무를 분리하여 각각의 진행률에 따라 수익을 인식한 경우와 관련하여, 주택건설사업의 승인을 조건으로 기부채납하는 자산의 건설은 주택건설사업과 분리하여 그 자체만으로 수익을 발생시키는 것으로 볼 수는 없으므로 해당 기부채납을 위한 자산의 건설은 세법상 구분하여 손익을 인식할 수 있는 대상에 해당되지 않는 것임(기획재정부법인 – 102, 2020.1.23.).

■ 주택건설사업 승인조건으로 기부채납자산 건설의 경우 부속토지 취득원가의 손금산입 시 작업진행률 적용

- 내국법인이 주택건설사업 승인조건에 따라 국립대학교에 기부채납하는 자산을 건설하는 경우, 주택 및 기부채납자산의 건설사업과 관련된 부속토지의 취득원가는 해당 건설사업 전체의 작업진행률에 따라 안분하여 각 사업연도의 손금에 산입하는 것임(서면법령해석 법인2020 – 5079, 2021.7.26.).

■ 아파트 분양계약의 해제에 관한 손익의 귀속시기를 그 계약해제일이 속하는 사업연도로 보아 법인세를 과세한 처분의 판단

- 원고는 2000.2.22. 아파트 및 주택판매업 등을 사업목적으로 하여 설립되었고, ○○건설 주식회사가 시공한 파주시 ○○읍 소재 ○○아파트(총 12동 937세대, 상가 1식 포함, 이하 '이 사건 아파트'라 한다)의 사업시행자임.
- 원고는 2006 사업연도에 이 사건 아파트 937세대를 모두 분양하고, 2006 내지 2008 사업연도까지 작업진행률에 따라 계산한 분양수입금을 해당 사업연도의 익금에 산입하여 법인세를 신고하였음. 그런데 원고는 2009 사업연도에 이 사건 아파트 중 182세대(이하 '이 사건 182세대'라 한다)의 분양계약이 중도금과 잔금 미납 등의 사정에 비추어 사실상 합의해제되었다고 판단하고, 이 사건 182세대와 관련된 분양수입금 104,430,272,570원과 분양원가 74,618,826,785원을 2009 사업연도의 익금과 손금에 산입하지 않고 법인세 3,245,784,973원을 신고·납부하였음.

- ○○지방국세청장은 2012.10. 원고에 대한 세무조사를 실시하여, 이 사건 182세대에 관한 분양계약은 2009 사업연도에 해제되지 않았고, 또 분양계약이 해제된 경우 관련 익금과 손금은 해제일이 속하는 사업연도의 손익에 반영되어야 한다는 이유로 위분양수입금과 분양원가를 2009 사업연도의 익금과 손금에 산입하여 과세하도록 피고(처분청)에게 통지하였고(그 밖의 세무조사 결과까지 반영하면 과세표준은 27,191,216,394원 증가하였다), 피고(처분청)는 2013.2.1. 원고에게 2009 사업연도 법인세 8,414,748,120원 (가산세 포함)을 증액 경정·고지하였음.
- 원고는 이에 불복하여 2013.5.7. 조세심판원에 조세심판을 청구하였음. 조세심판원은 2015.6.9. 원고의 청구를 일부 인용하였는데, 구체적으로 보면 이 사건 182세대를 아래 표(생략)와 같이 분류하여, ① 원고가 기존계약자가 해제 후 새로운 조건으로 재계약하였다고 주장한 39세대(이하 '재계약 39세대'라 한다)는 분양계약의 해제사실 자체를 인정하지 않았고, ② 원고가 전매 처리, 계약해제 후 재분양, 계약해제 후 미분양이라고 주장한 세대는 해제가 있었던 사업연도에 따라 둘로 나누어 2010 내지 2011 사업연도에 해제되었다고 본 37세대(이하 '이 사건 37세대'라 한다)만 당초부터 분양계약이 없었던 것처럼 과세표준 및 세액을 경정하도록 하여 원고 청구를 인용하였으며, ③ 2012 사업연도에 해제되었다고 본 106세대(이하 '이 사건 106세대'라 한다)는 2012.2.2. 개정된 법인세법 시행령 제69조 제3항 등이 적용되어 계약 해제일이 속하는 사업연도에 해제로 인한 세무상 효과를 반영하여야 하므로, 원고 주장과 같이 2009 사업연도에는 반영할 수 없다는 이유로 원고 주장을 받아들이지 않았음.

(제1심 판결)

- 법인세법 시행령 제69조 제1항은 '건설·제조 기타 용역(도급공사 및 예약매출 포함)'의 제공으로 인한 익금과 손금은 원칙적으로 작업진행률에 따라 산정하도록 규정하고, 개정 시행령 조항(법인세법 제69조 제3항)은 '제1항을 적용할 때 작업진행률에 의한 익금 또는 손금이 공사계약의 해약으로 인하여 확정된 금액과 차액이 발생된 경우에는 그 차액을 해약일이 속하는 사업연도의 익금 또는 손금에 산입한다.'고 규정하고 있음. 개정 시행령 조항은 법인세법 시행령 제69조 제1항의 용어를 사용하지 않고 따로 '공사계약'이라는 용어를 쓰고 있어, '공사계약'이라는 용어만으로는 법인세법 시행령 제69조 제1항의 여러 용역을 모두 포괄하는 것인지, 그 일부만을 의미하는 것인지 분명하지 않음.
- 그런데 개정 시행령 조항은 당초 법인세법 기본통칙 40−69…4의 규정 즉 '건설업을 영위하는 내국법인의 소득금액을 계산함에 있어서 당초 작업진행률에 의하여 계상한 수입금액이 공사계약의 해약으로 인하여 수입금액으로 확정된 금액과 차액이 발생된 경우에는 그 차액을 해약일이 속하는 사업연도의 익금 또는 손금에 산입한다.'에서 유래한 것으로 보임.

- 과세관청은 오랜 기간 위 기본통칙을 건설업 외에 건물 등을 분양하는 사업에도 적용하는 것으로 해석해 온 점, 개정 시행령 조항의 입법취지는 건물 등의 분양계약 해제시 손익 귀속시기를 명확히 하기 위함인 점 등에 비추어 보면, 개정 시행령 조항은 이 사건과 같은 예약매출에도 적용된다고 봄이 타당함.
- 개정 시행령 조항은 '작업진행률에 의한 익금 또는 손금이 공사계약의 해약으로 인하여 확정된 금액과 차액이 발생된 경우에는 그 차액을 해약일이 속하는 사업연도의 익금 또는 손금에 산입한다'라고 규정하고, 위 개정 시행령 부칙 제1조 및 제2조는 위 제69조 제3항의 규정은 2012.1.1. 이후 최초로 개시하는 사업연도분부터 적용된다고 규정하고 있음. 이 사건에서 문제되고 있는 법인세는 2009 사업연도분이지 2012.1.1. 이후 최초로 개시하는 사업연도분이 아니므로, 위 부칙규정에 따라 개정시행령 조항을 적용할 수는 없음.
- 취소의 범위 : 앞서 본 바와 같이 2009 사업연도 법인세에 관한 이 사건 처분 중, 이 사건 106세대에 대한 2006 내지 2008 사업연도의 작업진행률에 대응하는 세액은 2009 사업연도 법인세 감액사유로 고려할 수 없으므로 결국 정당하고, 2009 사업연도 작업진행률에 대응하는 세액은 위법함. 그리고 재계약 39세대와 관련된 이 사건 처분은 정당함. 이에 따라 취소의 범위를 살펴보면 별지 '정당세액' 표(생략) 기재 차감고지세액란 기재와 같이 이 사건 처분 중 ○○백만원은 취소되어야 하므로, 이 사건 처분에 따른 법인세 ○○백만원 중 ○○백만원을 초과한 부분은 위법함(서울행법 2015구합73125, 2016.10.27.).

(제2심 판결)
- 다음과 같은 사정 즉, ① 재계약 39세대의 수분양자들은 종전 계약과 동일한 목적물에 대하여 분양계약의 일부 내용만을 달리한 재계약을 체결하였을 뿐인 점, ② 이 사건 37세대에 관한 확약서 제3항은 계약금에 관하여 '수분양자는 원고와 새로운 수분양자가 추진하는 재분양 할인금액이 종전 수분양자가 납부한 계약금을 초과하게 될 경우 납부한 계약금은 포기한다'고 정하고 있는 반면, 재계약 39세대에 관한 확약서 제1조 제1항은 '아래와 같은 조건으로 재분양하기로 한다. 단, 기 발생한 분양대금 미납 연체료는 전액 탕감하기로 한다'고 하여 분양대금 할인, 대납이자 면제, 미납 연체료의 탕감 등 변경되는 조건을 정하고, 동조 제2항은 '전 항의 변경 조건 이외 사항은 종전 계약의 내용을 준용하기로 한다'고 정하여 계약금의 반환 또는 포기에 관하여 아무런 규정이 없는 점 등을 종합하면, 원고와 재계약 39세대 수분양자 간에 작성된 확약서는 기존 분양계약의 해제 및 새로운 분양계약의 형식을 가지고 있다 하더라도, 실질적으로는 기존 분양계약 내용을 일부 변경한 것에 불과하여 기존 분양계약상의 권리가 소멸하지 아니한 것으로 봄이 상당함(서울고법 2016누77362, 2017.3.21.).

(제3심 판결)
- 원심은, 이 사건 쟁점 세대의 분양계약이 2012 사업연도에 해제되었더라도 이 사건 조항은

계약의 해제일과는 관계없이 2012.1.1. 이후부터 개시하는 사업연도에 관한 후발적 경정 청구에 적용되므로, 2009 사업연도의 법인세 부과처분을 다투는 이 사건에는 적용되지 아니한다는 이유로, 이와 다른 전제에 있는 피고(처분청)의 주장을 배척하였음. 그리고 다만 계약이 해제된 이 사건 쟁점 세대의 분양수익은 원칙적으로 작업진행률에 따라 수익으로 인식하였던 각 사업연도의 법인세 계산에서 공제되어야 하므로, 이 사건 처분은 2009 사업연도 작업진행률에 대응하는 분양수익의 감액 부분에 한하여 위법하다고 판단하였음.

- 앞서 본 규정과 법리에 비추어 기록을 살펴보면, 원심의 이러한 판단에 상고이유 주장과 같이 이 사건 조항의 시적 적용범위에 관한 법리를 오해한 잘못이 없음(대법 2017두44251, 2017.9.21.).

쟁점정리

- 권리확정주의는 실질적으로 불확실한 소득에 대하여 장래의 실현을 전제로 미리 과세하는 것을 허용하는 것으로서, 일정한 후발적 사유의 발생으로 인하여 소득이 실현되지 아니하는 것으로 확정되었다면 당초 성립하였던 납세의무는 그 전제를 상실하게 되므로 구 국세기본법 제45조의2 제2항, 구 국세기본법 시행령 제25조의2는 당초 사업연도의 익금산입에서 제외할 수 있도록 하는 후발적 경정청구제도를 인정하고 있음.

- 즉, 최초의 신고·결정 또는 경정을 할 때 과세표준 및 세액의 계산 근거가 된 거래 또는 행위 등의 효력과 관계되는 계약이 해제권의 행사에 의하여 해제되거나 해당 계약의 성립 후 발생한 부득이한 사유로 해제되거나 취소된 경우는 후발적 경정청구를 할 수 있는 것임. 이처럼 후발적 경정청구는 납세의무 성립 후 그 납세의무의 근거가 소멸되는 등의 일정한 후발적 사유의 발생으로 말미암아 당초의 과세표준 및 세액의 산정 기초에 변동이 생긴 경우에, 납세자로 하여금 그 사실을 증명하여 잘못된 당초의 과세에 대한 감액을 청구할 수 있도록 함으로써 납세자의 권리구제를 확대하려는 데에 취지가 있는 것임.

- 다만, 후발적 경정청구를 제한하는 규정을 두어 후발적 사유가 발생한 사업연도에 결손금이 누적되어 있거나 사실상 휴·폐업 상태여서 차감할 익금이 없는 경우 등에도 후발적 사유가 발생한 사업연도의 손익으로만 반영하도록 하는 것은 납세자의 권리구제 또는 업무편의에 미흡하고 형평에도 어긋나는 결과가 됨. 따라서 후발적 경정청구를 제한하는 규정은 그 적용시기를 명시적으로 정하고 있는 등의 특별한 사정이 없는 한 그 규정의 시행 전에 이루어진 잘못된 당초의 과세에 대한 후발적 경정청구권에는 영향을 미치지 못한다고 보아야 함.

- 그러므로 이 사건 쟁점 세대의 분양계약이 2012 사업연도에 해제되었더라도, 작업진행률에 의한 익금 또는 손금이 공사계약의 해약으로 인하여 확정된 금액과 차액이 발생된 경우에는 그 차액을 해약일이 속하는 사업연도의 익금 또는 손금에 산입한다는 이 사건 조항은, 계약의 해제일과는 관계없이 2012.1.1. 이후부터 개시하는 사업연도에 관한 후발적 경정청구에 적용되므로, 2009 사업연도의 법인세 부과처분을 다투는 이 사건에는 적용되지 아니함.

⑩ 부당행위계산의 부인

　납세지 관할 세무서장 또는 관할 지방국세청장은 내국법인의 행위 또는 소득금액의 계산이 특수관계인과의 거래로 인하여 그 법인의 소득에 대한 조세의 부담을 부당하게 감소시킨 것으로 인정되는 경우에는 그 법인의 행위 또는 소득금액의 계산(이하 "부당행위계산"이라 한다)과 관계없이 그 법인의 각 사업연도의 소득금액을 계산한다(법법 제52조①). 아래에서는 부당행위계산의 유형, 시가의 범위 그리고 가지급금 인정이자 계산에 대해 서술한다.

(1) 부당행위계산의 유형

① 조세의 부담을 부당히 감소시킨 것으로 인정되는 경우는 다음과 같다(법령 제88조①).

구 분	부당행위 계산의 유형
고가매입 · 저가양도	1. 자산을 시가보다 높은 가액으로 매입 또는 현물출자 받았거나 그 자산을 과대 상각한 경우 2. 자산을 무상 또는 시가보다 낮은 가액으로 양도 또는 현물출자한 경우. 다만, 주식매수선택권(법인세법 시행령 제19조 제19호의2에 해당하는 주식매수선택권) 등의 행사 또는 지급에 따라 주식을 양도하는 경우는 제외 3. 특수관계인인 법인 간 합병(분할합병 포함)·분할에 있어서 불공정한 비율로 합병·분할하여 합병·분할에 따른 양도손익을 감소시킨 경우(다만, 「자본시장과 금융투자업에 관한 법률」 제165조의4에 따라 합병(분할합병을 포함)·분할하는 경우 제외)
저리대여 · 고리차용	4. 금전, 그 밖의 자산 또는 용역을 무상 또는 시가보다 낮은 이율·요율이나 임대료로 대부하거나 제공한 경우. 다만, 다음의 경우는 제외한다. 　㉠ 주식매수선택권 등의 행사 또는 지급에 따라 금전을 제공하는 경우 　㉡ 주주 등이나 출연자가 아닌 임원(소액주주 등인 임원을 포함) 및 직원에게 사택(임차사택을 포함)을 제공하는 경우 5. 금전, 그 밖의 자산 또는 용역을 시가보다 높은 이율·요율이나 임차료로 차용하거나 제공받은 경우
자본거래	6. 다음의 어느 하나에 해당하는 자본거래로 인하여 주주 등인 법인이 특수관계인인 다른 주주 등에게 이익을 분여한 경우 　㉠ 특수관계인인 법인간의 합병(분할합병을 포함)에 있어서 주식 등을 시가보다 높거나 낮게 평가하여 불공정한 비율로 합병한 경우(단, 「자본시장과 금융투자업에 관한 법률」 제165조의4에 따라 합병(분할합병을 포함)하는 경우는 제외) 　㉡ 법인의 자본(출자액을 포함)을 증가시키는 거래에 있어서 신주(전환사채·신주인수권부사채 또는 교환사채 등을 포함)를 배정·인수받을 수 있는 권리의 전부 또는 일부를 포기(포기한 신주가 「자본시장과 금융투자업에 관한 법률」

구 분	부당행위 계산의 유형
	제9조 제7항에 따른 모집방법으로 배정되는 경우를 제외)하거나 신주를 시가보다 높은 가액으로 인수하는 경우 ⓒ 법인의 감자에 있어서 주주 등의 소유주식 등의 비율에 의하지 아니하고 일부 주주 등의 주식 등을 소각하는 경우 7. 6 외의 경우로서 증자·감자, 합병(분할합병을 포함)·분할, 전환사채 등에 의한 주식의 전환·인수·교환 등 자본거래를 통하여 법인의 이익을 분여하였다고 인정되는 경우(단, 주식매수선택권 등의 행사에 따라 주식을 발행하는 경우는 제외)
기타	8. 무수익 자산을 매입 또는 현물출자 받았거나 그 자산에 대한 비용을 부담한 경우 9. 불량자산을 차환하거나 불량채권을 양수한 경우 10. 출연금을 대신 부담한 경우 11. 파생상품에 근거한 권리를 행사하지 아니하거나 그 행사기간을 조정하는 등의 방법으로 이익을 분여하는 경우 12. 기타 위에 준하는 행위 또는 계산 및 그 외에 법인의 이익을 분여하였다고 인정되는 경우

* 1, 2, 4, 5, 이에 준하는 12는 다음 중 어느 하나에 해당하여야 부당행위계산부인을 적용한다. (단, 주권상장법인이 발행한 주식을 거래한 경우 제외) (법령 제88조③, ④).

> ㉠ 시가 - 거래가액(또는 거래가액 - 시가) ≥ 3억원
> ㉡ 시가 - 거래가액(또는 거래가액 - 시가) ≥ 시가 × 5%

② 다음의 경우는 조세의 부담을 부당히 감소시킨 것으로 인정되는 경우에 해당한다(집행기준 52-88-1).

  ㈀ 특수관계인으로부터 영업권을 적정대가를 초과하여 취득한 때

  ㈁ 주주 등이 부담하여야 할 성질의 것을 법인이 부담한 때

  ㈂ 주주 또는 출자자인 비영리법인에게 주식비율에 따라 기부금을 지급한 때

  ㈃ 사업연도기간 중에 가결산에 의하여 중간배당금 등의 명목으로 주주 등에게 금전을 지급한 때(상법의 규정에 의한 중간배당의 경우를 제외)

  ㈄ 대표자의 친족에게 무상으로 금전을 대여한 때(이 경우에는 대표자에게 대여한 것으로 본다)

  ㈅ 연임된 임원에게 퇴직금을 지급한 때

(2) 시가의 범위

① 부당행위계산의 부인규정을 적용함에 있어서 그 판단기준이 되는 시가란 건전한 사회통념

및 상관행과 특수관계인이 아닌 자간의 정상적인 거래에서 적용되거나 적용될 것으로 판단되는 가격(요율·이자율·임대료 및 교환비율 기타 이에 준하는 것을 포함)을 말하는 것으로, 해당 거래와 유사한 상황에서 해당 법인이 특수관계인 외의 불특정다수인과 계속적으로 거래한 가격 또는 특수관계인이 아닌 제3자간에 일반적으로 거래된 가격이 있는 경우에는 그 가격으로 한다(단, 주권상장법인이 발행한 주식을 다음의 어느 하나에 해당하는 방법으로 거래한 경우 해당 주식의 시가는 그 거래일의 거래소 최종시세가액 〈거래소 휴장 중에 거래한 경우에는 그 거래일의 직전 최종시세가액〉으로 한다)(법법 제52조②, 법령 제89조①)

㈀ 「자본시장과 금융투자업에 관한 법률」 제8조의2 제4항 제1호에 따른 증권시장 외에서 거래하는 방법

㈁ 대량매매 등 기획재정부령(생략)으로 정하는 방법

② 시가가 불분명한 경우에는 다음 순서로 계산한 금액을 시가로 본다(법령 제89조②).

자 산	시가의 범위
주식 등	「상속세 및 증여세법」 제38조부터 제39조의3까지, 제61조부터 제66조까지의 규정
위 외의 자산	• 1순위 : 감정평가법인 등이 감정한 가액이 있는 경우 그 가액 (감정가액이 2 이상인 경우에는 그 감정가액의 평균액. 다만, 주식등 및 가상자산은 제외한다) • 2순위 : 「상속세 및 증여세법」 제38조부터 제39조의3까지, 제61조부터 제66조까지의 규정을 준용하여 평가한 가액

③ 주권상장법인이 발행한 주식을 다음의 어느 하나에 해당하는 방법으로 거래한 경우 해당 주식의 시가는 그 거래일의 「자본시장과 금융투자업에 관한 법률」 제8조의2 제2항에 따른 거래소(이하 "거래소"라 한다) 최종시세가액(거래소 휴장 중에 거래한 경우에는 그 거래일의 직전 최종시세가액)으로 하며, 기획재정부령(생략)으로 정하는 바에 따라 사실상 경영권의 이전이 수반되는 경우(해당 주식이 「상속세 및 증여세법 시행령」 제53조 제8항 각 호의 어느 하나에 해당하는 주식인 경우는 제외한다)에는 그 가액의 100분의 20을 가산한다(법령 제89조① 단서).

㈀ 「자본시장과 금융투자업에 관한 법률」 제8조의2 제4항 제1호에 따른 증권시장 외에서 거래하는 방법

㈁ 대량매매 등 기획재정부령(생략)으로 정하는 방법

금전 이외의 자산 또는 용역의 제공에 있어서 시가에 관한 규정을 적용할 수 없는 경우에는 다음과 같이 계산한 금액을 시가로 한다(법령 제89조④).

① 유형 또는 무형의 자산을 제공하거나 제공받는 경우

> (해당 자산 시가의 50% − 그 자산의 제공으로 받은 전세금·보증금) × 정기예금이자율[*]

* 정기예금이자율은 「법인세법 시행규칙」 제6조에 따른 정기예금이자율을 적용

② 건설 기타 용역을 제공하거나 제공받는 경우

> 해당 용역의 제공에 소요된 금액(직접비·간접비 포함) × (1+수익률[*])

* 수익률은 해당 사업연도 중 특수관계인 외의 자에게 제공한 유사한 용역제공거래 또는 특수관계인이 아닌 제3자간의 일반적인 용역제공거래를 할 때의 수익률[기업회계기준에 의하여 계산한 (매출액−원가)/원가]를 말한다.

금전의 대여 또는 차용의 경우에는 가중평균차입이자율을 시가로 하고 다음과 같이 계산한다(법령 제89조③).

$$\text{가중평균차입이자율} = \frac{\text{(자금대여시점의 각각의 차입금 잔액 ⊙ × 차입당시 각각의 이자율 ⓛ)의 합계액}}{\text{자금대여시점의 차입금 잔액의 총액}}$$

* ⊙ 차입금 잔액은 자금대여시점별로 계산하되, 특수관계인으로부터의 차입금과 채권자 불분명 사채, 비실명채권 등의 발행으로 조달된 차입금, 연지급수입이자 발생 차입금의 경우에는 제외한다.
* ⓛ 차입당시 각각의 이자율 : 변동금리로 차입한 경우에는 차입 당시의 이자율로 차입금을 상환하고 변동된 이자율로 그 금액을 다시 차입한 것으로 본다.

다음에 해당하는 경우에는 당좌대출이자율을 시가로 한다(법령 제89조③ 단서).

구 분	내 용
해당 대여금(또는 차입금)에 한하여 적용	① 특수관계인이 아닌 자로부터 차입한 금액이 없는 경우 ② 차입금 전액이 채권자가 불분명한 사채 또는 매입자가 불분명한 채권·증권의 발행으로 조달된 경우 ③ 대여한 법인의 가중평균차입이자율 또는 대여금리가 차입한 법인의 가중평균차입이자율보다 높은 경우 ④ 대여한 날(계약을 갱신한 경우에는 그 갱신일)부터 해당 사업연도 종료일(해당 사업연도에 상환하는 경우는 상환일)까지의 기간이 5년을 초과하는 대여금이 있는 경우
선택 사업연도와 이후 2개 사업연도에 적용	⑤ 당좌대출이자율을 시가로 선택하여 신고한 경우

(3) 가지급금 인정이자의 계산

① 법인이 특수관계인에게 금전을 무상 또는 낮은 이율로 대부한 경우 다음과 같이 계산한 인정이자와 회사가 계상한 이자와의 차이를 익금산입하고 귀속자에 따라 소득처분하여야 한다.

$$인정이자 \ = \ 가지급금 \ 등의 \ 적수^{(*)} \times 이자율 \times 1/365(윤년의 \ 경우 \ 1/366)$$

* 가지급금 등의 적수 계산은 일별 적수계산방법에 따르며, 가지급금이 발생한 초일은 산입하고 가지급금이 회수된 날은 제외한다.

② 인정이자의 계산은 특수관계가 소멸하는 날까지 적용하는 것이며, 특수관계가 소멸한 이후에는 인정이자를 계산하지 아니한다.

③ 인정이자를 계산함에 있어 동일인에 대하여 가지급금과 가수금이 함께 있는 경우에는 이를 상계한 금액으로 계산한다. 다만, 가수금에 대하여 별도로 상환기간 및 이자율 등에 관한 약정이 있어 가지급금과 상계할 수 없는 경우에는 이를 상계하지 아니하고 인정이자를 계산한다(집행기준 52-89-5).

다음의 가지급금에 대하여는 인정이자 계산 규정을 적용하지 아니한다(법칙 제44조).
① 「소득세법」 제132조 제1항(배당처분) 및 제135조 제3항(상여처분)에 따라 지급한 것으로 보는 배당소득 및 상여금(이하 "미지급소득"이라 한다)에 대한 소득세(개인지방소득세와 미지급소득으로 인한 중간예납세액상당액을 포함한다)를 법인이 납부하고 이를 가지급금 등으로 계상한 금액(해당 소득을 실지로 지급할 때까지의 기간에 상당하는 금액에 한한다)

$$\text{미지급소득에 대한 소득세액} = \text{종합소득 총결정세액} \times \frac{\text{미지급소득}}{\text{종합소득금액}}$$

② 소득처분 시 귀속이 불분명하여 대표자에게 상여 처분한 금액에 대한 소득세를 법인이 납부하고 이를 가지급금으로 계상한 금액(특수관계가 소멸될 때까지의 기간에 상당하는 금액에 한한다)
③ 직원에 대한 월정급여액의 범위 안에서의 일시적인 급료의 가불금
④ 직원에 대한 경조사비 또는 학자금(자녀의 학자금을 포함)의 대여액
⑤ 중소기업에 근무하는 직원(지배주주등인 직원은 제외)에 대한 주택구입 또는 전세자금의 대여액

법인이 특수관계인간의 금전거래에 있어서 상환기간 및 이자율 등에 대한 약정이 없는 대여금 및 가지급금 등에 대하여 결산상 미수이자를 계상한 경우에도 동 미수이자는 익금불산입하고, 가지급금 인정이자를 계산하여 인정이자상당액을 익금에 산입하고 귀속자에 따라 소득처분한다(집행기준 52-89-7).

부동산개발 관련 해석·판단사례

■ 내국법인이 특수관계자에게 금전을 제공 또는 차용한 경우 시가 기준

해석

• 내국법인이 특수관계자에게 금전을 대여한 경우 적용하는 이자율의 시가는 「법인세법 시행령」 제89조 제3항에 따르는 것이며, 그 시가를 기준으로 금전을 시가보다 낮은 이율로 제공하거나 시가보다 높은 이율로 차용한 경우에는 「법인세법」 제52조의 규정을 적용하는 것임(법인 −80, 2011.1.31.).

■ 차입금이 없는 내국법인이 특수관계인인 법인으로부터 금전차입 시 적용 이자율의 시가

해석

• 차입금이 없는 내국법인이 특수관계인인 법인으로부터 금전을 차입하는 경우 적용하는 이자율의 시가는 「법인세법 시행령」 제89조 제3항 제1호 및 같은 법 시행규칙 제43조 제3항 제1호에 따라 당좌대출이자율을 시가로 하는 것이며, 그 시가보다 낮은 이율로 차용하는 경우 차입법인에게는 「법인세법」 제52조(부당행위계산의 부인)의 규정이 적용되지 않는 것임(서면법인2019−3787, 2020.3.20.).

■ 특수관계자간 부동산 임대 시 적용되는 시가의 범위

해석

• 특수관계 있는 거주자와 내국법인간에 부동산 임대차 거래를 함에 있어, 임대료의 시가는 임대차계약체결 시점의 「법인세법 시행령」 제89조 제1항 및 제2항, 제4항을 순차적으로 적용하여 산출한 가액으로 하여 임대차계약기간이 속하는 사업연도에 계속하여 적용하는 것으로, 계약에 의하여 수수한 임대료가 시가에 해당하는 지는 인근 부동산의 임대실례, 부동산 위치·이용상황·노후 정도 등 당해 부동산의 개별요인 등을 참작하여 사실판단할 사항임(법인−1212, 2010.12.30.).

- ■ 내국법인이 해당 부지 중 일부를 특수관계에 있는 거주자와 국가로부터 임차한 경우 적용할 시가

- 유원지를 운영하는 내국법인이 해당 부지 중 일부를 특수관계에 있는 거주자와 국가로부터 임차하여 사용하면서, 국가로부터 임차한 토지(전체 임차면적의 0.3%)에 대해서는 「국유재산법」에 따라 사용료를 납부하고 있는 경우, 특수관계에 있는 거주자로부터 임차한 토지의 임차료에 대해 「법인세법 시행령」 제88조 제1항 제7호에 따른 부당행위계산 여부를 판단함에 있어서 1999.1.1. 이후 최초로 개시하는 임차에 대한 시가는 「국유재산법」에 따른 사용료를 적용하지 아니하고 「법인세법 시행령」 제89조 제1항, 제2항 및 제4항을 순차로 적용하는 것임(법규과-649, 2011.5.25.).

- ■ 특수관계자에게 부동산을 무상 또는 저가임대시 임료에 대한 시가의 계산시기

- 개인이 특수관계자에게 부동산을 무상 또는 저가임대하는 경우 「소득세법 시행령」 제98조 제2항 제2호의 부당행위계산의 유형에 해당하는지 여부는 임대차 계약일을 기준으로 판단하는 것이며, 임대차 계약체결시점에서 「법인세법 시행령」 제89조 제4항 제1호의 규정에 의하여 산출한 시가를 임대차 계약기간에 속하는 과세기간에 계속하여 적용하는 것임(서면1팀-1332, 2007.10.1.).

- ■ 산업입지 및 개발에 관한 법률에 따라 산정된 가격으로 공장용지 분양시 부당행위계산부인 해당 여부

- 산업입지 및 개발에 관한 법률 제16조 제1항 제3호에 해당하는 민간 사업시행자가 산업단지를 조성하여 그 일부를 계열사에게 분양하면서, 분양가격을 해당 법령과 조례에 따라 조성원가에 10%의 이윤을 합한 금액으로 산정하는 경우에는 법인세법 제52조 부당행위계산의 부인규정을 적용하지 아니함(법규법인2014-124, 2014.4.29.).

■ 택지개발사업 시행자로부터 분양받은 토지의 양도 시 부당행위계산 부인요건 해당 여부

- 내국법인이 「택지개발촉진법」에 의한 택지개발사업 시행자로부터 분양받은 토지를 공급받은 용도대로 사용하지 아니하고 소유권이전등기 이전에 같은 법 시행령 제13조의3 제9호의 사유에 의하여 특수관계자에게 전매하기 위하여 저가양도한 경우 「법인세법」 제52조에 의한 부당행위계산 부인규정이 적용될 수 있음(법인-153, 2010.2.16.).

■ 특수관계자간 차입금 이자율이 시가인 당좌대출이자율 보다 높아 경제적 합리성을 결여한 경우 부당행위계산부인 판단

원고는 1999.12.3. ○○공제회로부터 이 사건 차입금 500억원을 이 사건 이자율 연 13.06%, 연체이자는 연 25%, 이자는 매월 말일 지급하고, 원금은 2002.12.부터 2017.9.까지 매 3개월 단위 말일에 상환하되, 영업성과에 따라 원금을 조기상환할 수 있도록 정하여 차용하였음.

- 부당행위계산 부인을 적용할 때 기준이 되는 법인세법 제52조 제2항의 시가에 관하여 정하고 있는 법인세법 시행령 제89조 제3항은, 부당행위계산의 유형 중 하나인 '금전을 시가보다 높은 이율로 차용하는 경우'에는 '가중평균차입이자율이나 당좌대출이자율을 시가로 한다'고 규정하고 있으므로, 특별한 사정이 없는 한 위 규정에서 정한 이자율을 그 시가로 보아야 함(대법원 2018.7.26. 선고 2016두40375 판결 참조).

- 원심은 그 채택 증거를 종합하여 판시와 같은 사실을 인정한 다음, 아래의 사정 등을 고려하면, 원고가 1999.12.3.경 주주인 ○○공제회로부터 이자율 연 13.06%로 금전을 차입한 이래 2009년부터 2012년까지 사이에 각 이자를 지급할 당시의 이 사건 차입 이자율은, 그 시가인 당좌대출이자율보다 높아 건전한 사회통념이나 상관행에 비추어 경제적 합리성을 결여한 비정상적인 것이라고 할 수 있으므로, 이를 부당행위계산 부인의 대상으로 보고 한 이 사건 부과처분은 적법하다고 판단하였음.

  ① 이 사건 차입과 같이 차용금의 변제기가 장기간인 경우에는 높은 이율을 유지하는 것이 정당하다고 인정될 수 있는 등의 특별한 사정이 없는 한 최초로 금전을 차용한 당시뿐만 아니라 그 이후 이자를 지급할 당시를 기준으로 부당행위에 해당하는지 여부를 판단할 수 있음.

  ② 이 사건 차입의 약정기간 동안 시중금리나 기획재정부령으로 정하는 당좌대출이자율이 대체로

하락하고 있었음. 과세연도인 2009년부터 2012년까지 사이에 시중금리는 가장 높은 이율이 연 5.81%에 불과하고 계속하여 시중금리가 하락추세였으며, 당좌대출이자율은 일반 시중금리보다 높게 고시되거나 정하여졌으므로 이 사건 차입의 약정기간이 장기간이라는 점을 감안하더라도 이 사건 차입 이자율의 시가가 2009년부터 2011년까지의 당좌대출이자율 연 8.5%, 2012년 당좌대출이자율 연 6.9%를 초과할 것으로 보이지 않음.

③ 이 사건 차입 약정에 차주가 대출기관의 사전 동의 없이 제3자에 대한 금전채무를 부담하는 행위를 금지하는 조항이 있으나, 이는 원고의 재무상황이 악화되는 것을 방지하기 위하여 둔 조항으로 보일 뿐, 비용을 줄일 수 있도록 높은 이율의 채무를 변제하기 위한 낮은 이율의 채무부담행위까지 금지하는 내용으로는 보이지 않음.

④ 이 사건 차입 약정에 원고의 조기 상환을 금지하는 어떠한 제한이 있다고 보이지 않고, 시중금리가 장기간 낮게 형성되었을 때 원고가 다른 금융업자로부터 낮은 이율로 자금을 대여받아 조기 상환을 하거나 이를 근거로 ○○공제회를 상대로 이자율을 낮추는 것이 어려웠다고 보이지 않음.

• 원심의 위와 같은 판단은 정당하고 거기에 상고이유 주장과 같은 부당행위계산 부인의 성립여부 등에 관한 법리를 오해한 잘못이 없음(대법 2016두39573, 2018.10.25.).

 법인세 추가과세대상과 세율

내국법인이 다음의 어느 하나에 해당하는 토지, 건물(건물에 부속된 시설물과 구축물을 포함한다), 주택을 취득하기 위한 권리로서「소득세법」제88조 제9호에 따른 조합원입주권 및 같은 조 제10호에 따른 분양권(이하 "토지등"이라 한다)을 양도한 경우에는 토지등 양도소득에 대해 추가과세 세율을 적용하여 계산한 토지등 양도소득에 대한 법인세를 각 사업연도 소득에 대한 법인세에 추가하여 납부하여야 한다. 이 경우 하나의 자산이 2 이상에 해당하는 때에는 가장 높은 세액을 적용한다(법법 제55조의2).

① 지정지역 내 주택 및 비사업용 토지(「소득세법」제104조의2 제2항에 따른 지정지역 안의 주택 및 부수토지 및 비사업용 토지 등을 말한다)를 2012년 12월 31일까지 양도하는 경우(법법 제55조의2① 제1호) : 양도소득에 100분의 10

② 아래 ❷의 법인세 추가과세대상 주택(부수토지 포함한다) 및 주거용 건축물로서 상시 주거용으로 사용하지 아니하고 휴양·피서·위락 등의 용도로 사용하는 건축물(이하 "별장"이라 한다)을 양도한 경우(법법 제55조의2① 제2호) : 양도소득에 100분의 20(미등기 양도 100분의 40). 다만, 읍 또는 면에 있으면서 일정한 범위 및 기준에 해당하는 농어촌주택(그 부속토지를 포함한다)은 제외한다

③ 비사업용 토지(법법 제55조의2① 제3호) : 양도소득에 100분의 10(미등기 양도 100분의 40)

④ 주택을 취득하기 위한 권리로서「소득세법」제88조 제9호에 따른 조합원입주권 및 같은 조 제10호에 따른 분양권을 양도한 경우(법법 제55조의2① 제4호) : 토지등의 양도소득에 100분의 20

아래에서는 법인세 추과과세대상 주택과 비사업용 토지에 대해서 구체적으로 서술한다.

 법인세 추가과세대상 주택

법인세 추가과세대상 주택(부수토지 포함)이란 국내에 소재하는 주택을 말한다. 다만, 다음의 어느 하나에 해당하는 주택은 법인세 추가 과세대상 주택에 해당하지 않는다(법령 제92조의2②).

법인세 추가과세대상 주택에서 제외되는 임대주택 중 적용 시한이 이미 경과한 일부 규정은 제외하였다.

(1) 법인세 추가 과세 제외 임대주택

1) 민간매입임대주택 또는 공공매입임대주택

해당 법인이 임대하는 「민간임대주택에 관한 특별법」 제2조 제3호에 따른 민간매입임대주택 또는 「공공주택 특별법」 제2조 제1호의3에 따른 공공매입임대주택으로서 다음의 요건을 모두 갖춘 주택은 법인세 추가과세대상 주택에 해당하지 않는다. 다만, 「민간임대주택에 관한 특별법」 제2조 제7호에 따른 임대사업자의 경우에는 2018년 3월 31일 이전에 임대사업자 등록과 사업자등록을 한 주택으로 한정한다(법령 제92조의2② 제1호).

① 5년 이상 임대한 주택일 것

② 「민간임대주택에 관한 특별법」 제5조에 따라 민간임대주택으로 등록하거나 「공공주택 특별법」 제2조 제1호 가목에 따른 공공임대주택으로 건설 또는 매입되어 임대를 개시한 날의 해당 주택 및 이에 딸린 토지의 기준시가의 합계액이 6억원(수도권 밖의 지역인 경우에는 3억원) 이하일 것

2) 민간건설임대주택 또는 공공건설임대주택

해당 법인이 임대하는 「민간임대주택에 관한 특별법」 제2조 제2호에 따른 민간건설임대주택 또는 「공공주택 특별법」 제2조 제1호의2에 따른 공공건설임대주택으로서 다음의 요건을 모두 갖춘 주택이 2호 이상인 경우 그 주택은 법인세 추가과세대상 주택에 해당하지 않는다. 다만, 「민간임대주택에 관한 특별법」 제2조 제7호에 따른 임대사업자의 경우에는 2018년 3월 31일 이전에 사업자등록등을 한 주택으로 한정한다(법령 제92조의2② 제1호의2).

① 대지면적이 298제곱미터 이하이고 주택의 연면적(주택으로 보는 부분과 주거전용으로 사용되는 지하실부분의 면적을 포함하고, 공동주택의 경우에는 전용면적을 말한다)이 149제곱미터 이하일 것

② 5년 이상 임대하는 것일 것

③ 「민간임대주택에 관한 특별법」 제5조에 따라 민간임대주택으로 등록하거나 「공공주택 특별법」 제2조 제1호 가목에 따른 공공임대주택으로 건설 또는 매입되어 임대를 개시한 날의 해당 주택 및 이에 딸린 토지의 기준시가의 합계액이 6억원 이하일 것

3) 민간매입임대주택 중 장기일반민간임대주택 등

「민간임대주택에 관한 특별법」 제2조 제3호에 따른 민간매입임대주택 중 같은 조 제4호에 따른 공공지원민간임대주택 또는 같은 조 제5호에 따른 장기일반민간임대주택(이하 "장기일반민간임대주택등"이라 한다)으로서 다음의 요건을 모두 갖춘 주택은 법인세 추가과세대상 주택에 해당하지 않는다[「민간임대주택에 관한 특별법」 제2조 제5호에 따른 장기일반민간임대주택의 경우에는 2020년 6월 17일 이전에 사업자등록등을 신청(임대할 주택을 추가하기 위해 등록사항의 변경 신고를 한 경우를 포함한다)한 주택으로 한정한다]. 다만, 종전의 「민간임대주택에 관한 특별법」 제5조에 따라 등록을 한 같은 법 제2조 제6호에 따른 단기민간임대주택을 같은 법 제5조 제3항에 따라 2020년 7월 11일 이후 장기일반민간임대주택등으로 변경 신고한 주택은 제외한다(법령 제92조의2② 제1호의12).

① 10년 이상 임대한 주택일 것(개정전 : 8년 이상 임대한 주택일 것)
② 「민간임대주택에 관한 특별법」 제5조에 따라 민간임대주택으로 등록하여 해당 주택의 임대를 개시한 날의 해당 주택 및 이에 딸린 토지의 기준시가의 합계액이 6억원(수도권 밖의 지역인 경우에는 3억원) 이하일 것

4) 민간건설임대주택 중 장기일반민간임대주택 등

「민간임대주택에 관한 특별법」 제2조 제2호에 따른 민간건설임대주택 중 장기일반민간임대주택등으로서 다음의 요건을 모두 갖춘 주택이 2호 이상인 경우 그 주택은 법인세 추가과세대상 주택에 해당하지 않는다. 다만, 종전의 「민간임대주택에 관한 특별법」 제5조에 따라 등록을 한 같은 법 제2조 제6호에 따른 단기민간임대주택을 같은 법 제5조 제3항에 따라 2020년 7월 11일 이후 장기일반민간임대주택등으로 변경 신고한 주택은 제외한다(법령 제92조의2② 제1호의13).

① 대지면적이 298제곱미터 이하이고 주택의 연면적(주택으로 보는 부분과 주거전용으로 사용되는 지하실부분의 면적을 포함하고, 공동주택의 경우에는 전용면적을 말한다)이 149제곱미터 이하일 것
② 10년 이상 임대하는 것일 것(개정전 : 8년 이상 임대한 주택일 것)
③ 「민간임대주택에 관한 특별법」 제5조에 따라 민간임대주택으로 등록하여 해당 주택의 임대를 개시한 날의 해당 주택 및 이에 딸린 토지의 기준시가의 합계액이 9억원 이하일 것
④ 직전 임대차계약 대비 임대보증금 또는 임대료(이하 "임대료등"이라 한다)의 증가율이 100분의 5를 초과하는 임대차계약을 체결하지 않았을 것. 이 경우 임대료등을 증액하는

임대차계약을 체결하면서 임대보증금과 월임대료를 서로 전환하는 경우에는 「민간임대주택에 관한 특별법」 제44조 제4항에서 정하는 기준에 따라 임대료등의 증가율을 계산한다.

⑤ 임대차계약을 체결한 후 또는 약정에 따라 임대료등의 증액이 있은 후 1년 이내에 임대료등을 증액하는 임대차계약을 체결하지 않았을 것

* 민간임대주택에 관한 특별법 제2조(정의) 제5호에서 "장기일반민간임대주택"은 아파트를 임대하는 민간매입임대주택은 제외한다(민간건설임대주택은 제외하지 않음)고 규정하였으므로, 민간건설임대주택은 아파트를 10년 이상 임대하는 경우에 법인세 추가과세대상 제외 주택에 해당한다고 해석된다.
* 아파트를 매입한 민간매입임대주택인 경우에는 주택의 양도에 대한 추가 법인세를 납부해야 한다.

5) 임대사업자 등록 말소 이후 1년 이내 양도하는 주택

「민간임대주택에 관한 특별법」 제6조 제1항 제11호에 따라 임대사업자의 임대의무기간 내 등록 말소 신청으로 등록이 말소된 경우(같은 법 제43조에 따른 임대의무기간의 2분의 1 이상을 임대한 경우에 한정한다)에는 해당 등록 말소 이후 1년 이내 양도하는 주택(법령 제92조의2② 제1호의14)

6) 민간건설임대주택 중 단기민간임대주택

「민간임대주택에 관한 특별법」 제2조 제2호에 따른 민간건설임대주택 중 같은 조 제6호의2에 따른 단기민간임대주택(이하 "단기민간임대주택"이라 한다)으로서 다음의 요건을 모두 갖춘 주택이 2호 이상인 경우 그 주택(법령 제92조의2② 제1호의15)

㈎ 대지면적이 298제곱미터 이하이고 주택의 연면적(「소득세법 시행령」 제154조 제3항 본문에 따라 주택으로 보는 부분과 주거전용으로 사용되는 지하실 부분의 면적을 포함하며, 공동주택의 경우에는 전용면적을 말한다)이 149제곱미터 이하일 것

㈏ 6년 이상 임대하는 것일 것

㈐ 「민간임대주택에 관한 특별법」 제5조에 따라 단기민간임대주택으로 등록하여 2호 이상의 주택의 임대를 개시한 날(2호 이상의 주택의 임대를 개시한 날 이후 임대를 개시한 주택의 경우에는 그 주택의 임대를 개시한 날)의 해당 주택 및 이에 딸린 토지의 기준시가의 합계액이 6억원 이하일 것

㈑ 직전 임대차계약 대비 임대보증금 또는 임대료(이하 이 호에서 "임대료등"이라 한다)의 증가율이 100분의 5를 초과하지 않을 것. 이 경우 임대료 등의 증액 청구는 임대차계약의 체결 또는 약정한 임대료 등의 증액이 있은 후 1년 이내에는 하지 못하고, 임대사업자가 임대료 등의 증액을 청구하면서 임대보증금과 월임대료를 서로 전환하는 경우에는

「민간임대주택에 관한 특별법」 제44조 제4항에 따라 정한 기준을 준용한다.

(2) 사택 및 법인 소유의 주택

주주등이나 출연자가 아닌 임원 및 직원에게 제공하는 사택 및 그 밖에 무상으로 제공하는 법인 소유의 주택으로서 사택제공기간이 또는 무상제공기간이 10년 이상인 주택은 법인세 추가과세대상 주택에 해당하지 않는다(법령 제92조의2② 제2호).

(3) 저당권의 실행 등으로 취득한 주택

저당권의 실행으로 인하여 취득하거나 채권변제를 대신하여 취득한 주택으로서 취득일부터 3년이 경과하지 아니한 주택은 법인세 추가과세대상 주택에 해당하지 않는다(법령 제92조의2② 제3호).

(4) 부득이한 사유로 보유하고 있는 주택

그 밖에 부득이한 사유로 보유하고 있는 주택으로서 「주택도시기금법」에 따른 주택도시보증공사가 같은 법 시행령 제22조 제1항 제1호에 따라 매입한 주택은 법인세 추가과세대상 주택에 해당하지 않는다(법령 제92조의2② 제4호. 법칙 제45조의2①).

(5) 농어촌주택

읍 또는 면에 있으면서 일정한 범위 및 기준에 해당하는 농어촌주택(그 부속토지를 포함한다)은 법인세 추가과세대상 주택에 해당하지 않는다.

농어촌주택이란 다음의 요건을 모두 갖춘 주택과 그 부속토지를 말한다(법령 제92조의10).

① 건물의 연면적이 150제곱미터 이내이고 그 건물의 부속토지의 면적이 660제곱미터 이내일 것
② 건물과 그 부속토지의 가액이 기준시가 2억원 이하일 것
③ 「조세특례제한법」 제99조의4 제1항 제1호 각 목(수도권지역 등)의 어느 하나에 해당하는 지역을 제외한 지역에 소재할 것

(1) 비사업용 토지의 범위

법인세 추가과세대상인 비사업용 토지란 토지를 소유하는 기간 중 아래 (2)의 비사업용 토지의 기간기준에 따라 비사업용 토지로 보는 기간 동안 다음의 어느 하나에 해당하는 토지를 말한다(법법 제55조의2②). 농지·임야·목장용지 및 그 밖의 토지의 판정은 특별한 규정이 있는 경우를 제외하고는 사실상의 현황에 의한다. 다만, 사실상의 현황이 분명하지 아니한 경우에는 공부상의 등재현황에 의한다(법령 제92조의4).

1) 논밭 및 과수원

논밭 및 과수원(이하 "농지"라 한다)으로서 다음의 어느 하나에 해당하는 것(법법 제55조의2② 제1호)

① 농업을 주된 사업으로 하지 아니하는 법인이 소유하는 토지. 다만, 「농지법」이나 그 밖의 법률에 따라 소유할 수 있는 농지로서 다음의 어느 하나에 해당하는 농지는 제외한다.

　(ㄱ) 「농지법」 제6조 제2항 제2호·제6호·제10호 가목 또는 다목에 해당하는 농지

　(ㄴ) 「농지법」 제6조 제2항 제7호에 따른 농지전용허가를 받거나 농지전용신고를 한 법인이 소유한 농지 또는 같은 법 제6조 제2항 제8호에 따른 농지전용협의를 완료한 농지로서 당해 전용목적으로 사용되는 토지

　(ㄷ) 「농지법」 제6조 제2항 제10호 라목부터 바목까지의 규정에 따라 취득한 농지로서 당해 사업목적으로 사용되는 토지

　(ㄹ) 종중이 소유한 농지(2005년 12월 31일 이전에 취득한 것에 한한다)

　(ㅁ) 제사·종교·자선·학술·기예 그 밖의 공익사업을 목적으로 하는 「지방세법 시행령」 제22조에 따른 비영리사업자가 그 사업에 직접 사용하는 농지

② 특별시, 광역시(광역시에 있는 군 지역은 제외한다), 특별자치시(특별자치시에 있는 읍·면지역은 제외한다), 특별자치도(「제주특별자치도 설치 및 국제자유도시 조성을 위한 특별법」 제10조 제2항에 따라 설치된 행정시의 읍·면지역은 제외한다) 및 시 지역(「지방자치법」 제3조 제4항에 따른 도농 복합형태의 시의 읍·면 지역은 제외한다) 중 「국토의 계획 및 이용에 관한 법률」 제6조 제1호에 따른 도시지역(「국토의 계획 및 이용에 관한 법률」에 따른 녹지지역 및 개발제한구역은 제외한다)에 있는 농지(법령 제92조의5④). 다만, 특별시, 광역시, 특별자치시, 특별자치도 및 시 지역의 도시지역에

편입된 날부터 3년이 지나지 아니한 농지는 제외한다(법령 제92조의5⑤).

2) 임 야

임야. 다만, 다음의 어느 하나에 해당하는 것은 제외한다(법법 제55조의2② 제2호).
① 「산림자원의 조성 및 관리에 관한 법률」에 따라 지정된 채종림·시험림, 「산림보호법」 제7조에 따른 산림보호구역, 그 밖에 공익상 필요하거나 산림의 보호·육성을 위하여 필요한 임야로서 채종림·시험림 등 일정한 것
② 임업을 주된 사업으로 하는 법인이나 「산림자원의 조성 및 관리에 관한 법률」에 따른 독림가인 법인이 소유하는 임야로서 산림경영계획인가를 받아 시업 중인 임야 등 일정한 것
③ 토지의 소유자·소재지·이용상황·보유기간 및 면적 등을 고려하여 법인의 업무와 직접 관련이 있다고 인정할 만한 상당한 이유가 있는 임야로서 종·묘 생산업자가 산림용 종자 또는 산림용 묘목의 생산에 사용하는 임야 등 일정한 것

3) 목장용지

다음의 어느 하나에 해당하는 목장용지(법법 제55조의2② 제3호). 다만, 토지의 소유자· 소재지·이용상황·보유기간 및 면적 등을 고려하여 법인의 업무와 직접 관련이 있다고 인정할 만한 상당한 이유가 있는 목장용지로서 일정한 것은 제외한다(법법 제55조의2② 제3호 단서).
① 축산업을 주된 사업으로 하는 법인이 소유하는 목장용지로서 축산용 토지의 기준면적(별표 1의2에 규정된 가축별 기준면적과 가축두수를 적용하여 계산한 토지의 면적을 말한다)을 초과하거나 특별시, 광역시, 특별자치시, 특별자치도 및 시 지역의 도시지역(녹지지역 및 개발제한구역은 제외한다)에 있는 목장용지(도시지역에 편입된 날부터 3년이 지나지 아니한 경우는 제외한다)
② 축산업을 주된 사업으로 하지 아니하는 법인이 소유하는 목장용지

4) 농지, 임야 및 목장용지 외의 토지

농지, 임야 및 목장용지 외의 토지 중 다음을 제외한 토지(법법 제55조의2② 제4호)
① 「지방세법」이나 관계법률에 따라 재산세가 비과세되거나 면제되는 토지
② 「지방세법」 제106조 제1항 제2호 및 제3호에 따른 재산세 별도합산과세대상 또는 분리과세대상이 되는 토지

아래 토지는 국토의 효율적 이용을 위한 개발사업용 토지로서 재산세 분리과세대상 토지에 해당한다.

- 「주택법」에 따라 주택건설사업자 등록을 한 주택건설사업자(같은 법 제11조에 따른 주택조합 및 고용자인 사업주체와 「도시 및 주거환경정비법」 제24조부터 제28조까지 또는 「빈집 및 소규모주택 정비에 관한 특례법」 제17조부터 제19조까지의 규정에 따른 사업시행자를 포함한다)가 주택을 건설하기 위하여 같은 법에 따른 사업계획의 승인을 받은 토지로서 주택건설사업에 제공되고 있는 토지(「주택법」 제2조 제11호에 따른 지역주택조합·직장주택조합이 조합원이 납부한 금전으로 매수하여 소유하고 있는 「신탁법」에 따른 신탁재산의 경우에는 사업계획의 승인을 받기 전의 토지를 포함한다) (지령 제102조⑦ 제7호)

③ 토지의 이용상황, 관계법률의 의무이행 여부 및 수입금액 등을 고려하여 법인의 업무와 직접 관련이 있다고 인정할 만한 상당한 이유가 있는 토지로서 일정한 것. 이 중에서 부동산개발사업과 관련된 내용은 아래와 같다.

❑ **법인의 업무와 직접 관련이 있다고 인정할 만한 상당한 이유가 있는 토지**(법인세법 시행령 제92조의8 제1항 제3호, 제6호)

① 3. 「사회기반시설에 대한 민간투자법」에 따라 지정된 사업시행자가 동법에서 규정하는 민간투자사업의 시행으로 조성한 토지 및 그 밖의 법률에 의하여 사업시행자가 조성하는 토지로서 기획재정부령이 정하는 토지. 다만, 토지의 조성이 완료된 날부터 2년이 경과한 토지를 제외한다.

"기획재정부령이 정하는 토지"란 다음 각 호의 어느 하나에 해당하는 토지를 말한다(법칙 제46조⑦).

1. 「경제자유구역의 지정 및 운영에 관한 법률」에 따른 개발사업시행자가 경제자유구역 개발계획에 따라 경제자유구역 안에서 조성한 토지
2. 「관광진흥법」에 따른 사업시행자가 관광단지 안에서 조성한 토지
3. 「기업도시개발 특별법」에 따라 지정된 개발사업시행자가 개발구역 안에서 조성한 토지
4. 「유통단지개발 촉진법」에 따른 유통단지개발사업시행자가 당해 유통단지 안에서 조성한 토지

5. 「중소기업진흥에 관한 법률」에 따라 단지조성사업의 실시계획이 승인된 지역의
   사업시행자가 조성한 토지
6. 「지역균형개발 및 지방중소기업 육성에 관한 법률」에 따라 지정된 개발촉진지구 안의
   사업시행자가 조성한 토지
7. 「한국컨테이너부두공단법」에 따라 설립된 한국컨테이너부두공단이 조성한 토지
8. 「친수구역 활용에 관한 특별법」에 따라 지정된 사업시행자가 친수구역 안에서 조성한
   토지

① 6. 「관광진흥법」에 따른 전문휴양업·종합휴양업 등 기획재정부령이 정하는 휴양시설
업용 토지로서 기획재정부령이 정하는 기준면적 이내의 토지

"기획재정부령이 정하는 휴양시설업용 토지"라 함은 「관광진흥법」에 따른 전문휴양업·
종합휴양업 그 밖에 이와 유사한 시설을 갖추고 타인의 휴양이나 여가선용을 위하여
이를 이용하게 하는 사업용 토지(「관광진흥법」에 따른 전문휴양업·종합휴양업 그 밖에
이와 유사한 휴양시설업의 일부로 운영되는 스키장업 또는 수영장업용 토지를 포함하며,
온천장용 토지를 제외한다)를 말한다(법칙 제46조⑪).
"기획재정부령이 정하는 기준면적"이란 다음 각 호의 기준면적을 합한 면적을 말한다(법칙
제46조⑫).
1. 옥외 동물방목장 및 옥외 식물원이 있는 경우 그에 사용되는 토지의 면적
2. 부설주차장이 있는 경우 「주차장법」에 따른 부설주차장 설치기준면적의 2배 이내의
   부설주차장용 토지의 면적. 다만, 「도시교통정비 촉진법」에 따라 교통영향분석·개선
   대책이 수립된 주차장의 경우에는 같은 법 제16조 제4항에 따라 해당 사업자에게
   통보된 주차장용 토지면적으로 한다.
3. 「지방세법 시행령」 제101조 제1항 제2호에 따른 건축물이 있는 경우 재산세 종합합산과세대상
   토지 중 건축물의 바닥면적(건물 외의 시설물인 경우에는 그 수평투영면적을 말한다)에
   동조 제2항의 규정에 따른 용도지역별 배율을 곱하여 산정한 면적 범위 안의 건축물
   부속토지의 면적

5) 주택 부속토지면적을 초과하는 토지

주택 부속토지 중 주택이 정착된 면적에 지역별로 다음의 배율을 곱하여 산정한 면적을
초과하는 토지(법법 제55조의2② 제5호, 법령 제92조의9)
 (ㄱ) 도시지역 안의 토지 5배
 (ㄴ) 도시지역 밖의 토지 10배

6) 별장의 부속토지

별장의 부속토지. 다만, 별장에 부속된 토지의 경계가 명확하지 아니한 경우에는 그 건축물 바닥면적의 10배에 해당하는 토지를 부속토지로 본다(법법 제55조의2② 제6호).

(2) 비사업용 토지의 기간기준

토지 등 양도소득에 대한 법인세를 추가로 과세하는 "비사업용 토지"란 토지를 소유하는 기간 중 다음의 모두에 해당하는 기간 동안 비사업용에 해당하는 토지를 말한다(법령 제92조의3). 즉, 이 기준에 해당하면 비사업용 토지로 판정한다.

토지의 소유기간	기간기준
1. 5년 이상인 경우	가. 양도일 직전 5년 중 2년을 초과하는 기간 나. 양도일 직전 3년 중 1년을 초과하는 기간 다. 토지 소유기간의 100분의 40에 상당하는 기간을 초과하는 기간 　(이 경우 기간의 계산은 일수로 한다)
2. 3년 이상이고 5년 미만인 경우	가. 토지의 소유기간에서 3년을 차감한 기간을 초과하는 기간 나. 양도일 직전 3년 중 1년을 초과하는 기간 다. 토지 소유기간의 100분의 40에 상당하는 기간을 초과하는 기간 　(이 경우 기간의 계산은 일수로 한다)
3. 3년 미만인 경우	가. 토지의 소유기간에서 2년을 차감한 기간을 초과하는 기간 나. 토지 소유기간의 100분의 40에 상당하는 기간을 초과하는 기간 　(이 경우 기간의 계산은 일수로 한다) * 다만, 소유기간이 2년 미만이면 가목은 적용하지 아니한다.

간주 양도일 적용

다음의 어느 하나에 해당하는 토지에 대하여는 각각 규정한 날을 양도일로 보아 비사업용 토지에 해당하는지 여부를 판정한다(법령 제92조의11②).
① 「민사집행법」에 따른 경매에 따라 양도된 토지 : 최초의 경매기일
② 「국세징수법」에 따른 공매에 따라 양도된 토지 : 최초의 공매일
③ 그 밖에 토지의 양도에 일정한 기간이 소요되는 경우 등 기획재정부령(생략)이 정하는 부득이한 사유에 해당되는 토지 : 기획재정부령(생략)이 정하는 날

(3) 부득이한 사유가 있는 경우 비사업용 토지 판정기준

토지를 취득한 후 법령에 따라 사용이 금지되거나 그 밖에 부득이한 사유가 있어 비사업용 토지에 해당하는 경우에는 비사업용 토지로 보지 아니할 수 있다(법법 제55조의2③). 그 판정기준은 아래와 같다.

1) 일정기간 동안만 비사업용 토지 과세대상 제외

다음의 어느 하나에 해당하는 토지는 각각 규정한 기간 동안은 비사업용 토지에 해당하지 않은 토지로 보아 위 (2)의 비사업용 토지의 기간기준에 따라 비사업용 토지에 해당하는지를 판정한다(법령 제92조의11①).

① 토지를 취득한 후 법령에 따라 사용이 금지 또는 제한된 토지 : 사용이 금지 또는 제한된 기간

② 토지를 취득한 후 「문화재보호법」에 따라 지정된 보호구역 안의 토지 : 보호구역으로 지정된 기간

③ 그 밖에 공익, 기업의 구조조정 또는 불가피한 사유로 인한 법령상 제한, 토지의 현황·취득사유 또는 이용상황 등을 고려하여 기획재정부령으로 정하는 부득이한 사유에 해당되는 토지 : 기획재정부령으로 정하는 기간. 그 내용은 아래와 같다.

> ❏ **부득이한 사유에 해당되는 토지로 비사업용 토지로 보지 아니하는 기간**(법인세법 시행규칙 제46조의2 제1항)
>
> ① 법인세법 시행령 제92조의11 제1항 제3호에 따라 다음 각 호의 어느 하나에 해당하는 토지는 해당 각 호에서 규정한 기간 동안 법인세법 제55조의2 제2항 각 호의 어느 하나에 해당하지 아니하는 토지로 보아 같은 항에 따른 비사업용 토지에 해당하는지 여부를 판정한다. 다만, 부동산매매업(한국표준산업분류에 따른 건물건설업 및 부동산공급업을 말한다)을 영위하는 자가 취득한 매매용부동산에 대하여는 제1호 및 제2호를 적용하지 아니한다(법칙 제46조의2①).
>
> 1. 토지를 취득한 후 법령에 따라 해당 사업과 관련된 인가·허가(건축허가를 포함한다. 이하 같다)·면허 등을 신청한 자가 「건축법」 제18조 및 행정지도에 따라 건축허가가 제한됨에 따라 건축을 할 수 없게 된 토지 : 건축허가가 제한된 기간
> 2. 토지를 취득한 후 법령에 따라 당해 사업과 관련된 인가·허가·면허 등을 받았으나 건축자재의 수급조절을 위한 행정지도에 따라 착공이 제한된 토지 : 착공이 제한된 기간

3. 사업장(임시 작업장을 제외한다)의 진입도로로서 「사도법」에 따른 사도 또는 불특정 다수인이 이용하는 도로 : 사도 또는 도로로 이용되는 기간

4. 「건축법」에 따라 건축허가를 받을 당시에 공공공지로 제공한 토지 : 당해 건축물의 착공일부터 공공공지로의 제공이 끝나는 날까지의 기간

5. 지상에 건축물이 정착되어 있지 아니한 토지를 취득하여 사업용으로 사용하기 위하여 건설에 착공(착공일이 불분명한 경우에는 착공신고서 제출일을 기준으로 한다)한 토지 : 당해 토지의 취득일부터 2년 및 착공일 이후 건설이 진행 중인 기간(천재지변, 민원의 발생 그 밖의 정당한 사유로 인하여 건설을 중단한 경우에는 중단한 기간을 포함한다)

6. 저당권의 실행 그 밖에 채권을 변제받기 위하여 취득한 토지 및 청산절차에 따라 잔여재산의 분배로 인하여 취득한 토지 : 취득일부터 2년

7. 당해 토지를 취득한 후 소유권에 관한 소송이 계속 중인 토지 : 법원에 소송이 계속되거나 법원에 의하여 사용이 금지된 기간

8. 「도시개발법」에 따른 도시개발구역 안의 토지로서 환지방식에 따라 시행되는 도시개발사업이 구획단위로 사실상 완료되어 건축이 가능한 토지 : 건축이 가능한 날부터 2년

9. 건축물이 멸실·철거되거나 무너진 토지 : 당해 건축물이 멸실·철거되거나 무너진 날부터 2년

10. 법인이 2년 이상 사업에 사용한 토지로서 사업의 일부 또는 전부를 휴업·폐업 또는 이전함에 따라 사업에 직접 사용하지 아니하게 된 토지 : 휴업·폐업 또는 이전일부터 2년

11. 다음 각 목의 어느 하나에 해당하는 기관이 「금융산업의 구조개선에 관한 법률」 제10조의 규정에 따른 적기시정조치 또는 같은 법 제14조 제2항의 규정에 따른 계약이전의 결정에 따라 같은 법 제2조 제2호에 따른 부실금융기관으로부터 취득한 토지 : 취득일부터 2년

    가. 「예금자보호법」 제3조의 규정에 따른 예금보험공사

    나. 「예금자보호법」 제36조의3의 규정에 따른 정리금융기관

    다. 「금융산업의 구조개선에 관한 법률」 제2조 제1호의 규정에 따른 금융기관

12. 「자산유동화에 관한 법률」에 따른 유동화전문회사가 같은 법 제3조의 규정에 따른 자산유동화계획에 따라 자산보유자로부터 취득한 토지 : 취득일부터 3년

13. 당해 토지를 취득한 후 제1호 내지 제12호의 사유 외에 도시계획의 변경 등 정당한 사유로 인하여 사업에 사용하지 아니하는 토지 : 당해 사유가 발생한 기간

2) 기간기준 적용없이 비사업용 토지에서 제외

다음의 어느 하나에 해당하는 토지는 비사업용 토지로 보지 않는다(법령 제92조의11③).

① 토지를 취득한 날부터 3년 이내에 법인의 합병 또는 분할로 인하여 양도되는 토지

② 「공익사업을 위한 토지 등의 취득 및 보상에 관한 법률」 및 그 밖의 법률에 따라 협의매수
   또는 수용되는 토지로서 다음의 어느 하나에 해당하는 토지

  ㄱ) 사업인정고시일이 2006년 12월 31일 이전인 토지

  ㄴ) 취득일이 사업인정고시일부터 5년[부칙 제2조 : 개정규정 시행일(2021.5.4.) 이후
   사업인정고시되는 사업에 따라 협의매수 또는 수용되는 토지부터 적용한다.
   시행일(2021.5.4.) 전은 2년] 이전인 토지

③ 농지로서 종중이 소유한 농지(2005년 12월 31일 이전에 취득한 것에 한한다)

④ 「사립학교법」에 따른 학교법인이 기부(출연을 포함한다)받은 토지

⑤ 그 밖에 공익, 기업의 구조조정 또는 불가피한 사유로 인한 법령상 제한, 토지의
   현황·취득사유 또는 이용상황 등을 고려하여 기획재정부령으로 정하는 부득이한 사유에
   해당되는 토지. 이 중에서 부동산개발사업과 관련된 내용은 아래와 같다.

❑ 비사업용 토지로 보지 아니하는 부득이한 사유에 해당되는 토지(법인세법 시행규칙
  제46조의2 제3항)

③ "기획재정부령으로 정하는 부득이한 사유에 해당되는 토지"란 다음 각 호의 어느
하나에 해당하는 토지를 말한다(법칙 제46조의2③).

2. 채권은행 간 거래기업의 신용위험평가 및 기업구조조정방안 등에 대한 협의와
   거래기업에 대한 채권은행 공동관리절차를 규정한 「채권은행협의회 운영협약」에 따른
   관리대상기업과 채권은행자율협의회가 같은 협약 제19조에 따라 해당 관리대상기업의
   경영정상화계획 이행을 위한 특별약정을 체결하고 그 관리대상기업이 해당 약정에
   따라 양도하는 토지

11. 「산업집적활성화 및 공장설립에 관한 법률」 제39조에 따라 산업시설구역의 산업용지를
    소유하고 있는 입주기업체가 산업용지를 같은 법 제2조에 따른 관리기관(같은 법
    제39조 제2항 각 호의 유관기관을 포함한다)에 양도하는 토지

14. 「채무자 회생 및 파산에 관한 법률」 제242조에 따른 회생계획인가 결정에 따라
    회생계획의 수행을 위하여 양도하는 토지

다음에 해당하는 토지(미등기 토지 제외)에 대하여는 토지 등 양도소득에 대한 법인세를 과세하지 아니한다(법법 제55조의2④, 법령 제92조의2④).

① 파산선고에 의한 토지 등의 처분으로 인하여 발생하는 소득

② 법인이 직접 경작하던 농지로서「소득세법 시행령」제153조 제1항에 해당하는 농지의 교환 또는 분할·통합으로 인하여 발생하는 소득

③「도시 및 주거환경정비법」이나「도시개발법」그 밖의 법률의 규정에 의한 환지처분으로 지목 또는 지번이 변경되거나 체비지로 충당됨으로써 발생하는 소득(이 경우 환지처분 및 체비지는「소득세법 시행령」제152조의 규정에 의한 것으로 한다) 및「소득세법 시행령」제152조 제3항에 따른 교환으로 발생하는 소득

④ 적격분할·적격합병·적격물적분할·적격현물출자·조직변경 및 교환(법인세법 제50조의 요건을 갖춘 것에 한한다)으로 인하여 발생하는 소득

⑤ 한국토지주택공사가 개발사업으로 조성한 토지 중 주택건설용지로 양도함으로써 발생하는 소득

⑥ 주택을 신축하여 판매(민간건설임대주택 또는 공공건설임대주택을 분양하거나 다른 임대사업자에게 매각하는 경우를 포함한다)하는 법인이 그 주택 및 주택에 부수되는 토지로서 그 면적이 다음의 면적 중 넓은 면적 이내의 토지를 양도함으로써 발생하는 소득
　㉮ 주택의 연면적(지하층의 면적, 지상층의 주차용으로 사용되는 면적 및 주민공동시설의 면적을 제외)
　㉯ 건물이 정착된 면적에 5배(도시지역 밖의 토지의 경우에는 10배)를 곱하여 산정한 면적

⑦「민간임대주택에 관한 특별법」에 따른 임대사업자로서 장기일반민간임대주택등을 300호 또는 300세대 이상 취득하였거나 취득하려는 자에게 토지를 양도하여 발생하는 소득

⑧ 공공매입임대주택을 건설할 자(공공주택사업자와 공공매입임대주택을 건설하여 양도하기로 약정을 체결한 자로 한정한다)에게 2027년 12월 31일까지 주택 건설을 위한 토지를 양도하여 발생하는 소득

"미등기 토지등"이란 토지등을 취득한 법인이 그 취득에 관한 등기를 하지 아니하고 양도하는 토지등을 말한다(법법 제55조의2⑤). 다만, 장기할부 조건으로 취득한 토지등으로서 그 계약조건에 의하여 양도 당시 그 토지등의 취득등기가 불가능한 토지등이나 다음의 토지등은 제외한다(법법 제55조의2⑤ 단서, 법령 제92조의2⑤).
① 법률의 규정 또는 법원의 결정에 의하여 양도 당시 취득에 관한 등기가 불가능한 토지 등
② 법인세법 제55조의2 제4항 제2호(농지의 교환 또는 분할·통합으로 인하여 발생하는 소득)의 규정에 의한 농지

⑤ 토지등 양도소득의 계산 등

(1) 토지등 양도소득의 계산

토지등 양도소득은 토지등의 양도금액에서 양도 당시의 장부가액을 뺀 금액으로 한다. 다만, 비영리 내국법인이 1990년 12월 31일 이전에 취득한 토지등 양도소득은 양도금액에서 장부가액과 1991년 1월 1일 현재 「상속세 및 증여세법」 제60조와 같은 법 제61조 제1항에 따라 평가한 가액 중 큰 가액을 뺀 금액으로 할 수 있다(법법 제55조의2⑥).

(2) 토지등 양도소득의 귀속사업연도

1) 법인세법 시행령 제68조(자산의 판매손익 등의 귀속사업연도) 준용

법인세법 시행령 제68조(자산의 판매손익 등의 귀속사업연도)는 법인세법 제55조의2 제1항에 따른 토지 등 양도소득의 귀속사업연도, 양도시기 및 취득시기에 관하여 아래 2)를 제외하고 이를 준용한다(법령 제92조의2⑥).

2) 장기할부조건 양도의 경우

법인세법 시행령 제68조 제4항에 따른 장기할부조건에 의한 토지 등의 양도의 경우에는 같은 조 제2항(인도일 등)에도 불구하고 같은 조 제1항 제3호(그 대금을 청산한 날, 이전등기·등록일, 사용수익일 중 빠른 날)에 따른다(법령 제92조의2⑥ 단서).

3) 2 이상의 토지등을 양도하는 경우

법인이 각 사업연도에 2 이상의 비사업용 토지등을 양도하는 경우에 토지등 양도소득은
해당 사업연도에 양도한 자산별로 법인세법 제55조의2 제6항(토지등 양도소득계산)에 따라
계산한 금액을 합산한 금액으로 한다. 이 경우 양도한 자산 중 양도 당시의 장부가액이 양도금액을
초과하는 토지등이 있는 경우에는 그 초과하는 금액(이하 "양도차손"이라 한다)을 다음의
자산의 양도소득에서 순차로 차감하여 토지등 양도소득을 계산한다(법령 제92조의2⑨).
 ① 양도차손이 발생한 자산과 같은 세율을 적용받는 자산의 양도소득
 ② 양도차손이 발생한 자산과 다른 세율을 적용받는 자산의 양도소득

(3) 과세제외 특례

1) 2009. 3.16. ~ 2012.12.31.까지 취득한 자산

2009년 3월 16일부터 2012년 12월 31일까지 취득한 자산을 양도함으로써 발생하는 소득에
대하여는 제55조의2 제1항 제2호(주택) 및 제3호(비사업용 토지)를 적용하지 아니한다(법률
제9673호 법법부칙 제4조, 2010.12.30. 개정).

2) 2009. 3.16. ~ 2012.12.31.까지 양도한 토지 등

토지등을 2012년 12월 31일까지 양도함으로써 발생하는 소득에 대하여는 제1항 제2호(주택)
및 제3호(비사업용 토지)를 적용하지 아니한다(법법 제55조의2⑧).

3) 2008.11.3.~2010.12.31.까지 취득한 지방 미분양 주택의 과세제외

법인이 2008년 11월 3일부터 2010년 12월 31일까지의 기간 중에 취득(2010년 12월 31일까지
매매계약을 체결하고 계약금을 납부한 경우를 포함한다)한 수도권 밖에 있는 일정한 미분양
주택(이하 "지방 미분양 주택"이라 한다)을 양도함으로써 발생하는 소득에 대해서는 「법인세법」
제55조의2 제1항 제2호(주택) 및 제95조의2(외국법인의 토지등 양도소득에 대한 과세특례)를
적용하지 아니한다. 다만, 미등기양도의 경우에는 그러하지 아니하다(조특법 제98조의2②).

■ 신축주택을 재차임대 후 분양 시 토지 등 양도소득에 대한 법인세 과세 여부

> **해석**
>
> - 주택을 신축하여 판매하는 법인이 대규모 미분양 사태와 분양시장 악화로 인해 미분양 주택을 재차임대 후 분양하는 경우로서 미분양 주택의 원활한 분양을 위해 사업목적의 변경없이 분양활동을 지속하는 등 일시적·잠정적으로 임대한 것으로 볼 수 있는 경우, 「법인세법 시행령」 제92조의2 제4항 제4호에 따라 토지 등 양도소득에 대한 법인세가 과세되지 않는 것임.
> - 다만, 일시적·잠정적 임대에 해당하는지 여부는 임대경위·사업목적의 변경 여부·임대기간 중 분양 노력·임대차계약서상 분양목적 주택 명시 여부·장부상 재고자산 계상 여부 등을 종합적으로 고려하여 사실판단할 사항임(사전법령해석 법인2018-714, 2018.12.10.).

■ 건축허가를 득하고 토목공사를 개시한 시점을 건설에 착공한 시점으로 볼 수 있는지 여부

> **해석**
>
> - 내국법인이 지상에 건축물이 정착되어 있지 아니한 토지를 취득한 후 사업용으로 사용하기 위하여 건축물 신축을 위한 필수적인 선행공사로서 실질적인 토목공사를 개시한 경우 그 시점을 건설에 착공한 시점으로 보아 「법인세법」 제55조의2 제2항 각 호의 어느 하나에 해당하지 아니하는 토지로 보는 것이나, 이에 해당하는지 여부는 당해 토지의 취득, 착공, 사용현황 등을 종합적으로 고려하여 사실판단할 사항임(사전법령해석 법인2018-59, 2018.2.7.).

■ 토지의 일부가 수용된 후 잔여토지의 비사업용 토지 해당 여부

> **해석**
>
> - 내국법인이 상가 등을 신축할 목적으로 취득한 토지의 일부가 철도부지로 수용된 경우 남은 부분의 토지가 사업에 사용이 불가능하다는 사유는 「법인세법」 제55조의2 제3항 및 같은 법 시행령 제92조의11 규정이 적용되지 아니하는 것임(사전법령해석 법인2017-91, 2017.8.10.).
>   * 즉, 비사업용 토지로 판정된다는 해석임.

■ 지구단위계획의 도시관리계획의 변경신청이 도시계획의 변경 등 정당한 사유에 해당하는지
  여부

- 내국법인이 관계법령에 따른 지구단위계획에 관한 도시관리계획결정에 의해 공동주택용지로
  결정되어 토지구획정리사업이 진행 중인 토지를 취득한 경우로서 이후 도시관리계획 변경신청에
  따라 공동주택의 평형, 평형별 수용세대수 확정 및 획지변경 등의 도시관리계획변경고시(이하
  "변경고시"라 함)가 있는 경우, 당초 취득일부터 변경고시일까지의 기간에 대해 해당 토지는
  법인세법 시행규칙 제46조의2 제1항 제13호(이하 "해당 조문"이라 함)에서 규정한 "도시계획의
  변경 등 정당한 사유로 인하여 사업에 사용하지 아니하는 토지"에 해당하지 아니하는 것임.
- 또한 변경고시로 새로이 건축행위 등의 사용이 금지되거나 제한된 것으로 보기 어려운 경우에는
  변경고시일 이후의 기간에 대해서도 해당 조문의 "도시계획의 변경 등 정당한 사유" 규정이
  적용되지 아니한다(사전법령해석 법인2015-22439, 2015.4.10.).
  * 법인세법 시행규칙 제46조의2 제1항 13. 당해 토지를 취득한 후 제1호 내지 제12호의 사유 외에 도시계획의
    변경 등 정당한 사유로 인하여 사업에 사용하지 아니하는 토지 : 당해 사유가 발생한 기간

■ 도시개발사업의 순차적 개발에 따라 미착공 토지를 양도하는 경우 비사업용 토지 여부

- 송도 국제업무단지에 대해 인천광역시와 공동 개발사업시행자로 지정된 내국법인이 「경제
  자유구역의 지정 및 운영에 관한 특별법」에 의해 승인된 개발계획과 실시계획에 따라 순차적으로
  도시개발사업을 진행하고 있었으나, 세계금융위기의 여파로 부동산시장이 냉각되고 상업용
  건물의 수요가 급감하는 등의 경제여건 변화로 개발이 지연되는 상황에서 이에 대한 감사원의
  지적과 대책요구에 따라 인천광역시로부터 실시계획을 변경 승인받고 개발가속화 및 안정적
  사업추진에 대한 계약을 체결한 후, 개발대기 중이던 일부 미착공 토지를 인천광역시가 승인하는
  내국법인에 양도하는 경우,
- 순차적 개발에 따라 불가피하게 개발대기 중인 기간은 「법인세법 시행규칙」 제46조의2 제1항
  제13호(도시계획의 변경 등 정당한 사유로 인하여 사업에 사용하지 아니하는 토지)에 따른
  정당한 사유에 해당하므로 비사업용으로 보는 기간에서 제외되는 것임(법규법인2014-177, 2014.
  7.24.).

■ 도시개발구역 지정·고시가 법령에 따라 사용이 금지 또는 제한된 경우에 해당 여부

• 「법인세법」 제55조의2 규정을 적용함에 있어 법인이 공동주택신축 목적으로 취득한 토지가 「도시개발법」에 따른 환지방식으로 도시개발사업이 시행되는 경우, 해당 토지에 대하여는 「법인세법 시행령」 제92조의11 제1항 제1호 및 같은 법 시행규칙 제46조의2 제1항 제8호에 따라 「도시개발법」 제9조의 도시개발구역 지정·고시일부터 도시개발사업이 구획단위로 사실상 완료되어 건축이 가능하게 된 날까지 기간에 2년을 더한 기간(건축이 가능하게 된 날 전에 양도한 경우에는 양도일까지로 함)은 사업용으로 사용한 기간으로 보아 비사업용 토지 해당 여부를 판단하는 것임.
• 이 경우 도시개발사업이 구획단위로 사실상 완료되었는지 여부는 해당 토지가 포함된 구획단위의 도시개발사업 공사 진행상황, 토지 현황 등에 따라 판단할 사항임(서면법인2020-1655, 2020.9.16.).

■ 건축물의 철거 또는 멸실 후 양도한 토지의 비사업용 토지 해당 여부

• 「법인세법」 제55조의2에 따른 '토지등 양도소득에 대한 과세특례'를 적용함에 있어 사업에 사용하던 건축물과 그 부속토지를 취득한 후 건축물이 멸실·철거되거나 무너진 토지를 양도하는 경우에는 같은 법 시행규칙 제46조의2 제1항 제9호에 따라 당해 건축물이 멸실·철거되거나 무너진 날부터 2년 동안은 같은 법 제55조의2 제2항 각 호의 어느 하나에 해당하지 아니하는 토지로 보아 비사업용 토지에 해당하는지 여부를 판정함(서면법인2016-5974, 2017.4.25.).

■ 임차인이 야적장으로 사용한 토지의 사업용 여부

• 「법인세법」 제55조의2 제1항 제3호의 비사업용 토지는 같은 법 시행령 제92조의3 각 호 어느 하나에 해당하는 기간 동안 같은 법 제55조의2 제2항 각 호의 어느 하나에 해당하는 토지를 말하는 것으로,
• 내국법인이 토지를 임대한 경우 당해 토지가 같은 법 시행령 제92조의8 제1항 제7호의 하치장용 등의 토지로 이용되는 경우에는 같은 법 제55조의2 제2항 제4호 다목(토지의 이용상황, 관계 법률의 의무이행 여부 및 수입금액 등을 고려하여 법인의 업무와 직접 관련이 있다고 인정할 만한 상당한 이유가 있는 토지로서 대통령령으로 정하는 것)의 토지에 해당되는 것임. 다만, 하치장용 등의 토지에 해당되는지 여부는 토지 이용상황 등 제반사항을 감안하여 사실판단할 사항임(사전법령해석 법인2019-190, 2019.6.4.).

■ 5년 이상 임대기간 계산의 기산일

• 내국법인이 「임대주택법」(2015.8.28. 법률 제13499호에 의해 「민간임대주택에 관한 특별법」으로 전부개정되기 전의 것) 제6조에 따른 임대사업자 등록 후에 신규로 취득한 주택을 임대하는 경우 「법인세법 시행령」(2018.2.13. 대통령령 제28640호로 일부개정되기 전의 것) 제92조의2 제2항 제1호 나목에 따른 5년 이상 임대기간 계산의 기산일은 해당 신규 취득 주택에 대한 임대사업자 등록사항 변경신고에 의한 등록일과 실제 임대개시일 중 늦은 날로 하는 것임 (기획재정부재산－297, 2020.3.24.).

■ 임대주택의 감면요건으로 규정된 임대사업자등록 요건에 대한 판단

• 임대주택법에 의한 임대사업자로 등록할 경우 의무임대기간 내에 임대주택의 매각이 제한되고, 임대보증금에 대한 보증가입이 강제되며, 임대보증금과 임대료 등 임대조건의 제한이 부과되는 등 일정한 규제를 받게 되고, 이를 위반할 경우에는 형사처벌이나 과태료의 제재가 예정되어 있음.

• 따라서 원고가 이 사건 아파트를 실제로 임대목적으로 사용하였다고 하더라도 임대사업자로 등록하지 아니하여 이러한 임대주택법상 규제를 받지 아니한 이상, 임대사업자 등록에 따른 각종 세제 혜택만 요구할 수는 없으므로, 원고가 구 법인세법 시행령 제92조의2 제2항 제1호의 요건을 갖추지 못한 것으로 본 이 사건 처분이 실질과세의 원칙에 반하는 것이라고 할 수 없음(대법 2018두62843, 2019.2.18.).

■ 비사업용 토지를 양도할 경우 과세제외하는 부득이한 사유는 한정적으로 해석해야 한다는 판단

• 원고는 2006.12.28. 건축공사업, 토목공사업, 부동산임대 및 분양업 등을 목적으로 설립되어, 2007.1.2. '업태 : 건설업, 제조업, 종목 : 일반토목공사, 자동차부품'으로 사업자 등록을 한 회사로, 2013.4.2. 원고 소유의 ① 울산 웅촌면 대복리 000－0 임야 0,437㎡, ② 같은 리 000－0 임야 0,075㎡, ③ 같은 리 000－8 임야 0,180㎡의 1/2지분, ④ 같은 리 000－62 대 060㎡의 1/2 지분 및 ⑤ 같은 리 000－10 공장용지 094㎡의 1/2 지분

을 주식회사 ○○○해체재활용산업(이하 '소외회사'라고 한다)에 17억원에 매도하는 계약
(이하 '이 사건 매매'라고 한다)을 체결하고, 2013.4.30. 소외회사에게 위 각 토지에 대한
소유권이전등기를 마쳐주었음(① 내지 ⑤번 각 토지가 소외회사로 이전되기 이전에 건물
건설공사에 착공하였다거나, 착공신고서가 제출된 사실을 인정할 증거가 없음).
- 원고는 2013 사업연도 법인세 신고시 ① 내지 ⑤번 각 토지를 모두 사업용 토지로 하여
  유형고정자산 처분이익을 신고하였음.
- 피고는 2015.8.3. 원고에게, 이 사건 각 토지는 구 법인세법(2014.1.1. 법률 제12166호로
  개정되기 전의 것, 이하 '구 법인세법'이라고 한다) 제55조의2가 정한 비사업용 토지에 해
  당한다고 보아 그의 양도소득으로 30% 과세규정을 적용하여 2013 사업연도 법인세로 금
  원을 경정고지하였음(이하 '이 사건 처분'이라고 한다).

판례

(제1심 판결)

- 양도대상 토지가 임야인지 공장용지인지 여부는 사실상의 현황에 의하여 판단하여야 하는데(구
  법인세법 시행령 제92조의4), 위 인정 사실에 의하면 이 사건 각 토지는 적어도 원고가 ○○군수로부터
  부지조성공사에 대한 준공승인을 받은 2010.12.17.경 사실상의 공장용지의 현황을 갖춘 것으로
  봄이 상당함. 그렇다면 이 사건 각 토지는 최초 임야 또는 대지였다가 위 2010.12.17. 무렵 사실상
  공장용지가 된 것으로 봄.

- 이 사건 각 토지가 구 법인세법 제55조의2 제2항의 비사업용 토지인지 여부가 앞서 본 원고가
  이 사건 각 토지를 취득한 2007년 1월 내지 4월경과 소외회사에 이 사건 각 토지가 이전된
  2013.4.30. 사이에 이 사건 각 토지가 임야 또는 대지인 기간은 약 3년 7개월 내지 3년 10개월,
  공장용지인 기간은 약 2년 5개월임.

- 그런데 구 법인세법 시행령 제92조의3 제1호는 토지 소유기간이 5년 이상인 경우 각 목에 모두
  해당하는 기간을 비사업용 토지의 기간기준으로 정하고 있으므로, 양도일 직전 5년 중 2년(가목),
  양도일 직전 3년 중 1년(나목), 14.4개월(다목. 편의상 원고의 소유기간을 6년으로 보면 72개월의
  20/100은 14.4개월이다)을 모두 초과하는 것은 이 사건 각 토지가 공장용지인 기간임. 따라서
  이 사건 각 토지의 경우 구 법인세법 제55조의2 제2항 제4호(농지, 임야 및 목장용지 외의 토지
  중 다음 각 목을 제외한 토지)에 의하여 비사업용 토지인지 여부를 판단하여야 함.

- 그런데 구 법인세법과 그 위임을 받은 구 법인세법 시행령등의 규정은 비사업용 토지와 비사업용
  토지의 예외를 모두 명시적이고 구체적으로 정하고 있는바, 그러한 규정은 앞서 본 조세법령
  엄격 해석의 원칙에 따라 판단하여야 할 것임. 그러나 이 사건 각 토지는 구 법인세법 제55조의2
  제2항 제4호가 정한 각 목(특히 다목을 구체화한 구 법인세법 시행령 제92조의8 제1항의 각
  호)의 어느 것에도 해당하지 아니하므로, 결국 이 사건 각 토지는 비사업용 토지임.

- 또한 원고는 법인세법 시행규칙 제46조의2에 따라 이 사건 각 토지의 비사업용 사용기간을

계산하여야 하고, 그에 따르면 원고의 이 사건 각 토지 취득일로부터 2년, 착공일 이후의 기간은 모두 비사업용 사용기간에 산입되지 아니하므로, 결국 이 사건 각 토지는 구 법인세법 제55조의2 제2항의 기간을 만족하지 못한다고 주장하나, 위 규정은 지상에 건축물이 정착되어 있지 아니한 토지를 취득하여 사업용으로 사용하기 위하여 건설에 착공(착공일이 불분명한 경우에는 착공신고서 제출일을 기준으로 한다)한 토지에 해당함을 전제로 적용될 수 있는데, 이 사건 부지조성공사는 건물 건축의 일부가 아닌 토지의 용도변경을 위한 부지조성공사에 불과한바, 이를 건물 건축공사 일부로서의 착공으로 보기 어렵고, 달리 이 사건 각 토지가 소외회사로 이전되기 이전에 건물 건설공사에 착공하였다거나, 착공신고서가 제출된 사실을 인정할 증거가 없으므로, 위 시행규칙은 적용되지 아니함(울산지법 2016구합777, 2016.12.15.).

(제2심 판결)

• 원고 스스로 당초부터 공장용지를 조성하여 분양할 목적으로 이 사건 각 토지를 매입하여 부지조성공사를 실시한 것이라고 자인하는 점을 보태어 보면, 원고가 지상에 직접 공장건물을 건축할 의사가 있었던 것으로 보이지 않으므로(특히, 갑 제3호증의 1의 기재에 의하면 이 사건 각 토지에 대한 2007.7.25.자 공장신설승인의 신청인은 원고가 아닌 aa테크인데, 이에 대하여 원고는 실제 공장을 신축할 회사의 명의로 공장신설승인을 신청하였던 것이라고 주장한다), 원고가 부지조성공사를 한 사정을 두고 건물의 신축공사를 실행하였다고 보기 어려움. 갑 제3, 5, 17 내지 20호증(가지번호 있는 것은 가지번호 포함)의 각 기재 또는 영상만으로는 이를 뒤집기에 부족함(부산고법 2017누20149, 2017.9.13.).

(제3심 판결)

(상고기각 : 대법 2017두62686, 2018.1.11.).

III

부동산개발과 재산세 · 종합부동산세

부동산개발사업을 위해 취득한 토지 또는 건물은 토지상의 건물을 멸실한 후 대부분 사업부지로서 활용되나 일부분은 사업승인 외 토지 또는 건물로 개발사업 기간 동안 남아있거나 매각되기도 한다.

재산세 과세대상을 판정할 때 개발사업이 승인된 토지는 별도합산과세대상 토지 또는 분리과세대상 토지로 재산세를 과세하나 개발사업승인 외의 토지는 종합합산과세대상 토지 · 별도합산과세대상 토지 또는 분리과세대상 토지로 과세하게 된다. 그리고 건물에 대해서는 건축물과 주택으로 구분하여 재산세가 부과된다.

이 절에서는 재산세 과세대상인 토지, 건축물, 주택, 선박, 항공기 중에서 선박, 항공기는 제외하고 토지, 건축물, 주택에 대하여 부동산개발과 관련된 내용을 서술하고자 한다.

❶ 납세의무자와 납세지

(1) 납세의무자

1) 사실상 소유자

재산세 과세기준일(매년 6월 1일) 현재 재산을 사실상 소유하고 있는 자는 재산세를 납부할 의무가 있다(지법 제107조①).

① 공유재산인 경우 : 그 지분에 해당하는 부분(지분의 표시가 없는 경우에는 지분이 균등한 것으로 본다)에 대해서는 그 지분권자 각각의 자를 납세의무자로 본다.

② 주택의 건물과 부속토지의 소유자가 다를 경우 : 그 주택에 대한 산출세액을 지방세법에 따른 건축물과 그 부속토지의 시가표준액 비율로 안분계산한 부분에 대해서는 그 소유자

각각의 자를 납세의무자로 본다.

지방세법 제107조 제1항의 「사실상 소유하고 있는 자」라 함은 같은 법 시행령 제20조에 규정된 취득의 시기가 도래되어 당해 토지를 취득한 자를 말하며, 법 제120조 제1항(신고의무)의 규정에 의하여 신고하는 경우에는 같은 법 제107조 제2항 제1호(납세의무자 : 사실상의 소유자를 알 수 없을 때 공부상 소유자)의 규정에 우선하여 적용된다(운영예규 법107-1).

2) 공부상의 소유자

공부상의 소유자가 매매 등의 사유로 소유권이 변동되었는데도 신고하지 아니하여 사실상의 소유자를 알 수 없을 때에는 공부상 소유자는 재산세를 납부할 의무가 있다(지법 제107조② 제1호).

지방세법 제107조 제2항의 「공부상의 소유자」라 함은 등기된 경우에는 등기부등본상의 소유자를, 미등기인 경우에는 토지대장 또는 임야대장상의 소유자를 말한다(운영예규 법107-3).

3) 연부계약의 매수계약자

국가, 지방자치단체, 지방자치단체조합과 재산세 과세대상 재산을 연부로 매매계약을 체결하고 그 재산의 사용권을 무상으로 받은 경우에는 그 매수계약자는 재산세를 납부할 의무가 있다(지법 제107조② 제4호). "연부"란 매매계약서상 연부계약 형식을 갖추고 일시에 완납할 수 없는 대금을 2년 이상에 걸쳐 일정액씩 분할하여 지급하는 것을 말한다(지법 제6조 제20호).

국가, 지방자치단체 및 지방자치단체조합이 선수금을 받아 조성하는 매매용 토지로서 사실상 조성이 완료된 토지의 사용권을 무상으로 받은 자가 있는 경우에는 그 자를 매수계약자로 본다(지령 제106조②).

지방세법 제107조 제2항 제4호에서 연부취득에 의하여 무상사용권을 부여받은 토지는 국가ㆍ지방자치단체ㆍ지방자치단체조합(이하 '국가등'이라 한다) 등으로부터 연부취득한 것에 한하므로 국가등 이외의 자로부터 연부취득 중인 때에는 매수인이 무상사용권을 부여받았다 하더라도 국가등 이외의 자가 납세의무자가 된다(운영예규 법107-2).

4) 신탁재산의 납세의무자

「신탁법」 제2조에 따른 수탁자(이하 "수탁자"라 한다)의 명의로 등기 또는 등록된 신탁재산의 경우에는 같은 조에 따른 위탁자(「주택법」 제2조 제11호 가목에 따른 지역주택조합 및 같은 호 나목에 따른 직장주택조합이 조합원이 납부한 금전으로 매수하여 소유하고 있는 신탁재산의 경우에는 해당 지역주택조합 및 직장주택조합을 말하며, 이하 "위탁자"라 한다)를 납세의무자로 보며 위탁자가 신탁재산을 소유한 것으로 본다(지법 제107조② 제5호).

그리고 1세대 1주택의 해당 여부를 판단할 때 「신탁법」에 따라 신탁된 주택은 위탁자의 주택 수에 가산한다(지법 제111조의2②).

> **신탁재산 수탁자의 물적납세의무**
>
> 신탁재산의 위탁자가 다음의 어느 하나에 해당하는 재산세·가산금 또는 체납처분비(이하 "재산세등"이라 한다)를 체납한 경우로서 그 위탁자의 다른 재산에 대하여 체납처분을 하여도 징수할 금액에 미치지 못할 때에는 해당 신탁재산의 수탁자는 그 신탁재산으로써 위탁자의 재산세등을 납부할 의무가 있다(지법 제119조의2①).
> ① 신탁 설정일 이후에 「지방세기본법」 제71조 제1항에 따른 법정기일이 도래하는 재산세 또는 가산금(재산세에 대한 가산금으로 한정한다)으로서 해당 신탁재산과 관련하여 발생한 것. 다만, 지방세법 제113조 제1항 제1호(종합합산과세대상) 및 제2호(별도합산과세대상)에 따라 신탁재산과 다른 토지를 합산하여 과세하는 경우에는 신탁재산과 관련하여 발생한 재산세 등을 지방세법 제4조에 따른 신탁재산과 다른 토지의 시가표준액 비율로 안분계산한 부분 중 신탁재산 부분에 한정한다.
> ② 위 ①의 금액에 대한 체납처분 과정에서 발생한 체납처분비

5) 환지방식의 사업시행자

도시개발법에 따라 시행하는 환지방식에 의한 도시개발사업 및 도시 및 주거환경정비법에 따른 정비사업(재개발사업만 해당한다)의 시행에 따른 환지계획에서 일정한 토지를 환지로 정하지 아니하고 체비지 또는 보류지로 정한 경우에는 사업시행자는 재산세를 납부할 의무가 있다(지법 제107조② 제6호).

6) 소유권 귀속이 불분명할 경우 재산의 사용자

재산세 과세기준일 현재 소유권의 귀속이 분명하지 아니하여 사실상의 소유자를 확인할 수 없는 경우에는 그 사용자가 재산세를 납부할 의무가 있다(지법 제107조③). 이 경우에는

그 사실을 사용자에게 미리 통지하여야 한다(지령 제106조③).

지방세법 제107조 제3항의 「소유권의 귀속이 분명하지 아니하여 사실상의 소유자를 확인할 수 없는 경우」라 함은 소유권의 귀속 자체에 분쟁이 생겨 소송 중에 있거나 공부상 소유자의 행방불명 또는 생사불명으로 장기간 그 소유자가 관리하고 있지 않는 경우 등을 의미한다(운영예규 법107-6).

■ 부동산개발 관련 해석·판단사례

■ 사실상의 재산세 납세의무자

해석

- 비록 매매계약서상 1차 잔금 지급과 동시에 인도하여야 한다는 단서조항이 있어 공공주택사업자가 임대주택에 대한 입주자 모집을 할 수 있다고 하더라도, "사실상 취득이라 함은 일반적으로 등기와 같은 소유권 취득의 형식적 요건을 갖추지는 못하였으나, 대금의 지급과 같은 소유권 취득의 실질적 요건을 갖춘 경우를 말한다고 할 것"(대법원 2001.2.9. 선고 99두5955 판결 참조)이므로,
- 재산세 납세의무자는 과세기준일 현재 잔금 지급 여부에 따라 결정되어야 할 것이며, 잔금이 미지급된 경우라면 취득의 실질적 요건을 갖추지 못하였으므로 재개발사업자를 납세의무자로 보아 재산세를 부과하는 것이 타당하다고 판단됨(부동산세제-1268, 2020.6.4.).

■ 기부채납 예정인 건축물이 과세기준일 현재 준공되어 있는 경우 해당 건축물에 대한 사실상의 소유자를 지자체로 볼 수 있는지 여부

해석

- 재산세 납세의무자인 "사실상 소유자"라 함은 취득의 시기가 도래되어 사실상 취득한 자를 의미하는 것으로(지방세법 기본통칙 107-1) 당해 재산에 대한 사용·수익·처분권을 행사할 수 있는 지위에 있는 자로 볼 수 있음(대법원 2006.3.23. 2005두15045 판결).
- 쟁점 건축물의 경우 ○○개발이 건축주가 되어 원시취득한 부동산으로 건축과정에서 ○○시가 공동의 건축주로 참여하지 아니하였던 점, 쟁점 건축물의 용도는 사회기반시설이 아닌 상업시설·오피스텔로서 ○○시 등 공공기관만이 사용할 수 있는 용도의 건축물이 아닌 점, 특히 신축에 따른 원시취득 이후 ○○시로의 이전등기, 수용의사(채납) 등 취득으로 볼 수 있는 별도의

행위가 없었던 점, 협약서 상에 '준공과 동시'에 소유권이 ○○시에 귀속된다는 명확한 규정도 없는 점 등을 고려할 때 ○○시가 쟁점 건축물을 취득했다고 볼 충분한 사정이 없다고 사료됨.

- 제출된 자료에 따르면 과세기준일 현재 ○○시가 쟁점 건축물을 사용·수익한 사실이 확인되지 않고, 협약서상 준공과 동시에 사용·수익 권한이 주어졌다고 볼 여지가 없다고 판단되며, 이 같은 사정을 고려하면 ○○시가 쟁점 건축물을 ○○개발의 동의 없이 임의로 처분할 수 있는 지위에 있다고 보기도 어렵다고 사료됨.

- 아울러 쟁점 건축물이 ○○개발과 ○○시와의 '문화단지 운영비 지원 기본협약'에 따라 추진되었다 하더라도, 이는 당사자 간 재정 분담에 관한 협약에 국한되며, 기본 협약이 지방세법상 재산세 납세의무자인 '사실상 소유자' 판단에 영향을 미칠 수는 없다 할 것임. 따라서 쟁점 건축물의 사실상 소유자는 원시취득의 주체인 ○○개발로 보는 것이 타당하다고 사료됨(지방세운영 – 393, 2016.2.12.).

■ 공유물 분할 판결이 확정되었으나 신고하지 않은 경우 재산세 납세의무자

해석

- 2018년, 2019년 납세의무가 성립·확정될 때까지 공유물 분할 판결은 확정되었음에도 공유물 분할 등기가 이행되지 않았고, 소유권 변동내용을 신고한 사실도 없어, 과세관청으로서는 공부상 소유자를 납세의무자로 하여 재산세 부과처분을 하였으므로 잘못이 없다고 판단되고, 소유권 변동 등의 신고가 없는 경우에는 지방자치단체의 장이 직권으로 조사하여 과세대장에 등재할 수 있다고 되어 있더라도 반드시 이행하여야 하는 것은 아니므로 과세관청에서 이를 이행하지 않았다고 하여 달리 보기는 어렵다고 할 것임(부동산세제 – 3362, 2020.12.2.).

■ 합의해제로 소유권 이전등기가 말소된 경우 재산세 납세의무자

해석

- 지방세법 제107조 제1항에서 재산세 납세의무자를 과세기준일 현재(6.1.) 당해 재산의 사실상 소유자로 규정하고 있는 바, 매매를 원인으로 한 소유권 이전등기(2011.4.6.)가 공부상 확인되고 있으므로 비록 합의해제로 소유권 이전등기가 말소(2011.6.29.)되었다 하더라도 과세기준일 현재(2011.6.1.) 공부상 소유자로 등재되어 있는 이상 다른 사람을 재산세 납세의무자로 볼 여지가 없다고 사료됨(지방세운영 – 3773, 2011.8.8.).

■ 명의신탁 부동산의 재산세 납세의무자

- 공부상의 소유자는 명의수탁자로 등재되어 있다는 점, 사실상의 소유자가 수탁자가 아니라는 것을 신고한 바가 없어 사실상의 소유자를 확인할 수 없다는 점, 과세관청에서 과세기준일 현재 명의수탁자를 납세의무자로 하여 과세처분한 사실에 대해 명백한 하자가 있다고 볼 수 없다는 점, 대법원에서도 명의신탁자가 확정판결을 받아 부동산 소유권을 회복하였다 하더라도 소유권 이전등기가 이루어지기 전까지는 명의수탁자가 법률적으로 소유권을 행사하게 되어 확정판결 자체만으로는 취득을 인정할 수 없고 소유권 이전등기까지 완료되어야 취득(소유권 변동)으로 인정할 수 있다고 판시(대법원 2002.7.12. 선고 2000두9311)하고 있는 점 등을 종합해 볼 때
- 쟁점 부동산에 대한 확정 판결 이전의 재산세 납세의무자는 공부상 소유자인 명의수탁자로 보는 것이 타당하다고 판단됨(지방세운영－782, 2014.3.7.).

■ 도시개발법 등 환지계획에서 체비지 또는 보류지로 정한 경우 재산세 납세의무자

- 지방세법 제107조 제1항에서 재산세 과세기준일 현재 재산을 사실상 소유하고 있는 자는 재산세를 납부할 의무가 있다고 규정하고, 같은 조 제2항 제6호에서 도시개발법에 따라 시행하는 환지 방식에 의한 도시개발사업 및 도시 및 주거환경정비법에 따른 정비사업(주택재개발사업 및 도시환경정비사업만 해당한다)의 시행에 따른 환지계획에서 일정한 토지를 환지로 정하지 아니하고 체비지 또는 보류지로 정한 경우에는 사업시행자는 재산세를 납부할 의무가 있다고 규정하고 있음.
- 따라서, 도시 및 주거환경정비사업법에 따른 정비사업의 시행에 따른 환지계획에서 토지를 체비지 또는 보류지로 정한 경우에는 과세기준일 현재의 사업시행자가 당해 재산세를 납부할 의무가 있다 할 것임(서울세제－16152, 2013.12.16.).

■ 환지예정지로 지정된 토지의 재산세 납세의무자

- 도시개발법 제36조 제1항에서 환지예정지가 지정되면 종전 토지의 소유자는 환지예정지 지정의 효력발생일로부터 환지처분이 공고되는 날까지 환지예정지에 대하여 종전과 같은 내용의 권리를 행사할 수 있으며 종전의 토지는 사용하거나 수익할 수 없다고 규정하고 있는 점, 같은 조

(2) 납세지

재산세는 다음의 납세지를 관할하는 지방자치단체에서 부과한다(지법 제108조).

① 토지 : 토지의 소재지

② 건축물 : 건축물의 소재지

③ 주택 : 주택의 소재지

❷ 과세대상

재산세는 토지, 건축물, 주택, 항공기 및 선박(이하 "재산"이라 한다)을 과세대상으로 한다(지법 제105조). 아래에서는 부동산개발과 관련있는 재산세 과세대상인 토지, 건축물, 주택에 대해 서술한다.

(1) 토 지

"토지"란 「공간정보의 구축 및 관리 등에 관한 법률」에 따라 지적공부의 등록대상이 되는 토지와 그 밖에 사용되고 있는 사실상의 토지를 말하며(지법 제104조 제1호), 토지에 대한 재산세 과세대상은 종합합산과세대상, 별도합산과세대상 및 분리과세대상으로 구분한다(지법 제106조 ①). 이와 같이 구분한 과세대상별로 과세표준을 합산하고 세율을 달리 적용한다.

ⅰ. 별도합산과세대상 토지

별도합산과세대상 토지는 과세기준일(매년 6월 1일) 현재 납세의무자가 소유하고 있는 토지 중 아래 공장용 건축물의 부속토지 등, 차고용 토지 등, 철거·멸실된 건축물 또는 주택의 부속토지의 어느 하나에 해당하는 토지를 말한다(지법 제106조① 제2호).

1) 공장용 건축물의 부속토지 등

공장용 건축물의 부속토지 등이란 다음의 ①과 ②에 해당하는 건축물의 부속토지를 말한다(지법 제106조① 제2호 가목, 지령 제101조①). 다만, 「건축법」 등 관계법령에 따라 허가 등을 받아야 할 건축물로서 허가 등을 받지 아니한 건축물 또는 사용승인을 받아야 할 건축물로서 사용승인(임시사용승인을 포함한다)을 받지 아니하고 사용 중인 건축물의 부속토지는 제외한다(지령 제101조① 단서).

"건축물"이란 지방세법 제6조 제4호에 따른 건축물을 말한다(지법 제104조 제2호). 즉 취득세의 건축물 정의와 동일하다. 건축물의 정의는 'Chapter 4. 제1절 1. 신축 건축물의 취득세 실무'를 참고하기 바란다.

① 공장용 건축물의 부속토지

특별시·광역시(군 지역은 제외한다)·특별자치시·특별자치도 및 시지역(다음의 어느 하나에 해당하는 지역은 제외한다)의 공장용 건축물의 부속토지로서 공장용 건축물의 바닥면적(건축물 외의 시설의 경우에는 그 수평투영면적을 말한다)에 용도지역별 적용배율을 곱하여 산정한 범위의 토지는 별도합산과세대상 토지로 한다(지령 제101조① 제1호).

㉮ 읍·면지역

㉯ 「산업입지 및 개발에 관한 법률」에 따라 지정된 산업단지

㉰ 「국토의 계획 및 이용에 관한 법률」에 따라 지정된 공업지역

② 일반 건축물의 부속토지 중 기준면적 이내 토지

건축물(공장용 건축물은 제외한다)의 부속토지 중 다음의 어느 하나에 해당하는 건축물의 부속토지를 제외한 건축물의 부속토지로서 건축물의 바닥면적(건축물 외의 시설의 경우에는 그 수평투영면적을 말한다)에 용도지역별 적용배율을 곱하여 산정한 면적 범위의 토지는 별도합산과세대상 토지로 한다(지령 제101조① 제2호).

㉮ 구분등록 대상이 되는 회원제 골프장용 토지와 고급오락장용 토지 안의 건축물의 부속토지(즉, 별도합산과세대상 토지에서 제외하고 고율의 분리과세대상 토지로 과세한다)

㉯ 건축물의 시가표준액이 해당 부속토지의 시가표준액의 100분의 2에 미달하는 건축물의 부속토지 중 그 건축물의 바닥면적을 제외한 부속토지(즉, 별도합산과세대상 토지에서

제외하고 종합합산과세대상 토지로 과세한다). "건축물의 시가표준액"이란 해당 건축물이 과세기준일 현재 신축된 것으로 보아 계산한 시가표준액을 말한다(지칙 제49조).

③ 용도지역별 적용배율

건축물의 부속토지에 적용할 용도지역별 적용배율은 다음과 같다(지령 제101조②).

용도지역별		적용배율
도시지역	1. 전용주거지역	5배
	2. 준주거지역·상업지역	3배
	3. 일반주거지역·공업지역	4배
	4. 녹지지역	7배
	5. 미계획지역	4배
도시지역 외의 용도지역		7배

건축물에 포함하는 경우

별도합산과세대상 토지의 범위에 따른 건축물의 범위에는 다음의 건축물을 포함한다(지령 제103조①).

① 건축허가를 받았으나 「건축법」 제18조에 따라 착공이 제한된 건축물

② 「건축법」에 따른 건축허가를 받거나 건축신고를 한 건축물로서 같은 법에 따른 공사계획을 신고하고 공사에 착수한 건축물[개발사업 관계법령에 따른 개발사업의 시행자가 소유하고 있는 토지로서 같은 법령에 따른 개발사업 실시계획의 승인을 받아 그 개발사업에 제공하는 토지(지방세법 제106조 제1항 제3호에 따른 분리과세대상이 되는 토지는 제외한다)로서 건축물의 부속토지로 사용하기 위하여 토지조성공사에 착수하여 준공검사 또는 사용허가를 받기 전까지의 토지에 건축이 예정된 건축물(관계 행정기관이 허가 등으로 그 건축물의 용도 및 바닥면적을 확인한 건축물을 말한다)을 포함한다]. 다만, 과세기준일 현재 정당한 사유 없이 6개월 이상 공사가 중단된 경우는 제외한다.

③ 가스배관시설 등 지상정착물. "지상정착물"이란 1. 가스배관시설 및 옥외배전시설과 2. 「전파법」에 따라 방송전파를 송수신하거나 전기통신역무를 제공하기 위한 무선국 허가를 받아 설치한 송수신시설 및 중계시설을 말한다(지칙 제51조).

별도합산과세대상 토지의 범위와 분리과세대상 토지의 범위에서 공장용 건축물은 영업을 목적으로 물품의 제조·가공·수선이나 인쇄 등의 목적에 사용할 수 있도록 생산설비를 갖춘 제조시설용 건축물, 그 제조시설을 지원하기 위하여 공장 경계구역 안에 설치되는 다음의 부대시설용 건축물 및 「산업집적활성화 및 공장설립에 관한 법률」 제33조에 따른 산업단지관리기본계획에 따라 공장경계구역 밖에 설치된 종업원의 주거용 건축물을 말한다(지칙 제52조).

① 사무실, 창고, 경비실, 전망대, 주차장, 화장실 및 자전거 보관시설
② 수조, 저유조, 저장창고, 저장조 등 저장용 옥외구축물
③ 송유관, 옥외 주유시설, 급수·배수시설 및 변전실
④ 폐기물 처리시설 및 환경오염 방지시설
⑤ 시험연구시설 및 에너지이용 효율 증대를 위한 시설
⑥ 공동산업안전시설 및 보건관리시설
⑦ 식당, 휴게실, 목욕실, 세탁장, 의료실, 옥외 체육시설 및 기숙사 등 종업원의 복지후생 증진에 필요한 시설

2) 차고용 토지 등

차고용 토지, 보세창고용 토지, 시험·연구·검사용 토지, 물류단지시설용 토지 등 공지상태나 해당 토지의 이용에 필요한 시설 등을 설치하여 업무 또는 경제활동에 활용되는 토지로서 지방세법 시행령 제101조 제3항에 열거된 토지(생략)는 별도합산과세대상 토지로 한다(지법 제106조① 제2호 나목, 지령 제101조③).

3) 철거·멸실된 건축물 또는 주택의 부속토지

철거·멸실된 건축물 또는 주택의 부속토지로서 과세기준일 현재 건축물 또는 주택이 사실상 철거·멸실된 날(사실상 철거·멸실된 날을 알 수 없는 경우에는 공부상 철거·멸실된 날을 말한다)부터 6개월[「빈집 및 소규모주택 정비에 관한 특례법」에 따른 빈집정비사업 또는 「농어촌정비법」에 따른 생활환경정비사업(빈집의 정비에 관한 사업만 해당한다)의 시행으로 빈집이 철거된 경우에는 3년]이 지나지 아니한 건축물 또는 주택의 부속토지는 별도합산과세대상 토지로 한다(지법 제106조① 제2호 다목, 지령 제103조의2).

이 경우 「건축법」 등 관계법령에 따라 허가 등을 받아야 하는 건축물 또는 주택으로서 허가 등을 받지 않은 건축물 또는 주택이거나 사용승인을 받아야 하는 건축물 또는 주택으로서

사용승인(임시사용승인을 포함한다)을 받지 않은 경우는 제외한다(지령 제103조의2 후단).

ⅱ. 분리과세대상 토지

분리과세대상 토지는 과세기준일(매년 6월 1일) 현재 납세의무자가 소유하고 있는 토지 중 국가의 보호·지원 또는 중과가 필요한 토지로서 다음의 어느 하나에 해당하는 토지를 말하며(지법 제106조① 제3호), 고율분리과세(1,000분의 40), 저율분리과세(1,000분의 0.7)와 기타분리과세대상 토지(1,000분의 2)로 구분된다.

① 공장용지·전·답·과수원 및 목장용지로서 일정한 토지

② 산림의 보호육성을 위하여 필요한 임야 및 종중 소유 임야로서 일정한 임야

③ 지방세법 제13조 제5항에 따른 골프장용 토지와 같은 항에 따른 고급오락장용 토지로서 일정한 토지

④ 「산업집적활성화 및 공장설립에 관한 법률」 제2조 제1호에 따른 공장의 부속토지로서 개발제한구역의 지정이 있기 이전에 그 부지취득이 완료된 곳으로서 행정안전부령(생략)으로 정하는 공장입지기준면적 범위의 토지(지령 제102조④)

⑤ 국가 및 지방자치단체 지원을 위한 특정목적 사업용 토지로서 일정한 토지

⑥ 에너지·자원의 공급 및 방송·통신·교통 등의 기반시설용 토지로서 일정한 토지

⑦ 국토의 효율적 이용을 위한 개발사업용 토지로서 일정한 토지

⑧ 그 밖에 지역경제의 발전, 공익성의 정도 등을 고려하여 분리과세하여야 할 타당한 이유가 있는 토지로서 일정한 토지(지법 제106조① 제3호 아목, 지령 제102조⑧)

위에서 열거하고 있는 분리과세대상 토지에 대한 구체적인 내용은 아래와 같다(지령 제102조).

1) 공장용지

다음의 지역에 있는 공장용 건축물(지방세법 시행령 제103조 제1항 제2호 및 제3호의 건축물을 포함한다. 즉, 앞의 박스 내용 중 '건축물에 포함하는 경우' ①과 ②를 포함한다)의 부속토지로서 행정안전부령(생략)으로 정하는 공장입지기준면적 범위의 토지. 다만, 「건축법」 등 관계 법령에 따라 허가 등을 받아야 하는 건축물로서 허가 등을 받지 않은 공장용 건축물이나 사용승인을 받아야 하는 건축물로서 사용승인(임시사용승인을 포함한다)을 받지 않고 사용 중인 공장용 건축물의 부속토지는 제외한다(지령 제102조① 제1호).

㈎ 읍·면지역

㈏ 「산업입지 및 개발에 관한 법률」에 따라 지정된 산업단지

㈐「국토의 계획 및 이용에 관한 법률」에 따라 지정된 공업지역

2) 전·답·과수원

다음의 농지는 분리과세한다(지령 제102조① 제2호).

① 전·답·과수원(이하 "농지"라 한다)으로서 과세기준일 현재 실제 영농에 사용되고 있는 개인이 소유하는 농지. 다만, 특별시·광역시(군 지역은 제외한다)·특별자치시·특별자치도 및 시지역(읍·면 지역은 제외한다)의 도시지역의 농지는 개발제한구역과 녹지지역(「국토의 계획 및 이용에 관한 법률」 제6조 제1호에 따른 도시지역 중 같은 법 제36조 제1항 제1호 각 목의 구분에 따른 세부 용도지역이 지정되지 아니한 지역을 포함한다. 이하 같다)에 있는 것으로 한정한다(지령 제102조① 제2호 가목).

② 「농지법」 제2조 제3호에 따른 농업법인이 소유하는 농지로서 과세기준일 현재 실제 영농에 사용되고 있는 농지. 다만, 특별시·광역시(군 지역은 제외한다)·특별자치시·특별자치도 및 시지역(읍·면 지역은 제외한다)의 도시지역의 농지는 개발제한구역과 녹지지역에 있는 것으로 한정한다(지령 제102조① 제2호 나목).

③ 「한국농어촌공사 및 농지관리기금법」에 따라 설립된 한국농어촌공사가 같은 법에 따라 농가에 공급하기 위하여 소유하는 농지(지령 제102조① 제2호 다목)

④ 관계법령에 따른 사회복지사업자가 복지시설이 소비목적으로 사용할 수 있도록 하기 위하여 소유하는 농지(지령 제102조① 제2호 라목)

⑤ 법인이 매립·간척으로 취득한 농지로서, 과세기준일 현재 실제 영농에 사용되고 있는 해당 법인 소유농지. 다만, 특별시·광역시(군 지역은 제외한다)·특별자치시·특별자치도 및 시지역(읍·면 지역은 제외한다)의 도시지역의 농지는 개발제한구역과 녹지지역에 있는 것으로 한정한다(지령 제102조① 제2호 마목).

⑥ 종중이 소유하는 농지(지령 제102조① 제2호 바목)

3) 목장용지

개인이나 법인이 축산용으로 사용하는 도시지역 안의 개발제한구역·녹지지역과 도시지역 밖의 목장용지로서 과세기준일이 속하는 해의 직전 연도를 기준으로 축산용 토지 및 건축물의 기준(생략)을 적용하여 계산한 토지면적의 범위에서 소유하는 토지는 분리과세한다(지령 제102조① 제3호).

4) 임 야

다음의 임야는 분리과세한다(지령 제102조②).

① 「산림자원의 조성 및 관리에 관한 법률」 제28조에 따라 특수산림사업지구로 지정된
  임야와 「산지관리법」 제4조 제1항 제1호에 따른 보전산지에 있는 임야로서 「산림자원의
  조성 및 관리에 관한 법률」 제13조에 따른 산림경영계획의 인가를 받아 실행 중인 임야.
  다만, 도시지역의 임야는 제외하되, 도시지역으로 편입된 날부터 2년이 지나지 아니한
  임야와 「국토의 계획 및 이용에 관한 법률 시행령」 제30조에 따른 보전녹지지역(「국토의
  계획 및 이용에 관한 법률」 제6조 제1호에 따른 도시지역 중 같은 법 제36조 제1항
  제1호 각 목의 구분에 따른 세부 용도지역이 지정되지 아니한 지역을 포함한다)의 임야로서
  「산림자원의 조성 및 관리에 관한 법률」 제13조에 따른 산림경영계획의 인가를 받아
  실행 중인 임야를 포함한다(지령 제102조② 제1호).

② 다음 각 목의 어느 하나에 해당하는 임야(지령 제102조② 제2호)

  ㈎ 「문화유산의 보존 및 활용에 관한 법률」에 따른 지정문화유산 안의 임야

  ㈏ 「문화유산의 보존 및 활용에 관한 법률」에 따른 보호구역 안의 임야

  ㈐ 「자연유산의 보존 및 활용에 관한 법률」에 따른 천연기념물등 안의 임야

  ㈑ 「자연유산의 보존 및 활용에 관한 법률」에 따른 보호구역 안의 임야

③ 「자연공원법」에 따라 지정된 공원자연환경지구의 임야(지령 제102조② 제3호)

④ 종중이 소유하고 있는 임야(지령 제102조② 제4호)

⑤ 다음의 어느 하나에 해당하는 임야(지령 제102조② 제5호)

  ㈎ 「개발제한구역의 지정 및 관리에 관한 특별조치법」에 따른 개발제한구역의 임야

  ㈏ 「군사기지 및 군사시설 보호법」에 따른 군사기지 및 군사시설 보호구역 중
     제한보호구역의 임야 및 그 제한보호구역에서 해제된 날부터 2년이 지나지 아니한
     임야

  ㈐ 「도로법」에 따라 지정된 접도구역의 임야

  ㈑ 「철도안전법」 제45조에 따른 철도보호지구의 임야

  ㈒ 「도시공원 및 녹지 등에 관한 법률」 제2조 제3호에 따른 도시공원의 임야

  ㈓ 「국토의 계획 및 이용에 관한 법률」 제38조의2에 따른 도시자연공원구역의 임야

  ㈔ 「하천법」 제12조에 따라 홍수관리구역으로 고시된 지역의 임야

⑥ 「수도법」에 따른 상수원보호구역의 임야(지령 제102조② 제6호)

5) 사치성 재산용 토지

① 골프장용 토지

지방세법 제13조 제5항 제2호에 따른 골프장용 토지는 분리과세한다(지법 제106조① 제3호 다목 전단). 골프장의 정의는 취득세에서 정의와 동일하게 규정되어 있으며, 고율분리 과세대상이다. 골프장의 정의에 대해서는 'Chapter 2. 제2절 8. 사치성 재산 취득 중과세'를 참고하기 바란다.

② 고급오락장의 부속토지

지방세법 제13조 제5항 제4호에 따른 고급오락장의 부속토지는 분리과세한다(지법 제106조① 제3호 다목 후단, 지령 제102조③). 고급오락장의 정의는 취득세의 경우와 동일하며 지방세법 제13조 제5항 제4호(생략)에 규정되어 있다. 고급오락장의 재산세는 고율분리 과세대상이다.

6) 정책적 목적으로 분리과세하는 토지

정책적 목적으로 분리과세하는 토지는 국가 및 지방자치단체 지원을 위한 특정목적 사업용 토지, 에너지 · 자원의 공급 및 방송 · 통신 · 교통 등의 기반시설용 토지, 국토의 효율적 이용을 위한 개발사업용 토지, 지역경제의 발전, 공익성의 정도 등을 고려한 토지로서 지방세법 시행령 제102조 제5항부터 제8항까지 규정(골프장용, 고급오락장용 토지는 제외한다)되어 있다. 그 내용 중 부동산개발과 관련된 내용은 아래와 같다.

① 「국토의 계획 및 이용에 관한 법률」, 「도시개발법」, 「도시 및 주거환경정비법」, 「주택법」 등(이하 "개발사업 관계법령"이라 한다)에 따른 개발사업의 시행자가 개발사업의 실시계획승인을 받은 토지로서 개발사업에 제공하는 토지 중 다음의 어느 하나에 해당하는 토지(지령 제102조⑤ 제2호)

㉮ 개발사업 관계법령에 따라 국가나 지방자치단체에 무상귀속되는 공공시설용 토지

㉯ 개발사업의 시행자가 국가나 지방자치단체에 기부채납하기로 한 기반시설(「국토의 계획 및 이용에 관한 법률」 제2조 제6호의 기반시설을 말한다)용 토지

② 「공유수면 관리 및 매립에 관한 법률」에 따라 매립하거나 간척한 토지로서 공사준공 인가일(공사준공인가일 전에 사용승낙이나 허가를 받은 경우에는 사용승낙일 또는 허가일을 말한다)부터 4년이 지나지 아니한 토지(지령 제102조⑦ 제1호)

③ 한국자산관리공사 또는 농업협동조합자산관리회사가 타인에게 매각할 목적으로 일시적으로 취득하여 소유하고 있는 토지(지령 제102조⑦ 제2호)

④ 「도시개발법」 제11조에 따른 도시개발사업의 시행자가 그 도시개발사업에 제공하는 토지(주택건설용 토지와 산업단지용 토지로 한정한다)와 종전의 「토지구획정리사업법」(법률 제6252호 토지구획정리사업법 폐지법률에 의하여 폐지되기 전의 것을 말한다. 이하 같다)에 따른 토지구획정리사업의 시행자가 그 토지구획정리사업에 제공하는 토지(주택건설용 토지와 산업단지용 토지로 한정한다) 및 「경제자유구역의 지정 및 운영에 관한 특별법」 제8조의3에 따른 경제자유구역 또는 해당 단위개발사업지구에 대한 개발사업시행자가 그 경제자유구역개발사업에 제공하는 토지(주택건설용 토지와 산업단지용 토지로 한정한다). 다만, 다음 각 목의 기간 동안만 해당한다(지령 제102조⑦ 제4호).

  ㈎ 도시개발사업 실시계획을 고시한 날부터 「도시개발법」에 따른 도시개발사업으로 조성된 토지가 공급 완료(매수자의 취득일을 말한다)되거나 같은 법 제51조에 따른 공사 완료공고가 날 때까지

  ㈏ 토지구획정리사업의 시행인가를 받은 날 또는 사업계획의 공고일(토지구획정리사업의 시행자가 국가인 경우로 한정한다)부터 종전의 「토지구획정리사업법」에 따른 토지구획정리사업으로 조성된 토지가 공급 완료(매수자의 취득일을 말한다)되거나 같은 법 제61조에 따른 공사 완료공고가 날 때까지

  ㈐ 경제자유구역개발사업 실시계획 승인을 고시한 날부터 「경제자유구역의 지정 및 운영에 관한 특별법」에 따른 경제자유구역개발사업으로 조성된 토지가 공급 완료(매수자의 취득일을 말한다)되거나 같은 법 제14조에 따른 준공검사를 받을 때까지

주택건설에 수반되는 시설인 공공시설 또는 기반시설로서 도시개발사업 시행자에 의하여 기부채납 할 예정인 경우 그 부속토지는 주택건설용 토지로 본다(운영예규 법106 시행령102-2).

⑤ 「산업입지 및 개발에 관한 법률」 제16조에 따른 산업단지개발사업의 시행자가 같은 법에 따른 산업단지개발실시계획의 승인을 받아 산업단지조성공사에 제공하는 토지. 다만, 다음 각 목의 기간으로 한정한다(지령 제102조⑦ 제5호).

  ㈎ 사업시행자가 직접 사용하거나 산업단지조성공사 준공인가 전에 분양·임대 계약이 체결된 경우 : 산업단지조성공사 착공일부터 다음의 날 중 빠른 날까지

    ㉠ 준공인가일

ⓛ 토지 공급 완료일(매수자의 취득일, 임대차 개시일 또는 건축공사 착공일 등 해당 용지를 사실상 사용하는 날을 말한다. 이하 같다)

㈏ 산업단지조성공사 준공인가 후에도 분양·임대 계약이 체결되지 않은 경우 : 산업단지조성공사 착공일부터 다음의 날 중 빠른 날까지

⑦ 준공인가일 후 5년이 경과한 날

ⓛ 토지 공급 완료일

⑥ 「산업집적활성화 및 공장설립에 관한 법률」 제45조의17에 따라 설립된 한국산업단지공단이 타인에게 공급할 목적으로 소유하고 있는 토지(임대한 토지를 포함한다)(지령 제102조⑦ 제6호)

⑦ 「주택법」에 따라 주택건설사업자 등록을 한 주택건설사업자(같은 법 제11조에 따른 주택조합 및 고용자인 사업주체와 「도시 및 주거환경정비법」 제24조부터 제28조까지 또는 「빈집 및 소규모주택 정비에 관한 특례법」 제17조부터 제19조까지의 규정에 따른 사업시행자를 포함한다)가 주택을 건설하기 위하여 같은 법에 따른 사업계획의 승인을 받은 토지로서 주택건설사업에 제공되고 있는 토지(「주택법」 제2조 제11호에 따른 지역주택조합·직장주택조합이 조합원이 납부한 금전으로 매수하여 소유하고 있는 「신탁법」에 따른 신탁재산의 경우에는 사업계획의 승인을 받기 전의 토지를 포함한다)(지령 제102조⑦ 제7호).

⑧ 「중소기업진흥에 관한 법률」에 따라 설립된 중소벤처기업진흥공단이 같은 법에 따라 중소기업자에게 분양하거나 임대할 목적으로 소유하고 있는 토지(지령 제102조⑦ 제8호)

⑨ 「지방공기업법」 제49조에 따라 설립된 지방공사가 같은 법 제2조 제1항 제7호 및 제8호에 따른 사업용 토지로서 타인에게 주택이나 토지를 분양하거나 임대할 목적으로 소유하고 있는 토지(임대한 토지를 포함한다)(지령 제102조⑦ 제9호). 취득일로부터 5년이 지난 토지로서 용지조성사업 또는 건축을 착공하지 않은 토지는 제외한다(지령 제102조⑦ 단서).

⑩ 「한국수자원공사법」에 따라 설립된 한국수자원공사가 소유하고 있는 토지 중 다음 각 목의 어느 하나에 해당하는 토지(임대한 토지는 제외한다)(지령 제102조⑦ 제10호)

㈎ 「한국수자원공사법」 제9조 제1항 제5호에 따른 개발 토지 중 타인에게 공급할 목적으로 소유하고 있는 토지

㈏ 「친수구역 활용에 관한 특별법」 제2조 제2호에 따른 친수구역 내의 토지로서 친수구역 조성사업 실시계획에 따라 주택건설에 제공되는 토지 또는 친수구역조성사업 실시 계획에 따라 공업지역(「국토의 계획 및 이용에 관한 법률」 제36조 제1항 제1호 다목의

공업지역을 말한다)으로 결정된 토지

⑪ 「한국토지주택공사법」에 따라 설립된 한국토지주택공사가 같은 법에 따라 타인에게 토지나 주택을 분양하거나 임대할 목적으로 소유하고 있는 토지(임대한 토지를 포함한다) 및 「자산유동화에 관한 법률」에 따라 설립된 유동화전문회사가 한국토지주택공사가 소유하던 토지를 자산유동화 목적으로 소유하고 있는 토지(지령 제102조⑦ 제11호). 취득일로부터 5년이 지난 토지로서 용지조성사업 또는 건축을 착공하지 않은 토지는 제외한다(지령 제102조⑦ 단서).

⑫ 「한국토지주택공사법」에 따라 설립된 한국토지주택공사가 소유하고 있는 비축용 토지 중 다음 각 목의 어느 하나에 해당하는 토지(지령 제102조⑦ 제12호)

⑦ 「공공토지의 비축에 관한 법률」 제14조 및 제15조에 따라 공공개발용으로 비축하는 토지

⑭ 「한국토지주택공사법」 제12조 제4항에 따라 국토교통부장관이 우선 매입하게 함에 따라 매입한 토지(「자산유동화에 관한 법률」 제3조에 따른 유동화전문회사등에 양도한 후 재매입한 비축용 토지를 포함한다)

㉠ 「혁신도시 조성 및 발전에 관한 특별법」 제43조 제3항에 따라 국토교통부장관이 매입하게 함에 따라 매입한 같은 법 제2조 제6호에 따른 종전 부동산

㉣ 「부동산 거래신고 등에 관한 법률」 제15조 및 제16조에 따라 매수한 토지

㉤ 「공익사업을 위한 토지 등의 취득 및 보상에 관한 법률」 제4조에 따른 공익사업(이하 이 목 및 바목에서 "공익사업"이라 한다)을 위하여 취득하였으나 해당 공익사업의 변경 또는 폐지로 인하여 비축용으로 전환된 토지

㉥ 비축용 토지로 매입한 후 공익사업에 편입된 토지 및 해당 공익사업의 변경 또는 폐지로 인하여 비축용으로 다시 전환된 토지

㉦ 국가·지방자치단체 또는 「지방자치분권 및 지역균형발전에 관한 특별법」 제2조 제14호에 따른 공공기관으로부터 매입한 토지

㉧ 2005년 8월 31일 정부가 발표한 부동산제도 개혁방안 중 토지시장 안정정책을 수행하기 위하여 매입한 비축용 토지

㉨ 1997년 12월 31일 이전에 매입한 토지

⑬ 「부동산투자회사법」 제49조의3 제1항에 따른 공모부동산투자회사(같은 법 시행령 제12조의3 제27호, 제29호 또는 제30호에 해당하는 자가 발행주식 총수의 100분의 100을 소유하고 있는 같은 법 제2조 제1호에 따른 부동산투자회사를 포함한다)가 목적사업에

사용하기 위하여 소유하고 있는 토지(지령 제102조⑧ 제3호)

⑭ 「산업입지 및 개발에 관한 법률」에 따라 지정된 산업단지와 「산업집적활성화 및 공장설립에 관한 법률」에 따른 유치지역 및 「산업기술단지 지원에 관한 특례법」에 따라 조성된 산업기술단지에서 다음의 어느 하나에 해당하는 용도에 직접 사용되고 있는 토지(지령 제102조⑧ 제4호)

㉮ 「산업입지 및 개발에 관한 법률」 제2조에 따른 지식산업·문화산업·정보통신산업·자원비축시설용 토지 및 이와 직접 관련된 교육·연구·정보처리·유통시설용 토지

㉯ 「산업집적활성화 및 공장설립에 관한 법률 시행령」 제6조 제5항에 따른 폐기물 수집 운반·처리 및 원료재생업, 폐수처리업, 창고업, 화물터미널이나 그 밖의 물류시설을 설치·운영하는 사업, 운송업(여객운송업은 제외한다), 산업용기계장비임대업, 전기업, 농공단지에 입주하는 지역특화산업용 토지, 「도시가스사업법」 제2조 제5호에 따른 가스공급시설용 토지 및 「집단에너지사업법」 제2조 제6호에 따른 집단에너지공급 시설용 토지

㉰ 「산업기술단지 지원에 관한 특례법」에 따른 연구개발시설 및 시험생산시설용 토지

㉱ 「산업집적활성화 및 공장설립에 관한 법률」 제30조 제2항에 따른 관리기관이 산업 단지의 관리, 입주기업체 지원 및 근로자의 후생복지를 위하여 설치하는 건축물의 부속토지(수익사업에 사용되는 부분은 제외한다)

⑮ 「산업집적활성화 및 공장설립에 관한 법률」 제28조의2에 따라 지식산업센터의 설립승인을 받은 자의 토지로서 다음 각 목의 어느 하나에 해당하는 토지. 다만, 지식산업센터의 설립승인을 받은 후 최초로 재산세 납세의무가 성립한 날부터 5년 이내로 한정하고, 증축의 경우에는 증축에 상당하는 토지 부분으로 한정한다(지령 제102조⑧ 제5호).

㉮ 같은 법 제28조의5 제1항 제1호 및 제2호에 따른 시설용(이하 "지식산업센터 입주 시설용"이라 한다)으로 직접 사용하거나 분양 또는 임대하기 위해 지식산업센터를 신축 또는 증축 중인 토지

㉯ 지식산업센터를 신축하거나 증축한 토지로서 지식산업센터 입주시설용으로 직접 사용(재산세 과세기준일 현재 60일 이상 휴업 중인 경우는 제외한다)하거나 분양 또는 임대할 목적으로 소유하고 있는 토지(임대한 토지를 포함한다)

⑯ 「산업집적활성화 및 공장설립에 관한 법률」 제28조의4에 따라 지식산업센터를 신축하거나 증축하여 설립한 자로부터 최초로 해당 지식산업센터를 분양받은 입주자(「중소기업기본법」 제2조에 따른 중소기업을 영위하는 자로 한정한다)로서 같은 법 제28조의5 제1항 제1호

및 제2호에 규정된 사업에 직접 사용(재산세 과세기준일 현재 60일 이상 휴업 중인 경우와 타인에게 임대한 부분은 제외한다)하는 토지(지식산업센터를 분양받은 후 최초로 재산세 납세의무가 성립한 날부터 5년 이내로 한정한다)(지령 제102조⑧ 제6호)

⑰ 「자본시장과 금융투자업에 관한 법률」 제229조 제2호에 따른 부동산집합투자기구[집합투자재산의 100분의 80을 초과하여 같은 호에서 정한 부동산에 투자하는 같은 법 제9조 제19항 제2호에 따른 일반 사모집합투자기구(투자자가 「부동산투자회사법 시행령」 제12조의3 제27호, 제29호 또는 제30호에 해당하는 자로만 이루어진 사모집합투자기구로 한정한다)를 포함한다] 또는 종전의 「간접투자자산 운용업법」에 따라 설정·설립된 부동산간접투자기구가 목적사업에 사용하기 위하여 소유하고 있는 토지 중 지방세법 제106조 제1항 제2호(별도합산과세대상)에 해당하는 토지(지령 제102조⑧ 제9호)

ⅲ. 종합합산과세대상 토지

종합합산과세대상 토지는 과세기준일 현재 납세의무자가 소유하고 있는 토지 중 별도합산과세대상 또는 분리과세대상이 되는 토지를 제외한 토지를 말한다(지법 제106조① 제1호).

■ 부동산개발 관련 해석·판단사례

■ "그밖에 사용되는 사실상의 토지"의 범위

> **해석**
>
> - 「지방세법」 제105조에서 재산세는 토지, 건축물, 주택, 항공기 및 선박을 과세대상으로 한다고 규정하고 있고, 같은 법 제104조 제1호는 "토지"란 「측량·수로조사 및 지적에 관한 법률」에 따라 지적공부의 등록대상이 되는 토지와 그 밖에 사용되고 있는 사실상의 토지를 말한다고 규정하고 있으며, 「지방세법 기본통칙」 104-1에서 「지방세법」 제104조 제1호의 「사실상 토지」를 매립·간척 등으로 준공인가 전에 사실상으로 사용하는 토지 등 토지대장에 등재되어 있지 않는 토지를 포함한다고 규정하고 있음.
> - 이에 따라 가 지번으로 지적공부상 등재되어 있지 않는 토지라도 객관적으로 보아 해당 재산을 배타적으로 사용·수익·처분할 수 있고 언제라도 공부상 소유자로 등재될 수 있는 상태에 있다면 재산을 사실상 소유하고 있다고 할 것이며, 택지개발 사업 중에 취득한 토지도 사실상의 토지로 지적공부에 등록되었는지 여부를 불문하고 재산세의 과세대상이 되고(조세심판원 결정사례 조심 2009지25, 2009.5.14., 조심 2008지1069, 2009.5.12.), 해당 가 지번을 과세자료로 활용할 수 있음(지방세운영-16, 2014.11.24.).

■ 분리과세대상인 주택건설사업에 제공되고 있는 토지에 해당 여부

• 「지방세법 시행령」 제102조 제7항 제7호에서 「주택법」에 따라 주택건설사업자 등록을 한 주택건설사업자가 주택을 건설하기 위하여 같은 법에 따른 사업계획의 승인을 받은 토지로서 주택건설사업에 제공되는 토지를 분리과세대상 토지로 규정하고 있음.

• '주택건설사업에 제공되고 있는 토지에 대한 분리과세 취지는 주택건설사업자에 대한 조세지원을 통하여 국민의 주거안정 및 주거수준 향상을 위한 주택의 건설·공급이 활발하게 이루어지게 하기 위한 것이라 할 것인데, 주택건설사업을 추진함에 있어 물리적인 공사행위 외에도 다양한 준비, 관리행위가 이루어지는 점 등을 감안할 때, 분리과세대상 여부는 사업계획승인이라는 절차적 요건에 그치지 않고, 실질적으로 주택이 건설되기 위한 부지로서 사용될 수 있는 상태의 토지를 요건으로 하는 것이 타당하다고 할 것이며,

• 또한, 주택건설사업에 제공되고 있는 토지는 자신의 사업계획에 따라 해당 토지를 주택건설사업의 부지로 제공하면 충분하고, 반드시 재산세 과세기준일까지 규준틀 설치, 터파기 공사 등의 물리적인 착공 행위가 이루어져야만 사업에 공여되는 것이라고 보기는 어렵다 할 것'(법제처 법령해석 총괄과-118, 2009.1.21. 참조)임.

• 따라서, 쟁점 토지의 현황이 휴경 농지 및 임야로서 주택건설사업의 승인 전과 변동이 없다고 하더라도 주택건설 이외에 임대 등 다른 수익사업에 사용되지 않고, 사업계획승인에 따라 주택을 건축할 수 있는 상태의 토지에 해당된다면 주택건설사업에 제공되고 있는 토지로 볼 수 있다고 판단됨(부동산세제-1849, 2020.7.31.).

■ 도시개발사업의 시행자가 그 도시개발사업에 제공하는 토지 중 상업용지(주상복합용지)를 분리과세대상 주택건설용 토지로 볼 수 있는지 여부

• 도시개발사업의 시행자가 그 도시개발사업에 제공하는 토지 중 상업용지(주상복합용지)를 분리과세대상 주택건설용 토지로 볼 수 있는지 여부에 대하여 살펴보면, 「지방세법 시행령」 제102조 제7항 제4호에서 「도시개발법」 제11조에 따른 도시개발사업의 시행자가 그 도시개발사업에 제공하는 토지(주택건설용 토지와 산업단지용 토지로 한정한다)를 분리과세대상 토지로 규정하고 있는데,

• 여기서 "도시개발사업에 제공하는 주택건설용 토지와 산업단지용 토지만을 한정하여 분리과세대상으로 규정한 입법취지는 도시개발사업의 보다 효율적 수행을 위하여 공익적인 목적으로 사용되는 토지를 종합합산 과세표준에서 제외하여 예외적으로 저율의 분리과세를 함으로써 조세부담을 경감하여 주는데 있고, 분리과세대상인 도시개발사업에 제공하는 주택건설용 토지라

함은 주택건설에 필수불가결하게 수반되는 시설용 토지를 말한다 할 것이므로,

• 재산세 과세기준일 현재 주택용지가 아닌 준주거 및 상업용지로 지정되었고, 이러한 준주거용지 등은 주거기능을 위주로 이를 지원하는 일부 상업기능 및 업무기능을 보완하기 위하여 필요한 지역으로서 주택건설에 필수불가결하게 수반되는 시설용 토지가 아니라 하겠으므로 재산세 분리과세대상에 해당한다고 보기는 어렵다"(조심 2018지0112, 2018.2.27., 조심 2019지2111, 2020.3.27. 참조) 할 것임(부동산세제 - 1077, 2020.5.14.).

(2) 건축물

건축물은 재산세의 과세대상으로 한다(지법 제105조). "건축물"이란 지방세법 제6조 제4호에 따른 건축물을 말한다(지법 제104조 제2호). 즉 취득세의 건축물 정의와 동일하다. 건축물의 정의는 'Chapter 4. 제1절 1. 신축 건축물의 취득세 실무'를 참고하기 바란다.

(3) 주 택

주택은 재산세의 과세대상으로 한다(지법 제105조). "주택"이란 「주택법」 제2조 제1호에 따른 주택을 말한다. 이 경우 토지와 건축물의 범위에서 주택은 제외한다(지법 제104조 제3호).

오피스텔을 주거용으로 사용하는 경우 재산세 과세방법

오피스텔은 「건축법」상 일반 업무시설에 해당하므로 일반적으로 건축물로 과세하나, 현황과세의 원칙에 따라 주거용(주민등록, 취학여부, 임대주택 등록 여부 등)으로 사용하는 경우에 한해 주택으로 과세한다. 이 경우 해당 건물부분과 그 부속토지부분을 각각 구분하여 산출한 시가표준액의 합을 주택의 시가표준액으로 보아 이 금액에 주택분 공정시장가액 비율을 적용한 금액을 과세표준으로 한다(운영예규 법104 - 2).

겸용 건물의 주택의 범위와 주택 부수토지의 범위 산정

주거용과 주거 외의 용도를 겸하는 건물 등에서 주택의 범위를 구분하는 방법, 주택 부속토지의 범위 산정은 다음에서 정하는 바에 따른다(지법 제106조②).
① 1동의 건물이 주거와 주거 외의 용도로 사용되고 있는 경우에는 주거용으로 사용되는 부분만을 주택으로 본다. 이 경우 건물의 부속토지는 주거와 주거 외의 용도로 사용되는 건물의 면적비율에 따라 각각 안분하여 주택의 부속토지와 건축물의 부속토지로 구분한다.

② 1구의 건물이 주거와 주거 외의 용도로 사용되고 있는 경우에는 주거용으로 사용되는 면적이 전체의 100분의 50 이상인 경우에는 주택으로 본다.

③ 주택의 부속토지의 경계가 명백하지 아니한 경우에는 그 주택의 바닥면적의 10배에 해당하는 토지를 주택의 부속토지로 한다(지령 제105조).

④ 건축물에서 허가 등이나 사용승인(임시사용승인을 포함한다)을 받지 아니하고 주거용으로 사용하는 면적이 전체 건축물 면적(허가 등이나 사용승인을 받은 면적을 포함한다)의 100분의 50 이상인 경우에는 그 건축물 전체를 주택으로 보지 아니하고, 그 부속토지는 지방세법 제106조 제1항 제1호(종합합산과세대상)에 해당하는 토지로 본다(지법 제106조② 제2호의2).

사실상 현황의 적용기준

재산세의 과세대상 물건이 토지대장, 건축물대장 등 공부상 등재되지 아니하였거나 공부상 등재현황과 사실상의 현황이 다른 경우에는 사실상의 현황에 따라 재산세를 부과한다. 다만, 재산세의 과세대상 물건을 공부상 등재현황과 달리 이용함으로써 재산세 부담이 낮아지는 경우 등 다음의 경우에는 공부상 등재현황에 따라 재산세를 부과한다(지법 제106조③. 지령 제105조의2).

① 관계 법령에 따라 허가 등을 받아야 함에도 불구하고 허가 등을 받지 않고 재산세의 과세대상 물건을 이용하는 경우로서 사실상 현황에 따라 재산세를 부과하면 오히려 재산세 부담이 낮아지는 경우

② 재산세 과세기준일 현재의 사용이 일시적으로 공부상 등재현황과 달리 사용하는 것으로 인정되는 경우

부동산개발 관련 해석 · 판단사례

■ 주거용 오피스텔의 재산세 과세대상에 대한 해석 · 판단

사안

오피스텔이 사실상 주택으로 사용되는 경우에 사실상의 현황에 따라 재산세를 주택으로 부과하는지 여부

해석

• 부동산에 대한 재산세는 토지, 건축물, 주택으로 구분하여 과세되며, 주택은 단독주택과

공동주택만 해당되기 때문에 오피스텔은 원칙적으로 주택에 대한 재산세가 과세되지 않음(「지방세법」 제104조 및 제105조).

- 그러나, 예외적으로 오피스텔이 사실상 주택으로 사용되는 경우에는 재산세 과세기준일(매년 6월 1일)부터 10일 이내에 증빙자료(예를 들면 주민등록, 취학여부, 수도·전기·가스사용 현황 등)를 갖추어 관할 구청장에게 신고하여야 하고, 신고와 현황이 일치되면 주택으로 재산세가 과세됨(「지방세법」 제120조, 지방세법 시행령 제119조). 따라서, 오피스텔이 사실상 주택으로 사용되고 있다는 재산세 납세의무자의 신고가 있은 후부터 주택으로 과세하고 있음(서울세무-17072, 2017.7.18.).

- 처분청은 청구인이 쟁점건물에 주민등록을 하지 아니하였고, 주거용으로 달리 신고하지도 아니하였으므로 업무용오피스텔로 보아 재산세를 과세한 처분이 정당하다는 의견이나,

- 「지방세법」 제120조 제1항 및 제3항에서 과세기준일부터 10일 이내에 과세대상 재산의 변동사유 등이 발생하였음에도 신고가 없는 경우에는 지방자치단체의 장이 직권으로 조사하여 과세대장에 등재할 수 있도록 규정하고, 같은 법 시행령 제119조에서 재산세의 과세대상 물건이 공부상 등재현황과 사실상의 현황이 다른 경우에는 사실상의 현황에 따라 재산세를 부과하도록 규정하고 있으므로 오피스텔이 주거용에 사용하는지는 공부상의 등재 또는 등록사항에 불구하고 재산세 과세기준일 현재의 실제 용도가 사실상의 주거용에 공하는 건물인지 여부를 조사하여 판단하여야 할 것인바,

- 쟁점건물의 경우 2011.8.19. 관리사무소가 발행한 주거사실확인서, 수도·전기·가스 사용내역, 청구인 자녀의 학교생활기록부(2011.8.24.), 우유대금 및 잡지구독신청확인서, 주방용 설비와 침실구조 등이 나타나는 내부 사진, OOO의 임대업 사업자등록에 대한 직권폐업(2006.12.31.) 및 2011년 주거용사용 확인에 따른 부가가치세 경정고지 등의 자료를 종합하여 볼 때, 쟁점건물은 주거용오피스텔인 주택으로 보는 것이 타당하다 하겠음에도 처분청이 실지 확인 없이 단지 공부상에 일반업무시설로 등재되고, 청구인이 주거용으로 신고하지 아니하였다고 하여 쟁점건물을 업무용오피스텔로 보아 이 건 재산세 등을 과세한 처분은 잘못이라고 판단됨(조심 2011지648, 2012.4.12.).

③ 과세표준

토지·건축물·주택에 대한 재산세의 과세표준은 시가표준액에 부동산 시장의 동향과 지방재정 여건 등을 고려하여 일정한 범위(토지 및 건축물 : 시가표준액의 100분의 50부터 100분의 90까지, 주택 : 시가표준액의 100분의 40부터 100분의 80까지. 다만, 지방세법

제111조의2에 따른 1세대 1주택은 100분의 30부터 100분의 70까지)에서 대통령령으로 정하는 공정시장가액비율을 곱하여 산정한 가액으로 한다(지법 제110조①).

"대통령령으로 정하는 공정시장가액비율"이란 다음의 구분에 따른 비율을 말한다(지령 제109조).

① 토지 및 건축물 : 시가표준액의 100분의 70

② 주택 : 시가표준액의 100분의 60. 다만, 2024년도에 납세의무가 성립하는 재산세의 과세표준을 산정하는 경우 제110조의2에 따라 1세대 1주택으로 인정되는 주택(시가표준액이 9억원을 초과하는 주택을 포함한다)에 대해서는 다음 각 목의 구분에 따른다.

　가. 시가표준액이 3억원 이하인 주택 : 시가표준액의 100분의 43

　나. 시가표준액이 3억원을 초과하고 6억원 이하인 주택 : 시가표준액의 100분의 44

　다. 시가표준액이 6억원을 초과하는 주택 : 시가표준액의 100분의 45

> 재산세 과세표준 = 시가표준액 × 공정시장가액비율(토지 및 건축물 70%, 주택 60%
> 〈2024년도 1세대 1주택 : 43%, 44%, 45%〉)

토지 및 주택의 시가표준액은 「부동산 가격공시에 관한 법률」에 따라 공시된 가액(개별공시지가 또는 개별주택가격)으로 하고, 건축물의 시가표준액은 거래가격, 수입가격, 신축·건조·제조가격 등을 고려하여 정한 기준가격에 종류, 구조, 용도, 경과연수 등 과세대상별 특성을 고려하여 일정한 기준에 따라 지방자치단체의 장이 결정한 가액으로 한다(지법 제4조).

위에 따라 산정한 주택의 과세표준이 다음 계산식에 따른 과세표준상한액보다 큰 경우에는 위에 따라 산정한 주택의 과세표준에도 불구하고 해당 주택의 과세표준은 과세표준상한액으로 한다(지법 제110조③). 2024.1.1.부터 시행한다.

> 과세표준상한액 = 대통령령으로 정하는 직전 연도 해당 주택의 과세표준 상당액 +
> 　　　(과세기준일 당시 시가표준액으로 산정한 과세표준 × 과세표준상한율*)

* 과세표준상한율 = 소비자물가지수, 주택가격변동률, 지방재정 여건 등을 고려하여 0에서 100분의 5 범위 이내로 대통령령으로 정하는 비율

■ 부동산개발 관련 해석·판단사례

■ 준공인가 후 미등기된 재건축(재개발) 공동주택의 재산세 과세표준 및 납세의무자

> **해석**
>
> • 재건축(재개발)사업 시행으로 공동주택이 재산세 과세기준일(매년 6월 1일) 이전에 준공 인가된 경우에는 비록 이전고시가 이루어지지 아니하더라도 주택으로 재산세가 과세되는 것이며, 해당 공동주택의 공시가격(공동주택 가격이 공시되지 아니한 경우에는 「지방세법」 제4조 규정에 따라 자치구청장이 산정한 가액)에 공정시장가액비율(60%)을 곱하여 산정한 가액을 과세표준으로 하여 「지방세법」 제111조 제1항 제3호에 따른 주택의 세율 등을 적용하여 산출한 세액을 7월과 9월에 각각 1/2씩 나누어 고지하게 되며,
>
> • 이 때의 납세의무자는 조합원분의 경우에는 조합원이, 일반분양분의 경우에는 재산세 과세기준일(매년 6월 1일) 이전에 잔금을 지급한 경우에는 수분양자가, 잔금을 지급하지 않으신 경우에는 재건축(재개발)조합에게 납세의무가 있게 됨(서울세무-25822, 2018.11.30.).

 세 율

(1) 표준세율

재산세는 과세표준에 다음의 표준세율을 적용하여 계산한 금액을 그 세액으로 한다(지법 제111조①).

1) 토 지(지법 제111조① 제1호)

(가) 종합합산과세대상

과세표준	세 율
5,000만원 이하	1,000분의 2
5,000만원 초과 1억원 이하	10만원+5,000만원 초과금액의 1,000분의 3
1억원 초과	25만원+1억원 초과금액의 1,000분의 5

(나) 별도합산과세대상

과세표준	세 율
2억원 이하	1,000분의 2
2억원 초과 10억원 이하	40만원＋2억원 초과금액의 1,000분의 3
10억원 초과	280만원＋10억원 초과금액의 1,000분의 4

(다) 분리과세대상

구 분	세 율
전·답·과수원·목장용지·임야	과세표준의 1천분의 0.7
골프장용 토지 및 고급오락장용 토지	과세표준의 1천분의 40
그 밖의 토지	과세표준의 1천분의 2

회원제골프장에 대중골프장이 병설된 경우 재산세 부과방법

「지방세법」 제111조 제1항 제2호 가목에 따라 재산세가 중과되는 회원제골프장에 대중골프장을 병설 운영하는 경우의 골프장용 건축물에 대한 재산세 부과는 회원제골프장과 대중골프장으로 사업승인된 각각의 토지의 면적에 따라 안분하여 중과세율과 일반세율을 적용한다(운영예규 법111-1).

세율 적용

① 종합합산과세대상·별도합산과세대상 : 납세의무자가 소유하고 있는 해당 지방자치단체 관할구역에 있는 종합합산과세대상 또는 별도합산과세대상이 되는 토지의 가액을 각각 모두 합한 금액을 과세표준으로 하여 지방세법 제111조 제1항 제1호 가목 또는 나목의 세율을 적용한다(지법 제113조①).

② 분리과세대상 : 분리과세대상이 되는 해당 토지의 가액을 과세표준으로 하여 지방세법 제111조 제1항 제1호 다목의 세율을 적용한다(지법 제113조①).

2) 건축물(지법 제111조① 제2호)

㈎ 골프장, 고급오락장용 건축물 : 과세표준의 1천분의 40

㈏ 특별시·광역시(군 지역은 제외한다)·특별자치시(읍·면지역은 제외한다)·특별자치도 (읍·면지역은 제외한다) 또는 시(읍·면지역은 제외한다) 지역에서 「국토의 계획 및 이용에

관한 법률」과 그 밖의 관계 법령에 따라 지정된 주거지역 및 해당 지방자치단체의 조례로
정하는 지역의 대통령령(지령 제110조, 생략)으로 정하는 공장용 건축물 : 과세표준의 1천분의 5
㈐ 그 밖의 건축물 : 과세표준의 1천분의 2.5

「수도권정비계획법」 제6조에 따른 과밀억제권역(「산업집적활성화 및 공장설립에 관한
법률」을 적용받는 산업단지 및 유치지역과 「국토의 계획 및 이용에 관한 법률」을 적용받는
공업지역은 제외한다)에서 행정안전부령(생략)으로 정하는 공장 신설·증설에 해당하는
경우 그 건축물에 대한 재산세의 세율은 최초의 과세기준일부터 5년간 지방세법 제111조
제1항 제2호 다목에 따른 세율(1천분의 2.5)의 100분의 500에 해당하는 세율로 한다(지법
제111조②). 즉, 세율은 1.25%의 중과세가 적용된다.

■ 부동산개발 관련 해석·판단사례

■ 회원제골프장용 부동산 중 골프장 조정지 및 원형보전지의 재산세 중과세 대상 해당 여부

해석

1) 조정지 관련

　가. 지방세법상 「체육시설의 설치·이용에 관한 법률」에 따른 회원제골프장용 부동산 중
　　구분등록의 대상이 되는 토지는 1천분의 40 세율을 적용하여 분리과세하고 있음.

　　〈구분등록의 대상이 되는 토지 및 골프장 안의 건축물〉

　　1. 골프코스(티그라운드·페어웨이·러프·해저드·그린 등을 포함한다)

　　2. 주차장 및 도로

　　3. 조정지(골프코스와는 별도로 오수처리 등을 위하여 설치한 것은 제외한다)

　　4. 골프장의 운영 및 유지·관리에 활용되고 있는 조경지(골프장 조성을 위하여 산림훼손,
　　　농지전용 등으로 토지의 형질을 변경한 후 경관을 조성한 지역을 말한다)

　　5. 관리시설(사무실·휴게시설·매점·창고와 그 밖에 …)

　　6. 보수용 잔디 및 묘목·화훼 재배지 등 골프장의 유지·관리를 위한 용도로 사용되는 토지

　나. 또한, 「체육시설의 설치·이용에 관한 법률 시행령」 제20조 제1항 제3호에서는 구분 등록
　　대상의 하나로 조정지를 규정하면서 골프코스와는 별도로 오수처리 등을 위하여 설치한
　　것은 제외한다고 규정하고 있음.

다. 따라서, 「체육시설의 설치·이용에 관한 법률」에 따라 조정지로 구분 대상이 되는 경우라면 중과세 대상에 해당된다고 판단됨.

2) 원형보전지 관련

가. 중과세 대상이 되는 골프장은 「체육시설의 설치·이용에 관한 법률」의 규정에 의한 회원제 골프장용 부동산 중 구분등록의 대상이 되는 토지와 건축물 및 그 토지상의 입목이라고 규정하고 있으며, 구분등록의 대상이 되는 토지와 건축물은 「체육시설의 설치·이용에 관한 법률 시행령」 제20조 제3항에서 티그라운드·페어웨이·러프·해저드·그린 등의 골프코스와 주차장, 도로, 조정지, 조경지, 관리시설, 골프장의 유지·관리를 위한 용도로 사용되는 토지라고 규정하고 있음.

나. 따라서, 코스와 코스사이에 존치되는 원형보전지가 「체육시설의 설치·이용에 관한 법률 시행령」에 따른 구분등록 대상이 아니라면 중과세 대상이 아니라고 판단됨. 다만, 구분등록 되어 있지 않은 원형보전지의 경우라도 「체육시설의 설치·이용에 관한 법률 시행령」에 따른 구분등록 대상이 되는 토지라면 중과세 대상에 해당된다고 판단됨(지방세운영 - 598, 2013.2.28.).

3) 주 택(지법 제111조① 제3호)

㈎ 별장 : 2023.3.14. 지방세법 제111조 개정으로 삭제됨.

㈏ 그 밖의 주택

과세표준	세 율
6천만원 이하	1,000분의 1
6천만원 초과 1억5천만원 이하	60,000원＋6천만원 초과금액의 1,000분의 1.5
1억5천만원 초과 3억원 이하	195,000원＋1억5천만원 초과금액의 1,000분의 2.5
3억원 초과	570,000원＋3억원 초과금액의 1,000분의 4

| 1세대 1주택에 대한 특례세율(지법 제111조의2①) |

과세표준	세 율
6천만원 이하	1,000분의 0.5
6천만원 초과 1억5천만원 이하	30,000원＋6천만원 초과금액의 1,000분의 1
1억5천만원 초과 3억원 이하	120,000원＋1억5천만원 초과금액의 1,000분의 2
3억원 초과	420,000원＋3억원 초과금액의 1,000분의 3.5

* 1세대 1주택에 대한 세율 특례 적용대상은 시가표준액 9억원 이하인 주택에 한정한다.

* 지방세법 제111조의2(1세대 1주택에 대한 세율 특례) 개정규정은 시행일(2021.1.1.)부터 6년이 되는 날(2026.12. 31)까지 성립한 납세의무에 한정하여 적용한다(2023.12.29. 법률 제19860호 부칙 개정).

한편, 주택에 대한 재산세 세율 특례 적용대상 1세대 1주택의 범위는 지방세법 시행령 제110조의2(생략)에 규정되어 있다.

세율 적용

주택에 대한 재산세는 주택별로 지방세법 제111조 제1항 제3호의 세율 또는 제111조의2 제1항의 세율을 적용한다. 이 경우 다가구주택은 1가구가 독립하여 구분사용할 수 있도록 분리된 부분을 1구의 주택으로 보며, 그 부속토지는 건물면적의 비율에 따라 각각 나눈 면적을 1구의 부속토지로 본다(지법 제113조②, 지령 제112조).

신탁된 주택의 주택수

1세대 1주택의 재산세율 적용에 따른 1세대 1주택의 해당 여부를 판단할 때 「신탁법」에 따라 신탁된 주택은 위탁자의 주택 수에 가산한다(지법 제111조의2②).

(2) 표준세율의 가감조정

지방자치단체의 장은 특별한 재정수요나 재해 등의 발생으로 재산세의 세율 조정이 불가피하다고 인정되는 경우 조례로 정하는 바에 따라 지방세법 제111조 제1항(토지·건축물·일반주택의 세율)의 표준세율의 100분의 50의 범위에서 가감할 수 있다. 다만, 가감한 세율은 해당 연도에만 적용한다(지법 제111조③). 따라서 표준세율의 가감조정으로 인하여 재산세의 실제 적용세율은 지방자치단체의 지방세 조례를 확인해 보아야 한다. 그리고 1세대 1주택에 대한 특례세율에 대해서는 표준세율의 가감조정이 적용되지 아니한다.

(3) 세부담의 상한

해당 재산에 대한 재산세의 산출세액이 직전 연도의 해당 재산에 대한 재산세액 상당액의 일정 범위를 초과하는 경우에는 아래의 범위에 해당하는 금액을 해당 연도에 징수할 세액으로 한다(지법 제122조). 다만, 주택의 경우에는 적용하지 아니한다(지법 제122조 단서). 2024.1.1.부터 주택의 경우에는 지방세법 제110조(과세표준) 제3항에 주택의 과세표준상한액을 별도로 규정

(앞의 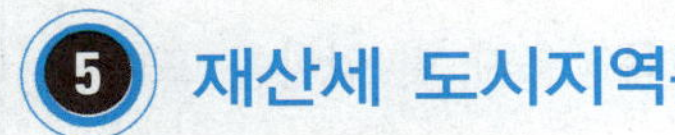 과세표준 참조)하고 있다.

(일반적인 경우)

세부담의 상한 = 직전 연도의 해당 재산에 대한 재산세액 상당액의 100분의 150

⑤ 재산세 도시지역분

(1) 과세대상

재산세 도시지역분은 「국토의 계획 및 이용에 관한 법률」 제6조 제1호에 따른 도시지역 중 해당 지방의회의 의결을 거쳐 고시한 지역(이하 "재산세 도시지역분 적용대상 지역"이라 한다) 안에 있는 일정한 토지, 건축물 또는 주택(이하 "토지등"이라 한다)을 과세대상으로 한다(지법 제112조① 전단).

(2) 토지, 건축물 또는 주택의 범위

재산세 도시지역분의 과세대상인 토지, 건축물 또는 주택이란 아래에서 열거하는 것을 말한다(지령 제111조).

① 토지 : 재산세 과세대상 토지 중 전·답·과수원·목장용지·임야를 제외한 토지와 「도시개발법」에 따라 환지 방식으로 시행하는 도시개발구역의 토지로서 환지처분의 공고가 된 모든 토지(혼용방식으로 시행하는 도시개발구역 중 환지 방식이 적용되는 토지를 포함한다).

> **과세제외 토지**
>
> 재산세 도시지역분 적용대상 지역 안에 있는 토지 중 「국토의 계획 및 이용에 관한 법률」에 따라 지형도면이 고시된 공공시설용지 또는 개발제한구역으로 지정된 토지 중 지상건축물, 골프장, 유원지, 그 밖의 이용시설이 없는 토지는 과세대상에서 제외한다(지법 제112조③).

재산세 도시지역분 과세대상 토지는 다음의 어느 하나에 해당하는 토지로 한다(지칙 제57조).
(ㄱ)「도시개발법」에 따라 환지 방식으로 시행하는 도시개발구역(혼용방식으로 시행하는 도시개발구역 중 환지 방식이 적용되는 토지를 포함한다. 이하 같다) 외의 지역 및 환지처분의 공고가 되지 아니한 도시개발구역 : 전·답·과수원·목장용지 및 임야를 제외한 모든 토지
(ㄴ) 환지처분의 공고가 된 도시개발구역 : 전·답·과수원·목장용지 및 임야를 포함한 모든 토지
(ㄷ)「국토의 계획 및 이용에 관한 법률」에 따른 개발제한구역 : 지상건축물, 지방세법 시행령 제28조에 따른 별장 또는 고급주택, 골프장, 유원지, 그 밖의 이용시설이 있는 토지

② 건축물 : 재산세 과세대상 건축물
③ 주택 : 재산세 과세대상 주택. 다만,「국토의 계획 및 이용에 관한 법률」에 따른 개발제한구역에서는 고급주택(과세기준일 현재의 시가표준액을 기준으로 판단한다)만 해당한다.

(3) 세 율

지방자치단체의 장은 조례로 정하는 바에 따라 아래 ①에 따른 세액에 ②에 따른 세액을 합산하여 산출한 세액을 재산세액으로 부과할 수 있다(지법 제112조① 후단).
① 지방세법 제110조의 과세표준에 제111조의 세율 또는 제111조의2 제1항의 세율을 적용하여 산출한 세액(지법 제112조① 제1호).〈일반 재산세액〉
② 지방세법 제110조에 따른 토지등의 과세표준에 1천분의 1.4를 적용하여 산출한 세액(지법 제112조① 제2호).〈재산세 도시지역분〉

그리고 지방자치단체의 장은 해당 연도분의 재산세 도시지역분 세율을 조례로 정하는 바에 따라 1천분의 2.3을 초과하지 아니하는 범위에서 다르게 정할 수 있다(지법 제112조②).

(1) 국가, 지방자치단체 등 소유 재산에 대한 비과세

국가, 지방자치단체, 지방자치단체조합, 외국정부 및 주한국제기구의 소유에 속하는 재산에 대하여는 재산세를 부과하지 아니한다. 다만, 다음의 어느 하나에 해당하는 재산에 대하여는 재산세를 부과한다(지법 제109조①).

① 대한민국 정부기관의 재산에 대하여 과세하는 외국정부의 재산

② 지방세법 제107조 제2항 제4호에 따라 매수계약자에게 납세의무가 있는 재산

(2) 공용 또는 공공용으로 사용하는 재산에 대한 비과세

국가, 지방자치단체 또는 지방자치단체조합이 1년 이상 공용 또는 공공용으로 사용(1년 이상 사용할 것이 계약서 등에 의하여 입증되는 경우를 포함한다)하는 재산에 대하여는 재산세를 부과하지 아니한다. 다만, 다음의 어느 하나에 해당하는 경우에는 재산세를 부과한다(지법 제109조②).

① 유료로 사용하는 경우

② 소유권의 유상이전을 약정한 경우로서 그 재산을 취득하기 전에 미리 사용하는 경우

(3) 도로·하천 등에 대한 비과세

다음의 재산(지방세법 제13조 제5항〈사치성 재산〉에 따른 과세대상은 제외한다)에 대하여는 재산세를 부과하지 아니한다. 다만, 수익사업에 사용하는 경우와 해당 재산이 유료로 사용되는 경우의 그 재산(아래 ③ 및 ⑤의 재산은 제외한다) 및 해당 재산의 일부가 그 목적에 직접 사용되지 아니하는 경우의 그 일부 재산에 대하여는 재산세를 부과한다(지법 제109조③). "수익사업"이란 「법인세법」 제4조 제3항에 따른 수익사업을 말한다(지령 제107조).

① 도로·하천·제방·구거·유지 및 묘지로 일정한 토지

② 「산림보호법」 제7조에 따른 산림보호구역, 그 밖에 공익상 재산세를 부과하지 아니할 타당한 이유가 있는 것으로서 일정한 토지

③ 임시로 사용하기 위하여 건축된 건축물로서 재산세 과세기준일 현재 1년 미만의 것

④ 비상재해구조용, 무료도선용, 선교 구성용 및 본선에 속하는 전마용 등으로 사용하는 선박

⑤ 행정기관으로부터 철거명령을 받은 건축물 등 재산세를 부과하는 것이 적절하지 아니한 건축물 또는 주택(「건축법」 제2조 제1항 제2호〈건축물의 정의〉에 따른 건축물 부분으로 한정한다)으로서 일정한 것

부동산개발 관련 해석·판단사례

■ 국가 등에 기부채납 예정인 건축물에 대한 재산세 비과세 여부

> **해석**
>
> • "기부채납은 기부자가 그의 소유재산을 국가 또는 지방자치단체의 공유재산으로 증여하는 의사표시를 하고 국가 등은 이를 승낙하는 채납의 의사표시를 함으로써 성립하는 증여계약이고, 증여계약의 주된 내용은 기부자가 그의 소유재산에 대하여 가지고 있는 소유권 즉 사용·수익권 및 처분권을 무상으로 지방자치단체에 양도하는 것"(대법원 1996.11.8. 선고 96다20581 판결 참조)이므로, 쟁점 건축물의 경우에도 국가 등이 원시취득하는 것이 아닌 ○○기술원의 소유로 된 후 국가 등에 이전된다고 보아야 할 것임.
>
> • 따라서 △△부 소유의 국유지에 신축된 쟁점 건축물이 상업목적이 아닌 ○○기술 및 산업 발전에 필요한 연구시설로서 △△부의 승인을 받아 신축하였다 하더라도, 이는 「국유재산법 시행규칙」 제19조에 따라 행정재산의 사용허가를 받은 자가 그 재산에 대하여 유지·보수 외의 추가적인 시설 설치를 위하여 소관 중앙관서의 승인을 받은 것으로, 준공 후 △△부로 기부채납하는 등의 승인조건이 있는 점에 있어서도 신축 승인을 근거로 △△부가 쟁점 건축물에 대한 사용·수익·처분권을 행사할 수 있는 지위에 있다고 보기는 어렵다고 판단되며,
>
> • 재산세 비과세 대상은 국가의 '소유' 재산으로 한정하고 있으므로, 쟁점 건축물에 대하여 준공 및 사용승인을 받았지만 과세기준일 현재 기부채납이 예정되어 있을 뿐 실제로 기부채납 절차가 이행되지 않았다면 국가가 취득한 재산으로서 비과세 대상으로 보기 어렵다고 판단됨(부동산세제-2516, 2020.9.22.).

⑦ 부과·징수

재산세의 과세기준일은 매년 6월 1일로 하며(지법 제114조), 재산세의 납기는 다음과 같다(지법 제115조①).

① 토지 : 매년 9월 16일부터 9월 30일까지

② 건축물 : 매년 7월 16일부터 7월 31일까지

③ 주택 : 해당 연도에 부과·징수할 세액의 2분의 1은 매년 7월 16일부터 7월 31일까지,

나머지 2분의 1은 9월 16일부터 9월 30일까지. 다만, 해당 연도에 부과할 세액이 20만원 이하인 경우에는 조례로 정하는 바에 따라 납기를 7월 16일부터 7월 31일까지로 하여 한꺼번에 부과·징수할 수 있다.

⑧ 신고의무

다음의 어느 하나에 해당하는 자는 과세기준일부터 15일 이내에 그 소재지를 관할하는 지방자치단체의 장에게 그 사실을 알 수 있는 증거자료를 갖추어 신고하여야 한다(지법 제120조①).

① 재산의 소유권 변동 또는 과세대상 재산의 변동 사유가 발생하였으나 과세기준일까지 그 등기·등록이 되지 아니한 재산의 공부상 소유자

② 상속이 개시된 재산으로서 상속등기가 되지 아니한 경우에는 지방세법 제107조 제2항 제2호에 따른 주된 상속자

③ 사실상 종중재산으로서 공부상에는 개인 명의로 등재되어 있는 재산의 공부상 소유자

④ 수탁자 명의로 등기·등록된 신탁재산의 수탁자

⑤ 1세대가 둘 이상의 주택을 소유하고 있음에도 불구하고 지방세법 제111조의2 제1항에 따른 세율을 적용받으려는 경우에는 그 세대원

⑥ 공부상 등재현황과 사실상의 현황이 다르거나 사실상의 현황이 변경된 경우에는 해당 재산의 사실상 소유자

종합부동산세법은 고액의 부동산 보유자에 대해 종합부동산세를 부과하여 부동산 보유에 대한 조세부담의 형평성을 제고하고, 부동산의 가격안정을 도모함으로써 지방재정의 균형 발전과 국민경제의 건전한 발전에 이바지함을 목적으로 한다(종부법 제1조). 종합부동산세는 과세대상 주택과 토지에 대해 공시가격이 일정금액을 초과하는 경우에 부과된다. 부동산개발과 관련된 종합부동산세에 대해 아래에서 서술한다.

 ## 과세기준일

종합부동산세의 과세기준일은 「지방세법」 제114조에 따른 재산세의 과세기준일(매년 6월 1일)로 한다(종부법 제3조).

 ## 주택에 대한 과세

"주택"은 세대의 세대원이 장기간 독립된 주거생활을 영위할 수 있는 구조로 된 건축물의 전부 또는 일부 및 그 부속토지를 말하며, 단독주택과 공동주택으로 구분한다. 이 경우 토지와 건축물의 범위에서 주택은 제외한다(종부법 제2조 제3호).

(1) 납세의무자

1) 일반적인 경우

과세기준일(매년 6월 1일) 현재 주택분 재산세의 납세의무자는 종합부동산세를 납부할 의무가 있다(종부법 제7조①).

2) 신탁재산인 경우

「신탁법」 제2조에 따른 수탁자(이하 "수탁자"라 한다)의 명의로 등기 또는 등록된 신탁 재산으로서 주택(이하 "신탁주택"이라 한다)의 경우에는 위탁자(「주택법」에 따른 지역주택 조합 및 직장주택조합이 조합원이 납부한 금전으로 매수하여 소유하고 있는 신탁주택의 경우에는 해당 지역주택조합 및 직장주택조합을 말한다. 이하 "위탁자"라 한다)가 종합부동산세를 납부할 의무가 있다. 이 경우 위탁자가 신탁주택을 소유한 것으로 본다(종부법 제7조②).

3) 수탁자의 물적납세의무

신탁주택의 위탁자가 다음의 어느 하나에 해당하는 종합부동산세 또는 강제징수비(이하 "종합부동산세등"이라 한다)를 체납한 경우로서 그 위탁자의 다른 재산에 대하여 강제징수를 하여도 징수할 금액에 미치지 못할 때에는 해당 신탁주택의 수탁자는 그 신탁주택으로써 위탁자의 종합부동산세등을 납부할 의무가 있다(종부법 제7조의2).

① 신탁 설정일 이후에 「국세기본법」 제35조 제2항에 따른 법정기일이 도래하는 종합부동산세로서 해당 신탁주택과 관련하여 발생한 것
② 위 ①의 금액에 대한 강제징수 과정에서 발생한 강제징수비

(2) 과세표준

주택에 대한 종합부동산세의 과세표준은 납세의무자별로 주택의 공시가격을 합산한 금액에서 다음의 금액을 공제한 금액에 부동산 시장의 동향과 재정 여건 등을 고려하여 100분의 60부터 100분의 100까지의 범위에서 대통령령(아래 표 참조)으로 정하는 공정시장가액비율을 곱한 금액으로 한다. 다만, 그 금액이 영보다 작은 경우에는 영으로 본다(종부법 제8조①).

① 대통령령(아래 표 참조)으로 정하는 1세대 1주택자(이하 "1세대 1주택자"라 한다)
: 12억원
② 종합부동산세법 제9조 제2항 각 호의 세율이 적용되는 법인 또는 법인으로 보는 단체
: 0원
③ 위 ① 및 ②에 해당하지 아니하는 자 : 9억원

> 과세표준 = 〔주택의 공시가격을 합산한 금액 − 9억원(1세대 1주택자 : 12억원, 법인 등 : 0원)〕 × 공정시장가액비율(60%)

공정시장가액비율

"공정시장가액비율"이란 100분의 60을 말하되, 2019년부터 2021년까지 납세의무가 성립하는 종합부동산세에 대해서는 다음의 연도별 비율을 말한다(종부령 제2조의4①).

① 2019년 : 100분의 85
② 2020년 : 100분의 90
③ 2021년 : 100분의 95

1세대 1주택자로 보는 경우

❏ 종합부동산세법 시행령 제2조의3

① 종합부동산세법 제8조 제1항 제1호 본문에서 "대통령령으로 정하는 1세대 1주택자"란 세대원 중 1명만이 주택분 재산세 과세대상인 1주택만을 소유한 경우로서 그 주택을 소유한 「소득세법」 제1조의2 제1항 제1호에 따른 거주자를 말한다. 이 경우 「건축법 시행령」 별표 1 제1호 다목에 따른 다가구주택은 1주택으로 보되, 제3조에 따른 합산배제 임대주택으로 같은 조 제9항에 따라 신고한 경우에는 1세대가 독립하여 구분 사용할 수 있도록 구획된 부분을 각각 1주택으로 본다.

② 제1항에 따른 1세대 1주택자 여부를 판단할 때 다음 각 호의 주택은 1세대가 소유한 주택 수에서 제외한다. 다만, 제1호는 각 호 외의 주택을 소유하는 자가 과세기준일 현재 그 주택에 주민등록이 되어 있고 실제로 거주하고 있는 경우에 한정하여 적용한다.

1. 종합부동산세법 시행령 제3조 제1항 각 호(제5호는 제외한다)의 어느 하나에 해당하는 주택(합산배제 임대주택)으로서 같은 조 제9항에 따른 합산배제 신고를 한 주택

2. 삭제 (2012.2.2.)

3. 종합부동산세법 시행령 제4조 제1항 각 호에 해당하는 주택(합산배제 사원용주택등)으로서 같은 조 제5항에 따라 합산배제 신고를 한 주택

❏ 종합부동산세법 제8조 제4항, 제5항

④ 종합부동산세법 제8조 제1항을 적용할 때 다음 각 호의 어느 하나에 해당하는 경우에는 1세대 1주택자로 본다.

1. 1주택(주택의 부속토지만을 소유한 경우는 제외한다)과 다른 주택의 부속토지(주택의 건물과 부속토지의 소유자가 다른 경우의 그 부속토지를 말한다)를 함께 소유하고 있는 경우

2. 1세대 1주택자가 1주택을 양도하기 전에 다른 주택을 대체취득하여 일시적으로 2주택이 된 경우로서 대통령령(아래 참조)으로 정하는 경우

3. 1주택과 상속받은 주택으로서 대통령령(아래 참조)으로 정하는 주택(이하 "상속주택"이라 한다)을 함께 소유하고 있는 경우

4. 1주택과 주택 소재 지역, 주택 가액 등을 고려하여 대통령령(아래 참조)으로 정하는 지방 저가주택(이하 "지방 저가주택"이라 한다)을 함께 소유하고 있는 경우

⑤ 제4항 제2호부터 제4호까지의 규정을 적용받으려는 납세의무자는 해당 연도 9월 16일부터 9월 30일까지 대통령령(아래 참조)으로 정하는 바에 따라 관할 세무서장에게 신청하여야 한다.

❑ 종합부동산세법 시행령 제4조의2

① 법 제8조 제4항 제2호에서 "대통령령으로 정하는 경우"란 1세대 1주택자가 보유하고 있는 주택을 양도하기 전에 다른 1주택(이하 이 항에서 "신규주택"이라 한다)을 취득(자기가 건설하여 취득하는 경우를 포함한다)하여 2주택이 된 경우로서 과세기준일 현재 신규주택을 취득한 날부터 3년이 경과하지 않은 경우를 말한다.

② 법 제8조 제4항 제3호에서 "대통령령으로 정하는 주택"이란 상속을 원인으로 취득한 주택(「소득세법」 제88조 제9호에 따른 조합원입주권 또는 같은 조 제10호에 따른 분양권을 상속받아 사업시행 완료 후 취득한 신축주택을 포함한다)으로서 다음 각 호의 어느 하나에 해당하는 주택을 말한다.

1. 과세기준일 현재 상속개시일부터 5년이 경과하지 않은 주택

2. 지분율이 100분의 40 이하인 주택

3. 지분율에 상당하는 공시가격이 6억원(수도권 밖의 지역에 소재하는 주택의 경우에는 3억원) 이하인 주택

③ 법 제8조 제4항 제4호에서 "대통령령으로 정하는 지방 저가주택"이란 다음 각 호의 요건을 모두 충족하는 1주택을 말한다.

1. 공시가격이 4억원 이하일 것

2. 다음 각 목의 어느 하나에 해당하는 지역에 소재하는 주택일 것

　가. 수도권 밖의 지역 중 광역시 및 특별자치시가 아닌 지역

　나. 수도권 밖의 지역 중 광역시에 소속된 군

　다. 「세종특별자치시 설치 등에 관한 특별법」 제6조 제3항에 따른 읍·면

　라. 서울특별시를 제외한 수도권 중 「지방자치분권 및 지역균형발전에 관한 특별법」 제2조 제12호에 따른 인구감소지역이면서 「접경지역 지원 특별법」 제2조 제1호에 따른 접경지역에 해당하는 지역으로서 부동산 가격의 동향 등을 고려하여 기획재정부령으로 정하는 지역

④ 법 제8조 제5항에 따라 1세대 1주택자의 적용을 신청하려는 납세의무자는 기획재정부령으로 정하는 신청서를 관할 세무서장에게 제출해야 한다.

⑤ 법 제8조 제5항에 따른 신청을 한 납세의무자는 최초의 신청을 한 연도의 다음 연도부터는 그 신청 사항에 변동이 없으면 신청하지 않을 수 있다.

(3) 합산배제 주택

종합부동산세 합산배제 주택에 대한 규정은 임대사업자를 지원하거나 미분양 주택을 해소하기 위한 정책으로 시행되었다. 하지만 임대사업자에 대한 합산배제규정은 부동산가격 상승 논란 등으로 대부분 시행이 종료되었고 현재는 법 시행기간 중이었을 때 요건을 충족한 종전 임대사업자에 대한 효력을 유지하기 위한 규정과 공공임대주택, 장기일반민간임대주택에 대한 규정만 시행되고 있다. 반면에 정책적인 목적을 위한 합산배제 규정은 계속 시행 중에 있다. 아래에서는 부동산개발과 관련한 종합부동산세 합산배제대상 주요 내용에 대해 서술하고 전체 내용은 표로 요약한다.

ⅰ. 합산배제 미분양 주택

1) 대상사업자

종합부동산세 과세기준일 현재 사업자등록을 한 다음의 어느 하나에 해당하는 자가 건축하여 소유하는 주택으로서 아래 2)의 합산배제대상 미분양 주택은 과세표준 합산의 대상이 되는 주택의 범위에 포함되지 아니하는 것으로 본다(종부법 제8조② 제2호, 종부령 제4조① 제3호).
㉮ 「주택법」 제15조에 따른 사업계획승인을 얻은 자
㉯ 「건축법」 제11조에 따른 허가를 받은 자

2) 합산배제대상 미분양 주택의 범위

"합산배제대상 미분양 주택"이란 주택을 신축하여 판매하는 자가 소유한 다음의 어느 하나에 해당하는 미분양 주택을 말한다(종부칙 제4조).
① 「주택법」 제15조에 따른 사업계획승인을 얻은 자가 건축하여 소유하는 미분양 주택으로서 2005년 1월 1일 이후에 주택분 재산세의 납세의무가 최초로 성립하는 날부터 5년이 경과하지 않은 주택
② 「건축법」 제11조에 따른 허가를 받은 자가 건축하여 소유하는 미분양 주택으로서 2005년 1월 1일 이후에 주택분 재산세의 납세의무가 최초로 성립하는 날부터 5년이 경과하지 않은 주택

「종합부동산세법 시행령」 제4조 제1항 제3호의 "과세기준일 현재 「소득세법」 제168조 또는 「법인세법」 제111조의 규정에 의한 사업자등록을 한 자가 건축하여 소유하는 주택으로서 같은 법 시행규칙 제4조의 미분양 주택"에는 과세기준일 이전에 분양계약을 체결하고 과세기준일 현재 잔금 청산 또는 소유권이전등기가 되지 아니한 주택이 포함된다(집행기준 8-4-3).

ⅱ. 미분양 주택의 민간건설임대주택 전환시 합산배제

주택법에 따라 등록한 주택건설사업자가 사업계획승인을 받아 건설한 주택 중 사용검사 때까지 분양되지 아니하여 임대하는 주택도 민간건설임대주택에 해당한다(민특법 제2조 제2호). 따라서 주택건설사업자가 분양목적으로 주택을 건설하였으나 미분양이 발생하여 종합부동산 세법의 민간건설임대주택에 대한 합산배제 요건에 해당하는 경우 미분양 주택을 임대주택으로 전환하고 종합부동산세 합산배제를 신청할 수 있다.

1) 임대사업자 등록

임대사업자의 등록은 먼저 시장·군수·구청장에게 주택건설사업자가 소유하고 있는 미분양 주택을 민간건설임대주택으로서 등록을 하고 관할 세무서장에게 주택임대업 사업자 등록을 해야 한다. 이 경우 과세기준일 현재 임대를 개시한 자가 합산배제 신고기간(해당연도 9월 16일부터 9월 30일까지)의 종료일까지 임대사업자로서 사업자등록을 하는 경우에도 해당 연도 과세기준일 현재 임대사업자로서 사업자등록을 한 것으로 본다(종부령 제3조①).

2) 합산배제 민간건설임대주택의 요건

종합부동산세 합산배제 민간건설임대주택은 「민간임대주택에 관한 특별법」 제2조 제2호에 따른 민간건설임대주택으로서 다음 각 목의 요건을 모두 갖춘 주택을 말한다(종부령 제3조① 제4호).

㈎ 전용면적이 149제곱미터 이하일 것

㈏ 합산배제신고를 한 연도의 과세기준일 현재의 공시가격이 9억원 이하일 것

㈐ 「건축법」 제22조에 따른 사용승인을 받은 날 또는 「주택법」 제49조에 따른 사용검사 후 사용검사필증을 받은 날부터 과세기준일 현재까지의 기간 동안 임대된 사실이 없고, 그 임대되지 아니한 기간이 2년 이내일 것

ⅲ. 주택건설사업을 위한 멸실 목적 취득 주택

다음의 자가 주택건설사업을 위하여 멸실시킬 목적으로 취득하여 그 취득일부터 3년 이내에 멸실시키는 주택(기획재정부령으로 정하는 정당한 사유로 3년 이내에 멸실시키지 못한 주택을 포함한다)은 종합부동산세 과세표준 합산의 대상이 되는 주택의 범위에 포함되지 아니하는 것으로 본다(종부령 제4조① 제21호).

(개) 「공공주택 특별법」 제4조 제1항에 따라 지정된 공공주택사업자

(내) 「도시 및 주거환경정비법」 제24조부터 제28조까지의 규정에 따른 사업시행자

(대) 「도시재생 활성화 및 지원에 관한 특별법」 제44조에 따라 지정된 혁신지구재생사업의 시행자

(래) 「빈집 및 소규모주택 정비에 관한 특례법」 제17조, 제18조 및 제19조에 따른 사업시행자

(매) 「주택법」에 따른 주택조합 및 같은 법 제4조 제1항 본문에 따라 등록한 주택건설사업자 (같은 항 단서에 해당하여 등록하지 않은 자를 포함한다)

| 합산배제 임대주택 요약(종합부동산세법 시행령 제3조 제1항 관련) |

임대주택종류 (적용기한)	전용면적	주택 수	공시가격	임대기간	임대료
매입임대주택 (민간은 2018.3.31.까지, 공공은 계속 유지)	–	전국 1호 이상	30호 미만 : 6억원(비수도권 3억원) 이하, 30호 이상 : 9억원(비수도권 6억원) 이하	5년 이상[1]	연증가율[1] 5% 이하
건설임대주택 (민간은 2018.3.31.까지, 공공은 계속 유지)	149㎡ 이하	전국 2호 이상	30호 미만 : 9억원 이하, 30호 이상 : 12억원 이하	5년 이상[1]	연증가율[1] 5% 이하
기존임대주택 (2005.1.5. 이전)	국민주택 규모 이하	전국 2호 이상	3억원 이하	5년 이상	
미임대 민간건설임대주택	149㎡ 이하	–	9억원 이하	–	
리츠·펀드매입임대주택 (2008.1.1.~12.31.)	149㎡ 이하	비수도권 5호 이상	6억원 이하	10년 이상	

임대주택종류 (적용기한)	전용면적	주택 수	공시가격	임대기간	임대료
미분양 매입임대주택 (2008.6.11.~2009.6.30.)	149㎡ 이하	비수도권 5호 이상	3억원 이하	5년 이상	
매입임대주택 중 장기일반민간임대주택 (민간매입 아파트 제외) 등3)	–	전국 1호 이상	30호 미만 : 6억원(비수도권 3억원) 이하, 30호 이상 : 9억원(비수도권 6억원) 이하	10년 이상2)	연 증가율 5% 이하
건설임대주택 중 장기일반민간임대주택 (민간건설 아파트 포함) 등	149㎡ 이하	전국 2호 이상	30호 미만 : 9억원 이하, 30호 이상 : 12억원 이하	10년 이상2)	연 증가율 5% 이하
매입임대주택 중 단기민간임대주택 (아파트 제외)	–	전국 1호 이상	4억원(비수도권 2억원) 이하	6년 이상	연 증가율 5% 이하
건설임대주택 중 단기민간임대주택 (아파트 제외)	149㎡ 이하	전국 2호 이상	6억원 이하	6년 이상	연 증가율 5% 이하

1) 민간건설(매입)임대주택의 경우는 2018.3.31.까지 임대사업자 등록과 사업자등록을 한 주택으로 한정, 공공건설(매입)임대주택의 경우는 계속 유지함. 「공공주택 특별법」 제49조 제4항에 따라 임대보증금 또는 임대료를 증액하는 경우에는 임대보증금 또는 임대료의 증가율이 100분의 5를 초과하지 않을 것의 요건을 적용하지 않음.
2) 2020.10.1. 개정(2020.8.18. 이후 등록 신청한 경우부터 적용, 2020.8.18. 전 등록 신청한 경우는 의무임대기간 8년 적용)
3) 적용 제외되는 주택(종부령 제3조 제1항 제8호 나목)
   ① 1세대가 국내에 1주택 이상을 보유한 상태에서 세대원이 새로 취득(제7항 제2호 또는 제7호에 따라 임대기간이 합산되는 경우의 취득은 제외한다)한 조정대상지역(「주택법」 제63조의2 제1항 제1호에 따른 조정대상지역을 말한다. 이하 같다)에 있는 「민간임대주택에 관한 특별법」 제2조 제5호에 따른 장기일반민간임대주택[조정대상지역의 공고가 있은 날 이전에 주택(주택을 취득할 수 있는 권리를 포함한다)을 취득하거나 취득하기 위하여 매매계약을 체결하고 계약금을 지급한 사실이 증빙서류에 의하여 확인되는 경우는 제외한다]
   ② 법인 또는 법인으로 보는 단체가 조정대상지역의 공고가 있은 날(이미 공고된 조정대상지역의 경우 2020년 6월 17일을 말한다)이 지난 후에 사업자등록등을 신청(임대할 주택을 추가하기 위한 등록사항의 변경신고를 포함하며, 제7항 제7호에 따라 임대기간이 합산되는 경우는 멸실된 주택에 대한 신청을 말한다)한 조정대상지역에 있는 「민간임대주택에 관한 특별법」 제2조 제5호에 따른 장기일반민간임대주택
   ③ 2020년 7월 11일 이후 종전의 「민간임대주택에 관한 특별법」 제5조 제1항에 따라 등록 신청한 같은 법 제2조 제5호에 따른 장기일반민간임대주택 중 아파트를 임대하는 민간매입임대주택
   ④ 종전의 「민간임대주택에 관한 특별법」 제2조 제6호에 따른 단기민간임대주택으로서 2020년 7월 11일

이후 같은 법 제5조 제3항에 따라 같은 법 제2조 제4호에 따른 공공지원민간임대주택 또는 같은 조 제5호에 따른 장기일반민간임대주택으로 변경신고한 주택

※ "장기일반민간임대주택"이란 임대사업자가 공공지원민간임대주택이 아닌 주택을 10년 이상 임대할 목적으로 취득하여 임대하는 민간임대주택[아파트(「주택법」 제2조 제20호의 도시형 생활주택이 아닌 것을 말한다)를 임대하는 민간매입임대주택은 제외한다]을 말한다(민간임대주택에 관한 특별법 제2조 제5호).

| 합산배제 사원용주택 등 요약(종합부동산세법 시행령 제4조 관련) |

주택종류	비과세 요건
사원용주택	종업원에게 무상 또는 저가로 제공, 국민주택규모 이하 또는 과세기준일 현재 공시가격 6억원 이하
기숙사	종업원의 주거에 제공(건축법 시행령 별표1의 기숙사)
주택건설업자의 미분양 주택	주택건설사업자(주택신축판매업자)가 소유한 미분양 주택으로 사용승인(검사)일로부터 5년 미경과한 주택
어린이집용 주택	소득세법에 따른 고유번호를 부여받은 후 5년 이상 계속 운영
대물변제 주택	시공자가 시행자로부터 대물변제받은 미분양 주택으로서 공사대금으로 받은 날 이후 해당 주택의 주택분 재산세의 납세의무가 최초로 성립한 날부터 5년 미경과한 주택
연구기관의 연구원용 주택	2008.12.31. 현재 정부출연 연구기관이 보유한 연구원용 주택
등록문화유산	「근현대문화유산의 보존 및 활용에 관한 법률」에 따른 등록문화유산
부동산투자회사 미분양 주택	기업구조조정부동산투자회사등이 직접 취득하는 일정요건의 미분양 주택
신탁업자 미분양 주택	시공자가 채권을 발행하여 조달한 금전을 신탁받은 신탁업자가 2010.2.11.까지 직접 취득하는 일정 요건의 미분양 주택
노인복지주택	노인복지주택을 설치한 자가 소유한 해당 노인복지주택
향교 또는 향교재단 소유 주택부속토지	향교재산법에 따른 향교 또는 향교재단이 소유한 주택의 부속토지(주택의 건물과 부속토지의 소유자가 다른 경우)
공동출자부동산투자회사 등이 매입하는 주택	주택도시기금과 한국토지주택공사가 공동으로 출자하여 설립한 부동산 투자회사 등이 매입하는 주택 * 요건 : 매입시점에 거주자가 거주하고 있는 주택으로서 해당 주택 외에 거주자가 속한 세대가 보유하는 주택이 없고 해당 거주자에게 매입한 주택을 5년 이상 임대하고 임대기간 종료 후에 그 주택을 재매입할 수 있는 권리가 부여되며, 매입 당시 해당 주택의 공시가격이 5억원 이하일 것
토지임대부 분양주택	「주택법」 제2조 제9호에 따른 토지임대부 분양주택의 부속토지
토지임대부 분양주택의 토지주택공사 보유분	「주택법」 제78조의2에 따른 토지임대부 분양주택의 공공매입신청에 따라 한국토지주택공사가 취득하여 보유하는 주택

주택종류	비과세 요건
주택건설사업을 위한 멸실 목적 취득 주택	다음의 자가 주택건설사업을 위하여 멸실시킬 목적으로 취득하여 그 취득일부터 3년 이내에 멸실시키는 주택(정당한 사유로 3년 이내에 멸실시키지 못한 주택을 포함) ㉮ 「공공주택 특별법」에 따라 지정된 공공주택사업자 ㉯ 「도시 및 주거환경정비법」에 따른 사업시행자 ㉰ 「도시재생 활성화 및 지원에 관한 특별법」에 따라 지정된 혁신지구 재생사업의 시행자 ㉱ 「빈집 및 소규모주택 정비에 관한 특례법」에 따른 사업시행자 ㉲ 「주택법」에 따른 주택조합 등록한 주택건설사업자(일정한 사유에 해당하여 등록하지 않은 자를 포함)
공공건설(매입)임대주택의 부속토지	공공건설임대주택 또는 공공매입임대주택의 부속토지(주택의 건물과 부속토지의 소유자가 다른 경우의 그 부속토지를 말함)
장기일반민간임대주택 등의 부속토지	장기일반민간임대주택등의 부속토지(주택의 건물과 부속토지의 소유자가 다른 경우의 그 부속토지를 말함)로서 그 소유자가 다음의 어느 하나에 해당하는 부속토지 ㉮ 공공주택사업자 ㉯ 공공주택사업자 또는 주택도시기금이 단독 또는 공동으로 직접 출자하여 설립하고 출자지분의 전부를 소유하고 있는 부동산투자회사
전통사찰보존지 내 주택의 부속토지	전통사찰보존지 내 주택의 부속토지(주택의 건물과 부속토지의 소유자가 다른 경우의 그 부속토지를 말함)로서 그 연간 사용료가 해당 부속토지 공시가격의 1천분의 20 이하인 부속토지
지분적립형 분양주택	공공주택사업자가 소유하는 지분적립형 분양주택(주택지분의 일부를 소유하는 경우에는 해당 지분을 말함)
기업구조조정 부동산투자회사 취득 미분양주택	기업구조조정 부동산투자회사가 2024년 3월 28일부터 2025년 12월 31일까지 직접 취득(2025년 12월 31일까지 매매계약을 체결하고 계약금을 납부한 경우를 포함)하는 수도권 밖의 지역에 있는 미분양주택(해당 주택을 취득한 날 이후 해당 주택의 주택분 재산세의 납세의무가 최초로 성립한 날부터 5년이 경과하지 않은 주택으로 한정)
공항시설관리자 또는 공항개발사업시행자 보유 주택	「공항소음 방지 및 소음대책지역 지원에 관한 법률」 제15조의2에 따른 구분소유권의 매수청구에 따라 같은 법 제2조 제5호에 따른 공항시설관리자 또는 같은 조 제6호에 따른 공항개발사업시행자가 취득하여 보유하는 주택

(4) 세율 및 세액

ⅰ. 주택분 종합부동산세액

주택에 대한 종합부동산세는 납세의무자가 소유한 주택 수에 따라 과세표준에 해당 세율을 적용하여 계산한 금액을 그 세액(주택분 종합부동산세액)으로 한다(종부법 제9조①).

1) 납세의무자가 2주택 이하를 소유한 경우 세율(종부법 제9조① 제1호)

과세표준	세 율
3억원 이하	1천분의 5
3억원 초과 6억원 이하	150만원＋(3억원을 초과하는 금액의 1천분의 7)
6억원 초과 12억원 이하	360만원＋(6억원을 초과하는 금액의 1천분의 10)
12억원 초과 25억원 이하	960만원＋(12억원을 초과하는 금액의 1천분의 13)
25억원 초과 50억원 이하	2천650만원＋(25억원을 초과하는 금액의 1천분의 15)
50억원 초과 94억원 이하	6천400만원＋(50억원을 초과하는 금액의 1천분의 20)
94억원 초과	1억5천200만원＋(94억원을 초과하는 금액의 1천분의 27)

2) 납세의무자가 3주택 이상을 소유한 경우 세율(종부법 제9조① 제2호)

과세표준	세 율
3억원 이하	1천분의 5
3억원 초과 6억원 이하	150만원＋(3억원을 초과하는 금액의 1천분의 7)
6억원 초과 12억원 이하	360만원＋(6억원을 초과하는 금액의 1천분의 10)
12억원 초과 25억원 이하	960만원＋(12억원을 초과하는 금액의 1천분의 20)
25억원 초과 50억원 이하	3천560만원＋(25억원을 초과하는 금액의 1천분의 30)
50억원 초과 94억원 이하	1억1천60만원＋(50억원을 초과하는 금액의 1천분의 40)
94억원 초과	2억8천660만원＋(94억원을 초과하는 금액의 1천분의 50)

□ 주택 수의 계산(종합부동산세법 시행령 제4조의3 제3항~제5항)

③ 법 제9조 제1항 및 제2항에 따라 주택분 종합부동산세액을 계산할 때 적용해야 하는 주택 수는 다음 각 호에 따라 계산한다.

1. 1주택을 여러 사람이 공동으로 소유한 경우 공동 소유자 각자가 그 주택을 소유한 것으로 본다.

　가. 삭제 (2022.2.15.)

나. 삭제 (2022.2.15.)

2. 「건축법 시행령」 별표 1 제1호 다목에 따른 다가구주택은 1주택으로 본다.

3. 다음 각 목의 주택은 주택 수에 포함하지 않는다.

가. 제3조 제1항 각 호(합산배제 임대주택) 및 제4조 제1항 각 호(합산배제 사원용주택 등)에 해당하는 주택

나. 상속을 원인으로 취득한 주택(「소득세법」 제88조 제9호에 따른 조합원입주권 또는 같은 조 제10호에 따른 분양권을 상속받아 사업시행 완료 후 취득한 신축주택을 포함한다)으로서 다음의 어느 하나에 해당하는 주택

1) 과세기준일 현재 상속개시일부터 5년이 경과하지 않은 주택

2) 지분율이 100분의 40 이하인 주택

3) 지분율에 상당하는 공시가격이 6억원(수도권 밖의 지역에 소재한 주택의 경우에는 3억원) 이하인 주택

다. 토지의 소유권 또는 지상권 등 토지를 사용할 수 있는 권원이 없는 자가 「건축법」 등 관계 법령에 따른 허가 등을 받지 않거나 신고를 하지 않고 건축하여 사용 중인 주택(주택을 건축한 자와 사용 중인 자가 다른 주택을 포함한다)의 부속토지

라. 법 제8조 제4항 제2호에 따라 1세대 1주택자로 보는 자가 소유한 제4조의2 제1항에 따른 신규주택

마. 법 제8조 제4항 제4호에 따라 1세대 1주택자로 보는 자가 소유한 제4조의2 제3항에 따른 지방 저가주택

바. 다음의 어느 하나에 해당하는 주택

1) 2024년 1월 10일부터 2027년 12월 31일까지 취득하는 주택으로서 다음의 요건을 모두 갖춘 소형 신축주택

가) 전용면적이 60제곱미터 이하일 것

나) 취득가액이 6억원(수도권 밖의 지역에 소재하는 주택의 경우에는 3억원) 이하일 것

다) 2024년 1월 10일부터 2027년 12월 31일까지의 기간 중에 준공된 것일 것

라) 아파트(「주택법」에 따른 도시형 생활주택인 아파트는 제외한다)에 해당하지 않을 것

마) 그 밖에 기획재정부령으로 정하는 요건을 갖출 것

2) 2024년 1월 10일부터 2025년 12월 31일까지 취득하는 주택으로서 다음의 요건을 모두 갖춘 준공 후 미분양주택

가) 전용면적이 85제곱미터 이하일 것

나) 취득가액이 6억원 이하일 것

다) 수도권 밖의 지역에 소재할 것

라) 그 밖에 기획재정부령으로 정하는 요건을 갖출 것

④ 제3항 제3호 나목, 다목 또는 바목을 적용받으려는 자는 법 제8조 제3항에 따른 주택의 보유현황 신고기간에 기획재정부령으로 정하는 서류를 관할 세무서장에게 제출해야 한다.

⑤ 제1항에 따른 주택분 재산세 표준세율의 적용방법, 제3항에 따른 주택 수 계산을 위한 주택 확인 절차 및 그 밖에 필요한 사항은 기획재정부령으로 정한다.

ⅱ. 법인 또는 법인으로 보는 단체의 세율

납세의무자가 법인 또는 법인으로 보는 단체인 경우 과세표준에 다음에 따른 세율을 적용하여 계산한 금액을 주택분 종합부동산세액으로 한다(종부법 제9조②).

1) 「상속세 및 증여세법」 제16조에 따른 공익법인등(이하 "공익법인등"이라 한다)이 직접 공익목적사업에 사용하는 주택만을 보유한 경우와 「공공주택 특별법」 제4조에 따른 공공주택사업자 등 사업의 특성을 고려하여 대통령령(아래 표 참조)으로 정하는 경우 : 종합부동산세법 제9조 제1항 제1호에 따른 세율[위 ⅰ. 1) 납세의무자가 2주택 이하를 소유한 경우 세율]

2) 공익법인등으로서 위 1)에 해당하지 아니하는 경우 : 종합부동산세법 제9조 제1항 각 호에 따른 세율[위 ⅰ. 1) 납세의무자가 2주택 이하를 소유한 경우 세율, 2) 납세의무자가 3주택 이상을 소유한 경우 세율]

3) 위 1) 및 2) 외의 경우 : 다음 각 목에 따른 세율

① 2주택 이하를 소유한 경우 : 1천분의 27

② 3주택 이상을 소유한 경우 : 1천분의 50

공공주택사업자 등 납세의무자가 다음의 법인 또는 법인으로 보는 단체인 경우는 위 ⅰ. 1)의 세율을 적용한다(종부령 제4조의4①).

① 공공주택사업자(「공공주택 특별법」 제4조 제1항 각 호에 해당하는 자로 한정한다)

② 삭제 (2023.9.5.)

③ 「주택법」 제2조 제11호의 주택조합

④ 「도시 및 주거환경정비법」 제24조부터 제28조까지 및 「빈집 및 소규모주택 정비에 관한 특례법」 제17조부터 제19조까지의 규정에 따른 사업시행자

⑤ 「민간임대주택에 관한 특별법」 제2조 제2호의 민간건설임대주택을 2호 이상 보유하고 있는 임대사업자로서 해당 민간건설임대주택과 다음에서 정하는 주택만을 보유한 경우

㉮ 종합부동산세법 제6조 제1항에 따라 재산세 비과세 규정을 준용하는 주택 및 「지방세법」 제109조에 따라 재산세 비과세 대상인 주택

㉯ 「공공주택 특별법」 제2조 제1호 가목에 따른 공공임대주택

㉰ 종합부동산세법 시행령 제4조 제1항 각 호(합산배제 사원용주택 등)의 어느 하나에 해당하는 주택

⑤-2 「도시개발법」 제21조의3 제1항에 따라 임대주택을 건설·공급해야 하는 사업시행자나 「도시재정비 촉진을 위한 특별법」 제30조 제4항 또는 제31조에 따라 임대주택을 건설·공급해야 하는 사업시행자로서 「민간임대주택에 관한 특별법」 제2조 제2호의 민간건설임대주택 2호 이상과 다음 각 목의 주택만을 보유한 경우

㉮ 법 제6조 제1항에 따라 재산세 비과세 규정을 준용하는 주택 및 「지방세법」 제109조에 따라 재산세 비과세 대상인 주택

㉯ 「공공주택 특별법」 제2조 제1호 가목에 따른 공공임대주택

㉰ 종합부동산세법 시행령 제4조 제1항 각 호(합산배제 사원용주택 등)의 어느 하나에 해당하는 주택

⑥ 다음의 요건을 모두 갖춘 「사회적기업 육성법」에 따른 사회적기업 또는 「협동조합 기본법」에 따른 사회적협동조합(이하 "사회적기업등"이라 한다)

㉮ 정관 또는 규약상의 설립 목적이 다음의 어느 하나에 해당할 것

ㄱ) 사회적기업등 구성원의 주택 공동 사용

ㄴ) 「사회적기업 육성법」에 따른 취약계층이나 「주거기본법」 제3조 제2호에 따른 주거지원이 필요한 계층에 대한 주거지원

㉯ ㉮에 따른 설립 목적에 사용되는 주택만을 보유하고 있을 것

⑦ 종중(宗中)

iii. 주택분 재산세액 공제

주택분 과세표준 금액에 대하여 해당 과세대상주택의 주택분 재산세로 부과된 세액(「지방세법」 제111조 제3항에 따라 가감조정된 세율이 적용된 경우에는 그 세율이 적용된 세액, 같은법 제122조에 따라 세부담 상한을 적용받은 경우에는 그 상한을 적용받은 세액을 말한다)은 주택분 종합부동산세액에서 이를 공제한다(종부법 제9조③).

종합부동산세법에 따른 주택분 종합부동산세액에서 공제하는 주택분 과세표준 금액에 대한 주택분 재산세로 부과된 세액은 다음 계산식에 따라 계산한 금액으로 한다(종부령 제4조의3①).

$$
\text{「지방세법」 제112조 제1항 제1호에 따라 주택분 재산세로 부과된 세액의 합계액} \times \frac{(\text{법 제8조 제1항에 따른 주택분 종합부동산세의 과세표준} \times \text{「지방세법 시행령」 제109조 제1항 제2호에 따른 공정시장가액비율}) \times \text{「지방세법」 제111조 제1항 제3호에 따른 표준세율}}{\text{주택을 합산하여 주택분 재산세 표준세율로 계산한 재산세 상당액}}
$$

ⅳ. 1세대 1주택자 공제액

주택분 종합부동산세 납세의무자가 1세대 1주택자에 해당하는 경우의 주택분 종합부동산세액은 종합부동산세법 제9조 제1항(주택분 종합부동산세액)·제3항(주택분 재산세액 공제) 및 제4항(주택수 계산 및 주택분 재산세액의 공제등)에 따라 산출된 세액에서 제6항(만 60세 이상 연령별 공제), 제7항(1세대 1주택자로 보는 경우 연령별 공제), 제8항(보유기간별 공제), 제9항(1세대 1주택자로 보는 경우 보유기간별 공제)에 따른 1세대 1주택자에 대한 공제액을 공제한 금액으로 한다. 이 경우 각각의 공제는 공제율 합계 100분의 80의 범위에서 중복하여 적용할 수 있다(종부법 제9조⑤).

1) 만 60세 이상인 1세대 1주택자의 공제액

과세기준일 현재 만 60세 이상인 1세대 1주택자의 공제액은 종합부동산세법 제9조 제1항(소유한 주택 수에 따라 과세표준에 해당 세율을 적용하여 계산한 주택분 종합부동산세액)·제3항(재산세로 부과된 세액의 공제) 및 제4항(공제되는 재산세액의 계산)에 따라 산출된 세액에 다음 표에 따른 연령별 공제율을 곱한 금액으로 한다(종부법 제9조⑥).

연 령	공제율
만 60세 이상 만 65세 미만	100분의 20
만 65세 이상 만 70세 미만	100분의 30
만 70세 이상	100분의 40

한편, 과세기준일 현재 만 60세 이상인 1세대 1주택자가 종합부동산세법 제8조 제4항 각 호(1세대 1주택자로 보는 경우)의 어느 하나에 해당하는 경우 종합부동산세법 제9조 제6항(과세기준일 현재 만 60세 이상인 1세대 1주택자의 공제액)에도 불구하고 해당 1세대 1주택자의 공제액은 종합부동산세법 제9조 제1항(소유한 주택 수에 따라 과세표준에 해당 세율을 적용하여 계산한 주택분 종합부동산세액)·제3항(재산세로 부과된 세액의 공제) 및

제4항(공제되는 재산세액의 계산)에 따라 산출된 세액에서 다음 각각에 해당하는 산출세액(공시가격합계액으로 안분하여 계산한 금액을 말한다)을 제외한 금액에 종합부동산세법 제9조 제6항의 표(위의 표)에 따른 연령별 공제율을 곱한 금액으로 한다(종부법 제9조⑦). 즉, 아래 각각의 산출세액에 대해서는 연령별 공제율을 적용하지 않는다.

① 종합부동산세법 제8조 제4항 제1호(1주택과 다른 주택의 부속토지를 함께 소유)에 해당하는 경우 : 주택의 부속토지(주택의 건물과 부속토지의 소유자가 다른 경우의 그 부속토지를 말한다)분에 해당하는 산출세액

② 종합부동산세법 제8조 제4항 제2호(1세대 1주택자가 1주택을 양도하기 전에 다른 주택을 대체취득하여 일시적 2주택)에 해당하는 경우 : 1주택을 양도하기 전 대체취득한 주택분에 해당하는 산출세액

③ 종합부동산세법 제8조 제4항 제3호(1주택과 상속주택을 함께 소유)에 해당하는 경우 : 상속주택분에 해당하는 산출세액

④ 종합부동산세법 제8조 제4항 제4호(1주택과 지방 저가주택을 함께 소유)에 해당하는 경우 : 지방 저가주택분에 해당하는 산출세액

2) 5년 이상 보유한 자의 공제액

1세대 1주택자로서 해당 주택을 과세기준일 현재 5년 이상 보유한 자의 공제액은 종합부동산세법 제9조 제1항(소유한 주택 수에 따라 과세표준에 해당 세율을 적용하여 계산한 주택분 종합부동산세액)·제3항(재산세로 부과된 세액의 공제) 및 제4항(공제되는 재산세액의 계산)에 따라 산출된 세액에 다음 표에 따른 보유기간별 공제율을 곱한 금액으로 한다(종부법 제9조⑧).

보유기간	공제율
5년 이상 10년 미만	100분의 20
10년 이상 15년 미만	100분의 40
15년 이상	100분의 50

한편, 1세대 1주택자로서 해당 주택을 과세기준일 현재 5년 이상 보유한 자가 종합부동산세법 제8조 제4항 각 호(1세대 1주택자로 보는 경우)의 어느 하나에 해당하는 경우 종합부동산세법 제9조 제8항(보유기간별 공제)에도 불구하고 해당 1세대 1주택자의 공제액은 종합부동산세법 제9조 제1항(소유한 주택 수에 따라 과세표준에 해당 세율을 적용하여 계산한 주택분 종합부동산세액)·제3항(재산세로 부과된 세액의 공제) 및 제4항(공제되는 재산세액의

계산)에 따라 산출된 세액에서 종합부동산세법 제9조 제7항 각 호(1세대 1주택자로 보는 경우 1주택외 산출세액)에 해당하는 산출세액(공시가격합계액으로 안분하여 계산한 금액을 말한다)을 제외한 금액에 종합부동산세법 제9조 제8항(보유기간별 공제)의 표에 따른 보유기간별 공제율을 곱한 금액으로 한다(종부법 제9조⑨).

그리고 위 보유기간을 적용할 때 소실·도괴·노후 등으로 인하여 멸실되어 재건축 또는 재개발하는 주택에 대하여는 그 멸실된 주택을 취득한 날부터 보유기간을 계산한다(종부령 제4조의5①). 또한 배우자로부터 상속받은 주택에 대하여는 피상속인이 해당 주택을 취득한 날부터 보유기간을 계산한다(종부령 제4조의5②).

> **1세대 1주택자의 공제세액**
>
> 1세대 1주택자의 경우 종합부동산세 산출세액에 매년 6.1. 현재 연령 및 보유기간별 공제율을 합한 공제율을 곱한 금액을 종합부동산세 산출세액에서 공제한다(집행기준 9-0-2).

| 연령 및 보유기간에 따른 공제율 |　　　　　　　　　　　　　　　　　　　　　(단위 : %)

구 분	주택 보유기간			
	5년 미만	5년 이상 10년 미만	10년 이상 15년 미만	15년 이상
만 60세 미만	–	20	40	50
만 60세 이상 만 65세 미만	20	40	60	70
65세 이상 만 70세 미만	30	50	70	80
70세 이상	40	60	80	90(＃80)

＃ 공제한도 : 연령별·보유기간별 공제율 합계 80%

(5) 세부담의 상한

종합부동산세의 납세의무자가 해당 연도에 납부하여야 할 주택분 재산세액상당액(신탁주택의 경우 재산세의 납세의무자가 납부하여야 할 주택분 재산세액상당액을 말한다)과 주택분 종합부동산세액상당액의 합계액(이하 "주택에 대한 총세액상당액"이라 한다)으로서 계산한 세액이 해당 납세의무자에게 직전년도에 해당 주택에 부과된 주택에 대한 총세액상당액으로서 계산한 세액의 100분의 150을 초과하는 경우에는 그 초과하는 세액에 대해서는 이를 없는 것으로 본다(종부법 제10조). 다만, 납세의무자가 법인 또는 법인으로 보는 단체로서 법인 등에 대한 높은 세율이 적용되는 경우는 그러하지 아니하다(종부법 제10조 단서).

(6) 공동명의 1주택자의 납세의무자

종합부동산세 과세기준일 현재 세대원 중 1인이 그 배우자와 공동으로 1주택을 소유하고 해당 세대원 및 다른 세대원이 다른 주택을 소유하지 아니한 경우에는 배우자와 공동으로 1주택을 소유한 자 또는 해당 1주택을 소유한 세대원 1명과 그 배우자 중 주택에 대한 지분율이 높은 사람(지분율이 같은 경우에는 공동 소유자간 합의에 따른 사람)을 해당 1주택에 대한 납세의무자로 할 수 있다(종부법 제10조의2①, 종부령 제5조의2③).

③ 토지에 대한 과세

"토지"는 「측량·수로조사 및 지적에 관한 법률」에 따라 지적공부에 등록대상이 되는 토지와 그 밖에 사용되고 있는 사실상의 토지를 말하며, 종합부동산세 과세대상인 토지에는 주택의 부속토지(주택으로 종합부동산세 과세)를 제외한다(집행기준 2-0-4).

토지에 대한 종합부동산세는 국내에 소재하는 토지에 대하여 「지방세법」 제106조 제1항 제1호에 따른 종합합산과세대상(이하 "종합합산과세대상"이라 한다)과 같은 법 제106조 제1항 제2호에 따른 별도합산과세대상(이하 "별도합산과세대상"이라 한다)으로 구분하여 과세한다(종부법 제11조).

(1) 납세의무자

1) 일반적인 경우

과세기준일 현재 토지분 재산세의 납세의무자로서 다음의 어느 하나에 해당하는 자는 해당 토지에 대한 종합부동산세를 납부할 의무가 있다(종부법 제12조①).

① 종합합산과세대상인 경우에는 국내에 소재하는 해당 과세대상토지의 공시가격을 합한 금액이 5억원을 초과하는 자(종부법 제12조① 제1호)

② 별도합산과세대상인 경우에는 국내에 소재하는 해당 과세대상토지의 공시가격을 합한 금액이 80억원을 초과하는 자(종부법 제12조① 제2호)

구　분	납세의무자
종합합산과세대상 토지	공시가격을 합산한 금액이 5억원을 초과하는 자
별도합산과세대상 토지	공시가격을 합산한 금액이 80억원을 초과하는 자
분리과세대상 토지	종합부동산세 과세 제외

2) 신탁재산인 경우

수탁자의 명의로 등기 또는 등록된 신탁재산으로서 토지(이하 "신탁토지"라 한다)의 경우에는 위탁자가 종합부동산세를 납부할 의무가 있다. 이 경우 위탁자가 신탁토지를 소유한 것으로 본다(종부법 제12조②).

3) 수탁자의 물적납세의무

신탁토지의 위탁자가 다음의 어느 하나에 해당하는 종합부동산세등을 체납한 경우로서 그 위탁자의 다른 재산에 대하여 강제징수를 하여도 징수할 금액에 미치지 못할 때에는 해당 신탁토지의 수탁자는 그 신탁토지로써 위탁자의 종합부동산세등을 납부할 의무가 있다(종부법 제12조의2).

① 신탁 설정일 이후에 「국세기본법」 제35조 제2항에 따른 법정기일이 도래하는 종합 부동산세로서 해당 신탁토지와 관련하여 발생한 것
② 위 ①의 금액에 대한 강제징수 과정에서 발생한 강제징수비

(2) 과세표준

1) 종합합산과세대상 토지에 대한 과세표준

종합합산과세대상인 토지에 대한 종합부동산세의 과세표준은 납세의무자별로 해당 과세 대상토지의 공시가격을 합산한 금액에서 5억원을 공제한 금액에 부동산 시장의 동향과 재정 여건 등을 고려하여 100분의 60부터 100분의 100까지의 범위에서 대통령령으로 정하는 공정시장가액비율을 곱한 금액으로 한다(종부법 제13조①). 이 경우 금액이 영보다 작은 경우에는 영으로 본다(종부법 제13조③).

공정시장가액비율

"대통령령으로 정하는 공정시장가액비율"이란 100분의 100을 말하되, 2019년부터 2021년까지 납세의무가 성립하는 종합부동산세에 대해서는 다음의 연도별 비율을 말한다(종부령 제2조의 4②).

① 2019년 : 100분의 85
② 2020년 : 100분의 90
③ 2021년 : 100분의 95

2) 별도합산과세대상 토지에 대한 과세표준

별도합산과세대상인 토지에 대한 종합부동산세의 과세표준은 납세의무자별로 해당 과세대상 토지의 공시가격을 합산한 금액에서 80억원을 공제한 금액에 부동산 시장의 동향과 재정 여건 등을 고려하여 100분의 60부터 100분의 100까지의 범위에서 대통령령으로 정하는 공정시장가액비율을 곱한 금액으로 한다(종부세법 제13조②). 이 경우 금액이 영보다 작은 경우에는 영으로 본다(종부법 제13조③).

공정시장가액비율

"대통령령으로 정하는 공정시장가액비율"이란 100분의 100을 말하되, 2019년부터 2021년까지 납세의무가 성립하는 종합부동산세에 대해서는 다음의 연도별 비율을 말한다(종부령 제2조의 4②).

① 2019년 : 100분의 85
② 2020년 : 100분의 90
③ 2021년 : 100분의 95

| 과세표준 |

구 분	과세표준
종합합산과세 토지	(공시가격 합산한 금액 － 5억원) × 공정시장가액비율
별도합산과세 토지	(공시가격 합산한 금액 － 80억원) × 공정시장가액비율

구 분		2019년	2020년	2021년	2022년
종합합산과세 토지	종부세	85%	90%	95%	100%
	재산세	70%	70%	70%	70%
별도합산과세 토지	종부세	85%	90%	95%	100%
	재산세	70%	70%	70%	70%

(3) 세율 및 세액

ⅰ. 종합합산과세대상 토지에 대한 세액

1) 토지분 종합합산세액

종합합산과세대상인 토지에 대한 종합부동산세의 세액은 과세표준에 다음의 세율을 적용하여 계산한 금액(이하 "토지분 종합합산세액"이라 한다)으로 한다(종부법 제14조①).

과세표준	세 율
15억원 이하	1천분의 10
15억원 초과 45억원 이하	1천500만원+(15억원을 초과하는 금액의 1천분의 20)
45억원 초과	7천500만원+(45억원을 초과하는 금액의 1천분의 30)

2) 토지분 재산세액 공제

종합합산과세대상인 토지의 과세표준 금액에 대하여 해당 과세대상토지의 토지분 재산세로 부과된 세액(「지방세법」 제111조 제3항에 따라 가감조정된 세율이 적용된 경우에는 그 세율이 적용된 세액, 같은법 제122조에 따라 세부담 상한을 적용받은 경우에는 그 상한을 적용받은 세액을 말한다)은 토지분 종합합산세액에서 이를 공제한다(종부법 제14조③).

토지분 종합합산세액에서 공제하는 종합합산과세대상인 토지의 과세표준 금액에 대한 토지분 재산세로 부과된 세액은 다음 계산식에 따라 계산한 금액으로 한다(종부령 제5조의3①).

$$\text{「지방세법」 제112조 제1항 제1호에 따라 종합합산과세대상인 토지분재산세로 부과된 세액의 합계액} \times \frac{(\text{법 제13조 제1항에 따른 종합합산과세대상인 토지의 과세표준} \times \text{「지방세법 시행령」 제109조 제1항 제1호에 따른 공정시장가액비율}) \times \text{「지방세법」 제111조 제1항 제1호 가목에 따른 표준세율}}{\text{종합합산과세대상인 토지를 합산하여 종합합산과세대상인 토지분 재산세 표준세율로 계산한 재산세 상당액}}$$

ii. 별도합산과세대상 토지에 대한 세액

1) 토지분 별도합산세액

별도합산과세대상인 토지에 대한 종합부동산세의 세액은 과세표준에 다음의 세율을 적용하여 계산한 금액(이하 "토지분 별도합산세액"이라 한다)으로 한다(종부법 제14조④).

과세표준	세 율
200억원 이하	1천분의 5
200억원 초과 400억원 이하	1억원+(200억원을 초과하는 금액의 1천분의 6)
400억원 초과	2억2천만원+(400억원을 초과하는 금액의 1천분의 7)

2) 토지분 재산세액 공제

별도합산과세대상인 토지의 과세표준 금액에 대하여 해당 과세대상토지의 토지분 재산세로 부과된 세액(「지방세법」 제111조 제3항에 따라 가감조정된 세율이 적용된 경우에는 그 세율이 적용된 세액, 같은법 제122조에 따라 세부담 상한을 적용받은 세액을 말한다)은 토지분 별도합산세액에서 이를 공제한다(종부법 제14조⑥).

토지분 별도합산세액에서 공제하는 별도합산과세대상인 토지에 대한 토지분 재산세로 부과된 세액은 다음 계산식에 따라 계산한 금액으로 한다(종부령 제5조의3②).

$$\text{「지방세법」 제112조 제1항 제1호에 따라 별도합산과세대상인 토지분 재산세로 부과된 세액의 합계액} \times \frac{(\text{법 제13조 제2항에 따른 별도합산과세대상인 토지의 과세표준} \times \text{「지방세법 시행령」 제109조 제1항 제1호에 따른 공정시장가액비율}) \times \text{「지방세법」 제111조 제1항 제1호 나목에 따른 표준세율}}{\text{별도합산과세대상인 토지를 합산하여 별도합산과세대상인 토지분 재산세 표준세율로 계산한 재산세 상당액}}$$

(4) 종합(또는 별도)합산과세대상 토지에 대한 세부담의 상한

종합부동산세의 납세의무자가 종합(또는 별도)합산과세대상인 토지에 대하여 해당 연도에 납부하여야 할 재산세액상당액(신탁토지의 경우 재산세의 납세의무자가 종합(또는 별도)합산과세대상인 해당 토지에 대하여 납부하여야 할 재산세액상당액을 말한다)과 토지분 종합(또는 별도)합산세액상당액의 합계액(이하 "종합(또는 별도)합산과세대상인 토지에 대한 총세액상당액"이라 한다)으로서 계산한 세액이 해당 납세의무자에게 직전년도에 해당 토지에 부과된 종합(또는 별도)합산과세대상인 토지에 대한 총세액상당액으로서 계산한 세액의 100분의 150을 초과하는 경우에는 그 초과하는 세액에 대해서는 이를 없는 것으로 본다(종부법 제15조①, ②).

| 연도별 토지분 세부담 상한 |

구 분	2005년	2006년~2007년	2008년 이후
종합합산	(전년 재산세+종토세) × 150%	(전년 재산세+종부세) × 300%	(전년 재산세+종부세) × 150%
별도합산	(전년 재산세+종토세) × 150%	(전년 재산세+종부세) × 150%	(전년 재산세+종부세) × 150%

■ 부동산개발 관련 해석 · 판단사례

■ 토지분 종합부동산세 감면기준

> **해석**
>
> • 토지분 재산세 납세의무자로서 종합합산과세대상 토지의 공시가격을 합한 금액이 5억원을 초과하는 경우에는 종합부동산세를 납부할 의무가 있음. 「지방세법」 또는 「조세특례제한법」에 따른 재산세의 감면규정은 종합부동산세를 부과함에 있어서 이를 준용하는 것이므로 종합부동산세가 감면되기 위해서는 먼저 재산세가 감면되어야 함(종부-29, 2010.7.19.).

■ 건물이 철거된 후 현재 나대지 상태인 경우 종합합산과세대상 토지 해당 여부

> **해석**
>
> • 종합합산과세대상 토지에 대한 종합부동산세는 지방세법 제182조 제1항 제1호에 해당하는 토지를 말하는 것으로 지상 정착물이 없는 나대지 상태의 토지로서 분리과세대상 및 별도합산과세대상이 아닌 토지 및 건축물이 있더라도 건축물이 없는 나대지로 보는 허가 또는 사용승인을 받아야 할 건축물로서 허가 또는 사용승인 등을 받지 아니한 건축물의 부속토지, 그리고 지목이 잡종지인 토지에 대하여는 종합합산과세대상에 해당하는 것임. 다만, 재산세가 비과세 또는 면제되는 토지이거나 재산세 경감되는 토지의 경감비율에 해당되는 토지는 종합합산과세대상에 해당하지 아니함(서면4팀-1808, 2005.9.30.).

(1) 재산세의 감면규정 준용

「지방세특례제한법」 또는 「조세특례제한법」에 의한 재산세의 비과세·과세면제 또는 경감에 관한 규정(이하 "재산세의 감면규정"이라 한다)은 종합부동산세를 부과하는 경우에 준용한다(종부법 제6조①).

「지방세특례제한법」 제4조에 따른 시·군의 감면조례에 의한 재산세의 감면규정은 종합부동산세를 부과하는 경우에 준용한다(종부법 제6조②).

> **감면후 공시가격**
>
> 재산세의 감면규정을 준용하는 경우 그 감면대상인 주택 또는 토지의 공시가격에서 그 공시가격에 재산세 감면비율(비과세 또는 과세면제의 경우에는 이를 100분의 100으로 본다)을 곱한 금액을 공제한 금액을 공시가격으로 본다(종부법 제6조③).

(2) 감면규정 또는 분리과세규정의 배제

재산세의 감면규정 또는 분리과세규정에 따라 종합부동산세를 경감하는 것이 종합부동산세를 부과하는 취지에 비추어 적합하지 않은 것으로 인정되는 경우 등 대통령령(생략)으로 정하는 경우에는 종합부동산세를 부과할 때 감면규정 또는 분리과세규정을 적용하지 아니한다(종부법 제6조④).

5 주택건설사업자가 취득한 토지에 대한 과세특례

(1) 종합부동산세 합산대상 토지에서 제외 범위

다음의 어느 하나에 해당하는 사업자(이하 "주택건설사업자"라 한다)가 주택을 건설하기 위하여 취득한 토지(토지를 취득한 후 해당 연도 종합부동산세 과세기준일 전까지 주택건설사업자의 지위를 얻은 자의 토지를 포함한다) 중 취득일부터 5년 이내에 「주택법」에 따른 사업계획의 승인을 받을 토지는 「종합부동산세법」 제13조 제1항(종합합산과세대상인 토지)에 따른 과세표준 합산의 대상이 되는 토지의 범위에 포함되지 아니하는 것으로 본다(조특법

제104조의19①).

> ① 「주택법」에 따라 주택건설사업자 등록을 한 주택건설사업자
> ② 「주택법」 제11조에 따른 주택조합 및 고용자인 사업주체
> ③ 「도시 및 주거환경정비법」 제24조부터 제28조까지 및 「빈집 및 소규모주택 정비에 관한 특례법」 제17조부터 제19조까지의 규정에 따른 사업시행자
> ④ 조세특례제한법 제104조의31 제1항에 따른 법인(프로젝트금융투자회사)

(2) 종합부동산세액과 이자상당가산액의 추징

주택건설사업자가 토지를 취득한 날부터 5년 이내에 「주택법」에 따른 주택건설을 위하여 같은 법에 따른 사업계획의 승인을 받지 못한 경우에는 아래에서 정하는 바에 따라 종합부동산세액과 이자상당가산액을 추징한다(조특법 제104조의19③).

1) 종합부동산세액의 추징

종합부동산세액이란 아래 ①의 금액에서 ②의 금액을 뺀 세액을 말한다(조특령 제104조의18②).
① 과세표준 합산의 대상에 포함되지 아니하였던 해당 토지를 매 과세연도마다 종합부동산세 과세표준 합산의 대상이 되는 토지로 보고 계산한 세액
② 과세표준 합산의 대상에 포함되지 아니하였던 해당 토지를 매 과세연도마다 종합부동산세 과세표준 합산의 대상에서 제외되는 토지로 보고 계산한 세액

2) 이자상당가산액 추징

이자상당가산액이란 종합부동산세액에 아래 ①의 기간과 ②의 율을 곱하여 계산한 금액을 말한다(조특령 제104조의18②).
① 종합부동산세를 신고한 매 과세연도의 납부기한 다음날부터 추징할 세액의 고지일까지의 기간
② 조세특례제한법 시행령 제11조의2 제9항 제2호에 따른 율

📘 부동산개발 관련 해석·판단사례

■ 주택신축용 토지의 일시적 임대시 과세특례 적용 여부

해석

- 조세특례제한법 제104조의19에 따른 과세특례는 주택건설사업자가 주택을 건설하기 위하여 취득한 종합합산 과세대상 토지 중 취득일부터 5년 이내에 사업계획의 승인을 받을 토지를 종합합산과세대상 토지의 과세표준 합산에서 제외하는 것임.
- 따라서 해당 토지를 일시적으로 임대하는 경우에도 조세특례제한법 제104조의19에 따른 과세특례를 적용받을 수 있는 것이나, 취득한 날부터 5년 이내에 사업계획승인을 받지 못하는 경우에는 경감받은 종합부동산세액과 이자상당가산액을 추징하는 것임(종부-5, 2012.5.23.).

■ 주택건설사업자의 변경 승인을 받은 경우 주택신축용 토지의 합산배제 적용 여부

해석

- 「조세특례제한법」 제104조의19(주택건설사업자가 취득한 토지에 대한 과세특례) 제1항의 사업계획 승인은 당초 「주택법」에 따른 사업계획 승인을 받은 토지를 매수하여 같은 법에 따라 주택건설사업자를 매수인으로 변경하는 사업계획 변경 승인을 받은 경우를 포함하는 것임(서면 부동산 2019-1092, 2019.9.20.).

■ 주택건설용 토지를 취득한 후 주택건설사업자의 등록을 한 경우 합산배제 적용 여부

해석

- 주택건설사업자가 주택을 건설하기 위하여 토지를 취득한 후 「주택법」에 따라 주택건설사업자 등록을 한 경우에 당해 토지는 주택건설사업자 등록 이후에 종합부동산세 납세의무가 성립하는 분부터 「조세특례제한법」 제104조의19에 따라 「종합부동산세법」 제13조 제1항에 따른 과세표준 합산의 대상이 되는 토지의 범위에 포함되지 아니하는 것임(재재산-1469, 2009.9.17.).

- **주택건설을 위하여 취득한 모든 토지와 주택에 대하여 조세특례제한법의 과세특례 적용 여부**

> **해석**
>
> - 조세특례제한법(제104조의19)에 따른 과세특례는 주택법에 따라 주택건설사업자 등록을 한 주택건설사업자(주택법 제32조에 따른 주택조합 및 고용자인 사업주체와 도시 및 주거환경정비법 제7조부터 제9조까지의 규정에 따른 사업시행자 포함)가 주택을 건설하기 위하여 취득한 토지 중 취득일부터 5년 이내에 주택법에 따른 사업계획의 승인을 받을 종합합산과세대상 토지를 종합합산과세대상 토지의 과세표준 합산에서 제외하는 것임.
> - 따라서, 종합합산과세대상 토지 이외의 별도합산과세대상 토지와 주택(주택부속토지를 포함)은 동법에 따른 과세특례 적용대상이 아닌 것임. 종합부동산세 주택분 납세의무자는 과세기준일 현재 주택분 재산세의 납세의무자로서 재산세 과세대상인 주택의 공시가격을 합산한 금액이 6억원을 초과하는 자이므로, 멸실하지 아니한 주택에 대하여 주택분 재산세가 과세되어 주택의 공시가격을 합산한 금액이 6억원을 초과하는 경우에는 종합부동산세를 납부할 의무가 있는 것임(종부-8, 2010.1.28.).

- **법인이 건축법에 따라 건축허가를 받은 주상복합건물 중 주택 부분에 대하여 과세특례 적용이 가능한지 여부**

> **해석**
>
> - 조세특례제한법(제104조의19)의 규정에 의한 과세특례대상 토지는 「주택법」에 따라 주택건설사업자 등록을 한 주택건설사업자가 주택을 건설하기 위하여 취득한 토지 중 취득일로부터 5년 이내에 「주택법」에 따른 사업계획의 승인을 받을 토지에 한정하고 있어 주상복합건물을 신축분양하기 위하여 건축법에 따른 건축허가를 받는 경우에는 동 규정에 의한 과세특례를 적용받을 수 없음.
> - 또한, 주상복합건물을 신축분양하기 위하여 건축법에 따른 건축허가를 받은 자는 주택법 제9조 제1항 제6호 및 제10조 제3항의 규정에 의하는 "고용자인 사업주체"에 해당하지 아니함(종부-88, 2009.5.21.).

■ 토지 취득일로부터 5년 이내에 부득이한 사유로 사업계획승인을 받지 못한 경우 종합부동산세
　추징여부 판단

• 조세특례제한법 제104조의19 제1항 제1호, 제3항 규정은 주택건설사업의 특성상 대규모 토지를
　사전에 확보해야 하고 사업계획승인에 3~5년이 걸리는 점을 감안하여 주택건설사업자가 주택을
　건설하기 위하여 취득한 토지에 관하여 종합부동산세를 부과할 경우 과세부담이 주택가격으로
　전가되어 분양가 상승 요인으로 작용할 수 있으므로 과세표준 합산배제를 통해 종합부동산세를
　감면해주되, 그 취득일로부터 사업계획승인에 필요한 상당한 기간이라 볼 수 있는 5년 이내에
　사업계획승인을 받지 못한 경우 당초 감면받은 종합부동산세액과 이자상당가산액을 추징함
　으로써 종합부동산세 감면 혜택이 다른 목적에 악용되는 것을 방지하고 부수적으로 주택건설
　사업자가 사업수행을 게을리 하지 않도록 하는 데 그 취지가 있음.
• 따라서 사업계획의 승인을 받지 못한 원인이 납세의무자에게 책임을 돌릴 수 없는 등 '정당한
　사유'로 인한 것일 때에는 감면된 종합부동산세 등을 추징할 수 없다고 봄이 상당하다(대법원
　1994.9.13. 선고 94누4141 판결, 대법원 2016.9.8. 선고 2016두37867 판결 등 참조), … 중략…
• 그리고 위에서 말하는 정당한 사유라 함은 법령에 의한 금지·제한 등 주택건설사업자가 마음대로
　할 수 없는 외부적인 사유는 물론 사업계획승인을 받기 위한 정상적인 노력을 다하였음에도
　시간적인 여유가 없어 유예기간을 넘긴 내부적인 사유도 포함하고, 정당한 사유의 유무를 판단함에
　있어서는 위와 같은 입법취지를 충분히 고려하면서 토지의 취득목적에 비추어 그 목적사업에
　직접 사용하는데 걸리는 준비기간의 장단, 목적사업에 사용할 수 없는 법령·사실상의 장애사유
　및 장애정도, 당해 주택건설사업자가 사업계획승인을 받기 위하여 진지한 노력을 다하였는지
　여부, 행정 관청의 귀책사유가 가미되었는지 여부 등을 아울러 참작하여 구체적인 사안에 따라
　개별적으로 판단함이 상당함(대법 2018두47929, 2018.10.12.).

❻ 부과·징수 등

　관할 세무서장은 납부하여야 할 종합부동산세의 세액을 결정하여 해당 연도 12월 1일부터
12월 15일까지(납부기간) 부과·징수한다(종부법 제16조①).

　종합부동산세를 신고납부방식으로 납부하고자 하는 납세의무자는 종합부동산세의 과세
표준과 세액을 해당 연도 12월 1일부터 12월 15일까지 신고·납부하여야 한다. 이 경우 위에
따른 결정은 없었던 것으로 본다(종부법 제16조③, ④).

부동산개발 건물준공 이후의 세무실무

부동산개발사업에서 건축물이 완공된 이후에는 신축건축물의 취득일로부터 60일 이내에 취득세를 신고·납부하여야 하며, 부가가치세의 공통매입세액도 과세사업과 면세사업의 사용면적이 확정되는 과세기간에 대한 납부세액을 확정신고하는 때에 정산하여야 한다. 또한, 사업과 관련된 공공시설을 국가나 지방자치단체에 무상 기부채납해야 하는 사업승인조건도 이행해야 한다. 그리고 기부채납은 SOC 사업과 관련해서도 발생한다. 아래에서는 이 경우의 세무실무에 대해 서술한다.

① 신축 건축물의 취득세 실무

(1) 취득의 유형(건축물)

건축공사의 완성과 관련한 건축물의 취득 유형으로는 원시취득과 간주취득이 있다.
- 원시취득 : 신축, 증축, 재축 등
- 간주취득 : 건축물의 개수

건축물의 정의

"건축물"이란 「건축법」 제2조 제1항 제2호에 따른 건축물(이와 유사한 형태의 건축물을 포함한다)과 토지에 정착하거나 지하 또는 다른 구조물에 설치하는 레저시설, 저장시설, 도크(dock)시설, 접안시설, 도관시설, 급수·배수시설, 에너지 공급시설 및 그 밖에 이와 유사한 시설(이에 딸린 시설을 포함한다)로서 대통령령으로 정하는 것을 말한다(지법 제6조 제4호). 시설의 범위는 아래와 같다.

① 레저시설, 저장시설, 독(dock)시설, 접안시설, 도관시설, 급수·배수시설 및 에너지 공급시설은 다음에서 정하는 시설로 한다(지령 제5조①).

　(ㄱ) 레저시설 : 수영장, 스케이트장, 골프연습장(「체육시설의 설치·이용에 관한 법률」에 따라 골프연습장업으로 신고된 20타석 이상의 골프연습장만 해당한다), 전망대, 옥외스탠드, 유원지의 옥외오락시설(유원지의 옥외오락시설과 비슷한 오락시설로서 건물 안 또는 옥상에 설치하여 사용하는 것을 포함한다)

　(ㄴ) 저장시설 : 수조, 저유조, 저장창고, 저장조(저장용량이 1톤 이하인 액화석유가스

저장조는 제외한다) 등의 옥외저장시설(다른 시설과 유기적으로 관련되어 있고 일시적으로 저장기능을 하는 시설을 포함한다)

ⓒ 독시설 및 접안시설 : 독, 조선대

ⓔ 도관시설(연결시설을 포함한다) : 송유관, 가스관, 열수송관

ⓜ 급수·배수시설 : 송수관(연결시설을 포함한다), 급수·배수시설, 복개설비

ⓗ 에너지 공급시설 : 주유시설, 가스충전시설, 환경친화적 자동차 충전시설, 송전철탑(전압 20만 볼트 미만을 송전하는 것과 주민들의 요구로 「전기사업법」 제72조에 따라 이전·설치하는 것은 제외한다)

② "대통령령으로 정하는 것"이란 각각 잔교(이와 유사한 구조물을 포함한다), 기계식 또는 철골조립식 주차장, 차량 또는 기계장비 등을 자동으로 세차 또는 세척하는 시설, 방송중계탑(「방송법」 제54조 제1항 제5호에 따라 국가가 필요로 하는 대외방송 및 사회교육방송 중계탑은 제외한다) 및 무선통신기지국용 철탑을 말한다(지령 제5조②).

❑ **건축**(지방세법 제6조 제5호)

"건축"이란 「건축법」 제2조 제1항 제8호["건축"이란 건축물을 신축·증축·개축·재축(再築)하거나 건축물을 이전하는 것을 말한다]에 따른 건축을 말한다.

○ **신축·증축·개축·재축·이전**(건축법 시행령 제2조)

1. "신축"이란 건축물이 없는 대지(기존 건축물이 해체되거나 멸실된 대지를 포함한다)에 새로 건축물을 축조(築造)하는 것[부속건축물만 있는 대지에 새로 주된 건축물을 축조하는 것을 포함하되, 개축(改築) 또는 재축(再築)하는 것은 제외한다]을 말한다.

2. "증축"이란 기존 건축물이 있는 대지에서 건축물의 건축면적, 연면적, 층수 또는 높이를 늘리는 것을 말한다.

3. "개축"이란 기존 건축물의 전부 또는 일부[내력벽·기둥·보·지붕틀(건축법 시행령 제16호에 따른 한옥의 경우에는 지붕틀의 범위에서 서까래는 제외한다) 중 셋 이상이 포함되는 경우를 말한다]를 해체하고 그 대지에 종전과 같은 규모의 범위에서 건축물을 다시 축조하는 것을 말한다.

4. "재축"이란 건축물이 천재지변이나 그 밖의 재해(災害)로 멸실된 경우 그 대지에 다음 각 목의 요건을 모두 갖추어 다시 축조하는 것을 말한다.

   가. 연면적 합계는 종전 규모 이하로 할 것

나. 동(棟)수, 층수 및 높이는 다음의 어느 하나에 해당할 것

　　1) 동수, 층수 및 높이가 모두 종전 규모 이하일 것

　　2) 동수, 층수 또는 높이의 어느 하나가 종전 규모를 초과하는 경우에는 해당 동수, 층수 및 높이가 「건축법」(이하 "법"이라 한다), 이 영 또는 건축조례(이하 "법령등"이라 한다)에 모두 적합할 것

5. "이전"이란 건축물의 주요구조부를 해체하지 아니하고 같은 대지의 다른 위치로 옮기는 것을 말한다.

❑ 개수(지방세법 제6조 제6호)

"개수"란 다음 각 목의 어느 하나에 해당하는 것을 말한다.

가. 「건축법」 제2조 제1항 제9호에 따른 대수선

나. 건축물 중 레저시설, 저장시설, 도크(dock)시설, 접안시설, 도관시설, 급수·배수시설, 에너지 공급시설 및 그 밖에 이와 유사한 시설(이에 딸린 시설을 포함한다)로서 대통령령(위 건축물의 정의 중 시설의 범위와 같다. 지령 제5조)으로 정하는 것을 수선하는 것

다. 건축물에 딸린 시설물 중 대통령령으로 정하는 시설물을 한 종류 이상 설치하거나 수선하는 것. "대통령령으로 정하는 시설물"이란 다음 각 호의 어느 하나에 해당하는 시설물을 말한다(지령 제6조).

1. 승강기(엘리베이터, 에스컬레이터, 그 밖의 승강시설)

2. 시간당 20킬로와트 이상의 발전시설

3. 난방용·욕탕용 온수 및 열 공급시설

4. 시간당 7천560킬로칼로리급 이상의 에어컨(중앙조절식만 해당한다)

5. 부착된 금고

6. 교환시설

7. 건물의 냉난방, 급수·배수, 방화, 방범 등의 자동관리를 위하여 설치하는 인텔리전트 빌딩시스템 시설

8. 구내의 변전·배전시설

❑ 대수선(건축법 제2조 제1항 제9호)

"대수선"이란 건축물의 기둥, 보, 내력벽, 주계단 등의 구조나 외부 형태를 수선·변경하거나 증설하는 것으로서 대통령령으로 정하는 것을 말한다. "대통령령으로 정하는 것"이란 다음 각 호의 어느 하나에 해당하는 것으로서 증축·개축 또는 재축에 해당하지 아니하는 것을 말한다(건축령 제3조의2).

1. 내력벽을 증설 또는 해체하거나 그 벽면적을 30제곱미터 이상 수선 또는 변경하는 것

2. 기둥을 증설 또는 해체하거나 세 개 이상 수선 또는 변경하는 것

3. 보를 증설 또는 해체하거나 세 개 이상 수선 또는 변경하는 것

4. 지붕틀(한옥의 경우에는 지붕틀의 범위에서 서까래는 제외한다)을 증설 또는 해체하거나 세 개 이상 수선 또는 변경하는 것

5. 방화벽 또는 방화구획을 위한 바닥 또는 벽을 증설 또는 해체하거나 수선 또는 변경하는 것

6. 주계단·피난계단 또는 특별피난계단을 증설 또는 해체하거나 수선 또는 변경하는 것

7. 삭제

8. 다가구주택의 가구 간 경계벽 또는 다세대주택의 세대 간 경계벽을 증설 또는 해체하거나 수선 또는 변경하는 것

9. 건축물의 외벽에 사용하는 마감재료(건축법 제52조 제2항에 따른 마감재료를 말한다)를 증설 또는 해체하거나 벽면적 30제곱미터 이상 수선 또는 변경하는 것

부동산개발 관련 해석·판단사례

■ 시가표준액 조정기준 상 "멸실 개축"과 "멸실 외 개축"의 구분

`해석`

• 「건물 및 기타물건 시가표준액 조정기준」에 "개축"이라 함은 기존 건축물의 전부 또는 일부(내력벽·기둥·보·지붕틀 중 3 이상이 포함되는 경우를 말한다)를 철거하고 그 대지 안에 종전 규모의 범위 안에서 다시 축조하는 것을 말한다고 하고, "멸실 개축"은 기존 건축물의 전부 또는 일부를 멸실하고 다시 축조하는 경우라고 하고 있어 "개축"의 의미와 "멸실 개축"의 의미가 동일한 것으로 보여 "멸실 개축"과 "멸실 외 개축"을 구분하기 어려움. 그러나, 조정기준 상 "개축"은 "멸실 개축"과 "멸실 외 개축"을 구분하고 있고, "멸실 개축"의 경우 해당되는 부분은 개축년도를 신축년도로 보며 "증축"의 시가표준액 산출요령을 적용하고, "멸실 외 개축"의 경우 해당되는 부분은 내용연수 증가분을 가산한 연도를 신축년도로 보며 "대수선"과 유사한 시가표준액 산출요령을 적용하는 등 시가표준액을 산정하는 방식이 확연히 구분됨. 또한, "멸실 개축"은 내용연수와 시가표준액 산출요령을 보더라도 신축 및 증축의 의미와 유사하고, "멸실 외 개축"은 대수선의 의미와 유사함을 알 수 있음. 따라서, "멸실 개축"과 "멸실 외 개축"은 구분됨이 분명하고, "멸실 개축"이 "멸실 외 개축"보다 내용연수가 더 많이 축소되는 점, 시가표준액이 더 높게 산정되는 점 등을 고려해 볼 때

　－ "멸실 개축"은 건축물을 신축 또는 증축하는 의미인 건축물 전체 부분 또는 전체 건축물 중 내력벽·기둥·보·지붕틀 중 3 이상을 포함하는 일부분 전체를 철거하는 경우를 말하는 것이고,

- "멸실 외 개축"은 건축물을 대수선하는 것과 유사한 의미로서 건축물의 내력벽·기둥·
  보·지붕틀 중 3 이상만을 해체하는 등 종전 범위 안에서 다시 축조하는 경우를 말한다고
  판단됨(지방세운영 – 2665, 2012.8.22.).

(2) 취득시기(건축물)

건축물을 건축 또는 개수하여 취득하는 경우에는 사용승인서(「도시개발법」 제51조 제1항에
따른 준공검사 증명서, 「도시 및 주거환경정비법 시행령」 제74조에 따른 준공인가증 및 그
밖에 건축 관계법령에 따른 사용승인서에 준하는 서류를 포함한다)를 내주는 날(사용승인서를
내주기 전에 임시사용승인을 받은 경우에는 그 임시사용승인일을 말하고, 사용승인서 또는
임시사용승인서를 받을 수 없는 건축물의 경우에는 사실상 사용이 가능한 날을 말한다)과
사실상의 사용일 중 빠른 날을 취득일로 본다(지령 제20조⑥). 건축물의 취득시기는 건축물의
취득에 대한 납세의무성립일이 된다.

■ 부동산개발 관련 해석·판단사례

■ 미준공 건물에 대한 채권자 대위등기 후 소유권을 이전하는 경우 취득시기 도래 여부

사안

건축법상 사용승인을 받지 않은 건물을 채권자 대위등기 후 공정률 97%인 상태에서 신탁
및 매매를 원인으로 소유권을 이전하는 경우 사실상 사용 가능한 날을 취득시기로 볼 수 있
는지 여부

해석

- "사용승인서 또는 임시사용승인서를 받을 수 없는 건축물"은 무허가 건축물 및 도크시설·저장조
  등의 시설을 말하는데(지방세운영과 – 2651, 2014.8.12. 참조), 쟁점 건축물은 사용승인서 또는
  임시사용승인서를 받을 수 없는 건축물에 해당하지 않으므로, 사실상 사용이 가능한 날을
  사용승인일 또는 임시사용승인일로 볼 수 없으며, 따라서 공정률이 97%로서 사실상 사용이
  가능하다는 사실만으로는 취득시기가 도래했다고 보기 어려움.
- 따라서, 미준공 건축물을 매수하여 소유권의 이전 및 보존 등기를 마친 경우라면 그 등기와
  무관하게 그 후의 사용승인일(또는 임시사용승인일)과 사실상의 사용일 중 빠른 날이 그 건물의
  취득일(대법원 2018.7.11. 선고 2018두33845 판결 참조)임(부동산세제 – 605, 2020.3.18.).

(3) 건축물(원시취득 · 개수)의 취득세 과세표준

취득세의 과세표준은 취득 당시의 가액으로 한다. 다만, 연부로 취득하는 경우 취득세의 과세표준은 연부금액(매회 사실상 지급되는 금액을 말하며, 취득금액에 포함되는 계약보증금을 포함한다)으로 한다(지법 제10조).

부동산을 원시취득하는 경우 취득당시가액은 사실상취득가격으로 한다(지법 제10조의4①). 이에도 불구하고 법인이 아닌 자가 건축물을 건축하여 취득하는 경우로서 사실상취득가격을 확인할 수 없는 경우의 취득당시가액은 지방세법 제4조에 따른 시가표준액으로 한다(지법 제10조의4②).

건축물을 개수하는 경우 취득당시가액은 지방세법 제10조의4(원시취득의 경우 과세표준, 위의 내용)에 따른다(지법 제10조의6③).

1) 사실상의 취득가격

취득당시가액은 취득시기 이전에 해당 물건을 취득하기 위하여 다음의 자가 거래 상대방이나 제3자에게 지급하였거나 지급하여야 할 일체의 비용으로서 대통령령(아래 참조)으로 정하는 사실상 취득가격으로 한다(지법 제10조의3①).

① 납세의무자
②「신탁법」에 따른 신탁의 방식으로 해당 물건을 취득하는 경우에는 같은 법에 따른 위탁자
③ 그 밖에 해당 물건을 취득하기 위하여 비용을 지급하였거나 지급하여야 할 자로서 대통령령으로 정하는 자(시행령에 정해진 내용 없음)

사실상취득가격 = 직접비용 + 간접비용

사실상취득가격의 범위

1. 사실상취득가격 적용대상

"사실상취득가격"이란 해당 물건을 취득하기 위하여 거래 상대방 또는 제3자에게 지급했거나 지급해야 할 직접비용과 다음의 어느 하나에 해당하는 간접비용의 합계액을 말한다. 다만, 취득대금을 일시급 등으로 지급하여 일정액을 할인받은 경우에는 그 할인된 금액으로 하고, 법인이 아닌 자가 취득한 경우에는 아래 ①, ② 또는 ⑦의 금액을 제외한 금액으로 한다(지령 제18조①).

① 건설자금에 충당한 차입금의 이자 또는 이와 유사한 금융비용
② 할부 또는 연부 계약에 따른 이자 상당액 및 연체료
③ 「농지법」에 따른 농지보전부담금, 「문화예술진흥법」 제9조 제3항에 따른 미술작품의 설치 또는 문화예술진흥기금에 출연하는 금액, 「산지관리법」에 따른 대체산림자원 조성비 등 관계 법령에 따라 의무적으로 부담하는 비용
④ 취득에 필요한 용역을 제공받은 대가로 지급하는 용역비·수수료(건축 및 토지조성 공사로 수탁자가 취득하는 경우 위탁자가 수탁자에게 지급하는 신탁수수료를 포함한다)
⑤ 취득대금 외에 당사자의 약정에 따른 취득자 조건 부담액과 채무인수액
⑥ 부동산을 취득하는 경우 「주택도시기금법」 제8조에 따라 매입한 국민주택채권을 해당 부동산의 취득 이전에 양도함으로써 발생하는 매각차손. 이 경우 행정안전부령으로 정하는 금융회사 등(이하 "금융회사등"이라 한다) 외의 자에게 양도한 경우에는 동일한 날에 금융회사등에 양도하였을 경우 발생하는 매각차손을 한도로 한다.
⑦ 「공인중개사법」에 따른 공인중개사에게 지급한 중개보수
⑧ 붙박이 가구·가전제품 등 건축물에 부착되거나 일체를 이루면서 건축물의 효용을 유지 또는 증대시키기 위한 설비·시설 등의 설치비용
⑨ 정원 또는 부속시설물 등을 조성·설치하는 비용
⑩ 위 ①부터 ⑨까지의 비용에 준하는 비용

2. 사실상취득가격 제외대상

위 1.에도 불구하고 다음의 어느 하나에 해당하는 비용은 사실상취득가격에 포함하지 않는다(지령 제18조①).
① 취득하는 물건의 판매를 위한 광고선전비 등의 판매비용과 그와 관련한 부대비용
② 「전기사업법」, 「도시가스사업법」, 「집단에너지사업법」, 그 밖의 법률에 따라 전기·가스·열 등을 이용하는 자가 분담하는 비용
③ 이주비, 지장물 보상금 등 취득물건과는 별개의 권리에 관한 보상 성격으로 지급되는 비용
④ 부가가치세
⑤ 위 ①부터 ④까지의 비용에 준하는 비용

2) 시가표준액(주택·건축물 등)

주택 및 건축물에 대한 시가표준액은 아래 표를 참조하기 바란다.

1. 주택에 대한 시가표준액

주택에 대한 시가표준액은 「부동산 가격공시에 관한 법률」에 따라 공시된 가액으로 한다(지법 제4조① 본문). 주택의 시가표준액은 「지방세기본법」 제34조에 따른 세목별 납세의무의 성립시기 당시에 「부동산 가격공시에 관한 법률」에 따라 공시된 개별주택가격 또는 공동주택가격으로 한다(지령 제2조).

다만, 개별주택가격이 공시되지 아니한 경우에는 특별자치시장·특별자치도지사·시장·군수 또는 구청장(자치구의 구청장을 말한다)이 같은 법에 따라 국토교통부장관이 제공한 주택가격비준표를 사용하여 산정한 가액으로 하고, 공동주택가격이 공시되지 아니한 경우에는 지역별·단지별·면적별·층별 특성 및 거래가격 등을 고려하여 행정안전부장관이 정하는 기준에 따라 특별자치시장·특별자치도지사·시장·군수 또는 구청장이 산정한 가액으로 한다(지법 제4조① 단서, 지령 제3조).

2. 건축물에 대한 시가표준액

위 1. 외의 건축물(새로 건축하여 건축 당시 개별주택가격 또는 공동주택가격이 공시되지 아니한 주택으로서 토지부분을 제외한 건축물을 포함한다)에 대한 시가표준액은 매년 1월 1일 현재를 기준으로 거래가격, 수입가격, 신축·건조·제조가격 등을 고려하여 정한 기준가격에 종류, 구조, 용도, 경과연수 등 과세대상별 구체적 특성을 고려하여 행정안전부장관이 정하는 아래 방식의 기준에 따라 지방자치단체의 장이 결정한 가액으로 한다(지법 제4조②, 지령 제4조①).

① 오피스텔 : 행정안전부장관이 고시하는 표준가격기준액에 다음의 사항을 적용한다(지령 제4조① 제1호).

  ㈎ 오피스텔의 용도별·층별 지수

  ㈏ 오피스텔의 규모·형태·특수한 부대설비 등의 유무 및 그 밖의 여건에 따른 가감산율

② 오피스텔 외의 건축물 : 건설원가 등을 고려하여 행정안전부장관이 산정·고시하는 건물신축가격기준액에 다음의 사항을 적용한다(지령 제4조① 제1호의2).

  ㈎ 건물의 구조별·용도별·위치별 지수

  ㈏ 건물의 경과연수별 잔존가치율

  ㈐ 건물의 규모·형태·특수한 부대설비 등의 유무 및 그 밖의 여건에 따른 가감산율

3. 시설에 대한 시가표준액

토지에 정착하거나 지하 또는 다른 구조물에 설치하는 시설에 대한 시가표준액 : 종류별 신축가격 등을 고려하여 정한 기준가격에 시설의 용도·구조 및 규모 등을 고려하여 가액을 산출한 후, 그 가액에 다시 시설의 경과연수별 잔존가치율을 적용한다(지령 제4조① 제10호).

4. 시설물에 대한 시가표준액

건축물에 딸린 시설물에 대한 시가표준액 : 종류별 제조가격(수입하는 경우에는 수입가격을 말한다), 거래가격 및 설치가격 등을 고려하여 정한 기준가격에 시설물의 용도·형태·성능 및 규모 등을 고려하여 가액을 산출한 후, 그 가액에 다시 시설물의 경과연수별 잔존가치율을 적용한다(지령 제4조① 제11호). 이 경우 그 시설물이 주거와 주거 외의 용도로 함께 쓰이고 있는 건축물의 시설물인 경우에는 그 건축물의 연면적 중 주거와 주거 외의 용도 부분의 점유비율에 따라 시가표준액을 나누어 적용한다(지령 제4조②).

과세표준 예시

① 임시사용승인을 받아 사용하는 신축건물에 대한 취득세 과세표준은 임시사용승인일을 기준으로 그 이전에 당해 건물취득을 위하여 지급하였거나 지급하여야 할 비용을 포함한다.
② 신축건물의 과세표준에는 분양을 위한 선전광고비(신문, TV, 잡지 등 분양광고비)는 제외하고 건축물의 주체구조부와 일체가 된 것은 과세표준으로 포함한다.
③ 사실상취득가격의 범위에는 지목변경에 수반되는 농지전용부담금, 대체농지조성비, 대체산림조림비는 과세표준에 포함되지만, 취득일 이후 발생하는 「개발이익 환수에 관한 법률」에 따른 개발부담금(공사가 완료되어 발생하는 수익을 전제로 부담함)은 제외한다.
④ 분양하는 건축물의 취득시기 이전에 당해 건축물과 빌트인(Built-in) 등을 선택품목으로 일체로 취득하는 경우 취득가액에 포함한다(운영예규 법10-1).

■ 건축물의 건축 중 공사가 장기간 중단된 경우에 그 기간 동안 발생한 차입금의 이자비용을
건축물 취득세 과세표준에 포함해야 하는지 여부

> **해석**
>
> - 지상권 분쟁 등으로 인한 소송으로 공사가 중단되었다 하더라도, 해당 소송 등 제반활동 또한
>   건축공사(재개)를 위해 필수적으로 수반되는 행위이므로, 건축물의 취득행위와 관련이 없다고
>   보기는 어려움.
> - 또한, 「기업회계기준」에 따라 쟁점 이자를 자본화하지 않고 기간비용으로 회계 처리했다 하더라도
>   지방세법령에서 법인장부에 의해 취득가격이 증명되는 취득에 대하여 사실상취득가격으로
>   인정하고 있는 취지는 관련법령 등에 의하여 고도의 신빙성이 인정되는 취득가격산정에 관한
>   자료가 있는 경우에는 그에 따라 사실상의 취득가격을 과세표준으로 삼고자하는 데에 있는
>   것이지, 취득세의 과세표준에 포함되는 항목과 범위까지 지방세법령의 규정에 우선하여 법인장부
>   등에 기재된 바에 따른다는 의미로 볼 수는 없으므로,
> - 취득세의 취득가격의 항목 및 범위가 기업회계기준상의 취득원가의 그것과 동일하다고 보기
>   어려움(대법원 2014.12.24. 선고, 2014두41640 판결 참조). 따라서, 기업회계기준에 따른 회계처리
>   방법에 관계없이 취득자금에 충당한 이자는 포함하는 것이 타당함(지방세운영과 – 194, 2010.1.15.).

■ 건물분 취득세의 과세표준에 산입되는 특정차입금이자와 일반차입금이자의 범위

> **판례**
>
> - 「법인세법」 제28조 제1항 제3호 및 같은 법 시행령 제52조 제1항에서는 건설자금이자를 특정차입금
>   이자와 일반차입금이자로 구분하고, 명목 여하에 불구하고 사업용 고정자산의 매입 · 제작 또는
>   건설에 소요되는 차입금을 '특정차입금'이라 하고, 이에 대한 지급이자 또는 이와 유사한 성질의
>   지출금('지급이자 등')은 손금에 산입하지 않고 해당 자산의 취득원가에 산입하도록 하고 있는
>   바, 취득세의 과세표준에 산입되는 건설자금이자는 법인세법상 손금불산입 대상인 건설자금
>   이자와 그 범위가 반드시 일치하는 것은 아니지만,
> - 어떠한 자산을 건설 등에 의하여 취득하는 데에 사용할 목적으로 직접 차입한 자금('특정차입금')의
>   경우에, 그 이자는 취득에 소요되는 비용으로서 해당 자산의 원가를 구성하는 자본적 지출이
>   된다는 점에서 서로 공통되므로, 그 건설자금이자는 같은 방식으로 산정하는 것이 타당함(대법원
>   2013.9.12. 선고 2013두5517 판결 참조).
> - 특정차입금 외에 그 밖의 목적으로 차입한 자금(일반차입금)의 지급이자도 과세물건의 취득을
>   위하여 간접적으로 소요되어 실질적으로 투자된 것으로 볼 수 있다면 취득세의 과세표준에

합산할 수 있다고 할 것임(대법원 2018.3.29. 선고 2014두46935 판결).

■ 건물 신축에 대한 취득세 과세표준 산정시 토지임차료의 취득가격 포함 여부

- 토지임차료가 사옥 신축과 긴밀히 연결하여 부담하거나 부담하여야 할 것이라면, 공사기간 중 발생한 비용은 사옥 신축과 관련된 간접비용이며 또한 사옥 신축에 따라 그 지출이 필수적으로 요구되는 비용으로서, 사옥을 취득하기 위하여 필요불가결한 준비행위 또는 그 수반행위에 소요된 것이므로, 토지임차료는 사옥 신축 취득가격에 포함된다 할 것임(서울세제-3422, 2020. 2.28.).

■ 공동주택 건축허가시 승인조건에 따라 방음벽을 설치하는 경우에 설치비를 신축 공동주택의 취득세 과세표준에 포함하는지 여부

- 이 사건 방음벽을 설치하지 않는 경우에는 인·허가권자로부터 사업승인을 받거나 공사를 완료할 수 없었을 것인 점, 해당 공동주택을 신축하여 취득하기 전에 그 지급원인이 발생하거나 확정된 것인 점, 이 사건 방음벽의 설치비용은 취득조건 부담액에 해당되는 점 등을 고려할 때, 이 사건 방음벽의 설치비용은 「지방세법 시행령」 제18조 제1항 제5호 및 제6호에 해당하는 간접비용에 해당하는 것으로 보아야 하므로, 해당 신축 공동주택의 취득세 과세표준에 포함하는 것이 타당한 것으로 보이나, 이에 해당하는지는 과세권자가 구체적인 사실관계를 확인하여 판단할 사항임(지방세운영-867, 2019.4.2.).

■ 공동주택의 신축·입주 지연에 따라 사업시행자가 수분양자에게 지체보상금을 지급하는 경우에 신축건축물에 대한 취득세 과세표준에 포함되는지 여부

- 「지방세법 시행령」 제18조 제1항 및 제2항에 따르면 취득가격 또는 연부금액은 취득시기를 기준으로 그 이전에 해당 물건을 취득하기 위하여 거래 상대방 또는 제3자에게 지급하였거나 지급하여야 할 직접비용과 다음 각 호의 어느 하나에 해당하는 간접비용의 합계액으로 하되, 광고선전비 등의 판매비용과 그와 관련한 부대비용, 이주비, 지장물 보상금 등 취득물건과는 별개의 권리에 관한 보상 성격으로 지급되는 비용은 제외하도록 규정하고 있음.

- 간접비용이 취득세 과세표준에 포함되기 위해서는 취득 행위와 관련성이 있어야 하는 것으로, 입주지연에 따른 지체보상금은 건축물 신축 과정이 아닌 시행자와 수분양자간 공급과정에서 입주예정 기일에 입주를 시키지 못한 분양회사가 수분양자에게 정신적·물질적 피해를 보상하기 위하여 지급하는 위로금(보상금) 성격으로 지급되는 비용으로 보아야 할 것임.
- 따라서 입주지연에 따른 지체보상금은 분양회사의 취득세 과세표준에 포함되지 않는 것으로 판단되나, 이는 과세권자가 구체적인 사실관계를 확인하여 판단할 사항임(지방세운영-1623, 2018.7.17.).

■ 부동산 취득과정에서 지급한 학교용지부담금이 취득세 과세표준에 포함되는지 여부

> **해석**
>
> - 「학교용지 확보 등에 관한 특례법」(제5조 제4항 제1호 등)에 따라 학교용지를 취득하여 기부채납 함으로써 학교용지부담금을 면제받는다고 하더라도, 해당 기부채납 비용(학교용지 취득 비용)은 본 건물의 취득을 위하여 '의무적으로 부담하는 비용'에 해당하므로 취득세 과세표준이 되는 취득가격에 포함하여야 할 것임(지방세운영-3861, 2015.12.11.).

■ 부동산을 연부로 취득하는 경우에 최종 잔금지급시까지 발생한 이자에 대해 취득가격에 포함할 수 있는지 여부

> **해석**
>
> - 취득세 과세대상 부동산을 연부로 취득하는 경우 최종 잔금지급시까지 발생한 이자에 대해 취득가격에 포함할 수 있는지 여부에 대해서 살펴보면, 연부취득의 취지는 조세채권의 조기인식을 위하여 특례를 둔 것으로서 함부로 확장해석 할 수 없고, 토지의 성질상 연부금에 상응하는 부분으로 분할하여 사용할 수는 없으며, 전체를 일괄적으로 사용하여야 하는 점(대법원 2003두3857, 2005.6.24. 판결 참조),
> - 연부취득 중 매수계약자가 사용권을 부여 받더라도 해당 부동산의 사실상 소유자를 매도자로 보아 매도자를 재산세 납세의무자로 판단하는 점, 투입된 비용이 동일하나, 대금지급방법에 따라 취득가격이 달라진다면 과세불형평 및 변칙적 계약형태 발생을 초래할 수 있는 점 등을 종합해 볼 때, 연부취득에 있어 연부취득이 완료된 시점까지 발생한 건설자금 이자의 경우에는 취득세 과세표준에 포함하는 것이 타당하다고 할 것임(지방세운영-2290, 2016.9.2.).

■ 아파트 신축·분양사업과 관련된 자금관리 신탁수수료 및 아파트 분양 당시 설치가 예정되지
않은 부대시설이 아파트 취득가격에 포함되는지 여부

- 원고(신탁회사)는 2015.10.2. 유한회사 ○○종합건설(위탁자, 이하 '○○종합건설'이라 한
다), ○○○건설 주식회사(시공사, 이하 '○○○건설'이라 한다), 주식회사 ○○은행(대출
금융기관)과 사이에, 전주시 ○○구 ○○동 ○○시티 6블럭(같은 구 ○○동2가 1308 일대)
에 9개동 총 640세대의 공동주택 및 상가를 신축·분양하는 사업(이하 '이 사건 아파트'라
한다)을 추진하는 것을 목적으로 하는 관리형 토지신탁사업약정을 체결하였음(이하 '이 사
건 사업약정'이라 한다).
- 전라북도는 2018.5.2.부터 같은 달 9.까지 시군과 합동으로 원고에 대한 세무조사를 실시
하여, 원고가 이 사건 아파트 취득세 과세표준을 신고하면서 이 사건 신탁수수료와 이 사건
부대시설비용을 포함하여 총 1,883,601,792원을 누락한 것으로 보아 2018.5.23. 원고에게
취득세 등 64,052,410원(가산세 포함)을 과세예고하였음. 원고는 이에 불복하여 2018.
6.21. 과세전적부심사를 청구하였는데, 전라북도지사는 위 심의 결과 위 누락된 과세표준액
1,883,601,792원을 이 사건 신탁수수료 및 이 사건 부대시설비용 합계 1,582,154,636원
으로 경정하였음.

(원고의 주장)
- 이 사건 신탁수수료는 원고가 이 사건 아파트 신축·분양사업과 관련된 자금관리를 신탁
받고, 이에 대한 대가로 받은 수수료로 이 사건 아파트의 취득과는 무관한 비용임. 따라서
피고가 이를 이 사건 아파트의 취득가격에 포함시킨 것은 위법함.
- 이 사건 부대시설은 이 사건 아파트의 분양 당시에는 그 설치가 예정되어 있지 않았고,
단지 수분양자들에게 설치 여부와 설치 품목에 관한 선택권이 부여되었음. 이에 따라 수분
양자들은 그 선택권을 행사하여 이 사건 아파트 분양가액과는 별도로 공급자인 ○○○건
설 및 ○○○○○○와 이 사건 부대시설에 관하여 설치공급계약을 체결한 것임. 또한 이
사건 부대시설은 이 사건 아파트로부터 분리가 불가능하거나 곤란하지 않고, 이 사건 아파
트와 하나가 되어 건축물로서의 효용가치를 이룬다고 할 수 없음. 따라서 피고가 이를 이
사건 아파트의 취득가격에 포함시킨 것도 위법함.

(신탁수수료 부분)
- 원고(신탁회사)는 이 사건 아파트를 취득한 자로서 그에 따른 취득세 등의 부과대상자인데,
이 사건 신탁수수료는 원고 본인이 이 사건 사업약정에 따라 ○○종합건설로부터 지급받은
것임은 앞서 인정한 바와 같음. 따라서 이 사건 신탁수수료는 이 사건 아파트를 취득한 자로서

그 취득세의 부과대상자인 원고가 거래 상대방 또는 제3자에게 지급한 비용이라고 할 수 없으므로,

- 이 사건 신탁수수료가 이 사건 아파트를 취득하기 위한 비용인지 여부와 무관하게 그 취득세의 과세표준에는 포함될 수 없음.

※ (참고) 신탁수수료에 대하여는 2022.1.1.부터 지방세법 시행령 제18조 제1항 제4호가 개정·시행되어 취득세 과세표준에 포함하게 되었다.

  - 지방세법 시행령 제18조 제1항 제4호의 개정(시행일 2022.1.1.) 내용 : 4. 취득에 필요한 용역을 제공받은 대가로 지급하는 용역비·수수료(건축 및 토지조성공사로 수탁자가 취득하는 경우 위탁자가 수탁자에게 지급하는 신탁수수료를 포함한다).

(부대시설비용 부분)

- 다음과 같은 사정들, 즉

① 이 사건 부대시설에 대하여는 수분양자들에게 설치 여부와 설치 품목에 대한 선택권이 있었기에, 관리신탁회사인 원고가 이 사건 아파트를 취득할 당시부터 이 사건 부대시설의 설치가 당연히 예정되어 있었다고 볼 수 없는 점,

② 지방세법 제7조 제3항은 "건축물 중 조작 설비, 그 밖의 부대설비에 속하는 부분으로서 그 주체구조부와 하나가 되어 건축물로서의 효용가치를 이루고 있는 것에 대하여는 주체구조부 취득자 외의 자가 가설한 경우에도 주체구조부의 취득자가 함께 취득한 것으로 본다"고 규정하므로, 취득세의 과세대상인 부대설비인지 여부는 단지 분리가 어렵다거나 분리하면 효용을 해한다는 등에 의해서가 아니라 '건축물의 주체구조부와 하나가 되어 건축물로서의 효용가치를 이루었는지' 여부에 따라 판단되어야 하는바, 이 사건 부대시설이 이 사건 아파트의 거실, 침실 등의 일부분으로서 물리적 구조, 용도와 기능면에서 이 사건 아파트와 분리할 수 없을 정도로 부착·합체되어 일체로서 효용가치를 이루고 있다고는 보기 어려운 점,

③ 이 사건 아파트 입주자모집공고에 "이 사건 부대시설은 시공상의 문제로 일정시점 이후에는 추가품목 선택의 계약 및 취소가 불가능하고 그 설치 위치를 임의로 지정할 수 없다"고 되어 있으나, 이는 대규모 아파트 건축공사의 특성상 일정시점 이후에는 각 입주자의 사정을 반영하여 이미 시공이 마쳐진 부분을 개별적으로 취소하거나 변경하기가 어렵기 때문이지 이 사건 부대시설의 분리나 위치 변경이 물리적 또는 기능적으로 불가능하기 때문은 아닌 점 등을 종합하여 보면,

- 이 사건 부대시설비용은 이 사건 아파트에 대한 취득세 과세표준에 포함되지 않는다고 봄이 타당함. 따라서 이 사건 처분 중 이 사건 부대시설비용을 과세표준으로 삼아 이루어진 부분 역시 위법하므로 취소되어야 함(광주고법 2019누1611, 2020.1.8., 대법 2020두32937, 2020.5.14.).

(4) 건축물의 취득세율

건축물의 원시취득과 간주취득의 경우에 취득세율은 아래와 같다.

1) 원시취득 세율

구분	종전(2010년까지)		2011년부터	농어촌특별세	지방교육세
	등록세(ㄱ)	취득세(ㄴ)	취득세(ㄱ+ㄴ)	(ㄴ×10%)	(ㄱ×20%)
원시취득	0.8%	2.0%	2.8%	0.2%	0.16%

* 농어촌특별세는 국민주택규모 이하 주택의 취득에 대해서는 비과세한다(농특법 제4조 제9호).

2) 간주취득 세율

구분	종전(2010년까지)		2011년부터	농어촌특별세	지방교육세
	등록세(ㄱ)	취득세(ㄴ)	취득세(ㄱ+ㄴ)	(ㄴ×10%)	(ㄱ×20%)
간주취득		2.0%	2.0%	0.2%	

* 농어촌특별세는 국민주택규모 이하 주택의 취득에 대해서는 비과세한다(농특법 제4조 제9호).

3) 개수 등 건축물 면적증가 취득(지법 제11조③)

건축(신축과 재축은 제외한다) 또는 개수로 인하여 건축물 면적이 증가할 때에는 그 증가된 부분에 대하여 원시취득으로 보아 원시취득 1천분의 28의 세율을 적용한다(지법 제11조③).

한편, 「주택법」 제2조 제3호에 따른 공동주택의 개수(「건축법」 제2조 제1항 제9호에 따른 대수선은 제외한다)로 인한 취득 당시 주택의 시가표준액이 9억원 이하인 주택과 관련된 개수로 인한 취득에 대해서는 취득세를 부과하지 아니한다(지법 제9조⑥, 지령 제12조의2).

(5) 건축물의 취득세 과세표준 예시

서울시에서는 신축건물 취득세 사전점검표(신축비용 A to Z)를 신고편의를 위하여 아래와 같이 예시하여 제시하고 있다(법적 구속력은 없음).

| 신축건물 취득세 사전점검표 |

1. 법인에게 일괄도급한 경우

구 분	항 목	과세표준액	비 고
법인에게 일괄도급	소 계		
	도급공사 계약금액		
	각종 부담금		별도 지급한 경우

2. 부분도급 · 직접공사한 경우

A. 총괄표(표제부)

구 분	항 목	과세표준액	비 고
합 계(A+B)			
도급공사 (A)	소 계(A)		
	설계		
	감리		
	건축공사		
	추가공사 1		
	추가공사 2		
	기타		
도급공사외 비용 (B)	소 계(B)		
	재료비		
	노무비		
	경 비		

B. 도급공사 외 비용(B)

(1) 재료비

중분류	세부항목
직접재료비	주요재료비, 부분품비
간접재료비	소모재료비, 소모공구, 기구, 비품구입비, 가설재료비
가구 등 옵션 품목	이동식, 취득일 이후 설치된 것은 제외
미술품 등	건축물과 일치하여 설치시에만 해당
기타 재료비	

(2) 노무비

중분류	세부항목
직접노무비	기본급, 제수당, 상여금, 퇴직급여충당금, 인정상여
간접노무비	기본급, 제수당, 상여금, 퇴직급여충당금, 인정상여
기타 노무비	

(3) 경비

중분류	세부항목
지급수수료	감정평가료, 건설자금이자(취득일까지 일자 계산), 건설기계대여금지급보증, 건설하도급대금지급보증, 공사이행보증서발급, 관리형토지신탁수수료, 교통영향분석수수료, 금융자문수수료, 대출수수료, 법무법인수수료, 분양보증보험료(미포함), 시행·시공자문수수료, 신탁수수료, 연체료(법인만 포함), 일반경계복원조사수수료, 자산실사수수료, 전기안전관리대행수수료, 주변환경조사수수료, 지반조사수수료, 친환경건축물인증용역비, 컨설팅수수료, 할부이자(법인만 포함), 건물에너지효율등급인증용역비, 기타 취득관련 수수료
각종부담금	과밀부담금, 개발부담금(미포함), 광역교통시설부담금, 기반시설부담금, 농지보전부담금, 대체농지(산지)조성비, 학교용지부담금, 환경개선부담금, 도로원인자부담금, 상·하수도원인자부담금, 기반시설설치부담금, 기타 법령상 의무적으로 부담하는 취득관련부담금
외주가공비 (부분도급)	토공사(절토, 성토, 굴착등), 전기공사, 인테리어 공사(취득 이후 공사한 경우 제외), 정보통신설비 공사(취득 이후 공사한 경우 제외), 엘리베이터 공사, 에스컬레이터 공사, 소방공사, 설계비, 배관공사(급수공사비), 냉난방공사, 골조공사, 감리비, 옥상조경공사비, 기타 외주공사비
보상비	지장물 철거보상비(미포함), 건물철거 보상비, 이주비(미포함)
전기수도료	전력비, 수도광열비
운반비	운송비, 하역비, 상하차비, 조작비 등
감가상각비	건물 감가상각비, 기계장치 감가상각비, 기타 감가상각비
수리수선비	건물 수리비, 기계장비 수리비, 차량운반구 수리비, 공구 및 기구 수리비
지급임차료	건물임차료, 토지임차료, 장비임차료, 기술임차료, 기타임차료
보험료	산업재해보험료, 고용보험료, 국민건강보험료, 국민연금보험료, 공사손해보험료, 기타 보험료
부대경비	채권매입액, 공과금, 폐기물처리비, 기존 건축물 철거비, 도서인쇄비, 기계경비, 특허권사용료, 기술료, 연구개발비, 품질관리비, 가설물설치비, 안전관리비, 건설근로자 퇴직공제부금비, 관급자재 관리비, 복리후생비, 보관비, 소모품비, 기타경비
여비교통 통신비	여비, 차량유지비, 전신전화비, 우편료 등
세금	등록면허세, 재산분 주민세, 종업원분 주민세, 균등분 주민세, 인지세
분담금	지역난방공사분담금(미포함), 가스공사분담금(미포함), 급수공사분담금(미포함), 전기공사분담금(미포함)

② 부가가치세 공통매입세액의 정산

(1) 안분계산 기준별 정산방법

1) 공급가액비율로 안분계산한 공통매입세액의 정산

예정신고를 할 때에 공통매입세액은 예정신고기간에 있어서 총공급가액에 대한 면세공급가액(면세사업등에 대한 공급가액과 사업자가 해당 면세사업등과 관련하여 받았으나 부가가치세법 제29조의 과세표준에 포함되지 아니하는 국고보조금과 공공보조금 및 이와 유사한 금액의 합계액을 말한다)의 비율에 따라 안분하여 계산하고, 확정신고를 할 때에 정산한다(부가령 제81조① 단서).

건물의 분양에 있어 공급가액비율로 안분계산한 공통매입세액의 정산은 예정공급가액 비율에 의해서 공통매입세액을 안분계산하다가 분양이 완료된 시점의 확정신고 시 정산하면 된다(기획재정부 부가-529, 2010.7.30.). 따라서 공통매입세액의 정산시기는 분양이 완료된 시점 이므로 준공시점 이전이 될 수도 있고 이후가 될 수도 있다.

그리고 건물 신축 이외의 일반관리비 관련 공통매입세액의 정산은 공급가액비율에 의하여 정산한다.

또한, 예정공급가액비율을 알 수 없는 경우에는 공통매입세액 전액을 환급받지 않고 확정신고 시 정산하여 환급받을 수 있다.

2) 매입가액비율 등으로 안분계산한 공통매입세액의 정산

사업자가 부가가치세법 시행령 제81조 제4항(매입가액·예정공급가액·예정사용면적의 비율)에 따라 매입세액을 안분하여 계산한 경우에는 해당 재화의 취득으로 과세사업과 면세사업등의 공급가액, 과세사업과 면세사업등의 사용면적이 확정되는 과세기간에 대한 납부세액을 확정신고할 때에 아래의 계산식에 따라 정산한다. 다만, 예정신고를 할 때에는 예정신고기간에 있어서 총공급가액에 대한 면세공급가액의 비율, 총사용면적에 대한 면세 또는 비과세 사용면적의 비율에 따라 안분하여 계산하고, 확정신고를 할 때에 정산한다(부가령 제82조).

"예정"은 사업자가 각 과세기간에 공통매입세액을 안분계산함에 있어서 공통매입세액과 관련된 공급가액 또는 사용면적이 실제로 확정될 과세기간에 과세, 면세사업으로부터 발생이 예상되거나 과세, 면세사업으로 사용이 예상되는 것을 말하고, "확정되는 과세기간"은 사업자가 공통매입세액을 안분계산함에 있어서 당해 재화를 과세사업과 면세사업에 사용하여 총공급 가액에 대한 면세공급가액의 비율 또는 총사용면적에 대한 면세사용면적의 비율이 발생하는 과세기간을 말하는 것이다(재부가 46015-45, 1993.3.15.).

① 매입가액의 비율 및 예정공급가액의 비율에 따라 매입세액을 안분하여 계산한 경우 정산방법(부가령 제82조 제1호).

$$\text{가산되거나 공제되는 세액} = \text{총공통매입세액} \times \left(1 - \frac{\text{과세사업과 면세사업등의 공급가액이 확정되는 과세기간의 면세공급가액}}{\text{과세사업과 면세사업등의 공급가액이 확정되는 과세기간의 총공급가액}}\right) - \text{이미 공제한 세액}$$

② 예정사용면적의 비율에 따라 매입세액을 안분하여 계산한 경우 정산방법(부가령 제82조 제2호).

$$\text{가산되거나 공제되는 세액} = \text{총공통매입세액} \times \left(1 - \frac{\text{과세사업과 면세사업등의 사용면적이 확정되는 과세기간의 면세사용면적}}{\text{과세사업과 면세사업등의 사용면적이 확정되는 과세기간의 총사용면적}}\right) - \text{이미 공제한 세액}$$

(2) 건물(또는 구축물)의 공통매입세액 정산방법

토지를 제외한 건물 또는 구축물에 대하여 예정사용면적의 비율을 적용하여 공통매입세액 안분계산을 하였을 때에는 그 후 과세사업과 면세사업등의 공급가액이 모두 있게 되어 위 (1) 2) ①의 계산식에 따라 공통매입세액을 계산할 수 있는 경우에도 과세사업과 면세사업등의 사용면적이 확정되기 전의 과세기간까지는 예정사용면적의 비율을 적용하고, 과세사업과 면세사업등의 사용면적이 확정되는 과세기간에 사용면적기준 정산에 따라 공통매입세액을 정산한다(부가령 제81조⑤).

본점에서 공제받은 공통매입세액의 정산 사업장

과세사업과 면세사업을 겸영하는 사업자가 과세사업과 면세사업등에 사용할 지점건물을 신축함에 있어 매입세액의 안분계산 및 공통매입세액의 정산은 본점과 지점 중 세금계산서를 발급받은 어느 쪽에서도 가능하다(집행기준 40-82-2).

■ 공통매입세액을 확정되는 과세기간의 공급가액(또는 사용면적)으로 정산함에 있어 『확정』은 어느 때를 의미하는지 해석

해석

- 과세사업과 면세사업에 공통으로 사용되어 실지귀속을 구분할 수 없는 공통매입세액을 부가가치세법 제61조 제4항의 규정에 의하여 예정공급가액 또는 예정사용면적으로 안분계산한 후 동법 시행령 제61조의2의 규정에 의하여 공급가액 또는 사용면적이 확정되는 과세기간의 공급가액 또는 사용면적으로 정산함에 있어서,
- 확정되는 과세기간이라 함은 사업자가 공통매입세액을 안분계산함에 있어서 당해 재화를 실제로 과세사업과 면세사업에 사용하여 총공급가액에 대한 면세공급가액의 비율 또는 총사용면적에 대한 면세사용면적의 비율이 발생하는 과세기간을 말하는 것임(부가 46015－2390, 1994.11.23.).

■ 공급가액비율에 의한 공통매입세액의 정산방법

사안

- 예정공급가액비율에 따라 안분계산하는 경우 과세사업과 면세사업의 공급가액이 '확정되는 과세기간'에 대한 납부세액을 확정신고하는 때에 정산하는 경우 '확정되는 과세기간'이 분양이 완료되는 때인지 또는 준공되는 때인지 여부
- 공통매입세액을 해당과세기간의 면세공급가액과 총공급가액에 의하여 정산하는 경우 '총공급가액'을 건물 전체의 총공급가액으로 보아야 하는지 또는 해당 과세기간별 총공급가액으로 보아야 하는지 여부

해석

- 부가가치세법 시행령 제61조의2 제1호(공급가액비율에 의한 정산)에 따라 공통매입세액을 정산함에 있어서

  가. 건물의 준공 전에 분양이 완료된 아파트형공장 건설분양의 경우 분양이 완료되면 공급가액이 확정된 것으로 볼 수 있으므로 확정되는 과세기간은 분양이 완료된 과세기간이 되는 것임.

  나. 과세 · 면세사업의 공급가액이 계속적으로 여러 과세기간에 걸쳐 발생되어 그 비율이 변동되는 경우의 총공급가액은 공급가액이 발생된 전체 과세기간의 공급가액 합계액을 말하는 것이므로 건물의 준공 전에 분양이 완료된 경우, 분양이 완료된 과세기간에 각 사업장별 총공통매입세액에 대하여 전체과세기간의 총공급가액과 총면세공급가액의 비율에 의하여 정산하는 것임(기획재정부 부가－529, 2010.7.30.).

■ 건물 신축 후 정산한 다음 발생한 공통매입세액의 안분계산방법

• 사업자가 과세사업과 면세사업에 공통으로 사용할 건물을 신축하면서 발생한 공사비 관련 공통매입세액을 부가가치세법 시행령 제81조 제4항 제3호(예정사용면적의 비율)에 따라 안분계산하고 같은 법 시행령 같은 조 제5항에 따라 정산한 다음 해당 건물의 개증축과 관련된 매입세액이 발생한 경우, 실지귀속을 구분할 수 없는 공통매입세액은 해당 과세기간의 총건물 사용면적에 대한 면세사업 등에 관련된 사용면적의 비율로 안분계산하는 것임.

• 아울러, 일반관리비와 관련된 매입세액 중 실지귀속을 구분할 수 없는 공통매입세액은 일반 관리비가 발생한 과세기간의 총공급가액에 대한 면세공급가액의 비율로 안분계산하는 것임 (법규부가2014-256, 2014.8.7.).

예시) 공통매입세액 안분계산 및 정산 사례

【문제】

개인사업자가 과세사업과 면세사업을 겸영하기 위하여 2019.3.1.부터 사업을 개시하여 각 과세기간 동안 발생된 공통매입세액, 수입금액이 아래와 같은 경우 각 과세기간별 공통매입세액에 대한 안분계산 및 정산 방법

(단위 : 천원)

구 분	공통매입세액	예정공급가액		실제공급가액		비고
		과세분	면세분	과세분	면세분	
2019년 1기	8,000	120,000	40,000	0	0	
2019년 2기	16,000	120,000	40,000	50,000	0	
2020년 1기	10,000	150,000	50,000	0	40,000	
2020년 2기	4,000	–	–	180,000	60,000	
2021년 1기	2,000	–	–	120,000	80,000	

【계산 방법】

1. 각 과세기간별 공통매입세액 안분계산

(단위 : 천원)

귀 속	안분계산 방법	계산 내역	공제가능 매입세액
2019년 1기	예정공급가액	8,000 × 120,000/160,000	6,000
2019년 2기	예정공급가액	16,000 × 120,000/160,000	12,000
2020년 1기	예정공급가액	10,000 × 150,000/200,000	7,500
2020년 2기	공통매입세액 정산	"아래 정산내역 참조"	3,000
2021년 1기	당해공급가액	2,000 × 120,000/200,000	1,200

2. 공통매입세액 정산

공통매입세액은 과세사업과 면세사업의 공급가액이 모두 발생한 2020년 2기에 정산함.

- 공급가액이 확정되는 과세기간까지의 공통매입세액 합계액

  8,000천원 + 16,000천원 + 10,000천원 + 4,000천원 = 38,000천원

- 2020년 2기 공급가액에 대한 과세·면세비율

  180,000천원/(180,000천원 + 60,000천원) = 0.75

- 공급가액이 확정되는 과세기간 전까지 공제세액 합계액

  6,000천원 + 12,000천원 + 7,500천원 = 25,500천원

- 당해 과세기간 공통매입세액 정산액

  38,000천원 × 0.75 − 25,5000천원 = 3,000천원

 재산세·종합부동산세 실무

(1) 재산세(건물)

1) 주 택

준공된 주택에 대해서는 주택과 주택의 부속토지를 합하여 재산세 과세대상인 주택으로서 개별주택공시가격 또는 공동주택공시가격을 기준으로 주택별로 과세기준일 현재 주택의 소유자에게 주택분 재산세를 부과하게 된다. 주택에 대한 재산세율은 일반주택인 경우 과세표준의 0.1%~0.4%로 4단계 초과누진세율, 1세대 1주택으로서 시가표준액 9억원 이하인 주택에 대해서는 과세표준의 0.05%~0.35%로 4단계 초과누진세율이 적용된다.

2) 주택외 건축물

준공된 주택외 건축물은 재산세의 과세대상으로 한다(지법 제105조). 과세기준일 현재 주택외 건축물의 소유자에게 건물분 재산세를 부과하게 된다. 세율은 골프장, 고급오락장용 건축물은 과세표준의 4.0%, 공장용 건축물은 과세표준의 0.5%, 그 밖의 건축물은 과세표준의 0.25%를 적용한다.

(2) 종합부동산세(주택)

건축물이 준공된 이후에는 주택과 주택외 건축물로 구분되는데 종합부동산세의 과세대상은

주택에 한정한다. 주택분 종합부동산세의 과세표준은 납세의무자별로 주택과 주택의 부수 토지를 포함하여 산정한 주택의 공시가격을 합산한 금액을 기준으로 한다. 다만, 일정요건을 충족하는 미분양 주택에 대해서는 일정기간 종합부동산세의 합산과세대상에서 배제한다.

1) 분양주택

건축물이 준공되어 재산세의 과세기준일 현재 잔금 청산 또는 소유권이전등기가 완료된 주택에 대해서는 분양받은 자(소유자)가 종합부동산세 납세의무자가 된다. 이 경우 주택의 공시가격을 합산한 금액을 기준으로 종합부동산세를 부과한다.

2) 미분양 주택(합산 배제대상 주택)

주택건설사업자가 건축하여 소유하고 있는 미분양 주택은 종합부동산세 과세표준 합산의 대상이 되는 주택의 범위에 포함되지 아니하는 것으로 본다(종부법 제8조② 제2호). 여기서 미분양 주택은 과세기준일 현재 사업자등록을 한 다음의 어느 하나에 해당하는 자가 건축하여 소유하는 주택으로서 기획재정부령이 정하는 미분양 주택을 말한다(종부령 제4조① 제3호).
① 「주택법」 제15조에 따른 사업계획승인을 얻은 자
② 「건축법」 제11조에 따른 허가를 받은 자

"기획재정부령이 정하는 미분양 주택"이란 주택을 신축하여 판매하는 자가 소유한 다음의 어느 하나에 해당하는 미분양 주택을 말한다(종부칙 제4조).
① 「주택법」 제15조에 따른 사업계획승인을 얻은 자가 건축하여 소유하는 미분양 주택으로서 2005년 1월 1일 이후에 주택분 재산세의 납세의무가 최초로 성립하는 날부터 5년이 경과하지 않은 주택
② 「건축법」 제11조에 따른 허가를 받은 자가 건축하여 소유하는 미분양 주택으로서 2005년 1월 1일 이후에 주택분 재산세의 납세의무가 최초로 성립하는 날부터 5년이 경과하지 않은 주택

과세기준일 현재 잔금 청산 또는 소유권이전등기가 되지 아니한 분양주택

「종합부동산세법 시행령」 제4조 제1항 제3호의 "과세기준일 현재 「소득세법」 제168조 또는 「법인세법」 제111조의 규정에 의한 사업자등록을 한 자가 건축하여 소유하는 주택으로서 같은 법 시행규칙 제4조의 미분양 주택"에는 과세기준일 이전에 분양계약을 체결하고 과세기준일 현재 잔금 청산 또는 소유권이전등기가 되지 아니한 주택이 포함된다(집행기준 8-4-3).

④ 기부채납과 사용수익기부자산

「국유재산법」에서 "기부채납"이란 국가 외의 자가 국유재산법 제5조 제1항 각 호에 해당하는 재산의 소유권을 무상으로 국가에 이전하여 국가가 이를 취득하는 것을 말한다(국유재산법 제2조 제2호).

기부채납은 주로 부동산개발사업의 인·허가조건으로 인해 발생하며, 이에 따라 부동산개발 사업과 관련된 공공시설을 새로이 설치하여 국가나 지방자치단체에 무상으로 기부채납하게 된다. 또한, 민간부문이 민간투자사업으로 「사회기반시설에 대한 민간투자법」에 따라 사회기반 시설을 건설하여 그 시설 전부를 국가나 지방자치단체에 기부채납을 조건으로 시설관리 운영권을 받아 일정기간 그 시설을 운영한다. 아래에서는 인·허가조건 사업의 기부채납과 SOC사업의 기부채납 그리고 사용수익기부자산의 세무처리에 대해 서술한다.

ⅰ. 인·허가조건 사업의 기부채납

(1) 과세사업인 경우

1) 부가가치세

국가, 지방자치단체, 지방자치단체조합 또는 공익단체에 무상으로 공급하는 재화 또는 용역은 부가가치세를 면제한다(부가법 제26조① 제20호, 부가령 제47조) 사업자가 부가가치세 과세사업에 사용할 글로벌비즈니스센터를 신축하기 위하여 지방자치단체에 공공시설을 기부채납하는 조건으로 인·허가(건축법상 용적률의 상향조정 등)를 받는 경우로서 기부채납에 상응하는 대가를 받지 아니한 경우 해당 기부채납에 대하여는 「부가가치세법」 제26조 제1항 제20호에 따라 부가가치세가 면제되며, 해당 공공시설의 건설과 관련된 매입세액은 같은 법 제38조 제1항에 따라 자기의 매출세액에서 공제되는 것이다. 다만, 공공시설의 건설과 관련하여 토지의 조성 등을 위한 자본적 지출과 관련된 매입세액은 자기의 매출세액에서 공제하지 아니한다 (사전법령해석 부가2019–363, 2019.8.28.). 그러나 국가 등에 재화 또는 용역을 유상으로 공급하는 경우에는 과세된다.

2) 법인세

국가, 지방자치단체, 지방자치단체조합 또는 공익단체에 무상으로 공급하는 신설 공공시설의 설치비용은 시행자의 잔존토지 또는 잔존건물에 대한 자본적 지출로 한다. 반면에 시행자가 기존 공공시설용지를 무상으로 양도 받은 경우, 기존 공공시설용지의 취득 당시 시가를 각 사업연도 소득금액을 계산할 때 익금에 산입한다.

3) 취득세

① 면 제

국가, 지방자치단체 또는 지방자치단체조합의 취득에 대해서는 취득세를 부과하지 아니한다 (지법 제9조①). 또한, 국가, 지방자치단체 또는 지방자치단체조합에 귀속 또는 기부채납을 조건으로 취득하는 부동산에 대해서는 취득세를 부과하지 아니한다. 다만, 다음의 어느 하나에 해당하는 경우에는 그 해당 부분에 대해서는 취득세를 부과한다(지법 제9조②).

  (ㄱ) 국가등에 귀속등의 조건을 이행하지 아니하고 타인에게 매각·증여하거나 귀속등을 이행하지 아니하는 것으로 조건이 변경된 경우

  (ㄴ) 국가등에 귀속등의 반대급부로 국가등이 소유하고 있는 부동산 및 사회기반시설을 무상으로 양여받거나 기부채납 대상물의 무상사용권을 제공받는 경우

② 경 감

「지방세법」 제9조 제2항에 따른 부동산 및 사회기반시설 중에서 국가, 지방자치단체 또는 지방자치단체조합(이하 "국가등"이라 한다)에 귀속되거나 기부채납(이하 "귀속등"이라 한다)한 것의 반대급부로 국가등이 소유하고 있는 부동산 또는 사회기반시설을 무상으로 양여받거나 기부채납 대상물의 무상사용권을 제공받는 조건으로 취득하는 부동산 또는 사회기반시설에 대해서는 다음 각 호의 구분에 따라 취득세를 감면한다(지특법 제73조의2①).

  (ㄱ) 2020년 12월 31일까지 취득세를 면제한다.

  (ㄴ) 2021년 1월 1일부터 2024년 12월 31일까지는 취득세의 100분의 50을 경감한다.

(2) 면세사업인 경우

인·허가조건 사업의 기부채납이 면세사업인 경우에 국가, 지방자치단체, 지방자치단체조합 또는 공익단체에 무상으로 공급하는 재화 또는 용역은 부가가치세를 면제하나, 관련 매입세액은 공제하지 아니한다.

그리고 인·허가조건 면세사업의 기부채납에 대한 법인세와 취득세의 세무처리는 과세 사업의 경우와 동일하다.

◼ 부동산개발 관련 해석 · 판단사례

■ 지방자치단체 소유의 기존 기반시설을 무상 또는 저가로 양수하는 조건인 기부채납의 경우 부가가치세 과세 및 관련 매입세액 공제 여부

> **해석**
>
> - 사업자 부담으로 특정 건축물을 신축하여 국가에 기부채납하고 이에 상응한 지방자치단체 소유의 토지나 건물을 무상 또는 저가로 취득하는 조건으로 사업계획승인을 받는 경우 당해 사업자가 공급하는 특정 건축물에 대하여는 「부가가치세법」 제6조(현행 제9조 : 재화의 공급)의 규정에 의하여 부가가치세가 과세되는 것이며, 당해 건축물의 신축과 관련된 매입세액은 같은 법 제17조 제1항(현행 제38조 : 공제하는 매입세액)의 규정에 의하여 자기의 매출세액에서 공제받을 수 있는 것임(서면3팀-2162, 2007.7.31.).

■ 국가 등에 신설 공공시설을 무상 귀속 또는 기부채납하는 경우 세무처리

> **해석**
>
> - 「○○문화복합타운 조성」 사업에 참여하는 내국법인이 지방자체단체와 해당 사업에 대한 실시협약 및 변경확약을 체결하고, 주상복합시설 개발 사업 승인을 위해 문화복합타운 및 공영주차장을 건설하여 지방자치단체에 기부채납하는 경우 해당 기부채납시설의 건설비용은 주상복합시설의 취득가액에 가산하는 것임(사전법령해석 법인2018-124, 2018.6.20.).

■ 도시개발사업의 시행자가 기존 공공시설용지를 무상으로 받은 경우 익금의 귀속시기

> **해석**
>
> - 법인이 무상으로 취득한 자산은 「법인세법」 제15조 제1항 및 같은 법 시행령 제11조 제5호에 따라 익금에 산입되며, 그 귀속시기는 같은 법 제40조 제1항에 따라 그 익금이 확정된 날이 속하는 사업연도임.
> 질의하신 사례의 경우, 「도시개발법」 제11조 제1항 제11호에 따른 도시개발사업의 시행자가 같은 법 제66조 제2항에 따라 용도가 폐지되는 행정청의 공공시설을 무상으로 취득하는 경우 익금의 귀속 사업연도는 「도시개발법」 제66조 제6항에 따라 지정권자가 준공검사증명서를 내어준 날이 속하는 사업연도임(기획재정부법인-229, 2021.4.22.).
> (참고)
> 위와 다른 해석(익금의 귀속시기는 기존 공공시설용지의 사용수익일과 소유권이전등기일 중 빠른 날)을 한 사전법령해석법인 2020-203(2020.4.20.)은 삭제됨.

- ■ 면세사업과 관련된 기부채납 자산의 부가가치세 면제 및 관련 매입세액의 공제 여부

- 사업자가 「국방·군사시설 사업에 관한 법률」에 따라 국방·군사시설을 새로이 설치하여 국가에 기부채납하고 기존 국방·군사시설 부지 등을 양여받아 이를 택지개발사업 등 부가가치세 면세사업에 사용하는 경우 해당 면세사업과 관련된 기부채납에 대해서는 부가가치세를 면제하는 것이며, 관련 매입세액은 공제하지 아니하는 것임(기획재정부 부가-497, 2011.8.5.).

ii. SOC 사업의 기부채납

「사회기반시설에 대한 민간투자법」에 사회기반시설사업이란 사회기반시설의 신설·증설·개량 또는 운영에 관한 사업을 말하며, 민간투자사업(SOC 사업)이란 민간부문이 제안하는 사업 또는 민간투자시설사업기본계획에 따라 사업시행자가 시행하는 사회기반시설사업을 말한다. 사업시행자는 사회기반시설의 소유권을 국가에 귀속시키고 그 시설의 시설관리운영권을 갖고 일정기간 운영할 수 있다. 민간투자사업의 추진방식으로는 BTO(Build Transfer Operate)방식과 BOT(Build Operate Transfer)방식 등이 있으며, 사회기반시설의 소유권을 국가에 귀속시킬 때 기부채납이 이루어진다. 그리고 민간부문의 시설관리운영권은 무형자산인 사용수익기부자산으로 처리하고 사용수익기간 동안 상각하게 된다.

(1) 민간투자사업의 추진방식

1) BTO(Build Transfer Operate)방식

BTO(Build Transfer Operate)방식은 민간부문이 사회기반시설을 직접 건설한 뒤 준공 후 먼저 정부·지방자치단체 등에 소유권을 양도하고, 일정기간 직접 시설을 운영하면서 투자금 회수와 수익을 거두는 방식이다. 민간부문은 일정기간 사회기반시설의 운영권을 갖고, 소유권은 정부·지방자치단체 등이 갖는다. 대상 시설은 시설 자체에서 운영수입이 가능한 고속도로, 항만, 지하철 등의 시설이다.

2) BOT(Build Operate Transfer)방식

BOT(Build Operate Transfer)방식은 민간부문이 사회기반시설을 준공한 후 일정기간 사업시행자에게 당해 시설의 소유권과 운영권이 인정되며 기간이 만료 되었을 때 사회기반

시설의 소유권과 운영권이 국가 또는 지방자치단체에 귀속되는 계약방식이다. 민간부문 수주측이 설계, 시공 후 일정기간 시설물을 운영하여 투자금을 회수하고 시설물과 운영권을 무상으로 국가 또는 지방자치단체에 이전한다.

3) BTL(Build Transfer Lease)방식

BTL(Build Transfer Lease)방식은 민간부문이 자금을 투자하여 사회기반시설을 건설하고 준공 후 먼저 정부·지방자치단체 등에 소유권을 양도하고, 일정기간 사용수익권을 가지게 된다. 사회기반시설의 사용수익권을 획득한 민간부문은 시설을 정부·지방자치단체 등에 임대(Lease)하고 그에 대한 약정된 임대료를 받아 투자비용을 회수하는 방식이다. BTL(Build Transfer Lease)방식은 정부·지방자치단체 등이 시설 임대료를 직접 민간부문에 지급하여 민간부문의 투자금을 회수해 주므로 안정성이 높으며, 적정 수익률을 반영한 임대료를 산정·지급하여 민간부문은 사전에 목표수익률을 보장받게 된다.

(2) 과세사업인 경우

1) 부가가치세

SOC 사업의 기부채납은 직접적인 대가관계가 이루어지지 아니하나 경제적 또는 실질적 관점에서는 대가관계에 있다. 기부채납이 대가관계가 있는 경우에는 유상거래 또는 교환거래에 해당하여 부가가치세 과세대상에 해당한다.

① 영세율 적용

「사회기반시설에 대한 민간투자법」 제2조 제8호(아래 참조)에 따른 사업시행자가 부가가치세가 과세되는 사업을 할 목적으로 같은 법 제4조 제1호부터 제3호까지(아래 참조)의 규정에 따른 방식으로 국가 또는 지방자치단체에 공급하는 같은 법 제2조 제1호(아래 참조)에 따른 사회기반시설 또는 사회기반시설의 건설용역에 해당하는 재화 또는 용역의 공급에 대한 부가가치세의 경우에는 영(0)의 세율을 적용한다(조특법 제105조① 제3호의2). 이 경우 영의 세율 적용은 2026년 12월 31일까지 공급한 것에 대해서만 적용한다.

❑ **사회기반시설**(사회기반시설에 대한 민간투자법 제2조 제1호)

1. "사회기반시설"이란 각종 생산활동의 기반이 되는 시설, 해당 시설의 효용을 증진시키거나 이용자의 편의를 도모하는 시설 및 국민생활의 편익을 증진시키는 시설로서, 다음 각 목의 어느 하나에 해당하는 시설을 말한다.

    가. 도로, 철도, 항만, 하수도, 하수·분뇨·폐기물처리시설, 재이용시설 등 경제활동의 기반이 되는 시설

    나. 유치원, 학교, 도서관, 과학관, 복합문화시설, 공공보건의료시설 등 사회서비스의 제공을 위하여 필요한 시설

    다. 공공청사, 보훈시설, 방재시설, 병영시설 등 국가 또는 지방자치단체의 업무수행을 위하여 필요한 공용시설 또는 생활체육시설, 휴양시설 등 일반 공중의 이용을 위하여 제공하는 공공용 시설

❑ **사업시행자**(사회기반시설에 대한 민간투자법 제2조 제8호)

8. "사업시행자"란 공공부문 외의 자로서 이 법에 따라 사업시행자의 지정을 받아 민간투자사업을 시행하는 법인을 말한다.

❑ **민간투자사업의 추진방식**(사회기반시설에 대한 민간투자법 제4조 제1호부터 제3호까지)

1. 사회기반시설의 준공과 동시에 해당 시설의 소유권이 국가 또는 지방자치단체에 귀속되며, 사업시행자에게 일정기간의 시설관리운영권을 인정하는 방식(제2호에 해당하는 경우는 제외한다)〈BTO〉

2. 사회기반시설의 준공과 동시에 해당 시설의 소유권이 국가 또는 지방자치단체에 귀속되며, 사업시행자에게 일정기간의 시설관리운영권을 인정하되, 그 시설을 국가 또는 지방자치단체 등이 협약에서 정한 기간 동안 임차하여 사용·수익하는 방식〈BTL〉

3. 사회기반시설의 준공 후 일정기간 동안 사업시행자에게 해당 시설의 소유권이 인정되며 그 기간이 만료되면 시설소유권이 국가 또는 지방자치단체에 귀속되는 방식〈BOT〉

한편, 건설업자가 「사회기반시설에 대한 민간투자법」 제2조 제7호의 규정에 의한 사업시행자에게 공급하는 동법에 의한 사회기반시설의 건설용역은 영세율이 적용되지 아니한다(서면3팀-2165, 2007.7.31.). 따라서 사업시행자가 공급받은 사회기반시설의 건설용역에 대해서는 먼저 부가가치세를 부담한 후에 매입세액 공제 또는 환급받게 된다.

② 공급시기

㉠ BTO 방식 : 사업자가 신축한 건물의 준공검사 후 그 소유권을 국가 등에 귀속시키고 무상사용수익권을 얻는 경우 당해 거래는 부가가치세법 제6조 제1항의 규정에 따른 「재화의 공급」에 해당하며, 그 공급시기는 기부채납 절차가 완료된 때이다(재소비 46015-209, 2002.8.8.).

㉡ BOT 방식 : 사업자가 사회간접자본시설에 대한 민간투자법 제4조 제2호(현, 제4조 제3호〈BOT〉)의 방식으로 국가 또는 지방자치단체와 기부채납하기로 약정하고 동법에 의한 사회간접자본시설물을 신축하여 준공한 후 일정기간 동안 사용수익하다가 기부채납하는 경우 당해 시설물의 공급에 대한 부가가치세법 제9조의 규정에 의한 거래시기는 기부채납절차가 완료되는 때가 되는 것이다(재소비 46015-347, 2002.12.12.).

㉢ BTL 방식 : 「사회기반시설에 대한 민간투자법」에 따른 사업시행자가 부가가치세가 과세되는 사업을 할 목적으로 같은 법 제4조 제2호에 따른 임대형 민자사업(BTL) 방식으로 사회기반시설을 건설하여 국가기관에 기부채납 하는 경우 동 기부채납에 대하여는 기부채납의 절차가 완료되는 때에 영세율 세금계산서를 발급하는 것이다(부가-1240, 2010.9.17.).

일정기간 무상사용조건으로 지하구간의 지하상가를 신축하여 기부채납한 사업자가 기부채납절차가 완료되지 않은 상태에서 그 기부채납한 지하상가를 사용수익하고 있는 경우, 그 기부채납의 거래시기는 기부채납금액과 사용수익기간이 확정되는 등 기부채납절차가 완료되는 때이다(부가-201, 2009.1.14.).

③ 과세표준

기부채납의 경우 재화 또는 용역의 공급가액은 해당 기부채납의 근거가 되는 법률에 따라 기부채납된 가액으로 한다(부가령 제61조② 제3호). 다만, 기부채납된 가액에 부가가치세가 포함된 경우 그 부가가치세는 제외한다(부가령 제61조② 제3호 단서).

④ SOC 사업의 시설관리운영권에 대한 면세

국가 또는 지방자치단체가 「사회기반시설에 대한 민간투자법」에 따른 사업시행자로부터 같은 법 제4조 제1호(BTO) 및 제2호(BTL)의 방식에 따라 사회기반시설 또는 사회기반시설의 건설용역을 기부채납받고 그 대가로 부여하는 시설관리운영권에 대해서는 부가가치세를 면제한다(부가령 제46조 제3호 다목). 그러나 BOT 방식에 의한 관리운영권은 부동산임대에 해당하여 부가가치세가 과세된다.

2) 법인세

내국법인이 사회기반시설을 「국유재산법」에 따라 국가에 기부채납하고 그 자산을 일정기간 동안 무상사용하는 권리를 받은 경우에는 그 기부채납하는 자산의 장부가액을 사용수익기부 자산으로 하고, 사용수익기간 동안 균등하게 안분한 금액을 상각하여 각 사업연도의 손금으로 산입한다.

3) 취득세

① 면 제

국가, 지방자치단체 또는 지방자치단체조합의 취득에 대해서는 취득세를 부과하지 아니한다 (지법 제9조①). 또한, 국가, 지방자치단체 또는 지방자치단체조합에 귀속 또는 기부채납을 조건으로 취득하는 부동산에 대해서는 취득세를 부과하지 아니한다. 다만, 다음의 어느 하나에 해당하는 경우에는 그 해당 부분에 대해서는 취득세를 부과한다 (지법 제9조②).
(ㄱ) 국가등에 귀속등의 조건을 이행하지 아니하고 타인에게 매각·증여하거나 귀속등을 이행하지 아니하는 것으로 조건이 변경된 경우
(ㄴ) 국가등에 귀속등의 반대급부로 국가등이 소유하고 있는 부동산 및 사회기반시설을 무상으로 양여받거나 기부채납 대상물의 무상사용권을 제공받는 경우

② 경 감

「지방세법」 제9조 제2항에 따른 부동산 및 사회기반시설 중에서 국가, 지방자치단체 또는 지방자치단체조합(이하 "국가등"이라 한다)에 귀속되거나 기부채납(이하 "귀속등"이라 한다)한 것의 반대급부로 국가등이 소유하고 있는 부동산 또는 사회기반시설을 무상으로 양여받거나 기부채납 대상물의 무상사용권을 제공받는 조건으로 취득하는 부동산 또는 사회기반시설에 대해서는 다음 각 호의 구분에 따라 취득세를 감면한다 (지특법 제73조의2①).
(ㄱ) 2020년 12월 31일까지 취득세를 면제한다.
(ㄴ) 2021년 1월 1일부터 2024년 12월 31일까지는 취득세의 100분의 50을 경감한다.

(3) 면세사업인 경우

「사회기반시설에 대한 민간투자법」 제2조 제8호에 따른 사업시행자가 부가가치세가 면제 되는 사업을 할 목적으로 같은 법 제4조 제1호부터 제3호까지의 규정에 따른 방식으로 국가 또는 지방자치단체에 공급하는 같은 법 제2조 제1호에 따른 사회기반시설 또는 사회기반시설의

건설용역의 공급에 대해서는 부가가치세를 면제한다(조특법 제106조① 제7호의2).

「사회기반시설에 대한 민간투자법」에 따른 사업시행자가 사회기반시설을 준공과 동시에 국가에 귀속시키고 일정기간 무상사용·수익권을 얻어 면세사업에 사용하는 경우 해당 시설의 기부채납에 대하여는 부가가치세가 면제되고 건설단계에서 부담한 매입세액은 공제되지 아니한다(집행기준 105-0-4).

iii. 사용수익기부자산

(1) 무형자산 계상

사용수익기부자산가액은 금전 외의 자산을 국가 또는 지방자치단체, 법인세법 제24조 제2항 제1호 라목부터 바목까지의 규정에 따른 법인(사립학교, 비영리 교육재단 등) 또는 이 법인세법 시행령 제39조 제1항 제1호에 따른 법인(사회복지법인, 어린이집 등)에게 기부한 후 그 자산을 사용하거나 그 자산으로부터 수익을 얻는 경우 해당 자산의 장부가액을 말하며 무형자산에 해당한다(법령 제24조① 제2호 사목).

사업시행자가 국가 또는 지방자치단체에 공급하는 「사회기반시설에 대한 민간투자법」 제2조 제1호에 따른 사회기반시설 또는 사회기반시설의 건설용역에 해당하는 재화 또는 용역을 제공하고 부여받은 시설관리운영권은 무형자산인 사용수익기부자산으로 처리한다.

(2) 사용수익기부자산의 상각

사용수익기부자산은 사용수익기간에 따라 균등하게 안분한 금액(그 기간 중에 해당 기부자산이 멸실되거나 계약이 해지된 경우 그 잔액을 말한다)을 상각범위액으로 하며, 내국법인이 각 사업연도의 결산을 확정할 때 감가상각비를 손비로 계상한 경우에는 그 상각범위액의 범위에서 그 계상한 감가상각비를 해당 사업연도의 소득금액을 계산할 때 손금에 산입하고, 그 계상한 금액 중 상각범위액을 초과하는 금액은 손금에 산입하지 아니한다(법법 제23조①, 법령 제26조① 제7호).

사업연도 중에 취득한 사용수익기부자산의 감가상각범위액은 사업에 사용한 날부터 해당 사업연도 종료일까지의 월수에 따라 계산한다(집행기준 23-26-8).

■ 국가가 사회기반시설을 기부채납받고 그 대가로 부여하는 시설관리운영권에 대한 부가가치세 신고방법

> **해석**
>
> - 국가가 「사회기반시설에 대한 민간투자법」 제2조 제7호에 따른 사업시행자로부터 같은 법 제4조 제1호(BTO)의 방식에 따라 사회기반시설을 기부채납받고 그 대가로 부여하는 시설관리운영권은 2018년 2월 13일 이후 공급하는 분부터 부가가치세가 면세되는 것이며,
> - 국가는 「부가가치세법 시행령」 제29조 제2항 제4호에 따라, 「법인세법」 제121조에 따라 계산서를 작성 · 발급하여야 하는 것임(서면법령해석 부가2018 – 1462, 2018.6.28.).

■ 지방자치단체가 민간투자사업의 총사업비 중 일부를 건설보조금으로 부담한 경우 기부채납의 과세표준

> **해석**
>
> - 「사회기반시설에 대한 민간투자법」 제2조 제7호의 규정에 의한 사업시행자가 같은 법 제4조 제1호에 따른 BTO 방식으로 하수처리시설을 건설하여 지방자치단체에 기부채납하고 해당 시설에 대한 관리운영권을 부여받는 경우로서 실시협약에 따라 지방자치단체가 총사업비의 일부를 건설보조금으로 부담하기로 하고 건설보조금을 직접 사업비로 지출한 경우 기부채납의 부가가치세 과세표준은 「부가가치세법 시행령」 제61조 제2항 제3호에 의하여 해당 기부채납의 근거가 되는 법률에 따라 기부채납된 가액으로 하는 것이며 지방자치단체가 부담한 건설보조금을 부가가치세 과세표준에서 차감하지 아니하는 것임(사전법령해석 부가2018 – 422, 2018.6.26.).

■ 시설물을 기부채납하고 관리운영권을 받는 경우 기부채납된 가액(부동산임대용역의 대가)에 대한 공급시기 및 세금계산서 발급방법(SOC 사업 아님)

> **해석**
>
> - 사업시행자가 지방자치단체와 사업협약함에 있어 해양레저시설물을 조성하여 「공유재산 및 물품관리법」에 따라 지방자치단체에 기부채납하고 20년간 기부채납시설의 관리운영권을 받는 경우 지방자치단체는 일정기간의 부동산임대용역에 대한 대가(기부채납된 가액)를 선불로 받은 것으로 보는 것이며,

- 이때 지방자치단체가 각각의 예정신고기간 또는 확정신고기간의 종료일을 공급시기로 하여 사업시행자에게 세금계산서를 발급하는 것이 원칙이나, 지방자치단체가 「부가가치세법」 제17조 제1항에 따라 공급시기가 되기 전에 세금계산서를 발급하는 경우에는 그 발급하는 때를 용역의 공급시기로 보는 것임(사전법령해석 부가2020-679, 2020.9.28.).

■ 사업자가 지방자치단체 소유의 토지에 건물을 신축 후 20년간 무상사용하는 조건으로 기부채납하는 경우 부가가치세 과세대상 여부(SOC 사업 아님)

해석

- 사업자가 지방자치단체 소유의 토지에 건물을 신축하여 20년간 무상사용을 조건으로 기부채납하는 경우, 사업자는 지방자치단체에 재화를 공급하는 것이며, 지방자치단체는 사업자에게 부동산임대용역을 공급하는 것에 해당하여 부가가치세가 각각 과세되는 것임. 이 경우 부가가치세가 과세되는 재화나 용역을 공급하는 사업자와 지방자치단체는 거래상대방으로부터 부가가치세를 거래 징수하여 각각 신고·납부하는 것임(부가-1619, 2009.11.9.).

■ 사업시행자가 취득한 무상사용권의 일부를 양도한 경우 과세대상 여부 및 공급시기(SOC 사업 아님)

해석

- ○○공사가 항만시설을 기부채납하는 조건으로 취득한 무상사용권의 일부를 사업자에게 양도한 경우 해당 무상사용권의 양도는 「부가가치세법」 제9조에 따른 재화의 공급에 해당하는 것이고 해당 양도에 대한 공급시기는 같은 법 제15조 제1항 제2호에 따라 무상사용권을 이용가능하게 된 때임(기준법령해석 부가2021-40, 2021.6.21.).

■ 조건없는 무상 기부채납 자산인 경우

해석

- 내국법인이 불특정다수인이 사용하는 노후교량을 개량하여 지방자치단체에 무상으로 기부하는 경우, 당해 내국법인이 부담한 가액은 법인세법 제24조 제2항에서 규정하는 법정기부금으로 보는 것임(법인-1022, 2009.3.12.).

개발사업시행자가 당초 매입한 토지는 대부분 사업승인대상 토지이지만, 일부 토지는 사업승인대상 외의 토지로 사업승인대상 토지와 구분하여 소유하게 된다. 사업승인대상 토지는 사업승인을 받아 건설 중일 때와 건축물이 준공된 이후의 경우에 지방세법, 종합부동산세법 등에서 과세방법에 차이를 두고 있다. 또한, 사업승인대상 외의 토지는 사업승인대상 토지와도 과세방법에 차이가 발생한다. 아래에서는 토지에 대한 재산세 등에 대해 건축물 준공과 관련하여 서술한다.

 재산세(토지)

(1) 건축물의 준공 전 토지에 대한 재산세

1) 분리과세대상 토지

지방세법에서는 국가정책목적의 달성을 위해 재산세 부과에 있어 저율 분리과세대상을 규정하고 있다. 이 규정 중에서 부동산개발사업과 관련한 토지로서 재산세에 대해 저율 분리과세대상으로 열거된 토지로 정책적 목적으로 분리과세하는 토지가 있다. 이 경우 개발사업이 진행 중인 기간 동안 분리과세대상 토지에 대한 세율은 1,000분의 2가 적용된다.

※ 부동산개발사업과 관련한 재산세 분리과세대상 토지의 구체적인 내용은 'Chapter 3. Ⅲ. 제1절 2. 과세대상'을 참고하기 바란다.

2) 종합합산과세대상 토지

개발사업시행자가 당초 매입한 토지 중 사업승인대상 외의 토지가 나대지 상태인 경우에는 종합합산과세대상 토지로 분류된다. 이 경우 종합합산과세대상 토지에 대한 재산세율은 시·군·구별로 인별 합산한 후 그 합산된 가액의 과세표준에 3단계 초과누진세율(0.2%~0.5%)이 적용된다.

(2) 건축물의 준공 이후 토지에 대한 재산세

건축물이 준공된 이후에 토지는 주택의 부속토지, 주택외 건축물의 부속토지, 사업승인대상외 토지 그리고 도로 등 기부채납대상 토지로 정리된다.

1) 주택 부속토지

건축물의 준공으로 인한 주택의 부속토지는 해당 토지와 건물을 합하여 재산세 과세대상인 주택으로서 개별주택공시가격 또는 공동주택공시가격을 기준으로 주택별로 재산세 과세를 하게 된다. 주택에 대한 재산세율은 일반주택인 경우 0.1%~0.4%로, 1세대 1주택으로서 시가표준액 9억원 이하인 주택에 대해서는 0.05%~0.35%로 4단계 초과누진세율이 적용된다.

2) 주택외 건축물의 부속토지(별도합산과세대상 토지)

주택외 건축물(공장용 건축물은 제외한다)의 부속토지 중 다음의 어느 하나에 해당하는 건축물의 부속토지를 제외한 건축물의 부속토지로서 건축물의 바닥면적(건축물 외의 시설의 경우에는 그 수평투영면적을 말한다)에 용도지역별 적용배율을 곱하여 산정한 면적 범위의 토지는 별도합산과세대상 토지가 된다(지령 제101조① 제2호). 공장용 건축물의 부속토지는 범위를 달리하여 별도합산과세대상 토지로 규정하고 있다(지령 제101조① 제1호).

㉮ 지방세법 제106조 제1항 제3호 다목(골프장용 토지와 고급오락장용 토지)에 따른 토지 안의 건축물의 부속토지(즉, 별도합산과세대상 토지에서 제외하고 고율의 분리과세대상 토지로 과세한다)

㉯ 건축물의 시가표준액이 해당 부속토지의 시가표준액의 100분의 2에 미달하는 건축물의 부속토지 중 그 건축물의 바닥면적을 제외한 부속토지(즉, 별도합산과세대상 토지에서 제외하고 종합합산과세대상 토지로 과세된다). "건축물의 시가표준액"이란 해당 건축물이 과세기준일 현재 신축된 것으로 보아 계산한 시가표준액을 말한다(지칙 제49조).

별도합산과세대상 토지에 대한 재산세율은 시·군·구별로 인별 합산한 후 그 합산된 가액의 과세표준에 3단계 초과누진세율(0.2%~0.4%)이 적용된다.

3) 종합합산과세대상 토지

개발사업시행자가 당초 매입한 토지 중 사업승인대상 외의 토지가 나대지 상태인 경우와 주택외 건축물의 부속토지 중 건축물의 바닥면적(건축물 외의 시설의 경우에는 그 수평투영 면적을 말한다)에 용도지역별 적용배율을 곱하여 산정한 면적 범위를 초과하는 토지는 종합합산과 세대상 토지로 분류된다. 이 경우 종합합산과세대상 토지에 대한 재산세율은 시·군·구별로 인별 합산한 후 그 합산된 가액의 과세표준에 3단계 초과누진세율(0.2%~0.5%)이 적용된다.

4) 비과세

국가, 지방자치단체 등에 기부채납한 재산과 도로 등에 대해서는 재산세가 비과세된다.

① 국가 등 소유 재산에 대한 비과세

국가, 지방자치단체, 지방자치단체조합, 외국정부 및 주한국제기구의 소유에 속하는 재산에 대하여는 재산세를 부과하지 아니한다. 다만, 다음의 어느 하나에 해당하는 재산에 대하여는 재산세를 부과한다(지법 제109조①).

(ㄱ) 대한민국 정부기관의 재산에 대하여 과세하는 외국정부의 재산(지법 제109조① 제1호)

(ㄴ) 지방세법 제107조 제2항 제4호에 따라 매수계약자에게 납세의무가 있는 재산(지법 제109조① 제2호)

② 도로 등에 대한 비과세

도로·하천·제방·구거·유지 및 묘지로서 일정한 토지에 대하여는 재산세를 부과하지 아니한다. 다만, 수익사업에 사용하는 경우와 해당 재산이 유료로 사용되는 경우의 그 재산(제3호〈임시건축물 1년 미만〉 및 제5호〈철거명령을 받은 건축물 또는 주택〉의 재산은 제외한다) 및 해당 재산의 일부가 그 목적에 직접 사용되지 아니하는 경우의 그 일부 재산에 대하여는 재산세를 부과한다(지법 제109조③ 제1호).

도로란 「도로법」에 따른 도로(같은 법 제2조 제2호에 따른 도로의 부속물 중 도로관리시설, 휴게시설, 주유소, 충전소, 교통·관광안내소 및 도로에 연접하여 설치한 연구시설은 제외한다)와 그 밖에 일반인의 자유로운 통행을 위하여 제공할 목적으로 개설한 사설 도로를 말한다. 다만, 「건축법 시행령」 제80조의2에 따른 대지 안의 공지는 제외한다(지령 제108조① 제1호).

❷ 종합부동산세(토지)

토지에 대한 종합부동산세는 국내에 소재하는 토지에 대하여 종합합산과세대상과 별도 합산과세대상으로 구분하여 과세한다(종부법 제11조). 따라서 분리과세대상 토지에 대해서는 과세하지 아니한다. 아래에서는 부동산개발사업에 관련된 종합부동산세에 대해 건축물 준공 전·후로 구분하여 서술한다.

(1) 건축물의 준공 전 토지에 대한 종합부동산세

1) 분리과세대상 토지

개발사업시행자가 당초 매입한 토지 중 사업계획의 승인을 받은 토지로서 주택건설사업에 제공되고 있는 토지에 대해서는 재산세의 분리과세대상 토지에 해당하여 종합부동산세가 과세되지 않고 있다.

2) 종합합산과세대상 토지

개발사업시행자가 당초 매입한 토지 중 사업승인대상 외의 토지가 나대지 상태인 경우에는 종합합산과세대상 토지로 분류된다. 이 경우 종합합산과세대상 토지에 대한 종합부동산 세율은 국내에 소재하는 토지에 대해 그 합산된 가액의 과세표준에 3단계 초과누진세율(1.0%∼3.0%)이 적용된다.

(2) 건축물의 준공 이후 토지에 대한 종합부동산세

건축물이 준공된 이후에 토지는 주택의 부속토지, 주택외 건축물의 부속토지, 사업승인대상외 토지 그리고 도로 등 기부채납대상 토지로 정리된다.

1) 주택의 부속토지

주택의 부속토지는 주택이 준공된 이후에는 주택과 같이 주택분 종합부동산세 과세대상이 된다. 다만, 요건을 충족하는 미분양 주택에 대해서는 일정기간 종합부동산세 합산대상에서 배제한다.

※ 주택분 종합부동산세에 관한 구체적인 내용은 'Chapter 4. 제1절 3. (2) 종합부동산세(주택)'을 참고하기 바란다.

2) 주택외 건축물의 부속토지

주택외 건축물(공장용 건축물은 제외한다)의 부속토지 중 다음의 어느 하나에 해당하는 건축물의 부속토지를 제외한 건축물의 부속토지로서 건축물의 바닥면적(건축물 외의 시설의 경우에는 그 수평투영면적을 말한다)에 용도지역별 적용배율을 곱하여 산정한 면적 범위의 토지는 별도합산과세대상 토지가 된다(지령 제101조① 제2호). 공장용 건축물의 부속토지는 범위를 달리하여 별도합산과세대상 토지로 규정하고 있다(지령 제101조① 제1호).

㉮ 지방세법 제106조 제1항 제3호 다목⟨골프장용 토지와 고급오락장용 토지⟩에 따른 토지 안의 건축물의 부속토지(즉, 별도합산과세대상 토지에서 제외하고 고율의 분리과세대상 토지로 과세한다).

㉯ 건축물의 시가표준액이 해당 부속토지의 시가표준액의 100분의 2에 미달하는 건축물의 부속토지 중 그 건축물의 바닥면적을 제외한 부속토지(즉, 별도합산과세대상 토지에서 제외하고 종합합산과세대상 토지로 과세된다). "건축물의 시가표준액"이란 해당 건축물이 과세기준일 현재 신축된 것으로 보아 계산한 시가표준액을 말한다(지칙 제49조).

별도합산과세대상 토지의 종합부동산세 과세표준은 납세의무자별로 해당 과세대상 토지의 공시가격을 합산한 금액에서 80억원을 공제한 금액에 공정시장가격비율(2022년부터 100%)을 곱한 금액으로 한다(종부법 제13조②). 그리고 별도합산과세대상 토지에 대한 종합부동산세율은 그 합산된 가액의 과세표준에 3단계 초과누진세율(0.5%~0.7%)이 적용된다.

3) 종합합산과세대상 토지

개발사업시행자가 당초 매입한 토지 중 사업승인대상 외의 토지가 나대지 상태인 경우에는 종합합산과세대상 토지로 분류된다. 이 경우 종합합산과세대상 토지에 대한 종합부동산세율은 국내에 소재하는 토지에 대해 그 합산된 가액의 과세표준에 3단계 초과누진세율(1.0%~3.0%)이 적용된다.

❸ 토지 등 양도소득에 대한 법인세 과세특례(토지)

법인세법에서는 과세특례를 두어 내국법인이 주택·조합원입주권과 분양권, 비사업용 토지를 양도한 경우 예외적인 사항을 제외하고는 토지등 양도소득에 대한 법인세를 추가하여 과세한다. 추가 적용 법인세율은 주택·조합원입주권과 분양권의 경우는 20%, 비사업용 토지의 경우는 10%이다. 부동산개발사업과 관련하여 비사업용 토지로 보지 아니하고 추가 법인세 과세대상에서 제외하는 경우는 아래와 같다.

(1) 일정기간 동안 비사업용 토지 과세대상 제외

다음에 해당하는 토지는 그 기간 동안 비사업용 토지에 해당하지 아니하는 토지로 보아 기간기준에 따라 토지 등 양도소득에 대한 법인세 과세특례 적용대상 비사업용 토지 여부를 판정한다.

- 「도시개발법」에 따른 도시개발구역 안의 토지로서 환지방식에 따라 시행되는 도시개발
  사업이 구획단위로 사실상 완료되어 건축이 가능한 토지 : 건축이 가능한 날부터 2년(법칙
  제46조의2① 제8호).

(2) 비사업용 토지 과세대상 제외

1) 재산세 비과세·면제대상이 되는 토지 등

다음에 해당하는 토지는 토지 등 양도소득에 대한 법인세 과세특례 적용대상 비사업용
토지에 해당하지 않는다(법법 제55조의2② 제4호).

① 「지방세법」이나 관계 법률에 따라 재산세가 비과세되거나 면제되는 토지
② 「지방세법」 제106조 제1항 제2호 및 제3호에 따른 재산세 별도합산과세대상 또는
  분리과세대상이 되는 토지
③ 토지의 이용상황, 관계 법률의 의무이행 여부 및 수입금액 등을 고려하여 법인의 업무와
  직접 관련이 있다고 인정할 만한 상당한 이유가 있는 토지로서 대통령령(생략)으로
  정하는 것

2) 일정한 사유에 해당하는 토지

다음에 해당하는 토지(미등기 토지 제외)에 대하여는 토지 등 양도소득에 대한 법인세를
과세하지 아니한다(법법 제55조의2④, 법령 제92조의2④).

① 파산선고에 의한 토지 등의 처분으로 인하여 발생하는 소득
② 법인이 직접 경작하던 농지로서 「소득세법 시행령」 제153조 제1항에 해당하는 농지의
  교환 또는 분할·통합으로 인하여 발생하는 소득
③ 「도시 및 주거환경정비법」이나 「도시개발법」 그 밖의 법률의 규정에 의한 환지처분으로
  지목 또는 지번이 변경되거나 체비지로 충당됨으로써 발생하는 소득 또는 「소득세법
  시행령」 제152조 제3항에 따른 교환으로 발생하는 소득
④ 적격분할·적격합병·적격물적분할·적격현물출자·조직변경 및 교환(법인세법 제50조
  의 요건을 갖춘 것에 한한다)으로 인하여 발생하는 소득
⑤ 한국토지주택공사가 개발사업으로 조성한 토지 중 주택건설용지로 양도함으로써
  발생하는 소득
⑥ 주택을 신축하여 판매(민간건설임대주택 또는 공공건설임대주택을 분양하거나 다른
  임대사업자에게 매각하는 경우를 포함한다)하는 법인이 그 주택 및 주택에 부수되는

토지로서 그 면적이 다음의 면적 중 넓은 면적 이내의 토지를 양도함으로써 발생하는 소득

㉮ 주택의 연면적(지하층의 면적, 지상층의 주차용으로 사용되는 면적 및 주민공동시설의 면적을 제외)

㉯ 건물이 정착된 면적에 5배(도시지역 밖의 토지의 경우에는 10배)를 곱하여 산정한 면적

⑦ 「민간임대주택에 관한 특별법」에 따른 임대사업자로서 장기일반민간임대주택등을 300호 또는 300세대 이상 취득하였거나 취득하려는 자에게 토지를 양도하여 발생하는 소득

⑧ 공공매입임대주택을 건설할 자(공공주택사업자와 공공매입임대주택을 건설하여 양도하기로 약정을 체결한 자로 한정한다)에게 2024년 12월 31일까지 주택 건설을 위한 토지를 양도하여 발생하는 소득

※ 토지 등 양도소득에 대한 법인세 과세특례에 관한 구체적인 내용은 'Chapter 3. Ⅱ. 제3절'을 참고하기 바란다.

 미분양 주택 또는 상가의 부가가치세 실무

부동산개발사업으로 건물을 착공할 때부터 분양하였으나 건물이 준공된 이후에도 미분양이라면 임대를 고려할 수 있다. 임대방법에는 미분양 건물이 분양될 때까지 일시적·잠정적으로 임대하는 경우가 있고 임대사업으로 전환하여 임대하는 경우가 있다. 이 경우 상가의 임대인지 주택의 임대인지에 따라 부가가치세법 적용에 차이가 발생한다. 아래에서는 이에 대한 부가가치세법 적용에 대해 서술한다.

(1) 미분양 주택의 임대

1) 일시적·잠정적으로 임대하는 경우

상가의 분양이나 임대는 모두 부가가치세가 과세되어 면세사업 전용으로 인한 부가가치세법 규정에 의한 자가공급의 문제가 발생하지 않는다. 그러나 국민주택규모 초과 주택의 공급은 부가가치세가 과세되고 임대는 부가가치세가 면세되므로, 국민주택규모 초과 주택을 임대할 때에는 자가공급 면세전용으로 인한 부가가치세 과세문제가 발생된다. 이 경우 일시적·잠정적 임대는 자가공급으로 보지 아니하고 있다.

2) 임대사업으로 전환하여 임대하는 경우

부동산매매업자가 부가가치세가 과세되는 주택을 분양목적으로 신축하였으나 분양이 되지 않아 주택임대사업(면세사업)으로 전환한 경우에는 재화의 자가공급에 해당하여 면세전용으로 과세대상이다.

* 미분양 주택의 민간건설임대주택 전환시 종합부동산세 합산배제에 관한 내용은 'Chapter 3. Ⅲ. 제2절 종합부동산세 2. 주택에 대한 과세'를 참고하기 바란다.

■ 부동산개발 관련 해석 · 판단사례

■ 국민주택규모 초과 주택을 부가가치세가 면제되는 주택임대사업에 사용하다 양도하는 경우

> **해석**
>
> - 사업자가 당초 분양(매매)을 목적으로 신축 · 취득한 국민주택규모 초과 주택(이하 "주택")을 부가가치세가 면제되는 주택임대사업에 사용하다 양도하는 경우 해당 주택의 양도는 「부가가치세법」 제14조 제2항 제1호에 따라 부가가치세가 면제되는 것이나, 분양(매매)이 되지 아니하여 일시적 · 잠정적으로 임대하다 양도한 경우에는 같은 법 제9조에 따라 부가가치세가 과세되는 것임. 이 경우 분양(매매)사업을 주택임대사업으로 전환한 것인지, 일시적 · 잠정적으로 임대한 것인지 여부는 사실판단할 사항임(사전법령해석 부가2018−805, 2018.12.26.).

■ 부동산매매업자가 부가가치세가 과세되는 주택을 임대하는 경우 재화의 자가공급 해당 여부

> **해석**
>
> - 부동산매매업자가 부가가치세가 과세되는 주택을 분양목적으로 신축하였으나 분양이 되지 않아 사업목적을 변경하지 아니하고 분양될 때까지 일시적 · 잠정적으로 당해 주택을 임대하는 경우에는 재화의 자가공급에 해당하지 아니하는 것이나 일시적 · 잠정적인 임대인지 여부는 분양을 위한 대외적인 의사표시 등 관련 사항을 종합하여 사실판단할 사항임(부가 46410−2233, 1998.10.1.).

■ 주택신축판매업자가 미분양 주택을 임대로 전환한 후 분양하는 경우

> **해석**
>
> - 주택신축판매업자가 분양부진으로 주택임대사업자로 등록하여 미분양 주택을 임대로 전환하는 시점에 부가가치세법 제6조 제2항 및 동법 시행령 제15조 제1항 제1호의 규정에 의하여 부가가치세를 신고 · 납부한 후 면세사업(주택임대업)에 사용하던 주택을 분양하는 경우에는 국민주택규모 초과분이라도 부가가치세가 과세되지 아니하는 것임(부가 46015−3836, 2000.11.27.).

■ 미분양 주택을 일시적·잠정적으로 임대한 것인지 임대업으로 전환한 것인지 여부 판단기준

해석

• 미분양 주택을 임대함에 있어 주택임대업으로 등록을 하지 아니한 경우에는 일시적·잠정적으로 임대한 것인지 임대업으로 전환한 것인지 여부에 따라 과세(면세전용) 여부가 결정된다. 이 경우 과세기준을 일률적으로 정하기는 어려우나 면세사업인 주택 임대업으로 전환한 것으로 보아 면세전용으로 과세할 수 있는 경우를 아래와 같이 예시함(부가 46410-2126, 1997.9.12.).

〈판단기준 예시〉

① 기간에 의한 기준 예시

  ㈎ 분양을 위한 대외적인 의사표시 없이 실제 임대기간이 연이어 2년 이상인 경우

  ㈏ 분양을 위한 대외적인 의사표시 없이 당해 주택의 준공일(입주 또는 실제 사용가능일 포함)로부터 3년이 경과한 후 최초로 임대에 공하는 경우

② 기타 기준 예시

  ㈎ 주택임대업으로 등록을 한 경우

  ㈏ 임대차계약서 등에 분양목적의 주택임을 표시함이 없이 임대기간을 2년 이상으로 기재하여 사실상 임대업을 영위하는 것으로 보는 것이 타당하다고 인정되는 경우

  ㈐ 판매(분양)를 위한 대외적인 의사표시 없이 임대광고만을 할 경우

  ㈑ 임대 당시의 전세보증금(임대료 환산) 등이 당해 임대주택의 신축가액보다 높아 사실상 분양을 포기하고 임대업으로 전환한 것으로 볼 수 있는 경우

③ 면세전용(임대 전환)으로 보아 과세하는 경우 과세방법

  ㈎ 위의 예시기준과 같이 사실상 임대업으로 전환한 것으로 볼 수 있는 경우에는 임대에 공하는 주택을 면세사업에 전용한 것으로 보아 부가세를 과세함.

  ㈏ 주택임대업으로 전환하는 때(전환한 것으로 보는 때 포함)를 자가공급(면세전용)의 공급시기로 봄.

  ㈐ 면세전용으로 보는 때의 시가에 의하여 부가가치세를 과세함(시가는 부가세법 규정에 의함).

(2) 부동산임대용역의 부가가치세 공급가액 특례(간주임대료)

부동산개발 분양사업의 건설 중인 건물이 준공된 이후에도 미분양으로 인해 임대로 전환할 경우에는 자산의 분류도 재고자산에서 사업용 자산으로 전환하게 되며, 임대사업용 자산에 대해 전세금 또는 임대보증금을 받은 경우 부가가치세법상 간주임대료의 계산 문제가 발생한다. 아래에서는 부동산임대용역의 부가가치세 공급가액 특례에 대해 서술한다.

1) 전세금 또는 임대보증금의 간주임대료

사업자가 부동산 임대용역을 공급하고 전세금 또는 임대보증금을 받는 경우의 공급가액은 다음과 같이 계산한다(부가법 제29조⑩ 제1호).

① 일반적인 경우

사업자가 전세금이나 임대보증금을 받는 경우에는 금전 외의 대가를 받는 것으로 보아 다음 계산식에 따라 계산한 금액을 공급가액으로 한다(부가령 제65조①).

$$공급가액 = \frac{해당\ 기간의\ 전세금\ 또는\ 임대보증금 \times 과세대상기간의\ 일수 \times 계약기간\ 1년의\ 정기예금\ 이자율\ (해당\ 예정신고기간\ 또는\ 과세기간\ 종료일\ 현재)}{365(윤년에는\ 366)}$$

② 일부 전대한 경우

사업자가 부동산을 임차하여 다시 임대용역을 제공하는 경우에는 위의 계산식 중 "해당 기간의 전세금 또는 임대보증금"을 "해당 기간의 전세금 또는 임대보증금 − 임차 시 지불한 전세금 또는 임차보증금"으로 한다(부가령 제65조②). 이 경우 임차한 부동산 중 직접 자기의 사업에 사용하는 부분이 있는 경우 임차 시 지불한 전세금 또는 임차보증금은 다음 계산식에 따른 금액을 제외한 금액으로 한다(부가령 제65조② 후단).

$$임차\ 시\ 지불한\ 전세금\ 또는\ 임차보증금 \times \frac{예정신고기간\ 또는\ 과세기간\ 종료일\ 현재\ 직접\ 자기의\ 사업에\ 사용하는\ 면적}{예정신고기간\ 또는\ 과세기간\ 종료일\ 현재\ 임차한\ 부동산의\ 총면적}$$

③ 전세금 등의 임대료 충당

사업자가 계약에 따라 전세금이나 임대보증금을 임대료에 충당하였을 때에는 그 금액을 제외한 가액을 전세금 또는 임대보증금으로 한다(부가령 제65조③).

④ 정기예금 이자율

간주임대료의 계산식에 따른 계약기간 1년의 정기예금 이자율은 기획재정부령으로 정한다(부가칙 제47조).

2) 국가 또는 지방자치단체 귀속 지하도의 건설비

국가나 지방자치단체의 소유로 귀속되는 지하도의 건설비를 전액 부담한 자가 지하도로 점용허가(1차 무상점용기간으로 한정한다)를 받아 대여하는 경우에 건설비상당액은 전세금이나 임대보증금으로 보지 아니한다(부가령 제65조① 후단). "전세금이나 임대보증금으로 보지 아니하는 건설비상당액"이란 다음 계산식에 따라 계산한 금액을 말한다(부가칙 제46조).

$$\text{해당 기간 종료일까지의 국가 또는} \atop \text{지방자치단체에 기부채납된 지하도의 건설비} \times \frac{\text{전세금 또는 임대보증금을 받고}}{\text{임대한 면적}} \over \text{임대가능면적}$$

3) 과세와 면세의 임대용역 동시 공급(구분이 불분명한 경우)

과세되는 부동산 임대용역과 면세되는 주택 임대용역을 함께 공급하여 그 임대구분과 임대료 등의 구분이 불분명한 경우에는 다음의 계산식을 순차로 적용하여 공급가액을 계산한다(부가법 제29조⑩ 제2호, 부가령 제65조④).

① 토지분 또는 건물분 임대료상당액 계산

$$\text{임대료 등의 대가 및} \atop \text{간주임대료 합계금액} \times \frac{\text{토지가액 또는 건물가액}}{\text{토지가액과 정착된}\atop\text{건물가액의 합계액}} = \text{토지분에 대한 임대료상당액}\atop\text{또는 건물분에 대한}\atop\text{임대료상당액}$$

* 위의 계산식에 따른 토지가액 또는 건물가액은 예정신고기간 또는 과세기간이 끝난 날 현재의 「소득세법」 제99조에 따른 기준시가에 따른다(부가칙 제48조①).

② 토지임대 공급가액 계산

$$\text{토지분에 대한 임대료상당액} \times \frac{\text{과세되는 토지임대면적}}{\text{총토지임대면적}} = \text{토지임대공급가액}$$

③ 건물임대 공급가액 계산

$$\text{건물분에 대한 임대료상당액} \times \frac{\text{과세되는 건물임대면적}}{\text{총건물임대면적}} = \text{건물임대공급가액}$$

* 토지임대면적 및 건물임대면적이 예정신고기간 또는 과세기간 중에 변동된 경우에는 그 예정신고기간 또는 과세기간 중의 해당 면적의 적수에 따라 계산한 면적으로 한다(부가칙 제48조②).

4) 둘 이상의 과세기간에 임대용역 공급(대가 : 선불 또는 후불)

사업자가 둘 이상의 과세기간에 걸쳐 부동산 임대용역을 공급하고 그 대가를 선불이나 후불로 받는 경우에는 해당 금액을 계약기간의 개월 수로 나눈 금액의 각 과세대상기간의 합계액을 공급가액으로 한다(부가법 제29조⑩ 제3호, 부가령 제65조⑤). 이 경우 개월 수의 계산에 관하여는 해당 계약기간의 개시일이 속하는 달이 1개월 미만이면 1개월로 하고, 해당 계약기간의 종료일이 속하는 달이 1개월 미만이면 산입하지 아니한다(부가령 제61조② 제6호 후단).

🔲 부동산개발 관련 해석 · 판단사례

■ BOT(Build - Operate - Transfer) 방식을 준용한 개발사업에서 토지 임대용역의 부가가치세 과세표준 산정방법

> **해석**
>
> • 토지소유자가 자신이 소유한 토지 위에 주차빌딩 개발사업을 추진하기 위하여 다른 사업자(이하 "임차인")와 협약을 체결하여 임차인에게 토지를 제공하고 임차인은 주차빌딩(이하 "시설물")을 신축하여 일정기간 동안 운영하며 토지소유자에게 토지사용료를 지급하는 한편 사업기간 만료시 해당 시설물을 토지소유자에게 무상이전 하는 것으로 약정하면서 다만, 사업기간 내 임차인의 귀책으로 협약이 해제 · 해지되는 경우나 사업기간 만료시 시설물의 정밀안전진단 결과 개축(신축)을 요하는 경우에는 임차인이 시설물을 철거 후 원상회복 하기로 한 경우 토지소유자의 토지 임대용역에 대한 부가가치세 과세표준은 「부가가치세법 시행령」 제61조 제2항 제7호에 따라 용역 제공기간 지급받는 대가와 시설물 설치가액을 용역제공 기간의 개월 수로 나눈 금액의 각 과세대상기간 합계액으로 하는 것임(사전법령해석 부가2020 – 336, 2020.4.8.).

■ 둘 이상의 과세기간에 걸쳐 부동산 임대용역을 공급하고 그 대가를 할인하여 선불로 받는 경우 공급가액

> **해석**
>
> • 사업자가 둘 이상의 과세기간에 걸쳐 부동산 임대용역을 공급하고 그 대가를 현재가치로 할인된 금액을 선불로 받은 경우로서 「부가가치세법」 제29조 제10항 제3호 및 같은 법 시행령 제65조 제5항에 따라 공급가액을 계산하는 경우 "해당금액"은 실제 받는 금액으로 하는 것임(사전법령해석 부가2016 – 10, 2016.1.26.).

■ 간주임대료의 과세표준 계산시 기산일과 종료일

• 사업자가 부동산임대용역을 제공하고 전세금 또는 보증금을 받는 경우 이에 대한 부가가치세 과세표준 계산시 기산일은 계약금 등의 수취 여부에 관계없이 부동산임대용역이 개시되거나 개시될 날부터이며, 종료일은 보증금 또는 전세금의 반환 여부에 관계없이 부동산임대용역의 제공이 완료되거나 완료될 날인 것임(부가 46015-1118, 2000.5.20.).

(3) 감가상각자산의 간주공급시 부가가치세 공급가액 특례

미분양된 신축 상가건물(재고자산)에서 임대 상가건물로 전환된 후에 사업용 자산은 감가상각자산이므로 부가가치세법상 간주공급(자가공급·개인적공급·사업상증여·폐업시 잔존재화)시 공급가액 특례가 적용된다. 아래에서는 감가상각자산의 간주공급시 부가가치세 공급가액 특례에 대해 서술한다.

1) 간주공급의 공급가액 계산

재화의 공급으로 보는 자가공급, 개인적공급, 사업상증여, 폐업시 잔존재화가 감가상각자산인 경우에는 시가로 계산하지 않고 다음에 따라 계산한 금액을 공급가액으로 한다(부가법 제29조⑪, 부가령 제66조②). "감가상각자산"이란 「소득세법 시행령」 제62조 또는 「법인세법 시행령」 제24조에 따른 감가상각자산(이하 "감가상각자산"이라 한다)을 말한다(부가령 제66조①).

① 건물 또는 구축물의 공급가액 계산

$$공급가액 = 해당\ 재화의\ 취득가액 \times (1 - \frac{5}{100} \times 경과된\ 과세기간의\ 수)$$

② 그 밖의 감가상각자산 공급가액 계산

$$공급가액 = 해당\ 재화의\ 취득가액 \times (1 - \frac{25}{100} \times 경과된\ 과세기간의\ 수)$$

* 취득가액 : 재화의 취득가액은 부가가치세법 제38조에 따라 매입세액을 공제받은 해당 재화의 가액으로 한다(부가령 제66조④).

2) 면세사업에 일부 사용시 공급가액 계산

과세사업에 제공한 감가상각자산을 면세사업에 일부 사용하는 경우에는 다음의 계산식에 따라 계산한 금액을 공급가액으로 하되, 그 면세사업에 의한 면세공급가액이 총공급가액 중 5퍼센트 미만인 경우에는 공급가액이 없는 것으로 본다(부가령 제66조③).

① 건물 또는 구축물의 공급가액 계산

$$공급가액 = 해당\ 재화의\ 취득가액 \times (1 - \frac{5}{100} \times 경과된\ 과세기간의\ 수)$$

$$\times \frac{면세사업에\ 일부\ 사용한\ 날이\ 속하는\ 과세기간의\ 면세공급가액}{면세사업에\ 일부\ 사용한\ 날이\ 속하는\ 과세기간의\ 총공급가액}$$

② 그 밖의 감가상각자산 공급가액 계산

$$공급가액 = 해당\ 재화의\ 취득가액 \times (1 - \frac{25}{100} \times 경과된\ 과세기간의\ 수)$$

$$\times \frac{면세사업에\ 일부\ 사용한\ 날이\ 속하는\ 과세기간의\ 면세공급가액}{면세사업에\ 일부\ 사용한\ 날이\ 속하는\ 과세기간의\ 총공급가액}$$

* 취득가액 : 재화의 취득가액은 부가가치세법 제38조에 따라 매입세액을 공제받은 해당 재화의 가액으로 한다(부가령 제66조④).

3) 경과된 과세기간 수의 계산

① 경과된 과세기간 단위

경과된 과세기간의 수는 부가가치세법 제5조에 따른 과세기간 단위로 계산하되, 건물 또는 구축물의 경과된 과세기간의 수가 20을 초과할 때에는 20으로, 그 밖의 감가상각자산의 경과된 과세기간의 수가 4를 초과할 때에는 4로 한다(부가령 제66조② 후단).

② 과세기간 중 취득

경과된 과세기간의 수를 계산할 때 과세기간의 개시일 후에 감가상각자산을 취득하거나 해당 재화가 공급된 것으로 보게 되는 경우에는 그 과세기간의 개시일에 해당 재화를 취득하거나 해당 재화가 공급된 것으로 본다(부가령 제66조⑤).

■ 감가상각자산을 면세사업에 사용 · 소비하는 경우 부가가치세 과세표준 및 공급시기

> **해석**
>
> • 자기의 과세사업과 관련하여 생산하거나 취득한 재화로서 매입세액이 공제된 해당 재화를 자기의 면세사업을 위하여 사용 · 소비하여 재화의 공급으로 보는 경우 과세표준은 부가가치세법 제29조(과세표준) 제11항 및 동법 시행령 제66조(감가상각자산 자가공급 등의 공급가액 계산) 제3항에 따라 계산한 금액임. 이 경우 재화의 공급시기는 부가가치세법 시행령 제28조 제4항 제1호 규정에 의거 당해 면세사업에 재화를 사용하거나 소비하는 때가 되는 것임(부가-322, 2014.4.11.).

■ 임대용 부동산을 과세사업의 폐업 전 또는 폐업일 이후 양도시 부가가치세 과세표준

> **해석**
>
> • 부가가치세 과세사업(임대업)을 영위하던 사업자가 사업을 폐업하기 전에 임대용 부동산을 양도한 경우 「부가가치세법」 제9조 제1항에 의한 재화의 공급으로서 부동산 매각대금을 공급가액으로 하며, 사실상 폐업일 이후에 양도된 건물에 대하여는 폐업시 잔존재화로서 같은 법 시행령 제66조(감가상각자산 자가공급 등의 공급가액 계산)에 따라 계산한 금액을 공급가액으로 하는 것임. 이 경우 사업을 폐업한 날이라 함은 사업자의 영업활동 재개의사 유무, 사업장의 유지 · 관리상태, 매입 · 매출상황, 재고자산 및 고정자산의 처분상황 및 대금수령 일정 등 구체적인 상황을 종합적으로 고려하여 사실판단 할 사항임(서면부가2017-730, 2017.3.27.).

❷ 미분양 주택 또는 상가의 법인세 실무

미분양 주택에서 임대주택으로 전환된 후에 사업용자산은 감가상각자산이므로 감가상각, 임대보증금의 간주익금, 성실신고확인서 등의 제출, 주택의 양도시 추가 법인세 규정 등을 검토 · 적용해야 한다.

(1) 감가상각

법인세법상 감가상각대상인 유형자산 중에서 건물 및 구축물의 감가상각에 대해 서술한다.

1) 건물 및 구축물

건물(부속설비를 포함한다) 및 구축물(이하 "건축물"이라 한다)은 유형자산으로 감가상각 자산에 해당한다(법령 제24조① 제1호 가목). "부속설비"에는 해당 건물과 관련된 전기설비, 급배수·위생설비, 가스설비, 냉방·난방·통풍 및 보일러설비, 승강기설비 등 모든 부속설비를 포함하고, "구축물"에는 하수도, 굴뚝, 경륜장, 포장도로, 교량, 도크, 방벽, 철탑, 터널 기타 토지에 정착한 모든 토목설비나 공작물을 포함한다.

> **건설 중인 자산**
>
> 감가상각자산에서 제외되는 건설 중인 자산에는 설치 중인 자산 또는 그 성능을 시험하기 위한 시운전기간에 있는 자산을 포함한다. 다만, 건설 중인 자산의 일부가 완성되어 당해 부분이 사업에 사용되는 경우 그 부분은 이를 감가상각자산에 해당하는 것으로 한다(법칙 제12조④).

2) 취득가액

내국법인이 매입·제작 등에 의하여 취득한 자산의 취득가액은 다음의 구분에 따른 금액으로 한다(법법 제41조①).

① 타인으로부터 매입한 자산(금융자산은 제외한다) : 매입가액에 부대비용을 더한 금액(법법 제41조① 제1호). "금융자산"이란 기업회계기준에 따라 단기매매항목으로 분류된 금융자산 및 파생상품(이하 "단기금융자산등"이라 한다)을 말한다(법령 제72조①).

"타인으로부터 매입한 자산"이란 매입가액에 취득세(농어촌특별세와 지방교육세를 포함한다), 등록면허세, 그 밖의 부대비용을 가산한 금액을 말한다(법령 제72조② 제1호). 법인이 토지와 그 토지에 정착된 건물 및 그 밖의 구축물 등(이하 "건물등"이라 한다)을 함께 취득하여 토지의 가액과 건물등의 가액의 구분이 불분명한 경우 법인세법 제52조 제2항에 따른 시가에 비례하여 안분계산한다(법령 제72조② 제1호).

② 자기가 제조·생산 또는 건설하거나 그 밖에 이에 준하는 방법으로 취득한 자산 : 제작원가에 부대비용을 더한 금액(법법 제41조① 제2호).

"자기가 제조·생산·건설 기타 이에 준하는 방법에 의하여 취득한 자산"이란 원재료비·노무비·운임·하역비·보험료·수수료·공과금(취득세와 등록세를 포함한다)·설치비 기타 부대비용의 합계액을 말한다(법령 제72조② 제2호).

3) 자본적 지출과 수익적 지출

자본적 지출에 해당하는 금액은 취득가액에 가산하여 감가상각 과정을 통하여 손금에 산입하고, 수익적 지출에 해당하는 금액은 취득가액에 가산하지 아니하고 바로 손금으로 인정한다.

ⅰ. 자본적 지출

"자본적 지출"이란 법인이 소유하는 감가상각자산의 내용연수를 연장시키거나 해당 자산의 가치를 현실적으로 증가시키기 위하여 지출한 수선비를 말하며, 다음의 어느 하나에 해당하는 것에 대한 지출을 포함한다(법령 제31조②).

① 본래의 용도를 변경하기 위한 개조

② 엘리베이터 또는 냉·난방장치의 설치

③ 빌딩 등에 있어서 피난시설 등의 설치

④ 재해 등으로 인하여 멸실 또는 훼손되어 본래의 용도에 이용할 가치가 없는 건축물·
　　기계·설비 등의 복구

⑤ 그 밖에 개량·확장·증설 등 위 ①부터 ④까지의 지출과 유사한 성질의 것

ⅱ. 수익적 지출

다음의 지출은 자본적 지출에 해당하지 아니하는 것으로 한다(법칙 제17조).

① 건물 또는 벽의 도장

② 파손된 유리나 기와의 대체

③ 기계의 소모된 부속품 또는 벨트의 대체

④ 자동차 타이어의 대체

⑤ 재해를 입은 자산에 대한 외장의 복구·도장 및 유리의 삽입

⑥ 기타 조업가능한 상태의 유지 등 위 ① 내지 ⑤와 유사한 것

수선비 등 손비계상

법인이 각 사업연도에 지출한 수선비가 다음의 어느 하나에 해당하는 경우로서 그 수선비를 해당 사업연도의 손비로 계상한 경우에는 자본적 지출에 포함하지 않는다(법령 제31조③).

① 개별자산별로 수선비로 지출한 금액이 600만원 미만인 경우

② 개별자산별로 수선비로 지출한 금액이 직전 사업연도 종료일 현재 재무상태표상의
　　자산가액(취득가액에서 감가상각누계액 상당액을 차감한 금액을 말한다)의 100분의

5에 미달하는 경우
③ 3년 미만의 기간마다 주기적인 수선을 위하여 지출하는 경우

취득가액이 거래단위별로 100만원 이하인 감가상각자산(다음의 어느 하나에 해당하는 자산은 제외한다)에 대해서는 그 사업에 사용한 날이 속하는 사업연도의 손비로 계상한 것에 한정하여 손금에 산입한다(법령 제31조④). "거래단위"라 함은 이를 취득한 법인이 그 취득한 자산을 독립적으로 사업에 직접 사용할 수 있는 것을 말한다(법령 제31조⑤).
① 그 고유업무의 성질상 대량으로 보유하는 자산
② 그 사업의 개시 또는 확장을 위하여 취득한 자산

장식·환경미화 등의 목적으로 사무실·복도 등 여러 사람이 볼 수 있는 공간에 항상 전시하는 미술품의 취득가액을 그 취득한 날이 속하는 사업연도의 손비로 계상한 경우에는 그 취득가액(취득가액이 거래단위별로 1천만원 이하인 것으로 한정한다)을 손금에 산입한다(법령 제19조 제17호).

다음의 어느 하나에 해당하는 경우에는 해당 자산의 장부가액에서 1천원을 공제한 금액을 폐기일이 속하는 사업연도의 손금에 산입할 수 있다(법령 제31조⑦).
① 시설의 개체 또는 기술의 낙후로 인하여 생산설비의 일부를 폐기한 경우
② 사업의 폐지 또는 사업장의 이전으로 임대차계약에 따라 임차한 사업장의 원상회복을 위하여 시설물을 철거하는 경우

4) 잔존가액

건축물의 잔존가액 : 상각범위액을 계산함에 있어서 감가상각자산의 잔존가액은 "0"으로 한다. 법인은 감가상각이 종료되는 감가상각자산에 대하여는 취득가액의 100분의 5와 1천원 중 적은 금액을 당해 감가상각자산의 장부가액으로 하고, 동 금액에 대하여는 이를 손금에 산입하지 아니한다(법령 제26조⑦).

5) 내용연수

시험연구용자산과 무형자산 이외의 감가상각자산은 구조 또는 자산별·업종별로 기준내용연수에 그 기준내용연수의 100분의 25를 가감하여 내용연수범위 안에서 법인이 선택하여 납세지 관할 세무서장에게 신고한 내용연수(이하 "신고내용연수"라 한다)와 그에 따른 상각률을 법인의 내용연수로 한다(법령 제28조① 제2호). 다만, 신고기한 내에 신고를 하지 않은 경우에는 기준내용연수와 그에 따른 상각률로 한다(법령 제28조① 제2호 단서).

> **내용연수의 신고**
>
> 법인이 내용연수를 신고할 때에는 내용연수신고서를 다음의 날이 속하는 사업연도의 법인세 과세표준의 신고기한까지 납세지 관할 세무서장에게 제출하여야 한다(법령 제28조③).
> ① 신설법인과 새로 수익사업을 개시한 비영리내국법인의 경우에는 그 영업을 개시한 날
> ② 위 ① 외의 법인이 자산별·업종별 구분에 따라 기준내용연수가 다른 감가상각자산을 새로 취득하거나 새로운 업종의 사업을 개시한 경우에는 그 취득한 날 또는 개시한 날

| 건축물의 기준내용연수 및 내용연수범위표(법칙 제15조③ 관련) |

구분	기준내용연수 및 내용연수범위(하한–상한)	구조 또는 자산명
1	20년 (15년~25년)	연와조, 블록조, 콘크리트조, 토조, 토벽조, 목조, 목골모르타르조, 기타 조의 모든 건물(부속설비를 포함한다)과 구축물
2	40년 (30년~50년)	철골·철근콘크리트조, 철근콘크리트조, 석조, 연와석조, 철골조의 모든 건물(부속설비를 포함한다)과 구축물

* 부속설비에는 해당 건물과 관련된 전기설비, 급배수·위생설비, 가스설비, 냉방·난방·통풍 및 보일러설비, 승강기설비 등 모든 부속설비를 포함하고, 구축물에는 하수도, 굴뚝, 경륜장, 포장도로, 교량, 도크, 방벽, 철탑, 터널 기타 토지에 정착한 모든 토목설비나 공작물을 포함한다.

* 구분 1과 구분 2를 적용할 때 건물 중 변전소, 발전소, 공장, 창고, 정거장·정류장·차고용 건물, 폐수 및 폐기물처리용 건물, 「유통산업발전법 시행령」에 따른 대형점용 건물(해당 건물의 지상층에 주차장이 있는 경우에 한정한다), 「국제회의산업 육성에 관한 법률」에 따른 국제회의시설 및 「무역거래기반 조성에 관한 법률」에 따른 무역거래기반시설(별도의 건물인 무역연수원을 제외한다), 축사, 구축물 중 하수도, 굴뚝, 경륜장, 포장도로와 폐수 및 폐기물처리용 구축물과 기타 진동이 심하거나 부식성 물질에 심하게 노출된 것은 기준내용연수를 각각 10년(구분 1), 20년(구분 2)으로 하고, 내용연수범위를 각각(8년~12년), (15년~25년)으로 하여 신고내용연수를 선택 적용할 수 있다.

법인세법 시행령 제28조 제1항 제2호에 따라 구조 또는 자산별 내용연수범위 안에서 법인이 적용할 내용연수를 선택하여 납세지 관할 세무서장에게 신고하는 경우에 규칙 별표5(생략)의 자산은 그 별표 각 호의 구조 또는 자산명 단위로 같은 내용연수를 적용하여야 한다. 예를 들면, 별표5(생략)의 '차량 및 운반구'와 '공구'는 내용연수범위 안에서 각각 다른 내용연수를 선택할 수 있으나, '차량 및 운반구'에 속하는 모든 차량은 같은 내용연수를 적용하여야 한다(집행기준 23-28-2).

6) 결산조정 및 세무조정

내국법인이 각 사업연도의 결산을 확정할 때 토지를 제외한 건물, 기계 및 장치, 특허권 등 유형자산 및 무형자산에 대한 감가상각비를 손비로 계상한 경우에는 상각범위액의 범위에서 그 계상한 감가상각비를 해당 사업연도의 소득금액을 계산할 때 손금에 산입하고, 그 계상한 금액 중 상각범위액을 초과하는 금액은 손금에 산입하지 아니한다(법법 제23조①). 그리고 상각범위액을 초과하여 손금에 산입하지 아니한 금액은 그 후의 사업연도에 상각범위액 이내에서 손금에 산입한다(법법 제23조⑤).

결산시 손금에 계상하지 아니한 금액은 이를 세무조정에 따라 손금산입하거나 「국세기본법」 제45조의2에 따라 경정청구할 수 없다. 다만, 감가상각의제와 국제회계기준 도입기업의 감가상각비 신고조정 특례가 적용되거나 업무용승용차에 대한 감가상각비의 경우는 제외한다(집행기준 23-0-1).

① 법인이 전기에 과소 계상한 고정자산의 감가상각비를 다음 예시의 경우와 같이 기업회계기준에 따라 이월이익잉여금을 감소시키는 전기오류수정손으로 계상한 경우 동 상각비는 법인이 해당 사업연도의 손금에 계상한 것으로 보아 감가상각비 시부인 계산한다.
〈예 시〉 감가상각비 1,000 감가상각누계액 1,500 전기오류수정손 500
② 전기오류수정손으로 계상한 감가상각비 중 각 사업연도 소득금액 계산상 손금에 산입한 금액은 세무계산상 당기의 일반관리비 및 제조원가에 적정하게 배부하여야 한다(집행기준 23-0-2).

개축하는 건축물 등에 대한 감가상각

기존 건축물에 대한 개량, 확장, 증설 등에 해당하는 자본적 지출액은 기존 건축물의 내용연수를 적용하여 감가상각한다. 다만, 기존 건축물의 수선이 「건축법 시행령」 제2조에서 규정하는 신축, 개축, 재축에 해당하는 경우에는 기존 건축물의 장부가액과 철거비용은 당기비용으로 처리하고 그 외의 새로이 지출한 금액은 신규 취득자산의 장부가액으로 보아 새로이 내용연수를 적용하여 감가상각한다(집행기준 23 - 26 - 5).

손금불산입한 건설자금이자의 처리

건설 중인 고정자산에 대한 건설자금이자를 익금에 산입한 후 해당 고정자산의 건설이 완료되어 사용하는 때에는 이를 상각부인액으로 보아 해당 사업연도 시인부족액의 범위안에서 손금추인한다(집행기준 23 - 32 - 2).

K - IFRS 도입기업의 감가상각비 신고조정 허용(집행기준 23 - 26 - 9)

① K - IFRS를 적용하는 내국법인이 사업용 유형고정자산과 비한정 내용연수 무형자산 및 K - IFRS 최초 도입이전에 취득한 영업권에 대하여는 결산상 인식한 감가상각비에 추가하여 신고조정 한도까지 손금에 산입할 수 있다.

② 신고조정시 감가상각비 한도

> 1. 2013.12.31. 이전 취득 자산 : K - IFRS 도입이전 개별 자산별 감가상각비
>   ⇒ 개별 자산별로 신고조정한 감가상각비의 합계가 동종자산 한도를 초과하지 않도록 신고조정 감가상각비 결정
> 2. 2014.1.1. 이후 취득 자산 : 세법상 기준내용연수를 적용한 개별 자산별 감가상각비
>   ⇒ 개별 자산별로 신고조정한 감가상각비의 합계가 아래 ⓐ, ⓑ 중 적은 금액을 초과하지 않도록 신고조정 감가상각비 결정. 다만, ⓑ의 25%에 해당하는 금액이 ⓐ보다 큰 경우에는 개별 자산에 대한 신고조정에 의한 손금산입액을 동종자산 별로 합한 금액이 ⓑ의 25%에 해당하는 금액을 초과하지 않도록 한다.
>   ⓐ 기준 감가상각비를 고려한 동종자산 한도
>   ⓑ 종전 감가상각비를 고려한 동종자산 한도

- 기준 상각률 : K - IFRS 도입이전 동일한 업종에 사용되는 동종자산의 기준연도 및 그 이전 2개 사업연도의 평균 상각률
- 자산별 한도 : 자산별로 기준상각률을 적용하여 자산별 한도 계산

> • 동종자산 한도 : 동종자산에 대하여 기준상각률을 적용하여 동종자산별 한도 계산

■ 부동산개발 관련 해석·판단사례

■ 토지소유자가 BOT 방식으로 취득하는 시설물에 대해 감가상각을 할 수 있는지 여부

> **해석**
>
> • 사업시행자가 타인이 소유하고 있는 토지 위에 시설물을 신축하고 사업기간 동안 운영한 후 사업기간 종료 시에 해당 시설물을 토지소유자에게 무상으로 이전하는 경우, 토지소유자는 그 시설물의 설치가액을 자산으로 계상하여 감가상각하는 것임(서면법령해석 법인2020-1322, 2020.7.23.).

■ 골프장의 최초 잔디조성비 및 훼손된 잔디의 원상복구비 세무처리

> **해석**
>
> • 골프장을 운영하는 법인이 잔디시설이 없는 토지에 처음으로 잔디를 조성하기 위해 지출한 비용은 토지에 대한 자본적 지출로 처리하는 것이며, 조성된 기존잔디가 훼손되어 이를 원상회복하는데 지출한 비용은 당기 비용으로 손금에 산입하는 것으로 지출된 비용이 실제 훼손된 잔디의 원상회복에 사용되었는지는 실질내용에 판단할 사항임(서면법인2019-1633, 2020.5.26.).

■ 유형자산의 일부를 가공 계상한 경우 감가상각 시부인계산방법

> **해석**
>
> • 법인이 감가상각 대상 유형자산의 일부를 가공 계상한 경우 동 가공자산은 「법인세법 시행령」 제26조에 따른 감가상각범위액 계산의 기초가 되는 자산가액에 포함되지 아니하는 것이며, 당해 가공자산에 대한 감가상각비를 손금으로 계상하지 아니한 것이 명백한 경우를 제외하고는 계상된 감가상각비 중 가공자산에 상당하는 감가상각비를 감가상각 시부인계산에 앞서 법인세법 기본통칙 67-106…9 제3항을 준용하여 손금부인하는 것이며, 동 가공자산에 대한 감가상각비 손금부인액은 이후 가공자산을 제외한 부분에서 감가상각비 시인부족액이 발생하더라도 손금으로 추인하지 아니하는 것임(법인-277, 2011.4.14.).

(2) 임대보증금 등의 간주익금(조특법 제138조)

자기자본에 대한 차입금 기준을 초과하여 차입금을 보유하고 있는 내국법인으로서 부동산임대업을 주업으로 하는 법인(비영리내국법인은 제외한다)이 주택을 제외한 부동산 또는 그 부동산에 관한 권리 등을 대여하고 보증금, 전세금 또는 이에 준하는 것을 받은 경우에는 간주익금으로 계산한 금액을 익금에 가산한다(조특법 제138조①).

"자기자본에 대한 차입금 기준"이란 차입금이 자기자본(다음의 금액 중 큰 금액을 말한다)의 2배에 상당하는 금액을 말한다. 이 경우 차입금과 자기자본은 적수로 계산하되, 사업연도 중 합병·분할하거나 증자·감자 등에 따라 자기자본의 변동이 있는 경우에는 해당 사업연도 개시일부터 자기자본의 변동일 전일까지의 기간(해당 기간에 해당하는 자기자본은 아래 ①의 규정에 따른 금액에서 증자액 또는 감자액을 차감 또는 가산하여 계산할 수 있다)과 그 변동일부터 해당 사업연도 종료일까지의 기간으로 각각 나누어 계산한 자기자본의 적수를 합한 금액을 자기자본의 적수로 한다(조특령 제132조①).

① 해당 사업연도 종료일 현재 재무상태표상의 자산의 합계액에서 부채(충당금을 포함하며, 미지급법인세를 제외한다)의 합계액을 공제한 금액
② 당해 사업연도 종료일 현재의 납입자본금(자본금에 주식발행액면초과액 및 감자차익을 가산하고, 주식할인발행차금 및 감자차손을 차감한 금액으로 한다)

1) 부동산임대업을 주업으로 하는 법인

"부동산임대업을 주업으로 하는 법인"이라 함은 당해 법인의 사업연도 종료일 현재 자산총액 중 임대사업에 사용된 자산가액이 100분의 50 이상인 법인을 말한다. 이 경우 자산가액의 계산은 「소득세법」 제99조(기준시가의 산정)의 규정에 의하며, 자산의 일부를 임대사업에 사용할 경우 임대사업에 사용되는 자산가액은 아래에 의하여 계산한다(조특령 제132조③, 조특칙 제59조①).

$$\text{일부를 임대사업에 사용하고 있는 자산의 가액} \times \frac{\text{임대사업에 사용하고 있는 부분의 면적}}{\text{당해 건물의 연면적}}$$

2) 간주익금에서 제외하는 주택의 범위

"간주익금에서 제외하는 주택"이란 주택과 그 부속토지로서 다음의 면적 중 넓은 면적 이내의 토지를 말한다(조특령 제132조④).

① 주택의 연면적(지하층의 면적, 지상층의 주차용으로 사용되는 면적 및 「주택건설기준 등에 관한 규정」 제2조 제3호의 규정에 따른 주민공동시설의 면적을 제외한다)(조특령 제132조④ 제1호)

② 건물이 정착된 면적에 5배(도시지역 밖의 토지의 경우에는 10배를 말한다)를 곱하여 산정한 면적(조특령 제132조④ 제2호)

3) 간주익금의 계산

조세특례제한법 제138조 제1항(임대보증금 등의 간주익금)의 규정에 의하여 익금에 가산할 금액은 다음의 산식에 의하여 계산한다. 이 경우 익금에 가산할 금액이 영보다 적은 때에는 이를 없는 것으로 보며, 적수의 계산은 매월말 현재의 잔액에 경과일수를 곱하여 계산할 수 있다(조특령 제132조⑤).

> 익금에 가산할 금액 = (당해 사업연도의 보증금등의 적수 − 임대용부동산의 건설비상당액의 적수) × 〔1/365(윤년인 경우에는 366으로 한다)〕 × 정기예금이자율 − 당해 사업연도의 임대사업 부분에서 발생한 수입이자와 할인료·배당금·신주인수권처분익 및 유가증권처분익의 합계액

임대보증금 등의 간주익금 계산

위에 따라 간주익금을 계산함에 있어 임대사업개시 전에 임대용역의 제공이 없는 상태에서 부동산이 완공되면 임대하기로 하고 받은 계약금·선수보증금 등에 대하여는 임대를 개시한 날 이후부터 간주익금을 계산한다(기본통칙 138−132…1②).

전대하는 경우

부동산을 임차하여 전대하는 경우 보증금 등의 적수는 전대보증금 등의 적수에서 임차보증금 등의 적수를 차감하여 계산한다. 이 경우 임차보증금 등의 적수가 전대보증금 등의 적수를 초과하는 때에는 그 초과하는 부분은 이를 없는 것으로 한다(조특칙 제59조③).

■ 부동산임대업을 주업으로 하는 법인의 임대면적비율 계산기준

> **해석**
>
> • 부동산임대업을 주업으로 하는 영리내국법인이 당해 사업연도 종료일 현재의 자산총액 중 임대사업에 사용된 자산가액이 100분의 50 이상인 법인이 부동산을 임대하고 보증금을 받은 경우에는 조세특례제한법 제138조 및 같은 법 시행령 제132조의 규정에 의하여 임대보증금의 간주익금을 계산하는 것이며, '임대용부동산의 건설비상당액' 계산에 있어 지하 부속면적은 건물 연면적에 포함하여 임대면적비율에 따라 안분하여 계산하는 것임(서면2팀-908, 2006.5.22.).

■ 임대보증금 등의 간주익금대상 차입금에 해당 여부

> **해석**
>
> • 조세특례제한법 제138조의 규정에 의한 임대보증금 등의 간주익금 계산의 대상이 되는 "차입금과다법인의 차입금"이라 함은 지급이자와 할인료를 부담하는 모든 부채를 말하는 것으로서 지급이자를 부담하지 아니하는 금전은 위 차입금의 범위에서 제외되는 것이며, 임대보증금의 반환지연에 따라 지급한 지연손해금이 소비대차로 전환되는 지급이자인 경우의 당해 임대보증금은 위의 규정에 의한 차입금에 해당하는 것임(법인 46012-794, 2000.3.28.).

■ 임대용부동산의 건설비상당액 적수계산 방법

> **해석**
>
> • 조세특례제한법 제138조 제1항, 같은 법 시행령 제132조 제4항 및 제5항 제2호, 같은 법 시행규칙 제59조 제2항 제2호의 규정에 의한 『임대용부동산의 건설비상당액의 적수』를 계산함에 있어서, 『임대면적의 적수』는 임대보증금(전세금 포함)을 받는 임대면적의 적수와 임대보증금 없이 임대료만을 받는 임대면적의 적수를 합하여 계산하는 것이며, 여러개의 독립된 부동산을 임대하는 경우 『익금에 가산할 금액』은 임대용부동산 전체를 합하여 계산하는 것임(서면2팀-295, 2004.2.26.).

(3) 성실신고확인서 등의 제출

1) 제출대상 법인

부동산임대업을 주된 사업으로 하는 내국법인은 성실한 납세를 위하여 법인세의 과세표준과 세액을 신고할 때 재무상태표 등 첨부서류에 더하여 비치·기록된 장부와 증명서류에 의하여 계산한 과세표준금액의 적정성을 세무사 등이 확인하고 작성한 성실신고확인서를 납세지 관할 세무서장에게 제출하여야 한다. 다만, 「주식회사 등의 외부감사에 관한 법률」 제4조에 따라 감사인에 의한 감사를 받은 내국법인은 이를 제출하지 아니할 수 있다(법법 제60조의2①).

부동산임대업을 주된 사업으로 하는 내국법인

"부동산임대업을 주된 사업으로 하는 내국법인"이란 아래의 요건을 모두 갖춘 내국법인을 말한다(법법 제60조의2① 제1호, 법령 제97조의4②, 제42조②). 다만, 법인세법 제51조의2 제1항 각 호(유동화전문회사 등에 대한 소득공제)에 해당하는 내국법인 및 「조세특례제한법」 제104조의31 제1항(프로젝트금융투자회사에 대한 소득공제)에 따른 내국법인은 제외한다.

① 해당 사업연도 종료일 현재 내국법인의 법인세법 시행령 제43조 제7항(지배주주 등)에 따른 지배주주 등이 보유한 주식 등의 합계가 해당 내국법인의 발행주식총수 또는 출자총액의 100분의 50을 초과할 것(법령 제42조② 제1호). "지배주주등"이란 법인의 발행주식총수 또는 출자총액의 100분의 1 이상의 주식 또는 출자지분을 소유한 주주 등으로서 그와 특수관계에 있는 자와의 소유 주식 또는 출자지분의 합계가 해당 법인의 주주등 중 가장 많은 경우의 해당 주주등을 말한다(법령 제43조⑦).

② 해당 사업연도에 부동산 임대업을 주된 사업으로 하거나 다음의 금액 합계가 기업회계 기준에 따라 계산한 매출액(아래 ㉮부터 ㉰까지의 금액이 포함되지 않은 경우에는 이를 포함하여 계산한다)의 100분의 50 이상일 것(법령 제42조② 제2호)

㉮ 부동산 또는 부동산상의 권리의 대여로 인하여 발생하는 수입금액(「조세특례제한법」 제138조 제1항〈임대보증금 등의 간주익금〉에 따라 익금에 가산할 금액을 포함한다)

㉯ 「소득세법」 제16조 제1항에 따른 이자소득의 금액

㉰ 「소득세법」 제17조 제1항에 따른 배당소득의 금액

③ 해당 사업연도의 상시근로자 수가 5명 미만일 것(법령 제42조② 제3호)

2) 성실신고확인서 제출불성실가산세

성실신고 확인대상인 내국법인이 각 사업연도의 종료일이 속하는 달의 말일부터 4개월 이내에 성실신고확인서를 납세지 관할 세무서장에게 제출하지 아니한 경우에는 다음의 금액

중 큰 금액을 가산세로 해당 사업연도의 법인세액에 더하여 납부하여야 한다(법법 제75조①). 이 경우 가산세는 산출세액이 없는 경우에도 적용한다(법법 제75조③).

① 법인세 산출세액(「법인세법」 제55조의2에 따른 토지등 양도소득에 대한 법인세액 및 「조세특례제한법」 제100조의32에 따른 투자·상생협력 촉진을 위한 과세특례를 적용하여 계산한 법인세액은 제외한다)의 100분의 5

② 수입금액의 1만분의 2(법법 제75조①)

■ 부동산개발 관련 해석·판단사례

■ 성실신고확인서 제출대상 여부 판단 시 가지급금 인정이자를 이자소득에 포함하는지 여부

> **해석**
>
> • 「법인세법」 제60조의2 제1항에 따른 성실신고확인서 제출대상 여부를 판단함에 있어 내국법인이 특수관계인에게 자금을 대여하고 익금에 산입한 가지급금 인정이자는 같은 법 시행령 제42조 제2항 제2호 나목의 「소득세법」 제16조 제1항에 따른 이자소득으로 보는 것임(서면법령해석 법인2019-4223, 2020.6.19.).

■ 청산중인 내국법인이 성실신고확인서 제출 대상에 해당하는지 여부

> **해석**
>
> • 「주식회사의 외부감사에 관한 법률」 제4조에 따라 감사인에 의한 감사를 받지 않은 청산중인 내국법인이 「법인세법」 제60조의2 제1항 제1호 및 같은 법 시행령 제42조 제2항 각 호의 요건을 충족하는 경우 「법인세법」 제60조 제1항에 따른 신고기한 내에 성실신고확인서를 제출하여야 하며 신고기한 내 제출하지 않는 경우 같은 법 제75조 규정의 성실신고확인서 제출 불성실 가산세가 적용되는 것임(서면법인2020-50, 2020.4.9.).

(4) 주택 양도소득에 대한 법인세 과세특례

주택에 대해서는 2013.1.1. 이후부터 토지 등 양도소득에 대한 추가 법인세 과세특례를 국내 모든 지역의 주택 양도소득에 적용하고, 임대주택 등 일정한 요건에 해당하는 경우에는 추가 법인세의 과세대상에서 제외하고 있다. 부동산개발사업과 관련하여 추가 법인세 과세 제외대상 중 주요 내용은 아래와 같다.

1) 비과세 : 주택 신축판매법인의 양도소득

주택을 신축하여 판매(민간건설임대주택 또는 공공건설임대주택을 분양하거나 다른 임대사업자에게 매각하는 경우를 포함한다)하는 법인이 그 주택 및 주택에 부수되는 토지로서 그 면적이 다음의 면적 중 넓은 면적 이내의 토지를 양도함으로써 발생하는 소득에 대하여는 토지등 양도소득의 법인세 추가과세를 적용하지 아니한다. 다만, 미등기 토지등에 대한 토지등 양도소득에 대하여는 그러하지 아니하다(법법 제55조의2④, 법령 제92조의2④ 제4호).

⑦ 주택의 연면적(지하층의 면적, 지상층의 주차용으로 사용되는 면적 및 주민공동시설의 면적을 제외)

④ 건물이 정착된 면적에 5배(도시지역 밖의 토지의 경우에는 10배)를 곱하여 산정한 면적

2) 과세특례 제외대상 : 민간건설임대주택 중 장기일반민간임대주택 등

「민간임대주택에 관한 특별법」 제2조 제2호에 따른 민간건설임대주택 중 장기일반민간임대주택등(「민간임대주택에 관한 특별법」 제2조 제3호에 따른 민간매입임대주택 중 같은 조 제4호에 따른 공공지원민간임대주택 또는 같은 조 제5호에 따른 장기일반민간임대주택을 "장기일반민간임대주택등"이라 한다)으로서 다음의 요건을 모두 갖춘 주택이 2호 이상인 경우 그 주택은 추가 법인세의 과세대상에서 제외한다. 다만, 종전의 「민간임대주택에 관한 특별법」 제5조에 따라 등록을 한 같은 법 제2조 제6호에 따른 단기민간임대주택을 같은 법 제5조 제3항에 따라 2020년 7월 11일 이후 장기일반민간임대주택등으로 변경 신고한 주택은 제외한다(법령 제92조의2② 제1호의13).

⑦ 대지면적이 298제곱미터 이하이고 주택의 연면적(「소득세법 시행령」 제154조 제3항 본문에 따라 주택으로 보는 부분과 주거전용으로 사용되는 지하실 부분의 면적을 포함하고, 공동주택의 경우에는 전용면적을 말한다)이 149제곱미터 이하일 것

④ 10년 이상 임대하는 것일 것(개정전 : 8년 이상 임대한 주택일 것)

④ 「민간임대주택에 관한 특별법」 제5조에 따라 민간임대주택으로 등록하여 해당 주택의 임대를 개시한 날의 해당 주택 및 이에 딸린 토지의 기준시가의 합계액이 9억원 이하일 것

④ 직전 임대차계약 대비 임대보증금 또는 임대료(이하 "임대료등"이라 한다)의 증가율이 100분의 5를 초과하는 임대차계약을 체결하지 않았을 것. 이 경우 임대료등을 증액하는 임대차계약을 체결하면서 임대보증금과 월임대료를 서로 전환하는 경우에는 「민간임대주택에 관한 특별법」 제44조 제4항에서 정하는 기준에 따라 임대료등의 증가율을 계산한다.

㉮ 임대차계약을 체결한 후 또는 약정에 따라 임대료등의 증액이 있은 후 1년 이내에 임대료 등을 증액하는 임대차계약을 체결하지 않았을 것

  * 민간임대주택에 관한 특별법 제2조(정의) 제5호에서 "장기일반민간임대주택"은 아파트를 임대하는 민간매입 임대주택은 제외한다(민간건설임대주택은 제외하지 않음)고 규정하고 있으므로, 민간건설임대주택은 아파트를 10년 이상 임대하는 경우에 법인세 추가과세대상 제외 주택에 해당한다고 해석된다. 반면에 아파트를 매입한 민간매입임대주택인 경우에는 법인의 주택의 양도에 대한 추가 법인세를 납부해야 한다.

■ 종합부동산세 합산배제(미분양 주택)

미분양 주택에 대한 종합부동산세 합산배제 내용은 'Chapter 3. Ⅲ. 제2절 2. (3) 합산배제 주택'을 참고하기 바란다.

 ## 대물변제

(1) 대물변제의 의의

민법은 대물변제를 채무자가 채권자의 승낙을 얻어 본래의 채무이행에 갈음하여 다른 급여를 한 때에는 변제와 같은 효력이 있다(민법 제466조)라고 규정하고 있으며, 대법원은 채무변제와 '관련하여'와 채무변제에 '갈음하여'에 대해 아래와 같이 판단한다.

채무자가 채권자에게 채무변제와 '관련하여' 다른 채권을 양도하는 것은 특단의 사정이 없는 한 채무변제를 위한 담보 또는 변제의 방법으로 양도되는 것으로 추정할 것이지 채무변제에 갈음한 것으로 볼 것은 아니어서, 그 경우 채권양도만 있으면 바로 원래의 채권이 소멸한다고 볼 수는 없고 채권자가 양도받은 채권을 변제받은 때에 비로소 그 범위 내에서 채무자가 면책된다 할 것이다(대법원 1995.12.22. 선고 95다16660 판결 등 참조).

채무변제에 '갈음하여' 다른 채권을 양도하기로 한 경우에는 특별한 사정이 없는 한 채권 양도의 요건을 갖추어 대체급부가 이루어짐으로써 원래의 채무는 소멸하는 것이고 그 양수한 채권의 변제까지 이루어져야만 원래의 채무가 소멸한다고 할 것은 아니다. 이 경우 대체급부로서 채권을 양도한 양도인은 양도 당시 양도대상인 채권의 존재에 대해서는 담보책임을 지지만 당사자 사이에 별도의 약정이 있다는 등 특별한 사정이 없는 한 그 채무자의 변제자력까지 담보하는 것은 아니라 할 것이다(대법원 2013.5.9., 선고 2012다40998 판결).

대물변제가 효력을 발생하려면 채무자가 본래의 이행에 '갈음하여' 행하는 다른 급여가 현실적이어야 하고 등기나 등록을 요하는 경우 그 등기나 등록까지 경료하여야 할 것이다(대법원 1965.9.7. 선고 63다1389 판결 ; 1984.6.26. 선고 82다카1758 판결 등 참조).

아래에서는 대물변제와 관련된 부가가치세법과 법인세법의 세무처리에 대해 서술한다.

(2) 대물변제의 부가가치세 실무

1) 공급시기

대법원 판례에서는 대물변제의 효력발생 요건으로 등기나 등록을 요하는 경우 그 등기나 등록까지 경료해야 하는 것을 요구하나, 부가가치세법에서는 공급시기에 대해 등기나 등록을 기준으로 하지 아니하고 "재화의 이동이 필요하지 아니한 경우에는 재화가 이용가능하게 되는 때"로 하고 있다(부가법 제15조① 제2호).

2) 공급가액

부동산개발사업자가 공급받은 재화나 용역의 대가를 신축 상가로 대물변제하는 경우에 부가가치세법에 따른 재화의 공급에 해당하고 상가의 공급가액은 부가가치세법에 의한 시가로 한다.

■ 부동산개발 관련 해석·판단사례

■ 대물변제로 양도되는 건물의 공급시기

> **해석**
>
> • 부동산매매업 및 임대업을 영위하는 사업자가 당해 사업과 관련된 건물신축 건설용역을 제공받고 그 대가를 신축건물의 준공일 후 60일까지 신축건물이 판매되면 현금으로 지급하고 준공 후 60일까지 분양되지 아니하면 신축건물의 일부의 소유권을 이전등기하기로 약정한 경우(대물변제)에 당해 대물변제로 양도되는 건물의 공급시기는 부가가치세법 제9조(현행 제15조) 제1항 제2호의 규정에 의하여 당해 건물이 이용가능하게 되는 때로 하는 것임(서삼 46015-10881, 2001.12.14.).

■ 주택재개발조합이 시공회사에 공사비 대가를 신축상가로 대물변제하는 경우 재화의 공급시기

> **결정**
>
> • 공사비의 상환으로 신축한 상가를 대물변제하는 경우, 이는 재화의 공급에 해당하고, 관계법령에서 재화의 공급시기에 대하여, 재화의 이동이 필요한 경우에는 재화가 인도되는 때로, 재화의 이동이

필요하지 아니한 경우에는 재화가 이용 가능하게 되는 때로 규정하고 있는 바, 시공회사의 공사비는 조합원의 청산금과 체비건축시설의 분양으로 상환한다고 약정하고, 쟁점상가 등 체비건축시설의 분양은 ○○시장의 승인을 받아 청구법인 명의로 분양하되 그 업무는 시공회사가 대행한다고 약정하고 있으므로, 쟁점상가는 청구법인이 관할 ○○구청으로부터 승인을 받아야 분양할 수 있다고 할 것이고, 시공회사는 청구법인이 분양 승인을 받은 날 이후부터 쟁점상가를 분양목적 등에 이용 가능하게 된다고 할 것임(심사부가98－618, 1998.11.6.).

■ 사업자가 토지 및 미완성건물을 양수하고 그 대금의 일부를 신축한 상가로 대물변제하는 경우 공급가액

해석

• 사업자가 토지 및 미완성건물을 양수하고 그 대금의 일부를 신축한 상가로 대물변제하는 경우 「부가가치세법」 제9조 제1항에 따른 재화의 공급에 해당하여 부가가치세가 과세되는 것이며, 상가의 공급가액은 같은 법 제29조 제3항 제2호 및 같은 법 시행령 제62조에 따라 해당 상가의 시가로 하는 것임(사전법령해석 부가2018－110, 2018.2.28.).

■ 시행사업자가 시공회사에 공사대금을 미분양 아파트로 대물변제한 경우 과세표준

해석

• 시행사가 아파트를 신축하여 분양함에 있어 시공사에게 공사대금을 당해 미분양 아파트로 대물변제한 경우 과세표준은 부가가치세법 제13조에 의거 당해 아파트의 시가인 것임(서면3팀－1246, 2007.4.27.).

■ 부동산매매업자가 원주민으로부터 토지분양권을 양도받아 건물을 신축하여 상가로 대물변제하는 경우 공급가액

해석

• 부동산매매업자가 제3자(원주민)로부터 토지분양권을 양도받아 건물을 신축하여 상가로 대물변제하는 경우 해당 상가는 「부가가치세법」 제9조 제1항에 의하여 재화의 공급에 해당하여 부가가치세가 과세되며, 대물변제의 방법으로 공급하는 상가의 공급가액은 같은 법 제29조에 따라 해당 상가의 시가로 하는 것임(서면부가2015－697, 2015.9.9.).

(3) 대물변제의 법인세 실무

내국법인이 매입·제작·교환 및 증여 등에 의하여 취득하는 자산의 취득가액 중 그 밖의 방법으로 취득한 자산의 취득가액은 취득 당시의 시가로 한다(법령 제72조② 제7호).

■ 부동산개발 관련 해석·판단사례

■ 대물변제로 취득한 부동산의 취득가액

> **해석**
>
> • 대물변제로 취득하는 자산의 취득가액은 법인세법 시행령 제72조 규정에 의거 그 취득 당시의 시가에 의하는 것이며, 시가가 채권액 대물변제 받은 자산의 시가는 특수관계자 외의 불특정다수인 간의 거래에 있어서 당해 자산의 교환가치를 적정하게 반영하였다고 인정되는 가액으로 하되, 그 시가가 불분명한 경우에는 같은 법 시행령 제89조의 규정에 의거 감정평가법인의 감정가액과 상속세 및 증여세법을 준용하여 평가한 가액을 순차로 적용하는 것임(서면2팀-1468, 2006.8.2.).

■ 대물변제로 취득한 토지의 시가가 채권가액을 초과하는 경우 취득가액

> **해석**
>
> • 내국법인이 채권을 회수하기 위하여 대물변제로 취득하는 토지의 취득가액은 「법인세법 시행령」 제72조 제2항에 따른 취득 당시의 시가에 의하는 것이나, 시가가 채권가액을 초과하는 경우에는 해당 채권가액을 토지의 취득가액으로 하는 것임(서면법인2020-4855, 2020.11.6.).

■ 대물변제로 취득한 미분양 아파트를 처분할 경우 남아있는 공사미수금의 비용 인식방법

> **해석**
>
> • 건설업을 영위하는 법인이 특수관계없는 아파트 시행회사와 건설용역제공 및 대금회수 등에 관한 사업약정을 체결하고 공사용역을 제공 완료하였으나 아파트 준공 이후에도 분양이 저조함에 따라 연체된 공사대금의 조기회수 등을 위해 당초 약정내용에 의해 미분양 아파트를 대물변제 받아 이를 일반인들에게 매각한 경우 동 매각금액은 익금에 산입하고 당해 자산의 장부가액은 손금에 산입하는 것이며, 약정에 의하여 대물변제로 취득한 금액이 향후 미분양에 따른 공사대금 조기정산 등을 위해 불가피하거나 정당한 사유가 있지 아니한 경우에는 대물변제로 취득한 아파트의 취득가액과 공사미수금과의 차액을 접대비 등으로 보는 것임(법인-1364, 2009.12.3.).

 해산에 의한 청산소득금액의 계산

부동산개발사업 중 목적사업인 분양사업이 마무리되면 해당 법인은 해산을 하고 청산절차를 밟아 그 법인의 법률관계를 종결하는 것이 바람직하다. 청산기간 중에는 각 사업연도소득이 발생할 수도 있으며, 이 때에는 각 사업연도소득에 대한 법인세를 신고·납부하여야 한다. 그리고 법인의 잔여재산가액이 확정되면 청산소득에 대한 법인세도 신고·납부하여야 한다. 아래에서는 내국법인의 해산에 의한 청산에 대하여 법인세법 내용을 서술한다.

(1) 사업연도

1) 해산의 경우 사업연도

내국법인이 사업연도 중에 해산(합병 또는 분할에 따른 해산과 조직변경은 제외한다)한 경우에는 다음의 기간을 각각 1사업연도로 본다(법법 제8조①).

① 그 사업연도 개시일부터 해산등기일(파산으로 인하여 해산한 경우에는 파산등기일을 말하며, 법인으로 보는 단체의 경우에는 해산일을 말한다)까지의 기간

② 해산등기일 다음 날부터 그 사업연도 종료일까지의 기간

2) 청산의 경우 사업연도

청산 중인 내국법인의 사업연도는 다음의 구분에 따른 기간을 각각 1사업연도로 본다(법법 제8조④).

① 잔여재산가액이 사업연도 중에 확정된 경우 : 그 사업연도 개시일부터 잔여재산가액 확정일까지의 기간(법법 제8조④ 제1호).

② 「상법」에 따라 사업을 계속하는 경우 : 다음 각각의 기간(법법 제8조④ 제2호)

　㉮ 그 사업연도 개시일부터 계속등기일(계속등기를 하지 아니한 경우에는 사실상의 사업 계속일을 말한다)까지의 기간

　㉯ 계속등기일 다음 날부터 그 사업연도 종료일까지의 기간

(2) 해산에 의한 청산소득금액

1) 일반적인 경우 청산소득금액

내국법인이 해산(합병이나 분할에 의한 해산은 제외한다)한 경우 그 청산소득(이하 "해산에 의한 청산소득"이라 한다)의 금액은 그 법인의 해산에 의한 잔여재산의 가액에서 해산등기일 현재의 자본금 또는 출자금과 잉여금의 합계액(이하 "자기자본의 총액"이라 한다)을 공제한 금액으로 한다(법법 제79조①).

> 청산소득금액 = 해산에 의한 잔여재산 가액 - 해산등기일 현재 자기자본 총액

2) 해산 후 사업계속에 따른 청산소득금액

해산으로 인하여 청산 중인 내국법인이 그 해산에 의한 잔여재산의 일부를 주주등에게 분배한 후 「상법」에 따라 사업을 계속하는 경우에는 그 해산등기일부터 계속등기일까지의 사이에 분배한 잔여재산의 분배액의 총합계액에서 해산등기일 현재의 자기자본의 총액을 공제한 금액을 그 법인의 해산에 의한 청산소득의 금액으로 한다(법법 제79조②).

> 청산소득금액 = 해산등기일부터 사업계속등기일까지 사이의 분배한 잔여재산분배액
> 총합계액 - 해산등기일 현재의 자기자본 총액

잔여재산가액

청산소득금액 계산 시 잔여재산가액은 다음과 같이 계산한다(법령 제121조①).

> 잔여재산가액 = 자산총액 - 부채총액

* 자산총액 : 해산등기일 현재 자산의 합계액(단, 추심할 채권과 환가처분할 자산은 추심 또는 환가처분한 날 현재의 금액으로 하고 추심 또는 환가처분 전에 분배한 경우에는 그 분배한 날 현재의 시가에 의하여 평가한 금액을 말함)(법령 제121조②)
그리고 법인이 해산등기일 현재의 자산을 청산기간 중에 처분한 금액(환가를 위한 재고자산의 처분액을 포함한다)은 이를 청산소득에 포함한다. 다만, 청산기간 중에 해산 전의 사업을 계속하여 영위하는 경우 당해 사업에서 발생한 사업수입이나 임대수입, 공·사채 및 예금의 이자수입 등은 그러하지 아니하다(법칙 제61조).

청산소득금액 계산 시 자기자본총액은 다음과 같이 계산한다(법법 제79조③, ④).

$$\text{자기자본총액} = \text{자본금(출자금)} + \text{잉여금} + \text{환급법인세} - \text{이월결손금}$$

* 환급법인세 : 청산기간 중에 「국세기본법」에 의하여 환급되는 법인세액
* 이월결손금 : 상계하는 이월결손금(세무상)의 금액은 잉여금의 금액을 초과하지 못하며, 초과하는
  이월결손금이 있는 경우에는 이를 없는 것으로 본다(자기자본총액에서 이미 상계되었거나 상계된
  것으로 보는 이월결손금은 제외).

청산소득 금액을 계산할 때 해산등기일 전 2년 이내에 자본금 또는 출자금에 전입한 잉여금이
있는 경우에는 해당 금액을 자본금 또는 출자금에 전입하지 아니한 것으로 보아 계산한다(법법
제79조⑤).

(3) 청산기간 중 각 사업연도의 소득금액

내국법인의 해산에 의한 청산소득의 금액을 계산할 때 그 청산기간에 생기는 각 사업연도의
소득금액이 있는 경우에는 그 법인의 해당 각 사업연도의 소득금액에 산입한다(법법 제79조⑥).

(4) 준용 규정

청산소득의 금액과 청산기간에 생기는 각 사업연도의 소득금액을 계산할 때에는 위에서
규정하는 것을 제외하고는 아래의 법인세법 및 조세특례제한법 규정을 준용한다(법법 제79조⑦).

법	조 문	제 목	비 고
법인세법	제14조	각 사업연도의 소득	
	제15조	익금의 범위	
	제16조	배당금 또는 분배금의 의제	
	제18조	평가이익등의 익금불산입	
	제18조의2	내국법인 수입배당금액의 익금불산입	
	제18조의4	외국자회사 수입배당금액의 익금불산입	

법	조 문	제 목	비 고
법인세법	제19조	손금의 범위	
	제19조의2	대손금의 손금불산입	
	제20조	자본거래 등으로 인한 손비의 손금불산입	
	제21조	세금과 공과금의 손금불산입	
	제22조	자산의 평가손실의 손금불산입	
	제23조	감가상각비의 손금불산입	
	제24조	기부금의 손금불산입	
	제25조	접대비의 손금불산입	
	제26조	과다경비 등의 손금불산입	
	제27조	업무와 관련없는 비용의 손금불산입	
	제27조의2	업무용승용차 관련비용의 손금불산입 등 특례	
	제28조	지급이자의 손금불산입	
	제29조	비영리내국법인의 고유목적사업준비금의 손금산입	
	제30조	책임준비금의 손금산입	
	제31조	비상위험준비금의 손금산입	
	제33조	퇴직급여충당금의 손금산입	
	제34조	대손충당금의 손금산입	
	제35조	구상채권상각충당금의 손금산입	
	제36조	국고보조금등으로 취득한 사업용자산가액의 손금산입	
	제37조	공사부담금으로 취득한 사업용자산가액의 손금산입	
	제38조	보험차익으로 취득한 자산가액의 손금산입	
	제40조	손익의 귀속사업연도	
	제41조	자산의 취득가액	
	제42조	자산·부채의 평가	
	제42조의2	한국채택국제회계기준 적용 내국법인에 대한 재고자산평가차익 익금불산입	
	제43조	기업회계기준과 관행의 적용	
	제44조	합병시 피합병법인에 대한 과세	
	제44조의2	합병시 합병법인에 대한 과세	
	제44조의3	적격합병 시 합병법인에 대한 과세특례	
	제45조	합병 시 이월결손금 등 공제 제한	

법	조 문	제 목	비 고
법인세법	제46조	분할 시 분할법인등에 대한 과세	
	제46조의2	분할 시 분할신설법인등에 대한 과세	
	제46조의3	적격분할 시 분할신설법인등에 대한 과세특례	
	제46조의4	분할 시 이월결손금 등 공제 제한	
	제46조의5	분할 후 분할법인이 존속하는 경우의 과세특례	
	제47조	물적분할 시 분할법인에 대한 과세특례	
	제47조의2	현물출자 시 과세특례	
	제50조	교환으로 인한 자산양도차익상당액의 손금산입	
	제51조	비과세소득	
	제51조의2	유동화전문회사 등에 대한 소득공제	
	제52조	부당행위계산의 부인	
	제53조	외국법인 등과의 거래에 대한 소득금액계산의 특례	
	제53조의2	기능통화 도입기업의 과세표준 계산특례	
	제53조의3	해외사업장의 과세표준 계산특례	
	제54조	소득금액 계산에 관한 세부 규정	
조세특례제한법	제104조의31	프로젝트금융투자회사에 대한 소득공제	

부동산개발 관련 해석 · 판단사례

■ 해산등기일 이후 청산기간에 발생한 채무면제이익의 세무처리 방법

해석

• 「법인세법」 제79조의 규정에 의한 청산소득금액을 계산함에 있어 법인이 해산등기일 현재 부채에 대하여 해산등기일 이후 면제받은 금액은 청산소득금액에 포함하는 것이며, 이때, 회계 상 영업 외수익으로 계상한 채무면제이익은 청산기간에 생기는 각 사업연도의 소득금액을 계산할 때 익금불산입(기타)으로 세무조정하는 것임(사전법령해석 법인2020-832, 2020.12.3.).

■ 청산소득금액 계산 시 수입배당금의 익금불산입 규정 준용 여부

• 「법인세법」 제79조 제1항에 따른 청산소득의 금액을 계산할 때에는 같은 법 제79조 제1항부터 제6항까지에서 규정하는 것을 제외하고는 같은 법 제18조의3(지주회사 수입배당금액의 익금불산입 특례)을 준용하는 것임(서면법인2017-1938, 2018.2.27.).

② 청산소득에 대한 세액의 계산 등

(1) 청산소득에 대한 세액의 계산

1) 과세표준

내국법인의 청산소득에 대한 법인세의 과세표준은 청산소득금액으로 한다(법법 제77조).

2) 세 율

내국법인의 청산소득에 대한 법인세는 법인세법 제77조(과세표준)에 따른 과세표준에 제55조 제1항(세율)에 따른 세율을 적용하여 계산한 금액을 그 세액으로 한다(법법 제83조).

| <표1> 내국법인의 경우(부동산임대업을 주된 사업으로 하는 등 대통령령으로 정하는 요건에 해당하는 내국법인의 경우는 제외한다) |

과세표준	세 율
2억원 이하	과세표준의 100분의 9
2억원 초과 200억원 이하	1천800만원 + (2억원을 초과하는 금액의 100분의 19)
200억원 초과 3천억원 이하	37억8천만원 + (200억원을 초과하는 금액의 100분의 21)
3천억원 초과	625억8천만원 + (3천억원을 초과하는 금액의 100분의 24)

| <표2> 부동산임대업을 주된 사업으로 하는 등 대통령령으로 정하는 요건에 해당하는 내국법인 |

과세표준	세 율
200억원 이하	과세표준의 100분의 19
200억원 초과 3천억원 이하	38억원 + (200억원을 초과하는 금액의 100분의 21)
3천억원 초과	626억원 + (3천억원을 초과하는 금액의 100분의 24)

■ 청산소득에 적용할 세율이 해산등기일 현재의 세율인지 잔여재산가액 확정일 현재의 세율인지의 여부

> **해석**
>
> • 법인세법 제45조 제1항(법인세법 제83조)의 규정에 의한 청산소득에 대한 법인세 계산시에 적용할 세율은 해산등기일이 속하는 사업연도에 적용되는 법인세법 제22조(법인세법 제55조) 제1항의 세율로 하는 것임(법인 46012-1758, 1997.6.28.).

■ 법인의 청산등기가 종료된 후에 부동산 양도 시 법인세율 적용방법

> **해석**
>
> • 내국법인이 「상법」 제520조의2에 따라 해산 및 청산등기가 종결된 후에 보유하고 있는 부동산을 양도한 경우에는 해산등기일이 속하는 사업연도의 법인세율을 적용하여 「법인세법」 제79조에 따른 청산소득에 대한 법인세를 신고 · 납부하여야 하는 것임(사전법령해석 법인2021-191, 2021. 3.19.).

(2) 신고 · 납부

1) 청산소득에 대한 법인세 신고 · 납부

청산소득에 대한 법인세의 납부의무가 있는 내국법인은 다음의 기한까지 청산소득에 대한 법인세의 과세표준과 세액을 납세지 관할 세무서장에게 신고 · 납부하여야 한다(법법 제84조①, 제86조①).

① 법인세법 제79조 제1항(해산에 의한 청산소득)에 해당하는 경우 : 아래의 잔여재산가액 확정일이 속하는 달의 말일부터 3개월 이내(법법 제84조① 제1호, 법령 제124조③)

  (ㄱ) 해산등기일 현재의 잔여재산의 추심 또는 환가처분을 완료한 날

  (ㄴ) 해산등기일 현재의 잔여재산을 그대로 분배하는 경우에는 그 분배를 완료한 날

② 법인세법 제79조 제2항(잔여재산의 일부를 주주 등에게 분배한 후 사업을 계속하는 경우)에 해당하는 경우 : 계속등기일이 속하는 달의 말일부터 3개월 이내(법법 제84조① 제2호)

2) 청산소득에 대한 법인세 중간신고 · 납부

내국법인(법인세법 제51조의2 제1항 각 호〈유동화전문회사 등에 대한 소득공제〉 또는
「조세특례제한법」 제104조의31 제1항〈프로젝트금융투자회사에 대한 소득공제〉의 법인은
제외한다)이 다음의 어느 하나에 해당하면 그 각각에서 정한 날이 속하는 달의 말일부터
1개월 이내에 이를 납세지 관할 세무서장에게 신고 · 납부하여야 한다. 다만, 「국유재산법」
제80조에 규정된 청산절차에 따라 청산하는 법인의 경우에는 아래 ②는 적용하지 아니한다(법법
제85조①, 제86조③, ④).

① 해산에 의한 잔여재산가액이 확정되기 전에 그 일부를 주주등에게 분배한 경우 : 그
분배한 날(법법 제85조① 제1호)

② 해산등기일부터 1년이 되는 날까지 잔여재산가액이 확정되지 아니한 경우 : 그 1년이
되는 날(법법 제85조① 제2호).

(3) 청산소득에 대한 가산세

1) 청산소득에 대한 무신고가산세

청산소득에 대한 법인세액이 있는 경우에는 무신고납부세액에 대한 「국세기본법」 제47조의2
제1항(무신고가산세)에 따라 무신고가산세를 납부하여야 한다. 그러나 청산소득에 대한
법인세액이 없는 경우에는 수입금액을 기준으로 한 가산세는 적용되지 아니하며, 산출세액
기준에 의한 가산세도 적용할 수 없다. 따라서 청산소득에 대한 법인세액이 없는 경우에는
청산소득신고를 하지 아니하더라도 사실상 가산세가 적용되지 아니한다.

2) 납부지연가산세의 적용 제외

청산소득에 대한 법인세를 징수할 때에는 「국세기본법」 제47조의4 제1항 제1호(납부지연
가산세)(납부고지서에 따른 납부기한의 다음 날부터 부과되는 분에 한정한다) 및 제3호(납부
지연가산세)와 같은 조 제7항(납부지연가산세)을 적용하지 아니한다(법법 제90조).

1. 목 적

「개발이익 환수에 관한 법률」은 토지에서 발생하는 개발이익을 환수하여 이를 적정하게 배분하여서 토지에 대한 투기를 방지하고 토지의 효율적인 이용을 촉진하여 국민경제의 건전한 발전에 이바지하는 것을 목적으로 한다(법 제1조).

"개발이익"이란 개발사업의 시행이나 토지이용계획의 변경, 그 밖에 사회적·경제적 요인에 따라 정상지가 상승분을 초과하여 개발사업을 시행하는 자나 토지 소유자에게 귀속되는 토지 가액의 증가분을 말한다(법 제2조 제1호).

"개발사업"이란 국가나 지방자치단체로부터 인가·허가·면허 등을 받아 시행하는 택지 개발사업이나 산업단지개발사업 등 개발이익 환수에 관한 법률 제5조(대상 사업)에 따른 사업을 말한다(법 제2조 제2호).

"개발부담금"이란 개발이익 중 「개발이익 환수에 관한 법률」에 따라 시장 등이 부과·징수하는 금액을 말한다(법 제2조 제4호).

아래에서는 개발부담금의 부과에 관한 주요 내용에 대해 서술한다.

2. 개발부담금

(1) 납부 의무자

1) 사업시행자의 경우

개발부담금 부과대상사업의 사업시행자는 개발이익 환수에 관한 법률로 정하는 바에 따라 개발부담금을 납부할 의무가 있다. 다만, 다음의 어느 하나에 해당하면 그에 해당하는 자가 개발부담금을 납부하여야 한다(법 제6조①).

① 개발사업을 위탁하거나 도급한 경우에는 그 위탁이나 도급을 한 자

② 타인이 소유하는 토지를 임차하여 개발사업을 시행한 경우에는 그 토지의 소유자

③ 개발사업을 완료하기 전에 사업시행자의 지위나 위 ① 또는 ②에 해당하는 자의 지위를 승계하는 경우에는 그 지위를 승계한 자

2) 조합의 경우

개발부담금을 납부하여야 할 자가 일정한 조합인 경우로서 다음의 어느 하나에 해당하면 그 조합원(조합이 해산한 경우에는 해산 당시의 조합원을 말한다)이 분담 비율 등에 따라 개발부담금을 납부하여야 한다(법 제6조②).

① 조합이 해산한 경우

② 조합의 재산으로 그 조합에 부과되거나 그 조합이 납부할 개발부담금·가산금 등에 충당하여도 부족한 경우

조합원이 개발부담금의 납부의무를 승계하는 조합은 다음의 조합을 말한다(영 제5조①).
① 「주택법」 제11조에 따른 주택조합
② 「도시개발법」 제11조 제1항 제6호에 따른 조합
③ 「도시 및 주거환경정비법」 제35조에 따른 재개발사업조합

(2) 개발부담금 부과대상사업

개발부담금의 부과대상인 개발사업은 다음의 어느 하나에 해당하는 사업으로 한다(법 제5조①).

① 택지개발사업(주택단지조성사업을 포함한다)

② 산업단지개발사업

③ 관광단지조성사업(온천 개발사업을 포함한다)

④ 도시개발사업, 지역개발사업 및 도시환경정비사업

⑤ 교통시설 및 물류시설 용지조성사업

⑥ 체육시설 부지조성사업(골프장 건설사업 및 경륜장·경정장 설치사업을 포함한다)

⑦ 지목 변경이 수반되는 사업으로서 일정한 사업

⑧ 그 밖에 위 ①부터 ⑥까지의 사업과 유사한 사업으로서 일정한 사업

개발부담금의 부과대상이 되는 개발사업의 범위는 개발이익 환수에 관한 법률 시행령 [별표 1](아래 참조)과 같고, 그 규모는 관계법률에 따라 국가 또는 지방자치단체로부터 인가·허가·면허 등(신고를 포함한다)을 받은 사업대상 토지의 면적이 다음에 해당하는 경우로 한다(영 제4조①).

호	사업지역	토지면적
1	특별시·광역시 또는 특별자치시의 지역 중 도시지역인 지역에서 시행하는 사업(제3호의 사업은 제외)의 경우	660제곱미터 이상
2	제1호 외의 도시지역인 지역에서 시행하는 사업(제3호의 사업은 제외)의 경우	990제곱미터 이상
3	도시지역 중 개발제한구역에서 그 구역의 지정 당시부터 토지를 소유한 자가 그 토지에 대하여 시행하는 사업의 경우	1천650제곱미터 이상
4	도시지역 외의 지역에서 시행하는 사업의 경우	1천650제곱미터 이상

| 개발이익 환수에 관한 법률 시행령 [별표 1] <개정 2023.6.27.> |

개발부담금 부과대상 개발사업(영 제4조 관련)

사업종류	근거 법률 및 사업명	비 고
1. 택지개발사업 (주택단지조성사업을 포함한다)	다음 각 목의 어느 하나에 해당하는 사업[1]	
	가. 주택법에 따른 대지조성사업	
	나. 주택법에 따른 주택건설사업[2]	
	다. 택지개발촉진법에 따른 택지개발사업	
2. 산업단지개발사업	가. 산업입지 및 개발에 관한 법률에 따른 국가산업단지개발사업	
	나. 산업입지 및 개발에 관한 법률에 따른 일반산업단지개발사업	
	다. 산업입지 및 개발에 관한 법률에 따른 도시첨단산업단지개발사업	
	라. 산업입지 및 개발에 관한 법률에 따른 농공단지개발사업	
	마. 중소기업진흥에 관한 법률에 따른 협동화사업 단지조성사업	

사업종류	근거 법률 및 사업명	비　고
3. 관광단지조성사업 （온천개발사업을 포함한다）	가. 관광진흥법에 따른 관광지 조성사업	
	나. 관광진흥법에 따른 관광단지 조성사업	
	다. 국토의 계획 및 이용에 관한 법률에 따른 유원지 설치사업	국토교통부령으로 정하는 사업으로 한정한다.
	라. 도시공원 및 녹지 등에 관한 법률에 따른 공원사업	국토교통부령으로 정하는 사업으로 한정한다.
	마. 온천법에 따른 굴착사업	
	바. 온천법에 따른 온천 개발사업	
	사. 자연공원법에 따른 공원사업	국토교통부령으로 정하는 사업으로 한정한다.
4. 도시개발사업, 지역개발사업 및 도시환경정비 사업	가. 경제자유구역의 지정 및 운영에 관한 특별법에 따른 경제자유구역개발사업[3]	
	나. 도시개발법에 따른 도시개발사업	환지 방식의 도시개발사업은 제외한다.
	다. 도시 및 주거환경정비법에 따른 정비사업[4]	
	라. 제주특별자치도 설치 및 국제자유도시 조성을 위한 특별법에 따른 국제자유도시개발사업[5]	
	마. 주한미군기지 이전에 따른 평택시 등의 지원 등에 관한 특별법에 따른 평택시개발사업	
	바. 주한미군기지 이전에 따른 평택시 등의 지원 등에 관한 특별법에 따른 국제화계획지구 개발사업	
	사. 지역균형개발 및 지방중소기업 육성에 관한 법률에 따른 지역개발사업	
	아. 규제자유특구 및 지역특화발전특구에 대한 규제특례법에 따른 특화사업	중소기업이 공장용지를 조성하는 경우는 제외한다.
5. 교통시설 및 물류 시설 용지조성 사업	다음 각 목의 어느 하나에 해당하는 사업을 위한 용지조성사업	
	가. 국토의 계획 및 이용에 관한 법률에 따른 자동차 및 건설기계 운전학원 설치사업[6]	

사업종류	근거 법률 및 사업명	비 고
5. 교통시설 및 물류시설 용지조성사업	나. 국토의 계획 및 이용에 관한 법률에 따른 여객자동차터미널사업[6]	
	다. 국토의 계획 및 이용에 관한 법률에 따른 유통업무설비 설치사업[7]	
	라. 물류시설의 개발 및 운영에 관한 법률에 따른 물류단지개발사업	
	마. 물류시설의 개발 및 운영에 관한 법률에 따른 물류터미널사업	
	바. 여객자동차 운수사업법에 따른 여객자동차터미널사업	
6. 체육시설 부지조성사업(골프장건설사업 및 경륜장·경정장 설치사업을 포함한다)	가. 경륜·경정법에 따른 경륜장 설치사업	
	나. 경륜·경정법에 따른 경정장 설치사업	
	다. 국토의 계획 및 이용에 관한 법률에 따른 골프장 건설사업	
	라. 체육시설의 설치·이용에 관한 법률에 따른 체육시설업을 위한 부지조성사업[8]	
7. 지목변경이 수반되는 사업	건축법에 따른 건축물(국토교통부령으로 정하는 건축물로 한정한다)의 건축(건축법 제19조에 따른 용도변경을 포함한다)으로 사실상 또는 공부상의 지목변경이 수반되는 사업[9]	
8. 그 밖에 제1호부터 제6호까지의 사업과 유사한 사업	가. 건축법에 따른 창고시설의 설치로 사실상 또는 공부상의 지목변경이 수반되는 사업을 위한 용지조성사업	
	나. 국토의 계획 및 이용에 관한 법률에 따른 창고시설의 설치를 위한 용지조성사업[10]	
	다. 중소기업창업 지원법에 따른 공장용지조성사업	
	라. 산업집적활성화 및 공장설립에 관한 법률에 따른 산업단지 외의 지역에서의 공장용지조성사업 및 공장설립을 위한 부지조성사업	
	마. 국토의 계획 및 이용에 관한 법률에 따른 개발행위 허가(신고), 농지법에 따른 농지전용 허가(신고), 산지관리법에 따른 산지전용 허가(신고), 초지법에 따른 초지전용 허가(신고)에 따라 시행하는 사업으로서 다음의 어느 하나에 해당하는 사업 1) 주택을 건축하기 위한 용도로 토지를 개발하는 사업	

사업종류	근거 법률 및 사업명	비　고
	등 국토교통부령으로 정하는 사업 2) 사실상 또는 공부상의 지목변경이 수반되는 사업[11]	

* 1) 다음의 어느 하나에 해당하는 사업은 제외한다.
　① 다음의 구분에 따른 기간 이상 임대하기 위하여 국민주택규모(주택법 제2조 제6호에 따른 국민주택규모를 말한다. 이하 같다) 이하의 임대주택(공공주택특별법에 따른 공공임대주택 또는 민간임대주택에 관한 특별법에 따른 민간임대주택을 말한다)을 건설하는 사업. 다만, 다음의 구분에 따른 기간이 되기 전에 분양전환하거나 임대사업자가 아닌 자에게 양도하는 경우 해당 건설사업은 제외한다.
　　가) 공공임대주택 : 5년
　　나) 민간임대주택 : 4년
　② 공익사업을 위한 토지 등의 취득 및 보상에 관한 법률 제78조에 따른 이주대책대상자를 위한 주택지조성사업 및 주택건설사업
　③ 주택법 제4조 제1항 제4호에 따른 공익법인이 무주택자를 위하여 시행하는 주택지조성사업 및 국민주택규모 이하의 주택건설사업
* 2) 다음의 어느 하나에 해당하는 주택건설사업은 제외한다.
　① 택지개발촉진법에 따른 택지개발사업 등 국토교통부령으로 정하는 개발부담금 부과대상 개발사업의 시행(이하 "토지개발사업시행"이라 한다)으로 조성이 끝난 토지에서 최초로 시행하는 주택건설사업
　② 주택건설사업과 동시에 이루어지는 토지개발사업 시행으로 조성되는 토지에서 최초로 시행하는 주택건설사업
　③ 도시개발법에 따른 환지 방식의 도시개발사업 시행으로 조성이 끝난 토지나 해당 주택건설사업과 동시에 이루어지는 환지 방식의 도시개발사업 시행으로 조성되는 토지에서 최초로 시행하는 주택건설사업
* 3) 수도권 외의 지역에서 산업용지(산업입지 및 개발에 관한 법률 제2조 제7호의2에 따른 산업시설용지와 이와 관련된 교육·연구·업무·지원·정보처리·유통 시설용 용지를 말한다)를 조성하는 경우는 제외한다.
* 4) ① 상업지역·공업지역 등에서 도시기능의 회복 및 상권 활성화 등을 위해 도시환경을 개선하기 위한 사업으로서 도시 및 주거환경정비법 시행령 별표 1 제2호 가목부터 바목까지에 해당하는 지역에서 시행하는 정비사업으로 한정한다.
　② 공장을 건설하는 경우는 제외한다.
　③ 주택법 제2조 제6호에 따른 국민주택규모의 임대주택(공공주택 특별법에 따른 공공임대주택 또는 민간임대주택에 관한 특별법에 따른 민간임대주택을 말하며, 다음의 구분에 따른 기간이 되기 전에 분양전환하거나 임대사업자가 아닌 자에게 양도하는 임대주택은 제외한다)을 건설하는 사업 부분은 제외한다.
　　가) 공공임대주택의 경우 : 5년
　　나) 민간임대주택의 경우 : 4년
* 5) 다음의 어느 하나에 해당하는 경우는 제외한다.
　① 특별개발우대사업의 경우
　② 제주투자진흥지구 안의 토지를 개발하는 경우
　③ 산업용지(산업입지 및 개발에 관한 법률 제2조 제7호의2에 따른 산업시설용지와 이와 관련된 교육·연구·업무·지원·정보처리·유통 시설용 용지를 말한다)를 조성하는 경우
* 6) 국토의 계획 및 이용에 관한 법률 제86조 제5항에 따라 특별시장·광역시장·특별자치시장·특별자치도지사·시장 또는 군수 외의 자가 도시·군계획시설사업으로 시행하는 경우를 말한다.
* 7) 국토의 계획 및 이용에 관한 법률 제86조 제5항에 따라 특별시장·광역시장·특별자치시장·특별자치도지사·시장 또는 군수 외의 자가 도시·군계획시설사업으로 시행하는 경우를 말하며, 국토교통부령으로

정하는 경우는 제외한다.
* 8) 골프장업, 스키장업, 자동차경주장업, 승마장업 및 종합체육시설업으로 한정한다.
* 9) 지목변경으로 부담금이 부과된 토지에 대한 사업의 경우 그 부담금 부과 당시의 지목을 그 부담금 부과 전의 지목으로 변경하는 경우는 제외한다.
* 10) 창고시설의 설치는 국토의 계획 및 이용에 관한 법률 제56조에 따른 개발행위허가를 받거나, 같은 법 제86조 제5항에 따라 특별시장 · 광역시장 · 특별자치시장 · 특별자치도지사 · 시장 또는 군수 외의 자가 도시 · 군계획시설사업으로 시행하는 경우를 말한다.
* 11) 다음의 어느 하나에 해당하는 경우는 제외한다.
　　가) 건축물을 건축하거나 농지 · 산지 또는 초지를 조성하는 경우
　　나) 지목변경으로 부담금이 부과된 토지에 대한 사업의 경우 그 부담금 부과 당시의 지목을 그 부담금 부과 전의 지목으로 변경하는 경우

(비고)
개별 법령에서 특정한 사업에 대하여 인가 등을 받으면 위 표 제1호부터 제8호까지에서 규정한 개발사업의 인가 등을 받은 것으로 보는 경우에는 부담금 부과 대상 개발사업으로 본다.

(3) 개발부담금 부과제외 및 감면

1) 부과제외

국가가 시행하는 개발사업과 지방자치단체가 공공의 목적을 위하여 시행하는 사업으로서 다음의 개발사업에는 개발부담금을 부과하지 아니한다(법 제7조①, 영 제6조①).

① 택지개발사업(주택단지조성사업을 포함한다)〈위 별표 1 제1호〉

② 산업단지개발사업〈위 별표 1 제2호〉

③ 관광단지조성사업(온천 개발사업을 포함한다) 중 같은 호 가목 및 나목에 따른 관광지조성사업 및 관광단지조성사업〈위 별표 1 제3호〉

④ 도시개발사업, 지역개발사업 및 도시환경정비사업(같은 호 사목에 따른 지역개발사업은 제외한다)〈위 별표 1 제4호〉

⑤ 교통시설 및 물류시설 용지조성사업 중 같은 호 라목 및 마목에 따른 물류단지개발사업 및 물류터미널사업을 위한 용지조성사업〈위 별표 1 제5호〉

2) 경 감

다음의 어느 하나에 해당하는 개발사업에 대하여는 개발부담금의 100분의 50을 경감한다. 이 경우 각각의 규정을 중복하여 적용하지 아니한다(법 제7조②).

① 지방자치단체가 시행하는 개발사업으로서 개발부담금 부과제외사업에 해당하지 아니하는 사업

② 「공공기관의 운영에 관한 법률」에 따른 공공기관, 「지방공기업법」에 따른 지방공기업

및 특별법에 따른 공기업 등 공공기관이 시행하는 사업으로서 일정한 사업
③ 「중소기업기본법」 제2조 제1항에 따른 중소기업(이하 "중소기업"이라 한다)이 시행하는
공장용지조성사업, 일정한 관광단지조성사업과 교통시설 및 물류시설 용지조성사업.
다만, 「수도권정비계획법」 제2조 제1호에 따른 수도권에서 시행하는 사업은 제외한다.
④ 「주택법」 제2조 제5호 나목의 국민주택 중 「주택도시기금법」에 따른 주택도시기금
으로부터 자금을 지원받아 국민주택을 건설하기 위하여 시행하는 택지개발사업
⑤ 「주한미군 공여구역주변지역 등 지원 특별법」 제2조 제2호부터 제4호까지에 따른
공여구역주변지역·반환공여구역 또는 반환공여구역주변지역에서 시행하는 개발사업.
다만, 공여구역 또는 반환공여구역이 소재한 읍·면·동(행정동을 말한다)에 연접한
읍·면·동 지역의 경우에는 같은 법 제8조에 따라 법률 제13699호 개발이익 환수에
관한 법률 일부개정법률 시행 전에 확정된 공여구역주변지역등 발전종합계획에 따라
시행하는 개발사업만 해당한다.
⑥ 「접경지역 지원 특별법」 제2조 제1호에 따른 접경지역 중 비무장지대, 해상의 북방한계선
또는 민간인통제선과 잇닿아 있는 읍·면·동지역에서 시행하는 개발사업

3) 면 제

다음의 어느 하나에 해당하는 개발사업에 대하여는 개발부담금을 면제한다(법 제7조③).
① 「산업입지 및 개발에 관한 법률」에 따른 산업단지개발사업. 다만, 수도권에 있는 산업
단지인 경우는 제외한다.
② 「중소기업창업 지원법」에 따라 공장 설립계획 승인을 받아 시행하는 공장용지 조성사업
③ 「관광진흥법」에 따른 관광단지 조성사업. 다만, 수도권에 있는 관광단지인 경우는 제외
한다.
④ 「물류시설의 개발 및 운영에 관한 법률」에 따른 물류단지개발사업. 다만, 수도권에 있는
물류단지인 경우는 제외한다.

4) 지방의회의 경감 승인

시장·군수·구청장은 지역에 대한 민간투자의 활성화 등을 위하여 지방의회의 승인을
받아 관할 구역에서 시행되는 개발사업에 대한 개발부담금을 지방자치단체에 귀속되는 귀속
분의 범위에서 경감할 수 있다. 다만, 해당 지방자치단체의 지가가 급격히 상승할 우려가
있는 등 일정한 사유가 있는 경우에는 그러하지 아니하다(법 제7조④).

3. 부과기준 및 부담률

(1) 부과기준(개발이익)

개발부담금의 부과기준은 부과 종료시점의 부과 대상 토지의 가액(이하 "종료시점지가"라 한다)에서 다음의 금액을 뺀 금액으로 한다(법 제8조).

① 부과 개시시점의 부과 대상 토지의 가액(이하 "개시시점지가"라 한다)

② 부과 기간의 정상지가상승분

③ 법 제11조에 따른 개발비용

> 부과기준 = 종료시점의 토지가액 － 부과 개시시점의 부과 대상 토지의 가액
> (개발이익)　(종료시점지가)　(개시시점지가)
> － 부과 기간의 정상지가상승분 － 개발비용

(2) 기준시점

1) 부과 개시시점

개발부담금의 부과 개시시점은 사업시행자가 국가나 지방자치단체로부터 개발사업의 인가등을 받은 날로 한다. 다만, 다음 각각의 경우에는 그에 해당하는 날을 부과 개시시점으로 한다(법 제9조①).

① 인가등을 받기 전 5년 이내에 일정한 토지 이용 계획 등이 변경된 경우로서 그 토지 이용 계획 등이 변경되기 전에 취득한 토지의 경우에는 취득일. 다만, 그 취득일부터 2년 이상이 지난 후 토지 이용 계획 등이 변경된 경우 등은 일정한 날로 한다.

② 인가등의 변경으로 부과 대상 토지의 면적이 변경된 경우에는 일정한 시점

2) 부과 종료시점

개발부담금의 부과 종료시점은 관계법령에 따라 국가나 지방자치단체로부터 개발사업의 준공인가 등을 받은 날로 한다. 다만, 부과 대상 토지의 전부 또는 일부가 다음의 어느 하나에 해당하면 해당 토지에 대하여는 다음의 어느 하나에 해당하게 된 날을 부과 종료시점으로 한다(법 제9조③).

① 관계법령에 따라 부과 대상 토지의 일부가 준공된 경우

② 납부 의무자가 개발사업의 목적 용도로 사용을 시작하거나 타인에게 분양하는 등 처분하는

경우로서 일정한 경우

③ 그 밖에 개발사업을 시작한 후 다음의 어느 하나에 해당하는 사유가 발생한 경우

(ㄱ) 개발사업에 대한 인가등이 해당 법률에서 정하는 바에 따라 취소된 경우(영 제10조③ 제1호)

(ㄴ) 사업시행자의 파산이나 그 밖의 사유로 개발사업의 시행이 중단되어 사업을 끝낼 수 없게 된 경우(영 제10조③ 제2호)

(3) 지가의 산정

1) 종료시점의 지가

종료시점지가는 부과 종료시점 당시의 부과 대상 토지와 이용 상황이 가장 비슷한 표준지의 공시지가를 기준으로 「부동산 가격공시에 관한 법률」 제3조 제7항에 따른 표준지와 지가산정 대상토지의 지가형성 요인에 관한 표준적인 비교표에 따라 산정한 가액에 해당 연도 1월 1일부터 부과 종료시점까지의 정상지가상승분을 합한 가액으로 한다. 이 경우 종료시점지가와 표준지의 공시지가가 균형을 유지하도록 하여야 하며, 개발이익이 발생하지 않을 것이 명백하다고 인정되는 경우 등 일정한 경우 외에는 종료시점지가의 적정성에 대하여 감정평가법인등(「감정평가 및 감정평가사에 관한 법률」에 따른 감정평가사 또는 감정평가법인을 말한다)의 검증을 받아야 한다(법 제10조①).

"개발이익이 발생하지 않을 것이 명백하다고 인정되는 경우 등 일정한 경우"란 다음의 어느 하나에 해당하는 경우를 말한다(영 제10조의2①).

(ㄱ) 법 제8조에 따라 산정한 개발이익이 없는 경우. 이 경우 개발부담금 부과 종료시점의 부과 대상 토지의 가액(이하 "종료시점지가"라 한다) 산정의 기준이 되는 표준지가 1개 이상 있으면 그 중 공시지가가 가장 높은 표준지를 기준으로 산정한다.

(ㄴ) 법 제9조 제3항 제1호에 해당하여 부과 대상 토지의 일부(이하 "분할토지"라 한다)에 대하여 개발부담금이 결정·부과된 경우로서 분할토지의 종료시점지가 산정 시 적용된 표준지를 기준으로 부과 대상 토지의 종료시점지가를 산정한 경우

그리고 부과 대상 토지를 분양하는 등 처분할 때에 그 처분 가격에 대하여 국가나 지방자치단체의 인가등을 받는 경우 등 다음의 경우에는 그 처분 가격을 종료시점지가로 할 수 있다(법 제10조②, 영 제11조①).

(ㄱ) 「주택법」 제54조 제1항 제1호에 따라 시장·군수·구청장의 승인을 받아 주택의 분양가가

결정된 경우(주택의 분양가를 제3항 제1호에 따른 건축비를 적용하여 결정하는 경우로
한정한다)

(ㄴ) 「주택법」 제15조 제1항 및 같은 법 시행령 제27조 제6항에 따라 사업주체가 조성한
대지의 공급조건 등에 대하여 국토교통부장관 또는 지방자치단체의 장의 승인을 받은
경우

(ㄷ) 「택지개발촉진법」 제9조 및 같은 법 시행령 제8조에 따라 택지의 공급가격결정방법
등이 포함된 택지개발사업실시계획에 대하여 국토교통부장관 또는 지방자치단체의 장의
승인을 받은 경우

(ㄹ) 「산업입지 및 개발에 관한 법률」 제38조 및 같은 법 시행령 제40조에 따라 개발된
토지의 분양가가 결정된 경우

(ㅁ) 「산업입지 및 개발에 관한 법률」 제39조에 따른 특수지역개발사업으로 개발된 토지의
분양가가 같은 법 시행령 제40조의 분양가격의 결정방법과 같은 방법으로 결정된 경우

(ㅂ) 「한국토지주택공사법」 제16조에 따라 한국토지주택공사가 매입하여 개발한 토지의
분양가가 결정된 경우

(ㅅ) 위 (ㄱ)부터 (ㅂ)까지의 경우와 비슷한 경우로서 국가 또는 지방자치단체의 인가등을 받아
토지의 분양가격이 결정된 경우

2) 개시시점의 지가

개시시점지가는 부과 개시시점이 속한 연도의 부과 대상 토지의 개별공시지가(부과 개시
시점으로부터 가장 최근에 공시된 지가를 말한다)에 그 공시지가의 기준일부터 부과 개시
시점까지의 정상지가상승분을 합한 가액으로 한다. 다만, 다음의 어느 하나에 해당하면 그
실제의 매입가액이나 취득가액에 그 매입일이나 취득일부터 부과 개시시점까지의 정상지가
상승분을 더하거나 뺀 가액을 개시시점지가로 할 수 있다(법 제10조③).

① 국가·지방자치단체 또는 국토교통부령으로 정하는 기관으로부터 매입한 경우

② 경매나 입찰로 매입한 경우

③ 지방자치단체나 일정한 공공기관이 매입한 경우

④ 「공익사업을 위한 토지 등의 취득 및 보상에 관한 법률」에 따른 협의 또는 수용(收用)에
의하여 취득한 경우

⑤ 실제로 매입한 가액이 정상적인 거래 가격이라고 객관적으로 인정되는 경우로서 일정한
경우

"정상지가상승분"이란 금융기관의 정기예금 이자율 또는 「부동산 거래신고 등에 관한 법률」 제19조에 따라 국토교통부장관이 조사한 평균지가변동률(그 개발사업 대상 토지가 속하는 해당 시·군·자치구의 평균지가변동률을 말한다) 등을 고려하여 일정한 기준에 따라 산정한 금액을 말한다(법 제2조 제3호).

그리고 종료시점지가와 개시시점지가를 산정할 때 부과 대상 토지에 국가나 지방자치단체에 기부하는 토지나 국공유지가 포함되어 있으면 그 부분은 종료시점지가와 개시시점지가의 산정 면적에서 제외한다(법 제10조④).

(4) 개발비용의 산정

개발사업의 시행과 관련하여 지출된 비용(이하 "개발비용"이라 한다)은 다음의 금액을 합하여 산출한다(법 제11조①).
① 순 공사비, 조사비, 설계비 및 일반관리비
② 관계법령이나 해당 개발사업 인가등의 조건에 따른 다음의 금액
　㈎ 납부 의무자가 국가나 지방자치단체에 공공시설이나 토지 등을 기부채납하였을 경우에는 그 가액
　㈏ 납부 의무자가 부담금을 납부하였을 경우에는 그 금액
③ 해당 토지의 개량비, 각종 세금과 공과금, 보상비 및 그 밖에 정하는 금액

위에도 불구하고 2천700제곱미터 이하의 개발사업(토지개발 비용의 지출 없이 용도변경 등으로 완료되는 개발사업은 제외한다)의 경우에는 순 공사비, 조사비, 설계비 및 일반관리비의 합계액을 산정할 때 국토교통부장관이 고시하는 단위면적당 표준비용을 적용할 수 있다. 다만, 납부 의무자가 원하지 아니하는 경우에는 그러하지 아니하다(법 제11조②, 영 제12조⑥).

(5) 양도소득세액 등의 개발비용 인정

부과 개시시점 후 개발부담금을 부과하기 전에 개발부담금 부과 대상 토지를 양도하여 발생한 소득에 대하여 양도소득세 또는 법인세가 부과된 경우에는 해당 세액 중 부과 개시 시점부터 양도시점까지에 상당하는 세액을 개발비용에 계상할 수 있다(법 제12조①).

위에 따라 개발비용으로 계상되는 양도소득세 또는 법인세의 세액 범위는 부과 종료시점 이전에 토지가 양도된 때에는 해당 세액 중 부과 개시시점부터 양도시까지, 부과 종료시점

이후에 토지가 양도된 때에는 부과 개시시점부터 부과 종료시점까지에 상당하는 세액으로 한다. 이 경우 개발비용으로 계상되는 세액의 산정은 양도소득세 또는 법인세를 일단위로 똑같이 나누어 산정한다(법 제12조②, 영 제13조).

(6) 부담률

납부 의무자가 납부하여야 할 개발부담금은 개발이익에 다음의 구분에 따른 부담률을 곱하여 산정한다(법 제13조).

① 법 제5조 제1항 제1호부터 제6호까지의 개발사업 : 100분의 20

② 법 제5조 제1항 제7호 및 제8호의 개발사업 : 100분의 25

> * 「국토의 계획 및 이용에 관한 법률」 제38조에 따른 개발제한구역에서 제5조 제1항 제7호 및 제8호의 개발사업을 시행하는 경우로서 납부 의무자가 개발제한구역으로 지정될 당시부터 토지 소유자인 경우에는 100분의 20으로 한다.

❏ **개발부담금의 부과 대상 개발사업**

개발부담금의 부과 대상인 개발사업은 다음의 어느 하나에 해당하는 사업으로 한다(법 제5조①).

제1호 택지개발사업(주택단지조성사업을 포함한다)
제2호 산업단지개발사업
제3호 관광단지조성사업(온천 개발사업을 포함한다)
제4호 도시개발사업, 지역개발사업 및 도시환경정비사업
제5호 교통시설 및 물류시설 용지조성사업
제6호 체육시설 부지조성사업(골프장 건설사업 및 경륜장·경정장 설치사업을 포함한다)
제7호 지목 변경이 수반되는 사업으로서 일정한 사업
제8호 그 밖에 위 제1호부터 제6호까지의 사업과 유사한 사업으로서 일정한 사업

---

(7) 자료 제출 의무

개발부담금의 납부의무자는 다음에서 정하는 바에 따라 개발비용 산출명세서를 시장·군수·구청장에게 제출해야 한다(법 제24조, 영 제25조의2).

① 국가 또는 지방자치단체로부터 개발사업의 준공인가 등을 받은 경우에는 부과 종료시점부터 40일 이내에 제출할 것

② 부과 대상 토지가 준공된 개발사업별로 개발비용을 산출하기 곤란한 경우에는 전체 개발사업이 완료된 날부터 40일 이내에 명세서를 제출할 것. 이 경우 부과 종료시점이 서로 다른 대상 토지는 그 명세서를 별도로 구분하여 작성하여야 한다.

(8) 부과·징수

시장·군수·구청장은 부과 종료시점부터 5개월 이내에 개발부담금을 결정·부과하여야 한다. 다만, 해당 사업이 대규모 사업의 일부에 해당되어 개발비용의 명세를 제출할 수 없는 경우에는 일정한 기준에 따라 개발부담금을 결정·부과할 수 있다(법 제14조①). 시장·군수·구청장은 개발부담금을 결정·부과하려면 미리 납부 의무자에게 그 부과 기준과 부과 금액을 알려야 한다(법 제14조②). 부과 통지는 비용명세서가 제출된 날부터 60일 이내에 하여야 한다(영 제15조②).

　부동산개발사업의 인·허가를 받기 위해서는 각종 부담금을 부담하여야 하는데, 농지법 등 해당 법령에서 각 부담금의 부과대상 등에 대해 규정하고 있으며 부동산개발과 관련한 주요 부담금의 내용은 아래와 같다. 그리고 부담금관리기본법에서는 부담금의 설치·관리 및 운용에 관한 기본적인 사항을 규정하여 부담금의 설치를 제한하고 있다.

| 농지보전부담금 등 주요 부담금 요약 |

구 분	주요 내용
농지보전부담금	1. 근거법령 　농지법 제38조, 농지법 시행령 제53조 2. 부과대상 　– 농지법 제34조 제1항에 따라 농지전용허가를 받는 자 　– 농지법 제34조 제2항에 따라 농지전용협의를 거친 지역 예정지 또는 시설 예정지에 있는 농지를 전용하려는 자 　– 농지법 제34조 제2항 제1호의2에 따라 농지전용에 관한 협의를 거친 구역 예정지에 있는 농지를 전용하려는 자 　– 농지법 제34조 제2항 제2호에 따라 농지전용협의를 거친 농지를 전용하려는 자 　– 농지법 제35조나 제43조에 따라 농지전용신고를 하고 농지를 전용하려는 자 3. 부과기준 　해당 농지의 개별공시지가 × 해당 비율*(부담금 상한 : ㎡당 5만원) 　(* 해당 비율 : 농업진흥지역의 농지 100분의 30, 농업진흥지역 밖의 농지 100분의 20)
대체산림자원 조성비	1. 근거법령 　산지관리법 제19조, 산지관리법 시행령 제21조 2. 부과대상 　– 산지관리법 제14조에 따라 산지전용허가를 받으려는 자 　– 산지관리법 제15조의2 제1항에 따라 산지일시사용허가를 받으려는 자 　– 다른 법률에 따라 산지전용허가 또는 산지일시사용허가가 의제되거나 배제되는 행정처분을 받으려는 자

구 분	주요 내용
대체산림자원 조성비	3. 부과기준(산림청고시 제2023－8호, 2023.1.17.) 　1) 대체산림자원조성비 부과금액 계산방법 　　－ 부과금액 = 산지전용허가·산지일시사용허가 면적×단위면적당 금액[*] 　　　* 단위면적당 금액=산지별·지역별 단위면적당 산출금액 ＋해당 산지 　　　　개별공시지가의 1,000분의 1 　2) 산지별·지역별 단위면적당 산출금액 　　－ 준보전산지 : 8,190원/㎡ 　　－ 보전산지 : 10,640원/㎡ 　　－ 산지전용·일시사용제한지역 : 16,380원/㎡ 　3) 개별공시지가 일부 반영비율 : 개별공시지가의 1,000분의 1 　　－ 개별공시지가의 1,000분의 1에 해당하는 금액은 최대 8,190원/㎡으 　　　로 한정한다.
학교용지부담금	1. 근거법령 학교용지 확보 등에 관한 특례법 제5조, 제5조의2, 학교용지 확보 등에 관한 특례법 시행령 제5조의2 2. 부과대상 개발사업(300세대 규모 이상의 주택건설용 토지를 조성·개발하거나 공동주택〈준주택 중 일정규모의 오피스텔 포함〉을 건설하는 사업)지역에서 단독주택을 건축하기 위한 토지를 개발하여 분양하거나 공동주택을 분양하는 자 3. 부과기준 　－ 공동주택 : 세대별 공동주택 분양가격 × 1천분의 4 　－ 단독주택을 건축하기 위한 토지 : 단독주택지 분양가격 × 1천분의 14
광역교통시설 부담금	1. 근거법령 대도시권 광역교통 관리에 관한 특별법 제11조, 제11조의3, 대도시권 광역교통 관리에 관한 특별법 시행령 제16조의2 2. 부과대상 광역교통시행계획이 수립·고시된 대도시권에서 다음의 어느 하나에 해당하는 사업을 시행하는 자 　－ 「택지개발촉진법」에 따른 택지개발사업 　－ 「도시개발법」에 따른 도시개발사업 　－ 「주택법」에 따른 대지조성사업 및 법률 제6916호 주택건설촉진법 개정법률 부칙 제9조에 따라 종전의 규정에 따르도록 한 아파트지구개발사업 　－ 「주택법」에 따른 주택건설사업(다른 법령에 따라 사업 승인이 의제되는 협의를 거친 경우를 포함한다) 　－ 「도시 및 주거환경정비법」에 따른 재개발사업 및 재건축사업. 다만, 재개발사업의 경우에는 20세대 이상의 공동주택을 건설하는 경우만 해당한다.

구　분	주요 내용
광역교통시설 부담금	－ 「건축법」 제11조에 따른 건축허가를 받아 주택 외의 시설과 20세대 이상의 주택을 동일 건축물로 건축하는 사업 － 그 밖에 위의 사업과 유사한 사업으로서 대통령령(생략)으로 정하는 사업 3. 부과기준 　－ 택지개발사업, 도시개발사업, 대지조성사업, 아파트지구개발사업인 경우 : 　　부담금 = {1㎡당 표준개발비 × 부과율(수도권 30%, 수도권 외 15%) × 개발면적 × (용적률 ÷ 200)} － 공제액 　－ 주택건설사업, 재개발사업 및 재건축사업인 경우 : 　　부담금 = {1㎡당 표준건축비 × 부과율(수도권 4%, 수도권 외 2%) × 건축연면적} － 공제액 　－ 건축허가를 받아 주택 외의 시설과 20세대 이상의 주택을 동일 건축물로 건축하는 사업인 경우 : 　　부담금 = {1㎡당 표준건축비 × 부과율(수도권 4%, 수도권 외 2%) × 건축연면적(주택인 시설의 건축연면적의 합계를 말한다)} － 공제액 　＊ 표준개발비와 표준건축비는 국토교통부장관이 고시하며, 부과율은 조례로 50% 범위 내에서 가감 가능함. 　＊ 공제액 : 대도시권 광역교통 관리에 관한 특별법 시행령 제16조의2④에 규정됨.
과밀부담금	1. 근거법령 　수도권정비계획법 제12조, 제14조, 수도권정비계획법 시행령 제16조, 제18조 2. 부과대상 　서울특별시에서 인구집중유발시설 중 업무용 건축물, 판매용 건축물, 공공 청사, 그 밖에 대통령령(생략)으로 정하는 건축물을 건축(신축·증축 및 공공 청사가 아닌 시설을 공공 청사로 하는 용도변경 등)하려는 자 3. 부과기준 　－ 부담금은 건축비의 100분의 10으로 하되, 지역별 여건 등을 고려하여 대통령령(생략)으로 정하는 바에 따라 건축비의 100분의 5까지 조정할 수 있다. 　－ 건축비는 국토교통부장관이 고시하는 표준건축비를 기준으로 산정한다.
상수도설치 원인자부담금	1. 근거법령 　수도법 제71조, 수도법 시행령 제65조 2. 부과대상 　수도공사를 하는 데에 비용 발생의 원인을 제공한 자(주택단지·산업시설 등 수돗물을 많이 쓰는 시설을 설치하여 수도시설의 신설이나 증설 등의 원인을 제공한 자를 포함한다) 또는 수도시설을 손괴하는 사업이나 행위를 한 자

구　분	주요 내용
상수도설치 원인자부담금	3. 부과기준 　• 원인자부담금은 다음의 비용을 합산한 금액으로 한다. 　　– 수도시설의 신설·증설 비용 　　– 시설물의 원상복구에 드는 공사비 　　– 수도시설의 세척 등으로 인하여 사용할 수 없게 된 수돗물의 요금에 상당하는 금액 　　– 단수로 인한 급수차 사용경비 　　– 도로복구비와 도로결빙 방지비용 　　– 복구작업에 동원된 차량 및 직원의 경비 　　– 그 밖에 홍보에 든 경비 등 　• 수도시설을 손괴하는 사업이나 행위를 한 자의 원인자부담금은 다음의 비용을 합산한 금액으로 한다. 　　– 수도시설의 손괴 등으로 인하여 새거나 사용할 수 없게 된 수돗물의 요금에 상당하는 금액 　　– 시설물의 원상복구에 드는 공사비 　　– 단수로 인한 급수차 사용경비 　　– 도로복구비와 도로결빙 방지비용 　　– 복구작업에 동원된 차량 및 직원의 경비 　　– 그 밖에 홍보에 든 경비 등 * 비용의 산출에 필요한 세부기준은 해당 지방자치단체의 조례로 정한다.
하수도설치 원인자부담금	1. 근거법령 　하수도법 제61조, 하수도법 시행령 제35조 2. 부과대상 　– 공공하수도관리청은 건축물 등을 신축·증축하거나 용도변경하여 오수가 대통령령(생략)으로 정하는 양 이상 증가되는 경우 해당 건축물 등의 소유자(건축 또는 건설 중인 경우에는 건축주 또는 건설주체를 말한다)에게 공공하수도 개축비용의 전부 또는 일부를 부담시킬 수 있다. 　– 공공하수도관리청은 대통령령(생략)으로 정하는 타공사 또는 공공하수도의 신설·증설 등을 수반하는 개발행위로 인하여 필요하게 된 공공하수도에 관한 공사에 소요되는 비용의 전부 또는 일부를 타공사 또는 타행위의 비용을 부담하여야 할 자에게 부담시키거나 필요한 공사를 시행하게 할 수 있다. 3. 부과기준 　원인자부담금의 산정기준·징수방법 그 밖의 필요한 사항은 해당 지방자치단체의 조례로 정한다.

구 분	주요 내용
지역냉난방 부담금	1. 근거법령 집단에너지사업법 제17조, 제18조, 집단에너지사업법 시행령 제12조, 제13조의2 2. 부과대상 사업자(집단에너지를 공급하는 사업의 허가를 받은 자)는 공급시설 건설비용의 전부 또는 일부를 그 사용자에게 부담하게 할 수 있다. 3. 부과기준 사업자(집단에너지를 공급하는 사업의 허가를 받은 자)의 부담금 산정은 용도별 부과 대상 단위에 단위당 기준단가를 곱한 금액으로 한다(산업통상자원부고시 제2021-56호, 2021.4.23. : 지역냉난방 열요금 산정기준 및 상한 지정 참조).
개발부담금	앞의 보론에서 서술하였다.
재건축부담금	Chapter 7. 제6절 마지막 부분에 보론으로 서술하였다.

Chapter 5

개인사업자 및 공동사업의 부동산개발 세무실무

 취득세

(1) 건설용지 취득시 취득세율

주택신축판매업 또는 부동산매매업을 영위하는 개인사업자가 해당 사업을 위해 건설용지를 취득하고자 할 때에는 취득세율이 일반세율인지 중과세율인지를 고려하여 사업타당성을 분석하는 것은 매우 중요하다. 그리고 사업지에는 나대지뿐만 아니라 건축물이 함께 있을 수도 있다. 이에 대한 취득세율의 내용을 아래에 서술한다.

1) 일반세율(토지)

건설용지로 나대지 상태인 토지를 유상거래에 의해 승계취득할 경우 취득세율은 다음과 같다.

구분	종전(2010년까지)		2011년부터	농어촌특별세	지방교육세(ㄱ×20%)
	등록세(ㄱ)	취득세(ㄴ)	취득세(ㄱ+ㄴ)	(ㄴ×10%)	
농지외 토지	2.0%	2.0%	4.0%	0.2%	0.4%

2) 중과세율(토지 취득관련 사치성 재산)

법인은 과밀억제권역 안에서 부동산을 취득 경우에 일정 요건에 해당하면 취득세 중과세(지법 제13조①, ②)가 적용되나, 개인인 경우에는 과밀억제권역 안에서 주택 외 부동산을 취득하더라도 취득세 중과세를 적용하지 않는다. 그러나 개인이더라도 토지에 딸린 건물이 고급주택이나 고급오락장에 해당하는 취득의 경우에는 취득세 중과세율이 적용된다. 이에 대한 내용은 'Chapter 2. 제2절 8. 사치성 재산 취득 중과세(지법 제13조⑤)'를 참고하기 바란다.

그리고 개인이 주택을 취득할 때에 주택수에 따라 취득세 중과세율을 적용하는 경우와 중과세율 적용의 예외에 대한 내용은 다음 제2절 2. 1세대의 주택 취득 중과세(지법 제13조의2)에서 서술했다. 고급주택이나 고급오락장에 대한 취득세 중과세율은 아래와 같다.

구분	종전(2010년까지)		2011년부터	농어촌특별세	지방교육세
	등록세(ㄱ)	취득세(ㄴ)	취득세(ㄱ+ㄴ)	(ㄴ×10%)	(ㄱ×20%)
고급주택, 고급오락장	2.0%	10.0%	12.0%	1.0%	0.4%

(2) 신축건물 준공시 세무실무

1) 취득의 유형(건축물)

건축공사의 완성과 관련한 건축물의 취득 유형으로는 원시취득과 간주취득이 있다.

- 원시취득 : 신축, 증축, 재축 등
- 간주취득 : 건축물의 개수

* 건축물·개수의 정의에 대해서는 'Chapter 4. 제1절 1. 신축 건축물의 취득세 실무'를 참고하기 바란다.

2) 취득시기

건축물을 건축 또는 개수하여 취득하는 경우에는 사용승인서(「도시개발법」 제51조 제1항에 따른 준공검사 증명서, 「도시 및 주거환경정비법 시행령」 제74조에 따른 준공인가증 및 그 밖에 건축 관계 법령에 따른 사용승인서에 준하는 서류를 포함한다)를 내주는 날(사용승인서를 내주기 전에 임시사용승인을 받은 경우에는 그 임시사용승인일을 말하고, 사용승인서 또는 임시사용승인서를 받을 수 없는 건축물의 경우에는 사실상 사용이 가능한 날을 말한다)과 사실상의 사용일 중 빠른 날을 취득일로 본다(지령 제20조⑥).

3) 원시취득·개수의 경우 과세표준

취득세의 과세표준은 취득 당시의 가액으로 한다. 다만, 연부로 취득하는 경우 취득세의 과세표준은 연부금액(매회 사실상 지급되는 금액을 말하며, 취득금액에 포함되는 계약보증금을 포함한다)으로 한다(지법 제10조②).

부동산을 원시취득하는 경우 취득당시가액은 사실상취득가격으로 한다(지법 제10조의4①). 이에도 불구하고 법인이 아닌 자가 건축물을 건축하여 취득하는 경우로서 사실상취득가격을 확인할 수 없는 경우의 취득당시가액은 지방세법 제4조에 따른 시가표준액으로 한다(지법 제10조의4②).

건축물을 개수하는 경우 취득당시가액은 지방세법 제10조의4(원시취득의 경우 과세표준, 위 내용과 같음)에 따른다(지법 제10조의6③).

* 사실상취득가격·시가표준액에 대해서는 'Chapter 4. 제1절 1. 신축 건축물의 취득세 실무'를 참고하기 바란다.

4) 건축물의 취득세율

건축물의 원시취득과 개수 등 간주취득의 경우 취득세율은 아래와 같다.

① 원시취득시 세율

구분	종전(2010년까지)		2011년부터	농어촌특별세 (ㄴ×10%)	지방교육세 (ㄱ×20%)
	등록세(ㄱ)	취득세(ㄴ)	취득세(ㄱ+ㄴ)		
원시취득	0.8%	2.0%	2.8%	0.2%	0.16%

* 농어촌특별세는 국민주택규모 이하 주택의 취득에 대해서는 비과세한다(농특법 제4조 제9호).

② 간주취득시 세율

구분	종전(2010년까지)		2011년부터	농어촌특별세 (ㄴ×10%)	지방교육세 (ㄱ×20%)
	등록세(ㄱ)	취득세(ㄴ)	취득세(ㄱ+ㄴ)		
간주취득	–	2.0%	2.0%	0.2%	–

* 농어촌특별세는 국민주택규모 이하 주택의 취득에 대해서는 비과세한다(농특법 제4조 제9호).

(3) 취득세의 감면

부동산개발과 관련한 부동산의 취득에 대한 취득세 감면은 임대주택 등에 대한 감면, 생애최초 주택구입에 대한 감면, 지식산업센터에 대한 감면 등에 대해 지방세특례제한법에서 규정하고 있다. 이에 대한 내용은 'Chapter 8. 1. (2) 지방세특례제한법상 감면'을 참고하기 바란다.

 **부가가치세**

부가가치세의 세율은 10퍼센트로 한다(부가법 제30조). 부가가치세법은 개인과 법인 구분없이 사업자를 납세의무자로 규정하고 있어 과세대상, 공급시기 등에서 개인사업자와 법인이 차이가 없으며, 주요 차이점은 신고와 납부방법의 차이 정도이다. 개인사업자과 법인의 차이점을 비교하면 아래 표와 같다.

  그리고 개인사업자에 대한 부가가치세의 내용은 대부분 법인과 동일하므로 'Chapter 3. Ⅰ. 부동산개발과 부가가치세'를 참고하기 바란다.

| 개인사업자와 법인의 부가가치세 비교 |

구 분	개인사업자(일반과세자)	법 인
예정신고 (4/25, 10/25)	원칙 : 신고의무 없음 (영세율 등 조기환급대상 제외)	직전 과세기간 공급가액의 합계액이 1억5천만원 이상인 법인사업자
예정고지 (4/25, 10/25)	납부세액(공제·경감세액을 뺀 금액)의 50% 고지 징수	직전 과세기간 공급가액의 합계액이 1억5천만원 미만인 법인사업자(개인 사업자와 동일하게 고지 징수)
확정신고 (7/25, 다음 해 1/25)	모든 개인사업자	모든 법인사업자

 소득세

  부동산개발과 관련한 사업에 있어 사업자를 분류하면, 먼저 개인사업자와 법인사업자로 구분할 수 있으며, 개인사업자에는 사업목적에 따라 주택신축판매업·부동산매매업·부동산임대업으로 구분된다. 거주자의 소득세율, 개인사업자와 법인과의 주요 차이점 비교는 아래와 같다. 그리고 주택신축판매업과 부동산매매업에 대한 구체적인 내용은 다음 제2절과 제3절에서 서술한다.

(1) 소득세율

  거주자의 종합소득에 대한 소득세는 해당 연도의 종합소득과세표준에 다음 표의 세율을 적용하여 계산한 금액을 그 세액으로 한다(소법 제55조①).

종합소득 과세표준	세 율
1,400만원 이하	과세표준의 6퍼센트
1,400만원 초과 5,000만원 이하	84만원 + (1,400만원을 초과하는 금액의 15퍼센트)
5,000만원 초과 8,800만원 이하	624만원 + (5,000만원을 초과하는 금액의 24퍼센트)
8,800만원 초과 1억5천만원 이하	1,536만원 + (8,800만원을 초과하는 금액의 35퍼센트)
1억5천만원 초과 3억원 이하	3,706만원 + (1억5천만원을 초과하는 금액의 38퍼센트)

종합소득 과세표준	세 율
3억원 초과 5억원 이하	9,406만원 + (3억원을 초과하는 금액의 40퍼센트)
5억원 초과 10억원 이하	1억7,406만원 + (5억원을 초과하는 금액의 42퍼센트)
10억원 초과	3억8,406만원 + (10억원을 초과하는 금액의 45퍼센트)

(2) 개인사업자의 소득세와 법인의 법인세 비교

부동산개발 관련 업종에 대한 개인사업자의 소득세와 법인의 법인세 과세방법 차이점을 비교하면 아래 표와 같다.

| 개인사업자의 소득세와 법인의 법인세 과세방법 비교(부동산개발 관련 업종) |

구 분	주택신축판매업	부동산매매업	부동산임대업	법인(부동산개발 및 공급업)
소득의 종류	사업소득(분양)	사업소득(매매)	사업소득(임대) 양도소득(매매)	법인소득(분양)
토지·건물의 계정분류	재고자산	재고자산	유형자산	재고자산
수익의 인식시기	대금청산일	대금청산일	임대 : 지급약정일 매매 : 대금청산일	원칙 : 진행기준 예외 : 인도기준
예정신고의무	없 음	의무있음(매매일이 속하는 달의 말일부터 2개월이 되는 날까지)	없 음	없 음
추계신고	가능(단순경비율·기준경비율 적용)	가능(단순경비율·기준경비율 적용)	가능(단순경비율·기준경비율 적용)	불가능 (정부 결정)

④ 재산세와 종합부동산세

(1) 재산세

개인에 대한 재산세는 과세기준일(매년 6월 1일), 과세대상, 과세표준, 세율 등에서 법인의 경우와 대부분 동일하나, 개인의 1세대 1주택에 대한 재산세율은 별도로 특례세율을 규정하여 낮게 적용하고 있다. 재산세에 대한 내용은 'Chapter 3. 제1절 재산세'를 참고하기 바란다.

(2) 종합부동산세

종합부동산세는 주택에 대한 과세와 토지에 대한 과세로 구분되며, 주택에 대한 종합부동산세는 개인과 법인의 경우에 아래 표와 같은 차이가 있다. 종합부동산세에 대한 내용은 'Chapter 3. 제2절 종합부동산세'를 참고하기 바란다.

| 개인과 법인의 주택분 종합부동산세 비교 |

구 분	개 인	법 인
과세표준	• [주택의 공시가격 합산금액 − 9억원 (1세대 1주택자 12억원)] × 공정시장 가액비율(60%)	• 주택의 공시가격 합산금액 × 공정시 장가액비율(60%)
세 율	• 2주택 이하 : 0.5%~2.7% • 3주택 이상 : 0.5%~5.0%	• 2주택 이하 : 2.7% • 3주택 이상 : 5.0% (공익법인 등은 개인의 세율 적용)
세액공제 (1세대 1주택)	• (연령별, 보유기간별)공제율 합계 80% 한도	• 없 음
세부담의 상한	• 직전 연도 세액의 150%	• 좌 동(2.7%, 5.0% 세율 적용대상 법 인은 제외)

 주택신축판매업의 업종 구분

개인사업자가 주택을 건설하여 판매하는 사업의 업종을 종전 소득세법 시행령에서는 건설업에 주택신축판매업을 포함하여 업종분류를 했었다(구 소득세법 시행령 제32조, 2009.12.31. 법률 제9897호 및 2010.2.18. 대통령령 제22034호로 개정되기 전의 것). 개정 후의 업종분류는 원칙적으로 통계청장이 고시하는 한국표준산업분류에 따르지만 소득세법에 별도의 분류기준을 정하고 있으면 한국표준산업분류보다 소득세법의 분류기준을 우선하여 적용하도록 하고 있다(소법 제19조③). 한국표준산업분류에서는 직접 건설활동을 수행하지 않고 전체 건물건설공사를 일괄 도급하여 주거용 건물을 건설하고 이를 분양·판매하는 산업활동에 해당하는 경우에는 주거용 건물 개발 및 공급업으로 부동산업에 해당하고, 직접 건설활동을 수행하지 않더라도 건설공사에 대한 총괄적인 책임을 지면서 건설공사 분야별로 도급 또는 하도급을 주어 전체적으로 건설공사를 관리하는 경우에는 주거용 건물 건설업으로 건설업에 해당한다고 구분하여 정의하고 있다.

이와는 다르게 소득세법의 기준경비율 및 단순경비율의 업종분류에서는 직접 건설활동을 수행하지 않고 전체 건물건설공사를 일괄 도급하여 주거용 건물을 건설하고 이를 판매하는 주거용 건물 건설업도 건설업으로 분류하고 있다. 따라서 소득세법의 분류기준을 따라 주택신축판매업은 건설업에 해당한다고 볼 수 있다. 또한, 소득세법상 부동산매매업의 범위에서도 한국표준산업분류에 따른 주거용 건물 개발 및 공급업(구입한 주거용 건물을 재판매하는 경우는 제외한다)은 제외하고 있다(소령 제122조① 단서).

| 한국표준산업분류의 건설업과 부동산업의 분류 |

대분류	분류항목	설　명
건설업 (41~42)		계약 또는 자기계정에 의하여 지반조성을 위한 발파·시굴·굴착·정지 등의 지반공사, 건설용지에 각종 건물 및 구축물을 신축 및 설치, 증축·재축·개축·수리 및 보수·해체 등을 수행하는 산업활동으로서 임시건물, 조립식 건물 및 구축물을 설치하는 활동도 포함한다. 이러한 건설활동은 도급·자영 건설업자, 종합 또는

대분류	분류항목	설 명
건설업 (41~42)		전문 건설업자에 의하여 수행된다. 직접 건설활동을 수행하지 않더라도 건설공사에 대한 총괄적인 책임을 지면서 건설공사 분야별로 도급 또는 하도급을 주어 전체적으로 건설공사를 관리하는 경우에도 건설활동으로 본다. 건설공사에 대한 총괄적인 책임 및 전체 건설공사를 관리하는 활동은 건설공사와 관련한 인력·자재·장비·자금·시공·품질·안전관리 부문 등을 전체적으로 책임지고 관리하는 경우를 나타낸다.
	주거용 건물 건설업 (4111)	단독 주택, 연립 주택, 다세대 주택, 아파트 등의 주거용 건물을 건설하는 산업활동을 말한다.
	단독주택 건설업 (41111)	주거용 단독 주택 및 다가구 주택 등을 건설하는 산업활동을 말한다. 〈예시〉• 단독 주택 및 다중 주택 건설 　　　• 다가구 주택(3층 이하, 660㎡ 이하) 건설 〈제외〉• 직접 건설한 주거용 건물을 임대하는 경우 (68111)
	아파트 건설업 (41112)	주거용 아파트를 건설하는 산업활동을 말한다. 〈예시〉• 아파트 건설 　　　• 주상 복합 아파트 건설
	기타 공동주택 건설업 (41119)	다세대 주택, 연립 주택 등 아파트 이외의 공동 주택을 건설하는 산업활동을 말한다. 〈예시〉• 연립 주택(4층 이하, 660㎡ 초과) 건설 　　　• 다세대 주택(4층 이하, 660㎡ 이하) 건설
부동산업 (68)		직접 건설, 개발하거나 구입한 각종 부동산(묘지 제외)을 임대, 분양 등으로 운영하는 산업활동, 수수료 또는 계약에 의하여 타인의 부동산 시설을 유지, 관리하는 산업활동, 부동산 구매, 판매 과정에서 중개, 대리, 자문, 감정평가 업무 등을 수행하는 산업활동을 말한다.
	부동산 개발 및 공급업 (6812)	직접적인 건설활동을 수행하지 않고 일괄 도급하여 개발한 농장·택지·공업용지 등의 토지와 건물 등을 분양·판매하는 산업활동을 말한다. 구입한 부동산을 임대 또는 운영하지 않고 재판매하는 경우도 포함한다. 〈예시〉• 건물 위탁 개발 분양 　　　• 부동산 매매 〈제외〉• 자영 건축물 건설(411)

대분류	분류항목	설 명
부동산업 (68)		• 직접 건설활동을 수행하지 않더라도 건설공사에 대한 총괄적인 책임을 지면서 건설공사 분야별로 하도급을 주어 전체적으로 건설공사를 관리하는 경우 "41 : 종합건설업"에 분류
	주거용 건물 개발 및 공급업 (68121)	직접 건설활동을 수행하지 않고 전체 건물건설공사를 일괄 도급하여 주거용 건물을 건설하고, 이를 분양·판매하는 산업활동을 말한다. 구입한 주거용 건물을 재판매하는 경우도 포함된다. 〈예시〉• 아파트 위탁개발 분양 • 주택 위탁개발 분양

| 소득세법의 기준경비율 및 단순경비율 업종분류 |

451. 건물 건설업

코드번호	세분류	세세분류	단순경비율	기준경비율
451102	주거용 건물 건설업	주거용 건물 건설업	91.0	18.6
	• 주거용 건물을 신축하여 판매(토지보유 5년 미만) − 직접 건설활동을 수행하지 않고 전체 건물건설공사를 일괄 도급하여 주거용 건물을 건설하고 이를 판매(건축 시행사)			
451103	주거용 건물 건설업	주거용 건물 건설업	87.6	16.8
	• 주거용 건물을 신축하여 판매(토지보유 5년 이상) − 직접 건설활동을 수행하지 않고 전체 건물건설공사를 일괄 도급하여 주거용 건물을 건설하고 이를 판매(건축 시행사)			

❷ 1세대의 주택 취득 중과세(지법 제13조의2)

지방세법 제13조의2에서 1세대가 2주택 이상을 취득하는 경우 중과세는 주택 실수요자를 보호하고 투기수요를 근절하기 위하여 1세대가 2주택 이상을 취득하는 경우 등에 대해 주택 취득에 따른 취득세율을 상향하고, 실수요자 중심의 주택보유를 유도하여 서민의 주거안정을 도모하고자 2020년 8월 12일 이후 납세의무가 성립하는 분부터 적용하되, 2020년 7월 10일 이전에 주택에 대한 매매계약을 체결한 경우에는 해당 주택의 취득에 대하여 종전의 규정을 적용한다.

아래에서는 주택신축판매업과 관련하여 1세대가 2주택 이상을 취득하는 경우에 취득세 중과세 적용과 예외에 대해 서술한다.

(1) 1세대의 취득세 중과 적용범위

주택[지방세법 제11조 제1항 제8호(주택을 유상거래를 원인으로 취득)에 따른 주택을 말한다. 이 경우 주택의 공유지분이나 부속토지만을 소유하거나 취득하는 경우에도 주택을 소유하거나 취득한 것으로 본다]을 유상거래를 원인으로 취득하는 경우로서 아래 (2)에 해당하는 1세대의 주택 취득의 경우에는 지방세법 제11조 제1항 제8호(주택을 유상거래를 원인으로 취득)에도 불구하고 중과세율을 적용한다(지법 제13조의2①).

(2) 1세대의 주택 취득에 대한 취득세 중과적용

1) 조정대상지역 1세대 2주택(조정대상지역 외의 지역은 1세대 3주택) 취득

1세대 2주택[대통령령(아래 표 참조)으로 정하는 일시적 2주택은 제외한다]에 해당하는 주택으로서 「주택법」 제63조의2 제1항 제1호에 따른 조정대상지역(이하 "조정대상지역"이라 한다)에 있는 주택을 취득하는 경우 또는 1세대 3주택에 해당하는 주택으로서 조정대상지역 외의 지역에 있는 주택을 취득하는 경우 : 지방세법 제11조 제1항 제7호 나목의 세율(4%)을 표준세율로 하여 해당 세율에 중과기준세율(2%)의 100분의 200을 합한 세율을 적용한다(지법 제13조의2① 제2호).

$$\text{중과세율}(8\%) = \text{표준세율}(4\%) + \text{중과기준세율}(2\%) \times 200/100$$

2) 조정대상지역 1세대 3주택 이상(조정대상지역 외의 지역은 1세대 4주택 이상) 취득

1세대 3주택 이상에 해당하는 주택으로서 조정대상지역에 있는 주택을 취득하는 경우 또는 1세대 4주택 이상에 해당하는 주택으로서 조정대상지역 외의 지역에 있는 주택을 취득하는 경우 : 지방세법 제11조 제1항 제7호 나목의 세율(4%)을 표준세율로 하여 해당 세율에 중과기준세율(2%)의 100분의 400을 합한 세율을 적용한다(지법 제13조의2① 제3호).

$$\text{중과세율}(12\%) = \text{표준세율}(4\%) + \text{중과기준세율}(2\%) \times 400/100$$

위 1)~2)의 경우 세대의 기준은 지방세법 시행령 제28조의3(아래 표 참조)에, 주택수의 산정방법은 지방세법 시행령 제28조의4(아래 표 참조)에 규정되어 있다.

❑ **일시적 2주택**(지방세법 시행령 제28조의5)

① 지방세법 제13조의2 제1항 제2호에 따른 "대통령령으로 정하는 일시적 2주택"이란 국내에 주택, 조합원입주권, 주택분양권 또는 오피스텔을 1개 소유한 1세대가 그 주택, 조합원입주권, 주택분양권 또는 오피스텔(이하 "종전 주택등"이라 한다)을 소유한 상태에서 이사·학업·취업·직장이전 및 이와 유사한 사유로 다른 1주택(이하 "신규 주택"이라 한다)을 추가로 취득한 후 3년(이하 "일시적 2주택 기간"이라 한다) 이내에 종전 주택등(신규 주택이 조합원입주권 또는 주택분양권에 의한 주택이거나 종전 주택등이 조합원입주권 또는 주택분양권인 경우에는 신규 주택을 포함한다)을 처분하는 경우 해당 신규 주택을 말한다.

② 위 ①을 적용할 때 조합원입주권 또는 주택분양권을 1개 소유한 1세대가 그 조합원입주권 또는 주택분양권을 소유한 상태에서 신규 주택을 취득한 경우에는 해당 조합원입주권 또는 주택분양권에 의한 주택을 취득한 날부터 일시적 2주택 기간을 기산한다.

③ 위 ①을 적용할 때 종전 주택등이 「도시 및 주거환경정비법」 제74조 제1항에 따른 관리처분계획의 인가 또는 「빈집 및 소규모주택 정비에 관한 특례법」 제29조 제1항에 따른 사업시행계획인가를 받은 주택인 경우로서 관리처분계획인가 또는 사업시행계획인가 당시 해당 사업구역에 거주하는 세대가 신규 주택을 취득하여 그 신규 주택으로 이주한 경우에는 그 이주한 날에 종전 주택등을 처분한 것으로 본다.

❑ **주택 수의 판단 범위**(지방세법 제13조의3)

지방세법 제13조의2를 적용할 때 다음 각 호의 어느 하나에 해당하는 경우에는 다음 각 호에서 정하는 바에 따라 세대별 소유 주택 수에 가산한다.

1. 「신탁법」에 따라 신탁된 주택은 위탁자의 주택 수에 가산한다.
2. 「도시 및 주거환경정비법」 제74조에 따른 관리처분계획의 인가 및 「빈집 및 소규모주택 정비에 관한 특례법」 제29조에 따른 사업시행계획인가로 인하여 취득한 입주자로 선정된 지위[「도시 및 주거환경정비법」에 따른 재건축사업 또는 재개발사업, 「빈집 및 소규모주택 정비에 관한 특례법」에 따른 소규모재건축사업을 시행하는 정비사업조합의 조합원으로서 취득한 것(그 조합원으로부터 취득한 것을 포함한다)으로 한정하며, 이에 딸린 토지를 포함한다. 이하 "조합원입주권"이라 한다]는 해당 주거용 건축물이 멸실된 경우라도 해당 조합원입주권 소유자의 주택 수에 가산한다.
3. 「부동산 거래신고 등에 관한 법률」 제3조 제1항 제2호에 따른 "부동산에 대한 공급계약"을 통하여 주택을 공급받는 자로 선정된 지위(해당 지위를 매매 또는 증여 등의 방법으로

취득한 것을 포함한다. 이하 "주택분양권"이라 한다)는 해당 주택분양권을 소유한 자의 주택 수에 가산한다.

4. 지방세법 제105조에 따라 주택으로 과세하는 오피스텔은 해당 오피스텔을 소유한 자의 주택 수에 가산한다.

| 세대의 기준(지방세법 시행령 제28조의3) 요약 |

구 분	내 용
동일 세대로 보는 경우	① 1세대란 주택 취득일 현재 주택을 취득하는 사람과 세대별 주민등록표 또는 등록외국인기록표 및 외국인등록표에 함께 기재되어 있는 가족(동거인은 제외)으로 구성된 세대를 말하며, • 주택을 취득하는 사람의 배우자(사실혼은 제외하며, 법률상 이혼을 했으나 생계를 같이 하는 등 사실상 이혼한 것으로 보기 어려운 관계에 있는 사람은 포함), 취득일 현재 미혼인 30세 미만의 자녀 또는 부모(주택을 취득하는 사람이 미혼이고 30세 미만인 경우로 한정)는 주택을 취득하는 사람과 같은 세대별 주민등록표 또는 등록외국인기록표 등에 기재되어 있지 않더라도 1세대에 속한 것으로 본다.
별도 세대로 보는 경우	② 다음 각 호의 어느 하나에 해당하는 경우에는 각각 별도의 세대로 본다. 1. 부모와 같은 세대별 주민등록표에 기재되어 있지 않은 30세 미만의 자녀로서 주택 취득일이 속하는 달의 직전 12개월 동안 발생한 소득이 「국민기초생활 보장법」에 따른 기준 중위소득을 12개월로 환산한 금액의 100분의 40 이상이고, 소유하고 있는 주택을 관리·유지하면서 독립된 생계를 유지할 수 있는 경우. 다만, 미성년자인 경우는 제외한다. 2. 취득일 현재 65세 이상의 직계존속(배우자의 직계존속을 포함하며, 직계존속 중 어느 한 사람이 65세 미만인 경우를 포함)을 동거봉양(同居奉養)하기 위하여 30세 이상의 직계비속, 혼인한 직계비속 또는 제1호에 따른 소득요건을 충족하는 성년인 직계비속이 합가(合家)한 경우 3. 취학 또는 근무상의 형편 등으로 세대전원이 90일 이상 출국하는 경우로서 「주민등록법」에 따라 해당 세대가 출국 후에 속할 거주지를 다른 가족의 주소로 신고한 경우 4. 별도의 세대를 구성할 수 있는 사람이 주택을 취득한 날부터 60일 이내에 세대를 분리하기 위하여 그 취득한 주택으로 주소지를 이전하는 경우

구 분	내 용
주택 수의 산정 및 취득일 기준	① 취득세 중과세율을 적용할 때 세율 적용의 기준이 되는 1세대의 주택 수는 주택 취득일 현재 취득하는 주택을 포함하여 1세대가 국내에 소유하는 주택, 조합원입주권, 주택분양권 및 오피스텔의 수를 말한다. • 이 경우 조합원입주권 또는 주택분양권에 의하여 취득하는 주택의 경우에는 조합원입주권 또는 주택분양권의 취득일(분양사업자로부터 주택분양권을 취득하는 경우에는 분양계약일을 말하고, 주택분양권의 매매·교환 및 증여를 통하여 1세대 내에서 동일한 주택분양권에 대한 취득일이 둘 이상이 되는 경우에는 가장 빠른 주택분양권의 취득일을 말함)을 기준으로 해당 주택 취득 시의 세대별 주택 수를 산정한다.
취득하는 주택 수에서 제외	② 다음의 어느 하나에 해당하는 주택을 취득하는 경우 세율 적용의 기준이 되는 1세대의 주택 수는 주택 취득일 현재 취득하는 주택을 제외하고 1세대가 국내에 소유하는 주택, 조합원입주권, 주택분양권 및 오피스텔의 수를 말한다. (신축 다가구주택 등 최초로 유상승계취득의 경우) • 2024년 1월 10일부터 2027년 12월 31일까지 사용검사 또는 사용승인(임시사용승인을 포함)을 받은 신축 주택을 같은 기간 내에 최초로 유상승계취득하는 주택으로서 다음의 요건을 모두 갖춘 주택 가. 다가구주택(건축물대장에 호수별로 전용면적이 구분되어 기재되어 있는 다가구주택으로 한정), 연립주택, 다세대주택 또는 도시형 생활주택 중 어느 하나에 해당할 것 나. 전용면적이 60제곱미터 이하이고 취득당시가액이 3억원(수도권에 소재하는 경우에는 6억원) 이하일 것 (임대사업자가 유상승계취득하는 경우) • 2024년 1월 10일부터 2027년 12월 31일까지 유상승계취득하는 주택(신축 후 최초로 유상승계취득한 주택은 제외)으로서 다음의 요건을 모두 갖춘 주택. 다만, 「민간임대주택에 관한 특별법」 제2조 제7호에 따른 임대사업자가 임대의무기간에 가목에 해당하는 주택을 임대 외의 용도로 사용하는 경우 또는 매각·증여하는 경우나 같은 조 제4항 각 호의 경우가 아닌 사유로 같은 법 제6조에 따라 임대사업자 등록이 말소된 경우 해당 주택은 건을 모두 갖춘 주택에서 제외한다. 가. 다가구주택, 연립주택, 다세대주택 또는 도시형 생활주택 중 어느 하나에 해당할 것 나. 전용면적이 60제곱미터 이하이고 취득당시가액이 3억원(수도권에 소재하는 경우에는 6억원) 이하일 것

구 분	내 용
취득하는 주택 수에서 제외	다. 임대사업자가 해당 주택을 취득한 날부터 60일 이내에 「민간임대주택에 관한 특별법」 제5조에 따라 임대주택으로 등록하거나 임대사업자가 아닌 자가 해당 주택을 취득한 날부터 60일 이내에 임대사업자로 등록하고 그 주택을 임대주택으로 등록할 것 **(미분양 아파트를 최초로 유상승계취득하는 경우)** • 「주택법」 제54조 제1항에 따른 사업주체가 사용검사 또는 사용승인(임시사용승인을 포함)을 받은 후 분양되지 않은 아파트를 2024년 1월 10일부터 2025년 12월 31일까지 최초로 유상승계취득하는 아파트로서 다음의 요건을 모두 갖춘 아파트 가. 수도권 외의 지역에 있을 것 나. 전용면적 85제곱미터 이하이고 취득당시가액이 6억원 이하일 것
2개 이상 동시 취득하는 경우	③ 주택, 조합원입주권, 주택분양권 또는 오피스텔을 동시에 2개 이상 취득하는 경우에는 납세의무자가 정하는 바에 따라 순차적으로 취득하는 것으로 본다.
세대원이 공동 소유하는 경우	④ 1세대 내에서 1개의 주택, 조합원입주권, 주택분양권 또는 오피스텔을 세대원이 공동으로 소유하는 경우에는 1개의 주택, 조합원입주권, 주택분양권 또는 오피스텔을 소유한 것으로 본다.
상속주택 취득의 경우	⑤ 상속으로 여러 사람이 공동으로 1개의 주택, 조합원입주권, 주택분양권 또는 오피스텔을 소유하는 경우 지분이 가장 큰 상속인을 그 주택, 조합원입주권, 주택분양권 또는 오피스텔의 소유자로 보고, 지분이 가장 큰 상속인이 두 명 이상인 경우에는 그 중 다음 각 호의 순서에 따라 그 주택, 조합원입주권, 주택분양권 또는 오피스텔의 소유자를 판정한다. 1. 그 주택 또는 오피스텔에 거주하는 사람 2. 나이가 가장 많은 사람 • 이 경우, 미등기 상속 주택 또는 오피스텔의 소유지분이 종전의 소유지분과 변경되어 등기되는 경우에는 등기상 소유지분을 상속개시일에 취득한 것으로 본다.
취득 전 소유주택의 수에서 제외	⑥ 위에 따라 1세대의 주택 수를 산정할 때 다음의 어느 하나에 해당하는 주택, 조합원입주권, 주택분양권 또는 오피스텔은 소유주택(주택 취득일 현재 취득하는 주택을 포함하지 아니한 소유주택을 말함) 수에서 제외한다. **(시가표준액 1억원 이하인 주택 등)** • 다음의 어느 하나에 해당하는 주택 가. 시가표준액 1억원 이하인 주택(재개발 등 정비구역으로 지정·고시된 지역 및 소규모주택의 사업시행구역에 소재하는 주택은 제외)으로서 주택 수 산정일 현재 해당 주택의 시가표준액 기준을 충족하는 주택

구 분	내 용
취득 전 소유주택의 수에서 제외	나. 노인복지주택, 임대사업자가 공공지원민간임대주택으로 공급하기 위하여 취득하는 주택, 가정어린이집으로 운영하기 위하여 취득하는 주택 및 사원에 대한 임대용으로 직접 사용할 목적으로 취득하는 주택에 해당하는 주택으로서 주택 수 산정일 현재 해당 용도에 직접 사용하고 있는 주택 다. 지정문화유산, 등록문화유산 및 천연기념물 등에 해당하는 주택 라. 멸실시킬 목적으로 취득하는 주택 또는 주택의 시공자가 해당 주택의 공사대금으로 취득한 미분양 주택(3년 이내) 마. 농어촌주택으로서 주택 수 산정일 현재 해당 요건을 충족하는 주택 **(건축 사업자인 경우)** • 주거용 건물 건설업 또는 주거용 건물 개발 및 공급업을 영위하는 자가 신축하여 보유하는 주택. 다만, 자기 또는 임대계약 등 권원을 불문하고 타인이 거주한 기간이 1년 이상인 주택은 제외한다. **(상속으로 취득한 경우)** • 상속을 원인으로 취득한 주택, 조합원입주권, 주택분양권 또는 오피스텔로서 상속개시일부터 5년이 지나지 않은 주택, 조합원입주권, 주택분양권 또는 오피스텔 **(시가표준액 1억원 이하 오피스텔)** • 주택 수 산정일 현재 시가표준액(지분이나 부속토지만을 취득한 경우에는 전체 건축물과 그 부속토지의 시가표준액을 말함)이 1억원 이하인 오피스텔 **(시가표준액이 1억원 이하인 부속토지)** • 주택 수 산정일 현재 시가표준액이 1억원 이하인 부속토지만을 소유한 경우 해당 부속토지 **(혼인 전 소유 주택)** • 혼인한 사람이 혼인 전 소유한 주택분양권으로 주택을 취득하는 경우 다른 배우자가 혼인 전부터 소유하고 있는 주택 **(신축 다가구주택 등 최초 유상승계취득의 경우 등에 해당하는 주택)** • 위의 신축 다가구주택 등 최초로 유상승계취득의 경우, 임대사업자가 유상승계취득하는 경우 및 미분양 아파트를 최초로 유상승계취득하는 경우에 해당하는 주택 **(최초로 유상승계취득하는 신축 오피스텔)** • 2024년 1월 10일부터 2027년 12월 31일까지 사용승인(임시사용승인을 포함)을 받은 신축 오피스텔을 같은 기간 내에 최초로 유상승계취득하는 오피스텔로서 전용면적이 60제곱미터 이하이고 취득당시가액이 3억원(수도권에 소재하는 경우에는 6억원) 이하에 해당하는 오피스텔

구 분	내 용
취득 전 소유주택의 수에서 제외	(임대사업자가 유상승계취득하는 오피스텔) • 2024년 1월 10일부터 2027년 12월 31일까지 유상승계취득하는 오피스텔(신축 후 최초로 유상승계취득한 오피스텔은 제외)로서 다음의 요건을 모두 갖춘 오피스텔 　가. 전용면적이 60제곱미터 이하이고 취득당시가액이 3억원(수도권에 소재하는 경우에는 6억원) 이하일 것 　나. 「민간임대주택에 관한 특별법」 제2조 제7호에 따른 임대사업자가 해당 오피스텔을 취득한 날부터 60일 이내에 임대주택으로 등록하거나 임대사업자가 아닌 자가 해당 오피스텔을 취득한 날부터 60일 이내에 임대사업자로 등록하고 그 오피스텔을 임대주택으로 등록할 것 • 다만, 임대사업자가 임대의무기간에 위의 가.에 해당하는 오피스텔을 임대 외의 용도로 사용하는 경우 또는 매각·증여하는 경우나 일정한 경우가 아닌 사유로 임대사업자 등록이 말소된 경우 해당 오피스텔은 위의 요건을 모두 갖춘 오피스텔에서 제외한다.

(3) 주택유상거래 취득 중과세의 예외

유상거래를 원인으로 취득하는 주택(주택의 공유지분이나 부속토지만을 소유하거나 취득하는 경우에도 주택을 소유하거나 취득한 것으로 본다. 이하 "주택"이라 한다)으로서 멸실시킬 목적으로 취득하는 다음에 해당하는 주택은 중과세 대상으로 보지 않는다. 다만, ㈏ ⓔ의 경우에는 정당한 사유 없이 그 취득일부터 2년이 경과할 때까지 해당 주택을 멸실시키지 않거나 그 취득일부터 6년이 경과할 때까지 주택을 신축하지 않은 경우는 제외하고, ㈏ ⓕ의 경우에는 정당한 사유 없이 그 취득일부터 1년이 경과할 때까지 해당 주택을 멸실시키지 않거나 그 취득일부터 3년이 경과할 때까지 주택을 신축하지 않은 경우 또는 그 취득일부터 5년이 경과할 때까지 신축 주택을 판매하지 않은 경우는 제외하며, ㈏ ⓔ 및 ⓕ 외의 경우에는 정당한 사유 없이 그 취득일부터 3년이 경과할 때까지 해당 주택을 멸실시키지 않거나 그 취득일부터 7년이 경과할 때까지 주택을 신축하지 않은 경우는 제외한다(지령 제28조의2 제8호).

㈎ 「공공기관의 운영에 관한 법률」 제4조에 따른 공공기관 또는 「지방공기업법」 제3조에 따른 지방공기업이 「공익사업을 위한 토지 등의 취득 및 보상에 관한 법률」 제4조에 따른 공익사업을 위하여 취득하는 주택

㈏ 다음 중 어느 하나에 해당하는 자가 주택건설사업을 위하여 취득하는 주택. 다만, 해당 주택건설사업이 주택과 주택이 아닌 건축물을 한꺼번에 신축하는 사업인 경우에는

신축하는 주택의 건축면적 등을 고려하여 행정안전부령(아래 표 참조)으로 정하는 바에
따라 산정한 부분으로 한정한다.

ⓐ 「도시 및 주거환경정비법」 제2조 제8호에 따른 사업시행자

ⓑ 「빈집 및 소규모주택 정비에 관한 특례법」 제2조 제1항 제5호에 따른 사업시행자

ⓒ 「주택법」 제2조 제11호에 따른 주택조합(같은 법 제11조 제2항에 따른 "주택조합설립
인가를 받으려는 자"를 포함한다)

ⓓ 「주택법」 제4조에 따라 등록한 주택건설사업자

ⓔ 「민간임대주택에 관한 특별법」 제23조에 따른 공공지원민간임대주택 개발사업 시행자

ⓕ 주택신축판매업[한국표준산업분류에 따른 주거용 건물 개발 및 공급업과 주거용
건물 건설업(자영건설업으로 한정한다)을 말한다]을 영위할 목적으로 「부가가치
세법」 제8조 제1항에 따라 사업자 등록을 한 자

□ **주택 유상거래 취득 중과세의 예외**(지방세법 시행규칙 제7조의2)

지방세법 시행령 제28조의2 제8호 나목 본문에 따른 주택건설사업이 주택과 주택이 아닌
건축물을 한꺼번에 신축하는 사업인 경우 다음의 구분에 따라 산정한 부분에 대해서는
중과세 대상으로 보지 않는다(지칙 제7조의2).

① 「도시 및 주거환경정비법」 제2조 제2호에 따른 정비사업 중 주거환경을 개선하기
위한 사업, 「주택법」 제2조 제11호 가목에 따른 지역주택조합 및 같은 호 나목에
따른 직장주택조합이 시행하는 사업 : 해당 주택건설사업을 위하여 취득하는 주택의
100분의 100에 해당하는 부분

② 「도시 및 주거환경정비법」 제2조 제2호 나목에 따른 재개발사업 중 도시환경을 개선하기
위한 사업 : 해당 주택건설사업을 위하여 취득하는 주택 중 다음의 비율에 해당하는 부분

> 신축하는 주택의 연면적 ÷ 신축하는 주택 및 주택이 아닌 건축물 전체의 연면적

③ 그 밖의 주택건설사업 : 다음의 구분에 따라 산정한 부분
㈎ 신축하는 주택의 연면적이 신축하는 주택 및 주택이 아닌 건축물 전체 연면적의
100분의 50 이상인 경우 : 해당 주택건설사업을 위하여 취득하는 주택의 100분의
100에 해당하는 부분
㈏ 신축하는 주택의 연면적이 신축하는 주택 및 주택이 아닌 건축물 전체 연면적의

100분의 50 미만인 경우 : 해당 주택건설사업을 위하여 취득하는 주택 중 위 ②의 비율에 해당하는 부분

※ 주택유상거래 취득 중과세의 예외에 관한 전반적인 내용은 Chapter 2. 제2절 7 (3) 주택유상거래 취득 중과세의 예외(법인·개인 모두 적용)를 참고하기 바란다.

 주택신축판매업의 부가가치세

(1) 주택신축판매업의 납세지

사업자의 부가가치세 납세지는 각 사업장의 소재지로 한다(부가법 제6조①). 사업장은 사업자가 사업을 하기 위하여 거래의 전부 또는 일부를 하는 고정된 장소로 하며, 주택신축판매업의 사업장은 부가가치세법상 건설업 또는 부동산매매업의 사업장 범위와 같다(부가법 제6조②).

건설업과 부동산매매업은 법인인 경우에는 법인의 등기부상 소재지(등기부상의 지점 소재지를 포함한다)를 사업장으로 하고, 개인인 경우에는 사업에 관한 업무를 총괄하는 장소를 사업장으로 규정하고 있다. 따라서 주택신축판매업의 사업장은 사업에 관한 업무를 총괄하는 장소가 된다. 사업자는 사업장 소재지에 사업 개시일부터 20일 이내에 사업장 관할 세무서장에게 사업자등록을 신청하여야 한다. 다만, 신규로 사업을 시작하려는 자는 사업 개시일 이전이라도 사업자등록을 신청할 수 있다(부가법 제8조①).

| 사업장의 범위 |

사 업		사업장의 범위
건설업과 부동산매매업	가. 법인인 경우	법인의 등기부상 소재지(등기부상의 지점 소재지를 포함한다)
	나. 개인인 경우	사업에 관한 업무를 총괄하는 장소

그리고 사업자가 사업장을 두지 아니하면 사업자의 주소 또는 거소를 사업장으로 한다(부가법 제6조③). 사업자 단위 과세사업자는 각 사업장을 대신하여 그 사업자의 본점 또는 주사무소의 소재지를 부가가치세 납세지로 한다(부가법 제6조④).

(2) 재화·용역의 공급

건설업의 경우 건설사업자가 건설자재의 전부 또는 일부를 부담하는 것도 용역의 공급으로

본다(부가령 제25조). 그러나 건설업과 부동산업 중 다음의 경우는 재화를 공급하는 사업으로 본다(부가령 제3조②, 부가칙 제2조②).

① 부동산 매매(주거용 또는 비거주용 건축물 및 그 밖의 건축물을 자영건설하여 분양·판매하는 경우를 포함한다) 또는 그 중개를 사업목적으로 나타내어 부동산을 판매하는 사업

② 사업상 목적으로 1과세기간 중에 1회 이상 부동산을 취득하고 2회 이상 판매하는 사업 따라서 주택신축판매업으로 주거용 건축물을 자영건설하여 분양·판매하는 경우는 재화의 공급에 해당한다.

> **재화나 용역을 공급하는 사업의 구분 기준**
>
> ① 재화나 용역을 공급하는 사업의 구분은 부가가치세법 시행령에 특별한 규정이 있는 경우를 제외하고는 통계청장이 고시하는 해당 과세기간 개시일 현재의 한국표준산업 분류에 따른다(부가령 제4조①).
> ② 용역을 공급하는 경우 위 ①에 따른 사업과 유사한 사업은 한국표준산업분류에도 불구하고 위 ①에 따른 사업에 포함되는 것으로 본다(부가령 제4조②).

■ 부동산개발 관련 해석·판단사례

■ 연립주택을 재건축하여 종전의 소유자 또는 일반인에게 분양하는 경우 과세 여부

> **해석**
>
> • 연립주택의 소유자들이 공동으로 국민주택규모 이상의 주택을 재건축하여 종전의 소유자 또는 일반인에게 분양함에 있어 당해 주택을 종전의 소유자에게 자기 주거용으로 분양하는 경우에는 부가가치세가 과세되지 아니하는 것이며, 따라서 이와 관련되는 매입세액은 불공제하는 것이나, 잔여주택을 일반인에게 분양하는 경우에는 부가가치세법 제6조의 규정에 의해 부가가치세가 과세되는 것으로, 이와 관련되는 매입세액은 동법 제17조 제1항의 규정에 의해 공제 가능한 것임(부가 46015-455, 1995.3.8.).

■ 주택소유자들의 기존 주택을 헐고 주택신축판매업자에게 건축비에 대한 대가로 토지 일부를
   양도한 경우 과세 여부

• 주택신축판매업자가 주택소유자들의 기존 주택을 헐고 국민주택(1세대당 전용면적이 85㎡
  이하인 주택) 규모를 초과하는 공동주택을 신축함에 있어 주택소유자들은 주택신축판매업자에게
  건축비에 대한 대가로 토지 일부를 양도하고 주택신축판매업자는 공동주택을 신축하여 당초
  주택소유자에게 각각 1세대씩 배정하고 잔여주택을 일반인에게 분양하는 경우에 사업상
  독립적으로 재화 또는 용역을 공급하는 자는 주택신축판매업자가 되는 것이며, 이 경우 당초
  주택소유자들에게 배정하는 주택의 건설용역과 일반인에게 분양하는 잔여주택의 공급에 대하여
  각각 부가가치세가 과세되는 것임(부가 46015 - 2264, 1998.10.9.).

(3) 국민주택 및 그 주택의 건설용역의 공급

국민주택 및 그 주택의 건설용역(리모델링 용역을 포함한다)에 해당하는 재화 또는 용역의
공급에 대해서는 부가가치세를 면제한다(조특법 제106조①). "국민주택 및 그 주택의 건설용역"
이란 다음의 것을 말한다(조특령 제106조④).

① 「주택법」 제2조 제1호에 따른 주택으로서 그 규모가 같은 조 제6호에 따른 국민주택
   규모(다가구주택의 경우에는 가구당 전용면적을 기준으로 한 면적을 말한다) 이하인
   주택

② 국민주택의 건설용역으로서 「건설산업기본법」·「전기공사업법」·「소방시설공사업법」·
   「정보통신공사업법」·「주택법」·「하수도법」 및 「가축분뇨의 관리 및 이용에 관한
   법률」에 의하여 등록을 한 자가 공급하는 것. 다만, 「소방시설공사업법」에 따른 소방
   공사감리업은 제외한다.

③ 국민주택의 설계용역으로서 「건축사법」, 「전력기술관리법」, 「소방시설공사업법」, 「기술
   사법」 및 「엔지니어링산업 진흥법」에 따라 등록 또는 신고를 한 자가 공급하는 것

"리모델링용역"이란 「주택법」·「도시 및 주거환경정비법」 및 「건축법」에 의하여 리모델링하는
것으로서 다음의 어느 하나에 해당하는 용역을 말하며, 당해 리모델링을 하기 전의 주택
규모가 국민주택규모 이하의 주택에 해당하는 경우(리모델링 후 당해 주택의 규모가
국민주택규모를 초과하는 경우로서 리모델링하기 전의 주택규모의 100분의 130을 초과하는

경우를 제외한다)에 한한다(조특령 제106조⑤).

① 「건설산업기본법」·「전기공사업법」·「소방시설공사업법」·「정보통신사업법」·「주택법」·「하수도법」 및 「가축분뇨의 관리 및 이용에 관한 법률」에 의하여 등록을 한 자가 공급하는 것
② 당해 리모델링에 사용되는 설계용역으로서 건축사법에 의하여 등록을 한 자가 공급하는 것

다가구주택 신축·판매 시 부가가치세 면제

① 사업자가 가구당 전용면적을 기준으로 한 면적이 85제곱미터 이하(수도권을 제외한 도시지역이 아닌 읍 또는 면 지역은 100제곱미터 이하)인 다가구 주택을 공급하는 경우에는 부가가치세를 면제한다.
② 다가구주택이란 다음의 요건을 모두 갖춘 주택으로서 공동주택에 해당하지 아니하는 것을 말하며, 한 가구가 독립하여 거주할 수 있도록 구획된 부분을 각각 하나의 주택으로 본다.
　(ㄱ) 주택으로 쓰이는 층수(지하층을 제외한다)가 3개 층 이하일 것. 1층 바닥면적의 2분의 1 이상을 필로티 구조로 하여 주차장으로 사용하고 나머지 부분을 주택 외의 용도로 사용하는 경우에는 해당 층을 주택의 층수에서 제외한다.
　(ㄴ) 1개 동의 주택으로 쓰이는 바닥면적(부설주차장 면적을 제외한다)의 합계가 660제곱미터 이하일 것
　(ㄷ) 19세대(대지 내 동별 세대수를 합한 세대를 말한다) 이하가 거주할 수 있을 것(집행기준 106-0-2)

점포 딸린 다가구주택 건설용역의 부가가치세 면제

① 「건설산업기본법」에 따라 등록한 사업자가 점포와 점포에 딸린 가구당 전용면적이 국민주택규모 이하인 다가구주택에 대한 건설용역을 제공하는 경우 해당 건설용역 중 다가구주택의 건설용역에 해당하는 부분에 대하여는 부가가치세를 면제한다(집행기준 106-106-2).
② 위 ①의 건설용역을 공급함에 있어 점포와 다가구주택의 대가가 불분명한 경우 해당 건설용역을 공급받는 자의 면세예정면적과 과세예정면적의 총예정면적의 비율에 따라 계산한다.

사업자가 건설 중에 있는 국민주택을 양도하는 경우에는 면세사업에 관련된 재화의 공급으로서 부가가치세를 면제한다(집행기준 106-0-3).

부가가치세가 면제되는 재화 또는 용역의 공급에 대하여는 「부가가치세법」에 따른 세금계산서 또는 영수증의 발급의무를 면제한다. 다만, 해당 거래가 「소득세법」 제163조 및 「법인세법」 제121조에 해당하는 경우에는 동 규정에 따른 계산서 또는 영수증을 발급하여야 한다(집행기준 106-0-6).

※ 국민주택 및 그 주택의 건설용역의 공급에 대한 부가가치세 면세의 구체적인 내용은 'Chapter 3. Ⅰ. 제3절 2. 조세특례제한법상 면세'를 참고하기 바란다.

(4) 공급시기

1) 일반적인 경우

주택신축판매업의 주거용 건축물의 일반적인 거래에서 재화의 공급시기는 재화의 이동이 필요하지 아니한 경우에 해당하므로 재화가 이용가능하게 되는 때가 공급시기이다(부가법 제15조①).

2) 장기할부판매·완성도기준지급·중간지급조건부인 경우

장기할부판매·완성도기준지급·중간지급조건부인 경우의 공급시기는 대가의 각 부분을 받기로 한 때를 재화의 공급시기로 본다. 다만, 완성도기준지급·중간지급조건부의 경우 재화가 인도되거나 이용가능하게 되는 날 이후에 받기로 한 대가의 부분에 대해서는 재화가 인도되거나 이용가능하게 되는 날을 그 재화의 공급시기로 본다(부가령 제28조③).

※ 이에 관한 구체적인 내용은 'Chapter 3. Ⅰ. 제2절 7. 재화의 공급시기'를 참고하기 바란다.

④ 주택신축판매업의 소득세

(1) 주택신축판매소득의 수입시기

주거용 건물 건설업자 및 주거용 건물 개발 및 공급업자의 부동산 매매에 따른 사업소득의 수입시기는 대금을 청산한 날로 한다. 다만, 대금을 청산하기 전에 소유권 등의 이전에 관한 등기 또는 등록을 하거나 당해 자산을 사용수익하는 경우에는 그 등기·등록일 또는 사용수익일을 수입시기로 한다(소령 제48조 제11호).

주택신축판매업을 경영하는 공동사업자가 판매목적으로 신축한 주택에 대해 소유권보존 등기를 하고 계속하여 공동사업을 경영하는 경우 소유권보존등기상의 표시방법과는 관계없이 주택신축판매업 공동사업의 수입시기는 위에 따라 적용한다(집행기준 24-48-3).

| 사업소득의 수입시기 |

□ **사업소득의 수입시기**(소득세법 시행령 제48조 제1호, 제5호, 제11호)

사업소득의 수입시기는 다음 각 호에 따른 날로 한다.

1. 상품(건물건설업과 부동산 개발 및 공급업의 경우의 부동산을 제외한다)·제품 또는 그 밖의 생산품(이하 "상품 등"이라 한다)의 판매 : 그 상품 등을 인도한 날

5. 건설·제조 기타 용역(도급공사 및 예약매출을 포함하며, 이하 이 호에서 "건설 등"이라 한다)의 제공 : 용역의 제공을 완료한 날(목적물을 인도하는 경우에는 목적물을 인도한 날). 다만, 계약기간이 1년 이상인 경우로서 기획재정부령이 정하는 경우에는 기획재정부령이 정하는 작업진행률(이하 "작업진행률"이라 한다)을 기준으로 하여야 하며, 계약기간이 1년 미만인 경우로서 기획재정부령이 정하는 경우에는 작업진행률을 기준으로 할 수 있다.

11. 제1호부터 제10호까지 및 제10호의2부터 제10호의4까지에 해당하지 아니하는 자산의 매매 : 대금을 청산한 날. 다만, 대금을 청산하기 전에 소유권 등의 이전에 관한 등기 또는 등록을 하거나 해당 자산을 사용수익하는 경우에는 그 등기·등록일 또는 사용수익일로 한다.

■ 주택신축판매업의 수입시기 판단

> **심판례**
>
> • 예약매출(소득세법 시행령 제48조 제5호)에 대한 조세심판원은, 위 시행령 제48조 각 호는 재화 및 용역의 각각의 거래형태별 수입시기를 규정하고 있다는 점에서 병렬적 관계에 있는 규정으로서, 제1호의 상품 등 재고자산에서 주택신축판매업의 주택을 제외한 것은 주택은 주택신축판매업자의 재고자산에 속하지만 그 신축·분양에 장기간 소요되어 일반 재고자산과 구분할 필요가 있었기 때문으로 제11호의 자산(재화)에 포함됨을 명시하였고, 제5호는 건설 등 용역에 "예약매출"을 포함시키고 있는 점에서 동호의 "예약매출"은 "예약매출" 형태를 가진 모든 재화 및 용역의 거래를 포괄하는 개념으로는 볼 수 없고, 주택신축판매업의 주택매매와 같이 위 시행령 제48조 각 호에서 명시적으로 자산의 수입시기를 규정한 경우에는 설사 주택신축판매업의 주택매매가 "예약매출"의 형태를 가지고 있더라도 제11호의 수입시기를 따른다고 해석함이 타당하다고 결정함(조심 2005서3544, 2010.10.13.).

(2) 총수입금액 계산의 특례

거주자가 재고자산 또는 임목을 가사용으로 소비하거나 종업원 또는 타인에게 지급한 경우에도 이를 소비하거나 지급하였을 때의 가액에 해당하는 금액은 그 소비하거나 지급한 날이 속하는 과세기간의 사업소득금액 또는 기타소득금액을 계산할 때 총수입금액에 산입한다(소법 제25조②).

> **미분양 주택을 가사용으로 소비하는 경우의 수입시기**
>
> ① 주택신축판매업자가 폐업시점에 판매하지 아니한 주택을 가사용으로 소비하거나 종업원 또는 타인에게 지급한 경우에는 이를 소비 또는 지급한 때의 가액을 그 소비일 또는 지급일이 속하는 연도의 사업소득 총수입금액에 산입하며, 그 이후에 해당 주택을 양도하고 받는 대가는 양도소득에 해당한다.
> ② 주택신축판매업자가 폐업시점에 그 주택을 가사용으로 소비하거나 종업원 또는 타인에게 지급한 경우 외의 경우에는 이를 처분한 때의 가액을 그 처분일이 속하는 연도의 사업소득 총수입금액에 산입한다(집행기준 25-0-1).

(3) 자산의 취득가액

거주자가 매입·제작 등으로 취득한 자산의 취득가액은 그 자산의 매입가액이나 제작원가에 부대비용을 더한 금액으로 한다(소법 제39조②).

자산의 취득가액은 다음의 금액에 의한다(소령 제89조①).

① 타인으로부터 매입한 자산은 매입가액에 취득세·등록면허세 기타 부대비용을 가산한 금액

② 자기가 행한 제조·생산 또는 건설 등에 의하여 취득한 자산은 원재료비·노무비·운임·하역비·보험료·수수료·공과금(취득세와 등록면허세를 포함한다)·설치비 기타 부대비용의 합계액

③ 위 ① 및 ②의 자산으로서 그 취득가액이 불분명한 자산과 위 ① 및 ②의 자산 외의 자산은 해당 자산의 취득 당시의 시가(「법인세법 시행령」 제89조를 준용하여 계산한 금액)에 취득세·등록면허세 기타 부대비용을 가산한 금액

자산의 취득가액에는 다음의 금액을 포함하지 않는다(소령 제89조②).

① 자산을 장기할부조건으로 매입하는 경우에 발생한 채무를 기업회계기준에 따라 현재가치로 평가하여 현재가치할인차금으로 계상한 경우에 있어서의 해당 현재가치할인차금

② 연지급수입에 있어서 취득가액과 구분하여 지급이자로 계상한 금액

③ 부당행위계산의 부인이 적용되는 경우로서 특수관계 있는 자로부터 시가보다 높은 가격으로 자산을 매입한 경우에 있어서의 시가초과액

경매로 일괄 취득하는 자산의 취득가액 계산

① 법원의 경매를 통하여 취득한 사업용 고정자산의 취득가액은 해당 사업용 고정자산의 경락가액에 취득세·등록면허세 등 기타 부수비용을 가산하는 금액으로 한다.

② 법원의 경매를 통하여 사업용 고정자산을 일괄취득하여 각 자산별 가액의 구분이 불분명한 경우 자산별 취득가액은 경매를 위하여 감정평가한 각 자산별 감정평가액을 기준으로 총경락가액을 안분계산한 금액으로 할 수 있다(집행기준 39-89-3).

공동사업에 현물출자한 토지의 취득가액

① 공동사업자인 주택신축판매업자의 총수입금액에 대응하는 필요경비 중 토지가액은 공동사업에 현물출자한 당시의 가액으로 하는 것으로 이 경우 공동사업계약을 체결한 날을 현물출자시기로 본다.

② 현물출자한 당시의 가액의 계산은 다음을 순차적으로 적용하여 계산한 금액에 취득세·등록세 기타 부대비용을 가산한 금액으로 한다.

  (ㄱ)「법인세법 시행령」제89조 제1항에 해당하는 가격 : 해당 거래와 유사한 상황에서 해당 법인이 특수관계인 외의 불특정다수인과 계속적으로 거래한 가격 또는 특수관계인이 아닌 제3자간에 일반적으로 거래된 가격이 있는 경우에는 그 가격에 따른다.

  (ㄴ)「법인세법 시행령」제89조 제2항 제1호의 감정가액(이 경우 소급감정가액은 인정하지 않는다)

  (ㄷ)「상속세 및 증여세법」제61조에 따라 평가한 가액(집행기준 39-89-5)

취득가액이 불분명한 토지 및 건물의 취득가액 계산방법

거주자가 개별공시지가 고시(1985.1.1.) 이전 취득한 토지에 기준시가 고시 이전에 건물을 신축하여 자가사용 하다가 해당 자산을 부동산임대업에 사용하여 장부를 기장하는 경우 취득가액이 불분명한 토지 및 건물의 취득가액 산정방법은 아래의 산식에 의한다(집행기준 39-89-6).

① 토지

$$
1990.1.1. \text{ 기준으로 한 개별공시지가} \times \frac{1985.1.1. \text{ 당시의 시가표준액}}{(1990.8.30. \text{ 현재의 시가표준액} + \text{그 직전에 결정된 시가표준액})/2}
$$

② 건물

$$
\text{국세청장이 해당 자산에 대하여 최초로 고시한 기준시가} \times \frac{\text{취득 당시의 「지방세법 시행령」 제80조 제1항의 시가표준액 (동항 단서의 가감산율을 적용하지 아니한 가액으로 함)}}{\text{해당 자산에 대하여 국세청장이 최초로 고시한 기준시가 고시 당시의 시가표준액(취득 당시의 가액과 최초로 고시한 기준시가 고시 당시의 가액이 동일한 경우에는 「소득세법 시행령」 제164조 제8항을 준용함)}}
$$

① 재고자산(유가증권을 제외한다)은 원가법과 저가법 중 사업자가 납세지 관할 세무서장에게 신고한 방법으로 평가한다.
　㈀ 원가법 : 개별법, 선입선출법, 후입선출법, 총평균법, 이동평균법, 매출가격환원법
　㈁ 저가법 : 재고자산을 원가법과 기업회계기준이 정하는 바에 따라 시가로 평가한 가액 중 낮은 가액을 평가액으로 하는 방법
② 재고자산은 해당 자산을 다음의 구분에 따라 종류별·사업장별로 각각 다른 방법으로 평가할 수 있다.
　㈀ 제품과 상품(건물건설업 또는 부동산 개발 및 공급업을 경영하는 사업자가 매매를 목적으로 소유하는 부동산을 포함한다)
　㈁ 반제품과 재공품
　㈂ 원재료
　㈃ 저장품
③ 사업자가 계속하여 월별·분기별 또는 반기별로 후입선출법, 총평균법 또는 이동평균법 등을 적용하여 재고자산을 평가하는 경우에도 이를 「소득세법 시행령」 제91조 제2항(재고자산 평가방법)에 따라 평가한 것으로 본다(집행기준 39-91-1).

① 자산 및 부채의 장부가액을 증액 또는 감액(감가상각은 제외한다)하여 평가한 경우에는 그 평가하기 전의 가액을 기준으로 평가일이 속하는 과세기간 및 그 후의 과세기간의 소득금액을 계산한다. 다만, 재고자산과 매매 또는 단기투자를 목적으로 매입한 유가증권은 각 자산별로 평가한 가액을 장부가액으로 한다.
② 다음에 해당하는 자산은 그 감액사유가 발생한 과세기간 종료일 현재의 처분가능한 가액으로 감액하고, 그 감액한 금액을 해당 과세기간의 필요경비로 계상하는 방법으로 그 장부가액을 감액할 수 있다.
　㈀ 파손·부패 등으로 정상가격에 판매할 수 없는 재고자산
　㈁ 천재지변이나 다음의 사유로 파손 또는 멸실된 유형자산
　　㈎ 화재
　　㈏ 법령에 따른 수용 등
　　㈐ 채굴 불능으로 인한 폐광
③ '파손 또는 멸실'에는 해당 유형자산이 그 고유의 목적에 사용할 수 없게 되는 경우를 포함한다(집행기준 39-96-1).

(4) 필요경비

사업소득금액을 계산할 때 필요경비에 산입할 금액은 해당 과세기간의 총수입금액에 대응하는 비용으로서 일반적으로 용인되는 통상적인 것의 합계액으로 한다(소법 제27조①).

해당 과세기간 전의 총수입금액에 대응하는 비용으로서 그 과세기간에 확정된 것에 대해서는 그 과세기간 전에 필요경비로 계상하지 아니한 것만 그 과세기간의 필요경비로 본다(소법 제27조②).

주택신축판매업의 경우 사업소득의 각 과세기간의 총수입금액에 대응하는 필요경비는 부동산의 양도 당시의 장부가액(건물건설업과 부동산 개발 및 공급업의 경우만 해당한다)으로 한다. 이 경우 사업용 외의 목적으로 취득한 부동산을 사업용으로 사용한 것에 대해서는 해당 사업자가 당초에 취득한 때의 소득세법 시행령 제89조(자산의 취득가액 등)를 준용하여 계산한 취득가액을 그 장부가액으로 한다(소령 제55조① 제2호).

> **토지 취득과 관련된 부수비용 등의 필요경비**
>
> ① 주택의 신축분양과 관련하여 지출하는 관리대행 용역비는 그 제공받은 용역의 구체적 내용에 따라 자산의 취득가액 또는 총수입금액에 대응하는 필요경비에 산입하는 것이며, 주택의 신축을 위해 매입한 토지 위의 기존건물 철거비용은 해당 토지의 취득원가에 포함한다.
> ② 토지를 매입하여 공장용지로 개발·분할·매각하는 과정에서 필수적으로 공동 사용도로에 편입되어 소유권의 행사가 불가능하게 된 토지의 가액과 도로공사 비용은 부동산매매업의 필요경비에 산입할 수 있다.
> ③ 자기소유의 토지상에 새로운 건축물을 건축하기 위하여 기존 건축물을 철거하는 경우 기존 건축물의 장부가액과 철거비용은 새로운 건축물에 대한 자본적 지출로 하여 새로운 건축물의 취득원가에 산입한다(집행기준 27-55-8).

> **사업용 자산에 부과되는 제세공과금 등의 필요경비 산입 여부**
>
> ① 사업자가 매매를 목적으로 취득한 토지 등에 부과되는 재산세 등은 필요경비에 산입한다. 다만 취득세와 등록세(등록세에 부가되는 교육세를 포함한다)는 해당 토지 등의 취득가액에 산입한다.
> ② 부동산 임대업자가 납부할 의무가 있는 재산세·종합토지세·취득세중과분은 필요경비에 산입하며, 임차인이 부담하기로 약정한 경우에도 해당 재산세 등은 부동산임대업자의

총수입금액으로 계산하는 한편 필요경비로 산입한다.

③ 종합부동산세 중 해당 사업과 직접 관련이 있는 세액은 자진신고납부일(「종합부동산세법」에 따라 결정 경정하는 경우에는 고지일)이 속하는 과세기간의 필요경비로 산입할 수 있다.

④ 주택임대사업자가 소유하는 주택이 「지방세법」 제114조에 따른 재산세 과세기준일(매년 6월 1일) 현재 사업용 자산에 해당되지 않는 경우에는 해당 주택에 대한 재산세 및 종합부동산세를 부동산임대업의 필요경비에 산입하지 않는다(집행기준 27-55-16).

사업용 자산을 취득하기 위한 차입금이자의 처리

① 사업용 고정자산의 취득에 직접 사용된 차입금에 대한 지급이자는 해당 사업용 고정자산의 취득일까지는 이를 자본적 지출로 하여 고정자산의 취득가액에 산입하는 것이며, 취득일 이후 발생된 이자는 필요경비에 산입할 수 있다.

② 재고자산에 해당하는 토지의 매입·개발에 소요된 차입금에 대한 지급이자는 해당연도의 필요경비에 산입한다.

③ 사업자가 원자재의 구입을 위하여 금융지원을 받았을 경우에 그 자금에 대한 지급이자는 해당 과세기간의 필요경비로 본다. 다만, 「소득세법 시행령」 제89조 제2항 제2호에 따른 연지급수입의 경우에 취득가액과 구분하여 지급이자로 계상한 금액을 제외하고 D/A수입자재에 대한 이자 및 유산스이자는 해당 수입자재의 매입부대비로 한다.

④ 사업을 포괄적으로 양수하는 과정에서 자산매입대가의 일부 또는 전부를 양도자의 부채를 인수하는 경우 인수일 이후에 발생된 지급이자는 각 과세기간의 필요경비로 한다.

⑤ 사업용 자산의 취득과 관련하여 금융기관으로부터 대출 받은 차입금을 상환하기 위하여 새로운 차입금을 차입하여 이를 기존차입금의 상환에 사용한 경우에는 새로운 차입금에 대한 지급이자는 필요경비에 산입할 수 있다(집행기준 27-55-20).

매입자 부담의 양도소득세 등 필요경비 산입

주택신축판매업자가 사업용 아파트 부지 매입시 토지소유자에게 토지대금 이외에 양도소득세 등을 매수자가 부담하기로 약정하고 이를 실지로 지급하였을 경우 매도자는 동 양도소득세 상당액을 포함한 가액을 양도가액으로 보고 매수자는 해당 세액상당액을 매입원가로서 필요경비에 산입한다(집행기준 27-55-32).

■ 판매목적 신축주택을 배우자에게 부담부증여한 경우 사업소득 과세 여부

> **해석**
>
> - 거주자가 판매목적으로 신축한 주택을 그 배우자에게 부담부증여한 때에는 「소득세법」 제25조 제2항의 규정에 의하여 그 증여한 때의 주택가액은 증여한 날이 속하는 과세기간의 해당 사업소득금액을 계산할 때 거주자의 총수입금액에 산입하는 것임(서면소득 2017-822, 2017.4.11.).

■ 주택신축판매업에서 부동산 임대업으로 전환시 미분양 주택의 총수입금액 해당 여부

> **해석**
>
> - 주택신축판매업자가 건설한 주택이 분양되지 아니하여 주택신축판매업을 폐업하고 부동산 임대업으로 업종 전환한 경우(분양이 되지 아니하여 일시적으로 임대하는 것은 제외) 동 미분양 주택은 사업소득의 총수입금액에 산입하지 아니하는 것(가사용으로 소비하여 총수입금액에 산입한 경우 제외)이며, 이 경우 당해 사업용 고정자산(미분양 주택)의 취득가액은 소득세법 시행령 제89조 제1항 제2호(자산의 취득가액 등)에 의하여 계산함(소득-905, 2012.12.14.).

■ 주택신축판매 공동사업자가 각각 분할등기시 총수입금액 산정 및 개인사업자별 사업자등록 여부

> **해석**
>
> - 2인 이상의 공동사업자가 판매목적으로 신축한 건물을 공동사업자의 출자지분에 따라 분할등기 하는 경우에는 소득세법 제25조 제2항의 규정에 의하여 분할등기 한 주택의 시가상당액을 공동사업장의 총수입금액에 산입하는 것이며, 공동사업자가 공동으로 건물을 신축한 후 당해 신축건물을 자기의 지분별로 구분 등기하여 각각 자기의 계산과 책임하에 사용·수익하는 경우에는 공동사업에 해당하지 아니하는 것으로 각 사업자별로 사업자등록을 하여야 하는 것임 (소득-298, 2011.3.30.).

■ **사업자가 폐업시점의 재고자산을 다음 해에 양도하는 경우 소득구분 및 필요경비계산**

• 주택신축판매업자가 폐업시점에 판매하지 아니한 주택을 가사용으로 소비하거나 종업원 또는 타인에게 지급한 경우에는 이를 소비 또는 지급한 때의 가액을 그 소비일 또는 지급일이 속하는 연도의 사업소득 총수입금액에 산입하는 것이고, 그 후에 그 주택을 양도하고 받는 대가는 양도소득에 해당하며, 그 사업자가 폐업시점에 그 주택을 가사용으로 소비하거나 종업원 또는 타인에게 지급한 경우 외의 경우에는 이를 처분한 때의 가액을 그 처분일이 속하는 연도의 사업소득 총수입금액에 산입하는 것임.
종합소득과세표준확정신고에 있어서 사업소득금액을 비치·기장한 장부와 증빙서류에 의하여 계산할 수 없는 경우에는 추계에 의하여 필요경비 및 소득금액을 계산하고 소득세법 시행규칙 제102조 제3항에 규정하는 추계소득금액계산서를 첨부하여 제출하여야 하는 것임(소득－4960, 2008.12.30.).

■ **주택소유자들이 기존 연립주택을 헐고 주택신축판매업자에게 건축비에 대한 대가로 토지 일부를 양도 후 신축한 경우 소득구분**

• 연립주택소유자들과 건설업자가 기존 연립주택을 헐고 새 연립주택을 신축함에 있어서, 연립주택소유자들은 건설업자에게 건축비에 대한 대가로 토지 일부를 양도하고 건설업자는 연립주택을 신축하여 연립주택소유자에게 각각 1세대씩 배정하고 잔여세대를 분양한 경우에 연립주택소유자들이 건축비의 대가로 건설업자에게 양도한 토지에 대하여는 양도소득으로 과세되는 것임. 그리고 건설업자가 잔여세대분을 분양하여 얻은 수입금액과 공사도급금액에 해당하는 토지가액의 합계액에 대하여는 사업소득으로 과세되는 것임(소득22601－1821, 1992.8.25.).

■ **공사대금으로 유치권을 설정한 주택을 경락받아 분양하는 경우 소득구분**

• 건설업을 영위하는 거주자가 주택신축판매업자에게 주택건설공사용역을 제공하고 그에 따른 공사대금을 지급받지 못하여 당해 거주자 본인이 공사한 주택에 대하여 유치권을 설정하고 동 주택에 대한 경매에 참가하여 주택을 경락받은 후 이를 분양함으로써 발생하는 소득은 소득세법 제19조 제1항 제12호의 규정에 의하여 사업소득(부동산매매업)에 해당하는 것이며, 새로이 사업을 개시하는 사업자는 같은 법 제168조의 규정에 의하여 사업자등록을 하여야 하는 것임(서면1팀－768, 2005.6.29.).

■ 주거용 건물 건설업자의 부동산 매매에 따른 사업소득 수입시기

(사실관계)
○ 신청인은 주상복합건물을 신축분양하는 개인사업자로 주택의 건설 완료일 이전에 분양계
  약(착수일로부터 인도일까지 1년 이상)을 체결하고 분양금은 계약금, 중도금, 잔금 형태로
  나누어 수취함.
  – 분양방식이 아파트 예약매출과 동일하며 법인의 경우 아파트 예약매출은 진행률을 적
    용하여 수입시기를 결정함.

(질의내용)
○ (구)주택신축판매업의 사업소득 수입시기를 「소득세법 시행령」 제48조 제5호 단서 규정
  을 적용하여 진행률을 기준으로 산정할 수 있는지 여부
  – 2010.2.18. 「소득세법 시행령」 제48조 제11호가 개정되어 "주택신축판매업의 경우의
    주택과 부동산매매업의 경우의 부동산을 포함한다"라는 규정이 삭제됨에 따라 건설업
    에 해당하는 주택신축판매업의 경우 사업소득 수입시기를 「소득세법 시행령」 제48조
    제5호(제조·건설 기타용역)에 따라야 하는 것인지 종전과 같이 동조 제11호(기타자산)
    에 따라야 하는지 질의함.

• 귀 서면질의의 경우, 주거용 건물 건설업자 및 주거용 건물 개발 및 공급업자의 부동산 매매에
  따른 사업소득의 수입시기는 「소득세법 시행령」 제48조 제11호에 따라 대금을 청산한 날임.
  다만, 대금을 청산하기 전에 소유권 등의 이전에 관한 등기 또는 등록을 하거나 당해 자산을
  사용수익하는 경우에는 그 등기·등록일 또는 사용수익일을 수입시기로 하는 것임(서면법령
  해석 소득2015－2642, 2016.4.8.).

■ 주택신축판매업의 부동산 양도에 대한 수입금액 귀속시기 판단

• 청구인은 1991.3.12. 주택신축판매업으로 사업자등록을 하고 1999.6.1. ○○토지 6,706㎡
  를 취득하여 이 중 2,380㎡ 부지에 1999.7.29. 주택 19세대(이하 "제3차주택"이라 한다)
  에 대한 건축허가를 받아 신축하여 분양하면서 2002.2.2. 사용승인을 받아 수입금액을 부
  가가치세법상 각 대가를 받기로 한 때를 귀속시기로 하고 추계방법에 의하여 소득금액을
  산정하여 종합소득세를 신고하였음.

심판례

• 소득세법 시행령 제48조 각 호는 재화 및 용역의 각각의 거래형태별 수입시기를 규정하고 있다는 점에서 병렬적 관계에 있는 규정으로서, 제1호의 상품 등 재고자산에서 주택신축판매업의 주택을 제외한 것은 주택은 주택신축판매업자의 재고자산에 속하지만 그 신축·분양에 장기간 소요되어 일반 재고자산과 구분할 필요가 있었기 때문으로 제11호의 자산(재화)에 포함됨을 명시하였고, 제5호는 건설 등 용역에 "예약매출"을 포함시키고 있는 점에서 동호의 "예약매출"은 "예약매출" 형태를 가진 모든 재화 및 용역의 거래를 포괄하는 개념으로는 볼 수 없고, 주택신축판매업의 주택매매와 같이 소득세법 시행령 제48조 각 호에서 명시적으로 자산의 수입시기를 규정한 경우에는 설사 주택신축판매업의 주택매매가 "예약매출"의 형태를 가지고 있더라도 제11호의 수입시기를 따른다고 해석함이 타당함.

• 청구인의 경우, 개인사업자인 주택신축판매업자로서 쟁점주택의 매매에 대하여 계약금·중도금 및 잔금을 분할수령하고 주택 완성 전에 대금을 청산하였다는 점에서는 예약매출로 볼 수 있는 측면도 있으나, 쟁점주택의 매매는 개인 주택신축판매업자와 피분양자간의 자산의 매매에 해당하여 사업소득의 수입시기는 소득세법 시행령 제48조 제11호를 적용하여야 함이 타당하고 소득세법 시행령 제48조 제11호는 대금을 청산한 날, 소유권이전등기일 또는 사용수익일 중 빠른 날을 수입시기로 하고 있으므로 처분청에서 대금을 청산한 날(2001.1.26., 2001.12.24.), 소유권이전등기일(2002.2.26.), 사용수익일(2002.2.2.) 중 가장 빠른 날인 대금을 청산한 날이 속하는 2001년을 쟁점주택 매매에 따른 수입금액의 귀속시기로 하여 종합소득세를 부과한 처분은 잘못이 없다고 판단됨(조심 2005서3544, 2010.10.13.).

(5) 기장의무·성실신고확인 및 추계결정

ⅰ. 기장의무

사업자는 업종 규모 등에 따라 복식부기의무자와 간편장부대상자로 구분되며, 기장의무가 부여되어 장부를 비치·기록해야 한다(소법 제160조). 아래에서는 건설업과 부동산업에 대한 기장의무의 판정에 대해 서술한다.

1) 간편장부대상자

간편장부대상자는 업종별 일정 규모 미만의 사업자로서 다음의 어느 하나에 해당하는 사업자를 말한다(소령 제208조⑤).

① 해당 과세기간에 신규로 사업을 개시한 사업자

② 직전 과세기간의 수입금액(결정 또는 경정으로 증가된 수입금액을 포함하며, 복식부기 의무자가 사업용 유형자산을 양도함으로써 발생한 수입금액은 제외한다)의 합계액이 다음의 금액에 미달하는 사업자

업 종	직전연도 수입금액
부동산매매업	3억원 미만
건설업(비주거용 건물 건설업은 제외하고, 주거용 건물 개발 및 공급업을 포함한다)	1억5천만원 미만
부동산임대업, 부동산업(부동산매매업은 제외한다)	7천500만원 미만

2) 복식부기의무자

복식부기의무자는 간편장부대상자의 직전연도 수입금액 이상인 사업자를 말한다.

업 종	직전연도 수입금액
부동산매매업	3억원 이상
건설업(비주거용 건물 건설업은 제외하고, 주거용 건물 개발 및 공급업을 포함한다)	1억5천만원 이상
부동산임대업, 부동산업(부동산매매업은 제외한다)	7천500만원 이상

구분기장 및 공통경비 배분

① 사업소득에 부동산임대업에서 발생한 소득이 포함되어 있는 사업자는 그 소득별로 구분하여 회계처리해야 한다. 이 경우에 소득별로 구분할 수 없는 공통수입금액과 그 공통수입금액에 대응하는 공통경비는 각 총수입금액에 비례하여 그 금액을 나누어 장부에 기록한다.

② 둘 이상의 사업장을 가진 사업자가 소득세법 또는 「조세특례제한법」에 따라 사업장별로 감면을 달리 적용받는 경우에는 사업장별 거래 내용이 구분될 수 있도록 장부에 기록하여야 한다(집행기준 160 - 0 - 2).

성실신고확인대상사업자는 해당 과세기간의 수입금액(사업용 유형자산을 양도함으로써 발생한 수입금액은 제외한다)의 합계액이 다음의 구분에 따른 금액 이상인 사업자를 말한다(소령 제133조①).

업 종	해당연도 수입금액
부동산매매업	15억원 이상
건설업(비주거용 건물 건설업은 제외한다), 부동산 개발 및 공급업(주거용건물 개발 및 공급업으로 한정한다)	7억5천만원 이상
부동산임대업, 부동산업(부동산매매업은 제외한다)	5억원 이상

ⅲ. 추계결정

1) 추계결정사유

다음의 사유로 장부나 그 밖의 증명서류에 의하여 소득금액을 계산할 수 없는 경우에는 소득금액을 추계조사결정할 수 있다(소법 제80조③, 소령 제143조①).

① 과세표준을 계산할 때 필요한 장부와 증빙서류가 없거나 한국표준산업분류에 따른 동종업종 사업자의 신고내용 등에 비추어 수입금액 및 주요 경비 등 중요한 부분이 미비 또는 허위인 경우

② 기장의 내용이 시설규모·종업원수·원자재·상품 또는 제품의 시가·각종 요금 등에 비추어 허위임이 명백한 경우

③ 기장의 내용이 원자재사용량·전력사용량 기타 조업상황에 비추어 허위임이 명백한 경우

2) 추계결정방법

종합소득금액의 계산에 있어 소득금액을 추계결정 또는 경정을 하는 경우에는 다음의 기준경비율 또는 단순경비율방법에 따른다(소령 제143조③).

이 경우 소득세법 또는 다른 법률에 의하여 총수입금액에 산입할 충당금·준비금 등이 있는 자에 대한 소득금액은 추계결정 또는 경정에 따라 계산한 소득금액에 해당 과세기간의 총수입금액에 산입할 충당금·준비금 등을 가산한다(소령 제143조⑧).

① 기준경비율방법

기준경비율방법은 수입금액에서 다음의 금액의 합계액(수입금액을 초과하는 경우에는 그

초과하는 금액은 제외한다)을 공제한 금액을 그 소득금액(이하 "기준소득금액"이라 한다)으로 결정 또는 경정하는 방법이다(소령 제143조③ 제1호).

다만, 기준소득금액이 아래 ②의 단순경비율에 따른 소득금액에 기획재정부령으로 정하는 배율(생략)을 곱하여 계산한 금액 이상인 경우 소득금액을 결정 또는 경정할 때까지는 그 배율을 곱하여 계산한 금액을 소득금액으로 결정할 수 있다(소령 제143조③ 제1호 단서).

㉮ 매입경비(사업용 유형자산 및 무형자산의 매입비용을 제외한다)와 사업용 유형자산 및 무형자산에 대한 임차료로서 증빙서류에 의하여 지출하였거나 지출할 금액

㉯ 종업원의 급여와 임금 및 퇴직급여로서 증빙서류에 의하여 지급하였거나 지급할 금액

㉰ 수입금액에 기준경비율을 곱하여 계산한 금액. 다만, 복식부기의무자의 경우에는 수입금액에 기준경비율의 2분의 1을 곱하여 계산한 금액

> 기준소득금액 = 수입금액 − (매입경비 + 인건비 + 기준경비)
> (기준소득금액 한도 = 단순경비율에 의한 소득금액 × 배율)

② 단순경비율방법

단순경비율방법은 수입금액(일자리안정자금 제외)에서 수입금액(일자리안정자금 제외)에 단순경비율을 곱한 금액을 공제한 금액을 그 소득금액으로 결정 또는 경정하는 방법이다(소령 제143조③ 제1호의2).

> 추계소득금액 = 수입금액(일자리안정자금 제외) × (1 − 단순경비율)

주택신축판매업의 추계소득금액 계산시 토지보유기간의 기산일

공동사업장인 주택신축판매업의 소득금액 계산시 단순경비율을 적용하는 경우 토지보유 기간은 현물출자한 날 또는 등기접수일 중 빠른 날부터 계산한다(집행기준 80−143−11).

3) 단순경비율 적용대상

단순경비율 적용대상자란 다음의 어느 하나에 해당하는 사업자로서 해당 과세기간의 수입금액이 복식부기의무자에 해당하는 수입금액에 미달하는 사업자를 말한다(소령 제143조④).

① 해당 과세기간에 신규로 사업을 개시한 사업자

② 직전 과세기간의 수입금액(결정 또는 경정으로 증가된 수입금액을 포함한다)의 합계액이

다음의 금액에 미달하는 사업자

업 종	직전연도 수입금액
부동산매매업	6천만원 미만
건설업(비주거용 건물 건설업은 제외한다), 부동산 개발 및 공급업(주거용 건물 개발 및 공급업으로 한정한다)	3천600만원 미만
부동산임대업, 부동산업(부동산매매업은 제외한다)	2천400만원 미만

⑤ 주택신축판매업의 조세감면기준

(1) 건설업의 판정

1) 조세특례제한법의 업종분류기준

조세특례제한법에서 사용되는 업종의 분류는 조세특례제한법에 특별한 규정이 있는 경우를 제외하고는 「통계법」 제22조에 따라 통계청장이 고시하는 한국표준산업분류에 따른다. 다만, 한국표준산업분류가 변경되어 조세특례를 적용받지 못하게 되는 업종에 대해서는 한국표준산업분류가 변경된 과세연도와 그 다음 과세연도까지는 변경 전의 한국표준산업분류에 따른 업종에 따라 조세특례를 적용한다(조특법 제2조③).

2) 주택신축판매업의 건설업 범위

소득세법에서는 건설업에서 발생하는 소득을 사업소득으로 열거하고 있지만(소법 제19조① 제6호), 조세특례제한법에 의한 조세감면을 적용하기 위해서는 주택신축판매업이 한국표준산업분류상 건설업에 해당하는지 여부를 판단해야 한다.

※ 한국표준산업분류상 건설업과 부동산업의 업종 분류는 'Chapter 5. 제1절 1. 주택신축판매업의 업종 구분'을 참고하기 바란다.

(2) 건설업에 대한 조세감면 규정

1) 세액감면 규정

조세특례제한법에 의해 중소기업 중 건설업에 대한 세액감면을 적용할 수 있는 규정은 아래와 같다.

① 창업중소기업 등에 대한 세액감면(조특법 제6조)

② 중소기업에 대한 특별세액감면(조특법 제7조)

2) 세액감면 배제

다음의 사유에 해당하는 경우에 조세특례제한법상 세액감면 규정을 적용하지 아니한다(조특법 제128조②, ③, ④).

① 과세표준확정신고를 하여야 할 자가 그 신고를 하지 아니한 경우에 해당 거주자의 해당 과세기간 과세표준과 세액을 결정을 하는 경우(소법 제80조①)

②「국세기본법」에 따라 기한 후 신고를 하는 경우(국기법 제45조의3)

③「소득세법」제80조 제2항에 따라 경정(사업용계좌 신고, 현금영수증가맹점 가입 등을 이행하지 아니한 경우는 제외한다)에 해당되어 경정하는 경우와 과세표준 수정신고서를 제출한 과세표준과 세액을 경정할 것을 미리 알고 제출한 경우에 해당하는 과소신고금액

④ 사업용계좌를 신고하여야 할 사업자가 이를 이행하지 아니한 경우 또는 현금영수증 가맹점으로 가입하여야 할 사업자가 이를 이행하지 아니한 경우 등에 해당하는 경우

■ 주택신축판매업에 대한 건설업 인정 범위

사안

- 원고는 2012.4.12. 건설업 사업자등록을 하고 충북 ○○군 ○○군 ○○리 XXX-X 지상에 공동주택 8세대(이하 '공동주택 1'이라 한다)를 신축하여 2013년에 분양하고 2013.11.20. 폐업하였으며, 구 조세특례제한법(2014.12.23. 법률 제12853호로 개정되기 전의 것) 제7조 제1항 제1호 사목의 '건설업' 영위 중소기업 특별세액감면 5,687,276원을 적용하여 2013년 귀속 종합소득세를 신고하였음.
- □□지방국세청장은 2017.4.26.부터 2017.6.24.까지 세무조사를 실시한 결과, 공동주택 1에 대하여 원고가 '건설업'을 영위하였다고 볼 수 없어 구 조세특례제한법의 중소기업 특별세액감면 규정의 적용을 배제하여야 한다는 취지로 피고(처분청)에게 과세자료를 통보하였음.

판례

- 제9차 한국표준산업분류(2017.1.13. 통계청고시 제2017-13호로 개정되기 전의 것)에 의하면, '건물건설업(분류코드 411)'은 도급 또는 자영 종합건설업자에 의하여 조립식 건물을 포함한 건물을 신축 · 증축 · 재축 · 개축하는 산업활동을 의미하는데, 직접 건설활동을 수행하지 않고 건설공사 분야별로 하도급을 주더라도 건설공사에 대한 총괄적인 책임을 지며 전체적으로 건설공사를 관리하는 경우는 '종합건설업(분류코드 41)'으로 분류되지만, 직접 건설활동을 수행하지 않고 전체 건물 건설공사를 일괄 도급주어 주거용 건물을 건설한 후 이를 분양 및 판매하는 경우는 '주거용 건물 개발 및 공급업(분류코드 68121)'으로 분류됨.
- 원고는 자신이 직접 건설활동을 수행하였다거나, 분야별로 하도급을 주었지만 건설공사에 대한 총괄적인 책임을 지며 전체적으로 건설공사를 관리하였음을 증명할 만한 아무런 자료도 제출하지 못하고 있음. 따라서 원고의 주장은 받아들일 수 없음(대법 2020두40532, 2020.9.24.).

 부동산매매업의 범위

(1) 개 요

부동산매매업의 세법적용은 제1절 주택신축판매업에서 서술한 부가가치세법상 납세지, 재화·용역의 공급, 소득세법상 총수입금액의 수입시기, 토지의 취득가액, 필요경비 등의 적용방법과 동일하다. 여기에서는 부동산매매업이 주택신축판매업과 다른 점에 대해서 서술한다.

(2) 소득세법상 부동산매매업

부동산매매업자에 대한 세액계산특례의 적용대상이 되는 부동산매매업이란 한국표준산업 분류에 따른 비주거용 건물건설업(건물을 자영건설하여 판매하는 경우만 해당한다)과 부동산 개발 및 공급업을 말한다. 다만, 한국표준산업분류에 따른 주거용 건물 개발 및 공급업(구입한 주거용 건물을 재판매하는 경우는 제외한다. 이하 "주거용 건물 개발 및 공급업"이라 한다)은 제외한다(소령 제122조①). 이 경우 부동산매매업의 범위에서 제외하는 주거용 건물 개발 및 공급업의 주거용 건물의 범위 등은 아래와 같다.

1) 주거용 건물의 범위

주거용 건물에는 이에 딸린 토지로서 다음의 어느 하나의 면적 중 넓은 면적 이내의 토지를 포함하는 것으로 한다(소령 제122조③).
① 건물의 연면적(지하층의 면적, 지상층의 주차용으로 사용되는 면적, 「건축법 시행령」 제34조 제3항에 따른 피난안전구역의 면적 및 「주택건설기준 등에 관한 규정」 제2조 제3호에 따른 주민공동시설의 면적은 제외한다)
② 건물이 정착된 면적에 5배(「국토의 계획 및 이용에 관한 법률」 제6조 제1호에 따른 도시지역 밖의 토지의 경우에는 10배)를 곱하여 산정한 면적

2) 주거용 건물과 다른 목적의 건물이 같이 있는 경우

주거용 건물의 일부에 설치된 점포 등 다른 목적의 건물 또는 같은 지번(주거여건이 같은 단지 내의 다른 지번을 포함한다)에 설치된 다른 목적의 건물(이하 "다른 목적의 건물"이라 한다)이 해당 건물과 같이 있는 경우에는 다른 목적의 건물 및 그에 딸린 토지는 주거용 건물에서 제외하는 것으로 하고, 다음의 어느 하나에 해당하는 경우에는 그 전체를 주거용 건물로 본다. 이 경우 건물에 딸린 토지의 면적의 계산에 관하여는 소득세법 시행령 제154조 제4항(주택에 딸린 토지는 전체 토지면적에 주택의 연면적이 건물의 연면적에서 차지하는 비율을 곱하여 계산한다)을 준용한다(소령 제122조④).

① 주거용 건물과 다른 목적의 건물이 각각의 매매단위로 매매되는 경우로서 다른 목적의 건물면적이 주거용 건물면적의 100분의 10 이하인 경우(소령 제122조④ 제1호)

② 주거용 건물에 딸린 다른 목적의 건물과 주거용 건물을 하나의 매매단위로 매매하는 경우로서 다른 목적의 건물면적이 주거용 건물면적보다 작은 경우(소령 제122조④ 제2호)

3) 구분기장

주거용 건물과 다른 목적의 건물을 신축하여 판매하는 경우에는 각각 이를 구분하여 기장하고, 이에 공통되는 필요경비가 있는 경우에는 안분계산한다(소령 제122조⑤).

안분계산은 주거용 건물 및 다른 목적의 건물(각각에 부수되는 토지를 포함한다)에 공통되는 필요경비를 해당 주거용 건물 및 다른 목적의 건물 각각의 가액에 비례하여 안분계산하는 방식에 따른다(소칙 제63조의2①).

해당 주거용 건물 및 다른 목적의 건물의 가액의 구분이 불분명한 경우에는 해당 주거용 건물 및 다른 목적의 건물의 각각의 기준시가에 따라 안분계산한다(소칙 제63조의2②).

| 한국표준산업분류상의 부동산매매업 |

대분류	분류항목	설 명
비주거용 건물건설업 (4112) : * 건물을 자영건설 하여 판매하는 경우만 해당한다.		사무 및 상업용 건물, 제조업 및 기타 산업용 건물 등의 비주거용 건물을 건설하는 산업활동을 말한다.
	사무·상업용 및 공공기관용 건물 건설업 (41121)	사무·상업용 및 공공기관용 건물을 건설하는 산업활동을 말한다. 〈예시〉 •교육·연구시설 및 의료시설용 건물 건설 •상점 및 쇼핑센터 건설

대분류	분류항목	설　명
비주거용 건물건설업 (4112) : * 건물을 자영건설 하여 판매하는 경우만 해당한다.	사무ㆍ상업용 및 공공기관용 건물 건설업 (41121)	• 호텔, 기숙사, 군인 막사 등 숙박시설, 각종 오락 및 상업시설용 건물 건설 • 경찰서 및 소방서 건설 • 오피스텔 건설 〈제외〉 • 일반 창고 건설(41129) • 특정용 창고(격납고 등) 건설(41129) • 옥외 수영장 및 관련 탈의실 건설(41229)
	제조업 및 유사 산업용 건물 건설업 (41122)	각종 제조 공장 및 유사 산업용 건물을 건설하는 산업활동을 말한다. 건물 건설공사와 함께 생산시설용 기계 및 설비의 부분적인 설치공사가 수행될 수 있다. 〈예시〉 • 공업용 건물 건설 • 광산용 건물 건설 • 화학산업용 건물 건설 • 발전소용 건물 건설 〈제외〉 • 종합적인 계획에 따라 제조업 및 유사 산업용 건물과 함께 기계ㆍ설비류, 구조물 등의 설치를 병행하는 경우(41225)
	기타 비주거용 건물 건설업 (41129)	각종 유형의 창고, 주차시설, 운송 터미널, 실내 경기장 등 기타 용도의 비주거용 건물을 건설하는 산업활동을 말한다. 〈예시〉 • 일반 창고, 냉동 및 냉장 창고, 특정용 창고 건물 건설 • 여객 및 화물 터미널 건설 • 주유소 건물 건설 • 차고시설 건설 • 박물관 및 유사 건물 건설 • 동물원용 건물 건설 • 운수관련 건물 건설 • 화학물 및 저유소 건물 건설 • 공항 건물 건설 • 실내 경기장 건설

대분류	분류항목	설 명
부동산 개발 및 공급업 (6812) *주거용 건물 개발 및 공급업(구입한 주거용 건물을 재판매하는 경우는 제외함)은 제외한다.		직접적인 건설활동을 수행하지 않고 일괄 도급하여 개발한 농장·택지·공업용지 등의 토지와 건물 등을 분양·판매하는 산업활동을 말한다. 구입한 부동산을 임대 또는 운영하지 않고 재판매하는 경우도 포함한다. 〈예시〉 • 건물 위탁 개발 분양 • 부동산 매매 〈제외〉 • 자영 건축물 건설(411) • 직접 건설활동을 수행하지 않더라도 건설공사에 대한 총괄적인 책임을 지면서 건설공사 분야별로 하도급을 주어 전체적으로 건설공사를 관리하는 경우 "41 : 종합건설업"에 분류
	주거용 건물 개발 및 공급업 (68121)	구입한 주거용 건물을 재판매하는 경우만 해당한다.
	비주거용 건물 개발 및 공급업 (68122)	직접 건설활동을 수행하지 않고 전체 건물 건설공사를 일괄 도급하여 비주거용 건물을 건설하고, 이를 분양·판매하는 산업활동을 말한다. 구입한 비주거용 건물을 재판매하는 경우도 포함한다. 〈예시〉 • 사무용 건물 위탁 개발 분양
	기타 부동산 개발 및 공급업 (68129)	택지, 농지 및 농장, 공업용지 등 각종 용도의 토지 및 기타 부동산을 위탁 또는 자영 개발하여 분양·판매하는 산업활동을 말한다. 구입한 토지를 재판매하는 경우도 포함한다. 〈예시〉 • 농지개발 분양·판매 • 용지개발 분양·판매 • 토지개발 분양·판매 • 광산용지 개발 판매 〈제외〉 • 묘지 분양(96922)

① 부동산매매업의 범위는 다음과 같다.
  (ㄱ) 자기의 토지 위에 상가 등을 신축하여 판매할 목적으로 건축 중인 「건축법」에 따른 건물과 토지를 제3자에게 양도한 경우
  (ㄴ) 토지를 개발하여 주택지·공업단지·상가·묘지 등으로 분할판매하는 경우(「공유수면 관리 및 매립에 관한 법률」 제46조에 따라 소유권을 취득한 자가 그 취득한 매립지를 분할하여 양도하는 경우를 포함한다)
② 부동산매매·저당·임대 등에 따라 행하는 부동산 감정업무를 수행하는 사업은 부동산 감정평가업으로 본다.
③ 부동산매매업의 구분에 있어 토지의 개발이라 함은 일정한 토지를 정지·분합·조성·변경 등을 함으로써 해당 토지의 효용가치가 합리적이고 효율적으로 증진을 가져오게 되는 일체의 행위를 말한다.
④ 근린생활시설과 주택이 함께 있는 건물을 상속받아 그 건물 전체를 다세대주택으로 증·개축하여 판매함으로써 발생하는 소득은 부동산매매업에서 발생하는 소득에 해당한다(집행기준 19-0-9).

2 토지 등 매매차익 예정신고

(1) 예정신고의무

부동산매매업자는 토지 또는 건물(이하 "토지등"이라 한다)의 매매차익과 그 세액을 매매일이 속하는 달의 말일부터 2개월이 되는 날까지 납세지 관할 세무서장에게 신고하여야 한다. 토지등의 매매차익이 없거나 매매차손이 발생하였을 때에도 또한 같다("토지등 매매차익예정신고"라 한다)(소법 제69조①, ②).

(2) 토지 등 매매차익의 계산

① 토지등의 매매차익은 그 매매가액에서 다음의 금액을 공제한 것으로 한다(소령 제128조①).
  (ㄱ) 소득세법 시행령 제163조 제1항 내지 제5항(양도자산의 필요경비)의 규정에 의하여 계산한 양도자산의 필요경비에 상당하는 금액
  (ㄴ) 소득세법 시행령 제75조(건설자금의 이자계산)의 규정에 의하여 계산한 당해 토지

등의 건설자금에 충당한 금액의 이자

　㈃ 토지 등의 매도로 인하여 법률에 의하여 지급하는 공과금

　㈄ 소득세법 제95조 제2항의 규정에 의한 장기보유특별공제액

② 토지 등을 평가증하여 장부가액을 수정한 때에는 그 평가증을 하지 아니한 장부가액으로 매매차익을 계산한다(소령 제128조②).

③ 부동산매매업자는 토지 등과 기타의 자산을 함께 매매하는 경우에는 이를 구분하여 기장하고 공통되는 필요경비가 있는 경우에는 당해 자산의 가액에 따라 안분계산하여야 한다(소령 제128조③).

(3) 세액의 계산 및 납부

1) 세액의 계산

부동산매매업자의 토지등의 매매차익에 대한 산출세액은 그 매매가액에서 소득세법 제97조(양도소득의 필요경비계산)를 준용하여 계산한 필요경비를 공제한 금액에 제104조(양도소득세의 세율)에서 규정하는 세율을 곱하여 계산한 금액으로 한다(소법 제69조③). 다만, 토지등의 보유기간이 2년 미만인 경우에는 소득세법 제104조 제1항 제2호(1년 이상 2년 미만은 100분의 40, 주택·조합원입주권·분양권은 100분의 60) 및 제3호(1년 미만은 100분의 50, 주택·조합원입주권·분양권은 100분의 70)에도 불구하고 같은 항 제1호(일반세율, 분양권은 100분의 60)에 따른 세율을 곱하여 계산한 금액으로 한다(소법 제69조③ 단서). 따라서 토지등의 보유기간이 2년 미만인 경우에는 토지등 매매차익과 그 세액의 예정신고시에는 양도소득세 중과세율을 적용하지 아니하고 일반세율(분양권은 100분의 60)을 적용하나 종합소득세 확정신고시에는 중과세 대상은 양도소득세 중과세율을 적용해야 한다.

토지 등 매매차익의 예정신고납부세액 계산방법

토지 등 매매차익의 예정신고납부세액은 다음과 같이 양도소득세 계산방법을 준용하여 계산한다(집행기준 69-128-1).

- 토지 등 매매차익 ＝ 매매가액
  - 양도자산의 필요경비 상당액[주1] (취득가액·자본적 지출액·양도비용 등)
  - 토지 등의 건설자금에 충당한 금액의 이자
  - 토지 등의 매도로 인하여 법률에 따라 지급하는 공과금

－장기보유특별공제액

> 산출세액 = 토지 등 매매차익 × 양도소득세율(일반세율, 분양권은 100분의 60, 다만
> 토지등의 보유기간이 2년 미만인 경우는 일반세율을 적용한다)

주1) 양도자산의 필요경비 상당액은 다음의 금액을 포함한다.
- 취득원가 : 현재가치할인차금과 자기생산·취득재화의 면세전용 및 폐업 시 잔존재화에 대한 간주공급에 따라 납부하였거나 납부할 부가가치세를 포함하되 부당행위계산에 의한 시가초과액은 제외하고, 소유권 확보를 위한 소송비용·화해비용 등 포함함.
- 자본적 지출액, 용도변경·개량·이용편의비용, 개발부담금, 재건축부담금, 수익자부담금, 장애 철거비용, 도로시설비 등
- 과세표준신고서 및 계약서 작성비용, 공증비용, 인지대 및 소개비 등 양도비용
  ▷ 신고기한내 신고납부시 10% 세액공제 하였던 예정신고납부세액공제는 2010.1.1.이후 매매하거나 양도하는 분부터 폐지되었으며 의무 불이행시 예정신고납부 가산세 적용

토지 등 매매차익 신고시 고려할 사항

① 토지 등 매매차익을 예정신고할 때에는 양도소득기본공제는 매매차익 계산시 적용하지 않는다.
② 토지 등 매매차익을 예정신고 납부한 경우에도 종합소득과세표준 확정신고의무가 있으므로 확정신고하지 않은 경우에는 예정신고한 토지 등 매매차익도 무신고한 소득금액으로 보고 신고불성실가산세를 적용한다.
③ 토지 등 매매차익예정신고시 토지 등 매매가액에서 공제받은 장기보유특별공제액은 부동산매매업자가 종합소득과세표준 확정신고시에 필요경비에 산입하지 않는다(집행기준 69-0-1).

2) 세액의 납부

부동산매매업자는 산출세액을 매매차익예정신고기한(매매일이 속하는 달의 말일부터 2개월이 되는 날)까지 납세지 관할 세무서, 한국은행 또는 체신관서에 납부하여야 한다(소법 제69조④).

3) 준용 규정

토지등의 매매차익에 대한 산출세액의 계산, 결정·경정 및 환산취득가액(실지거래가액·매매사례가액 또는 감정가액을 환산한 가액을 말한다) 적용에 따른 가산세에 관하여는 소득세법

제107조 제2항(예정신고 산출세액의 계산), 제114조(양도소득과세표준과 세액의 결정·경정 및 통지) 및 제114조의2(감정가액 또는 환산취득가액 적용에 따른 가산세)를 준용한다(소법 제69조⑤).

거주자가 건물을 신축 또는 증축(증축의 경우 바닥면적 합계가 85제곱미터를 초과하는 경우에 한정한다)하고 그 건물의 취득일 또는 증축일부터 5년 이내에 해당 건물을 양도하는 경우로서 소득세법 제97조 제1항 제1호 나목(양도소득의 필요경비계산을 할 때, 매매사례가액, 감정가액 또는 환산취득가액을 순차적으로 적용한 금액)에 따른 감정가액 또는 환산취득가액을 그 취득가액으로 하는 경우에는 해당 건물의 감정가액(증축의 경우 증축한 부분에 한정한다) 또는 환산취득가액(증축의 경우 증축한 부분에 한정한다)의 100분의 5에 해당하는 금액을 소득세법 제93조 제2호(양도소득세액계산의 순서)에 따른 양도소득 결정세액에 더한다(소법 제114조의2①). 이 경우 양도소득 산출세액이 없는 경우에도 적용한다(소법 제114조의2②).

③ 부동산매매업자에 대한 세액계산의 특례

(1) 세액계산의 특례

부동산매매업을 경영하는 거주자(이하 "부동산매매업자"라 한다)로서 종합소득금액에 주택등매매차익이 있는 자의 종합소득 산출세액은 다음의 세액 중 많은 것으로 한다(소법 제64조①).

① 종합소득 산출세액(소법 제64조① 제1호)
② 다음에 따른 세액의 합계액(소법 제64조① 제2호)
   ㈎ 주택등매매차익에 소득세법 제104조(양도소득세의 세율)에 따른 세율을 적용하여 산출한 세액의 합계액
   ㈏ 종합소득 과세표준에서 주택등매매차익의 해당 과세기간 합계액을 공제한 금액을 과세표준으로 하고 이에 소득세법 제55조(종합소득세의 세율)에 따른 세율을 적용하여 산출한 세액

종합소득 산출세액은 다음 제1호와 제2호 중 큰 금액으로 한다(집행기준 64-122-2).

> 1. 종합소득 과세표준 × 기본세율
> 2. [(주택등매매차익[주1] − 양도소득기본공제 − 장기보유특별공제) × 양도소득세율 [주2]]
>   + [(종합소득과세표준 − 주택등매매차익[주1]) × 기본세율]

주1) 주택등매매차익 = 해당 주택·토지의 매매가액 − 양도자산의 필요경비(실질거래가액에 의한 취득가액, 자본적 지출액, 양도비용 등)
주2) 양도소득세율(법 제104조①)

(2) 주택등매매차익의 계산

1) 세액계산특례의 적용대상 자산

부동산매매업자에 대한 세액계산특례를 적용하기 위해 "주택등매매차익"을 계산하는데 적용대상 자산은 소득세법 제104조 제1항 제1호(분양권에 한정한다)·제8호(비사업용토지)·제10호(미등기양도자산) 또는 같은 조 제7항 각 호(아래 표 참조)의 어느 하나에 해당하는 자산을 말한다(소법 제64조①).

한편, 주택등매매차익의 계산 적용대상 자산 중 소득세법 제104조 제7항 각 호의 적용에 대해서는 소득세법 시행령의 개정으로 보유기간이 2년(재개발사업, 재건축사업 또는 소규모 재건축사업 등을 시행하는 정비사업조합의 조합원이 해당 조합에 기존건물과 그 부수토지를 제공하고 관리처분계획등에 따라 취득한 신축주택 및 그 부수토지를 양도하는 경우의 보유기간은 기존건물과 그 부수토지의 취득일부터 기산한다) 이상인 주택을 2026.5.9.까지 양도하는 경우에는 한시적으로 양도소득세 중과세 대상에서 제외하고 장기보유특별공제도 적용한다(소령 제167조의3① 제12호의2, 제167조의4③ 제6호의2, 제167조의10① 제12호의2, 제167조의11① 제12호). 따라서 이에 해당하는 경우에는 종합소득세 확정신고 시에도 주택등매매차익의 중과세 적용대상 자산에서 제외된다.

> ### ❏ 소득세법 제104조 제7항 각 호
>
> 1. 「주택법」 제63조의2 제1항 제1호에 따른 조정대상지역(이하 이 조에서 "조정대상지역"이라 한다)에 있는 주택으로서 대통령령(생략)으로 정하는 1세대 2주택에 해당하는 주택

2. 조정대상지역에 있는 주택으로서 1세대가 1주택과 조합원입주권 또는 분양권을 1개 보유한 경우의 해당 주택. 다만, 대통령령(생략)으로 정하는 장기임대주택 등은 제외한다.

3. 조정대상지역에 있는 주택으로서 대통령령(생략)으로 정하는 1세대 3주택 이상에 해당하는 주택

4. 조정대상지역에 있는 주택으로서 1세대가 주택과 조합원입주권 또는 분양권을 보유한 경우로서 그 수의 합이 3 이상인 경우 해당 주택. 다만, 대통령령(생략)으로 정하는 장기임대주택 등은 제외한다.

* 주택신축판매업을 경영하는 거주자가 판매목적으로 신축한 주택의 매매차익에 대해서는 부동산매매업자에 대한 세액계산의 특례가 적용되지 않는다(집행기준 64-122-1).

2) 주택등매매차익의 계산

주택등매매차익은 해당 자산의 매매가액에서 다음 각각의 금액을 차감한 것으로 한다(소령 제122조②).

① 소득세법 시행령 제163조 제1항부터 제3항까지 및 제5항에 따라 계산한 양도자산의 필요경비

② 소득세법 제103조에 따른 양도소득 기본공제 금액

③ 소득세법 제95조 제2항에 따른 장기보유 특별공제액

주택등매매차익의 계산 = (해당 자산의 매매가액 − 양도지산의 필요경비 − 250만원 − 장기보유특별공제)

■ 부동산개발 관련 해석 · 판단사례

■ 부동산매매업자의 텔레마케터 수수료가 토지 등 매매차익의 양도비(소개비)에 해당하는지 여부

해석

• 「소득세법」 제64조 제1항 제2호에 따라 부동산매매업자의 주택 등 매매차익을 계산할 때 부동산매매업자가 텔레마케터에게 지급하는 수수료는 같은 법 시행령 제163조 제5항에 따른 양도비(소개비)에 해당하지 아니하는 것임(기준법령해석 소득2017-201, 2017.8.29.).

■ 부동산매매업자의 판매수당이 양도소득 공제대상인 필요경비에 해당하는지 판단

사안

- 원고는 개인사업자의 지위에서 논, 밭, 임야 등의 토지를 매입하고 이를 다시 매도하는 사업을 영위하는 부동산매매업자임.
- 원고는 부동산 매도인을 물색하는 역할을 하는 '매수모집인들' 및 해당 토지의 개발가능성 등을 검토하는 '사전답사자들'에게 각 보수 명목으로 지급한 금액(이하 'OT'라고 한다) 및 매입한 부동산을 매도하기 위해 토지매수인을 물색하는 역할을 하는 '매도모집인들'에게 보수 명목으로 지급한 금액(이하 'RT'라고 하고, 위 OT 및 RT를 합하여 '판매수당'이라 한다)을 양도가액에서 공제할 필요경비라고 보아, 토지매도가격에서 판매수당을 차감한 금액에 비사업용 토지 양도소득세율을 곱하여 토지매매차익에 대한 세액을 산출하였음.
- 피고(처분청)는 2009년 판매수당의 경우에는 총 1,354,559,333원(= OT 659,027,013원 + RT 695,532,320원)만을 필요경비에서 제외하였음.

판례

- 증거들 및 변론 전체의 취지에 의하여 인정되는 다음과 같은 사정 등에 비추어 보면, OT〈매수모집인들과 사전답사자들〉는 구 소득세법 시행령 제89조 제1항 제1호의 "기타 부대비용"에, RT〈매도모집인들〉는 위 시행령 제163조 제5항 제1호 다목의 "소개비"에 각 해당한다고 봄이 타당하고, 따라서 이러한 판매수당(OT 및 RT를 합하여 '판매수당'이라 한다)은 양도자산의 필요경비로서 토지매매차익 계산시 공제되어야 할 것임에도 이를 필요경비에서 제외한 후 부과된 이 사건 처분은 그 범위에서 위법하다할 것임.

  ㉠ 구 소득세법 시행령 제89조 제1항 제1호의 자산의 취득가액에 포함되는 "기타 부대비용"은 양도가액에서 공제할 필요경비에 포함되는 '취득에 소요된 실지거래가액'의 하나로 열거되어 있다고 볼 수 있음(대법원 2012.12.26. 선고, 2012두12723 판결 참조).

  ㉡ 2009.2.4. 대통령령 제21301호로 개정되기 전의 구 소득세법 시행령 제163조 제5항 제1호는 '법 제94조 제1항 각 호의 자산을 양도하기 위하여 직접 지출한 비용'이라고만 포괄적으로 규정하고 있었으나, 2009.2.4. 대통령령 제21302호로 개정된 구 소득세법 시행령 제163조 제5항 제1호 가목에서 라목까지에서는 '공증비용, 인지대 및 소개비' 등을 양도비용으로 명확하게 규정하였는데, 이러한 개정의 취지는 '양도세 실가과세 전환에 따른 실제 소요비용을 필요경비로 인정함으로써 실가제도의 합리성을 제고'하는데 있으므로, 이러한 시행령 개정취지에 비추어 보면, 토지 매수 및 매도에 필요하여 실제 소요된 비용이라면 양도자산의 필요경비인 '취득에 소요된 실지거래가액'에 해당한다고 보아야 함.

  ㉢ 판매수당은 해당 토지의 개발가능성 등을 검토한 후 개발가능성이 큰 토지의 매수를 성사시키고, 잠재적 매수자에 대해 매수한 토지의 입지조건 및 향후 개발가능성 등을 설명하고 매수를

유도하기 위한 비용으로서, 원고와 같이 대규모로 토지를 매수하고 이를 다시 여러 필지로 분할하여 매도하는 사업을 반복적으로 하는 경우에는 매수 및 매도를 진행하기 위해서 지출할 수밖에 없는 비용으로 보임.

㉣ 원고는 판매수당을 지출하면서 판매사원들로부터 사업소득세를 원천징수·납부하여 그 지출사실이 객관적으로 확인됨(대전고법 2016누10129, 2016.10.20., 대법 2016두60256, 2017.2.23.).

 공동사업 일반

(1) 개 요

부동산개발사업의 프로젝트가 자본이 크게 소요되는 사업인 경우 등 상황에 따라 여러 명이 동업계약을 약정하고 상호 출자를 하여 공동으로 사업을 경영할 수 있다. 국세기본법과 각 개별 세법에서는 공동사업에 관한 규정을 별도로 두고 있어 공동사업에 관한 세법적용이 단독사업의 세법적용과는 다른 점이 있으며 또한, 공동사업의 구성원 인격(개인 또는 법인)에 따라서도 적용해야 할 세법이 달라지게 된다. 아래에서는 이에 관한 세무실무에 대해 서술한다.

(2) 국세기본법상 공동사업 연대납세의무

국세기본법은 공동사업의 경우에 연대납세의무를 지우고 있다. 즉, 공유물, 공동사업 또는 그 공동사업에 속하는 재산과 관계되는 국세 및 강제징수비는 공유자 또는 공동사업자가 연대하여 납부할 의무를 진다(국기법 제25조①). 이에 따라 공동사업에 관한 국세는 납세의무 성립일을 기준으로 그 시점의 공동사업자 전원이 납세의무가 이미 성립된 국세 중 납부되지 아니한 국세에 대해 연대하여 납세의무를 지게 된다.

국세기본법과 개별 세법 등과의 관계에서 국세기본법은 국세에 관하여 세법에 별도의 규정이 있는 경우를 제외하고는 이 법에서 정하는 바에 따른다(국기법 제3조①)고 규정하고 있어 개별 세법에서 연대납세의무에 대한 규정이 별도로 있는 경우 그 개별 세법이 우선 적용된다.

공유물 등의 연대납세의무

① 공유물, 공동사업 또는 그 공동사업에 속하는 재산에 관계되는 국세·체납처분비는 공유자 또는 공동사업자가 연대하여 납부할 의무를 진다.
② "공유물"이란 「민법」 제262조(물건의 공유)의 규정에 따른 공동소유의 물건을 말한다.
③ "공동사업"이란 그 사업이 당사자 전원의 공동의 것으로서, 공동으로 경영되고 따라서 당사자 전원이 그 사업의 성공여부에 대하여 이해관계를 가지는 사업을 말한다.
④ 공동사업을 탈퇴한 경우에도 해당 공동사업에 관련된 국세 등은 납세의무성립일 현재

공동사업자 전원에게 연대납세의무가 있다(서면1팀-989, 2005.8.18., 집행기준 25-0-1).

부동산개발 관련 해석·판단사례

「국세기본법」의 연대납세의무의 법률적 성질 판단

- 「국세기본법」 제25조 제1항 소정의 연대납세의무의 법률적 성질은 민법상의 연대채무와 근본적으로 다르지 아니하여, 각 연대납세의무자는 개별 세법에 특별한 규정이 없는 한 원칙적으로 고유의 납세의무부분이 없이 공동사업 등에 관계된 국세의 전부에 대하여 전원이 연대하여 납세의무를 부담하는 것이므로, 국세를 부과함에 있어서는 연대납세의무자인 각 공유자 또는 공동사업자에게 개별적으로 당해 국세 전부에 대하여 납세의 고지를 할 수 있고, 또 연대납세의무자의 1인에 대한 과세처분의 하자는 상대적 효력만을 가지므로, 연대납세의무자의 1인에 대한 과세처분의 무효 또는 취소 등의 사유는 다른 연대납세의무자에게 그 효력이 미치지 않음(대법원 99두2222, 1999.7.13.).

주택시공회사가 주택조합과 공동사업주체로서 사업을 수행하는 경우 국세기본법의 공동사업 연대납세의무에 해당하는지 여부

- 등록업자(주택시공회사)가 주택조합과 도급계약을 체결하고 주택을 신축·공급함에 있어 동 등록업자가 주택건설촉진법상의 규정에 의거 주택조합과 공동사업주체로서 당해 사업을 시행하는 경우에 국세기본법 제25조의 규정에 의한 공동사업자로서의 연대납세의무를 부담하는지의 여부는 당해 공동사업주체간의 약정내용 즉, 당해 사업과 관련한 출자관계, 이익의 귀속에 대한 분배방법·비율, 책임부담 문제 등 공동사업의 요건을 종합적으로 사실판단하여 결정하여야 하는 것임(징세 46101-3200, 1998.11.19.).

공동사업에서 탈퇴한 경우 공동사업에 관계되는 국세에 대한 연대납세의무 해당 여부

- 사업을 공동으로 경영하다가 1인이 탈퇴한 경우 당해 공동사업에 관계되는 국세 등에 대한 납세의무는 납세의무성립일 현재 공동사업자 전원이 연대하여 지는 것임(서면1팀-989, 2005.8.18.).

■ 단독사업에 해당하는지 공동사업에 해당하는지 판단

- 원고는 1998.12.24. BB건설 주식회사(이하 'BB건설')와 공동으로 서울 CC구 CC동 1446 −11 외 3필지에 DDDDD아파트(지하 3층, 지상 40층, 대지 28,009㎡, 건물 226,180㎡임, 이하 이 사건 아파트라 한다)를 신축·분양하는 'CC동 터미널부지 합작사업에 관한 약정' 을 체결함.
- 원고는 1999.7.19. 이 사건 아파트 신축·분양사업(이하 '이 사건 신축사업')을 시행하기 위한 사업자로서 '개업일 : 1999.6.7.', '업종 : 건설업(아파트, 주택신축)', '공동사업자 : 원고(지분율 90%), BB건설(지분율 10%)', '대표자 : 손EE'으로 하는 ○○공제회 CC사업단(이하 'CC사업단')으로 개인사업자등록을 필함.
- 원고는 위 사업자등록을 마친 후 2003년까지 이 사건 신축사업을 진행하면서 2000년부터 2002년까지 위 사업소득에 관하여 원고와 BB건설이 공동으로 사업을 경영하는 것을 전제로 공동사업장에 관한 소득세법(2006.12.30. 법률 제8144호로 개정되기 전의 것, 이하 같음) 제87조 제1항 제2호(가산세로서 공동사업장에 관련되는 세액은 각 공동사업자의 손익 분배비율에 따라 배분한다), 제43조(공동사업에 대한 소득금액 계산의 특례)가 적용되고, 이 사건 아파트 분양사업이 '주택신축판매업'에 해당한다고 보아 소득세법 시행령(2003.12.30. 대통령령 제18173호로 개정되기 전의 것, 이하 같음) 제48조 제11호에 따라 '분양대금의 청산일'을 사업소득의 수입시기로 판단하여 이 사건 아파트가 완공되고 분양대금의 완납이 이루어진 2003년을 수입시기로 보았고, 그 이전인 2000년 내지 2002년에는 이 사건 사업과 관련된 수익이나 손비를 원고의 법인세 산정에 포함시키지 않았음.
- 피고는 원고에 대한 2003.12.8.부터 2004.2.6.까지 일반세무조사를 실시하였는데, 이 사건 신축사업을 원고가 시행한 단독사업으로 보고, 이는 법인세법 시행령(2003.12.30. 대통령령 제18174호로 개정되기 전의 것, 이하 같음) 제69조 제1항의 '예약매출'에 해당하므로 같은 조 제2항에 의하여 '작업진행률'을 기준으로 하여 계산한 수익과 비용을 아래의 표(생략)와 같이 원고의 각 해당 사업연도의 익금과 손금에 산입하였음.
- 원고의 주장 : 이 사건 신축사업은 원고와 BB건설의 공동사업이므로, 소득세법 제43조에 의하여 공동사업자인 CC사업단을 1거주자로 보고 소득세를 계산하여야 하므로, 이 사건 신축사업에 대한 수익의 인식기준에 관하여는 소득세법이 적용되어야 함. 소득세법 시행령 제48조 제11호에 의하면 사업소득의 수입시기와 관련하여 '주택신축판매업의 경우 대금을 청산한 날'을 기준으로 수익을 인식하도록 규정하고 있으므로, 분양대금이 완납된 2003년부터 수익을 인식하는 것이 타당함. 따라서 이와 다른 전제에서 '작업진행률'을 기준으로 2003년 이전 사업연도부터 이 사건 신축사업에 대하여 익금과 손금을 산입한 이 사건 처분은 위법함.

• 공동사업이라 함은 민법 제703조 제2항에 의한 조합계약에 의하여 2인 이상이 서로 출자하여 공동사업을 경영할 것을 약정하고, 그 지분 또는 손익분배의 비율 등을 정하여 당사자 전원이 그 사업의 성공 여부에 대하여 직접적으로 이해관계를 가지는 동업형태를 의미함. 어떤 사업이 단독사업인지 공동사업인지 여부를 구별하기 위하여는, 계약서의 형식이 동업계약 혹은 조합계약의 형태를 취하고 있는지 여부뿐만 아니라 ① 당사자 사이에 개별적인 출자 여부, ② 사업의 성과에 따른 이익이나 손실 분배약정의 유무, ③ 공동사업에 필요한 재산에 대하여 합유적 귀속 유무, ④ 사업운영에 내부적인 공동관여 유무, ⑤ 사업의 대외적인 활동 주체와 형식 등 구체적·실질적 사정을 종합적으로 고려하여 판단하여야 함.

• 이 사건으로 돌아와 살펴보면, 위 인정사실 및 변론 전체의 취지에 관하여 인정되는 다음과 같은 사정들(생략)을 종합하여 보면, 비록 이 사건 신축사업에 필요한 토지를 합유등기가 아닌 원고 단독 명의로 등기하였다든가, 건축허가명의와 분양계약서상의 공급자 명의, 건축공사도급계약의 도급인 명의 등이 'CC사업단'이 아닌 원고 단독 명의로 되어있는 등 조합계약의 형태와 엄밀히 부합하지는 않는 대외적 활동의 징표들이 존재한다고 하더라도, 공동사업의 핵심적 속성인 공동출자와 손익의 배분이 존재하는 한, 이 사건 신축사업을 원고의 단독사업으로 보기는 어렵고 원고와 BB건설의 공동사업으로 봄이 타당함.

• 원고와 BB건설을 공동사업자로 볼 경우 이에 대하여 소득세법 제43조, 제87조 제1항 제2호에 의하여 소득세법에 따른 전체 소득금액을 계산한 뒤 이를 각 법인의 지분비율로 안분하여 각 법인의 익금에 산입하여야 하는지 여부가 문제됨. 그러나 위 소득세법 규정은 개인과 개인이 조합으로 공동사업을 경영할 경우에 적용되는 것이고 법인과 법인이 조합으로 공동사업을 경영할 경우 조세특례제한법에 따른 동업기업에 대한 과세특례를 신청하는 경우는 별론으로 하고, 일단 사업장 단위에서 순소득을 계산하도록 하는 규정이 없는 이상, 공동사업장에서 발생한 자산, 부채 및 수입, 지출의 거래금액 중 법인의 지분에 해당하는 금액을 그 법인의 수익과 손비로 보고 법인세법을 적용하여 법인세과세표준 및 세액을 신고·납부하여야 함. 따라서 'CC사업단'을 공동사업자로 본다고 하더라도, 그에 대한 과세소득을 산정함에 있어서는 CC사업단 전체의 수입과 지출금액 중 원고의 지분율에 해당하는 금액을 원고 법인의 수익과 손비로 보고 법인세를 적용하여 법인세 과세표준을 정하여야 하는 이상, 이 사건 신축사업은 법인세법 시행령 제69조 제1항에 의한 '예약매출'에 해당하고, 건설 등의 계약기간이 1년 이상에 해당하는 건설이므로, 같은 조 제2항에 의하여 건설 등의 착수일이 속하는 사업연도인 2000년부터 그 목적물의 인도일이 속하는 2003년까지 그 목적물의 건설 등을 완료한 정도인 작업진행률에 따라 계산한 수익과 비용을 각 해당사업연도의 익금과 손금에 산입하였어야 할 것이고, 이 사건 신축사업에 소득세법 시행령 제48조가 적용될 여지가 없는 이상, 이를 전제로 한 원고의 주장은 이유 없음 (서울행법 2010구합10365, 2011.5.27.).

- 공동사업은 민법 제703조 제2항에 의한 조합계약에 의하여 2인 이상이 서로 출자하여 공동사업을 경영할 것을 약정하고, 그 지분 또는 손익분배의 비율 등을 정하여 당사자 전원이 그 사업의 성공 여부에 대하여 직접적으로 이해관계를 가지는 동업형태를 의미함. 한편 어떤 사업이 단독사업인지 공동사업인지 여부를 구별하기 위하여는, 계약서의 형식이 동업계약 혹은 조합계약의 형태를 취하고 있는지 여부뿐만 아니라 ① 당사자 사이에 개별적인 출자 여부, ② 사업의 성과에 따른 이익이나 손실 분배약정의 유무, ③ 공동사업에 필요한 재산에 대하여 합유적 귀속 유무, ④ 사업운영에 내부적인 공동관여 유무, ⑤ 사업의 대외적인 활동 주체와 형식 등 구체적·실질적 사정을 종합적으로 고려하여 판단하여야 함. 다만 일정한 공동사업에 있어 조합계약의 형태와 엄밀히 부합하지는 않는 대외적 활동의 징표들이 존재한다고 하더라도, 공동사업의 핵심적 속성인 공동출자와 손익의 배분이 존재하는 한, 공동사업으로 보아야 함.
- 개인과 개인이 조합으로 공동사업을 경영할 경우에는 전체 소득금액을 계산한 뒤 이를 각 개인의 지분비율로 안분하여 각 개인의 소득금액에 산입하여야 하나, 법인과 법인이 조합으로 공동사업을 경영할 경우에는 일단 사업장 단위에서 순소득을 계산하도록 하는 규정이 없는 이상, 공동사업장에서 발생한 자산, 부채 및 수입, 지출의 거래금액 중 법인의 지분에 해당하는 금액을 그 법인의 수익과 손비로 보고 법인세법을 적용하여 법인세과세표준 및 세액을 신고·납부하여야 함. 개인과 법인이 공동사업을 경영할 경우에는 개인은 전체 소득금액에 대한 해당 지분을 그 개인의 다른 소득금액과 합산하여 소득세법을 적용하고 법인은 그 법인의 지분에 해당하는 각 금액을 그 법인의 수익과 손비로 보고 법인세법을 적용하여야 함.
- 한편, 법인과 법인이 조합으로 공동사업을 경영하여 발생한 매출이 예약매출로서 건설 등의 계약기간이 1년 이상에 해당하는 건설인 경우에는, 예외적인 상황이 아니라면 건설 등의 착수일이 속하는 사업연도부터 그 목적물의 인도일이 속하는 연도까지 그 목적물의 건설 등을 완료한 정도인 작업진행률에 따라 계산한 수익과 비용을 각 해당 사업연도의 익금과 손금에 산입하였어야 할 것임.

 개인사업자 간의 공동사업

부동산개발사업을 하고자 하는 개인 2인 이상이 동업계약을 하고 자금 또는 현물을 출자하여 주택 또는 상가를 신축하여 분양사업을 하고자 할 때, 먼저 부가가치세법에 따라 공동사업자 등록을 하여야 하고, 공동사업장에 대한 소득금액 계산과 공동사업자 간의 소득의 분배 등 소득세법의 규정을 따라야 한다. 아래에서는 이에 관한 내용을 서술한다.

(1) 부가가치세법상 세무실무

1) 사업자등록

사업자는 사업장마다 사업 개시일부터 20일 이내에 사업장 관할 세무서장에게 사업자등록을 신청하여야 한다. 다만, 신규로 사업을 시작하려는 자는 사업 개시일 이전이라도 사업자등록을 신청할 수 있다(부가법 제8조 ①).

공동사업자가 사업자등록을 신청할 때에는 사업자등록신청서[별지 제4호 서식]에 별지 제4호 서식 부표 1의 공동사업자 명세, 종업원 현황을 추가로 적어 제출하여야 한다(부가칙 제9조① 제1호).

부동산매매업인 경우 개인의 사업장 소재지는 사업에 관한 업무를 총괄하는 장소로 한다(부가령 제8조).

> **공동사업자의 사업자등록 및 정정**
>
> ① 2인 이상의 사업자가 공동사업을 하는 경우 사업자등록신청은 공동사업자 중 1인을 대표자로 하여 대표자명의로 신청하여야 하며, 공동사업자 중 일부의 변경 및 탈퇴, 새로운 공동사업자 추가의 경우에는 사업자등록을 정정하여야 한다.
> ② 개인 단독사업자가 공동사업자로, 공동사업자가 개인 단독사업자로 변경되는 경우에는 사업자등록을 정정하여야 한다(기본통칙 8-14-1).

2) 과세대상의 판정

① 공동주택 신축 후 자기 주거용 분양 또는 일반인에게 분양하는 경우

연립주택의 소유자들이 공동으로 국민주택규모 이상의 주택을 재건축하여 종전의 소유자 또는 일반인에게 분양함에 있어 당해 주택을 종전의 소유자에게 자기 주거용으로 분양하는 경우에는 부가가치세가 과세되지 아니하는 것이다. 따라서 이와 관련되는 매입세액은 불공제하는 것이나, 잔여 주택을 일반인에게 분양하는 경우에는 부가가치세법 제6조의 규정에 의해 부가가치세가 과세되는 것으로, 이와 관련되는 매입세액은 동법 제17조 제1항의 규정에 의해 공제 가능한 것이다(서면3팀-151, 2006.1.23.).

② 공동사업에 현물출자한 경우

현물출자는 법인 또는 공동사업체에 자본금 또는 출자금을 금전 외의 재산으로 출자하는 것을 말한다. 현물출자를 하게 되면 재화의 공급에 대한 대가로서 주식 또는 출자지분을 취득하게 된다(집행기준 9-18-1).

　경매, 수용, 현물출자와 그 밖의 계약상 또는 법률상의 원인에 따라 재화를 인도하거나
양도하는 것은 재화 공급의 범위에 해당한다(부가령 제18조① 제4호).

③ 출자지분 반환의 경우

(ㄱ) 출자자가 자기의 출자지분을 타인에게 양도·상속·증여하거나 법인 또는 공동사업자가
　　 출자지분을 현금으로 반환하는 것은 재화의 공급에 해당하지 아니한다.

(ㄴ) 법인 또는 공동사업자가 출자지분을 현물로 반환하는 것은 재화의 공급에 해당한다.

(ㄷ) 공동사업자 구성원이 각각 독립적으로 사업을 영위하기 위하여 공동사업의 사업용 고정
　　 자산인 건축물을 분할등기하는 경우 해당 건축물의 이전은 재화의 공급으로 본다(집행기준
　　 9-18-2).

■ 부동산개발 관련 해석·판단사례

■ 공동사업의 판단

> **해석**
>
> • 공동사업이라 함은 민법상의 조합계약에 의하여 2인 이상이 그 지분 또는 손익배분의 비율,
> 대표자 기타 필요한 사항등을 정하여 공동으로 출자하여 공동으로 경영되고 따라서 당사자
> 전원이 그 사업의 성공여부에 대해 이해관계를 가지는 사업을 말하는 것으로, 부가가치세법
> 제5조 및 같은 법 시행령 제7조의 규정에 의한 사업자등록신청 및 사업자등록증 교부시 공동사업자
> 해당 여부는 동 사업이 당사자 전원의 공동의 것으로 공동경영되고 지분 또는 손익의 분배비율
> 및 방법이 정해져 있는지 등의 사실에 따라 판단할 사항인 것임(서면3팀-438, 2005.3.29.).

■ 공동사업에 해당하지 아니하는 경우

> **해석**
>
> • 공동사업이라 함은 민법상의 조합계약에 의하여 2인 이상이 그 지분 또는 손익분배의 비율,
> 대표자 기타 필요한 사항 등을 정하여 공동으로 출자하여 공동으로 사업을 경영하는 것을 말하는
> 것이며, 거래당사자간의 단순한 채권·채무 등 그 이해관계를 담보하기 위하여 체결한 형식적인
> 동업계약은 당해 사업에 있어서 실질적인 출자 및 사실상의 공동사업을 수행하는 것이 아니므로
> 공동사업에 해당하지 아니하는 것임(제도 46019-10565, 2001.4.12.).

(2) 소득세법상 공동사업에 대한 소득금액 계산의 특례

ⅰ. 공동사업장의 소득금액 계산

1) 1거주자 적용과 출자공동사업자

사업소득이 발생하는 사업을 공동으로 경영하고 그 손익을 분배하는 공동사업[경영에 참여하지 아니하고 출자만 하는 출자공동사업자(이하 "출자공동사업자"라 한다)가 있는 공동사업을 포함한다]의 경우에는 해당 사업을 경영하는 장소(이하 "공동사업장"이라 한다)를 1거주자로 보아 공동사업장별로 그 소득금액을 계산한다(소법 제43조①).

출자공동사업자란 다음의 어느 하나에 해당하지 아니하는 자로서 공동사업의 경영에 참여하지 아니하고 출자만 하는 자를 말한다(소령 제100조①).

① 공동사업에 성명 또는 상호를 사용하게 한 자

② 공동사업에서 발생한 채무에 대하여 무한책임을 부담하기로 약정한 자

2) 소득금액의 분배

공동사업에서 발생한 소득금액은 해당 공동사업을 경영하는 각 거주자(출자공동사업자를 포함한다. 이하 "공동사업자"라 한다) 간에 약정된 손익분배비율(약정된 손익분배비율이 없는 경우에는 지분비율을 말한다. 이하 "손익분배비율"이라 한다)에 의하여 분배되었거나 분배될 소득금액에 따라 각 공동사업자별로 분배한다(소법 제43조②).

공동사업자 중 1인에게 경영에 참가한 대가로 급료명목의 보수를 지급한 때에는 해당 공동사업자의 소득분배로 보고 그 공동사업자의 분배소득에 가산한다(집행기준 43-100-1).

3) 공동사업 합산과세대상

거주자 1인과 그의 특수관계인이 공동사업자에 포함되어 있는 경우로서 손익분배비율을 거짓으로 정하는 등 아래 ②에서 정하는 사유가 있는 경우에는 그 특수관계인의 소득금액은 그 손익분배비율이 큰 공동사업자(손익분배비율이 같은 경우에는 아래 ③에서 정하는 자로 한다. 이하 "주된 공동사업자"라 한다)의 소득금액으로 본다(소법 제43조③).

① 특수관계인이란 거주자 1인과 「국세기본법 시행령」 제1조의2 제1항부터 제3항까지의 규정에 따른 관계에 있는 자로서 생계를 같이 하는 자를 말한다(소령 제100조②). 특수관계인에 해당하는지 여부는 해당 과세기간 종료일 현재의 상황에 의한다(소령 제100조③).

② 손익분배비율을 거짓으로 정하는 등의 사유란 다음의 어느 하나에 해당하는 경우를

말한다(소령 제100조④).

㉠ 공동사업자가 소득세법 제70조 제4항(종합소득과세표준 확정신고)의 규정에 의하여
　　제출한 신고서와 첨부서류에 기재한 사업의 종류, 소득금액내역, 지분율, 약정된
　　손익분배비율 및 공동사업자간의 관계 등이 사실과 현저하게 다른 경우

㉡ 공동사업자의 경영참가, 거래관계, 손익분배비율 및 자산·부채 등의 재무상태 등을
　　고려할 때 조세를 회피하기 위하여 공동으로 사업을 경영하는 것이 확인되는 경우

③ 손익분배비율이 같은 경우에 정하는 자(주된 공동사업자)란 다음의 순서에 따른 자를
　　말한다(소령 제100조⑤).

㉠ 공동사업소득 외의 종합소득금액이 많은 자

㉡ 공동사업소득 외의 종합소득금액이 같은 경우에는 직전 과세기간의 종합소득금액이
　　많은 자

㉢ 직전 과세기간의 종합소득금액이 같은 경우에는 해당 사업에 대한 종합소득과세
　　표준을 신고한 자. 다만, 공동사업자 모두가 해당 사업에 대한 종합소득과세표준을
　　신고하였거나 신고하지 아니한 경우에는 납세지 관할 세무서장이 정하는 자로 한다.

그리고 종합소득과세표준 확정신고시 소득공제를 적용하는 경우 소득금액이 주된 공동
사업자의 소득금액에 합산과세되는 특수관계인이 지출·납입·투자·출자 등을 한 금액이
있으면 주된 공동사업자의 소득에 합산과세되는 소득금액의 한도에서 주된 공동사업자가
지출·납입·투자·출자 등을 한 금액으로 보아 주된 공동사업자의 합산과세되는 종합소득
금액을 계산할 때에 소득공제를 받을 수 있다(집행기준 43-100-2).

ⅱ. 공동사업장에 대한 소득금액 계산의 특례

1) 원천징수세액의 배분

공동사업장에서 발생한 소득금액에 대하여 원천징수된 세액은 각 공동사업자의 손익분배
비율에 따라 배분한다(소법 제87조①).

2) 가산세의 배분

다음의 가산세로서 공동사업장에 관련되는 세액은 각 공동사업자의 손익분배비율에 따라
배분한다(소법 제87조②).

① 영수증 수취명세서 미제출·불명 가산세(소법 제81조) : 사업자가 영수증 수취명세서를
　　제출하지 아니한 분의 지급금액 또는 불분명한 분의 지급금액의 100분의 1을 가산세를
　　적용함.

② 사업장 현황신고 불성실 가산세(소법 제81조의3)

③ 공동사업장 등록·신고 불성실 가산세(소법 제81조의4)

④ 영수증 수취명세서 제출·작성 불성실 가산세 및 증명서류 수취 불성실 가산세(소법 제81조의6) : 다른 사업자로부터 재화 또는 용역을 공급받고 증명서류를 받지 아니하거나 사실과 다른 증명서류를 받은 경우 100분의 2의 가산세를 적용함.

⑤ 사업용계좌 신고·사용 불성실 가산세(소법 제81조의8)

⑥ 신용카드 및 현금영수증 발급 불성실 가산세(소법 제81조의9)

⑦ 계산서 등 제출 불성실 가산세(소법 제81조의10)

⑧ 지급명세서 등 제출 불성실 가산세(소법 제81조의11)

⑨ 원천징수 등 납부지연가산세(국기법 제47조의5)

3) 1사업자 적용

공동사업장에 대해서는 그 공동사업장을 1사업자로 보아 소득세법 제160조 제1항(장부의 비치·기록) 및 제168조(사업자등록 및 고유번호의 부여)를 적용한다(소법 제87조③).

4) 사업자등록

공동사업자가 그 공동사업장에 관한 소득세법 제168조 제1항 및 제2항에 따른 사업자등록을 할 때에는 공동사업자(출자공동사업자 해당 여부에 관한 사항을 포함한다), 약정한 손익분배비율, 대표공동사업자, 지분·출자명세, 그 밖에 필요한 사항을 사업장 소재지 관할 세무서장에게 신고하여야 한다(소법 제87조④).

공동사업장의 사업자등록은 대표공동사업자가 공동사업장등이동신고서[별지 제20호 서식]에 따라 해당 사업장 관할 세무서장에게 하여야 한다. 이 경우 사업자등록을 할 때 공동사업자 명세를 신고한 경우에는 공동사업장등이동신고서를 제출한 것으로 본다(소령 제150조③).

"대표공동사업자"란 출자공동사업자 외의 자로서 다음의 자를 말한다(소령 제150조①).

① 공동사업자들 중에서 선임된 자

② 선임되어 있지 아니한 경우에는 손익분배비율이 가장 큰 자. 다만, 그 손익분배비율이 같은 경우에는 사업장 소재지 관할 세무서장이 결정하는 자로 한다.

5) 변동신고

대표공동사업자는 사업자등록에 따른 신고내용에 변동이 발생한 경우 그 사유가 발생한 날이 속하는 과세기간의 종료일부터 15일 이내에 공동사업장등이동신고서[별지 제20호 서식]에 의하여 해당 사업장 관할 세무서장에게 그 변동내용을 신고하여야 한다. 이 경우 부가가치세법 제8조에 따라 사업자등록 정정신고를 할 때 변동내용을 신고한 경우에는 공동사업장등이동신고서를 제출한 것으로 본다(소령 제150조③).

6) 과세표준확정신고

공동사업자가 과세표준확정신고를 하는 때에는 과세표준확정신고서와 함께 당해 공동 사업장에서 발생한 소득과 그 외의 소득을 구분한 계산서를 제출하여야 한다. 이 경우 대표 공동사업자는 당해 공동사업장에서 발생한 소득금액과 가산세액 및 원천징수된 세액의 각 공동사업자별 분배명세서를 제출하여야 한다(소령 제150조⑥).

공동사업장에 대한 납세지 관할 세무서장은 대표공동사업자의 주소지 관할 세무서장으로 한다(소령 제150조⑤).

7) 소득금액의 결정 또는 경정

공동사업에서 발생하는 소득금액의 결정 또는 경정은 대표공동사업자의 주소지 관할 세무서장이 한다. 다만, 국세청장이 특히 중요하다고 인정하는 것에 대하여는 사업장 관할 세무서장 또는 주소지 관할 지방국세청장이 한다(소령 제150조②).

공동사업장을 단독사업장으로 변경하는 경우 소득금액의 계산

① 단독으로 사업을 경영하다가 공동사업으로 변경한 경우에 단독사업장은 공동사업으로 변경한 날의 전날에 폐업(또는 승계)한 것으로 보고 소득금액을 계산한다.
② 공동사업으로 변경 후 해당 공동사업장에서 발생한 소득은 그 지분 또는 손익분배의 비율에 의하여 분배되었거나 분배될 소득금액에 따라 각 거주자별로 소득금액을 계산한다.
③ 공동사업에서 단독사업으로 변경된 경우 공동사업장은 단독사업으로 변경한 날의 전날에 폐업(또는 승계)한 것으로 보아 소득금액을 계산한다(집행기준 43-0-1).

공동사업장의 기장의무

① 공동사업장의 경우에는 해당 공동사업장을 1거주자로 보아 장부기장의무 및 장부비치 의무를 적용한다.
② 1거주자가 공동사업과 단독으로 경영하는 사업이 있는 경우 공동사업장의 장부비치·기장의무는 공동사업장의 총수입금액만을 기준으로 하여 판정하고 단독으로 경영하는 사업장에 대해서는 그 단독사업장의 총수입금액의 합계액을 기준으로 판정한다.

③ 구성원이 동일한 공동사업장이 2 이상인 경우에는 그 공동사업장의 수입금액을 합산하되,
「소득세법 시행령」 제208조 제7항의 산식에 따라 계산한 수입금액에 따라 간편장부대상자
여부를 판단한다.

④ 공동사업장 구성원의 변동이 있는 경우에도 기장의무는 직전연도 해당 공동사업장의
수입금액에 의하여 판단한다.

⑤ 단독사업을 경영하다가 공동사업으로 변경한 경우 단독사업장 및 공동사업장에 대하여
각각 별개로 장부를 비치 · 기장해야 한다(집행기준 43-0-2).

공동사업장의 결손금 처리

공동사업장에서 발생한 결손금은 각 공동사업자별로 분배된 금액 범위 내에서 각 공동사업
자의 다른 사업장의 동일소득 또는 다른 종합소득과 통산한다. 따라서 공동사업장의 결손금은
각 공동사업자별로 분배되었으므로 공동사업장의 이월결손금은 존재하지 않는다(집행기준
43-0-3).

투자이익보장 약정에 따른 투자이익의 소득구분

손익발생 여부와 관계없이 일정금액을 지급하기로 되어 있고 사업의 위험부담이나 책임이
없이 일정액 이상의 투자이익을 보장하는 약정서는 공동사업약정서가 아닌 금전소비대차
약정서에 해당하며 그 투자이익은 비영업대금의 이익에 해당한다(집행기준 43-100-3).

공동사업 지분 변경시 소득금액 계산방법

공동사업에 있어서 과세기간 중 그 구성원이 탈퇴하면서 나머지 다른 공동사업자에게
자기지분을 양도하여 그 지분의 변동이 발생한 경우에는 변동시마다 공동사업자별 소득분배
비율에 따라 해당 거주자별로 소득금액을 구분계산 한다(집행기준 43-100-4).

* 공동사업에 토지를 현물출자할 경우 개인 공동사업자의 양도소득세에 관한 내용은 'Chapter 6. 제3절 1.
공동사업 현물출자'를 참고하기 바란다.

부동산개발 관련 해석 · 판단사례

■ 3인의 공동사업자 중 2인이 나머지 1인의 다른 공동사업자에게 자기지분을 양도하고 지급받는 대가의 소득구분

> **해석**
>
> • 상가신축판매를 영위하는 공동사업자 3인 중 2인이 판매용 신축 상가점포에 대한 지분을 나머지 다른 1인의 공동사업자에게 양도하고 얻은 소득은 소득세법 제19조, 제43조, 제87조의 규정에 의하여 당해 공동사업장의 사업소득에 해당하는 것임(서면소득 2016－6250, 2017.2.17.).

■ 거주자가 공동사업에 출자를 위한 토지의 취득에 소요된 차입금의 지급이자에 대한 필요경비 해당 여부

> **해석**
>
> • 거주자가 건설업을 경영하는 공동사업에 출자하기 위한 토지의 취득에 소요된 차입금의 이자는 「소득세법」 제33조 및 같은 법 시행령 제61조 제1항에 따라 공동사업장의 필요경비에 산입할 수 없는 것임. 한편, 해당 공동사업장이 건물 신축을 위하여 공동사업장 명의로 차입한 차입금은 공동사업장의 출자와 관련된 차입금에 해당하지 아니하는 것임(법규소득－154, 2010.6.14.).

■ 부담부 증여받은 수증자가 인수한 채무에 대한 지급이자를 공동사업의 필요경비로 산입가능 여부

> **해석**
>
> • 거주자가 공동사업에 출자하기 위하여 차입한 금액에 대한 지급이자는 당해 공동사업장의 총수입금액을 얻기 위하여 직접 사용된 부채에 대한 지급이자로 볼 수 없으므로 당해 공동사업장의 소득금액 계산상 필요경비에 산입할 수 없는 것이며, 이에 해당하는지 여부는 공동사업 구성원 간에 정한 동업계약의 내용 등에 따라 판단해야 하는 것임(서면소득 2018－3990, 2018.12.21.).

■ 주택신축판매업의 공동사업자가 현물출자한 토지를 대지권 등기를 위하여 다른 공동
　사업자에게 소유권이전등기 하는 경우 사업소득 과세대상 여부

> **해석**
>
> • 공동주택 신축판매업을 공동으로 하는 공동사업자가 공동사업자별로 소유권이 된 현물출자
> 토지에 대해서 공동주택의 분양시에 그 분양자에게 대지권 등기를 원활히 해주기 위하여 공동
> 사업을 해지하지 아니하고 형식상 다른 공동사업자 중 1인에게 매매를 원인으로 소유권이전등기를
> 하는 경우에는 해당 토지의 가액을 해당 공동사업장의 총수입금액에 산입하지 않는 것이나,
> 이에 해당하는지는 공동사업에 대한 약정내용 등 관련 사실을 종합하여 사실판단할 사항임(서면
> 소득 2016-6196, 2017.1.17.).

■ 공동사업장의 재고자산 중 자기지분을 이전함으로써 단독사업으로 변경된 경우 총수입금액에
　산입 여부

> **해석**
>
> • 공동사업장의 재고자산(미분양 상가) 중 일부에 대해 자기지분을 이전함으로써 다른 공동사업자가
> 단독으로 소유하는 경우 그 단독소유가 된 당해 재고자산 전체의 시가 상당액을 당해 공동사업장의
> 총수입금액에 산입하는 것임(법규-4504, 2007.9.27.).

■ 공동사업의 판매목적 신축건물을 각 공동사업자에 분할등기한 경우 총수입금액 산입 여부

> **해석**
>
> • 주택신축판매업을 영위하는 공동사업자가 판매목적으로 신축한 주택을 각 공동사업자의 출자
> 지분에 따라 분할등기 하는 때에는 소득세법 제25조 제2항의 규정에 의하여 분할등기한 주택의
> 시가상당액은 그 분할등기한 연도의 당해 공동사업장의 소득금액 계산에 있어서 총수입금액에
> 산입하는 것임(서면1팀-888, 2007.6.28.).

■ 거주자의 공동사업과 단독사업의 기장의무 판단기준

> **해석**
>
> • 기장의무를 판정함에 있어서 거주자가 공동사업과 단독으로 영위하는 사업이 있는 경우 공동
> 사업장의 기장의무는 공동사업장의 직전연도 총수입금액만을 기준으로 하여 판정하고 단독으로

경영하는 사업장에 대하여는 각 단독사업장의 직전연도 수입금액의 합계액을 기준으로 판정하는 것임(소득-42, 2010.1.12.).

■ 구성원 중 1인이 자신의 지분을 다른 구성원에게 이전하고 공동사업을 탈퇴함으로 인하여 공동사업을 폐지하는 경우 사업소득금액 계산방법

> **해석**
>
> • 2인으로 구성된 주택신축판매 공동사업자가 판매목적으로 신축한 주택이 판매되지 아니하여 그 구성원 중 1인이 자신의 지분을 다른 구성원에게 이전하고 공동사업을 탈퇴함으로 인하여 공동사업을 폐지하는 경우에는 그 공동사업 폐지당시의 재고자산인 주택의 시가상당액을 당해 공동사업장의 총수입금액에 산입하여 당해 공동사업장의 사업소득금액을 계산하는 것임(서면1팀-1113, 2005.9.23.).

■ 부동산매매업을 영위하는 공동사업자가 자기의 지분을 양도하는 경우 토지 등 매매차익 예정신고 대상 여부

> **해석**
>
> • 부동산매매업을 영위하는 공동사업자가 자기의 지분을 양도하는 경우에도 당해 지분양도에 대하여 소득세법 제69조 규정에 의한 「토지 등 매매차익예정신고」를 하여야 하는 것임(서면1팀-1, 2004.1.2.).

■ 공동사업에 현물출자한 토지의 취득시기 및 취득가액 판단

> **해석**
>
> • 거주자가 공동사업(주택신축판매업 등)을 경영할 것을 약정하는 계약에 의해 토지 등을 당해 공동사업에 현물출자하는 경우 소득세법 제88조 제1항의 규정에 의하여 등기에 관계없이 현물출자한 날 또는 등기접수일 중 빠른 날에 당해 토지가 유상으로 양도된 것으로 보아 양도소득세가 과세되는 것이며, 공동사업자인 주택신축판매업자 또는 부동산매매업자의 사업소득금액을 계산함에 있어서 현물출자된 토지는 소득세법 시행령 제55조 제1항의 규정에 의하여 "공동사업에 현물출자한 당시의 가액"을 총수입금액에 대응하는 필요경비로 계산하는 것임(서일 46011-11732, 2002.12.23.).

■ 공동사업자의 현물출자 자산에 대한 출자지분 변동시 과세 여부

• 공동으로 사업을 경영하는 거주자의 소득금액 계산시 소득분배의 기준이 되는 손익분배비율 또는 지분비율은 당사자간의 약정 등에 따라 실제로 출자된 상황에 의하여 결정하는 것이며, 다만 손익분배의 비율을 출자지분과 달리 정할만한 특별한 사정이 있는 경우에는 당사자간의 약정 등에 따라 별도로 정할 수 있는 것임. 양도소득세 과세대상 자산을 공동사업에 현물출자한 후 그 출자지분이 감소하는 경우 그 감소로 인하여 대가를 지급받게 되면 양도소득세가, 무상인 때에는 증여세가 과세되는 것이며, 출자지분의 변동과 관련된 대가관계의 유무 등을 확인하여 사실판단할 사항임(서면1팀-687, 2007.5.25.).

③ 개인사업자와 법인사업자 간의 지주공동사업

부동산개발사업을 위하여 개인사업자와 법인사업자 간 공동사업을 할 경우에는 사업자등록 방법, 소득금액계산 등에 있어서 주의해야 하며, 주로 지주공동사업에 대한 세무업무가 주요 내용이 된다.

(1) 사업자등록

개인사업자와 법인사업자 간에 공동사업 시 사업자등록은 개인사업자로 등록하는 경우가 대부분이다. 이와 관련된 예규는 아래와 같다.

개인의 토지 위에 법인이 부가가치세 과세사업에 사용할 건물을 신축하여 개인과 법인의 공동사업을 영위하고자 하는 경우에는 당해 개인과 법인이 공동사업자로서 사업자등록을 하여야 하는 것이며, 이에 대한 부가가치세 신고도 해야 하는 것이다(서면3팀-584, 2008.3.19.).

개인과 법인이 공동으로 사업을 하기 위하여 당해 사업용 건물을 신축하는 경우에는 당해 개인과 법인이 공동사업자로서 사업자등록을 하여야 하며 건물의 신축에 관련된 세금계산서는 공동사업자의 명의로 교부받아야 하는 것이다(부가 46015-93, 1995.1.12.).

법인과 개인 또는 법인과 법인이 동업 계약에 의하여 공동사업을 영위하는 경우에는 해당 공동사업체의 인격에 따라 법인 또는 개인으로 사업자등록을 하여야 하며 인격의 구분이 불분명할 때에는 국세기본법 제13조의 규정에 따라 판정하여야 하는 것이다(부가 22601-1588, 1990.12.4.).

(2) 지주공동사업

지주공동사업은 기본적으로 개인인 지주와 법인인 부동산개발회사 또는 건설회사와의 동업계약을 하고 공동사업을 하는 형태이다. 개인인 지주는 공동사업에 토지의 대부분을 출자하고 부동산개발회사 또는 건설회사는 공동사업에 건물 신축을 위한 자금과 토지 일부를 출자하여 아파트 또는 상가 등을 신축·분양하는 사업형태의 지주공동사업이 대부분 이루어진다. 이와 관련한 세무업무로 부가가치세, 소득세, 법인세 업무가 단독사업자보다는 복잡하게 발생한다. 아래에서는 개인과 법인의 지주공동사업과 관련된 세무업무에 대해 서술한다.

1) 사업자등록과 세금계산서

개인과 법인의 공동사업에 대해 사업자등록은 개인사업자로 하며, 재화와 용역의 공급에 대한 세금계산서 수수는 공동사업자의 명의로 해야 한다. 만약 공동 사업자등록이 아닌 개인이나 법인의 개별 사업자등록으로 매입세금계산서를 받게 되면 사실과 다른 세금계산서로 매입세액을 공제받을 수 없게 된다. 이와 관련된 예규는 아래와 같다.

개인 공동소유의 토지 위에 아파트를 신축하여 분양하고자 건축허가를 받고 건설회사와 도급계약에 의하여 공사용역을 제공받음에 있어서 당해 건물신축과 분양에 관한 모든 업무를 타 회사에 위임한 경우 부가가치세법 제5조의 규정에 의한 사업자등록은 당해 건축주 명의로 하여야 하며, 당해 건물신축에 관련된 세금계산서도 건설용역을 실제로 공급받는 건축주 명의로 교부받는 것이다(부가 46015-4343, 1999.10.25.).

사업자등록이란 부가가치세 업무의 효율적인 운영을 위하여 납세의무자의 사업에 관한 일련의 사항을 세무관서의 공부에 등재하는 것을 의미하는 것으로, 과세관청으로 하여금 납세의무자의 파악과 그 사업내용 등을 쉽게 알 수 있도록 하며 과세자료의 양성화를 기함으로써 근거과세·공평과세를 실현하기 위한 것일 뿐, 사업자등록증의 교부가 사업자에게 사업을 허용하거나 사업경영을 할 권리를 인정하는 것은 아니며, 법령에 의하여 건축허가를 얻어야 하는 사업을 공동으로 경영하는 자가 공동사업자 중 1인 명의로 건축허가를 받은 경우에도 실질이 공동사업에 해당하는 경우에는 공동사업자로 사업자등록증을 교부할 수 있는 것으로, 「부가가치세법」 제5조에 따른 사업자등록신청 및 사업자등록증 교부에 관한 사항은 관할 세무서장이 조사한 사실에 따라 판단할 사항이다(부가-1138, 2011.9.22.).

개인의 토지위에 법인이 부가가치세 과세사업에 사용할 건물을 신축하여 개인과 법인의 공동사업을 영위하고자 하는 경우에는 당해 개인과 법인이 공동사업자로서 사업자등록을 하여야 하는 것이며, 이에 대한 부가가치세 신고도 해야 하는 것이다(서면3팀-584, 2008.3.19.).

부가가치세 과세사업을 공동으로 경영하는 자가 「부가가치세법」 제8조에 따라 사업자등록을 한 경우 공동사업장을 하나의 사업장으로 보아 부가가치세 신고·납부의무를 이행하는 것이다(서면부가2016-2669, 2016.5.12.).

2) 소득금액의 계산

소득금액의 계산에 있어서 개인은 소득세법을, 법인은 법인세법을 적용한다.

개인은 자산의 매매의 경우 사업소득의 수입시기에 대해 소득세법 시행령 제48조 제11호(사업소득의 수입시기)를 적용한다. 소득세법 시행령 제48조 제1호부터 제10호까지 및 제10호의2부터 제10호의4까지에 해당하지 아니하는 자산의 매매의 경우 사업소득의 수입시기는 대금을 청산한 날이다. 다만, 대금을 청산하기 전에 소유권 등의 이전에 관한 등기 또는 등록을 하거나 해당 자산을 사용수익하는 경우에는 그 등기·등록일 또는 사용수익일로 한다(소령 제48조 제11호).

법인의 예약매출의 경우 법인세법 시행령 제69조(용역제공 등에 의한 손익의 귀속사업연도)를 적용한다. 즉, 건설·제조 기타 용역(도급공사 및 예약매출을 포함하며, 이하 "건설등"이라 한다)의 제공으로 인한 익금과 손금은 그 목적물의 건설등의 착수일이 속하는 사업연도부터 그 목적물의 인도일(용역제공의 경우에는 그 제공을 완료한 날을 말한다)이 속하는 사업연도까지 그 목적물의 건설등을 완료한 정도(이하 "작업진행률"이라 한다)를 기준으로 하여 계산한 수익과 비용을 각각 해당 사업연도의 익금과 손금에 산입한다. 다만, 다음의 어느 하나에 해당하는 경우에는 그 목적물의 인도일이 속하는 사업연도의 익금과 손금에 산입할 수 있다(법령 제69조①).

① 중소기업인 법인이 수행하는 계약기간이 1년 미만인 건설등의 경우
② 기업회계기준에 따라 그 목적물의 인도일이 속하는 사업연도의 수익과 비용으로 계상한 경우

그리고 개인사업자와 법인사업자 간 공동사업의 소득금액 계산과 관련된 예규는 아래와 같다.

법인과 개인이 동업계약에 의하여 공동사업을 영위함에 있어 해당 공동사업장을 개인사업자로 사업자등록을 한 경우에는 공동사업장에서 발생하는 자산·부채 및 수입·비용 등에 관한 거래금액에 대해 동업계약에 의한 지분비율로 안분한 금액을 해당 법인의 경리의 일부로 보아 법인세법을 적용하여 산출된 금액을 법인의 익금과 손금으로 하는 것이다(사전법령해석 법인2019-89, 2019.6.11.).

법인이 개인 사업자와 공동으로 사업을 영위함에 있어서 명시적으로 이익의 분배방법이나 분배율이 정하여져 있지 아니하더라도 사실상 이익이 분배되는 경우에는 그 단체의 구성원이 공동으로 사업을 영위하는 것으로 보아 당해 공동사업장의 자산·부채 및 수입·비용 등에 관한 거래금액 중 법인의 지분에 해당하는 금액에 대하여 법인세법을 적용하여 산출된 금액을 당해 법인의 익금과 손금으로 하는 것이다(서면1팀-389, 2006.3.27.).

법인이 다른 법인과 익명조합계약을 체결하고 조합원으로부터 출자받은 금액에 대하여 영업이익을 분배한 경우 이자비용으로 법인의 손금에 산입하며 원천징수하여야 한다(서면소득 2015-596, 2015.5.7.).

법인이 자신의 영업을 위하여 다른 법인과 상법 제78조에 해당하는 익명조합계약을 체결하고 익명조합원으로부터 출자 받은 금액에 대하여 같은 법 제82조의 규정에 따라 그 영업으로 인한 이익을 분배한 경우 동 이익분배금은 당해 법인의 각 사업연도 소득금액 계산상 손금 (이자비용)에 산입하는 것이며, 이에 따른 원천징수방법은 법인세법 제73조의 규정을 참고하기 바란다(재법인 46012-11, 2002.1.16.).

법인과 개인으로 구성된 익명조합의 경우 「소득세법」 제43조에 따른 공동사업장의 규정이 적용되지 아니하는 것이다(기획재정부소득-189, 2010.4.15.).

* 법인과 개인 간의 공동사업이 아닌 대물변제계약에 해당하는 경우 개인 지주의 양도소득세에 관한 내용은 'Chapter 6. 제3절 4. 대물변제'를 참고하기 바란다.

Chapter **6**

부동산개발과 양도소득세

　부동산개발사업자가 부동산개발 대상 사업지를 매수할 때에는 매도인에게 양도소득세 문제가 필연적으로 발생하게 된다. 부동산개발 대상 사업지에는 토지가 나대지 상태인 경우도 있지만 멸실대상인 주택 또는 상가 등도 함께 산재해 있는 경우도 있다. 사업지의 양도자산에 대한 양도소득세를 파악하는 것은 매수가격의 협상에도 중요한 요인이 된다. 부동산개발과 관련한 양도소득세의 주요내용을 이하에서 서술한다.

 **양도소득세의 계산구조**

　양도소득세는 양도가액에서 취득가액, 장기보유특별공제 그리고 기본공제를 차감한 과세표준에 세율을 적용하여 산출세액을 계산한 후 산출세액에서 감면세액과 가산세를 가감하여 결정세액을 계산하는 구조이다. 이에 대한 개략적인 계산구조는 아래와 같다.

순서	구 분	주요 내용
1	양도가액	실지거래가액
	− 취득가액	실지거래가액 또는 환산취득가액, 필요경비
	= 양도차익	비과세 고가주택의 양도차익 계산
2	− 장기보유특별공제	보유기간, 거주기간
	= 양도소득금액	
3	− 기본공제	소득별 연간 250만원
	= 과세표준	
4	× 세율	기본세율, 단기양도 중과세율
	= 산출세액	
5	− 감면세액	조세특례제한법상 감면 적용
	+ 가산세	신고불성실, 납부지연
	= 결정세액	
	− 기납부세액	
	= 납부할 세액	예정(또는 확정)신고납부

(1) 양도소득세율

거주자의 양도소득세는 해당 과세기간의 양도소득과세표준에 다음의 세율을 적용하여 계산한 금액을 양도소득 산출세액으로 한다(소법 제104조① 전단). 2023.1.1. 이후에 적용되는 양도소득세율은 아래와 같다.

구 분		양도소득세율
일반세율 (보유기간별)	1년 미만	50%(주택·입주권은 70%)
	1년~2년 미만	40%(주택·입주권은 60%)
	2년 이상	누진세율(기본세율) : 6%~45%

과세표준	세율	누진공제
1,400만원 이하	6%	–
5,000만원 이하	15%	126만원
8,800만원 이하	24%	576만원
1.5억원 이하	35%	1,544만원
3억원 이하	38%	1,994만원
5억원 이하	40%	2,594만원
10억원 이하	42%	3,594만원
10억원 초과	45%	6,594만원

구 분		양도소득세율
중과세율	1세대 2주택 (조정대상지역*)	누진세율(기본세율) + 20%, * 2년 이상 보유 주택을 2026.5.9.까지 양도 시 적용배제
	1세대 3주택 (조정대상지역*)	누진세율(기본세율) + 30%, * 2년 이상 보유 주택을 2026.5.9.까지 양도 시 적용배제
	비사업용 토지	누진세율(기본세율) + 10%(지정지역 : 20%)
	분양권	1년 미만 70%, 1년 이상 60%
미등기양도자산		70%

* 조정대상지역의 지정 및 해제에 대하여는 '대한민국 전자정부' 홈페이지에서 검색 가능하다.

(참고)
1) 하나의 자산에 둘 이상의 양도소득세율이 적용되는 경우에는 각각의 세율을 적용하여 계산한 양도소득 산출세액 중 큰 것을 그 세액으로 한다(소법 제104조 후단).
2) 한 과세기간에 자산을 둘 이상 양도하는 경우에는 원칙적으로 자산별 양도소득과세표준을 합산하며, 소득세법 제104조 제5항(생략)에 따라 양도소득 산출세액을 계산한다.

(2) 장기보유특별공제

1) 장기보유특별공제액 표1 적용대상

장기보유특별공제액은 아래 자산의 양도차익에 표1에 따른 보유기간별 공제율을 곱하여
계산한다(소법 제95조②).

① 토지·건물(미등기양도자산과 조정대상지역 내 다주택은 제외한다)로서 보유기간이 3년
   이상인 것에 대하여 그 자산의 양도차익. 다만, 조정대상지역 내 다주택의 경우 2년 이상
   보유 주택을 2022.5.10.~2026.5.9.까지 양도시 한시적으로 장기보유특별공제를 적용한다.
② 부동산을 취득할 수 있는 권리 중 조합원입주권(조합원으로부터 취득한 것은 제외한다)에
   대하여 그 자산의 양도차익[조합원입주권을 양도하는 경우에는 관리처분계획 인가(도정법
   제74조) 및 사업시행계획인가(빈집법 제29조) 전 토지분 또는 건물분의 양도차익으로
   한정한다]

| 표1 : 보유기간이 3년 이상인 공제대상자산의 보유기간별 공제율 |

보유기간	공제율	보유기간	공제율
3년 이상 4년 미만	100분의 6	10년 이상 11년 미만	100분의 20
4년 이상 5년 미만	100분의 8	11년 이상 12년 미만	100분의 22
5년 이상 6년 미만	100분의 10	12년 이상 13년 미만	100분의 24
6년 이상 7년 미만	100분의 12	13년 이상 14년 미만	100분의 26
7년 이상 8년 미만	100분의 14	14년 이상 15년 미만	100분의 28
8년 이상 9년 미만	100분의 16	15년 이상	100분의 30
9년 이상 10년 미만	100분의 18		

2) 장기보유특별공제액 표2 적용대상(1세대 1주택)

1세대 1주택(이에 딸린 토지를 포함한다)에 해당하는 자산의 경우의 장기보유특별공제액은
그 자산의 양도차익에 표2에 따른 보유기간별 공제율을 곱하여 계산한 금액과 거주기간별
공제율을 곱하여 계산한 금액을 합산한 것으로 한다(소법 제95조② 단서).

| 표2 : 1세대 1주택의 보유기간별 공제율 |

보유기간	공제율	거주기간	공제율
3년 이상 4년 미만	100분의 12	2년 이상 3년 미만 (보유기간 3년 이상에 한정함)	100분의 8
		3년 이상 4년 미만	100분의 12
4년 이상 5년 미만	100분의 16	4년 이상 5년 미만	100분의 16
5년 이상 6년 미만	100분의 20	5년 이상 6년 미만	100분의 20
6년 이상 7년 미만	100분의 24	6년 이상 7년 미만	100분의 24
7년 이상 8년 미만	100분의 28	7년 이상 8년 미만	100분의 28
8년 이상 9년 미만	100분의 32	8년 이상 9년 미만	100분의 32
9년 이상 10년 미만	100분의 36	9년 이상 10년 미만	100분의 36
10년 이상	100분의 40	10년 이상	100분의 40

고가주택에 대한 양도차익 및 장기보유특별공제액 계산

양도소득의 비과세대상에서 제외되는 고가주택(이에 딸린 토지를 포함한다) 및 조합원 입주권에 해당하는 자산의 양도차익 및 장기보유특별공제액은 다음에 따라 계산한 금액으로 한다(소법 제95조③, 영 제160조).

① 고가주택에 해당하는 자산에 적용할 양도차익

$$\text{자산 전체 양도차익} \times \frac{\text{양도가액} - 12\text{억원}}{\text{양도가액}}$$

② 고가주택에 해당하는 자산에 적용할 장기보유특별공제액

$$\text{자산 전체 장기보유특별공제액} \times \frac{\text{양도가액} - 12\text{억원}}{\text{양도가액}}$$

(3) 양도소득기본공제

양도소득이 있는 거주자에 대해서는 다음 ① 또는 ②의 소득별로 해당 과세기간의 양도소득금액에서 각각 연 250만원을 공제한다(소법 제103조①).

① 토지·건물·부동산에 관한 권리 및 기타자산의 양도에 따른 소득. 다만, 미등기양도자산의

양도소득금액에 대해서는 그러하지 아니하다.
② 신탁 수익권의 양도에 따른 소득

❸ 신고 · 납부

(1) 예정신고와 납부

1) 양도소득과세표준 예정신고

양도소득세 과세대상 자산을 양도한 거주자는 양도소득과세표준을 다음의 구분에 따른 기간에 납세지 관할 세무서장에게 신고하여야 한다(소법 제105조①).
① 자산을 양도한 경우에는 그 양도일이 속하는 달의 말일부터 2개월. 다만, 토지거래계약에 관한 허가구역에 있는 토지를 양도할 때 토지거래계약허가를 받기 전에 대금을 청산한 경우에는 그 허가일(토지거래계약허가를 받기 전에 허가구역의 지정이 해제된 경우에는 그 해제일을 말한다)이 속하는 달의 말일부터 2개월로 한다.
② 부담부증여의 채무액에 해당하는 부분으로서 양도로 보는 경우에는 그 양도일이 속하는 달의 말일부터 3개월

2) 예정신고 · 납부

거주자가 예정신고를 할 때에는 산출세액에서 「조세특례제한법」이나 그 밖의 법률에 따른 감면세액을 뺀 세액을 납세지 관할 세무서, 한국은행 또는 체신관서에 납부하여야 한다(소법 제106조①).

(2) 확정신고와 납부

1) 양도소득과세표준 확정신고

① 해당 과세기간의 양도소득금액이 있는 거주자는 그 양도소득과세표준을 그 과세기간의 다음 연도 5월 1일부터 5월 31일까지[토지거래계약에 관한 허가구역에 있는 토지를 양도할 때에는 토지거래계약에 관한 허가일(토지거래계약허가를 받기 전에 허가구역의 지정이 해제된 경우에는 그 해제일을 말한다)이 속하는 과세기간의 다음 연도 5월 1일부터 5월 31일까지] 납세지 관할 세무서장에게 신고하여야 한다(소법 제110조①).

② 위 ①의 경우 해당 과세기간의 과세표준이 없거나 결손금액이 있는 경우에도 적용
   한다(소법 제110조②).
③ 예정신고를 한 자는 위 ①에도 불구하고 해당 소득에 대한 확정신고를 하지 아니할
   수 있다. 다만, 해당 과세기간에 누진세율 적용대상 자산에 대한 예정신고를 2회 이상
   하는 경우 등에는 그러하지 아니하다(소법 제110조④).

2) 확정신고 · 납부

거주자는 해당 과세기간의 과세표준에 대한 양도소득 산출세액에서 감면세액과 세액공제
액을 공제한 금액을 확정신고기한까지 납세지 관할 세무서, 한국은행 또는 체신관서에
납부하여야 한다(소법 제111조①).

 1세대 1주택 비과세

(1) 본래적인 1세대 1주택 비과세

1세대가 1주택을 보유하는 경우로서 아래 1) 보유기간 및 거주기간 요건을 충족하는 주택에 해당하는 주택(주택 및 이에 딸린 토지의 양도 당시 실지거래가액의 합계액이 12억원을 초과하는 고가주택은 제외한다)과 이에 딸린 토지로서 건물이 정착된 면적에 아래 2) 지역별 배율을 곱하여 산정한 면적 이내의 토지(이하 "주택부수토지"라 한다)의 양도로 발생하는 소득에 대해서는 양도소득세를 과세하지 아니한다(소법 제89조① 제3호 가목).

1) 보유기간 및 거주기간

보유기간 및 거주기간 요건이란 1세대가 양도일(주택의 매매계약을 체결한 후 해당 계약에 따라 주택을 주택 외의 용도로 용도변경하여 양도하는 경우에는 해당 주택의 매매계약일을 말한다. 이하 같다) 현재 국내에 1주택을 보유하고 있는 경우로서 해당 주택의 보유기간이 2년(비거주자가 해당 주택을 3년 이상 계속 보유하고 그 주택에서 거주한 상태로 거주자로 전환된 경우에는 3년) 이상인 것[취득 당시에 「주택법」 제63조의2 제1항 제1호에 따른 조정대상지역(이하 "조정대상지역"이라 한다)에 있는 주택의 경우에는 해당 주택의 보유기간이 2년(비거주자가 해당 주택을 3년 이상 계속 보유하고 그 주택에서 거주한 상태로 거주자로 전환된 경우에는 3년) 이상이고 그 보유기간 중 거주기간이 2년 이상인 것]을 말한다(소령 제154조①).

2) 주택부수토지의 지역별 배율

① 도시지역 내의 토지 : 5배(단, 수도권 내의 토지 중 주거지역·상업지역 및 공업지역 내의 토지 : 3배)

② 도시지역 밖의 토지 : 10배

"1세대"란 거주자 및 그 배우자(법률상 이혼을 하였으나 생계를 같이 하는 등 사실상 이혼한 것으로 보기 어려운 관계에 있는 사람을 포함한다. 이하 같다)가 그들과 같은 주소 또는 거소에서 생계를 같이 하는 자[거주자 및 그 배우자의 직계존비속(그 배우자를 포함한다) 및 형제자매를 말하며, 취학, 질병의 요양, 근무상 또는 사업상의 형편으로 본래의 주소 또는 거소에서 일시 퇴거한 사람을 포함한다]와 함께 구성하는 가족단위를 말한다. 다만, 대통령령으로 정하는 경우에는 배우자가 없어도 1세대로 본다(소법 제88조 제6호).

"대통령령으로 정하는 경우"란 다음의 어느 하나에 해당하는 경우를 말한다(소령 제152조의3).
1. 해당 거주자의 나이가 30세 이상인 경우
2. 배우자가 사망하거나 이혼한 경우
3. 소득법 제4조에 따른 소득(종합소득, 퇴직소득, 양도소득) 중 기획재정부령으로 정하는 소득 ―「국민기초생활 보장법」제2조 제11호에 따른 기준 중위소득을 12개월로 환산한 금액의 100분의 40 수준 이상으로서 소유하고 있는 주택 또는 토지를 관리·유지하면서 독립된 생계를 유지할 수 있는 경우. 다만, 미성년자의 경우를 제외하되, 미성년자의 결혼, 가족의 사망 그 밖에 기획재정부령(정해진 규칙없음)이 정하는 사유로 1세대의 구성이 불가피한 경우에는 그러하지 아니하다.

* 국민기초생활 보장법상 기준 중위소득

(천원/ 월)

연도	1인 가구		2인 가구		3인 가구		4인 가구	
	원 가액	40%가액	원 가액	40%가액	원 가액	40%가액	원 가액	40%가액
2023	2,077	831	3,456	1,382	4,434	1,773	5,400	2,160
2024	2,228	891	3,682	1,473	4,714	1,886	5,729	2,292
2025	2,392	956	3,933	1,573	5,025	2,010	6,098	2,439

"주택"이란 허가 여부나 공부상의 용도구분과 관계없이 세대의 구성원이 독립된 주거생활을 할 수 있는 구조로서 대통령령으로 정하는 구조를 갖추어 사실상 주거용으로 사용하는 건물을 말한다. 이 경우 그 용도가 분명하지 아니하면 공부상의 용도에 따른다(소법 제88조 제7호). "대통령령으로 정하는 구조"란 세대별로 구분된 각각의 공간마다 별도의 출입문, 화장실, 취사시설이 설치되어 있는 구조를 말한다(소령 제152조의4).

공동소유주택의 주택수 계산

1주택을 여러 사람이 공동으로 소유한 경우 소득세법 시행령에 특별한 규정이 있는 것 외에는 주택 수를 계산할 때 공동 소유자 각자가 그 주택을 소유한 것으로 본다(소령 제154조의2).

보유기간 및 거주기간의 적용 예외

1세대가 양도일 현재 국내에 1주택을 보유하고 있는 경우로서 아래 제1호부터 제3호까지의 어느 하나에 해당하는 경우에는 그 보유기간 및 거주기간의 제한을 받지 않으며 제5호에 해당하는 경우에는 거주기간의 제한을 받지 않는다(소령 제154조① 단서).

1. 「민간임대주택에 관한 특별법」에 따른 민간건설임대주택이나 「공공주택 특별법」에 따른 공공건설임대주택 또는 공공매입임대주택을 취득하여 양도하는 경우로서 해당 임대주택의 임차일부터 양도일까지의 기간 중 세대전원이 거주(기획재정부령〈소칙 제71조③, 생략〉으로 정하는 취학, 근무상의 형편, 질병의 요양, 그 밖에 부득이한 사유로 세대의 구성원 중 일부가 거주하지 못하는 경우를 포함한다)한 기간이 5년 이상인 경우
2. 다음 각 목의 어느 하나에 해당하는 경우. 이 경우 가목에 있어서는 그 양도일 또는 수용일부터 5년 이내에 양도하는 그 잔존주택 및 그 부수토지를 포함하는 것으로 한다.
   가. 주택 및 그 부수토지(사업인정 고시일 전에 취득한 주택 및 그 부수토지에 한한다)의 전부 또는 일부가 「공익사업을 위한 토지 등의 취득 및 보상에 관한 법률」에 의한 협의매수·수용 및 그밖의 법률에 의하여 수용되는 경우
   나. 「해외이주법」에 따른 해외이주로 세대전원이 출국하는 경우. 다만, 출국일 현재 1주택을 보유하고 있는 경우로서 출국일부터 2년 이내에 양도하는 경우에 한한다.
   다. 1년 이상 계속하여 국외거주를 필요로 하는 취학 또는 근무상의 형편으로 세대전원이 출국하는 경우. 다만, 출국일 현재 1주택을 보유하고 있는 경우로서 출국일부터 2년 이내에 양도하는 경우에 한한다.
3. 1년 이상 거주한 주택을 기획재정부령〈소칙 제71조③, 생략〉으로 정하는 취학, 근무상의 형편, 질병의 요양, 그 밖에 부득이한 사유로 양도하는 경우
4. 삭제 (2020.2.11.)
5. 거주자가 조정대상지역의 공고가 있은 날 이전에 매매계약을 체결하고 계약금을 지급한 사실이 증빙서류에 의하여 확인되는 경우로서 해당 거주자가 속한 1세대가 계약금 지급일 현재 주택을 보유하지 아니하는 경우

국내에 1주택을 소유한 1세대가 다음 각 호의 요건을 갖춘 장기저당담보대출계약을 체결하고 장기저당담보로 제공된 주택(이하 "장기저당담보주택"이라 한다)을 양도하는 경우에는 소득세법 시행령 제154조 제1항(1세대 1주택의 범위)의 규정을 적용함에 있어 거주기간의 제한을 받지 아니한다(소령 제155조의2①).

1. 계약체결일 현재 주택을 담보로 제공한 가입자가 60세 이상일 것
2. 장기저당담보 계약기간이 10년 이상으로서 만기시까지 매월·매분기별 또는 그 밖에 기획재정부령(정해진 규칙없음)이 정하는 방법으로 대출금을 수령하는 조건일 것
3. 만기에 당해 주택을 처분하여 일시 상환하는 계약조건일 것

그리고 1주택을 소유하고 1세대를 구성하는 자가 장기저당담보주택을 소유하고 있는 직계존속(배우자의 직계존속을 포함한다)을 동거봉양하기 위하여 세대를 합침으로써 1세대가 2주택을 소유하게 되는 경우 먼저 양도하는 주택에 대하여는 국내에 1개의 주택을 소유하고 있는 것으로 보아 소득세법 시행령 제154조 제1항(1세대 1주택의 범위)의 규정을 적용하되, 장기저당담보주택은 거주기간의 제한을 받지 아니한다(소령 제155조의2②). 한편, 1세대가 장기저당담보주택을 위의 규정에 의한 계약기간 만료 이전에 양도하는 경우에는 위의 규정을 적용하지 아니한다(소령 제155조의2③).

국내에 1주택(소득세법 시행령 제155조, 제155조의2, 제156조의2, 제156조의3〈생략〉 및 그 밖의 법령에 따라 1세대 1주택으로 보는 경우를 포함한다)을 소유한 1세대가 다음 각 호의 요건을 모두 갖춘 주택(이하 "상생임대주택"이라 한다)을 양도하는 경우에는 소득세법 시행령 제154조 제1항, 제155조 제20항 제1호 및 제159조의4〈생략〉를 적용할 때 해당 규정에 따른 거주기간의 제한을 받지 않는다(소령 제155조의3①).

1. 1세대가 주택을 취득한 후 해당 주택에 대하여 임차인과 체결한 직전 임대차계약(해당 주택의 취득으로 임대인의 지위가 승계된 경우의 임대차계약은 제외하며, 이하 "직전임대차계약"이라 한다) 대비 임대보증금 또는 임대료의 증가율이 100분의 5를 초과하지 않는 임대차계약(이하 "상생임대차계약"이라 한다)을 2021년 12월 20일부터 2026년 12월 31일까지의 기간 중에 체결(계약금을 지급받은 사실이 증빙서류에 의해 확인되는 경우로 한정한다)하고 임대를 개시할 것
2. 직전 임대차계약에 따라 임대한 기간이 1년 6개월 이상일 것
3. 상생임대차계약에 따라 임대한 기간이 2년 이상일 것

그리고 상생임대차계약을 체결할 때 임대보증금과 월임대료를 서로 전환하는 경우에는 「민간임대주택에 관한 특별법」 제44조 제4항에서 정하는 기준에 따라 임대보증금 또는 임대료의 증가율을 계산한다(소령 제155조의3②). 임대기간은 월력에 따라 계산하며, 1개월 미만인 경우에는 1개월로 본다(소령 제155조의3③).

(2) 1세대 1주택 비과세 특례

아래 표의 소득세법령은 '(1) 본래적인 1세대 1주택 비과세' 요건을 충족하지 못했지만 1세대 1주택 비과세를 적용하는 특례 규정이다.

1) 일시적 2주택(소령 제155조①)
2) 상속주택(소령 제155조②)
3) 공동상속주택 소수지분자의 일반주택 비과세(소령 제155조③)
4) 동거봉양을 위한 세대합가(소령 제155조④)
5) 혼인으로 인한 일시적 2주택(소령 제155조⑤)
6) 지정문화재 및 국가등록문화재에 해당하는 주택과 1세대 1주택(소령 제155조⑥)
7) 농어촌주택(소령 제155조⑦)
8) 수도권 밖 취학 등 부득이한 사유로 취득한 주택(소령 제155조⑧)
9) 장기임대주택 또는 장기어린이집 사업자의 거주주택(소령 제155조⑳)
10) 조합원입주권을 1개 보유한 1세대 비과세(소법 제89조① 제4호)
11) 1세대가 주택과 조합원입주권 또는 분양권을 보유하다가 그 주택을 양도하는 경우(소법 제89조②)

위 표의 1세대 1주택 비과세 특례 중 가장 빈번히 발생하는 '일시적 2주택'에 대한 특례 내용은 아래와 같다.

❑ 일시적 2주택

국내에 1주택을 소유한 1세대가 그 주택(이하 "종전의 주택"이라 한다)을 양도하기 전에 다른 주택(이하 "신규 주택"이라 한다)을 취득(자기가 건설하여 취득한 경우를 포함한다) 함으로써 일시적으로 2주택이 된 경우 종전의 주택을 취득한 날부터 1년 이상이 지난 후 신규 주택을 취득하고 신규 주택을 취득한 날부터 3년 이내에 종전의 주택을 양도하는 경우 (소득세법 시행령 제155조 제18항〈아래 참조〉에 따른 사유에 해당하는 경우를 포함한다)에는 이를 1세대 1주택으로 보아 소득세법 시행령 제154조 제1항(1세대 1주택의 범위)을 적용한다 (소령 제155조① 전단).

"양도에 포함하는 사유"란 다른 주택을 취득한 날부터 3년이 되는 날 현재 다음의 어느 하나에 해당하는 경우를 말한다(소령 제155조⑱).

1. 「한국자산관리공사 설립 등에 관한 법률」에 따른 한국자산관리공사에 매각을 의뢰한 경우
2. 법원에 경매를 신청한 경우
3. 「국세징수법」에 따른 공매가 진행 중인 경우
4. 재개발사업, 재건축사업 또는 소규모재건축사업등의 시행으로 「도시 및 주거환경정비법」 제73조 또는 「빈집 및 소규모주택 정비에 관한 특례법」 제36조에 따라 현금으로 청산을 받아야 하는 토지등소유자가 사업시행자를 상대로 제기한 현금청산금 지급을 구하는 소송절차가 진행 중인 경우 또는 소송절차는 종료되었으나 해당 청산금을 지급받지 못한 경우
5. 재개발사업, 재건축사업 또는 소규모재건축사업등의 시행으로 「도시 및 주거환경정비법」 제73조 또는 「빈집 및 소규모주택 정비에 관한 특례법」 제36조에 따라 사업시행자가 「도시 및 주거환경정비법」 제2조 제9호 또는 「빈집 및 소규모주택 정비에 관한 특례법」 제2조 제6호에 따른 토지등소유자(이하 "토지등소유자"라 한다)를 상대로 신청·제기한 수용재결 또는 매도청구소송 절차가 진행 중인 경우 또는 재결이나 소송절차는 종료되었으나 토지등소유자가 해당 매도대금 등을 지급받지 못한 경우

소득세법 시행령 제154조 제1항 제1호, 제2호 가목 및 제3호(아래 참조)의 어느 하나에 해당하는 경우에는 종전의 주택을 취득한 날부터 1년 이상이 지난 후 다른 주택을 취득하는 요건을 적용하지 않으며, 종전의 주택 및 그 부수토지의 일부가 소득세법 시행령 제154조 제1항 제2호 가목에 따라 협의매수되거나 수용되는 경우로서 해당 잔존하는 주택 및 그 부수토지를 그 양도일 또는 수용일부터 5년 이내에 양도하는 때에는 해당 잔존하는 주택 및 그 부수토지의 양도는 종전의 주택 및 그 부수토지의 양도 또는 수용에 포함되는 것으로 본다(소령 제155조① 후단).

• 소득세법 시행령 제154조 제1항 제1호 : 「민간임대주택에 관한 특별법」에 따른 민간건설임대주택이나 「공공주택 특별법」에 따른 공공건설임대주택 또는 공공매입임대주택을 취득하여 양도하는 경우로서 해당 임대주택의 임차일부터 양도일까지의 기간 중 세대전원이 거주(기획재정부령〈소칙 제71조③·⑤, 생략〉으로 정하는 취학, 근무상의 형편, 질병의 요양, 그 밖에 부득이한 사유로 세대의 구성원 중 일부가 거주하지 못하는 경우를 포함한다)한 기간이 5년 이상인 경우

- 소득세법 시행령 제154조 제1항 제2호 가목 : 주택 및 그 부수토지(사업인정 고시일 전에 취득한 주택 및 그 부수토지에 한한다)의 전부 또는 일부가 「공익사업을 위한 토지 등의 취득 및 보상에 관한 법률」에 의한 협의매수·수용 및 그밖의 법률에 의하여 수용되는 경우
- 소득세법 시행령 제154조 제1항 제3호 : 1년 이상 거주한 주택을 기획재정부령(소칙 제71조③·⑤, 생략)으로 정하는 취학, 근무상의 형편, 질병의 요양, 그 밖에 부득이한 사유로 양도하는 경우

② 과세대상 주택

양도소득세 과세대상 주택은 1세대 1주택 비과세대상을 제외한 1세대 1주택 중 고가주택, 단기보유 양도주택 그리고 1세대 2주택 이상 다주택인 경우 양도하는 주택이다. 이에 대한 양도소득세 과세대상 주택별 주요 내용은 아래와 같다.

(1) 양도소득세 계산 주요 내용

구 분		1세대 1주택 비과세 중 고가주택	단기보유 양도주택	1세대 2주택 이상 다주택(일시적 1세대 2주택 비과세 제외)
양도가액		(공통사항) • 원칙 : 실지거래가액		
필요경비	취득가액	(공통사항) • 원칙 : 실지거래가액 • 예외 : 실지거래가액을 확인할 수 없는 경우에 한정하여 매매사례가액, 감정가액 또는 환산취득가액(아래 첫번째 표 참조)을 순차적으로 적용한 금액		
	자본적 지출액 등	(공통사항) 자본적지출액 등에는 다음의 어느 하나에 해당하는 것(증명서류를 수취·보관하거나 실제 지출사실이 금융거래 증명서류에 의하여 확인되는 경우)(소령 제163조③). • 현재가치할인차금, 부가가치세, 소송비용·화해비용 등 • 취득원가에 가산한 이자상당액		

구 분		1세대 1주택 비과세 중 고가주택	단기보유 양도주택	1세대 2주택 이상 다주택(일시적 1세대 2주택 비과세 제외)
필요경비	자본적 지출액 등	• 양도자산의 용도변경·개량 또는 이용편의를 위하여 지출한 비용(재해·노후화 등 부득이한 사유로 인하여 건물을 재건축한 경우 그 철거비용을 포함한다) • 개발부담금상당액, 재건축부담금상당액 • 기획재정부령이 정하는 것(아래 두번째 표 참조)		
	양도비 등	(공통사항) 자산을 양도하기 위하여 직접 지출한 비용으로서 다음의 비용(증명서류를 수취·보관하거나 실제 지출사실이 금융거래 증명서류에 의하여 확인되는 경우)(소령 제163조⑤). • 「증권거래세법」에 따라 납부한 증권거래세 • 양도소득세과세표준 신고서 작성비용 및 계약서 작성비용 • 공증비용, 인지대 및 소개비 • 매매계약에 따른 인도의무를 이행하기 위하여 양도자가 지출하는 명도비용 • 위의 비용과 유사한 비용으로서 기획재정부령(주식 등 양도에 직접 지출한 비용, 소칙 제79조②, 생략)으로 정하는 비용 • 자산을 취득함에 있어서 법령 등의 규정에 따라 매입한 국민주택채권 및 토지개발채권을 만기전에 양도함으로써 발생하는 매각차손(금융기관 외의 자에게 양도한 경우에는 동일한 날에 금융기관에 양도하였을 경우 발생하는 매각차손을 한도로 한다)		
장기보유특별공제		• 80% 한도	• 해당 없음	• 30% 한도
세율 (보유기간별)		• 2년 이상 : 기본세율	(주택·입주권) • 1년 미만 : 70% • 1~2년 미만 : 60% (조정대상지역 내 보유 2년 미만은 중과세율과 비교 높은 세율 적용)	• 2년 이상 : 기본세율 (조정대상지역 내 보유 2년 이상은 2026.5.9.까지 중과세율 적용 한시적 배제)
과세특례·감면		• 장기일반민간임대주택등에 대한 양도소득세의 과세특례(조특법 제97조의3), 장기임대주택에 대한 양도소득세의 과세특례(조특법 제97조의4), 장기일반민간임대주택등에 대한 양도소득세의 감면(조특법 제97조의5) 등		

1. 환산취득가액

① 원칙적인 환산취득가액 계산식은 아래와 같다(소령 제176조의2② 제2호).

$$양도\ 당시의\ 실지거래가액 \times \frac{취득\ 당시의\ 기준시가}{양도\ 당시의\ 기준시가}$$

② 감정가액·환산취득가액 적용 가산세 : 거주자가 건물을 신축 또는 증축(증축의 경우 바닥면적 합계가 85제곱미터를 초과하는 경우에 한정한다)하고 그 건물의 취득일 또는 증축일부터 5년 이내에 해당 건물을 양도하는 경우로서 소득세법 제97조 제1항 제1호 나목(양도소득의 필요경비계산)에 따른 감정가액 또는 환산취득가액을 그 취득가액으로 하는 경우에는 해당 건물의 감정가액(증축의 경우 증축한 부분에 한정한다) 또는 환산취득가액(증축의 경우 증축한 부분에 한정한다)의 100분의 5에 해당하는 금액을 소득세법 제92조 제3항 제2호(양도소득과세표준과 세액의 계산)에 따른 양도소득 결정세액에 더한다(소법 제114조의2①).

2. 개산공제액

감정가액·환산취득가액 적용시 필요경비 개산공제액은 다음 각 호의 금액을 말한다(소령 제163조⑥).

1) 토지

취득당시의 소득세법 제99조 제1항 제1호 가목(토지의 기준시가 산정)의 규정에 의한 개별공시지가 × 3/100(소득세법 제104조 제3항에 규정된 미등기양도자산의 경우에는 3/1,000)

2) 건물

가. 소득세법 제99조 제1항 제1호 다목(오피스텔 및 상업용건물의 기준시가 산정)의 규정에 의한 건물(그 부수토지를 포함한다) 및 동호 라목(주택의 기준시가 산정)의 규정에 의한 주택

취득당시의 위의 가액 × 3/100(소득세법 제104조 제3항에 규정된 미등기양도자산의 경우에는 3/1,000)

나. 가목 외의 건물

취득당시의 법 제99조 제1항 제1호 나목(건물의 기준시가 산정)의 가액 × 3/100 (소득세법 제104조 제3항에 규정된 미등기양도자산의 경우에는 3/1,000)

자본적지출액 등 : "기획재정부령이 정하는 것"이라 함은 다음 각각의 비용을 말한다(소칙 제79조).

① 「하천법」·「댐건설 및 주변지역지원 등에 관한 법률」 그 밖의 법률에 따라 시행하는 사업으로 인하여 해당 사업구역 내의 토지소유자가 부담한 수익자부담금 등의 사업비용
② 토지이용의 편의를 위하여 지출한 장애철거비용
③ 토지이용의 편의를 위하여 해당 토지 또는 해당 토지에 인접한 타인 소유의 토지에 도로를 신설한 경우의 그 시설비
④ 토지이용의 편의를 위하여 해당 토지에 도로를 신설하여 국가 또는 지방자치단체에 이를 무상으로 공여한 경우의 그 도로로 된 토지의 취득당시 가액
⑤ 사방사업에 소요된 비용
⑥ 위 ① 내지 ⑤의 비용과 유사한 비용

(2) 1세대 1주택 중 고가주택

1) 고가주택의 범위

고가주택은 주택 및 이에 딸린 토지의 양도 당시 실지거래가액의 합계액이 12억원을 초과하는 주택을 말하며, 비과세대상에서 제외한다(소법 제89조① 제3호). 또한, 공동 소유하는 주택은 그 소유지분에 관계없이 1주택 전체를 기준으로 고가주택에 해당하는지를 판단한다(집행기준 89-156-1).

2) 고가주택에 대한 양도차익 및 장기보유특별공제액

소득세법 제95조 제3항(양도소득금액)에 따른 고가주택(하나의 건물이 주택과 주택 외의 부분으로 복합되어 있는 경우와 주택에 딸린 토지에 주택 외의 건물이 있는 경우에는 주택 외의 부분은 주택으로 보지 않는다)에 해당하는 자산의 양도차익 및 장기보유특별공제액은 다음의 산식으로 계산한 금액으로 한다(소령 제160조①).

① 고가주택에 해당하는 자산에 적용할 양도차익

$$\text{양도차익(소득세법 제95조①)} \times \frac{\text{양도가액} - \text{12억원}}{\text{양도가액}}$$

② 고가주택에 해당하는 자산에 적용할 장기보유특별공제액

$$\text{장기보유특별공제액(소득세법 제95조②)} \times \frac{\text{양도가액} - 12억원}{\text{양도가액}}$$

위의 경우 해당 주택 또는 이에 부수되는 토지가 그 보유기간이 다르거나 미등기양도자산에 해당하거나 일부만 양도하는 때에는 12억원에 해당 주택 또는 이에 부수되는 토지의 양도가액이 그 주택과 이에 부수되는 토지의 양도가액의 합계액에서 차지하는 비율을 곱하여 안분계산 한다(소령 제160조① 후단). 그리고 양도가액의 안분계산은 소득세법 제100조 제2항(기준시가 기준, 생략)의 규정을 준용한다(소령 제160조②).

(3) 2년 미만 단기보유 주택 양도시 중과세

거주자의 주택에 대한 양도소득세는 해당 과세기간의 양도소득과세표준에 기본세율(소득 세법 제55조 제1항에 따른 세율 : 6%~45%)을 적용하여 계산하나, 보유기간이 2년 미만인 단기보유 양도주택의 적용 세율은 아래와 같다(소법 제104조①).

① 소득세법 제94조 제1항 제1호(토지·건물) 및 제2호(부동산에 관한 권리)에서 규정하는 자산으로서 그 보유기간이 1년 이상 2년 미만인 것 : 양도소득과세표준의 100분의 40[주택 (이에 딸린 토지로서 대통령령(일정 배율 이내의 토지, 소령 제167조의5, 생략)으로 정하는 토지를 포함한다. 이하 같다), 조합원입주권 및 분양권의 경우에는 100분의 60](소법 제104조① 제2호).

② 소득세법 제94조 제1항 제1호(토지·건물) 및 제2호(부동산에 관한 권리)에 따른 자산 으로서 그 보유기간이 1년 미만인 것 : 양도소득 과세표준의 100분의 50(주택, 조합원 입주권 및 분양권의 경우에는 100분의 70)(소법 제104조① 제3호).

③ 분양권의 경우에는 보유기간이 2년 이상이더라도 양도소득과세표준의 100분의 60의 세율을 적용한다(소법 제104조①).

(4) 1세대 2주택 이상 다주택 양도시 양도소득세율과 한시적 중과 배제 등 (2년 이상 보유 시)

1세대 2주택 이상의 주택을 소유한 다주택자(일시적 1세대 2주택 비과세 제외)가 해당 주택을 2년 이상 보유하고 양도하는 경우에는 원칙적으로 양도소득세 기본세율을 적용하나 조정대상

지역 내에 소재한 주택의 양도인 경우 기본세율에 100분의 20 또는 100분의 30을 추가하여 양도소득세가 과세되고 장기보유특별공제의 적용이 배제된다. 다만, 소득세법 시행령의 개정으로 보유기간이 2년 이상인 주택을 2026.5.9.까지 양도하는 경우에는 한시적으로 양도소득세 중과세 대상에서 제외하고 장기보유특별공제도 적용한다.

주택수의 범위는 소득세법 시행령 제167조의3(1세대 3주택 이상에 해당하는 주택의 범위, 생략), 제167조의4(1세대 3주택·입주권 또는 분양권 이상에서 제외되는 주택의 범위, 생략), 제167조의10(양도세가 중과되는 1세대 2주택에 해당하는 주택의 범위, 생략), 제167조의11(1세대 2주택·조합원입주권 또는 분양권 이상에서 제외되는 주택의 범위, 생략)에서 규정하고 있다.

 주택 외 일반건물

주택 외 일반건물에는 상가·오피스텔·빌딩 등 상업용 또는 업무용 부동산이 있다.

(1) 양도소득세 계산 주요 내용

구 분		상가·오피스텔·빌딩 등 상업용 또는 업무용 부동산
양도가액		앞의 "2. 과세대상 주택"의 경우와 같다.
필요경비	취득가액	〃
	자본적 지출액 등	〃
	양도비 등	〃
장기보유특별공제		• 30% 한도(3년 이상)
세율(보유기간별)		• 1년 미만 : 50% • 1년 이상~2년 미만 : 40% • 2년 이상 : 기본세율

(2) 주택의 양도와 주요 차이점

상업용 또는 업무용 부동산의 양도와 주택의 양도의 차이점은 아래와 같다.

① 주택은 1세대 1주택인 경우 양도소득세 비과세 제도가 있으나, 상업용 또는 업무용 부동산의 양도에는 비과세 제도가 없다.

② 상업용 또는 업무용 부동산을 임대업 등의 사업에 사용하면서 건물의 감가상각비를 사업소득의 필요경비로 계상하였다면, 양도시에는 건물의 취득가액에서 감가상각비를

차감하여야 한다.

③ 상업용 또는 업무용 부동산과 관련하여 발생한 권리금은 양도소득으로 처리되고, 상업용 또는 업무용 부동산과 관련이 없는 경우에는 기타소득으로 처리된다.

④ 업무용 오피스텔은 건축법상 준주택에 해당하나, 주거용 오피스텔로 용도변경하여 상시 주거용인 주택으로 사용한 경우에는 주택으로 사용한 때부터 주택을 취득한 것으로 보며, 당초 환급받은 건물분 부가가치세는 다시 납부해야 하는 문제가 발생한다.

④ 상가겸용주택

상가겸용주택은 주택과 상가가 복합되어 있는 경우이다.

(1) 양도소득세 계산 주요 내용

구 분		주택부분	상가부분
양도가액		앞의 "2. 과세대상 주택"의 경우와 같다.	
필요경비	취득가액	〃	
	자본적 지출액 등	〃	
	양도비 등	〃	
장기보유특별공제		앞의 "2. 과세대상 주택"의 경우와 같다.	앞의 "3. 주택외 부동산"의 경우와 같다.
세 율		〃	〃

(2) 겸용주택의 범위

1) 건물 연면적기준 적용

소득세법 제89조 제1항 제3호(비과세양도소득)를 적용할 때 하나의 건물이 주택과 주택 외의 부분으로 복합되어 있는 경우와 주택에 딸린 토지에 주택 외의 건물이 있는 경우에는 그 전부를 주택으로 본다. 다만, 주택의 연면적이 주택 외의 부분의 연면적보다 적거나 같을 때에는 주택 외의 부분은 주택으로 보지 아니한다(소령 제154조③).

위 단서의 경우에 주택에 딸린 토지는 전체 토지면적에 주택의 연면적이 건물의 연면적에서 차지하는 비율을 곱하여 계산한다(소령 제154조④).

주택 연면적 〉 주택 외 연면적	주택 연면적 ≤ 주택 외 연면적
전체를 주택으로 봄 (단, 12억원 초과 겸용주택은 제외)	주택만 주택으로 봄

그리고 주택의 부수토지는 건물이 정착된 면적 중 대통령령으로 정하는 지역별 배율 이내의 토지만 인정된다. 지역별 배율은 수도권 내의 토지 중 주거지역·상업지역 및 공업지역 내의 토지 : 3배, 수도권 내의 토지 중 녹지지역 내의 토지 : 5배, 도시지역 내 수도권 밖의 토지 : 5배, 그 밖의 토지 : 10배를 곱하여 산정한 면적 이내의 토지를 말한다(소령 제154조⑦).

2) 고가주택의 예외 적용

고가주택에서 하나의 건물이 주택과 주택 외의 부분으로 복합되어 있는 경우와 주택에 딸린 토지에 주택 외의 건물이 있는 경우에는 주택 외의 부분은 주택으로 보지 않는다(소령 제160조①). 이와 같이 소득세법 시행령 제160조 제1항이 개정됨에 따라 2022.1.1. 이후부터 12억원을 초과하는 겸용주택의 양도는 주택의 연면적이 주택 외 연면적보다 크더라도 주택만 주택으로 보고 주택 외 부분은 주택으로 보지 않는다.

겸용주택의 주택과 그에 딸린 토지 면적 계산

① 주택의 정착면적 = 건물전체 정착면적 × $\dfrac{\text{주택부분 연면적}}{\text{건물전체 연면적}}$

② 주택에 딸린 토지면적 = 건물에 딸린 전체토지면적 × $\dfrac{\text{주택부분 연면적}}{\text{건물전체 연면적}}$

사례

비과세요건을 충족한 겸용주택에 딸린 토지면적 계산
(건물정착면적 : 150㎡, 건물에 딸린 전체 토지면적 : 800㎡, 도시지역 내 녹지지역에 소재)

구 분	주택 〉 기타건물	주택 ≤ 기타건물
건물 정착면적	80㎡〉70㎡	70㎡≤80㎡
주택에 딸린 토지면적	800㎡ (800 = 800 × 150 / 150)	373㎡ (373 = 800 × 70 / 150)
비과세 되는 주택에 딸린 토지면적	750㎡ (750 = 150 × 5배)	350㎡ (350 = 70 × 5배)

(집행기준 : 89 – 154 – 27)

 **토 지**

토지는 사업용 토지와 비사업용 토지로 구분하여 비사업용 토지의 양도에 대해서는 양도소득세 중과세율을 적용하며 자경농지 등 일정한 토지의 양도에 대해서는 감면 규정을 두고 있다.

(1) 양도소득세 계산 주요 내용

구　분		사업용 토지	비사업용 토지	자경농지의 감면
양도가액		앞의 "2. 과세대상 주택"의 경우와 같다.		
필요경비	취득가액	〃		
	자본적 지출액 등	〃		
	양도비 등	〃		
장기보유특별공제		• 30% 한도	• 30% 한도	• 30% 한도
세　율 (보유기간별)		• 1년 미만 : 50% • 1년 이상 2년 미만 : 40% • 2년 이상 : 기본세율	• 1년 미만 : Max[50%, 기본세율+10%(20%)] • 1년 이상 2년 미만 : Max[40%, 기본세율+10%(20%)] • 2년 이상 : 기본세율+10%(20%)	• 사업용 또는 비사업용 토지 해당 세율
감　면		–	–	1년간 1억원 한도(5년간 합계감면한도 : 2억원)
농어촌특별세		–	–	없음

(2) 비사업용 토지

비사업용 토지의 판정은 토지의 지목별 또는 부득이한 사유에 따라 비사업용 토지로 소유한 기간기준을 적용해서 판정하고 이에 해당하는 경우 양도소득세 중과세율을 적용한다.

1) 비사업용 토지의 양도소득세 중과세율

① 지정지역이 아닌 경우 : 소득세법 제104조의2 제2항에 따른 지정지역에 있지 아니하는

소득세법 제104조의3에 따른 비사업용 토지를 양도하는 경우에는 기본세율+10%의 세율을 적용한다(소법 제104조① 제8호).

② 지정지역인 경우 : 소득세법 제104조의2 제2항에 따른 지정지역에 있는 부동산으로서 소득세법 제104조의3에 따른 비사업용 토지를 양도하는 경우(다만, 지정지역의 공고가 있은 날 이전에 토지를 양도하기 위하여 매매계약을 체결하고 계약금을 지급받은 사실이 증빙서류에 의하여 확인되는 경우는 제외한다)에는 소득세법 제104조 제1항 제8호(기본세율+10%)에 따른 세율에 100분의 10을 더한 세율(기본세율+20%)을 적용한다(소법 제104조④ 제3호).

위의 경우 해당 부동산 보유기간이 2년 미만인 경우에는 위 ① 또는 ②의 세율을 적용하여 계산한 양도소득 산출세액과 단기양도시 세율(1년 미만 : 50%, 1년 이상 2년 미만 : 40%)을 적용하여 계산한 양도소득 산출세액 중 큰 세액을 양도소득 산출세액으로 한다.

2) 비사업용 토지의 범위

비사업용 토지의 범위는 아래와 같다(소법 제104조의3).

❑ 비사업용 토지의 범위

① 소득세법 제104조 제1항 제8호에서 "비사업용 토지"란 해당 토지를 소유하는 기간 중 대통령령[소령 제168조의6, 아래 3)비사업용 토지의 기간기준 참조]으로 정하는 기간 동안 다음 각 호의 어느 하나에 해당하는 토지를 말한다(소법 제104조의3①).

1. 농지로서 다음 각 목의 어느 하나에 해당하는 것

    가. 대통령령(농지의 범위 등, 소령 제168조의8②, 생략)으로 정하는 바에 따라 소유자가 농지 소재지에 거주하지 아니하거나 자기가 경작하지 아니하는 농지. 다만, 「농지법」이나 그 밖의 법률에 따라 소유할 수 있는 농지로서 대통령령(농지의 범위 등, 소령 제168조의8③, 생략)으로 정하는 경우는 제외한다.

    나. 특별시·광역시(광역시에 있는 군은 제외한다. 이하 이 항에서 같다)·특별자치시 (특별자치시에 있는 읍·면지역은 제외한다. 이하 이 항에서 같다)·특별자치도 (「제주특별자치도 설치 및 국제자유도시 조성을 위한 특별법」 제10조 제2항에 따라 설치된 행정시의 읍·면지역은 제외한다. 이하 이 항에서 같다) 및 시지역 (「지방자치법」 제3조 제4항에 따른 도농 복합형태인 시의 읍·면지역은 제외한다. 이하 이 항에서 같다) 중 「국토의 계획 및 이용에 관한 법률」에 따른 도시지역 (대통령령〈농지의 범위 등, 소령 제168조의8④, 생략〉으로 정하는 지역은 제외한다.

이하 이 호에서 같다)에 있는 농지. 다만, 대통령령(농지의 범위 등, 소령 제168조의8 ⑤, 생략)으로 정하는 바에 따라 소유자가 농지 소재지에 거주하며 스스로 경작하던 농지로서 특별시·광역시·특별자치시·특별자치도 및 시지역의 도시지역에 편입된 날부터 대통령령(3년, 소령 제168조의8⑥, 생략)으로 정하는 기간이 지나지 아니한 농지는 제외한다.

2. 임야. 다만, 다음 각 목의 어느 하나에 해당하는 것은 제외한다.

　가. 「산림자원의 조성 및 관리에 관한 법률」에 따라 지정된 산림유전자원보호림, 보안림, 채종림, 시험림, 그 밖에 공익을 위하여 필요하거나 산림의 보호·육성을 위하여 필요한 임야로서 대통령령(임야의 범위 등, 소령 제168조의9①, 생략)으로 정하는 것

　나. 대통령령(임야의 범위 등, 소령 제168조의9②, 생략)이 정하는 바에 따라 임야소재지에 거주하는 자가 소유한 임야

　다. 토지의 소유자, 소재지, 이용 상황, 보유기간 및 면적 등을 고려하여 거주 또는 사업과 직접 관련이 있다고 인정할 만한 상당한 이유가 있는 임야로서 대통령령 (임야의 범위 등, 소령 제168조의9③, 생략)으로 정하는 것

3. 목장용지(목장용지의 범위 등, 소령 제168조의10①, 생략)로서 다음 각 목의 어느 하나에 해당하는 것. 다만, 토지의 소유자, 소재지, 이용 상황, 보유기간 및 면적 등을 고려하여 거주 또는 사업과 직접 관련이 있다고 인정할 만한 상당한 이유가 있는 목장용지로서 대통령령(목장용지의 범위 등, 소령 제168조의10②, 생략)으로 정하는 것은 제외한다.

　가. 축산업을 경영하는 자가 소유하는 목장용지로서 대통령령(목장용지의 범위 등, 소령 제168조의10③, 생략)으로 정하는 축산용 토지의 기준면적을 초과하거나 특별시· 광역시·특별자치시·특별자치도 및 시지역의 도시지역(대통령령(녹지지역 및 개발제한구역, 소령 제168조의10④)으로 정하는 지역은 제외한다. 이하 이 호에서 같다)에 있는 것(도시지역에 편입된 날부터 대통령령〈3년, 소령 제168조의10⑤〉 으로 정하는 기간이 지나지 아니한 경우는 제외한다).

　나. 축산업을 경영하지 아니하는 자가 소유하는 토지

4. 농지, 임야 및 목장용지 외의 토지 중 다음 각 목을 제외한 토지

　가. 「지방세법」 또는 관계 법률에 따라 재산세가 비과세되거나 면제되는 토지

　나. 「지방세법」 제106조 제1항 제2호 및 제3호에 따른 재산세 별도합산과세대상 또는 분리과세대상이 되는 토지

　다. 토지의 이용 상황, 관계 법률의 의무 이행 여부 및 수입금액 등을 고려하여 거주 또는 사업과 직접 관련이 있다고 인정할 만한 상당한 이유가 있는 토지로서 대통령령(사업에 사용되는 그 밖의 토지의 범위, 소령 제168조의11, 생략)으로 정하는 것

5. 「지방세법」 제106조 제2항에 따른 주택부속토지 중 주택이 정착된 면적에 지역별로 대통령령으로 정하는 배율을 곱하여 산정한 면적을 초과하는 토지

6. 주거용 건축물로서 상시주거용으로 사용하지 아니하고 휴양, 피서, 위락 등의 용도로 사용하는 건축물(이하 이 호에서 "별장"이라 한다)의 부속토지. 다만, 「지방자치법」 제3조 제3항 및 제4항에 따른 읍 또는 면에 소재하고 대통령령(별장의 범위와 적용기준, 소령 제168조의13, 생략)으로 정하는 범위와 기준에 해당하는 농어촌주택의 부속토지는 제외하며, 별장에 부속된 토지의 경계가 명확하지 아니한 경우에는 그 건축물 바닥면적의 10배에 해당하는 토지를 부속토지로 본다.

7. 그 밖에 제1호부터 제6호까지와 유사한 토지로서 거주자의 거주 또는 사업과 직접 관련이 없다고 인정할 만한 상당한 이유가 있는 대통령령(정해진 시행령 없음)으로 정하는 토지

② 제1항을 적용할 때 토지 취득 후 법률에 따른 사용 금지나 그 밖에 대통령령(부득이한 사유가 있어 비사업용 토지로 보지 않는 토지의 판정기준 등, 소령 제168조의14, 생략)으로 정하는 부득이한 사유가 있어 그 토지가 제1항 각 호의 어느 하나에 해당하는 경우에는 대통령령(부득이한 사유가 있어 비사업용 토지로 보지 않는 토지의 판정기준 등, 소령 제168조의14, 생략)으로 정하는 바에 따라 그 토지를 비사업용 토지로 보지 아니할 수 있다(소법 제104조의3②).

③ 제1항과 제2항을 적용할 때 농지·임야·목장용지의 범위 등에 관하여 필요한 사항은 대통령령(생략)으로 정한다(소법 제104조의3③).

3) 비사업용 토지의 기간기준

비사업용 토지의 기간이 다음의 어느 하나에 해당하는 경우에는 비사업용 토지에 해당한다. 이 경우 기간의 계산은 일수로 한다(소령 제168조의6).

① 토지의 소유기간이 5년 이상인 경우에는 다음의 모두에 해당하는 기간

　㉮ 양도일 직전 5년 중 2년을 초과하는 기간

　㉯ 양도일 직전 3년 중 1년을 초과하는 기간

　㉰ 토지의 소유기간의 100분의 40에 상당하는 기간을 초과하는 기간

② 토지의 소유기간이 3년 이상이고 5년 미만인 경우에는 다음의 모두에 해당하는 기간

　㉮ 토지의 소유기간에서 3년을 차감한 기간을 초과하는 기간

　㉯ 양도일 직전 3년 중 1년을 초과하는 기간

　㉰ 토지의 소유기간의 100분의 40에 상당하는 기간을 초과하는 기간

③ 토지의 소유기간이 3년 미만인 경우에는 다음의 모두에 해당하는 기간. 다만, 소유기간이 2년 미만인 경우에는 ㉮를 적용하지 아니한다.

㉮ 토지의 소유기간에서 2년을 차감한 기간을 초과하는 기간
㉯ 토지의 소유기간의 100분의 40에 상당하는 기간을 초과하는 기간

(3) 토지의 양도에 대한 양도소득세 비과세·감면 주요 내용

1) 농지의 교환·분합 비과세

대통령령으로 정하는 경우에 해당하는 농지의 교환 또는 분합(分合)으로 인하여 발생하는 양도소득에 대한 양도소득세를 과세하지 아니한다(소법 제89조① 제2호).

"대통령령으로 정하는 경우"란 다음의 어느 하나에 해당하는 농지(일정한 시·도지역의 농지 중 주거지역·상업지역 또는 공업지역 안의 농지로서 이들 지역에 편입된 날부터 3년이 지난 농지, 농지 외의 토지로 환지예정지의 지정이 있는 경우로서 그 환지예정지 지정일부터 3년이 지난 농지는 제외한다)를 교환 또는 분합하는 경우로서 교환 또는 분합하는 쌍방 토지가액의 차액이 가액이 큰 편의 4분의 1 이하인 경우를 말한다(소령 제153조①).
① 국가 또는 지방자치단체가 시행하는 사업으로 인하여 교환 또는 분합하는 농지
② 국가 또는 지방자치단체가 소유하는 토지와 교환 또는 분합하는 농지
③ 경작상 필요에 의하여 교환하는 농지. 다만, 교환에 의하여 새로이 취득하는 농지를 3년 이상 농지소재지에 거주하면서 경작하는 경우에 한한다.
④ 「농어촌정비법」·「농지법」·「한국농어촌공사 및 농지관리기금법」 또는 「농업협동조합법」에 의하여 교환 또는 분합하는 농지

2) 지적조정금과 비과세

「지적재조사에 관한 특별법」 제18조에 따른 경계의 확정으로 지적공부상의 면적이 감소되어 같은 법 제20조에 따라 지급받는 조정금은 양도소득세를 과세하지 아니한다(소법 제89조① 제5호).

이 개정규정은 2012년 3월 17일 이후 발생한 분부터 적용한다. 그리고 「지적재조사에 관한 특별법」 제18조에 따른 경계의 확정으로 지적공부상의 면적이 증가되어 같은 법 제20조에 따라 징수한 조정금은 취득가액에서 제외하며, 이 법 시행(2019.1.1.) 이후 양도하는 분부터 적용한다(2018.12.31. 법률 제16104호 제9조, 제11조).

3) 자경농지에 대한 양도소득세 감면

농지 소재지에 거주하는 일정한 거주자가 8년 이상(농업법인에 2026년 12월 31일까지

양도하는 경우에는 3년 이상) 일정한 방법으로 직접 경작한 토지 중 대통령령(자경농지에 대한 양도소득세의 감면, 조특령 제66조④, 생략)으로 정하는 토지의 양도로 인하여 발생하는 소득에 대해서는 양도소득세의 100분의 100에 상당하는 세액을 감면한다(조특법 제69조①).

다만, 해당 토지가 주거지역등에 편입되거나 「도시개발법」 또는 그 밖의 법률에 따라 환지처분 전에 농지 외의 토지로 환지예정지 지정을 받은 경우에는 주거지역등에 편입되거나, 환지예정지 지정을 받은 날까지 발생한 소득으로서 대통령령(자경농지에 대한 양도소득세의 감면, 조특령 제66조⑦, 생략)으로 정하는 소득에 대해서만 양도소득세의 100분의 100에 상당하는 세액을 감면한다(조특법 제69조① 단서).

자경농지에 대한 감면의 주요 내용을 요약하면 아래와 같다(조특법 제69조, 영 제66조).

구 분	자경농지 감면 주요 내용
감면 요건	거주자가 8년(경영이양보조금의 지급대상 농지를 한국농어촌공사 등에 양도하는 경우에는 3년) 이상 농지 소재지에서 직접 경작한 토지 * 비거주자가 된 날부터 2년 이내인 자를 포함한다.
감면율	양도소득세의 100%, 농어촌특별세 : 비과세
감면 한도	과세기간별 : 1억원, 5개 과세기간 : 2억원 한도(조특법 제133조①)
거주지역의 범위	다음의 어느 하나에 해당하는 지역에 거주하면서 경작한 거주자를 말한다. 1. 농지가 소재하는 시(특별자치시와 「제주특별자치도 설치 및 국제자유도시 조성을 위한 특별법」에 따라 설치된 행정시를 포함한다. 이하 같다)·군·구(자치구인 구를 말한다. 이하 같다) 안의 지역 2. 제1호의 지역과 연접한 시·군·구 안의 지역 3. 해당 농지로부터 직선거리 30킬로미터 이내의 지역
직접 경작	직접 경작이란 다음의 어느 하나에 해당하는 것을 말한다. 1. 거주자가 그 소유농지에서 농작물의 경작 또는 다년생식물의 재배에 상시 종사하는 것 2. 거주자가 그 소유농지에서 농작업의 2분의 1 이상을 자기의 노동력에 의하여 경작 또는 재배하는 것
자경기간 인정 제외 과세기간	다음의 어느 하나에 해당하는 과세기간이 있는 경우 그 기간은 해당 피상속인 또는 거주자가 경작한 기간에서 제외한다. 1. 사업소득금액과 총급여액의 합계액이 3천700만원 이상인 과세기간 2. 사업소득 총수입금액(농업·임업에서 발생하는 소득, 부동산임대업에서 발생하는 소득과 농가부업소득은 제외한다)이 복식부기 대상 수입금액(도매 및 소매업 등 : 3억원, 조업, 숙박 및 음식점업 등 : 1억5천만원, 수리 및 기타 개인서비스업 등 : 7천500만원) 이상인 과세기간

구　분	자경농지 감면 주요 내용
감면대상 농지의 판정기준	• 원칙 : 양도일 현재의 농지 기준 • 예외 : 다음의 어느 하나에 해당하는 경우에는 다음의 구분에 따른 기준에 따른다. 　1. 양도일 이전에 매매계약조건에 따라 매수자가 형질변경, 건축착공 등을 한 경우 : 매매계약일 현재의 농지 기준 　2. 환지처분 전에 해당 농지가 농지 외의 토지로 환지예정지 지정이 되고 그 환지예정지 지정일부터 3년이 경과하기 전의 토지로서 토지조성공사의 시행으로 경작을 못하게 된 경우 : 토지조성공사 착수일 현재의 농지 기준 　3. 광산피해를 방지하기 위하여 휴경하고 있는 경우 : 휴경계약일 현재의 농지 기준

4) 농지 대토에 대한 양도소득세 감면

농지 소재지에 거주하는 일정한 거주자가 4년 이상 일정한 방법으로 직접 경작한 토지를 경작상의 필요에 의하여 대통령령(조특령 제67조③)으로 정하는 경우에 해당하는 농지로 대토(代土)함으로써 발생하는 소득에 대해서는 양도소득세의 100분의 100에 상당하는 세액을 감면한다(조특법 제70조①).

다만, 해당 토지가 주거지역등에 편입되거나 「도시개발법」 또는 그 밖의 법률에 따라 환지처분 전에 농지 외의 토지로 환지예정지 지정을 받은 경우에는 주거지역 등에 편입되거나, 환지예정지 지정을 받은 날까지 발생한 소득으로서 대통령령(조특령 제67조⑦, 생략)으로 정하는 소득에 대해서만 양도소득세를 감면한다(조특법 제70조① 단서).

농지대토에 대한 감면의 주요 내용을 요약하면 아래와 같다(조특법 제70조, 영 제67조).

구　분	농지대토 감면 주요 내용
감면 요건	거주자가 대토 전의 농지 양도일 현재 4년 이상 농지 소재지에 거주하고 있는 자로서 직접 경작한 토지 * 비거주자가 된 날부터 2년 이내인 자를 포함한다.
감면율	양도소득세의 100%, 농어촌특별세 : 비과세
감면 한도	과세기간별 : 1억원, 5개 과세기간 : 1억원(합계기준 2억원) 한도(조특법 제133조①)
거주지역의 범위	앞의 (3) 자경농지에 대한 감면의 경우와 같다.
직접 경작	〃
자경기간 인정 제외 과세기간	〃

구 분	농지대토 감면 주요 내용
대토 요건	직접 경작한 토지를 경작상의 필요에 의하여 다음 ③의 경우에 해당하는 농지로 대토(代土)함으로써 발생하는 소득에 대한 세액을 감면한다. ① 종전의 농지의 양도일부터 1년(협의매수·수용 및 그 밖의 법률에 따라 수용되는 경우에는 2년) 내에 새로운 농지를 취득(상속·증여 제외))하여, 그 취득한 날부터 1년(부득이한 사유로 경작하지 못하는 경우 2년) 내에 새로운 농지소재지에 거주하면서 경작을 개시한 경우 ② 새로운 농지의 취득일부터 1년 내에 종전의 농지를 양도한 후 종전의 농지 양도일부터 1년(부득이한 사유로 경작하지 못하는 경우 2년) 내에 새로운 농지소재지에 거주하면서 경작을 개시한 경우 ③ 위 ① 또는 ②의 경우로서 다음의 어느 하나에 해당하는 경우. 다만, 새로운 농지의 경작을 개시한 후 새로운 농지소재지에 거주하면서 계속하여 경작한 기간과 종전의 농지 경작기간을 합산한 기간이 8년 이상인 경우로 한정한다. ㈎ 새로 취득하는 농지의 면적이 양도하는 농지의 면적의 3분의 2 이상일 것 ㈏ 새로 취득하는 농지의 가액이 양도하는 농지의 가액의 2분의 1 이상일 것
대토 감면 제외	대토 감면 요건에 따라 양도하거나 취득하는 토지가 주거지역등에 편입되거나 「도시개발법」 또는 그 밖의 법률에 따라 환지처분 전에 농지 외의 토지로 환지예정지 지정을 받은 토지로서의 경우에는 대토 감면을 적용하지 아니한다.

5) 자경산지에 대한 양도소득세의 감면

산지 소재지에 거주하는 일정한 거주자가 「산림자원의 조성 및 관리에 관한 법률」 제13조에 따른 산림경영계획인가를 받아 10년 이상 일정한 방법으로 직접 경영한 산지 중 대통령령(자경산지에 대한 양도소득세의 감면, 조특령 제66조의4③, 생략)으로 정하는 산지를 양도함에 따라 발생하는 소득에 대해서는 다음 표에 따른 세액을 감면한다(조특법 제69조의4①).

다만, 해당 산지가 주거지역등에 편입되거나 「도시개발법」 또는 그 밖의 법률에 따라 환지처분 전에 산지 외의 토지로 환지예정지 지정을 받은 경우에는 주거지역등에 편입되거나 환지예정지 지정을 받은 날까지 발생한 소득으로서 대통령령(자경산지에 대한 양도소득세의 감면, 조특령 제66조의4⑧, 생략)으로 정하는 소득에 대해서만 세액을 감면한다(조특법 제69조의4① 단서).

직접 경영한 기간	감면 세액
10년 이상 20년 미만	양도소득세의 100분의 10에 상당하는 세액
20년 이상 30년 미만	양도소득세의 100분의 20에 상당하는 세액
30년 이상 40년 미만	양도소득세의 100분의 30에 상당하는 세액
40년 이상 50년 미만	양도소득세의 100분의 40에 상당하는 세액
50년 이상	양도소득세의 100분의 50에 상당하는 세액

자경산지에 대한 감면의 주요 내용을 요약하면 아래와 같다(조특법 제69조의4, 영 제66조의4).

구 분	자경산지 감면 주요 내용
감면요건	산지 소재지에 거주하는 거주자가 산림경영계획인가를 받아 10년 이상 직접 경영한 산지(2018.1.1. 이후) * 비거주자가 된 날부터 2년 이내인 자를 포함한다.
감면율	위의 표 참조, 농어촌특별세 : 비과세
감면한도	과세기간별 : 1억원, 5개 과세기간 : 2억원 한도(조특법 제133조①)
거주지역의 범위	다음의 어느 하나에 해당하는 지역에 거주한 「임업 및 산촌 진흥촉진에 관한 법률」에 따른 임업인으로서 산지 양도일 현재 거주자인 사람을 말한다. 1. 산지가 소재하는 시(특별자치시와 「제주특별자치도 설치 및 국제자유도시 조성을 위한 특별법」에 따라 설치된 행정시를 포함한다. 이하 같다)·군·구(자치구인 구를 말한다. 이하 같다) 안의 지역 2. 제1호의 지역과 연접한 시·군·구 안의 지역 3. 해당 산지로부터 직선거리 30킬로미터 이내의 지역
직접 경영한 산지	직접 경영한 산지란 다음의 어느 하나에 해당하는 것을 말한다. 1. 거주자가 그 소유 산지에서 「임업 및 산촌 진흥촉진에 관한 법률」에 따른 임업에 상시 종사하는 것 2. 거주자가 그 소유 산지에서 임작업의 2분의 1 이상을 자기의 노동력에 의하여 수행하는 것
임업에 사용한 과세기간 제외	다음의 어느 하나에 해당하는 과세기간이 있는 경우 그 기간은 해당 피상속인 또는 거주자가 임업에 사용한 기간에서 제외한다(조특령 제66조⑭ 준용). 1. 사업소득금액과 총급여액의 합계액이 3천700만원 이상인 과세기간 2. 사업소득 총수입금액(농업·임업에서 발생하는 소득, 부동산임대업에서 발생하는 소득과 농가부업소득은 제외한다)이 복식부기 대상 수입금액(도매 및 소매업 등 : 3억원, 조업, 숙박 및 음식점업 등 : 1억5천만원, 수리 및 기타 개인서비스업 등 : 7천500만원) 이상인 과세기간

구　분	자경산지 감면 주요 내용
감면대상 산지의 판정기준	• 원칙 : 양도일 현재의 산지 기준 • 예외 : 다음의 어느 하나에 해당하는 경우에는 다음의 구분에 따른 기준에 따른다. 　1. 양도일 이전에 매매계약조건에 따라 매수자가 형질변경, 건축착공 등을 한 경우 : 매매계약일 현재의 산지 기준 　2. 환지처분 전에 해당 산지가 산지 외의 토지로 환지예정지 지정이 되고 그 환지예정지 지정일부터 3년이 경과하기 전의 토지로서 환지예정지 지정 후 토지조성공사의 시행으로 임업을 못하게 된 경우 : 토지조성공사 착수일 현재의 산지 기준

6) 공익사업용 토지 등에 대한 양도소득세의 감면

다음의 어느 하나에 해당하는 소득으로서 해당 토지등이 속한 사업지역에 대한 사업인정고시일(사업인정고시일 전에 양도하는 경우에는 양도일)부터 소급하여 2년 이전에 취득한 토지등을 2026년 12월 31일 이전에 양도함으로써 발생하는 소득에 대해서는 양도소득세의 100분의 10[토지등의 양도대금을 대통령령(생략)으로 정하는 채권으로 받는 부분에 대해서는 100분의 15로 하되, 「공공주택 특별법」 등 대통령령(생략)으로 정하는 법률에 따라 협의매수 또는 수용됨으로써 발생하는 소득으로서 대통령령(생략)으로 정하는 방법으로 해당 채권을 3년 이상의 만기까지 보유하기로 특약을 체결하는 경우에는 100분의 30(만기가 5년 이상인 경우에는 100분의 40)]에 상당하는 세액을 감면한다(조특법 제77조①).

① 「공익사업을 위한 토지 등의 취득 및 보상에 관한 법률」이 적용되는 공익사업에 필요한 토지등을 그 공익사업의 시행자에게 양도함으로써 발생하는 소득
② 「도시 및 주거환경정비법」에 따른 정비구역(정비기반시설을 수반하지 아니하는 정비구역은 제외한다)의 토지등을 같은 법에 따른 사업시행자에게 양도함으로써 발생하는 소득
③ 「공익사업을 위한 토지 등의 취득 및 보상에 관한 법률」이나 그 밖의 법률에 따른 토지등의 수용으로 인하여 발생하는 소득

7) 대토보상에 대한 양도소득세 과세특례

거주자가 「공익사업을 위한 토지 등의 취득 및 보상에 관한 법률」에 따른 공익사업의 시행으로 해당 사업지역에 대한 사업인정고시일(사업인정고시일 전에 양도하는 경우에는 양도일)부터 소급하여 2년 이전에 취득한 토지등을 2026년 12월 31일 이전에 해당 공익사업의 시행자에게

양도함으로써 발생하는 양도차익으로서 토지등의 양도대금을 같은 법 제63조 제1항 각 호 외의 부분 단서에 따라 해당 공익사업의 시행으로 조성한 토지로 보상(“대토보상”)받는 부분에 대해서는 대통령령(생략)으로 정하는 바에 따라 양도소득세의 100분의 40에 상당하는 세액을 감면받거나 양도소득세의 과세를 이연받을 수 있다(조특법 제77조의2①).

8) 공공매입임대주택 건설 목적 양도 토지에 대한 과세특례

거주자가 「공공주택 특별법」 제2조 제1호의3에 따른 공공매입임대주택(이하 “공공매입임대주택”이라 한다)을 건설할 자[같은 법 제4조에 따른 공공주택사업자(이하 “공공주택사업자”라 한다)와 공공매입임대주택을 건설하여 양도하기로 약정을 체결한 자로 한정한다. 이하 “주택건설사업자”라 한다]에게 2027년 12월 31일까지 주택 건설을 위한 토지를 양도함으로써 발생하는 소득에 대해서는 양도소득세의 100분의 10에 상당하는 세액을 감면한다(조특법 제97조의9①).

주택건설사업자가 토지를 양도받은 날(인허가 지연 등 대통령령으로 정하는 부득이한 사유로 공공매입임대주택으로 사용할 주택을 건설하여 양도하지 아니한 경우에는 해당 사유가 해소된 날)부터 3년 이내에 해당 토지에 공공매입임대주택으로 사용할 주택을 건설하여 공공주택사업자에게 양도하지 아니하는 경우 주택건설사업자는 위에 따라 감면된 세액에 상당하는 금액을 그 사유가 발생한 과세연도의 과세표준을 신고할 때 소득세 또는 법인세로 납부하여야 한다(조특법 제97조의9③). 이 경우 이자상당가산액을 납부하여야 한다(조특법 제97조의9④).

“인허가 지연 등 대통령령으로 정하는 부득이한 사유”란 다음 각 호의 어느 하나에 해당하는 사유를 말한다(조특령 제97조의9③).

① 「공공주택 특별법」 제2조 제1호의3에 따른 공공매입임대주택으로 사용할 주택의 건설에 필요한 인가·허가 등의 지연
② 주택건설사업자의 파산선고
③ 천재지변

 공동사업 현물출자

"공동사업"이란 그 사업이 당사자 전원의 공동의 것으로서, 공동으로 경영되고 따라서 당사자 전원이 그 사업의 성공여부에 대하여 이해관계를 가지는 사업을 말한다(국기법 집행기준 25-0-1).

"민법상 조합"은 2인 이상이 상호출자하여 공동사업을 경영할 것을 약정함으로써 그 효력이 생긴다. 이때 출자는 금전 기타 재산 또는 노무로 할 수 있다(민법 제703조).

"양도"란 자산에 대한 등기 또는 등록과 관계없이 매도, 교환, 법인에 대한 현물출자 등을 통하여 그 자산을 유상으로 사실상 이전하는 것을 말한다(소법 제88조 제1호 전단).

따라서 출자자 소유의 토지 등 부동산을 공동사업에 현물출자하고 그 대가인 조합원의 지위를 취득하는 것은 부동산이 유상으로 이전된 경우로서 양도에 해당한다.

(1) 토지 등을 공동사업을 위해 최초 현물출자한 경우

공동사업(주택신축판매업 등)을 경영할 것을 약정하는 계약에 따라 「소득세법」 제94조 제1항(토지·건물, 부동산에 관한 권리)의 자산을 해당 공동사업체에 현물출자하는 경우에는 등기에 관계없이 현물출자한 날 또는 등기접수일 중 빠른 날에 해당 토지 등이 그 공동사업체에 유상으로 양도된 것으로 본다(소기통 88-0…2).

거주자가 공동사업을 경영할 것을 약정하는 계약에 의해 종전주택과 딸린 토지를 공동사업에 현물출자하는 경우 실지거래가액은 실지 거래대금 또는 거래당시 급부의 대가로 실지 약정된 금액을 말한다(소득세 집행기준 96-162의2-4).

그리고 거주자가 토지 등 부동산을 주택신축판매업 또는 부동산매매업 목적의 공동사업에 현물출자한 경우에는 재고자산에 해당하고 부동산임대업 목적의 공동사업에 현물출자한 경우에는 사업용 고정자산에 해당한다.

- 처분청은 공동사업자들이 공동사업계약을 체결하고, 토지를 출자하는 등 쟁점토지는 조합원인 청구인들의 합유재산으로 볼 수 있고, 쟁점토지를 공동사업에 현물출자한 것으로 하여 양도소득세를 신고·납부하는 등 청구인들은 쟁점토지를 현물출자한 것이라는 의견이나, 개인간 공동사업에의 토지 제공 등이 양도소득세의 과세대상이 되는 현물출자에 해당되는지, 아니면 단순한 사용권의 출자에 해당되는지 여부는 공동사업의 성격 및 토지 등을 제공한 자의 의사 등을 감안하여 판단하여야 할 것인 바,
- 토지 등을 현물출자하는 경우 조합의 재산으로서 이를 합유로 보는 것으로서, 이 경우 「부동산등기법」에 따라 합유등기를 해야 하고, 「민법」 제271조 등에 따라 합유자 전원의 동의없이 처분하지 못하는 것이나, 쟁점토지 등의 등기부등본을 보면, 공동사업자 명의로 합유등기하지 아니하였고,
- 공동사업약정서를 보면, 쟁점토지를 현물출자한다는 의사표시가 나타나지 아니하였으며, 공동사업자들이 다른 소유자들에게 사전통보 조건으로 타인에게 매매할 수 있는 것으로 약정되어 있어 자기지분에 해당하는 토지를 매각하는데 큰 제한이 없는 것으로 보이는 점, 새로운 공동사업 전·후 청구인들의 토지소유지분(면적)에 실질적인 변동이 없고, 토지가액기준이 아닌 토지면적지분대로 수익을 배분하는 것으로 나타나는 점, 공동사업인 임대사업 등이 종료되었을 때 공동사업에 공하는 부동산이 공동사업자들 각자에게 환원등기가 된다거나 이로 인하여 청구인들을 비롯한 공동사업자 각자에게 양도소득세가 과세된다고 보기도 어려운 점, 쟁점부동산은 최종적으로 분양실적이 없는 것으로 보이고, 청구인들은 준공후 부동산임대업 및 숙박업을 영위하고 있는 것으로 보이는바,
- 소유권 출자로 보아 양도소득세 무신고 후 현물출자로 과세되는 경우 가산세 등의 부담이 커서 일단 현물출자로 양도소득세 신고를 하였다는 청구주장에 수긍이 가는 점 등에 비추어 청구인들이 쟁점토지를 현물출자하였다기 보다는 사용권의 출자로 보는 것이 타당하다 할 것이므로 청구인들이 임대 및 숙박업에 공하던 쟁점토지를 제3자에게 양도하거나 분할하여 판매할 경우 이를 양도로 보는 것은 별론으로 하더라도 처분청의 이 건 환급경정청구 거부처분은 잘못이 있는 것으로 판단됨(조심 2015서3275, 2015.12.28.).

(2) 주택신축판매업·부동산매매업의 공동사업 현물출자 후 출자지분 변동

공동사업(주택신축판매업·부동산매매업)에 토지 등 부동산을 현물출자한 후 탈퇴 등으로 기존의 출자지분을 나머지 공동사업자 또는 제3자에게 양도하고 얻은 소득은 사업소득에 해당한다(서면소득 2016-6250, 2017.2.17.).

(3) 부동산임대업의 공동사업 현물출자 후 출자지분 변동

1) 공동사업자 중 일부가 임대사업 출자지분을 양도한 경우

공동사업에 참여한 조합원이 탈퇴(제3자로 변경하는 경우 포함)함에 따라 자기지분(탈퇴자의 현물출자분 및 출자 후 조합이 취득한 자산 중 탈퇴자의 지분을 말함)에 상당하는 대가를 잔여 또는 신규가입조합원으로부터 받는 경우 그에 상당하는 지분이 사실상 유상으로 양도된 것으로 보는 것이며, 자기지분을 조합의 현물자산으로 그대로 반환받는 경우에는 양도로 보지 아니하는 것이다(부동산거래관리-336, 2010.3.5.).

2) 공동임대사업 출자자산의 취득시기

공동사업(이하 "조합"이라 함)에 참여한 자(이하 "조합원"이라 함)가 조합을 탈퇴함에 따라 자기지분(탈퇴 조합원의 현물출자분 및 출자 후 조합이 취득한 자산 중 탈퇴조합원의 지분을 말함)에 상당하는 대가를 잔여 또는 신규가입 조합원으로부터 받은 경우에는 그에 상당하는 지분이 사실상 유상으로 양도된 것으로 보는 것이며, 이 경우 자기지분 중 현물출자 해당분의 취득시기는 현물출자한 날 또는 등기접수일 중 빠른 날이다(재일 46014-1594, 1999.8.24.).

(4) 공동사업 해지시 납부한 양도소득세 환급 여부

거주자가 공동사업을 경영할 것을 약정하는 계약에 의해 토지 등을 당해 공동사업에 현물출자하는 경우에는 등기에 관계없이 토지 등이 유상으로 양도된 것으로 보아 양도소득세가 과세되는 것으로서, 공동사업을 영위하다 당사자 간의 약정에 의해 당해 공동사업을 해지하는 경우에도 당초 신고·납부한 양도소득세는 환급하지 아니하는 것이다(재산-4376, 2008.12.24.).

(5) 도시개발법 등에 의한 환지처분의 경우

「도시개발법」이나 그 밖의 법률에 따른 환지처분으로 지목 또는 지번이 변경되거나 보류지(保留地)로 충당되는 경우에 해당하는 경우에는 양도로 보지 아니한다(소법 제88조 제1호 가목). 따라서 「도시 및 주거환경 정비법」에 의한 재개발 또는 재건축사업으로 그 조합원이 정비사업조합에 현물출자하고 새로운 토지 또는 건축물을 취득하는 경우에는 환지에 해당하므로 양도에 해당하지 않는다.

다만, 환지청산금을 현금으로 교부받은 부분은 토지가 유상으로 이전되는 것이므로 양도소득세 과세대상이며 양도시기는 환지처분의 공고가 있은 날의 다음 날로 하는 것이다(제도

46014-10697, 2001.4.20.).

(6) 임의재건축사업의 현물출자

청구인 등이 추진한 재건축은 「도시 및 주거환경 정비법」이 적용되지 아니하는 일반 재건축에 해당하는 것이어서 종전주택의 부수토지 중 감소면적에 해당하는 쟁점토지를 「소득세법」 제88조 제2항에서 규정하는 환지처분에 의한 체비지로 충당된 경우로 볼 수는 없으며, 재건축 결과 세대수의 증가(9세대 ⇒ 14세대)로 인한 대지의 공유지분 감소분인 쟁점토지는 청구인 등 종전주택의 소유자가 시공사인 ○○공영에게 공사비를 갈음하여 유상 양도한 것으로 봄이 타당하다(국심 2002부3070, 2002.3.7., 국심 1998서455, 1998.11.13., 같은 뜻임)(조심 2011서2074, 2011.9.1.).

공동사업자인 주택신축판매업자의 총수입금액에 대응하는 필요경비 중 토지가액은 공동 사업에 현물출자한 당시의 가액으로 하는 것으로 이 경우 공동사업계약을 체결한 날을 현물출자시기로 보는 것이며, 공동사업자 각자가 거주할 목적으로 사용하는 1주택은 당해 공동사업장의 소득금액 계산시 총수입금액에 산입하지 아니하는 것이다(제도 46011-10615, 2001.4.16.).

② 멸실 후 신축목적 양도

(1) 매매특약 후 멸실한 주택의 판정기준일

주택에 해당하는지 여부는 양도일 현재를 기준으로 판단하며, 매매특약에 의하여 매매계약일 이후 주택을 멸실한 경우에는 매매계약일 현재를 기준으로 판단한다(집행기준 89-154-12).

소득세법 시행령 제154조 제1항의 규정에 따른 1세대 1주택 비과세의 판정은 양도일 현재를 기준으로 한다. 다만, 매매계약 후 양도일 이전에 매매특약에 의하여 1세대 1주택에 해당되는 주택을 멸실한 경우에는 매매계약일 현재를 기준으로 한다(소기통 89-154…12).

(2) 철거(멸실) 건물의 취득가액

1) 철거되는 건물의 취득가액이 필요경비에 산입되는 경우

토지만을 이용하기 위하여 토지와 건물을 함께 취득한 후 해당 건물을 철거하고 토지만을 양도하는 경우 철거된 건물의 취득가액과 철거비용의 합계액에서 철거 후 남아있는 시설물의 처분가액을 차감한 잔액을 양도자산의 필요경비로 산입한다(집행기준 97-163-40).

2) 철거되는 건물의 취득가액이 필요경비에 산입되지 않는 경우

토지와 건물을 함께 취득하여 장기간 사용 후 건물을 철거하고 나대지 상태로 양도하는 경우에는 건물의 취득가액과 철거비용 등은 토지의 취득가액에 산입하지 아니한다(집행기준 97-163-41).

3) 건물을 매매계약조건에 따라 멸실한 경우로서 건물가액이 양도가액에 포함된 경우

건물을 취득하여 장기간 사용 후 매매계약조건에 따라 건물을 멸실하고 토지만을 양도하는 경우로서 건물가액이 양도가액에 포함된 경우에는 토지와 건물의 양도차익은 각각 계산하므로 건물취득가액을 필요경비로 산입할 수 있다(집행기준 97-163-42).

 양도자산의 교환

교환은 당사자 쌍방이 금전 이외의 재산권을 상호이전할 것을 약정함으로써 그 효력이 생기며(민법 제596조), 유상계약에 해당한다. 교환의 경우에 두 자산의 매매계약이 동시에 발생한 것이므로 교환으로 인한 차액 발생부분에 대해서만 양도소득세를 과세하는 것이 아니고 교환하는 자산 전체 가액에 대해 양도소득세를 과세한다.

양도자산의 교환에 대한 양도소득세 유권해석 내용은 아래와 같다.

1) 교환된 자산의 양도 및 취득시기

부동산의 소유권을 상호 이전하기로 약정한 교환계약에 따라 소유권이 이전된 경우의 양도 및 취득시기는 교환계약일이 되는 것이나, 그 계약일이 불분명한 경우에는 교환등기 접수일이 되는 것이다(재산-741, 2009.11.16.).

2) 부동산을 교환하는 경우 양도가액

양도소득세의 실지거래가액 과세대상인 부동산을 교환으로 양도하는 경우 당해 부동산의 양도가액은 교환계약서에 표시된 실지거래가액에 의하는 것이며 교환계약서에 표시된 실지거래가액이 「소득세법 시행령」 제176조의2 제1항의 규정에 해당하여 실지거래가액으로 인정 또는 확인할 수 없는 경우에는 「소득세법」 제114조 제7항의 규정에 의하여 매매사례가액, 감정가액, 환산가액(실지거래가액·매매사례가액 또는 감정가액을 대통령령이 정하는 방법에 의하여 환산한 취득가액을 말함) 또는 기준시가 등에 의하는 것이다(서면5팀-1679, 2007.5.28.).

3) 지적경계선 변경을 위한 토지 교환

토지 이용상 불합리한 지상 경계를 합리적으로 바꾸기 위하여 「공간정보의 구축 및 관리 등에 관한 법률」 또는 기타 법률에 따라 토지를 분할하여 교환하는 경우 양도로 보지 않는다(소득세법 집행기준 88 – 151 – 8.).

 **대물변제**

민법은 대물변제를 채무자가 채권자의 승낙을 얻어 본래의 채무이행에 갈음하여 다른 급부를 한 때에는 변제와 같은 효력이 있다(민법 제466조)라고 규정하고 있다. 이에 대한 자세한 내용은 'Chapter 4. 제3절 3. 대물변제'를 참고하기 바란다.

대물변제에 대한 양도소득세 유권해석 내용은 아래와 같다.

1) 채무의 변제에 갈음하여 소유부동산으로 대물변제하는 경우 양도 및 취득시기

채무의 변제에 갈음하여 소유부동산으로 대물변제하는 경우 당해 부동산의 양도 및 취득시기는 소유권이전등기 접수일이 되는 것이다(재일 46014 – 2572, 1996.11.22.).

2) 부동산으로 대물변제하는 경우 취득 및 양도가액

자산의 양도에 대한 양도차익을 실지거래가액으로 산정하는 경우 취득 및 양도가액은 매매 당사자 간에 실지거래된 가액에 의하는 것으로, 채무액 또는 위자료에 갈음하여 부동산으로 대물변제하는 경우에는 대물변제된 가액이 실지거래된 가액이 되는 것이나, 그 가액이 불분명하여 취득 당시의 실지거래가액을 확인할 수 없는 경우 소득세법 제97조 제1항 제1호 나목, 같은법 시행령 제163조 제12항, 같은령 제176조의2 제2항 내지 제4항의 방법에 의하여 매매사례가액, 감정가액 또는 환산가액 등을 취득가액으로 하는 것으로, 대물변제에 해당하는지 여부 및 대물변제된 가액 등에 대해서는 제반 사실관계를 종합하여 판단할 사항이다(서면5팀 – 2147, 2007.7.27.).

3) 소유토지를 신탁등기하는 경우 양도 해당 여부

토지 소유자 각인이 소유할 상가 등을 공동으로 건축할 목적으로 신탁법 또는 신탁업법에 의하여 소유토지를 사업시행자에게 신탁등기하는 것은 양도로 보지 아니하여 양도소득세 과세대상이 아닌 것이나 사업시행의 완료에 따라 신탁재산인 토지의 일부가 건설비로 충당되는 경우에는 양도소득세가 과세되는 것이다(재일 46014 – 986, 1997.4.23.).

⑤ 양도소득세의 대납

1) 매입자부담 양도소득세 등이 있는 경우 양도가액 및 필요경비 산입 여부

주택신축판매업자가 사업용 아파트 부지매입시 토지소유자에게 토지대금 이외에 양도소득세 등을 매수자가 부담하기로 약정하고 이를 실지로 지급하였을 경우 매도자는 동 양도소득세 상당액을 포함한 가액을 양도가액으로 보고 매수자는 동 세액상당액을 매입원가로서 필요경비에 산입한다(소기통 97 - 0…4).

2) 매수자가 부담한 양도소득세가 있는 경우 양도시기

부동산의 매매에 따른 별도 약정으로 매수자가 부동산의 매매대금 외의 양도소득세를 부담하기로 하고 이를 대금청산일 이후 지급한 경우에도 그 부동산의 매매대금의 잔금청산일을 양도시기로 적용하는 것이다(재일 46014 - 2092, 1996.9.12.).

3) 매수자가 대신 부담한 양도소득세의 양도가액 포함 방법

매수자가 대신 부담한 양도소득세는 제1회의 양도소득세만이 양도가액에 포함된다. 만일 무한히 양도소득세를 포함한다고 하면, 양도가액이 무한히 계산되어 양도시기 및 양도가액이 불분명하게 되는 결과로 인하여 실지거래가액으로 양도소득세를 과세할 수 없게 될 것이다(국심 90서101, 1990.3.23.).

4) 매수인 부담 양도소득세의 지급 지연으로 확정신고기한 후 수정신고시 가산세 적용 여부

양도소득세를 매수인이 부담하는 조건으로 부동산 매매계약을 체결하고 양도하였으나, 양수인이 부담하기로 한 세액을 양도소득세 확정신고기한까지 지급받지 못하여 동 세액을 제외한 금액으로 양도소득세 과세표준을 계산하여 신고·납부한 후, 양수자로부터 동 세액을 지급받은 시점에 양도소득세 과세표준을 「국세기본법」 제45조의 규정에 의하여 수정신고하는 경우에는 「소득세법」 제115조 제1항 및 제2항의 가산세가 적용되는 것이다(재산-1918, 2008.7.25.).

⑥ 기타 사항

(1) 부담부증여

부담부증여란 재산을 증여하면서 그 재산에 담보된 증여자의 채무를 수증자가 인수하는 것을 조건으로 증여계약을 체결한 것을 말한다. 부담부증여 시 수증자가 부담하는 채무액에 해당하는 부분은 양도로 보며(소법 제88조 제1호 후단), 증여자가 양도소득세 납세의무자가 된다.

위에서 "부담부증여 시 수증자가 부담하는 채무액에 해당하는 부분"이란 부담부증여 시 증여자의 채무를 수증자가 인수하는 경우 증여가액 중 그 채무액에 해당하는 부분을 말한다(소령 제151조③).

다만, 배우자 간 또는 직계존비속 간의 부담부증여[「상속세 및 증여세법」 제44조(배우자 등에게 양도한 재산의 증여추정)에 따라 증여로 추정되는 경우를 포함한다]로서 배우자 간 또는 직계존비속 간의 부담부증여에 대해서는 수증자가 증여자의 채무를 인수한 경우에도 그 채무액이 수증자에게 인수되지 아니한 것으로 추정되는 채무액은 제외한다(소령 제151조③ 단서).

부담부증여의 경우 양도로 보는 부분에 대한 양도차익을 계산할 때 그 취득가액 및 양도가액은 다음에 따른다(소령 제159조①).

① 취득가액 : 다음 계산식에 따른 금액

$$\text{취득가액} = \text{실지거래가액(또는 매매사례가액, 감정가액, 환산취득가액 순)} \times \frac{\text{채무액}}{\text{증여가액}}$$

(단, 양도가액을 「상속세 및 증여세법」 제61조 제1항·제2항·제5항 및 제66조에 따라 기준시가로 산정한 경우에는 취득가액도 기준시가로 산정한다)

② 양도가액 : 다음 계산식에 따른 금액

$$\text{「상속세 및 증여세법」에 따라 평가한 가액} \times \frac{\text{채무액}}{\text{증여가액}}$$

(2) 배우자등 이월과세

1) 증여자(배우자 또는 직계존비속)의 취득 당시 취득가액 적용

거주자가 양도일부터 소급하여 10년 이내에 그 배우자(양도 당시 혼인관계가 소멸된 경우를 포함하되, 사망으로 혼인관계가 소멸된 경우는 제외한다. 이하 같다) 또는 직계존비속으로부터 증여받은 아래 자산의 양도차익을 계산할 때 양도가액에서 공제할 필요경비는 양도소득의 필요경비계산에 따르되, 취득가액은 그 배우자 또는 직계존비속의 취득 당시 취득가액에 따른 금액으로 하고, 자본적지출액 등 필요경비에는 거주자의 배우자 또는 직계존비속이 해당 자산에 대하여 지출한 금액을 포함한다(소법 제97조의2① 제1호, 제2호).

- 토지 또는 건물의 양도로 발생하는 소득
- 부동산을 취득할 수 있는 권리
- 특정 시설물이용권(법인의 주식등 소유로 시설물이용권을 부여받게 되는 경우 그 주식등을 포함)

2) 증여세 상당액

위 1)의 경우 거주자가 증여받은 자산에 대하여 납부하였거나 납부할 증여세 상당액이 있는 경우에는 필요경비에 산입한다(소법 제97조의2① 제3호).

3) 적용 배제

다음의 어느 하나에 해당하는 경우에는 배우자등 이월과세를 적용하지 아니한다(소법 제97조의2②).

① 사업인정고시일부터 소급하여 2년 이전에 증여받은 경우로서 「공익사업을 위한 토지 등의 취득 및 보상에 관한 법률」이나 그 밖의 법률에 따라 협의매수 또는 수용된 경우
② 1세대 1주택 비과세 대상 주택[양도소득의 양도소득의 비과세 대상에서 제외되는 고가주택(이에 딸린 토지를 포함한다)을 포함한다]의 양도에 해당하게 되는 경우
③ 배우자등 이월과세를 적용하여 계산한 양도소득 결정세액이 배우자등 이월과세를 적용하지 아니하고 계산한 양도소득 결정세액보다 적은 경우

(3) 부당행위계산의 부인

1) 특수관계인과 거래

납세지 관할 세무서장 또는 지방국세청장은 양도소득이 있는 거주자의 행위 또는 계산이 그 거주자의 특수관계인과의 거래로 인하여 그 소득에 대한 조세 부담을 부당하게 감소시킨 것으로 인정되는 경우에는 그 거주자의 행위 또는 계산과 관계없이 해당 과세기간의 소득금액을 계산할 수 있다(소법 제101조①).

위에서 "조세의 부담을 부당하게 감소시킨 것으로 인정되는 경우"란 다음의 어느 하나에 해당하는 때를 말한다. 다만, 시가와 거래가액의 차액이 3억원 이상이거나 시가의 100분의 5에 상당하는 금액 이상인 경우로 한정한다(소령 제167조③).

① 특수관계인으로부터 시가보다 높은 가격으로 자산을 매입하거나 특수관계인에게 시가보다 낮은 가격으로 자산을 양도한 때
② 그 밖에 특수관계인과의 거래로 해당 연도의 양도가액 또는 필요경비의 계산시 조세의 부담을 부당하게 감소시킨 것으로 인정되는 때

2) 증여를 통한 우회양도

거주자가 특수관계인(배우자등 이월과세를 적용받는 배우자 및 직계존비속의 경우는 제외한다)에게 자산을 증여한 후 그 자산을 증여받은 자가 그 증여일부터 10년 이내에 다시 타인에게 양도한 경우로서 아래 ①에 따른 세액이 ②에 따른 세액보다 적은 경우에는 증여자가 그 자산을 직접 양도한 것으로 본다. 다만, 양도소득이 해당 수증자에게 실질적으로 귀속된 경우에는 그러하지 아니하다(소법 제101조②).

① 증여받은 자의 증여세(「상속세 및 증여세법」에 따른 산출세액에서 공제·감면세액을 뺀 세액을 말한다)와 양도소득세(산출세액에서 공제·감면세액을 뺀 결정세액을 말한다. 이하 같다)를 합한 세액
② 증여자가 직접 양도하는 경우로 보아 계산한 양도소득세

그리고 위에 따라 증여자에게 양도소득세가 과세되는 경우에는 당초 증여받은 자산에 대해서는 「상속세 및 증여세법」의 규정에도 불구하고 증여세를 부과하지 아니한다(소법 제101조③).

재개발 · 재건축 등 조합의 세무실무

 ❶ 정비사업조합의 특징

「도시 및 주거환경정비법」은 도시기능의 회복과 정비구역에서 정비기반시설을 정비하거나 노후·불량건축물의 개량 또는 건설을 효율적으로 추진하기 위하여 정비사업조합의 설립 및 의사결정기구 등 정비사업조합 운영에 관한 전반적인 내용을 규정하고 있다.

재개발·재건축정비사업조합의 세무는 앞의 Chapter 1~4에서 설명한 일반 개발법인의 세무에 「조세특례제한법」 제104조의7(정비사업조합에 대한 과세특례) 규정과 「도시 및 주거환경정비법」 등 세법 이외 법령 중 세법 관련 사항을 반영해야 하고 업무진행 실무과정에 대한 이해도 요구된다.

정비사업조합에 대해서는 비영리내국법인으로 보아 법인세법(고유목적사업준비금의 손금산입은 제외)을 적용하고 정비사업조합이 관리처분계획에 따라 조합원에게 공급하는 토지 및 건축물은 부가가치세법에 의한 재화의 공급으로 보지 아니하는 것이 주요 특징이다.

재개발·재건축정비사업조합에 대해 먼저 「도시 및 주거환경정비법」의 주요 내용, 업무진행 실무과정과 세법적용 기본개념을 정리하고 법인세, 부가가치세, 취득세(제6절) 등 구체적인 세법 내용을 설명하고자 한다.

❷ 「도시 및 주거환경정비법」의 주요 내용

(1) 정비사업의 종류

「도시 및 주거환경정비법」에서 "정비사업"이란 이 법에서 정한 절차에 따라 도시기능을 회복하기 위하여 정비구역에서 정비기반시설을 정비하거나 주택 등 건축물을 개량 또는 건설하는 주거환경개선사업, 재개발사업 및 재건축사업을 말한다(도정법 제2조 제2호).

1) 주거환경개선사업

주거환경개선사업은 도시저소득 주민이 집단거주하는 지역으로서 정비기반시설이 극히 열악하고 노후·불량건축물이 과도하게 밀집한 지역의 주거환경을 개선하거나 단독주택 및 다세대주택이 밀집한 지역에서 정비기반시설과 공동이용시설 확충을 통하여 주거환경을 보전·정비·개량하기 위한 사업을 말한다.

2) 재개발사업

재개발사업은 정비기반시설이 열악하고 노후·불량건축물이 밀집한 지역에서 주거환경을 개선하거나 상업지역·공업지역 등에서 도시기능의 회복 및 상권활성화 등을 위하여 도시환경을 개선하기 위한 사업을 말한다. 이 경우 일정한 요건을 갖추어 시장·군수등 또는 토지주택공사등이 시행 또는 대행하는 재개발사업을 "공공재개발사업"이라 한다.

3) 재건축사업

재건축사업은 정비기반시설은 양호하나 노후·불량건축물에 해당하는 공동주택이 밀집한 지역에서 주거환경을 개선하기 위한 사업을 말한다. 이 경우 일정한 요건을 갖추어 시장·군수등 또는 토지주택공사등이 시행 또는 대행하는 재건축사업을 "공공재건축사업"이라 한다.

(2) 정비사업의 시행방법

주거환경개선사업, 재개발사업 또는 재건축사업의 시행방법은 아래와 같다(도정법 제23조).

주거환경개선사업	재개발사업	재건축사업
• 주거환경개선사업은 다음 각 호의 어느 하나에 해당하는 방법 또는 이를 혼용하는 방법으로 한다. 1. 사업시행자가 정비구역에서 정비기반시설 및 공동이용시설을 새로 설치하거나 확대하고 토지등소유자가 스스로 주택을 보전·정비하거나 개량하는 방법 2. 사업시행자가 정비구역의 전부 또는 일부를 수용하여 주택을 건설한 후 토지등소유자에게 우선 공급하거나 대지를 토지등소유자 또는 토지등소유자 외의 자에게 공급하는 방법 3. 사업시행자가 환지로 공급하는 방법 4. 사업시행자가 정비구역에서 인가받은 관리처분계획에 따라 주택 및 부	• 재개발사업은 정비구역에서 인가받은 관리처분계획에 따라 건축물을 건설하여 공급하거나 환지로 공급하는 방법으로 한다.	• 재건축사업은 정비구역에서 인가받은 관리처분계획에 따라 주택, 부대시설·복리시설 및 오피스텔(「건축법」 제2조 제2항에 따른 오피스텔을 말함)을 건설하여 공급하는 방법으로 한다. 다만, 주택단지에 있지 아니하는 건축물의 경우에는 지형여건·주변의 환경으로 보아 사업 시행상 불가피한 경우로서 정비구역으로 보는 사업에 한정한다. • 오피스텔을 건설하여 공급하는 경우에는 준주거지역 및 상업지역에서만 건설할 수 있다. 이 경우 오피스텔의 연면적은 전체 건축물 연면적의 100분의 30 이하이어야 한다.

주거환경개선사업	재개발사업	재건축사업
대시설·복리시설을 건설하여 공급하는 방법		

| 정비사업별 신축 건축물 등 범위 |

구 분	신축 건축물 등 범위
주거환경개선사업	정비기반시설·공동이용시설 주택 및 부대시설·복리시설, 대지, 환지
재개발사업	건축물(제한 없음), 환지
재건축사업	주택 및 부대시설·복리시설, 오피스텔[*]

* 오피스텔은 준주거지역 및 상업지역에서만 건설할 수 있고 오피스텔의 연면적은 전체 건축물 연면적의 30% 이하이어야 한다.

(3) 정비사업의 시행자

"주거환경개선사업"의 시행자는 시장·군수 등이 직접 시행하거나 토지주택공사 등 공공부문에서 시행한다. "재개발사업·재건축사업"은 정비사업조합 또는 토지등소유자(20인 미만인 재개발사업인 경우)가 시행하거나 공동 시행 또는 시장·군수등 공공시행자, 지정개발자, 사업대행자가 시행·대행할 수 있다. 재개발사업·재건축사업의 시행자 등 요건은 아래와 같다.

1) 재개발사업·재건축사업의 시행자

① 재개발사업의 시행자

재개발사업은 다음의 어느 하나에 해당하는 방법으로 시행할 수 있다(도정법 제25조①).

(ㄱ) 조합이 시행하거나 조합이 조합원의 과반수의 동의를 받아 시장·군수등, 토지주택공사등, 건설업자, 등록사업자 또는 일정한 요건을 갖춘 자(신탁업자·한국부동산원)와 공동으로 시행하는 방법

(ㄴ) 토지등소유자가 20인 미만인 경우에는 토지등소유자가 시행하거나 토지등소유자가 토지등소유자의 과반수의 동의를 받아 시장·군수등, 토지주택공사등, 건설업자, 등록사업자 또는 일정한 요건을 갖춘 자(신탁업자·한국부동산원)와 공동으로 시행하는 방법

② 재건축사업의 시행자

재건축사업은 조합이 시행하거나 조합이 조합원의 과반수의 동의를 받아 시장·군수등, 토지주택공사등, 건설업자 또는 등록사업자와 공동으로 시행할 수 있다(도정법 제25조②).

2) 재개발사업·재건축사업의 공공시행자

시장·군수등(특별자치시장, 특별자치도지사, 시장, 군수, 자치구의 구청장)은 재개발사업 및 재건축사업이 천재지변 등 일정한 사유에 해당하는 때에는 직접 정비사업을 시행하거나 토지주택공사등(토지주택공사등[한국토지주택공사·지방공사]이 건설업자 또는 등록사업자와 공동으로 시행하는 경우를 포함한다)을 사업시행자로 지정하여 정비사업을 시행하게 할 수 있다(도정법 제26조①).

3) 재개발사업·재건축사업의 지정개발자

시장·군수등은 재개발사업 및 재건축사업이 다음의 어느 하나에 해당하는 때에는 토지등소유자, 「사회기반시설에 대한 민간투자법」 제2조 제12호에 따른 민관합동법인 또는 신탁업자로서 대통령령(아래 표 참조)으로 정하는 요건을 갖춘 자(이하 "지정개발자"라 한다)를 사업시행자로 지정하여 정비사업을 시행하게 할 수 있다(도정법 제27조①).

① 천재지변, 「재난 및 안전관리 기본법」 제27조 또는 「시설물의 안전 및 유지관리에 관한 특별법」 제23조에 따른 사용제한·사용금지, 그 밖의 불가피한 사유로 긴급하게 정비사업을 시행할 필요가 있다고 인정하는 때

② 「도시 및 주거환경정비법」 제16조 제2항 전단에 따라 고시된 정비계획에서 정한 정비사업시행 예정일부터 2년 이내에 사업시행계획인가를 신청하지 아니하거나 사업시행계획인가를 신청한 내용이 위법 또는 부당하다고 인정하는 때(재건축사업의 경우는 제외한다)

③ 「도시 및 주거환경정비법」 제35조에 따른 재개발사업 및 재건축사업의 조합설립을 위한 동의요건 이상에 해당하는 자가 신탁업자를 사업시행자로 지정하는 것에 동의하는 때

> 법 제27조 제1항 각 호 외의 부분에서 "대통령령으로 정하는 요건을 갖춘 자"란 다음
> 각 호의 어느 하나에 해당하는 자를 말한다(도정법 시행령 제21조①).
> 1. 정비구역의 토지 중 정비구역 전체 면적 대비 50퍼센트 이상의 토지를 소유한 자로서
>   토지등소유자의 2분의 1 이상의 추천을 받은 자
> 2. 「사회기반시설에 대한 민간투자법」 제2조 제12호에 따른 민관합동법인(민간투자사업의
>   부대사업으로 시행하는 경우에만 해당한다)으로서 토지등소유자의 2분의 1 이상의 추천을
>   받은 자
> 3. 신탁업자로서 토지등소유자의 2분의 1 이상의 추천을 받거나 법 제27조 제1항 제3호
>   (사업시행자 지정요건 : 조합 설립 동의 요건 이상) 또는 제28조 제1항 제2호[사업대행자
>   동의 요건 : 토지등소유자(조합을 설립한 경우에는 조합원)의 과반수 동의]에 따른 동의를
>   받은 자

4) 재개발사업 · 재건축사업의 사업대행자

시장 · 군수등은 다음의 어느 하나에 해당하는 경우에는 해당 조합 또는 토지등소유자를
대신하여 직접 정비사업을 시행하거나 토지주택공사등 또는 지정개발자에게 해당 조합 또는
토지등소유자를 대신하여 정비사업을 시행하게 할 수 있다(도정법 제28조①).

① 장기간 정비사업이 지연되거나 권리관계에 관한 분쟁 등으로 해당 조합 또는 토지등
   소유자가 시행하는 정비사업을 계속 추진하기 어렵다고 인정하는 경우
② 토지등소유자(조합을 설립한 경우에는 조합원을 말한다)의 과반수 동의로 요청하는
   경우

(4) 사업추진 단계별 절차(조합방식)

1) 재개발사업

「도시 및 주거환경정비법」에서 조합방식 재개발사업의 추진단계와 단계별 주요 내용은
아래와 같다.

추진단계	단계별 추진사항	주요 내용
1단계	기본계획의 수립	• 10년 단위 수립, 5년마다 타당성 검토, 14일 이상 주민공람 및 의견청취, 지방의회 의견청취 • 지방도시계획위원회 심의
2단계	정비계획의 결정, 정비구역의 지정	• 지정권자 : 특별시장·광역시장·특별자치시장·특별자치도지사·시장 또는 군수(광역시의 군수는 제외)
3단계	조합설립추진위원회의 승인	• 토지등소유자 과반수의 동의
4단계	조합설립인가	• 토지등소유자의 4분의 3 이상 및 토지면적의 2분의 1 이상의 토지소유자의 동의
5단계	시공자 선정	• 조합설립인가를 받은 후 조합원 과반수의 직접 출석 및 출석 조합원의 과반수 찬성으로 총회의 의결
6단계	사업시행계획인가	• 사업시행자는 정비사업을 시행하려는 경우에는 사업시행계획서에 정관등 서류를 첨부하여 시장·군수등에게 제출하고 사업시행계획인가를 받아야 함. • 시장·군수등은 60일 이내 인가여부 결정
7단계	분양공고, 분양신청	• 사업시행계획인가의 고시가 있은 날(사업시행계획인가 이후 시공자를 선정한 경우에는 시공자와 계약을 체결한 날)부터 120일 이내 • 분양신청기간은 통지한 날부터 30일 이상 60일 이내 • 분양대상자별 종전의 토지 또는 건축물의 명세 및 사업시행계획인가의 고시가 있은 날을 기준으로 한 가격
8단계	관리처분계획의 인가	• 관리처분계획인가 신청 전에 30일 이상 토지등소유자에게 공람 및 의견청취 • 관리처분계획인가의 신청이 있는 날부터 시장·군수등은 30일 이내에 인가 여부를 결정 • 분양신청기간이 종료된 때 분양신청의 현황을 기초로 분양대상자별 분양예정인 대지 또는 건축물의 추산액
9단계	착공신고	• 이전고시가 있는 날까지 종전의 토지 또는 건축물을 사용·수익할 수 없고 기존 건축물은 철거 • 시공자는 시공보증서를 조합에 제출, 착공신고 시 확인
10단계	준공인가	• 공사의 완료를 해당 지방자치단체의 공보에 고시
11단계	이전고시	• 대지확정측량을 하고 토지의 분할 • 대지 또는 건축물의 소유권을 이전

추진단계	단계별 추진사항	주요 내용
12단계	청산금의 징수 및 지급	• 사업시행자는 대지 또는 건축물을 분양받은 자가 종전에 소유하고 있던 토지 또는 건축물의 가격과 분양받은 대지 또는 건축물의 가격 사이에 차이가 있는 경우 이전고시가 있은 후에 그 차액에 상당하는 금액(청산금)을 분양받은 자로부터 징수하거나 분양받은 자에게 지급(분할징수·분할지급 가능)

2) 재건축사업

「도시 및 주거환경정비법」에서 조합방식 재건축사업의 추진단계와 단계별 주요 내용은 아래와 같다.

추진단계	단계별 추진사항	주요 내용
1단계	기본계획의 수립	• 10년 단위 수립, 5년마다 타당성 검토, 14일 이상 주민공람 및 의견청취, 지방의회 의견청취 • 지방도시계획위원회 심의
2단계	재건축진단의 실시	• 정비계획의 입안권자는 정비예정구역별 정비계획의 수립시기가 도래한 때부터 사업시행계획인가 전까지 재건축진단을 실시하여야 함. • 건축물 및 그 부속토지의 소유자 10분의 1 이상의 동의로 재건축진단 실시요청 가능
3단계	정비계획의 결정, 정비구역의 지정	• 지정권자 : 특별시장·광역시장·특별자치시장·특별자치도지사·시장 또는 군수(광역시의 군수는 제외)
4단계	조합설립추진위원회의 승인	• 토지등소유자 과반수의 동의
5단계	조합설립인가	• 주택단지의 공동주택의 각 동별 구분소유자의 과반수 동의와 주택단지의 전체 구분소유자의 100분의 70 이상 및 토지면적의 100분의 70 이상의 토지소유자의 동의
6단계	시공자 선정	• 조합설립인가를 받은 후 조합원 과반수의 직접 출석 및 출석 조합원의 과반수 찬성으로 총회의 의결
7단계	사업시행계획인가	• 사업시행자는 정비사업을 시행하려는 경우에는 사업시행계획서에 정관등 서류를 첨부하여 시장·군수등에게 제출하고 사업시행계획인가를 받아야 함. • 시장·군수등은 60일 이내 인가여부 결정

추진단계	단계별 추진사항	주요 내용
8단계	분양공고, 분양신청	• 사업시행계획인가의 고시가 있은 날(사업시행계획인가 이후 시공자를 선정한 경우에는 시공자와 계약을 체결한 날)부터 120일 이내 • 분양신청기간은 통지한 날부터 30일 이상 60일 이내 • 분양대상자별 종전의 토지 또는 건축물의 명세 및 사업시행계획인가의 고시가 있은 날을 기준으로 한 가격
9단계	관리처분계획의 인가	• 관리처분계획인가 신청 전에 30일 이상 토지등소유자에게 공람 및 의견청취 • 관리처분계획인가의 신청이 있는 날부터 시장·군수등은 30일 이내에 인가 여부를 결정 • 분양신청기간이 종료된 때 분양신청의 현황을 기초로 분양대상자별 분양예정인 대지 또는 건축물의 추산액
10단계	착공신고	• 이전고시가 있는 날까지 종전의 토지 또는 건축물을 사용·수익할 수 없고 기존 건축물은 철거 • 시공자는 시공보증서를 조합에 제출, 착공신고 시 확인
11단계	준공인가	• 공사의 완료를 해당 지방자치단체의 공보에 고시
12단계	이전고시	• 대지확정측량을 하고 토지의 분할 • 대지 또는 건축물의 소유권 이전
13단계	청산금의 징수 및 지급	• 사업시행자는 대지 또는 건축물을 분양받은 자가 종전에 소유하고 있던 토지 또는 건축물의 가격과 분양받은 대지 또는 건축물의 가격 사이에 차이가 있는 경우 이전고시가 있은 후에 그 차액에 상당하는 금액(청산금)을 분양받은 자로부터 징수하거나 분양받은 자에게 지급(분할징수·분할지급 가능)

(5) 토지등소유자와 조합원의 자격

1) 토지등소유자

"토지등소유자"란 다음 표의 어느 하나에 해당하는 자를 말한다. 다만, 「도시 및 주거환경정비법」 제27조 제1항에 따라 「자본시장과 금융투자업에 관한 법률」 제8조 제7항에 따른 신탁업자(이하 "신탁업자"라 한다)가 사업시행자로 지정된 경우 토지등소유자가 정비사업을 목적으로 신탁업자에게 신탁한 토지 또는 건축물에 대하여는 위탁자를 토지등소유자로 본다(도정법 제2조 제9호).

구 분	토지등소유자의 범위
주거환경개선사업 및 재개발사업	정비구역에 위치한 토지 또는 건축물의 소유자 또는 그 지상권자
재건축사업	정비구역에 위치한 건축물 및 그 부속토지의 소유자

그리고 국토교통부고시 정비사업 조합설립추진위원회 운영규정 제11조에서는 '양도·상속·증여 및 판결 등으로 토지등소유자가 된 자는 종전의 토지등소유자가 행하였거나 추진위원회가 종전의 권리자에게 행한 처분 및 권리·의무 등을 포괄승계한다.'고 규정하고 있다.

2) 조합원의 자격

「도시 및 주거환경정비법」 제25조에 따른 정비사업의 조합원(사업시행자가 신탁업자인 경우에는 위탁자를 말한다)은 토지등소유자(재건축사업의 경우에는 재건축사업에 동의한 자만 해당한다)로 한다(도정법 제39조① 본문 전단). 따라서 재개발사업의 해당 사업지역내 토지등소유자는 조합설립에 동의하지 않았더라도 모두 조합원에 해당한다.

「주택법」 제63조 제1항에 따른 투기과열지구로 지정된 지역에서 재건축사업을 시행하는 경우에는 조합설립인가 후, 재개발사업을 시행하는 경우에는 「도시 및 주거환경정비법」 제74조에 따른 관리처분계획의 인가 후 해당 정비사업의 건축물 또는 토지를 양수(매매·증여, 그 밖의 권리의 변동을 수반하는 모든 행위를 포함하되, 상속·이혼으로 인한 양도·양수의 경우는 제외한다)한 자는 조합원이 될 수 없다(도정법 제39조② 본문).

조합원의 자격에 대한 요건 및 예외적인 사항은 「도시 및 주거환경정비법」 제39조 및 시행령 제37조에서 규정하고 있다.

(6) 조합설립추진위원회

1) 추진위원회의 구성 및 업무

① 조합설립추진위원회의 구성·승인

조합을 설립하려는 경우에는 정비구역 지정·고시 후 다음 표의 사항에 대하여 토지등소유자 과반수의 동의를 받아 조합설립을 위한 추진위원회를 구성하여 국토교통부령(생략)으로 정하는 방법과 절차에 따라 시장·군수등의 승인을 받아야 한다(도정법 제31조①).

- 추진위원회 위원장을 포함한 5명 이상의 추진위원회 위원
- 운영규정

② 추진위원회의 기능·업무

추진위원회는 다음 표의 업무를 수행할 수 있다(도정법 제32조①, 도정령 제26조).

> - 정비사업전문관리업자의 선정 및 변경
> - 설계자의 선정 및 변경
> - 개략적인 정비사업 시행계획서의 작성
> - 조합설립인가를 받기 위한 준비업무
> - 추진위원회 운영규정의 작성
> - 토지등소유자의 동의서의 접수
> - 조합의 설립을 위한 창립총회의 개최
> - 조합 정관의 초안 작성
> - 그 밖에 추진위원회 운영규정으로 정하는 업무

(7) 정비사업조합

1) 조합 설립

① 조합설립의무

시장·군수등, 토지주택공사등 또는 지정개발자가 아닌 자가 정비사업을 시행하려는 경우에는 토지등소유자로 구성된 조합을 설립하여야 한다. 다만, 20인 미만 토지등소유자가 재개발사업을 시행하려는 경우에는 그러하지 아니하다(도정법 제35조①).

② 재개발사업의 조합설립인가

재개발사업의 추진위원회(추진위원회를 구성하지 아니하는 경우에는 토지등소유자를 말한다)가 조합을 설립하려면 토지등소유자의 4분의 3 이상 및 토지면적의 2분의 1 이상의 토지소유자의 동의를 받아 다음 사항을 첨부하여 시장·군수등의 인가를 받아야 한다(도정법 제35조②).

> - 정관
> - 정비사업비와 관련된 자료 등 국토교통부령으로 정하는 서류
> - 그 밖에 시·도조례로 정하는 서류

③ 재건축사업의 조합설립인가

재건축사업의 추진위원회(추진위원회를 구성하지 아니하는 경우에는 토지등소유자를

말한다)가 조합을 설립하려는 때에는 주택단지의 공동주택의 각 동(복리시설의 경우에는 주택단지의 복리시설 전체를 하나의 동으로 본다)별 구분소유자의 과반수 동의(공동주택의 각 동별 구분소유자가 5 이하인 경우는 제외한다)와 주택단지의 전체 구분소유자의 100분의 70 이상 및 토지면적의 100분의 70 이상의 토지소유자의 동의를 받아 위 ②의 사항을 첨부하여 시장·군수등의 인가를 받아야 한다(도정법 제35조③). 또한, 주택단지가 아닌 지역이 정비구역에 포함된 때에는 주택단지가 아닌 지역의 토지 또는 건축물 소유자의 4분의 3 이상 및 토지면적의 3분의 2 이상의 토지소유자의 동의를 받아야 한다(도정법 제35조④).

2) 조합의 법인격

① 조합은 법인으로 한다.

② 조합은 조합설립인가를 받은 날부터 30일 이내에 주된 사무소의 소재지에서 일정한 사항을 등기하는 때에 성립한다.

③ 조합은 명칭에 "정비사업조합"이라는 문자를 사용하여야 한다(도정법 제38조).

3) 정관의 기재사항

조합의 정관에는 다음 표의 사항이 포함되어야 한다(도정법 제40조①).

1) 조합의 명칭 및 사무소의 소재지
2) 조합원의 자격
3) 조합원의 제명·탈퇴 및 교체
4) 정비구역의 위치 및 면적
5) 조합의 임원의 수 및 업무의 범위
6) 조합임원의 권리·의무·보수·선임방법·변경 및 해임
7) 대의원의 수, 선임방법, 선임절차 및 대의원회의 의결방법
8) 조합의 비용부담 및 조합의 회계
9) 정비사업의 시행연도 및 시행방법
10) 총회의 소집 절차·시기 및 의결방법
11) 총회의 개최 및 조합원의 총회소집 요구
12) 이자 지급(수용재결을 신청하거나 매도청구소송을 제기한 경우에는 해당 토지등 소유자에게 지연일수에 따른 이자를 지급하여야 한다)
13) 정비사업비의 부담 시기 및 절차
14) 정비사업이 종결된 때의 청산절차
15) 청산금의 징수·지급의 방법 및 절차

16) 시공자·설계자의 선정 및 계약서에 포함될 내용

17) 정관의 변경절차

18) 그 밖에 정비사업의 추진 및 조합의 운영을 위하여 필요한 사항으로서 대통령령(생략)으로 정하는 사항

4) 총회의 의결사항

다음 표의 사항은 총회의 의결을 거쳐야 한다(도정법 제45조①).

1) 정관의 변경(경미한 사항의 변경은 이 법 또는 정관에서 총회의결사항으로 정한 경우로 한정한다)

2) 자금의 차입과 그 방법·이자율 및 상환방법

3) 정비사업비의 세부 항목별 사용계획이 포함된 예산안 및 예산의 사용내역

4) 예산으로 정한 사항 외에 조합원에게 부담이 되는 계약

5) 시공자·설계자 및 감정평가법인등(시장·군수등이 선정·계약하는 감정평가법인등은 제외한다)의 선정 및 변경. 다만, 감정평가법인등 선정 및 변경은 총회의 의결을 거쳐 시장·군수등에게 위탁할 수 있다.

6) 정비사업전문관리업자의 선정 및 변경

7) 조합임원의 선임 및 해임

8) 정비사업비의 조합원별 분담내역

9) 사업시행계획서의 작성 및 변경(정비사업의 중지 또는 폐지에 관한 사항을 포함하며, 경미한 변경은 제외한다)

10) 관리처분계획의 수립 및 변경(경미한 변경은 제외한다)

11) 조합의 해산과 조합 해산 시의 회계보고

12) 청산금의 징수·지급(분할징수·분할지급을 포함한다)

13) 정비사업의 시행에 따른 비용의 금액 및 징수방법

14) 그 밖에 조합원에게 경제적 부담을 주는 사항 등 주요한 사항을 결정하기 위하여 대통령령(생략) 또는 정관으로 정하는 사항

(8) 사업시행계획인가

사업시행자(공동시행의 경우를 포함하되, 사업시행자가 시장·군수등인 경우는 제외한다)는 정비사업을 시행하려는 경우에는 사업시행계획서에 정관등과 그 밖에 국토교통부령(생략)으로 정하는 서류를 첨부하여 시장·군수등에게 제출하고 사업시행계획인가를 받아야 하고, 인가받은 사항을 변경하거나 정비사업을 중지 또는 폐지하려는 경우에도 또한 같다. 다만, 대통령령(생략)으로 정하는 경미한 사항을 변경하려는 때에는 시장·군수등에게 신고하여야 한다(도정법 제50조①).

시장·군수등은 특별한 사유가 없으면 사업시행계획서의 제출이 있은 날부터 60일 이내에 인가 여부를 결정하여 사업시행자에게 통보하여야 한다(도정법 제50조④).

사업시행자(시장·군수등 또는 토지주택공사등은 제외한다)는 사업시행계획인가를 신청하기 전에 미리 총회의 의결을 거쳐야 하며, 인가받은 사항을 변경하거나 정비사업을 중지 또는 폐지하려는 경우에도 또한 같다. 다만, 경미한 사항의 변경은 총회의 의결을 필요로 하지 아니한다(도정법 제50조⑤).

❑ **사업시행계획서의 작성(도정법 제52조)**

① 사업시행자는 정비계획에 따라 다음 각 호의 사항을 포함하는 사업시행계획서를 작성하여야 한다.

1. 토지이용계획(건축물배치계획을 포함한다)
2. 정비기반시설 및 공동이용시설의 설치계획
3. 임시거주시설을 포함한 주민이주대책
4. 세입자의 주거 및 이주 대책
5. 사업시행기간 동안 정비구역 내 가로등 설치, 폐쇄회로 텔레비전 설치 등 범죄예방대책
6. 제10조에 따른 임대주택의 건설계획(재건축사업의 경우는 제외한다)
7. 제54조 제4항, 제101조의5 및 제101조의6에 따른 국민주택규모 주택의 건설계획 (주거환경개선사업의 경우는 제외한다)
8. 공공지원민간임대주택 또는 임대관리 위탁주택의 건설계획(필요한 경우로 한정한다)
9. 건축물의 높이 및 용적률 등에 관한 건축계획
10. 정비사업의 시행과정에서 발생하는 폐기물의 처리계획
11. 교육시설의 교육환경 보호에 관한 계획(정비구역부터 200미터 이내에 교육시설이 설치되어 있는 경우로 한정한다)
12. 정비사업비

---

13. 그 밖에 사업시행을 위한 사항으로서 대통령령(생략)으로 정하는 바에 따라 시·도조례로
    정하는 사항
② 사업시행자가 제1항에 따른 사업시행계획서에「공공주택 특별법」제2조 제1호에 따른
공공주택(이하 "공공주택"이라 한다) 건설계획을 포함하는 경우에는 공공주택의
구조·기능 및 설비에 관한 기준과 부대시설·복리시설의 범위, 설치기준 등에 필요한
사항은 같은 법 제37조에 따른다.

(9) 수용재결 또는 매도청구

1) 수용재결

사업시행자는 정비구역에서 정비사업(재건축사업의 경우에는「도시 및 주거환경정비법」
제26조 제1항 제1호 및 제27조 제1항 제1호에 해당하는 사업으로 한정한다)을 시행하기 위하여
「공익사업을 위한 토지 등의 취득 및 보상에 관한 법률」제3조에 따른 토지·물건 또는 그
밖의 권리를 취득하거나 사용할 수 있다(도정법 제63조). 정비구역에서 정비사업의 시행을 위한
토지 또는 건축물의 소유권과 그 밖의 권리에 대한 수용 또는 사용은 이 법에 규정된 사항을
제외하고는「공익사업을 위한 토지 등의 취득 및 보상에 관한 법률」을 준용한다. 다만,
정비사업의 시행에 따른 손실보상의 기준 및 절차는 대통령령(생략)으로 정할 수 있다(도정법
제65조①).

2) 매도청구

재건축사업의 사업시행자는 사업시행계획인가의 고시가 있은 날부터 30일 이내에 다음의
자에게 조합설립 또는 사업시행자의 지정에 관한 동의 여부를 회답할 것을 서면으로 촉구하여야
한다(도정법 제64조①).

① 조합설립에 동의하지 아니한 자
② 시장·군수등, 토지주택공사등 또는 신탁업자의 사업시행자 지정에 동의하지 아니한 자

위의 촉구를 받은 토지등소유자는 촉구를 받은 날부터 2개월 이내에 회답하여야 하며,
이 기간 내에 회답하지 아니한 경우 그 토지등소유자는 조합설립 또는 사업시행자의 지정에
동의하지 아니하겠다는 뜻을 회답한 것으로 본다(도정법 제64조②, ③).

촉구 후 2개월의 기간이 지나면 사업시행자는 그 기간이 만료된 때부터 2개월 이내에 조합설립 또는 사업시행자 지정에 동의하지 아니하겠다는 뜻을 회답한 토지등소유자와 건축물 또는 토지만 소유한 자에게 건축물 또는 토지의 소유권과 그 밖의 권리를 매도할 것을 청구할 수 있다(도정법 제64조④).

(10) 분양공고 및 분양신청

사업시행자는 사업시행계획인가의 고시가 있은 날(사업시행계획인가 이후 시공자를 선정한 경우에는 시공자와 계약을 체결한 날)부터 90일(1회에 한정하여 30일의 범위에서 연장 가능) 이내에 다음 표의 사항을 토지등소유자에게 통지하고, 분양의 대상이 되는 대지 또는 건축물의 내역 등 대통령령(생략)으로 정하는 사항을 해당 지역에서 발간되는 일간신문에 공고하여야 한다. 다만, 토지등소유자 1인이 시행하는 재개발사업의 경우에는 그러하지 아니하다(도정법 제72조①).

---

① 분양대상자별 종전의 토지 또는 건축물의 명세 및 사업시행계획인가의 고시가 있은 날을 기준으로 한 가격(사업시행계획인가 전에 제81조 제3항에 따라 철거된 건축물은 시장·군수등에게 허가를 받은 날을 기준으로 한 가격)
② 분양대상자별 분담금의 추산액
③ 분양신청기간(통지한 날부터 30일 이상 60일 이내, 20일의 범위에서 한 차례만 연장 가능)
④ 그 밖에 대통령령(생략)으로 정하는 사항

| 분양신청을 하지 아니한 자등에 대한 조치 |

❏ 도시 및 주거환경정비법 제73조

① 사업시행자는 관리처분계획이 인가·고시된 다음 날부터 90일 이내에 다음 각 호에서 정하는 자와 토지, 건축물 또는 그 밖의 권리의 손실보상에 관한 협의를 하여야 한다. 다만, 사업시행자는 분양신청기간 종료일의 다음 날부터 협의를 시작할 수 있다.

1. 분양신청을 하지 아니한 자
2. 분양신청기간 종료 이전에 분양신청을 철회한 자
3. 제72조 제6항 본문(투기과열지구의 정비사업에서 분양대상자 선정일부터 5년 이내 투기과열지구에서 분양신청을 할 수 없음)에 따라 분양신청을 할 수 없는 자
4. 제74조에 따라 인가된 관리처분계획에 따라 분양대상에서 제외된 자

---

② 사업시행자는 제1항에 따른 협의가 성립되지 아니하면 그 기간의 만료일 다음 날부터 60일 이내에 수용재결을 신청하거나 매도청구소송을 제기하여야 한다.

③ 사업시행자는 제2항에 따른 기간을 넘겨서 수용재결을 신청하거나 매도청구소송을 제기한 경우에는 해당 토지등소유자에게 지연일수(遲延日數)에 따른 이자를 지급하여야 한다. 이 경우 이자는 100분의 15 이하의 범위에서 대통령령(생략)으로 정하는 이율을 적용하여 산정한다.

(11) 관리처분계획인가

사업시행자는 분양신청기간이 종료된 때에는 분양신청의 현황을 기초로 아래 표의 사항이 포함된 관리처분계획을 수립하여 시장·군수등의 인가를 받아야 하며, 관리처분계획을 변경·중지 또는 폐지하려는 경우에도 또한 같다. 다만, 경미한 사항을 변경하려는 경우에는 시장·군수등에게 신고하여야 한다(도정법 제74조①).

사업시행자는 관리처분계획인가를 신청하기 전에 관계 서류의 사본을 30일 이상 토지등소유자에게 공람하게 하고 의견을 들어야 한다(도정법 제78조① 본문). 시장·군수등은 사업시행자의 관리처분계획인가의 신청이 있은 날부터 30일 이내에 인가 여부를 결정하여 사업시행자에게 통보하여야 한다(도정법 제78조② 본문).

「도시 및 주거환경정비법」 제74조 제1항 각 호의 관리처분계획의 내용과 제4항부터 제6항까지의 규정은 시장·군수등이 직접 수립하는 관리처분계획에 준용한다(도정법 제74조⑦).

관리처분계획의 인가일과 종전 토지 또는 건축물의 평가 등의 내용은 세법 적용에 영향을 미친다.

| 관리처분계획 수립시 포함할 사항 |

❑ **도시 및 주거환경정비법 제74조 제1항**

1. 분양설계
2. 분양대상자의 주소 및 성명
3. 분양대상자별 분양예정인 대지 또는 건축물의 추산액(임대관리 위탁주택에 관한 내용을 포함한다)
4. 다음에 해당하는 보류지 등의 명세와 추산액 및 처분방법. 다만, 나목의 경우에는 선정된 임대사업자의 성명 및 주소(법인인 경우에는 법인의 명칭 및 소재지와 대표자의

　　성명 및 주소)를 포함한다.

　가. 일반 분양분

　나. 공공지원민간임대주택

　다. 임대주택

　라. 그 밖에 부대시설·복리시설 등

5. 분양대상자별 종전의 토지 또는 건축물 명세 및 사업시행계획인가 고시가 있은 날을 기준으로 한 가격(사업시행계획인가 전에 철거된 건축물은 시장·군수등에게 허가를 받은 날을 기준으로 한 가격)

6. 정비사업비의 추산액(재건축사업의 경우에는 「재건축초과이익 환수에 관한 법률」에 따른 재건축부담금에 관한 사항을 포함한다) 및 그에 따른 조합원 분담규모 및 분담시기

7. 분양대상자의 종전 토지 또는 건축물에 관한 소유권 외의 권리명세

8. 세입자별 손실보상을 위한 권리명세 및 그 평가액

9. 그 밖에 정비사업과 관련한 권리 등에 관하여 대통령령(생략)으로 정하는 사항

❑ 용어의 정의

1. 종전자산평가액

사업시행자는 분양대상자별 종전의 토지 또는 건축물에 대해 사업시행계획인가의 고시가 있은 날을 기준으로 한 가격(사업시행계획인가 전에 철거된 건축물은 시장·군수등에게 허가를 받은 날을 기준으로 한 가격)을 2인 이상의 감정평가법인등이 평가한 금액을 산술평균하여 산정한다.

2. 종후자산평가액

사업시행자는 분양신청기간이 종료된 때에는 분양신청의 현황을 기초로 분양대상자별 분양예정인 대지 또는 건축물의 추산액(임대관리 위탁주택에 관한 내용을 포함한다)을 2인 이상의 감정평가법인등이 평가한 금액을 산술평균하여 산정한다.

3. 비례율

"비례율"이란 종전 부동산의 총 가치 대비 재개발·재건축 정비사업 이후에 종후 부동산의 총 가치가 얼마나 증가했는지 나타내는 비율로 해당 사업의 사업성을 나타내는 지표이다. 비례율이 100% 이상이면 사업성이 있는 것으로 판단한다.

$$\text{비례율} = \frac{\text{종후자산가치 총액} - \text{총 사업비}}{\text{종전자산가치 총액}} \times 100$$

4. 조합원 분양가액

조합원 분양가액은 조합에서 정한 조합원에 대한 분양가격이다. 보통 일반 분양가액의 80%~90% 수준에서 결정된다.

5. 권리가액

"권리가액"이란 종전자산평가액에 비례율을 곱하여 계산하며 조합원이 재개발·재건축 정비사업으로 인하여 얻게 되는 일반분양분 이익이 반영된 금액이다.

$$권리가액 \ = \ 종전자산평가액 \ \times \ 비례율$$

6. 조합원 분담금

조합원 분담금은 조합원의 분양가액에서 권리가액을 차감한 금액으로 조합원이 해당 아파트 분양을 받을 때 추가적으로 부담하게 되는 금액이다.

$$조합원 \ 분담금 \ = \ 조합원 \ 분양가액 \ - \ 권리가액$$

(12) 착공신고

종전의 토지 또는 건축물의 소유자·지상권자·전세권자·임차권자 등 권리자는 관리처분계획인가의 고시가 있은 때에는 이전고시가 있는 날까지 종전의 토지 또는 건축물을 사용하거나 수익할 수 없다(도정법 제81조① 본문). 사업시행자는 관리처분계획인가를 받은 후 기존의 건축물을 철거하여야 한다(도정법 제81조②). 시장·군수등은 착공신고를 받는 경우에는 시공보증서의 제출 여부를 확인하여야 한다(도정법 제82조②).

(13) 준공인가

시장·군수등은 준공검사를 실시한 결과 정비사업이 인가받은 사업시행계획대로 완료되었다고 인정되는 때에는 준공인가를 하고 공사의 완료를 해당 지방자치단체의 공보에 고시하여야 한다(도정법 제83조③).

(14) 이전고시

사업시행자는 준공인가에 따른 고시가 있은 때에는 지체 없이 대지확정측량을 하고 토지의 분할절차를 거쳐 관리처분계획에서 정한 사항을 분양받을 자에게 통지하고 대지 또는 건축물의 소유권을 이전하여야 한다. 다만, 정비사업의 효율적인 추진을 위하여 필요한 경우에는 해당 정비사업에 관한 공사가 전부 완료되기 전이라도 완공된 부분은 준공인가를 받아 대지 또는 건축물별로 분양받을 자에게 소유권을 이전할 수 있다(도정법 제86조①).

사업시행자는 대지 및 건축물의 소유권을 이전하려는 때에는 그 내용을 해당 지방자치단체의 공보에 고시한 후 시장·군수등에게 보고하여야 한다. 이 경우 대지 또는 건축물을 분양받을 자는 고시가 있은 날의 다음 날에 그 대지 또는 건축물의 소유권을 취득한다(도정법 제86조②).

(15) 대지 및 건축물에 대한 권리의 확정

대지 또는 건축물을 분양받을 자에게 소유권을 이전한 경우 종전의 토지 또는 건축물에 설정된 지상권·전세권·저당권·임차권·가등기담보권·가압류 등 등기된 권리 및 「주택임대차보호법」의 대항력 요건을 갖춘 임차권은 소유권을 이전받은 대지 또는 건축물에 설정된 것으로 본다(도정법 제87조①).

소유권 이전고시에 따라 취득하는 대지 또는 건축물 중 토지등소유자에게 분양하는 대지 또는 건축물은 「도시개발법」 제40조에 따라 행하여진 환지로 본다(도정법 제87조②).

관리처분계획에 따른 보류지와 일반에게 분양하는 대지 또는 건축물은 「도시개발법」 제34조에 따른 보류지 또는 체비지로 본다(도정법 제87조③).

(16) 청산금

대지 또는 건축물을 분양받은 자가 종전에 소유하고 있던 토지 또는 건축물의 가격과 분양받은 대지 또는 건축물의 가격 사이에 차이가 있는 경우 사업시행자는 이전고시가 있은 후에 그 차액에 상당하는 금액("청산금")을 분양받은 자로부터 징수하거나 분양받은 자에게 지급하여야 한다(도정법 제89조①). 이에도 불구하고 사업시행자는 정관등에서 분할징수 및 분할지급을 정하고 있거나 총회의 의결을 거쳐 따로 정한 경우에는 관리처분계획인가 후부터 이전고시가 있은 날까지 일정 기간별로 분할징수하거나 분할지급할 수 있다(도정법 제89조②).

(17) 조합의 해산

조합장은 소유권 이전고시가 있은 날부터 1년 이내에 조합 해산을 위한 총회를 소집하여야 한다(도정법 제86조의2①).

조합장이 위에 따른 기간 내에 총회를 소집하지 아니한 경우 조합원 5분의 1 이상의 요구로 소집된 총회에서 조합원 과반수의 출석과 출석 조합원 과반수의 동의를 받아 해산을 의결할 수 있다. 이 경우 요구자 대표로 선출된 자가 조합 해산을 위한 총회의 소집 및 진행을 할 때에는 조합장의 권한을 대행한다(도정법 제86조의2②).

❸ 업무진행 실무과정과 세법적용 기본개념

(1) 업무진행 실무과정

재개발·재건축정비사업조합의 업무진행 실무과정 중 세법 적용에 관련된 내용을 중심으로 설명하고자 한다.

1) 재개발정비사업조합의 경우

① 조합원 소유 토지 또는 건축물

재개발정비사업조합의 조합원은 토지등소유자(정비구역에 위치한 토지 또는 건축물의 소유자 또는 그 지상권자)이다. 따라서 재개발 정비구역 내에 토지등소유자는 본인의 의사와 관계없이 모두 조합원에 해당하게 된다. 재개발정비사업조합의 조합원이 소유한 토지 또는 건축물은 조합에 신탁하여 소유권이 형식적으로 조합에 이전되나 조합에 신탁하지 않고 조합원 명의 그대로 두고 정비사업을 추진하는 경우도 있다.

② 손실보상 협의

재개발 사업시행계획인가 후 분양신청을 하지 아니한 자 등으로부터 토지를 취득하기 위해서는 사업시행자는 먼저 보상 협의를 해야 하고 협의가 성립되면 해당 토지 등을 매수하게 된다. 또한 재개발사업은 공익사업에 해당하여 「공익사업을 위한 토지등 취득 및 보상에 관한 법률」을 준용하므로 사업시행자는 재개발 정비구역 안에서 영업 또는 거주하는 자에게 영업손실, 이주정착금·주거이전비·이사비를 보상해야 한다.

③ 수용재결

재개발정비사업조합이 분양신청을 하지 아니한 자 등과 보상협의를 하지 못한 경우 토지수용위원회의 수용재결을 받아 토지를 수용하게 되며, 재개발정비사업조합은 수용재결의 결과로 보상금을 지급하거나 공탁해야 한다.

④ 국·공유재산의 취득

정비사업 구역내에 국·공유재산이 있는 경우에 조합은 소관청과 유상 또는 무상의 협의를 진행해야 한다. 국·공유재산은 국유재산법 또는 공유재산법에 따라 행정재산과 일반재산으로 구분되며, 행정재산은 처분이 금지되나 개발사업 등의 경우에 용도폐지 후 일반재산으로 전환하면 처분이 가능하다.

행정재산이 아닌 일반재산의 경우 조합은 소관청과 협의된 가격으로 해당 국·공유재산을 매입하게 된다. 그리고 정비사업의 시행으로 새로 설치한 정비기반시설은 그 시설을 관리할 국가 또는 지방자치단체에 무상으로 귀속되고, 정비사업의 시행으로 용도가 폐지되는 국가 또는 지방자치단체 소유의 종전 정비기반시설은 새로 설치한 정비기반시설의 설치비용에 상당하는 범위에서 조합에게 무상으로 양도된다(도정법 제97조).

⑤ 새로운 건축물과 공유지분의 취득(이전고시)

건축물이 준공된 후에 이전고시로 조합원 분양분은 건축물과 토지지분이 조합원 명의로 소유권 보전등기가 이루어 진다(도정법 제86조). 일반 분양분 건축물과 토지지분은 조합이 소유권을 취득하여 조합 명의로 소유권 보전등기가 된다. 또한 조합원의 종전 토지 또는 건축물에 설정된 지상권·전세권·저당권·임차권·가등기담보권·가압류 등 권리는 소유권을 이전받은 대지 또는 건축물에 설정된 것으로 본다.

⑥ 금융 및 신탁업무

정비사업조합의 자금조달은 사업초기에는 주로 정비사업전문관리업자, 시공회사 및 금융권의 대출에 의해 이루어지고, 조합원분담금과 일반분양수입으로 조합에 자금이 유입되면 공사비, 운영비 등에 충당하고 대출금을 상환하게 된다. 조합의 자금관리는 정비사업조합과 시공회사가 공동명의로 통장을 개설하여 계약에 따라 관리한다. 신탁회사가 재개발사업·재건축사업의 사업시행자인 경우에는 신탁회사에서 사업비 등을 조달하고 자금관리를 한다.

2) 재건축정비사업조합의 경우

① 조합원 소유 토지 또는 건축물(신탁)

재건축정비사업조합의 조합원은 재건축사업에 동의한 토지등소유자(정비구역에 위치한 건축물 및 그 부속토지의 소유자)이다. 재건축정비사업조합의 조합원이 소유한 토지 또는 건축물은 실무상 조합에 신탁하여 소유권이 형식적으로 조합에 이전된다.

② 매수협의

재건축사업시행계획인가 후 조합설립에 동의하지 아니한 자, 분양신청을 하지 않은 자 등으로부터 토지를 취득하기 위해서는 사업시행자는 먼저 매수 협의를 해야 하고 협의가 성립되면 해당 토지 등을 매수하게 된다.

③ 매도청구

사업시행자는 조합설립 또는 사업시행자 지정에 동의하지 아니하겠다는 뜻을 회답한 토지등소유자 또는 분양신청을 하지 않은 자 등에게 건축물 또는 토지의 소유권과 그 밖의 권리를 매도할 것을 청구(민사소송)할 수 있다.

④ 사회기반시설

재건축정비사업조합의 사회기반시설에 대한 업무과정은 위 1) 재개발정비사업조합의 경우와 같다.

⑤ 새로운 건축물과 공유지분의 취득(이전고시)

재건축정비사업조합의 새로운 건축물과 공유지분의 취득에 대한 실무과정은 위 1) 재개발정비사업조합의 경우와 같다.

⑥ 금융 및 신탁업무

재건축정비사업을 위한 금융 및 신탁업무는 위 1) 재개발정비사업조합의 경우와 같다.

(2) 세법적용 기본개념

각 세법에서는 과세소득의 범위를 서로 다르게 규정하고 있다. 따라서 재개발·재건축 정비사업조합의 세무업무를 이해하기 위해서 먼저 정비사업조합의 업무 특성을 반영하여 관련 개별세법을 적용하기 위한 기본개념을 정리하고자 한다.

1) 부가가치세

부가가치세는 사업자가 행하는 재화나 용역의 공급을 과세대상으로 한다. 그러나 예외적으로 국민주택의 공급에 대해서는 「조세특례제한법」 제106조에 따라 부가가치세를 면세하고 있다. 또한 「조세특례제한법」 제104조의7에서는 재개발·재건축 정비사업을 지원하기 위하여 정비사업조합이 완성된 건물을 조합원에게 공급하는 것은 재화의 공급으로 보지 않고 있다. 따라서 정비사업조합은 조합원에게 국민주택규모를 초과한 주택을 공급하거나 상가 등을 공급하더라도 부가가치세 과세대상에 해당하지 아니한다. 이에 따라 정비사업조합에 대한 부가가치세 과세대상은 일반 부동산개발 법인이 주택 또는 상가 등을 공급하는 것과 차이가 발생한다.

2) 법인세

① 손익계산원칙

법인의 모든 손익은 소유와 경영의 분리를 전제로 하는 기업실체의 공준에 따라 계산한다 (법기통 4-0…1).

② 실질과세 판단기준

법인세의 과세소득 또는 토지 등의 양도차익을 계산함에 있어서 구체적인 세법적용의 기준이 되는 과세사실의 판단은 당해 법인의 기장내용, 계정과목, 거래명의에 불구하고 그 거래의 실질내용을 기준으로 한다(법기통 4-0…4).

공부상의 등기가 법인의 명의로 되어있지 아니하더라도 사실상 해당 법인이 취득하였음이 확인되는 경우에는 이를 법인의 자산으로 본다(법기통 4-0…7).

③ 정비사업조합의 과세소득 계산

정비사업조합에 대한 법인세의 과세소득은 「도시 및 주거환경정비법」과 조합 정관에 정해진 정비사업조합의 사업범위에 해당하는 모든 거래를 대상으로 실질내용에 따라 계산하게 된다. 정비사업조합의 자산은 당해 조합의 목적사업을 위해서 조합원이 조합에 현물출자한 부동산 또는 유·무상으로 취득한 자산 등으로 구성되며, 부동산의 등기 명의가 조합원이든 또는 조합이든 관계없고 조합원에서 조합으로 신탁등기 유·무도 정비사업조합회계의 자산으로 계상하는데 영향이 없으며, 그 실질내용이 당해 조합의 목적사업에 해당하는 자산이면 모두 당해 조합의 자산으로 계상하면 된다. 그리고 정비사업조합에 대해서는 「조세특례제한법」 제104조의7에 따라 비영리내국법인으로 보아 법인세법(고유목적사업준비금의 손금산입은 제외)을 적용한다. 따라서 정비사업조합의 고유목적사업(조합원분 분양)에 대해서는 법인세를 과세하지 않으며 수익사업(일반분양)에 대해서만 법인세를 과세한다.

한편, 조합원이 조합에 현물출자한 종전의 토지 또는 건축물에 설정된 지상권·전세권·저당권·임차권·가등기담보권·가압류 등 등기된 권리 및 대항력 요건을 갖춘 임차권은 조합원이 소유권을 이전받은 새로운 대지 또는 건축물에 설정된 것으로 보아(도정법 제87조①) 강제환권되므로 조합에 현물출자한 종전의 토지 또는 건축물에는 영향을 미치지 않고 조합원 개인의 별개의 권리에 해당한다. 그리고 조합원이 변경된 경우 새로운 조합원은 종전 조합원의 권리와 의무를 포괄승계하도록 정비사업조합의 정관에서 정하고 있다.

위와 같은 내용에 따라 정비사업조합은 재개발사업이든 또는 재건축사업이든 법인세 과세소득 계산방식은 양자가 동일하며, 재무제표 작성기준도 마찬가지이다.

④ 정비사업조합의 회계실무

정비사업조합의 회계실무는 서울특별시의 경우 「서울특별시 정비사업 조합 등 표준 예산·회계 규정」(서울특별시 고시 제2018-248호, 2018.8.9.)과 [별표2] 「정비사업조합 회계처리 규정 세칙」의 재무제표 및 부속명세서의 작성원칙을 적용하게 된다. 아래에서는 일반 법인의 회계처리방식과 서울특별시 정비사업조합의 회계처리방식과의 주요 차이점을 중심으로 설명하며, 「서울특별시 정비사업 조합 등 표준 예산·회계 규정」에 대한 요약과 재무제표 등 작성 예시를 이 절 마지막 부분에 보론으로 정리한다.

⑺ 조합원의 종전 토지 또는 건축물의 출자

비영리법인의 회계에서 조합원의 조합에 출자는 출자금(자본)계정으로 처리하는 것이 일반적이나 서울특별시 정비사업조합의 회계처리방식에서는 조합원이 종전 토지 또는 건축물을 조합에 출자하면 조합원의 권리가액을 조합원 분양선수금(부채)으로 인식한다. 조합원 분양선수금(부채)은 조합원 권리가액과 조합원 분담금으로 구성된다. "조합원 권리가액"이란 조합원 종전재산평가액에 비례율을 적용한 금액을 말하며, 조합원 종전재산평가액은 조합원이 소유하고 있던 토지, 건물의 관리처분계획에 따른 평가액을 말한다(회계처리규정 세칙 제14조⑤).

⑻ 건설용지의 계상

서울특별시 정비사업조합의 회계처리방식에서 건설용지는 사업과 관련하여 취득한 정비구역 내의 토지와 철거예정인 건물을 말한다(회계처리규정 세칙 제14조① 제1호). 재무상태표에 표시하는 자산의 금액은 해당 자산의 취득원가를 기초로 하여 계상한다. 다만, 조합원 종전재산평가액은 관계 법령에서 정하는 가액을 취득원가로 하며, 관계 법령 간의 차이에 의하여 발생하는 금액은 자본조정으로 한다(회계처리규정 세칙 제16조①).

⑼ 조합원 분양선수금과 종전재산평가액과의 차이

서울특별시 정비사업조합의 회계처리방식에서 위 ⑺의 조합원 분양선수금(권리가액 해당액)과 ⑻의 조합원 종전재산평가액은 대부분 일치하지 않게 되며, 불일치 금액은 권리가액 차이로 본다. 이 차이는 위 ⑻에 따라 자본조정계정으로 처리하면 되고 이에 대한 세무조정이 필요게 된다. 관리처분계획에서 종전자산평가액은 사업시행계획인가 고시가 있은 날을 기준으로 한 가격(2 이상의 감정평가법인등이 평가한 금액을 산술평균한 금액)을 말한다(도정법 제74조④). 한편, 세법 해석에서는 재건축조합의 조합원이 토지 등 현물출자하는 경우 재건축조합의 토지 등 취득시기는 관리처분계획인가일과 신탁등기접수일 중 빠른 날로 한다(기획재정부재산-

1024, 2020.11.24.). 따라서 이 시점의 감정평가액을 건설용지계정으로 처리하게 된다.

(예 시)

(회계처리)
(차) 건설용지 1,000   (대) 조합원 분양선수금 1,100 ·········· 조합원분
        권리가액 차이 100(자본조정)
(세무조정)
손금산입 100(기타) / 손금불산입 100(유보) ······························· 조합원분

*손금불산입(유보)에 대한 반대 세무조정은 조합원분양금수익을 계상할 때 손금산입(△유보) 처리한다.

㈃ 일반분양금 수익

서울특별시 정비사업조합의 일반분양금 수익은 조합과 조합원 외의 자와의 일반분양 계약에 따른 분양수익을 말하며, 일반 부동산개발 법인의 분양수익과 동일하게 법인세 과세대상으로 인식한다.

㈄ 일반법인과 비교

일반법인의 재무제표와 비교하여 서울특별시 정비사업조합의 재무제표에는 자본금 계정이 표시되지 않으며, 손익항목의 구분표시방법 등에도 차이가 난다(이 절의 보론, 재무제표 등 작성 예시 참조). 따라서 정비사업조합의 법인세 과세소득 계산을 위해서는 회계연도 말에 정비사업조합용 재무제표를 작성한 후 일부 수정하여 일반법인의 재무제표와 같은 형식의 법인세 신고를 위한 재무제표를 별도로 작성하고 세무조정을 해야 한다.

실무적으로 보면, 서울특별시 정비사업조합의 회계처리를 위해서는 일반법인의 회계프로그램의 계정과목을 일부 변경하여 사용하여야 하므로 서울특별시 정비사업조합의 각 사업비 또는 운영비 과목에 맞추어 회계프로그램의 계정과목을 변경 또는 설정한 후 회계자료를 입력하여 서울특별시 정비사업조합 회계처리규정 세칙의 양식에 의한 재무상태표, 운영계산서, 공사원가명세서 등을 작성한다. 그리고 회계프로그램에 별도로 일반법인을 등록 설정하고 정비사업조합의 보고용으로 작성된 재무제표를 일부 수정하여 법인세 신고를 위한 일반법인 표준 재무제표를 작성하고 세무조정을 한다. 즉 정비사업조합의 공사원가명세서상에 표시되는 사업비 중 일반법인의 건설용지에 해당하는 과목(국공유지 매입비, 건물 토지 손실보상비,

건물철거비 등)은 건설용지 과목으로, 조합원 청산환급금은 분양선수금의 차감항목으로, 차입금이자는 손익계산서의 영업외비용 등으로 일괄 수정하는 회계처리가 필요하다. 한편, 이와는 반대로 일반법인의 재무제표를 먼저 작성한 후 서울특별시 정비사업조합의 재무제표 형식으로 수정 작성하는 방법도 선택에 따라 적용할 수 있다.

3) 조합원의 배당소득

정비사업조합의 일반분양분 수익사업에서 발생한 소득이 조합원분양분 비수익사업의 건축경비에 충당되거나 조합이 조합원에게 상환의무 없이 지급하는 이사비 상당액 중 일반분양 해당분 등은 배당소득의 성격을 갖고 있으므로 조합원에게 배당소득에 대한 납세의무가 발생한다. 정비사업조합이 조합원에게 지급한 금액과 조합원분양분 건축경비에 충당된 금액은 그 원인별로 배당소득 상당액과 배당소득의 수입시기를 판단해야 한다.

4) 취득세

지방세법에서 취득은 사실상의 취득행위 그 자체를 말한다. 사실상취득이란 일반적으로 등기와 같은 소유권 취득의 형식적 요건을 갖추지는 못하였으나 대금의 지급과 같은 소유권 취득의 실질적 요건을 갖춘 경우를 말한다. 취득에는 원시취득, 승계취득 또는 유상·무상의 모든 취득이 해당된다. 취득세의 과세대상은 과세대상물건의 사실상의 취득행위 그 자체이므로 정비사업조합의 부동산 취득이 사실상취득행위에 해당하는지 판단하는 것이 중요하다. 정비사업조합이 조합원으로부터 신탁으로 취득하는 종전 부동산의 형식적 취득에 대해 취득세에서는 과세대상에 해당하지 않으나 법인세에서는 자산으로 계상한다. 정비사업조합의 취득세에 대한 구체적인 내용은 이 Chapter 7. 제6절에서 다룬다.

 정비사업조합의 부가가치세 실무

(1) 납세의무자

1) 원 칙

정비사업조합은 법인으로 한다(도정법 제38조①). 개인, 법인(국가·지방자치단체와 지방자치단체조합을 포함한다), 법인격이 없는 사단·재단 또는 그 밖의 단체로서 사업자(또는 재화를 수입하는 자)에 해당하는 자는 부가가치세법에 따라 부가가치세를 납부할 의무가 있다(부가법

제3조). 정비사업조합은 법인이고 사업상 독립적으로 재화 또는 용역을 공급하는 사업자이므로 부가가치세의 납세의무자이다.

2) 사업시행자(신탁업자) 방식의 납세의무자 : 수탁자

「신탁법」 제2조에 따른 수탁자(신탁업자)가 「도시 및 주거환경정비법」 제27조 제1항 또는 「빈집 및 소규모주택 정비에 관한 특례법」 제19조 제1항에 따른 재개발사업·재건축사업 또는 가로주택정비사업·소규모재건축사업·소규모재개발사업의 사업시행자인 경우에는 위탁자가 신탁재산을 실질적으로 지배·통제하는 경우라도 수탁자(신탁업자)가 부가가치세를 납부할 의무가 있다(부가법 제3조③, 부가령 제5조의2② 제1호 단서). 지정개발자(아래 표 참조)가 사업시행자로서 재개발사업·재건축사업을 추진할 경우에는 조합은 설립하지 않고 지정개발자가 사업시행계획인가, 관리처분계획인가 등을 직접 추진하게 된다.

| 재개발사업·재건축사업의 지정개발자(민관합동법인 또는 신탁업자) 요건 |

❏ 도시 및 주거환경정비법 제27조 제1항 : 지정개발자 요건

① 시장·군수등은 재개발사업 및 재건축사업이 다음 각 호의 어느 하나에 해당하는 때에는 토지등소유자, 「사회기반시설에 대한 민간투자법」 제2조 제12호에 따른 민관합동법인 또는 신탁업자로서 대통령령(아래 참조)으로 정하는 요건을 갖춘 자(이하 "지정개발자"라 한다)를 사업시행자로 지정하여 정비사업을 시행하게 할 수 있다.

1. 천재지변, 「재난 및 안전관리 기본법」 제27조 또는 「시설물의 안전 및 유지관리에 관한 특별법」 제23조에 따른 사용제한·사용금지, 그 밖의 불가피한 사유로 긴급하게 정비사업을 시행할 필요가 있다고 인정하는 때

2. 제16조 제2항 전단에 따라 고시된 정비계획에서 정한 정비사업시행 예정일부터 2년 이내에 사업시행계획인가를 신청하지 아니하거나 사업시행계획인가를 신청한 내용이 위법 또는 부당하다고 인정하는 때(재건축사업의 경우는 제외한다)

3. 제35조에 따른 재개발사업 및 재건축사업의 조합설립을 위한 동의요건 이상에 해당하는 자가 신탁업자를 사업시행자로 지정하는 것에 동의하는 때

❏ 도시 및 주거환경정비법 시행령 제21조

법 제27조 제1항 각 호 외의 부분에서 "대통령령으로 정하는 요건을 갖춘 자"란 다음 각 호의 어느 하나에 해당하는 자를 말한다.

1. 정비구역의 토지 중 정비구역 전체 면적 대비 50퍼센트 이상의 토지를 소유한 자로서 토지등소유자의 2분의 1 이상의 추천을 받은 자

2. 「사회기반시설에 대한 민간투자법」 제2조 제12호에 따른 민관합동법인(민간투자사업의 부대사업으로 시행하는 경우에만 해당한다)으로서 토지등소유자의 2분의 1 이상의 추천을 받은 자

3. 신탁업자로서 토지등소유자의 2분의 1 이상의 추천을 받거나 법 제27조 제1항 제3호(사업시행자 지정요건: 조합 설립 동의 요건 이상), 법 제28조 제1항 제2호[사업대행자 동의 요건 : 토지등소유자(조합을 설립한 경우에는 조합원)의 과반수 동의 또는 법 제101조의8 제1항 각 호 외의 부분 전단(토지주택공사등〈사업시행자로 지정되려는 경우로 한정〉 또는 지정개발자〈신탁업자로 한정〉는 3분의 2 이상의 토지등소유자의 동의)]에 따른 동의를 받은 자

| 소규모주택정비사업의 지정개발자(신탁업자) 요건 |

□ 빈집 및 소규모주택 정비에 관한 특례법 제19조 제1항 : 지정개발자 요건

① 시장·군수등은 가로주택정비사업, 소규모재건축사업 또는 소규모재개발사업의 조합 설립을 위하여 제23조에 따른 조합설립 동의요건 이상에 해당하는 자가 대통령령(아래 참조)으로 정하는 요건을 갖춘 신탁업자(이하 "지정개발자"라 한다)를 사업시행자로 지정하는 것에 동의하는 때에는 지정개발자를 사업시행자로 지정하여 해당 사업을 시행하게 할 수 있다.

□ 빈집 및 소규모주택 정비에 관한 특례법 시행령 제17조

법 제19조 제1항에서 "대통령령으로 정하는 요건을 갖춘 신탁업자"란 사업시행구역 면적의 3분의 1 이상의 토지를 신탁받은 신탁업자를 말한다.

3) 사업대행자(신탁업자) 방식의 납세의무자 : 위탁자

「신탁법」 제2조에 따른 수탁자(신탁업자)가 「도시 및 주거환경정비법」 제28조 제1항 또는 「빈집 및 소규모주택 정비에 관한 특례법」 제56조 제1항에 따른 재개발사업·재건축사업 또는 가로주택정비사업·소규모재건축사업·소규모재개발사업의 사업대행자인 경우로서 위탁자가 신탁재산을 실질적으로 지배·통제하는 경우에는 위탁자가 부가가치세를 납부할 의무가 있다(부가법 제3조③, 부가령 제5조의2② 제2호).

> **❑ 도시 및 주거환경정비법 제28조 제1항**
>
> ① 시장·군수등은 다음 각 호의 어느 하나에 해당하는 경우에는 해당 조합 또는 토지등소유자를 대신하여 직접 정비사업을 시행하거나 토지주택공사등 또는 지정개발자에게 해당 조합 또는 토지등소유자를 대신하여 정비사업을 시행하게 할 수 있다.
> 1. 장기간 정비사업이 지연되거나 권리관계에 관한 분쟁 등으로 해당 조합 또는 토지등소유자가 시행하는 정비사업을 계속 추진하기 어렵다고 인정하는 경우
> 2. 토지등소유자(조합을 설립한 경우에는 조합원을 말한다)의 과반수 동의로 요청하는 경우

❑ 소규모주택정비사업의 사업대행자 지정

가로주택정비사업, 소규모재건축사업 및 소규모재개발사업의 사업대행자 지정에 관하여는 「도시 및 주거환경정비법」 제28조(위 표 참조)를 준용한다(빈집법 제56조①).

🔲 정비사업조합 관련 해석 · 판단사례

■ 도시환경정비사업의 사업시행자로 지정받은 자의 부가가치세 납세의무자 여부

> **해석**
>
> • 「도시 및 주거환경정비법」 제8조 제4항에 따라 도시환경정비사업의 사업시행자로 지정받은 자가 같은 법 제60조에 따른 정비사업비를 부담하여 건설한 건축물을 종전 토지등소유자 및 일반인에게 분양하는 경우 건축물 분양에 대한 부가가치세 납세의무자는 당해 사업시행자가 되는 것이며, 귀 질의의 지방공사(○○공사)가 이에 해당되는지 여부는 관계법령에 따른 주무관청의 당해 사업시행자 지정 고시사항, 정비사업비부담, 건축물분양 주체 등 구체적인 사실관계를 종합적으로 고려하여 판단할 사항임(부가-4448, 2008.11.27.).

(2) 사업자등록

1) 조합설립추진위원회 단계

정비사업조합을 설립하려는 경우 정비구역 지정·고시 후 토지등소유자 과반수의 동의를 받아 조합설립을 위한 추진위원회를 구성하여 먼저 관련 법령에 정해진 방법과 절차에 따라 시장·군수등의 승인을 받아야 한다. 그리고 조합설립추진위원회는 사업의 범위를 정하고 수익사업

개시 여부에 따라 법인세법에 의한 고유번호증(비수익사업)을 부여받거나 부가가치세법에 의한 사업자등록(수익사업)을 하여야 한다.

① 국세기본법상 법인으로 보는 단체

조합설립추진위원회는 수행한 업무를 조합총회에 보고하여야 하며, 그 업무와 관련된 권리·의무는 정비사업조합이 포괄승계한다(도정법 제34조③). 조합설립추진위원회는 법인등기를 하지 않지만 관할 관청의 승인을 받아야 하고 수익을 구성원에게 분배하지 아니하므로 국세기본법상 법인으로 보는 단체로서 법인으로 의제된다.

국세기본법상 법인으로 보는 단체 등의 범위

1) 당연 법인으로 보는 단체

법인(내국법인 및 외국법인을 말한다)이 아닌 사단, 재단, 그 밖의 단체(이하 "법인 아닌 단체"라 한다) 중 다음의 어느 하나에 해당하는 것으로서 수익을 구성원에게 분배하지 아니하는 것은 법인으로 보아 국세기본법과 세법을 적용한다(국기법 제13조①).

① 주무관청의 허가 또는 인가를 받아 설립되거나 법령에 따라 주무관청에 등록한 사단, 재단, 그 밖의 단체로서 등기되지 아니한 것

② 공익을 목적으로 출연된 기본재산이 있는 재단으로서 등기되지 아니한 것

2) 승인 법인으로 보는 단체

위 1)에 따라 법인으로 보는 사단, 재단, 그 밖의 단체 외의 법인 아닌 단체 중 다음의 요건을 모두 갖춘 것으로서 대표자나 관리인이 관할 세무서장에게 신청하여 승인을 받은 것도 법인으로 보아 이 법과 세법을 적용한다. 이 경우 해당 사단, 재단, 그 밖의 단체의 계속성과 동질성이 유지되는 것으로 본다(국기법 제13조②).

① 사단, 재단, 그 밖의 단체의 조직과 운영에 관한 규정을 가지고 대표자나 관리인을 선임하고 있을 것

② 사단, 재단, 그 밖의 단체 자신의 계산과 명의로 수익과 재산을 독립적으로 소유·관리할 것

③ 사단, 재단, 그 밖의 단체의 수익을 구성원에게 분배하지 아니할 것

② 사업의 종류 판정

정비사업은 조합원으로부터 토지 등을 현물출자 받아 건설회사에 일괄 도급을 주어 건물을 건설하고 조합원 및 일반인에게 분양을 하는 사업이다. 따라서 한국표준산업분류 기준에

따라 업종은 부동산업(681), 주거용 건물 개발 및 공급업(68121)과 비주거용 건물 개발 및 공급업(68122)에 해당하고, 건설업에는 해당하지 아니한다.

③ 고유번호증 교부

조합설립추진위원회는 국세기본법상 법인으로 보는 단체로 비영리법인에 해당한다. 조합설립 추진위원회가 수익사업을 개시하지 않는 경우에는 관할 세무서에 고유번호신청서 [별지 제4호 서식]를 제출하고 고유번호를 부여받게 된다(부가령 제12조②).

④ 수익사업의 개시신고

비영리내국법인이 새로 수익사업[법인세법 제4조 제3항 제1호(한국표준산업분류에 따른 사업으로서 대통령령으로 정하는 것) 및 제7호(채권등의 매매익)에 따른 수익사업만 해당한다]을 시작한 경우에는 그 개시일부터 2개월 이내에 다음의 사항을 적은 신고서에 그 사업개시일 현재의 그 수익사업과 관련된 재무상태표와 그 밖에 서류를 첨부하여 납세지 관할 세무서장에게 신고하여야 한다(법법 제110조).

> · 법인의 명칭
> · 본점이나 주사무소 또는 사업의 실질적 관리장소의 소재지
> · 대표자의 성명과 경영 또는 관리책임자의 성명
> · 고유목적사업
> · 수익사업의 종류
> · 수익사업 개시일
> · 수익사업의 사업장

조합설립추진위원회의 사업자등록 해석

「도시 및 주거환경정비법」 제13조의 규정에 해당하는 조합설립추진위원회는 「국세기본법」 제13조에 법인으로 보는 단체에 해당하며, 같은 법 제2조에 따른 정비사업을 시행하면서 신규로 부가가치세 과세사업을 개시하고자 하는 경우에는 사업자등록을 하여야 한다(집행기준 8-11-1).

⑤ 조직 변경

「도시 및 주거환경정비법」 제15조 제4항(현행. 제34조③)에 의하여 당해 조합설립추진위원회가 행한 업무와 관련된 권리와 의무를 「조세특례제한법」 제104조의 7 제2항의 규정에 의한

정비사업조합이 포괄승계하는 경우에는 그 조직을 변경한 것으로 보는 것이다(서면부가 2016-6230, 2017.5.31.).

2) 정비사업조합 단계

① 신규등록

조합설립추진위원회 단계에서 사업자등록을 하지 않았다면, 정비사업조합은 부가가치세법 제8조(사업자등록)에 따라 사업 개시일부터 20일 이내에 세무서장에게 사업자등록을 신청하여야 한다. 건설회사에 일괄 도급을 주어 건물을 건설하고 조합원 및 일반인에게 분양을 하는 경우에 업종 판단은 위 1) 조합설립추진위원회의 경우와 같다.

② 사업자등록 정정

「도시 및 주거환경정비법」 제15조 제4항에 따라 해당 조합설립추진위원회가 행한 업무와 관련된 권리와 의무를 「조세특례제한법」 제104조의7 제2항에 따른 정비사업조합이 포괄승계하는 경우에는 그 조직을 변경한 것으로 보므로 사업자등록 정정신고를 하여야 한다(집행기준 8-11-1). 사업자등록 정정신고 사항은 상호를 △△정비사업조합으로 변경, 법인등기번호 추가, 조합장(대표자명) 변경신고 등이다.

> **조직변경에 대한 정정신고를 이행하지 아니하는 경우**
>
> 사업자등록 정정신고를 이행하지 아니하거나 지연신고한 경우에도 발급받은 매입세금계산서 관련 매입세액은 매출세액에서 공제할 수 있고, 미등록가산세를 적용하지 아니하며, 「조세범 처벌법」상 처벌대상도 아니다(집행기준 8-14-2).

(3) 재화의 공급 및 예외

1) 재화의 공급(일반분양분)

부가가치세법에서 재화의 공급은 계약상 또는 법률상의 모든 원인에 따라 재화를 인도하거나 양도하는 것으로 한다(부가법 제9조①). 또한, 재화 공급의 특례 규정에는 대가의 수수가 없거나 재화가 이동되지 아니하더라도, 그리고 사업자가 재화를 자기 자신의 목적으로 사용하는 경우에도 재화의 공급으로 보고 있다(부가법 제10조).

정비사업조합이 건축사업비 조달을 위하여 조합원 분양분 이외에 일반분양 토지 및 건축물을 분양하는 경우에는 재화의 공급에 해당된다. 다만, 토지와 국민주택규모 이하 주택의 공급에 대해서는 부가가치세가 면제된다.

2) 재화의 공급 예외(조합원분)

정비사업조합이 조합원의 종전 부동산을 현물출자받은 후 건물을 완성하여 조합원에게 현물로 반환하는 것은 재화의 공급에 해당하여 부가가치세 과세대상이 될 수 있으므로 「조세특례제한법」에서는 재개발·재건축사업을 지원하기 위하여 완성된 건물을 조합원에게 공급하는 것은 재화의 공급으로 보지 아니한다는 규정을 두고 있다. 즉, "정비사업조합이 「도시 및 주거환경정비법」에 따라 해당 정비사업에 관한 공사를 마친 후에 그 관리처분계획에 따라 조합원에게 공급하는 것으로서 종전의 토지를 대신하여 공급하는 토지 및 건축물(해당 정비사업의 시행으로 건설된 것만 해당한다)은 「부가가치세법」 제9조(재화의 공급) 및 제10조(재화 공급의 특례 : 자가공급, 개인적 공급, 사업상 증여, 폐업시 남아있는 재화)에 따른 재화의 공급으로 보지 아니한다"(조특법 제104조의7③)고 규정하고 있다.

① 관리처분계획에 의한 건축물 공급의 경우

정비사업의 시행으로 관리처분계획에 따라 조합원에게 공급하는 토지 및 건축물은 부가가치세 재화의 공급으로 보지 아니하므로 국민주택규모 이하 주택의 공급은 물론 국민주택규모 초과 주택의 공급, 상가, 유치원 등 모든 건물의 공급이 비과세 된다.

② 조합원이 자기지분을 초과하여 분양받은 경우

재건축조합이 해당 조합원에게 관리처분계획에 의하여 분양하는 경우에는 분양주택이 당초지분을 초과하는 경우에도 재화의 공급에 해당하지 아니하여 부가가치세가 과세되지 아니하는 것이나, 재건축조합이 관리처분계획에 의하지 아니하고 당초지분을 초과하는 주택(국민주택 규모 이하인 경우는 제외) 및 비주거시설을 해당 조합원에게 분양하는 경우에는 부가가치세가 과세되는 것이다(서면부가 2015-393, 2015.6.28.).

정비사업조합의 관리처분계획에 의한 조합원분양분 공급과 일반분양분 공급의 부가가치세 과세 내용을 정리하면 아래 표와 같다.

구 분	조합원분양	일반분양
국민주택규모 이하	면 세	면 세
국민주택규모 초과	과세제외	과 세
상가 등 비주거용 건물	과세제외	과 세
토지지분	면 세	면 세

3) 재화의 공급으로 보지 않는 경우

경매, 수용, 현물출자와 그 밖의 계약상 또는 법률상의 원인에 따라 재화를 인도하거나 양도하는 것은 재화의 공급에 해당한다(부가령 제18조① 제4호). 그러나 정비사업조합에 대해서는 재화의 공급으로 보지 않는 예외 규정을 두고 있다.

① 조합원 종전 부동산의 조합 현물출자

정비사업의 시행에 따라 조합원이 조합에 종전 부동산(토지 및 상가 등)을 현물출자하는 경우에는 환지규정이 준용(도정법 제87조②)되므로 부가가치세 과세대상에 해당하지 않는다. 다만 청산금 등 그 대가를 지급받는 경우에는 과세대상에 해당한다.

「도시 및 주거환경정비법」의 규정에 의한 정비사업조합법인이 시행하는 정비사업의 시행방법이 주거환경정비법 제43조의 규정에 의하여 환지로 공급하는 방법인 경우 소득세법 제88조(정의 : 환지처분) 규정에 의거 양도에 해당하지 않으므로 손익은 인식하지 않는 것이나, 정비사업조합법인이 당초의 정비사업대상 토지 등의 소유자에게 그 권리의 대가로 청산금을 지급하는 경우 청산금의 지급시기에 청산금의 지급비율에 해당하는 토지등을 유상으로 양도한 것으로 보는 것이다(서면2팀-991, 2004.5.10.).

정비사업 조합원이 부가가치세 과세사업에 사용하던 토지 및 건축물을 정비사업조합에 제공하고 「도시 및 주거환경정비법」 제47조 및 제57조의 규정에 따라 대가를 지급받는 경우에는 「부가가치세법」 제6조에 규정하는 재화의 공급에 해당되어 그 대가를 지급받는 때에 정비사업 조합을 공급받는 자로 하는 세금계산서를 교부하는 것이며, 이 경우 부가가치세의 과세표준은 같은 법 시행령 제48조의2 제4항(현행, 부가령 제64조 : 토지와 건물등을 함께 공급하는 경우 건물등의 공급가액계산)의 규정에 따라 안분계산하는 것이다(서면3팀-3431, 2007.12.27.).

② 수용절차

「도시 및 주거환경정비법」, 「공익사업을 위한 토지 등의 취득 및 보상에 관한 법률」등에 따른 수용절차에서 수용대상 재화의 소유자가 수용된 재화에 대한 대가를 받는 경우에는 재화의 공급으로 보지 않는다(부가령 제18조③ 제3호).

③ 매도청구

「도시 및 주거환경정비법」 제64조 제4항에 따른 사업시행자의 매도청구에 따라 재화를 인도하거나 양도하는 것은 재화의 공급으로 보지 않는다(부가령 제18조③ 제4호).

(4) 과세표준(공급가액)

　재화 또는 용역의 공급에 대한 부가가치세의 과세표준은 해당 과세기간에 공급한 재화 또는 용역의 공급가액을 합한 금액으로 한다(부가법 제29조①). 정비사업조합의 과세표준에 대해서는 조세특례제한법에 별도의 특례규정을 두고 있지 않다.

■ 정비사업조합 관련 해석 · 판단사례

■ 재개발조합이 계약서에 토지와 그 토지에 정착된 건물의 가액을 구분하여 분양하는 경우 공급가액 계산

> **해석**
>
> - 사업자가 토지와 그 토지에 정착된 건물을 함께 공급하는 경우에 그 건물의 공급가액은 실지 거래가액에 의하는 것이며, 이 경우 토지와 건물의 실지거래가액은 계약당사자의 합의에 의 하여 정하는 것임. 사업자가 실지거래가액으로 신고한 토지의 가액과 건물의 가액의 구분이 건물의 규모와 형태, 제3자간에 일반적으로 거래된 가격 등 사회통념에 비추어 합당하다고 인정되지 아니하여 불분명한 경우에는 그 건물의 과세표준은 「부가가치세법 시행령」 제48조 의2 제4항 각 호(현행, 부가령 제64조 : 토지와 건물 등을 함께 공급하는 경우 건물 등의 공급 가액 계산)의 규정에 따라 계산하는 것임.
>
> - 위 기준에 의하여 사업자가 건물의 과세표준을 계산하여 부가가치세 신고를 한 경우에는 수 정신고를 하지 않아도 되는 것이나, 그렇지 않은 경우에는 위 기준에 의하여 결정된 건물 공 급가액에 따라 수정세금계산서 교부 및 수정신고를 하여야 하는 것임(부가-1045, 2011.8.31.).
>
> * 2018.12.31. 개정된 부가법 제29조⑨ : 사업자가 토지와 그 토지에 정착된 건물 또는 구축물 등을 함께 공급하는 경우에는 건물 또는 구축물 등의 실지거래가액을 공급가액으로 한다. 다만, 다음 각 호의 어느 하나에 해당하는 경우에는 대통령령으로 정하는 바에 따라 안분계산한 금액을 공급가액으로 한다. (2018.12.31 단서개정)
>   1. 실지거래가액중 토지의 가액과 건물 또는 구축물 등의 가액의 구분이 불분명한 경우 (2018.12.31 신설)
>   2. 사업자가 실지거래가액으로 구분한 토지와 건물 또는 구축물 등의 가액이 대통령령으로 정하는 바에 따라 안분계산한 금액과 100분의 30 이상 차이가 있는 경우. 다만, 다른 법령에서 정하는 바에 따라 가액을 구분한 경우 등 대통령령으로 정하는 사유에 해당하는 경우는 제외한다. (2021.12.8. 개정)
>
> 위의 단서에 따라 다음 각 호의 어느 하나에 해당하는 경우에는 건물등의 실지거래가액을 공 급가액으로 한다(부가령 제64조②).
> 1. 다른 법령에서 정하는 바에 따라 토지와 건물등의 가액을 구분한 경우
> 2. 토지와 건물등을 함께 공급받은 후 건물등을 철거하고 토지만 사용하는 경우

■ 건설업자가 재개발조합과 별도로 조합원등에 추가옵션용역을 제공하는 경우 부가가치세 과세표준 및 수입금액의 세무처리

• 건설업자가 재개발조합에 건설용역을 제공함에 있어 부가가치세 과세표준은 기본약정에 의하여 받기로 한 대가가 되는 것이고 재개발조합이 공급받는 자가 되는 것이나 건설업자가 조합원등과 별도의 개별약정에 의하여 추가옵션용역을 제공하고 그 대가를 직접 받는 경우 공급받는 자는 조합원등이 되는 것이며 또한 건설업자가 조합원등과 별도의 개별약정에 의하여 제공한 추가옵션용역의 수입금액은 당해 재개발조합의 법인세법 제15조 규정의 익금에 해당하지 아니하는 것임(제도 46012-12372, 2001.7.25.).

■ 재개발조합의 아파트분양시 옵션선택형에 대한 추가금액을 받는 경우 부가가치세 과세표준

• 재개발구역안에 재개발사업을 시행하는 재개발사업조합이 국민주택규모 이상의 아파트를 조합원이 아닌 일반인에게 분양함에 있어 당해 분양가액을 기본형과 옵션선택사양형으로 구분하고 옵션선택사양형에 대하여는 기본형의 분양가액에 선택사양분에 대한 대가를 추가하여 받는 경우 부가가치세 과세표준은 옵션선택사양형의 추가분을 포함한 분양가액(토지가액은 제외)으로 하며, 이 경우 당해 건물신축용역을 제공하는 건설업자가 옵션선택사양형에 대한 공사대금을 추가하여 받는 때에는 당해 추가분을 포함한 계약금액이 당해 건설업자의 부가가치세 과세표준이 됨(부가 46015-494, 1997.3.7.).

■ 재건축아파트의 일반 분양시 부가가치세 과세표준에 포함할 금액

• 부가가치세 과세표준은 「부가가치세법」 제29조 제3항(과세표준)의 규정에 의하여 거래상대방으로부터 받은 대금·요금·수수료 기타 명목 여하에 불구하고 대가관계에 있는 모든 금전적 가치 있는 것을 포함함(부가-658, 2014.7.18.).

■ 건설업자의 무상 이주비 대여금에 대한 이자상당액을 공사도급금액에 포함한 경우 부가가치세 과세표준 계산

• 사업자가 부가가치세가 과세되는 재화 또는 용역을 공급하고 금전으로 대가를 받는 경우 부가가치세 과세표준에는 거래상대자로부터 받은 대금·요금·수수료 기타 명목 여하에 불구하고 대가관계에 있는 모든 금전적 가치 있는 것을 포함하는 것으로, 건설업자가 재건축조합에 부가가치세가 과세되는 건설용역을 공급함에 있어 당해 재건축 조합원에게 이주비를 무상으로 대여하고 당해 무상 대여금의 이자에 상당하는 금액을 공사도급금액에 포함하여 당해 재건축조합과 공사도급계약을 체결한 경우에 당해 무상 대여금의 이자상당액은 부가가치세 과세표준에 포함하는 것임(부가 46015－3938, 1999.9.28.).

■ 주거환경개선사업의 사업시행자가 토지등소유자에게 건물을 공급하는 경우 및 사업시행수수료를 받는 경우 과세 여부

• 「도시 및 주거환경정비법」 제24조 제1항에 따라 주거환경개선사업의 사업시행자로 지정된 ◎◎도시공사(이하 "공사")가 주거환경개선사업을 시행하는 경우로서
1. 공사가 관리처분계획에 따라 토지등소유자에게 종전의 토지를 대신하여 공급(분양)하는 토지 및 건축물은 「부가가치세법」 제9조에 따른 재화의 공급에 해당하지 아니하는 것임.
2. 공사가 주거환경개선사업을 시행하고 공사비의 일정비율을 사업시행수수료로 받는 경우 공사는 같은 법 제32조 제1항에 따라 토지등소유자를 공급받는 자로 하여 세금계산서를 발급하는 것임(사전법규부가2022－831, 2022.8.25.).

(5) 매입세액

1) 조합설립추진위원회의 매입세액

「도시 및 주거환경정비법」은 조합설립추진위원회의 업무수행 범위로 정비사업전문관리업자의 선정, 설계자의 선정 등을 정하고 있다. 주의할 점은 조합설립추진위원회가 용역계약을 체결하더라도 용역대금을 집행할 자금이 없는 경우가 대부분이어서 용역계약 체결시 용역대금의 지급시기를 정비사업조합을 설립하고 시공회사를 선정한 후로 정할 수 있다. 이 경우 부가가치세 중간지급조건부 용역의 공급시기는 "대가의 각 부분을 받기로 한 때"이므로

세금계산서 또는 계산서의 작성일자를 용역대금의 지급시기로 하면 된다. 조합설립추진위원회의 매입세액의 공제·불공제, 공통매입세액의 안분계산은 아래 정비사업조합의 경우와 같다.

2) 정비사업조합의 매입세액 구분

정비사업조합이 재화 또는 용역을 공급받고 대가를 지불하는 과정에 그 거래가 부가가치세 과세거래인 경우 매입세액을 징수당하게 되고 매입세액의 공제 또는 불공제를 판단해야 한다. 정비사업조합이 부가가치세 매입세액을 거래징수 당하는 점은 일반법인과 동일하다. 정비사업조합이 재화 또는 용역을 공급받을 때 관련된 부가가치세에 대한 과·면세와 매입세액의 공제·불공제에 따라 구분하면 아래 표와 같다.

| 정비사업조합이 토지관련 비용의 지출과 건설용역 등을 제공받는 경우 매입세액 구분 |

구 분	토지관련	건설용역		일반관리
		국민주택규모 이하	국민주택규모 초과, 상가 등	
과·면세 공제·불공제	면 세 불공제	면 세	과 세	과 세

3) 정비사업조합의 매입세액 공제 차이점

정비사업조합이 부가가치세 매입세액을 공제받기 위해서는 공급하는 재화가 과세거래인지 과세거래가 아닌지를 먼저 구분해야 한다. 정비사업조합은 일반법인의 국민주택규모 이하 주택 공급에 대한 부가가치세 면세거래에 추가하여 조합원에게 공급하는 국민주택규모 초과 주택 또는 상가 등에 대해서도 재화의 공급으로 보지 않기 때문에 부가가치세 매입세액의 공제에서 일반법인과 차이가 발생한다. 정비사업조합의 조합원분양과 일반분양에 대한 재화의 공급을 정리하면 아래 표와 같다.

구 분	토 지		건 물	
	조합원분양	일반분양	조합원분양	일반분양
국민주택규모 이하	면 세	면 세	면 세	면 세
국민주택규모 초과, 상가 등	면 세	면 세	과세제외	과 세

4) 정비사업조합의 공통매입세액 안분계산

정비사업조합의 매입세액은 먼저 과세사업과 면세사업의 실지귀속을 구분할 수 있는 경우에는 실지귀속에 따라 매입세액을 공제 또는 불공제하되, 실지귀속을 구분할 수 없는 경우에는 공통매입세액을 안분계산한다.

정비사업조합이 국민주택규모 초과 주택 또는 상가 등의 건설용역 또는 일반관리용역을 제공받은 경우에는 부가가치세 매입세액을 거래징수 당하게 되고 공통매입세액 안분계산의 대상이 된다. 주택 또는 상가 등의 건설용역에 대한 공제대상 매입세액의 공통매입세액은 건물예정연면적을 기준으로 전체 건물예정연면적 중 과세대상 건물예정연면적 비율에 해당하는 공통매입세액만 공제대상이 되며, 일반관리용역에 대한 공제대상 매입세액의 공통매입세액은 예정공급가액을 기준으로 전체 예정공급가액 중 과세대상 예정공급가액 비율에 해당하는 공통매입세액만 공제대상이 된다. 그리고 광고선전비는 일반분양분 예정공급가액 기준을, 모델하우스 설치비용은 일반분양분 건물예정연면적 기준을 적용한다.

| 건설용역에 대한 공통매입세액 안분계산 |

$$\text{(건설용역) 공제대상 공통매입세액} = \text{(건설용역) 공통매입세액} \times \frac{\text{과세대상 건물예정연면적}}{\text{전체 건물예정연면적}}$$

| 일반관리용역에 대한 공통매입세액 안분계산 |

$$\text{(일반관리용역) 공제대상 공통매입세액} = \text{(일반관리용역) 공통매입세액} \times \frac{\text{과세대상 건물 예정공급가액}}{\text{전체 토지·건물 예정공급가액}}$$

※ 공통매입세액의 안분계산에 대한 일반적인 내용은 'Chapter 3. Ⅰ. 제5절 3. 공통매입세액의 안분계산'을 참고하기 바란다.

■ 당해 과세기간의 공급가액이 없는 경우 안분계산

> **해석**
>
> - 사업자가 과세사업과 면세사업을 겸영하는 경우에 면세사업에 관련된 매입세액의 계산은 실지귀속에 따라 하되, 과세사업과 면세사업에 공통으로 사용되어 실지귀속을 구분할 수 없는 매입세액(이하 "공통매입세액"이라 함)은 「부가가치세법」 제40조 및 같은 법 시행령 제81조 제1항에 따라 총공급가액에 대한 면세공급가액의 비율에 따라 계산하는 것임. 다만, 당해 과세기간 중 과세사업과 면세사업의 공급가액이 없거나 그 어느 한 사업의 공급가액이 없는 경우에 당해 과세기간에 있어서의 공통매입세액 안분계산은 같은 법 시행령 제81조 제4항 각 호의 순에 의해 계산하는 것임(여기서, 건물을 신축 또는 취득하여 과세사업과 면세사업에 제공할 예정면적을 구분할 수 있는 경우에는 제3호를 제1호 및 제2호에 우선하여 적용함). 이 경우에 과세사업과 면세사업의 공급가액 또는 과세사업과 면세사업의 사용면적이 확정되는 과세기간에 대한 납부세액을 확정신고하는 때에 같은법 시행령 제82조에 따라 공통매입세액을 정산하는 것임(부가-880, 2013.9.26.).

■ 도시정비법에 따른 재개발사업의 공공시행자가 토지등소유자에게 건물 등 분양 시 공통매입세액 안분계산

> **해석**
>
> - 「도시 및 주거환경정비법」 제26조 제1항에 따라 재개발사업의 공공시행자로 지정된 서울주택도시공사(이하 "공사")가 개발사업과 관련된 공통매입세액을 안분계산하는 경우로서, 공사가 관리처분계획에 따라 토지등소유자에게 종전의 토지를 대신하여 공급(분양)하는 토지 또는 건축물의 경우에는 관리처분계획에 따른 분양가격을 면세사업등에 관련된 예정공급가액으로 보아 「부가가치세법 시행령」 제81조 제4항을 적용하여 안분계산하고, 과세사업과 면세사업등의 공급가액이 확정되는 과세기간에 총공통매입세액에 대하여 전체과세기간의 총공급가액과 면세공급가액의 비율에 의하여 정산하는 것임(기획재정부부가-223, 2021.4.15.).

5) 정비사업조합의 공통매입세액 정산

주택재개발정비사업조합의 공통매입세액 정산시기는 재개발사업조합의 실정에 따라 관리처분단계인지 또는 사업완료단계인지 등 제반사항을 고려하여 사실판단 하여야 할 사항이며, 「부가가치세법 시행령」 제81조 제4항(과세사업과 면세사업등의 공급가액이 없거나 그 어느 한 사업의 공급가액이 없는 경우)의 규정에 의하여 매입세액을 안분계산한 경우에는 당해 재화의 취득으로 과세사업과 면세사업의 공급가액 또는 과세사업과 면세사업의 사용면적이 확정되는 과세기간에 대한 납부세액을 확정신고하는 때에「같은 법 시행령」 제82조(공통매입세액의 정산)에 따라 정산하는 것이다(부가-503, 2014.5.29.).

과세·면세사업의 공급가액이 계속적으로 여러 과세기간에 걸쳐 발생되어 그 비율이 변동되는 경우의 총공급가액은 공급가액이 발생된 전체 과세기간의 공급가액 합계액을 말하는 것이므로 건물의 준공 전에 분양이 완료된 경우, 분양이 완료된 과세기간에 각 사업장별 총공통매입세액에 대하여 전체과세기간의 총공급가액과 총면세공급가액의 비율에 의하여 정산하는 것이다(기획재정부부가-529, 2010.7.30.).

※ 공통매입세액의 정산에 대한 일반적인 내용은 'Chapter 4. 제1절 2. 부가가치세 공통매입세액의 정산'을 참고하기 바란다.

6) 정비사업조합의 주요 매입 항목

① 정비사업전문관리업자 용역비

정비사업전문관리업자는 다음 표의 사항을 추진위원회로부터 위탁받거나 이와 관련한 자문을 하려는 자로서 자본·기술인력 등의 기준을 갖춰 시·도지사에게 등록하여야 한다(도정법 제102조).

> • 조합설립의 동의 및 정비사업의 동의에 관한 업무의 대행
> • 조합설립인가의 신청에 관한 업무의 대행
> • 사업성 검토 및 정비사업의 시행계획서의 작성
> • 설계자 및 시공자 선정에 관한 업무의 지원
> • 사업시행계획인가의 신청에 관한 업무의 대행
> • 관리처분계획의 수립에 관한 업무의 대행
> • 시장·군수등이 정비사업전문관리업자를 선정한 경우에는 추진위원회 설립에 필요한 다음의 업무
>   - 동의서 제출의 접수
>   - 운영규정 작성 지원
>   - 그 밖에 시·도조례로 정하는 사항

정비사업전문관리업자는 조합설립추진위원회와 위의 업무에 관한 업무위탁계약을 체결하고 계약에 따라 용역대금을 청구하게 된다. 정비사업전문관리업자는 부가가치세 과세사업자로서

지급받는 용역대금 전체에 대해 세금계산서를 발행해야 한다.

재건축, 재개발 관련 조합이 도시주거환경정비법 제69조 제1항에 해당하는 용역을 정비사업 전문관리업자에게 의뢰하고 부담한 부가가치세 매입세액의 공제여부는 부가가치세법 제17조 및 부가가치세법 시행령 제60조(현행, 부가법 제38조 : 공제하는 매입세액, 제39조 : 공제하지 아니하는 매입세액, 부가령 제80조 : 토지에 관련된 매입세액)에 따라 각 용역별로 토지와 관련된 매입세액인지, 새로운 건축비에 직접 관련되는 매입세액인지 여부를 사실판단하여 결정하는 것이다(재부가-853, 2007.12.11.).

② 도시계획 및 설계 용역비

「도시 및 주거환경정비법」에 의하여 정비구역의 지정과 관련된 도시계획 및 설계 용역은 건축사의 업무에 대한 용역으로 전체가 부가가치세 과세대상 용역에 해당한다.

도시개발사업의 용역제공에 대하여 부담한 부가가치세 매입세액의 공제여부는 각 용역별로 토지와 관련된 매입세액인지, 새로운 건축비에 직접 관련되는 매입세액인지 여부를 사실판단하여 결정하는 것이다(서면3팀-194, 2008.1.24.). 도시계획 및 설계 용역은 토지의 현황측량, 도로 배치 등 용역으로 토지와 관련된 것으로 볼 수 있다.

③ 건축설계 용역비

정비사업의 추진을 위해서는 관련 법령에 따라 기본설계 및 인·허가업무 등을 수행해야 한다. 건축설계 용역은 건축사의 업무에 대한 용역으로 부가가치세의 면세대상 용역과 과세대상 용역으로 구분된다.

조세특례제한법 시행령 제106조 제4항 제3호에서 부가가치세의 면세대상 설계용역 중에 국민주택의 설계용역으로서 건축사법에 따라 등록 또는 신고를 한 자가 공급하는 것을 규정하고 있다(조특령 제106조④ 제3호). 이에 따라 국민주택규모 이하 주택의 설계용역에 대해서는 부가가치세가 면제되어 계산서를 발행하게 되며, 그 이외의 설계용역(국민주택규모 초과, 상가 등)은 과세대상으로 세금계산서를 발행해야 한다.

④ 공사감리 용역비

국민주택(주거전용면적 85m² 이하)건설에 대한 감리용역은 부가가치세가 과세되는 것으로 건축사업을 영위하는 사업자가 부가가치세가 과세되는 감리용역을 공급하는 때에는 부가가치세법 제13조(현행, 제29조)의 규정에 의한 과세표준에 동법 제14조(현행, 제30조)의 규정에 의한 세율을 적용하여 계산한 부가가치세를 그 공급받는 자로부터 징수하는 것이다(제도 46015-11958, 2001.7.6.).

조세특례제한법 시행령 제106조 제4항 제2호의 「전기공사업법」·「소방법」·「정보통신업법」에 의하여 등록을 한 자가 감리용역을 제공하고 그 대가를 받는 경우 국민주택건설용역에 해당되지 아니하여 부가가치세가 과세되는 것이다(서면3팀 - 468, 2007.2.9.).

공사감리용역에 대해서는 전체 용역대금에 대해 세금계산서를 교부해야 하며, 건물면적기준에 의한 매입세액의 공제 또는 불공제에 따라 안분한다.

⑤ 안전진단 용역비

안전진단기관에서는 재건축사업의 안전진단을 실시하여 주택 재건축 판정을 하게 되며, 안전진단 용역비 전체금액에 대해 세금계산서를 발행해야 한다.

종전 주택건설촉진법에 의하여 인가를 받은 재건축조합이 재건축사업을 시행함에 있어 기존건축물의 철거여부를 진단하고 지급받는 안전진단용역비 및 조합원의 토지지분을 조합명의로 신탁등기하고 법무사에게 지급하는 수수료, 교통영향평가 용역비의 지출에 관련된 매입세액은 부가가치세법 시행령 제60조 제6항(현행, 제80조 : 토지와 관련된 매입세액)의 규정에 의한 토지관련 매입세액에 해당하는 것이다(서면3팀 -2124, 2004.10.18.).

⑥ 감정평가 용역비

종전 부동산에 대한 감정평가는 시장·군수등이 선정·계약한 2인 이상의 감정평가법인 등이 사업시행계획인가 고시가 있은 날을 기준(사업시행계획인가 전에 철거된 건축물은 시장·군수등에게 허가를 받은 날을 기준)으로 평가하며 평가한 금액을 산술평가하여 산정한다. 감정평가에 대한 용역비는 토지관련 매입세액에 해당하고 감정평가법인 등은 용역대금 전체에 대해 세금계산서를 발행해야 한다.

또한, 분양대상자별 분양예정인 대지 또는 건축물의 추산액 평가도 실시해야 한다. 종전 부동산과 분양예정 부동산 전체에 대한 감정평가는 건물 착공시점 이전에 이행된다.

종전 부동산과 분양예정 부동산의 감정평가 용역비가 토지에 대한 자본적지출인지 건물에 대한 자본적지출인지에 대한 조세심판원은 "감정평가비는 토지와 건물에 공통으로 관련되어 그 귀속이 불분명한 것으로 보이고, 건물 착공시기를 기준으로 하여 그 전에 용역을 제공받고 지급한 비용은 토지에 대한 자본적지출로, 그 이후에 용역을 제공받고 지급한 비용에 대하여는 건물에 대한 자본적지출로 보는 것이 타당하므로(기획재정부 재부 가-421, 2007.6.1., 재소비-141, 2005.9.5., 국세청 서면3팀-2124, 2004.10.18., 국심 2005부2482, 2006.1.3. 등 참조), 청구인이 지출한 감정평가비 중 건물착공 이후에 공급받은 감정평가용역과 관련된 매입세액을 공통매입세액으로 보아 안분계산하는 것이 합리적이라고 판단된다(조심 2008중1270, 2009.6.11.)고 하였다.

⑦ 지장물철거 용역비

「건설산업기본법」에 따라 전문건설업(비계·구조물 해체공사업) 면허를 받은 건설업자가 주택재건축조합과 계약을 체결하고 제공하는 국민주택규모 이하의 주택을 건설하기 위하여 제공하는 기존 건축물 철거용역은 부가가치세가 면제되는 국민주택 건설용역에 해당한다(집행기준 106-106-1④).

건설산업기본법에 의하여 등록을 한 자가 일괄계약에 의하여 국민주택건설을 위한 기존건물 등의 철거용역과 건설폐기물 수집·운반 및 처리용역을 함께 공급하는 경우 국민주택 건설을 위한 철거용역에 대하여는 조세특례제한법 제106조 제1항 제4호의 규정에 의하여 부가가치세가 면제되나, 건설폐기물의 수집·운반 및 처리용역에 대하여는 부가가치세가 과세된다(재소비 46015-42, 2001.2.22.).

따라서 지장물철거 용역 중 국민주택규모 이하의 주택을 건설하기 위하여 제공하는 기존 건축물 철거용역은 부가가치세가 면제되어 계산서를 발행해야 하고 국민주택규모 초과의 주택건설을 위한 철거용역은 세금계산서를 발행해야 한다. 또한, 건설폐기물의 수집·운반 및 처리용역에 대하여는 부가가치세가 과세되어 세금계산서를 발행해야 한다.

⑧ 건설공사 용역비

정비사업조합이 사업부지에 아파트, 상가 및 부대시설의 건설공사를 할 경우, 국민주택규모 이하의 건설용역은 조세특례제한법 제106조에 의해 부가가치가 면제되어 시공회사는 계산서를 발행해야 하고, 국민주택규모를 초과하는 건설용역과 상가 등의 건설용역은 부가가치가 과세되어 시공회사는 세금계산서를 발행해야 한다.

정비사업조합이 「도시 및 주거환경정비법」에 의하여 당해 정비사업에 관한 공사를 완료한 후에 그 관리처분계획에 따라 조합원에게 공급하는 것으로서 종전의 토지를 대신해서 공급하는 토지 및 건축물(당해 정비사업의 시행으로 건설된 것에 한함)은 부가가치세법 제6조(현행, 조세특례제한법 제104조의7 제3항)의 규정에 의한 재화의 공급으로 보지 아니하는 것이다.

정비사업조합이 시공자 등으로부터 건설용역 대가에 대하여 세금계산서를 교부받은 경우 교부받은 세금계산서상의 공급가액의 범위 안에서 실제로 당해 건설용역을 공급받은 조합원(관리처분에 의해 상가를 분양받은 조합원)에게 당해 조합원이 부담한 현금·토지 등의 비용을 기준으로 부가가치세법 시행규칙 제18조 규정(현행, 부가령 제69조 제15항)에 의해 세금계산서를 교부할 수 있는 것이며, 조합원은 당해 매입세액이 자기의 과세사업과 관련된 경우에는 자기의 매출세액에서 공제받을 수 있는 것이다(서면3팀-1707, 2005.10.6.).

이 경우 조합이 발급한 세금계산서의 공급가액은 그 조합의 부가가치세 신고시 과세표준에 포함하는 것이며 시공사로부터 발급받은 세금계산서의 매입세액 중 조합원에게 발급한 세금계산서에 대응되는 세금계산서의 매입세액은 조합의 매출세액에서 공제받을 수 있는 것이다(서면부가2016-5334, 2016.12.30.).

조합원 분양분에 대한 건설공사 관련 매입세액공제 여부는 아래 표와 같다.

구 분	조 합	조합원
국민주택규모 이하	불공제	불공제
국민주택규모 초과	불공제	불공제〈비사업자〉
상가 등 비주거용 건물	불공제 (예외 : 조합원에 발급 해당분 공제)	공제*
토지지분	불공제	불공제

* 조합원이 자기의 과세사업과 관련되어 조합으로부터 세금계산서를 받은 경우임.

⑨ 기타 일반관리비

정비사업조합의 일반관리를 위해 지출되는 항목으로 세무회계, 회계감사, 기타 운영비 등이 있으며, 이에 대한 공통매입세액은 공급가액 기준으로 안분한다.

 정비사업조합의 법인세 실무

ⅰ. 납세의무자와 과세소득의 범위

(1) 납세의무자

1) 법인세의 납세의무자

정비사업조합은 법인으로 한다(도정법 제38조①). 법인의 소득에 대한 법인세의 납세의무자는 내국법인(국가 및 지방자치단체와 지방자치단체조합을 제외한다)과 국내원천소득이 있는 외국법인으로 한다(법법 제3조).

2) 제2차 납세의무자

정비사업조합에 대해서는 국세기본법에 의한 제2차 납세의무 외에 관리처분계획에 따라 토지 및 건축물의 소유권을 타인에게 모두 이전한 경우에 제2차 납세의무를 별도로 규정하고 있다. "정비사업조합이 관리처분계획에 따라 해당 정비사업의 시행으로 조성된 토지 및 건축물의 소유권을 타인에게 모두 이전한 경우로서 그 정비사업조합이 납부할 국세 또는 강제징수비를 납부하지 아니하고 그 남은 재산을 분배하거나 인도한 경우에는 그 정비사업조합에 대하여 강제징수를 하여도 징수할 금액이 부족한 경우에만 그 남은 재산의 분배 또는 인도를 받은 자가 그 부족액에 대하여 제2차 납세의무를 진다. 이 경우 해당 제2차 납세의무는 그 남은 재산을 분배 또는 인도받은 가액을 한도로 한다"(조특법 제104조의7④).

■ 정비사업조합 관련 해석 · 판단사례

■ 도시환경정비사업의 건축물 분양에서 발생한 소득의 납세의무자

> **사안**
>
> 도시환경정비사업의 건축물 분양에서 발생한 소득의 납세의무자는 법인인 사업시행자인지 아니면 토지등소유자가 소득세 납세의무자인지 여부
>
> **판례**
>
> • 「도시 및 주거환경정비법」 제8조 제4항(2017.2.8. 법률 제14567호로 전부 개정되기 전의 것)에 따라 도시환경정비사업의 사업시행자로 지정받은 자가 같은 법 제60조에 따른 정비사업비를 부담하여 건설한 건축물을 종전 토지등소유자 및 일반인에게 분양하는 경우 건축물 분양에 대한 법인세 납세의무자는 해당 사업시행자가 되는 것이며,
> • 사업시행자가 토지등소유자에게 종전의 토지를 대신하여 관리처분계획에 의해 자기지분에 상당하는 건축물을 분양하는 사업에서 발생하는 소득은 해당 사업시행자의 과세소득에 해당하지 않는 것임(사전법령해석법인 2019-654, 2020.1.17.).

(2) 과세소득의 범위

1) 비영리내국법인의 과세소득 범위

내국법인에 법인세가 과세되는 소득은 다음의 소득으로 한다. 다만, 비영리내국법인의 경우에는 ①과 ③의 소득으로 한정한다(법법 제4조①).

① 각 사업연도의 소득

② 청산소득(비영리내국법인은 과세제외한다)

③ 법인세법 제55조의2에 따른 토지등 양도소득

❑ **비영리내국법인의 각 사업연도소득**

> • 비영리내국법인의 각 사업연도의 소득은 다음의 사업 또는 수입(이하 "수익사업"이라 한다)에서 생기는 소득으로 한정한다(법법 제4조③).
>   ① 제조업, 건설업, 도매 및 소매업 등 「통계법」 제22조에 따라 통계청장이 작성·고시하는 한국표준산업분류에 따른 사업으로서 대통령령(생략)으로 정하는 것
>   ② 「소득세법」 제16조 제1항에 따른 이자소득
>   ③ 「소득세법」 제17조 제1항에 따른 배당소득
>   ④ 주식·신주인수권 또는 출자지분의 양도로 인한 수입
>   ⑤ 유형자산 및 무형자산의 처분으로 인한 수입. 다만, 고유목적사업에 직접 사용하는 자산의 처분으로 인한 대통령령(생략)으로 정하는 수입은 제외한다.
>   ⑥ 「소득세법」 제94조 제1항 제2호 및 제4호에 따른 자산의 양도로 인한 수입
>   ⑦ 그 밖에 대가를 얻는 계속적 행위로 인한 수입으로서 대통령령(생략)으로 정하는 것

2) 정비사업조합에 대한 법인세특례

① 2003년 6월 30일 이전 조합설립인가를 받은 재건축조합

2003년 6월 30일 이전에 「주택건설촉진법」(법률 제6852호로 개정되기 전의 것을 말한다) 제44조 제1항에 따라 조합설립의 인가를 받은 재건축조합으로서 「도시 및 주거환경정비법」 제38조에 따라 법인으로 등기한 조합(이하 "전환정비사업조합"이라 한다)에 대해서는 「법인세법」 제3조(납세의무자)에도 불구하고 전환정비사업조합 및 그 조합원을 각각 「소득세법」 제87조 제1항 및 같은 법 제43조 제3항에 따른 공동사업장 및 공동사업자로 보아 「소득세법」을 적용한다. 다만, 전환정비사업조합이 「법인세법」 제60조에 따라 해당 사업연도의 소득에 대한 과세표준과 세액을 납세지 관할 세무서장에게 신고하는 경우 해당 사업연도 이후부터는 그러하지 아니하다(조특법 제104조의7①).

② 정비사업조합

「도시 및 주거환경정비법」 제35조에 따라 설립된 조합(전환정비사업조합을 포함하며, 이하 "정비사업조합"이라 한다)에 대해서는 「법인세법」 제2조(정의 : 내국법인, 비영리내국법인, 외국법인, 비영리외국법인)에도 불구하고 비영리내국법인으로 보아 「법인세법」[같은 법 제29조(비영리내국법인의 고유목적사업준비금의 손금산입)는 제외한다]을 적용한다. 이 경우 전환정비사업조합은 위 1) 단서에 따라 신고한 경우만 해당한다(조특법 제104조의7②).

3) 정비사업조합의 과세소득의 범위에서 제외되는 사업의 범위

정비사업조합이 「도시 및 주거환경정비법」에 따라 해당 정비사업에 관한 관리처분계획에 따라 조합원에게 종전의 토지를 대신하여 토지 및 건축물을 공급하는 사업은 「법인세법」 제4조 제3항에 따른 수익사업이 아닌 것으로 본다(조특법 제104조의7⑤, 조특령 제104조의4).

4) 자기지분을 초과하여 분양받은 조합원의 추가 부담금(불입청산금)

정비사업조합의 조합원이 자기지분을 초과하여 아파트 등을 분양받아 추가 부담금을 불입하는 경우 종전에는 수익사업의 익금으로 해석했으나, 기획재정부법인-279(2021.6.4.) 해석에 따라 2021.6.4. 이후 관리처분계획이 인가되는 분부터는 수익사업소득에 해당하지 않은 것으로 변경하였다.

정비사업조합 관련 해석 · 판단사례

■ 자기지분을 초과하여 분양받은 조합원의 추가부담금(불입청산금)이 수익사업소득에 해당 여부

사안

(사실관계)
- A조합은 부산 ○○구 ○○동 ○○○ – ○번지 일원의 재개발사업을 위하여 설립된 법인으로 아파트 분양사업을 진행하는 과정에서 착공 후 2018~2019 사업연도 법인세 신고 시
  – 관리처분계획에 따라 자기지분(무상지분)을 초과하여 아파트를 분양받은 조합원으로부터 받는 추가부담금을 수익사업소득으로 신고하였음.

(질의내용)
- 재개발조합이 자기지분을 초과하여 분양을 받은 조합원으로부터 수령하는 조합원 추가 부담금이 수익사업소득에 해당하는지 여부
  (1안) 수익사업소득에 해당함.
  (2안) 수익사업소득에 해당하지 않음.

판례

- 귀 질의의 경우 2안이 타당하며, 회신일 이후 관리처분계획이 인가되는 분부터 적용하는 것이다(기획재정부법인-279, 2021.6.4.).

■ 자기지분 초과 불입청산금에 대한 변경전 종전 예규

▢ 불입청산금에 대한 종전 예규

[종전 예규]조세특례제한법 제104조의7 제2항 규정에 따른 정비사업조합(이하 "조합"이라 함)이 자기지분을 초과한 아파트를 취득하는 조합원으로부터 조합의 규약 등에 따라 분양대금으로 별도로 지급받는 금액은 수익사업의 익금에 포함되는 것이다(법인-669, 2009.2.18.).

* 이와 같은 내용의 심판례는 조심 2019광2130, 2020.6.16.외 다수 있음.
* 종전 예규 및 심판례에서는 자기지분을 초과하여 분양 받은 조합원의 불입 청산금에 대하여 수익사업소득으로 해석하여 왔으나, 기획재정부법인-279(2021.6.4.)의 유권해석에 따라 수익사업소득에 해당하지 않은 것으로 변경하였으며 기획재정부의 회신일(2021.6.4.) 이후 관리처분계획이 인가되는 분부터 적용하는 것으로 하였다.
* 대법원 판례(2018두54040, 2018.12.6.)에서는 자기지분을 초과하여 분양 받은 조합원의 불입 청산금에 대하여 법인세 과세대상 수익사업에서 생긴 소득이라고 할 수 없다고 이미 판시하였다. 아래의 판례를 참고하기 바란다.

■ 재건축 조합원의 자기지분 초과분에 대한 추가분담금이 비수익사업의 소득인 조세특례제한법 제104조의7 정비사업조합에 대한 과세특례에 해당하는지 판단

사안

원고의 주장 : 원고의 조합원들에 대한 분양은 수익사업이 아닐 뿐만 아니라, 조합원청산금은 조합원들의 출자에 해당하므로 법인세 과세소득인 사업연도 소득을 산정함에 있어서 익금의 범위에 포함되지 않음. 따라서 조합원청산금을 익금에 포함시켜 법인세를 부과한 이 사건 처분은 위법함.

판례

• 원고가 조합원들에게 토지 및 건축물을 분양하여 얻은 수입이 비영리법인의 과세대상인 각 사업연도의 소득, 즉 수익사업에서 생기는 소득에 해당하는지 여부에 관하여 보건대, 별지 관계법령(생략)에서 보는 바와 같이 조세특례제한법 시행령 제104조의4에서는 도시정비법상의 정비사업조합이 해당 정비사업에 관한 관리처분계획에 따라 조합원에게 종전의 토지를 대신하여 토지 및 건축물을 공급하는 사업은 수익사업이 아닌 것으로 본다고 규정하고 있는바, 위 사업에서 어떠한 소득이 생기더라도 이는 법인세 과세대상인 수익사업에서 생긴 소득이라고 할 수 없으므로, 이에 대하여 법인세를 부과할 수 없음.

이에 대하여 피고는 위 시행령에서 말하는 조합원분양사업은 재건축조합이 조합원에게 조합원 소유 종전 토지 및 건물과 동일한 가치의 토지 및 건물을 공급하는 경우만을 가리킨다고 주장하나, 위 시행령 규정을 이와 같이 축소해석할 합리적인 근거를 찾을 수 없고, 오히려 이와 같이

해석한다면 조합원분양사업의 익금과 손금은 항상 동일할 것이므로 조합원분양사업에 관하여 과세대상이 아니라고 특별히 규정할 이유도 없음.

- 재건축조합의 사업은 조합설립에 동의한 토지 및 건물의 소유자들을 조합원으로 하여 이들로부터 토지 및 건물을 현물출자 받아 건물을 신축한 후 이를 조합원들에게 공급하는 사업인바, 조합원이 현물출자한 가액에 미달하는 토지와 건물을 공급받고 그 차액에 해당하는 청산금을 조합으로부터 수령하는 경우 그 청산금이 출자의 환급에 해당함은 분명해 보이므로, 그 반대의 경우 즉, 조합원이 현물출자한 가액을 초과하는 토지와 건물을 공급받고 그 차액에 해당하는 청산금을 조합에 지급하는 것은 추가적인 출자의 납입이라고 봄이 타당함. 뿐만 아니라, 원고 조합은 토지 등 소유자들을 구성원으로 하는 법인인 단체로서, 법인세법에서 말하는 익금은 법인의 순자산을 증가시키는 '거래'를 전제로 하는 것인데, 원고 조합과 그 조합원들 사이에 현물출자 이외에 어떠한 별도의 '거래'가 있다고 보기도 어렵고, 법인세법 시행령에 의하더라도 위와 같은 청산금을 익금의 범위에 포함시킬 근거가 될 만한 규정을 찾을 수 없음.
- 따라서 원고가 자기 지분을 초과하여 분양을 받은 조합원으로부터 받은 조합원 청산금은 법인세 과세대상에서 제외된다고 보아야 함(부산고법 2018누20238, 2018.7.20., 대법 2018두54040, 2018.12.6.).

■ 정비사업조합이 폐업일 이후 법원의 확정판결로 수령한 하자보수 손해배상금의 익금처리

> **해석**
>
> - 「조세특례제한법」 제104조의7 제2항에 따라 비영리내국법인으로 보는 정비사업조합이 폐업일 이후에 법원의 확정판결에 의하여 시공사로부터 수령하는 분양 아파트의 하자보수와 관련한 손해배상금은 수익사업과 기타의 사업(비수익사업)의 공통익금에 해당하는 것임(서면법인 2020-331, 2020.8.7.).

ii. 자산·부채의 주요 항목과 세무조정

정비사업조합의 법인세용 재무제표 작성을 위한 자산·부채의 주요 항목에 대해 「서울특별시 정비사업조합 회계처리규정 세칙」을 반영하여 서술한다.

(1) 건설용지

건설용지는 사업과 관련하여 취득한 정비구역 내의 토지와 철거예정인 건물을 말한다(서울특별시 정비사업조합 회계처리규정 세칙 제14조④ 제1호). 이와 같이 서울특별시 정비사업조합 회계처리규정 세칙상 건설용지 범위는 매우 좁게 한정되어 있다. 따라서 법인세용 재무상태표의

건설용지 계정으로 수정을 위해서는 공사원가명세서상의 사업비 항목 중 건설용지 관련 항목을 건설용지 계정으로 변경해야 한다. 법인세용 재무상태표의 건설용지 항목(토지조성 관련 비용 포함)의 예시는 아래 표와 같고 주요 항목에 대해 설명한다.

건설용지와 토지조성 관련 비용

(예 시)

- 조합원의 종전 부동산(토지, 건물)의 평가액
- 국·공유재산의 무상 귀속 등
- 국·공유지의 유상 취득
- 현금청산대상자의 토지 등 취득
- 수용절차 또는 매도청구에 의한 지급금액
- 조합원 외의 자로부터 토지 등 취득
- 종전 부동산에 대한 감정평가용역비 등 각종 토지관련 용역비
- 영업손실보상금 등 이주를 위한 각종 보상금 지급(조합원에 대한 이사비 등은 손금산입 대상이 아님)
- 소화전 등 기타 설치물 이전비 등

1) 조합원 종전 부동산의 현물출자

조합원 종전 부동산(토지, 건물)의 현물출자는 정비사업조합의 건설용지 취득에 해당하며, 조합원의 종전 부동산 현물출자에 대한 정비사업조합의 취득시기와 종전 부동산의 평가액 산정은 건설용지의 자산 인식에 중요한 요소이다.

① 현물출자의 취득시기

자산의 양도 등으로 인한 익금 및 손금의 귀속사업연도는 상품 등 외의 자산의 양도의 경우 그 대금을 청산한 날이 속하는 사업연도로 한다. 다만, 대금을 청산하기 전에 소유권 등의 이전등기(등록을 포함한다)를 하거나 당해 자산을 인도하거나 상대방이 당해 자산을 사용수익하는 경우에는 그 이전등기일(등록일을 포함한다)·인도일 또는 사용수익일 중 빠른 날로 한다(법령 제68조① 제3호).

재건축조합의 조합원이 토지를 현물출자하는 경우 재건축조합의 토지 취득시기는 관리처분계획인가일과 신탁등기접수일 중 빠른 날(2020.11.24. 이후 관리처분계획이 인가되는 분부터 적용)이다(기획재정부재산-1024, 2020.11.24.). 개정전 예규에서는 재건축조합원이 토지를 현물

출자하는 경우 재건축조합의 토지 취득시기는 「도시 및 주거환경정비법」 제35조 제3항에 따른 주택조합설립인가일 또는 출자한 토지의 신탁등기접수일 중 빠른 날이었다(서면법인 2019-1203, 2019.8.1.). 재건축조합에 현물출자한 토지의 취득시기에 대한 기획재정부의 개정해석은 아래와 같다.

(사실관계)

• A법인은 ○○아파트의 재건축사업을 위하여 설립된 법인으로 조합원의 현물출자 토지가액을 신탁등기접수일의 감정평가액으로 보아 2015~2018사업연도 작업진행률에 따라 분양매출원가에 반영하였음.

(질의내용)

• 재건축조합이 조합원의 현물출자로 취득하는 토지의 취득시기

(1안) 조합설립인가일과 신탁등기접수일 중 빠른 날

(2안) 관리처분계획인가일과 신탁등기접수일 중 빠른 날

회신

• 귀 질의의 경우에는 2안이 타당하며, 회신일 이후 관리처분계획이 인가되는 분부터 적용하는 것임(기획재정부재산-1024, 2020.11.24.).

② 종전 부동산의 평가액

현물출자에 따라 취득한 자산의 취득가액은 해당 자산의 시가로 한다(법령 제72조② 제3호 나목).

재건축조합원이 재건축정비사업조합에 토지를 현물출자하는 경우 토지의 취득가액이 불분명한 경우에는 「부동산가격공시 및 감정평가에 관한 법률」에 의한 감정평가법인이 현물출자일을 기준으로 감정평가한 가액으로 하는 것이며, 「법인세법 시행령」 제89조 제2항 제1호 규정에 의한 「부동산가격 공시 및 감정평가에 관한 법률」에 의한 감정평가법인이 감정한 가액은 그 거래당시에 당해 자산의 가액을 감정한 것을 말하는 것이다(서면2팀-2055, 2007.11.9.).

2) 국·공유재산의 무상 귀속 등

「도시 및 주거환경정비법」에는 정비사업을 지원하기 위하여 정비기반시설 및 토지 등의 귀속과 국·공유지의 무상양여 등에 대하여 관련 규정을 두고 있으며, 이와 관련하여 법인세법의 익금의 귀속시기에 대해 기획재정부의 해석이 있다.

① 정비기반시설의 설치 및 귀속

사업시행자가 정비사업의 시행으로 새로 정비기반시설을 설치하거나 기존의 정비기반시설을 대체하는 정비기반시설을 설치한 경우에는 종래의 정비기반시설은 사업시행자에게 무상으로 귀속되고, 새로 설치된 정비기반시설은 그 시설을 관리할 국가 또는 지방자치단체에 무상으로 귀속된다(도정법 제97조).

사업시행자	무상 귀속 또는 양도	
	금액 범위	귀속 또는 양도시기
시장·군수등 또는 토지주택공사등	–	정비사업이 준공인가되어 관리청에 통지를 한 때
시장·군수등 또는 토지주택공사등이 아닌 사업시행자	사업시행자가 새로 설치한 정비기반시설의 설치비용에 상당하는 범위	정비사업이 준공인가되어 관리청에 통지를 한 때

② 국·공유지의 종전 용도 폐지 및 무상양여

아래 표의 어느 하나에 해당하는 구역에서 국가 또는 지방자치단체가 소유하는 토지는 사업시행계획인가의 고시가 있는 날부터 종전의 용도가 폐지된 것으로 보며,「국유재산법」,「공유재산 및 물품 관리법」 및 그 밖에 국·공유지의 관리 및 처분에 관하여 규정한 관계 법령에도 불구하고 해당 사업시행자에게 무상으로 양여된다. 다만, 행정재산과 국가 또는 지방자치단체가 양도계약을 체결하여 정비구역지정 고시일 현재 대금의 일부를 수령한 토지에 대하여는 그러하지 아니하다(도정법 제101조①).

대상 구역	구역 요건	종전의 용도 폐지일
주거환경구역	–	사업시행계획인가고시일
재개발구역	국가 또는 지방자치단체가 도시영세민을 이주시켜 형성된 낙후지역의 재개발구역(무상양여 대상에서 국유지는 제외하고, 공유지는 시장·군수등 또는 토지주택공사등이 단독으로 사업시행자가 되는 경우로 한정함)	사업시행계획인가고시일

③ 익금의 귀속시기에 대한 기획재정부 해석

행정청의 공공시설을 무상으로 취득하는 경우에 익금의 귀속시기에 대해서는 "「도시개발법」제66조 제6항에 따라 지정권자가 준공검사증명서를 내어준 날이 속하는 사업연도"이다는 기획재정부의 관련 법인세법 해석을 적용하고 있다.

- 법인이 무상으로 취득한 자산은 「법인세법」 제15조 제1항 및 같은 법 시행령 제11조 제5호에 따라 익금에 산입되며, 그 귀속시기는 같은 법 제40조 제1항에 따라 그 익금이 확정된 날이 속하는 사업연도임.
- 질의하신 사례의 경우, 「도시개발법」 제11조 제1항 제11호에 따른 도시개발사업의 시행자가 같은 법 제66조 제2항에 따라 용도가 폐지되는 행정청의 공공시설을 무상으로 취득하는 경우 익금의 귀속 사업연도는 「도시개발법」 제66조 제6항에 따라 지정권자가 준공검사증명서를 내어준 날이 속하는 사업연도임(기획재정부법인-229, 2021.4.22.).

  (참고)

  위와 다른 해석(익금의 귀속시기는 기존 공공시설용지의 사용수익일과 소유권이전등기일 중 빠른 날)을 한 사전법령해석법인 2020-203(2020.4.20.)은 삭제됨.

그리고 무상으로 취득하는 공공시설의 준공검사증명서를 내어준 날을 기준으로 한 가액의 평가를 위해서는 이 시점을 기준으로 한 감정평가가 필요할 것으로 보인다.

3) 이주정착금 · 주거이전비 · 이사비

사업시행자는 정비구역에서 정비사업(재건축사업은 천재지변 등 긴급한 경우 공공시행자 또는 지정개발자가 시행하는 사업에 한함)을 시행하기 위하여 「공익사업을 위한 토지 등의 취득 및 보상에 관한 법률」 제3조에 따른 토지 · 물건 또는 그 밖의 권리를 취득하거나 사용할 수 있다(도정법 제63조). 이에 따라 사업시행자가 「공익사업을 위한 토지 등의 취득 및 보상에 관한 법률」에 의한 이주대책의 수립 · 실시로 현금청산자와 세입자에게 보상하는 이주정착금 · 주거이전비 · 이사비는 토지조성 관련 비용에 해당한다.

4) 영업손실보상금

정비사업으로 인하여 영업을 폐지 또는 휴업함에 따른 영업손실에 대해서는 사업시행자가 관련 법령에 따라 보상하여야 하며(도정법 시행령 제54조②, 토지보상법 제77조), 영업손실보상금은 토지조성 관련 비용에 해당한다.

※ 건설용지에 대한 전반적인 내용은 'Chapter 2. 제1절 2. 법인세법상 자산의 취득'을 참고하기 바란다.

(2) 대여금

정비사업을 신속히 진행하기 위하여 정비사업조합은 조합원의 이주 촉진과 대출이자 비용

부담을 경감하고자 조합원에 유상 또는 무상으로 자금을 대여하고 있다. 중도금대출이자에 대해서는 관행상 일반분양자에 대해서도 중도금대출이자 해당액을 무상 지원하는 경우도 있다. 정비사업조합이 조합원에게 대출이자 해당액을 무상 지원하는 경우에는 조합원의 배당소득에 해당하여 세무조정이 필요하다.

1) 이주비대여금

정비사업조합에서 조합원들의 이주 촉진을 위해 조합이 금융권으로부터 직접 차입한 차입금으로 조합원에게 유상 또는 무상으로 대여한다. 무상 이주비대여금에 대해 수익사업분에 대해서는 인정이자 해당액을 익금산입(배당)으로, 비수익사업분에 대해서는 인정이자 해당액을 익금산입(기타)으로 세무조정을 해야 한다.

2) 대출이자대여금

대출이자대여금에는 이주비대출이자대여금과 중도금대출이자대여금이 있다. 이주비대출이자대여금은 조합원이 자신의 종전 부동산을 담보로 금융권으로부터 대출받은 경우에 정비사업조합이 대출이자 해당액을 조합원을 대신하여 대납해 주고 입주시 정산하여 상환받는다. 중도금대출이자대여금은 조합원 또는 일반분양자의 아파트 등 분양에 대한 중도금대출이자에 대해 정비사업조합이 대출이자 해당액을 조합원 또는 일반분양자를 대신하여 대납해 주고 입주시 정산하여 상환받는다. 만약 조합원에게 무상으로 지원하는 중도금대출이자 해당액이라면 위 1)의 경우와 같은 세무조정이 필요하고, 일반분양자에게 사전에 공시하여 무상으로 중도금대출이자 해당액을 지원한 경우라면 판매관리비로 처리가 가능하다.

(3) 차입금

차입금은 정비사업을 추진하기 위해 정비사업조합 또는 추진위원회가 필요한 자금을 정비사업전문관리업자, 시공회사 또는 금융권으로부터 직접 차입하는 자금이다. 추진위원회는 정비사업전문관리업자로부터 운영비, 사무실임차보증금, 회의운영경비 등의 지급을 위해 자금을 차입하며, 정비사업조합은 시공회사로부터는 추진위원회가 차입한 차입금의 상환, 조합운영비 또는 정비사업 추진을 위한 용역비 등에 지출할 목적으로 자금을 차입한다. 또한 정비사업조합은 금융권으로부터 조합원이주비, 국·공유지의 매입, 현금청산대상자 지급, 사업비 등을 목적으로 시공회사의 보증을 받아 자금을 차입한다. 정비사업조합이 조합원이주비 지원을 목적으로 차입한 자금의 차입금이자를 조합원이 부담하지 않은 경우에는 수익사업분에

대한 차입금이자 해당액은 손금불산입(배당)으로, 비수익사업분에 대한 차입금이자 해당액은
손금불산입(기타)으로 세무조정을 하여야 한다.

iii. 손익의 주요 항목과 세무조정

정비사업조합의 법인세용 재무제표 작성을 위한 손익의 주요 항목에 대해 「서울특별시
정비사업조합 회계처리규정 세칙」을 반영하여 서술한다.

(1) 분양금수익과 분양원가

분양금수익에는 일반분양금수익, 조합원분양금수익, 상가분양금수익으로 구성된다. 일반분양금
수익은 조합과 조합원 외의 자와의 분양계약에 따른 분양수익을 말하며, 조합원분양금 수익은
조합과 조합원 간의 분양계약에 따른 분양수익을 말한다. 상가분양금수익은 조합이 상가
분양사업을 수행할 때 발생하는 분양수익을 말한다(서울특별시 정비사업조합 회계처리규정 세칙
제15조①).

분양금수익은 진행기준 등 법인세법상의 수익인식기준에 따라 수익을 인식하며, 분양원가는
분양금수익에 대응하여 발생된 금액이다.

1) 진행기준 분양손익의 인식

정비사업조합이 분양손익을 공사진행률기준에 의해 인식하는 경우에 "Chapter 3. Ⅱ. 제2절
9. 손익의 귀속사업연도"에서 설명한 일반 부동산개발 법인의 분양손익 인식방법을 기준으로
하여 정비사업조합의 조합원분과 일반분양분의 분양손익을 구분하여 적용하면 된다. 일반
부동산개발 법인의 분양손익 인식방법을 요약하고 정비사업조합의 분양손익 계산방법을
설명한다.

① 일반적인 진행기준 손익계산

㉮ 작업진행률

$$작업진행률 = \frac{해당\ 사업연도말까지\ 발생한\ 총공사비누적액}{총공사예정비}$$

㈏ 익 금

각 사업연도의 익금 = 계약금액 × 작업 진행률 − 직전 사업연도말까지 익금에 산입한 금액

㈐ 손 금

당해 사업연도에 발생된 총비용

㈑ 미분양 상가 등이 있는 경우(서이 46012-11441, 2003.8.1.)

− 익금(분양수익) : 총분양예정가액 × 작업진행률 × 분양계약률 − 전기말 누적분양수익
− 손금(분양원가) : 누적실제발생비용 × 분양계약률 − 전기말 누적분양원가

* 분양계약률은 분양가액기준으로 계산할 수 있다(유사 해석 : 서이 46012-11875, 2003.10.27.).

② 정비사업조합의 진행기준 분양손익 계산

㈎ 진행기준 분양손익

「서울특별시 정비사업조합 회계처리규정 세칙」에서는 정비사업조합의 조합원 분양금수익도 운영계산서의 수익으로 인식한다. 이 경우 정비사업조합의 조합원분 분양은 100% 완료된 것으로 보아 분양계약률을 적용한다. 일반분양분 분양에서 미분양이 발생한 경우에는 분양가액기준에 의한 분양계약률을 진행기준 분양수익의 계산에 추가하여 적용해야 한다. 건설용지는 진행률 산정에는 포함하지 아니하고 건축 공사부분 진행률을 그대로 적용하여 손금 계상한다. 또한 임대주택을 국가나 지방자치단체 등에 일괄 양도하는 경우 계약의 체결 등 수익의 인식요건이 충족되는 시점에 해당 분양계약이 100% 이루어진 것으로 보고 임대주택의 분양수익도 별도로 인식하여야 한다.

(조합원분)

• 익금(분양수익) : 조합원분 총분양가액 × 작업진행률 − 전기말 누적분양수익(조합원분)
• 손금(분양원가) : 누적실제발생비용(조합원분, 일반분양분) × 조합원분 분양면적비율
　　　　　　　　　 − 전기말 누적분양원가(조합원분)

(일반분양분)

> • 익금(분양수익) : 일반분양분 총분양가액 × 작업진행률 × 분양계약률(일반분양분) -
>   전기말 누적분양수익(일반분양분)
> • 손금(분양원가) : 누적실제발생비용(조합원분, 일반분양분) × 일반분양분 분양면적비
>   율 × 분양계약률(일반분양분) - 전기말 누적분양원가(일반분양분)

㈏ 조합원분 분양손익의 세무조정

서울특별시 정비사업조합의 조합원분 분양수익과 분양원가는 비수익사업에 해당하므로 익금불산입(기타), 손금불산입(기타) 세무조정을 해야 한다. 이 경우 「서울특별시 정비사업조합 회계처리규정 세칙」 제16조에 따라 조합원 종전재산평가액과 조합원 분양선수금의 관계 법령에 의한 차이를 자본조정으로 손금불산입(유보) 처리한 금액이 있다면 조합원 분양금수익을 계상할 때 반대 세무조정으로 손금산입(△유보) 처리해야 할 사항이 발생하게 된다. 이에 대한 세무조정 반영은 위 산식에 따라 조합원분 분양수익으로 계산된 세무조정사항인 익금불산입(기타)금액에서 반대 세무조정사항인 손금산입(△유보)금액을 차감하고[익금불산입(기타)금액 - 손금산입(△유보)금액], 그 잔액을 익금불산입(기타)으로 처리하면 될 것이다.

2) 인도기준 분양손익의 인식

정비사업조합이 한국채택국제회계기준(K-IFRS)을 적용하여 그 목적물의 인도일이 속하는 사업연도의 수익과 비용으로 계상한 경우에는 법인세법에 따라 손익인식에 대해 인도기준 적용이 허용된다.

■ 정비사업조합 관련 해석·판단사례

■ 한국채택국제회계기준(K-IFRS)을 적용하지 않는 아파트 재개발조합의 일반분양 손익인식

> **해석**
>
> • 법인인 주택재개발조합이 아파트를 일반분양함에 있어 분양계약기간(법인세법 시행령 제69조 제2항에 규정된 계약기간으로서 그 목적물의 건설 등의 착수일부터 인도일까지의 기간을 말함)이 1년 이상인 경우에는 법인세법 시행령 제69조 제2항의 규정에 의한 작업진행률을 기준으로 하여 계산한 수익과 비용을 각각 해당사업연도의 익금과 손금에 산입함(서면법인 2017-2387, 2017.11.14).

■ 법인 예약매출에 대한 시공회사의 진행률 적용과 시행사가 직접 부담한 공사 관련 비용 반영

해석

• 법인이 「법인세법 시행령」 제69조 제2항의 규정에 의하여 아파트 등의 예약매출로 인한 손익의 귀속사업연도를 산정함에 있어서 건설공사를 시공사에게 일괄도급을 준 경우(지분제 방식 포함)에는 시공사 등의 작업진행률(「법인세법 시행규칙」 제34조)에 의하여 수입금액을 계산할 수 있는 것이나, 시행사가 직접 부담하는 공사 관련 비용이 있는 경우에는 서면2팀－1708 (2005.10.24.)〈아래 해석〉을 참조하시기 바라며, 다만, 당해 작업진행률을 계산할 수 없는 경우에는 그 목적물의 인도일이 속하는 사업연도의 익금과 손금에 각각 산입하는 것임(서면2팀－1521, 2007.8.13.).

• 시공회사와의 도급계약에 의하여 상가를 신축 분양하는 법인(시행회사)이 동 상가의 예약매출에 따른 법인세법 시행령 제69조 제2항 및 법인세법 시행규칙 제34조 제1항의 규정에 의한 작업진행률을 계산함에 있어 "총공사예정비" 및 "당해 사업연도말까지 발생한 총공사비누적액"은 건설 등의 계약당시에 추정한 당해 법인이 공사원가에 당해 사업연도말까지의 변동상황을 반영하여 합리적으로 공사비용의 누적액(총공사예정비) 및 동 원가 중 사업연도별로 실제 발생한 공사비용의 누적액(총공사비누적액)을 각각 의미하는 것으로, 동 공사원가에는 시행회사가 직접 부담하는 공사관련 보험료, 설계비 및 기술지원비와 시공회사에 대한 도급공사비 등의 원가를 포함하는 것임(서면2팀－1708, 2005.10.24.).

■ 정비사업조합의 일반분양수입과 조합원분양수입에 대한 공사원가의 분양면적기준 배분

판례

• 재건축아파트의 분양가액은 통상 일반분양분 아파트의 경우에는 사전에 감독관청의 승인을 얻어 적정하게 산정되는 반면, 조합원분양분 아파트의 경우에는 조합원들의 의결을 거쳐 비교적 낮게 산정되는 사정이 있어 그 공통손금을 일률적으로 재건축아파트의 분양가액에 비례하여 안분계산하는 것은 합리적인 계산방법이라 할 수 없으므로, 피고가 일반 분양분 아파트와 조합원 분양분 아파트의 공통손금을 그 분양가액이 아닌 분양면적에 비례하여 안분계산하였다고 하여 이를 위법하다고 할 수는 없음(대법 2008두17479, 2011.7.14.).

해석

• 정비사업조합이 일반분양수입(수익사업)과 조합원분양수입(비수익사업)에 대한 공사원가 배분을 「법인세법 시행규칙」 제76조 제6항 단서 규정에 의하여 면적비율로 구분 계산함에 있어 조합원분양(비수익사업) 면적과 일반분양(수익사업) 면적이 수시로 변동되는 경우 각 사업연도말 현재 일반분양면적비율에 의하여 법인세 신고를 한 후 일반분양면적이 최종 확정되

는 날이 속하는 사업연도의 법인세신고시 이전 각 사업연도의 배분원가를 정산하여 신고하는 것임(서면2팀－1693, 2006.9.7.).

■ **기부채납대상 토지의 취득가액 및 기반시설조성 부담금을 작업진행률에 반영하는지 및 귀속시기**

해석

(질의내용)

(질의1) 기부채납대상 토지의 취득가액 및 기반시설 조성 부담금을 작업진행률 계산시 반영하는지 여부

(질의2) 토지의 취득가액 및 기반시설 조성 부담금을 작업진행률 계산시 반영하지 않는 경우 해당 비용의 손금귀속시기

회신

(질의1) 도시개발사업의 시행사인 내국법인이 기부채납대상 기반시설 등에 이용될 토지를 취득하기 위해 지출한 금액 및 지방자치단체에 납부한 기반시설조성 부담금은 작업진행률 계산시 산입하지 아니하는 것임.

(질의2) 토지의 취득가액 및 기반시설 조성 부담금은 해당 비용을 제외하고 계산한 작업진행률에 따라 안분하여 손금에 산입하는 것임(사전법령해석법인 2020－490, 2020.10.8.).

■ **작업진행률을 계산할 수 없다고 인정되는 경우, 한국채택국제회계기준(K - IFRS)을 적용하는 법인이 수행하는 예약매출의 경우 손익인식기준**

해석

• 법인의 용역 제공으로 인한 익금과 손금은 그 용역 등을 착수한 날이 속하는 사업연도부터 완료한 날이 속하는 사업연도까지 「법인세법 시행규칙」 제34조에 따른 작업진행률을 기준으로 하여 계산한 수익과 비용을 해당 사업연도의 익금과 손금으로 산입하는 것이나, 「법인세법 시행령」 제69조 제2항(작업진행률을 계산할 수 없다고 인정되는 경우, 한국채택국제회계기준을 적용하는 법인이 수행하는 예약매출의 경우)에 해당하는 경우 그 용역의 제공을 완료한 날이 속하는 사업연도의 익금과 손금에 산입하는 것임(법인－1459, 2016.6.10.).

■ 재건축조합의 손익인식기준(진행기준, 인도기준) 변경으로 경정청구 가능 여부

- 법인인 재건축조합이 아파트를 일반 분양함에 있어 분양계약기간(법인세법 시행령 제69조 제2항에 규정된 계약기간으로서 그 목적물의 건설 등의 착수일부터 인도일까지의 기간을 말함)이 1년 이상인 경우에는 법인세법 시행령 제69조 제2항의 규정에 의한 작업진행률을 기준으로 하여 계산한 수익과 비용을 각각 해당 사업연도의 익금과 손금에 산입하는 것이며, 아파트 신축판매손익에 대해 '진행기준'과 '인도기준' 중 하나를 선택한 경우 계속 적용해야 하고 세무조정에 의해 다른 방법을 적용할 수 없는 것임(서면2팀-2178, 2005.12.27.).

※ 분양손익계산에 관한 추가적인 내용은 'Chapter 3. Ⅱ. 제2절 9. 손익의 귀속사업연도'를 참고하기 바란다.

(2) 조합운영비

조합운영비는 조합 임직원의 급여, 상여금 등 지급, 사무실 임차료 등 정비사업조합을 운영하기 비용, 일반분양을 위한 광고선전비, 분양보증료 등으로 일반 부동산개발 법인의 판매비와관리비 항목과 거의 같다.

(3) 영업외 수익과 영업외 비용

1) 이자수익

이자수익은 정비사업조합의 운영자금 또는 분양수익금을 금융권에 예금 등을 하여 발생하게 된다. 비영리내국법인인 정비사업조합의 이자소득은 비수익사업에서 발생했다 하더라도 수익사업에서 발생한 이자수익과 마찬가지로 정비사업조합의 각 사업연도의 소득에 해당한다(법법 제4조③).

2) 이자비용

정비사업조합의 이자비용은 금융권, 시공회사 등으로부터 조합의 운영비, 사업구역 내의 토지 등의 매입대금 등을 위하여 차입한 자금에 대한 지급하여야 할 이자 해당액이다. 「서울특별시 정비사업 조합 등 예산·회계규정」 사업비예산서 양식의 금융비용은 법인세용 손익계산서에 영업외비용(이자비용)으로 수정하여 계상해야 한다.

한편, 이자비용 중 비수익사업에 관련된 비용과 조합원에게 이주비를 지원하고 정비사업

조합이 조합원을 대신하여 부담하는 이자비용은 손금불산입 세무조정을 하여야 한다.

iv. 공사원가의 주요 항목과 세무조정

정비사업조합의 법인세용 재무제표 작성을 위한 공사원가의 주요 항목에 대해 「서울특별시 정비사업조합 회계처리규정 세칙」을 반영하여 서술한다.

(1) 건설용지

공사원가명세서 양식상 건설용지를 당기 공사원가로 해당액을 표시하기 위한 계산구조는 '기초용지재고액 + 당기용지매입액 − 기말용지재고액'으로 되어 있다. 이 계산구조에 따라 건설용지의 당기 공사원가 배분액을 계산하려면, 기말용지재고액을 정확히 파악해서 적용해야 한다. 진행기준을 적용하는 경우 착공 이후 건설용지의 당기 공사원가 배분액은 건설용지 총액에 공사진행률을 적용하고 전기까지 건설용지 배분액 누계를 차감하여 구한다.

> 당기 공사원가(건설용지) = 건설용지 총액 × 공사진행률 − 전기까지 건설용지 배분액 누계

(2) 외주공사비

정비사업조합이 시공회사와 도급공사 계약을 할 때 공사도급금액에 기존 건축물의 철거공사에 관한 사항을 포함해야 한다(도정법 제29조⑨). 철거공사비는 토지관련 비용이므로 공사도급금액에서 차감하여 건설용지로 계상해야 하며, 또한 공사진행률을 계산할 때에도 공사원가에서 철거공사비는 차감한다.

그리고 공사원가명세서에 표시되어야 할 외주공사비는 당기 해당분이어야 하므로 '도급공사 총금액 × 기성률 − 전기까지 외주공사비 계산 누계액'의 산식에 따라 산출된 금액이 된다. 시공회사에서 정비사업조합에 실제 청구하여 외주공사비 계정에 기록된 금액이 이 산식에 의한 금액이 아닌 경우 이 금액이 되도록 회계처리를 해야 한다.

> 당기 외주공사비 = 도급공사 총금액 × 기성률 − 전기까지 외주공사비 계산 누계액

(3) 용역비

정비사업조합의 용역비는 건축설계비, 감리비, 정비사업전문관리용역비 등이 사업비로서 공사원가를 구성한다.

(4) 부담금

법률에 근거하여 의무적으로 부담해야 하는 부담금에는 광역교통시설부담금, 과밀부담금, 상·하수도설치원인자부담금, 지역냉난방부담금, 학교용지부담금 등이 있으며, 이에 대한 내용은 Chapter 4. 제4절 마지막에 보론을 참고하기 바란다. 각종 부담금은 작업진행률을 계산할 때에는 산입하지 아니하나 공사원가에는 포함하여 작업진행률에 따라 안분계산한다. 즉, 건설용지의 공사원가 인식방법과 같다.

■ 정비사업조합 관련 해석·판단사례

■ 학교용지 부담금의 손금 귀속시기

> **해석**
>
> - 주택신축판매업을 영위하는 내국법인이 「학교용지 확보 등에 관한 특례법」 제5조 제1항에 따라 지방자치단체로부터 학교용지 부담금을 부과 받아 납부하고 그 고지일이 속하는 사업연도에 손금산입하였으나, 관할 교육청과 학교건물 무상공급에 관한 협약을 체결하고 당초 납부한 학교용지 부담금을 환급받아 학교건물을 신축하여 공유재산으로 무상 공급하는 경우 학교건물 신축비용 중 학교용지 부담금 상당액은 당초 고지일, 학교용지 부담금 초과지출액은 학교건물의 무상공급일이 속하는 사업연도에 각각 손금산입하는 것임(서면법인 2019-3362, 2020.5.26.).

■ 차입금 대출과정에서 지출한 수수료 등의 세무처리

> **해석**
>
> - 부동산 개발 및 공급업을 영위하는 내국법인이 재고자산인 건축물의 신축 등에 소요되는 자금의 차입과 관련하여 지출하는 대출수수료 등은 당해 비용의 지출이 확정된 날이 속하는 사업연도의 손금으로 하는 것임. 다만, 법인에게 귀속되는 모든 비용은 일반적으로 공정·타당하다고 인정되는 기업회계기준에 준거하여 판매비와 일반관리비, 건설원가 등으로 구분하여 경리하여야 하는 것으로 귀 질의의 사업평가 비용, 부동산 신탁등기 등의 수수료가 판매비와

v. 기타 사항

(1) 구분경리

1) 비영리법인의 구분경리

비영리법인이 수익사업을 하는 경우에는 자산·부채 및 손익을 그 수익사업에 속하는 것과
수익사업이 아닌 그 밖의 사업에 속하는 것을 각각 다른 회계로 구분하여 기록하여야 한다(법법
제113조①).

① 비영리법인이 구분경리하는 경우 수익사업과 기타의 사업에 공통되는 자산과 부채는
　　이를 수익사업에 속하는 것으로 한다(법칙 제76조①).

② 비영리법인이 구분경리를 하는 경우에는 수익사업의 자산의 합계액에서 부채(충당금을
　　포함한다)의 합계액을 공제한 금액을 수익사업의 자본금으로 한다(법칙 제76조②).

③ 비영리법인이 기타의 사업에 속하는 자산을 수익사업에 지출 또는 전입한 경우 그
　　자산가액은 자본의 원입으로 경리한다. 이 경우 자산가액은 시가에 의한다(법칙 제76조③).

④ 비영리법인이 수익사업에 속하는 자산을 기타의 사업에 지출한 경우 그 자산가액 중
　　수익사업의 소득금액(잉여금을 포함한다)을 초과하는 금액은 자본원입액의 반환으로
　　한다. 이 경우 「조세특례제한법」 제74조 제1항 제1호(학교법인 등)의 규정을 적용받는
　　법인이 수익사업회계에 속하는 자산을 비영리사업회계에 전입한 경우에는 이를 비영리
　　사업에 지출한 것으로 한다(법칙 제76조④).

⑤ 비영리법인이 수익사업과 기타의 사업의 손익을 구분경리하는 경우 공통되는 익금과
　　손금은 다음에 따라 구분계산하여야 한다. 다만, 공통익금 또는 손금의 구분계산에 있어서
　　개별손금(공통손금외의 손금의 합계액을 말한다)이 없는 경우나 기타의 사유로 다음의
　　규정을 적용할 수 없거나 적용하는 것이 불합리한 경우에는 공통익금의 수입항목 또는
　　공통손금의 비용항목에 따라 국세청장이 정하는 작업시간·사용시간·사용면적 등의
　　기준에 따라 안분계산한다(법칙 제76조⑥).

　　㈀ 수익사업과 기타의 사업의 공통익금은 수익사업과 기타의 사업의 수입금액 또는
　　　　매출액에 비례하여 안분계산

㉡ 수익사업과 기타의 사업의 업종이 동일한 경우의 공통손금은 수익사업과 기타의 사업의 수입금액 또는 매출액에 비례하여 안분계산

㉢ 수익사업과 기타의 사업의 업종이 다른 경우의 공통손금은 수익사업과 기타의 사업의 개별 손금액에 비례하여 안분계산

> **비영리내국법인의 급여액 등의 구분계산**
>
> 수익사업과 비영리사업을 겸영하는 경우 종업원에 대한 급여상당액(복리후생비, 퇴직금 및 퇴직급여충당금전입액을 포함한다)은 근로의 제공내용을 기준으로 구분한다. 이 경우 근로의 제공이 주로 수익사업에 관련된 것인 때에는 이를 수익사업의 비용으로 하고 근로의 제공이 주로 비영리사업에 관련된 것인 때에는 이를 비영리사업에 속한 비용으로 한다 (집행기준 113-156-2).

2) 정비사업조합의 구분경리

① 자산과 부채

수익사업이 있는 비영리법인이 구분경리하는 경우 수익사업과 수익사업이 아닌 기타의 사업(이하 "기타의 사업"이라 한다)에 공통되는 자산과 부채는 이를 수익사업에 속하는 것으로 하며, 수익사업의 자산의 합계액에서 부채(충당금을 포함한다)의 합계액을 공제한 금액을 수익사업의 자본금으로 한다.

정비사업조합은 자산과 부채를 수익사업과 기타의 사업으로 구분하기가 어려우므로 위의 비영리법인의 구분경리기준에 따라 공통되는 자산과 부채는 이를 수익사업에 속하는 것으로 한다.

② 공통손금의 구분기준

비영리법인의 공통익금 또는 손금의 구분계산에 있어서 개별손금(공통손금 외의 손금의 합계액을 말한다)이 없는 경우나 기타의 사유로 수입금액 또는 개별손금에 비례한 안분계산기준을 적용할 수 없거나 적용하는 것이 불합리한 경우에는 공통익금의 수입항목 또는 공통손금의 비용항목에 따라 국세청장이 정하는 작업시간ㆍ사용시간ㆍ사용면적 등의 기준에 따라 안분계산한다.

재건축아파트의 분양가액은 통상 일반분양분 아파트의 경우에는 사전에 감독관청의 승인을 얻어 적정하게 산정되는 반면, 조합원분양분 아파트의 경우에는 조합원들의 의결을 거쳐

비교적 낮게 산정되는 사정이 있어 그 공통손금을 일률적으로 재건축아파트의 분양가액에 비례하여 안분계산하는 것은 합리적인 계산방법이라 할 수 없으므로, 피고가 일반분양분 아파트와 조합원분양분 아파트의 공통손금을 그 분양가액이 아닌 분양면적에 비례하여 안분계산하였다고 하여 이를 위법하다고 할 수는 없다(대법 2008두17479, 2011.7.14.).

정비사업조합이 일반분양수입(수익사업)과 조합원분양수입(비수익사업)에 대한 공사원가 배분을 「법인세법 시행규칙」 제76조 제6항 단서 규정에 의하여 면적비율로 구분계산 함에 있어 조합원분양(비수익사업) 면적과 일반분양(수익사업) 면적이 수시로 변동되는 경우 각 사업연도 말 현재 일반분양면적비율에 의하여 법인세 신고를 한 후 일반분양면적이 최종 확정되는 날이 속하는 사업연도의 법인세신고시 이전 각 사업연도의 배분원가를 정산하여 신고하는 것이다(서면2팀-1693, 2006.9.7.).

(2) 주식등변동상황명세서

사업연도 중에 주식등의 변동사항이 있는 법인은 제60조(과세표준 등의 신고)에 따른 신고기한[납세의무가 있는 내국법인은 각 사업연도의 종료일이 속하는 달의 말일부터 3개월(성실신고확인서를 제출하는 경우에는 4개월) 이내]까지 주식등변동상황명세서를 납세지 관할 세무서장에게 제출하여야 한다(법법 제119조①).

그러나 「도시 및 주거환경정비법」 제38조에 따른 정비사업조합은 주식등 변동상황명세서의 제출 대상법인에서 제외된다(법령 제161조① 제5호). 이 개정 규정은 2021년 1월 1일 이후 개시하는 사업연도분부터 적용한다.

(3) 중소기업기준과 이월결손금 공제

정비사업조합의 업종은 '주거용 건물 개발 및 공급업'과 비주거용 건물 개발 및 공급업'이므로 소비성서비스업에 해당하지 않는다. 정비사업조합이 「조세특례제한법 시행령」 제2조의 중소기업의 범위에 해당하는 기간 동안은 중소기업으로 본다. 중소기업의 범위와 이월결손금 공제에 대해서는 'Chapter 8. 3. 법인세의 세부담 최소화'를 참고하기 바란다.

(4) 지분제 계약방식

1) 특 징

정비사업조합과 시공회사 간에 공사계약을 체결하는 방식 중 지분제 계약방식은 시공회사가 정비사업 전체 공사를 하고 공사대금을 조합의 일반분양 아파트, 상가 등을 매각한 금액으로 충당하는 대물변제방식의 계약형태이다. 공사대금이 일반분양 아파트, 상가 등의 예상 매각대금과 실제 매각대금이 미분양 발생으로 달라지는 경우에는 예상 매각대금으로 공사비를 계상한 후 실제 분양이 이루어지면 최종 확정된 매각대금으로 수정해야 한다.

2) 법인세의 과세소득 계상

지분제 계약방식은 정비사업의 분양이 조합원분양분과 일반분양분으로 이루어진 경우에 가능하다. 정비사업조합의 법인세는 일반분양분에 대해서만 과세되므로 일반분양 수익에 대응하는 지분제계약에 따른 공사원가를 합리적으로 산정해야 한다.

정비사업조합이 시공회사와의 지분제 공사계약에서 공사도급금액을 [공사도급금액 = 조합원분담금 + 일반분양대금 − 조합의 사업경비]로 정했다면, 일반분양 공사도급금액상당액의 산정 과정은 아래와 같은 계산방식으로 할 수 있다.

> • 공사비 계약단가(면적단위 당) = (조합원분담금 + 일반분양대금 − 조합의 사업경비)
>   ÷ 건축 전체연면적
> • 일반분양 공사도급금액상당액 = 일반분양 건축연면적 × 공사비 계약단가(면적단위 당)

일반분양수입에 대응하는 분양원가는 위의 일반분양 공사도급금액상당액과 일반분양 토지지분상당액의 합계액이 된다.

■ 정비사업조합 관련 해석 · 판단사례

■ 지분제 형태 공사계약에 있어 할인분양으로 감소한 시공회사 수입금액의 손금귀속시기

해석

(질의내용)

• 건설사(시공사)가 정비조합과 지분제 계약*을 맺어 사업을 진행하였으나, 해당 건설용역이 완료된 후 건설경기 침체로 부득이 미분양 부동산을 할인분양함에 따라 당초 계상한 분양수입금액이 감소하여 손실이 발생하는 경우에 해당 미분양 부동산이 분양(매각)된 시점을 그 손실가액이 확정된 시점으로 보아 건설사의 손금으로 계상할 수 있는지 여부

* 지분제계약 : 조합은 분양가 변동에 상관없이 확정된 분담금을 부담하며 사업에 따른 위험이나 초과 이익은 건설사에 귀속되어 분양에 대한 책임도 건설사가 부담하는 계약

- 건설업을 영위하는 법인(이하 "시공사"라 함)이 재건축조합(이하 "조합"이라 함)과 지분제계약을 맺어 건설용역을 제공한 경우로서 시공사가 해당 건설용역이 완료된 시점에 당초 분양예정 가액으로 수입금액을 산정하였으나, 그 후 미분양주택의 할인분양에 따라 발생하는 당초 계상한 수입금액과 실제 수입금액의 차액이 조합과 별도 정산절차 없이 시공사의 손실로 귀속되는 경우, 그 차액에 상당하는 금액은 실제 분양일이 속하는 사업연도의 손금으로 계상하는 것임. 다만, 귀 질의의 경우가 이에 해당하는지는 당초 계약 조건, 미분양주택에 대한 권리·의무의 귀속 및 분양대금 정산절차 존재 여부 등을 종합적으로 고려하여 사실판단할 사항임(서면법령해석법인 2014-21636, 2015.2.11.).

■ 지분제 계약방식의 정비사업시 예약매출의 진행률 적용방법

- 귀 질의의 경우, 법인이 「법인세법 시행령」 제69조 제2항의 규정에 의하여 아파트 등의 예약매출로 인한 손익의 귀속사업연도를 산정함에 있어서 건설공사를 시공사에게 일괄도급을 준 경우(지분제 방식 포함)에는 시공사 등의 작업진행률(「법인세법 시행규칙」 제34조)에 의하여 수입금액을 계산할 수 있는 것이나, 시행사가 직접 부담하는 공사 관련 비용이 있는 경우에는 서면2팀 -1708(2005.10.24.)을 참조하시기 바라며, 다만, 당해 작업진행률을 계산할 수 없는 경우에는 그 목적물의 인도일이 속하는 사업연도의 익금과 손금에 각각 산입하는 것임(서면2팀-1521, 2007.8.13.).

(예약매출시 작업진행률 계산방법)

- 귀 문의의 경우, 시공회사와의 도급계약에 의하여 상가를 신축 분양하는 법인(시행회사)이 동 상가의 예약매출에 따른 법인세법 시행령 제69조 제2항 및 법인세법 시행규칙 제34조 제1항의 규정에 의한 작업진행률을 계산함에 있어 "총공사예정비" 및 "당해 사업연도말까지 발생한 총공사비누적액"은 건설 등의 계약당시에 추정한 당해 법인이 공사원가에 당해 사업연도말까지의 변동상황을 반영하여 합리적으로 공사비용의 누적액(총공사예정비) 및 동 원가 중 사업연도별로 실제 발생한 공사비용의 누적액(총공사비누적액)을 각각 의미하는 것으로, 동 공사원가에는 시행회사가 직접 부담하는 공사관련 보험료, 설계비 및 기술지원비와 시공회사에 대한 도급공사비 등의 원가를 포함하는 것임(서면2팀-1708, 2005.10.24.).

■ 정비사업조합과 시공회사 간 지분제 계약방식에서 조합의 법인세와 조합원의 배당소득 해당
여부

- 법인세법 제41조 제1항 제3호, 제2항, 구 법인세법 시행령(2008.2.29. 대통령령 제20720호로 개정되기 전의 것) 제72조 제1항 제3호는 현물출자에 의하여 취득한 자산의 취득가액은 장부에 계상한 출자가액 또는 승계가액으로 하되, 그 가액이 시가를 초과하는 경우에는 그 초과금액을 제외한다고 규정하고 있음.

- 원심은 채용 증거를 종합하여 그 판시와 같은 사실을 인정한 다음, 재건축조합인 원고가 조합원들로부터 출자받은 이 사건 토지의 취득가액으로 장부에 계상한 가액은 2개 감정평가법인의 감정평가액의 평균액으로서 법인세법상 시가의 범위 내에 있으므로, 원고가 일반분양과 관련하여 그 분양대금 등에서 위 장부가액 중 일반분양분 토지 지분에 해당하는 가액과 공사비 등을 공제하여 소득금액을 산출한 후 2004 사업연도 법인세를 신고한 것은 적법하고, 나아가 원고가 지분제 공사계약 방식을 선택함으로써 일반분양대금 전부를 공사비로 지출하여 일반분양과 관련하여 소득이 없는 것처럼 보인다 할지라도 조합원분 아파트를 포함하여 보면 일반분양과 관련하여 발생한 소득만큼 원고의 조합원들이 부담하여야 할 공사비가 경감되는 방식으로 원고의 소득이 원고의 조합원들에게 분배되었으므로 일반분양과 관련하여 원고에게 실질적인 이익이 발생하지 않았다고 볼 수 없다는 이유로, 원고의 법인세 경정청구를 거부한 피고의 이 사건 처분이 실질과세의 원칙 등에 위반된다는 원고의 주장을 배척하였음.

- 앞서 본 규정과 기록 등에 비추어 살펴보면, 원고에게 일반분양과 관련하여 그 분양대금 등에서 일반분양분 토지 지분의 장부가액과 공사비 등을 공제한 금액 상당의 소득이 발생하였고, 그 소득은 원고가 조합원들에게 그 취득원가가 그들의 출자가액을 초과하는 아파트를 분양하는 과정을 통하여 분배되었다고 봄이 상당하므로, 원심판단은 그 이유설시에 다소 미흡한 점이 있기는 하나 그 결론은 정당한 것으로 수긍할 수 있고, 거기에 상고이유에서 주장하는 실질과세의 원칙이나 재건축조합에 있어서의 소득금액계산에 관한 법리 등을 오해하여 판결에 영향을 미친 위법이 없음.

- 그러므로 상고를 기각하고, 상고비용은 패소자가 부담하도록 하여 관여 법관의 일치된 의견으로 주문과 같이 판결한다(대법 2007두25404, 2010.6.10.).

(5) 청산소득

정비사업조합은 조세특례제한법 제104조의7 제2항에 따라 비영리내국법인으로 본다. 비영리내국법인의 청산소득에 대해서는 법인세 부과대상이 아니다(법법 제4조①).

(6) 원천징수

정비사업조합의 원천세 실무는 일반 부동산개발 법인에 비해 차입금이자와 배당에 대한 원천징수 업무가 특히 중요하다.

1) 차입금이자

정비사업조합은 추진위단계부터 운영비 조달, 용역비용 지급 등에 필요한 자금을 정비사업 전문관리업자, 시공회사 또는 금융권으로부터 차입하게 된다. 금융권 이외의 자로부터의 차입금은 그 이자를 지급할 때에 지급하는 자가 비영업대금의 이익에 대한 원천징수세율(이자소득의 25%와 지방소득세 2.5%)을 적용하여 원천징수하고 다음달 10일까지 신고·납부하여야 한다. 금융권으로부터의 차입금에 대한 이자에 대해서는 원천징수의무가 없다.

2) 배 당

정비사업조합이 조합의 수익사업에서 발생한 이익을 조합원에게 분배한 경우에는 배당소득에 해당하며, 조합은 배당소득에 원천징수세율(배당소득의 14%와 지방소득세 1.4%)을 적용하여 원천징수하고 다음달 10일까지 신고·납부하여야 한다.

6 조합원의 배당소득

(1) 조합원분 건축비의 일부에 충당된 금액 상당액

정비사업은 조합원 아파트 등 분양 외에 일반분양 아파트 또는 상가 등으로 구성되며, 일반분양분의 이익으로 조합원분의 건축공사비 일부를 충당하게 되고 그 충당된 금액 상당액은 조합원들에게 분배된 배당소득에 해당한다. 조합원분양가는 통상 일반분양가보다 낮게 책정하는 방식으로 일반분양분의 이익이 조합원에게 이전하게 된다. 그리고 건축공사비 일부에 충당된 금액에 대한 배당소득의 수입시기는 건물의 완성시점(준공검사일)로 볼 수 있다. 이 시점에 조합회계의 결산이 이루어지지 아니함으로 인하여 배당소득상당액의 계산과 원천세액의 징수 및 납부에 대한 문제가 발생한다. 이에 대한 세무업무에 실무적으로 어려움이 있겠으나 사전에 대비하여 세법 규정에 맞게 처리하여야 원천징수시기 경과로 인한 가산세 부과를 피할 수 있을 것이다. 조합원분의 건축공사비에 충당된 금액의 계산은 아래의 방식을 참고할 수 있다.

조합원분의 건축공사비에 충당된 금액 = 일반분양분의 분양대금 등 − (일반분양분 토지
지분의 장부가액 + 공사비 등)

■ 정비사업조합 관련 해석 · 판단사례

■ 일반분양 소득의 조합원 건축비로 충당된 금액 상당액

해석

- 주택재개발정비사업조합이 주택재개발정비사업을 시행하면서 일반분양(수익사업)으로 얻은 소득이 조합원분양분 주택 및 상가(비수익사업) 건축경비로 충당된 경우, 그 충당된 금액 상당액은 조합원(조합원 지위를 승계한 조합원 포함)들에게 배분된 「소득세법」 제17조의 배당소득인 것임(기준법령해석소득 2016-71, 2016.9.19.).

■ 재건축사업으로 인한 소득의 귀속 여부

판례

- 원심은, 원고가 조합원들로부터 대지와 주택 등을 출자받아 이 사건 재건축아파트 1개동 78세대를 건축하여 조합원들에게 44세대를 분양하고, 나머지 34세대는 일반분양하여 그로 인한 수입금을 조합원들에게 지분비율에 따라 배분하되 각 조합원이 납부할 건축비에 충당한 사실 등을 인정한 다음, 일반분양으로 인하여 원고가 얻은 소득이 원고 조합원들이 부담할 건축비에 충당된 이상 그 소득은 모두 원고에게 귀속되었다가 원고의 조합원들에게 분배된 것으로 봄이 상당하므로, 위 일반분양으로 인하여 원고가 2001 내지 2002 사업연도에 얻은 소득은 비영리내국법인의 사업소득으로서 법인세 부과대상이 된다고 판단하였음.
- 원심이 인정한 사실을 앞서 본 규정에 비추어 살펴보면, 이 사건 재건축아파트의 일반분양과 관련하여 그 분양대금 등에서 취득원가에 해당하는 일반분양분 토지 지분의 장부가액과 공사비 등을 공제한 금액 상당의 소득이 원고에게 발생하였고, 그 소득은 원고가 조합원들에게 그들의 출자가액을 초과하는 아파트를 분양함으로써 분배되었다고 봄이 상당하므로(대법 2010.6.10. 선고 2007두19799 판결 등 참조), 그와 같이 한 원심의 결론은 결국 정당하고 거기에 상고이유에서 주장하는 바와 같은 재건축사업으로 인한 소득의 귀속에 관한 법리오해의 위법이 있다고 할 수 없음(대법 2008두17479, 2011.7.14.).

(2) 조합원에 이사비 등 무상지원 비용

정비사업조합이 일반분양 주택 및 상가 등 수익사업 부문에서 발생하는 소득으로 상환의무

없이 조합원에게 지급하는 이사비용·이주비 등과 조합원 이주비대여금 및 중도금대출금에 대한 이자 등에 충당하는 경우 수익사업 부문 상당액은 조합원의 배당소득에 해당하는 것이며, 비수익사업 부문 상당액은 기타로 소득처분한다.

■ 정비사업조합 관련 해석·판단사례

■ 정비사업조합의 조합원이 무상으로 지급받는 이사비용의 과세소득 여부

해석

• 「조세특례제한법」 제104조의7에 따라 「법인세법」을 적용받는 주택재건축 정비사업조합의 조합원이 해당 조합으로부터 지원받는 상환의무 없는 이사비용 상당액(해당 금액이 정비사업조합이 부담하는 정비사업비에 포함되어 있는 경우로서 해당금액이 일반분양분과 조합원분양분으로 배분되는 경우에는 일반분양분에 배분된 금액)은 「소득세법」 제17조의 배당소득에 해당하는 것임(소득-579, 2010.5.18.).

■ 정비사업조합의 수익사업 부문에서 상환의무 없이 지급받는 이주비의 소득구분

해석

• 조합원이 조세특례제한법 제104조의7(정비사업조합에 대한 과세특례) 제2항에 따른 정비사업조합의 수익사업 부문에서 상환의무 없이 지급받는 이주비는 소득세법 제17조 제1항 제1호 및 제4호에 따른 배당소득에 해당하는 것이며, 해당 이주비의 상환의무 여부 등은 사실판단할 사항임(기획재정부조세법령-879, 2020.7.17.).

■ 주택재건축 정비사업조합의 조합원이 조합으로부터 이주비 대여금 이자나 중도금 대출금 이자를 무상 지원받는 경우 소득세 과세 여부

해석

• 「조세특례제한법」 제104조의7에 따라 「법인세법」을 적용받는 주택재건축 정비사업조합이 자기지분(무상지분)을 초과한 아파트를 취득하는 조합원으로부터 조합의 규약 등에 따라 분양대금으로 별도로 지급받는 소득(「도시 및 주거환경정비법」 제57조 제1항에 따른 '청산금')을 조합원의 이주비 대여금이나 중도금 대출금에 대한 이자의 지급에 충당함으로써 조합원이 해당 조합으로부터 무상으로 지원받게 되는 이자비용 상당액은 「소득세법」 제17조의 배당소득에 해당하는 것임(서면소득2017-1224, 2017.8.28.).

■ 조합원이 차입한 이주비 대여금에 대한 지급이자를 조합이 부담한 경우 손금 해당 여부

> **해석**
>
> • 주택재개발사업을 시행하는 정비사업조합이 일반분양하는 주택 및 상가에서 발생하는 소득을 조합원분의 이주비 대여금에 대한 이자지급에 충당하는 경우에 동 충당금액은 「법인세법」 제52조(부당행위계산 부인) 또는 같은 법 제19조(손금의 범위)의 규정에 의해 해당 조합의 손금에 해당하지 아니하는 것임(서면법인 2016-3140, 2016.6.13.).

■ 조합원의 이주비 차입금에 대한 이자비용 무상 지원

> **해석**
>
> • 「조세특례제한법」 제104조의7(정비사업조합에 대한 과세특례)에 따라 「법인세법」(같은 법 제29조를 제외한다)을 적용받는 「도시 및 주거환경정비법」 제35조에 따라 설립된 정비사업조합이 관리처분계획에 따라 조합원의 이주비를 금융기관으로부터 차입하여 무이자로 대여하는 경우 조합원을 대신하여 해당 조합이 사업비에서 지출하는 이주비 이자비용 중 수익사업부문 상당액은 「법인세법」 제52조(부당행위계산의 부인) 또는 같은 법 제19조(손금의 범위)에 따라 해당 조합의 손금에 해당하지 않고 같은 법 제67조(소득처분) 및 같은 법 시행령 제106조 제1항 제1호(소득처분)에 따라 해당 조합원에게 배당소득으로 소득처분되는 것임(기준법령해석 법인2019-485, 2019.10.17.).

■ 재개발사업의 사업시행자로 지정된 지방공사가 토지등소유자에게 이주비를 대여하고 이주비에 대한 이자비용을 회수하지 않은 경우 소득구분

> **해석**
>
> • 「도시 및 주거환경정비법」에 따른 재개발사업의 사업시행자로 지정된 지방공사가 토지등소유자에게 이주비를 대여한 경우로서, 토지등소유자가 부담하여야 할 이주비에 대한 이자비용을 회수하지 않고 해당 재개발사업의 사업비에 반영하기로 약정함에 따라 재고자산으로 계상한 경우에는 해당 재고자산을 감액하는 세무조정(△유보)을 하고, 동 금액을 익금에 산입하되, "익금에 산입한 금액 중 수익사업부문 상당액"은 해당 토지등소유자에게 배당소득으로 소득처분하고, "비수익사업부문 상당액"은 기타로 소득처분하는 것임(사전법규법인 2022-773, 2023.1.17.).

■ 재개발조합의 조합원 및 세입자가 보상받는 주거이전비의 소득구분

- 공익사업이 시행되는 지역에 거주하고 있는 거주자가 「공익사업을 위한 토지 등의 취득 및 보상에 관한 법률」 제78조 제5항 및 같은 법 시행규칙 제54조 제2항에 따라 주거이전에 필요한 비용을 보상받는 경우, 당해 주거이전비는 「소득세법」 제21조 제1항의 규정에 의한 기타소득에 포함되지 않는 것임(소득-4028, 2008.11.3.).

■ 사업장 이전을 위해 지급받는 영업손실보상금의 소득구분

- 산업단지 조성공사로 인해 사업장이 인천도시개발공사에 수용되어 「공익사업을 위한 토지 등의 취득 및 보상에 관한 법률」에 따라 지급받는 영업손실보상금은 「소득세법」 제39조 제1항 및 같은 법 시행령 제51조 제3항 제5호에 따라 사업장을 이전한 과세연도의 총수입금액에 산입하는 것임(법규소득 2010-158, 2010.6.7.).

(3) 해산으로 인한 의제배당

주택재개발조합이 조합의 해산으로 인한 잔여재산의 분배로서 취득하는 금전 기타 재산의 가액이 당해 조합의 주식 및 출자 또는 자본을 취득하기 위하여 소요된 금액을 초과하는 경우 그 초과금액은 소득세법 제17조 제2항 제3호의 규정에 의하여 의제배당에 해당하는 것이다(서면2팀-1901, 2005.11.24.).

청산중에 있는 주택재개발조합이 조합원에게 분배하는 분배금이 조합원 부담금의 과다 납부로 인하여 발생한 출자금을 반환하는 것인 경우에는 의제배당에 해당되지 아니한다(소득-144, 2012.2.24.).

(4) 배당소득의 수입시기

소득세법 시행령 제46조(배당소득의 수입시기)를 적용하면, 조합원이 조합으로부터 받은 배당소득의 수입시기는 다음과 같다.

① 일반분양 소득의 조합원 건축비 충당금액에 대한 배당소득의 수입시기는 그 지급을 받은 날로서 조합원 건물의 완성시점(준공시점)이 이에 해당한다고 볼 수 있다.

② 조합원이 해당 조합으로부터 지원받는 상환의무 없는 이사비용은 그 지급받은 날이 배당소득의 수입시기이다.

③ 조합원 중도금대출이자 또는 이주비의 금융비용에 대한 조합 대납액은 「법인세법」에 의하여 처분된 배당으로 당해 법인의 당해 사업연도의 결산확정일이 배당소득의 수입시기가 된다.

④ 법인의 해산으로 인한 의제배당의 수입시기는 잔여재산의 가액이 확정된 날(총회 결의일)이다.

⑦ 법인세 세무조정 사례

서울특별시 정비사업조합 등 표준 예산·회계규정에 따라 정비사업조합이 회계처리를 하였을 경우 법인세 세무조정 예시는 아래와 같다.

(1) 회계처리

1) 수익의 인식

서울특별시 정비사업조합 회계처리규정 세칙 제15조 제2항에서는 "조합원 분양금수익은 조합원 총분양계약대금을 수익인식기준에 따라 매기에 수익으로 인식하며, 조합원 총분양계약대금은 법령에서 정하는 권리가액과 조합원 청산금 납부액에서 조합원 청산 환불금을 차감한 금액을 말한다"고 규정하고 있다. 이에 따라 회계처리할 경우 조합원분양수익과 일반분양수익 전체를 조합의 수익으로 인식하게 된다.

2) 매출원가의 산정

매출원가의 산정을 위해서 먼저 당기발생 총 공사원가를 조합원 분양면적과 일반 분양면적을 기준으로 조합원 공사원가와 일반 공사원가로 배분한다. 다음으로 분양률에 따라 분양분은 매출원가로, 미분양분은 기말재고로 배분한다. 조합원분양분은 이미 확정되어 있으므로 분양률은 항상 100%가 되고, 일반분양분은 매기말 현재 분양률을 기준으로 매출원가와 기말재고를 계산한다.

(2) 세무조정

조합원 분양수익은 익금불산입(기타)으로, 조합원분 매출원가는 손금불산입(기타)으로
세무조정한다.

(3) 예 시

① 아래에서 예시하는 포괄손익계산서의 수익은 조합원분양과 일반분양 전체에 대해 진행
   기준에 의해 인식되었고 사업연도는 제5기이나 최초로 매출이 발생하였다. 전체 매출액은
   73,000(손익계산서 참조)이고, 비례율은 100%로 가정한다.
② 매출원가의 계산과정은 다음의 자료를 기준으로 하였다.
   • 당기공사원가 : 건물공사 50,000, 건설용지비 40,000
   • 분양면적 : 조합원분양 10,000㎡, 일반분양 4,000㎡
   • 분양률 : 조합원분양 100%, 일반분양 30%
③ 매출원가와 기말재고의 계산
   • 조합원분양 매출원가 : (50,000 + 40,000) × 10,000㎡/(10,000㎡ + 4,000㎡) = 64,286
   • 일반분양 매출원가 : (50,000 + 40,000) × 4,000㎡/(10,000㎡ + 4,000㎡) × 30% =7,714
   • 매출원가 합계 : 64,286 + 7,714 = 72,000
   • 기말재고 : (50,000 + 40,000) − (64,286 + 7,714) = 18,000
④ 광고선전비는 일반분양을 촉진하기 위해 지출하였고, 이자비용은 조합원 이주를 위한
   융자금에 대해 조합이 조합원 대신 지출한 비용이다. 따라서 이자비용에 대해서는
   세무조정으로 손금불산입해야 한다.
   • 조합원분양 이자비용 해당분 : 2,000 × 10,000㎡/(10,000㎡ + 4,000㎡) = 1,429
     손금불산입(기타)
   • 일반분양 이자비용 해당분 : 2,000 × 4,000㎡/(10,000㎡ + 4,000㎡) = 571
     손금불산입(배당)
⑤ 조합운영비 등에 대한 회계처리는 설명을 단순화하기 위해 생략하였다.

포 괄 손 익 계 산 서(법인세 신고용)

제5기 2022년 1월 1일부터 2022년 12월 31일까지
제4기 2021년 1월 1일부터 2021년 12월 31일까지

○○ 재건축정비사업조합

과 목	제 5 기		제 4 기	
	금 액		금 액	
Ⅰ. 매 출 액		73,000		
1. 조합원분양수익	50,000			
2. 일반분양수익	20,000			
3. 조합원연체료수익	2,000			
4. 일반연체료수익	1,000			
Ⅱ. 매 출 원 가		72,000		
1. 기초완성건물재고액				
2. 당기공사원가	90,000			
3. 기말완성건물재고액	18,000			
Ⅲ. 매출총이익		1,000		
Ⅳ. 판매비와관리비		1,000		
광고선전비	1,000			
Ⅴ. 영업이익		0		
Ⅵ. 영업외수익				
이자수익				
Ⅶ. 영업외비용		2,000		
이자비용	2,000			
Ⅷ. 법인세차감전이익(손실)		(2,000)		
Ⅸ. 법인세등		1,000		
법인세등	1,000			
Ⅹ. 당기순이익(손실)		(3,000)		

<table>
<tr><td>사 업 연 도
2022.1.1.~2022.12.31.</td><td rowspan="2">소 득 금 액 조 정 합 계 표</td><td>법 인 명
○○ 재건축정비사업조합</td></tr>
<tr><td>사업자등록번호</td><td>000－82－00000　　법인등록번호　　000000－0000000</td></tr>
</table>

익금산입 및 손금불산입			손금산입 및 익금불산입		
과 목	금 액	처 분	과 목	금 액	처 분
법인세 등	1,000	기타사외유출	조합원분양수입	50,000	기타
매출원가	64,286	기타	조합원연체료수익	2,000	기타
이자비용	1,429	기타			
이자비용	571	배당			
합 계	67,286		합 계	52,000	

<table>
<tr><td rowspan="2">사업
연도</td><td rowspan="2">2022.1.1.
~
2022.12.31.</td><td colspan="2" rowspan="2">소 득 구 분 계 산 서</td><td>법 인 명</td><td>○○ 재건축정비사업조합</td></tr>
<tr><td>사업자등록번호</td><td>000-82-00000</td></tr>
</table>

과 목	구분	합 계	감면분 등 수익사업		기타분 비수익사업 등		비고
			금액	비율	금액	비율	
매출액		73,000	21,000	28.77	52,000	71.23	
매출원가		72,000	7,714	10.71	64,286	89.29	분양된 면적
매출총이익		1,000	13,286		−12,286		
판매비와 관리비	개별분	1,000	1,000	100.00			전체 면적
	공통분						
	계	1,000	1,000				
영업손익		0	12,286		−12,286		
영업외수익							
영업외비용	개별분						전체 면적
	공통분	2,000			2,000	100.00	
	계	2,000			2,000		
각 사업연도 소득, 설정전		−2,000	12,286		−14,286		
이월결손금							
비과세소득							
소득공제액							
과세표준							

「서울특별시 정비사업 조합 등 표준 예산·회계규정」과 「서울특별시 정비사업 조합 등 예산·회계규정」 해설서의 전체 내용은 네이버(naver)에서 검색하면 쉽게 다운로드받을 수 있다.

1. 「서울특별시 정비사업 조합 등 표준 예산·회계규정」 요약

「서울특별시 정비사업 조합 등 표준 예산·회계규정」 및 [별표 2]「정비사업 조합 (조합설립추진위원회) 회계처리 세칙」의 회계 관련 내용의 요약은 다음 표와 같다. 서울특별시 정비사업조합의 회계처리기준은 조합의 정보제공목적에 맞추어 규정되어 있으므로 법인세 신고를 위한 별도의 재무제표를 작성할 때에는 법인세법의 적용기준을 따라야 함에 유의해야 한다.

항 목	회계처리기준	관련 조항
관련 법령의 준용	• "중소기업회계기준" 준용(이 규정에서 정하지 아니한 사항)	규정 제5조
회계연도	• 매년 1월 1일~12월 31일 • 예외 : 인가(승인)일~12월 31일, 1월 1일~사업종료일 • 수입·지출의 결산 : 회계연도 종료일부터 3개월 이내	규정 제6조
재무제표 및 부속명세서	• 기본 재무제표 : 자금수지계산서, 재무상태표, 운영계산서 및 이에 대한 주석 • 재무제표의 표시 : 전기와 당기를 비교하는 방식 • 부속명세서 : 공사원가명세서, 자산부채명세서, 사업비명세서, 사업비 예산결산대비표, 운영비 예산결산대비표, 예비비명세서	규정 제11조
회계처리의 원칙	• 자금수지계산서 : 현금주의, 그 외 : 발생주의	규정 제13조
자금수지 계산서	• 수입 : 분양금수입, 차입금차입, 기타수입 • 지출 : 사업비, 운영비, 차입금상환, 기타지출	세칙 제13조

항 목	회계처리기준	관련 조항
재무상태표	• 분양미수금 : 조합원 분양미수금, 일반 분양미수금 • 재고자산(건설용지, 미완성건물, 완성건물 등) • 건설용지 : 사업과 관련하여 취득한 정비구역 내의 토지와 철거예정인 건물 • 미완성건물 : 건설과정 중의 공사원가 • 완성건물 : 사업을 완료하여 준공인가 후 미완성건물 금액의 대체액	세칙 제14조
	• 분양선수금(조합원분양선수금, 일반분양선수금) • 조합원분양선수금 : 조합원 권리가액과 조합원분담금 (조합원권리가액 : 종전재산평가액(조합원 토지·건물의 관리처분계획상 평가액) × 비례율 • 일반분양선수금 : 조합원 외의 자의 일반분양계약 납입금액	
운영계산서 (수익)	• 수익(일반분양금 수익, 조합원분양금 수익, 상가분양금 수익, 정비사업 외 수익 등) • 일반분양금 수익 : 조합과 조합원 외의 자와의 분양계약 분양수익 • 조합원분양금 수익 : 조합과 조합원 간의 분양계약 분양수익 • 상가분양금 수익 : 조합의 상가분양사업 분양수익 • 정비사업 외 수익 : 이자수익, 잡이익 등 기타의 수익	세칙 제15조①
운영계산서 (조합원 분양금 수익)	• 조합원분양금 수익 : 조합원 총분양계약대금을 수익인식 기준에 따라 매기에 수익 인식 (조합원 총분양계약대금 = 권리가액 + 조합원청산금 납부액 – 조합원 청산 환불금)	세칙 제15조②
운영계산서 (수익인식 기준)	• 진행기준 : 공사결과를 신뢰성 있게 추정할 수 있을 경우 (당기공사수익 = 누적공사수익(공사계약금액률 적용) – 전기말 누적공사수익) • 완성기준 인식 가능 • 총분양금액 중 분양대금 납입기일이 도래한 금액의 비율 인식 가능	세칙 제15조③
운영계산서 (비용)	• 비용 : 사업비와 운영비, 정비사업 외 비용	세칙 제15조⑥
자산과 부채의 평가	• 자산 : 해당 자산의 취득원가를 기초로 계상 • 예외 : 조합원 종전재산평가액은 관계법령에서 정하는 가액을 취득원가로 하며, 관계법령 간의 차이 금액은 자본조정으로 함. • 부채의 가액 : 조합이 부담하는 채무액	세칙 제16조

항 목	회계처리기준	관련 조항
사업단계별 재무제표	• 정관에서 정한 결산기와 관계없이 조합의 설립, 사업승인, 관리처분, 준공, 청산 등 사업진행단계를 기준으로 별도 재무제표 작성 가능(도정법 제112조에 따른 회계감사를 위함)	세칙 제19조
결산보고	• 회계연도 종료일로부터 3개월 이내 재무제표 및 부속명세서를 작성하고 감사의 의견서를 첨부, 대의원회에 보고하여 표준정관에 따른 승인을 득해야 함.	세칙 제20조

2. 서울특별시 정비사업조합 재무제표 등 작성 예시

「서울특별시 정비사업 조합 등 예산·회계규정」해설서(2015. 4.)에서 제시한 정비사업조합의 자금수지계산서, 재무상태표, 운영계산서, 재무제표 요소 간 상호연관, 공사원가명세서, 사업비명세서, 운영비 예산결산 대비표의 작성 예시는 다음과 같다.

주요 작성원칙은 '수입과 지출은 부가가치세가 포함된 총액으로 작성한다'(예산·회계규정 제15조 참조)이다. 작성 예시를 보면, 일반분양금수입 과목에 포함된 부가가치세 해당분은 납부 시 자금수지표의 사업비 중 부가가치세 과목과 공사원가명세서의 사업비 중 부가가치세 과목으로 회계처리하고 있고, 부가가치세 공통매입세액 환급분은 부가가치세 신고 시 재무상태표의 당좌자산 중 부가세대급금 과목과 공사원가명세서의 사업비 항목 중 기타사업비 과목(차감)으로, 환급 시에는 자금수지표의 기타수입 중 제세환급금 과목으로 회계처리하고 있다는 점에 유의해야 한다.

서울특별시 정비사업조합의 재무제표 등 작성 예시는 조합의 정보제공 목적에 맞추어 작성하도록 되어 있기 때문에 법인세 신고를 위해서는 일반분양금수입 과목에 포함된 부가가치세를 차감하여 부가세예수금 과목으로 처리하는 등 법인세 신고를 위한 재무제표를 별도로 작성해야 한다.

(1) 자금수지계산서 예시

2013년 실제 수행된 정비사업조합의 자금수지계산서를 예시하면 다음과 같으며, 본 재무제표가 제공하는 주요 회계정보를 설명하면 다음과 같습니다. 조합장 등은 본인의 책임하에 수행된 수입 지출이 표시되는 자금수지계산서를 해석할 줄 알아야 하며, 이해를 돕기 위하여 실제 작성 사례를 예시하고 자금수지계산서 각 수자가 의미하는 바를 설명합니다.

자 금 수 지 계 산 서

제 8 기 2013년 1월 1일부터 2013년 12월 31일까지
제 7 기 2012년 1월 1일부터 2012년 12월 31일까지

서울제1구역주택재개발정비사업조합 　　　　　　　　　　　　　　　　　　（단위 : 원）

과 목	제 8 (당) 기		제 7 (전) 기	
	금 액		금 액	
I. 수 입 총 계(1+2+3)		85,718,922,308		53,278,020,571
1. 분 양 금 수 입		62,846,262,267		32,112,319,612
(1) 조합원분양금수입	23,609,231,467		32,112,319,612	
(2) 일 반 분 양 금 수 입	39,237,030,800		–	
2. 차 입 금 차 입		22,280,988,112		20,862,167,503
(1) 시 공 회 사 차 입 금	–		–	
(2) 금 융 기 관 차 입 금	22,280,988,112		20,862,167,503	
(3) 기 타 차 입 금	–		–	
3. 기 타 수 입		591,671,929		303,533,456
(1) 이 자 수 입	5,098,859		10,029,607	
(2) 제 세 환 급 금	492,027,050		274,652,443	
(3) 공 탁 금 회 수	51,500,000		–	
(4) 예 수 금	12,554,740		14,358,080	
(5) 잡 이 익	30,491,280		4,493,326	
II. 지 출 총 계(1+2+3+4)		80,886,745,767		53,974,956,987
1. 사 업 비		79,941,329,248		53,546,077,112
(1) 지 질 조 사 비	–		31,500,000	
(2) 건 축 설 계 비	299,500,000		529,108,300	
(3) 감 리 비	2,093,722,244		1,430,772,719	
(4) 건 축 시 설 공 사 비	57,822,129,338		32,106,762,177	
(5) 건 축 물 철 거 비	54,780,006		1,037,520,020	
(6) 추 가 공 사 비	–		110,000,000	
(7) 정비기반시설공사비	53,900,000		–	
(8) 인 입 공 사 비	397,129,700		131,139,514	
(9) 영 업 손 실 보 상 비	–		20,687,700	
(10) 주거이전비	–		9,861,422	

과 목	제 8 (당) 기		제 7 (전) 기	
	금 액		금 액	
(11) 감정평가수수료	–		387,730,200	
(12) 정비사업전문관리용역비	276,977,901		–	
(13) 소송및법무용역비	677,935,640		197,460,842	
(14) 세 무 회 계 용 역 비	22,000,000		10,604,000	
(15) 환 경 영 향 평 가 비	70,000,000		14,000,000	
(16) 분 양 보 증 수 수 료	1,174,250,000		–	
(17) 금융기관차입금이자	15,909,067,736		16,847,436,628	
(18) 기 타 사 업 비	941,961,133		363,351,720	
(19) 총 회 비	147,975,550		318,141,870	
2. 조 합 운 영 비		330,986,580		344,976,825
(1) 급 여	130,200,000		151,000,000	
(2) 상 여 금	43,400,000		49,833,333	
(3) 퇴 직 급 여	19,158,076		11,068,628	
(4) 복 리 후 생 비	15,423,048		10,628,690	
(5) 임 차 료	26,337,796		23,202,128	
(6) 도 서 인 쇄 비	255,000		672,000	
(7) 사 무 용 품 비	879,900		1,012,600	
(8) 소 모 품 비	4,716,700		4,081,530	
(9) 수 선 비	2,009,600		590,000	
(10) 통 신 비	13,806,770		12,792,820	
(11) 여 비 교 통 비	1,620,500		4,027,500	
(12) 보 험 료	6,206,200		–	
(13) 지 급 수 수 료	13,638,640		13,476,360	
(14) 업 무 추 진 비	22,110,540		23,346,290	
(15) 회 의 비	12,400,000		15,170,000	
(16) 기 타 운 영 비	6,949,550		18,936,786	
(17) 예 비 비	11,874,260		5,138,160	
3. 차 입 금 상 환		576,100,000		–
(1) 금융기관차입금상환	576,100,000		–	
4. 기 타 지 출		38,329,939		83,903,050

과 목	제 8 (당) 기		제 7 (전) 기	
	금 액		금 액	
(1) 예 수 금 납 부	13,359,390		14,403,050	
(2) 이 주 비 대 여 금	–		69,500,000	
(3) 기 타 지 출	24,970,549		–	
Ⅲ. 수 지 차 액(Ⅰ-Ⅱ)		4,832,176,541		-696,936,416
Ⅳ. 기 초 현 금 과 예 금		375,187,763		1,072,124,179
Ⅴ. 기 말 현 금 과 예 금 (Ⅲ+Ⅳ)		5,207,364,304		375,187,763

❑ 수입총계(현금 및 예금의 수입)

- 서울제1구역주택재개발정비사업조합의 2013년 1월 1일부터 2013년 12월 31일까지 총 수입은 85,718,922,308원입니다.

- 상기 수입 중 1년 동안 분양금으로 조합원과 일반분양자가 납부한 총금액은 62,846,262,267 원으로며, 조합원분양금 납부액(조합원분양금수입) 23,609,231,467원, 일반분양대금 납부액 (일반 분양금수입) 39,237,030,800원입니다.

- 분양금 수입 이외에 자금이 부족하여 "정비은행(자산부채명세서에서 차입처 및 2013년 12월 31일까지 차입처별 차입금 내역을 확인할 수 있습니다.)"으로 부터 2013년 1년 동안 22,280,988,112원을 차입하였습니다.

- 기타수입으로 1년 동안 세무서로부터 부가가치세 환급액 492,027,050원, 예금이자 수입 5,089,859원 등 총 591,671,929원이 있었습니다.

❑ 지출총계(현금 및 예금의 지출)

- 서울제1구역주택재개발정비사업조합은 위에서 설명한 수입을 재원으로 하여 1년 동안 총 80,886,745,767원을 지출하였습니다.

- 사업비로 79,941,329,248원을 1년 동안 지출하였으며, 시공회사인 A건설주식회사에 공사대금으로 57,822,129,338원(상세한 일자별 공사비 청구/지급 내역은 별도 사업비 명세서로 상세하게 설명하도록 하였습니다.)을 지급하였으며, 정비은행에 이주비차입금, 사업비차입 이자로 15,909,067,736원을 지급하였으며, 건축감리 회사인 정직설계사무소와 전기감리회사인 전기엔지니어링에 감리비로 2,167,626,805원을 지출하였습니다.(기타 사업비 설명은 생략)

- 사업비 명세서에 일자별로 상세한 내역을 추가로 작성하도록 하여 조합원 등에게 상세하고 투명한 내역을 제공하도록 규정하여 자금수지계산서와 사업비 명세서를 상호 대조 확인하면 일자별, 거래처별로 계약서에 따라 자금 집행 여부를 유용하게 확인할 수 있습니다.
- 따라서 자금수지계산서의 사업비 집행액과 사업비명세서의 사업비 금액은 상호 일치되며, 일치되지 않을 경우 작성 상 오류입니다.(사업비 명세서 예시 참조)
- 자금수지계산의 사업비 과목 금액은 사업비 예산결산 대비표의 과목 금액과 동일하여야 합니다. 이러한 상호 대조를 통하여 자금의 집행이 예산에 맞게 사용되었는지 확인을 할 수 있습니다.
- 자금수지계산서(현금주의)의 사업비와 공사원가명세(발생주의)서의 사업비는 재무제표 작성 방법에 의한 차이로, 미지급금, 선급금, 미수금, 감가상각비, 퇴직급여 등에 의하여 차이가 발생합니다.
- 자금수지계산서와 공사원가명세서 차이 내역은 사업비명세서에 집행액(자금수지계산서)과 발생액(공사원가명세서)으로 구분하고 차이를 발생시키는 내역을 기재하도록 하여 조합원 등이 동일한 과목재무제표 간 차이 내역을 확인할 수 있도록 하였습니다.
- 상기 차이는 주석사항에 해당되어 외부 공인회계사 감사보고서에 기재하도록 하고 있습니다.
- 서울제1구역정비사업조합은 2013년 1년 동안 조합운영비로 330,986,580원을 사용하였습니다.
- 조합장을 비롯한 상근 임직원에게 급여로 130,200,000원, 상여금으로 43,400,000원, 퇴직금으로 19,158,076원, 조합사무실 임차료로 26,337,796원..(중략)..을 1년 동안 지출하였습니다.
- 자금수지계산서의 운영비와 운영비 예산결산 대비표의 운영비는 일치되어야 하며, 일치하지 않을 경우 작성 상 오류입니다.(운영비 예산결산 대비표 예시 참조)
- 자금수지계산서의 운영비와 운영계산서 운영비 차이는 현금주의(자금수지계산서)와 발생주의(운영계산서)에 따른 차이로, 차이 발생 내역은 "운영계산서 예시"에 설명되어 있습니다.
- 금융기관에 차입금 일부 576,100,000원을 상환하였으며, 임직원 갑근세 4대보험 납부액 13,359,390원을 포함한 기타지출 38,329,939원이 2013년 1년 동안 있었습니다.

❑ 수지차액

- 서울제1구역주택재개발정비사업조합의 위에서 설명한 바와 같이 총수입은 85,718,922,308원,

총지출은 80,886,745,767원으로 2013년 수입과 지출의 차이는 4,832,176,541원입니다.

- 2012년 이월된 현금과 예금은 375,187,763원이며, 2013년 수입과 지출차이 4,832,176,541원을 합산한 5,207,364,304원은 2013년 12월 31일 현재 서울제1구역주택 재개발정비사업조합의 통장(시재액 포함)의 잔액이 됩니다.
- 동 잔액은 조합이 보유하고 있는 통장의 잔액 함과, 재무상태표 현금및현금성자산(현금, 예금) 및 자산명세서의 금액과 동일하여야 하며, 상호 일치하지 않을 경우 잘못 작성된 것입니다.

(2) 재무상태표 예시

실제 수행된 정비사업조합의 2013년 12월 31일 현재 재무상태표를 예시하면 다음과 같으며, 아래 예시된 재무상태표, 이후 예시되는 운영계산서, 공사원가명세서, 자산부채명세서, 사업비명세서, 운영비예산결산 대비표와 동일한 회계자료로 상호 과목과 금액이 연결되어 있습니다. 본 재무제표가 제공하는 조합의 주요 회계정보(자산, 부채 내역)를 설명하면 다음과 같습니다.

재 무 상 태 표

제 8 기 2013년 12월 31일 현재
제 7 기 2012년 12월 31일 현재

서울제1구역주택재개발정비사업조합 (단위 : 원)

과 목	제 8 (당) 기		제 7 (전) 기	
	금 액		금 액	
자 산				
I. 유 동 자 산		287,685,769,329		598,615,425,943
(1) 당 자 자 산		5,771,326,770		687,283,147
1. 현금및현금성자산	5,207,364,304		375,187,763	
2. 선 납 세 금	264,018		1,400,778	
3. 부 가 세 대 급 금	563,698,448		310,694,606	
(2) 재 고 자 산		281,914,442,559		597,928,142,796
1. 건 설 용 지	170,822,992,628		456,563,765,700	
2. 미 완 성 공 사	–		141,364,377,096	
3. 완 성 건 물	111,091,449,931		–	
II. 비 유 동 자 산		1,280,402,856		1,351,243,132
(1) 투 자 자 산		986,860,000		1,038,360,000
1. 공 탁 금	18,000,000		69,500,000	
2. 이 주 비 대 여 금	968,860,000		968,860,000	
(2) 유 형 자 산		23,542,856		42,883,132
1. 비 품	26,623,350		26,623,350	
감 가 상 각 누 계 액	(18,599,031)		(12,007,130)	
2. 시 설 장 치	51,488,000		51,488,000	
감 가 상 각 누 계 액	(35,969,463)		(23,221,088)	
(3) 기 타 비 유 동 자 산		270,000,000		270,000,000
1. 임차보증금	270,000,000		270,000,000	
자산 총계		288,966,172,185		599,966,669,075
부 채				
I. 유 동 부 채		74,734,322,561		392,261,167,384
1. 미 지 급 금	740,130,654		165,942,283	
2. 예 수 금	1,968,140		2,772,790	

과 목	제 8 (당) 기		제 7 (전) 기	
	금 액		금 액	
3. 분 양 선 수 금	73,986,395,833		392,086,624,377	
4. 조합원공과금예수금	5,827,934		5,827,934	
Ⅱ. 비 유 동 부 채		230,091,682,111		208,411,485,678
1. 사 업 비 차 입 금	227,291,682,111		205,946,793,999	
2. 운 영 비 차 입 금	2,800,000,000		2,440,000,000	
3. 퇴 직 급 여 충 당 금	27,213,487		24,691,679	
퇴 직 연 금 운 용 자 산	(27,213,487)		–	
부채 총계		304,826,004,672		600,672,653,062
자 본				
Ⅰ. 자 본 금		–		–
1. 출 자 금	–		–	
Ⅱ. 운 영 차 액 누 계 액		(15,859,832,487)		(705,983,987)
1. 전기이월운영차액누계액	(705,983,987)		(340,648,377)	
2. 당 기 운 영 차 액	(15,153,848,500)		(365,335,610)	
자본 총계		(15,859,832,487)		(705,983,987)
부채와 자본 총계		288,966,172,185		599,966,669,075

- 2013년 12월 31일 현재 서울제1구역주택재개발정비사업조합의 자산총계는 288,966,172,185원이며, 부채총계는 304,826,004,672원입니다. 자산은 1년 이내에 현금으로 실현될 유동자산(287,685,769,329원)과 이후에 현금으로 실현될 비유동자산(1,280,402,856원)으로 구분되며, 부채도 1년 이내에 지급될 것으로 기대되는 유동부채(74,734,322,561원)와 1년 이후에 지급될 것으로 기대되는 비유동부채(230,091,682,111원)로 구분됩니다.
- 재무상태표에 나타난 자산이나 부채는 자금(현금, 예금)이 지출, 수입될 때 이미 자금수지계산서에 표시(이미 지출된 선급금)되었거나, 앞으로 표시될(앞으로 지출될 미지금금) 금액입니다. 따라서 조합이 사업을 완료하고 청산할 때는 전 사업기간 총 수입과 지출로 자금수지계산서에 표시가 됩니다.
- 재무상태표 금액은 당년도 자금수지계산서에 표시된 지출 또는 수입(사업비차입금, 운영비차입금)된 금액과 당년도 이전에 자금수지계산서에 표시된 지출 또는 수입된 금액의 누계액 또는 수입액과 지출액의 차액이 됩니다. 예를 들어 자금수지계산서 상의 차입금은

1년간의 금액이며, 재무상태표 상의 차입금은 조합의 정비사업 시작 때부터 현재(2013년 12월 31일)까지의 차입한 차입금 총 누계액에서 상환한 차입금 누계액의 차액을 의미합니다.

- 자산 중 현금및현금성자산은 현금과 예금을 의미하며, 현금및현금성자산 5,207,364,304원은 자금수지계산서의 기말현금과예금 및 자산명세서 통장별 잔액과 상호 일치하여야 합니다.
- 조합원에게 중요한 재무상태표 금액은 2013년 12월 31일까지 조합의 정비사업을 위하여 차입한 금액인 230,091,682,111원(사업비 및 운영비 차입금 합)이며, 본 금액은 정비사업을 위해 현재까지 차입한 부채로, 자금수지계산서에 나타난 차입금액의 매년 합계액에서 상환한 금액의 매년 합계액의 차이액과 일치합니다.
- 보통 1년을 단위로 1년 이내에 현금화가 가능한 자산을 유동자산, 이외를 비유동자산이라 하며, 1년 이내에 상환의무가 있는 부채를 유동부채, 이외를 비유동부채라 합니다.
- 유동부채 중 미지급금 740,130,654원은 용역이 완료되고 협력사가 세금계산서를 첨부하여 청구한 사업비와 운영비이며, 12월 31일 이전에 청구되었으나 12월 31일까지 지급될 금액이 없어 차입 중에 있거나 시공회사에 요청한 사업비가 입금되지 않는 등 사유로 지급하지 못하였지만, 1년 이내에 지급이 예상되기 때문에 유동부채로 표시된 것입니다.
- 재무상태표 상의 자산과 부채는 거래처별 합계액으로 거래처별 잔액을 확인할 수 있는 자산 부채명세서를 재무제표에 부속하여 첨부하도록 예산회계 규정에 규정하고 있습니다.
- 재무상태표 상의 금액을 이해하기 위해서 자산·부채명세서를 참고하면 용이합니다. 따라서 조합원 등이 재무상태표로 이해가 부족할 경우 명세서를 통하여 이해할 수 있도록 명세서는 상세하게 작성되어야 합니다.

(3) 운영계산서 예시

2013년 실제 수행된 정비사업조합의 운영계산서를 예시하면 다음과 같으며, 본 재무제표가 제공하는 주요 회계정보를 설명하면 다음과 같습니다.

운 영 계 산 서

제 8 기 2013년 1월 1일부터 2013년 12월 31일까지
제 7 기 2012년 1월 1일부터 2012년 12월 31일까지

서울제1구역주택재개발정비사업조합 (단위 : 원)

과 목	제 8 (당) 기		제 7 (전) 기	
	금 액		금 액	
수 익				
1. 분 양 금 수 익		364,549,069,386		–
(1) 조합원분양금수입	282,031,517,767		–	
(2) 일 반 분 양 금 수 입	82,517,551,619		–	
2. 정 비 사 업 외 수 익		35,590,139		14,522,933
(1) 이 자 수 익	5,098,859		10,029,607	
(2) 잡 이 익	30,491,280		4,493,326	
수익 총계		364,584,659,525		14,522,933
비 용				
1. 분 양 원 가		379,387,699,609		–
(1) 기초완성건물재고액	–		–	
(2) 당 기 공 사 원 가	490,479,149,540		–	
(3) 기말완성건물재고액	111,091,449,931		–	
2. 조 합 운 영 비		350,808,416		379,858,543
(1) 급 여	130,200,000		151,000,000	
(2) 상 여 금	43,400,000		49,833,333	
(3) 퇴 직 급 여	19,158,076		11,068,628	
(4) 복 리 후 생 비	15,423,048		10,628,690	
(5) 임 차 료	26,337,796		23,202,128	
(6) 도 서 인 쇄 비	255,000		540,000	
(7) 사 무 용 품 비	879,900		1,012,600	
(8) 소 모 품 비	4,716,700		4,081,530	
(9) 수 선 비	2,009,600		590,000	
(10) 통 신 비	13,806,770		12,792,820	
(11) 여 비 교 통 비	1,620,500		4,027,500	
(12) 보 험 료	3,057,760		11,956,646	

과 목	제 8 (당) 기		제 7 (전) 기	
	금 액		금 액	
(13) 지 급 수 수 료	14,408,640		13,476,360	
(14) 감 가 상 각 비	19,340,276		35,228,218	
(15) 업 무 추 진 비	24,970,540		23,346,290	
(16) 회 의 비	12,400,000		15,170,000	
(17) 기 타 운 영 비	6,949,550		6,765,640	
(18) 예 비 비	11,874,260		5,138,160	
3. 정 비 사 업 외 비 용		−		−
(1) 잡 손 실	−		−	
비용 총계		379,738,508,025		379,858,543
당기운영차액		(15,153,848,500)		(365,335,610)

- 2013년 1월 1일부터 12월 31일까지 서울제1구역 조합의 진행률에 의하여 인식한 분양금수익의 총액은 364,549,069,386원이며, 정비사업외 수익은 35,590,139원임을 표시해줍니다.
- 상기 분양금수익에 대응되는 분양원가는 379,387,699,609원이며, 조합운영비는 350,8508,416원으로 비용총계는 379,738,508,025원입니다. 본 조합은 조합운영비를 분양경비가 아닌 당기비용으로 회계처리 합니다.(조합운영비를 분양경비로 회계처리하게 되면 조합운영비는 공사원가명세서에 표시됩니다.)
- 상기 수익총계에서 비용총계를 차감하면 1년 동안 비용총계가 수익총계 보다 많아 운영차액이 (−)15,153,848,500원이 발생하였음을 표시해주고 있습니다.
- 재무제표 간에는 상호 유기적으로 연결이 되어 있으며, 운영계산서의 완성건물재고액 111,091,449,931원은 재무상태표의 완성건물재고액과 일치되어야 합니다.

(4) 재무제표 요소 간 상호연관

재무제표간에는 상호 연결이 되어 있으며, 재무제표를 추가하여 설명해주는 부속명세서도 상호 연결이 되어 있습니다.

따라서 상호 연결되어 있는 요소(과목)의 금액에 차이가 발생할 경우 잘못 작성된 재무제표이며, 조합원 등에게 유용한 회계정보를 전달해 주지 못하기 때문에 작성 상 주의를 요합니다.

서울제1구역정비사업조합 재무제표 각 요소 간에는 다음과 같이 상호 연결되어 있으며,

회계처리 기준에 의한 동일한 과목의 금액 차이를 발생시키는 재무제표 과목은 상호 연결이 되어 있습니다.

과목	자금수지계산서	사업비명세서 집행액	사업비 예산결산 대비표 결산(집행)액	운영비 예산결산 대비표 결산(집행)액
사업비 합계	79,941,329,248	79,941,329,248	79,941,329,248	−
운영비 합계	330,986,580	−	−	330,986,580

- 자금수지계산서 사업비는 사업비명세서 집행액, 사업비예산결산 대비표 결산(집행)액과 일치합니다.
- 자금수지계산서 운영비 합계액은 운영비 예산결산대비표 결산(집행)액과 일치합니다.

구분	재무상태표	운영계산서	공사원가명세서	사업명세서 발생액
당기운영차액	(15,153,848,500)	(15,153,848,500)	−	−
완성건물	111,091,449,931	111,091,449,931	−	−
사업비 합계	−	−	79,676,237,932	79,941,329,248
건설용지	170,822,992,628	−	170,822,992,628	−
당기공사원가	−	490,479,149,540	490,479,149,540	−

- 당기운영차액은 재무상태표와 운영계산서가 일치합니다.
- 완성건물은 재무상태표와 운영계산서가 일치합니다.
- 공사원가명세서의 사업비 금액은 사업비명세서 발생액과 일치합니다.
- 건설용지는 재무상태표와 공사원가명세서가 일치합니다.
- 당기공사원가는 운영계산서와 공사원가명세서가 일치합니다.

구분		사업비	운영비	계
공사원가명세서	사업비(발생액)	79,676,237,932		79,676,237,932
운영계산서	운영비(발생액)		350,808,416	350,808,416
재무상태표	기초미지급금(+)	163,740,490	2,201,793	165,942,283
재무상태표	기말미지급금(−)	(737,447,301)	(2,683,353)	(740,130,654)
운영계산서	감가상각비(−)		(19,340,276)	(19,340,276)
공사원가명세서	공통매입세액공제액(+)	838,798,127		838,798,127
자금수지계산서	사업비(=집행액)	79,941,329,248		79,941,329,248
자금수지계산서	운영비(=집행액)		330,986,580	330,986,580
계		79,941,329,248	330,986,580	80,272,315,828

- 자금수지계산서와 공사원가명세서의 사업비 차이는 사업비 기초 기말 미지급금과 비현금인 공통매입세액을 사업비의 차감항목으로 회계처리 한 결과에 따라 발생한 것입니다.
- 자금수지계산서와 운영계산서 운영비 차이는 운영비 기초 기말 미지급과 비현금인 감가상가비에 의하여 발생한 것입니다.
- 즉, 공사원가명세서의 사업비와 운영계산서의 운영비 중 비현금 요소와 사업비와 운영비에 영향을 주는 재무상태표 과목 중 현금 지출이 수반되거나 되지 않은 거래를 조정하여 자금수지계산서의 사업비와 운영비를 산출하기 때문에 상기 이외에도 차이를 발생시키는 사항은 조합 등의 회계처리 상황에 따라 조정 되어야 합니다.
- 이러한 차이는 사업비명세서에 나타나 있으며, 주석으로 기재하여야 합니다.

(5) 공사원가명세서 예시

2013년 실제 수행된 정비사업조합의 공사원가명세서를 예시하면 다음과 같으며, 본 명세서가 제공하는 주요 회계정보를 설명하면 다음과 같습니다.

공사원가명세서

제 8 기 2013년 1월 1일부터 2013년 12월 31일까지
제 7 기 2012년 1월 1일부터 2012년 12월 31일까지

서울제1구역주택재개발정비사업조합 (단위 : 원)

과 목	제 8 (당) 기		제 7 (전) 기	
	금 액		금 액	
I. 건 설 용 지		269,438,534,512		–
(1) 기 초 용 지 재 고 액	456,563,765,700		444,902,700,619	
(2) 당 기 용 지 매 입 액	–		11,661,065,081	
(3) 타 계 정 으 로 대 체	16,302,238,560		–	
(4) 기 말 용 지 재 고 액	170,822,992,628		456,563,765,700	
II. 노 무 비		–		–
(1) 급 여	–		–	
III. 경 비		79,676,237,932		52,515,844,146
1. 사 업 비		79,676,237,932		52,515,844,146
(1) 지 질 조 사 비	–		31,500,000	
(2) 건 축 설 계 비	299,500,000		529,108,300	
(3) 감 리 비	2,167,626,805		1,430,772,719	
(4) 건 축 시 설 공 사 비	57,822,129,338		32,106,762,177	
(5) 건 축 물 철 거 비	54,780,006		605,624,325	
(6) 추 가 공 사 비	–		110,000,000	
(7) 정비기반시설공사비	53,900,000		–	
(8) 인 입 공 사 비	397,129,700		131,139,514	
(9) 영 업 손 실 보 상 비	–		5,000,000	
(10) 주 거 이 전 비	–		9,861,422	
(11) 감 정 평 가 수 수 료	–		388,461,700	
(12) 정비사업전문관리용역비	276,977,901			
(13) 소 송 및 법 무 용 역 비	683,600,640		196,900,642	
(14) 세 무 회 계 용 역 비	22,000,000		10,604,000	
(15) 환 경 영 향 평 가 비	70,000,000		28,000,000	
(16) 분 양 보 증 수 수 료	1,799,600,000		–	
(17) 금 융 기 관 차 입 금 이 자	15,909,067,736		16,847,436,628	

과 목	제 8 (당) 기		제 7 (전) 기	
	금 액		금 액	
(18) 기 타 사 업 비	94,363,006		(133,826,151)	
(19) 총 회 비	25,562,800		218,498,870	
Ⅳ. 당 기 총 공 사 원 가		349,114,772,444		52,515,844,146
Ⅴ. 기 초 미 완 성 공 사		141,364,377,096		88,848,532,950
Ⅵ. 합 계		490,479,149,540		141,364,377,096
Ⅶ. 타 계 정 으 로 대 체 액		–		–
Ⅷ. 기 말 미 완 성 공 사		–		141,364,377,096
Ⅸ. 당 기 공 사 원 가		490,479,149,540		–

- 공사원가명세서 상의 금액은 자금수지계산서에 표시된 사업비를 발생기준에 따라 표시한 명세서입니다.
- 본 명세서는 정비사업에 소요된 분양원가를 발생주의 원칙에 따라 표시하고 본 집계된 금액은 운영계산서 또는 재무상태표의 금액과 상호 연결이 됩니다.
- 당기공사원가 490,479,149,540원은 운영계산서의 당기공사원가와 금액과 일치하며, 미완성공사는 재무상태표의 미완성공사 금액과 일치합니다.
- 조합운영비를 분양경비로 회계처리 기준을 정한 조합 등의 경우에는 공사원가명세서에 조합운영비가 표시됩니다.

(6) 사업비명세서 예시

본 명세서는 비교적 큰 금액이 지출되는 사업비에 대하여 일자별, 거래처별, 금액에 대한 정보를 제공하여 계약서에 정한바대로 용역비가 적정히 집행되었는지 조합원 등이 확인할 수 있도록 하고, 자금수지계산서와 공사원가명세서의 차이 원인을 확인할 수 있도록 하기 위해 작성되는 명세서입니다.

사 업 비 명 세 서

제 8 기 2013년 1월 1일부터 2013년 12월 31일까지

서울제1구역주택재개발정비사업조합 (단위 : 원)

과 목	일자	내 역		금 액
건축설계비	2013-07-23	설계용역비	투명설계사	54,661,200
	2013-11-25	설계용역비	투명설계사	244,838,800
	소 계			299,500,000
감리비	2013-01-07	소방통신 감리용역비	정직설계사무소	38,346,000
	2013-09-12	전기감리용역비	전기엔지리어링	150,596,561
	2013-10-08	소방통신 감리용역비	정직설계사무소	1,978,684,244
	발생액 소계			2,167,626,805
	기말 감리비 미지급액(-)			(73,904,561)
	집행액 소계			2,093,722,244
건축시설 공사비	2013-12-31	제 10차 공사기성금	A건설주식회사	31,303,394,147
	2013-12-31	제 10차 공사기성금	A건설주식회사	26,518,735,191
	소 계			57,822,129,338
건축물철거비	2013-07-25	철거용역비 잔금	힘쎈건설(주)	54,780,006
	소 계			54,780,006
정비기반시설 공사비	2013-08-22	정비기반시설 용역비	정비기반(주)	53,900,000
	소 계			53,900,000
인입공사비	2013-01-29	도시가스이설환불	㈜에꼬루	(2,170,300)
	2013-10-07	전기 시설 부담금	한국전력공사	399,300,000
	소 계			397,129,700
정비사업 전문관리 용역비	2013-08-22	행정용역비	바른컨설팅㈜	84,472,740
	2013-10-17	행정용역비	바른컨설팅㈜	192,505,161
	소 계			276,977,901
감정평가 수 수 료	기초 감정평가비 미지급액(+)			8,893,500
	기말 감정평가비 미지급액(-)			(8,893,500)
	집행액 소계			-
소송 및 법무용역비	2013-01-18	현금청산지위확인소송	정도법무법인	5,500,000
	2013-01-18	공사중지가처분소송	정도법무법인	11,000,000
소송 및	2013-12-23	총회금지가처분소송	정도법무법인	667,100,640

과 목	일자	내 역		금 액
법무용역비		발생액 소계		683,600,640
		기말 소송및법무용역비 미지급액(-)		(5,665,000)
		집행액 소계		677,935,640
세무회계 용역비	2013-03-31	2012년결산및조정수수료	정비회계사무소	22,000,000
		소 계		22,000,000
환경영향 평가비	2013-03-05	환경영향조사기성금(3차)	환경조사㈜	14,000,000
	2013-05-22	환경영향조사기성금(4차)	환경조사㈜	14,000,000
	2013-08-01	환경영향조사기성금(5차)	환경조사㈜	14,000,000
	2013-10-22	환경영향조사기성금(6차)	환경조사㈜	28,000,000
		발생액 소계		70,000,000
		기초 환경영향평가비 미지급액(+)		14,000,000
		기말 환경영향평가비 미지급액(-)		(14,000,000)
		집행액 소계		70,000,000
분양보증 수수료	2013-10-28	분양대행수수료	서울분양(주)	282,150,000
	2013-11-18	분양대행수수료	서울분양(주)	653,125,000
	2013-11-27	분양대행수수료	서울분양(주)	238,975,000
	2013-12-26	분양대행수수료	서울분양(주)	625,350,000
		발생액 소계		1,799,600,000
		기말 분양보증수수료 미지급액(-)		(625,350,000)
		집행액 소계		1,174,250,000
금융기관 차입금이자	2013-01-07	무이자이주비이자 지급액	정비은행	975,000,000
	2013-01-07	무이자이주비이자 지급액	정비은행	900,000,000
	2013-12-05	사업비 이자 지급액	정비은행	14,034,067,736
		소 계		15,909,067,736
기타사업비	2013-01-31	임대료및관리비	우리빌딩	8,800,000
	2013-02-18	디자인 및 컨설팅	개발디자인	709,229,452
	2013-02-28	임대료및관리비	우리빌딩	8,800,000
	2013-09-30	2기예정매입세액 공제	효제세무서	(181,432,302)
	2013-10-30	임대료및관리비	우리빌딩	8,800,000
	2013-11-30	임대료및관리비	우리빌딩	8,800,000
기타사업비	2013-12-31	임대료및관리비	우리빌딩	8,800,000
	2013-12-31	2기확정 매입세액 공제	효제세무서	(477,434,144)

과 목	일자	내 역		금 액
		발생액 소계		94,363,006
		기초 기타사업비 미지급액(+)		18,434,240
		기말 기타사업비 미지급액(−)		(9,634,240)
		매입부가가치세불공제액(+)		838,798,127
		집행액 소계		941,961,133
총회비	2013−01−01	우편료	정비우체국	119,190
	2013−01−10	총회사회자	홍길동	3,000,000
	2013−01−10	총회참석자접수	김개똥외	1,120,000
	2013−04−08	총회책자 자료 인쇄비	도서인쇄사	5,896,000
	2013−05−16	참가증 외	도서인쇄사	106,700
	2013−05−22	총회 경호인건비	우뜩경비	4,400,000
	2013−06−05	총회 우편발송료	정비우체국	2,725,520
	2013−06−05	총회참석자아르바이트	김개똥외	8,195,390
		발생액 소계		25,562,800
		기초 총회비 미지급액(+)		122,412,750
		집행액 소계		147,975,550
집행액 총계				79,941,329,248
기초 사업비 미지급금 총계(−)				(163,740,490)
매입부가가치세공제액(−)				(838,798,127)
기말 사업비 미지급금 총계(+)				737,447,301
발생액 총계				79,676,237,932

(주1) 집행액은 자금수지계산서 상 금액이며, 발생액은 공사원가명세서 상 금액임

- 집행액은 자금수지계산서의 사업비금액과 일치하여야 하며, 발생액은 공사원가명세서 사업비금액과 일치해야 합니다. 또한 사업비 예산결산 대비표의 집행액 총액은 본 명세서의 집행액 총액과 일치해야 합니다.

- 상기 표에서 매입부가가치세공제액을 조정하는 이유는 부가가치세 매입세액을 사업비에 포함하여 회계처리 후 공제되는 금액을 사업비에서 차감하였기 때문입니다. 즉, 공통매입세액 공제액은 비용에서 차감하였으나 현금의 수입액으로 별도 표기되기 때문에 집행액에 가산하여야 합니다. 동 공제액은 환급시 제세환급금 수입으로 자금수지계산서에 표시됩니다.

(7) 운영비 예산결산 대비표 예시

2013년 실제 수행된 정비사업조합의 운영비 예산결산 대비표를 예시하면 다음과 같습니다. 본 명세서는 편성된 예산이 적정하게 집행되었는지 예산과 실적을 비교하여 정보를 제공하는 명세서로 예산액은 총회 승인된 예산액이 되며, 결산액은 자금수지계산서의 조합운영비 금액과 일치해야 합니다.

운영비 예산결산 대비표

제 8 기 2013년 1월 1일부터 2013년 12월 31일까지

서울제1구역주택재개발정비사업조합 (단위 : 원)

관	항	목/세목		예산액	결산액	증(감)	비고(사유)
운영비	인 건 비	급여	조 합 장	30,000,000	30,000,000	–	
			상 근 임 원	63,000,000	63,000,000	–	
			직　　원	37,200,000	37,200,000	–	
		상여금	조 합 장	10,000,000	10,000,000	–	
			상 근 임 원	21,000,000	21,000,000	–	
			직　　원	12,400,000	12,400,000	–	
		퇴 직 급 여		20,000,000	19,158,076	(841,924)	
		기 타 인 건 비		–	–	–	
		소 계		193,600,000	192,758,076	(841,924)	
	일 반 운 영 비	임 차 료		26,400,000	26,337,796	(62,204)	
		도 서 인 쇄 비		960,000	255,000	(705,000)	
		사 무 용 품 비		1,200,000	879,900	(320,100)	
		소 모 품 비		4,200,000	4,716,700	516,700	
		수 선 비		1,800,000	2,009,600	209,600	
		광 고 선 전 비		–	–	–	
		소 계		34,560,000	34,198,996	(361,004)	
	제 세 공 과 금	통 신 비		13,800,000	13,806,770	6,770	
		여 비 교 통 비		2,400,000	1,620,500	(779,500)	
운영비	제 세 공 과 금	보 험 료		17,520,000	6,206,200	(11,313,800)	
		수 도 광 열 비		–	–	–	

관	항	목/세목	예산액	결산액	증(감)	비고(사유)
		지 급 수 수 료	14,400,000	13,638,640	(761,360)	
		소 계	48,120,000	35,272,110	(12,847,890)	
	업 무 추 진 비(판공비)		25,000,000	22,110,540	(2,889,460)	
	복 리 후 생비		9,600,000	15,423,048	5,823,048	
	회 의 비	이 사 회 의 비	6,000,000	6,400,000	400,000	
		대 의 원 회 의 비	24,320,000	6,000,000	(18,320,000)	
		소 계	30,320,000	12,400,000	(17,920,000)	
	기 타 운 영 비		10,680,000	6,949,550	(3,730,450)	
	예 비 비		3,600,000	11,874,260	8,274,260	
합 계			355,480,000	330,986,580	(24,493,420)	

- 총회에서 승인받은 조합운영비 예산액은 355,480,000원이고, 결산액은 330,986,580원으로 조합이 집행한 총운영비는 예산 범위 내이며, 이는 운영비를 적정하게 사용하였다는 것을 의미합니다.
- 또한 각 "항"도 집행액이 예산액보다 작아 예산 범위 내에서 사용되었다는 정보를 제공해 줍니다.

3. 정비사업 단계별 용역투입 시기 및 (수입, 운영비, 사업비) 예산서 서식

「서울특별시 정비사업 조합 등 예산·회계규정」 별표 및 별지 서식 중 정비사업 단계별 용역투입 시기 및 (수입, 운영비, 사업비) 예산서 서식은 다음과 같다.

(1) 정비사업 단계별 용역투입 시기

| 정비사업 단계별 용역투입 시기(제38조 관련) |

구 분	항 목	투입시기					
		구역지정 이전	추진위 구성	조합설립 인가	사업시행 인가	관리처분 인가	착공이후
운영비	인건비						
	운영비						
	사무실임대/임차료						
	총회비용						
외주 용역비	설계자 용역비						
	정비사업전문관리 용역비						
	도시계획 용역비						
	영향평가비 (교통, 환경, 기타)						
	지질조사/측량비						
	안전진단용역비						
	감정평가 수수료						
	세무·회계용역비						
	소송·법무용역비						
공사비	직접공사비						
	감리비						
	철거 및 이설비						
보상비 및 각종 부담금	주거이전비						
	상가세입자영업보상비						
	현금청산금						
	국공유지 등 불하						
	상하수도시설원인자 부담금						
	전기난방가스시설 분담금						
	광역교통시설부담금						
	학교용지부담금						
	기반시설설치비용 부담금						

(2) 수입예산서 서식

<u>수 입 예 산 서</u>

20×× 년 ×월 ×일부터 20××년 ×월 ×일까지

조합(추진위원회)명 :　　　　　　　　　　　　　　　　　　　　　　　　　(단위 : 원)

항목			금액	새부내용
전기 이월액			×××	전년도 말 이월 예금 및 현금시재액(인출하여 보유하고 있는 소액현금) 잔액의 합
분양금 수입	조합원분양금 수입	아파트	×××	조합원의 추가부담금 수입
		상가	×××	조합원의 추가부담금 수입
		보류지	×××	조합원의 추가부담금 수입
	일반분양금수입	아파트	×××	조합원 외 일반분양금 수입
		임대 및 보금자리 아파트	×××	세입자 이주대책용 및 장기전세주택 매각 수입
		상가	×××	조합원 외 일반분양금 수입
		보류지	×××	조합원 외 일반분양금 수입
	소계		×××	
차입금	정비업체차입금	운영비	×××	정비업자로부터 조달된 운영비 차입금
		사업비-국공유지 매입비	×××	정비업자로부터 조달된 국·공유지 매수비용 차입금
		사업비-이주비	×××	정비업자로부터 조달된 조합원 이주비 대여금 차입금
		사업비-기타	×××	정비업자로부터 조달된 기타 사업비 차입금
	설계자차입금	운영비	×××	설계자로부터 조달된 운영비 차입금
		사업비-국공유지 매입비	×××	설계자로부터 조달된 국·공유지 매수비용 차입금
		사업비-이주비	×××	설계자로부터 조달된 조합원 이주비 대여금 차입금
		사업비-기타	×××	설계자로부터 조달된 기타 사업비 차입금
	시공자차입금	운영비	×××	시공자로부터 조달된 운영비 차입금
		사업비-국공유지 매입비	×××	시공자로부터 조달된 국·공유지 매수비용 차입금
		사업비-이주비	×××	시공자로부터 조달된 조합원 이주비 대여금 차입금
		사업비-기타	×××	시공자로부터 조달된 기타 사업비 차입금

항목			금액	새부내용
차입금	금융기관차입금	운영비	×××	금융기관으로부터 조달된 운영비 차입금
		사업비 – 국공유지 매입비	×××	금융기관으로부터 조달된 국·공유지 매수비용 차입금
		사업비 – 이주비	×××	금융기관으로부터 조달된 조합원 이주비 대여금 차입금
		사업비 – 기타	×××	금융기관으로부터 조달된 기타 사업비 차입금
	서울시차입금	운영비	×××	서울시로부터 조달된 운영비 차입금
		사업비 – 국공유지 매입비	×××	서울시로부터 조달된 국·공유지 매수비용 차입금
		사업비 – 이주비	×××	서울시로부터 조달된 조합원 이주비 대여금 차입금
		사업비 – 기타	×××	서울시로부터 조달된 기타 사업비 차입금
	기타차입금	운영비	×××	기타기관으로부터 조달된 운영비 차입금
		사업비 – 국공유지 매입비	×××	기타기관으로부터 조달된 국·공유지 매수비용 차입금
		사업비 – 이주비	×××	기타기관으로부터 조달된 조합원 이주비 대여금 차입금
		사업비 – 기타	×××	기타기관으로부터 조달된 기타 사업비 차입금
	소계		×××	
기타 수입	이자수입		×××	통장예금이자 수입
	제세환급금		×××	부가가치세 등 세금 환급금
	잡수입		×××	잡수입
	기타수입		×××	상기 이외 자산부채 수입
	소계		×××	
총계			×××	

* 조례 제69조에 의한 클린업시스템 또는 e-조합시스템 월별자금입출금내역 및 연간자금운영계획 서식의 과목과 일치하여야 함.

(3) 운영비예산서 서식

운 영 비 예 산 서

20×× 년 ×월 ×일부터 20××년 ×월 ×일까지

조합(추진위원회)명 :　　　　　　　　　　　　　　　　　　　　　　　　　　　　(단위 : 원)

관	항	목/세목		월 예산	연간 예산	내역 및 산출근거(설명)
운 영 비	인건비	급여	조합장 (추진위원장)	×××	×××	조합장, 추진위원장 급여
			상근임원	×××	×××	조합 이사, 추진위원회 임원 급여
			직원	×××	×××	조합 또는 추진위원회 사무실 사무장, 경리직원 등 급여
		상여금	조합장 (추진위원장)	×××	×××	상기 상여금
			상근임원	×××	×××	상기 상여금
			직원	×××	×××	상기 상여금
		퇴직급여		×××	×××	퇴직자 퇴직금 지급액, 퇴직연금 또는 예산에 따라 매월 예치하는 퇴직예치금
		기타인건비		×××	×××	일용직, 아르바이트 등 잡급
		소계		×××	×××	
	일반 운영비	자산취득비				집기비품 등 유형자산 취득비
		임차료		×××	×××	사무실 임대(임차)료
		도서인쇄비		×××	×××	각종 인쇄비 및 신문 잡비 등 도서구입비
		사무용품비		×××	×××	사무실 각종 사무용품 구입비
		소모품비		×××	×××	식수, 차 , 음료, 휴지, 종이컵, 복사용지 등, 조합사무실 각종 소모품 구입비
		수선비		×××	×××	사무기기 유지 보수비 등 각종 수리 및 수선비
		광고선전비		×××	×××	업체선정공고, 분양공고 등
		소계		×××	×××	
	제세공 과금	통신비		×××	×××	소식지등 우편료, 전화, 팩스, 인터넷, 휴대폰 등 통신비
		여비교통비		×××	×××	재건축 유관기관 방문 교통비, 주유비, 주차비 등
		보험료		×××	×××	조합부담 4대 보험료 등

관	항	목/세목	월 예산	연간 예산	내역 및 산출근거(설명)
운영비		수도광열비	×××	×××	수도요금, 전기료, 가스료 등
		지급수수료	×××	×××	각종 자문비, 송금수수료, 공부발급수수료, 운반비, 균등할주민세 등
		소계	×××	×××	
	업무추진비(판공비)		×××	×××	임직원 업무추진비(판공비 등)
	복리후생비		×××	×××	상근직원 식대 등
	회의비	추진위원회의비			추진위원회 회의 시 식대, 다과 등 사용액
		이사회의비	×××	×××	이사회 회의 시 식대, 다과 등 사용액
		대의원회의비	×××	×××	대의원회 등 회의 시 식대, 다과 등 사용액
		감사비	×××	×××	내부 감사 감사 수당
		기타회의비	×××	×××	공사비 협상단 등 기타회의 시 식대, 다과 등 사용액
		소계	×××	×××	
	기타운영비		×××	×××	상기 이외의 운영비
	예비비		×××	×××	상기 이외의 기타비용 예상액(예비비를 제외한 운영비의 10% 이내)
합계			×××	×××	

* 업무추진비, 판공비, 기밀비 등을 업무추진비로 일원화하며 유사한 사용용도의 예산과목을 추가 편성할 수 없으며, 조례 제69조에 의한 클린업시스템 또는 e-조합시스템월별자금입출금내역 및 연간자금운영계획 서식의 과목과 일치하여야 함.

(4) 사업비예산서 서식

사 업 비 예 산 서

20×× 년 ×월 ×일부터 20××년 ×월 ×일까지

조합(추진위원회)명 :　　　　　　　　　　　　　　　　　　　　　　　　　　　　(단위 : 원)

관	항	목/세목		예산액	내역 및 산출근거
사 업 비	조사 측량비	측량비		×××	지적 측량등 각종 측량비
		문화재지표조사비		×××	문화재 지표조사 용역비
		지질조사비		×××	지질조사용역비
		소계		×××	
	설계 감리비	건축설계비		×××	건축설계비(조경설계 등 각종 설계비 포함금액)
		감리비		×××	건축감리, 소방감리, 전기감리 등 감리비
		소계		×××	
	공사비	건축시설공사비		×××	시공자 공사비 지급액
		건축물철거비		×××	종전건물, 석면 등 각종 철거비('10. 4. 15 이전 조합설립인가분 해당)
		추가공사비		×××	기타 추가공사비
		정비기반시설공사비		×××	사업시행인가시 도로, 공원, 학교 등 인허가 요건상 공공시설 공사비
		이설비		×××	지장전주, 통신케이블, 가스관, 수도관 등 이설공사비
		미술장식품공사비		×××	
		인입공사비		×××	가스, 수도, 지장전주 등 각종 인입공사비
		대지조성공사비		×××	
		부대시설공사비		×××	
		단지외부공사비		×××	
		기타공사비		×××	
		소계		×××	
	각종 보상비	국공·사유지 매입비		×××	사업부지 내 국공유지, 진입로 등 개인토지 구입비
		손실 보상비	건물/토지손실보상	×××	협의 매수·매도청구·수용 손실보상비
			영업손실보상	×××	임차상인 영업 손실보상비
			기타손실보상	×××	

관	항	목/세목		예산액	내역 및 산출근거
사업비		조합원 청산환급금		×××	종전재산이 분양금을 초과하여 반환되는 조합원 청산금
		이주비	주거이전비	×××	세입자 등 주거이전비 등
			이주비이자	×××	이주비 대여금 이자비용
			기타이주보상비	×××	
		소계		×××	
	외주용역비	감정평가수수료		×××	관리처분시 종전 종후 감정평가비, 국공유지 감정평가비 등
		정비사업전문관리용역비		×××	정비사업전문관리자 용역비
		도시설계 및 정비계획용역비		×××	도시설계를 위해 도시설계용역회사에 지급한 용역비
		세무·회계용역비		×××	외부회계감사비, 결산료, 세무조정비 등
		소송 및 법무용역비		×××	용역계약을 체결한 변호사·법무사에게 지급하는 일체의 비용
		안전진단비		×××	재건축 사업의 안전진단비
		교통영향평가비		×××	법정 부담비용
		환경영향평가비		×××	법정 부담비용
		사전재해영향성평가비		×××	법정 부담비용
		기타외주용역비		×××	상기 이외의 기타 용역비
		소계		×××	
	각종 부담금	광역교통시설부담금		×××	법정 부담비용
		학교용지부담금		×××	법정 부담비용
		상수도공사비		×××	법정 부담비용
		하수도원인자부담금		×××	법정 부담비용
		개발부담금		×××	법정 부담비용
		교통유발부담금		×××	법정 부담비용
		도시가스시설분담금		×××	법정 부담비용
		기타부담금		×××	기타 부담비용
		소계		×××	
	제세·공과금	보전등기비		×××	준공 후 이전고시시점 보존등기 비용
		재산세		×××	조합이 취득한 재산(부동산 등)에 부과되는 세금

관	항	목/세목	예산액	내역 및 산출근거
사업비		채권매입비	×××	보존등기 시 채권매입 비용
		법인세 및 주민세	×××	조합이 부담하는 법인세, 주민세 등
		부가가치세	×××	일반분양 시 부가가치세 납부액
		소계	×××	
	금융비용	정비업체차입금이자		정비업체 차입금 이자 (이주비 이자 제외)
		설계자차입금이자		설계자 차입금 이자 (이주비 이자 제외)
		시공자차입금이자	×××	시공자 차입금 이자 (이주비 이자 제외)
		금융기관차입금이자	×××	금융기관 차입금 이자 (이주비 이자 제외)
		서울시차입금이자		서울시 차입금 이자 (이주비 이자 제외)
		기타차입금이자	×××	기타 차입금 이자 (이주비 이자 제외)
		소계	×××	
	기타사업비	분양보증수수료	×××	
		민원처리비	×××	정비사업 진행시 각종 민원에 소요된 사업비
		기타사업비	×××	위에 열거된 사업비 이외로 소액이며 과목 구분이 불필요한 사업비
		소계	×××	
		총회비	×××	조합의 각종 총회비 소요액
		예비비	×××	상기 이외의 기타비용 예상액 (예비비를 제외한 사업비의 10% 이내)
		총계	×××	

* 조례 제69조에 의한 클린업시스템 또는 e-조합시스템 월별자금입출금내역 및 연간자금운영계획 서식의 과목과 일치하여야 함.

4. 경기도 정비사업 표준 예산·회계규정

2023.8.18. 「경기도 정비사업 표준 예산·회계규정」이 고시되었으며, 그 내용의 대부분은 「서울특별시 정비사업 조합 등 표준 예산·회계규정」과 같다. 양자간 주요 내용의 차이점 비교는 다음 표와 같다. 그리고 경기도가 정비사업 정보공개 목적으로 운영하는 시스템은 서울특별시의 '클린업시스템 또는 e-조합시스템'과 유사한 '경기도 정비사업 온누리시스템' 이고 2025년 6월부터 운영한다.

| 서울특별시와 경기도의 정비사업 표준 예산·회계규정 중 주요 차이점 비교 |

예산 회계규정	서울특별시	경기도
제3조 (용어의 정의)	…, 「서울특별시 도시 및 주거환경 정비조례」…	…, 「경기도 도시 및 주거환경 정비조례」…
제6조 (회계연도)	① …. 단, 추진위원회의 사업마지막 연도는 조합설립인가일까지로 한다.	①…. 단, 추진위원회의 사업마지막 연도는 조합설립인가 전일까지로 한다.
제9조 (회계담당자 등 책임)	② … 손해를 배상할 책임이 있다.	② … 손해를 배상할 책임이 있으며, 이를 담보하기 위해 조합장 및 회계담당자는 보증보험 또는 공제에 가입하여야 한다.
제32조 (수입·지출업무의 관리)	③ … 금전출납부를 기록하고 비치하여야 한다.	③ … 금전출납부를 기록하고 매월 일정한 장소에 게시하거나 인터넷 등을 통하여 공개하고 일정 장소(조합사무실 등)에 비치하여 열람할 수 있도록 한다.
제34조 (분양금의 취급 및 기장)	① … 예금계좌를 개설하여 입금하도록 한다.	① … 예금계좌를 개설하여 입금하도록 한다. 단, 예금계좌 개설 시 추진위원회 또는 이사회에 보고하여야 한다.
제35조 (지출의 원칙 및 감사)	① … 지출함을 원칙으로 한다.	① … 현금지출의 경우 공급자 명의의 금융계좌로 지출함을 원칙으로 한다.

현금(현물)출자금 계정 회계처리와 세무조정

정비사업조합 회계규정이 시·도조례에 의해 제정되지 않은 지역의 정비사업조합은 조합원의 토지 등 현물출자와 조합원분담금에 대해 현금(현물)출자금 계정으로 회계처리하여 결산을 수행하고 세무조정하는 방법도 가능하다.

1. 분양손익의 인식

정비사업조합의 분양수익은 일반분양수익만 인식하고 조합원의 토지 등 현물출자와 조합원분담금에 대해 비영리법인의 회계처리와 동일하게 현금(현물)출자금 계정으로 회계처리한 후 준공시점에 조합원완성건물과 상계처리한다. 공사원가는 공사원가명세서의 금액을 일반분양분과 조합원분으로 구분하여 계산한 후, 일반분양분의 공사원가는 분양공사매출원가로 일반분양수익에 대응하고 조합원분의 공사원가는 공사원가명세서에서 타계정대체하여 조합원미완성건물로 회계처리한다.

2. 회계처리

정비사업조합이 현금(현물)출자금 계정을 사용할 때 회계처리와 진행기준에 의해 손익을 인식하는 방법의 주요 내용은 아래와 같다.

1) 현물출자 시점

조합원이 조합에 토지·건물을 현물출자하는 경우 현물출자일은 관리처분계획인가일과 신탁등기접수일 중 빠른 날을 말하고 현물출자금액은 관리처분계획인가일 또는 신탁등기접수일의 감정평가액을 적용한다.

(차) 건설용지 　　　　×××　　　　　(대) 현물출자금 　　　　×××

2) 관리처분계획인가 시점

조합원이 새로 분양받을 아파트 등의 분양가액과 종전 부동산에 대한 권리가액의 차액으로 불입할 청산금은 미수청산금 계정에, 현금청산대상자 등에게 교부할 청산금은 미지급청산금 계정으로 회계처리한다.

（차）미수청산금　　　×××　　　　（대）미지급청산금　　　×××
　　　　　　　　　　　　　　　　　　　　　현금출자금　　　　×××

3) 국·공유지 등의 유·무상 취득 시점

　정비사업조합이 조합원 소유가 아닌 국·공유지 등 토지를 유상으로 취득하는 경우와 국·공유지를 무상으로 취득하는 경우에 회계처리는 건설용지 계정과 보통예금(자산수증이익) 계정 등으로 처리한다. 용도가 폐지되는 행정청의 공공시설을 무상으로 취득하는 경우 익금의 귀속사업연도는 지정권자가 준공검사증명서를 내어준 날이 속하는 사업연도로 해석하고 있다.

(유상 취득)

（차）건설용지　　　　×××　　　　（대）보통예금　　　　×××

(무상 취득)

（차）건설용지　　　　×××　　　　（대）자산수증이익　　　×××

4) 교부청산금 지급과 불입청산금 입금 시점

（차）미지급청산금　　　×××　　　　（대）보통예금　　　　×××
（차）보통예금　　　　×××　　　　（대）미수청산금　　　×××

5) 일반분양금 입금 시점

（차）보통예금　　　　×××　　　　（대）일반분양선수금　　×××

6) 기말 결산시(진행기준 적용)

(조합원분)

（차）조합원미완성건물　×××　　　　（대）조합원공사원가　×××
　　　（공사원가명세서의 타계정대체）

(일반분양)

（차）일반분양선수금　　×××　　　　（대）일반분양수익　　　×××
　　　일반분양미수금　　×××
　　　일반분양공사매출원가　×××　　　　　　공사비 등 제경비　×××
　　　일반분양미완성공사　×××
　　　（기말재고）

7) 완성 시점

（차）조합원완성건물　　×××　　　　（대）조합원미완성건물　×××
　　　현물출자금　　　　×××　　　　　　　　조합원완성건물　　×××
　　　현금출자금　　　　×××
　　　이익잉여금　　　　×××

3. 세무조정

　정비사업조합이 조합원의 토지 등 현물출자와 조합원분담금에 대해 현금(현물)출자금 계정으로 회계처리하는 방법은 현금(현물)출자금 대신 조합원분양수익으로 인식하는 방법에 비해 세무조정사항 중 [조합원분에 대한 익금불산입(기타), 손금불산입(기타)]이 필요없게 된다.

 빈집 및 소규모주택정비사업의 특징

「빈집 및 소규모주택 정비에 관한 특례법」은 방치된 빈집을 효율적으로 정비하고 소규모주택 정비를 활성화하기 위하여 필요한 사항 및 특례를 규정함으로써 주거생활의 질을 높이는 데 이바지함을 목적으로 한다(빈집법 제1조). "빈집정비사업"이란 빈집을 개량 또는 철거하거나 효율적으로 관리 또는 활용하기 위한 사업을 말하며, 소규모주택정비사업이란 이 법에서 정한 절차에 따라 노후·불량건축물의 밀집 등 일정한 요건에 해당하는 지역 또는 가로구역에서 시행하는 사업을 말한다(빈집법 제2조). 소규모주택정비사업은 「도시 및 주거환경정비법」에 의한 재개발·재건축 정비사업의 절차 중 정비계획수립의 생략, 조합설립추진위원회의 생략, 관리처분계획의 별도 인가의 생략 등으로 절차를 간소화하여 정비사업기간을 단축하게 된다.

소규모주택 정비사업조합의 세무실무는 「도시 및 주거환경정비법」의 재개발·재건축 정비사업조합의 세무실무와 거의 같은 방법으로 처리된다. 이하에서는 소규모주택 정비사업 조합에 대한 「빈집 및 소규모주택 정비에 관한 특례법」의 주요 내용, 업무진행 실무과정과 세법적용 기본개념을 정리하고 법인세, 부가가치세, 취득세(제6절) 등의 세법 적용에 대해 설명하고자 한다.

 「빈집 및 소규모주택 정비에 관한 특례법」의 주요 내용

(1) 소규모주택정비사업의 종류

소규모주택정비사업이란 이 법에서 정한 절차에 따라 노후·불량건축물의 밀집 등 대통령령으로 정하는 요건에 해당하는 지역 또는 가로구역(街路區域)에서 시행하는 다음의 사업을 말한다(빈집법 제2조 제3호).

① 자율주택정비사업 : 단독주택, 다세대주택 및 연립주택을 스스로 개량 또는 건설하기 위한 사업

② 가로주택정비사업 : 가로구역에서 종전의 가로를 유지하면서 소규모로 주거환경을 개선하기 위한 사업

③ 소규모재건축사업 : 정비기반시설이 양호한 지역에서 소규모로 공동주택을 재건축하기 위한 사업. 이 경우 일정한 요건을 갖추어 시행하는 소규모재건축사업을 "공공참여 소규모재건축활성화사업"("공공소규모재건축사업")이라 한다.

④ 소규모재개발사업 : 역세권 또는 준공업지역에서 소규모로 주거환경 또는 도시환경을 개선하기 위한 사업

(2) 소규모주택정비사업 대상 지역

위 (1)에서 "노후·불량건축물의 밀집 등 대통령령으로 정하는 요건에 해당하는 지역 또는 가로구역(街路區域)"이란 다음의 구분에 따른 지역을 말한다(빈집령 제3조).

자율주택정비사업	가로주택정비사업	소규모재건축사업	소규모재개발사업
• 빈집밀집구역, 소규모주택정비 관리지역(아래 표 참조), 도시활력증진지역개발사업의 시행구역, 지구단위계획구역, 정비예정구역·정비구역이 해제된 지역, 주거환경개선사업의 정비구역, 도시재생활성화지역, 또는 그 밖에 특별시 등 시·도 조례로 정하는 지역으로서 다음의 요건을 모두 갖춘 지역 –노후·불량건축물의 수: 2/3 이상 (소규모주택정비 관리지역은 시·도조례로 15/100 내 증감 가능) –기존주택 구성 : ① 모두 단독주택 : 10호 미만, ② 연립주택 또는 다세대주택 :	• 가로구역(아래 표 참조)의 전부 또는 일부로서 다음의 요건을 모두 갖춘 지역 –면적 : 해당 사업시행구역의 면적이 1만㎡ 미만일 것(소규모주택정비 관리지역 등 일정한 요건 충족시 2만㎡ 미만, 4만㎡ 미만 가능) –노후·불량건축물의 수 : 2/3 이상 (소규모주택정비 관리지역은 시·도조례로 15/100 내 증감 가능) –기존주택 구성 ① 모두 단독주택 : 10호 이상 ② 모두 공동주택 : 20세대 이상 ③ ①+② : 20채 이상(단, 단독주택이 10호 이상인	• 주택단지로서 다음의 요건을 모두 충족한 지역 –해당 사업시행구역의 면적이 1만㎡ 미만일 것 – 노후·불량건축물의 수가 2/3 이상 – 기존주택의 세대수가 200세대 미만일 것	• 역세권 : 소규모재개발사업을 시행하려는 지역의 면적 과반이 철도역(개통 예정인 역을 포함)의 승강장 경계로부터 반경 350미터 이내인 지역으로서 다음의 기준을 모두 충족하는 지역(승강장 경계로부터의 반경은 지역 여건을 고려해 100분의 30 범위에서 시·도조례로 정하는 비율로 증감 가능) 1) 해당 사업시행구역의 면적이 5천㎡ 미만일 것 2) 노후·불량건축물의 수가 2/3 이상(시·도조례로 25/100 내 증감 가능) 3) 해당 사업시행구역이 국토교통부령으로 정하는 도로에 접할 것

자율주택정비사업	가로주택정비사업	소규모재건축사업	소규모재개발사업
20세대 미만, ③ ①+②: 20채 미만 (위 모두에 대해 시·도 조례로 1.8배 내 달리 적용 가능) – 일정한 나대지를 포함하려는 경우 : 사업시행구역 전체 토지 면적의 1/2 이내 가능	경우 20채로 봄)		• 준공업지역 : 준공업지역으로서 위 1)부터 3)까지에서 규정한 기준을 모두 충족하는 지역

소규모주택정비 관리지역

"소규모주택정비 관리지역"이란 노후·불량건축물에 해당하는 단독주택 및 공동주택과 신축 건축물이 혼재하여 광역적 개발이 곤란한 지역에서 정비기반시설과 공동이용시설의 확충을 통하여 소규모주택정비사업을 계획적·효율적으로 추진하기 위하여 법 제43조의2에 따라 소규모주택정비 관리계획이 승인·고시된 지역을 말한다(빈집법 제2조 제9호).

가로구역(街路區域)

* 가로구역은 다음의 요건을 모두 갖춰야 한다(빈집령 제3조②).
1. 해당 가로구역은 국토교통부령으로 정하는 도로(또는 예정도로) 및 시설로 둘러싸인 일단의 지역일 것. 다만, 소규모주택정비 관리지역인 경우는 제외한다.
2. 해당 가로구역의 면적은 1만제곱미터 미만일 것. 다만, 다음 각 목의 어느 하나에 해당하는 경우에는 다음 각 목의 구분에 따른 면적 미만으로 할 수 있다.
    가. 지역여건 등을 고려하여 시·도조례로 기준 면적을 달리 정하는 경우: 1만3천제곱미터
    나. 사업시행자가 법 제30조에 따른 사업시행계획서(법 제29조 제1항 본문에 따라 사업시행계획서를 변경하는 경우를 포함한다)를 작성하기 전에 사업시행에 따른 정비기반시설 및 공동이용시설의 적정성 여부에 대하여 지방도시계획위원회의 심의를 거친 경우: 2만제곱미터
    다. 소규모주택정비 관리지역인 경우 : 4만제곱미터
3. 「국토의 계획 및 이용에 관한 법률」에 따른 도시·군계획시설인 도로(같은 법 제32조

제4항에 따라 신설·변경에 관한 지형도면의 고시가 된 도로를 포함한다)로서 폭이 4미터(제1항 제2호 가목 1)부터 3)까지 외의 부분 단서에 해당하는 지역〈소규모주택정비 관리지역 등〉으로서 사업시행구역의 면적이 1만제곱미터 이상 4만제곱미터 미만인 지역의 경우에는 6미터)를 초과하는 도로가 해당 가로구역을 통과하지 않을 것

(3) 소규모주택정비사업의 시행방법

소규모주택정비사업의 시행방법은 정비사업 종류별로 아래와 같다(빈집법 제16조).

자율주택정비사업	가로주택정비사업	소규모재건축사업	소규모재개발사업
• 자율주택정비사업은 사업시행계획인가를 받은 후에 사업시행자가 스스로 주택을 개량 또는 건설하는 방법으로 시행	• 가로주택정비사업은 가로구역의 전부 또는 일부에서 인가받은 사업시행계획에 따라 주택 등을 건설하여 공급하거나 보전 또는 개량하는 방법으로 시행	• 소규모재건축사업은 인가받은 사업시행계획에 따라 주택, 부대시설·복리시설 및 오피스텔을 건설하여 공급하는 방법으로 시행. 다만, 주택단지에 위치하지 아니한 토지 또는 건축물이 진입도로 설치 등 일정한 경우로서 사업시행상 불가피한 경우에는 주택단지 면적의 20/100 미만의 해당 토지 또는 건축물을 포함하여 사업 시행 가능	• 소규모재개발사업은 인가받은 사업시행계획에 따라 주택 등 건축물을 건설하여 공급하는 방법으로 시행

(4) 소규모주택정비사업의 시행자

소규모주택정비사업의 시행자에는 토지등소유자, 조합, 공동시행, 공공시행자, 신탁업자(지정개발자), 사업대행자(지정개발자) 방식이 있다(빈집법 제17조, 제18조, 제19조, 제56조).

1) 토지등소유자

토지등소유자에 대한 소규모주택정비사업의 시행자로서 요건은 정비사업 종류별로 아래와 같다.

자율주택정비사업	가로주택정비사업	소규모재건축사업	소규모재개발사업
• 2명 이상의 토지등소유자가 직접 시행하는 방법 • 자율주택정비사업의 시행으로 공공임대주택의 비율이 50% 이상이 되도록 건설하는 경우에는 토지등소유자 1명이 사업시행 가능(소규모주택정비사업 대상 지역 외에서도 시행 가능)	• 토지등소유자가 20명 미만인 경우에는 토지등소유자가 직접 시행하는 방법	• "가로주택정비사업"과 같다.	• "가로주택정비사업"과 같다.

| 토지등소유자의 정의 |

□ **빈집 및 소규모주택 정비에 관한 특례법 제2조(정의) 제6호**

6. "토지등소유자"란 다음 각 목에서 정하는 자를 말한다. 다만, 「자본시장과 금융투자업에 관한 법률」 제8조 제7항에 따른 신탁업자(이하 "신탁업자"라 한다)가 사업시행자로 지정된 경우 토지등소유자가 소규모주택정비사업을 목적으로 신탁업자에게 신탁한 토지 또는 건축물에 대하여는 위탁자를 토지등소유자로 본다.

    가. 자율주택정비사업, 가로주택정비사업 또는 소규모재개발사업은 사업시행구역에 위치한 토지 또는 건축물의 소유자, 해당 토지의 지상권자

    나. 소규모재건축사업은 사업시행구역에 위치한 건축물 및 그 부속토지의 소유자

2) 조 합

조합이 소규모주택정비사업의 종류별로 시행자가 될 수 있는 경우는 아래와 같다.

자율주택정비사업	가로주택정비사업	소규모재건축사업	소규모재개발사업
"해당 없음"	• 조합이 직접 시행	• 조합이 직접 시행	• 조합이 직접 시행

3) 공동시행

위 1)의 토지등소유자와 2)의 조합(해당 조합이 조합원의 과반수 동의를 받아야 함)은 다음의 어느 하나에 해당하는 자와 공동으로 소규모주택정비사업을 시행할 수 있다.

1) 시장·군수등
2) 토지주택공사등
3) 건설업자
4) 등록사업자
5) 신탁업자
6) 부동산투자회사

4) 공공시행자

시장·군수등은 가로주택정비사업, 소규모재건축사업 또는 소규모재개발사업이 천재지변 등 일정한 사항에 해당하는 경우에는 직접 해당 사업을 시행하거나 토지주택공사등(토지주택 공사등이 건설업자 또는 등록사업자와 공동으로 시행하는 경우를 포함)을 사업시행자로 지정하여 해당 사업을 시행하게 할 수 있다(빈집법 제18조①).

5) 신탁업자(지정개발자)

시장·군수등은 가로주택정비사업, 소규모재건축사업 또는 소규모재개발사업의 조합설립 동의요건 이상에 해당하는 자가 대통령령으로 정하는 요건(사업시행구역 면적의 3분의 1 이상의 토지를 신탁받은 신탁업자)을 갖춘 신탁업자("지정개발자")를 사업시행자로 지정하는 것에 동의하는 때에는 지정개발자를 사업시행자로 지정하여 해당 사업을 시행하게 할 수 있다(빈집법 제19조①).

6) 사업대행자(지정개발자)

시장·군수등은 다음 표의 어느 하나에 해당하는 경우에는 해당 조합 또는 토지등소유자를 대신하여 직접 정비사업을 시행하거나 토지주택공사등 또는 지정개발자에게 해당 조합 또는 토지등소유자를 대신하여 정비사업을 시행하게 할 수 있다(빈집법 제56조①, 도정법 제28조①).

① 장기간 정비사업이 지연되거나 권리관계에 관한 분쟁 등으로 해당 조합 또는 토지등소유자가 시행하는 정비사업을 계속 추진하기 어렵다고 인정하는 경우
② 토지등소유자(조합을 설립한 경우에는 조합원을 말함)의 과반수 동의로 요청하는 경우

(5) 주민합의체의 구성, 신고

"주민합의체"란 토지등소유자가 소규모주택정비사업을 시행하기 위하여 결성하는 협의체를 말한다(빈집법 제2조 제7호).

1) 정비사업별 주민합의체 구성 동의 요건

토지등소유자가 소규모주택정비사업을 시행하는 경우 토지등소유자 전원(또는 일정 비율 이상)의 합의를 거쳐 주민합의체를 구성하여야 한다(빈집법 제22조). 정비사업의 주민합의체 구성 동의 요건은 아래와 같다.

자율주택정비사업	가로주택사업 또는 소규모재건축사업	소규모재개발사업
• 토지소유자 전원의 합의 : 토지등소유자가 2명 이상인 경우 • 소규모주택정비 관리지역에서 시행하는 경우(전원 합의 예외) : 토지등소유자의 10분의 8 이상 및 토지면적의 3분의 2 이상의 토지소유자 동의를 받아 주민합의체를 구성 가능(미동의 토지등소유자도 주민합의체 구성원에 포함)	• 토지소유자 전원의 합의 : 토지등소유자가 20명 미만인 경우	• 토지등소유자의 10분의 8 이상 및 토지면적의 3분의 2 이상의 토지소유자 동의를 받아 주민합의체 구성(미동의 토지등소유자도 주민합의체 구성원에 포함)

2) 추가 동의 요건

사업시행구역의 공동주택은 각 동(복리시설의 경우에는 주택단지의 복리시설 전체를 하나의 동으로 본다)별 구분소유자의 과반수 동의(공동주택의 각 동별 구분소유자가 5명 이하인 경우는 제외한다)를, 그 외의 토지 또는 건축물은 해당 토지 또는 건축물이 소재하는 전체 토지면적의 2분의 1 이상의 토지소유자 동의를 받아야 한다(빈집법 제22조④).

3) 주민합의체 대표자 선임 및 주민합의서 작성ㆍ신고

토지등소유자는 주민합의체를 구성하는 경우 토지등소유자 전원의 합의(소규모재개발사업 및 관리지역에서 자율주택정비사업을 하기 위하여 주민합의체를 구성하는 경우에는 토지등소유자의 10분의 8 이상 및 토지면적의 3분의 2 이상의 토지소유자 동의를 말함)로 주민합의체 대표자를 선임하고 국토교통부령으로 정하는 바에 따라 주민합의서를 작성하여 시장ㆍ군수등에게 신고하여야 한다(빈집법 제22조⑤).

주민합의서는 다음의 사항을 포함하여야 한다(빈집법 제22조⑥).
1. 주민합의체의 명칭
2. 사업시행구역의 위치 및 범위
3. 주민합의체의 목적 및 사업 내용
4. 주민합의체를 구성하는 자의 성명, 주소 및 생년월일(법인, 법인 아닌 사단이나 재단 및 외국인의 경우에는「부동산등기법」제49조에 따라 부여된 등록번호를 말한다. 이하 같다)
5. 주민합의체 대표자의 성명, 주소 및 생년월일
6. 시공자 또는 정비사업전문관리업자의 선정 및 변경 방법
7. 주민합의체의 의결사항 및 의결방법
8. 그 밖에 주민합의체의 구성 및 운영에 필요한 사항으로서 시·도조례로 정하는 사항

(6) 조합원의 자격과 조합설립인가

1) 조합원의 자격

조합원(사업시행자가 신탁업자인 경우에는 위탁자를 말함)은 토지등소유자(소규모재건축사업의 경우에는 소규모재건축사업에 동의한 자만 해당함)로 하되, 다음의 어느 하나에 해당하는 때에는 그 여러 명을 대표하는 1명을 조합원으로 본다(빈집법 제24조①). 따라서 가로주택정비사업 및 소규모재개발사업의 해당 사업지역 내 토지등소유자는 조합설립에 동의하지 않았더라도 모두 조합원에 해당한다.
① 토지 또는 건축물의 소유권과 지상권이 여러 명의 공유에 속하는 때
② 여러 명의 토지등소유자가 1세대에 속하는 때
③ 조합설립인가(신탁업자를 사업시행자로 지정한 경우에는 사업시행자의 지정) 후 1명의 토지등소유자로부터 토지 또는 건축물의 소유권이나 지상권을 양수하여 여러 명이 소유하게 된 때

그리고 투기과열지구로 지정된 지역은 조합설립인가 후 해당 사업의 건축물 또는 토지를 양수한 자라도 조합원이 될 수 없다. 다만, 일정한 사유에 해당하는 경우는 예외로 한다(빈집법 제24조②).

2) 조합설립인가

① 정비사업별 조합설립 동의 요건

가로주택정비사업, 소규모재건축사업 및 소규모재개발사업의 조합설립 동의 요건은 아래와 같다.

가로주택정비사업	소규모재건축사업	소규모재개발사업
• 토지등소유자의 10분의 8 이상 및 토지면적의 3분의 2 이상의 토지소유자 동의를 받은 후 창립총회를 개최하고 시장·군수등의 인가 • 사업시행구역의 공동주택은 각 동(복리시설의 경우에는 주택단지의 복리시설 전체를 하나의 동으로 봄)별 구분소유자의 과반수 동의(공동주택의 각 동별 구분소유자가 5명 이하인 경우는 제외)를, 그 외의 토지 또는 건축물은 해당 토지 또는 건축물이 소재하는 전체 토지면적의 2분의 1 이상의 토지소유자 동의	• 주택단지의 공동주택의 각 동(복리시설의 경우에는 주택단지의 복리시설 전체를 하나의 동으로 봄)별 구분소유자의 과반수 동의(공동주택의 각 동별 구분소유자가 5명 이하인 경우는 제외)와 주택단지의 전체 구분소유자의 4분의 3 이상 및 토지면적의 4분의 3 이상의 토지소유자 동의를 받은 후 창립총회를 개최하고 시장·군수등의 인가 • 토지등소유자는 주택단지가 아닌 지역이 사업시행구역에 포함된 경우 주택단지가 아닌 지역의 토지 또는 건축물 소유자의 4분의 3 이상 및 토지면적의 3분의 2 이상의 토지소유자의 동의	• 토지등소유자의 10분의 8 이상 및 토지면적의 3분의 2 이상의 토지소유자 동의를 받은 후 창립총회를 개최하고 시장·군수등의 인가

② 조합의 인격 등

조합은 법인으로 하며, 조합에는 조합원으로 구성되는 총회를 두고 총회의 소집 절차·시기 등은 정관으로 정한다. 조합에 관하여는 이 법에 규정된 것을 제외하고는 「민법」 중 사단법인에 관한 규정을 준용한다(빈집법 제23조⑧).

(7) 소규모주택정비사업의 추진 단계별 절차

소규모주택정비사업의 사업추진 단계별 주요 절차는 아래와 같다.

추진단계	단계별 추진사항	주요 내용
1단계	사업시행자 결정	• 소규모주택정비사업의 시행자 : 토지등소유자, 조합, 공동시행, 공공시행자, 신탁업자(지정개발자), 사업대행자(지정개발자) 중 하나
2단계	시공자 선정	• 토지등소유자 : 주민합의체를 신고한 후 주민합의서에 정하는 바에 따라 시공자를 선정 • 조합 : 조합설립인가를 받은 후 조합 총회(시장·군수등 또는 토지주택공사등과 공동으로 시행하는 경우에는 조합원의 과반수 동의로 조합 총회를 갈음함)에서 경쟁입찰 또는 수의계약의 방법으로 시공자를 선정 • 시장·군수등이 직접시행 또는 사업시행자(토지주택공사등, 지정개발자) 지정 : 고시 후 주민대표회의 또는 토지등소유자 전체회의는 경쟁입찰 또는 수의계약의 방법으로 시공자를 선정
3단계	건축심의	• 사업시행자는 사업시행계획서를 작성하기 전에 사업시행에 따른 건축물의 높이·층수·용적률 등 대통령령으로 정하는 사항에 대하여 지방건축위원회의 심의를 거쳐야 함.
4단계	분양공고 및 분양신청	• 사업시행자는 심의 결과를 통지받은 날부터 90일 이내에 일정한 사항을 토지등소유자에게 통지하고, 분양의 대상이 되는 대지 또는 건축물의 내역 등 대통령령으로 정하는 사항을 해당 지역에서 발간되는 일간신문에 공고 • 분양신청기간은 토지등소유자에게 통지한 날부터 30일 이상 60일 이내(20일 범위에서 한 차례 연장 가능)
5단계	관리처분계획의 수립	• 사업시행자는 분양신청기간이 종료된 때에는 분양신청의 현황을 기초로 관리처분계획을 수립
	사업시행계획인가	• 사업시행자는 사업시행계획서(분양설계 등 관리처분계획 포함)와 정관등을 시장·군수등에게 제출, 시장·군수등은 사업시행계획인가 여부를 통지(60일 이내)
6단계	착공신고	• 이전고시가 있는 날까지 종전의 토지 또는 건축물을 사용·수익할 수 없고 기존 건축물은 철거 • 시공자는 시공보증서를 조합에 제출, 착공신고 시 확인
7단계	준공인가	• 공사의 완료를 해당 지방자치단체의 공보에 고시

추진단계	단계별 추진사항	주요 내용
8단계	이전고시	• 사업시행자는 준공인가에 따른 고시가 있은 때에는 지체 없이 대지확정측량, 토지의 분할절차를 거쳐 관리처분계획에서 정한 사항을 분양받을 자에게 통지하고 대지 또는 건축물의 소유권을 이전
9단계	청산금의 징수 및 지급	• 사업시행자는 대지 또는 건축물을 분양받은 자가 종전에 소유하고 있던 토지 또는 건축물의 가격과 분양받은 대지 또는 건축물의 가격 사이에 차이가 있는 경우 이전고시가 있은 후에 그 차액에 상당하는 금액(청산금)을 분양받은 자로부터 징수하거나 분양받은 자에게 지급(분할징수·분할지급 가능)

※ 재건축진단 : 「도시 및 주거환경정비법」에 의한 재건축사업과는 달리 소규모주택정비사업에서는 재건축진단에 대한 의무가 없다.

(8) 건축심의

가로주택정비사업, 소규모재건축사업 또는 소규모재개발사업의 사업시행자(사업시행자가 시장·군수등인 경우는 제외)는 사업시행계획서를 작성하기 전에 사업시행에 따른 건축물의 높이·층수·용적률 등 대통령령으로 정하는 사항(아래 표 참조)에 대하여 지방건축위원회의 심의를 거쳐야 한다(빈집법 제26조①, 빈집령 제24조①).

1) 사업시행구역이 가로주택정비사업을 시행하는 가로구역일 경우 제3조 제1항 제2호의 요건을 충족하는지 여부에 관한 사항
2) 건축물의 주용도·건폐율·용적률 및 높이에 관한 계획(「건축법」 제77조의4에 따라 건축협정을 체결한 경우 건축협정의 내용을 포함한다)
3) 건축물의 건축선에 관한 계획
3의2) 「건축법」 제69조에 따른 특별건축구역과 같은 법 제77조의2에 따른 특별가로구역의 지정에 관한 사항
4) 정비기반시설의 설치계획
5) 공동이용시설의 설치계획
6) 환경보전 및 재난방지에 관한 계획
7) 그 밖에 시·도조례로 정하는 사항

(9) 분양공고 및 분양신청 등

1) 토지등소유자에 통지, 공고

가로주택정비사업, 소규모재건축사업 또는 소규모재개발사업의 사업시행자는 제26조에 따른 심의 결과를 통지받은 날부터 90일 이내에 다음 각 호의 사항을 토지등소유자에게 통지하고, 분양의 대상이 되는 대지 또는 건축물의 내역 등 대통령령으로 정하는 사항(생략)을 해당 지역에서 발간되는 일간신문에 공고하여야 한다(빈집법 제28조①).

> 1) 분양대상자별 종전의 토지 또는 건축물의 명세 및 제26조에 따른 심의 결과를 통지받은 날을 기준으로 한 가격(제26조에 따른 심의 전에 제37조 제3항에 따라 철거된 건축물은 시장·군수등에게 허가를 받은 날을 기준으로 한 가격)
> 2) 분양대상자별 분담금의 추산액
> 3) 분양신청기간
> 4) 그 밖에 대통령령으로 정하는 사항

2) 분양신청기간

분양신청기간은 토지등소유자에게 통지한 날부터 30일 이상 60일 이내로 하여야 한다. 다만, 사업시행자는 관리처분계획의 수립에 지장이 없다고 판단하는 경우에는 분양신청기간을 20일 범위에서 한 차례만 연장할 수 있다(빈집법 제28조②).

3) 분양신청을 하지 아니한 자 등에 대한 조치

가로주택정비사업, 소규모재건축사업 또는 소규모재개발사업의 사업시행자는 사업시행계획이 인가·고시된 날부터 90일 이내에 다음 표에서 정하는 자와 토지, 건축물 또는 그 밖의 권리의 손실보상에 관한 협의를 하여야 한다. 다만, 사업시행자는 분양신청기간 종료일의 다음 날부터 협의를 시작할 수 있다(빈집법 제36조①).

> 1) 분양신청을 하지 아니한 자
> 2) 분양신청기간 종료 이전에 분양신청을 철회한 자
> 3) 제29조에 따라 인가된 관리처분계획에 따라 분양대상에서 제외된 자

그리고 사업시행자는 손실보상에 관한 협의가 성립되지 않은 경우에는 그 기간의 만료일 다음 날부터 60일 이내에 수용재결을 신청하거나 제35조에 따른 매도청구소송을 제기하여야

한다(빈집법 제36조②).

4) 매도청구

① 가로주택정비사업 또는 소규모재건축사업

가로주택정비사업(제35조의2에 따라 토지·물건 및 권리를 수용 또는 사용할 수 있는 경우는 제외함) 또는 소규모재건축사업의 사업시행자(토지등소유자가 시행하는 경우는 제외함)는 건축심의 결과를 받은 날부터 30일 이내에 다음 표의 자에게 조합설립 또는 사업시행자의 지정에 동의할 것인지 여부를 회답할 것을 서면으로 촉구하여야 한다(빈집법 제35조①). 서면으로 촉구를 받은 토지등소유자는 촉구를 받은 날부터 60일 이내에 회답하여야 하고(빈집법 제35조③), 이 기간 내에 회답하지 아니한 토지등소유자는 조합설립 또는 사업시행자의 지정에 동의하지 아니하겠다는 뜻을 회답한 것으로 본다(빈집법 제35조④). 이 기간이 만료된 때부터 60일 이내에 동의하지 아니하겠다는 뜻을 회답한 토지등소유자와 건축물 또는 토지만 소유한 자에게 건축물 또는 토지의 소유권과 그 밖의 권리를 매도할 것을 청구할 수 있다(빈집법 제35조⑤).

> 1. 「빈집 및 소규모주택 정비에 관한 특례법」 제23조 제1항·제2항·제4항 및 제5항에 따른 조합설립에 동의하지 아니한 자
> 2. 「빈집 및 소규모주택 정비에 관한 특례법」 제18조 제1항 및 제19조 제1항에 따라 시장·군수등, 토지주택공사등 또는 지정개발자 지정에 동의하지 아니한 자

② 자율주택정비사업

소규모주택정비 관리지역에서 시행하는 자율주택정비사업의 사업시행자는 주민합의체 구성에 동의하지 아니한 자에 대하여 주민합의체 구성에 동의할 것인지 여부를 회답할 것을 서면으로 촉구하여야 한다(빈집법 제35조②). 서면으로 촉구를 받은 토지등소유자는 촉구를 받은 날부터 60일 이내에 회답하여야 하고(빈집법 제35조③), 이 기간 내에 회답하지 아니한 토지등소유자는 주민합의체 구성에 동의하지 아니하겠다는 뜻을 회답한 것으로 본다(빈집법 제35조④). 이 기간이 만료된 때부터 60일 이내에 동의하지 아니하겠다는 뜻을 회답한 토지등소유자와 건축물 또는 토지만 소유한 자에게 건축물 또는 토지의 소유권과 그 밖의 권리를 매도할 것을 청구할 수 있다(빈집법 제35조⑤).

5) 수용 또는 사용

사업시행자는 소규모재개발사업 또는 가로주택정비사업(시장·군수등 또는 공공시행자로 지정된 토지주택공사등이 관리지역에서 시행하는 경우로 한정함)을 시행하기 위하여 필요한 경우에는 「공익사업을 위한 토지 등의 취득 및 보상에 관한 법률」 제3조에 따른 토지·물건 및 권리를 수용 또는 사용할 수 있다(빈집법 제35조의2①).

(10) 사업시행계획인가

소규모주택정비사업에서는 사업시행계획인가에 관리처분계획을 포함하여야 하고, 별도의 관리처분계획의 인가는 하지 않는다.

1) 관리처분계획

가로주택정비사업, 소규모재건축사업 또는 소규모재개발사업의 사업시행자는 분양신청기간이 종료된 때에는 분양신청의 현황을 기초로 다음 표의 사항을 포함하여 관리처분계획을 수립하여야 한다(빈집법 제33조①).

---

1) 분양설계
2) 분양대상자의 주소 및 성명
3) 분양대상자별 분양예정인 대지 또는 건축물의 추산액(임대관리 위탁주택에 관한 내용을 포함한다)
4) 다음 각 목에 해당하는 보류지 등의 명세와 추산액 및 처분방법
   가. 일반 분양분
   나. 임대주택
   다. 그 밖에 부대시설·복리시설 등
5) 분양대상자별 종전의 토지 또는 건축물 명세 및 제26조에 따른 심의 결과를 받은 날을 기준으로 한 가격(제26조에 따른 심의 전에 제37조 제3항에 따라 철거된 건축물은 시장·군수등에게 허가를 받은 날을 기준으로 한 가격)
6) 정비사업비의 추산액(소규모재건축사업의 경우에는 「재건축초과이익 환수에 관한 법률」에 따른 재건축분담금에 관한 사항을 포함한다) 및 그에 따른 조합원 분담규모 및 분담시기
7) 분양대상자의 종전 토지 또는 건축물에 관한 소유권 외의 권리명세
8) 세입자별 손실보상을 위한 권리명세 및 그 평가액(취약주택정비사업의 경우로 한정한다)
9) 그 밖에 소규모주택정비사업과 관련한 권리 등에 관하여 대통령령으로 정하는 사항

---

2) 사업시행계획인가

① 사업시행계획서의 제출, 인가

사업시행자(사업시행자가 시장·군수등인 경우는 제외)는 소규모주택정비사업을 시행하는 경우에는 제30조에 따른 사업시행계획서("사업시행계획서")에 정관등과 그 밖에 국토교통부령으로 정하는 서류를 첨부하여 시장·군수등에게 제출하고 사업시행계획인가를 받아야 하며, 인가받은 사항을 변경하는 경우에도 또한 같다. 다만, 대통령령으로 정하는 경미한 사항을 변경하는 경우에는 시장·군수등에게 신고하여야 한다(빈집법 제29조①).

② 사업시행계획서의 작성

사업시행자는 다음 각 호의 사항을 포함하는 사업시행계획서를 작성하여야 한다. 다만, 자율주택정비사업의 경우에는 제1호·제2호·제3호·제6호 및 제7호의 사항으로 한정한다(빈집법 제30조①).

1) 사업시행구역 및 그 면적
2) 토지이용계획(건축물배치계획을 포함한다)
3) 정비기반시설 및 공동이용시설의 설치계획
4) 임시거주시설을 포함한 주민이주대책
5) 사업시행기간 동안 사업시행구역 내 가로등 설치, 폐쇄회로 텔레비전 설치 등 범죄예방대책
6) 임대주택의 건설계획
7) 건축물의 높이 및 용적률 등에 관한 건축계획(「건축법」 제77조의4에 따라 건축협정을 체결한 경우 건축협정의 내용을 포함한다)
8) 사업시행과정에서 발생하는 폐기물의 처리계획
9) 정비사업비
10) 분양설계 등 관리처분계획
10의2) 제35조의2에 따라 수용 또는 사용하여 사업을 시행하는 경우 수용 또는 사용할 토지·물건 또는 권리의 세목과 그 소유자 및 권리자의 성명·주소
11) 그 밖에 사업시행을 위한 사항으로서 대통령령으로 정하는 바에 따라 시·도조례로 정하는 사항

(11) 사업시행계획인가에 따른 처분 등

가로주택정비사업, 소규모재건축사업 또는 소규모재개발사업의 사업시행자는 사업의 시행으로 조성된 대지 및 건축물을 사업시행계획인가에 따라 처분 또는 관리하여야 한다(빈집법

제34조①). 가로주택정비사업, 소규모재건축사업 또는 소규모재개발사업의 사업시행자는 사업의 시행으로 건설된 건축물을 제29조에 따라 인가된 관리처분계획에 따라 토지등소유자에게 공급하여야 한다(빈집법 제34조②).

(12) 준공인가

시장·군수등이 아닌 사업시행자가 소규모주택정비사업 공사를 완료한 때에는 시장·군수등의 준공인가를 받아야 한다(빈집법 제39조①). 시장·군수등은 준공검사를 실시한 결과 소규모주택정비사업이 인가받은 사업시행계획대로 완료되었다고 인정되는 때에는 준공인가를 하고 그 사실을 해당 지방자치단체의 공보에 고시하여야 한다(빈집법 제39조③).

(13) 이전고시 및 권리변동의 제한 등

사업시행자는 준공인가에 따른 고시가 있은 때에는 지체 없이 대지확정측량(소규모주택정비사업 중 공급세대 30호 미만의 사업은 제외)을 하고 토지의 분할절차를 거쳐 사업시행계획에서 정한 사항을 분양받을 자에게 통지하고 대지 또는 건축물의 소유권을 이전하여야 한다. 다만, 소규모주택정비사업의 효율적인 추진을 위하여 필요한 경우에는 해당 소규모주택정비사업에 관한 공사가 전부 완료되기 전이라도 완공된 부분은 준공인가를 받아 대지 또는 건축물별로 분양받을 자에게 그 소유권을 이전할 수 있다(빈집법 제40조①). 사업시행자는 제1항에 따라 대지 및 건축물의 소유권을 이전하는 때에는 그 내용을 해당 지방자치단체의 공보에 고시한 후 시장·군수등에게 보고하여야 한다. 이 경우 대지 또는 건축물을 분양받을 자는 고시가 있은 날의 다음 날에 그 대지 또는 건축물의 소유권을 취득한다(빈집법 제40조②).

(14) 청산금

사업시행자는 대지 또는 건축물을 분양받은 자가 종전에 소유하고 있던 토지 또는 건축물의 가격과 분양받은 대지 또는 건축물의 가격 사이에 차이가 있는 경우 이전고시가 있은 후에 그 차액에 상당하는 금액(“청산금”)을 분양받은 자로부터 징수하거나 분양받은 자에게 지급하여야 한다(빈집법 제41조①). 사업시행자는 정관등에서 분할징수 및 분할지급을 정하고 있거나 총회의 의결을 거쳐 따로 정한 경우에는 사업시행계획인가 후부터 이전고시가 있은 날까지 일정기간별로 분할징수하거나 분할지급할 수 있다(빈집법 제41조②).

(15) 「도시 및 주거환경정비법」의 준용

1) 「도시 및 주거환경정비법」과 동일하게 준용하는 경우

「빈집 및 소규모주택 정비에 관한 특례법」은 「도시 및 주거환경정비법」의 내용 중 아래 내용을 준용한다(빈집법 제56조①, ③).

준용하는 내용	도시 및 주거환경정비법 조문
토지등소유자의 동의방법 등에 관하여는	제27조, 제36조 및 제37조
가로주택정비사업, 소규모재건축사업 및 소규모재개발사업의 사업대행자 지정에 관하여는	제28조
조합의 법인격·정관·임원 등에 관하여는	제38조 및 제40조부터 제46조까지
주민대표회의 및 토지등소유자 전체회의 등에 관하여는	제47조 및 제48조
정비기반시설 기부채납 기준 등에 관하여는	제51조
용적률 상한 등에 관하여는	제54조
시장·군수등의 사업시행계획인가 및 사업시행계획서 작성 등에 관하여는	제56조 및 제58조
소규모주택정비사업에서의 지분형주택 등의 공급에 관하여는	제80조
시공보증에 관하여는	제82조
준공인가 및 공사완료의 절차 및 방법 등에 관하여는	제83조 및 제85조
소유권을 이전한 경우의 대지 및 건축물에 대한 권리 확정 등에 관하여는(환지, 보류지 또는 체비지)	제87조
청산금의 징수방법 등에 관하여는	제90조
부과금 및 연체료의 부과·징수 등에 관하여는	제93조
정비기반시설 관리자의 비용부담 및 귀속 등에 관하여는	제94조 및 제97조
정비사업전문관리업자에 관하여는	제102조부터 제110조까지
소규모주택정비사업의 감독 등에 관하여는	제111조부터 제113조까지, 제124조 및 제125조
조합임원 등에 대한 교육, 토지등소유자의 설명의무 등에 관하여는	제115조, 제120조부터 제122조까지

* 「도시 및 주거환경정비법」을 준용할 때 "재개발사업"은 "자율주택정비사업, 가로주택정비사업 또는 소규모재개발사업"으로, "재건축사업"은 "소규모재건축사업"으로 본다.

2) 「도시 및 주거환경정비법」을 준용하되 다르게 정할 수 있는 경우

다음의 경우에는 「도시 및 주거환경정비법」을 준용하되, 소규모주택정비사업의 규모 및 특성 등을 고려하여 특별히 규정하여야 할 사항은 대통령령으로 다르게 정할 수 있다(빈집법 제56조②).

① 재산 또는 권리 평가 등에 관하여는 같은 법 제74조를 준용한다.
② 국유·공유재산의 처분 등에 관하여는 같은 법 제98조를 준용한다.

❸ 업무진행 실무과정과 세법적용 기본개념

(1) 업무진행 실무과정

1) 조합설립추진위원회의 운영

「빈집 및 소규모주택 정비에 관한 특례법」은 소규모주택정비사업의 조합설립추진위원회 규정을 두고 있지 않지만 조합설립인가 준비과정에서 추진위원회의 운영이 필요한 경우에는 임의단체를 구성하여 회계처리 등 업무를 추진한다. 소규모주택정비사업조합 추진위원회와 관할 관청의 인가를 받아 설립되는 소규모주택정비사업조합은 서로 다른 법적 조직체이므로 소규모주택정비사업조합 추진위원회가 행한 법률행위가 소규모주택정비사업조합으로 당연히 승계된다고 할 수 없다. 따라서 소규모주택정비사업조합 추진위원회가 행한 계약 등은 소규모주택정비사업조합의 창립총회 의결로 추인 또는 승인하는 절차가 필요하다.

2) 재개발·재건축조합의 업무진행 실무과정 참고

소규모주택정비사업조합의 업무진행은 실질 내용이 「도시 및 주거환경정비법」의 재개발·재건축조합의 업무진행 과정과 같으므로 앞 '제1절 3의 재개발·재건축조합의 업무진행 실무과정' 내용을 참고하면 될 것이다.

(2) 세법적용 기본개념

1) 재개발·재건축정비사업조합의 세법적용 기본개념 참고

소규모주택정비사업조합의 부가가치세·법인세·취득세 적용은 「도시 및 주거환경정비법」의 재개발·재건축조합의 세법적용과 실질 내용이 같으므로 앞 '제1절 3. (2)의 재개발·

재건축정비사업조합의 세법적용 기본개념' 내용을 참고하면 될 것이다.

2) 소득세

토지등소유자가 개인으로서 소규모주택정비사업을 추진할 경우 소득세법상 1거주자 또는 공동사업자에 해당하게 된다. 그리고 소유권 이전고시로 분양받을 자가 취득하는 대지 또는 건축물 중 토지등소유자에게 분양하는 대지 또는 건축물은 「도시개발법」 제40조에 따라 행하여진 환지로 보므로(빈집법 제56조), 소득세 과세대상이 아니다.

 ## 소규모주택정비사업조합의 부가가치세 실무

(1) 사업자등록신고(또는 정정신고)

1) 추진위원회 단계

① 법적 성격

「빈집 및 소규모주택 정비에 관한 특례법」상 소규모주택정비사업조합 추진위원회는 법률근거가 없고 법적 성격은 임의단체라고 하는 것이 일반적인 견해이다. 대법원에서는 임의단체에 대해 '단체고유의 목적을 가지고 활동하고 있고, 규약 및 단체로서의 조직을 갖추고, 구성원의 가입 탈퇴에 따른 변경에 관계없이 그 자체가 존속하는 등 단체로서의 주요사항이 확정되어 있는 사실이 인정되면 이는 이른바 '비법인 사단'에 해당한다'(대법원. 92다36052 1994.6.28.)라고 판시함에 따라 소규모주택정비사업조합 추진위원회는 '비법인 사단'에 해당한다고 볼 수 있다.

② 고유번호 부여

「국세기본법」 제13조 제2항에 따라 소규모주택정비사업조합 추진위원회는 관할 세무서장에게 신청하여 승인을 받아야 하는 법인으로 보는 법인 아닌 단체로서의 성격을 갖는다. 이에 따라 고유번호증을 부여받고 사업을 추진할 수 있다. 소규모주택정비사업조합 추진위원회에 수익사업이 발생할 경우에는 수익사업개시신고를 하여 부가가치세 일반과세자로서 매입세액 공제 등을 받을 수 있도록 해야 한다.

2) 소규모주택정비사업조합 단계

소규모주택정비사업조합이 설립된 경우에는 소규모주택정비사업조합 추진위원회로부터

전환된 조직변경된 것으로 볼 수 있으므로 사업자등록 정정신고대상이 된다. 소규모주택
정비사업조합이 추진위원회단계에서 고유번호를 부여받지 않은 경우에는 수익사업을
영위하는 비영리내국법인으로 보아 사업자등록증을 교부받으면 된다.

(2) 재화의 공급 예외

2022.1.1.부터 개정된 조세특례제한법 제104조의7 시행으로 소규모주택정비사업조합은
「도시 및 주거환경정비법」상 재개발·재건축정비사업조합과 「조세특례제한법」 적용 내용이
동일하다. 즉, 「조세특례제한법」 제104조의 7 제3항에서는 "정비사업조합이 「빈집 및 소규모주택
정비에 관한 특례법」에 따라 해당 정비사업에 관한 공사를 마친 후에 그 관리처분계획에
따라 조합원에게 공급하는 것으로서 종전의 토지를 대신하여 공급하는 토지 및 건축물(해당
정비사업의 시행으로 건설된 것만 해당한다)은 「부가가치세법」 제9조(재화의 공급) 및
제10조(재화 공급의 특례: 자가공급, 개인적 공급, 사업상 증여, 폐업시 남아있는 재화)에
따른 재화의 공급으로 보지 아니한다"(조특법 제104조의7③)고 규정하고 있다. 따라서
소규모주택정비사업조합이 완성된 건물을 조합원에게 공급하는 것은 재화의 공급으로 보지
아니한다.

(3) 과세표준(공급가액)

소규모주택정비사업조합이 조합원 외 일반인에게 공급하는 국민주택규모 초과 주택이나
상가에 대해서는 부가가치세가 과세된다.

(4) 매입세액

소규모주택정비사업조합이 조합원 외 일반인에게 공급하는 국민주택규모 초과 주택이나
상가의 신축공사 등에 대한 부가가치세 매입세액은 공제대상이고 국민주택규모 이하 주택의
신축공사 등과 관련된 부가가치세 매입세액은 불공제대상이므로 대부분 공통매입세액
안분계산문제가 발생한다. 제1절 재개발·재건축정비사업조합의 부가가치세 공통매입세액을
참고하여 계산하면 된다.

(1) 비수익사업과 수익사업 소득

「빈집 및 소규모주택 정비에 관한 특례법」 제23조에 따라 설립된 조합에 대해서는 「법인세법」 제2조에도 불구하고 비영리내국법인으로 보아 「법인세법」(같은 법 제29조는 제외한다)을 적용한다(조특법 제104조의7②). 따라서 소규모주택 정비사업조합은 재개발·재건축 정비사업조합과 동일하게 비영리법인으로 보아 수익사업에서 발생한 소득만을 법인세 과세대상으로 한다. 소규모주택정비사업조합이 일반인에게 공급하는 토지 또는 건축물 등 분양수익은 수익사업에 해당되어 법인세 과세대상이다.

(2) 「도시 및 주거환경정비법」 규정과 동일

2022.1.1.부터 개정된 「조세특례제한법」 제104조의7 시행으로 소규모주택정비사업조합은 「도시 및 주거환경정비법」상 재개발·재건축정비사업조합과 「조세특례제한법」의 적용에 있어서 차이가 없다. 따라서 비영리법인 의제, 「법인세법」 적용 등도 재개발·재건축 정비사업조합에 대한 세법 규정과 동일하게 적용된다.

 도시개발사업의 특징

「도시개발법」은 도시개발에 필요한 사항을 규정하여 계획적이고 체계적인 도시개발을 도모하고 쾌적한 도시환경의 조성과 공공복리의 증진에 이바지함을 목적으로 한다(도개법 제1조). 도시개발사업이란 도시개발구역에서 주거, 상업, 산업, 유통, 정보통신, 생태, 문화, 보건 및 복지 등의 기능이 있는 단지 또는 시가지를 조성하기 위하여 시행하는 사업을 말하며(도개법 제2조 제2호), 그 종류에는 토지구획정리사업, 주택단지조성사업, 공업단지조성사업, 시가지조성사업 등이 있다.

도시개발사업의 시행자가 도시개발사업을 수용·사용방식으로 추진하면서 도시개발구역 내의 전체 토지등을 매입하여 개발완료 후에 매각하는 것은 수익사업에 해당하나, 환지방식으로 추진하여 환지계획에 따라 종전의 토지를 대신하여 받는 환지 후 토지는 환지의 특성으로 비수익사업에 해당하게 된다. 「도시개발법」에는 환지에 대한 규정을 자세히 규정하고 있으며, 다른 법률에서 차용하여 사용한다.

이하에서는 도시개발사업에 대한 「도시개발법」의 주요 내용을 먼저 정리하고 도시개발 조합이 시행 주체일 때 업무진행 실무과정과 세법적용 기본개념 그리고 세무업무에 대해 서술하고자 한다.

 「도시개발법」의 주요 내용

(1) 도시개발사업의 시행자와 시행방식

1) 도시개발사업의 시행자

도시개발사업의 시행자는 다음 표의 자 중에서 지정권자(특별시장·광역시장·도지사· 특별자치도지사, 서울특별시와 광역시를 제외한 인구 50만 이상의 대도시의 시장, 국토교통부 장관)가 지정한다. 다만, 도시개발구역의 전부를 환지 방식으로 시행하는 경우에는 다음 표 5. 토지 소유자나 6. 조합을 시행자로 지정한다(도개법 제11조①).

1. 국가나 지방자치단체
2. 대통령령으로 정하는 공공기관
3. 대통령령으로 정하는 정부출연기관
4. 「지방공기업법」에 따라 설립된 지방공사
5. 도시개발구역의 토지 소유자(「공유수면 관리 및 매립에 관한 법률」 제28조에 따라 면허를 받은 자를 해당 공유수면을 소유한 자로 보고 그 공유수면을 토지로 보며, 제21조에 따른 수용 또는 사용 방식의 경우에는 도시개발구역의 국공유지를 제외한 토지면적의 3분의 2 이상을 소유한 자를 말한다)
6. 도시개발구역의 토지 소유자(「공유수면 관리 및 매립에 관한 법률」 제28조에 따라 면허를 받은 자를 해당 공유수면을 소유한 자로 보고 그 공유수면을 토지로 본다)가 도시개발을 위하여 설립한 조합(도시개발사업의 전부를 환지 방식으로 시행하는 경우에만 해당하며, 이하 "조합"이라 한다)
7. 「수도권정비계획법」에 따른 과밀억제권역에서 수도권 외의 지역으로 이전하는 법인 중 과밀억제권역의 사업 기간 등 대통령령으로 정하는 요건에 해당하는 법인
8. 「주택법」 제4조에 따라 등록한 자 중 도시개발사업을 시행할 능력이 있다고 인정되는 자로서 대통령령으로 정하는 요건에 해당하는 자(「주택법」 제2조 제12호에 따른 주택단지와 그에 수반되는 기반시설을 조성하는 경우에만 해당한다)
9. 「건설산업기본법」에 따른 토목공사업 또는 토목건축공사업의 면허를 받는 등 개발계획에 맞게 도시개발사업을 시행할 능력이 있다고 인정되는 자로서 대통령령으로 정하는 요건에 해당하는 자
9의2. 「부동산개발업의 관리 및 육성에 관한 법률」 제4조 제1항에 따라 등록한 부동산개발업자로서 대통령령으로 정하는 요건에 해당하는 자
10. 「부동산투자회사법」에 따라 설립된 자기관리부동산투자회사 또는 위탁관리부동산투자회사로서 대통령령으로 정하는 요건에 해당하는 자
11. 제1호부터 제9호까지, 제9호의2 및 제10호에 해당하는 자(제6호에 따른 조합은 제외한다)가 도시개발사업을 시행할 목적으로 출자에 참여하여 설립한 법인으로서 대통령령으로 정하는 요건에 해당하는 법인

2) 도시개발사업의 시행방식

도시개발사업의 시행 방식은 도시개발구역의 토지등을 수용 또는 사용하는 방식이나 환지 방식 또는 이를 혼용하는 방식으로 시행할 수 있다(도개법 제21조①). 시행자는 도시개발구역으로 지정하려는 지역에 대하여 다음 표에서 정하는 바에 따라 도시개발사업의 시행방식을 정함을 원칙으로 하되, 사업의 용이성·규모 등을 고려하여 필요하면 국토교통부장관이 정하는 기준에

따라 도시개발사업의 시행방식을 정할 수 있다(도개령 제43조).

1. 환지방식: 다음 각 목의 어느 하나에 해당하는 경우
   가. 대지로서의 효용증진과 공공시설의 정비를 위하여 토지의 교환·분할·합병, 그 밖의 구획변경, 지목 또는 형질의 변경이나 공공시설의 설치·변경이 필요한 경우
   나. 도시개발사업을 시행하는 지역의 지가가 인근의 다른 지역에 비하여 현저히 높아 수용 또는 사용방식으로 시행하는 것이 어려운 경우
2. 수용 또는 사용방식: 계획적이고 체계적인 도시개발 등 집단적인 조성과 공급이 필요한 경우
3. 혼용방식: 도시개발구역으로 지정하려는 지역이 부분적으로 제1호 또는 제2호에 해당하는 경우

(2) 도시개발사업 추진 단계별 절차

도시개발사업의 단계별 추진 절차는 구역지정단계, 실시계획단계, 사업시행단계로 구분되며, 도시개발사업의 추진단계별 주요 내용은 아래와 같다.

1) 구역지정단계

구 분	주요 내용
도시개발구역의 지정 제안 (도개법 제11조⑤)	• 공공기관 등과 도시개발구역의 토지 소유자(토지면적 2/3 이상 권원을 가지고 1/2 이상을 소유한 자) 또는 「수도권정비계획법」등에서 정한 법인 등은 시장·군수등에게 도시개발구역의 지정을 제안 가능
공람이나 공청회를 통한 주민 등의 의견 청취, 반영 (도개법 제7조)	• 도시개발구역을 지정 또는 지정 요청시 공람이나 공청회를 통하여 주민이나 관계 전문가 등으로부터 의견 청취, 공람이나 공청회에서 제시된 의견이 타당하다고 인정되면 이를 반영
도시계획위원회의 심의 등 (도개법 제8조)	• 중앙도시계획위원회, 시·도도시계획위원회, 대도시도시계획위원회의 심의
도시개발구역지정의 고시 등 (도개법 제9조)	• 지정권자는 도시개발구역을 지정한 경우 관보나 공보에 고시

구 분	주요 내용
도시개발사업시행자의 지정 (도개법 제11조)	• 도시개발사업의 시행자는 국가나 지방자치단체, 토지소유자(토지면적 2/3 이상 소유한 자) 등의 자 중에서 지정권자가 지정 • 도시개발구역의 전부를 환지 방식으로 시행하는 경우에는 토지 소유자나 조합을 시행자로 지정
도시개발사업시행의 위탁 등 (도개법 제12조)	• 시행자는 항만·철도, 그 밖에 공공시설의 건설과 공유수면의 매립에 관한 업무를 국가, 지방자치단체, 공공기관·정부출연기관 또는 지방공사에 위탁하여 시행 가능 • 시행자는 도시개발사업을 위한 기초조사, 토지 매수 업무, 손실보상 업무, 주민 이주대책 사업 등을 관할 지방자치단체, 공공기관·정부출연기관·정부출자기관 또는 지방공사에 위탁 가능 • 도시개발구역의 토지 소유자, 조합 등 일정한 시행자는 지정권자의 승인을 받아 신탁업자와 신탁계약을 체결하여 도시개발사업을 시행 가능
조합설립의 인가 (도개법 제13조)	• 조합을 설립하려면 도시개발구역의 토지 소유자 7명 이상이 정관을 작성하여 지정권자에게 조합 설립 인가 • 조합 설립의 인가를 신청하려면 해당 도시개발구역의 토지면적의 3분의 2 이상에 해당하는 토지 소유자와 그 구역의 토지 소유자 총수의 2분의 1 이상의 동의
실시계획의 작성 및 인가 등 (도개법 제17조)	• 시행자는 도시개발사업에 관한 실시계획을 작성(실시계획에는 지구단위계획 포함) • 시행자는 작성된 실시계획에 관하여 지정권자의 인가 신청
실시계획의 고시 (도개법 제18조)	• 지정권자가 실시계획을 작성하거나 인가한 경우 관보나 공보에 고시

3) 사업시행단계

방식	구 분	주요 내용
수용·사용방식	토지수용 및 사용 (도개법 제21조)	• 도시개발사업은 시행자가 도시개발구역의 토지등을 수용 또는 사용하는 방식으로 시행 가능
	준공검사 (도개법 제50조)	• 시행자가 도시개발사업의 공사를 끝낸 때에는 공사 완료 보고서를 작성, 지정권자의 준공검사

방식	구 분	주요 내용
환지방식	환지계획의 작성 (도개법 제28조)	• 시행자는 도시개발사업의 전부 또는 일부를 환지 방식으로 시행하려면 환지계획 작성
	환지계획의 인가 등 (도개법 제29조)	• 행정청이 아닌 시행자가 환지계획을 작성한 경우 시장·군수등의 인가
	환지예정지의 지정 (도개법 제35조)	• 시행자는 도시개발사업의 시행을 위하여 필요하면 도시개발구역의 토지에 대하여 환지 예정지 지정 가능
	준공검사 (도개법 제50조)	• 시행자가 도시개발사업의 공사를 끝낸 때에는 공사 완료 보고서를 작성, 지정권자의 준공검사
	환지처분 (도개법 제40조)	• 시행자는 환지 방식으로 도시개발사업에 관한 공사를 끝낸 경우에는 지체 없이 이를 공고(60일 이내 환지처분), 공사 관계 서류를 일반인에게 공람 • 시행자는 환지처분을 하려는 경우에는 환지 계획에서 정한 사항을 토지 소유자에게 알리고 이를 공고
	등기 촉탁 또는 신청 (도개법 제43조)	• 시행자는 환지처분이 공고되면 공고 후 14일 이내에 관할 등기소에 이를 알리고 토지와 건축물에 관한 등기를 촉탁 또는 신청
	청산금의 징수·교부 등 (도개법 제46조)	• 시행자는 환지처분이 공고된 후에 확정된 청산금을 징수 또는 교부

* 혼용 방식 : 도시개발사업은 시행자가 수용·사용 방식과 환지 방식을 혼용하는 방식으로 시행할 수 있다(도개법 제21조①).

(3) 도시개발조합

1) 조합원 및 임원의 자격

조합의 조합원은 도시개발구역의 토지 소유자로 한다(도개법 제14조①). 조합의 임원은 그 조합의 다른 임원이나 직원을 겸할 수 없으며, 결격 사유(도개법 제14조③ 제1호~제3호)에 해당하는 자는 조합의 임원이 될 수 없다(도개법 제14조②, ③).

| 조합별 조합원의 자격 비교 |

구 분	도시개발조합	재개발정비사업조합	재건축정비사업조합
조합원의 자격	토지 소유자	토지 또는 건축물의 소유자 또는 그 지상권자	건축물 및 그 부속토지의 소유자(동의한 자에 한함)

2) 도시개발조합 설립의 인가

도시개발조합을 설립하려면 도시개발구역의 토지 소유자 7명 이상이 정관을 작성하여 지정권자에게 조합 설립의 인가를 받아야 한다(도개법 제13조①). 또한, 조합 설립의 인가를 신청하려면 해당 도시개발구역의 토지면적의 3분의 2 이상에 해당하는 토지 소유자와 그 구역의 토지 소유자 총수의 2분의 1 이상의 동의를 받아야 한다(도개법 제13조③).

정관의 기재사항

도시개발구역의 토지 소유자들이 도시개발사업을 위하여 설립한 조합이 작성하는 정관에는 다음의 사항이 포함되어야 한다(도개령 제29조①).
1. 도시개발사업의 명칭
2. 조합의 명칭
3. 사업목적
4. 도시개발구역의 면적
5. 사업의 범위 및 사업기간
6. 주된 사무소의 소재지
7. 임원의 자격·수·임기·직무 및 선임방법
8. 회의에 관한 사항
9. 총회의 구성, 기능, 의결권의 행사방법, 그 밖에 회의운영에 관한 사항
10. 대의원회 또는 이사회를 두는 경우에는 그 구성, 기능, 의결권의 행사방법, 그 밖에 회의운영에 관한 사항
11. 비용부담에 관한 사항
12. 회계 및 계약에 관한 사항
13. 공공시설용지의 부담에 관한 사항
14. 공고의 방법
15. 토지평가협의회의 구성 및 운영에 관한 사항
16. 토지등 가액 평가방법에 관한 사항
17. 환지계획 및 환지예정지의 지정에 관한 사항
18. 보류지 및 체비지의 관리·처분에 관한 사항
19. 청산에 관한 사항
20. 건축물을 설치하는 경우에는 당해 건축물의 관리 및 처분에 관한 사항
21. 토지에 대한 소유권의 변동 등 시행자에게 통보하여야 할 사항
22. 그 밖에 국토교통부령으로 정하는 사항

3) 도시개발조합의 법인격 등

도시개발조합은 법인으로 한다(도개법 제15조①). 조합은 그 주된 사무소의 소재지에서 등기를 하면 성립한다(도개법 제15조②). 조합의 설립인가를 받은 조합의 대표자는 설립인가를 받은 날부터 30일 이내에 주된 사무소의 소재지에서 설립등기를 하여야 한다(도개령 제32조①). 조합의 설립, 조합원의 권리·의무, 조합의 임원의 직무, 총회의 의결 사항, 대의원회의 구성, 조합의 해산 또는 합병 등에 필요한 사항은 대통령령으로 정한다(도개법 제15조③). 조합에 관하여 도시개발법으로 규정한 것 외에는 「민법」 중 사단법인에 관한 규정을 준용한다(도개법 제15조④).

총회의 의결사항

다음 각 호의 사항은 총회의 의결을 거쳐야 한다(도개령 제35조).
1. 정관의 변경
2. 개발계획 및 실시계획의 수립 및 변경
3. 자금의 차입과 그 방법·이율 및 상환방법
4. 조합의 수지예산
5. 부과금의 금액 또는 징수방법
6. 환지계획의 작성
7. 환지예정지의 지정
8. 법 제44조에 따른 체비지 등의 처분방법
9. 조합임원의 선임
10. 조합의 합병 또는 해산에 관한 사항. 다만, 법 제46조에 따른 청산금의 징수·교부를 완료한 후에 조합을 해산하는 경우는 제외한다.
11. 그 밖에 정관에서 정하는 사항

(4) 실시계획의 작성 및 인가

시행자는 도시개발사업에 관한 실시계획을 작성하여야 한다. 이 경우 실시계획에는 지구단위계획이 포함되어야 한다(도개법 제17조①). 시행자(지정권자가 시행자인 경우는 제외한다)는 작성된 실시계획에 관하여 지정권자의 인가를 받아야 한다(도개법 제17조②). 실시계획에 관한 인가를 받으려는 때에는 도시개발사업 실시계획 인가신청서에 다음 표의 서류 및 도면을 첨부하여 지정권자에게 제출하여야 한다(도개칙 제20조).

1. 사업비 및 자금조달계획서(연차별 투자계획을 포함한다)
2. 존치하려는 기존 공장이나 건축물 등의 명세서
3. 보상계획서(이주대책을 포함한다)
4. 사업의 위탁 또는 신탁계획서
5. 도시개발사업의 시행으로 새로 설치하는 공공시설 또는 기존의 공공시설의 조서(調書) 및 도면(법 제11조 제1항 제1호부터 제4호까지의 규정에 해당하는 자가 시행자인 경우만 해당한다)
6. 도시개발사업의 시행으로 용도폐지되는 국가 또는 지방자치단체의 재산에 대한 둘 이상의 감정평가법인등의 감정평가서(법 제11조 제1항 제5호부터 제11호까지의 규정에 해당하는 자가 시행자인 경우만 해당한다)
7. 도시개발사업으로 새로 설치하는 공공시설의 조서 및 도면과 그 설치비용계산서(법 제11조 제1항 제5호부터 제11호까지의 규정에 해당하는 자가 시행자인 경우만 해당한다). 이 경우 새로운 공공시설의 설치에 필요한 토지와 종래의 공공시설이 설치되어 있는 토지가 같은 토지인 경우에는 그 토지가격을 뺀 설치비용만을 계산한다.
8. 도시·군관리계획(지구단위계획을 포함한다)의 결정에 필요한 관계 서류 및 도면
9. 환경영향평가, 교통영향평가, 재해영향평가 등 각종 영향평가서
10. 법 제19조 제2항에 따른 관계 행정기관의 장과의 협의에 필요한 서류
11. 위치도
12. 계획평면도 및 개략설계도

(5) 환지계획의 작성 및 인가

도시개발사업 시행자는 도시개발사업을 환지방식으로 시행하기 위한 환지계획을 작성하여야 하며, 환지계획은 종전의 토지와 환지의 위치·지목·면적·토질·수리(水利)·이용 상황·환경, 그 밖의 사항을 종합적으로 고려하여 합리적으로 정하여야 한다(도개법 제28조①, ②). 행정청이 아닌 시행자가 환지 계획을 작성한 경우에는 특별자치도지사·시장·군수 또는 구청장의 인가를 받아야 한다(도개법 제29조①).

| 환지계획 등의 절차 |

구 분	주요 내용
환지계획의 작성 (도개법 제28조)	• 환지설계, 필지별 환지명세, 필지별과 권리별 청산 대상 토지명세, 체비지 또는 보류지 명세, 입체 환지용 건축물의 명세, 수입·지출 계획서, 평균부담률(감보율) 및 비례율과 그 계산서, 건축 계획, 토지평가협의회 심의 결과를 포함
평균부담률(감보율)· 비례율 및 권리가액의 산정 (도개칙 제26조)	1. $\text{평균부담률(감보율)} = \dfrac{\text{총 사업비}}{\text{권리가액의 합계 + 체비지 평가액의 합계}} \times 100$ 2. $\text{비례율} = \dfrac{\text{조성되는 토지·건축물의 평가액 합계 - 총 사업비 (공공시설·무상공급 제외)}}{\text{환지 전 토지·건축물의 평가액 합계 (시행자에게 무상귀속되는 토지 등 및 손실보상 건축물의 평가액 제외)}}$ 3. 권리가액 = 비례율 × 환지 전 토지·건축물의 평가액
환지의 방식 (도개칙 제27조②)	• 환지의 방식은 다음과 같이 구분한다. 　1. 평면 환지 : 환지 전 토지에 대한 권리를 도시개발사업으로 조성되는 토지에 이전하는 방식 　2. 입체 환지 : 환지 전 토지나 건축물(무허가 건축물은 제외)에 대한 권리를 도시개발사업으로 건설되는 구분건축물에 이전하는 방식
환지설계 (도개칙 제27조③)	1. 평가식(원칙) : 도시개발사업 시행 전후의 토지의 평가가액에 비례하여 환지를 결정하는 방법, 입체 환지를 시행하는 경우에는 반드시 평가식을 적용 2. 면적식 : 도시개발사업 시행 전의 토지 및 위치를 기준으로 환지를 결정하는 방식, 환지지정으로 인하여 토지의 이동이 경미하거나 기반시설의 단순한 정비 등의 경우 적용
토지 등의 평가 (도개법 제28조③) (업무지침 4-1-4, 5-4-1)	• 감정평가법인등 평가(환지방식) : 2 이상의 감정평가사가 감정평가한 가격의 산술 평균한 가격을 기준 • 기준시점 : 정리 전 가격은 실시계획인가시점, 정리 후 가격은 환지처분시점을 기준 • 평가시기 : 환지계획 수립전 • 조성토지등의 가격을 평가 시 토지평가협의회의 심의, 결정
보류지, 체비지 (도개법 제34조①)	• 보류지 : 도시개발사업에 필요한 경비에 충당하거나 규약·정관·시행규정 또는 실시계획으로 정하는 목적을 위해 환지로 정하지 아니한 일정한 토지 • 체비지 : 보류지 중 도시개발사업에 필요한 경비를 충당하기 위하여 사업시행자가 취득하여 집행 또는 매각하는 일부 토지

구 분	주요 내용
환지 예정지의 지정 (도개법 제35조, 제36조)	• 시행자는 도시개발사업의 시행을 위하여 필요하면 도시개발구역의 토지에 대하여 환지 예정지를 지정할 수 있음. • 종전의 토지에 대한 임차권자등이 있으면 해당 권리의 목적인 토지 또는 그 부분도 지정 • 환지 예정지가 지정되면 종전의 토지의 소유자와 임차권자등은 환지 예정지 지정의 효력발생일부터 환지처분이 공고되는 날까지 환지 예정지나 해당 부분에 대하여 종전과 같은 내용의 권리를 행사할 수 있으며 종전의 토지는 사용하거나 수익할 수 없음.
환지처분 (도개법 제40조)	• 시행자는 환지 방식으로 도시개발사업에 관한 공사를 끝낸 경우 : 공고·공람→ 준공검사→ 환지처분(준공 후 60일 이내)
청산금 (도개법 제41조, 제46조)	• 환지를 정하거나 그 대상에서 제외한 경우 그 과부족분은 종전의 토지 및 환지의 위치·지목·면적·토질·수리·이용 상황·환경, 그 밖의 사항을 종합적으로 고려하여 금전으로 청산 • 시행자는 환지처분이 공고된 후에 확정된 청산금을 징수하거나 교부(분할징수, 분할교부 가능) • 환지를 정하지 아니하는 토지에 대하여는 환지처분 전이라도 청산금을 교부 가능
환지처분의 효과 (도개법 제42조)	• 환지 계획에서 정하여진 환지는 그 환지처분이 공고된 날의 다음 날부터 종전의 토지로 보며, 환지 계획에서 환지를 정하지 아니한 종전의 토지에 있던 권리는 그 환지처분이 공고된 날이 끝나는 때에 소멸 • 체비지는 시행자가, 보류지는 환지 계획에서 정한 자가 각각 환지처분이 공고된 날의 다음 날에 해당 소유권을 취득 • 청산금은 환지처분이 공고된 날의 다음 날에 확정
등기 (도개법 제43조)	• 시행자는 환지처분이 공고되면 공고 후 14일 이내에 관할 등기소에 이를 알리고 토지와 건축물에 관한 등기를 촉탁하거나 신청

③ 업무진행 실무과정과 세법적용 기본개념

(1) 업무진행 실무과정

도시개발조합의 업무진행 실무과정 중 세법 적용에 관련된 내용을 중심으로 설명하고자 한다.

1) 도시개발조합추진위원회의 운영

도시개발조합추진위원회는 「도시개발법」상 법적 지위를 인정하는 법규정이 없다. 이러한 점은 「도시 및 주거환경정비법」에서 정비사업조합설립추진위원회에 대해 법적 지위를 인정하는 법규정을 두고 있는 것과는 다르다. 도시개발조합추진위원회의 구성은 「도시개발법」에서 도시개발조합의 설립에 대해 도시개발구역의 토지소유자 7인 이상이 정관을 작성하여 조합설립인가를 받을 것을 규정하고 있는 점에 맞추어 실무상으로 추진위원장 1명과 추진위원 6명으로 대부분 구성하고 있으며, 추진위원회는 도시개발조합 설립 전까지 한시적으로 운영된다. 도시개발조합추진위원회와 도시개발조합은 서로 다른 법적 조직체이므로 도시개발조합추진위원회가 행한 법률행위가 도시개발조합으로 당연히 승계된다고 할 수 없다. 따라서 도시개발조합추진위원회가 행한 계약 등은 도시개발조합의 창립총회 의결로 추인 또는 승인하는 절차가 필요하다.

2) 도시개발조합의 환지계획

도시개발조합의 환지계획은 재개발정비사업조합의 관리처분계획과 거의 유사하다. 양자를 비교하면 아래 표와 같다.

| 환지계획과 관리처분계획의 비교 |

구 분	환지계획	관리처분계획
수립시기	• 실시계획인가 후	• 사업시행계획인가 후 분양신청기간이 종료된 때
감정평가	• 감정평가법인등 평가(환지방식) : 2 이상의 감정평가사가 감정평가한 가격의 산술 평균한 가격을 기준 • 기준시점 : 정리 전 가격은 실시계획인가시점, 정리 후 가격은 환지처분시점을 기준 • 평가시기 : 환지계획 수립 전 • 조성토지등의 가격을 평가 시 토지평가협의회의 심의, 결정	• 2 이상의 감정평가법인등이 평가한 금액을 산술평균하여 산정 • 기준시점 : 사업시행계획인가의 고시가 있은 날을 기준으로 한 가격(또는 인가고시 전에 허가를 받은 날을 기준으로 한 가격), 종후자산의 감정평가 기준시점은 규정 없음.
인 가	• 환지계획인가 : 특별자치도지사 · 시장 · 군수 또는 구청장의 인가	• 관리처분계획인가 : 시장 · 군수등의 인가 • 종전의 토지 또는 건축물의 소유자 · 지상권자 · 전세권자 · 임차권자 등 권리자는 관리처분계획인가의 고시가 있은 때에는 이전고시가 있는 날까지 종전의 토지 또는 건축물을 사용하거나 수익할 수 없음.

구 분	환지계획	관리처분계획
지 정	• 환지 예정지 지정 : 시행자가 환지 예정지를 지정하면 종전의 토지의 소유자와 임차권자등은 환지 예정지 지정의 효력발생일부터 환지처분이 공고되는 날까지 환지 예정지나 해당 부분에 대하여 종전과 같은 내용의 권리를 행사할 수 있으며 종전의 토지는 사용하거나 수익할 수 없음.	–
소유권 이전 효력 발생	• 환지처분 공고 효력 : 환지 계획에서 정하여진 환지는 그 환지처분이 공고된 날의 다음 날부터 종전의 토지로 보며, 환지 계획에서 환지를 정하지 아니한 종전의 토지에 있던 권리는 그 환지처분이 공고된 날이 끝나는 때에 소멸	• 이전고시 효력 : 사업시행자는 준공인가에 따른 고시가 있은 때에는 지체 없이 대지확정측량을 하고 토지의 분할절차를 거쳐 관리처분계획에서 정한 사항을 분양받을 자에게 통지하고 대지 또는 건축물의 소유권을 이전, 대지 또는 건축물을 분양받을 자는 고시가 있은 날의 다음 날에 그 대지 또는 건축물의 소유권을 취득
청산금	• 시행자는 환지처분이 공고된 후에 확정된 청산금을 징수하거나 교부 (분할징수, 분할교부 가능)	• 사업시행자는 이전고시가 있은 후에 그 차액에 상당하는 금액("청산금")을 분양받은 자로부터 징수하거나 분양받은 자에게 지급(분할징수, 분할지급 가능)

3) 환지방식에서 수익금의 발생이 예상되는 경우 처리방법 해석

"도시개발사업의 시행자는 체비지의 매각 대금과 청산금의 징수금, 지방자체단체 등의 부담금과 보조금 등을 해당 도시개발사업의 목적이 아닌 다른 목적으로 사용할 수 없으며, 수익금 등을 도시개발사업의 목적으로 사용한 후 집행 잔액이 있으면 그 집행 잔액은 해당 지방자치단체에 설치된 특별회계에 귀속된다"(도개법 제70조②, ③). 이 규정의 적용에 있어 환지방식의 사업에서 수익의 발생이 예상되는 경우 이를 정산하여 토지소유자에게 돌려주어야 하는지 아니면 지방자치단체의 특별회계로 귀속해야 하는지에 대한 국토교통부의 해석은 아래 표와 같다.

- 도시개발법 제70조 제2항에 따라 시행자는 법 제44조에 따른 체비지의 매각대금과 법 제46조에 따른 청산금의 징수금 등을 해당 도시개발사업의 목적에 한해 사용할 수 있으며, 같은 조 제3항에 따라 그 수익금 등을 도시개발사업의 목적으로 사용한 이후 잔액이 있으면 해당 지방자체단체에 설치된 특별회계로 귀속된다고 규정하고 있음.
- 다만, 체비지는 도시개발사업에 필요한 경비를 충당하기 위하여 토지소유자의 부담에 의해 책정되는 토지이므로, 체비지의 과다 책정 등을 이유로 사업비가 남을 것으로 예상되는 경우에는 환지처분 전에 환지계획을 변경하여 체비지의 면적 및 토지부담률(감보율)을 조정하거나 개발계획을 변경하는 것은 가능할 것으로 보임(국토교통부 도시재생과-448, 2011.4.1.).

한편, 지방자치단체가 수용 또는 사용 방식으로 도시개발사업을 시행하여 발생한 수익금은 해당 지방자치단체에 설치된 특별회계에 귀속된다(도개법 제70조③ 후단). 지방자치단체 외의 자가 수용 또는 사용 방식으로 도시개발사업을 시행하여 발생한 수익금에 대해서는 지방자치단체의 특별회계에 귀속된다는 규정은 없다.

4) 국·공유재산의 취득

도시개발사업 구역 내에 국·공유재산이 있을 때 업무과정은 제1절 3. 1) 재개발정비사업조합의 경우와 같다.

5) 지목변경

환지방식 도시개발사업이 완료되면 원형지는 환지계획에 따라 토지의 지목이 변경되며, 지목변경 등기가 이루어진다.

6) 증환지, 감환지

환지방식 도시개발사업에서 조합이 조합원의 권리면적보다 면적을 증가하여 환지함에 따라 조합원으로부터 증환지 청산금을 수령하는 경우가 있는 반면, 면적이 넓은 토지에 대하여 그 면적을 줄여서 환지함에 따라 발생하는 감환지 청산금을 지급하는 경우가 발생한다.

7) 금융 및 신탁업무

도시개발구역의 토지 소유자, 조합 등 일정한 시행자는 지정권자의 승인을 받아 신탁업자와 신탁계약을 체결하여 신탁개발방식으로 도시개발사업을 시행할 수 있다(도개법 제12조④).

(2) 세법적용 기본개념

1) 도시개발조합의 비영리성

「도시개발법」으로 흡수 통합되기 전 (구)「토지구획정리사업법」상 토지구획정리조합에 대해 대법원은 '「토지구획정리사업법」 제16조 규정에 의하여 건설부장관으로부터 설립인가를 받아 설립된 토지구획정리조합은 「지방세법」 제184조 제1항 제3호, 제238조의2가 규정하는 공익을 목적으로 하는 비영리사업자에 해당한다'(대법원 84누707, 1986.2.25.)고 판시하였다. 또한, 국세청도 「토지구획정리사업법」에 의하여 설립·등기한 토지구획정리조합은 「법인세법」상 비영리 내국법인에 해당되는 것이다(서삼 46015 – 10457, 2002.3.21.)라고 해석하고 있다. 따라서 도시개발조합은 「법인세법」 제2조에 규정된 비영리 내국법인에 해당한다고 해석된다.

2) 재개발·재건축정비사업조합의 세법적용 기본개념 참고

도시개발조합의 환지방식에서 평면환지이면 토지에 대한 부가가치세는 면세이고, 입체환지이면 「도시 및 주거환경정비법」의 재개발·재건축조합의 세법적용과 실질이 같다. 도시개발조합의 부가가치세 및 법인세 적용은 앞 '제1절 3. (2) 재개발·재건축정비사업조합의 세법적용 기본개념' 내용을 참고하면 될 것이다.

④ 도시개발조합의 부가가치세 실무

(1) 「도시 및 주거환경정비법」 준용

「도시 및 주거환경정비법」 상 재개발·재건축 정비사업조합의 세법적용에 대해 「조세특례제한법」 제104조의7에서 규정하고 있는 것과는 달리 「도시개발법」 상 도시개발조합에 대한 세법적용은 별도의 명문 법규정이 없어 유권해석에 따라 재개발·재건축 정비사업조합에 대한 세법규정을 준용하여 적용하고 있다. 따라서 비영리법인 의제, 부가가치세 과세여부 등에 대해 재개발·재건축 정비사업조합에 대한 세법규정을 준용한다.

(2) 사업자등록신고(또는 정정신고)

1) 추진위원회 단계

① 법적 성격

도시개발조합추진위원회의 법적 성격은 임의단체로 보는 것이 일반적인 견해이고 대법원에서는 임의단체에 대해 '단체고유의 목적을 가지고 활동하고 있고, 규약 및 단체로서의 조직을 갖추고, 구성원의 가입 탈퇴에 따른 변경에 관계없이 그 자체가 존속하는 등 단체로서의 주요사항이 확정되어 있는 사실이 인정되면 이는 이른바 비법인 사단에 해당한다'(대법원, 92다36052, 1994.6.28.)라고 판시함에 따라 도시개발조합추진위원회는 '비법인 사단'에 해당한다고 볼 수 있다.

② 고유번호 부여

도시개발조합추진위원회는 「국세기본법」 제13조 제2항에 따라 관할 세무서장에게 신청하여 승인을 받아야 하는 법인으로 보는 법인 아닌 단체로서의 성격을 갖는다. 이에 따라 고유번호증을 교부받고 사업을 추진할 수 있다. 도시개발조합추진위원회에 수익사업이 발생할 경우에는 수익사업개시신고를 하여 부가가치세 일반과세자로서 매입세액 공제 등을 받을 수 있도록 해야 한다.

2) 도시개발조합 단계

도시개발조합이 설립된 경우에는 도시개발조합추진위원회로부터 전환된 조직변경된 것으로 볼 수 있으므로 사업자등록 정정신고를 하면 된다. 도시개발조합이 추진위원회 단계에서 고유번호를 부여받지 않은 경우에는 수익사업을 영위하는 비영리내국법인으로 보아 사업자등록증을 교부받으면 된다. 그리고 종전 토지에 대한 환지사업만 발생하는 경우에는 면세사업자등록증을 교부받으면 된다.

(3) 과세표준(공급가액)

도시개발조합이 환지 후 토지를 조합원 또는 일반인에 공급하는 것은 부가가치세가 면세되나 입체환지를 하는 경우 도시개발조합이 조합원 외 일반인에게 공급하는 국민주택규모초과 주택이나 상가에 대해서는 부가가치세가 과세된다.

(4) 매입세액

도시개발조합이 토목공사 등 용역을 제공받고 지급하는 대가에 대한 부가가치세는 과세에 해당하여 매입부가가치세가 발생한다. 도시개발조합이 토지를 공급하는 사업만 하는 경우는 부가가치세 매입세액은 전액 불공제 되며, 입체환지를 하는 경우 조합원 외 일반인에게 공급하는 국민주택규모 초과 주택이나 상가의 신축공사 등에 대한 부가가치세 매입세액은 공제대상이고 국민주택규모 이하 주택의 신축공사 등과 관련된 부가가치세 매입세액은 불공제대상이므로 공통매입세액 안분계산문제가 발생한다. '제1절 재개발·재건축정비사업조합의 부가가치세 공통매입세액'을 참고하여 계산하면 된다.

🔲 도시개발조합 관련 해석·판단사례

■ 시공회사가 보상비 등 시행관련 비용을 선지출하고 체비지를 수령하는 경우 부가가치세 과세표준

> **해석**
>
> • 건설업을 영위하는 사업자가 토지구획정리조합과 공사도급계약을 체결하고 건설용역을 제공함에 있어, 공사계약상 공사도급금액에 포함된 보상비·조합운영비·측량비 등을 먼저 지급하고 차후에 체비지로 정산하도록 되어있는 경우의 부가가치세 과세표준은 부가가치세법 제13조 및 동법 시행령 제48조의 규정에 의하여 계약상 총공사도급금액이 되는 것이며 먼저 지급된 보상비·조합운영비·측량비 등은 과세표준에서 공제하지 아니하는 것임(부가 22640 – 1743, 1991.12.27.).

■ 토지구획정리사업법에 의해 구획정리사업에 건설용역을 제공하고 공사대금을 토지로 받는 경우 과세표준

> **해석**
>
> • 사업자가 토지구획정리사업법 또는 기타 법률에 의해 구획정리사업을 시행하고 공사대금상당액을 정리사업 구역 내의 토지로 받는 경우 동 건설용역에 대하여는 부가가치세가 과세되는 것이며, 이 경우 과세표준은 부가가치세법 제13조 제1항 제2호에 의하여 자기가 공급하는 용역의 시가로 하는 것임(부가 46015 – 441, 1997.2.28.).

■ 도시개발사업의 부지 내에 일부 토지를 소유한 시행사의 세금계산서 발급방법

• 도시개발 사업부지 내에 토지 일부를 소유하고 있는 도시계획시설 조성사업의 시행사업자가 당해 사업부지 내 토지소유자 조합에 시행용역을 공급하는 경우, 공급한 사업 시행용역 전체 금액에 대하여 「부가가치세법」 제16조에 따른 공급시기에 세금계산서를 발급하며, 같은 법 제39조에 따른 공제하지 아니하는 매입세액에 해당하지 않는 한 매입세액 공제가 가능한 것임. 또한 환지 과도면적을 공급하는 경우 토지의 공급으로 보아 부가가치세가 면제되는 것임(서면부가 2015-22540, 2015.6.28.).

■ 도시개발사업의 법인조합원이 기부채납되는 공공시설(학교, 공원, 육교, 도서관 등)의 건설 공사비를 부담하는 경우 세금계산서 발급방법

• 도시개발법에 의한 도시개발사업의 시행자인 도시개발사업조합이 사업허가를 받는 조건으로 지방자치단체 등에게 무상으로 기부채납되는 공공시설(학교, 공원, 육교, 도서관 등)을 건설함에 있어, 법인조합원이 도시개발사업조합과 약정하여 당해 공공시설 건설공사비를 부담하기로 하고 외부공사업체와 공사계약을 직접 체결하여 공사대금을 지급한 경우에는 외부공사업체는 공사계약의 당사자인 법인조합원을 공급받는 자로 하여 세금계산서를 발급하는 것임(부가-1441, 2010.10.29.).

■ 토지구획정리조합이 시공자 등으로부터 교부받은 세금계산서 공급가액의 범위 내에서 당해 조합원에게 세금계산서 교부가능 여부

• 토지구획정리사업법에 의한 토지구획정리조합이 토지소유자의 동의를 받아 토지구획정리사업을 시행하고 동법에 의하여 당해 토지 소유자에게 환지처분 등을 하는 경우 당해 토지구획정리조합이 시공자 등으로부터 토지구획정리사업과 관련하여 교부받은 세금계산서에 대하여는 당해 세금계산서 상의 공급가액의 범위 내에서 당해 조합원에게 부가가치세법 시행규칙 제18조 제2항의 규정에 의하여 세금계산서를 교부할 수 있는 것이나, 이 때 당해 조합으로부터 토지소유자인 조합원이 교부받은 토지조성 등을 위한 자본적 지출에 관련된 세금계산서 상의 매입세액은 부가가치세법 제17조 제2항 제4호 및 동법 시행령 제60조 제6항의 규정에 의하여 매출세액에서 공제하지 아니하는 것임(부가 46015-153, 1997.1.22.).

- (구)주택개량재개발조합이 그 조합원들에게 주택을 분양하는 경우에 부가가치세법 상 재화의 공급에 해당하는지 판단

사안

원고의 주장을 보면 주택개량재개발사업을 위하여 설립된 원고조합의 아파트등 건축에 따른 공사대금가운데 조합원에게 분양할 부분에 해당하는 공사대금에 대한 매입부가가치세는 매입세액불공제를 규정한 부가가치세법 제17조 제2항의 어느 경우에도 해당하지 아니하는 것으로서 매출세액에서의 공제를 전제로 하고 있음.

판례

- 도시재개발법 제49조 제2항은 관리처분계획에 따른 재개발 사업시행자의 조합원들에 대한 분양을 토지구획정리사업법의 환지로 의제하며, 토지구획정리사업법 제62조 제1항에서 환지는 종전의 토지로 본다고 규정하고 있고, 이러한 규정들과 주택개량을 위하여 조합원들이 스스로 주택재개량조합을 결성한 경위에 비추어 볼 때,

- 원고와 같은 재개발조합이 실시하는 재개발 사업 중 조합원들에게 분양되는 주택에 관한 한 그 건축시부터 그 분양에 이르기까지 조합원들이 실질적인 최종소비자의 지위에 있는 것이라고 하여야 할 것이고 비록 조합원과 법률상 인격이 다른 조합이 그 공사비를 지급하였다거나 조합이 조합원들에게 주택을 분양하는 형식을 취하였다고 하더라도 조합이 조합원들에게 재화를 공급하였다고 볼 수는 없는 것임.

- 원고의 그 조합원에 대한 주택분양이 부가가치세법 제12조에 규정하는 면세되는 재화의 공급에 해당한다는 피고(처분청)의 주장과 달리 원심은 위 주택분양이 부가가치세법 상의 재화의 공급이 아님을 전제로 부가가치세법 제17조의 해석상 이 사건 매입세액을 공제할 수 없다고 판단하였으나

- 원심의 이러한 판단은 도시재개발법에 의하여 설립된 주택개량조합인 원고의 그 조합원에 대한 주택의 분양이라는 기본적 사실관계에 기반을 두고 그 법률적 평가만을 달리한 것이므로 소론과 같이 심리범위를 일탈한 위법이 있거나 부가가치세법의 법리를 오해한 잘못이 있다고 할 수 없음(대법 90누509, 1990.6.22.).

⑤ 도시개발조합의 법인세 실무

(1) 「도시 및 주거환경정비법」 준용

「도시 및 주거환경정비법」 상 재개발 · 재건축 정비사업조합의 세법적용에 대해 「조세특례제한법」 제104조의7에서 규정하고 있는 것과는 달리 「도시개발법」 상 도시개발조합에 대한

세법적용은 별도의 명문 법규정이 없어 유권해석에 따라 재개발·재건축 정비사업조합에 대한 세법규정을 준용하여 적용하고 있다. 따라서 비영리법인 의제,「법인세법」적용 등에 대해 재개발·재건축 정비사업조합에 대한 세법규정을 준용한다.

(2) 환지 전 토지의 현물출자

재건축조합의 조합원이 토지를 현물출자하는 경우 재건축조합의 토지 취득시기는 관리처분계획인가일과 신탁등기접수일 중 빠른 날(2020.11.24. 이후 관리처분계획이 인가되는 분부터 적용)이다(기획재정부재산-1024, 2020.11.24.). 2020.11.24. 개정 전 예규는 재건축조합원이 토지를 현물출자하는 경우 재건축조합의 토지 취득시기는「도시 및 주거환경정비법」제35조 제3항에 따른 주택조합설립인가일 또는 출자한 토지의 신탁등기접수일 중 빠른 날이었다(서면법인 2019-1203, 2019.8.1.). 그러나 도시개발조합의 현물출자에 대한 예규는 "도시재개발법에 의한 도시재개발조합의 각 사업연도 소득금액 계산시 손금에 산입하는 토지 및 건물의 취득가액은 동 조합원으로부터 현물출자 받을 당시의 시가에 의하는 것이며, 이 경우 현물출자의 시기는 같은 법 제12조 제1항의 규정에 의한 조합설립인가일 또는 부동산의 신탁등기접수일 중 빠른 날로 하는 것이다"(서이 46012-11419, 2003.7.28.)이며, 아직 변경되지 않았다. 재건축조합의 현물출자 취득시기에 대한 개정된 예규에 비추어 도시개발조합의 예규도 재건축조합의 토지 현물출자에 대한 취득시기에 준하여 변경되어야 할 것이다.

(3) 도시개발조합의 소득구분

도시개발조합은 재개발·재건축 정비사업조합의 세법규정을 준용하여 비영리법인으로 보아 수익사업에서 발생한 소득을 법인세 과세대상으로 한다. 도시개발조합의 조합원에게 환지계획에 따라 공급하는 토지나 입체환지에 의한 건축물과 그 부속토지에 대해서는 환지이론을 적용하여 법인세를 비과세하며, 반면에 도시개발조합이 일반인에게 공급하는 토지 또는 건축물과 체비지 매각수익 등은 수익사업에 해당되어 법인세 과세대상이 된다.

1) 도시개발조합의 각 사업연도소득

도시개발조합의 각 사업연도소득은 비영리법인인 재개발·재건축 정비사업조합의 각 사업연도소득을 계산하는 방법을 따른다. 도시개발조합에 특유한 수익항목의 내용은 아래와 같다.

① 체비지 또는 보류지의 매각수익

도시개발사업의 시행자는 도시개발사업에 필요한 경비에 충당하거나 규약·정관·시행규정 또는 실시계획으로 정하는 목적을 위하여 일정한 토지를 환지로 정하지 아니하고 보류지로 정할 수 있으며, 그 중 일부를 체비지로 정하여 도시개발사업에 필요한 경비에 충당할 수 있다(도개법 제34조①). 체비지 또는 보류지의 매각수익은 도시개발사업을 추진하기 위한 주요 수익항목이며 과세대상 소득이다.

② 입체환지방식에 의한 일반분양수익

시행자는 도시개발사업을 원활히 시행하기 위하여 특히 필요한 경우에는 입체환지에 의해 토지 또는 건축물 소유자인 조합원에게 건축물의 일부와 그 건축물이 있는 토지의 공유지분을 부여할 수 있다. 또한, 일반인에게 건축물의 일부와 그 건축물이 있는 토지의 공유지분을 분양하여 도시개발조합의 수익사업으로 할 수 있다.

2) 증환지·감환지 청산금의 수익사업 해석

환지계획으로 환지를 정하거나 그 대상에서 제외한 경우 그 과부족분은 종전의 토지(입체환지 방식으로 사업을 시행하는 경우에는 환지 대상 건축물을 포함한다) 및 환지의 위치·지목·면적·토질·수리·이용 상황·환경, 그 밖의 사항을 종합적으로 고려하여 금전으로 청산하여야 하며 청산금은 환지처분을 하는 때에 결정하여야 한다(도개법 제41조). 이러한 환지계획에 의해 조합원의 확정된 자기지분이 권리가액보다 많게 되는 경우에 해당 조합원은 도시개발조합에 불입청산금(증환지)으로 납부하여야 한다. 불입청산금(증환지)은 출자금의 성격으로 수익이 아닌 것으로 해석되고 있다. 즉, "조합이 조합원의 권리면적보다 면적을 증가하여 환지함에 따라 조합원으로부터 증환지 청산금을 수령하는 경우 해당 증환지 청산금은 도시개발사업의 환지계획인가일이 2021년 6월 4일 전인 경우에 한하여 수익사업소득에 해당하는 것이며, 조합이 해당 증환지 청산금에 대하여 사업 시행기간 동안 진행기준에 따라 수익을 인식하는 경우에는 「법인세법 시행령」 제69조 제1항에 따른 "작업진행률"을 기준으로 계산한 수익을 해당 사업연도의 익금에 산입하는 것이다"(사전법령해석법인 2020-1122, 2021.7.29.). "도시개발조합이 「도시개발법」 제31조 제1항에 따라 면적이 넓은 토지에 대하여 그 면적을 줄여서 환지함에 따라 발생하는 감환지 청산금을 지급하는 경우 해당 감환지 청산금은 도시개발사업의 환지계획인가일이 2021년 6월 4일 전인 경우에 한하여 수익사업에서 발생하는 손금에 해당하는 것이다(사전법령해석법인 2021-1340, 2021.11.17.). 2021년 6월 4일은 기획재정부의 예규(기획재정부 법인-279, 2021.6.4.)에서 정한 날이다.

3) 토지등 양도소득에 대한 과세특례

내국법인이 비사업용 토지를 양도한 경우에는 토지등의 양도소득에 100분의 10(미등기 토지등의 양도소득에 대하여는 100분의 40)을 곱하여 산출한 세액을 법인세액에 추가하여 납부하여야 한다(법법 제55조의2① 제3호). 그러나 「도시개발법」 그밖의 법률에 의한 환지처분으로 지목 또는 지번이 변경되거나 체비지로 충당됨으로써 발생하는 소득에 대해서는 추가납부 법인세를 적용하지 아니한다. 다만, 미등기 토지등에 대한 토지등 양도소득에 대하여는 그러하지 아니하다(법법 제55조의2④ 제3호, 법령 제92조의2④ 제1호). 이 조항에 따라 도시개발조합이 현물출자받은 토지가 환지처분으로 지목 또는 지번이 변경되는 경우와 도시개발조합의 조합원이 내국법인일 때 체비지 충당으로 내국법인(조합원)에 토지등 양도소득이 발생한 경우에는 추가납부 법인세를 적용하지 않는다. 그리고 도시개발조합의 조합원이 환지계획에 의한 환지처분으로 받는 토지는 법인세 과세거래가 아니다.

▌ 도시개발조합 관련 해석·판단사례

■ 도시개발사업이 환지방식일 때 토지등 양도소득에 대한 법인세 과세특례상 비사업용 토지 해당 여부

> **해석**
>
> • 「법인세법」 제55조의2 규정을 적용함에 있어 법인이 공동주택신축목적으로 취득한 토지가 「도시개발법」에 따른 환지방식으로 도시개발사업이 시행되는 경우, 해당 토지에 대하여는 「법인세법 시행령」 제92조의11 제1항 제1호 및 같은 법 시행규칙 제46조의2 제1항 제8호에 따라 「도시개발법」 제9조의 도시개발구역 지정·고시일부터 도시개발사업이 구획단위로 사실상 완료되어 건축이 가능하게 된 날까지 기간에 2년을 더한 기간(건축이 가능하게 된 날 전에 양도한 경우에는 양도일까지로 함)은 사업용으로 사용한 기간으로 보아 비사업용 토지 해당 여부를 판단하는 것임. 이 경우 도시개발사업이 구획단위로 사실상 완료되었는지 여부는 해당 토지가 포함된 구획단위의 도시개발사업 공사 진행상황, 토지 현황 등에 따라 판단할 사항임(서면법인 2020-1655, 2020.9.16.).

■ 도시개발사업의 시행자가 기존 공공시설용지를 무상으로 받은 경우 익금의 귀속시기

(사실관계)
• A법인은 「도시개발법」 제11조 제1항 제11호에 따른 도시개발사업의 시행자로서
 - 지방자치단체 소유의 공공시설용지를 무상으로 양도받고 기존 공공시설용지를 대체하는 새로운 공공시설용지에 공공시설(이하 '신설 공공시설')을 설치하여
 - 신설 공공시설을 관리할 관리청에 무상으로 귀속시키는 등의 도시개발사업을 진행하고 있음.

• 「도시개발법」 제66조 제2항에 따라 대체되어 신설되는 공공시설은 실시계획인가조건에 따라 지정권자가 준공검사증명서를 내어준 때 이를 관리할 관리청에 무상으로 귀속되고
 - 기존 공공시설은 신설 공공시설의 설치비용에 상당하는 범위에서 준공검사를 한 지정권자가 준공검사증명서를 내어준 때에 A법인에 무상으로 귀속됨.

• 법인이 무상으로 취득한 자산은 「법인세법」 제15조 제1항 및 같은 법 시행령 제11조 제5호에 따라 익금에 산입되며, 그 귀속시기는 같은 법 제40조 제1항에 따라 그 익금이 확정된 날이 속하는 사업연도임. 질의하신 사례의 경우, 「도시개발법」 제11조 제1항 제11호에 따른 도시개발사업의 시행자가 같은 법 제66조 제2항에 따라 용도가 폐지되는 행정청의 공공시설을 무상으로 취득하는 경우 익금의 귀속 사업연도는 「도시개발법」 제66조 제6항에 따라 지정권자가 준공검사증명서를 내어준 날이 속하는 사업연도임(기획재정부법인-229, 2021.4.22.).

■ 도시개발사업조합의 조합원인 법인(건물 개발 및 공급업)이 조합에 사업비를 대여한 경우 또는 사업비를 추가부담한 경우 세무처리

• 「도시개발법」에 따라 환지방식으로 도시개발사업을 수행하는 도시개발사업조합의 조합원으로 동 도시개발구역에서 주거용 건물 개발 및 공급업을 영위하는 법인이 도시개발구역 내의 토지를 조합에 제공하고 도시개발사업에 관한 공사가 끝난 후 새로이 조성된 토지를 취득하는 경우에 해당 법인이 조합에 사업비를 대여한 경우 해당 금액은 「법인세법 시행령」 제19조의2에 따라 대손으로 확정되는 때 손금산입 하는 것이며, 「도시개발법」 제16조에 따라 도시개발사업에 소요되는 비용을 추가로 부담한 경우에 해당 금액은 토지의 자본적 지출로 보는 것임. 이 경우 조합에 사업비를 대여한 금액인지 도시개발사업에 소요되는 비용을 추가로 부담한 금액인지는 사실판단할 사항임(기획재정부법인-1214, 2012.12.7.).

■ 법인의 환지 권리면적 일부를 환지청산금으로 교부받는 경우 귀속시기

- 법인이 소유하던 토지가 토지구획정리사업이 완료되어 환지받을 권리면적의 일부를 환지청산금으로 교부받는 경우, 각 사업연도 소득금액 계산시 환지청산금의 귀속 사업연도는 당해 환지청산금을 지급받은 날이 속하는 사업연도로 하는 것임(법인 46012－915, 1999.3.13.).

■ (구)토지구획정리조합이 법인세법 상 비영리내국법인, 제2차납세의무자 및 수익사업 해당 여부

- 토지구획정리사업법에 의하여 설립・등기한 토지구획정리조합은 법인세법 상 비영리내국법인에 해당함. 토지구획정리조합의 해산시 잔여재산이 지방자치단체에 귀속되는 경우 당해 조합에 납세의무가 있는 국세에 대한 제2차납세의무는 국세기본법 제38조의 규정에 의거 잔여재산의 인도를 받은 자(지방자치단체)가 되는 것임. 토지구획정리조합이 토지구획정리사업법 제54조에 규정하는 체비지 또는 보류지를 매각하고 얻는 수입은 법인세법 제1조에 규정하는 수익사업소득에 해당함(법인 46012－2886, 1996.10.18.).

■ 환지방식 도시개발사업의 체비지매각이익에 대한 법인세 과세대상 여부 및 납세의무자

(사실관계)
- ○○○○는 정부와 ○○은행이 출자(각각 73.3%, 26.7%)하여 설립된 공기업임.
- 당해 공사가 사업시행자가 되어 시행 중에 있는 ○○사업지구는 택지개발촉진법 제9조 제5항에 근거 도시개발법에 의한 환지방식으로 시행하는 사업지구로 사업현황 및 현재까지 추진일정은 다음과 같음.
- ○○사업지구 개발 현황(1994.6. 예정지구 지정 － 2008. 중 사업 준공)
  - 사업기간 : 1999.6.9. － 2007.12.31.　　－면적 : 1,233,940㎡
  - 사업비 : 1,539억원　　　　　　　　－수용인원 및 세대수 : 24,551인
  - 개발방식 : 공영개발방식 → 환지방식(2003.3.10.).
- ○○사업지구의 환지방식사업은 지구 내 토지를 시행자가 보상 또는 수용하여 사업을 시행하는 방법이 아닌 도시개발법에 따라 공사가 사업시행자가 되어 지구 내 토지의 소유자에

게 정리 후 토지로 환지하여 주는 사업방식임.
- 환지사업으로 인한 개발이익의 전액은 도시개발법 제68조에 따라 해당 지방자치단체에 귀속되고 사업시행자는 도시개발법 제33조에 규정하는 체비지의 매각을 통하여 사업비를 충당하게 됨.
- 도시개발법에 의거 사업비를 충당하고 남은 체비지매각 이익금은 전액 도시개발법 제68조에 따라 당해 사업지구에 재투자되거나 당해 지방자치단체 특별회계에 귀속되므로 공사에 귀속되는 이익은 없음.
- 조성공사를 착수하는 2004년부터 공사비를 충당하기 위한 체비지매각으로 인하여 발생된 이익에 대하여는 매년 법인세를 납부함.
- 개발이익금 정산과 관련하여 당해 공사는 종료시점에 개발이익금의 정산절차를 지방자치단체와 수행할 계획임.
  개발이익금은 사업비를 충당하고 남은 체비지매각이익이며, 정산시점까지 기매각된 체비지의 매각이익과 지자체와 합의를 통하여 합리적으로 추정한 미매각 체비지의 매각이익으로 구성된 개발이익금을 당해 사업지구에 직접투입하거나 당해 지방자치단체에 납부할 예정임.
- 상기 사실관계에 따라 공사가 기납부한 법인세의 과세여부 및 귀속주체에 대한 의문사항을 질의함.

(질의요지)
질의 1) : 환지방식사업에서 발생하는 체비지매각이익이 과세대상인지 여부
(갑설) : 법인세 과세대상 아님.
이유 : 환지방식사업에서 발생된 체비지매각이익은 공사에 귀속되지 아니하고 도시개발법 제68조에 따라 지방자치단체에 귀속되도록 의무화되어 있음.
　　　 법인세법 제2조 제3항 규정에 의거 사실상 지방자치단체에 전액 귀속되므로 법인세 부과대상 아님.
(을설) : 법인세 과세대상임.
이유 : 사업시행자인 ○○가 도시개발법 제33조에 규정하는 체비지를 매각하고 얻는 개발이익이 지방자치단체에 귀속된다 하더라도 법인세법 제3조에 규정하는 수익사업에 해당하므로 수행하는 과정에서 발생하는 체비지매각이익에 대한 법인세를 납부하여야 함.
질의 2) : 환지방식사업으로 인한 개발이익에 대한 법인세 납세의무자 해당 여부
　　　　 질의1)에서 을설에 따라 환지방식사업에서 발생하는 체비지매각이익이 법인세 과세대상일 경우 법인세 납세의무자가 누구인지 여부
(갑설) : 개발이익이 발생하는 사업연도에 법인세 납부주체는 사업시행자인 공사가 법인세 납부대상자임.
(을설) : 정산시 개발이익에 대한 법인세는 지방자치단체가 납부대상자임.

1. 국세 행정 발전에 대한 관심과 협조에 감사드리며, 우리 센터에 접수된 귀 질의에 대하여 법규과-1793(2008.4.24.)호에 의한 회신입니다.

2. 귀 질의1은 기존 해석사례(법인 46012-2886, 1996.10.18.〈위의 사례임〉, 법인 46012-3209, 1993.10.23., 재법인 46012-105, 1993.6.19.)를 참조하시기 바람.

질의 2의 경우, 당해 택지개발조성사업의 개발손익은 「법인세법 시행령」 제69조 제2항의 "작업진행률"을 기준으로 하여 계산한 수익과 비용을 각각 해당 사업연도의 익금과 손금에 산입하는 것이며, 당해 택지개발조성사업에서 발생한 소득에 대한 법인세를 납부할 의무는 「법인세법」 제2조 제1항에 따라 동 사업의 시행자인 '□□□□공사'에 있는 것임(서면2팀-779, 2008.4.28.).

■ 조합원이 토지면적 기준으로 안분하여 부담한 추가사업비 분담금의 출자금 해당 여부

- 도시개발사업조합이 도시개발사업을 수행함에 있어 당초에는 이에 소요되는 사업비를 체비지 매각대금 등으로 충당하고자 하였으나, 이후 추가 사업비가 발생하여 이를 사업비 분담 약정에 따라 토지소유자인 조합원에게 토지면적 기준으로 안분하여 분담하게 한 경우, 해당 조합원이 부담한 사업비 분담금은 출자금에 해당하는 것임(법인-315, 2012.5.22.).

■ 도시개발조합이 공통손금을 사용면적 기준에 따라 안분계산 시, 공공시설용지와 국유지의 손금 또는 익금산입방법

- 수익사업과 기타의 사업에 대한 토지조성비, 설계비 등 공통손금을 「법인세법 시행규칙」 제76조 제6항 각 호 외의 부분 단서 규정에 따라 사용면적 기준에 의하여 안분계산하는 경우 도로, 공원 등 공공시설용지는 수익사업과 기타의 사업에 공통적으로 사용된 것으로 보아 해당 공공시설용지를 제외한 수익사업과 기타의 사업의 사용면적비율에 따라 공통손금을 안분계산하는 것이며,

- 「도시개발법」 제66조 제1항에 따라 도시개발사업조합에 무상으로 귀속되는 국유지 수증이익은 수익사업과 기타의 사업의 공통익금으로 보아 「법인세법 시행규칙」 제76조 제6항에 따라 안분계산하는 것임(사전법령해석법인 2021-890, 2021.8.31.).

■ 도시개발조합의 환지계획에 따른 증환지 및 감환지 청산금이 수익사업에 해당하는지 여부

• 조합이 조합원의 권리면적보다 면적을 증가하여 환지함에 따라 조합원으로부터 증환지 청산금을 수령하는 경우 해당 증환지 청산금은 도시개발사업의 환지계획인가일이 2021년 6월 4일 전인 경우에 한하여 수익사업소득에 해당하는 것이며, 조합이 해당 증환지 청산금에 대하여 사업 시행기간 동안 진행기준에 따라 수익을 인식하는 경우에는 「법인세법 시행령」 제69조 제1항에 따른 "작업진행률"을 기준으로 계산한 수익을 해당 사업연도의 익금에 산입하는 것임(사전법령해석법인 2020-1122, 2021.7.29.).

• 도시개발조합이 「도시개발법」 제31조 제1항에 따라 면적이 넓은 토지에 대하여 그 면적을 줄여서 환지함에 따라 발생하는 감환지 청산금을 지급하는 경우 해당 감환지 청산금은 도시개발사업의 환지계획인가일이 2021년 6월 4일 전인 경우에 한하여 수익사업에서 발생하는 손금에 해당하는 것임(사전법령해석법인 2021-1340, 2021.11.17.).

   ※ 위의 도시개발조합의 증환지 및 감환지 청산금에 대한 국세청 해석 근거는 아래 재개발조합의 불입청산금에 대한 기획재정부 예규이다.

• 재개발조합이 자기지분을 초과하여 분양을 받은 조합원으로부터 수령하는 조합원 추가 부담금이 수익사업소득에 해당하는지 여부

   (1안) 수익사업소득에 해당함.

   (2안) 수익사업소득에 해당하지 않음.

귀 질의의 경우 2안이 타당하며, 회신일 이후 관리처분계획이 인가되는 분부터 적용하는 것이다 (기획재정부법인-279, 2021.6.4.).

■ 환지방식 도시개발사업에서 개발비용 조달을 위한 체비지 매도가액(익금)에 대응하는 체비지 취득가액(손금)의 평가시기

• 청구법인은 환지방식의 개발사업에 있어 "체비지"는 개발을 전제로 존재할 수밖에 없는 개념으로, 청구법인의 체비지 취득가액은 개발 이후를 전제한 종후평가액으로 평가되어야 한다고 주장하나, 청구법인과 같은 환지개발사업의 시행자는 환지계획인가를 통해 체비지(토지) 소유권의 전신에 해당하는 장래 체비지를 취득할 수 있는 권리(이하 "쟁점권리"라 한다)를 취득하게 되는바(이후 환지처분공고에 따라 쟁점권리가 토지로 전환된다 하더라도, 청구법인이 환지계획인가를 통해 취득하게 되는 것은 토지가 아닌 권리임은 명백하다), 이 사건 청구법인이 취득한 자산은 토지(체비지)가 아닌 쟁점권리가 되어야 하고, 해당 자산의 형태(권리 또는 부동산)에도 불구하고, 경제적 가치가 내재된 자산을 취득하여 매각함에 따라 차익이 발생하였다면, 그 차익이 과세대상

익금에 포함되어야 함은 당연하며, 「법인세법 시행령」 제72조 제1항 제5호에서 "자산의 취득가액은 취득당시의 시가"라고 규정하고 있는 점 등을 종합하면,

- 청구법인이 시가로 주장하는 종후평가액은 쟁점권리의 취득시점(환지계획인가일)이 아닌 쟁점권리가 토지(체비지)로 전환되는 미래(환지처분공고일)를 전제한 미래 추정 감정평가액에 해당하고, 평가대상 또한 권리가 아닌 부동산(체비지)을 전제한 것이므로, 이를 쟁점권리의 취득당시 시가로 보기는 어려운 것으로 보이는 점,

- 한편, 처분청이 시가로 본 종전평가액은 비록, 환지계획인가일이 아닌 사업실시계획인가일을 기준으로 평가된 가액이기는 하나, 양일 모두 사업부지가 개발되기 전의 종전부지 상태를 기준으로 하는데, 처분청이 사업실시계획인가일을 기준으로 한 감정평가액(종전평가액)은 관련규정 등에 따라 이미 존재하고 있었던 반면, 환지계획인가일을 기준으로 한 감정평가액은 달리 없었고, 처분청은 양일간의 차이는 1년 이내의 단기간으로 그간 가격변동의 특별한 사정은 없었던 것으로 보인다는 의견을 제시한 반면, 청구법인은 종후평가액으로 평가되어야 한다고 주장할 뿐, 달리 환지계획인가일을 기준일로 하여 재평가해 달라는 주장은 하고 있지 않은 점 등에 비추어, 결국 처분청이 쟁점권리의 취득당시 시가를 종전평가액으로 보아 청구법인에게 법인세를 부과한 이 건 처분은 달리 잘못은 없는 것으로 판단됨(조심 2022부8120, 2023.6.29.).

❶ 지역주택조합의 특징

지역주택조합은 토지등소유자가 아닌 무주택자 등이 구성한 조합이 사업주체가 되어 사업대상 토지를 매수한 후 아파트 등의 건설을 추진하고 조합원 및 일반인에게 공급하는 제도로 「주택법」에서 규정하고 있다. 재개발·재건축 정비사업조합의 인격은 「도시 및 주거환경정비법」에서 법인으로 규정하고 있지만 지역주택조합의 인격은 「주택법」에서 별도로 규정하고 있지 않다. 이로 인하여 지역주택조합은 정비사업조합과 비교해서 세법 적용에 있어 차이가 있다.

❷ 「주택법」의 주요 내용

「주택법」은 쾌적하고 살기 좋은 주거환경 조성에 필요한 주택의 건설·공급 및 주택시장의 관리 등에 관한 사항을 정함으로써 국민의 주거안정과 주거수준의 향상에 이바지함을 목적으로 한다(주택법 제1조). "주택조합"이란 많은 수의 구성원이 사업계획의 승인을 받아 주택을 마련하거나 리모델링하기 위하여 결성하는 지역주택조합, 직장주택조합 및 리모델링주택조합을 말한다(주택법 제2조 제11호). 이 절에서는 지역주택조합의 내용을 설명하고 다음 제5절에서 리모델링주택조합에 대해 서술한다.

(1) 지역주택조합의 거주지역 구분

지역주택조합은 다음 표의 구분에 따른 지역에 거주하는 주민이 주택을 마련하기 위하여 설립한 조합이다(주택법 제2조 제11호 가목).

1) 서울특별시·인천광역시 및 경기도
2) 대전광역시·충청남도 및 세종특별자치시
3) 충청북도
4) 광주광역시 및 전라남도
5) 전북특별자치도
6) 대구광역시 및 경상북도
7) 부산광역시·울산광역시 및 경상남도
8) 강원특별자치도
9) 제주특별자치도

(2) 지역주택조합의 조합원 자격

지역주택조합의 조합원이 될 수 있는 사람은 다음 표의 요건을 모두 갖춘 사람으로 한다. 다만, 조합원의 사망으로 그 지위를 상속받는 자는 다음 표의 요건에도 불구하고 조합원이 될 수 있다(주택령 제21조①).

① 조합설립인가 신청일(해당 주택건설대지가 주택법 제63조에 따른 투기과열지구 안에 있는 경우에는 조합설립인가 신청일 1년 전의 날을 말한다. 이하 같다)부터 해당 조합주택의 입주 가능일까지 주택을 소유(주택의 유형, 입주자 선정방법 등을 고려하여 국토교통부령으로 정하는 지위에 있는 경우를 포함한다. 이하 같다)하는지에 대하여 다음의 어느 하나에 해당할 것
  (ㄱ) 국토교통부령으로 정하는 기준에 따라 세대주를 포함한 세대원[세대주와 동일한 세대별 주민등록표에 등재되어 있지 아니한 세대주의 배우자 및 그 배우자와 동일한 세대를 이루고 있는 사람을 포함한다. 이하 (ㄴ)에서 같다] 전원이 주택을 소유하고 있지 아니한 세대의 세대주일 것
  (ㄴ) 국토교통부령으로 정하는 기준에 따라 세대주를 포함한 세대원 중 1명에 한정하여 주거전용면적 85제곱미터 이하의 주택 1채를 소유한 세대의 세대주일 것
② 조합설립인가 신청일 현재 위 (1)의 구분에 따른 지역에 6개월 이상 계속하여 거주하여 온 사람일 것
③ 본인 또는 본인과 같은 세대별 주민등록표에 등재되어 있지 않은 배우자가 같은 또는 다른 지역주택조합의 조합원이거나 직장주택조합의 조합원이 아닐 것

(3) 사업추진 단계별 주요 내용

지역주택조합의 사업추진과정은 조합설립단계, 사업계획승인단계, 주택건설단계, 사용검사 및 조합청산단계로 구별되며, 각 단계별 주요 내용은 아래와 같다.

1) 조합설립단계

구 분	주요 내용
지역주택조합추진위원회	• 주택법에 정해진 법규정이 없는 임의단체임.
주택조합업무의 대행 (주택법 제11조의2)	• 주택조합 및 주택조합의 발기인은 조합원 모집 등 주택조합의 업무를 등록사업자 등에게 대행 가능
조합원 모집 신고 및 공개모집 (주택법 제11조의3)	• 지역주택조합의 설립인가를 받기 위하여 조합원을 모집하려는 자는 해당 주택건설대지의 50퍼센트 이상에 해당하는 토지의 사용권원을 확보하여 관할 시장·군수·구청장에게 신고하고, 공개모집 방법으로 조합원을 모집
지역주택조합 설립인가 (주택법 제11조)	• 지역주택조합을 설립하려는 경우에는 다음 요건을 모두 갖추어 관할 시장, 군수등의 인가를 받아야 함. 1. 해당 주택건설대지의 80퍼센트 이상에 해당하는 토지의 사용권원을 확보할 것 2. 해당 주택건설대지의 15퍼센트 이상에 해당하는 토지의 소유권을 확보할 것

2) 사업계획승인단계

구 분	주요 내용
대지의 소유권 확보 등 (주택법 제21조)	• 주택조합의 경우에는 95퍼센트 이상의 소유권을 확보하고, 확보하지 못한 대지가 매도청구 대상이 되는 대지에 해당하여야 함.
주택조합의 사업계획 승인신청 (주택법 제15조, 영 제23조)	• 단독주택 30호 또는 공동주택 30세대 이상의 주택건설사업을 시행하려는 자는 사업계획승인권자에게 사업계획승인을 받아야 함. • 주택조합은 설립인가를 받은 날부터 2년 이내에 사업계획승인 신청
사업계획의 승인 (주택령 제30조)	• 사업계획승인권자는 사업계획승인의 신청을 받았을 때에는 정당한 사유가 없으면 신청받은 날부터 60일 이내에 사업주체에게 승인 여부를 통보
고 시 (주택법 제15조⑥)	• 사업계획승인권자가 사업계획을 승인하였을 때에는 이에 관한 사항을 고시

3) 주택건설단계

구 분	주요 내용
주택의 설계 및 시공 (주택법 제33조)	• 사업계획승인을 받아 건설되는 주택을 설계하는 자는 설계도서 작성기준에 맞게 설계
주택건설기준 등 (주택법 제35조)	• 사업주체가 건설·공급하는 주택의 건설 등에 관한 다음의 주택건설기준등을 준수 1. 주택 및 시설의 배치, 주택과의 복합건축 등에 관한 주택건설기준 2. 세대 간의 경계벽, 바닥충격음 차단구조, 구조내력(構造耐力) 등 주택의 구조·설비기준 3. 부대시설의 설치기준 4. 복리시설의 설치기준 5. 대지조성기준 6. 주택의 규모 및 규모별 건설비율
주택의 규모별 건설 비율 (주택령 제46조)	• 국토교통부장관은 적정한 주택수급을 위하여 필요하다고 인정하는 경우에는 사업주체가 건설하는 주택의 75퍼센트(주택조합이나 고용자가 건설하는 주택은 100퍼센트) 이하의 범위에서 일정 비율 이상을 국민주택규모로 건설하게 할 수 있음.
에너지절약형 친환경주택 등의 건설기준 (주택법 제37조)	• 사업주체가 사업계획승인을 받아 주택을 건설하려는 경우에는 에너지 고효율 설비기술 및 자재 적용 등 에너지절약형 친환경주택으로 건설하여야 함.
주택조합사업의 시공보증 (주택법 제14조의4)	• 주택조합이 공동사업주체인 시공자를 선정한 경우 그 시공자는 공사의 시공보증을 위하여 일정한 기관의 시공보증서를 조합에 제출
착공 신고 (주택법 제16조)	• 사업주체가 공사를 시작하려는 경우에는 사업계획승인권자에게 신고하여야 함.

4) 사용검사 및 조합청산단계

구 분	주요 내용
사용 검사 (주택법 제49조)	• 사업주체가 사업계획승인을 받아 시행하는 주택건설사업을 완료한 경우 주택에 대하여 시장·군수·구청장의 사용검사 승인
임시 사용승인 (주택령 제56조)	• 사용검사권자가 사용검사 신청을 받은 때에는 임시 사용승인대상인 주택이 사업계획의 내용에 적합하고 사용에 지장이 없는 경우에만 임시사용을 승인

구 분	주요 내용
해산인가신청 · 청산 (주택법 제11조)	• 조합 잔여재산의 조합원 분배 • 조합해산의 결의를 위한 총회의 의결정족수에 해당하는 조합원의 동의를 받은 정산서를 첨부하여 주택건설대지를 관할하는 시장 · 군수 · 구청장에게 해산인가신청

(4) 주택조합업무의 대행

주택조합의 업무대행자와 대행업무의 범위는 아래와 같다.

1) 업무대행자

주택조합(리모델링주택조합은 제외한다. 이하 같다) 및 주택조합의 발기인은 조합원 모집 등 주택법 제11조의2 제2항에 따른 주택조합의 업무를 공동사업주체인 등록사업자 또는 다음 표의 어느 하나에 해당하는 자로서 대통령령으로 정하는 자본금(법인 : 5억원, 개인 : 10억원)을 보유한 자 외의 자에게 대행하게 할 수 없다(주택법 제11조의2①).

> 1) 등록사업자
> 2) 「공인중개사법」 제9조에 따른 중개업자
> 3) 「도시 및 주거환경정비법」 제102조에 따른 정비사업전문관리업자
> 4) 「부동산개발업의 관리 및 육성에 관한 법률」 제4조에 따른 등록사업자
> 5) 「자본시장과 금융투자업에 관한 법률」에 따른 신탁업자
> 6) 그 밖에 다른 법률에 따라 등록한 자로서 대통령령으로 정하는 자

2) 대행업무의 범위

업무대행자에게 대행시킬 수 있는 주택조합의 업무의 범위는 다음 표와 같다. 다만, 업무 중 계약금 등 자금의 보관 업무는 위의 표 5)에 따른 신탁업자에게 대행하도록 하여야 한다(주택법 제11조의2②, ③).

> 1) 조합원 모집, 토지 확보, 조합설립인가 신청 등 조합설립을 위한 업무의 대행
> 2) 사업성 검토 및 사업계획서 작성업무의 대행
> 3) 설계자 및 시공자 선정에 관한 업무의 지원
> 4) 주택법 제15조에 따른 사업계획승인 신청 등 사업계획승인을 위한 업무의 대행

5) 계약금 등 자금의 보관 및 그와 관련된 업무의 대행
6) 그 밖에 총회의 운영업무 지원 등 국토교통부령으로 정하는 사항

(5) 조합원 모집신고 및 공개모집(주택조합 설립인가 전)

지역주택조합의 설립인가를 받기 위하여 조합원을 모집하려는 자는 해당 주택건설대지의 50퍼센트 이상에 해당하는 토지의 사용권원을 확보하여 관할 시장·군수·구청장에게 신고하고, 공개모집의 방법으로 조합원을 모집하여야 한다(주택법 제11조의3).

(6) 주택조합의 설립인가

많은 수의 구성원이 주택을 마련하기 위하여 주택조합을 설립하려는 경우(직장주택조합의 경우는 제외한다)에는 관할 특별자치시장, 특별자치도지사, 시장, 군수 또는 구청장(구청장은 자치구의 구청장을 말하며, 이하 "시장·군수·구청장"이라 한다)의 인가를 받아야 하며(주택법 제11조①), 다음의 요건을 모두 갖추어야 한다(주택법 제11조②).

1) 해당 주택건설대지의 80퍼센트 이상에 해당하는 토지의 사용권원을 확보할 것
2) 해당 주택건설대지의 15퍼센트 이상에 해당하는 토지의 소유권을 확보할 것

그리고 주택조합의 설립인가를 신청할 경우에 갖추어야 할 요건과 조합규약에 포함하여야 할 사항 및 총회의결사항에 대한 주택법령의 내용은 아래와 같다.

1) 주택조합의 설립인가 신청

주택조합의 설립인가를 받으려는 자는 신청서에 다음의 서류를 첨부하여 주택건설대지를 관할하는 시장·군수·구청장에게 제출해야 한다(주택령 제20조① 제1호).

1) 창립총회 회의록
2) 조합장선출동의서
3) 조합원 전원이 자필로 연명한 조합규약
4) 조합원 명부
5) 사업계획서
6) 해당 주택건설대지의 80퍼센트 이상에 해당하는 토지의 사용권원을 확보하였음을 증명하는

　　서류

7) 해당 주택건설대지의 15퍼센트 이상에 해당하는 토지의 소유권을 확보하였음을 증명하는
　　서류
8) 그 밖에 국토교통부령으로 정하는 서류

2) 조합규약

조합규약에는 다음의 사항이 포함되어야 한다(주택령 제20조②).

1) 조합의 명칭 및 사무소의 소재지
2) 조합원의 자격에 관한 사항
3) 주택건설대지의 위치 및 면적
4) 조합원의 제명·탈퇴 및 교체에 관한 사항
5) 조합임원의 수, 업무범위(권리·의무를 포함한다), 보수, 선임방법, 변경 및 해임에 관한
　　사항
6) 조합원의 비용부담 시기·절차 및 조합의 회계
7) 조합원의 제명·탈퇴에 따른 환급금의 산정방식, 지급시기 및 절차에 관한 사항
8) 사업의 시행시기 및 시행방법
9) 총회의 소집절차·소집시기 및 조합원의 총회소집요구에 관한 사항
10) 총회의 의결을 필요로 하는 사항과 그 의결정족수 및 의결절차
11) 사업이 종결되었을 때의 청산절차, 청산금의 징수·지급방법 및 지급절차
12) 조합비의 사용 명세와 총회 의결사항의 공개 및 조합원에 대한 통지방법
13) 조합규약의 변경 절차
14) 그 밖에 조합의 사업추진 및 조합 운영을 위하여 필요한 사항

3) 총회의 의결 사항

다음의 사항은 반드시 총회의 의결을 거쳐야 한다(주택령 제20조③). 총회의 의결을 하는
경우에는 조합원의 100분의 10 이상이 직접 출석하여야 한다. 다만, 창립총회 또는 다음의
사항을 의결하는 총회의 경우에는 조합원의 100분의 20 이상이 직접 출석하여야 한다(주택령
제20조④, 주택칙 제7조⑤).

1) 조합규약[위 2)의 사항만 해당한다]의 변경
2) 자금의 차입과 그 방법·이자율 및 상환방법
3) 예산으로 정한 사항 외에 조합원에게 부담이 될 계약의 체결
4) 업무대행자의 선정·변경 및 업무대행계약의 체결
5) 시공자의 선정·변경 및 공사계약의 체결
6) 조합임원의 선임 및 해임
7) 사업비의 조합원별 분담 명세 확정 및 변경
8) 사업비의 세부항목별 사용계획이 포함된 예산안
9) 조합해산의 결의 및 해산시의 회계 보고

4) 조합원 구성비율 및 최소 조합원수의 계속 충족 요건

주택조합(리모델링주택조합은 제외한다)은 주택조합 설립인가를 받는 날부터 사용검사를 받는 날까지 계속하여 다음 표의 요건을 모두 충족해야 한다(주택령 제20조⑦).

1) 주택건설 예정 세대수(설립인가 당시의 사업계획서 상 주택건설 예정 세대수를 말하되, 주택법 제20조에 따라 임대주택으로 건설·공급하는 세대수는 제외한다)의 50퍼센트 이상을 조합원으로 구성할 것. 다만, 주택법 제15조에 따른 사업계획승인 등의 과정에서 세대수가 변경된 경우에는 변경된 세대수를 기준으로 한다.
2) 조합원은 20명 이상일 것

(7) 사업계획의 승인

1) 사업계획승인의 신청

대통령령으로 정하는 호수[단독주택 30호(예외적 50호), 공동주택 30세대(예외적 50세대)] 이상의 주택건설사업을 시행하려는 자는 시·도지사 등 사업계획승인권자에게 사업계획승인을 받아야 한다(주택법 제15조①). 사업계획승인권자는 사업계획승인의 신청을 받았을 때에는 정당한 사유가 없으면 신청받은 날부터 60일 이내에 사업주체에게 승인 여부를 통보하여야 한다(주택령 제30조①).

2) 대지의 소유권 확보

주택건설사업계획의 승인을 받으려는 자는 해당 주택건설대지의 소유권을 확보하여야 한다. 다만, 등록사업자와 공동으로 사업을 시행하는 주택조합(리모델링주택조합은 제외한다)이

지구단위계획이 필요한 주택건설사업의 해당 대지면적의 95퍼센트 이상의 소유권을 확보하고, 확보하지 못한 대지가 매도청구 대상이 되는 대지에 해당하는 경우에는 그러하지 아니하다(주택법 제21조).

3) 주택조합의 신청기한

주택조합은 설립인가를 받은 날부터 2년 이내에 주택법 제15조에 따른 사업계획승인을 신청하여야 한다(주택령 제23조①).

(8) 매도청구

등록사업자와 공동으로 사업을 시행하는 주택조합(리모델링주택조합은 제외한다)이 지구단위계획이 필요한 주택건설사업의 해당 대지면적의 95퍼센트 이상의 소유권을 확보한 경우에는 소유권을 확보하지 못한 대지의 모든 소유자에게 매도할 것을 청구할 수 있다. 이 경우 매도청구 대상이 되는 대지의 소유자와 매도청구를 하기 전에 3개월 이상 협의를 하여야 한다(주택법 제22조).

(9) 착공 등

주택조합은 승인받은 사업계획대로 사업을 시행하여야 하고, 승인받은 날부터 5년 이내에 공사를 시작하여야 한다. 다만, 사업계획승인권자는 정당한 사유가 있다고 인정하는 경우에는 신청을 받아 그 사유가 없어진 날부터 1년의 범위에서 공사의 착수기간을 연장할 수 있다(주택법 제16조).

(10) 주택조합의 사업 종결 또는 해산 여부 결정

주택조합이 사업추진의 지연이 계속되는 경우 총회의 의결을 거쳐 사업의 종결 또는 해산 여부를 다음 표의 구분과 같이 결정해야 한다. 총회를 소집하려는 주택조합의 임원 또는 발기인은 총회가 개최되기 7일 전까지 회의 목적, 안건, 일시 및 장소를 정하여 조합원 또는 주택조합 가입 신청자에게 통지하여야 한다. 해산을 결의하거나 사업의 종결을 결의하는 경우 청산인을 선임하여야 한다. 주택조합의 발기인은 총회의 결과(사업의 종결을 결의한 경우에는 청산계획을 포함한다)를 관할 시장·군수·구청장에게 통지하여야 한다(주택법 제14조의2).

구　분	사업 종결 또는 해산 여부 결정
주택조합 설립인가를 받지 못하는 경우	• 주택조합의 발기인은 조합원 모집 신고가 수리된 날부터 2년이 되는 날까지 주택조합 설립인가를 받지 못하는 경우 주택조합 가입 신청자 전원으로 구성되는 총회 의결을 거쳐 주택조합 사업의 종결 여부를 결정하도록 하여야 한다(주택법 제14조②).
사업계획승인을 받지 못하는 경우	• 주택조합은 주택조합의 설립인가를 받은 날부터 3년이 되는 날까지 사업계획승인을 받지 못하는 경우 총회의 의결을 거쳐 해산 여부를 결정하여야 한다(주택법 제14조①). • 해산을 결정한 경우에는 시장·군수·구청장의 인가를 받아야 한다(주택법 제11조①).

③ 업무진행 실무과정과 세법적용 기본개념

(1) 업무진행 실무과정

지역주택조합의 업무진행 실무과정 중 세법적용에 관련된 내용을 중심으로 설명하고자 한다.

1) 지역주택조합추진위원회의 운영

지역주택조합추진위원회는 「주택법」 상 법적 지위를 인정하는 법규정이 없다. 이러한 점은 「도시 및 주거환경정비법」에서 정비사업조합설립추진위원회에 대해 법적 지위를 인정하는 법규정을 두고 있는 것과는 다르다. 지역주택조합추진위원회는 지역주택조합 설립 전까지 한시적으로 운영되는 임의단체에 해당한다고 볼 수 있다.

2) 지주조합원의 토지 취득

사업지역의 지주조합원이 소유하고 있는 토지도 제3자로부터 취득하는 경우와 마찬가지로 지역주택조합이 지주조합원으로부터 유상으로 매입하여 소유권을 확보해야 하는 것이 원칙이다. 소유권 확보와 관련하여 법제처 법령해석 사례(안건번호 18-0378, 2018.11.2.)를 보면, "지역주택조합이 「주택법」에 따른 주택건설사업계획의 승인을 받기 위해 「신탁법」에 따라 주택건설대지의 소유자로부터 해당 토지를 신탁받아 신탁을 원인으로 한 소유권이전등기를 마친 경우 수탁자인 지역주택조합이 「주택법」에 따라 해당 주택건설대지의 소유권을 확보한 것으로 볼 수 없다."고 해석하고 있다. 그 이유로는, "주택법령에서는 사업주체로 하여금 단순히 주택건설대지의 소유권을 확보하도록 할 뿐만 아니라 해당 토지를 안정적이고 지속적인 사용이 가능한 상태로 소유할 것까지를 요구하고 있는데 수탁자는 신탁의 해지 및 신탁기간의 만료 등 신탁 관계의 종료 사유가 발생하면 그 소유권을 위탁자에게 다시 이전하여야 할 의무를 부담하게 되고 이 경우에는 수탁자가 등기부상 소유권을 상실함으로써 주택건설사업의 시행자로서의 지위 또한 상실할 가능성이 있으므로 주택건설대지의 수탁자를 주택건설사업을 안정적으로 수행할 수 있는 주체로 보기는 어렵다(서울행정법원 2012.5.18. 선고 2011구합37718 판결례 참조).”를 들고 있다.

3) 현금출자방식 조합원의 모집

지역주택조합은 지주조합원의 종전 부동산을 조합으로 소유권을 이전하는 방식으로만 토지소유권을 확보하는데 그치지 아니하고 해당 사업지역 내에 종전 부동산을 소유하고 있지 아니한 조합원으로부터도 현금출자를 받아 지역주택조합이 토지를 매입하여 아파트를 건설한 후 조합원에 우선 공급하고, 잔여 아파트는 일반인에게 분양하여 조합원 아파트의 건설비용에 충당한다.

4) 조합설립인가 전 토지 소유권 취득

2020.1.23. 주택법 제11조 제2항 개정(시행일 : 2020.7.24.)으로 지역주택조합의 설립인가를 받기 위해서는 해당 주택건설대지의 80퍼센트 이상에 해당하는 토지의 사용권원을 확보하는 것(개정 전 해당)에 해당 주택건설대지의 15퍼센트 이상에 해당하는 토지의 소유권을 확보해야 하는 규정이 추가되었고, 개정된 내용은 이 법 시행 후 최초로 조합원 모집신고(변경 신고는 제외한다)를 하는 경우부터 적용한다(부칙 법률 제16870호, 2020.1.23.). 지역주택조합의 발기인이 해당 주택건설대지의 소유권 15퍼센트 이상 확보 요건을 충족하기 위해서는 지역주택조합 추진위원회(임의단체)의 명의로 토지의 소유권을 취득하여야 할 것이다.

5) 국ㆍ공유재산의 취득

국ㆍ공유재산의 무상 귀속 또는 매각에 대해서는 주택법 제29조(공공시설의 귀속 등)와 제30조(국공유지 등의 우선 매각 및 임대)에서 규정하고 있다. 이 경우 공공시설 등은 준공검사를 받음으로써 그 시설을 관리할 관리청과 개발행위허가를 받은 자에게 각각 귀속되거나 양도된 것으로 본다. 제1절 재개발정비사업조합의 경우와 같다.

6) 매도청구

지역주택조합은 매도청구 대상이 되는 대지의 소유자와 매도청구를 하기 전에 3개월 이상 협의를 하여야 한다(주택법 제22조). 협의가 성립하지 않은 경우 지역주택조합은 토지 등의 매도청구 민사소송으로 토지의 소유권을 취득할 수 있으며, 법원의 최종 판결에 의해 보상금액과 소유권이전 시기가 확정된다.

7) 신탁해제와 부기등기

주택조합은 사업계획승인 신청일 이후부터 입주예정자가 그 주택 및 대지의 소유권이전등기를 신청할 수 있는 날 이후 60일까지의 기간 동안 해당 주택 또는 대지가 입주예정자의 동의 없이는 양도하거나 제한물권을 설정하거나 압류·가압류·가처분 등의 목적물이 될 수 없는 재산임을 소유권등기에 부기등기하여야 한다(주택법 제61조). 이러한 부기등기 전에 지역주택조합은 사업부지용 토지에 대해 제3자로부터 강제집행을 막기 위하여 대부분 신탁을 하고 있지만 지역주택조합이 토지 소유자로부터 신탁을 받는다 하더라도 소유권을 확보한 것으로 볼 수 없다는 법제처의 법령해석에 따라 지역주택조합은 사업계획승인 신청을 위하여 사업부지용 토지에 설정한 신탁을 해제하고 지역주택조합 명의로 소유권을 이전하게 된다. 이 경우 사업계획승인 신청일 이후에 부기등기가 신탁해제와 거의 동시에 이루어지도록 하여 제3자로부터 강제집행이 방지되도록 한다.

8) 금융 및 신탁업무

① 토지매입 자금조달

지역주택조합은 토지를 매입하기 위하여 조합이 조합원을 모집할 때 보통 조합가입계약서에 조합원 개인명의로 금융권으로부터 일정 금액의 신용대출을 받아 조합원의 분담금으로 충당하는 것에 동의한다는 내용의 계약을 하게 되고, 이에 따라 조합원 개인 대출을 실행하여 토지를 확보하기도 한다. 조합이 토지를 확보한 후에는 PF대출 등을 받아 조합원의 개인 대출금을 상환한다.

② 자금관리신탁

「주택법」에 지역주택조합의 계약금 등 자금의 보관업무는 신탁업자가 대행하도록 의무 규정을 두고 있다(주택법 제11조의2③).

(2) 세법적용 기본개념

지역주택조합의 세무업무를 위해 먼저 세법적용 기본개념을 지역주택조합의 업무 특성을 고려하여 정리하고자 한다.

1) 지역주택조합의 인격

지역주택조합은 조합의 수익을 구성원에게 분배하지 아니한 경우에는 「국세기본법」 상 법인으로 보는 단체로 관할 세무서장에게 신청하여 승인을 받아 「법인세법」을 적용하며, 일반분양 아파트나 상가의 수익을 구성원에게 분배하여 「소득세법」 상 법인으로 보는 단체 외의 법인이 아닌 단체에 해당하는 경우에는 공동사업자 또는 1거주자로 보아 「소득세법」을 적용한다. 지역주택조합추진위원회의 경우도 이와 같다. 2008.1.1. 이후부터 「국세기본법」 제13조 제1항이 개정되어 법인으로 보는 단체 요건에 '수익을 구성원에게 분배하지 아니하는 것'의 내용이 추가되었다(2007.12.31. 법률 제8830호).

□ 「국세기본법」 제13조(법인으로 보는 단체 등)

① 법인(「법인세법」 제2조 제1호 따른 내국법인 및 같은 조 제3호에 따른 외국법인을 말한다. 이하 같다)이 아닌 사단, 재단, 그 밖의 단체(이하 "법인 아닌 단체"라 한다) 중 다음 각 호의 어느 하나에 해당하는 것으로서 수익을 구성원에게 분배하지 아니하는 것은 법인으로 보아 이 법과 세법을 적용한다.

1. 주무관청의 허가 또는 인가를 받아 설립되거나 법령에 따라 주무관청에 등록한 사단, 재단, 그 밖의 단체로서 등기되지 아니한 것

2. 공익을 목적으로 출연(出捐)된 기본재산이 있는 재단으로서 등기되지 아니한 것

② 제1항에 따라 법인으로 보는 사단, 재단, 그 밖의 단체 외의 법인 아닌 단체 중 다음 각 호의 요건을 모두 갖춘 것으로서 대표자나 관리인이 관할 세무서장에게 신청하여 승인을 받은 것도 법인으로 보아 이 법과 세법을 적용한다. 이 경우 해당 사단, 재단, 그 밖의 단체의 계속성과 동질성이 유지되는 것으로 본다.

1. 사단, 재단, 그 밖의 단체의 조직과 운영에 관한 규정을 가지고 대표자나 관리인을 선임하고 있을 것

2. 사단, 재단, 그 밖의 단체 자신의 계산과 명의로 수익과 재산을 독립적으로 소유·관리할 것

3. 사단, 재단, 그 밖의 단체의 수익을 구성원에게 분배하지 아니할 것

❑ 「소득세법」 제2조(납세의무)

③ 「국세기본법」 제13조 제1항에 따른 법인 아닌 단체 중 같은 조 제4항에 따른 법인으로
보는 단체(이하 "법인으로 보는 단체"라 한다) 외의 법인 아닌 단체는 국내에 주사무소
또는 사업의 실질적 관리장소를 둔 경우에는 1거주자로, 그 밖의 경우에는 1비거주자로
보아 이 법을 적용한다. 다만, 다음 각 호의 어느 하나에 해당하는 경우에는 소득구분에
따라 해당 단체의 각 구성원별로 이 법 또는 「법인세법」에 따라 소득에 대한 소득세
또는 법인세[해당 구성원이 「법인세법」에 따른 법인(법인으로 보는 단체를 포함한다)인
경우로 한정한다. 이하 같다]를 납부할 의무를 진다.
1. 구성원 간 이익의 분배비율이 정하여져 있고 해당 구성원별로 이익의 분배비율이
   확인되는 경우
2. 구성원 간 이익의 분배비율이 정하여져 있지 아니하나 사실상 구성원별로 이익이
   분배되는 것으로 확인되는 경우
④ 제3항에도 불구하고 해당 단체의 전체 구성원 중 일부 구성원의 분배비율만 확인되거나
일부 구성원에게만 이익이 분배되는 것으로 확인되는 경우에는 다음 각 호의 구분에
따라 소득세 또는 법인세를 납부할 의무를 진다.
1. 확인되는 부분 : 해당 구성원별로 소득세 또는 법인세에 대한 납세의무 부담
2. 확인되지 아니하는 부분 : 해당 단체를 1거주자 또는 1비거주자로 보아 소득세에
   대한 납세의무 부담

지역주택조합 관련 해석 · 판단사례

■ 지역주택조합이 국세기본법 상 법인으로 보는 단체에 해당하는지 여부

해석

• 구주택건설촉진법(법률 제6852호로 개정되기 전의 것) 제44조 및 주택법 제32조 규정에 의하
  여 설립된 주택조합(법인으로 등기한 경우는 제외)은 국세기본법 제13조 제1항의 규정에 의
  한 법인으로 보는 단체에 해당하지 아니함(재조세-717, 2007.6.11.).

• 주택조합이 국세기본법 상 법인으로 보는 단체에 해당하는지 여부는 기존해석사례(재정경제
  부조세정책과-717, 2007.6.11.)를 참조〈위의 사례〉하시기 바라며, 현재 귀 단체의 국세기본법
  제13조의 법인으로 보는 단체 해당 여부는 관할 세무서장이 단체의 현황 등 제반 사실관계를
  확인하여 판단해야 하는 것임(서면징세 2019-1699, 2019.8.1.).

■ 이주택지를 공급받은 거주자들의 주민아파트건축조합이 「국세기본법」에 따른 "법인으로 보는 단체" 외의 단체인지 여부

> **해석**
>
> • 「신행정수도 후속대책을 위한 연기 · 공주지역 행정중심복합도시 건설을 위한 특별법」에 따른 행정중심복합도시 건설사업의 시행과 관련한 이주대책으로 한국토지공사로부터 공동주택 건설용지를 공급받은 거주자들이 당해 거주자들을 조합원으로 하여 세종주민아파트건축조합을 설립(법인등기는 하지 아니함)한 후, 주택건설업자와 공동주택 건설도급계약을 체결하여 건설된 공동주택에 대하여는 우선적으로 조합원에게 분양하고 잔여세대는 일반분양하여 조합운영 및 공사대금에 충당하고자 하는 경우, 당해 아파트건축조합은 「국세기본법」 제13조 제1항 및 제2항에 따른 "법인으로 보는 단체" 외의 단체로서 각자의 지분비율에 따라 사실상 이익이 분배되므로 「소득세법 시행규칙」 제2조에 따라 당해 조합의 구성원인 조합원이 공동으로 사업을 영위하는 것으로 보는 것임(법규부가 2008 – 100, 2009.1.7.).

■ 명시적으로 이익의 분배방법이나 분배비율이 정하여져 있지 아니하더라도 사실상 이익이 분배되는 경우 납세의무

> **해석**
>
> • 당해 조합이 대표자는 선임되어 있으나 명시적으로 이익의 분배방법이나 분배비율이 정하여져 있지 아니하더라도 사실상 이익이 분배되는 경우에는 그 단체의 구성원이 공동으로 사업을 영위하는 것으로 보는 것이고, 공동사업자에 해당하는 재건축주택조합의 경우 소득세법 제2조 및 제43조의 규정에 의하여 각 조합원별 지분 또는 손익분배비율에 의하여 분배되었거나 분배될 소득금액에 따라 각 조합원별로 소득세납세의무를 지는 것으로, 조합원에 대해 분배된 소득금액의 실지귀속 여부 등에 대하여는 당사자 간의 약정내용 등을 조사 · 확인하여 사실판단할 사항임(서면1팀 – 923, 2006.7.6.).

■ 주택조합을 국세기본법 상 법인으로 보는 단체 외의 법인 아닌 단체로 소득세법 상 1거주자인지
  판단

사안

원고의 주장 : 이 사건 주택조합은 조합규약에 따라 조합원, 대표자, 총회, 집행기관이 구성되어 있는 등 단체로서의 조직을 갖추고 조합설립인가를 받았고, 이 사건 주택조합에서 발생하는 수익과 손실은 이 사건 주택조합 자체에 귀속되는 것이므로, 이 사건 주택조합은 국세기본법 제13조 제1항 제1호의 '법인으로 보는 단체'에 해당함. 따라서 이 사건 주택조합이 법인세를 납부할 의무를 부담할 뿐, 원고가 복식부기의무를 부담하는 개인사업자에 해당하는 것을 전제로 이 사건 주택조합의 사업용계좌를 신고할 의무를 부담한다고 볼 수 없음.

판례

- 이 사건 주택조합이 법인세를 납부할 의무를 부담할 뿐이라는 취지의 주장에 관하여 이 사건 조합은 앞서 인정한 바와 같이 주무관청인 남양주시장으로부터 인가를 받아 설립되었는바, 이 사건 주택조합이 그 수익을 구성원인 조합원들에게 분배하지 아니하면, 구 국세기본법 제13조 제1항 제1호의 "법인으로 보는 단체"에 해당하여 법인세 납세의무자가 되고, 이 경우 구 소득세법에 따른 이 사건 처분은 부적법하게 됨. 반대로 이 사건 주택조합이 그 수익을 구성원인 조합원들에게 분배한다면, 구 소득세법이 적용되는 "법인으로 보는 단체 외의 법인 아닌 단체"가 되고, 아래에서 보는 바와 같이 구성원 간 이익의 분배방법이나 분배비율이 정하여져 있지 아니한 경우이므로, 1 거주자로 보아야 하고, 그렇다면 구 소득세법에 따른 이 사건 처분은 정당하게 됨. 결국 이 사건 주택조합이 그 수익을 구성원에게 분배하는지 여부가 이 부분 쟁점이 됨.

- 변론 전체의 취지를 종합하면, ① 이 사건 주택조합은 당초 조합규약 제27조(존속기간과 청산절차 및 방법) 제2항에서 "조합원은 공급계약서 상의 기준공급가액으로 아파트 1세대를 취득하는 것 이외의 조합원(사업자 포함) 수익과 손실은 모두 업무대행용역사(대행사가 지정하는 자 포함)에게 귀속하기로 한다."라고 규정하고 있었던 사실, ② 이 사건 주택조합은 2015. ××. ××. 위 조합규약에 관하여 수익과 손실을 조합원에 귀속하기로 하는 것으로 수정하는 결의를 하였으나, 며칠 후인 201×. ××. ××. 수익과 손실을 조합에 귀속하기로 하는 것으로 수정하는 결의를 한 사실 등은 인정됨.

- 이 사건 주택조합은 통상적인 주택조합과 마찬가지로, 공동주택과 상가를 일반분양하여 얻은 자금을 가지고 각 조합원들이 분담할 건축비용 등에 충당함으로써 조합원들이 부담할 건축비 등이 그만큼 경감되어 동액상당의 이익이 조합원들에게 돌아간 것으로 보아야 하고, 조합원들이 부담한 분담금 등만으로 공동주택이 공급되었다거나, 일반분양에 따른 수익이 건축비용과 무관하게 사용되었다고 볼만한 아무런 자료가 없음. 다만 일반분양으로 인한 구체적인 수익액과 그에 상응하는 개별 조합원들에 대한 건축비용 충당액이 정하여지지 아니하였으므로,

2) 부가가치세

지역주택조합의 부가가치세 업무에 대해서는 제1절 재개발정비사업조합의 세무업무를 참고하여 처리하도록 한다.

3) 법인세

지역주택조합이 법인으로 등기된 경우에는 법인에 수익사업이 없는 것이 세법상 원칙이다. 만약 지역주택조합이 법인이지만 수익사업이 발생한 경우라면 제1절 재개발정비사업조합의 세무업무를 참고하여 처리하도록 한다.

4) 소득세

지역주택조합에 수익사업이 있는 경우 구성원 간 이익의 분배방법이나 분배비율이 정하여져 있다면 공동사업자에 해당하고, 일반분양으로 인한 구체적인 수익액과 그에 상응하는 개별 조합원들에 대한 건축비용 충당액이 정하여지지 아니하는 등 각 조합원에 대한 이익의 분배방법이나 분배비율이 정해져 있다고 볼 수 없는 경우에 해당되면 지역주택조합을 1거주자로 보아 소득세법을 적용한다.

5) 취득세

취득세는 과세대상물건의 소유권 취득행위가 과세대상이므로 지역주택조합의 부동산 취득이 사실상취득행위에 해당하는지 판단하는 것이 중요하다. 지역주택조합의 취득세에 대한 구체적인 내용은 이 'Chapter 7. 제6절'에서 다룬다.

④ 지역주택조합의 부가가치세 실무

지역주택조합의 부가가치세에 대해서는 「도시 및 주거환경정비법」 상의 정비사업조합과 같은 별도의 규정이 없고 유권해석과 판례에 따라 실무에 적용하고 있는 실정이다. 지역주택조합의 법인격에 따른 부가가치세 사업자등록 절차와 재화의 공급 등에 대해 아래에서 서술한다.

(1) 고유번호 부여(또는 사업자등록) 절차

「주택법」 상 지역주택조합은 법인등기를 강제하고 있지 않으므로 지역주택조합추진위원회가 사업자등록을 하기 위해서는 먼저 「국세기본법」에 의해 법인으로 보는 단체에 해당하는지 여부를 판단해야 한다. 법인으로 보는 단체에 해당하면 「법인세법」에 따라 비영리내국법인으로 고유번호를 부여받아야 하고 그 후 수익사업을 개시하게 되면 수익사업개시신고를 하여야 한다. 법인으로 보는 단체 외의 법인 아닌 단체에 해당하면 「소득세법」에 따라 공동사업자 또는 1거주자로 사업자등록을 해야 한다. 그리고 지역주택조합추진위원회가 지역주택조합으로 전환된 경우에는 사업자등록 정정신고를 하면 된다.

(2) 재화의 공급 및 매입세액 공제 등

지역주택조합의 조합원분 아파트 공급이 재화의 공급에 해당하는지 또는 조합에 재화·용역을 공급하고 지역주택조합의 업무대행자가 받은 세금계산서에 대한 매입세액의 공제가능 여부 등은 별도로 규정된 명문화된 법규정은 없고 해석·판단사례에 의해 판단하고 있다. 지역주택조합과 관련된 재화의 공급 등에 대한 해석·판단은 아래 사례를 참고하기 바란다.

■ 지역주택조합 관련 해석 · 판단사례

■ 지역주택조합이 조합원 공동명의로 상가를 신축하여 분양하는 경우 과세대상 여부 및 사업자등록 방법

• 지역주택조합이 조합원의 공동명의로 취득한 대지위에 상가를 신축하여 분양하는 경우에는 부가가치세법 제6조 제1항의 규정에 의하여 부가가치세가 과세되는 것이며, 지역주택조합이 대표자 또는 관리인이 선임되어 있고 이익의 분배방법 및 분배비율이 정하여져 있지 아니한 경우에는 1거주자로 보며, 부가가치세가 과세되는 사업을 영위하는 경우 부가가치세법 제5조의 규정에 의하여 조합명의의 사업자등록을 하여야 하는 것임(부가 46070-2082, 1993.8.27.).

■ 주택법 상 주택조합이 국민주택규모 이하의 주택과 상가를 분양하는 경우 과세방법

• 직장주택조합이 조합원의 공동명의로 취득한 대지위에 주택과 상가를 신축하여 조합원 또는 일반인에게 분양함에 있어 동 주택을 조합원에게 분양하는 경우에는 부가가치세법 제6조의 재화의 공급에 해당하지 아니하여 부가가치세가 과세되지 아니하는 것이나, 잔여주택 및 상가를 일반인에게 분양하는 경우에는 동법 제6조의 규정에 의하여 부가가치세가 과세되는 것임. 다만, 당해 주택이 국민주택규모 이하인 경우에는 조세감면규제법 제74조 제1항 제1호의 규정에 의거 부가가치세가 면제되는 것임.

• 직장주택조합이 부가가치세가 과세되는 사업을 영위하는 경우에는 부가가치세법 제5조의 규정에 의거 조합명의의 사업자등록을 하여야 하는 것이며, 자기의 과세사업을 위하여 사용되었거나 사용될 재화 또는 용역의 공급에 대한 세액으로서 동법 제16조 제1항 및 제3항의 규정에 의하여 교부받은 세금계산서 상의 매입세액은 자기의 매출세액에서 공제받을 수 있는 것이며, 과세사업과 면세사업을 겸영하는 경우의 매입세액 안분계산 및 세금계산 교부방법에 관하여는 별첨 부가가치세법 시행령 제61조 및 동법 기본통칙 5-3-12…17, 동법 시행규칙 제18조의 규정(생략)을 참고하기 바람.

• 등기하지 아니한 직장주택조합이 조합원의 공동 명의로 취득한 대지위에 주택과 상가를 신축하여 분양하는 경우 거주목적의 주택을 조합원 각자의 지분대로 분할 등기하는 것은 소득세의 과세대상이 되지 아니하는 것이나, 상가를 판매함으로 인하여 발생하는 소득에 대하여는 소득세법 시행령 제36조 제3호에 의한 사업소득 중 부동산매매업으로서 소득세가 과세되는 것이며, 이 경우 당해 부동산매매업에서 발생한 소득에 대한 과세방법은 동 주택조합을 1거주자로 보아 과세하는 것이나 이 때 동 주택조합의 소득은 조합의 대표자나 관리인의 다른소득

과 합산하여 과세하지 아니하는 것임(부가 22601 – 314, 1990.3.14.).

■ 지역주택조합추진위원회의 제비용에 대한 부가가치세가 아파트 및 상가 분양사업 전반에
관련된 공통매입세액으로 안분대상에 해당하는지 판단

- 원고 AA지역주택조합추진위원회는 2015. 2. 12. 서울 성동구 ○○동 ○가 ○○○ – ○○ 일
대에 국민주택규모 이하 아파트 및 상가의 분양을 위한 지역주택조합 설립을 목적으로 구
성된 단체이고, 원고 AA2지역주택조합추진위원회는 2015. 9. 5. 서울 성동구 ○○동 ○가
○○○ – ○○ 일대에 국민주택규모 이하 아파트 및 상가의 분양을 위한 지역주택조합 설립
을 목적으로 구성된 단체임.
- 원고들은 위 각 과세기간에 부가가치세를 신고하면서 위 각 거래금액을 면세사업인 국민
주택규모 이하 아파트 분양사업과 과세사업인 상가 분양사업에 공통으로 사용되어 실지귀
속을 구분할 수 없는 공통매입세액에 해당한다고 보아, 각 완공예정인 건물의 아파트 사용
예정면적과 상가 사용예정면적 비율에 따라 위 공통매입세액을 안분 계산하고 그중 상가
사용예정면적의 비율로 안분된 비용을 매출세액에서 공제하여, 원고 AA추진위원회는
2015년 제1기 매입세액 156,120,638원, 2015년 제2기 매입세액 47,236,801원을 각 환
급 신청하였고, 원고 AA2추진위원회는 2015년 제2기 매입세액 102,532,964원을 환급
신청하였음.
- 피고는 원고들이 지역주택조합 설립 전 단계로 면세사업인 국민주택규모 이하의 아파트를
신축하기 위한 조합원을 모집하고 있으므로 위 각 거래금액은 토지 관련 매입비용이거나
지역주택조합의 조합원 모집·관리라는 면세사업에 직접 대응되는 비용으로서 공통매입세
액 안분 대상이 아니라는 이유로, 위 각 거래금액을 매입세액 공제 대상에서 제외하였음.
- 원고들의 주장 : 이 사건 쟁점 비용은 지역주택조합 설립·인가를 위해 필수적으로 소요
되는 창업·개업비용으로 원고들의 목적 사업인 국민주택 규모의 아파트 공급 및 상가분
양에 공통되어 그 실지귀속을 구분할 수 없는 공통매입세액에 해당함. 따라서 이 사건 쟁
점 비용이 면세사업인 아파트 공급에만 직접적으로 관련된 것임을 전제로 하는 이 사건
각 처분은 위법함.

(인정사실)
- 원고들은 bb개발과 지역주택조합을 설립하여 아파트 및 부대복리시설을 분양하는 사업에
관한 업무대행 용역계약을 각 체결하였음. 위 각 계약에 따르면 bb개발의 업무는 지역주
택조합 설립과 운영을 위한 업무 일체(조합원 모집 및 관리, 사업 관련 인·허가 업무, 조
합 행정, 모델하우스 건립 및 운영 지원, 공사도급계약 및 토지매입 업무대행 용역, 설계,

감리 등 각종 용역계약 체결 지원, 일반분양·근생시설 관리 분양, 업무대행비 집행과 관리 등)이고, 원고들은 그 대가로 아파트 세대당 2,000만원에서 2,300만원, 근린생활시설 예상매출액의 3% 내지 4%로 계산한 용역대금을 지급하기로 하였음.

판례

- 토지 관련 매입세액인지 여부

  이 사건 쟁점 비용과 관련하여 원고가 제공받은 용역이 조합원 모집을 비롯한 조합 설립 및 운영 업무 위탁과 원활한 조합원 모집을 위한 광고 및 홍보활동, 홍보관 건축에 관한 업무임은 앞서 인정한 사실에서 본 바와 같고, 위 각 업무는 지역주택조합 설립 단계에서 필요한 용역들로서 위 각 용역에 대한 매입세액은 불공제대상인 '토지관련 매입세액'에 해당하지 않음.

- 면세사업 관련 매입세액인지 여부

  원고들은 목적 사업인 아파트 및 상가 분양업을 수행하기 위해 그 전제 조건으로서 지역주택조합 설립인가 요건인 예정 세대수 50% 이상을 조합원으로 모집하고 주택건설대지 80% 이상의 사용권원을 확보하고자 조합원 모집을 비롯한 조합 설립 및 운영 업무를 위탁하고 원활한 조합원 모집을 위해 광고와 홍보활동 등의 용역을 제공받은 것이므로, 이 사건 쟁점 비용은 아파트 분양 사업 자체에 대응하여 이루어진 매입비용이 아니라 아파트 분양 및 상가 분양 사업을 수행하기 위한 지역주택조합 설립과 운영을 위하여 지출된 것이고, 원고들이 아파트와 상가를 구분하거나 조합원 모집 세대수에 비례하여 용역대금을 지급하기로 한 것은 해당 용역 내지 해당 사업과 관련하여 대응하는 대금을 지급한다는 의미가 아니라 당사자들이 이를 대금 산정의 기준으로 삼기로 합의한 것에 불과함. 따라서 이 사건 쟁점 비용은 원고들의 아파트 및 상가 분양 사업 전반에 관련된 공통매입세액에 해당함.

- 이 사건 쟁점 비용을 구 부가가치세법 시행령(2015. 2. 17. 대통령령 제26983호로 개정되기 전의 것) 제81조 제4항 제3호에 따라 총예정사용면적에 대한 면세사업등에 관련된 예정사용면적의 비율로 안분 계산하면 정당세액은 [표 3](생략) 해당란 기재와 같음(서울행법 2017구합77404, 2018.3.29.).

쟁점정리

지역주택조합의 조합원 모집을 비롯한 조합 설립 및 운영 업무 위탁과 원활한 조합원 모집을 위한 광고 및 홍보활동, 홍보관 건축에 관한 업무에 대한 매입세액은 아파트 분양 및 상가 분양 사업을 수행하기 위한 지역주택조합 설립과 운영을 위하여 지출된 것으로서, 이는 불공제대상인 '토지관련 매입세액'이 아니라 아파트 및 상가 분양 사업 전반에 관련된 공통매입세액에 해당함.

■ 지역주택조합추진위가 수취하여야 할 세금계산서를 업무대행사가 수취한 경우 부가가치세 과세대상 여부

• 쟁점지역주택조합추진위는 이 건 신축사업 제반업무를 직접 추진하는 지위를 갖는 반면, 청구인은 그 주체로부터 위임을 받는 업무대행자에 불과한 것으로 보이는 점, 자금집행요청서 상 광고비 등 용역대금이 '조합원부담금 계좌'에서 지출된 것으로 나타나므로 업무대행자인 청구인이 수취한 쟁점세금계산서 상의 금원은 쟁점지역주택조합추진위의 것으로 동 추진위의 사업을 위하여 지출된 것으로 보이는 점 등에 비추어 이 건 공급받는 자가 사실과 다른 세금계산서에 해당한다고 보아 해당 매입세액을 불공제하고 가산세를 반영하여 청구인에게 경정·고지한 처분은 달리 잘못이 없는 것으로 판단됨(조심 2018구561, 2018.6.20.).

■ 주택조합이 필수사업비로 지출한 금액이 비용대여자인 청구법인의 매출에 해당하는지 판단

• 업무대행계약서 제7조에서 본 사업의 원활한 추진을 위하여 청구법인이 선 투입한 주택조합의 필수사업비는 업무대행비에서 우선 지급하고 창립총회의결 후 즉시 조합원 분담금 계좌에서 동일한 금액을 청구법인의 계좌로 지급하며, 금전소비대차계약서를 작성하여 지급하도록 하고 있으므로 청구법인은 개발사업 과정에서 비용을 대여하고 사후 정산하는 것에 불과해 보이는 점 등에 비추어 필수사업비는 쟁점주택조합의 사업을 위하여 지출된 것으로 봄이 타당해 보이므로(조심 2018구561, 2018.6.20. 같은 뜻임), 주택조합의 필수사업비와 관련하여 청구법인이 용역제공업체로부터 수취한 매입세금계산서 상 매입세액을 불공제하고, 그 비용을 각 사업연도 손금에서 제외하는 것은 별론으로 하더라도 처분청이 필수사업비를 업무대행사인 청구법인의 매출로 보아 부가가치세 등을 과세한 이 건 처분은 잘못이 있는 것으로 판단됨(조심 2019서2768, 2020.8.21.).

⑤ 지역주택조합의 법인세 실무

지역주택조합이 「국세기본법」에 의한 법인으로 보는 단체에 해당하기 위한 주요 요건은 수익을 조합원에게 분배하지 아니하여야 한다. 「국세기본법」 상 법인으로 보는 단체에 해당하는 경우에는 「법인세법」 상 비영리법인으로 본다. 따라서 지역주택조합이 조합원에게 아파트를 100% 공급하여 일반분양이 없는 경우에는 법인으로 보는 단체로 의제될 것으로 보인다. 그러나 지역주택사업이 비수익사업으로만 주택사업을 추진한다 할지라도 법인세법에서

열거하고 있는 이자소득 등 수익사업소득이 부수적으로 발생할 수 있다. 지역주택조합이 법인으로 등기하여 주택사업 추진을 할 경우에는 제1절 「도시 및 주거환경정비법」 상의 정비사업조합의 세무실무를 참고하면 될 것이다.

⑥ 지역주택조합의 소득세 실무

지역주택조합이 「국세기본법」 상 법인으로 보는 단체 외의 법인 아닌 단체에 해당하는 경우 「소득세법」을 적용한다. 지역주택조합의 사업은 아파트를 조합원에게 공급하는 것과 일반분양 공급하는 것으로 구분된다. 「소득세법」 상 조합원에게 공급하는 것은 수익사업에 해당하지 아니하나 일반분양 공급은 수익사업에 해당한다. 일반분양분 수익사업에 대한 「소득세법」의 적용에 있어서 수익의 인식시기, 공동사업에 대한 소득금액계산, 부동산매매업자의 토지등 매매차익 예정신고·납부 등은 「법인세법」을 적용할 경우와 다른 점이다.

(1) 조합원분양분과 일반분양분의 소득구분

1) 비수익사업과 수익사업

지역주택조합이 취득한 대지위에 주택과 상가를 신축하여 분양하는 경우 거주목적의 주택을 조합원 각자의 지분대로 분할 등기하는 것은 소득세법 상 과세대상이 되지 아니하는 것이나, 주택이나 상가를 일반분양함으로 인하여 발생하는 소득에 대하여는 소득세가 과세된다.

2) 주택신축판매업 및 부동산매매업 소득의 수입시기

「소득세법」 상 자산의 수입시기는 「법인세법」의 예약매출과는 달리 대금을 청산한 날 등을 기준으로 적용되고 있으며 구체적인 내용은 아래와 같다.

① 주택신축판매업 및 부동산매매업의 경우 사업소득의 수입시기는 대금을 청산한 날이며, 다만 대금을 청산하기 전에 소유권 등의 이전에 관한 등기 또는 등록을 하거나 해당 자산을 사용수익하는 경우에는 그 등기·등록일 또는 사용수익일로 한다.

② 주택신축판매업을 경영하는 공동사업자가 판매목적으로 신축한 주택에 대해 소유권보존 등기를 하고 계속하여 공동사업을 경영하는 경우 소유권보존등기 상의 표시방법과는 관계없이 주택신축판매업 공동사업의 수입시기는 위 ①에 따라 적용한다(집행기준 24-48-3).

3) 공통손금의 면적기준 안분계산

지역주택조합이 아파트 등의 분양가액을 결정하는데 있어 조합원분양분은 일반분양분보다 분양가액을 대부분 낮게 책정하고 있다. 이에 따라 지역주택조합의 공통손금에 대한 안분계산 기준은 분양가액기준보다는 분양면적기준을 적용하는 것이 합리적이다.

※ 지역주택조합의 주택신축판매업에 해당하는 내용은 'Chapter 5. 제2절 주택신축판매업의 세무실무'를 참고하기 바란다.

(2) 공동사업에 대한 소득금액계산특례

1) 공동사업장의 소득금액 계산

사업소득이 발생하는 사업을 공동으로 경영하고 그 손익을 분배하는 공동사업의 경우에는 해당 사업을 경영하는 장소(이하 "공동사업장"이라 한다)를 1거주자로 보아 공동사업장별로 그 소득금액을 계산한다(소법 제43조①).

2) 소득금액의 분배

공동사업에서 발생한 소득금액은 해당 공동사업을 경영하는 각 거주자 간에 약정된 손익분배비율(약정된 손익분배비율이 없는 경우에는 지분비율을 말한다)에 의하여 분배되었거나 분배될 소득금액에 따라 각 공동사업자별로 분배한다(소법 제43조②).

※ 공동사업 관한 구체적인 내용은 'Chapter 5. 제4절 공동사업의 세무실무'를 참고하기 바란다.

(3) 성실신고확인대상과 사업용계좌의 신고

1) 성실신고확인대상과 신고기한

성실한 납세를 위하여 필요하다고 인정되어 수입금액이 업종별로 일정 규모(부동산매매업의 경우 : 15억원, 주거용 건물 개발 및 공급업의 경우 : 7억5천만원) 이상의 사업자(이하 "성실신고확인대상사업자"라 한다)는 「소득세법」 제70조에 따른 종합소득과세표준 확정신고를 할 때에 같은 조 제4항 각 호의 서류에 더하여 소득세법 제160조 및 제161조에 따라 비치·기록된 장부와 증명서류에 의하여 계산한 사업소득금액의 적정성을 세무사 등이 확인하고 작성한 확인서(이하 "성실신고확인서"라 한다)를 납세지 관할 세무서장에게 제출하여야 한다(소법 제70조의2①).

성실신고확인대상사업자가 성실신고확인서를 제출하는 경우에는 「소득세법」 제70조 제1항 에도 불구하고 종합소득과세표준 확정신고를 그 과세기간의 다음 연도 5월 1일부터 6월

30일까지 하여야 한다(소법 제70조의2②).

지역주택조합도 「소득세법」이 적용되는 경우에는 위의 기준에 따라 성실신고확인 대상 사업자가 된다.

2) 사업용계좌의 신고

복식부기의무자는 사업과 관련하여 재화 또는 용역을 공급받거나 공급하는 거래의 경우로서 다음의 어느 하나에 해당하는 때에는 사업용계좌를 사용하여야 한다(소법 제160조의5①).

① 거래의 대금을 금융회사등을 통하여 결제하거나 결제받는 경우
② 인건비 및 임차료를 지급하거나 지급받는 경우. 다만, 인건비를 지급하거나 지급받는 거래 중에서 거래 상대방의 사정으로 사업용계좌를 사용하기 어려운 것으로서 일정한 거래는 제외한다.

복식부기의무자는 복식부기의무자에 해당하는 과세기간의 개시일(사업개시와 동시에 복식부기의무자에 해당되는 경우에는 다음 과세기간 개시일)부터 6개월 이내에 사업용계좌를 해당 사업자의 사업장 관할 세무서장 또는 납세지 관할 세무서장에게 신고하여야 한다. 다만, 사업용계좌가 이미 신고되어 있는 경우에는 그러하지 아니하다(소법 제160조의5③).

복식부기의무자는 사업용계좌를 변경하거나 추가하는 경우 「소득세법」 제70조 및 제70조의2에 따른 확정신고기한까지 이를 신고하여야 한다(소법 제160조의5④).

「주택법」 제2조 제11호 가목에 따른 지역주택조합이 같은 법 제5조에 따른 공동사업주체인 등록사업자와 공동명의로 개설한 사업용계좌는 「소득세법」 제160조의5 제1항에 따른 사업용계좌로 본다(소령 제208조의5⑥).

(4) 부동산매매업자의 토지등매매차익 예정신고 등

1) 부동산매매업과 예외

부동산매매업이란 한국표준산업분류에 따른 비주거용 건물건설업(건물을 자영건설하여 판매하는 경우만 해당한다)과 부동산 개발 및 공급업을 말한다. 다만, 한국표준산업분류에 따른 주거용 건물 개발 및 공급업(구입한 주거용 건물을 재판매하는 경우는 제외한다)은 제외한다(소령 제122조①). 지역주택조합도 「소득세법」이 적용되는 경우에는 부동산매매업자의 토지등매매차익 예정신고 등의 대상 사업자에 해당한다.

※ 부동산매매업 관한 구체적인 내용은 'Chapte 5. 제3절 부동산매매업의 세무실무'를 참고하기 바란다.

■ 지역주택조합 조합원에게 사실상 이익이 분배되는 경우 소득세 납세의무

> **해석**
>
> • 당해 조합이 대표자는 선임되어 있으나 명시적으로 이익의 분배방법이나 분배비율이 정하여져 있지 아니하더라도 사실상 이익이 분배되는 경우에는 그 단체의 구성원이 공동으로 사업을 영위하는 것으로 보는 것이고, 공동사업자에 해당하는 재건축주택조합의 경우 소득세법 제2조 및 제43조의 규정에 의하여 각 조합원별 지분 또는 손익분배비율에 의하여 분배되었거나 분배될 소득금액에 따라 각 조합원별로 소득세납세의무를 지는 것으로, 조합원에 대해 분배된 소득금액의 실지귀속 여부 등에 대하여는 당사자 간의 약정내용 등을 조사 · 확인하여 사실판단할 사항임(서면1팀 – 923, 2006.7.6.).

■ 주택재건축조합(단체)의 1거주자 판단과 대표자의 소득세 과세방법

> **해석**
>
> • 거주자로 보는 법인격 없는 단체는 그 단체의 대표자 또는 관리인이 선임되어 있고 이익의 분배방법 및 분배비율이 정하여져 있지 아니한 경우에는 소득세법 제1조 제3항의 규정에 의하여 1거주자로 보는 것이며, 동 단체에서 발생한 소득은 그 대표자 또는 관리인의 다른 소득과 합산하여 과세하지 아니하는 것임(소득 46011 – 282, 2000.2.28.).

■ 주택조합의 조합원분 분양가액이 일반분양가액과 비교하여 저가인 경우 부당행위계산부인 대상 여부

> **해석**
>
> • 거주자가 각자 거주할 목적으로 공동으로 주택(아파트)을 신축하여 분양 및 공급하는 사업을 목적으로 설립된 주택조합이 주택 및 부대복리시설을 건축하여 조합원에게 주택을 우선 공급하고, 잔여 주택 및 상가 등 복리시설을 일반분양하는 사업을 하면서 공동사업자인 조합원 각자가 거주할 목적의 조합원용 1주택의 분양가액을 일반분양용 가액과 비교하여 저가로 분양하는 경우는 소득세법 제41조의 규정에 의한 조세 부담을 부당하게 감소시킨 것으로 인정되는 경우에 해당하지 아니함(서면소득 2016 – 3781, 2016.5.4.).

■ 조합의 철거된 기존건물에 대한 취득가액의 필요경비 산입 여부

• 재건축조합의 일반분양분 등에 대한 소득금액을 계산함에 있어 필요경비에 산입할 금액은 일반분양하는 주택 등의 총수입금액에 대응하는 토지가액, 새로운 건물의 신축비용, 기존건물의 철거비용 등의 합계액으로 하는 것이며, 이 때 철거된 기존건물의 취득가액을 필요경비에 산입할 수 없는 것임(서면1팀-1320, 2005.10.31.).

■ 공동사업자에 해당하는 조합의 조합장 등이 조합업무를 수행하고 받는 급여의 소득구분

• 공동사업자에 해당하는 주택재건축조합이 당해 조합에서 근로를 제공하는 조합원인 조합장 및 총무(이하 "조합장 등"이라 함)에게 조합의 보수규정에 따라 급여를 지급하는 경우 당해 조합장 등이 받는 급여 중 일반분양세대에 해당되는 부분의 급여는 당해 조합장 등의 주택신축판매공동사업에 대한 소득분배액에 해당하는 것이며, 조합원세대에 해당되는 부분의 급여는 소득세법 제20조의 규정에 의하여 당해 조합장 등의 근로소득에 해당하는 것임(소득 46011-1797, 1997.7.3.).

① 공동주택 리모델링사업의 특징

공동주택을 신축한 후 15년 이상 경과하면 배관 등 시설의 노후화로 인해 주거기능이 저하될 뿐 아니라 종전의 「건축법」에 의해 신축한 공동주택은 주차공간의 부족, 주거전용면적의 협소, 에너지 효율 저하 등의 문제로 기존 공동주택을 리모델링하여 주거환경을 개선할 필요가 있다.

「건축법」상 "리모델링"이란 건축물의 노후화를 억제하거나 기능 향상 등을 위하여 대수선하거나 건축물의 일부를 증축 또는 개축하는 행위를 말하나(건축법 제2조 제10호), 「주택법」상 "리모델링"은 건축물의 노후화 억제 또는 기능 향상 등을 위해 대수선, 증축 또는 세대수 증가형 리모델링을 하는 행위를 말한다(주택법 제2조 제25호).

공동주택 리모델링의 추진에 시행주체가 될 수 있는 자는 입주자・사용자 또는 관리주체, 리모델링주택조합 그리고 입주자대표회의가 있으나 전원 동의 요건을 충족하기 어려운 점 등의 문제로 인해 실무적으로는 리모델링주택조합을 시행주체로 하여 사업을 추진한다.

이하에서는 공동주택 리모델링에 대한 「주택법」의 주요 내용을 먼저 정리하고 리모델링주택조합이 시행 주체일 때 업무진행 실무과정과 세법적용 기본개념 그리고 세무업무에 대해 서술하고자 한다.

② 「주택법」의 주요 내용

(1) 공동주택 리모델링의 추진방식

"리모델링"은 주택법 제66조 제1항 및 제2항(리모델링의 허가 등)에 따라 건축물의 노후화 억제 또는 기능 향상 등을 위한 다음의 어느 하나에 해당하는 행위를 말한다(주택법 제2조 제25호).

1) 대수선

"대수선"이란 건축물의 기둥, 보, 내력벽, 주계단 등의 구조나 외부 형태를 수선・변경하거나 증설하는 것으로서 대수선의 범위는 아래와 같다(건축법 제2조 제9호). 「주택법」에서는 대수선에 대해 별도로 정의하고 있지 않다.

□ **대수선의 범위**(건축법 시행령 제3조의2)

건축법에서 "대수선"이란 다음 각 호의 어느 하나에 해당하는 것으로서 증축·개축 또는 재축에 해당하지 아니하는 것을 말한다.
1. 내력벽을 증설 또는 해체하거나 그 벽면적을 30제곱미터 이상 수선 또는 변경하는 것
2. 기둥을 증설 또는 해체하거나 세 개 이상 수선 또는 변경하는 것
3. 보를 증설 또는 해체하거나 세 개 이상 수선 또는 변경하는 것
4. 지붕틀(한옥의 경우에는 지붕틀의 범위에서 서까래는 제외한다)을 증설 또는 해체하거나 세 개 이상 수선 또는 변경하는 것
5. 방화벽 또는 방화구획을 위한 바닥 또는 벽을 증설 또는 해체하거나 수선 또는 변경하는 것
6. 주계단·피난계단 또는 특별피난계단을 증설 또는 해체하거나 수선 또는 변경하는 것
7. 삭제 〈2019.10.22.〉
8. 다가구주택의 가구 간 경계벽 또는 다세대주택의 세대 간 경계벽을 증설 또는 해체하거나 수선 또는 변경하는 것
9. 건축물의 외벽에 사용하는 마감재료(법 제52조 제2항에 따른 마감재료를 말한다)를 증설 또는 해체하거나 벽면적 30제곱미터 이상 수선 또는 변경하는 것

2) 증축

「주택법」 제49조에 따른 사용검사일(주택단지 안의 공동주택 전부에 대하여 임시사용승인을 받은 경우에는 그 임시사용승인일을 말한다) 또는 「건축법」 제22조에 따른 사용승인일부터 15년[15년 이상 20년 미만의 연수 중 특별시·광역시·특별자치시·도 또는 특별자치도의 조례로 정하는 경우에는 그 연수로 한다]이 지난 공동주택을 각 세대의 주거전용면적(건축물대장 중 집합건축물대장의 전유부분의 면적을 말한다)의 30퍼센트 이내(세대의 주거전용면적이 85제곱미터 미만인 경우에는 40퍼센트 이내)에서 증축하는 행위를 말한다. 이 경우 공동주택의 기능 향상 등을 위하여 공용부분에 대하여도 별도로 증축할 수 있다(주택법 제2조 제25호 나목). 이에 따라 수평증축형 리모델링, 지하 주차장의 신설 등이 가능하다.

3) 세대수 증가형 리모델링

세대수 증가형 리모델링이란 위 2)에 따른 각 세대의 증축 가능 면적을 합산한 면적의 범위에서 기존 세대수의 15퍼센트 이내에서 세대수를 증가하는 증축 행위를 말한다. 다만, 수직으로 증축하는 행위(이하 "수직증축형 리모델링"이라 한다)는 다음 표의 요건을 모두 충족하는 경우로 한정한다(주택법 제2조 제25호 다목). 이에 따라 수직증축형 리모델링뿐만 아니라 별도동 리모델링도 가능하다. 기존 공동주택의 소유자는 주로 세대수 증가형 리모델링으로 늘어난 세대수를 일반인에게 분양하여 건축비에 충당한다.

① 최대 3개층 이하로서 아래에서 정하는 범위에서 증축할 것
  (ㄱ) 수직증축형 리모델링의 대상이 되는 기존 건축물의 층수가 15층 이상인 경우 : 3개층
  (ㄴ) 수직증축형 리모델링의 대상이 되는 기존 건축물의 층수가 14층 이하인 경우 : 2개층
② 수직증축형 리모델링의 대상은 기존 건축물의 신축 당시 구조도를 보유하고 있을 것

(2) 리모델링의 시행자와 허가기준 동의비율

1) 리모델링의 시행자

리모델링의 시행자에는 입주자, 사용자, 관리주체 또는 리모델링조합 그리고 입주자대표회의가 있다(주택법 제66조①).

① 입주자

입주자란 다음 표의 구분에 따른 자를 말한다(주택법 제2조 제27호).

가. 주택을 공급받은 자
나. 주택의 소유자 또는 그 소유자를 대리하는 배우자 및 직계존비속

② 사용자

사용자란 공동주택을 임차하여 사용하는 사람(임대주택의 임차인은 제외한다) 등을 말한다(주택법 제2조 제28호).

③ 관리주체

관리주체란 공동주택을 관리하는 다음 표의 자를 말한다(주택법 제2조 제29호).

가. 자치관리기구의 대표자인 공동주택의 관리사무소장

나. 관리업무를 인계하기 전의 사업주체

다. 주택관리업자

라. 임대사업자

마. 「민간임대주택에 관한 특별법」 제2조 제11호에 따른 주택임대관리업자(시설물 유지·보수·개량 및 그 밖의 주택관리 업무를 수행하는 경우에 한정한다)

④ 리모델링주택조합

아래 (4) 리모델링주택조합을 참조하기 바란다.

⑤ 입주자대표회의

입주자대표회의란 공동주택의 입주자등을 대표하여 관리에 관한 주요사항을 결정하기 위하여 공동주택관리법 제14조(입주자대표회의의 구성 등)에 따라 구성하는 자치 의결기구를 말한다(주택법 제66조①).

2) 리모델링의 허가기준 동의비율

공동주택의 리모델링 허가기준을 충족하기 위한 리모델링 시행자별 동의비율 요건은 아래와 같다(주택법 제66조②, 주택령 제75조①). 리모델링주택조합의 리모델링 허가기준 동의비율과 조합 설립인가 동의비율은 다른 점에 유의해야 한다.

시행자	리모델링 허가기준 동의비율
입주자·사용자 또는 관리주체	• 입주자 전체의 동의
리모델링주택조합	• 주택단지 전체를 리모델링하는 경우에는 주택단지 전체 구분소유자[*1] 및 의결권[*2]의 각 75퍼센트 이상의 동의와 각 동별 구분소유자 및 의결권의 각 50퍼센트 이상의 동의 • 동을 리모델링하는 경우에는 그 동의 구분소유자 및 의결권의 각 75퍼센트 이상의 동의
입주자대표회의	• 주택단지의 소유자 전원의 동의

(*1) 구분소유자 : 구분소유자란 구분소유권을 가지는 자를 말한다(「집합건물의 소유 및 관리에 관한 법률」 제2조 제2호).

(*2) 의결권 : 각 구분소유자의 의결권은 규약에 특별한 규정이 없으면 전유부분의 면적 비율에 따른다(여럿이 공유하는 자 또는 여럿이 점유하는 자는 의결권을 행사할 1인을 정한다)(「집합건물의 소유 및 관리에 관한 법률」 제37조).

(3) 사업추진 단계별 주요 내용(조합방식)

「주택법」상 공동주택 리모델링의 추진단계별 주요 내용(조합방식)은 아래와 같다.

추진단계	단계별 추진사항	주요 내용
1단계	리모델링 기본계획수립·고시	• 세대수 증가형 리모델링으로 인한 도시과밀, 이주수요 집중 등을 체계적으로 관리하기 위하여 수립 • 특별시장·광역시장 및 대도시의 시장은 관할구역에 대하여 리모델링 기본계획을 10년 단위로 수립
2단계	리모델링주택조합 추진위원회 구성	• 주택법에 별도의 규정이 없는 임의단체임.
3단계	리모델링주택조합 설립	• 주택단지 전체를 리모델링하고자 하는 경우에는 주택단지 전체의 구분소유자와 의결권의 각 3분의 2 이상의 결의 및 각 동의 구분소유자와 의결권의 각 과반수의 결의 • 동을 리모델링하고자 하는 경우에는 그 동의 구분소유자 및 의결권의 각 3분의 2 이상의 결의
4단계	시공자 선정	• 건설사업자 또는 건설사업자로 보는 등록사업자를 시공자로 선정
5단계	안전진단(1차)	• 시장·군수·구청장은 증축형 리모델링에 대해서 해당 건축물의 증축 가능 여부의 확인 등을 위하여 안전진단 실시
6단계	건축심의, 도시계획심의	• 건축법에 의한 건축심의 • 시·군·구 도시계획위원회 심의는 세대수 증가형 리모델링에 한함.
7단계	권리변동계획의 수립	• 세대수가 증가되는 리모델링을 하는 경우에는 기존 주택의 권리변동, 비용분담 등 권리변동계획을 수립하여 사업계획승인 또는 행위허가
8단계	사업계획승인 또는 행위허가	• 리모델링 기본계획 수립 대상지역에서 세대수 증가형 리모델링을 허가하려는 시장·군수·구청장은 해당 리모델링 기본계획에 부합하는 범위에서 허가
9단계	분담금 확정, 이주	• 조합원 분담금 확정을 위한 총회 의결, 이주
10단계	안전진단(2차)	• 수직증축형 리모델링을 허가한 후에 해당 건축물의 구조안전성 등에 대한 상세 확인을 위하여 안전진단 실시
11단계	시공보증, 착공	• 조합에 시공보증서 제출
12단계	사용검사	• 공사를 완료하였을 때에는 시장·군수·구청장의 사용검사를 받아야 하며, 사용검사에 관하여는 주택법 제49조 준용

추진단계	단계별 추진사항	주요 내용
13단계	해산인가신청 · 청산	• 토지 및 건축물에 대한 등기와 사업비 등 정산을 마무리 • 조합해산의 결의를 위한 총회의 의결정족수에 해당하는 조합원의 동의를 받은 정산서를 첨부하여 주택건설대지를 관할하는 시장 · 군수 · 구청장에게 해산인가신청

(4) 리모델링주택조합

1) 리모델링주택조합의 조합원

리모델링주택조합 조합원은 다음 표의 어느 하나에 해당하는 사람으로 한다. 다만, 조합원의 사망으로 그 지위를 상속받는 자는 다음 표의 요건에도 불구하고 조합원이 될 수 있다. 이 경우 해당 공동주택, 복리시설 또는 다목에 따른 공동주택 외의 시설의 소유권이 여러 명의 공유에 속할 때에는 그 여러 명을 대표하는 1명을 조합원으로 본다(주택령 제21조① 제3호).

> 가. 주택법 제15조에 따른 사업계획승인을 받아 건설한 공동주택의 소유자
> 나. 복리시설을 함께 리모델링하는 경우에는 해당 복리시설의 소유자
> 다. 「건축법」 제11조에 따른 건축허가를 받아 분양을 목적으로 건설한 공동주택의 소유자(해당 건축물에 공동주택 외의 시설이 있는 경우에는 해당 시설의 소유자를 포함한다)

2) 리모델링주택조합 설립인가

리모델링주택조합은 공동주택의 소유자가 그 주택을 리모델링하기 위하여 설립한 조합이다(주택법 제2조 제11호 다목). 주택을 리모델링하기 위하여 주택조합을 설립하려는 경우에는 다음의 구분에 따른 구분소유자(「집합건물의 소유 및 관리에 관한 법률」 제2조 제2호에 따른 구분소유자를 말한다)와 의결권(「집합건물의 소유 및 관리에 관한 법률」 제37조에 따른 의결권을 말한다)의 결의를 증명하는 서류를 첨부하여 관할 시장 · 군수 · 구청장의 인가를 받아야 한다(주택법 제11조③). 리모델링주택조합의 조합설립인가 동의비율과 리모델링 허가기준 동의비율은 다른 점에 유의해야 한다.

> ① 주택단지 전체를 리모델링하고자 하는 경우에는 주택단지 전체의 구분소유자[*1]와 의결권[*2]의 각 3분의 2 이상의 결의 및 각 동의 구분소유자와 의결권의 각 과반수의 결의
> ② 동을 리모델링하고자 하는 경우에는 그 동의 구분소유자 및 의결권의 각 3분의 2 이상의 결의

(*1) 구분소유자 : 구분소유자란 구분소유권을 가지는 자를 말한다(「집합건물의 소유 및 관리에 관한 법률」 제2조 제2호).

(*2) 의결권 : 각 구분소유자의 의결권은 규약에 특별한 규정이 없으면 전유부분의 면적 비율에 따른다(여럿이 공유하는 자 또는 여럿이 점유하는 자는 의결권을 행사할 1인을 정한다)(「집합건물의 소유 및 관리에 관한 법률」 제37조).

■ 리모델링주택조합 설립인가신청서류

리모델링주택조합의 설립인가를 받으려는 자는 신청서에 다음 표의 서류를 첨부하여 해당 주택의 소재지를 관할하는 시장·군수·구청장에게 제출해야 한다(주택령 제20조① 제1호 나목).

1) 창립총회 회의록
2) 조합장선출동의서
3) 조합원 전원이 자필로 연명(連名)한 조합규약
4) 조합원 명부
5) 사업계획서
6) 법 제11조 제3항 각 호의 결의를 증명하는 서류. 이 경우 결의서에는 리모델링 설계의 개요, 공사비, 조합원의 비용분담 명세의 사항이 기재되어야 한다.
7) 「건축법」 제5조에 따라 건축기준의 완화 적용이 결정된 경우에는 그 증명서류
8) 해당 주택이 법 제49조에 따른 사용검사일(주택단지 안의 공동주택 전부에 대하여 같은 조에 따라 임시 사용승인을 받은 경우에는 그 임시 사용승인일을 말한다) 또는 「건축법」 제22조에 따른 사용승인일부터 다음의 구분에 따른 기간이 지났음을 증명하는 서류
   가) 대수선인 리모델링 : 10년
   나) 증축인 리모델링 : 법 제2조 제25호 나목에 따른 기간(15년 이상, 조례 : 15년 이상 20년 미만)

■ 조합규약

조합규약에는 다음 표의 사항이 포함되어야 한다(주택령 제20조②).

1. 조합의 명칭 및 사무소의 소재지
2. 조합원의 자격에 관한 사항
3. 주택건설대지의 위치 및 면적
4. 조합원의 제명·탈퇴 및 교체에 관한 사항
5. 조합임원의 수, 업무범위(권리·의무를 포함한다), 보수, 선임방법, 변경 및 해임에 관한 사항
6. 조합원의 비용부담 시기·절차 및 조합의 회계

6의2. 조합원의 제명·탈퇴에 따른 환급금의 산정방식, 지급시기 및 절차에 관한 사항
7. 사업의 시행시기 및 시행방법
8. 총회의 소집절차·소집시기 및 조합원의 총회소집요구에 관한 사항
9. 총회의 의결을 필요로 하는 사항과 그 의결정족수 및 의결절차
10. 사업이 종결되었을 때의 청산절차, 청산금의 징수·지급방법 및 지급절차
11. 조합비의 사용 명세와 총회 의결사항의 공개 및 조합원에 대한 통지방법
12. 조합규약의 변경 절차
13. 그 밖에 조합의 사업추진 및 조합 운영을 위하여 필요한 사항

(5) 권리변동계획의 수립

세대수가 증가되는 리모델링을 하는 경우에는 기존 주택의 권리변동, 비용분담 등 다음 표에 정하는 사항에 대한 계획(이하 "권리변동계획"이라 한다)을 수립하여 사업계획승인 또는 행위허가를 받아야 한다(주택법 제67조, 주택령 제77조①).

① 리모델링 전후의 대지 및 건축물의 권리변동 명세
② 조합원의 비용분담
③ 사업비
④ 조합원 외의 자에 대한 분양계획
⑤ 그 밖에 리모델링과 관련된 권리 등에 대하여 해당 시·도 또는 시·군의 조례로 정하는 사항

권리변동계획에 따라 대지 및 건축물의 권리변동 명세를 작성하거나 조합원의 비용분담 금액을 산정하는 경우에는 「감정평가 및 감정평가사에 관한 법률」 제2조 제4호에 따른 감정평가법인등이 리모델링 전후의 재산 또는 권리에 대하여 평가한 금액을 기준으로 할 수 있다(주택령 제77조②).

(6) 사업계획승인 또는 행위허가

1) 사업계획승인

공동주택을 리모델링하는 경우 증가하는 세대수를 기준으로 30세대 이상의 주택건설사업을 시행하려는 자는 다음 표의 사업계획승인권자에게 사업계획승인을 받아야 한다(주택법 제15조).

1. 주택건설사업 또는 대지조성사업으로서 해당 대지면적이 10만제곱미터 이상인 경우 : 특별시장·광역시장·특별자치시장·도지사 또는 특별자치도지사(이하 "시·도지사"라 한다) 또는 「지방자치법」 제198조에 따라 서울특별시·광역시 및 특별자치시를 제외한 인구 50만 이상의 대도시(이하 "대도시"라 한다)의 시장
2. 주택건설사업 또는 대지조성사업으로서 해당 대지면적이 10만제곱미터 미만인 경우 : 특별시장·광역시장·특별자치시장·특별자치도지사 또는 시장·군수

2) 행위허가

위 1) 외에 증가하는 세대수를 기준으로 30세대 미만의 공동주택을 리모델링하려는 자는 대통령령으로 정하는 기준 및 절차 등에 따라 시장·군수·구청장의 허가를 받아야 한다(주택법 제66조①, 주택령 제75조①).

(7) 매도청구

「주택법」 제66조 제2항에 따른 리모델링의 허가를 신청하기 위한 동의율[위 (2) 2) 조합 : 전체 75% 이상, 동별 50% 이상 동의]을 확보한 경우 리모델링 결의를 한 리모델링주택조합은 그 리모델링 결의에 찬성하지 아니하는 자의 주택 및 토지에 대하여 매도청구를 할 수 있다(주택법 제22조②).

(8) 「주택법」상 공동주택 리모델링 특례

1) 대지사용권 및 건축물 면적 변동

① 공동주택의 소유자가 리모델링에 의하여 전유부분(「집합건물의 소유 및 관리에 관한 법률」 제2조 제3호에 따른 전유부분을 말한다)의 면적이 늘거나 줄어드는 경우에는 「집합건물의 소유 및 관리에 관한 법률」 제12조 및 제20조 제1항에도 불구하고 대지사용권은 변하지 아니하는 것으로 본다. 다만, 세대수 증가를 수반하는 리모델링의 경우에는 권리변동계획에 따른다(주택법 제76조①).
② 공동주택의 소유자가 리모델링에 의하여 일부 공용부분(「집합건물의 소유 및 관리에 관한 법률」 제2조 제4호에 따른 공용부분을 말한다)의 면적을 전유부분의 면적으로 변경한 경우에는 「집합건물의 소유 및 관리에 관한 법률」 제12조에도 불구하고 그 소유자의 나머지 공용부분의 면적은 변하지 아니하는 것으로 본다(주택법 제76조②).

③ 위 ①의 대지사용권 및 ②의 공용부분의 면적에 관하여는 위 ①과 ②에도 불구하고 소유자가 「집합건물의 소유 및 관리에 관한 법률」 제28조에 따른 규약으로 달리 정한 경우에는 그 규약에 따른다(주택법 제76조③).

2) 임대차보호법의 예외

임대차계약 당시 다음 표의 어느 하나에 해당하여 그 사실을 임차인에게 고지한 경우로서 주택법 제66조 제1항 및 제2항에 따라 리모델링 허가를 받은 경우에는 해당 리모델링 건축물에 관한 임대차계약에 대하여 「주택임대차보호법」 제4조 제1항 및 「상가건물 임대차보호법」 제9조 제1항을 적용하지 아니한다(주택법 제76조④).

> 1. 임대차계약 당시 해당 건축물의 소유자들(입주자대표회의를 포함한다)이 주택법 제11조 제1항에 따른 리모델링주택조합 설립인가를 받은 경우
> 2. 임대차계약 당시 해당 건축물의 입주자대표회의가 직접 리모델링을 실시하기 위하여 주택법 제68조 제1항에 따라 관할 시장·군수·구청장에게 안전진단을 요청한 경우

3) 리모델링주택조합의 법인격

리모델링주택조합의 법인격에 관하여는 「도시 및 주거환경정비법」 제38조를 준용한다(주택법 제76조⑤). 그 내용은 아래와 같다.

> ① 조합은 법인으로 한다.
> ② 조합은 조합설립인가를 받은 날부터 30일 이내에 주된 사무소의 소재지에서 일정한 사항을 등기하는 때에 성립한다.
> ③ 조합은 명칭에 "리모델링주택조합"이라는 문자를 사용하여야 한다.

4) 환지 및 보류지 등

권리변동계획에 따라 소유권이 이전되는 토지 또는 건축물에 대한 권리의 확정 등에 관하여는 「도시 및 주거환경정비법」 제87조(대지 및 건축물에 대한 권리의 확정)를 준용한다(주택법 제76조⑥). 그 내용은 아래와 같다.

① 대지 또는 건축물을 분양받을 자에게 소유권을 이전한 경우 종전의 토지 또는 건축물에 설정된 지상권·전세권·저당권·임차권·가등기담보권·가압류 등 등기된 권리 및 「주택임대차보호법」 제3조 제1항의 요건을 갖춘 임차권은 소유권을 이전받은 대지 또는 건축물에 설정된 것으로 본다.

② 위 ①에 따라 취득하는 대지 또는 건축물 중 권리변동계획에 따라 구분소유자에게 소유권이 이전되는 토지 또는 건축물은 「도시개발법」 제40조에 따라 행하여진 환지로 본다.

③ 「도시 및 주거환경정비법」 제79조 제4항에 따른 보류지와 권리변동계획에 따라 구분소유자 외의 자에게 소유권이 이전되는 토지 또는 건축물은 「도시개발법」 제34조에 따른 보류지 또는 체비지로 본다.

❸ 업무진행 실무과정과 세법적용 기본개념

(1) 업무진행 실무과정

리모델링업조합의 업무진행 실무과정 중 세법 적용에 관련된 내용을 중심으로 설명하고자 한다.

1) 리모델링주택조합추진위원회의 운영

리모델링주택조합추진위원회는 「주택법」 상 법적 지위를 인정하는 법규정이 없다. 이러한 점은 「도시 및 주거환경정비법」에서 정비사업조합설립추진위원회에 대해 법적 지위를 인정하는 법규정을 두고 있는 것과는 다르다. 조합설립인가 준비과정에서 추진위원회의 운영에 따라 회계처리 등이 필요한 경우에는 임의단체를 구성하여 업무처리를 한다. 리모델링주택조합 추진위원회와 리모델링주택조합은 서로 다른 법적 조직체이므로 리모델링주택조합 추진위원회가 행한 법률행위가 리모델링주택조합으로 당연히 승계된다고 할 수 없다. 따라서 리모델링주택조합 추진위원회가 행한 계약 등은 리모델링주택조합의 창립총회 의결로 추인 또는 승인하는 절차가 필요하다.

2) 리모델링주택조합과 재건축정비사업조합의 비교

리모델링주택조합과 「도시 및 주거환경정비법」에 의한 재건축정비사업조합의 사업추진 방식에는 유사한 점이 많다. 그러나 리모델링주택조합은 「주택법」에 자세한 규정을 두고 있지 않아 조합규약에 규정하여 사업을 추진하는 반면 재건축정비사업조합은 「도시 및

주거환경법」에 규정을 많이 두고 있어 강행적이다. 양자의 주요 차이점을 비교하면 다음의
표와 같다.

주요 추진 절차	리모델링주택조합	재건축정비사업조합	비 고
조합설립추진 위원회	임의단체	법적단체	
조합설립 인가 동의율	전체 2/3 이상, 동별 과반수 이상	전체 3/4 이상, 동별 과반수 이상	
허가기준 동의율	전체 75% 이상, 동별 50% 이상	규정 없음	
감정평가	선택적	강행적	• 재건축은 종전·종후자산 감정평가가 필수적임.
사업승인	사업계획승인 또는 행위허가	사업시행계획 인가	
환지 등 계획	권리변동계획	관리처분계획 인가	• 권리변동계획은 사업계획 승인을 위한 절차임. • 관리처분계획은 사업시행 계획 인가 후 별도의 인가 가 필요함.

3) 조합원 분담금의 확정

① 감정평가

리모델링조합은 조합원의 종전자산 감정평가에 대해 「주택법」에 규정이 없어 조합규약에서
조합원의 종전 부동산 평가기준일을 주로 사업계획승인일 또는 행위허가일로 정하여 종전자산의
감정평가를 하고 있다.

② 분담금 산정방식

리모델링조합이 조합원의 분담금을 산정하는 방식은 비례율, 단위 면적당 사업비 또는
투자수익률을 기준으로 한 방식 중 하나를 선택할 수 있다.

㉮ 비례율 산정방식

- 권리가액 = 종전자산평가액 × 비례율
- 비례율 = 〔(종후자산가치 총액 - 총 사업비) / 종전자산가치 총액〕 × 100
- 조합원 분담금 = 조합원 분양가액 - 권리가액

㉯ 단위 면적당 사업비 산정방식

- 세대별 계약면적 = 세대별 공급면적(전용면적 + 공용면적) + 기타 면적
- 단위 면적당 사업비 = 사업비(공사비 + 조합운영비 + 기타비용 - 일반분양수입)
                        / 조합원세대 총 계약면적
- 조합원 분담금 = 세대별 계약면적 × 단위 면적당 사업비

㉰ 투자수익률(ROI) 산정방식

- 조합원 분담금 = 〔리모델링 후 자산 추산액 / (1 + 투자수익률〈ROI〉)〕
                    - 리모델링 전 자산평가액

③ 분담금 확정총회 결의

리모델링조합 조합원의 분담금의 확정을 위한 총회의 결의로 분담금 확정의 실질적 효력이 발생하게 된다.

4) 조합원 소유 토지 또는 건축물(신탁)

리모델링조합의 조합원 소유 토지 또는 건축물에 대해서는 조합규약에 현물출자의무를 정하여 조합에 신탁하며, 제1절 재건축정비사업조합의 경우와 같다.

5) 매수협의 및 매도청구

리모델링조합 설립에 동의하지 아니한 자에 대한 매수협의 및 매도청구는 제1절 2) 재건축정비사업조합의 경우와 같다.

6) 환지규정의 적용

리모델링사업으로 취득하는 대지 또는 건축물 중 권리변동계획에 따라 구분소유자에게 소유권이 이전되는 토지 또는 건축물은 「도시개발법」 제40조에 따라 행하여진 환지로 보며,

구분소유자 외의 자에게 소유권이 이전되는 토지 또는 건축물은 「도시개발법」 제34조에 따른 보류지 또는 체비지로 본다. 따라서 리모델링조합 조합원은 권리변동계획에 따라 종전 부동산은 리모델링조합에 현물출자하고 새로운 공동주택을 환지로 받게 된다.

7) 금융 및 신탁업무

리모델링조합의 금융 및 신탁업무는 제1절 재개발정비사업조합의 경우와 같다.

(2) 세법적용 기본개념

리모델링조합의 세무업무를 위해 먼저 세법적용 기본개념을 리모델링조합의 업무 특성을 고려하여 정리하고자 한다.

1) 부가가치세

리모델링주택조합의 조합원이 취득하는 대지 또는 건축물 중 권리변동계획에 따라 구분소유자에게 소유권이 이전되는 토지 또는 건축물은 환지로 보므로 부가가치세 재화의 공급 등에 대해 재개발·재건축 정비사업조합에 대한 부가가치세 규정을 준용하면 될 것이다. 다만, 리모델링용역에 대한 부가가치세는 리모델링 전 주택이 국민주택규모 이하인 경우 리모델링 후 주택의 규모가 리모델링 전 주택의 130%까지는 부가가치세를 면제한다.

2) 법인세

① 종전 토지 및 건물에 대한 조합회계

리모델링조합원의 종전 부동산을 조합에 현물출자할 때 감정평가액에 대한 조합회계의 계정과목은 '건설용지' 과목으로 처리하는 것이 일반적이나, 리모델링주택에서는 건물 전체가 철거되지 않고 일부 남아 있게 되므로 조합회계의 계정과목은 '건설용지' 과목보다는 '리모델링 전 부동산'(예시) 등으로 처리하는 것이 합리적일 것이다.

② 재건축정비사업조합의 세법적용 기본개념 참고

리모델링조합은 환지 규정을 적용하게 되어 그 사업형태가 재건축정비사업조합의 사업형태와 거의 유사하게 진행되므로 리모델링조합의 법인세법 적용에 대한 기본개념은 제1절 정비사업 조합의 법인세법 적용을 위해 기본개념으로 설명한 손익계산원칙, 실질과세 판단기준, 과세소득 계산, 조합원의 배당소득 등을 참고하면 된다.

3) 취득세

리모델링조합원이 환지로 취득하는 새로운 부동산은 일반 신축건물을 원시취득하는 경우와 다르게 간주취득도 발생하게 되며, 종전면적 해당분은 간주취득세율을 적용하고 면적 증가분은 원시취득세율을 적용하게 된다. 리모델링조합의 취득세에 대한 구체적인 내용은 이 Chapter 제6절에서 다룬다.

 ## 리모델링주택조합의 부가가치세 실무

(1) 「도시 및 주거환경정비법」 준용

리모델링주택조합은 법인격에 관하여 「도시 및 주거환경정비법」 제38조를 준용한다(주택법 제76조⑤). 따라서 정비사업조합과 마찬가지로 리모델링주택조합의 법인격도 법인으로 하며, 조합설립인가를 받은 날부터 30일 이내에 주된 사무소의 소재지에서 등기하는 때에 성립한다.

그리고 리모델링주택조합의 조합원이 취득하는 대지 또는 건축물 중 권리변동계획에 따라 구분소유자에게 소유권이 이전되는 토지 또는 건축물은 「도시개발법」 제40조에 따라 행하여진 환지로 본다(주택법 제76조⑥). 따라서 부가가치세 재화의 공급 등에 대해 재개발 · 재건축 정비사업조합에 대한 세법 규정을 준용하면 될 것이다.

(2) 사업자등록신고(또는 정정신고)

1) 추진위원회 단계

① 법적 성격

리모델링주택조합추진위원회는 「주택법」상 법적 지위를 인정하는 법규정은 없으나 리모델링주택조합의 법인격에 대해 「도시 및 주거환경정비법」을 준용(법인으로 의제)하도록 「주택법」에 규정하고 있다. 리모델링주택조합추진위원회의 법적 성격은 임의단체라고 하는 것이 일반적인 견해이다. 대법원은 임의단체에 대해 '단체고유의 목적을 가지고 활동하고 있고, 규약 및 단체로서의 조직을 갖추고, 구성원의 가입 탈퇴에 따른 변경에 관계없이 그 자체가 존속하는 등 단체로서의 주요사항이 확정되어 있는 사실이 인정되면 이는 이른바 '비법인 사단'에 해당한다'(대법원 92다36052 1994.6.28.)라고 판시함에 따라 리모델링주택조합추진위원회는 '비법인 사단'에 해당한다고 볼 수 있다.

② 고유번호 부여

리모델링주택조합추진위원회는 「국세기본법」 제13조 제2항에 따라 관할 세무서장에게 신청하여 승인을 받아야 하는 법인으로 보는 법인 아닌 단체로서의 성격을 갖는다고 볼 수 있다. 이에 따라 고유번호증을 교부받고 사업을 추진할 수 있다. 리모델링주택조합추진위원회에 수익사업이 발생할 경우에는 수익사업개시신고를 하여 부가가치세 일반과세자로서 매입세액공제 등을 받을 수 있도록 해야 한다.

2) 리모델링주택조합 단계

리모델링주택조합이 설립된 경우에는 리모델링주택조합추진위원회로부터 전환된 조직변경된 것으로 볼 수 있으므로 사업자등록 정정신고를 하면 된다. 리모델링주택조합이 추진위원회 단계에서 고유번호를 부여받지 않은 경우에는 수익사업을 영위하는 비영리내국법인으로 보아 사업자등록증을 교부받으면 된다.

(3) 리모델링용역에 대한 부가가치세 특례

1) 부가가치세 면세대상 리모델링주택의 규모

리모델링용역에 대한 부가가치세는 「조세특례제한법」 제106조 제1항 제4호에 특례규정을 두어 리모델링 전 주택이 국민주택규모 이하인 경우 리모델링 후 주택의 규모가 리모델링 전 주택의 130%까지는 부가가치세를 면제한다.

2) 리모델링용역의 공급

국민주택 및 그 주택의 건설용역(대통령령으로 정하는 리모델링용역을 포함한다)에 해당하는 재화 또는 용역의 공급에 대해서는 부가가치세를 면제한다(조특법 제106조① 제4호).

위 괄호에서 "대통령령으로 정하는 리모델링용역"이란 「주택법」·「도시 및 주거환경정비법」 및 「건축법」에 의하여 리모델링하는 것으로서 다음의 어느 하나에 해당하는 용역을 말하며, 당해 리모델링을 하기 전의 주택 규모가 「조세특례제한법 시행령」 제106조 제4항 제1호의 규정[1]에 의한 주택에 해당하는 경우(리모델링 후 당해 주택의 규모가 같은 조 제4항 제1호의 규정에 의한 규모를 초과하는 경우로서 리모델링하기 전의 주택규모의 100분의 130을 초과하는 경우를 제외한다)에 한한다(조특령 제106조⑤).

① 「건설산업기본법」·「전기공사업법」·「소방시설공사업법」·「정보통신사업법」·「주택법」·「하수도법」 및 「가축분뇨의 관리 및 이용에 관한 법률」에 의하여 등록을 한 자가

공급하는 것

② 당해 리모델링에 사용되는 설계용역으로서 건축사법에 의하여 등록을 한 자가 공급하는 것

* 1) 「조세특례제한법 시행령」 제106조 제4항 제1호 : 「주택법」 제2조 제1호에 따른 주택으로서 그 규모가 같은 조 제6호에 따른 국민주택규모(다가구주택의 경우에는 가구당 전용면적을 기준으로 한 면적을 말한다) 이하인 주택

(4) 과세표준(공급가액)

리모델링조합이 세대수 증가형 리모델링 후 증가된 아파트와 리모델링에 반대하여 매도청구권을 행사하여 취득한 아파트 또는 상가 등을 일반인에 공급하는 경우 국민주택규모초과 아파트나 상가 등에 대해서는 부가가치세 과세대상이다.

(5) 공통매입세액의 인과관계

종전 건물을 전부 멸실하고 새로운 건물을 신축하기 위해 종전 건물의 철거 및 토지를 조성하는 과정에 지출한 금액과 관련된 매입세액은 전액 토지관련 매입세액으로 불공제하게 되나, 공동주택의 리모델링에 대한 매입세액은 건물의 일부만 철거하게 되어 그 인과관계가 종전 건물을 전부 멸실하는 경우와 다르다. 리모델링조합이 아파트의 리모델링 및 분양과 관련하여 지출한 전문용역비(법무용역, 감리용역, 감정평가 등)에 대해서는 공통매입세액을 과세·면세 안분계산하여 일부를 과세사업 관련으로 공제받을 수 있는데 해당 비용의 지출과 리모델링주택과의 인과관계를 세심히 분석해야 한다.

■ 리모델링주택조합 관련 해석·판단사례

■ 리모델링주택조합이 리모델링에 반대하는 소유자로부터 취득한 아파트를 리모델링 후 분양하는 경우 과세 여부

해석

• 리모델링주택조합이 리모델링을 반대하는 소유자로부터 매도청구권을 행사하여 취득한 아파트를 국민주택규모를 초과하는 아파트로 리모델링 한 후 제3자에게 분양하는 경우, 그 아파트의 공급은 「부가가치세법」 제6조 제1항의 규정에 따라 부가가치세가 과세되는 것임 (부가-4872, 2008.12.18.).

■ 리모델링주택조합의 전문용역비 지출 관련 부가가치세 매입세액의 공제 여부

• 리모델링주택조합이 아파트의 리모델링 및 분양과 관련하여 지출한 전문용역비(법무용역, 감리용역, 감정평가 등) 중 「부가가치세법」 제17조 제2항 각 호에 해당하는 것이 있는 경우에는 매입세액이 공제되지 아니하나, 이에 해당하지 아니한 경우에는 「부가가치세법 시행령」 제61조 및 제61조의2 규정에 따라 공통매입세액으로 안분계산하여 공제할 수 있는 것임(부가-4872, 2008.12.18.).

⑤ 리모델링주택조합의 법인세 실무

(1) 「도시 및 주거환경정비법」 준용

리모델링주택조합은 법인격에 관하여 「도시 및 주거환경정비법」 제38조를 준용한다(주택법 제76조⑤). 따라서 정비사업조합과 마찬가지로 리모델링주택조합의 법인격도 법인으로 하며, 조합설립인가를 받은 날부터 30일 이내에 주된 사무소의 소재지에서 등기하는 때에 성립한다.

그리고 리모델링주택조합의 조합원이 취득하는 대지 또는 건축물 중 권리변동계획에 따라 구분소유자에게 소유권이 이전되는 토지 또는 건축물은 「도시개발법」 제40조에 따라 행하여진 환지로 본다(주택법 제76조⑥). 따라서 비영리법인 의제 등 「법인세법」 적용에 대해 재건축정비 사업조합에 대한 세법 규정을 준용하면 될 것이다.

(2) 리모델링주택조합의 사업구분

리모델링주택조합의 조합원이 공동주택의 리모델링에 대해 각자가 사업비 분담금을 부담하고 리모델링을 추진하는 경우에는 비수익사업에 해당한다.

그리고 리모델링주택조합은 「도시 및 주거환경정비법」 제87조를 준용한다. 따라서 보류지와 권리변동계획에 따라 구분소유자 외의 자에게 소유권이 이전되는 토지 또는 건축물은 「도시개발법」 제34조에 따른 보류지 또는 체비지로 보므로(주택법 제76조⑥), 세대수가 증가되는 리모델링의 경우 리모델링주택조합이 일반인에게 공급하는 토지 또는 건축물의 분양수익은 수익사업에 해당되어 법인세 과세대상이다.

(3) 리모델링조합의 종전 부동산 현물출자 취득시기

"재건축조합이 조합원의 현물출자로 취득하는 토지의 취득시기는 관리처분계획인가일과 신탁등기접수일 중 빠른 날로 하는 것이며, 회신일 이후 관리처분계획이 인가되는 분부터 적용하는 것이다"(기획재정부재산-1024, 2020.11.24.)로 종전 예규와 다르게 변경되었다. 따라서 리모델링조합도 재건축조합의 토지 현물출자 취득시기에 대한 개정된 예규에 비추어 재건축조합의 토지 현물출자에 대한 취득시기에 준하여 적용되어야 할 것이다.

취득세의 납세의무자, 과세표준 그리고 취득시기 등이 개정된 지방세법령이 2023.1.1.부터 시행되었다. 아래에서는 개정된 지방세법령에 맞추어 각 조합(재개발조합, 재건축조합, 도시개발조합, 지역주택조합, 리모델링조합)과 그 조합원의 취득세에 대해 업무진행 단계에 따라 분석·정리하고자 한다.

 **① 재개발조합 · 조합원의 취득세**

A. 조합(재개발조합)

재개발조합이 재개발사업의 추진과정에 따라 토지·건물의 취득과 관련하여 취득세를 부담하게 되는 주요 항목을 아래 표로 정리하고 그 내용을 설명한다.

구　분	취득시기	과세표준	취득세율 적용기준
(1) 조합원의 종전 부동산 신탁	–	–	비과세
(2) 손실보상 협의취득	최종 보상금 지급일	사실상취득가격	유상승계취득
(3) 수용재결 취득	수용의 개시일	사실상취득가격	유상승계취득
(4) 국·공유재산 취득 (무상)	준공인가일	시가인정액	무상취득
(5) 국·공유재산 취득 (유상)	잔금지급일	사실상취득가격	유상승계취득
(6) 준공 후 취득 주택 (일반분양용)	준공인가일과 사실상의 사용일 중 빠른 날	사실상취득가격	원시취득
(7) 조합이 준공 후 조합원으로부터 취득하는 토지(일반분양용)	소유권이전 고시일의 다음 날	취득당시가액 (과세표준 특례)	무상취득

1) 조합원의 종전 부동산 신탁 취득

재개발조합이 조합원의 종전 부동산을 조합이 취득하지 않고 조합원의 소유상태로 두고 사업을 추진하는 경우에는 조합이 조합원의 종전 부동산을 취득하지 않았으므로 취득세 과세대상에 해당하지 아니한다. 이와 달리 재개발조합이 조합원으로부터 종전 부동산을 신탁받는 경우에는 「지방세법」 제9조 제3항에 따라 비과세에 해당한다.

2) 손실보상 협의취득

분양신청을 하지 아니한 조합원 등으로부터 재개발조합이 토지를 취득하기 위해서는 수용절차 전에 먼저 보상 협의를 해야 한다. 보상 협의에 따라 보상하는 경우에 취득시기는 최종보상금 지급일이 되고 보상금액 및 관련된 비용 등 사실상의 취득가격이 과세표준이 된다.

3) 수용재결 취득

재개발조합이 현금청산 대상 조합원과 보상협의를 하지 못한 경우에는 토지수용위원회의 수용재결을 받아 토지를 수용하게 되며, 재개발조합은 수용재결의 결과로 보상금을 지급하거나 공탁한다(도정법 제65조). 토지수용위원회의 수용재결에 따라 공탁하였으나 피공탁자가 그 공탁금을 찾아가지 않은 경우 취득시기는 수용의 개시일이고(서울세제-9146, 2012.7.20.), 과세표준은 보상금 지급액이 사실상취득가격이 된다.

4) 국·공유재산 취득(무상)

정비사업 구역 내에 국·공유재산이 있는 경우에 조합은 소관청과 유상 또는 무상의 협의를 진행해야 한다. 국·공유재산은 국유재산법 또는 공유재산법에 따라 행정재산과 일반재산으로 구분되며, 행정재산은 처분이 금지되나 개발사업 등의 경우에 용도폐지 후 일반재산으로 전환하면 처분이 가능하다.

① 무상 귀속, 무상 양도 : 특별자치시장, 특별자치도지사, 시장, 군수, 자치구의 구청장(이하 "시장·군수등"이라 한다) 또는 한국토지주택공사 또는 주택사업을 수행하기 위하여 설립된 지방공사(이하 '토지주택공사등'이라 한다)가 아닌 사업시행자가 정비사업의 시행으로 새로 설치한 정비기반시설은 그 시설을 관리할 국가 또는 지방자치단체에

무상으로 귀속되고, 정비사업의 시행으로 용도가 폐지되는 국가 또는 지방자치단체 소유의 정비기반시설은 사업시행자가 새로 설치한 정비기반시설의 설치비용에 상당하는 범위에서 그에게 무상으로 양도된다(도정법 제97조②).

② 귀속·양도시기 : 사업시행자는 관리청에 귀속될 정비기반시설과 사업시행자에게 귀속 또는 양도될 재산의 종류와 세목을 정비사업의 준공 전에 관리청에 통지하여야 하며, 해당 정비기반시설은 그 정비사업이 준공인가되어 관리청에 준공인가통지를 한 때에 국가 또는 지방자치단체에 귀속되거나 사업시행자에게 귀속 또는 양도된 것으로 본다(도정법 제97조⑤).

③ 취득세율 적용 : 이 때 취득세율은 무상취득 시의 세율(3.5%)을 적용하나 국가 등으로부터 무상 양여받은 기반시설의 일부가 신설 기반시설로 재편입될 경우에 그 부분은 비과세 대상(지법 제9조②)이다. 그리고 기부채납 조건으로 취득한 부동산의 국가 등에 귀속에 대한 반대급부로 국가 등 소유의 다른 부동산을 무상 양여받는 조건인 경우에는 취득세 경감(50%) 대상에 해당한다(지특법 제73조의2).

④ 과세표준 : 무상취득의 과세표준은 시가인정액(매매사례가액, 감정가액, 공매가액 등 대통령령(지령 제14조)으로 정하는 바에 따라 시가로 인정되는 가액을 말한다)으로 한다(지법 제10조의2).

❑ **기부채납용 부동산 등에 대한 취득세 감면**(지방세특례제한법 제73조의2)

① 「지방세법」 제9조 제2항에 따른 부동산 및 사회기반시설 중에서 국가, 지방자치단체 또는 지방자치단체조합(이하 이 조에서 "국가등"이라 한다)에 귀속되거나 기부채납(이하 이 조에서 "귀속등"이라 한다)한 것의 반대급부로 국가등이 소유하고 있는 부동산 또는 사회기반시설을 무상으로 양여받거나 기부채납 대상물의 무상사용권을 제공받는 조건으로 취득하는 부동산 또는 사회기반시설에 대해서는 다음 각 호의 구분에 따라 취득세를 감면한다.

1. 2020년 12월 31일까지 취득세를 면제한다.

2. 2021년 1월 1일부터 2024년 12월 31일까지는 취득세의 100분의 50을 경감한다.

② 제1항의 경우 국가등에 귀속등의 조건을 이행하지 아니하고 타인에게 매각·증여하거나 국가등에 귀속등을 이행하지 아니하는 것으로 조건이 변경된 경우에는 그 감면된 취득세를 추징한다.

5) 국·공유재산 취득(유상)

행정재산이 아닌 일반재산의 경우 조합은 소관청과 협의된 가격으로 해당 국·공유재산을 매입하게 된다. 이 경우에는 유상승계취득에 해당하게 되므로 취득시기는 잔금지급일이 되고, 과세표준은 사실상의 취득가격이 된다.

6) 준공 후 취득 주택(일반분양용)

일반분양용 신축 주택의 경우 조합이 원시취득자이다. 이 경우 취득시기는 준공인가일과 사실상의 사용일 중 빠른 날이고, 과세표준은 일반분양용 신축 주택의 사실상취득가격이다. 재개발사업의 시행자가 「도시 및 주거환경정비법」 제74조에 따른 해당 사업의 관리처분계획에 따라 취득하는 주택에 대해서는 취득세의 100분의 50을 경감한다(지특법 제74조⑤ 제2호).

7) 준공 후 조합원으로부터 취득하는 토지(일반분양용)

① 취득시기 : 「도시 및 주거환경정비법」 제35조 제3항에 따른 재건축조합이 재건축사업을 하거나 「빈집 및 소규모주택 정비에 관한 특례법」 제23조 제2항에 따른 소규모재건축조합이 소규모재건축사업을 하면서 조합원으로부터 취득하는 토지 중 조합원에게 귀속되지 아니하는 토지를 취득하는 경우에는 「도시 및 주거환경정비법」 제86조 제2항 또는 「빈집 및 소규모주택 정비에 관한 특례법」 제40조 제2항에 따른 소유권이전 고시일의 다음 날에 그 토지를 취득한 것으로 본다(지령 제20조⑦ 후단). 재개발조합도 「도시 및 주거환경정비법」 제86조 제2항에 따라 소유권이전 고시일의 다음 날에 그 토지를 취득한 것으로 볼 수 있을 것이다.

② 과세표준 특례 : 사업시행자(주거환경개선사업, 재개발사업, 재건축사업, 빈집정비사업, 소규모주택정비사업) 또는 주택조합(지역주택조합, 직장주택조합, 리모델링주택조합)이 지방세법 제7조 제8항 단서에 따른 비조합원용 부동산 또는 체비지·보류지를 취득한 경우에 해당 토지의 취득당시가액 산정은 다음 계산식에 따라 산출한 가액으로 한다(지법 제10조의5③ 제3호, 지령 제18조의4 제3호).

$$\text{가액} = A \times [B - (C \times B / D)]$$

A : 해당 토지의 제곱미터당 분양가액
B : 해당 토지의 면적
C : 사업시행자 또는 주택조합이 해당 사업 진행 중 취득한 토지면적(조합원으로부터 신탁받은 토지는 제외한다)
D : 해당 사업대상 토지의 전체 면적

(예 시)
- 사업구역의 전체 토지면적 500 중 추가 매입 토지면적은 100으로 가정한다.
- 전체 토지면적 500 중 일반분양분 토지면적은 200으로 가정한다.
- 해당 토지의 제곱미터당 분양가액은 500만원으로 가정한다.

(계산식에 의한 계산 결과)
- 조합이 조합원으로부터 취득하는 비조합원용(일반분양분) 토지의 과세표준은 아래와 같다.
$$500만원 \times [200 - (100 \times 200/500) = 160] = 8억원$$

❏ **재개발조합에 대한 취득세 감면**(지방세특례제한법 제74조 제5항 제1호, 제2호)

⑤ 재개발사업의 시행에 따라 취득하는 부동산에 대해서는 다음 각 호의 구분에 따라 취득세를 2025년 12월 31일까지 경감한다. 다만, 그 취득일부터 5년 이내에「지방세법」제13조 제5항 제1호부터 제4호(사치성 재산)까지의 규정에 해당하는 부동산이 되거나 관계 법령을 위반하여 건축한 경우에는 감면된 취득세를 추징한다.

1. 재개발사업의 시행자가 재개발사업의 대지 조성을 위하여 취득하는 부동산에 대해서는 취득세의 100분의 50을 경감한다.

2. 재개발사업의 시행자가「도시 및 주거환경정비법」제74조에 따른 해당 사업의 관리처분계획에 따라 취득하는 주택에 대해서는 취득세의 100분의 50을 경감한다.

  * 위의 개정규정은「도시 및 주거환경정비법」제2조 제2호 나목에 따른 재개발사업으로서 2020년 1월 1일 이후「도시 및 주거환경정비법」제50조에 따른 사업시행계획 인가를 받는 사업부터 적용한다(부칙 2020.1.15. 법률 제16865호 제5조②). 2020년 1월 1일 전에 사업시행계획 인가를 받은 재개발사업은 시행자에 대해 취득세의 100분의 75를 경감한다.

B. 조합원(재개발조합)

재개발조합의 조합원이 재개발사업의 추진과정에 따라 토지·건물의 취득과 관련하여 취득세를 부담하게 되는 주요 항목을 아래 표로 정리하고 그 내용을 설명한다.

구 분	취득시기	과세표준	취득세율 적용기준
(1) 조합원입주권 취득 　　(원조합원)	–	–	과세대상 아님
(2) 종전 주택 또는 토지 　　취득(승계조합원)	잔금지급일	사실상취득가격	유상승계취득
(3) 신축 주택 취득(건물)	준공인가일과 사실상의 사용일 중 빠른 날	사실상취득가격	원시취득
(4) 토지 취득(당초 면적 　　초과분)	잔금지급일	당초 면적 초과액 (과세표준 특례)	유상승계취득

설명

1) 조합원입주권의 취득(원조합원)

재개발(재건축)사업에 있어 관리처분계획인가를 받으면 원조합원은 장래 주택을 분양받을 수 있는 권리인 조합원입주권을 얻게 된다. 원조합원의 조합원입주권의 취득은 그 자체가 주택의 취득은 아니므로 취득세 과세대상에 해당하지 않는다. 조합원입주권의 권리유지기간은 관리처분계획인가일부터 준공인가일까지이다.

2) 종전 주택 또는 토지 취득(승계조합원)

승계조합원은 정비구역 지정일 이후 신축 주택의 준공인가일 전 기간에 원조합원의 권리를 승계받은 자를 말한다. 승계조합원은 조합원입주권을 승계받기 위해 멸실 전 종전 주택 또는 토지를 매입하게 된다. 승계조합원이 취득당시 조합원입주권의 권리로서 사실상 주택으로 사용되고 있는 주택을 매입하는 경우에는 주택의 유상승계취득에 해당하고 과세표준은 종전 주택의 매입가격이 되며, 승계조합원이 취득당시 조합원입주권의 권리로서 해당 토지를 매입하는 경우에는 토지의 유상승계취득에 해당하고 과세표준은 토지의 매입가격이다. 이 때 매입가격에 원조합원이 양도 전에 불입한 청산금이 포함되어 있는 경우에는 청산금은 종전 주택의 취득세 과세표준에 포함하지 않는다.

3) 신축 주택 취득(건물)

① 취득시기 : 건축물을 건축하여 취득하는 경우에는 사용승인서(「도시 및 주거환경정비법 시행령」 제74조에 따른 준공인가증)를 내주는 날(사용승인서를 내주기 전에 임시사용승인을 받은 경우에는 그 임시사용승인일을 말한다)과 사실상의 사용일 중 빠른 날을 취득일로 본다(지령 제20조⑥). 「도시 및 주거환경정비법」에 따른 정비사업의 시행으로 해당 사업의 대상이 되는 부동산의 소유자(상속인을 포함한다)가 관리처분계획에 따라 공급받거나 토지상환채권으로 상환받는 건축물은 그 소유자가 원시취득한 것으로 본다(지법 제7조⑯ 전단).

② 과세표준 : 재개발조합의 조합원이 취득하는 신축주택의 과세표준은 신축주택의 사실상 취득가격이며, 원시취득에 해당한다.

4) 토지 취득(당초 면적 초과분)

① 취득원인 및 취득면적 : 「도시 및 주거환경정비법」에 따른 정비사업의 시행으로 해당 사업의 대상이 되는 부동산의 소유자(상속인을 포함한다)가 토지를 취득하는 경우에는 그 소유자가 승계취득한 것으로 본다. 이 경우 토지는 당초 소유한 토지 면적을 초과하는 경우로서 그 초과한 면적에 해당하는 부분에 한정하여 취득한 것으로 본다(지법 제7조⑯ 후단).

② 과세표준 : 재개발조합의 조합원이 토지를 취득하는 경우에 취득당시가액은 다음 계산식에 따른 가액으로 한다(지법 제10조의5③ 제4호, 지령 제18조의4① 제4호 나).

$$\text{가액} \;=\; (A \times B) - C$$

A : 해당 토지의 제곱미터당 분양가액
B : 해당 토지 면적
C : 지방세법 제7조 제4항 후단에 따른 토지의 지목 변경에 따른 취득가액

(경과조치)

2023.1.1. 전에 관리처분계획 인가를 받은 재개발사업의 시행으로 해당 사업의 대상이 되는 부동산의 소유자가 관리처분계획에 따라 취득하는 토지 및 건축물을 취득하는 경우에 과세표준은 위 (4)의 개정규정에도 불구하고 다음에 따라 산출한 가액으로 한다(구, 지특법 제74조①, 지특령 제35조②). 적용기한은 2025.12.31.까지로 한다.

- 원조합원인 경우 : 청산금 = 관리처분계획에 따른 취득부동산 가액의 합계액 − 종전의 부동산 가액의 합계액
- 승계조합원인 경우 : 초과액 = 관리처분계획에 따른 취득부동산의 과세표준(지법 제10조의3부터 제10조의6까지 규정에 따른 사실상의 취득가격이 증명되는 경우에는 사실상의 취득가격) − 승계취득할 당시의 취득세 과세표준

| 재개발조합의 조합원에 대한 취득세 감면 |

☐ **지방세특례제한법 제74조 제5항 제3호**

⑤ 재개발사업의 시행에 따라 취득하는 부동산에 대해서는 다음에 따라 취득세를 2025년 12월 31일까지 경감한다. 다만, 대통령령(지령 제35조③, 생략)으로 정하는 일시적 2주택자에 해당하여 취득세를 경감받은 사람이 그 취득일부터 3년 이내에 1가구 1주택이 되지 아니한 경우에는 감면된 취득세를 추징한다(지특법 제74조⑤).

3. 재개발사업의 정비구역지정 고시일 현재 부동산의 소유자가 재개발사업의 시행으로 주택을 취득함으로써 대통령령(지령 제35조④, 생략)으로 정하는 1가구 1주택이 되는 경우(취득 당시 일시적으로 2주택이 되는 경우를 포함한다)에는 아래에서 정하는 바에 따라 취득세를 경감한다(지특법 제74조⑤ 제3호).

   가. 전용면적 60제곱미터 이하의 주택을 취득하는 경우에는 취득세의 100분의 75를 경감한다.

   나. 전용면적 60제곱미터 초과 85제곱미터 이하의 주택을 취득하는 경우에는 취득세의 100분의 50을 경감한다.

☐ **재개발사업에 대한 감면에 관한 적용례 : 위 표의 감면 축소에 대한 경과조치임**

2020.1.15. 법률 제16865호(지방세특례제한법 부칙 제5조) : **개정규정 적용대상**

② 제74조 제4항 제1호 및 제3호와 제5항의 개정규정은 「도시 및 주거환경정비법」 제2조 제2호 나목에 따른 재개발사업으로서 2020년 1월 1일 이후 「도시 및 주거환경정비법」 제50조에 따른 사업시행계획 인가를 받는 사업부터 적용한다.

(종전) : 면제

2020년 1월 1일 전에 사업시행계획 인가를 받은 재개발사업은 (구)지방세특례제한법 제74조 제3항 제4호[재개발사업의 정비구역지정 고시일 현재 부동산의 소유자가 제1호에 따른 재개발사업의 시행자로부터 취득하는 전용면적 85제곱미터 이하의 주택(같은 법에 따라

청산금을 부담하는 경우에는 그 청산금에 상당하는 부동산을 포함한다)] 및 제5호(주거환경 개선사업 개량 주택)의 부동산에 대해서는 취득세를 2019년 12월 31일까지 면제한다.

□ **지방세특례제한법 제74조 제1항, 제2항(청산금, 초과액 과세방식)의 개정(삭제)에 대한 경과조치**

2023.3.14. 법률 제19232호(지방세특례제한법 부칙 제11조) **: 종전규정 적용대상**

① 2023년 1월 1일 전에 「도시개발법」 제29조에 따른 환지계획 인가 또는 「도시 및 주거환경정비법」 제74조에 따른 관리처분계획 인가를 받은 도시개발사업 또는 재개발사업의 시행으로 해당 사업의 대상이 되는 부동산의 소유자가 2023년 1월 1일 이후 취득(토지상환 채권으로 취득하는 경우를 포함한다)하는 부동산에 대해서는 제74조 제1항 및 제2항의 개정규정에도 불구하고 종전의 제74조 제1항 및 제2항에 따라 취득세를 면제하거나 부과한다. 이 경우 종전의 제74조 제1항 각 호 외의 부분 본문 중 "2022년 12월 31일"은 "2025년 12월 31일"로 본다.
② 제1항에 따라 취득세가 부과되는 자에 대해서는 종전의 제74조 제5항 제3호에 따라 2025년 12월 31일까지 그 취득세를 경감한다.
③ 2023년 1월 1일 전에 종전의 제74조 제5항 제3호에 따라 청산금에 상당하는 부동산을 취득하여 해당 부동산에 대한 취득세를 경감받았거나 제2항에 따라 취득세를 경감받는 경우 그 경감 취득세에 관하여는 제74조 제5항 각 호 외의 부분 단서에 따라 추징한다.

 **재건축조합 · 조합원의 취득세**

A. 조합(재건축조합)

재건축조합이 재건축사업의 추진과정에 따라 토지 · 건물의 취득과 관련하여 취득세를 부담하게 되는 주요 항목을 아래 표로 정리하고 그 내용을 설명한다.

구　분	취득시기	과세표준	취득세율 적용기준
(1) 조합원의 종전 부동산 　신탁	–	–	과세대상 아님
(2) 손실보상 협의취득	최종 보상금 지급일	사실상취득가격	유상승계취득
(3) 매도청구 취득	매도청구소송에 의한 확정일	최종판결에 의한 보상금액	유상승계취득
(4) 국·공유재산 취득 　(무상)	준공인가일	시가인정액	무상취득
(5) 국·공유재산 취득 　(유상)	잔금지급일	사실상취득가격	유상승계취득
(6) 준공 후 취득 주택 　(일반분양용)	준공인가일과 사실상의 사용일 중 빠른 날	사실상취득가격	원시취득
(7) 준공 후 조합원으로부 　터 취득하는 토지 　(일반분양용)	소유권이전 고시일의 다음 날	취득당시가액 (과세표준 특례)	무상취득

설명

1) 조합원의 종전 부동산 신탁

재건축조합의 정관에 따라 조합원은 종전 부동산을 조합에 신탁한다. 이 경우 조합은 취득세 납세의무가 없다. 그 이유는 재건축조합이 조합원용으로 취득하는 것은 지방세법 제9조 제3항 단서에 따라 비과세대상은 아니지만 지방세법 제7조 제8항에 의해 재건축조합이 해당 조합원용으로 취득하는 조합주택용 부동산은 그 조합원이 취득한 것으로 보고 있기 때문이다.

> ❏ **지방세법 제7조**(납세의무자 등)
>
> ⑧「주택법」제11조에 따른 주택조합과「도시 및 주거환경정비법」제35조 제3항 및「빈집 및 소규모주택 정비에 관한 특례법」제23조에 따른 재건축조합 및 소규모재건축조합(이하 이 장에서 "주택조합등"이라 한다)이 해당 조합원용으로 취득하는 조합주택용 부동산 (공동주택과 부대시설·복리시설 및 그 부속토지를 말한다)은 그 조합원이 취득한 것으로 본다. 다만, 조합원에게 귀속되지 아니하는 부동산(이하 이 장에서 "비조합원용 부동산"이라 한다)은 제외한다.

❑ **지방세법 제9조**(비과세)

③ 신탁(「신탁법」에 따른 신탁으로서 신탁등기가 병행되는 것만 해당한다)으로 인한 신탁재산의 취득으로서 다음 각 호의 어느 하나에 해당하는 경우에는 취득세를 부과하지 아니한다. 다만, 신탁재산의 취득 중 주택조합등과 조합원 간의 부동산 취득 및 주택조합등의 비조합원용 부동산 취득은 제외한다.
1. 위탁자로부터 수탁자에게 신탁재산을 이전하는 경우
2. 신탁의 종료로 인하여 수탁자로부터 위탁자에게 신탁재산을 이전하는 경우
3. 수탁자가 변경되어 신수탁자에게 신탁재산을 이전하는 경우

2) 손실보상 협의취득

조합설립에 동의하지 아니한 자 등으로부터 재건축조합이 토지 등을 취득하기 위해서는 매도청구 전에 먼저 보상 협의를 해야 한다. 보상 협의에 따라 보상하는 경우에 취득시기는 최종보상금 지급일이 되고 과세표준은 보상금액 및 관련된 비용 등 사실상의 취득가격이다.

3) 매도청구 취득

재건축조합과 보상협의대상자 간에 보상 협의를 이루어내지 못한 경우, 재건축조합은 토지 등의 매도청구 민사소송으로 토지 등의 소유권을 취득할 수 있으며(도정법 제64조), 법원의 최종 판결에 의해 보상금액과 소유권 이전시기가 확정된다.

4) 국·공유재산 취득(무상)

앞의 1. 재개발조합의 경우와 같다.

5) 국·공유재산 취득(유상)

앞의 1. 재개발조합의 경우와 같다.

6) 준공 후 취득 주택(일반분양용)

앞의 1. 재개발조합의 경우와 같다.

7) 준공 후 조합원으로부터 취득하는 토지(일반분양용)

① 취득시기 : 「도시 및 주거환경정비법」 제35조 제3항에 따른 재건축조합이 재건축사업을 하거나 「빈집 및 소규모주택 정비에 관한 특례법」 제23조 제2항에 따른 소규모재건축조합이 소규모재건축사업을 하면서 조합원으로부터 취득하는 토지 중 조합원에게 귀속되지 아니하는 토지를 취득하는 경우에는 「도시 및 주거환경정비법」 제86조 제2항 또는 「빈집 및 소규모주택 정비에 관한 특례법」 제40조 제2항에 따른 소유권이전 고시일의 다음 날에 그 토지를 취득한 것으로 본다(지령 제20조⑦ 후단).

② 비조합원용(일반분양분) 토지의 면적 : 주택조합등(주택조합, 재건축조합, 소규모재건축조합)은 지방세법 제7조 제8항 단서에 따른 비조합원용 부동산의 취득 면적은 다음 계산식에 따라 산출한 면적으로 한다(지령 제11조의2).

$$\text{일반분양분 토지의 면적} \times \frac{\text{법 제7조 제8항에 따른 주택조합등이 사업 추진 중에}}{\text{전체 토지의 면적}} \; \text{조합원으로부터 신탁받은 토지의 면적}$$

※ 위 계산식은 조합원이 조합에 신탁한 전체 토지면적 중 비조합원용(일반분양분) 토지면적을 계산하는 것이고 조합이 조합원으로부터 무상 취득한 것으로 보는 토지면적에 해당한다.

(예 시)
- 사업구역의 전체 토지면적 500 중 조합원이 신탁한 토지면적은 400, 추가 매입 토지면적은 100으로 가정한다.
- 전체 토지면적 500 중 조합원분양분 토지면적은 300, 일반분양분 토지면적은 200으로 가정한다.

(계산식에 의한 계산 결과)
- 비조합원용(일반분양분) 토지면적 계산〈위 계산식에 의해 계산〉
$$200 \times 400 \,/\, 500 = 160$$
- 조합원이 신탁한 토지 400 중 조합원분 토지는 240(=400−160)이고 비조합원용(일반분양분) 토지는 160이 된다. 비율은 6 : 4이다.
- 추가 매입한 토지 100 중 조합원분 토지는 60(=300−240), 일반분양분 토지는 40(=200−160)으로 구성된다. 비율은 6 : 4이다.

③ 과세표준 : 사업시행자(주거환경개선사업, 재개발사업, 재건축사업, 빈집정비사업, 소규모주택정비사업), 또는 주택조합(지역주택조합, 직장주택조합, 리모델링주택조합)이 지방세법 제7조 제8항 단서에 따른 비조합원용 부동산 또는 체비지·보류지를 취득한 경우에 해당 토지의 취득당시가액 산정은 다음 계산식에 따라 산출한 가액으로 한다(지법 제10조의5③ 제3호, 지령 제18조의4 제3호).

$$가액 = A \times [B - (C \times B / D)]$$

A : 해당 토지의 제곱미터당 분양가액
B : 해당 토지의 면적
C : 사업시행자 또는 주택조합이 해당 사업 진행 중 취득한 토지면적(조합원으로부터 신탁받은 토지는 제외한다)
D : 해당 사업 대상 토지의 전체 면적

(예 시)
- 사업구역의 전체 토지면적 500 중 조합원이 신탁한 토지의 면적은 400, 추가 매입 토지의 면적은 100으로 가정한다.
- 전체 토지면적 500 중 조합원분양분 토지의 면적은 300, 일반분양분 토지(해당 토지)의 면적은 200으로 가정한다.
- 일반분양분 토지(해당 토지)의 제곱미터당 분양가액은 500만원으로 가정한다.
  - 이 예시는 위의 ② 예시와 토지면적은 동일하게 가정하고, 해당 토지의 제곱미터당 분양가액만 추가로 가정하였다.

(계산식에 의한 계산 결과)
- 조합이 조합원으로부터 취득하는 비조합원용(일반분양분) 토지의 과세표준은 아래와 같다.

$$500만원 \times [200 - (100 \times 200 / 500) = 160] = 8억원$$

  - 이 계산 결과 [ ]의 면적 160은 위 ②의 예시에 의한 면적 160과 동일하다.

B. 조합원(재건축조합)

재건축조합의 조합원이 재건축사업의 추진과정에 따라 토지·건물의 취득과 관련하여 취득세를 부담하게 되는 주요 항목을 아래 표로 정리하고 그 내용을 설명한다.

구 분	취득시기	과세표준	취득세율 적용기준
(1) 조합원입주권 취득 (원조합원)	–	–	과세대상 아님
(2) 종전 주택 또는 토지 취득(승계조합원)	잔금지급일	사실상취득가격	유상승계취득
(3) 신축 주택 취득(건물)	준공인가일과 사실상의 사용일 중 빠른 날	사실상취득가격	원시취득

구 분	취득시기	과세표준	취득세율 적용기준
(4) 토지 취득(당초 면적 초과분)	잔금지급일	당초 면적 초과액 (과세표준 특례)	유상승계취득

1) 조합원입주권의 취득

앞의 1. 재개발조합의 경우와 같다.

2) 종전 주택 또는 토지 취득(승계조합원)

앞의 1. 재개발조합의 경우와 같다.

3) 신축 주택 취득(건물)

앞의 1. 재개발조합의 경우와 같다.

4) 토지 취득(당초 면적 초과분)

위 1. 재개발조합의 경우와 같다.

* 취득세 감면규정 : 조합원의 신축 주택 취득에 대하여 재개발사업은 공익성격의 사업으로 보아 취득세
감면규정을 두고 있으나 재건축사업은 민간사업으로 보고 있어 별도의 취득세 감면규정을 두고 있지 않다.

③ 도시개발조합 · 조합원의 취득세

도시개발사업에는 수용 · 사용방식, 환지방식 그리고 혼용방식이 있으나 아래에서는 조합이 환지방식에 의해 도시개발사업을 시행하는 방식을 중심으로 도시개발조합과 그 조합원의 취득세에 대해 설명한다.

A. 조합(도시개발조합)

도시개발조합이 도시개발사업의 추진과정에 따라 토지의 취득과 관련하여 취득세를 부담하게 되는 주요 항목을 아래 표로 정리하고 그 내용을 설명한다.

구 분	취득시기	과세표준	취득세율 적용기준
(1) 환지처분 제외대상 토지취득 (환지처분 전)	청산금지급일	사실상취득가격	유상승계취득
(2) 국·공유재산 취득 (무상)	준공검사필증 교부일	시가인정액	무상취득
(3) 국·공유재산 취득 (유상)	잔금지급일	사실상취득가격	유상승계취득
(4) 지목변경	사실상 변경된 날과 공부상 변경된 날 중 빠른 날	사실상취득가격	간주취득
(5) 체비지·보류지의 취득	환지처분 공고일의 다음 날	취득당시가액 (과세표준 특례)	무상취득

설명

1) 환지처분 제외대상 토지취득

도시개발조합의 조합원은 도시개발구역의 토지 소유자로 한다(도개법 제14조①). 따라서 조합설립에 동의하지 않은 조합원이라 하더라도 도시개발구역 내 토지 소유자는 모두 조합원이 된다. 토지 소유자 모두가 조합원이므로 수용재결이나 의무적인 매수협의가 필요하지 않다.

「도시개발법」 제30조(동의 등에 따른 환지의 제외), 제31조(토지면적을 고려한 환지)에 따라 환지로 정하지 않게 되는 환지처분 제외대상 토지 등에 대하여는 청산금을 교부하는 때에 청산금을 결정할 수 있다(도개법 제41조② 단서).

환지처분 전에 환지처분 제외대상 토지에 대해 청산금을 교부하는 것은 사실상의 취득에 해당하게 되므로 도시개발조합의 취득세 납세의무가 성립하며, 토지에 대한 대금지급은 유상승계취득에 해당하고 취득시기는 청산금지급일이 된다. 반면 환지처분 후에 도시개발조합의 청산금 징수 또는 교부행위는 단순한 정산행위에 해당하여 취득세 납세의무가 없다.

2) 국·공유재산 취득(무상)

국·공유재산의 무상 귀속에 대해서는 도시개발법 제66조(공공시설의 귀속 등)에서 규정하고 있으며, 앞의 1. 재개발조합의 경우와 같다.

3) 국·공유재산 취득(유상)

앞의 1. 재개발조합의 경우와 같다.

4) 지목변경

① 납세의무자 : 「도시개발법」에 따른 도시개발사업(환지방식만 해당한다)의 시행으로 토지의 지목이 사실상 변경된 때에는 그 환지계획에 따라 공급되는 환지는 조합원이, 체비지 또는 보류지는 사업시행자가 각각 취득한 것으로 본다(지법 제7조④ 후단).

② 취득시기 : 토지의 지목변경에 따른 취득은 토지의 지목이 사실상 변경된 날과 공부상 변경된 날 중 빠른 날을 취득일로 본다. 다만, 토지의 지목변경일 이전에 사용하는 부분에 대해서는 그 사실상의 사용일을 취득일로 본다(지령 제20조⑩). 취득시기는 일반적인 경우 준공검사일이 된다.

③ 과세표준 : 토지의 지목을 사실상 변경한 경우 과세표준이 되는 취득당시가액은 그 변경으로 증가한 가액에 해당하는 사실상취득가격으로 한다(지법 제10조의6① 제1호).

5) 체비지·보류지의 취득

① 보류지·체비지 : 시행자는 도시개발사업에 필요한 경비에 충당하거나 규약·정관·시행규정 또는 실시계획으로 정하는 목적을 위하여 일정한 토지를 환지로 정하지 아니하고 보류지로 정할 수 있으며, 그 중 일부를 체비지로 정하여 도시개발사업에 필요한 경비에 충당할 수 있다(도개법 제34조①).

② 취득시기 : 도시개발법 제34조에 따른 체비지는 시행자가, 보류지는 환지 계획에서 정한 자가 각각 환지처분이 공고된 날의 다음 날에 해당 소유권을 취득한다. 다만, 도시개발법 제36조 제4항에 따라 이미 처분된 체비지는 그 체비지를 매입한 자가 소유권 이전 등기를 마친 때에 소유권을 취득한다(도개법 제42조⑤).

③ 과세표준 : 「도시개발법」에 따른 도시개발사업의 시행으로 인한 사업시행자(조합 등)의 체비지 또는 보류지의 취득의 경우에 과세표준은 다음 계산식에 따라 산출한 가액으로 한다(지법 제10조의5③ 제4호, 지령 제18조의4① 제4호 가목).

$$가액 = A \times [B - (C \times B / D)] - E$$

A : 해당 토지의 제곱미터당 분양가액
B : 해당 토지의 면적
C : 사업시행자가 해당 사업 진행 중 취득한 토지면적
D : 해당 사업 대상 토지의 전체 면적
E : 지방세법 제7조 제4항 후단에 따른 토지의 지목 변경에 따른 취득가액

| 도시개발사업에 대한 취득세 감면 |

❏ **지방세특례제한법 제74조**

③「도시개발법」에 따른 도시개발사업의 사업시행자가 해당 도시개발사업의 시행으로 취득하는 체비지 또는 보류지에 대해서는 취득세의 100분의 75를 2025년 12월 31일까지 경감한다.

(부칙)
도시개발법 제74조 제3항의 개정규정은 「도시개발법」 제2조 제1항 제2호에 따른 도시개발사업으로서 2020년 1월 1일 이후 「도시개발법」 제17조에 따른 실시계획 인가를 받는 사업부터 적용한다(부칙 2020.1.15. 법률 제16865호 제5조①). 2020년 1월 1일 개정 전에는 위의 경우 취득세를 면제한다.

B. 조합원(도시개발조합)

도시개발조합의 조합원이 도시개발사업의 추진과정에 따라 토지의 취득과 관련하여 취득세를 부담하게 되는 주요 항목을 아래 표로 정리하고 그 내용을 설명한다.

구 분	취득시기	과세표준	취득세율 적용기준
(1) 환지처분 전 토지 취득 (승계조합원)	잔금지급일	사실상취득가격	유상승계취득
(2) 지목변경	사실상 변경된 날과 공부상 변경된 날 중 빠른 날	사실상취득가격	간주취득
(3) 환지처분 취득 토지	환지처분 공고일의 다음 날	당초 면적 초과액 (과세표준 특례)	유상승계취득

1) 환지처분 전 토지 취득(승계조합원)

　도시개발사업구역 내에서 종전 조합원의 토지를 취득하여 승계조합원이 된 경우에는 취득시기는 잔금지급일이고 과세표준은 토지 취득가액이 되며, 유상승계취득에 해당한다. 과세대상 토지는 환지예정지 지정 전에는 당초 토지가, 환지예정지 지정 후에는 환지예정지가 된다.

2) 지목변경

① 납세의무자 : 「도시개발법」에 따른 도시개발사업(환지방식만 해당한다)의 시행으로 토지의 지목이 사실상 변경된 때에는 그 환지계획에 따라 공급되는 환지는 조합원이, 체비지 또는 보류지는 사업시행자가 각각 취득한 것으로 본다(지법 제7조④ 후단).

② 취득시기 : 토지의 지목변경에 따른 취득은 토지의 지목이 사실상 변경된 날과 공부상 변경된 날 중 빠른 날을 취득일로 본다. 다만, 토지의 지목변경일 이전에 사용하는 부분에 대해서는 그 사실상의 사용일을 취득일로 본다(지령 제20조⑩). 취득시기는 일반적인 경우 준공검사일이 된다.

③ 과세표준 : 토지의 지목을 사실상 변경한 경우 과세표준이 되는 취득당시가액은 그 변경으로 증가한 가액에 해당하는 사실상취득가격으로 한다(지법 제10조의6① 제1호).

3) 환지처분 취득 토지

① 취득의 원인 및 범위 : 「도시개발법」에 따른 도시개발사업의 대상이 되는 부동산의 소유자(상속인을 포함한다)가 환지계획에 따라 공급받거나 토지상환채권으로 상환받는 건축물은 그 소유자가 원시취득한 것으로 보며, 토지의 경우에는 그 소유자가 승계취득한 것으로 본다. 이 경우 토지는 당초 소유한 토지 면적을 초과하는 경우로서 그 초과한 면적에 해당하는 부분에 한정하여 취득한 것으로 본다(지법 제7조⑯).

② 취득시기 : 환지 계획에서 정하여진 환지는 그 환지처분이 공고된 날의 다음 날부터 종전의 토지로 보며, 환지 계획에서 환지를 정하지 아니한 종전의 토지에 있던 권리는 그 환지처분이 공고된 날이 끝나는 때에 소멸한다(도개법 제42조①).

③ 과세표준 : 「도시개발법」에 따른 도시개발사업 조합원이 환지처분으로 토지를 취득하는 경우에 과세표준은 다음 계산식에 따라 산출한 가액으로 한다(지법 제10조의5③ 제4호, 지령 제18조의4① 제4호 나목).

가액 = (A × B) − C

A : 해당 토지의 제곱미터당 분양가액
B : 해당 토지 면적
C : 지방세법 제7조 제4항 후단에 따른 토지의 지목 변경에 따른 취득가액

(경과조치)

2023.1.1. 전에 환지계획 인가를 받은 도시개발사업의 시행으로 해당 사업의 대상이 되는 부동산의 소유자가 환지계획 및 토지상환채권에 따라 토지를 취득하는 경우에 과세표준은 위 (3)의 개정규정에도 불구하고 다음에 따라 산출한 가액으로 한다(구. 지특법 제74조①, 영 제35조②). 적용기한은 2025.12.31.까지로 한다.

· 원조합원인 경우 : 청산금 = 환지계획에 따른 취득부동산 가액의 합계액 − 종전의 부동산 가액의 합계액
· 승계조합원인 경우 : 초과액 = 환지계획에 따른 취득부동산의 과세표준(지법 제10조의3부터 제10조의6까지 규정에 따른 사실상의 취득가격이 증명되는 경우에는 사실상의 취득가격) − 승계취득할 당시의 취득세 과세표준

❑ **지방세특례제한법 제74조 제1항, 제2항(청산금, 초과액 과세방식)의 개정(삭제)에 대한 경과조치**

2023.3.14. 법률 제19232호(지방세특례제한법 부칙 제11조) **: 종전규정 적용대상**

① 2023년 1월 1일 전에 「도시개발법」 제29조에 따른 환지계획 인가 또는 「도시 및 주거환경정비법」 제74조에 따른 관리처분계획 인가를 받은 도시개발사업 또는 재개발사업의 시행으로 해당 사업의 대상이 되는 부동산의 소유자가 2023년 1월 1일 이후 취득(토지상환채권으로 취득하는 경우를 포함한다)하는 부동산에 대해서는 제74조 제1항 및 제2항의 개정규정에도 불구하고 종전의 제74조 제1항 및 제2항에 따라 취득세를 면제하거나 부과한다. 이 경우 종전의 제74조 제1항 각 호 외의 부분 본문 중 "2022년 12월 31일"은 "2025년 12월 31일"로 본다.

A. 조합(지역주택조합)

지역주택조합이 지역주택사업의 추진과정에 따라 토지·건물의 취득과 관련하여 취득세를 부담하게 되는 주요 항목을 아래 표로 정리하고 그 내용을 설명한다.

구 분	취득시기	과세표준	취득세율 적용기준
(1) 조합의 토지취득 (제3자)	잔금지급일	사실상취득가격	유상승계취득
(2) 조합의 토지취득 (지주조합원)	잔금지급일	사실상취득가격	유상승계취득
(3) 조합의 토지취득 (매도청구)	매도청구소송에 의한 결정일	최종판결에 의한 보상금액	유상승계취득
(4) 국·공유재산 취득 (무상)	사용승인일	시가인정액	무상취득
(5) 국·공유재산 취득 (유상)	잔금지급일	사실상취득가격	유상승계취득
(6) 준공 후 취득 주택 (일반분양용)	사용승인일과 사실상의 사용일 중 빠른 날	사실상취득가격	원시취득
(7) 준공 후 조합원으로부터 취득하는 토지 (일반분양용)	사용승인일	취득당시가액 (과세표준 특례)	무상취득

설명

1) 조합의 토지취득(제3자)

지역주택조합의 경우 사업계획승인을 받은 해당 주택건설대지에 착공을 하기 위해서는 조합이 사업부지의 토지 소유권을 확보하여야 한다(주택법 제21조②). 정비조합이 조합원으로부터 종전 부동산을 신탁받는 것과는 달리 지역주택조합은 조합원으로부터 금전을 신탁받아 조합명의로 토지를 매입한다. 지역주택조합이 제3자로부터 취득하는 토지는 유상승계취득에 해당하고 사실상의 잔금지급일이 취득시기가 된다.

2) 조합의 토지취득(지주조합원)

지역주택조합 사업지역의 지주조합원이 소유하고 있는 토지도 제3자로부터 취득하는 경우와 마찬가지로 지역주택조합이 지주조합원으로부터 유상으로 매입해야 하는 것이 원칙이다. 조합이 지주조합원로부터 취득하는 토지는 유상승계취득에 해당하고 사실상의 잔금지급일이 취득시기가 된다.

3) 조합의 토지취득(매도청구)

등록사업자와 공동으로 사업을 시행하는 지역주택조합은 지구단위결정이 필요한 주택건설사업의 해당 대지면적의 95퍼센트 이상의 소유권을 확보한 경우에 확보하지 못한 대지가 매도청구의 대상이 될 때 그 대지의 소유자에게 시가로 매도할 것을 청구할 수 있다(주택법 제21조, 제22조). 이 경우 지역주택조합은 토지 등의 매도청구 민사소송으로 해당 대지의 소유권을 취득할 수 있으며, 법원의 최종 판결에 의해 보상금액과 소유권이전 시기가 확정된다.

4) 국·공유재산 취득(무상)

국·공유재산의 무상 귀속에 대해서는 주택법 제29조(공공시설의 귀속 등)에서 규정하고 있으며, 앞의 1. 재개발조합의 경우와 같다.

5) 국·공유재산 취득(유상)

앞의 1. 재개발조합의 경우와 같다.

6) 준공 후 취득 주택(일반분양용)

앞의 1. 재개발조합의 경우와 같다.

7) 준공 후 조합원으로부터 취득하는 토지(일반분양용)

① 취득시기 : 주택조합이 주택건설사업을 하면서 조합원으로부터 취득하는 토지 중 조합원에게 귀속되지 아니하는 토지를 취득하는 경우에는 사용검사를 받은 날에 그 토지를 취득한 것으로 본다(지령 제20조⑦ 전단).

② 과세표준 : 주택조합의 과세표준은 지방세법 제7조 제8항 단서에 따른 비조합원용 부동산 또는 체비지·보류지를 취득한 경우 과세표준 특례(지법 제18조의4① 제3호)를 적용하도록 규정되어 있다. 과세표준의 계산방식은 앞의 1. 재개발조합의 경우와 같으며, 조합원

으로부터 신탁받은 토지가 없는 경우 과세표준은 0이 된다.

B. 조합원(지역주택조합)

지역주택조합의 조합원이 지역주택사업의 추진과정에 따라 토지·건물의 취득과 관련하여 취득세를 부담하게 되는 주요 항목을 아래 표로 정리하고 그 내용을 설명한다.

구 분	취득시기	과세표준	취득세율 적용기준
(1) 조합원 지위승계 (승계조합원)	잔금지급일	사실상취득가격	(토지)유상승계취득
(2) 준공 후 취득 주택 (조합원용)	사용승인일과 사실상의 사용일 중 빠른 날	사실상취득가격	원시취득
(3) 조합원의 대지권 지분 취득	–	–	–

설명

1) 조합원 지위승계(승계조합원)

지역주택조합 또는 직장주택조합은 설립인가를 받은 후에는 해당 조합원을 교체하거나 신규로 가입하게 할 수 없다. 그러나 부득이한 경우에는 조합원을 교체 또는 신규 가입할 수 있도록 예외로 정하고 있다(주택령 제22조).

주택조합의 승계조합원이 기존조합원의 지위를 승계받는 것은 사업토지에 대한 토지지분을 기존조합원으로부터 승계취득한 것이므로 해당 토지지분에 대한 취득세 납세의무(토지대금＋프리미엄)가 있다고 할 것이다(지방세운영－816, 2017.10.30.). 따라서 주택조합의 승계조합원이 기존조합원 지위를 승계받는 것을 조합원입주권으로 보지 않고 토지지분의 취득으로 보므로 취득세 과세대상에 해당한다.

2) 준공 후 취득 주택(조합원용)

지역주택조합의 조합원이 신축 주택을 취득하는 것은 원시취득에 해당하고 과세표준은 사실상의 취득가격이 된다. 취득시기는 사용승인서를 내주는 날(사용승인서를 내주기 전에 임시사용승인을 받은 경우에는 그 임시사용승인일을 말하고, 사용승인서 또는 임시사용 승인서를 받을 수 없는 건축물의 경우에는 사실상 사용이 가능한 날을 말한다)과 사실상의 사용일 중 빠른 날을 취득일로 본다(지령 제20조⑥).

3) 조합원의 대지권 지분 취득

지역주택조합은 조합명의로 사업부지를 유상승계취득하므로 주택의 준공시점에서 조합원의 대지권이 과세대상인지 여부를 판단해야 한다. 지방세법 제7조 제8항에서는 주택조합이 해당 조합원용으로 취득하는 조합주택용 부동산(공동주택과 부대시설·복리시설 및 그 부속토지를 말한다)은 그 조합원이 취득한 것으로 본다고 규정하고 있다. 따라서 조합원이 취득하는 주택 부속토지는 새로운 취득이 아니므로 납세의무가 없다.

 **리모델링주택조합·조합원의 취득세**

A. 조합(리모델링주택조합)

리모델링주택조합이 리모델링주택사업의 추진과정에 따라 토지·건물의 취득과 관련하여 취득세를 부담하게 되는 주요 항목을 아래 표로 정리하고 그 내용을 설명한다.

구 분	취득시기	과세표준	취득세율 적용기준
(1) 조합원의 종전 부동산 신탁	–	–	과세대상 아님
(2) 매도청구 취득 (리모델링 미동의자)	매도청구소송에 의한 결정일	최종판결에 의한 보상금액	유상승계취득
(3) 리모델링 완료 후 주택 (일반분양용, 종전면적 해당분)	사용검사일과 사실상의 사용일 중 빠른 날	사실상취득가격	간주취득
(4) 리모델링 완료 후 주택 (일반분양용, 면적 증가분)	사용검사일과 사실상의 사용일 중 빠른 날	사실상취득가격	원시취득
(5) 리모델링주택외 일반 분양 신규 주택	사용검사일과 사실상의 사용일 중 빠른 날	사실상취득가격	원시취득
(6) 조합이 조합원으로부터 취득하는 토지 (일반분양용)	사용검사일	취득당시가액 (과세표준 특례)	무상취득

1) 조합원의 종전 부동산 신탁

앞의 2. 재건축조합의 경우와 같다.

2) 매도청구 취득(리모델링 미동의자)

리모델링의 허가를 신청하기 위한 동의율을 확보한 경우 리모델링 결의를 한 리모델링주택조합은 그 리모델링 결의에 찬성하지 아니하는 자의 주택 및 토지에 대하여 매도청구를 할 수 있다(주택법 제22조②). 매도청구 취득은 앞의 2. 재건축조합의 경우와 같다.

3) 리모델링 완료 후 주택(일반분양용, 종전면적 해당분)

리모델링은 대수선으로 건축물의 개수(간주취득)에 해당한다. 건축물을 건축 또는 개수하여 취득하는 경우에는 사용승인서를 내주는 날(사용승인서를 내주기 전에 임시사용승인을 받은 경우에는 그 임시사용승인일을 말하고, 사용승인서 또는 임시사용승인서를 받을 수 없는 건축물의 경우에는 사실상 사용이 가능한 날을 말한다)과 사실상의 사용일 중 빠른 날을 취득일로 본다(지령 제20조⑥).

개수로 인한 취득(개수로 인하여 건축물 면적이 증가할 때에는 그 증가된 부분에 대하여 원시취득 세율을 적용한다)에 대한 취득세는 중과기준세율(2%)을 적용하여 계산한 금액을 그 세액으로 한다. 이 경우 과세표준은 사실상취득가격에 따른다(지법 제15조② 제1호).

4) 리모델링 완료 후 주택(일반분양용, 면적 증가분)

개수로 인하여 건축물 면적이 증가할 때에는 그 증가된 부분에 대하여 원시취득 세율을 적용한다. 위 (3)을 참고하기 바란다.

5) 리모델링주택 외 일반분양 신규 주택

앞의 1. 재개발조합의 경우와 같다.

6) 조합이 조합원으로부터 취득하는 토지(일반분양용)

「주택법」 제11조에 따른 주택조합이 주택건설사업을 하면서 조합원으로부터 취득하는 토지 중 조합원에게 귀속되지 아니하는 토지를 취득하는 경우에는 「주택법」 제49조에 따른 사용검사를 받은 날에 그 토지를 취득한 것으로 본다(지령 제20조⑦ 전단). 그리고 과세표준의 계산방식은 앞의 1. 재개발조합의 경우와 같다.

B. 조합원(리모델링주택조합)

리모델링주택조합의 조합원이 리모델링주택사업의 추진과정에 따라 토지·건물의 취득과 관련하여 취득세를 부담하게 되는 주요 항목을 아래 표로 정리하고 그 내용을 설명한다.

구 분	취득시기	과세표준	취득세율 적용기준
(1) 리모델링 완료 후 주택 (종전면적 해당분)	사용검사일과 사실상의 사용일 중 빠른 날	사실상취득가격	간주취득
(2) 리모델링 완료 후 주택 (면적 증가분)	사용검사일과 사실상의 사용일 중 빠른 날	사실상취득가격	원시취득

설명

1) 리모델링 완료 후 주택(종전면적 해당분)

위 A. 조합의 경우와 같다.

2) 리모델링 완료 후 주택(면적 증가분)

위 A. 조합의 경우와 같다.

1. 목 적

　재건축부담금을 부과하는 목적은 「도시 및 주거환경정비법」에 의한 재건축사업 및 「빈집 및 소규모주택 정비에 관한 특례법」에 따른 소규모재건축사업에서 발생되는 초과이익을 환수함으로써 주택가격의 안정과 사회적 형평을 도모하여 국민경제의 건전한 발전과 사회 통합에 이바지함을 목적으로 한다(법 제1조).

　"재건축부담금"이란 재건축초과이익 중 「재건축초과이익 환수에 관한 법률」에 따라 국토교통부장관이 부과·징수하는 금액을 말한다(법 제2조 제3호).

2. 납부의무자

(1) 조합 등

　재건축사업을 시행하기 위하여 조합 등(조합, 공공시행자, 신탁업자 또는 주민합의체)은 이 법에서 정하는 바에 따라 재건축부담금을 납부할 의무가 있다(법 제6조①).

　조합등은 아래의 자를 말한다(법 제2조).

① 「도시 및 주거환경정비법」 제35조 또는 「빈집 및 소규모주택 정비에 관한 특례법」 제23조에 따라 설립된 조합(이하 "조합"이라 한다)

② 「도시 및 주거환경정비법」 제26조 제1항(같은 항 제1호는 제외한다) 또는 「빈집 및 소규모주택 정비에 관한 특례법」 제18조 제1항(같은 항 제1호는 제외한다)에 따라 지정된 공공시행자(이하 "공공시행자"라 한다)

③ 「도시 및 주거환경정비법」 제27조 제1항 제3호 또는 「빈집 및 소규모주택 정비에 관한 특례법」 제19조 제1항에 따라 지정된 신탁업자(이하 "신탁업자"라 한다)

④ 「빈집 및 소규모주택 정비에 관한 특례법」 제22조 제1항에 따라 구성된 주민합의체(이하 "주민합의체"라 한다)

　재건축부담금을 납부하여야 할 의무가 있는 조합 등은 조합원별로 종전자산을 평가한 가액 등 재건축부담금 예정액의 조합원별 납부액과 재건축부담금의 조합원별 분담기준 및 비율을 결정하여 이를 관리처분계획에 명시하여야 한다(법 제6조③).

(2) 조합원의 제2차 납부의무

조합원은 조합의 조합원을 말하나 사업시행자가 공공시행자 또는 주민합의체인 경우 조합원은 「도시 및 주거환경정비법」 또는 「빈집 및 소규모주택 정비에 관한 특례법」에 따른 토지등소유자를 말하며, 사업시행자가 신탁업자인 경우 조합원은 위탁자를 말한다(법 제2조 제1호 마목).

종료시점 부과대상 주택을 공급받은 조합원(조합이 해산된 경우, 주민합의체가 해산된 경우 또는 신탁이 종료된 경우에는 부과종료시점 당시의 조합원을 말한다)이 다음에 해당하는 경우에는 2차 납부의무를 진다(법 제6조① 단서).

① 조합이 해산된 경우
② 조합의 재산으로 그 조합에 부과되거나 그 조합이 납부할 재건축부담금·가산금 등에 충당하여도 부족한 경우
②의2. 공공시행자의 재산으로 그 공공시행자가 납부할 재건축부담금·가산금 등에 충당하여도 부족한 경우
③ 신탁이 종료된 경우
④ 신탁업자가 해당 재건축사업의 신탁재산으로 납부할 재건축부담금·가산금 등에 충당하여도 부족한 경우
⑤ 주민합의체가 해산된 경우

그리고 조합원의 2차 납부의무는 재건축부담금 중 관리처분계획상 분담비율을 적용하여 산정한 금액에 한정한다(법 제6조④).

(3) 신탁업자의 납부의무

신탁업자가 재건축부담금을 납부하는 경우에는 해당 재건축사업의 신탁재산 범위에서 납부할 의무가 있다(법 제6조②).

3. 재건축부담금 부과 대상사업 및 부과기준

(1) 대상사업

재건축부담금 부과대상 행위는 다음의 재건축사업으로 한다(법 제5조).
① 「도시 및 주거환경정비법」에 따른 재건축사업

② 「빈집 및 소규모주택 정비에 관한 특례법」에 따른 소규모재건축사업

(2) 부과기준

재건축초과이익은 재건축사업으로 인하여 정상주택가격상승분을 초과하여 재건축조합(공공시행자와 신탁업자 포함)이나 조합원에 귀속되는 주택가액의 증가분으로서 부과기준에 따라 산정된 금액을 말한다(법 제2조 제1호).

재건축부담금의 부과기준은 종료시점 부과대상 주택의 가격 총액(이하 "종료시점 주택가액"이라 한다)에서 다음의 모든 금액을 공제한 금액으로 한다. 다만, 부과대상 주택 중 일반분양분의 종료시점 주택가액은 분양시점 분양가격의 총액과 종료시점까지 미분양된 일반분양분의 가액을 반영한 총액으로 한다(법 제7조).

① 개시시점 부과대상 주택의 가격 총액(이하 "개시시점 주택가액"이라 한다)(법 제7조 제1호)
② 부과기간 동안의 개시시점 부과대상 주택의 정상주택가격상승분 총액(법 제7조 제2호)
③ 법 제11조의 규정에 의한 개발비용 등(법 제7조 제3호)

재건축부담금＝ 종료시점 주택가액 － (개시시점 주택가액 ＋ 정상주택가격상승분 ＋ 개발비용 등)

4. 부과개시시점과 종료시점

(1) 부과개시시점

부과개시시점은 재건축사업을 위하여 최초로 조합설립인가를 받은 날로 한다. 다만, 부과대상이 되는 재건축사업의 전부 또는 일부가 다음의 어느 하나에 해당하는 경우에는 다음의 어느 하나에 해당하는 날을 부과개시시점으로 한다(법 제8조①).
① 삭제〈2023. 12. 26.〉
② 조합이 합병된 경우는 각각의 최초 조합설립인가일
②의2. 공공시행자가 사업시행자로 최초 지정 승인된 날(조합설립인가를 받지 아니한 경우에 한정한다)
②의3. 주민합의체 구성을 신고한 날

③ 신탁업자가 사업시행자로 최초 지정 승인된 날(조합설립인가를 받지 아니한 경우에
한정한다)
④ 그 밖에 대통령령(생략)으로 정하는 날

위에도 불구하고 부과개시시점부터 부과종료시점까지의 기간이 10년을 초과하는 경우에는
부과종료시점부터 역산하여 10년이 되는 날을 부과개시시점으로 한다(법 제8조②).

(2) 부과종료시점

부과종료시점은 해당 재건축사업의 준공인가일로 한다. 다만, 부과대상이 되는 재건축사업의
전부 또는 일부가 다음의 어느 하나에 해당하는 경우에는 그 해당하게 된 날을 부과종료시점으로
한다(법 제8조③).
① 관계법령에 의하여 재건축사업의 일부가 준공인가된 날
② 관계행정청의 인가 등을 받아 건축물의 사용을 개시한 날
③ 그 밖에 대통령령(생략)으로 정한 날

5. 주택가액의 산정

(1) 개시시점 주택가액(조정 전)

개시시점 주택가액은 「부동산 가격공시에 관한 법률」에 따라 공시된 부과대상 주택가격
(공시된 주택가격이 없는 경우는 아래 (3)의 종료시점 주택가액에서 규정한 절차에 따라
국토교통부장관이 산정한 부과개시시점 현재의 주택가격)총액에 공시기준일부터 개시시점
까지의 정상주택가격상승분을 반영한 가액으로 한다(법 제9조①). 다만, 「주택법」에 따른
부대시설 또는 복리시설을 소유한 조합원이 종료시점 부과대상 주택을 공급받는 경우에는
부과대상 주택가격총액에 감정평가법인등이 평가·산정한 부대시설 및 복리시설의 가격
총액을 합산하여야 한다(법 제9조① 단서).

개시시점
주택가액   =   공시된 부과대상
주택가격총액   +   공시기준일부터
개시시점까지의
정상주택가격상승분

(2) 재건축부담금을 결정·부과하는 경우 개시시점 주택가액(조정 후)

위 (1)에도 불구하고 재건축부담금을 결정·부과하는 경우에 개시시점 주택가액은 위 (1)에 따른 개시시점 주택가액에 종료시점 주택가액과 종료시점 실거래가격(실거래가격이 없거나 부족한 경우에는 인근 유사단지의 실거래가격을 고려한 적정가격을 말한다)과의 비율을 적용하여 조정한 가액으로 한다. 이 경우 실거래가격의 산정 및 비율적용의 기준·방법에 관하여 필요한 사항은 대통령령(아래 참조)으로 정한다(법 제9조②).

| 주택가액의 산정 |

☐ **주택가액의 산정**(재건축초과이익 환수에 관한 법률 시행령 제6조)

① 법 제9조 제1항 단서에 따라 「주택법」에 따른 부대시설 또는 복리시설(이하 "부대시설등"이라 한다)을 소유한 조합원이 종료시점 부과대상 주택을 공급받는 경우 같은 항 본문에 따라 산정된 부과대상 주택가격총액에 합산하는 부대시설등의 가격총액은 해당 조합원별로 다음 각 호의 구분에 따라 평가·산정한 가격을 합산한 금액으로 한다. 이 경우 감정평가 방법은 「도시 및 주거환경정비법」 제74조 제4항에서 정한 방법에 따르며, 감정평가에 드는 비용은 납부의무자가 부담해야 한다.

1. 「도시 및 주거환경정비법 시행령」 제63조 제2항 제2호 가목(아래 표 참조)에 따라 주택을 공급받는 경우 : 개시시점의 부대시설등에 대하여 감정평가를 실시하여 산정한 가격

2. 「도시 및 주거환경정비법 시행령」 제63조 제2항 제2호 나목(아래 표 참조)에 따라 주택을 공급받는 경우 : 개시시점의 부대시설등에 대하여 감정평가를 실시하여 산정한 가격에 「도시 및 주거환경정비법」 제74조 제1항 제3호에 따른 분양대상자의 분양예정 대지 또는 건축물의 추산액에서 분양대상자의 분양예정 주택의 추산액이 차지하는 비율을 곱하여 산정한 가격. 다만, 조합이 요청하는 경우에는 개시시점의 부대시설등에 대하여 감정평가를 실시하여 산정한 가격에 종료시점의 대지 또는 건축물의 감정평가가격에서 종료시점의 주택의 감정평가가격이 차지하는 비율을 곱하여 산정할 수 있다.

3. 「도시 및 주거환경정비법 시행령」 제63조 제2항 제2호 다목(아래 표 참조)에 따라 주택을 공급받는 경우 : 개시시점의 부대시설등에 대하여 감정평가를 실시하여 산정한 가격

「도시 및 주거환경정비법 시행령」 제63조 제2항

② 재건축사업의 경우 법 제74조에 따른 관리처분은 다음 각 호의 방법에 따른다.

다만, 조합이 조합원 전원의 동의를 받아 그 기준을 따로 정하는 경우에는 그에 따른다.

1. 제1항 제5호 및 제6호를 적용할 것
2. 부대시설·복리시설(부속토지를 포함한다. 이하 이 호에서 같다)의 소유자에게는 부대시설·복리시설을 공급할 것. 다만, 다음 각 목의 어느 하나에 해당하는 경우에는 1주택을 공급할 수 있다.

   가. 새로운 부대시설·복리시설을 건설하지 아니하는 경우로서 기존 부대시설·복리시설의 가액이 분양주택 중 최소분양단위규모의 추산액에 정관등으로 정하는 비율(정관등으로 정하지 아니하는 경우에는 1로 한다. 이하 나목에서 같다)을 곱한 가액보다 클 것

   나. 기존 부대시설·복리시설의 가액에서 새로 공급받는 부대시설·복리시설의 추산액을 뺀 금액이 분양주택 중 최소분양단위규모의 추산액에 정관등으로 정하는 비율을 곱한 가액보다 클 것

   다. 새로 건설한 부대시설·복리시설 중 최소분양단위규모의 추산액이 분양주택 중 최소분양단위규모의 추산액보다 클 것

② 개시시점 부과대상 주택의 가격 총액(이하 "개시시점 주택가액"이라 한다)을 법 제9조 제2항 전단에 따라 조정한 가액은 다음 계산식에 따라 산정한 금액으로 한다.

$$조정한\ 개시시점\ 주택가액\ =\ A \times B \times C$$

A : 개시시점 주택가액
B : 종료시점 부과대상 주택의 가격 총액(이하 "종료시점 주택가액"이라 한다)을 종료시점 실거래가격으로 나눈 값
C : 개시시점 실거래가격을 개시시점 주택가액으로 나눈 값

(다만, 법 제9조 제1항 단서에 해당하는 경우에 대해서는 A = 이 조 제1항에 따른 부대시설등의 가격 총액, C = 1을 적용한다)

③ 제2항의 계산식에서 실거래가격은 다음 각 호의 방법에 따라 산정한다. 이 경우 인근 유사단지의 범위 등 구체적인 산정방법은 국토교통부장관이 정하여 고시한다.

1. 다음 각 목의 구분에 따른 기간에 「부동산 거래신고 등에 관한 법률」 제3조에 따라 신고된 거래가격을 기준으로 할 것

   가. 개시시점 실거래가격의 경우 : 개시시점 전후 1년 이내
   나. 종료시점 실거래가격의 경우 : 종료시점 전 1년 이내

2. 제1호 각 목의 구분에 따른 기간에 「부동산 거래신고 등에 관한 법률」 제3조에 따라

신고된 건수가 월평균 1건 미만인 경우에는 인근 유사단지에서 「부동산 거래신고 등에 관한 법률」 제3조에 따라 신고된 거래가격을 고려한 적정가격으로 할 것

3. 인근 유사단지에서 「부동산 거래신고 등에 관한 법률」 제3조에 따라 신고된 건수가 월평균 1건 미만이고, 납부의무자의 요청에 따라 시장·군수·구청장이 감정평가가 필요하다고 인정하는 경우에는 감정평가를 실시하여 산정한 가액으로 할 것. 이 경우 감정평가 방법에 관하여는 「도시 및 주거환경정비법」 제74조 제4항에서 정한 방법에 따르며, 감정평가에 드는 비용은 납부의무자가 부담해야 한다.

④ 다음 각 호의 어느 하나에 해당하는 주택가액의 산정에 관하여는 「부동산 가격공시에 관한 법률」 제16조 제5항·제18조 제5항 및 같은 법 시행령 제31조·제45조를 준용한다.

1. 공시된 부과대상 주택가격이 없어 법 제9조 제1항에 따라 산정하는 개시시점 주택가액

2. 법 제9조 제2항 전단에 따른 조정된 개시시점 주택가액

3. 법 제9조 제3항 전단에 따라 산정·결정하는 종료시점 주택가액

⑤ 국토교통부장관은 「도시 및 주거환경정비법」 제54조 제4항에 따라 건설된 재건축사업의 국민주택규모 주택에 대하여 법 제9조 제3항 전단에 따라 종료시점 주택가격을 산정하는 경우에는 「도시 및 주거환경정비법」 제55조에 따라 국토교통부장관, 특별시장·광역시장·특별자치시장·도지사·특별자치도지사·시장·군수·구청장, 「한국토지주택공사법」에 따른 한국토지주택공사 또는 지방공사가 해당 재건축소형주택을 인수한 가격을 그 주택의 종료시점 주택가액으로 산정한다.

(3) 종료시점 주택가액

종료시점 주택가액은 국토교통부장관이 부동산 가격의 조사·산정에 관하여 전문성이 있는 기관(이하 "부동산가격조사 전문기관"이라 한다)에 의뢰하여 종료시점 현재의 주택가격 총액을 조사·산정하고 이를 「부동산 가격공시에 관한 법률」에 따른 부동산가격공시위원회의 심의를 거쳐 결정한 가액으로 한다. 이 경우 산정된 종료시점 현재의 주택가격은 「부동산 가격공시에 관한 법률」에 따라 공시된 주택가격으로 본다(법 제9조③).

6. 정상주택가격상승분의 산정

(1) 정상주택가격상승분

정상주택가격상승분은 위 5.에 따른 개시시점 주택가액에 국토교통부장관이 고시하는 정기예금이자율과 종료시점까지의 해당 재건축 사업장이 소재하는 특별자치시·특별자치도·

시·군·구의 평균주택가격상승률 중 높은 비율을 곱하여 산정한다(법 제10조①).

정상주택가격상승분 = 개시시점 주택가액 × Max(정기예금이자율, 평균주택가격상승률)

(2) 평균주택가격상승률

평균주택가격상승률은 「주택법」 제89조의 규정에 따라 국토교통부장관의 위탁을 받은 자가 통계청 승인을 받아서 작성한 주택가격 통계를 이용하여 산정한다(법 제10조②).

다만, 특별자치시·특별자치도·시·군·구의 주택가격 통계가 생산되기 이전 기간의 평균주택가격상승률은 국토교통부장관이 부동산가격조사 전문기관에 의뢰하여 해당 특별자치시·특별자치도·시·군·구의 기준시가 변동률, 통계청 승인을 받은 해당 특별자치시·특별자치도·시·군·구가 소재하는 광역지방자치단체의 주택가격 상승률 등을 고려하여 조사·산정하고 이를 부동산가격공시위원회의 심의를 거쳐 결정한다(법 제10조② 단서).

7. 개발비용 등의 산정

개발비용은 해당 재건축사업의 시행과 관련하여 지출된 다음의 금액을 합하여 산출한다(법 제11조①).

① 공사비, 설계감리비, 부대비용 및 그 밖의 경비
② 관계법령의 규정 또는 인가 등의 조건에 의하여 납부의무자가 국가 또는 지방자치단체에 납부한 각종 세금과 공과금
③ 관계법령의 규정 또는 인가 등의 조건에 의하여 납부의무자가 공공시설 또는 토지 등을 국가 또는 지방자치단체에 제공하거나 기부한 경우에는 그 가액. 다만, 그 대가로 「국토의 계획 및 이용에 관한 법률」, 「도시 및 주거환경정비법」 및 「빈집 및 소규모주택 정비에 관한 특례법」에 따라 용적률 등이 완화된 경우에는 그러하지 아니하다.
④ 삭제
⑤ 그 밖에 대통령령으로 정하는 사항. 즉, 다음의 사항을 말한다(영 제9조①).
㈎ 조합등*(추진위원회를 포함한다)의 운영과 관련된 경비

   * 조합등 : 조합(「도시 및 주거환경정비법」 제35조 또는 「빈집 및 소규모주택 정비에 관한 특례법」 제23조에 따라 설립된 재건축조합을 말한다), 공공시행자, 신탁업자 또는 주민합의체

㈏ 영 제2조 제2항 제2호 및 제3호(아래 표 참조)에 따른 주택의 건설과 관련된 비용

[별표] 개발비용 등의 구성항목(영 제9조 제2항 관련) <개정 2024. 3. 26.>

개발비용의 구성항목		내 역
1. 법 제11조 제1항 제1호	가. 공사비	해당 재건축사업으로 설치되는 제반 시설공사(공동주택과 이에 수반되는 복리시설 및 주차장에 한한다)에 드는 건축·토목·조경·철거공사비, 예술장식품 설치비, 시공보증수수료 등
	나. 설계감리비	해당 재건축사업을 위하여 투입되는 설계 및 감리에 관한 비용
	다. 부대비용	법 제11조 제1항 제1호에 해당하는 총비용 중에서 공사비, 설계감리비, 그 밖의 경비를 제외한 비용으로서 분양 관련 비용, 수도·가스·전기시설 인입비용, 등기비용 등
	라. 그 밖의 경비	교통·환경영향평가 등 사업시행인가와 관련된 비용, 주택 및 토지매입비, 조합원의 이주를 위하여 드는 이주비용에 대한 금융비용, 안전진단비용, 측량비용, 감정평가수수료, 「도시 및 주거환경정비법」에 따른 정비사업전문관리업자에 대한 위탁 및 자문비용, 회계·감사비용, 해당 재건축사업과 관련된 용역비용 등
2. 법 제11조 제1항 제2호	가. 제세공과금	해당 재건축사업을 위하여 지출되는 취득세, 등록세, 면허세, 법인세, 산업재해보상보험료 등
	나. 부담금	기반시설부담금, 광역교통시설부담금, 그 밖의 원인자부담금 등
3. 법 제11조 제1항 제3호	가. 공공시설	이 별표에 따라 산정된 토지의 가액에 그 시설의 조성원가를 합산한 금액
	나. 토지	제공 또는 기부시점의 가장 가까운 시점에 공시된 해당토지의 개별공시지가에 그 개별공시지가가 공시된 달부터 제공 또는 기부시점이 포함된 달의 직전 달까지의 월별 지가변동률을 곱한 금액
4. 삭제 (2010.3.4.)		
5. 법 제11조 제1항 제5호	가. 조합등의 운영비	조합 운영비, 신탁업자에게 지급하는 신탁보수, 소송비용 등(추진위원회를 포함한다)의 운영과 관련된 제반 비용
	나. 제2조 제2항 제2호 및 제3호(위의 표 참조)에 따른 주택의 건설과 관련된 비용	부속토지의 감정평가액에서 부속토지를 공급·제공받은 자가 지급한 부속토지의 공급·제공 가격을 뺀 금액. 이 경우 부속토지의 감정평가액은 부과종료시점을 기준으로 산정하며, 구체적인 감정평가의 방법에 관하여는 국토교통부장관이 정하여 고시한다.

8. 부과율

납부의무자가 납부하여야 할 재건축부담금은 재건축초과이익을 해당 조합원 수로 나눈
금액에 다음의 부과율을 적용하여 계산한 금액을 그 부담금액으로 한다(법 제12조).

조합원 1인당 평균이익	부과율
8천만원 이하	면제
8천만원 초과 1억3천만원 이하	8천만원을 초과하는 금액의 100분의 10 × 조합원수
1억3천만원 초과 1억8천만원 이하	500만원 × 조합원수 + 1억3천만원을 초과하는 금액의 100분의 20 × 조합원수
1억8천만원 초과 2억3천만원 이하	1천500만원 × 조합원수 + 1억8천만원을 초과하는 금액의 100분의 30 × 조합원수
2억3천만원 초과 2억8천만원 이하	3천만원 × 조합원수 + 2억3천만원을 초과하는 금액의 100분의 40 × 조합원수
2억8천만원 초과	5천만원 × 조합원수 + 2억8천만원을 초과하는 금액의 100분의 50 × 조합원수

9. 재건축부담금의 예정액 통지, 감경

(1) 자료의 제출

납부의무자는 다음의 구분에 따라 이 법에 의한 재건축부담금 산정에 필요한 자료를
국토교통부장관에게 제출하여야 한다(법 제14조①). 다만, 아래 ①의 경우 기한 내에 시공사가
선정되지 아니하면 자료제출 기한을 시공사와의 계약 체결일부터 1개월 이내로 연장할 수
있다(법 제14조① 단서).

① 「도시 및 주거환경정비법」에 따른 재건축사업의 경우에는 사업시행인가 고시일부터
   3개월 이내
② 「빈집 및 소규모주택 정비에 관한 특례법」에 따른 소규모재건축사업의 경우에는
   시공사와의 계약 체결일부터 1개월 이내

(2) 재건축부담금의 부과기준 및 예정액 통지

국토교통부장관은 자료를 제출받은 날부터 30일(부동산가격조사 전문기관에 재건축부담금
예정액 검증을 의뢰한 경우에는 45일) 이내에 납부의무자에게 재건축부담금의 부과기준 및

예정액을 통지하여야 한다(법 제14조②).

국토교통부장관은 재건축부담금 예정액을 통지한 경우에는 부과종료시점까지 매년 1월 말까지 재건축부담금 예정액을 납부의무자에게 통지하여야 한다(법 제14조③).

(3) 재건축부담금의 감경(1세대 1주택자)

조합원이 속한 세대(조합원 및 그 배우자와 그들과 생계를 같이 하는 가족으로서 대통령령으로 정하는 것을 말한다. 이하 같다)의 구성원이 재건축사업의 대상이 되는 주택(「주택법」 제2조에 따른 부대시설 또는 복리시설을 포함한다. 이하 "재건축대상주택"이라 한다) 외의 다른 주택(대통령령으로 정하는 준주택을 포함한다. 이하 같다)을 보유하지 아니한 경우로서 해당 조합원(이하 "1세대 1주택자"라 한다)이 부과종료시점부터 역산하여 6년 이상 재건축대상주택을 보유한 경우에는 부담금액 중 조합원별 분담기준 및 비율에 따라 해당 조합원이 분담해야 하는 부담금액에 다음의 보유기간(1세대 1주택자로서의 기간에 한정한다)에 따른 비율을 곱한 금액에 해당하는 재건축부담금을 감경한다. 이 경우 해당 조합원은 부과종료시점에 1세대 1주택자이어야 한다(법 제14조의2①).

보유기간	감경 비율
보유기간 6년 이상 7년 미만	100분의 10
보유기간 7년 이상 8년 미만	100분의 20
보유기간 8년 이상 9년 미만	100분의 30
보유기간 9년 이상 10년 미만	100분의 40
보유기간 10년 이상 15년 미만	100분의 50
보유기간 15년 이상 20년 미만	100분의 60
보유기간 20년 이상	100분의 70

10. 재건축부담금의 결정 및 부과

국토교통부장관은 부과종료시점부터 5개월 이내에 재건축부담금을 결정·부과하여야 한다. 다만, 재건축부담금을 감경하는 경우에는 부과종료시점부터 8개월 이내에 재건축부담금을 결정·부과할 수 있고, 납부의무자가 고지전 심사를 청구한 경우에는 그 결과의 서면통지일부터 1개월 이내에 재건축부담금을 결정·부과하여야 한다(법 제15조①).

국토교통부장관은 재건축부담금을 결정·부과하고자 하는 경우에는 미리 납부의무자에게 그 부과기준 및 재건축부담금을 통지하여야 한다(법 제15조②).

11. 고지 전 심사 청구

① 재건축부담금을 통지받은 납무의무자는 부담금에 대하여 이의가 있는 경우 사전통지를 받은 날부터 50일 이내에 국토교통부장관에게 심사(이하 "고지 전 심사"라 한다)를 청구할 수 있다(법 제16조①).

② 고지 전 심사를 청구하고자 할 때에는 일정한 사항을 기재한 고지 전 심사청구서를 국토교통부장관에게 제출하여야 한다(법 제16조②).

③ 고지 전 심사의 청구를 받은 국토교통부장관은 그 청구일부터 30일 이내에 이를 심사하여 일정한 사항을 기재하여 그 결과를 서면으로 통지하여야 한다(법 제16조③).

④ 고지 전 심사 청구의 내용이 법 제9조(주택가액의 산정) 및 제10조(정상주택가격상승분의 산정)와 관련된 사항일 경우 국토교통부장관은 부동산가격조사 전문기관의 검증과 부동산가격공시위원회의 심의를 거쳐 재건축부담금을 재산정하여 부과하여야 하며, 이 경우 위 ③에도 불구하고 심사기간을 최장 60일까지 연장할 수 있다(법 제16조④).

12. 재건축부담금의 납부, 징수 및 납부유예

(1) 재건축부담금의 납부 및 물납

① 재건축부담금의 납부의무자는 부과일부터 6개월 이내에 재건축부담금을 납부하여야 한다(법 제17조①).

② 재건축부담금은 현금에 의한 납부를 원칙으로 한다. 다만, 납부대행기관을 통하여 신용카드·직불카드 등(이하 "신용카드등"이라 한다)으로 납부하거나 해당 재건축사업으로 건설·공급되는 주택으로 납부(이하 "물납"이라 한다)할 수 있다(법 제17조②).

③ 재건축부담금을 신용카드등으로 납부하는 경우에는 납부대행기관의 승인일을 납부일로 본다(법 제17조③).

④ 물납한 주택의 가액은 다음의 가격 중 높은 가격으로 한다(법 제17조④).

(ㄱ) 법 제9조 제3항(주택가격의 산정)을 준용하여 산정한 가격

(ㄴ) 동일 공급유형 일반분양분의 분양시점 분양가격. 다만, 동일 공급유형의 일반분양분이 없는 경우에는 근접한 공급유형의 면적별 일반분양 단가를 반영하여 산정한 가격을 말한다.

⑤ 물납된 주택은 주택도시기금으로 귀속되며, 국토교통부장관은 물납된 주택을 국민 주거안정과 주택시장 안정에 기여할 수 있도록 운용하여야 한다(법 제17조⑤).

(2) 재건축부담금의 징수

재건축부담금의 납부의 고지, 납부의 연기 및 분할납부, 징수방법, 행정심판의 특례 등 재건축부담금의 납부·징수에 관하여 이 법에 규정되어 있는 것을 제외하고는 「개발이익환수에 관한 법률」 제15조부터 제17조까지, 제19조부터 제23조까지와 제26조의 규정을 준용한다. 다만, 2차 납부의무 조합원에 대한 납부고지는 「국세징수법」 제7조를 준용한다(법 제18조).

(3) 재건축부담금의 납부유예

국토교통부장관은 조합원이 다음의 요건을 모두 충족하는 경우로서 해당 조합원이 분담하여야 할 재건축부담금의 납부유예를 신청하는 경우 이를 허가할 수 있다. 이 경우 납부유예를 신청하는 조합원은 그 유예할 재건축부담금에 상당하는 담보를 제공하여야 한다(법 제17조의2①).
① 부과종료시점에 1세대 1주택자일 것
② 부과종료시점에 60세 이상일 것

13. 부담금의 사전징수 및 예치

① 납부의무자는 관리처분계획에 따라 법 제14조(재건축부담금의 예정액 통지 등)에 따른 재건축부담금 예정액의 전부 또는 일부를 조합원으로부터 사전에 징수할 수 있다(법 제19조①).
② 납부의무자는 국토교통부장관이 지정하는 계좌를 통해서만 재건축부담금을 사전에 징수하여 예치할 수 있다(법 제19조②).

14. 자료제출의무 및 통보

(1) 자료제출의무

납부의무자는 부과종료시점부터 1개월 이내에 다음의 구분에 따라 법 제11조(개발비용 등의 산정)의 규정에 의한 개발비용 등의 산정 및 법 제13조(양도소득세액의 개발비용 인정)에 따른 부담금액 공제에 필요한 내역서 및 1세대 1주택자 등을 증명하는 서류와 주택소유현황

확인을 위한 서류를 국토교통부장관에게 제출하여야 한다(법 제20조).
  ① 「도시 및 주거환경정비법」에 의한 준공인가를 받은 경우
  ② 「빈집 및 소규모주택 정비에 관한 특례법」에 의한 준공인가를 받은 경우
  ③ 법 제8조 제3항 각 호(1. 관계법령에 의하여 재건축사업의 일부가 준공인가된 날, 2.
     관계행정청의 인가 등을 받아 건축물의 사용을 개시한 날, 3. 그 밖에 대통령령으로
     정한 날)에 해당하는 경우

(2) 인가 등의 통보

① 재건축사업에 관하여 인가 등을 한 행정청은 인가 등을 한 날부터 15일 이내에 그 사실을
   국토교통부장관에게 통보하여야 한다(법 제21조①).
② 국토교통부장관이 재건축부담금을 부과한 경우에는 대상사업·납부의무자·부과
   금액·사업기간 및 부과일 등에 관한 사항을 부과일부터 15일 이내에 국세청장에게
   통보하여야 한다(법 제21조②).

명목회사(SPC) 등의 세법 특례

 프로젝트금융투자회사(PFV)의 개관

프로젝트금융투자회사(PFV : Project Financing Vehicle)는 회사의 자산을 설비투자, 사회간접자본 시설투자, 자원개발, 그 밖에 상당한 기간과 자금이 소요되는 특정사업에 운용하고 그 수익을 주주에게 배분하는 회사로서 조세특례제한법 제104조의31과 조세특례제한법 시행령 제104조의28에 PFV 법인이 갖추어야 할 요건과 조세특례에 대한 내용이 규정되어 있다.

부동산개발에 대한 금융기법으로 종전에는 PF대출이 활용되어 왔으나 PF대출은 대출기간이 단기일뿐 아니라 금융권에서 PF대출 취급시 주로 시공회사의 신용도에 의존하여 PF대출이 이루어짐에 따라 이로 인한 시공회사의 공사도급금액 증가 등으로 PF대출에 의한 부동산개발사업 추진에 많은 문제점이 발생하였다. 이러한 PF대출에 대한 문제점을 보완하기 위하여 프로젝트금융투자회사(PFV)의 제도를 2004년에 당초 법인세법에 신설하였던 것을 2020.12.29. 조세특례제한법으로 이관하였다.

프로젝트금융투자회사(PFV)는 PFV를 명목회사로 두고 이를 운영하는 여러 당사자들이 역할을 분담하도록 조세특례제한법에 규정함으로써 프로젝트에 대한 사업성, 수익성 등의 평가를 보다 객관적으로 하여 사업에 대한 신뢰성 확보, 사업위험분산, 자금조달의 다양화 등으로 프로젝트가 원활하게 추진되도록 하고 있다.

(1) PFV의 구조

프로젝트금융투자회사(PFV : Project Financing Vehicle)는 명목회사(Paper Company)일 뿐이고 관리업무를 자산관리와 자금관리로 분리하여 수행하며, 관리조직으로 자산관리회사와 자금관리사무수탁회사를 두고 있다.

1) 자산관리회사(AMC : Asset Management Company)

자산관리회사는 PFV에 출자한 법인 또는 PFV에 출자한 자가 단독 또는 공동으로 설립한 법인이 수행한다. 주로 사업계획과 자금차입계획 등의 수립, 사업수행에 필수적인 토지 등 자산의 취득, 자산의 관리와 운용 및 처분, 권리의 행사, 인·허가 업무 등 자금관리사무를 제외한 제반 관리업무를 수행한다.

2) 자금관리사무수탁회사

PFV는 명목회사이기 때문에 직접 자금을 관리하는 업무는 허용되지 않고, 자금관리사무수탁회사(신탁업법에 의한 신탁업을 영위하는 금융기관)에 위탁하여야 한다.

| PFV의 구조도 |

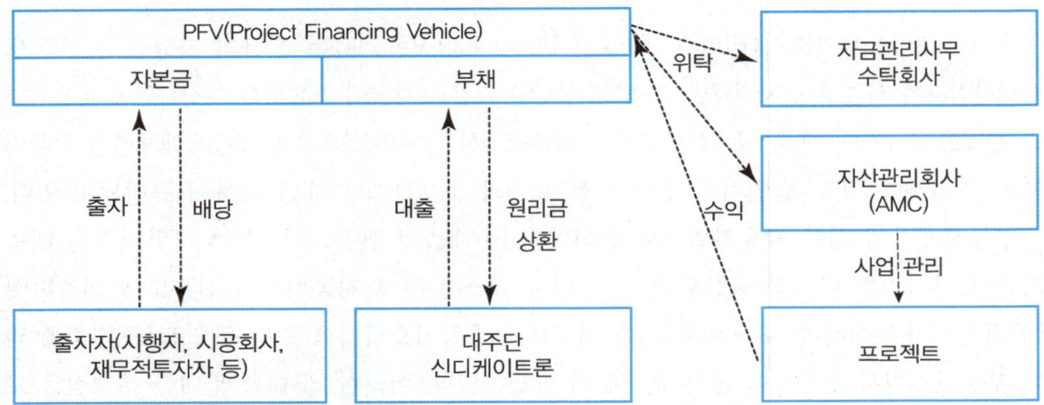

(2) PF방식과 PFV방식의 비교

PF방식과 PFV방식의 특징을 비교하면 아래와 같다.

구 분	PF 방식	PFV 방식
시행회사	실체가 존재하여 시행업무 수행	명목상 존재
출자자	특정회사를 주주로 구성할 의무 없음.	금융기관이 5% 이상 지분출자의무를 세법에 규정
자산관리회사, 자금관리사무수탁회사의 설치	임의적인 사항임.	필수적인 사항임.
자금조달	일반적인 방법	금융기관의 지분참여로 자금조달이 보다 용이함, 자금조달비용을 낮출 수 있음.
시공회사	단순도급방식, 책임준공	단순도급 또는 지분제방식, 책임준공, 지분출자 가능
세제혜택	없음.	있음.

❷ PFV의 조세특례제한법 규정

(1) PFV의 요건 및 소득공제대상

「법인세법」 제51조의2 제1항 제1호부터 제8호(유동화전문회사 등에 대한 소득공제)까지의 규정에 따른 투자회사(아래 첫 번째 표 참조)와 유사한 투자회사로서 다음의 요건을 모두 갖춘 법인이 2025년 12월 31일 이전에 끝나는 사업연도에 대하여 아래 (3)의 배당가능이익(이하 "배당가능이익"이라 한다)의 100분의 90 이상을 배당한 경우 그 금액(이하 "배당금액"이라 한다)은 해당 배당을 결의한 잉여금 처분의 대상이 되는 사업연도의 소득금액에서 공제한다 (조특법 제104조의31①).

① 회사의 자산을 설비투자, 사회간접자본 시설투자, 자원개발, 그 밖에 상당한 기간과 자금이 소요되는 특정사업에 운용하고 그 수익을 주주에게 배분하는 회사일 것
   ▶ 특정사업이 어떤 사업인지 정의가 명확하지 않아 이에 대한 유권해석이 많이 이루어지고 있다.

② 본점 외의 영업소를 설치하지 아니하고 직원과 상근하는 임원을 두지 아니할 것

③ 한시적으로 설립된 회사로서 존립기간이 2년 이상일 것

④ 「상법」이나 그 밖의 법률의 규정에 따른 주식회사로서 발기설립의 방법으로 설립할 것

⑤ 발기인이 「기업구조조정투자회사법」 제4조 제2항 각 호의 어느 하나에 해당하지 아니하고 대통령령으로 정하는 요건(아래 두 번째 표 참조)을 갖출 것(※ 주주 요건도 동일함)

⑥ 이사가 「기업구조조정투자회사법」 제12조 각 호의 어느 하나에 해당하지 아니할 것

⑦ 감사는 「기업구조조정투자회사법」 제17조에 적합할 것. 이 경우 "기업구조조정투자회사"는 "회사"로 본다.

⑧ 자본금 규모, 자산관리업무와 자금관리업무의 위탁 및 설립신고 등에 관하여 대통령령으로 정하는 요건〈아래 (3) 1)에서 서술함〉을 갖출 것

| 유동화전문회사 등에 대한 소득공제 대상 내국법인 |

❏ **유동화전문회사 등에 대한 소득공제**(「법인세법」 제51조의2 제1항 제1호부터 제8호)
   ① 다음 각 호의 어느 하나에 해당하는 내국법인이 대통령령으로 정하는 배당가능이익(이하 "배당가능이익"이라 한다)의 100분의 90 이상을 배당한 경우 그 금액(이하 "배당금액"이라 한다)은 해당 배당을 결의한 잉여금 처분의 대상이 되는 사업연도의 소득금액에서

공제한다.
1. 「자산유동화에 관한 법률」에 따른 유동화전문회사
2. 「자본시장과 금융투자업에 관한 법률」에 따른 투자회사, 투자목적회사, 투자유한회사, 투자합자회사(같은 법 제9조 제19항 제1호의 기관전용 사모집합투자기구는 제외한다) 및 투자유한책임회사
3. 「기업구조조정투자회사법」에 따른 기업구조조정투자회사
4. 「부동산투자회사법」에 따른 기업구조조정 부동산투자회사 및 위탁관리 부동산투자회사
5. 「선박투자회사법」에 따른 선박투자회사
6. 「민간임대주택에 관한 특별법」 또는 「공공주택 특별법」에 따른 특수 목적 법인 등으로서 대통령령으로 정하는 법인
7. 「문화산업진흥 기본법」에 따른 문화산업전문회사
8. 「해외자원개발 사업법」에 따른 해외자원개발투자회사

□ **프로젝트금융투자회사에 대한 소득공제**(조세특례제한법 시행령 제104조의28 제3항)
  : 발기인 요건
③ 조세특례제한법 제104조의31 제1항 제5호에서 "대통령령으로 정하는 요건"이란 다음 각 호의 요건을 말한다.
1. 발기인 중 1인 이상이 다음 각 목의 어느 하나에 해당할 것
  가. 「법인세법 시행령」 제61조 제2항 제1호부터 제4호까지, 제6호부터 제13호까지 및 제24호의 어느 하나에 해당하는 금융회사 등(아래 참조)
  나. 「국민연금법」에 따른 국민연금공단(「사회기반시설에 대한 민간투자법」 제4조 제2호에 따른 방식으로 민간투자사업을 시행하는 투자회사의 경우에 한정한다)
2. 제1호 가목 또는 나목에 해당하는 발기인이 100분의 5(제1호 가목 또는 나목에 해당하는 발기인이 다수인 경우에는 이를 합산한다) 이상의 자본금을 출자할 것

□ 「법인세법 시행령」 제61조 제2항 제1호부터 제4호까지, 제6호부터 제13호까지 및 제24호의 어느 하나에 해당하는 금융회사 등

1. 「은행법」에 의한 인가를 받아 설립된 은행
2. 「한국산업은행법」에 의한 한국산업은행
3. 「중소기업은행법」에 의한 중소기업은행
4. 「한국수출입은행법」에 의한 한국수출입은행
6. 「농업협동조합법」에 따른 농업협동조합중앙회(같은 법 제134조 제1항 제4호의 사업에 한정한다) 및 농협은행
7. 「수산업협동조합법」에 따른 수산업협동조합중앙회(같은 법 제138조 제1항 제4호 및 제5호의 사업에 한정한다) 및 수협은행
8. 「자본시장과 금융투자업에 관한 법률」에 따른 투자매매업자 및 투자중개업자
9. 「자본시장과 금융투자업에 관한 법률」에 따른 종합금융회사
10. 「상호저축은행법」에 의한 상호저축은행중앙회(지급준비예탁금에 한한다) 및 상호 저축은행
11. 「보험업법」에 따른 보험회사
12. 「자본시장과 금융투자업에 관한 법률」에 따른 신탁업자
13. 「여신전문금융업법」에 따른 여신전문금융회사
24. 「새마을금고법」에 따른 새마을금고중앙회(같은 법 제67조 제1항 제5호 및 제6호의 사업으로 한정한다)

(2) PFV의 소득공제 적용 배제

PFV가 「법인세법」 제51조의2 제2항 각 호(아래 표 참조)의 어느 하나에 해당하는 경우에는 위 (1)의 소득공제를 적용하지 아니한다(조특법 제104조의31②).

PFV의 소득공제 적용 배제 사유

소득공제 배제 사유(법인세법 제51조의2 제2항 각 호)

1. 배당을 받은 주주 등에 대하여 그 배당에 대한 소득세 또는 법인세가 비과세되는 경우. 다만, 배당을 받은 주주등이 「조세특례제한법」 제100조의15 제1항의 동업기업과세특례를 적용받는 동업기업인 경우로서 그 동업자들(그 동업자들의 전부 또는 일부가 같은

조 제3항에 따른 상위 동업기업에 해당하는 경우에는 그 상위 동업기업에 출자한 동업
자들을 말한다)에 대하여 같은 법 제100조의18 제1항에 따라 배분받은 배당에 해당하
는 소득에 대한 소득세 또는 법인세가 전부 과세되는 경우는 제외한다.
2. 배당을 지급하는 내국법인이 다음의 요건에 모두 해당하는 경우
   ㉠ 사모방식으로 설립된 법인일 것
   ㉡ 개인 2인 이하 또는 개인 1인 및 그 친족이 발행주식총수 또는 출자총액의 95% 이상의
     주식 등을 소유하는 법인일 것. 다만, 개인 등에게 배당 및 잔여 재산의 분배에 관한
     청구권이 없는 경우를 제외한다.

(3) 자본금 규모, 자산관리업무와 자금관리업무의 위탁 및 설립신고 등

PFV의 자본금 규모, 자산관리업무와 자금관리업무의 위탁 및 설립신고 등 요건은 다음의
요건을 말한다(조특령 제104조의28④).

1) 요건

① 자본금이 50억원 이상일 것. 다만, 「사회기반시설에 대한 민간투자법」 제4조 제2호에
   따른 방식으로 민간투자사업을 시행하는 투자회사의 경우에는 10억원 이상일 것으로
   한다.
② 자산관리·운용 및 처분에 관한 업무를 다음의 어느 하나에 해당하는 자(이하 "자산
   관리회사"라 한다)에게 위탁할 것. 다만, 아래 ⑥의 단서의 경우 「건축물의 분양에 관한
   법률」 제4조 제1항 제1호에 따른 신탁계약에 관한 업무는 아래 ③에 따른 자금관리사
   무수탁회사에 위탁할 수 있다.
   ㉮ 해당 회사에 출자한 법인
   ㉯ 해당 회사에 출자한 자가 단독 또는 공동으로 설립한 법인
③ 「자본시장과 금융투자업에 관한 법률」에 따른 신탁업을 경영하는 금융회사 등(이하
   "자금관리사무수탁회사"라 한다)에 자금관리업무를 위탁할 것
④ 주주가 위 (1) ⑤의 발기인에 해당하는 요건을 갖출 것. 이 경우 "발기인"을 "주주"로
   본다.
⑤ 법인설립등기일부터 2개월 이내에 다음의 사항을 적은 명목회사설립신고서에 기획재
   정부령(생략)으로 정하는 서류를 첨부하여 납세지 관할 세무서장에게 신고할 것
   ㉮ 정관의 목적사업

㈁ 이사 및 감사의 성명·주민등록번호

㈐ 자산관리회사의 명칭

㈑ 자금관리사무수탁회사의 명칭

⑥ 자산관리회사와 자금관리사무수탁회사가 동일인이 아닐 것. 다만, 해당 회사가 자금 관리사무수탁회사(해당 회사에 대하여 「법인세법 시행령」 제43조 제7항에 따른 지배 주주등이 아닌 경우로서 출자비율이 100분의 10 미만일 것)와 「건축물의 분양에 관한 법률」 제4조 제1항 제1호에 따라 신탁계약과 대리사무계약을 체결한 경우는 제외한다.

2) 기타 사항

① 조세특례제한법 제104조의31 제1항에 해당하는 법인(PFV)이 위 1) ⑤에 따라 신고한 후에 이사·감사 및 주주가 조세특례제한법 제104조의31 제1항 제6호(이사의 요건) ·제7호(감사의 요건) 및 이 조 제4항 제4호(주주의 요건)의 요건을 충족하지 못하게 되는 경우로서 그 사유가 발생한 날부터 1개월 이내에 해당 요건을 보완하는 경우에는 그 법인은 해당 요건을 계속 충족하는 것으로 본다(조특령 제104조의28⑤).

② 조세특례제한법 제104조의31 제1항에 해당하는 법인(PFV)이 위 1) ⑤에 따라 신고한 후에 위 1) ⑤의 어느 하나에 해당하는 사항이 변경된 경우에는 그 법인은 변경사항이 발생한 날부터 2주 이내에 해당 변경사항을 적은 명목회사변경신고서에 기획재정부령 (생략)으로 정하는 서류를 첨부하여 납세지 관할 세무서장에게 신고해야 한다(조특령 제104조의28⑥).

③ 조세특례제한법 제104조의31 제1항(PFV의 소득공제)을 적용받으려는 법인은 「법인 세법」 제60조에 따른 과세표준신고와 함께 소득공제신청서를 납세지 관할 세무서장 에게 제출해야 한다(조특령 제104조의28⑧).

④ 「법인세법」 제51조의2 제2항 제1호(유동화전문회사 등에 대한 소득공제) 단서(아래 표 참조)에 해당하는 법인(동업기업)은 소득공제신청을 할 때 위 ②에 따른 서류 외에 배당을 받은 동업기업(그 동업자들의 전부 또는 일부가 법 제100조의15 제3항에 따른 상위 동업기업에 해당하는 경우에는 그 상위 동업기업을 포함한다)으로부터 조세특례제한법 제100조의23 제1항에 따른 신고기한(동업기업은 각 과세연도의 종료일이 속하는 달의 말일부터 3개월이 되는 날이 속하는 달의 15일까지)까지 제출받은 동업기업과세특례적용 및 동업자과세여부 확인서를 추가로 첨부해야 한다(조특령 제104조의28⑨).

(4) 주택건설사업을 공동수행하는 경우

「법인세법」 제51조의2 제1항 각 호(유동화전문회사 등에 대한 소득공제)와 유사한 투자회사가 「주택법」에 따라 주택건설사업자와 공동으로 주택건설사업을 수행하는 경우로서 그 자산을 주택건설사업에 운용하고 해당 수익을 주주에게 배분하는 때에는 조세특례제한법 제104조의31 제1항 제1호(요건 : 회사의 자산을 설비투자, 사회간접자본 시설투자, 자원개발, 그 밖에 상당한 기간과 자금이 소요되는 특정사업에 운용하고 그 수익을 주주에게 배분하는 회사일 것)의 요건을 갖춘 것으로 본다(조특령 제104조의28②). 즉, PFV가 주택법에 의한 주택건설사업자와 공동으로 프로젝트를 수행하더라도 그 자산을 주택건설사업에 운용하고 해당 수익을 주주에게 배분하는 때에는 특정사업에 운용하는 요건을 갖춘 것으로 보아 소득공제를 적용한다는 것이다. 물론 PFV가 주택건설사업이 아닌 다른 목적의 사업을 추진하기 위해서 공동사업을 수행하는 경우에는 소득공제 적용대상이 아니다.

(5) 배당가능이익

1) 배당가능이익의 계산

> 배당가능이익 = 당기순이익 + 이월이익잉여금 − 이월결손금 − 상법에 따라 적립한 이익준비금

"배당가능이익"이란 「법인세법 시행령」 제86조의3 제1항에 따라 계산한 금액을 말한다(조특령 제104조의28①). 즉, 기업회계기준에 따라 작성한 재무제표상의 법인세비용 차감 후

당기순이익에 이월이익잉여금을 가산하거나 이월결손금을 공제하고, 「상법」 제458조에 따라 적립한 이익준비금을 차감한 금액을 말한다(법령 제86조의3① 전단).

2) 배당가능이익에서 제외

다음의 어느 하나에 해당하는 금액은 배당가능이익에서 제외한다(법령 제86조의3① 후단).
① 법인세법 제18조 제8호(아래 표 참조)에 해당하는 배당(법령 제86조의3① 제1호)

| 배당가능이익에서 제외하는 배당 |

❑ **법인세법 제18조 제8호**

8. 「상법」 제461조의2에 따라 자본준비금을 감액하여 받는 배당금액(내국법인이 보유한 주식의 장부가액을 한도로 한다). 다만, 다음 각 목의 어느 하나에 해당하는 자본준비금을 감액하여 받는 배당금액은 제외한다.
  가. 제16조 제1항 제2호 가목(「상법」 제459조 제1항에 따른 자본준비금으로서 대통령령〈법령 제12조①〉으로 정하는 것)에 해당하지 아니하는 자본준비금
  나. 제44조 제2항 또는 제3항의 적격합병에 따른 제17조 제1항 제5호의 합병차익 중 피합병법인의 제16조 제1항 제2호 나목에 따른 재평가적립금에 상당하는 금액(대통령령〈법령 제17조①〉으로 정하는 금액을 한도로 한다)
  다. 제46조 제2항의 적격분할에 따른 제17조 제1항 제6호의 분할차익 중 분할법인의 제16조 제1항 제2호 나목에 따른 재평가적립금에 상당하는 금액(대통령령〈법령 제17조②〉으로 정하는 금액을 한도로 한다)

② 당기순이익, 이월이익잉여금 및 이월결손금 중 다음의 어느 하나에 해당하는 자산의 평가손익
  ㉮ 법인세법 시행령 제73조 제2호 가목부터 다목(평가대상 자산 및 부채의 범위)〈아래 표 참조〉까지의 규정에 따른 자산의 평가손익. 다만, 시가법으로 평가한 투자회사등의 법인세법 시행령 제73조 제2호 다목〈아래 표 참조〉에 따른 자산의 평가손익은 배당가능이익에 포함한다(법령 제86조의3① 제2호 가목).
  ㉯ 「부동산투자회사법」에 따른 위탁관리 부동산투자회사 및 기업구조조정 부동산투자회사가 보유한 자산의 평가손익(법령 제86조의3① 제2호 나목)

(6) 배당금액의 이월공제

1) 이월 배당금액의 최초 발생 사업연도

프로젝트금융투자회사에 대한 소득공제를 적용할 때 배당금액이 해당 사업연도의 소득금액에서 「법인세법」 제13조 제1항 제1호에 따른 이월결손금(이하 "이월결손금"이라 한다)을 뺀 금액을 최초로 초과하는 경우에는 그 초과하는 금액을 해당 사업연도의 다음 사업연도 개시일부터 5년 이내에 끝나는 각 사업연도로 이월하여 그 이월된 사업연도의 소득금액에서 공제할 수 있다. 다만, 내국법인이 이월된 사업연도에 배당가능이익의 100분의 90 이상을 배당하지 아니하는 경우에는 그 이월된 금액을 공제하지 아니한다(조특법 제104조의31③).

2) 이월 배당금액의 최초 발생 사업연도 이후 사업연도

위 1) 본문에 따라 최초로 이월된 사업연도 이후 사업연도의 배당금액이 해당 사업연도의 소득금액에서 이월결손금과 해당 사업연도로 이월된 금액을 순서대로 뺀 금액(해당 금액이 0보다 작은 경우에는 0으로 한다)을 초과하는 경우에는 그 초과하는 금액을 해당 사업연도의 다음 사업연도 개시일부터 5년 이내에 끝나는 각 사업연도로 이월하여 그 이월된 사업연도의 소득금액에서 공제할 수 있다. 다만, 내국법인이 이월된 사업연도에 배당가능이익의 100분의 90 이상을 배당하지 아니하는 경우에는 그 이월된 금액을 공제하지 아니한다(조특법 제104조의31④).

3) 이월공제배당금액 공제 순서

위 1)과 2) 본문에 따라 이월된 금액(이하 "이월공제배당금액"이라 한다)을 해당 사업연도의 소득금액에서 공제하는 경우에는 다음의 방법에 따라 공제한다(조특법 제104조의31⑤).

  ① 이월공제배당금액을 해당 사업연도의 배당금액보다 먼저 공제할 것
  ② 이월공제배당금액이 둘 이상인 경우에는 먼저 발생한 이월공제배당금액부터 공제할 것

③ PFV의 법인세 관련 규정

(1) 손익의 귀속사업연도

1) 일반기준

프로젝트금융투자회사(PFV)의 각 사업연도의 소득금액을 계산할 때에도 일반 내국법인의 경우와 동일하게 적용하며(법인세법 시행령 제69조제2항 개정, 2023.1.1. 이후 개시하는 사업연도부터 적용), 구체적인 내용은 'Chapter 3. 9 손익의 귀속사업연도'를 참고하기 바란다. 다만, 프로젝트금융투자회사(PFV)가 토지개발사업을 하는 경우에는 예외적인 규정을 두고 있다.

| 법인세법 시행령 제69조 제2항 개정 전·후 비교 |

2022.12.31. 이전 사업연도까지(개정 전)	2023.1.1. 이후 사업연도(개정 후)
② 제1항을 적용할 때 다음 각 호의 어느 하나에 해당하는 경우에는 그 목적물의 인도일이 속하는 사업연도의 익금과 손금에 각각 산입한다. (2013.2.15. 개정) 1. 작업진행률을 계산할 수 없다고 인정되는 경우로서 기획재정부령으로 정하는 경우 (2010. 12.30. 개정) 2. 법 제51조의2 제1항 각 호의 어느 하나에 해당하거나 「조세특례제한법」 제104조의31 제1항에 따른 법인으로서 한국채택국제회계기준을 적용하는 법인이 수행하는 예약매출의 경우 (2021.2.17. 개정)	② 제1항을 적용할 때 작업진행률을 계산할 수 없다고 인정되는 경우로서 기획재정부령으로 정하는 경우에는 그 목적물의 인도일이 속하는 사업연도의 익금과 손금에 각각 산입한다. (2023. 2.28. 개정) ※ 기획재정부령(법인세법 시행규칙 제34조)의 규정은 PFV에 관한 사항을 정하고 있지 않으므로 일반 기준에 따른다.

2) 프로젝트금융투자회사(PFV)가 토지개발사업을 하는 경우

「조세특례제한법」 제104조의31에 따른 프로젝트금융투자회사가 「택지개발촉진법」에 따른 택지개발사업 등 아래의 기획재정부령으로 정하는 토지개발사업을 하는 경우로서 해당 사업을 완료하기 전에 그 사업의 대상이 되는 토지의 일부를 양도하는 경우에는 법인세법 시행령 제68조 제1항 제3호(대금청산일 등 귀속시기)에도 불구하고 그 양도대금을 해당 사업의 작업진행률에 따라 각 사업연도의 익금에 산입할 수 있다(법령 제68조⑦, 법칙 제33조②).

① 「도시개발법」에 따른 도시개발사업

② 「산업입지 및 개발에 관한 법률」에 따른 산업단지개발사업

③ 「택지개발촉진법」에 따른 택지개발사업

④ 「혁신도시 조성 및 발전에 관한 특별법」에 따른 혁신도시개발사업

(2) 이월결손금 공제한도 : 100%

법인의 이월결손금에 대한 공제는 각 사업연도 소득의 100분의 80[「조세특례제한법」 제6조 제1항에 따른 중소기업과 회생계획을 이행 중인 기업 등 대통령령으로 정하는 법인 (프로젝트금융투자회사도 포함)의 경우는 100분의 100]을 한도로 한다(법법 제13조① 단서, 법령 제10조① 제5호).

 PFV의 종합부동산세 관련 규정

조세특례제한법 제104조의31 제1항(프로젝트금융투자회사에 대한 소득공제)에 따른 법인에 해당하는 사업자가 주택을 건설하기 위하여 취득한 토지(토지를 취득한 후 해당 연도 종합부동산세 과세기준일 전까지 주택건설사업자의 지위를 얻은 자의 토지를 포함한다) 중 취득일부터 5년 이내에 「주택법」에 따른 사업계획의 승인을 받을 토지는 「종합부동산세법」 제13조 제1항(종합합산과세대상인 토지)에 따른 과세표준 합산의 대상이 되는 토지의 범위에 포함되지 아니하는 것으로 본다(조특법 제104조의19①).

 PFV의 지방세 관련 규정

(1) 취득세 중과 배제

「조세특례제한법」 제104조의31(프로젝트금융투자에 대한 소득공제) 제1항에 해당하는 회사가 취득하는 부동산(지특법 제180조의2① 제3호)에 해당하는 부동산의 취득에 대해서는 「지방세법」에 따른 취득세를 과세할 때 2027년 12월 31일까지 같은 법 제13조(과밀억제권역 안 취득 등 중과) 제2항 본문 및 같은 조 제3항의 세율을 적용하지 아니한다(지특법 제180조의2①).

(2) 등록면허세 중과 배제

「조세특례제한법」 제104조의31(프로젝트금융투자에 대한 소득공제) 제1항에 해당하는 회사(지특법 제180조의2② 제5호)의 설립등기(설립 후 5년 이내에 자본 또는 출자액을 증가하는 경우를 포함한다)에 대해서는 「지방세법」에 따른 등록면허세를 과세할 때 2027년 12월 31일까지 같은 법 제28조 제2항·제3항의 세율(등록면허세 중과세율)을 적용하지 아니한다(지특법 제180조의2②).

❏ **등록면허세 중과세율**(지방세법 제28조 제2항·제3항)

② 다음 각 호의 어느 하나에 해당하는 등기를 할 때에는 그 세율을 제1항 제1호 및 제6호에 규정한 해당 세율(제1항 제1호 가목부터 라목까지의 세율을 적용하여 산정된 세액이 6천원 미만일 때에는 6천원을, 제1항 제6호 가목부터 다목까지의 세율을 적용하여 산정된 세액이 11만 2천500원 미만일 때에는 11만 2천500원으로 한다)의 100분의 300으로 한다. 다만, 대도시에 설치가 불가피하다고 인정되는 업종으로서 대통령령으로 정하는 업종(이하 이 조에서 "대도시 중과 제외 업종"이라 한다)에 대해서는 그러하지 아니하다.
1. 대도시에서 법인을 설립(설립 후 또는 휴면법인을 인수한 후 5년 이내에 자본 또는 출자액을 증가하는 경우를 포함한다)하거나 지점이나 분사무소를 설치함에 따른 등기
2. 대도시 밖에 있는 법인의 본점이나 주사무소를 대도시로 전입(전입 후 5년 이내에 자본 또는 출자액이 증가하는 경우를 포함한다)함에 따른 등기. 이 경우 전입은 법인의 설립으로 보아 세율을 적용한다.

③ 제2항 각 호 외의 부분 단서에도 불구하고 대도시 중과 제외 업종으로 법인등기를 한 법인이 정당한 사유 없이 그 등기일부터 2년 이내에 대도시 중과 제외 업종 외의 업종으로 변경하거나 대도시 중과 제외 업종 외의 업종을 추가하는 경우 그 해당 부분에 대하여는 제2항 본문을 적용한다.

---

(3) 중복 특례의 배제

동일한 과세대상의 동일한 세목에 대하여 둘 이상의 지방세 특례 규정이 적용되는 경우에는 그 중 감면되는 세액이 큰 것 하나만을 적용한다. 다만, 지방세특례제한법 제66조 제1항, 제73조, 제74조의2 제1항, 제92조 및 제92조의2와 다른 지방세 특례 규정이 함께 적용되는 경우에는 해당 특례 규정을 모두 적용하되, 지방세특례제한법 제66조 제1항, 제73조, 제74조의2 제1항 및 제92조 간에 중복되는 경우에는 그 중 감면되는 세액이 큰 것 하나만을 적용한다(지특법 제180조).

"지방세 특례"란 세율의 경감, 세액감면, 세액공제, 과세표준 공제(중과세 배제, 재산세 과세대상 구분전환을 포함한다) 등을 말한다(지특법 제2조① 제6호).

PFV 관련 해석·판단사례

(특정사업에 대한 해석 등)

■ 복합공공 및 상업시설물을 개발하는 사업을 하는 경우 프로젝트금융투자회사(PFV)의 소득공제 요건 중 특정사업 해당 여부

> **해석**
>
> • 「법인세법」 제51조의2 제1항 제9호 나목부터 아목까지의 요건을 갖춘 투자회사가 버스종합터미널로 사용되고 있는 부동산을 취득하여 버스종합터미널·숙박시설·업무시설 등 복합시설건축물을 개발하는 사업은 같은 법 제51조의2 제1항 제9호 가목에 따른 특정사업에 해당하는 것이며, 해당 복합시설건축물 완공 후 수익성 제고목적으로 투자회사의 정관상 존속기간 이내의 범위 내에서 일정기간 한시적으로 제3자에게 임대하거나 위탁운영한 후 매각하는 경우에도 해당 개발사업은 특정사업의 운용요건을 갖춘 것으로 보는 것임(사전법령해석 법인2019-390, 2019.10.29.).

■ 프로젝트금융투자회사(PFV)의 영업소 설치 및 특정사업 해당 여부

> **해석**
>
> • 「법인세법」 제51조의2 제1항 제9호 각 목의 요건을 충족하는 프로젝트금융투자회사(PFV)가 같은 호 가목에 의한 특정사업을 수행하기 위하여 건축물이 있는 토지를 취득한 후 토지 개발을 위한 건축물 철거시점까지 일시적으로 임대함으로 인하여 발생하는 수입은 특정사업 운용수익에 포함되는 것이며 동 임대 장소가 인적 및 물적설비를 갖추어 사업 또는 사무가 이루어지는 장소가 아닌 경우에는 「부가가치세법」 제8조에 따라 지점 사업자등록을 하였더라도 같은 호 나목의 '본점 외의 영업소를 설치한 것'으로 보지 아니하는 것임. 다만 이에 해당하는지는 부동산의 취득·철거와 관련된 특정사업의 목적, 사업내용, 사업범위, 임대수입 발생기간, 영업소 설치 및 임직원 근무현황 등에 따라 사실판단할 사항임(서면법인2020-2566, 2020.11.24.).

■ 산업단지 개발구역 내 사업부지를 순차적으로 개발하는 경우 프로젝트금융투자회사 (PFV)의
소득공제 요건 중 특정사업 해당 여부

• 프로젝트금융투자회사(PFV)가 「산업입지 및 개발에 관한 법률」에 따라 지방자치단체가 지
정·고시한 산업단지 조성사업을 시행함에 있어 동일한 개발구역 내 연접한 토지에 대하여 같
은 법에 따라 순차적으로 사업시행인가를 받아 단계적으로 산업단지를 조성하여 분양하는 부
동산개발사업은 「법인세법」 제51조의2 제1항 제9호 가목의 특정사업에 해당하는 것임(서면법
인2018-1365, 2018.6.18.).

■ 테마파크 및 쇼핑몰을 신축하여 임대한 후 매각하는 사업인 경우 프로젝트금융투자회사
(PFV)의 소득공제 요건 중 특정사업 해당 여부

• 「법인세법」 제51조의2 제1항 제9호 나목부터 아목까지의 요건을 갖춘 프로젝트금융투자회사가
정관상 존속기간의 범위 내에서 테마파크 및 쇼핑몰을 신축하여 임대한 후 매각하는 사업은
「법인세법」 제51조의2 제1항 제9호 가목의 특정사업에 해당하는 것임(서면법령해석 법인2016-
6021, 2017.7.11.).

■ 시행대행업무를 위임받아 수행하는 경우 프로젝트금융투자회사(PFV)의 소득공제 요건 중
특정사업 해당 여부

• 내국법인이 도시개발사업의 시행권자인 조합으로부터 시행대행업무를 위임받아 수행하는 것은
법인세법 제51조의2 제1항 제9호 가목의 특정사업에 해당하지 않는 것임(서면법규-1359,
2013.12.16.).

■ BOT방식에 의한 민간투자사업인 경우 프로젝트금융투자회사(PFV)의 소득공제 요건 중
  특정사업 해당 여부

해석

• 「법인세법」 제51조의2 제1항 제9호 나목부터 아목의 요건을 충족하는 법인이 「사회기반시설에
  대한 민간투자법」 제4조 제3호에서 정하는 방식(BOT방식)에 의해 상당한 기간과 자금이
  소요되는 특정사업을 운영하고 그 수익을 주주에게 배부하는 경우 「법인세법」 제51조의2 제1항
  제9호 가목의 요건을 충족하는 것임(법인-460, 2013.8.30.).

(자본금에 대한 해석 등)

■ 자본금 50억원 이상 요건에 자본금의 기준일

• 법인세법 제51조의2 제1항 제6호의 규정에 따른 소득공제 요건을 적용함에 있어 같은 법 시행령
  제86조의2 제3항 제1호의 자본금은 법인의 설립일을 기준으로 하는 것임(서면2팀-2348,
  2004.11.15).

■ PFV는 발기인인 금융기관에 의결권이 없는 우선주를 자본금이 100분의 5 이상을 발행하여
  교부하는 경우

• 법인세법 시행령 제86조의2 제2항에서 규정한 '금융기관이 100분의 5 이상의 자본금을 출자할
  것'의 발기인 요건은 출자금의 성격을 구분하여 그 충족여부를 판정하는 것은 아님(서면2팀-1167,
  2006.6.20).

  ※ 출자금의 성격 : 보통주, 우선주 등

(자산관리회사와 자금관리사무수탁회사에 대한 해석 등)

■ 신탁회사가 자산관리업무와 자금관리업무를 동시에 수행시 프로젝트금융투자회사(PFV)의 소득공제 요건 충족 여부

• 프로젝트금융투자회사가 신탁회사와 「건축물의 분양에 관한 법률」 제4조 제1항 제1호에 따른 신탁계약과 대리사무계약의 요건을 충족하는 관리형토지신탁 계약을 체결하였으나 같은 법 제3조에 해당하는 건축물과 이에 해당하지 않는 건축물을 신축하여 분양하는 주상복합용지 개발사업을 영위하는 경우로서 신탁회사가 해당 주상복합용지 개발사업에 대해 「법인세법 시행령」 제86조의2 제5항의 자산관리업무와 자금관리업무를 동시에 수행하는 경우 「법인세법」 제51조의2에 따른 유동화전문회사 등에 대한 소득공제를 적용하지 않는 것임(서면법령해석법인 2016-4649, 2017.5.12).

■ 프로젝트금융투자회사(PFV)의 자산관리회사가 자금관리사무 수탁 시 소득공제 요건 충족 여부

(사실관계)

• A법인은 PFV를 설립하여 PFV와 자산관리업무 위탁계약를 체결한 후, 분양 단계에서 자금관리업무 위탁계약과 「건축물의 분양에 관한 법률」에 따른 신탁계약과 대리사무계약을 동시에 체결하고자 함.

(질의내용)

• 프로젝트금융투자회사(PFV)의 자산관리회사가 PFV와 자금관리계약과 「건축물의 분양에 관한 법률」에 따른 신탁계약 등을 동시에 체결한 경우, 조세특례제한법 제104조의31에 따른 소득공제 요건충족 여부

  -(1안) 소득공제 요건 미충족
  -(2안) 소득공제 요건 충족

제1안(소득공제 요건을 충족하지 못함)이 타당함(기획재정부법인-621, 2024.11.6).

■ PFV의 자산·자금관리를 동일인에게 위탁 후, 특정사업 준공 후 위탁계약 해지하고 다른 회사에 각각 위탁 시 소득공제 여부

질의

(사실관계)

- A법인은 프로젝트금융투자회사(이하 "PFV")를 설립하여 토지 매입 후 휴양 콘도미니엄 개발 및 분양사업을 추진할 예정이며
  - PFV는 공사비 등에 사용할 PF대출을 금융회사로부터 받기 위해 금융회사의 요구에 따라 B신탁회사와 관리형 토지신탁계약*을 체결할 예정임.
    * 시행자가 사업부지의 소유권 뿐 아니라 건축주 명의를 포함한 모든 인·허가 명의, 공사도급, 설계, 감리계약 등 사업과 관련한 계약 명의도 수탁자로 이전하여 수탁자가 직접 사업주체의 지위에서 개발사업을 진행하는 신탁계약

- PFV는 휴양 콘도미니엄 준공시기에 PF대출을 상환하고 B신탁회사와의 기존 관리형 토지신탁 계약을 해지한 후
  - 자산관리업무는 A법인이 담당하고 자금관리업무는 C은행에게 위탁하여 부동산 개발에 따른 배당가능이익의 90% 이상을 배당할 계획임.

- 부동산 개발·분양업을 영위하기 위한 PFV가 신탁회사 등과 관리형 토지신탁계약을 체결하면서 자산관리 및 자금관리 업무를 모두 신탁회사에게 위탁한 후 부동산 개발이 완공되는 때에 기존 신탁계약을 해지하고 자산관리와 자금관리 업무를 각각 다른 회사에 위탁하는 경우 「조세특례 제한법」 제104조의31에 따른 프로젝트금융투자회사에 대한 소득공제 적용이 가능한지 여부

(질의내용)

- 프로젝트금융투자회사(PFV)의 자산관리회사가 PFV와 자금관리계약과 「건축물의 분양에 관한 법률」에 따른 신탁계약 등을 동시에 체결한 경우, 조세특례제한법 제104조의31에 따른 소득공제 요건 충족 여부
  - (1안) 소득공제 요건 미충족
  - (2안) 소득공제 요건 충족

회신

귀 서면질의 신청의 사실관계와 같이, 「조세특례제한법」 제104조의 31 제1항 제1호 내지 제7호의 요건을 모두 갖춘 법인(이하 "프로젝트금융투자회사")이 휴양 콘도미니엄 개발 및 분양사업을 영위하기 위해 신탁회사와 관리형 토지신탁계약을 체결함에 있어 신탁회사에게 자산관리업무와 자금관리업무를 모두 위탁한 후 프로젝트금융투자회사가 해당 휴양 콘도미니엄을 준공한 때에 당해 신탁계약을 해지하고 자산관리업무와 자금관리업무를 각각 다른 회사에게 위탁하는 경우에는 같은 항 제8호 및 같은 법 시행령 제104조의 28 제4항 제6호 본문의 요건을 충족하지 않는 것임 (서면법령해석법인 2021 - 3763, 2021.10.6).

(배당금액에 대한 해석 등)

■ 배당가능이익의 계산기준

> **해석**
>
> • 법인세법 시행령 제86조의2 제1항의 규정에 의하여 배당가능이익을 계산함에 있어 이월이익잉여금 및 이월결손금이라 함은 기업회계기준에 의하여 계산한 금액을 말하는 것임(서이 46012-11793, 2003.10.17.).

■ 배당가능이익의 유가증권평가 등 계산

> **해석**
>
> • 법인세법 시행령 제86조의2 제1항의 규정에 의하여 당기순이익에서 제외하는 "유가증권의 평가에 따른 손익"은 유가증권평가와 관련된 손실과 이익을 모두 말하는 것이며,
>
> • 법인세법 시행령 제86조의2 제1항의 규정에 의하여 당기순이익에 유가증권평가손실을 가산하는 경우에 결산재무제표상 배당가능이익 한도를 초과하여 관련 법령에 따라 배분하는 경우에도 동 규정에 의한 배당으로 보는 것이고,
>
> • 법인세법 시행령 제86조의2 제1항의 규정에 의하여 당기순이익에서 유가증권의 평가에 따른 손익을 제외한다고 함은 당기순이익에 대하여 유가증권의 평가와 관련한 세무조정사항(세무 계산상 유보된 금액을 추인하는 것 포함)을 반영하여 계산하는 것이며,
>
> • 법인세법 제51조의2 제1항의 규정에 의하여 "배당가능이익의 100분의 90 이상을 배당"함에 있어 "배당"이라 함은 현금배당과 주식배당을 모두 포함하는 것임(재법인 46012-172, 2001.10.4.).

■ 소득공제되는 사업연도 해석과 중간배당 가능 여부

> **해석**
>
> • 법인세법 제51조의2 및 동법 시행령 제86조의2를 적용함에 있어서,
>
> 1. 배당가능이익의 100분의 90 이상을 배당한 경우 소득공제되는 사업연도는 배당한 연도가 아닌 배당의 대상이 되는 이익이 발생한 사업연도를 의미하며,
>
> 2. 배당가능이익의 90% 이상을 배당하였으나 그 후 회계상의 착오등에 의하여 배당가능이익이 증가되는 경우 그 증가된 이익의 범위 내에서 이사회의 결의에 의하여 추가배당이나, 상법 제462조의3에 의한 중간배당을 하는 경우도 법인세법 제51조의2 제1항 본문의 배당한 경우에 해당되는 것으로 보는 것이며,
>
> 3. 이 경우 추가적인 소득공제와 소득공제신청서의 제출은 국세기본법 제45조의 규정에 의한

수정신고 및 제45조의2의 규정에 의한 경정청구 방법에 따르는 것임(재법인 46012-23, 2000.2.8.).

■ 배당처분을 결의하고 미지급금으로 계상한 경우에도 소득공제를 적용할 수 있는지 여부

> **해석**
>
> - 자산유동화 법률에 의한 유동화전문회사가 법인세법 시행령 제86조의2 제1항에 규정하는 배당가능이익의 100분의 90 이상을 배당처분 결의하고 당해 배당금을 미지급금으로 계상한 경우에도 당해 잉여금 처분의 대상이 되는 사업연도의 소득금액 계산에 있어서 같은 법 제51조의2 규정에 의한 소득공제를 적용하는 것임(법인 46012-720, 2000.3.16.).

유동화전문회사 등은 프로젝트금융투자회사(PFV)가 「조세특례제한법」의 일부로 구성되어 있는 것과 달리 별도의 근거법을 두고 있다. 이하에서는 유동화전문회사 등의 세법에 규정된 특례에 대해 서술하고자 한다.

❶ 유동화전문회사 등의 법인세 관련 규정

(1) 유동화전문회사 등의 소득공제대상

다음의 어느 하나에 해당하는 내국법인이 아래 (3)의 대통령령으로 정하는 배당가능이익(이하 "배당가능이익"이라 한다)의 100분의 90 이상을 배당한 경우 그 금액(이하 "배당금액"이라 한다)은 해당 배당을 결의한 잉여금 처분의 대상이 되는 사업연도의 소득금액에서 공제한다(법법 제51조의2①).

① 「자산유동화에 관한 법률」에 따른 유동화전문회사
② 「자본시장과 금융투자업에 관한 법률」에 따른 투자회사, 투자목적회사, 투자유한회사, 투자합자회사(같은 법 제9조 제19항 제1호의 기관전용 사모집합투자기구는 제외한다) 및 투자유한책임회사
③ 「기업구조조정투자회사법」에 따른 기업구조조정투자회사
④ 「부동산투자회사법」에 따른 기업구조조정 부동산투자회사 및 위탁관리 부동산투자회사
⑤ 「선박투자회사법」에 따른 선박투자회사
⑥ 「민간임대주택에 관한 특별법」 또는 「공공주택 특별법」에 따른 특수 목적 법인 등으로서 대통령령으로 정하는 법인(임대사업을 목적으로 「조세특례제한법」 제104조의31 제1항에 해당하는 투자회사의 요건을 갖추어 설립된 법인을 말함)
⑦ 「문화산업진흥 기본법」에 따른 문화산업전문회사
⑧ 「해외자원개발 사업법」에 따른 해외자원개발투자회사

(2) 유동화전문회사 등의 소득공제 적용 배제

다음의 어느 하나에 해당하는 경우에는 위 (1)의 소득공제를 적용하지 아니한다(법법

제51조의2②).

① 배당을 받은 주주등에 대하여 이 법 또는 「조세특례제한법」에 따라 그 배당에 대한 소득세 또는 법인세가 비과세되는 경우. 다만, 배당을 받은 주주등이 「조세특례제한법」 제100조의15에 따라 동업기업과세특례를 적용받는 동업기업인 경우로서 그 동업자들(그 동업자들의 전부 또는 일부가 같은 조 제3항에 따른 상위 동업기업에 해당하는 경우에는 그 상위 동업기업에 출자한 동업자들을 말한다)에 대하여 같은 법 제100조의18에 따라 배분받은 배당에 해당하는 소득에 대한 소득세 또는 법인세가 전부 과세되는 경우는 제외한다.

② 배당을 지급하는 내국법인이 주주 등의 수 등을 고려하여 아래의 요건을 모두 갖춘 법인(법령 제86조의3⑩)

㉠ 사모방식으로 설립되었을 것

㉡ 개인 2인 이하 또는 개인 1인 및 그 친족(이하 "개인등"이라 한다)이 발행주식총수 또는 출자총액의 100분의 95 이상의 주식 등을 소유할 것. 다만, 개인 등에게 배당 및 잔여재산의 분배에 관한 청구권이 없는 경우를 제외한다.

(3) 배당가능이익

유동화전문회사 등의 배당가능이익 계산은 앞의 프로젝트금융투자회사(PFV)의 경우와 동일하다.

1) 배당가능이익의 계산

> 배당가능이익 = 당기순이익 + 이월이익잉여금 − 이월결손금 − 상법에 따라 적립한 이익준비금

"배당가능이익"이란 기업회계기준에 따라 작성한 재무제표상의 법인세비용 차감 후 당기순이익에 이월이익잉여금을 가산하거나 이월결손금을 공제하고, 「상법」 제458조에 따라 적립한 이익준비금을 차감한 금액을 말한다(법령 제86조의3① 전단).

2) 배당가능이익에서 제외

다음의 어느 하나에 해당하는 금액은 배당가능이익에서 제외한다(법령 제86조의3① 후단).

① 법인세법 제18조 제8호(아래 표 참조)에 해당하는 배당(법령 제86조의3① 제1호)

8. 「상법」 제461조의2에 따라 자본준비금을 감액하여 받는 배당금액(내국법인이 보유한 주식의 장부가액을 한도로 한다). 다만, 다음 각 목의 어느 하나에 해당하는 자본준비금을 감액하여 받는 배당금액은 제외한다.

가. 제16조 제1항 제2호 가목(「상법」 제459조 제1항에 따른 자본준비금으로서 대통령령〈법령 제12조①〉으로 정하는 것)에 해당하지 아니하는 자본준비금

나. 제44조 제2항 또는 제3항의 적격합병에 따른 제17조 제1항 제5호의 합병차익 중 피합병법인의 제16조 제1항 제2호 나목에 따른 재평가적립금에 상당하는 금액(대통령령〈법령 제17조①〉으로 정하는 금액을 한도로 한다)

다. 제46조 제2항의 적격분할에 따른 제17조 제1항 제6호의 분할차익 중 분할법인의 제16조 제1항 제2호 나목에 따른 재평가적립금에 상당하는 금액(대통령령〈법령 제17조②〉으로 정하는 금액을 한도로 한다)

② 당기순이익, 이월이익잉여금 및 이월결손금 중 법인세법 시행령 제73조 제2호 가목부터 다목(평가대상 자산 및 부채의 범위)〈아래 표 참조〉까지의 규정에 따른 자산의 평가손익(법령 제86조의3① 제2호). 다만, 시가법으로 평가한 투자회사 등의 법인세법 시행령 제73조 제2호 다목〈아래 표 참조〉에 따른 자산의 평가손익은 배당가능이익에 포함한다(법령 제86조의3① 제2호 단서).

❑ **평가대상 자산 및 부채의 범위(법인세법 시행령 제73조 제2호 가목부터 다목까지)**

2. 다음 각 목의 어느 하나에 해당하는 유가증권 등

가. 주식 등

나. 채권

다. 「자본시장과 금융투자업에 관한 법률」 제9조 제20항에 따른 집합투자재산(다만, 시가법으로 평가한 투자회사 등의 평가손익은 배당가능이익에 포함)

(4) 미공제 배당금액의 이월공제

1) 이월 배당금액의 최초 발생 사업연도

소득공제를 적용할 때 배당금액이 해당 사업연도의 소득금액에서 법인세법 제13조 제1항

제1호에 따른 이월결손금(이하 "이월결손금"이라 한다)을 뺀 금액을 최초로 초과하는 경우에는 그 초과하는 금액을 해당 사업연도의 다음 사업연도 개시일부터 5년 이내에 끝나는 각 사업연도로 이월하여 그 이월된 사업연도의 소득금액에서 공제할 수 있다. 다만, 내국법인이 이월된 사업연도에 배당가능이익의 100분의 90 이상을 배당하지 아니하는 경우에는 그 이월된 금액을 공제하지 아니한다(법법 제51조의2④).

2) 이월 배당금액의 최초 발생 사업연도 이후 사업연도

위 1)에 따라 최초로 이월된 사업연도 이후 사업연도의 배당금액이 해당 사업연도의 소득금액에서 이월결손금과 해당 사업연도로 이월된 금액을 순서대로 뺀 금액(해당 금액이 0보다 작은 경우에는 0으로 한다)을 초과하는 경우에는 그 초과하는 금액을 해당 사업연도의 다음 사업연도 개시일부터 5년 이내에 끝나는 각 사업연도로 이월하여 그 이월된 사업연도의 소득금액에서 공제할 수 있다. 다만, 내국법인이 이월된 사업연도에 배당가능이익의 100분의 90 이상을 배당하지 아니하는 경우에는 그 이월된 금액을 공제하지 아니한다(법법 제51조의2⑤).

3) 이월공제배당금액 공제 순서

위 1)과 2) 본문에 따라 이월된 금액(이하 "이월공제배당금액"이라 한다)을 해당 사업연도의 소득금액에서 공제하는 경우에는 다음의 방법에 따라 공제한다(법법 제51조의2⑥).
① 이월공제배당금액을 해당 사업연도의 배당금액보다 먼저 공제할 것
② 이월공제배당금액이 둘 이상인 경우에는 먼저 발생한 이월공제배당금액부터 공제할 것

(5) 이월결손금 공제한도 : 100%

법인의 이월결손금에 대한 공제는 각 사업연도 소득의 100분의 80[「조세특례제한법」 제6조 제1항에 따른 중소기업과 회생계획을 이행 중인 기업 등 대통령령으로 정하는 법인(법인세법 제51조의2 제1항 각 호의 어느 하나에 해당하는 내국법인도 포함)의 경우는 100분의 100]을 한도로 한다(법법 제13조① 단서, 법령 제10조① 제5호).

❷ 부동산투자회사 등의 종합부동산세 관련 규정

「주택도시기금법」에 따른 주택도시기금과 한국토지주택공사가 공동으로 출자하여 설립한 부동산투자회사 또는 「한국자산관리공사 설립 등에 관한 법률」에 따라 설립된 한국자산관리

공사가 출자하여 설립한 부동산투자회사가 매입하는 주택으로서 다음의 요건을 모두 갖춘 주택은 과세표준 합산의 대상이 되는 주택의 범위에 포함되지 아니하는 것(합산배제)으로 본다(종부법 제8조② 제2호, 종부령 제4조① 제19호, 종부칙 제4조의3).

① 매입 시점에 거주자가 거주하고 있는 주택으로서 해당 주택 외에 거주자가 속한 세대가 보유하고 있는 주택이 없을 것
② 해당 거주자에게 매입한 주택을 5년 이상 임대하고 임대기간 종료 후에 그 주택을 재매입할 수 있는 권리를 부여할 것
③ 매입 당시 해당 주택의 공시가격이 5억원 이하일 것

❸ 부동산투자회사 등의 지방세 관련 규정

(1) 취득세 중과 배제

다음의 어느 하나에 해당하는 회사가 취득하는 부동산에 해당하는 부동산의 취득에 대해서는 「지방세법」에 따른 취득세를 과세할 때 2027년 12월 31일까지 같은 법 제13조(과밀억제권역 안 취득 등 중과) 제2항 본문 및 같은 조 제3항의 세율을 적용하지 아니한다(지특법 제180조의2①).

① 「부동산투자회사법」 제2조 제1호에 따른 부동산투자회사가 취득하는 부동산
② 「자본시장과 금융투자업에 관한 법률」 제229조 제2호에 따른 부동산집합투자기구의 집합투자재산으로 취득하는 부동산
③ 「조세특례제한법」 제104조의31 제1항에 해당하는 회사가 취득하는 부동산

(2) 등록면허세 중과 배제

다음의 어느 하나에 해당하는 회사의 설립등기(설립 후 5년 이내에 자본 또는 출자액을 증가하는 경우를 포함한다)에 대해서는 「지방세법」에 따른 등록면허세를 과세할 때 2027년 12월 31일까지 같은 법 제28조 제2항·제3항의 세율(등록면허세 중과세율)을 적용하지 아니한다(지특법 제180조의2②).

① 「자본시장과 금융투자업에 관한 법률」 제9조 제18항 제2호, 같은 조 제19항 제1호 및 제249조의13에 따른 투자회사, 기관전용 사모집합투자기구 및 투자목적회사
② 「기업구조조정투자회사법」 제2조 제3호에 따른 기업구조조정투자회사
③ 「부동산투자회사법」 제2조 제1호에 따른 부동산투자회사(같은 호 가목에 따른 자기관리

부동산투자회사는 제외한다)

④ 대통령령으로 정하는 특수 목적 법인(시행령에 정한 법인 없음)

⑤ 「조세특례제한법」 제104조의31 제1항에 해당하는 회사

⑥ 「문화산업진흥 기본법」 제2조 제21호에 따른 문화산업전문회사

⑦ 「선박투자회사법」 제3조에 따른 선박투자회사

> **□ 등록면허세 중과세율(지방세법 제28조 제2항 · 제3항)**
>
> ② 다음 각 호의 어느 하나에 해당하는 등기를 할 때에는 그 세율을 제1항 제1호 및 제6호에 규정한 해당 세율(제1항 제1호 가목부터 라목까지의 세율을 적용하여 산정된 세액이 6천원 미만일 때에는 6천원을, 제1항 제6호 가목부터 다목까지의 세율을 적용하여 산정된 세액이 11만 2천500원 미만일 때에는 11만 2천500원으로 한다)의 100분의 300으로 한다. 다만, 대도시에 설치가 불가피하다고 인정되는 업종으로서 대통령령으로 정하는 업종(이하 이 조에서 "대도시 중과 제외 업종"이라 한다)에 대해서는 그러하지 아니하다.
> 1. 대도시에서 법인을 설립(설립 후 또는 휴면법인을 인수한 후 5년 이내에 자본 또는 출자액을 증가하는 경우를 포함한다)하거나 지점이나 분사무소를 설치함에 따른 등기
> 2. 대도시 밖에 있는 법인의 본점이나 주사무소를 대도시로 전입(전입 후 5년 이내에 자본 또는 출자액이 증가하는 경우를 포함한다)함에 따른 등기. 이 경우 전입은 법인의 설립으로 보아 세율을 적용한다.
> ③ 제2항 각 호 외의 부분 단서에도 불구하고 대도시 중과 제외 업종으로 법인등기를 한 법인이 정당한 사유 없이 그 등기일부터 2년 이내에 대도시 중과 제외 업종 외의 업종으로 변경하거나 대도시 중과 제외 업종 외의 업종을 추가하는 경우 그 해당 부분에 대하여는 제2항 본문을 적용한다.

(3) 재산세 분리과세대상

1) 한국토지주택공사 및 유동화전문회사의 소유 토지

「한국토지주택공사법」에 따라 설립된 한국토지주택공사가 같은 법에 따라 타인에게 토지나 주택을 분양하거나 임대할 목적으로 소유하고 있는 토지(임대한 토지를 포함한다) 및 「자산유동화에 관한 법률」에 따라 설립된 유동화전문회사가 한국토지주택공사가 소유하던 토지를 자산유동화 목적으로 소유하고 있는 토지(취득일로부터 5년이 지난 토지로서 용지조성사업 또는 건축을 착공하지 않은 토지는 제외한다)는 분리과세대상으로 한다(지령 제102조⑦ 제11호).

2) 공모부동산투자회사의 소유 토지

「부동산투자회사법」 제49조의3 제1항에 따른 공모부동산투자회사(같은 법 시행령 제12조
의3 제27호〈상장된 부동산투자회사〉, 제29호〈부동산집합투자기구〉 또는 제30호〈특정금전
운용 신탁회사〉에 해당하는 자가 발행주식 총수의 100분의 100을 소유하고 있는 같은 법
제2조 제1호에 따른 부동산투자회사를 포함한다)가 목적사업에 사용하기 위하여 소유하고
있는 토지는 분리과세대상으로 한다(지령 제102조⑧ 제3호).

3) 부동산집합투자기구 또는 (종전)부동산간접투자기구의 소유 토지

「자본시장과 금융투자업에 관한 법률」 제229조 제2호에 따른 부동산집합투자기구[집합투자
재산의 100분의 80을 초과하여 같은 호에서 정한 부동산에 투자하는 같은 법 제9조 제19항
제2호에 따른 일반 사모집합투자기구(투자자가 「부동산투자회사법 시행령」 제12조의3
제27호〈상장된 부동산투자회사〉, 제29호〈부동산집합투자기구〉 또는 제30호〈특정금전 운용
신탁회사〉에 해당하는 자로만 이루어진 사모집합투자기구로 한정한다)를 포함한다] 또는
종전의 「간접투자자산 운용업법」에 따라 설정·설립된 부동산간접투자기구가 목적사업에
사용하기 위하여 소유하고 있는 토지 중 법 제106조 제1항 제2호에 해당하는 토지는 분리
과세대상으로 한다(지령 제102조⑧ 제9호).

(4) 중복 특례의 배제

동일한 과세대상의 동일한 세목에 대하여 둘 이상의 지방세 특례 규정이 적용되는 경우에는
그 중 감면되는 세액이 큰 것 하나만을 적용한다. 다만, 지방세특례제한법 제66조 제1항,
제73조, 제74조의2 제1항, 제92조 및 제92조의2와 다른 지방세 특례 규정이 함께 적용되는
경우에는 해당 특례 규정을 모두 적용하되, 지방세특례제한법 제66조 제1항, 제73조, 제74조의2
제1항 및 제92조 간에 중복되는 경우에는 그 중 감면되는 세액이 큰 것 하나만을 적용한다(지특법
제180조).

"지방세 특례"란 세율의 경감, 세액감면, 세액공제, 과세표준 공제(중과세 배제, 재산세
과세대상 구분전환을 포함한다) 등을 말한다(지특법 제2조① 제6호).

부동산개발과 세부담 최소화

부동산개발 과정에서 세부담을 최소화 하기 위하여는 부동산과 관련한 중과세 내용, 그리고 중소기업의 요건을 충족할 때 적용되는 세법상 특례와 일정 업종에 대한 지방세 감면 등 부동산개발에 관련된 세법 전반의 내용을 정확히 파악해야 함은 물론 부동산개발 프로젝트의 개별적인 특성도 반영하여 대안들을 수립한 후 비교·분석하여 최적화된 세무계획을 결정하고 실행해야 할 것이다. 이 Chapter에서는 세무계획을 위한 세법상 주요 내용을 세목별로 서술하고자 한다.

① 취득세의 세부담 최소화

(1) 취득세 중과세 규정에 대한 세무계획

1) 법인의 과밀억제권역 안 부동산 취득 중과 규정

과밀억제권역(산업단지를 제외한다. 이하 "대도시"라 한다) 안에서 법인을 설립(휴면법인의 인수를 포함한다. 이하 같다) 또는 지점·분사무소를 설치하는 경우 및 법인의 본점·주사무소·지점 또는 분사무소를 대도시 밖에서 대도시로 전입(수도권의 경우에는 서울특별시 외의 지역에서 서울특별시로의 전입도 대도시로의 전입으로 본다. 이하 같다)함에 따라 대도시의 부동산(「신탁법」에 따른 수탁자가 취득한 신탁재산을 포함한다. 이하 같다)을 취득 (그 설립·설치·전입 이후의 부동산 취득을 포함한다)하는 경우의 취득세는 중과세율 (표준세율 × 300/100 − 중과기준세율⟨2%⟩ × 200/100)을 적용한다. 다만, 지방세법 제11조 제1항 제8호(유상거래를 원인으로 주택을 취득하는 경우)에 해당하는 주택을 취득하는 경우 에는 지방세법 제13조의2 제1항 제1호(법인의 주택 취득 중과)에 해당하는 세율을 적용한다 (지법 제13조②).

이 경우 부동산 취득은 해당 법인 또는 행정안전부령으로 정하는 사무소 또는 사업장(이하 "사무소등"이라 한다)이 그 설립·설치·전입 이전에 법인의 본점·주사무소·지점 또는 분사무소의 용도로 직접 사용하기 위한 부동산 취득(채권을 보전하거나 행사할 목적으로 하는 부동산 취득은 제외한다. 이하 같다)으로 하고, 그 설립·설치·전입 이후의 부동산 취득은 법인 또는 사무소 등이 설립·설치·전입 이후 5년 이내에 하는 업무용·비업무용 또는 사업용· 비사업용의 모든 부동산 취득으로 한다(지령 제27조③).

또한, 「신탁법」에 따른 수탁자가 취득한 신탁재산의 경우 취득 목적, 법인 또는 사무소 등의 설립·설치·전입 시기 등은 같은 법에 따른 위탁자를 기준으로 판단한다(지령 제27조⑤).

부동산개발 법인이 과밀억제권역 안에서 부동산을 취득할 경우 취득세 중과세 대상에 해당되지 않기 위하여 검토해야 하는 쟁점사항은 법인설립일로부터 5년이 경과한 휴면법인의 인수문제, 지점·분사무소의 설치문제 그리고 주택건설사업 등 중과 제외 업종 판단 등이다. 이에 대하여 'Chapter 2. 제2절 6. 과밀억제권역 안 부동산 취득 중과세'의 내용을 잘 이해하고 세무계획을 수립해야 한다.

2) 주택건설사업을 위한 주택 취득의 중과적용 예외

① 법인의 주택 취득 중과 규정

주택[지방세법 제11조 제1항 제8호(주택을 유상거래를 원인으로 취득)에 따른 주택을 말한다. 이 경우 주택의 공유지분이나 부속토지만을 소유하거나 취득하는 경우에도 주택을 소유하거나 취득한 것으로 본다]을 유상거래를 원인으로 취득하는 경우로서 법인의 경우에는 지방세법 제11조 제1항 제8호(주택을 유상거래를 원인으로 취득)에도 불구하고 중과세율을 적용한다(지법 제13조의2①). 이 경우 지방세법 제11조 제1항 제7호 나목의 세율(4%)을 표준세율로 하여 해당 세율에 중과기준세율(2%)의 100분의 400을 합한 세율(12%)을 적용한다(지법 제13조의2① 제1호). 이에 관한 내용은 'Chapter 2. 제2절 7. 법인의 주택 취득 중과세'를 참고하기 바란다.

② 개인의 주택 취득 중과 규정

1세대 2주택에 해당하는 주택으로서 「주택법」 제63조의2 제1항 제1호에 따른 조정대상지역(이하 "조정대상지역"이라 한다)에 있는 주택을 취득하는 경우 또는 1세대 3주택에 해당하는 주택으로서 조정대상지역 외의 지역에 있는 주택을 취득하는 경우에는 지방세법 제11조 제1항 제7호 나목의 세율(4%)을 표준세율로 하여 해당 세율에 중과기준세율(2%)의 100분의 200을 합한 세율(8%)을 적용한다(지법 제13조의2① 제2호).

그리고 1세대 3주택 이상에 해당하는 주택으로서 조정대상지역에 있는 주택을 취득하는 경우 또는 1세대 4주택 이상에 해당하는 주택으로서 조정대상지역 외의 지역에 있는 주택을 취득하는 경우에는 지방세법 제11조 제1항 제7호 나목의 세율(4%)을 표준세율로 하여 해당 세율에 중과기준세율(2%)의 100분의 400을 합한 세율(12%)을 적용한다(지법 제13조의2① 제3호). 1세대의 취득세에 관한 내용은 'Chapter 5. 제2절 2. 1세대의 주택 취득 중과세'를 참조하기 바란다.

③ 주택건설사업을 위한 주택 취득의 중과적용 예외

주택법 제4조에 따라 등록한 주택건설사업자가 주택건설사업을 위하여 취득하는 주택

(취득일부터 3년 이내 해당 주택을 멸실하는 경우에 한함)의 경우 또는 주택신축판매업(정당한 사유 없이 그 취득일부터 1년이 경과할 때까지 해당 주택을 멸실시키지 않거나 그 취득일부터 3년이 경과할 때까지 주택을 신축하지 않은 경우 또는 그 취득일부터 5년이 경과할 때까지 신축 주택을 판매하지 않은 경우는 제외함)을 위하여 취득하는 주택의 경우에는 중과세 대상으로 보지 않으며, 소유주택 수에서도 제외한다(지령 제28조의2, 제28조의4⑤ 라목).

이에 따라 지방세법 제13조의2 주택의 유상거래 취득으로 인한 취득세 중과세 대상에 해당하지 않기 위해서 법인사업자는 주택법 제4조에 의한 주택건설사업자를 등록하여야 하고, 주택신축판매업을 영위하려는 개인사업자는 주택법 제4조에 의한 주택건설사업자 등록을 하거나 주택신축판매업[한국표준산업분류에 따른 주거용 건물 개발 및 공급업과 주거용 건물 건설업(자영건설업으로 한정한다)을 말한다]을 목적으로 부가가치세법에 따라 사업자 등록을 하고 요건(취득 후 1년 이내에 해당 주택 멸실, 3년 이내 주택을 신축, 5년 이내 주택을 판매할 것)을 충족해야 한다. 이에 관한 내용은 'Chapter 2. 제2절 7. (3) 주택유상거래 취득 중과세의 예외'를 참고하기 바란다.

3) 골프장, 고급주택의 중과 규정

골프장, 고급주택에 해당하는 부동산을 취득하는 경우(고급주택 등을 구분하여 그 일부를 취득하는 경우를 포함한다)의 취득세는 표준세율과 중과기준세율(2%)의 100분의 400을 합한 세율을 적용하여 계산한 금액을 그 세액으로 한다(지법 제13조⑤).

중과세율 = 표준세율 + 중과기준세율(2%) × 400/100

① 골프장

중과세 대상 골프장은 「체육시설의 설치·이용에 관한 법률」에 따른 회원제 골프장용 부동산 중 구분등록의 대상이 되는 토지와 건축물 및 그 토지 상의 입목을 말한다(지법 제13조⑤ 제2호).

중과세 적용대상 골프장은 그 시설을 갖추어 「체육시설의 설치·이용에 관한 법률」에 따라 체육시설업의 등록(시설을 증설하여 변경등록하는 경우를 포함한다)을 하는 경우뿐만 아니라 등록을 하지 아니하더라도 사실상 골프장으로 사용하는 경우에도 적용한다(지법 제13조⑤).

② 고급주택

중과세 대상 고급주택은 주거용 건축물 또는 그 부속토지의 면적과 가액이 고급주택의 기준에 해당하거나 해당 건축물에 67제곱미터 이상의 수영장 등 부대시설을 설치한 주거용 건축물과 그 부속토지를 말한다(지법 제13조⑤ 제3호).

③ 골프장, 고급주택의 중과 규정에 대한 세무계획

골프장, 고급주택의 중과에 관한 구체적인 내용은 'Chapter 2. 제2절 8. 사치성 재산 취득 중과세'에 서술되어 있으며 이에 대한 내용을 잘 이해하고 상황에 따라 적절한 세무계획을 수립해야 한다.

(2) 지방세특례제한법상 감면

지방세특례제한법상 감면 중 부동산 개발과 관련 있는 취득세 등 감면 내용을 요약하면 아래와 같다.

1) 주택공급 등을 위한 지원

감면대상	내 용	감면세목 및 감면율(%)	지방세 조문
공공임대주택 등에 대한 감면	「공공주택 특별법」에 따른 공공주택사업자(이하 "공공주택사업자"라 함)가 임대할 목적으로 임대형 기숙사(전용면적 40제곱미터 이하) 또는 공동주택을 건축하기 위하여 취득하는 토지와 임대할 목적으로 건축하여 취득하는 임대형기숙사 또는 공동주택 중 가. 임대형기숙사 또는 전용면적 60제곱미터 이하인 공동주택을 건축하기 위하여 토지를 취득하는 경우 나. 건축하여 취득하는 경우	취득세(100)	지특법 제31조① 제1호
	공공주택사업자가 임대할 목적으로 가. 「공공주택 특별법」에 따라 10년 이상의 장기임대 목적으로 전용면적 60제곱미터 초과 85제곱미터 이하인 임대주택(이하 "장기임대주택"이라함)을 20호 이상 건설하기 위하여 토지를 취득하는 경우 나. 장기임대주택을 20호 이상 건축하여 취득하는 경우 다. 20호 이상의 장기임대주택을 보유한 공공주택사업자가 추가로 장기임대주택을 건축하기 위하여 토지를 취득하는 경우 라. 20호 이상의 장기임대주택을 보유한 공공주택사	취득세(50)	지특법 제31조① 제2호

감면대상	내 용	감면세목 및 감면율(%)	지방세 조문
	업자가 추가로 장기임대주택을 건축하여 취득하는 경우		
	공공주택사업자가 임대할 목적으로 건축주로부터 실제 입주한 사실이 없는 임대형기숙사, 공동주택 또는 오피스텔을 최초로 유상거래로 취득하는 경우. 다만, 취득당시의 가액이 3억원(수도권 6억원)을 초과하는 공동주택과 오피스텔은 감면 대상에서 제외한다. 가. 임대형기숙사를 취득하는 경우 나. 전용면적 60제곱미터 이하인 공동주택 또는 오피스텔을 취득하는 경우	취득세(100)	지특법 제31조② 제1호
	"상 동" 가. 장기임대주택을 20호 이상 취득하는 경우 나. 20호 이상의 장기임대주택을 보유한 공공주택사업자가 추가로 장기임대주택을 취득하는 경우	취득세(50)	지특법 제31조② 제2호
공공임대주택 등에 대한 감면	공공주택사업자가 과세기준일 현재 임대목적의 임대형기숙사 또는 2세대 이상의 공동주택·오피스텔을 건축 중인 토지와 임대 목적으로 직접 사용하는 임대형기숙사 또는 2세대 이상의 공동주택·오피스텔. 다만, 공시된 가액 또는 시장·군수가 산정한 가액이 3억원[수도권은 6억원(공공건설임대주택은 9억원)을 초과하는 공동주택과 시가표준액이 2억원(수도권은 4억원)을 초과하는 오피스텔은 감면 대상에서 제외한다. 가. 임대의무기간이 30년 이상인 임대형기숙사를 건축 중인 토지 나. 임대의무기간이 30년 이상이고 전용면적이 40제곱미터 이하인 공동주택을 건축 중인 토지 다. 임대의무기간이 30년 이상인 임대형기숙사 라. 임대의무기간이 30년 이상이고 전용면적이 40제곱미터 이하인 공동주택	재산세(100)	지특법 제31조④ 제1호
	"상 동" 가. 임대형기숙사를 건축 중인 토지 나. 전용면적 60제곱미터 이하인 공동주택 또는 오피스텔을 건축 중인 토지 다. 임대형기숙사	재산세(50)	지특법 제31조④ 제2호

감면대상	내 용	감면세목 및 감면율(%)	지방세 조문
공공임대주택 등에 대한 감면	라. 전용면적 60제곱미터 이하인 공동주택 또는 오피스텔		
	"상 동" 가. 전용면적 60제곱미터 초과 85제곱미터 이하인 공동주택 또는 오피스텔을 건축 중인 토지 나. 전용면적 60제곱미터 초과 85제곱미터 이하인 공동주택 또는 오피스텔	재산세(25)	지특법 제31조④ 제3호
	한국토지주택공사 또는 지방공사가 「공공주택 특별법」 제43조 제1항(공공매입임대주택)에 따라 매입하여 공급하는 주택 및 건축물	취득세(25) 재산세(50)	지특법 제31조⑥
	공공주택사업자가 취득한 주택을 지분적립형 분양주택으로 최초로 공급하는 경우	재산세(25) 3년간	지특법 제31조⑧
장기일반민간 임대주택 등에 대한 감면 (상세한 내용은 [보론] 참조)	「민간임대주택에 관한 특별법」에 따른 임대사업자(일부 제외)가 공공지원민간임대주택 또는 장기일반민간임대주택을 임대할 목적으로 임대형기숙사 또는 공동주택을 건축하기 위하여 취득하는 토지와 임대할 목적으로 건축하여 취득하는 임대형기숙사 또는 공동주택 가. 임대형기숙사 또는 전용면적 60제곱미터 이하인 공동주택을 건축하기 위하여 토지를 취득하는 경우 나. 임대형기숙사 또는 전용면적 60제곱미터 이하인 공동주택을 건축하여 취득하는 경우	취득세(100)	지특법 제31조의3① 제1호
	"상 동" 가. 「민간임대주택에 관한 특별법」에 따라 10년 이상의 장기임대 목적으로 전용면적 60제곱미터 초과 85제곱미터 이하인 임대주택(이하 "장기임대주택"이라 한다)을 20호 이상 건축하기 위하여 토지를 취득하는 경우 나. 장기임대주택을 20호 이상 건축하여 취득하는 경우 다. 20호 이상의 장기임대주택을 보유한 임대사업자가 추가로 장기임대주택을 건축하기 위하여 토	취득세(50)	지특법 제31조의3① 제2호

감면대상	내 용	감면세목 및 감면율(%)	지방세 조문
장기일반민간 임대주택 등에 대한 감면 (상세한 내용은 [보론] 참조)	지를 취득하는 경우(추가로 취득한 결과로 20호 이상을 건축하기 위한 토지를 보유하게 되었을 때에는 그 20호부터 초과분까지를 건축하기 위한 토지를 포함한다) 라. 20호 이상의 장기임대주택을 보유한 임대사업자가 추가로 장기임대주택을 건축하여 취득하는 경우(추가로 취득한 결과로 20호 이상을 보유하게 되었을 때에는 그 20호부터 초과분까지를 포함한다)		
	임대사업자(일부 제외)가 임대할 목적으로 건축주로부터 실제 입주한 사실이 없는 임대형기숙사, 공동주택 또는 오피스텔을 최초로 유상거래(부담부증여는 제외한다)로 취득하는 경우 가. 임대형기숙사를 취득하는 경우 나. 전용면적 60제곱미터 이하인 공동주택 또는 오피스텔을 취득하는 경우	취득세(100)	지특법 제31조의3② 제1호
	"상 동" (ㄱ) 장기임대주택(10년 이상 임대, 60㎡ 초과 85㎡ 이하)을 20호 이상 취득하는 경우 (ㄴ) 20호 이상의 장기임대주택을 보유한 임대사업자가 추가로 장기임대주택을 취득하는 경우(추가로 취득한 결과로 20호 이상을 보유하게 되었을 때에는 그 20호부터 초과분까지를 포함한다)	취득세(50)	지특법 제31조의3② 제2호
	임대사업자가 과세기준일 현재 임대 목적의 임대형기숙사, 다가구주택(모든 호수의 전용면적이 40제곱미터 이하) 또는 2세대 이상의 공동주택·오피스텔을 건축 중인 토지와 임대 목적으로 직접 사용하는 임대형기숙사, 다가구주택 또는 2세대 이상의 공동주택·오피스텔 가. 임대형기숙사, 다가구주택, 전용면적 40제곱미터 이하인 공동주택 또는 오피스텔을 건축 중인 토지 나. 임대형기숙사, 다가구주택, 전용면적 40제곱미터 이하인 공동주택 또는 오피스텔	재산세(100)	지특법 제31조의3④ 제1호
	"상 동" 가. 전용면적 40제곱미터 초과 60제곱미터 이하인	재산세(75)	지특법 제31조의3④

감면대상	내 용	감면세목 및 감면율(%)	지방세 조문
장기일반민간 임대주택 등에 대한 감면 (상세한 내용은 [보론] 참조)	공동주택 또는 오피스텔을 건축 중인 토지 나. 전용면적 40제곱미터 초과 60제곱미터 이하인 공동주택 또는 오피스텔		제2호
	"상 동" 가. 전용면적 60제곱미터 초과 85제곱미터 이하인 공동주택 또는 오피스텔을 건축 중인 토지 나. 전용면적 60제곱미터 초과 85제곱미터 이하인 공동주택 또는 오피스텔	재산세(50)	지특법 제31조의3④ 제3호
공공주택사업자의 임대 목적으로 주택을 매도하기로 약정을 체결한 자에 대한 감면	「공공주택특별법」에 따른 공공주택사업자의 임대가 목적인 주택을 건축하여 공공주택사업자에게 매도하기로 약정을 체결한 자(주택등을 건축하기 위하여 부동산을 취득한 날부터 60일 이내에 공공주택사업자에게 매도하기로 약정을 체결한 자를 포함한다)가 해당 주택 등을 건축하기 위하여 취득하는 부동산	취득세(15)	지특법 제31조의5①
	공공주택사업자의 임대가 목적인 주택등을 건축하여 공공주택사업자에게 매도하기로 약정을 체결한 자가 해당 주택등을 건축하여 최초로 취득하는 경우	취득세(15)	지특법 제31조의5②
소규모 공동주택 취득에 대한 감면	한국토지주택공사가 임대를 목적으로 취득하여 소유하는 1가구당 건축면적 60제곱미터 이하인 공동주택 및 그 부속토지	취득세(25), 재산세(25)	지특법 제32조①
주택 공급 확대를 위한 감면	상시 거주할 목적으로 연면적 또는 전용면적이 40제곱미터 이하인 주택으로서 취득가액이 1억원 미만인 서민주택을 취득하여 1가구 1주택에 해당하는 경우	취득세(100)	지특법 제33조②
소형주택 공급 확대를 위한 감면	매각 또는 임대할 목적으로 신축하여 2024년 1월 10일부터 2025년 12월 31일까지 취득하는 다음 각 호의 어느 하나에 해당하는 주택 1. 전용면적이 60제곱미터 이하인 공동주택(아파트는 제외) 2. 전용면적이 60제곱미터 이하인 「주택법」 제2조 제20호에 따른 도시형 생활주택 3. 건축물대장에 호수별로 전용면적이 구분되어 기재되어 있는 다가구주택(전용면적이 60제곱미터 이하인 호수 부분으로 한정)	취득세(25)	지특법 제33조의2

감면대상	내 용	감면세목 및 감면율(%)	지방세 조문
지방 소재 준공 후 미분양 아파트에 대한 감면	「주택법」 제54조 제1항에 따른 사업주체가 다음 각 호의 요건을 모두 갖춘 아파트를 신축하여 2024년 1월 10일부터 2025년 12월 31일까지 취득하는 경우 1. 「주택법」 제49조에 따른 사용검사 또는 「건축법」 제22조에 따른 사용승인(임시사용승인을 포함)을 받은 후 분양되지 아니한 아파트일 것 2. 수도권 외의 지역에 있을 것 3. 전용면적이 85제곱미터 이하이고 「지방세법」 제10조의4에 따른 취득 당시의 가액이 3억원 이하일 것 4. 2025년 12월 31일까지 임대차계약을 체결하고 2년 이상 임대할 것	취득세(25)	지특법 제33조의3
생애최초 주택 구입에 대한 취득세 감면	주택 취득일 현재 본인 및 배우자가 주택을 소유한 사실이 없는 경우로서 취득당시가액이 12억원 이하인 주택을 유상거래(부담부증여는 제외)로 취득하는 경우(미성년자는 제외) 가. 전용면적이 60제곱미터 이하이고 취득당시가액이 3억원(수도권은 6억원으로 한다) 이하인 공동주택(아파트는 제외한다)(2024.12.31. 개정) 나. 전용면적이 60제곱미터 이하이고 취득당시가액이 3억원(수도권은 6억원으로 한다) 이하인 「주택법」 제2조 제20호에 따른 도시형 생활주택(2024.12.31. 개정) 다. 취득당시가액이 3억원(수도권은 6억원으로 한다) 이하인 「주택법」 제2조 제2호에 따른 단독주택 중 다가구주택으로서 「건축법」 제38조에 따른 건축물대장에 호수별로 전용면적이 구분되어 기재되어 있는 다가구주택(전용면적이 60제곱미터 이하인 호수 부분으로 한정한다)	취득세액이 300만원 이하(취득세 100%), 300만원 초과 (300만원 공제)	지특법 제36조의3① 제1호
	"상 동" 위 이외 경우	취득세액이 200만원 이하(취득세 100%), 200만원 초과 (200만원 공제)	지특법 제36조의3① 제2호

2) 기업구조 및 재무조정 등에 대한 지원

감면대상	내 용	감면세목 및 감면율(%)	지방세 조문
프로젝트금융 투자회사의 사업 정상화 지원을 위한 감면	「조세특례제한법」 제104조의31 제1항에 해당하는 회사("프로젝트금융투자회사")가 다른 프로젝트금융투자회사의 사업을 정상화하기 위하여 다른 프로젝트금융투자회사 사업장의 부동산을 취득하는 경우 해당 부동산(「자본시장과 금융투자업에 관한 법률」에 따른 집합투자기구로서 한국자산관리공사가 100분의 40 이상을 출자·투자한 집합투자기구의 자금으로 취득하는 부분에 한정)에 대해서는 2025년 12월 31일까지 취득세의 100분의 50을 경감한다. 이 경우 「지방세법」 제13조 제2항 본문 및 같은 조 제3항의 세율을 적용하지 아니한다.	취득세(50)	지특법 제57조의5
벤처기업 등에 대한 과세특례	벤처기업집적시설 또는 신기술창업집적지역을 개발·조성하여 분양 또는 임대, 벤처기업이 벤처기업집적시설을 직접 사용할 목적으로 취득하는 부동산	취득세(35), 재산세(35, 60)	지특법 제58조①
벤처기업 등에 대한 과세특례	벤처기업집적시설에 입주하는 벤처기업이 해당 사업에 직접 사용하는 부동산	취득세(50), 재산세(50, 60)	지특법 제58조②
	지정된 신기술창업집적지역에서 산업용 건축물·연구시설 및 시험생산용 건축물을 신축하거나 증축하려는 자가 취득하는 부동산	취득세(50), 재산세(50, 60, 3년)	지특법 제58조③
	벤처기업이 벤처기업육성촉진지구에서 그 고유업무에 직접 사용하기 위하여 취득하는 부동산	취득세(50), 재산세(35)	지특법 제58조④
지식산업센터 등에 대한 감면	사업시설용으로 직접 사용하기 위하여 신축 또는 증축하여 취득하는 부동산과 사업시설용으로 분양 또는 임대하기 위하여 신축 또는 증축하여 취득하는 부동산	취득세(35), 재산세(35, 5년)	지특법 제58조의2 ①
	지식산업센터를 신축하거나 증축하여 설립한 자로부터 최초로 해당 지식산업센터를 분양받은 입주자가 사업시설용으로 직접 사용하기 위하여 취득하는 부동산	취득세(35), 재산세(35, 5년)	지특법 제58조의2 ②

감면대상	내 용	감면세목 및 감면율(%)	지방세 조문
창업중소기업 등에 대한 감면	과밀억제권역 외의 지역에서 창업하는 중소기업(창업중소기업)이 창업일부터 4년 이내(청년창업기업의 경우에는 5년 이내)에 창업일 당시 업종의 사업을 계속 영위하기 위하여 취득하는 부동산	취득세(75)	지특법 제58조의3 ① 제1호
	과밀억제권역 외의 지역에서 창업하는 중소기업(창업중소기업)이 창업일 당시 업종의 사업에 과세기준일 현재 직접 사용(임대는 제외한다)하는 부동산	재산세(100, 3년, 50, 2년)	지특법 제58조의3 ① 제2호
	창업일부터 3년 이내에 벤처기업으로 확인받은 기업(창업벤처중소기업)이 최초로 확인받은 날부터 4년 이내(청년창업벤처기업의 경우에는 5년 이내)에 창업일 당시 업종의 사업을 계속 영위하기 위하여 취득하는 부동산	취득세(75)	지특법 제58조의3 ② 제1호
	창업일부터 3년 이내에 벤처기업으로 확인받은 기업(창업벤처중소기업)이 창업일 당시 업종의 사업에 과세기준일 현재 직접 사용(임대는 제외한다)하는 부동산	재산세(100, 3년, 50, 2년)	지특법 제58조의3 ② 제2호

3) 국토 및 지역개발에 대한 지원

감면대상	내 용	감면세목 및 감면율(%)	지방세 조문
토지수용 등으로 인한 대체취득에 대한 감면	종전의 부동산등을 대체할 부동산등을 취득하였을 때	취득세(100)	지특법 제73조①
	환매권을 행사하여 매수하는 부동산	취득세(100)	지특법 제73조③
기부채납용 부동산 등에 대한 감면	부동산 및 사회기반시설 중에서 국가, 지방자치단체 또는 지방자치단체조합에 귀속 또는 기부채납의 반대급부로 국가등이 소유하고 있는 부동산 또는 사회기반시설을 무상으로 양여받거나 기부채납 대상물의 무상사용권을 제공받는 조건으로 취득하는 부동산 또는 사회기반시설	취득세(50)	지특법 제73조의2 ①
도시개발사업 등에 대한 감면	도시개발사업의 사업시행자가 해당 도시개발사업의 시행으로 취득하는 체비지 또는 보류지	취득세(75)	지특법 제74조③
	주거환경개선사업의 시행자가 주거환경개선사업의 대지조성을 위하여 취득하는 주택	취득세(75)	지특법 제74조④ 제1호
	주거환경개선사업의 시행자가 해당 사업의 시행으로 취득하는 체비지 또는 보류지	취득세(75)	지특법 제74조④ 제2호
	재개발사업의 시행자가 재개발사업의 대지 조성을 위하여 취득하는 부동산 및 관리처분계획에 따라 취득하는 주택(1가구 1주택)	취득세(50)	지특법 제74조⑤ 제1,2호
	재개발사업의 정비구역지정 고시일 현재 부동산의 소유자가 재개발사업의 시행으로 주택을 취득(1가구 1주택)	전용면적 60㎡ 이하 : 취득세(75), 60㎡ 초과 85㎡ 이하 : 취득세(50)	지특법 제74조⑤ 제3호
도심 공공주택 복합사업 등에 대한 감면	「공공주택 특별법」 제2조 제3호 마목에 따른 도심 공공주택 복합사업 및 「도시재생 활성화 및 지원에 관한 특별법」 제2조 제1항 제6호의3에 따른 주거재생혁신지구에서 시행하는 사업의 시행으로 대상 부동산의 소유자가 현물보상에 따라 취득하는 건축물	취득세(100)	지특법 제74조의2 ①

감면대상	내 용	감면세목 및 감면율(%)	지방세 조문
도심 공공주택 복합사업 등에 대한 감면	복합사업 및 주거혁신지구재생사업의 시행에 따라 취득하는 부동산		지특법 제74조의2 ③ 본문
	1. 복합사업등의 시행자가 사업 시행을 위하여 취득하는 부동산	현물보상 약정체결 : 취득세(100) 약정 미체결 : 취득세(50)	지특법 제74조의2 ③ 제1호
	2. 복합사업등의 시행자가 사업계획에 따라 건축하여 취득하는 주택	취득세(50)	지특법 제74조의2 ③ 제2호
	3. 복합사업의 복합지구 지정 고시일 또는 혁신지구재생사업의 주거재생혁신지구 지정 고시일 현재 부동산의 소유자가 복합사업등의 시행으로 주택을 취득함으로써 1가구 1주택자가 되는 경우	전용 60㎡ 이하 : 취득세(75) 전용 60㎡ 초과 85㎡ 이하 : 취득세(50)	지특법 제74조의2 ③ 제3호
기업도시개발 구역 및 지역 개발사업구역 내 창업기업 등에 대한 감면	기업도시개발구역에 창업하거나 사업장을 신설하는 기업이 그 구역의 사업장에서 하는 사업	취득세(50), 재산세(50)	지특법 제75조의2 ①
산업단지 등에 대한 감면	산업단지개발사업의 시행자 또는 「산업기술단지 지원에 관한 특례법」 제4조에 따른 사업시행자가 산업단지 또는 산업기술단지를 조성하기 위하여 취득하는 부동산	취득세(35), 재산세(35, 수도권 외의 지역 60)	지특법 제78조①
	사업시행자가 산업단지 또는 산업기술단지를 개발·조성한 후 산업용 건축물등의 용도로 분양 또는 임대할 목적으로 취득·보유하는 부동산	취득세(35), 재산세(35, 수도권 외의 지역 60)	지특법 제78조②
	사업시행자가 산업단지 또는 산업기술단지를 개발·조성한 후 직접 사용하기 위하여 취득·보유하는 부동산	취득세(35), 재산세(35, 수도권 외의 지역 60)	지특법 제78조③
	사업시행자 외의 자가 산업단지등에서 취득하는 부동산	취득세(50), 재산세(35, 수도권 외의 지역 75, 5년)	지특법 제78조④

감면대상	내 용	감면세목 및 감면율(%)	지방세 조문
시장정비사업에 대한 감면	시장정비구역에서 시장정비사업을 추진하려는 자가 해당 사업에 직접 사용하기 위하여 취득하는 부동산	취득세(50), 재산세(50)	지특법 제83조①
	시장정비구역에서 3년 전 입점 상인 또는 부동산 소유자가 시장정비사업시행자로부터 시장정비사업시행에 따른 부동산을 최초로 취득하는 경우 해당 부동산(주택은 제외한다)	취득세(100), 재산세(50, 5년)	지특법 제83조②

4) 수송 및 관광 등에 대한 지원

감면대상	내 용	감면세목 및 감면율(%)	지방세 조문
물류단지 등에 대한 감면	물류단지개발사업의 시행자가 물류단지를 개발하기 위하여 취득하는 부동산	취득세(35), 재산세(25)	지특법 제71조①
	물류사업을 직접 하려는 자가 물류사업에 직접 사용하기 위해 취득하는 물류시설용 부동산(대규모점포는 제외한다)	취득세(50) 재산세(35, 5년)	지특법 제71조②
	복합물류터미널사업자가 인가받은 공사계획을 시행하기 위하여 취득하는 부동산	취득세(25)	지특법 제71조③
도시첨단물류단지에 대한 감면	도시첨단물류단지 개발에 직접사용, 취득하는 토지 및 물류시설용 건축물	취득세(15)	지특법 제71조의2 ①
	도시첨단물류단지에서 물류사업에 직접 사용, 취득하는 물류시설용 부동산	취득세(40, 15)	지특법 제71조의2 ②
관광단지 등에 대한 과세특례	관광단지개발 사업시행자가 관광단지개발사업을 시행하기 위하여 취득하는 부동산	취득세(25)	지특법 제54조①

5) 농·어업법인에 대한 지원

감면대상	내 용	감면세목 및 감면율(%)	지방세 조문
농업법인에 대한 감면	농업법인이영농에 사용하기 위하여 법인설립 등기일부터 2년 이내(청년농업법인의 경우 4년 이내)에 취득하는 농지, 농지를 조성하기 위하여 취득하는 임야 및 시설	취득세(75)	지특법 제11조①
	농업법인이 영농·유통·가공에 직접 사용하기 위하여 취득하는 부동산	취득세(50), 재산세(50)	지특법 제11조②
어업법인에 대한 감면	어업법인이 영어·유통·가공에 직접 사용하기 위하여 취득하는 부동산	취득세(50), 재산세(50)	지특법 제12조①

지방세 감면 특례의 제한

지방세특례제한법에 따라 취득세 또는 재산세가 면제되는 경우에는 이 법에 따른 취득세 또는 재산세의 면제규정에도 불구하고 100분의 85에 해당하는 감면율을 적용한다. 다만, 특별히 정한 경우에는 그러하지 아니하다(지특법 제177조의2①).

감면된 취득세의 추징

부동산에 대한 감면을 적용할 때 지방세특례제한법에서 특별히 규정한 경우를 제외하고는 다음의 어느 하나에 해당하는 경우 그 해당 부분에 대해서는 감면된 취득세를 추징한다(지특법 제178조①). 이 경우 이자상당액을 가산하여 납부하여야 한다(지특법 제178조②).

① 정당한 사유 없이 그 취득일부터 1년이 경과할 때까지 해당 용도로 직접 사용하지 아니하는 경우
② 해당 용도로 직접 사용한 기간이 2년 미만인 상태에서 매각·증여하거나 다른 용도로 사용하는 경우

(3) 과점주주의 간주취득에 대한 세무계획

당해 법인의 주식을 취득하여 과점주주가 된 경우 과점주주일 현재 법인장부상 재고자산(미분양 주택)이 계상되어 있다면 미분양 주택도 지방세법상 과세대상이 되는 부동산에 해당하므로 미분양 주택을 포함한 총가액에 과점주주가 취득한 주식비율을 곱한 금액으로 신

고납부 하여야 한다(지방세운영 – 2649, 2008.12.23.).

부동산개발 법인이 아파트 등 분양사업을 하던 중 미분양이 발생한 경우에 미분양 주택 등은 재고자산으로 장부에 계상된다. 이 경우 지방세법상 과점주주의 간주취득 과세 문제가 발생하게 되므로 이에 대한 사전 검토와 세무계획 수립이 필요하다. 과점주주의 간주취득에 대한 내용은 아래와 같다.

1) 과점주주 간주취득의 범위

법인의 주식 또는 지분을 취득함으로써 「지방세기본법」 제46조 제2호에 따른 과점주주 중 대통령령(지령 제10조의2, 생략)으로 정하는 과점주주(이하 "과점주주"라 한다)가 되었을 때에는 그 과점주주가 해당 법인의 부동산등(법인이 「신탁법」에 따라 신탁한 재산으로서 수탁자 명의로 등기·등록이 되어 있는 부동산등을 포함한다)을 취득(법인설립 시에 발행하는 주식 또는 지분을 취득함으로써 과점주주가 된 경우에는 취득으로 보지 아니한다)한 것으로 본다. 이 경우 과점주주의 연대납세의무에 관하여는 「지방세기본법」 제44조(생략)를 준용한다(지법 제7조⑤).

2) 과세대상

법인의 부동산 등 간주취득의 과세대상은 부동산, 차량, 기계장비, 입목, 항공기, 선박, 광업권, 어업권, 양식업권, 골프회원권, 승마회원권, 콘도미니엄 회원권, 종합체육시설 이용회원권 또는 요트회원권(이하 "부동산등"이라 한다)을 말한다(지법 제7조①).

3) 주식(또는 지분)의 변동과 과점주주 판단

주주(또는 유한책임사원)이 주식(또는 지분)을 취득하여 법인의 과점주주가 되는 사례는 아래와 같다.

① 최초로 과점주주가 된 경우

법인의 과점주주가 아닌 주주 또는 유한책임사원이 다른 주주 또는 유한책임사원의 주식 또는 지분(이하 "주식등"이라 한다)을 취득하거나 증자 등으로 최초로 과점주주가 된 경우에는 최초로 과점주주가 된 날 현재 해당 과점주주가 소유하고 있는 법인의 주식등을 모두 취득한 것으로 보아 취득세를 부과한다(지령 제11조①).

구 분		취득비율	지분비율	간주취득 지분비율
case 1	최초 설립시	–	40	–
	증자 또는 취득	25%	65%	65%

② 과점주주가 가진 주식등의 비율이 증가된 경우

이미 과점주주가 된 주주 또는 유한책임사원이 해당 법인의 주식등을 취득하여 해당 법인의 주식등의 총액에 대한 과점주주가 가진 주식등의 비율(이하 "주식등의 비율"이라 한다)이 증가된 경우에는 그 증가분을 취득으로 보아 취득세를 부과한다. 다만, 증가된 후의 주식등의 비율이 해당 과점주주가 이전에 가지고 있던 주식등의 최고비율보다 증가되지 아니한 경우에는 취득세를 부과하지 아니한다(지령 제11조②).

구 분		취득비율	지분비율	간주취득 지분비율
case 1	최초 설립시	–	65%	–
	증자 또는 취득	10%	75%	10%
case 2	최초 설립시	–	–	–
	증자 또는 취득	55%	55%	55%
	증자 또는 취득	10%	65%	10%

③ 다시 과점주주가 된 경우

과점주주였으나 주식등의 양도, 해당 법인의 증자 등으로 과점주주에 해당되지 아니하는 주주 또는 유한책임사원이 된 자가 해당 법인의 주식등을 취득하여 다시 과점주주가 된 경우에는 다시 과점주주가 된 당시의 주식등의 비율이 그 이전에 과점주주가 된 당시의 주식등의 비율보다 증가된 경우에만 그 증가분만을 취득으로 보아 위 ②의 예에 따라 취득세를 부과한다(지령 제11조③).

구 분		취득비율	지분비율	간주취득 지분비율
case 1	최초 설립시	–	–	–
	증자 또는 취득	55%	55%	55%
	양 도	–30%	25%	–
	재취득	40%	65%	10%

구 분		취득비율	지분비율	간주취득 지분비율
case 2	최초 설립시	–	–	–
	증자 또는 취득	65%	65%	65%
	양 도	−45%	20%	–
	재취득	40%	60%	–

4) 간주취득의 과세표준

과점주주가 취득한 것으로 보는 해당 법인의 부동산등의 취득당시가액은 해당 법인의 결산서와 그 밖의 장부 등에 따른 부동산등의 총가액을 그 법인의 주식 또는 출자의 총수로 나눈 가액에 과점주주가 취득한 주식 또는 출자의 수를 곱한 금액으로 한다. 이 경우 과점주주는 조례로 정하는 바에 따라 취득당시가액과 그 밖에 필요한 사항을 신고하여야 한다(지법 제10조의6④).

5) 세율의 특례적용

지방세법 제7조 제5항에 따른 과점주주의 취득(이 경우 과세표준은 지방세법 제10조의6 제4항〈위 4) 참조〉에 따른다) 대한 취득세는 중과기준세율(2%)을 적용하여 계산한 금액을 그 세액으로 한다. 다만, 취득물건이 지방세법 제13조 제1항(과밀억제권역 안 취득 등 중과)에 해당하는 경우에는 중과기준세율(2%)의 100분의 300을, 같은 조 제5항(사치성 재산)에 해당하는 경우에는 중과기준세율(2%)의 100분의 500을 각각 적용한다(지법 제15조② 제3호).

> ❑ **과점주주의 납세의무**(운영예규 법7-3)
> ① 과점주주에 대한 취득세를 과세함에 있어 대도시 내 법인 본점 또는 주사무소의 사업용부동산 등에 대하여는 중과세를 하지 아니한다.
> ② 과점주주의 납세의무성립 당시 당해 법인의 취득시기가 도래되지 아니한 물건에 대하여는 과점주주에게 납세의무가 없으며, 연부취득 중인 물건에 대하여는 연부취득시기가 도래된 부분에 한하여 납세의무가 있다.
> ③ 과점주주 집단내부 및 특수관계자 간의 주식거래가 발생하여 과점주주가 소유한 총주식의 비율에 변동이 없다면 과점주주 간주취득세의 납세의무는 없다.
> 예시1. 과점주주 집단 내부에서 주식이 이전되는 경우
> 예시2. 당해 법인의 주주가 아니었던 자가 기존의 과점주주와 친족 기타 특수관계에

 부가가치세의 세부담 최소화

부동산개발과 관련하여 부가가치세의 쟁점사항은 공급시기, 과세·면세 대상의 정확한 적용 등이며 이에 대해서는 'Chapter 3. Ⅰ. 부동산개발과 부가가치세'의 해당 내용을 잘 이해해야 한다. 여기에서는 세부담 최소화 문제로 고려해야 할 재화공급의 특례(간주공급) 중 부동산개발사업과 관련된 내용과 재화나 용역을 공급받고 대가를 지급하였으나 매입세금계산서를 수취하지 못한 경우에 활용할 수 있는 매입자발행 세금계산서 제도에 대해 서술한다.

(1) 재화공급의 특례(간주공급)에 대한 세무계획

재화공급의 특례(간주공급) 중 부동산개발사업과 특히 관련된 아래의 내용을 이해하고 이에 대한 세무계획의 수립이 중요하다.

1) 자가공급 중 면세사업 전용

사업자가 자기의 과세사업과 관련하여 생산하거나 취득한 재화로서 매입세액이 공제된 재화를 자기의 면세사업 및 부가가치세가 과세되지 아니하는 재화 또는 용역을 공급하는 사업("면세사업등")을 위하여 직접 사용하거나 소비하는 것은 재화의 공급으로 본다(부가법 제10조①).

부동산개발사업에서 국민주택규모 초과 아파트 등 부가가치세의 매입세액을 공제받은 재화를 미분양으로 임대할 경우에 면세사업 전용으로 인한 부가가치세 과세문제가 발생할 수도 있다. 미분양 주택을 임대함에 있어 주택임대업으로 등록을 하지 아니한 경우에는 일시적·잠정적으로 임대할 것인지 임대업으로 전환할 것인지 여부에 따라 과세(면세전용) 여부가 결정된다. 이 경우 면세사업인 주택 임대업으로 전환한 것으로 보아 면세전용으로 과세될 수 있는 경우를 신중히 판단해야만 일시적·잠정적 임대일 때 이에 대한 판단 잘못으로 인해 과세되는 문제를 방지할 수 있다. 이에 관한 내용은 'Chapter 4. 제3절 1. 미분양 주택 또는 상가의 부가가치세 실무'를 참고하기 바란다.

한편, 오피스텔을 분양받은 납세자가 임대사업 개시 전에 과세사업자인 일반임대사업자로 사업자등록을 하고 부가가치세를 환급받았으나, 오피스텔 준공 후 과세사업에 사용하지 아니하고 면세사업자인 주택임대사업자로 전환한 경우에는 당초부터 면세사업자로 보아 추징하고 가산세를 부과한다(서면부가2017-3617, 2018.5.14.).

2) 사업상 증여

사업자가 자기생산·취득재화를 자기의 고객이나 불특정 다수에게 증여하는 경우(증여하는 재화의 대가가 주된 거래인 재화의 공급에 대한 대가에 포함되는 경우는 제외한다)는 재화의 공급으로 본다(부가법 제10조⑤). 자기생산·취득재화란 매입세액을 공제받은 재화를 말한다.

부동산개발사업에서 당초 아파트를 분양할 때 분양을 받은 자에게 발코니 부분을 별도의 계약에 의해 공급하면 국민주택규모 이하의 아파트 공급일지라도 발코니의 공급은 국민주택의 공급에 해당하지 아니하여 그 부분은 부가가치세 과세대상이 된다. 만약 아파트 분양사업에서 공급자가 공사의 지연 등으로 인해 아파트 공급에 차질이 있어 그에 대한 보상으로 발코니 부분을 공급받은 자에게 무상으로 공급하기로 하였다면, 이는 사업상 증여에 해당하게 된다. 이 경우 부가가치세의 신고납부 방법으로 아파트 공급사업자는 발코니공사 부분에 대한 매입세액을 공제받고 발코니 공급시기의 납부기간에 매출세액을 납부하는 방법과 매입세액을 공제받지 아니하고 매출세액도 납부하지 않는 방법 중 선택할 수 있으며 정상적인 사업이라면 후자의 경우가 납부세액이 크게 절감될 것이다.

3) 폐업할 때 남아 있는 재화

사업자가 폐업할 때 자기생산·취득재화 중 남아 있는 재화는 자기에게 공급하는 것으로 본다(부가법 제10조⑥). 자기생산·취득재화란 매입세액을 공제받은 재화를 말한다.

사업자가 사업을 폐업하는 경우 자기생산·취득재화 중 남아 있는 재화에 대하여 「부가가치세법」 제10조 제6항에 따라 부가가치세를 과세하는 것이나 사업자가 사업의 종류를 변경한 경우 변경 전 사업에 대한 잔존재화에 대하여는 과세하지 아니하는 것이다(서면부가 2016-4095, 2016.8.19.).

한편, 경기불황 등으로 상가 등이 분양되지 않아 장기간 매출이 발생하지 않을 것으로 예상되어 부동산개발 법인의 폐업을 고려한다면 장래 매출이 발생할 경우를 대비하여 폐업보다는 휴업을 선택하는 것이 폐업으로 인한 잔존재화에 대한 부가가치세 과세문제가 발생하지 않고 휴업기간 동안 관리비용 지출로 인한 세금계산서 수취도 가능할 것이다.

(2) 매입자발행세금계산서 제도

1) 발행 방법

부가가치세 납세의무자로 등록한 사업자가 재화 또는 용역을 공급하고 세금계산서 발급 시기에 세금계산서를 발급하지 아니한 경우[사업자의 부도·폐업, 공급 계약의 해제·변경 또는 그 밖에 대통령령으로 정하는 사유가 발생한 경우(소재불명 또는 연락두절 상태인 경우, 휴업이나 그 밖의 부득이한 사유로 세금계산서를 발급받는 것이 곤란하다고 국세청장이 인정하는 경우)로서 사업자가 수정세금계산서 또는 수정전자세금계산서를 발급하지 아니한 경우를 포함한다] 그 재화 또는 용역을 공급받은 자는 관할 세무서장의 확인을 받아 세금계산서를 발행(이하 "매입자발행세금계산서"라 한다)할 수 있다(부가법 제34조의2①). 이 경우 매입자발행세금계산서에 기재된 부가가치세액은 공제 받을 수 있는 매입세액으로 본다(부가법 제34조의2②, 부가령 제71조의2②).

2) 발행대상 사업자(공급자)

세금계산서를 발급받지 못한 경우에 발행대상 사업자(공급자)는 세금계산서 발급의무가 있는 사업자이다(부가령 제71조의2①). 따라서 공급자가 미등록사업자, 간이과세자 그리고 면세사업자로서 세금계산서를 발급할 수 없는 사업자인 경우는 제외된다.

3) 발행 절차

① 거래사실의 확인신청

부가가치세법 매입자발행세금계산서를 발행하려는 자(이하 "신청인"이라 한다)는 해당 재화 또는 용역의 공급시기가 속하는 과세기간의 종료일부터 1년 이내에 거래사실확인신청서에 거래사실을 객관적으로 입증할 수 있는 서류를 첨부하여 신청인 관할 세무서장에게 거래사실의 확인을 신청하여야 한다(부가령 제71조의2③).

② 확인신청 대상금액

거래사실의 확인신청 대상이 되는 거래는 거래건당 공급대가가 5만원 이상인 경우로 한다(부가령 제71조의2④).

③ 보정 요구

신청을 받은 관할 세무서장은 신청서에 재화 또는 용역을 공급한 자(이하 "공급자"라 한다)의 인적사항이 부정확하거나 신청서 기재방식에 흠이 있는 경우에는 신청일부터 7일 이내에 일정한 기간을 정하여 보정요구를 할 수 있다(부가령 제71조의2⑤).

④ 거부 결정

신청인이 위의 기간 이내에 보정요구에 응하지 아니하거나 다음의 어느 하나에 해당하는 경우에는 신청인 관할 세무서장은 거래사실의 확인을 거부하는 결정을 하여야 한다(부가령 제71조의2⑥).

(ㄱ) 위 ①의 신청기간을 넘긴 것이 명백한 경우

(ㄴ) 신청서의 내용으로 보아 거래 당시 미등록사업자 또는 휴·폐업자와 거래한 것이 명백한 경우

⑤ 공급자 관할 세무서장에 송부

신청인 관할 세무서장은 확인을 거부하는 결정을 하지 아니한 신청에 대해서는 거래사실 확인신청서가 제출된 날(보정을 요구하였을 때에는 보정이 된 날)부터 7일 이내에 신청서와 제출된 증빙서류를 공급자 관할 세무서장에게 송부하여야 한다(부가령 제71조의2⑦).

⑥ 거래사실여부 확인

신청서를 송부받은 공급자 관할 세무서장은 신청인의 신청내용, 제출된 증빙자료를 검토하여 거래사실여부를 확인하여야 한다. 이 경우 거래사실의 존재 및 그 내용에 대한 입증책임은 신청인에게 있다(부가령 제71조의2⑧).

⑦ 거래사실여부 확인결과 통지

공급자 관할 세무서장은 신청일의 다음 달 말일까지 거래사실여부를 확인한 후 다음의 구분에 따른 통지를 공급자와 신청인 관할 세무서장에게 하여야 한다(부가령 제71조의2⑨).

(ㄱ) 거래사실이 확인되는 경우 : 공급자 및 공급받는 자의 사업자등록번호, 작성연월일, 공급가액 및 부가가치세액 등을 포함한 거래사실 확인 통지

(ㄴ) 거래사실이 확인되지 아니하는 경우 : 거래사실 확인불가 통지

다만, 공급자의 부도, 일시 부재 등 다음의 불가피한 사유가 있는 경우에는 거래사실 확인 기간을 20일 이내의 범위에서 연장할 수 있다(부가령 제71조의2⑨ 단서, 부가칙 제52조의2②).

(ㄱ) 공급자의 부도, 질병, 장기출장 등으로 거래사실 확인이 곤란하여 공급자가 연기를 요청한 경우

(ㄴ) 세무공무원이 거래사실의 확인을 위하여 2회 이상 공급자를 방문하였으나 폐문·부재 등으로 인하여 공급자를 만나지 못한 경우

⑧ 확인결과 신청인에 통지

신청인 관할 세무서장은 공급자 관할 세무서장으로부터 통지를 받은 후 즉시 신청인에게 그 확인결과를 통지하여야 한다(부가령 제71조의2⑩).

⑨ 신청인의 매입자발행세금계산서 교부

신청인 관할 세무서장으로부터 거래사실 확인 통지를 받은 신청인은 공급자 관할 세무서장이 확인한 거래일자를 작성일자로 하여 매입자발행세금계산서를 발행하여 공급자에게 교부하여야 한다(부가령 제71조의2⑪).

⑩ 매입자발행세금계산서 교부 간주

신청인 및 공급자가 관할 세무서장으로부터 확인결과의 통지를 받은 때에는 신청인이 매입자발행세금계산서를 공급자에게 교부한 것으로 본다(부가령 제71조의2⑫).

※ 매입자발행계산서제도는 법인세법 제121조의2와 소득세법 제163조의3에 2022.12.31. 신설되어 2023. 7.1.부터 시행된다.

❸ 법인세의 세부담 최소화

부동산개발 법인이 조세특례제한법 시행령 제2조에서 정하고 있는 중소기업에 해당되는지 여부가 법인세법상 이월결손금 공제한도 100% 적용대상 여부, 결손금소급공제 적용대상 여부를 결정한다. 법인세 부담 최소화를 위해서는 중소기업의 범위에 관한 세법 내용 등을 이해하고 이에 대한 세무계획을 수립하는 것이 중요하다.

(1) 중소기업의 범위

1) 중소기업의 요건

"중소기업"이란 다음의 요건을 모두 갖춘 기업을 말한다. 다만, 자산총액이 5천억원 이상인 경우에는 중소기업으로 보지 않는다(조특령 제2조①). 이 경우 자산총액은 과세연도 종료일 현재 기업회계기준에 따라 작성한 재무상태표상의 자산총액으로 한다(조특칙 제2조⑤).

① 매출액 요건

매출액이 업종별로 「중소기업기본법 시행령」 별표 1에 따른 규모 기준("평균매출액등"은 "매출액"으로 보며, 이하 "중소기업기준"이라 한다) 이내일 것(조특령 제2조① 제1호). 이 경우 매출액은 과세연도 종료일 현재 기업회계기준에 따라 작성한 해당 과세연도 손익계산서상의 매출액으로 한다. 다만, 창업·분할·합병의 경우 그 등기일의 다음 날(창업의 경우에는 창업일)이 속하는 과세연도의 매출액을 연간 매출액으로 환산한 금액을 말한다(조특칙 제2조④).

|「중소기업기본법 시행령」표 1에 따른 주된 업종별 매출액의 중소기업 규모기준 발췌|

해당 기업의 주된 업종	분류기호	규모 기준
40. 숙박 및 음식점업	I	
41. 금융 및 보험업	K	
42. 부동산업	L	매출액 400억원 이하
43. 임대업	N76	
44. 교육 서비스업	P	

② 독립성 요건

「독점규제 및 공정거래에 관한 법률」에 따른 공시대상기업집단에 속하는 회사 또는 공시대상기업집단의 국내 계열회사로 편입·통지된 것으로 보는 회사에 해당하지 않으며, 실질적인 독립성이 「중소기업기본법 시행령」 제3조 제1항 제2호(아래 참조)에 적합할 것(조특령 제2조① 제3호)

❏ **중소기업의 범위**(「중소기업기본법 시행령」 제3조 제1항 제2호)

2. 소유와 경영의 실질적인 독립성이 다음 각 목의 어느 하나에 해당하지 아니하는 기업일 것

　가. 삭제

　나. 자산총액이 5천억원 이상인 법인(외국법인을 포함하되, 비영리법인 및 제3조의2 제3항 각 호의 어느 하나에 해당하는 자는 제외한다)이 주식등의 100분의 30 이상을 직접적 또는 간접적으로 소유한 경우로서 최다출자자인 기업. 이 경우 최다출자자는 해당 기업의 주식등을 소유한 법인 또는 개인으로서 단독으로 또는 다음의 어느 하나에 해당하는 자와 합산하여 해당 기업의 주식등을 가장 많이 소유한 자를 말하며, 주식등의 간접소유 비율에 관하여는 「국제조세조정에 관한 법률 시행령」 제2조 제2항을 준용한다.

　　1) 주식등을 소유한 자가 법인인 경우 : 그 법인의 임원

　　2) 주식등을 소유한 자가 1)에 해당하지 아니하는 개인인 경우 : 그 개인의 친족

　　　* 「중소기업기본법 시행령」 제3조 제1항 제2호 나목의 주식등의 간접소유 비율을 계산할 때 「자본시장과 금융투자업에 관한 법률」에 따른 집합투자기구를 통하여 간접소유한 경우는 제외한다(조특령 제2조① 제3호).

다. 관계기업[*1]에 속하는 기업의 경우에는 제7조의4에 따라 산정한 평균매출액등이
별표1의 기준에 맞지 아니하는 기업[*2]

*1) "관계기업"이란 「주식회사 등의 외부감사에 관한 법률」 제4조에 따라 외부감사의 대상이
되는 기업(이하 "외부감사대상기업"이라 한다)이 제3조의2(지배 또는 종속의 관계)에 따라
다른 국내기업을 지배함으로써 지배 또는 종속의 관계에 있는 기업의 집단을 말한다(중기령
제2조 제3호).

*2) 「중소기업기본법 시행령」 제3조 제1항 제2호 다목을 적용할 때 "평균매출액등이 별표 1의
기준에 맞지 아니하는 기업"은 "매출액이 「조세특례제한법 시행령」 제2조 제1항 제1호에
따른 중소기업기준에 맞지 않는 기업"으로 본다(조특령 제2조① 제3호).

라. 삭제

③ 업종 요건

부동산 임대업 또는 다음의 소비성서비스업을 주된 사업으로 영위하지 아니할 것(조특령
제2조① 제4호, 조특령 제29조③).

㈀ 호텔업 및 여관업(「관광진흥법」에 따른 관광숙박업은 제외한다)

㈁ 주점업(일반유흥주점업, 무도유흥주점업 및 「식품위생법 시행령」 제21조에 따른 단란
주점 영업만 해당하되, 「관광진흥법」에 따른 외국인전용유흥음식점업 및 관광유흥
음식점업은 제외한다)

㈂ 그 밖에 오락·유흥 등을 목적으로 하는 사업으로서 기획재정부령(생략)으로 정하는
사업

④ 기업업무추진비 한도 제한을 받는 내국법인이 아닐 요건

부동산 임대업을 주된 사업으로 하는 등의 사유로 기업업무추진비의 한도에 제한을 받는
내국법인(법령 제42조② 각 호)의 요건을 모두 갖춘 내국법인이 아닐 것(조특령 제2조① 제5호)

2) 유예기간

① 유예기간의 적용

중소기업이 그 규모의 확대등으로 자산총액이 5천억원 이상인 경우에 해당되거나 업종별
매출액 요건 또는 독립성 요건(「중소기업기본법 시행령」 제3조 제1항 제2호 다목의 규정으로
한정한다)을 갖추지 못하게 되어 중소기업에 해당하지 아니하게 된 때에는 최초로 그 사유가
발생한 날이 속하는 과세연도와 그 다음 5개 과세연도(최초로 그 사유가 발생한 날이 속하는
과세연도의 종료일부터 5년이 되는 날이 속하는 과세연도의 종료일 현재 해당 기업이

「자본시장과 금융투자업에 관한 법률」에 따른 유가증권시장 또는 코스닥시장에 상장되어 있는 경우에는 7개 과세연도)까지는 이를 중소기업으로 보고, 해당 기간(이하 "유예기간"이라 한다)이 경과한 후에는 과세연도별로 중소기업 해당 여부를 판정한다(조특령 제2조②).

② 적용 제외

중소기업이 다음의 어느 하나의 사유로 중소기업에 해당하지 아니하게 된 경우에는 유예기간을 적용하지 아니하고, 유예기간 중에 있는 기업에 대해서는 해당 사유가 발생한 날(유예기간 중에 있는 기업이 중소기업과 합병하는 경우에는 합병일로 한다)이 속하는 과세연도부터 유예기간을 적용하지 아니한다(조특령 제2조② 단서).

(ㄱ) 「중소기업기본법」의 규정에 의한 중소기업 외의 기업과 합병하는 경우

(ㄴ) 유예기간 중에 있는 기업과 합병하는 경우

(ㄷ) 독립성 요건(「중소기업기본법 시행령」 제3조 제1항 제2호 다목의 규정은 제외한다)을 갖추지 못하게 되는 경우

(ㄹ) 창업일이 속하는 과세연도 종료일부터 2년 이내의 과세연도 종료일 현재 중소기업기준을 초과하는 경우

3) 기타사항

① 2 이상의 업종 영위의 경우

중소기업의 요건을 적용함에 있어서 2 이상의 서로 다른 사업을 영위하는 경우에는 사업별 사업수입금액이 큰 사업을 주된 사업으로 본다(조특령 제2조③).

② 매출액, 자산총액, 발행주식 간접소유비율의 계산과 관계기업 판단

매출액, 자산총액, 발행주식의 간접소유비율의 계산과 관계기업에 속하는 기업인지의 판단에 관하여 필요한 사항은 아래와 같이 정한다(조특령 제2조④).

(ㄱ) 매출액은 과세연도 종료일 현재 기업회계기준에 따라 작성한 해당 과세연도 손익계산 서상의 매출액으로 한다. 다만, 창업·분할·합병의 경우 그 등기일의 다음 날(창업의 경우에는 창업일)이 속하는 과세연도의 매출액을 연간 매출액으로 환산한 금액을 말 한다(조특칙 제2조④).

(ㄴ) 자산총액은 과세연도 종료일 현재 기업회계기준에 따라 작성한 재무상태표상의 자산 총액으로 한다(조특칙 제2조⑤).

(ㄷ) 발행주식의 간접소유비율의 계산에 관하여는 「국제조세조정에 관한 법률 시행령」 제2조

제3항을 준용한다(조특칙 제2조⑦).

㉣ 「중소기업기본법 시행령」 제3조 제1항 제2호 다목에 따른 관계기업에 속하는 기업인지의
판단은 과세연도 종료일 현재를 기준으로 한다(조특칙 제2조⑧).

③ 「중소기업기본법 시행령」 개정의 경우

중소기업의 요건을 적용할 때 기업이 「중소기업기본법 시행령」 제3조 제1항 제2호, 별표
1 (주된 업종별 평균매출액등의 중소기업 규모 기준, 위 표 부동산업 참조) 및 별표 2(관계기업의
평균매출액등의 산정기준, 생략)의 개정으로 새로이 중소기업에 해당하게 되는 때에는 그
사유가 발생한 날이 속하는 과세연도부터 중소기업으로 보고, 중소기업에 해당하지 아니하게
되는 때에는 그 사유가 발생한 날이 속하는 과세연도와 그 다음 3개 과세연도까지 중소기업으로
본다(조특령 제2조⑤).

(2) 이월결손금의 공제한도

법인의 이월결손금에 대한 공제는 각 사업연도 소득의 100분의 80[「조세특례제한법」 제6조
제1항에 따른 중소기업(이하 "중소기업"이라 한다)과 회생계획을 이행 중인 기업 등 대통령
령으로 정하는 법인의 경우는 100분의 100]을 한도로 한다(법법 제13조① 단서).

"회생계획을 이행 중인 기업 등 대통령령으로 정하는 법인"이란 다음의 어느 하나에 해당하는
법인을 말한다(법령 제10조①).

① 「채무자 회생 및 파산에 관한 법률」 제245조에 따라 법원이 인가결정한 회생계획을
   이행 중인 법인

② 「기업구조조정 촉진법」 제14조 제1항에 따라 기업개선계획의 이행을 위한 약정을
   체결하고 기업개선계획을 이행 중인 법인

③ 해당 법인의 채권을 보유하고 있는 「금융실명거래 및 비밀보장에 관한 법률」 제2조 제1호에
   따른 금융회사등이나 그 밖의 법률에 따라 금융업무 또는 기업구조조정 업무를 하는
   「공공기관의 운영에 관한 법률」에 따른 공공기관으로서 기획재정부령으로 정하는 기관과
   경영정상화계획의 이행을 위한 협약을 체결하고 경영정상화계획을 이행 중인 법인

④ 채권, 부동산 또는 그 밖의 재산권(이하 "유동화자산"이라 한다)을 기초로 「자본시장과
   금융투자업에 관한 법률」에 따른 증권을 발행하거나 자금을 차입(이하 "유동화거래"라
   한다)할 목적으로 설립된 법인으로서 다음의 요건을 모두 갖춘 법인
   ㈎ 「상법」 또는 그 밖의 법률에 따른 주식회사 또는 유한회사일 것

㈏ 한시적으로 설립된 법인으로서 상근하는 임원 또는 직원을 두지 아니할 것

㈐ 정관 등에서 법인의 업무를 유동화거래에 필요한 업무로 한정하고 유동화거래에서 예정하지 아니한 합병, 청산 또는 해산이 금지될 것

㈑ 유동화거래를 위한 회사의 자산 관리 및 운영을 위하여 업무위탁계약 및 자산관리 위탁계약이 체결될 것

㈒ 2015년 12월 31일까지 유동화자산의 취득을 완료하였을 것

⑤ 법인세법 제51조의2 제1항 각 호(유동화전문회사 등에 대한 소득공제)의 어느 하나에 해당하는 내국법인이나 「조세특례제한법」 제104조의31 제1항(프로젝트금융투자회사에 대한 소득공제)에 따른 내국법인

⑥ 「기업 활력 제고를 위한 특별법」 제10조에 따른 사업재편계획 승인을 받은 법인

⑦ 「조세특례제한법」 제74조 제1항(제4호부터 제6호까지는 제외한다) 또는 제4항에 따라 법인의 수익사업에서 발생한 소득을 고유목적사업준비금으로 손금에 산입할 수 있는 비영리내국법인

(3) 결손금 소급공제에 의한 환급

1) 적용대상 법인과 환급세액

조세특례제한법 시행령 제2조에 의한 중소기업에 해당하는 내국법인은 각 사업연도에 결손금이 발생한 경우 직전 사업연도의 법인세액을 한도로 환급 신청할 수 있다(법법 제72조①).

결손금 소급공제에 의한 환급규정은 해당 내국법인이 법인세법 제60조에 따른 신고기한 내에 결손금이 발생한 사업연도와 그 직전 사업연도의 소득에 대한 법인세의 과세표준 및 세액을 각각 신고한 경우에만 적용한다(법법 제72조④).

① 한도 : 직전 사업연도의 법인세액

"직전 사업연도의 법인세액"이란 직전 사업연도의 법인세 산출세액(법인세법 제55조의2에 따른 토지 등 양도소득에 대한 법인세를 제외한다)에서 직전 사업연도의 소득에 대한 법인세로서 공제 또는 감면된 법인세액을 차감한 금액(이하 "직전 사업연도의 법인세액"이라 한다)을 말한다(법령 제110조①).

> 한도 : 직전 사업연도의 법인세액 = 직전 사업연도의(법인세 산출세액 − 공제·감면
> 법인세액)
>
> * 토지등 양도소득에 대한 법인세액은 제외

② 환급세액

환급세액은 직전 사업연도의 법인세액을 한도로 아래 ㈀의 금액에서 ㈁의 금액을 차감한 금액을 말한다(법법 제72조①).

㈀ 직전 사업연도의 법인세 산출세액(법인세법 제55조의2에 따른 토지등 양도소득에 대한 법인세액은 제외한다)

㈁ 직전 사업연도의 과세표준에서 소급공제를 받으려는 해당 사업연도의 결손금 상당액을 차감한 금액에 직전 사업연도의 법인세법 제55조 제1항에 따른 세율을 적용하여 계산한 금액

> 환급세액 = 직전 사업연도의 법인세 산출세액[*] − (직전 사업연도의 과세표준 − 해당
> 사업연도의 결손금 상당액) × 직전 사업연도의 법인세율
>
> * 토지등 양도소득에 대한 법인세액은 제외
> 한도 : 위 ①의 직전 사업연도의 법인세액

2) 환급신청과 환급

법인세액을 환급받으려는 내국법인은 법인세법 제60조에 따른 신고기한까지 소급공제 법인세액환급신청서를 납세지 관할 세무서장에게 제출(국세정보통신망에 의한 제출을 포함한다)하여야 한다(법법 제72조②, 법령 제110조②). 납세지 관할 세무서장은 결손금 소급공제에 의한 환급신청을 받으면 지체 없이 환급세액을 결정하여 「국세기본법」 제51조 및 제52조에 따라 환급하여야 한다(법법 제72조③).

 4 소득세 및 증여세의 세부담 최소화

부동산개발사업과 관련하여 개인사업자가 주택신축판매업이나 부동산매매업을 영위할 때 소득세법상 유의해야 할 점과 부동산개발 법인의 주주가 특수관계인에 해당할 때 증여세 과세대상이 될 수 있는 상증세법상 재산 취득 후 재산가치 증가에 따른 이익의 증여규정을

이해하고 세부담 최소화를 위한 세무계획을 수립하는 것이 중요하다.

(1) 주택신축판매업의 건설업 인정범위의 엄격성

주택신축판매업의 건설업 인정범위의 엄격성에 대한 대법원 판례는 아래와 같다.

제9차 한국표준산업분류(2017.1.13. 통계청고시 제2017−13호로 개정되기 전의 것)에 의하면, '건물건설업(분류코드 411)'은 도급 또는 자영 종합건설업자에 의하여 조립식 건물을 포함한 건물을 신축·증축·재축·개축하는 산업활동을 의미하는데, 직접 건설활동을 수행하지 않고 건설공사 분야별로 하도급을 주더라도 건설공사에 대한 총괄적인 책임을 지며 전체적으로 건설공사를 관리하는 경우는 '종합건설업(분류코드 41)'으로 분류되지만, 직접 건설활동을 수행하지 않고 전체 건물 건설공사를 일괄 도급주어 주거용 건물을 건설한 후 이를 분양 및 판매하는 경우는 '주거용 건물 개발 및 공급업(분류코드 68121)'으로 분류된다.

원고는 자신이 직접 건설활동을 수행하였다거나, 분야별로 하도급을 주었지만 건설공사에 대한 총괄적인 책임을 지며 전체적으로 건설공사를 관리하였음을 증명할 만한 아무런 자료도 제출하지 못하고 있다. 따라서 원고의 주장은 받아들일 수 없다(대법 2020두40532, 2020.9.24.).

위의 대법원 판례에 비추어 보면, 주택신축판매업을 건설업으로 보아 조세특례제한법의 감면 규정을 적용할 때에는 단순히 공사분야별로 하도급을 직접 주었다는 사실만으로는 건설업으로 인정받지 못하므로 전체 건설공사를 관리하였다는 사실, 건설관련법령상의 건설업 요건을 충족하였다는 사실 등도 입증해야 할 것이다.

(2) 주택신축판매업의 공동사업자가 각각 분할등기한 경우

주택신축판매업을 영위하는 공동사업자가 판매목적으로 신축한 주택을 각 공동사업자의 출자지분에 따라 분할등기 하는 때에는 소득세법 제25조 제2항의 규정에 의하여 분할등기한 주택의 시가상당액은 그 분할등기한 연도의 당해 공동사업장의 소득금액 계산에 있어서 총수입금액에 산입하는 것이다(서면1팀−888, 2007.6.28.). 따라서 신축 주택이 공유자지분으로 등기되어 있는 것을 각 공동사업자의 지분별로 분할등기할 때는 먼저 신축 주택의 시가 상당액을 사업소득 총수입금액에 산입하여 소득세가 과세된다는 점을 고려하여 분할등기 여부를 결정해야 한다.

(3) 부동산매매업자의 토지등 매매차익 예정신고의무

부동산매매업자가 토지 또는 건물(이하 '토지 등'이라 한다)을 매매한 경우에는 매매차익과 그 세액을 매매일이 속하는 달의 말일부터 2개월이 되는 날까지 토지등 매매차익 예정신고를 해야 한다. 이 경우 토지 등의 매매차익이 없는 경우나 매매차손이 발생한 경우에도 신고해야 한다(소법 제69조①). 따라서 부동산매매업자가 토지등을 매매하고 매매차익이 없거나 매매차손이 발생하더라도 반드시 예정신고를 해야 한다.

(4) 재산 취득 후 재산가치 증가에 따른 이익의 증여

1) 이익의 증여 과세요건

직업, 연령, 소득 및 재산상태로 보아 자력으로 해당 행위를 할 수 없다고 인정되는 자가 다음의 사유로 재산을 취득하고 그 재산을 취득한 날부터 5년 이내에 개발사업의 시행, 형질변경, 공유물 분할, 사업의 인가ㆍ허가 등 재산가치 증가사유로 인하여 이익을 얻은 경우에는 그 이익에 상당하는 금액을 그 이익을 얻은 자의 증여재산가액으로 한다. 다만, 그 이익에 상당하는 금액이 아래 3)의 기준금액 미만인 경우는 제외한다(상증법 제42조의3①).

① 특수관계인으로부터 재산을 증여받은 경우
② 특수관계인으로부터 기업의 경영 등에 관하여 공표되지 아니한 내부 정보를 제공받아 그 정보와 관련된 재산을 유상으로 취득한 경우
③ 특수관계인으로부터 차입한 자금 또는 특수관계인의 재산을 담보로 차입한 자금으로 재산을 취득한 경우

> **이익의 증여 과세요건의 범위**
>
> ① 재산을 취득한 후 5년 이내 재산가치 증가사유가 발생하여야 한다. 단, 거짓이나 기타 부정한 방법으로 상속세나 증여세를 감소시킨 경우 5년이라는 기간제한 규정은 적용하지 않고, 특수관계인이 아닌 자로부터 재산을 증여받는 등의 경우에도 해당 증여규정을 적용한다.
> ② 특수관계인으로부터 재산을 증여받는 등 특정한 사유에 의해 재산을 취득하여야 한다.
> ③ 재산가치 증가사유 발생일 현재 재산가치상승금액이 아래 3)의 일정기준 이상이어야 한다(집행기준 42의3-32의3-2).

2) 재산가치 증가사유

재산 취득 후 재산가치 증가에 따른 이익의 증여를 적용할 때 재산가치 증가사유란 다음의 어느 하나에 해당하는 사유를 말한다(상증령 제32조의3①).

① 개발사업의 시행, 형질변경, 공유물 분할, 지하수개발·이용권 등의 인가·허가 및 그 밖에 사업의 인가·허가
② 비상장주식의 「자본시장과 금융투자업에 관한 법률」 제283조에 따라 설립된 한국금융투자협회에의 등록
③ 그 밖에 위 ① 및 ②의 사유와 유사한 것으로서 재산가치를 증가시키는 사유

3) 기준금액

재산 취득 후 재산가치 증가에 따른 이익의 증여를 적용할 때 기준금액이란 다음의 금액 중 적은 금액을 말한다(상증령 제32조의3②).

① 아래 4) ②부터 ④까지의 규정에 따른 금액의 합계액의 100분의 30에 상당하는 가액
② 3억원

4) 이익 상당금액의 계산

재산 취득 후 재산가치 증가에 따른 이익의 증여를 적용할 때 이익에 상당하는 금액이란 ①의 가액에서 ②부터 ④까지의 규정에 따른 가액을 뺀 것을 말한다(상증령 제32조의3③).

① 해당 재산가액 : 재산가치 증가사유가 발생한 날 현재의 가액(상증법 제4장에 따라 평가한 가액을 말한다. 다만, 해당 가액에 재산가치 증가사유에 따른 증가분이 반영되지 아니한 것으로 인정되는 경우에는 개별공시지가·개별주택가격 또는 공동주택가격이 없는 경우로 보아 상증법 시행령 제50조 제1항 또는 제4항에 따라 평가한 가액을 말한다)
② 해당 재산의 취득가액 : 실제 취득하기 위하여 지급한 금액(증여받은 재산의 경우에는 증여세 과세가액을 말한다)
③ 통상적인 가치 상승분 : 상증법 시행령 제31조의3 제5항에 따른 기업가치의 실질적인 증가로 인한 이익과 연평균지가상승률·연평균주택가격상승률 및 전국소비자물가상승률 등을 고려하여 해당 재산의 보유기간 중 정상적인 가치상승분에 상당하다고 인정되는 금액
④ 가치상승기여분 : 개발사업의 시행, 형질변경, 사업의 인가·허가 등에 따른 자본적 지출액 등 해당 재산가치를 증가시키기 위하여 지출한 금액

■ 청구인이 부친으로부터 현금을 증여받아 부동산개발법인 발행주식을 취득한 후 부동산 개발법인이 공동주택 등 신축·분양사업을 시행한 것에 대하여 그 사용승인일을 재산가치 증가 사유발생일로 보아 재산가치증가에 따른 이익의 증여가액에 대하여 증여세를 부과한 처분의 당부

사안

- 청구인 aaa과 bbb(aaa과 함께 이하 "청구인들"이라 한다)은 2014.12.1. 부친인 ccc으로부터 현금을 증여(aaa ○○○원, bbb ○○○원)받아 2014.12.1. 부동산시행개발 및 공급업을 주업으로 하는 ㈜AAA(대표이사 ddd, 이하 "쟁점법인"이라 한다)의 주식 ○○○주를 취득하였음.
- 이후 쟁점법인은 2014.12.18. ㈜BBB외 6인으로부터 ○○○원에 매수하는 계약을 체결한 ○○○외 2필지의 토지(이하 "쟁점토지"라 한다)에 아파트 및 상가(건물명은 '○○○'이고, 아파트 7개동 464세대, 근린생활시설 25호실 규모이며, 이하 "쟁점건물"이라 한다)의 신축·분양사업(이하 "쟁점사업"이라 한다)을 시행하여 2019.2.22. 사용승인(당시 분양률 95.7%)을 받았음.
- ○○○청장(이하 "조사청"이라 한다)은 2021.3.26.부터 2021.7.3.까지 청구인들의 증여세 세무조사를 실시한 결과, 청구인들이 부친으로부터 현금을 수증하여 쟁점주식을 취득한 후 5년 내 재산가치 증가사유가 발생한 것으로 보아 「상속세 및 증여세법」(이하 "상증세법"이라 한다) 제42조의3에 따라 쟁점건물의 사용승인일 현재 1주당 주식가액인 ○○○원에서 보유주식 수를 곱한 금액에 취득가액 및 통상적인 가치상승분을 공제한 금액인 ○○○원(aaa), ○○○원(bbb)을 각각의 증여재산가액으로 하여 증여세를 과세하도록 통보하였고, 처분청은 이에 따라 2021.9.13. 청구인들에게 2019.2.22. 증여분 증여세 ○○○원(aaa), ○○○원(bbb)을 각 결정·고지하였음.

심판례

- 우선, 청구인들이 직업, 연령, 소득 및 재산상태로 보아 자력으로 해당 행위를 할 수 없다고 인정되는 자에 해당하는지에 대하여 보면, 청구인들은 쟁점주식을 취득할 당시 만 ○○○세, 만 ○○○세로 경제활동 이력이 전무하거나 학생신분이었고, 청구인들이 쟁점사업과 관련된 주요한 부분을 결정하거나 관여하였다는 증빙자료의 제시가 없는 등 청구인들은 위 주체요건에 해당하는 것으로 보임.
- 그리고 청구인들은 이 건 분양사업이 상증세법 제42조의3 및 같은 법 시행령 제32조의3 제1항 제1호 또는 제3호의 개발사업의 시행 또는 그와 유사한 것에 해당하지 아니한다고 주장하나, 상증세법 제42조의3 제1항 및 같은 법 시행령 제32조의3 제1항 제1호의 "개발사업"이란 개발이익환수법 제2조 제2호에 따른 개발사업 등과 같이 장래의 재산가치 증가발생이 객관적으로

예상되는 개발사업을 그 대상으로 봄이 타당하나, 상증세법 시행령 제32조의3 제1항 제3호의 "제1호(개발사업의 시행)의 사유와 유사한 것으로서 재산가치를 증가시키는 사유"는 기존의 "개발사업의 시행"에는 해당하지 아니하더라도 그와 유사한 경제적 효과를 초래할 수 있는 토지나 건물 등 개발사업을 의미하는 것으로 해석하는 것이 합리적이라 할 것인바(조심 2019서3105 · 3108(병합), 2020.4.6., 같은 뜻임), 이에 쟁점사업의 경우 증여일을 기준으로 95.7%의 계약이 체결되는 등 분양상황이 양호하였음을 감안하면 재산가치 증가발생이 객관적으로 예정된 사업으로 봄이 타당하므로 청구인들이 부친으로부터 수증한 현금으로 쟁점주식을 취득하여 그 취득 후 5년 내 쟁점사업이 시행된 것은 상증세법 시행령 제32조의3 제1항 제3호의 재산가치 증가사유에 해당한다 하겠음.

- 또한 청구인들은 상증세법 제42조의3 및 같은 법 시행령 제32조의3 제1항 제1호 또는 제3호의 경우에는 재산가치 증가사유의 발생일을 사용승인일로 볼 수 없다고도 주장하나, 상증세법상 분양사업에 관한 재산가치 증가사유의 발생일을 명시적으로 규정하지는 않았지만, 이 건의 경우 재산가치 증가사유의 발생일은 쟁점법인의 자산가치와 수익성이 상승하여 구체적인 주식가치의 상승으로 이어지는 것이 확실해진 경우, 즉 분양수입과 공사원가를 최종적으로 확정하여 손익을 계산할 수 있는 사용승인일로 봄이 타당하다 할 것(조심 2019서3105 · 3108(병합), 2020.4.6., 같은 뜻임)임.

- 따라서 상증세법 제42조의3 및 같은 법 시행령 제32조의3 제1항 제3호를 적용하여 증여세를 과세한 처분이 부당하다는 청구주장은 받아들이기 어렵다고 판단됨(조심 2022서1515, 2022.11.28.).

⑤ 양도소득세의 세부담 최소화

양도소득세의 세부담 최소화를 위해서는 기본적으로 양도소득세율 구조, 장기보유특별공제 적용, 토지의 비사업용 토지 중과세 판단, 1세대 1주택 비과세 판단 그리고 부동산개발사업과 관련한 양도시기 적용 등을 신중히 판단해야 한다. 그리고 해당 양도물건의 현황을 세법 규정에 맞출 수 있는지 등 다양한 분석으로 세부담 최소화 전략을 수립하고 실행해야 할 것이다.

양도소득세의 세율은 부동산의 보유기간에 따라 기본세율(2년 이상 보유)과 중과세율(단기 양도 등)이 적용되므로 양도시기를 결정하는데 취득시기부터 양도시기까지 보유기간 확인은 매우 중요하다.

장기보유특별공제의 적용에 있어서도 보유기간과 거주기간(주택)이 장기보유특별공제율을 결정하므로 이를 확인하고 대처해야 한다.

　토지의 양도시에는 토지의 이용상황에 따라 사업용 토지와 비사업용 토지로 구분하고 토지의 전체 보유기간 중 비사업용 토지로 사용한 기간기준에 따라 전체 토지의 양도에 대해 비사업용 토지인지 사업용 토지인지가 결정된다. 비사업용 토지로 판정될 경우 중과세율이 적용되므로 비사업용 토지를 사업용 토지로 볼 수 있는 방안을 분석해야 한다.

　주택의 경우 1세대 1주택의 비과세, 임대주택에 대한 과세특례 또는 감면 등의 법령이 매우 복잡하고 까다롭기 때문에 해당 법령을 정확히 해석·적용하여야 한다.

　부동산개발사업과 관련한 양도자산의 양도시기 적용에 있어서 공동사업에 현물출자는 현물출자일이 양도시기이고 대물변제는 소유권이전등기일이 양도시기가 되므로 해당 사업 계약서 등의 정확한 분석과 적용이 요구된다. 이에 대한 실수는 가산세 부담 등으로 이어지기 때문이다.

 장기일반민간임대주택 등에 대한 조세 감면 및 특례

1. 취득세 감면(지방세특례제한법 제31조의3①, ②, ③)

「민간임대주택에 관한 특별법」에 따른 임대사업자의 장기일반민간임대주택과 공공지원민간임대주택에 대한 취득세 감면 개정규정(2024.12.31.)은 2025년 1월 1일부터 시행하며, 그 이후 납세의무가 성립하는 경우부터 적용하고, 적용시한은 2027년 12월 31일까지이다.

(1) 임대사업자의 요건

1) 원칙 : 취득세 감면 적용대상 임대사업자

① 「민간임대주택에 관한 특별법」에 따른 공공지원민간임대주택의 임대사업자

임대용 부동산 취득일부터 60일 이내에 「민간임대주택에 관한 특별법」 제2조 제4호에 따른 공공지원민간임대주택을 임대용 부동산으로 하여 임대사업자로 등록한 경우

② 「민간임대주택에 관한 특별법」에 따른 장기일반민간임대주택의 임대사업자

임대용 부동산 취득일부터 60일 이내에 「민간임대주택에 관한 특별법」 제2조 제5호에 따른 장기일반민간임대주택을 임대용 부동산으로 하여 임대사업자로 등록한 경우

2) 민간임대주택 건설을 위한 토지 취득의 경우 감면 적용대상 임대사업자

토지에 대해서는 위 1)과 달리 「주택법」 제15조에 따른 사업계획승인을 받은 날 또는 「건축법」 제11조에 따른 건축허가를 받은 날부터 60일 이내로서 토지 취득일부터 1년 6개월 이내에 공공지원민간임대주택 또는 장기일반민간임대주택을 임대용 부동산으로 하여 임대사업자로 등록한 경우를 말한다.

(2) 취득세 감면 대상 민간임대주택과 감면 적용제외대상 민간임대주택의 범위

1) 취득세 감면 대상 민간임대주택

민간임대주택에 대한 취득세 감면 대상은 원칙적으로 「민간임대주택에 관한 특별법」 제2조 제4호에 따른 공공지원민간임대주택과 같은 법 제2조 제5호에 따른 장기일반민간임대주택

(취득세 감면 대상에서 제외되는 경우로 아래 '2) 취득세 감면 적용제외대상 민간임대주택'이 있다)으로서 아래 '(3) 건축 목적 토지 취득 및 공동주택 등의 건축에 대한 취득세의 감면'과 '(4) 임대사업자가 건축주로부터 최초로 유상거래 취득하는 경우 취득세 감면'에 해당하는 경우이다.

❏ 「민간임대주택에 관한 특별법」 제2조 제4호 : 공공지원민간임대주택

4. "공공지원민간임대주택"이란 임대사업자가 다음 각 목의 어느 하나에 해당하는 민간임대주택을 10년 이상 임대할 목적으로 취득하여 이 법에 따른 임대료 및 임차인의 자격 제한 등을 받아 임대하는 민간임대주택을 말한다.

가. 「주택도시기금법」에 따른 주택도시기금(이하 "주택도시기금"이라 한다)의 출자를 받아 건설 또는 매입하는 민간임대주택

나. 「주택법」 제2조 제24호에 따른 공공택지 또는 이 법 제18조 제2항에 따라 수의계약 등으로 공급되는 토지 및 「혁신도시 조성 및 발전에 관한 특별법」 제2조 제6호에 따른 종전부동산(이하 "종전부동산"이라 한다)을 매입 또는 임차하여 건설하는 민간임대주택

다. 제21조 제2호에 따라 용적률을 완화 받거나 「국토의 계획 및 이용에 관한 법률」 제30조에 따라 용도지역 변경을 통하여 용적률을 완화 받아 건설하는 민간임대주택

라. 제22조에 따라 지정되는 공공지원민간임대주택 공급촉진지구에서 건설하는 민간임대주택

마. 그 밖에 국토교통부령으로 정하는 공공지원을 받아 건설 또는 매입하는 민간임대주택

❏ 「주택법」 제2조 제24호 : 공공택지

24. "공공택지"란 다음 각 목의 어느 하나에 해당하는 공공사업에 의하여 개발·조성되는 공동주택이 건설되는 용지를 말한다.

가. 제24조 제2항에 따른 국민주택건설사업 또는 대지조성사업

나. 「택지개발촉진법」에 따른 택지개발사업. 다만, 같은 법 제7조 제1항 제4호에 따른 주택건설등 사업자가 같은 법 제12조 제5항에 따라 활용하는 택지는 제외한다.

다. 「산업입지 및 개발에 관한 법률」에 따른 산업단지개발사업

라. 「공공주택 특별법」에 따른 공공주택지구조성사업

마. 「민간임대주택에 관한 특별법」에 따른 공공지원민간임대주택 공급촉진지구 조성사업(같은 법 제23조 제1항 제2호에 해당하는 시행자가 같은 법 제34조에 따른 수용 또는 사용의 방식으로 시행하는 사업만 해당한다)

바. 「도시개발법」에 따른 도시개발사업[같은 법 제11조 제1항 제1호부터 제4호까지의 시행자 또는 같은 항 제11호에 해당하는 시행자(같은 법 제11조 제1항 제1호부터 제4호까지의 시행자가 100분의 50을 초과하여 출자한 경우에 한정한다)가 같은 법 제21조에 따른 수용 또는 사용의 방식으로 시행하는 사업과 혼용방식 중 수용 또는 사용의 방식이 적용되는 구역에서 시행하는 사업만 해당한다]

사. 「경제자유구역의 지정 및 운영에 관한 특별법」에 따른 경제자유구역개발사업(수용 또는 사용의 방식으로 시행하는 사업과 혼용방식 중 수용 또는 사용의 방식이 적용되는 구역에서 시행하는 사업만 해당한다)

아. 「혁신도시 조성 및 발전에 관한 특별법」에 따른 혁신도시개발사업

자. 「신행정수도 후속대책을 위한 연기·공주지역 행정중심복합도시 건설을 위한 특별법」에 따른 행정중심복합도시건설사업

차. 「공익사업을 위한 토지 등의 취득 및 보상에 관한 법률」 제4조에 따른 공익사업으로서 대통령령으로 정하는 사업

「민간임대주택에 관한 특별법」 제2조 제5호에 따른 장기일반민간임대주택

❏ 「민간임대주택에 관한 특별법」 제2조 제5호 : 장기일반민간임대주택

5. "장기일반민간임대주택"이란 임대사업자가 공공지원민간임대주택이 아닌 주택을 10년 이상 임대할 목적으로 취득하여 임대하는 민간임대주택[아파트(「주택법」 제2조 제20호의 도시형 생활주택이 아닌 것을 말한다)를 임대하는 민간매입임대주택은 제외한다]을 말한다.

❏ 「민간임대주택에 관한 특별법」 제2조 제7호 : 임대사업자

  7. "임대사업자"란 「공공주택 특별법」 제4조 제1항에 따른 공공주택사업자(이하 "공공주택
     사업자"라 한다)가 아닌 자로서 1호 이상의 민간임대주택을 취득하여 임대하는 사업을
     할 목적으로 제5조에 따라 등록한 자를 말한다.

❏ 「민간임대주택에 관한 특별법」 제5조에 제1항~제3항 : 임대사업자의 등록

제5조(임대사업자의 등록) ① 주택을 임대하려는 자는 특별자치시장·특별자치도지사·
시장·군수 또는 구청장(구청장은 자치구의 구청장을 말하며, 이하 "시장·군수·구청장"
이라 한다)에게 등록을 신청할 수 있다. 다만, 외국인은 국내에 체류하는 자로서
「출입국관리법」 제10조의 체류자격에 따른 활동범위를 고려하여 대통령령으로 정하는
체류자격에 해당하는 경우에 한정하여 등록을 신청할 수 있다. (2023.3.28. 개정)
② 제1항에 따라 등록하는 경우 다음 각 호에 따라 구분하여야 한다. (2018. 1. 16., 2020.8.18.,
2024.12.3. 개정)
1. 삭제 (2018.1.16.)
2. 민간건설임대주택 및 민간매입임대주택
3. 공공지원민간임대주택, 장기일반민간임대주택 및 단기민간임대주택
③ 제1항에 따라 등록한 자가 그 등록한 사항을 변경하고자 할 경우 시장·군수·구청장에게
신고하여야 한다. 다만, 임대주택 면적을 10퍼센트 이하의 범위에서 증축하는 등
국토교통부령으로 정하는 경미한 사항은 신고하지 아니하여도 된다. (2020.6.9. 개정)
[시행일: 2025.6.4.] 제5조

2) 취득세 감면 적용제외대상 민간임대주택

① 「민간임대주택에 관한 특별법」에 따른 공공지원민간임대주택 중 제외 주택

「민간임대주택에 관한 특별법」(법률 제17482호로 개정되기 전의 것을 말한다) 제5조에 따라 등록한 같은 법 제2조 제6호에 따른 단기민간임대주택(이하 "단기민간임대주택"이라 한다)을 같은 법 제5조 제3항에 따라 2020년 7월 11일 이후 공공지원민간임대주택으로 변경 신고한 주택은 제외한다.

② 「민간임대주택에 관한 특별법」에 따른 장기일반민간임대주택 중 제외 주택

2020년 7월 11일 이후 「민간임대주택에 관한 특별법」(법률 제17482호로 개정되기 전의 것을 말한다) 제5조에 따른 임대사업자등록 신청(임대할 주택을 추가하기 위하여 등록사항의 변경 신고를 한 경우를 포함한다)을 한 장기일반민간임대주택 중 다음의 어느 하나에 해당하는 경우는 제외한다.

(ㄱ) 아파트를 임대하는 민간매입임대주택
(ㄴ) 단기민간임대주택을 「민간임대주택에 관한 특별법」 제5조 제3항에 따라 2020년 7월 11일 이후 장기일반민간임대주택으로 변경 신고한 주택

(3) 건축 목적 토지 취득 및 공동주택 등의 건축에 대한 취득세 감면

취득세 감면 적용대상 임대사업자가 임대할 목적으로 임대형기숙사 또는 공동주택을 건축하기 위하여 취득하는 토지와 임대할 목적으로 건축하여 취득하는 임대형기숙사 또는 공동주택은 다음과 같이 취득세를 감면한다.

1) 취득세의 면제

다음 각 목의 경우에는 취득세를 2027년 12월 31일까지 면제한다.
(가) 임대형기숙사 또는 전용면적 60제곱미터 이하인 공동주택을 건축하기 위하여 토지를 취득하는 경우
(나) 임대형기숙사 또는 전용면적 60제곱미터 이하인 공동주택을 건축하여 취득하는 경우

2) 취득세의 50% 경감

다음 각 목의 경우에는 취득세의 100분의 50을 2027년 12월 31일까지 경감한다.
(가) 「민간임대주택에 관한 특별법」에 따라 10년 이상의 장기임대 목적으로 전용면적

60제곱미터 초과 85제곱미터 이하인 임대주택(이하 "장기임대주택"이라 한다)을 20호 이상 건축하기 위하여 토지를 취득하는 경우

㈏ 장기임대주택을 20호 이상 건축하여 취득하는 경우

㈐ 20호 이상의 장기임대주택을 보유한 임대사업자가 추가로 장기임대주택을 건축하기 위하여 토지를 취득하는 경우(추가로 취득한 결과로 20호 이상을 건축하기 위한 토지를 보유하게 되었을 때에는 그 20호부터 초과분까지를 건축하기 위한 토지를 포함한다)

㈑ 20호 이상의 장기임대주택을 보유한 임대사업자가 추가로 장기임대주택을 건축하여 취득하는 경우(추가로 취득한 결과로 20호 이상을 보유하게 되었을 때에는 그 20호부터 초과분까지를 포함한다)

임대형기숙사

❑ **지방세특례제한법 제31조 제1항**

① …임대형기숙사[「주택법」 제2조 제4호에 따른 준주택 중 임대형기숙사로서 「건축법」 제38조에 따른 건축물대장에 호수별로 전용면적이 구분되어 기재되어 있는 임대형기숙사(그 부속토지를 포함하며, 전용면적 40제곱미터 이하인 호수 등 대통령령으로 정하는 부분으로 한정한다)를 말한다. 이하 이 조 및 제31조의3에서 같다] 또는 공동주택(해당 공동주택의 부대시설 및 임대수익금 전액을 임대주택관리비로 충당하는 임대용 복리시설을 포함한다. 이하 이 조 및 제31조의3에서 같다)…

❑ **지방세특례제한법 시행령 제13조 제1항**

① 법 제31조 제1항 각 호 외의 부분에서 "전용면적 40제곱미터 이하인 호수 등 대통령령으로 정하는 부분"이란 다음 각 호의 부분을 말한다.
1. 전용면적 40제곱미터 이하인 호수와 그 부속토지
2. 거주자가 공동으로 사용하는 거실, 주방, 욕실, 복도 및 계단 등의 부분 중 전용면적 40제곱미터 이하인 호수의 전용면적 합계를 전체 호수의 전용면적 합계로 나눈 비율에 해당하는 부분과 그 부속토지

❑ **건축법 시행령 [별표1] 라. 2) 임대형기숙사**

* 「주택법」 제2조 제4호에 따른 준주택 중 임대형기숙사
  2) 임대형기숙사: 「공공주택 특별법」 제4조에 따른 공공주택사업자 또는 「민간임대주택에 관한 특별법」 제2조 제7호에 따른 임대사업자가 임대사업에 사용하는 것으로서 임대 목적으로 제공하는 실이 20실 이상이고 해당 기숙사의 공동취사시설 이용 세대 수가 전체 세대 수의 50퍼센트 이상인 것

(4) 임대사업자가 건축주로부터 최초로 유상거래 취득하는 경우 취득세 감면

임대사업자가 임대할 목적으로 건축주로부터 실제 입주한 사실이 없는 임대형기숙사, 공동주택 또는 오피스텔을 최초로 유상거래(부담부증여는 제외한다)로 취득하는 경우에는 다음과 같이 취득세를 2027년 12월 31일까지 감면한다(지특법 제31조의3②).

1) 취득세의 면제

다음 각 목의 경우에는 취득세를 면제한다.

㈎ 임대형기숙사를 취득하는 경우

㈏ 전용면적 60제곱미터 이하인 공동주택 또는 오피스텔을 취득하는 경우

2) 취득세의 50% 경감

다음 각 목의 경우에는 취득세의 100분의 50을 경감한다.

㈎ 장기임대주택을 20호 이상 취득하는 경우

㈏ 20호 이상의 장기임대주택을 보유한 임대사업자가 추가로 장기임대주택을 취득하는 경우(추가로 취득한 결과로 20호 이상을 보유하게 되었을 때에는 그 20호부터 초과분까지를 포함한다)

3) 취득세 경감 적용제외대상

위의 취득세 감면 적용대상에도 불구하고 「지방세법」 제10조의3에 따른 취득 당시의 가액이 3억원(수도권은 6억원으로 한다)을 초과하는 공동주택과 오피스텔은 감면 대상에서 제외한다(지특법 제31조의3② 단서).

(5) 추 징

위 (2)와 (3)의 취득세 감면을 적용할 때 다음의 어느 하나에 해당하는 경우에는 감면된 취득세를 추징한다(지특법 제31조의3③).

① 해당 토지를 취득한 날부터 정당한 사유 없이 2년 이내에 임대형기숙사 또는 공동주택을 착공하지 아니한 경우

② 「민간임대주택에 관한 특별법」 제43조 제1항에 따른 임대의무기간에 대통령령(지특령 제13조의2①)으로 정하는 경우(민특법 제43조 제4항에서 정하는 경우)가 아닌 사유로 다음 각

목의 어느 하나에 해당하는 경우

㉮ 임대형기숙사, 공동주택 또는 오피스텔을 임대 외의 용도로 사용하거나 매각·증여
  하는 경우

㉯「민간임대주택에 관한 특별법」 제6조에 따라 임대사업자 등록이 말소되는 경우

☐「민간임대주택에 관한 특별법」 제43조 제1항

제43조(임대의무기간 및 양도 등) ① 임대사업자는 임대사업자 등록일 등 대통령령
  (제34조①)으로 정하는 시점부터 제2조 제4호 또는 제5호의 규정(10년 이상)에 따른
  기간(이하 "임대의무기간"이라 한다) 동안 민간임대주택을 계속 임대하여야 하며, 그
  기간이 지나지 아니하면 이를 양도할 수 없다.

☐「민간임대주택에 관한 특별법」 시행령 제34조 제1항

제34조(민간임대주택의 임대의무기간 등) ① 법 제43조 제1항에서 "임대사업자 등록일 등
  대통령령으로 정하는 시점"이란 다음 각 호의 구분에 따른 시점을 말한다. (2017.9.19.,
  2018.7.16., 2020.12.8. 개정)
  1. 민간건설임대주택: 입주지정기간 개시일. 이 경우 입주지정기간을 정하지 아니한
    경우에는 법 제5조에 따른 임대사업자 등록 이후 최초로 체결된 임대차계약서상의
    실제 임대개시일을 말한다.
  2. 민간매입임대주택: 임대사업자 등록일. 다만, 임대사업자 등록 이후 임대가 개시되는
    주택은 임대차계약서상의 실제 임대개시일로 한다.
  3. 법 제5조 제3항 본문에 따라 장기일반민간임대주택을 공공지원민간임대주택으로
    변경신고한 경우: 변경신고의 수리일(같은 조 제5항의 경우에는 신고를 수리한 것으로
    보는 날을 말한다). 다만, 변경신고 이후 임대가 개시되는 주택은 임대차계약서상의
    실제 임대개시일로 한다.

☐「민간임대주택에 관한 특별법」 제6조 제1항

제6조(임대사업자 등록의 말소) ① 시장·군수·구청장은 임대사업자가 다음 각 호의 어느
  하나에 해당하면 등록의 전부 또는 일부를 말소할 수 있다. 다만, 제1호에 해당하는 경우에는
  등록의 전부 또는 일부를 말소하여야 한다. (2020.6.9., 2020.8.18., 2021.3.16., 2021.9.14.,
  2023.3.28. 개정)

1. 거짓이나 그 밖의 부정한 방법으로 등록한 경우

2. 임대사업자가 제5조에 따라 등록한 후 대통령령으로 정하는 일정 기간 안에 민간임대주택을 취득하지 아니하는 경우

3. 제5조 제1항에 따라 등록한 날부터 3개월이 지나기 전(임대주택으로 등록한 이후 체결한 임대차계약이 있는 경우에는 그 임차인의 동의가 있는 경우로 한정한다) 또는 제43조의 임대의무기간이 지난 후 등록 말소를 신청하는 경우

4. 제5조 제6항의 등록기준을 갖추지 못한 경우

5. 제43조 제2항 또는 제6항에 따라 민간임대주택을 양도한 경우

6. 제43조 제4항에 따라 민간임대주택을 양도한 경우

7. 제44조에 따른 임대조건을 위반한 경우

8. 제45조를 위반하여 임대차계약을 해제·해지하거나 재계약을 거절한 경우

9. 제50조의 준주택에 대한 용도제한을 위반한 경우

10. 제48조 제1항 제2호에 따른 설명이나 정보를 거짓이나 그 밖의 부정한 방법으로 제공한 경우

11. 제43조에도 불구하고 종전의 「민간임대주택에 관한 특별법」(법률 제17482호 민간임대주택에 관한 특별법 일부 개정법률에 따라 개정되기 전의 것을 말한다. 이하 이 조에서 같다) 제2조 제5호의 장기일반민간임대주택 중 아파트(「주택법」 제2조 제20호의 도시형 생활주택이 아닌 것을 말한다)를 임대하는 민간매입임대주택 또는 제2조 제6호의 단기민간임대주택에 대하여 임대사업자가 임대의무기간 내 등록 말소를 신청(신청 당시 체결된 임대차계약이 있는 경우 임차인의 동의가 있는 경우로 한정한다)하는 경우

12. 임대사업자가 보증금 반환을 지연하여 임차인의 피해가 명백히 발생하였다고 대통령령으로 정하는 경우

13. 제46조에 따른 임대차계약 신고 또는 변경신고를 하지 아니하여 시장·군수·구청장이 제61조 제1항에 따라 보고를 하게 하였으나 거짓으로 보고하거나 3회 이상 불응한 경우

14. 제49조 제1항에 따른 임대보증금에 대한 보증에 가입하지 아니한 경우로서 대통령령으로 정하는 경우

15. 국세 또는 지방세를 체납하여 보증금반환채무의 이행과 관련한 임차인의 피해가 명백히 예상되는 경우로서 대통령령으로 정하는 경우

16. 임차인에 대한 보증금반환채무의 이행과 관련하여 「형법」 제347조의 죄를 범하여 금고 이상의 실형(집행유예를 포함한다)을 선고받고 그 형이 확정된 경우

17. 그 밖에 민간임대주택으로 계속 임대하는 것이 어렵다고 인정하는 경우로서 대통령령으로 정하는 경우

□ 취득세율 적용에 고려할 사항

1) 적용할 취득세율의 결정

적용할 취득세율은 1세대가 소유하고 있는 주택 수에 따라 아래 표의 해당 취득세율을 선택하고 해당 감면율을 곱하여 결정한다. 감면율의 결정에는 아래 2) 중복 특례의 배제와 3) 지방세 감면 특례의 제한 규정을 반영하여야 한다. 그리고 1세대 주택 수의 판정은 'Chapter 5. 제2절 2. 1세대의 주택 취득 중과세(지법 제13조의2)'를 참고하기 바란다.

| 취득세율 |

주택 수	조정대상지역 내			조정대상지역 외		
	취득세	지방교육세	농특세	취득세	지방교육세	농특세
1세대 1주택	1~3%	0.1~0.3%	0.2%	1~3%	0.1~0.3%	0.2%
1세대 2주택	8%	0.4%	0.6%	1~3%	0.1~0.3%	0.2%
1세대 3주택	12%	0.4%	1.0%	8%	0.4%	0.6%
1세대 4주택	12%	0.4%	1.0%	12%	0.4%	1.0%

* 농어촌특별세는 국민주택규모 이하 주택의 취득에 대해서는 비과세한다(농특법 제4조 제9호).

2) 중복 특례의 배제

동일한 과세대상의 동일한 세목에 대하여 둘 이상의 지방세 특례 규정이 적용되는 경우에는 그 중 감면되는 세액이 큰 것 하나만을 적용한다. 다만, 지방세특례제한법 제66조 제1항, 제73조, 제74조의2 제1항, 제92조 및 제92조의2와 다른 지방세 특례 규정이 함께 적용되는 경우에는 해당 특례 규정을 모두 적용하되, 지방세특례제한법 제66조 제1항, 제73조, 제74조의2 제1항 및 제92조 간에 중복되는 경우에는 그 중 감면되는 세액이 큰 것 하나만을 적용한다(지특법 제180조).

"지방세 특례"란 세율의 경감, 세액감면, 세액공제, 과세표준 공제(중과세 배제, 재산세 과세대상 구분전환을 포함한다) 등을 말한다(지특법 제2조① 제6호).

3) 지방세 감면 특례의 제한

지방세특례제한법에 따라 취득세 또는 재산세가 면제되는 경우에는 이 법에 따른 취득세 또는 재산세의 면제규정에도 불구하고 100분의 85에 해당하는 감면율(「지방세법」 제13조 제1항부터 제4항까지의 세율은 적용하지 아니한 감면율을 말한다)을 적용한다. 다만, 특별히

정한 경우에는 그러하지 아니하다(지특법 제177조의2①).

2. 재산세 감면(지방세특례제한법 제31조의3④, ⑤)

「민간임대주택에 관한 특별법」에 따른 장기일반민간임대주택과 공공지원민간임대주택에 대한 재산세 감면 개정규정(2024.12.31.)은 2025년 1월 1일부터 시행하며, 그 이후 납세의무가 성립하는 경우부터 적용한다.

(1) 임대사업자의 요건

「민간임대주택에 관한 특별법」에 따른 임대사업자(공공지원민간임대주택 또는 장기일반민간임대주택을 임대용 부동산으로 하여 임대사업자로 등록한 경우를 말한다)

(2) 재산세 감면 대상과 감면율

1) 감면 적용대상 주택 등

재산세 과세기준일 현재 임대 목적의 임대형기숙사, 다가구주택(모든 호수의 전용면적이 40제곱미터 이하인 경우를 말하며, 이하 "다가구주택"이라 한다) 또는 2세대 이상의 공동주택·오피스텔을 건축 중인 토지와 임대 목적으로 직접 사용하는 임대형기숙사, 다가구주택 또는 2세대 이상의 공동주택·오피스텔이 재산세 감면 대상이다.

2) 재산세 감면

다음에서 정하는 바에 따라 재산세를 2027년 12월 31일까지 감면한다(지특법 제31조의3④).
① 다음의 어느 하나에 해당하는 토지와 임대형기숙사, 다가구주택, 공동주택 또는 오피스텔에 대해서는 재산세(재산세 도시지역분을 포함한다)를 면제한다.
　㉮ 임대형기숙사, 다가구주택, 전용면적 40제곱미터 이하인 공동주택 또는 오피스텔을 건축 중인 토지
　㉯ 임대형기숙사, 다가구주택, 전용면적 40제곱미터 이하인 공동주택 또는 오피스텔
② 다음의 어느 하나에 해당하는 토지와 공동주택 또는 오피스텔에 대해서는 재산세(「지방세법」 제112조에 따른 부과액을 포함한다)의 100분의 75를 경감한다.
　㉮ 전용면적 40제곱미터 초과 60제곱미터 이하인 공동주택 또는 오피스텔을 건축 중인 토지

㉯ 전용면적 40제곱미터 초과 60제곱미터 이하인 공동주택 또는 오피스텔

③ 다음의 어느 하나에 해당하는 토지와 공동주택 또는 오피스텔에 대해서는 재산세의 100분의 50을 경감한다.

㉮ 전용면적 60제곱미터 초과 85제곱미터 이하인 공동주택 또는 오피스텔을 건축 중인 토지

㉯ 전용면적 60제곱미터 초과 85제곱미터 이하인 공동주택 또는 오피스텔

3) 재산세 감면 제외대상

위 2)의 재산세 감면 규정에도 불구하고 「지방세법」 제4조 제1항에 따라 공시된 가액(토지 및 주택에 대한 시가표준액 : 개별공시지가, 개별주택가격, 공동주택가격) 또는 시장·군수가 산정한 가액이 3억원[수도권은 6억원(「민간임대주택에 관한 특별법」 제2조 제2호에 따른 민간건설임대주택인 경우에는 9억원)으로 한다]을 초과하는 공동주택과 「지방세법」 제4조에 따른 시가표준액이 2억원(수도권은 4억원으로 한다)을 초과하는 오피스텔은 감면 대상에서 제외한다(지특법 제31조의3④ 단서).

(3) 추 징

위 (2)의 재산세 감면을 적용할 때 다음의 어느 하나에 해당하는 경우에는 그 감면 사유 소멸일부터 소급하여 5년 이내에 감면된 재산세를 추징한다. 다만, 「민간임대주택에 관한 특별법」 제43조 제1항에 따른 임대의무기간이 경과한 후 등록이 말소되거나 그 밖에 대통령령(지특령 제13조의2③)으로 정하는 경우(민특법 제43조 제4항의 사유로 임대사업자 등록이 말소된 경우)에는 추징에서 제외한다(지특법 제31조의3⑤).

① 「주택법」 제49조에 따른 사용검사 또는 「건축법」 제22조에 따른 사용승인(임시사용승인을 포함한다)을 받기 전에 임대형기숙사, 다가구주택, 공동주택 또는 오피스텔을 건축 중인 토지를 매각·증여하는 경우

② 「민간임대주택에 관한 특별법」 제6조에 따라 임대사업자 등록이 말소되는 경우

③ 「민간임대주택에 관한 특별법」 제43조 제1항에 따른 임대의무기간에 임대형기숙사, 다가구주택, 공동주택 또는 오피스텔을 매각·증여하는 경우

□ 재산세율 적용에 고려할 사항

재산세율 적용에 고려할 사항은 위 '취득세율 적용에 고려할 사항의 2) 중복 특례의 배제와

3) 지방세 감면 특례의 제한'의 내용과 동일하다.

3. 종합부동산세의 합산배제 임대주택

종합부동산세의 합산배제 임대주택 중 장기일반민간임대주택과 단기민간임대주택에 대한 주요 내용은 아래 〈표〉와 같고 자세한 내용은 'Chapter 3. 제2절 2. (3) 합산배제 주택'을 참고하기 바란다.

| 합산배제 임대주택 |

임대주택종류 (적용기한)	전용 면적	주택 수	공시가격	임대 기간	임대료
매입임대주택 중 장기일반민간임대주택 (민간매입 아파트 제외)	–	전국 1호 이상	30호 미만 : 6억원(비수도권 3억원) 이하, 30호 이상 : 9억원(비수도권 6억원) 이하	10년 이상	연 증가율 5% 이하
건설임대주택 중 장기일반민간임대주택 (민간건설 아파트 포함)	149㎡ 이하	전국 2호 이상	30호 미만 : 9억원 이하, 30호 이상 : 12억원 이하	10년 이상	
매입임대주택 중 단기민간임대주택 (아파트 제외)	–	전국 1호 이상	4억원(비수도권 2억원) 이하	6년 이상	
건설임대주택 중 단기민간임대주택 (아파트 제외)	149㎡ 이하	전국 2호 이상	6억원 이하	6년 이상	

4. 양도소득세 과세특례

(1) 장기일반민간임대주택 등에 대한 양도소득세의 과세특례
(조특법 제97조의3)

거주자가 「민간임대주택에 관한 특별법」 제2조 제2호에 따른 민간건설임대주택으로서 공공지원민간임대주택 또는 장기일반민간임대주택을 2027년 12월 31일까지 등록한 후 다음의 요건을 모두 갖추어 그 주택을 양도하는 경우 임대기간 중 발생하는 양도소득에 대해서는 장기보유 특별공제액을 계산할 때 10분의 70의 공제율을 적용한다(조특법 제97조의3).

다만, 2020년 7월 11일 이후 장기일반민간임대주택으로 등록 신청한 경우로서 단기민간임대주택을 2020년 7월 11일 이후 공공지원민간임대주택 또는 장기일반민간임대주택으로 변경 신고한 주택은 제외한다(조특법 제97조의3 단서, 조특령 제97조의3).

① 10년 이상 계속하여 임대한 후 양도하는 경우

② 임대보증금 또는 임대료의 증가율이 100분의 5를 초과하지 않을 것

③ 국민주택규모 이하의 주택(해당 주택이 다가구주택일 경우에는 가구당 전용면적을 기준으로 한다)일 것

④ 장기일반민간임대주택 등의 임대개시일부터 10년 이상 임대할 것

⑤ 장기일반민간임대주택 등 및 이에 부수되는 토지의 기준시가의 합계액이 해당 주택의 임대개시일 당시 6억원(수도권 밖의 지역인 경우에는 3억원)을 초과하지 아니할 것

(2) 공공매입임대주택 건설을 목적으로 양도한 토지에 대한 과세특례 (조특법 제97조의9)

거주자가 「공공주택 특별법」 제2조 제1호의3에 따른 공공매입임대주택을 건설할 자(공공주택사업자와 건설 약정을 체결한 자 : "주택건설사업자")에게 2027년 12월 31일까지 주택 건설을 위한 토지를 양도함으로써 발생하는 소득에 대해서는 양도소득세의 100분의 10에 상당하는 세액을 감면한다(조특법 제97조의9①).

 소형주택과 미분양주택의 지원을 위한 조세 감면 및 특례

소형주택과 미분양주택의 공급자인 주택건설사업자와 그 수요자인 취득자에 대한 조세 감면 및 특례에 대해 서술한다.

제1절   주택건설사업자에 대한 조세 감면 및 특례

1. 취득세

(1) 소형주택 공급확대를 위한 감면(지특법 제33조의2)

1) 취득세 경감대상주택 및 경감률

매각 또는 임대할 목적으로 신축하여 2024년 1월 10일부터 2025년 12월 31일까지 취득하는 다음의 어느 하나에 해당하는 주택에 대해서는 취득세의 100분의 25를 경감한다(지특법 제33조의2 ①). (2024.12.31. 신설)

① 전용면적이 60제곱미터 이하인 공동주택(아파트는 제외한다)
② 전용면적이 60제곱미터 이하인 「주택법」 제2조 제20호에 따른 도시형 생활주택
③ 「주택법」 제2조 제2호에 따른 단독주택 중 다가구주택으로서 「건축법」 제38조에 따른 건축물대장에 호수별로 전용면적이 구분되어 기재되어 있는 다가구주택(전용면적이 60제곱미터 이하인 호수 부분으로 한정한다)

2) 조례 추가 경감

지방자치단체의 장은 위 1)에 따라 취득세를 경감하는 경우 해당 지역의 재정 여건 등을 고려하여 100분의 25의 범위에서 조례로 정하는 율을 추가로 경감할 수 있다(지특법 제33조의2②).

3) 사후관리

위 1)과 2)를 적용할 때 그 취득일부터 5년 이내에 매각 또는 임대하지 아니하고 다른 용도로 사용하는 경우에는 경감된 취득세를 추징한다(지특법 제33조의2③).

(2) 지방 소재 준공 후 미분양 아파트에 대한 감면(지특법 제33조의3)

1) 취득세 경감대상주택 및 경감률

「주택법」 제54조 제1항에 따른 사업주체가 다음의 요건을 모두 갖춘 아파트를 신축하여 2024년 1월 10일부터 2025년 12월 31일까지 취득하는 경우에는 취득세의 100분의 25를 경감한다(지특법 제33조의3①). (2024.12.31. 신설)
① 「주택법」 제49조에 따른 사용검사 또는 「건축법」 제22조에 따른 사용승인(임시사용승인을 포함한다)을 받은 후 분양되지 아니한 아파트일 것
② 수도권 외의 지역에 있을 것
③ 전용면적이 85제곱미터 이하이고 「지방세법」 제10조의4에 따른 취득 당시의 가액이 3억원 이하일 것
④ 2025년 12월 31일까지 임대차계약을 체결하고 2년 이상 임대할 것

2) 조례 추가 경감

지방자치단체의 장은 제1항에 따라 취득세를 경감하는 경우 해당 지역의 재정 여건 등을 고려하여 100분의 25의 범위에서 조례로 정하는 율을 추가로 경감할 수 있다(지특법 제33조의3②).

3) 사후관리

위 1)과 2)를 적용할 때 임대한 기간이 2년 미만인 상태에서 매각·증여하거나 다른 용도로 사용하는 경우에는 경감된 취득세를 추징한다(지특법 제33조의3③).

2. 종합부동산세

(1) 합산배제 미분양주택

1) 대상사업자

종합부동산세 과세기준일 현재 사업자등록을 한 다음의 어느 하나에 해당하는 자가 건축하여 소유하는 주택으로서 아래 2)의 합산배제대상 미분양 주택은 과세표준 합산의 대상이 되는 주택의 범위에 포함되지 아니하는 것으로 본다(종부법 제8조② 제2호, 종부령 제4조① 제3호).
㈎ 「주택법」 제15조에 따른 사업계획승인을 얻은 자

㈏ 「건축법」 제11조에 따른 허가를 받은 자

2) 합산배제대상 미분양 주택의 범위

"합산배제대상 미분양 주택"이란 주택을 신축하여 판매하는 자가 소유한 다음의 어느 하나에 해당하는 미분양 주택을 말한다(종부칙 제4조).
① 「주택법」 제15조에 따른 사업계획승인을 얻은 자가 건축하여 소유하는 미분양 주택으로서 2005년 1월 1일 이후에 주택분 재산세의 납세의무가 최초로 성립하는 날부터 5년이 경과하지 않은 주택
② 「건축법」 제11조에 따른 허가를 받은 자가 건축하여 소유하는 미분양 주택으로서 2005년 1월 1일 이후에 주택분 재산세의 납세의무가 최초로 성립하는 날부터 5년이 경과하지 않은 주택

(2) 미분양 주택의 민간건설임대주택 전환시 합산배제

주택법에 따라 등록한 주택건설사업자가 사업계획승인을 받아 건설한 주택 중 사용검사 때까지 분양되지 아니하여 임대하는 주택도 민간건설임대주택에 해당한다(민특법 제2조 제2호).

1) 임대사업자 등록

임대사업자의 등록은 먼저 시장·군수·구청장에게 주택건설사업자가 소유하고 있는 미분양 주택을 민간건설임대주택으로서 등록을 하고 관할 세무서장에게 주택임대업 사업자등록을 해야 한다. 이 경우 과세기준일 현재 임대를 개시한 자가 합산배제 신고기간(해당연도 9월 16일부터 9월 30일까지)의 종료일까지 임대사업자로서 사업자등록을 하는 경우에도 해당연도 과세기준일 현재 임대사업자로서 사업자등록을 한 것으로 본다(종부령 제3조①).

2) 합산배제 민간건설임대주택의 요건

종합부동산세 합산배제 민간건설임대주택은 「민간임대주택에 관한 특별법」 제2조 제2호에 따른 민간건설임대주택으로서 다음 각 목의 요건을 모두 갖춘 주택을 말한다(종부령 제3조① 제4호).

⑺ 전용면적이 149제곱미터 이하일 것

⑴ 합산배제신고를 한 연도의 과세기준일 현재의 공시가격이 9억원 이하일 것

⑷ 「건축법」 제22조에 따른 사용승인을 받은 날 또는 「주택법」 제49조에 따른 사용검사 후 사용검사필증을 받은 날부터 과세기준일 현재까지의 기간 동안 임대된 사실이 없고, 그 임대되지 아니한 기간이 2년 이내일 것

<table><tr><td>제2절</td><td>소형주택과 미분양 주택 취득자에 대한 조세 감면 및 특례</td></tr></table>

1. 취득세

(1) 주택 공급 확대를 위한 감면(지특법 제33조)

1) 취득세 경감대상주택 및 면제

상시 거주(취득일 이후 「주민등록법」에 따른 전입신고를 하고 계속하여 거주하거나 취득일 전에 같은 법에 따른 전입신고를 하고 취득일부터 계속하여 거주하는 것을 말한다. 이하 같다)할 목적으로 다음 〈표1〉의 서민주택을 취득[상속·증여로 인한 취득 및 원시취득은 제외한다]하여 다음 〈표2〉의 1가구 1주택에 해당하는 경우(해당 주택을 취득한 날부터 60일 이내에 종전 주택을 증여 외의 사유로 매각하여 1가구 1주택이 되는 경우를 포함한다)에는 취득세를 2027년 12월 31일까지 면제한다(지특법 제33조②).

서민주택

‘서민주택’이란 연면적 또는 전용면적이 40제곱미터 이하인 주택[「주택법」 제2조 제1호에 따른 주택으로서 「건축법」에 따른 건축물대장·사용승인서·임시사용승인서 또는 「부동산 등기법」에 따른 등기부에 주택으로 기재[「건축법」에 따라 건축허가 또는 건축신고 없이 건축이 가능했던 주택(건축허가를 받거나 건축신고가 있는 것으로 보는 경우를 포함한다)으로서 건축물대장에 기재되어 있지 않은 주택의 경우에도 건축물대장에 주택으로 기재된 것으로

본다)된 주거용 건축물과 그 부속토지를 말한다. 이하 같다]으로서 취득가액이 1억원 미만인 것을 말한다(지특령 제15조②).

1가구 1주택

'1가구 1주택'이란 취득일 현재 취득자와 같은 세대별 주민등록표에 기재되어 있는 가족(동거인은 제외한다)으로 구성된 1가구(취득자의 배우자, 취득자의 미혼인 30세 미만의 직계비속 또는 취득자가 미혼이고 30세 미만인 경우 그 부모는 각각 취득자와 같은 세대별 주민등록표에 기재되어 있지 아니하더라도 같은 가구에 속한 것으로 본다)가 국내에 1개의 주택을 소유하는 것을 말하며, 주택의 부속토지만을 소유하는 경우에도 주택을 소유한 것으로 본다. 이 경우 65세 이상인 직계존속, 「국가유공자 등 예우 및 지원에 관한 법률」에 따른 국가유공자(상이등급 1급부터 7급까지의 판정을 받은 국가유공자만 해당한다)인 직계존속 또는 「장애인복지법」에 따라 등록한 장애인(장애의 정도가 심한 장애인만 해당한다)인 직계존속을 부양하고 있는 사람은 같은 세대별 주민등록표에 기재되어 있더라도 같은 가구에 속하지 아니하는 것으로 본다(지특령 제15조③).

2) 사후관리

위 1)을 적용할 때 다음의 어느 하나에 해당하는 경우에는 면제된 취득세를 추징한다(지특법 제33조③).

① 정당한 사유 없이 그 취득일부터 3개월이 지날 때까지 해당 주택에 상시 거주를 시작하지 아니한 경우

② 해당 주택에 상시 거주를 시작한 날부터 2년이 되기 전에 상시 거주하지 아니하게 된 경우

③ 해당 주택에 상시 거주한 기간이 2년 미만인 상태에서 해당 주택을 매각·증여하거나 다른 용도(임대를 포함한다)로 사용하는 경우

(2) 취득세 중과세율 적용 시 주택 수의 산정방법(지방세법 시행령 제28조의4)

1) 주택 수의 산정 원칙

취득세 중과세율을 적용할 때 세율 적용의 기준이 되는 1세대의 주택 수는 주택 취득일 현재 취득하는 주택을 포함하여 1세대가 국내에 소유하는 주택, 조합원입주권, 주택분양권

및 오피스텔의 수를 말한다(지령 제28조의4①).

2) 취득하는 주택 수에서 제외

다음의 어느 하나에 해당하는 주택을 취득하는 경우 세율 적용의 기준이 되는 1세대의 주택 수는 주택 취득일 현재 취득하는 주택을 제외하고 1세대가 국내에 소유하는 주택, 조합원입주권, 주택분양권 및 오피스텔의 수를 말한다(지령 제28조의4②).

① 신축 다가구주택 등 최초로 유상승계취득의 경우

2024년 1월 10일부터 2027년 12월 31일까지 사용검사 또는 사용승인(임시사용승인을 포함)을 받은 신축 주택을 같은 기간 내에 최초로 유상승계취득하는 주택으로서 다음의 요건을 모두 갖춘 주택

(가) 다가구주택(건축물대장에 호수별로 전용면적이 구분되어 기재되어 있는 다가구주택으로 한정), 연립주택, 다세대주택 또는 도시형 생활주택 중 어느 하나에 해당할 것
(나) 전용면적이 60제곱미터 이하이고 취득당시가액이 3억원(수도권에 소재하는 경우에는 6억원) 이하일 것

② 미분양 아파트를 최초로 유상승계취득하는 경우

「주택법」 제54조 제1항에 따른 사업주체가 사용검사 또는 사용승인(임시사용승인을 포함)을 받은 후 분양되지 않은 아파트를 2024년 1월 10일부터 2025년 12월 31일까지 최초로 유상승계취득하는 아파트로서 다음의 요건을 모두 갖춘 아파트

(가) 수도권 외의 지역에 있을 것
(나) 전용면적 85제곱미터 이하이고 취득당시가액이 6억원 이하일 것

3) 취득 전 소유주택의 수에서 제외

위 2)에 따라 1세대의 주택 수를 산정할 때 다음의 어느 하나에 해당하는 주택, 조합원입주권, 주택분양권 또는 오피스텔은 소유주택(주택 취득일 현재 취득하는 주택을 포함하지 아니한 소유주택을 말함) 수에서 제외한다(지령 제28조의4⑥).

① 신축 다가구주택 등 최초 유상승계취득의 경우 등에 해당하는 주택

위의 신축 다가구주택 등 최초로 유상승계취득의 경우 및 미분양 아파트를 최초로 유상승계취득하는 경우에 해당하는 주택

② 최초로 유상승계취득하는 신축 오피스텔

2024년 1월 10일부터 2027년 12월 31일까지 사용승인(임시사용승인을 포함)을 받은 신축 오피스텔을 같은 기간 내에 최초로 유상승계취득하는 오피스텔로서 전용면적이 60제곱미터 이하이고 취득당시가액이 3억원(수도권에 소재하는 경우에는 6억원) 이하에 해당하는 오피스텔

③ 시가표준액 1억원 이하인 주택

시가표준액 1억원 이하인 주택(재개발 등 정비구역으로 지정·고시된 지역 및 소규모주택의 사업시행구역에 소재하는 주택은 제외)으로서 주택 수 산정일 현재 해당 주택의 시가표준액 기준을 충족하는 주택

④ 시가표준액 1억원 이하 오피스텔

주택 수 산정일 현재 시가표준액(지분이나 부속토지만을 취득한 경우에는 전체 건축물과 그 부속토지의 시가표준액을 말함)이 1억원 이하인 오피스텔

2. 종합부동산세

(1) 주택 수 포함 제외(소형 신축주택, 준공 후 미분양주택)

1) 소형 신축주택

2024년 1월 10일부터 2027년 12월 31일까지 취득하는 주택으로서 다음의 요건을 모두 갖춘 소형 신축주택은 주택분 종합부동산세액을 계산할 때 주택 수에 포함하지 않는다(종부령 제4조의3③ 제3호 바목1)).

① 전용면적이 60제곱미터 이하일 것
② 취득가액이 6억원(수도권 밖의 지역에 소재하는 주택의 경우에는 3억원) 이하일 것
③ 2024년 1월 10일부터 2027년 12월 31일까지의 기간 중에 준공된 것일 것
④ 아파트(「주택법」에 따른 도시형 생활주택인 아파트는 제외한다)에 해당하지 않을 것
⑤ 그 밖에 다음 〈표〉의 요건을 갖출 것

3. 양도소득세

(1) 조정대상지역에 있는 주택의 주택 수 계산 제외(소형 신축주택, 준공 후 미분양 주택)

조정대상지역에 있는 주택을 양도하는 경우 거주자의 양도소득세는 해당 과세기간의 양도소득과세표준에 소득세법 제55조 제1항에 따른 세율에 주택 수에 따라 100분의 20 또는 100분의 30을 더한 세율을 적용한다(소법 제104조). 그러나 소형 신축주택과 준공 후 미분양 주택으로 일정한 요건을 갖춘 주택은 주택의 수를 계산할 때 산입하지 않는다.

1) 소형 신축주택

2024년 1월 10일부터 2027년 12월 31일까지 취득하는 주택으로서 다음의 요건을 모두 갖춘 소형 신축주택은 주택의 수를 계산할 때 산입하지 않는다(소령 제167조의3① 제12호 가목).
① 전용면적이 60제곱미터 이하일 것
② 취득가액이 6억원(수도권 밖의 지역에 소재하는 주택의 경우에는 3억원) 이하일 것
③ 2024년 1월 10일부터 2027년 12월 31일까지의 기간 중에 준공된 것일 것
④ 아파트(「주택법」에 따른 도시형 생활주택인 아파트는 제외한다)에 해당하지 않을 것
⑤ 그 밖에 다음 〈표〉의 요건을 갖출 것

> **그 밖에 소형 신축주택의 요건**
>
> 그 밖에 요건이란 다음 각 호의 요건을 말한다(소칙 제82조①).
> 1. 양도자가 다음 각 목의 어느 하나에 해당할 것
>   가. 「주택법」 제54조 제1항 각 호 외의 부분 전단에 따른 사업주체
>   나. 「건축물의 분양에 관한 법률」 제2조 제3호에 따른 분양사업자
>   다. 가목에 따른 사업주체 또는 나목에 따른 분양사업자로부터 주택의 공사대금으로 해당 주택을 받은 시공자
> 2. 양수자가 해당 주택에 대한 매매계약(주택공급계약 및 분양계약을 포함한다. 이하 같다)을 최초로 체결한 자일 것
> 3. 양도자와 양수자가 해당 주택에 대한 매매계약을 체결하기 전에 다른 자가 해당 주택에 입주한 사실이 없을 것

2) 준공 후 미분양 주택

2024년 1월 10일부터 2025년 12월 31일까지 취득하는 주택으로서 다음의 요건을 모두 갖춘 준공 후 미분양 주택은 주택의 수를 계산할 때 산입하지 않는다(소령 제167조의3① 제12호 나목).

① 전용면적이 85제곱미터 이하일 것
② 취득가액이 6억원 이하일 것
③ 수도권 밖의 지역에 소재할 것
④ 그 밖에 다음 〈표〉의 요건을 갖출 것

> **그 밖에 준공 후 미분양 주택의 요건**
>
> 그 밖에 요건이란 다음 각 호의 요건을 말한다(소칙 제82조②).
> 1. 제1항(위 표) 제1호 및 제2호의 요건
> 2. 입주자 모집공고에 따른 입주자의 계약일 또는 분양 광고에 따른 입주예정일까지 분양계약이 체결되지 않아 선착순의 방법으로 공급하는 주택(이하 "준공 후 미분양 주택"이라 한다)일 것
> 3. 해당 주택의 소재지를 관할하는 시장·군수·구청장으로부터 해당 주택이 준공 후 미분양 주택이라는 확인을 받은 주택일 것

(2) 양도소득세 과세특례(준공 후 미분양 주택 취득자) : 1세대의 소유주택에서 제외

1주택을 보유한 1세대(「소득세법」 제88조 제6호의 1세대를 말한다)가 2024년 1월 10일부터 2025년 12월 31일까지의 기간 중에 다음의 요건을 모두 충족하는 준공 후 미분양 주택을 취득한 후 준공 후 미분양 주택을 취득하기 전에 보유한 주택을 양도하는 경우에는 그 준공 후 미분양 주택을 해당 1세대의 소유주택이 아닌 것으로 보아 같은 법 제89조 제1항 제3호(1세대 1주택 비과세)를 적용한다(조특법 제98조의9①). (2024.12.31. 신설)

① 수도권 밖의 지역에 소재할 것
② 전용면적, 취득가액 등 다음 〈표〉의 요건을 갖출 것

"전용면적, 취득가액 등의 요건"이란 다음 각 호의 요건을 말한다(조특령 제98조의8①).

1. 전용면적이 85제곱미터 이하일 것
2. 취득가액이 6억원 이하일 것
3. 양도자가 다음 각 목의 어느 하나에 해당할 것
   가. 「주택법」 제54조 제1항 각 호 외의 부분 전단에 따른 사업주체
   나. 「건축물의 분양에 관한 법률」 제2조 제3호에 따른 분양사업자
   다. 가목에 따른 사업주체 또는 나목에 따른 분양사업자로부터 주택의 공사대금으로 해당 주택을 받은 시공자
4. 양수자가 해당 주택에 대한 매매계약(주택공급계약 및 분양계약을 포함한다. 이하 같다)을 최초로 체결한 자일 것
5. 「주택법」 제49조에 따른 사용검사(같은 조 제4항 단서에 따른 임시 사용승인을 포함한다) 또는 「건축법」 제22조에 따른 사용승인(같은 조 제3항 각 호의 어느 하나에 따라 건축물을 사용할 수 있는 경우를 포함한다)을 받은 날까지 분양계약이 체결되지 않아 선착순의 방법으로 공급하는 것일 것

부동산개발 유형별 세무업무
Check Point

1. 주요항목별 Check Point

2. 부동산개발 유형별 Check Point

주요 항목	Check Point
건설용지의 취득	• 법인이 과밀억제권역 안에서 부동산을 취득할 경우 또는 주택법에 의해 등록한 주택건설사업자인 법인이 주택건설사업을 위하여 유상거래를 원인으로 취득하는 주택으로서 멸실시킬 목적으로 취득하는 주택의 경우 일정한 요건을 충족하면 취득세 중과세 대상에서 배제한다. 또한, 개인사업자의 경우도 주택신축판매업을 위하여 취득하는 주택에 대해 일정한 요건을 충족하면 취득세 중과세 대상에서 제외한다. 법인과 개인의 취득세 중과세 제외 요건이 다른 점에 유의한다. • 상업용 구건물을 헐고 신축할 목적으로 구입한 구건물을 임시 임대하다 철거하더라도 구건물은 토지와 관련된 것으로 보아 부가가치세 매입세액이 불공제 대상에 해당한다.
진행기준의 적용	• 작업진행률의 계산은 공사원가를 기준으로 하는 것이 원칙이나 건설의 수익실현이 건설의 작업시간·작업일수 또는 기성공사의 면적이나 물량 등과 비례관계가 있고, 전체 작업시간등에서 이미 투입되었거나 완성된 부분이 차지하는 비율을 객관적으로 산정할 수 있는 건설의 경우에는 그 비율로 할 수 있다. • 작업진행률에 의해 계산한 수익과 비용을 각 사업연도의 익금과 손금으로 산입한 이후 분양계약이 해제된 경우에는 당해 분양수입과 분양원가 상당액을 계약의 해제일이 속하는 사업연도의 손익에 반영해야 한다. • 기존 분양계약을 해제하고 새로운 분양계약의 형식을 가지고 있다 하더라도, 실질적으로 기존 분양계약 내용을 일부 변경한 것에 불과한 경우에는 기존 분양계약상의 권리가 소멸하지 아니한 것으로 본다는 점에 유의한다.
공통매입세액의 안분계산	• 건축물의 취득관련 매입세액(건설공사 용역대금 VAT)에 대하여 과세사업에만 전적으로 사용되는 면적이 전체 면적에서 차지하는 비율을 곱하여 계산한 매입세액은 전액 공제하고, 면세 사업에만 전적으로 사용되는 면적이 차지하는 비율을 곱하여 계산한 매입세액은 전액 불공제한다. • 과세사업과 면세사업에 공통으로 사용되는 면적에 관련된 매입세액(일반관리비 등 VAT)에 대하여는 그 사업부문에서 발생된 총공급가액에 대한 면세공급가액의 비율에 의하여 안분계산한 가액을 불공제한다.
건축물의 원시취득 취득세	• 신축 건축물을 원시취득하는 경우 취득당시가액은 사실상취득가격으로 한다. 취득당시가액은 취득시기 이전에 해당 물건을 취득하기 위하여 거래상대방이나 제3자에게 지급하였거나 지급하여야 할 일체의 비용으로서 사실상취득가격으로 한다. 사실상취득가격이란 해당 물건을 취득하기 위하여 거래상대방 또는 제3자에게 지급했거나 지급해야 할 직접비용과 간접비용의 합계액을 말한다. 이 경우 간접비용 항목에 대한 분석이 중요하다.

주요 항목	Check Point
신탁재산의 부가가치세 납세의무자	• 2022년부터 신탁법 또는 다른 법률에 따른 신탁재산과 관련된 재화 또는 용역을 공급하는 때에는 일정한 경우 수탁자가 신탁재산별로 납세의무자로서 부가가치세를 납부할 의무가 있다. 그러나 신탁재산과 관련된 재화 또는 용역을 위탁자 명의로 공급하는 경우 등은 위탁자가 부가가치세 납세의무자이므로 납세의무자의 판단에 유의해야 한다.

② 부동산개발 유형별 Check Point

프로젝트 유형	Check Point
주거용 아파트	• 국민주택규모 이하의 아파트를 공급할 때에는 부가가치세가 면제된다. 그러나 발코니 공사가 별도의 계약에 따라 공급되었다면 국민주택규모 이하의 아파트에 대한 발코니 공사용역일지라도 부가가치세가 과세된다. • 매매를 목적으로 매입 또는 건설하는 주택 및 아파트(재고자산)는 건설자금이자의 계산대상인 사업용 고정자산에 해당하지 아니하여 취득원가에 가산하지 않고 손금에 산입한다. 사업용 고정자산이 아닌 재고자산인 경우에 건설자금이자를 취득원가에 가산하지 않는 점은 아래에서 설명하는 모든 프로젝트에 동일하다.
주상복합	• 법인이 동일 필지 내 상가 등을 신축하고 각 층별·위치별 분양가액이 다르고 사전 공시방법 등에 의하여 명백히 확인되는 경우에는 취득가액을 분양가액 비율에 의해 원가계산할 수 있다.
주택신축판매	• 주로 단독, 다가구, 다세대, 연립주택을 개인이 신축판매하는 경우 소득세법상 건설업으로 분류되나, 조세특례제한법상 감면대상 판단에는 신중을 기해야 한다. • 다가구주택의 경우 부가가치세 면세대상인 국민주택규모 이하를 판단할 때에는 가구당 전용면적을 기준으로 한 면적으로 한다. • 주택규모가 고급주택의 면적규모 이상에 해당하여 취득세가 중과세 될 수 있는 경우에 유의한다.
도시형 생활주택	• 도시형 생활주택이란 300세대 미만의 국민주택규모에 해당하는 주택으로서 도시지역에 건설하는 원룸형 주택, 단지형 연립주택, 단지형 다세대주택을 말한다. • 임대사업자로서 도시형 생활주택을 건설·임대하여 양도소득세의 중과세 대상인 다주택자에 해당하는 주택수에서 제외되려면 주택가액, 임대료 증액 등 요건을 준수해야 한다. 다만, 2026.5.9.까지는 한시적으로 다주택자 양도소득세 중과세를 적용하지 않는다.

프로젝트 유형	Check Point
재개발· 재건축조합	• 조합설립추진위원회의 구성 및 승인이 필수사항이며, 재개발·재건축 정비사업조합을 설립하려면 일정비율 이상의 토지등소유자 또는 공동주택 구분소유자의 동의 후 시장·군수등의 인가를 받아야 한다. • 조합설립추진위원회가 행한 업무와 관련된 권리와 의무를 정비사업조합이 포괄승계하는 경우에는 그 조직을 변경한 것으로 보므로 사업자등록 정정신고를 하여야 한다. • 관리처분계획에 따라 완성된 건물을 조합원에게 공급하는 것은 부가가치세법상 재화의 공급으로 보지 아니한다. • 정비사업조합이 정비사업에 관한 관리처분계획에 따라 조합원에게 종전의 토지를 대신하여 토지 및 건축물을 공급하는 사업은 법인세법에 따른 수익사업이 아닌 것으로 본다.
소규모주택조합	• 조합설립추진위원회의 구성은 법적 의무사항이 아니며, 소규모주택정비사업조합은 일정비율 이상의 토지등소유자 또는 공동주택 구분소유자의 동의 후 시장·군수등의 인가를 받아 설립한다. • 소규모주택조합에 대해서는 도시 및 주거환경정비법을 많이 준용하나, 재산 또는 권리 평가 등 일부는 다르게 정할 수 있다. 소규모주택조합에 대한 조세특례제한법의 특례는 도시 및 주거환경정비법의 정비사업조합에 대한 조세특례제한법의 특례와 동일하다.
도시개발조합	• 도시개발사업의 시행방식은 수용·사용방식, 환지방식, 혼용방식이 있으며, 도시개발구역의 전부를 환지방식으로 시행하는 경우에는 토지 소유자나 조합을 시행자로 지정하여야 한다. • 도시개발조합의 세무업무는 재개발·재건축 정비사업조합에 대한 세법규정을 준용하여 적용하고 있다.
지역주택조합	• 지역주택조합은 주택법에 의한 주택조합으로 무주택 세대주나 주거전용면적 85제곱미터 이하의 주택 1채를 소유한 세대의 세대주가 지역주택조합의 조합원에 가입하여 청약저축 가입요건 등과 관계없이 주택을 마련할 수 있는 제도이다. • 지역주택조합은 주택법에서 법인등기를 강제하지 아니하므로 조합의 수익을 구성원에게 분배하지 아니한 경우에 해당하여 법인등기를 한 경우에는 비영리법인에 해당하고, 조합의 수익을 구성원에게 분배하여 법인등기를 하지 않은 경우에는 소득세법상 공동사업자 또는 1거주자로 보는 단체에 해당한다. • 지역주택조합의 조합원이 조합에 현물출자하는 경우 환지규정이 적용되지 않는다는 점에 유의한다. • 지역주택조합에 대한 소득세법의 적용에 있어서 수익의 인식시기, 공동사업에 대한 소득금액계산, 부동산매매업자의 토지등매매차익 예정신고·납부 등은 법인세법을 적용할 경우와 다른 점에 유의해야 한다.

프로젝트 유형	Check Point
리모델링조합	• 리모델링조합이 주택단지 전체 또는 동을 리모델링하고자 하는 경우에는 일정비율 이상의 주택단지 전체 또는 동의 구분소유자 결의가 요건이다. • 리모델링주택조합의 법인격도 법인이며, 세무업무는 재개발·재건축 정비사업조합에 대한 세법규정을 준용하여 적용할 수 있다.
공공임대주택	• 민간임대주택에 관한 특별법 제5조에 따라 등록을 한 임대사업자 또는 공공주택 특별법 제4조에 따라 지정된 공공주택사업자가 경영하는 주택임대사업은 과밀억제권역(산업단지 제외)에 설치가 불가피하다고 인정되는 업종에 해당하며 그 지역의 부동산을 취득하는 경우 취득세의 중과 대상이 아니다. 다만, 일정한 의무사항이 있으며, 이를 위반시 세액을 추징한다. • 공공주택사업자가 공공매입임대주택으로 공급(신축 또는 개축 공급 포함) 또는 민간임대주택에 관한 특별법 제2조 제7호에 따른 임대사업자가 같은 조 제4호에 따른 공공지원민간임대주택으로 공급하기 위하여 유상거래를 원인으로 취득하는 주택은 취득세 중과세 대상으로 보지 않는다. 다만, 정당한 사유 없이 일정기간 이내에 임대주택을 공급하지 않거나 매각·증여, 다른 용도로 사용하는 경우는 제외한다.
오피스텔	• 주거용 오피스텔이라 하더라도 주택법상 주택이 아니고 준주택에 해당하므로 주거용 오피스텔의 규모가 국민주택규모 이하인 경우에도 부가가치세 과세대상에 해당한다.
업무시설	• 과밀억제권역에서 본점이나 주사무소의 사업용으로 신축하거나 증축하는 건축물과 그 부속토지를 취득하는 경우 취득세 중과 대상이다. • 업무시설을 신축하여 과세사업에 사용하려는 경우에는 신축과 관련한 부가가치세 매입세액이 공제되나 면세사업에 사용하려는 경우에는 매입세액이 불공제된다.
지식산업센터	• 지식산업센터를 설립하는 자가 사업시설용으로 직접 사용하기 위하여 신축 또는 증축하여 취득하는 부동산과 사업시설용으로 분양 또는 임대하기 위하여 신축 또는 증축하여 취득하는 부동산에 대해서는 취득세의 100분의 35를 경감한다. • 사업시설용으로 직접 사용하거나 그 사업시설용으로 분양 또는 임대 업무에 직접 사용하는 부동산에 대해서는 재산세의 1,000분의 375를 경감한다.
상가신축분양	• 각 사업연도 소득금액 계산시 분양되는 상가에 관련된 손금은 상가 등을 신축하고 각 층별·위치별·용도별 분양금액이 다르고 각 호별 분양가액이 사전 공시방법 등에 의하여 명백히 확인되는 경우에는 분양원가를 분양가액 비율에 의해 원가계산할 수 있다. • 소득세법상 부동산매매업에 해당하는 경우에는 매매차익 예정신고 대상에 해당한다.

프로젝트 유형	Check Point
기숙사, 고시원	• 기숙사 또는 고시원은 주택법상 주택에 해당하지 아니하여 부가가치세 과세대상에 해당한다. • 고시원을 사실상 주택으로 임대하는 경우 부가가치세 면세사업 전용에 해당하게 됨을 유의해야 한다.
펜션, 숙박시설	• 펜션, 숙박시설은 주택법상 주택에 해당하지 아니하여 부가가치세 과세대상에 해당한다.
골프장	• 체육시설의 설치·이용에 관한 법률에 따른 회원제 골프장용 부동산 중 구분등록의 대상이 되는 토지와 건축물 및 그 토지 상의 입목은 취득세 중과대상에 해당한다.
물류시설	• 물류시설의 개발 및 운영에 관한 법률에 따른 물류단지개발사업의 시행자가 같은 법에 따라 지정된 물류단지를 개발하기 위하여 취득하는 부동산에 대해서는 취득세의 100분의 35를, 과세기준일 현재 해당 사업에 직접 사용하는 부동산에 대해서는 재산세의 100분의 35를 경감한다.
고속도로 등 SOC사업	• 부동산 및 사회기반시설 중에서 국가 등에 귀속되거나 기부채납한 것의 반대급부로 국가 등이 소유하고 있는 부동산 또는 사회기반시설을 무상으로 양여받거나 기부채납 대상물의 무상사용권을 제공받는 조건으로 취득하는 부동산 또는 사회기반시설에 대해서는 취득세의 100분의 50을 경감한다. • 사업시행자가 부가가치세가 과세되는 사업을 할 목적인 사회기반시설 또는 사회기반시설의 건설용역에 해당하는 재화 또는 용역의 일정한 공급에 대한 부가가치세는 영(0)의 세율을 적용한다. • 사회기반시설의 대가로 부여하는 시설관리운영권에 대해서는 부가가치세를 면제한다.
프로젝트금융 투자회사 (PFV)	• PFV는 회사의 자산을 설비투자, 사회간접자본 시설투자, 자원개발, 그 밖에 상당한 기간과 자금이 소요되는 특정사업에 운용하고 그 수익을 주주에게 배분하는 회사이어야 한다. • PFV가 배당가능이익의 100분의 90 이상을 배당한 경우 그 금액은 소득금액에서 공제한다. • PFV로서 한국채택국제회계기준을 적용하는 법인이 수행하는 예약매출의 경우 그 목적물의 인도일이 속하는 사업연도의 익금과 손금에 각각 산입한다. • PFV에 대한 이월결손금 공제는 100% 공제 적용대상이다.

■ 임영택

- 세무사
- 고려대학교 경영대학원(석사)
- (현) 세무법인 한맥 삼성지점 대표
- E-mail : ytreem@naver.com
- 금융권에서 수년간 부동산 관련 금융업무를 담당하였고 2004년 세무사 개업을 하여 부동산개발 관련 세무분야를 중점으로 강의 및 업무를 수행 중입니다.
- 동영상 강의 : "딜아고라클래스" 네이버 검색

■ 박흥수

- 변호사
- 사법시험 42회 합격
- 사법연수원 32기 수료
- 전 삼일회계법인 TAX팀 근무
- 전 기획재정부 조세법 개정용역 연구원
- 전 세종특별시 지방세 심의위원
- 전 성북세무서 납세자 권익존중위원회 위원
- 전 성북세무서 국세심사위원회 위원
- 전 국세청 국선세무대리인
- 전 아시아경제 조세 관련 칼럼
- 전 대한상공회의소 전문위원
- 현 서울회생법원 파산관재인
- 법무법인 대종 구성원 변호사
- [바보야! 문제는 세금이야] 저
- [조세불복실무] 저

2025 개정증보판　부동산개발 세무실무

2022년 3월 4일 초판 발행
2025년 4월 18일 4판 발행

저　　　자　임　영　택
　　　　　　박　홍　수
발　행　인　이　희　태
발　행　처　**삼일피더블유씨솔루션**
서울특별시 용산구 한강대로 273 용산빌딩 4층
등록번호 : 1995. 6. 26 제3 - 633호
전　　화 : (02) 3489 - 3100
F　A　X : (02) 3489 - 3141
I S B N : 979 - 11 - 6784 - 388 - 3　93320

저자협의
인지생략

정가 75,000원

※ '삼일인포마인'은 '삼일피더블유씨솔루션'의 단행본 브랜드입니다.
※ 파본은 교환하여 드립니다.